ספר איוב

•

מקראות גדולות

JOB

מקראות

ספר איוב

תורגם מחדש לאנגלית

מתורגם ומבואר עם כל דבורי רש"י
ולקט המפרשים על ידי
הרב אברהם י. ראזענברג

הוצאת יודאיקא פרעסס
ניו יורק • תשנ"ה

גדולות

JOB

A NEW ENGLISH TRANSLATION

TRANSLATION OF TEXT, RASHI,

AND OTHER COMMENTARIES BY

Rabbi A. J. Rosenberg

THE JUDAICA PRESS, INC.
New York • 1995

Manufactured in the United States of America

CONTENTS

Note: * Asterisks indicate additional material in Appendix.

משה פיינשטיין
ר"מ תפארת ירושלים
בנוא יארק

RABBI MOSES FEINSTEIN
455 F. D. R. DRIVE
New York 2, N. Y.
—
OREGON 7-1222

בע"ה

הנה ידוע ומפורסם טובא בשער בת רבים ספרי הוצאת יודאיקא פרעסס על תנ"ך שכבר יצא לאור על ספרי יהושע ושמואל ועכשיו בחסדי השי"ת סדרו לדפוס ג"כ על ספר שופטים והוא כולל הפירושים המקובלים בתנ"ך הנקוב בשם מקראות גדולות ועל זה הוסיפו תרגום אנגלית שהוא השפה המדוברת במדינה זו על פסוקי תנ"ך וגם תרגום לפרש"י מלה במלה עם הוספות פירושים באנגלית הנצרכים להבנת פשוטו של קרא והכל נערך ע"י תלמידי היקר הרב הגאון ר' אברהם יוסף ראזענבערג שליט"א שהוא אומן גדול במלאכת התרגום, והרבה עמל השקיע בכל פרט ופרט בדקדוק גדול, וסידר את הכל בקצור כדי להקל על הלומדים שיוכלו לעיין בנקל ואפריון נמטיה למנהל יודאיקא פרעסס מהור"ר יעקב דוד גאלדמאן שליט"א שזכה ומזכה את הרבים בלימוד התנ"ך שמעורר לומדיה לאהבה וליראה את שמו הגדול ולהאמין בו ובעבדיו הנביאים שהוא יסוד ושורש בעבודתו יתברך ואמינא לפעלא טבא יישר ויתברכו כל העוסקים בכל ברכות התורה והכמינו ז"ל בברוך אשר יקים את דברי התורה הזאת.

וע"ז באתי עה"ח ביום ה' [illegible]

משה פיינשטיין

שמע בני מוסר אביך
ואל תטש תורת אמך
Proverbs 1:8

לעלוי נשמות הורינו היקרים
יצחק חיים בן מרים
רחל חיה בת קמר
למשפחת חנונו בן דיין
זכרונם לברכה

*We cherish the memory of
our Parents and Grandparents
Isaac and Rachel Hanono*

*The Hanono Children
and Grandchildren*

FOREWORD

The Book of Job is the second of the Judaica series of the Holy Writings. As in the series of the Prophets, we have translated the text into idiomatic English, except in instances in which accuracy would suffer. In such cases, we have rendered the text more literally. As in our previous series, our translation is based mainly on Rashi's commentary, which is of primary interest. Although we have sometimes encountered difficulty in rendering the text according to Rashi's interpretation, we have seldom deviated from this pattern. In addition to basing our translation on Rashi, we have presented Rashi verbatim, following the most accurate reading available—taking into consideration the Vilna edition of 1839, the Warsaw edition of 1862-66, the Malbim edition, the Furth edition of 1844, and the *Etz Chayim* ms. appearing in the Jerusalem reprint of the Warsaw edition, 1974. We have also considered a full quotation from Rashi, from 36:32 to 39:27, appearing in *A Commentary on the Book of Job,* from a Hebrew manuscript in the University Library, Cambridge, published in 1905 by W.A. Wright and translated by S.A. Hirsch. This commentary is held by some to have been authored by *Berechiah ben Natrunai Hanakdan* and is referred to in our commentary as Berechiah. On several occasions, we have followed the emendations of *Shem Ephraim,* by Rabbi Ephraim Zalman Margolioth, printed in Jerusalem in 1972.

[Note that throughout the Holy Writings, Rashi never refers to the Targum. According to *Megillah* 3a, the *Targum*—the Aramaic translation on the Holy Writings—was not authored by Jonathan ben Uziel, as was the Targum on the Prophets. Rashi to *Megillah* 21b therefore asserts that there is no *Targum* to the Holy Writings. He probably dismissed the extant Targum as being unauthoritative. However, the Tosafists maintain that, although the Targum was not composed by Jonathan, it was composed during the tannaitic period. *Massoreth Hashass* ad loc. supports this view from *Shabbath* 115a, where it is related that a copy of the *Book of Job* in Aramaic was brought before Rabban Gamliel the Elder, who lived during the time of the Second Temple.]

After Rashi, we drew from Mezudath David, the most comprehensive of the traditional commentators, and then from Ibn Ezra and Ralbag, all appearing in Nach Lublin. Where space allowed, we drew also from Malbim, Ramban, Gra, Rabbenu Meyuchos, Isaiah da Trani, Berechiah, Zerachiah of Barcelona, Redak, his father Rabbi Joseph Kimchi, and his brother, Rabbi Moses Kimchi. We have frequently quoted from Rabbinic literature, mainly from the Talmud tractate *Baba Bathra,* where the saga of Job is expounded upon, and *Midrash Iyov,* devoted solely to the *Book of Job.*

A.J.R.

ACKNOWLEDGEMENTS

We wish to thank our friend, Dr. Paul Forchheimer, who, as in earlier volumes, has given of his time to enlighten us regarding Old French and Provençal expressions found in Rashi's commentary.

Thanks also to Reva S. Goldman for additional editing.

PREFACE

I. Authorship and Historicity

The Talmud (*Baba Bathra* 14b) ascribes the authorship of the *Book of Job* to Moses. However, there are opinions that Job lived at a later time: one, that he lived at the time of the spies, may be reconciled with the opinion of Mosaic authorship. Some believed that Job was one of the returnees from the Babylonian exile, who established a study hall in Tiberias. Accordingly, he was a Jew. Yet he and his companions are listed as prophets to the nations of the world, because their main prophecy was to the gentile nations—unlike the Jewish prophets, who prophesied mainly to Israel (ibid. 15b).

Others believed that Job was non-Jewish. This view is stated as follows: There was a pious man among the nations of the world, named Job. He came into the world solely to receive reward. When the Holy One, blessed be He, brought suffering upon him, Job began to blaspheme and revile. The Holy One, blessed be He, doubled his reward in this world in order to ban him from the world to come.

Still others believed that he lived at the time of the judges; at the time of Ahasuerus; at the time of kingdom of Sheba; the time of the Chaldeans, and the time of the Patriarch Jacob. This final view, shared by the Targum (2:9), states that he married Jacob's daughter, Dinah. The Talmud concludes that all Rabbis concur that Job was Jewish, except for the one who places him in Jacob's time. Since Moses had prayed that the Shechinah rest only on Israel, and his request had been granted, Job could not have prophesied had he been a non-Jew. In Jacob's time, however, it was still possible for a non-Jew to attain prophecy. See Commentary Digest to 1:1 for various opinions concerning Job's lineage and place of residence.

The most startling view expressed in the Talmud is that "Job never was and never existed. He was a parable." This view was immediately rejected on the grounds that the detailed account of his name and address would be inappropriate. According to Rav Hai Gaon, quoted by *Pachad Yitzchak*, that rabbi meant that Job existed only for the purpose of being a parable,

xi

for people to learn from this Book not to despair in times of misfortune but to hope and trust in G-d that He will restore them to greater prosperity than they enjoyed previously. A similar interpretation is given by *Simchah Aryeh*, an obscure author of a commentary on the *Book of Job*. Rambam believes that Job parable presents various beliefs concerning the solution to the enigma of the righteous who suffers and the wicked who enjoys prosperity.

According to Resh Lakish in *Genesis Rabbah* at the end of *Vayera*, Job did indeed exist, but his suffering was fictitious. It was related only to tell us that had he suffered those trials and tribulations, he would have been able to bear them. Ibn Ezra, too, believes that Job existed, as evidenced by Ezekiel (14:14, 20), wherein Job is mentioned together with Noah and Daniel.

II. Position

According to the Talmud (*Baba Bathra* 14b), the order of the Holy Writings is as follows: Ruth, Psalms, Job, Proverbs, Ecclesiastes, Song of Songs, Lamentations, Daniel, Esther, Ezra, and Chronicles. If we go by those who believe that Job lived in Moses's time, he preceded Ruth and Psalms chronologically, but, in order to avoid commencing this section of scripture with a Book dealing with troubles, it was placed after Psalms and Ruth. Those two Books are closely connected through their association with King David. However, it is customary to set Job after Proverbs and before the Five Scrolls, which are arranged together because of their place in liturgy. Perhaps Job is set before the Five Scrolls because of its place in the Sephardic liturgy, viz. that it is read in the synagogue on the Ninth of Av.

OUTLINE

I. 1-5. Introduction to Job
6-12. The Heavenly Scene
13-22. Loss of Job's children and property
II. 1-7. Second Heavenly Scene
8-13. Job's Physical Ailments and the Visit of His Companions
III. Job's Complaint to G-d for Creating Him
IV-V. Eliphaz's First Address
VI-VII. Job's First Reply to Eliphaz
VIII. Bildad's First Address
IX-X. Job's First Reply to Bildad
XI. Zophar's First Address
XII-XIV. Job's First Reply to Zophar
XV. Eliphaz's Second Address
XVI-XVII. Job's Second Reply to Eliphaz
XVIII. Bildad's Second Address
XIX. Job's Second Reply to Bildad
XX. Zophar's Second Address
XXI. Second Reply to Zophar
XXII. Eliphaz's Third Address
XXIII-XXIV. Job's Third Reply to Eliphaz
XXV. Bildad's Third Address
XXVI-XXXI. Job's Final Reply
XXXII-XXXVIII. Elihu's Address
XXXVIII-XLI. G-d's Rebuke
XLII. 1-6. Job's Confession and Supplication
7-17. Epilogue

Dedicated in gratitude	מוקדש לזכר נשמת
to the memory of a true friend	חבר וידיד נאמן

הרב שרגא פייוול בן הרב ישראל זאב הכהן כהן ז״ל

Rabbi Philip (Feivel) Cohen of blessed memory

who selflessly devoted his life	ירא שמים ובעל חסד
to family, chesed, and the	האציל מרוחו ומכחו על הכלל
dissemination of Torah.	הרביץ תורה ברבים
May his memory serve as	יהי זכרו ברוך
an inspiration to family and friends.	

ספר איוב

•

מקראות גדולות

JOB

א **א** אִישׁ הָיָה בְאֶרֶץ־עוּץ אִיּוֹב שְׁמוֹ וְהָיָה ׀ הָאִישׁ הַהוּא תָּם וְיָשָׁר וִירֵא אֱלֹהִים וְסָר מֵרָע: **ב** וַיִּוָּלְדוּ לוֹ שִׁבְעָה בָנִים וְשָׁלוֹשׁ בָּנוֹת: **ג** וַיְהִי מִקְנֵהוּ שִׁבְעַת אַלְפֵי־צֹאן וּשְׁלֹשֶׁת

תא"א איש היב, נ"ב עוך, סוטה ל'

א גְּבַר הֲוָה בְּאַרְעָא דְעוּץ אִיוֹב שְׁמֵיהּ
וַהֲוָה גַּבְרָא הַהוּא שְׁלִים וּתְרִיץ דָּחֵל מִן קֳדָם יְיָ
וְעָדֵי מִן בִּישׁ: **ב** וְאִתְיְלִידוּ לֵיהּ שַׁבְעָה
בְּנִין וּתְלָת בְּנָן: **ג** וַהֲוָה גֵּיתֵי שַׁבְעָא אַלְפִין דְּעָן
מִן אַלְפָּא לְכָל בְּרָא וּתְלָתָא אַלְפִין דְּגַמְלַיָּא
מִן אַלְפָּא לְכָל בְּרָתָּא

רש"י

א (א) איש היה בארץ עוץ. פי' בארץ אדם כמה דכתיב את עוץ בכורו מבני נחור (ברא' כב):
והיה האיש. אע"פ שהוא לשון עתיד כן דרך ל' עברית ולשון מליצתו ויהי האיש ההוא גדול מכל בני קדם בני ארץ המזרחי שארם במזרחה של עולם הוא שנאמר (במדבר כ"ג) מן ארם ינחני בלק מהררי קדם. דבר אחר עוץ זה איוב. מן אליהוא בן ברכאל הבוזי והרי הוא שאמר איוב (לקמן ל"א) ייתמפשות יתחני זה הוא ממשפחתי שמחתם דברי והיינו דאמרי אינשי מיניה וביה אבא ליזיל ביה נרגא. ד"א בארץ עוץ שנולין ממנה פלית רעותו על הקב"ה שנא' (בראשית י') מן הארץ ההיא יצא אשור ומה עשה נעולו שהיו אומרים לא על כל הימנו ליטול את העליונים ולית לנו את התחתונים אלא כולו וחלק לארץ

(כל תיבה אשר אותיותיה נפרדות אליה ירה המחבר אם פנה רעיונו):

א (א) איש. סתם פעם כמלא הביב; (כ) ושלש הברכה מדייקים מלא וא"י וכן במסורת פרשת בלק ויחזקאל מ"ע שלום וא"י מלאים וכו' וכל כתובים דמויכם מלאים ויש מי שקלו הכי"ו בשאול ופתק ששם כי השוא נח: (ג) שבעת אלפי צאן. ד' אלפי דסבירים אלפים שקול הכ"ו בשוא להשמיט כי השוא נח: שבעת אלפי ושלשת אלף צאן. מדור הפלגה דכתיב ויהי מנחת שי

אבן עזרא

א (א) איוב היה מבני בניו של נחור אחי אברהם והקרוב אלי שהיה מבני עשו שהענין מוכח בארדשון כמו שיש ומנדא בת אדים יושבת בארץ עוץ ולא יתכן לומר שלא היה בעולם בעבור שאמר יחזקאל ונח דניאל ואיוב ואם אמר מדוע אולי כי בדיינם ונח והגב כתוב בפסוקום אמרו לו אם כן אמור כן בדיינם כי מלאכו שמואל ואף כי מלאכו שמואל והנה זה מלאכו איוב אחר כתוב בספרי הקדש והאומר שהוא יובב בן זרח מבצרה שמא כתוב בכלום רחם זה כי אין לו על מה ישען

אמר שכבר היה איש תם ויש ירא אלהים וסר מרע אלהים המ במ קנקיים המדומים כמו קנין הסון והסכוים היו בני מתהצנים רדב"ן

באומן שלם לפי ההנהגה המדינית בדרך שתשלם האומה והחברה דיינים ולזה בלבם יחד תמיד עד כדי שיתוקן הקהין יותר

מצודת דוד

א (א) עוץ. יתקן כל ארם נסרים כי נחור היה אדון הזרן כמ"ש אל ארם נסרים אל מיר נחור (בראשית כ"ז) שמון היה בכור נחור כמ"ש אם עוץ בכורו (שם כ"ב) ועל כן

dwelt in Babylon, where the people took counsel against God and built the tower. That he quotes all the midrashim concerning the tower is puzzling.

was—Heb. וְהָיָה. *According to its simple meaning, it is like* וַיְהִי, *and its meaning is both past and future.*—[Rashi]

sincere and upright—*But [I could think] that as regards matters be-*

tween him and his Maker, he was not righteous. Therefore, it is stated: God-fearing and shunning evil.—[Rashi]

2. seven sons etc.—This too is accounted as a blessing, that his sons were double the number of his daughters and still more.—[Mezudath David]

3. seven thousand sheep—*He counted the largest number first.*—[Rashi]

1

1. There was a man in the land of Uz whose name was Job, and that man was sincere and upright, God-fearing and shunning evil. 2. Now seven sons and three daughters were born to him. 3. His livestock consisted of seven thousand sheep, three

1. **There was a man in the land of Uz**—*This means in the land of Aram, as it is written* (Gen. 22:21): *"Uz, his firstborn," of the sons of Nahor.*—[*Rashi*]*

and that man was—Heb. וְהָיָה הָאִשׁ. *Although that is a future expression, that is the style of the Hebrew language, and the proper expression for it is "Now that man was greater than all the children of the East"; the children of the land of the East, for Aram is in the east of the world, as it is stated* (Num. 23:7): *"From Aram has Balak, king of Moab, brought me, from the mountains of the East." Another explanation: Uz is Job. Buz is Elihu the son of Barachel the Buzite. This is what Job said (31:34): "and the most contemptible of families shatters me." This one (the Buzite) who shatters my words is of my family. This is what people say: "From the very forest, the ax handle is formed."* [*Rashi* explains that Job's complaint involves a play on the word "Buz."]

Another explanation: **in the land of Uz**—*In the land whence they take evil counsels against the Holy One, blessed be He.* The name עוץ comes from עֵצוֹת, *counsels. As it is stated* (Gen. 10:11): *"Out of that land Asshur went forth." Now what counsel did they take? "He has no right to take the upper worlds and to give us the lower world." Instead, come to the land of Shinar, where there are many gods, concerning which it is stated: "for it is a land of graven images" (Jer. 50:38); "And let us make a tower whose top shall reach to the heavens, and let us make a name for ourselves"* (Gen. 11:4). *The word "name" stated here refers only to idolatry, as it is stated* (Exod. 23:13): *"You shall not make mention of the name of other gods." What did the Holy One, blessed be He, do? He sat in judgment over them and stood up witnesses against them, as it is stated* (Gen. 11:5): *"And the Lord came down to see the city and the tower." Now, does the Omnipresent have to come down to see? Is it not written: "The eyes of the Lord are roving to and fro throughout the entire earth"?* [*Rashi's* quote is not exact, but similar verses do appear in Zechariah 4:10 and II Chronicles 16:9.] *Rather, it is to teach a ruling to future generations, that judges may not pass judgment except with eyewitnesses, as it is stated* (Lev. 5:1): *"Having seen or known."*—[*Rashi* from *Midrash Job, Gen. Rabbah* 37:6, 38:5, *Tanchuma Noach* 18, *Tan. Buber* 28]

It appears from *Rashi* that Job

אַלְפֵי גְמַלִּים וַחֲמֵשׁ מֵאוֹת צֶמֶד־בָּקָר וַחֲמֵשׁ מֵאוֹת אֲתוֹנוֹת וַעֲבֻדָּה רַבָּה מְאֹד וַיְהִי הָאִישׁ הַהוּא גָּדוֹל מִכָּל־בְּנֵי־קֶדֶם׃ ד וְהָלְכוּ בָנָיו וְעָשׂוּ מִשְׁתֶּה בֵּית אִישׁ יוֹמוֹ וְשָׁלְחוּ וְקָרְאוּ לִשְׁלֹשֶׁת אַחְיוֹתֵיהֶם לֶאֱכֹל וְלִשְׁתּוֹת עִמָּהֶם׃ ה וַיְהִי כִּי הִקִּיפוּ יְמֵי הַמִּשְׁתֶּה וַיִּשְׁלַח אִיּוֹב וַיְקַדְּשֵׁם וְהִשְׁכִּים בַּבֹּקֶר וְהֶעֱלָה

וחמש מאה פדנין דתורין לנרמיה וחמש מאה אתנן לגרם אתתיה ופולחנא סגיאה לחדא והוה גברא ההוא רב בנכסין מכל בני מדנחא: ד ואזלין בנוי ועבדין שירותא בית גבר יומיה עד משלם יומי שבעא ומשדרין ומזמנין לתלת אחיתהון למיכל ולמשתי עמהון: ה והוה כד שלימו יומי שירותא ושדר איוב וזמנינון ומקדים בצפרא ומסק עלון סכומי

עולות

ת״א כי הקיפו. זוהר פנחס: והשכים. יומא פח:

רש״י

בכנעם מקדם (בראשית י״א) אבל באברהם אינו כן שהרי באברהם כתוב בו הגדול שנאמר ושם חברון לפנים קרית ארבע האדם הגדול בענקים הוא (יהושע י״ד). היה לו לכתוב אדם גדול ולמה כתב האדם הגדול אלא רמז שהוא אדם גדול שעמד בעשר נסיונות לפיכך כותבין אותו שני ההי״ן ואיוב שנאמר בו גדול לא עמד אלא באחת שנאמר תם וישר וגו׳ מכל אותו הדור שלא נתפס על אותו עון. (סא״א): (ד) והלכו בניו ועשו משתה בית איש יומו. בבית כל אחד ואחד יומו: ושלחו וקראו. כמו ושולחים וקוראים׳ שהיו עושין כן תמיד: (ה) ויהי כי הקיפו. כאשר כלו ימי המשתה נוהג היה איוב בכל סוף שבעת הימים שחזרו ימי המשתה חלילה היה שולח ומקדשם כלומר מזמנם וקראם כמו התקדשו למחר (במדבר י״א): והשכים בבקר והעלה. מלילתו שהיה משכים ומעלה עולות לכן כתב

אבן עזרא

תתמה על מלת איוב שמו כי איננו רשע כלל והנה כתיב ה׳ איש מלחמה ה׳ שמו והפך הדבר ויהי איש א׳ מהר אפרים ושמו מיכיהו אולי בעל הדרש על הרוב הנמצא דבר. מקום איוב סמוך לחרן מטעם וילך ארצה בני קדם: (ה) הקיפו. טעמו כאשר השלימו תקופת ימי השבוע כי שבעה בנים היו לו: אולי. כמו פן לשון תגרה ומורא שמא יהי כן וכך

רלב״ג

ביניהם והנה איוב ליראתו הש״י היה מקדש אותם מסיקף להיקף רולה לומר מז׳ ימים לז׳ ימים והיה מיישיר אותם אל מה שראוי ואחר כן היה מקריב קרבנות עליהם ליראתו שמא חטאו ובזו הש״י בלבבם לרוב העושר והשלוה אשר היה להם כי הם סבות הבטיעה באופן מה והנה לא תאר אותו הכתוב בחכמה לסכלותו בדרוש אשר בעבורו חובר זה הספר ואע״פ שהיה כבר חכם בעניינים הטבעיים כמו בראה מדבריו. וזכר אחר זה ממשל כאילו השם היה מדבר עם אשר יבאו מאתו אלו הרעות המדומות אשר התחלתם מחוץ והוא השטן דרך משל וקראו שטן להיותו מטה מן הדרך המכוון מהש״י כמו שהתבאר במה שקדם ולפי שהוא בלתי מכוון לפלמו אמר ויבא גם השטן בתוכם כפי שלא כיוון בואו וזכר שטוטו והתהלכו הוא בארץ לבד כי שם ימצאו אלו הרעות לא בנמצאות העליונות ואולם בני האלהים הם הכחות

מצודת ציון

א (ג) צמד. זוג וכן ויקח למד בקר (שמואל א׳ י״א) על כי דרכם ללכת מלומדים ומחוברים יחד: (ה) הקיפו. סבבו כמו סקף פעם אחת (יהושע ו׳): ויקדשם. ענין הזמנה

מצודת דוד

(ג) צמד בקר. חשב את הבקר זוגות לפי שהדרך לחרוש בבקרים ואי אפשר לחרוש בפחות משנים וכחד חשיבי אבל גמלים ואתונות עומדים לרכיבה ולהטעין משאות והאחד ראוי לה: ועבודה רבה. תולאות האדמה נקראו עבודה על כי תוליא למחה על ידי עבודה שעובדין בחרישה וקלירה וכן נאמר בילחק ועבודה רבה (בראשית כ״ו): גדול. בעושר ובנכסים: מכל בני קדם. רלה לומר מכל אנשי ארלו כי ארם היא בפאת המזרח כמו שכתוב ארם מקדם (ישעיה ט׳): (ד) והלכו. לפי שהדבר היה תמידי נופל בו לשון עבר אף לשון עתיד וכמ״ש למטה ככה יעשה איוב וגו׳: בית איש. בבית כל איש ביומו הקבוע לו: ושלחו. בכל יום היו שולחי׳ להזמין האחיות על המשתה: (ה) כי הקיפו. כי עשו ימי המשתה בחוזר חלילה ואמר בכל פעם הקיפו רלה לומר אחר יום המשתה של האחרון בבנים שהיה עתיד הראשון להתחיל שוב בתחלה: ויקדשם. הזמינם לבוא אליו

the cycle of the feasting days would be over—*When the days of the feasting would be over, Job would act in this manner: upon every termination of the seven days on which the days of feasting rotated, he would send and summon them* (וַיְקַדְּשֵׁם); *i.e. he would prepare them and summon them, as* in (Num. 11:18), "*Prepare yourselves* (הִתְקַדְּשׁוּ) *for tomorrow.*"—[*Rashi*] He would summon them to him and admonish them in the ways of the Lord.—[*Mezudath David*]

and offer up . . . early in the

thousand camels, five hundred yoke of cattle, five hundred she-donkeys, and very much production; and the man was greater than all the children of the East. 4. Now his sons would go and make a feast in each one's house on his day, and they would send and invite their three sisters to eat and drink with them. 5. Now it would come about when the cycle of the feasting days would be over, that Job would send and summon them, and offer up burnt-offerings early in the morning

and very much production—This follows *Redak* and *Mezudath David*. *Rabbi Zerachiah* and *Simchah Aryeh* render: "Tilled soil" including orchards and vineyards.

greater than all the children of the East—*Than the generation of the division, as it is written* (Gen. 11:2): *"And it came to pass as they migrated from the east."* *But concerning Abraham, it is not so, for concerning Abraham, it is written* הַגָּדוֹל, *the greatest, as it is stated* (Josh. 14:15): *"And the name of Hebron before was Kirjath-Arba* (the city of Arba); *he was the greatest man among the 'Anakim."* *It should have said* אָדָם גָּדוֹל, *a great man. Why did he write* הָאָדָם הַגָּדוֹל, *the greatest man? By this, Scripture hinted that he was a great man who passed ten tests. Therefore, his title is written with two "heys", the numerical value of which is ten. Job, however, described by the word* גָּדוֹל, *greater, passed only one, as it is stated: sincere and upright etc., that out of that entire generation, he was not seized for that iniquity* [i.e. the iniquity of the builders of the Tower]. *(In some books, this does not appear.)* [This last denotes sections

that did not appear in the manuscript available to the publisher of the Nach printed in Lublin in 5383, but because they did appear in the Venice edition, he retained them. See *Joshua/Judges*, Mossad Harav Kook, Jerusalem, 1987, pp. 3f.] This interpretation seems midrashic, but it does not appear in any known midrash. Apparently, it is based on *Rashi's* previous statement that Job was of the generation that built the Tower. *Targum* and *Mezudath David* render simply: He was wealthier than all the people of the East. *Malbim* explains that he was greatly honored by all the people of his country.

4. Now his sons would go and make a feast in each one's house on his day—*In the house of each one on his day.*—[*Rashi*]

and they would send and invite—Heb. וְשָׁלְחוּ וְקָרְאוּ, *like* וְשׁוֹלְחִם וְקוֹרְאִים, *that they would do so constantly.*—[*Rashi*] In this case, the past tense denotes a continual action. *Mezudath David* explains that they would send a servant to invite their sisters every day.

5. Now it would come about when

עֹלוֹת מִסְפַּר כֻּלָּם כִּי אָמַר אִיּוֹב אוּלַי
חָטְאוּ בָנַי וּבֵרְכוּ אֱלֹהִים בִּלְבָבָם כָּכָה
יַעֲשֶׂה אִיּוֹב כָּל־הַיָּמִים׃ ו וַיְהִי הַיּוֹם
וַיָּבֹאוּ בְּנֵי הָאֱלֹהִים לְהִתְיַצֵּב עַל־יְהוָה
וַיָּבוֹא גַם־הַשָּׂטָן בְּתוֹכָם׃ ז וַיֹּאמֶר יְהוָה
אֶל־הַשָּׂטָן מֵאַיִן תָּבֹא וַיַּעַן הַשָּׂטָן אֶת־
יְהוָה וַיֹּאמַר מִשּׁוּט בָּאָרֶץ וּמֵהִתְהַלֵּךְ
בָּהּ׃ ח וַיֹּאמֶר יְהוָה אֶל־הַשָּׂטָן הֲשַׂמְתָּ

תרגום

כּוּלְהוֹן אֲרוּם אֲמַר אִיּוֹב
דִּלְמָא חָבוּן בְּנַי וְאַרְגִּיזוּ
קֳדָם יְיָ בְּרַעְיָנֵיהוֹן
הֵכְדֵין יַעְבֵּד אִיּוֹב כָּל
יוֹמַיָּא׃ ו וַהֲוָה בְּיוֹמָא
דְּדִינָא בְּרֵישׁ שַׁתָּא וַאֲתוֹ
כִּתֵּי מַלְאֲכַיָּא לְמֵקוּם
בְּדִינָא קֳדָם יְיָ וְאָתֵי
לְחוּד סִטְנָא בִּמְצִיעֲהוֹן׃
ז וַאֲמַר יְיָ לְסִטְנָא מִנָּן
אַתְּ אָתֵי וַאֲתִיב סִטְנָא
קֳדָם יְיָ וַאֲמַר מִן שׁוּט
בְּאַרְעָא לְמִבְדַּק בְּעוֹבָדֵי
בְּנֵי אֱנָשָׁא וּמִן מְהַלְּכָא
בָהּ׃ ח וַאֲמַר יְיָ לְסִטְנָא
אֶפְשַׁר דְּשַׁוִּיתָא לִבָּךְ

ת"א בני האלהים ב"ב טו: השטן. נדרים לב: משוט. יומא עז זוהר אמור: השמת לבך. ב"ב טו זוהר אמור:

רש"י

בלשון עתיד שהיה נוהג לעשות כן תמיד לסוף כל ז' הימים: **מספר כולם**. הבנים והבנות: **וברכו**. ל' כינוי כלפי מעלה: **ככה יעשה איוב**. כמו כן היה עושה תמיד. כשכתב בדבר ההוה ותדיר פעמים שכתב בו ל' עבר ופעמי' ל' עתיד: (ו) **ויהי היום**. אותו יום שהיה ראש השנה [שהוא יום תרועה וצוה הקב"ה לשטן להביא זכות וחובה של כל הבריות הה"ד משוט בארץ]: **ויבואו בני האלהים להתיצב על ה'**. לריב עמו שאין להתיצב אלא על דין שנאמר (ישעיה ג') נצב לריב ה': **ויבא גם השטן בתוכם**. לקטרג הבריות: (ז) **משוט בארץ ומהתהלך בה**. כן דרכי לשוט ולראות רעים וטובים ושטטתי בכל הארץ ולא מצאתי כאברהם שנאמר בו קום התהלך בארץ (בראשית יג) ואמרו רז"ל שטן לשם שמים נתכוון כדי שלא יהא נשכח לפני אלהינו זכותו של אברהם: (ח) **השמת לבך על**

אבן עזרא

וכמוהו אולי ימושני אבי אולי לא תאבה האשה: **וברכו**. ל' כינוי והפך כמו ברך נבות אלהים ומלך: (ו) **ויהי היום**. הגאון רב סעדיה אמר כי השטן בן אדם היה מקנא באיוב ופי' בארץ בארצו לבדו ופירש כל אשר לו בידך בחפצך וכמוהו היד יואב אתך ופירש אך את נפשו שמור שמור נפשך שלא תבקש נפשו ואמר כי המלאכים אין להם קנאה והנה שכח ויתיצב מלאך ה' בדרך לשטן לו ובספר דניאל מפורש ואין איש מתחזק עמי על אלה כי אם מיכאל שרכם ועוד ואני בשנה אחת לדריוש המדי עמדי למחזיק ולמעוז לו שהוא החזיק למיכאל ועזרו. ולבאר סוד אלה הדברים לא יכילם ספר והמבין סוד מערכות הגבאות והשתנות המעשים כפי השתנות התנועות ידע עיקר השטן והכלל שהוא מלאך. וטעם ויהי היום יום ראש השנה שכל בני העולם עוברים לפני השכינה כבני מרון או יום דינו של איוב לבדו ולא אוכל לפרש או יהיה פירושו ויהי היום שאירע בו כך וכך כמו ויהי היום ויעבור אלישע: (ז) **משוט**. כמו מסבוב וכמוהו

רלב"ג

שמנהיגות המליאות במלאכות הש"י וזכר כאילו הש"י היה מונע מחשבות הרעות לאיוב להיותו איש תם וישר ושהשטן סבב שנתן כל אשר לו בידו רק שלא ישלח ידו אל איוב וזה כולו להעיר שאין לשטן זאת הממשלה בשלמות כי אם ידבק האדם בשם יתברך לא ישלוט השטן עליו

מצודת דוד

להיישירם בדרכי ה': **מספר כלם**. לפי מספר הבנים והבנות: **אולי**. שמא בעבור טוב לב ממשתה תמיד חטאו וגדפו בלבבם כלפי מעלה ולזה הביא עולות כי היא מכפרת על הרהור הלב: **ככה**. כמשפט הזה עשה כל הימים: (ו) **ויהי היום**. רלה לומר היום המוכן לשיבואו בו לפני המקום מלאכי מעלה מלמדי זכות וחובה והוא יום ראש השנה שהוא יום המשפט: **בני האלהים**. הם מלמדי הזכות: **גם השטן**. ללמוד חוב ולקטרג על הבריות: (ז) **מאין תבוא**. מאיזה מקום אתה בא ולפי שאין דרכו לדבר עד שיתחיל עמו הגדול לזה פתח עמו ושאלו: **משוט**. בא אני מן השטיטה בארץ ומן ההתהלכות בה וכפל הדבר במלות שונות לומר היטב הפשתי לראות את מעשה בני האדם וכאומר הנה מלאתי תכילות פשעי בני אדם: (ח) **השמת**. הלא שמת

מצודת ציון

כמו התקדשו למחר (במדבר י"א): **וברכו**. לשון כנוי כלפי מעלה: (ו) **בני האלהים**. הם המלאכים הקרובים אל השכינה להיות מבני ביתה וכן ויריעו כל בני אלהים (לקמן ל"ח): **על ה'**. סמוך לו וכן והקיפים עליו (במדבר ב') ואמר בלשון בני אדם: **השטן**. מלאך מקטרג: (ז) **משוט**. ענין ההליכה אנה ואנה כמו שטו העם ולקטו

the Adversary meant this for the sake of Heaven, in order that Abraham's merit not be forgotten by our God.—[*Rashi*]

8. **Have you paid attention to My servant Job**—*that you should desire to denounce him?*—[*Rashi*] Do you also intend to denounce My servant Job, who is, indeed, unequaled in his sincerity and honesty? This is to say, "Surely you have not found any fault in Job."—[*Mezudath David*]

burnt-offerings according to the number of all of them, for Job said, "Perhaps my sons have sinned and blasphemed God in their hearts." So would Job do all the days. 6. Now the day came about, and the angels of God came to stand beside the Lord, and the Adversary, too, came among them. 7. The Lord said to the Adversary, "Where are you coming from?" And the Adversary answered the Lord and said, "From going to and fro on the earth and from walking in it." 8. Now the Lord said to the Adversary, "Have you paid

morning—*The meaning is that he would offer up burnt-offerings early. Therefore, Scripture wrote in the future tense, that he was wont to do so always at the end of every seven days.*—[*Rashi*] *Ramban* and *Rabbi Moshe Kimchi conjecture that this refers to one annual seven-day period of feasting.*

the number of all of them—*The sons and the daughters.*—[*Rashi*]

and blasphemed—Heb. וּבֵרֲכוּ, lit. blessed. *A euphemism* [used in] *referring to the Most High.*—[*Rashi*]

So would Job do—*Heb.* יַעֲשֶׂה, lit. will do. *He would always do in this manner. When Scripture writes about a constant occurrence, sometimes it writes in the past tense, and sometimes in the future tense.*—[*Rashi*]

6. **Now the day came about**—*That day that was Rosh Hashanah, (known as a day of sounding the shofar, and the Holy One, blessed be He, commanded the Adversary to bring the merit and the guilt of all creatures. This is the meaning of "from going to and fro on the earth."*)—[*Rashi from Midrash Job, Targum,* and many

other midrashic sources. See *Midrash Job,* Wertheimer, footnotes 5-8.]

and the the angels of God came to stand beside the Lord—*To contend with Him, because the expression of standing refers only to judgment, as it is stated* (Isa 3:13): *"The Lord stands to plead."*—[*Rashi* from *Midrash Job*] They came to accuse or defend the people being judged.—[*Ramban*]

and the Adversary, too, came among them—*to accuse the people.* —[*Rashi*] The Adversary is an angel whose function it is to accuse the people before the Heavenly Tribunal.—[*Ibn Ezra, Mezudath Zion* from *Baba Bathra* 16a]

7. **"From going to and fro on the earth and from walking in it."**—*So is my wont to go to and fro, to see the evil ones and the good ones. Now I went to and fro throughout the entire earth and I did not find anyone like Abraham, about whom it is said* (Gen. 13:17): *"Rise, go to and fro in the land." The Sages of blessed memory* (Baba Bathra 16a) *said that*

לִבְּךָ עַל־עַבְדִּי אִיּוֹב כִּי אֵין כָּמֹהוּ בָּאָרֶץ
אִישׁ תָּם וְיָשָׁר יְרֵא אֱלֹהִים וְסָר מֵרָע׃
ט וַיַּעַן הַשָּׂטָן אֶת־יְהוָה וַיֹּאמַר הַחִנָּם
יָרֵא אִיּוֹב אֱלֹהִים׃ י הֲלֹא־אַתְּ שַׂכְתָּ
בַעֲדוֹ וּבְעַד־בֵּיתוֹ וּבְעַד כָּל־אֲשֶׁר־לוֹ
מִסָּבִיב מַעֲשֵׂה יָדָיו בֵּרַכְתָּ וּמִקְנֵהוּ
פָּרַץ בָּאָרֶץ׃ יא וְאוּלָם שְׁלַח־נָא יָדְךָ
וְגַע בְּכָל־אֲשֶׁר־לוֹ אִם־לֹא עַל־פָּנֶיךָ
יְבָרְכֶךָּ׃ יב וַיֹּאמֶר יְהוָה אֶל־הַשָּׂטָן הִנֵּה
כָל־אֲשֶׁר־לוֹ בְּיָדֶךָ רַק אֵלָיו אַל־תִּשְׁלַח

תרגום

בעבדי איוב ארום לית
דכמיה בארעא דעממי
גבר שלים ותריץ דחל
מן קדם יי ועדי מן
ביש: ט ואתיב סטנא
קדם יי ואמר האפשר
די למגן איוב דחל קדם
יי: י הלא מימרך
טללתא אמטולתיה
ואמטול ביתיה ואמטול
כל די ליה מן חזור חזור
עובדי ידוי ברכתא
וגיתוי תקיפו בארעא:
יא וברם אושיט כדון
מחת ידך וקריב בכל
די ליה אין לא באנפי
מימרך ירגזנך: יב ואמר
יי לסיטנא הא כל דאית
ליה מסיר בידך לחוד
לותיה לא תושיט ידך

ת"א תם וישר. סוטה כז לא ב"ב טו: החנם. שם עקידה שער מב: שכת. ב"ב טו: וגע. ב"ב טז עקידה שער מב: אשר לו. ב"ב טו:
נ"א אל אתה קרי

רש"י

עבדי איוב. שתלה לקטרגו: (ט) החנם ירא איוב. בתמיה: (י) הלא אתה שכת בעדו. לפי שהוא יודע שהיה רגיל אצלו לעשות לו נסים ופרה ורבה לפיכך עושה צדקות הללו אבל לא נסית אותו: (יא) ואולם. לו היית נוגע בכל אשר לו אם לא על פניך יברכך מיד בתמיה. ואז: (יב) ויאמר ה' אל השטן הנה כל אשר לו בידך. ד"א ויהי היום. אותו היום שחזרו הלילה לאכול בבית אחיהם הבכור: בני האלהים. צבא השמים הקרובים לשכינה

מנחת שי

(י) הלא את. אתה קרי: (יא) שלח נא. בגעיא: בכל אשר לו. בדפוס ישן בכל בחולם וגלגל ואין לחוש עליו:

אבן עזרא

שוטטו בחוצות ירושלי' וענין בארץ בכל העולם כמו התהלכנו בארץ: (י) שכת בעדו. מן לשיכים בעיניכם הסר משוכתו והיה לבער וטעמו ששכת בעדו כמו משוכת הכרם שלא יגע בו רע: פרץ. רבה כמו ופרצת ימה וקדמה:

רלב"ג

כמו שיתבאר בזה הספר וזכר שהשטן הרע לו מצד הרעות הנופלות מקצת אישי האדם לקצת כמו המלחמות ומצד השנויים הנופלים

מצודת ציון

(שם י"א): (י) שכת. ענין גדר כמו הסר משוכתו (ישעיה ה'): (יא) וגע. מלשון נגיעה: על פניך. בעבור כעסך וכן אתן את פני (ויקרא כ') וזהו על כי בהפנים יוכר הכעס: יברכך. לשון

מצודת דוד

לכך לקטרג גם על איוב אבל באמת אין כמוהו וגו' וכאומר הלא בידו לא מצאת מאומה רע: (ט) החנם. וכי בחנם ירא איוב מה' מבלי הקדמת שכר: (י) שכת בעדו. הגנת עליו כאלו גדרת עליו ועל ביתו מסביב לבלי תת את הרעה לקרוב אליהם: ומקנהו פרץ. בעבור רוב המקנה ידמו כאלו פרצו גדרם ר"ל כאלו לא יכילם מקום מגדר כי מלאו פני תבל: (יא) ואולם. ובאמת נסה ושלח עתה כו את ידך וגע בבני ביתו ועשרו לאבדם ממנו: אם לא. הוא ענין לשון שבועה וגזם ולא אמר והרי הוא כאלו אמר אם לא כן יהיה יבוא עלי כך וכך וכן אם לא שויתי ודוממתי (תהלים קל"א): על פניך. בעבור כעסך עליו כדבר אבדן בני ביתו והעושר יגדף כלפי מעלה: (יב) הנה וגו'. מסורים המה בידך לאבד הכל אבל לא תשלח ידך אל גופו להכות גם בו: ויצא השטן. לאבד בני ביתו עם כל

of God. *The heavenly hosts, which are near the Divine Presence, to be the members of His household, and were therefore called His children.—*[*Rashi*]

to stand beside the Lord—Heb. עַל ה׳, lit. on the Lord. *Around Him, as* (Gen. 45:1) *"all who stood around him* (עָלָיו)*."—*[*Rashi*]

"Where are you coming from?"—*Scripture speaks of etiquette, that the greater one speaks first and permits the smaller one to reply.—*[*Rashi*]

"From going to and fro on the earth"—*As is explained above, and it is in the homiletic section of the chapter* [that begins], *"The partners."—*[*Rashi*]

attention to My servant Job? For there is none like him on earth, a sincere and upright man, God-fearing and shunning evil." 9. And the Adversary answered the Lord and said, "Does Job fear God for nothing? 10. Haven't You made a hedge around him, his household, and all that he has on all sides? You have blessed the work of his hands, and his livestock has spread out in the land. 11. But now, stretch forth Your hand and touch all that he has, will he not blaspheme You to Your face?" 12. Now the Lord said to the Adversary, "Behold, all that he has is in your hands; only upon him do not stretch forth

9. **"Does Job fear God for nothing?"**—*This is a question.*—[*Rashi*] Does Job fear God without having received any previous reward?—[*Mezudath David*]

10. **Haven't You made a hedge around him**—*Because he knows that You visit him frequently to perform miracles for him, and he is fruitful and multiplies; therefore he performs all these righteous deeds—but You have not tested him.*—[*Rashi*] You have protected him. It is as if You made a fence or a hedge around him and his household on all sides, to prevent harm from befalling him.—[*Mezudath David*]

has spread out—Heb. פָּרַץ, has multiplied, as in Gen. 26:14.—[*Ibn Ezra*] Lit. has broken out. Because of their great number, it is as though they broke their fence, as though no fenced area could contain them; they spread out over the earth.—[*Mezudath David*]

11. **But**—*were You to touch all that he has, would he not blaspheme*

You to Your face immediately? This is a question. And then, the Lord said to the Adversary, "Behold, all that he has is in your hands."—[*Rashi*]

will he not blaspheme You etc.—Heb. אִם, if. This is an oath: If he does not blaspheme You to Your face, such and such a calamity should befall me.—[*Mezudath David*]

blaspheme You—Heb. יְבָרֲכֶךָּ, lit. bless You. This is a euphemism.—[*Mezudath Zion*]

to Your face—This is an anthropomorphism. To avoid this, *Targum* renders: before Your word; *Mezudath David:* because of Your anger.

12. **"Behold, all that he has etc.**—is delivered into your hands, but you may not stretch forth your hand to *him.*—[*Mezudath David*] *Another explanation is:*

[6] **Now the day came about**—*That day when they recommenced the cycle* [and were] *to eat at the house of their eldest brother.*—[*Rashi*]

the angels of God—lit. the children

יָדֶךָ וַיֵּצֵא הַשָּׂטָן מֵעִם פְּנֵי יְהוָה׃ יג וַיְהִי
הַיּוֹם וּבָנָיו וּבְנֹתָיו אֹכְלִים וְשֹׁתִים יַיִן
בְּבֵית אֲחִיהֶם הַבְּכוֹר׃ יד וּמַלְאָךְ בָּא
אֶל־אִיּוֹב וַיֹּאמַר הַבָּקָר הָיוּ חֹרְשׁוֹת
וְהָאֲתֹנוֹת רֹעוֹת עַל־יְדֵיהֶם׃ טו וַתִּפֹּל
שְׁבָא וַתִּקָּחֵם וְאֶת־הַנְּעָרִים הִכּוּ לְפִי־
חָרֶב וָאִמָּלְטָה רַק־אֲנִי לְבַדִּי לְהַגִּיד
לָךְ׃ טז עוֹד ׀ זֶה מְדַבֵּר וְזֶה בָּא וַיֹּאמַר
אֵשׁ אֱלֹהִים נָפְלָה מִן־הַשָּׁמַיִם וַתִּבְעַר

וּנְפַק סִטְנָא בְּהַרְמָנָא מִן
קֳדָם יְיָ׃ יג וַהֲוָה אִתְחוֹלֵי
יוֹמָא שְׁבוּעֲתָא וּבְנוֹי
וּבְנָתֵיהּ אָכְלִין וְשָׁתִין
חַמְרָא בְּבֵית אֲחוּהוֹן
בּוּכְרָא׃ יד וְאִזְגַד אֲתָא
לְוָת אִיוֹב וַאֲמַר תּוֹרַיָא
הֲוָאָה רָדְיָן וַאֲתָנָן רָעֲיָן
עַל סִטְרֵיהוֹן׃ טו וּנְפָלַת
בְּתְכֵיף לִילִית מַלְכַּת
זְמַרְגַד וּדְבַרְתִּנוּן וְיַת
עוּלֵמַיָא קְטַלוּ
אוּכְלוּסָהָא לְפִתְגַם
דְחָרֶב וְאִשְׁתֵּזְבֵית לְחוּד
אֲנָא לִבְלְחוֹדִי לְחַוָאָה
לָךְ׃ טז עַד כְּדוֹן דֵין
מְמַלֵיל וְדֵין אֲתָא וַאֲמַר
אֶשָׁתָא מִן קֳדָם יְיָ נְפָלַת
מִן שְׁמַיָא וְאוֹקִידַת בְּעָנָא

ת"א ויהי היום. ב"ב ט: ומלאך בא. ב"ב טז: ותפול שבא. ב"מ לג: אש אלהים. ב"ב טז:

רש"י

להיות בני ביתו ועל שם כך נקראו בניו: להתיצב על ה'. סביבותיו כמו (בראשית מ"ה) לכל הנצבים עליו: מאין הבא. דבר הכתוב דרך ארץ שהגדול מדבר תחלה ומרשה הקטן לענות: משוט בארץ. כאשר מפורש למעלה ובהגדה דשותפין הוא: השמת. לשון תימה הוא: תם וישר. שלם במעשיו: שכת בעדו. הגנת בעדו כמחילה זו כמו הסר משוכתו (ישעיה ה') מחילתו וכל בעד האמור בלשון עברי אינו אלא לשון כנגדו ובפניו כמו וכפר בעדו (ויקרא ט"ז) קנח העון כנגדך ובפניך להיות הכפרה מגן בעדך וכן ה' מגן בעדי (תהלים ג'): פרץ בארץ. נתחזקו כמו וכן יפרוץ (שמות א') ומתרגמינן יתקוף זהו פשוטו ורבותינו ז"ל אמרו בהגדה פרץ גדרו של עולם שהעזים הורגים הזאבים: (יד) על ידיהם. כמו (במדבר ב') איש על ידו ואינו ל' מקום אלא על שם שהוא מוכן ומזומן לידו. ורבותי' ז"ל אמרו בהגדה שהטעימם הקב"ה מעין עולם הבא שלאחר חרישת האתונות היו זורעים עם החריש' ורועות האתונות מיד חזיז מן התלם: (טו) ותפול שבא. נתנפלה וחנתה מלכות שבא עליהם כמו (בראשית כ"ה) על פני כל אחיו נפל: ואת הנערים. משרתיך השומרי' אותם: ואמלטה. אין מליטה אלא ל' השמטה שנשמט מן הגרה:

אבן עזרא

(יד) ידיהם. מקומם כמו ויד תהיה לך: (טו) ותפול שבא. מחנה שבא:

רלב"ג

מהיסודות כמו התחדשות האש והרוח והקדים לזכור הרע הנופל מצד מלחמה להיותו יותר מצויי לפי שהתחלתו הבחירה המכוונת אל

מצודת דוד

העושר: (יג) ויהי היום. כאשר בא היום שחזרו לאכול בבית הבכור אז הירע מה שאירע וכוונת השטן היה להקניט את איוב ביותר כחושבו הנה זה היום כבוקר העליתי עולות כפי מספר כולם כמ"ש למעלה ויהי כי הקיפו וגו' ואם כן מנוקים המה מעון ומדוע אם כן מתו ובעבור זה ילכה לגדף: (יד) ומלאך בא. אחד מנעריו בא לבשרו הרעה: על ידיהם. אצלם בסמוך להם: (טו) ותפול שבא. עם שבא חנתה עליהם ולקחה הכל נעלמה: ואת הנערים. החורשים עם הבקר והרועים את האתונות: להגיד לך. כי אמרו רבותינו ז"ל שאחר שגמר דבריו מת גם הוא והרי הוא כאלו אמר הנה לא נמלטתי כי אם להגיד לך ולא להשאר חי: (טז) עוד זה. כשהיה עוד הראשון מדבר את דבריו בא זה השני ואמר הנה אש חזקה וגדולה נפלה מהשמים והתחילה להבעיר בצאן ובנערים שומרי הצאן ושרף

מצודת ציון

כנוי כלפי מעלה: (יד) ומלאך. שליח: (טו) ותפול. ענין החנייה כמו נופלים בעמק (שופטים ז'): ואמלטה. ענין הצלה: (טז) אש אלהים. דרך המקרא כשרוצה להגדיל דבר מה סומכו לשם השם

wishes to magnify something, it attributes the thing to the Deity. Here, the intention is to express the size and power of the fire that fell upon the youths and the flocks.—[*Mezudath Zion, Mezudath David*]

your hand." Now the Adversary left the presence of the Lord.
13. Now the day came about that his sons and daughters were
dining and drinking wine at the home of their firstborn brother,
14. and a messenger came to Job and said, "The cattle were
plowing, and the she-donkeys were grazing beside them,
15. and Sheba fell upon them and took them, and they slew the
youths by the sword, and only I alone escaped to tell you."
16. This one was still talking, and another one came and said,
"A tremendous fire fell from heaven and burned

"Have you paid, etc."—*An expression of a wonder.*—[Rashi]

sincere and upright—*Perfect in his deeds.*—[Rashi] [Rashi defines תָּם as expressing perfection, completely without blemish.]

[10] **made a hedge around him**—*You protected him like a wall, as in* (Isa. 5:5) *"I will remove its hedge* (מְשׂוּכָּתוֹ)*," its wall. Every expression of* בְּעַד *stated in the Hebrew language is only an expression of "opposite and before him," as in* (Lev. 16:6), *"and he shall effect atonement for himself* (וְכִפֶּר בַּעֲדוֹ)*," he shall wipe away the sin from opposite you and before you* (sic), *so that the atonement shall be a shield about you. Similarly* (Ps. 3:4); *"[But You,] O Lord, are a shield about me* (בַּעֲדִי)*."*—[Rashi]

spread out in the land—Heb. פָּרַץ, *gained strength, as in* (Exod. 1:12), *"So would they gain strength* (יִפְרֹץ)*," "So would they gain strength," which the Targum renders: And so would they become strong. This is its simple meaning, but our Sages of blessed memory stated in the Aggadah (Baba Bathra 15b, 16a) that they broke the*

fence of the world [i.e. broke the restrictions of nature], *for the goats would slay the wolves.*—[Rashi]

14. **beside them**—Heb. עַל יְדֵיהֶם lit. on their hands. *This is an expression of a place only because it is prepared and available at his hand. Our Sages of blessed memory said in the Aggadah (Baba Bathra 15b, 16a), that the Holy One, blessed be He, gave them a taste of the world to come; for after the plowing by the she-donkeys, they would sow with the plowing, and the she-donkeys would immediately graze on the young greens from the furrow.*—[Rashi]

15. **And Sheba**—*The kingdom of Sheba fell upon them and encamped beside them, as in* (Gen. 25:18), *"before all his brethren he settled."*—[Rashi]

the youths—*Your servants who were guarding them.*—[Rashi]

and I ... escaped—Heb. וָאִמָּלְטָה. *The word מְלִיטָה is only an expression of withdrawal, that one withdrew from trouble.*—[Rashi]

16. **"A tremendous fire"**—Lit. a fire of God. Whenever Scripture

בַּצֹּאן וּבַנְּעָרִים וַתֹּאכְלֵם וָאִמָּלְטָה רַק
אֲנִי לְבַדִּי לְהַגִּיד לָךְ׃ יז עוֹד ׀ זֶה מְדַבֵּר
וְזֶה בָּא וַיֹּאמַר כַּשְׂדִּים שָׂמוּ ׀ שְׁלֹשָׁה
רָאשִׁים וַיִּפְשְׁטוּ עַל־הַגְּמַלִּים וַיִּקָּחוּם
וְאֶת־הַנְּעָרִים הִכּוּ לְפִי־חָרֶב וָאִמָּלְטָה
רַק־אֲנִי לְבַדִּי לְהַגִּיד לָךְ׃ יח עַד זֶה
מְדַבֵּר וְזֶה בָּא וַיֹּאמַר בָּנֶיךָ וּבְנוֹתֶיךָ
אֹכְלִים וְשֹׁתִים יַיִן בְּבֵית אֲחִיהֶם
הַבְּכוֹר׃ יט וְהִנֵּה רוּחַ גְּדוֹלָה בָּאָה ׀
מֵעֵבֶר הַמִּדְבָּר וַיִּגַּע בְּאַרְבַּע פִּנּוֹת
הַבַּיִת וַיִּפֹּל עַל־הַנְּעָרִים וַיָּמוּתוּ
וָאִמָּלְטָה רַק־אֲנִי לְבַדִּי לְהַגִּיד לָךְ׃

ובעולמיא וגמרתינון ואשתזבית לחוד אנא בלחודי לחואה לך׃
יז עד כדון דין ממלל ודין אתא ואמר כסדאי מניאו תלתא רישי אוכלוסין ואתפשטו על גמליא ודברנון וית עולמיא קטלו לפתגם דחרב ואשתזבית לחוד אנא בלחודי לחואה לך׃
יח עד כדון דין ממלל ודין אתא ואמר בנך ובנתך אכלין ושתין חמר בבית אחוהון בוכרא׃
יט והא זעפא רבתא אתיא מסטרי מדברא וקריב בארבע זוין דביתא ונפל על עולמיא ומיתו ואשתזבית לחוד אנא בלחודי לחואה לך׃ וקם

ת"א כשדים. ב"ב טו ע"ז סוטה כ': בניך ובנותיך. ב"ב טז: רוח גדולה. שם. ברכות יג: מלעיל

רש"י

(טז) ובנערים. במשרתים שומרי הצאן מדבר הכתוב: (יז) ויפשטו את הגמלים. זה ל' בזוז בז לפי מנהגם כל זמן שהם מהלכים נדבקים יחד והולכים במחרב שלא יבינו בהם ויבריחו את המקנה וכשמגיעים למקום המקנה פושטי' במרחב המקנה זה לכאן וזה לכאן לאסוף המקנה והמלאכי' הללו שלוחי שטן היו וכדי להקניטו ולהחטיאו בישרוהו תחילה בהפסד מועט ואח"כ בגדול הימנו וכן כולם: (יט) מעבר המדבר. אצל שני של מדבר והיה הבית אצל זה וזהו ל' עבר במקרא: על הנערים. בנים אבל אין צריך להזכיר הבנות: (להגיד לך. שהיה לו רשות להגיד

מנחת שי

(יח) עד זה מדבר וזה בא ויאמר בניך ובנותיך. עד זה בפתח:

אבן עזרא

(יז) ויפשטו. כמו אל פשטתם היום: (יח) עד זה מדבר.

רלב"ג

זה שתכלית ואולם הרעות הנופלות אשר יקרו מצד השנויים המתחדשים ביסודות הם מיוחסים אל הקרי וההזדמן ואחר זה זכר שבכר הגיע מתום איוב ויושכו וילאתו השם שלא חטא בכל זאת רק נתן שבח לש"י ואמר ה' נתן וה' לקח יהי שם ה' מבורך ואח"כ התחיל בסיפור

מצודת ציון

וכן אחזי אל (תהלים פ'): (יז) ראשים. חלקים כמו ורבע אחד בא (שופטים ט'): ויפשטו. מלשון התפשטות ושטיחה: (יט) מעבר.

מצודת דוד

את כולם: (יז) כשדים. חיל כשדים חלקו עצמן על שלשה חלקים ופשטו עצמן בעבור הגמלים לקחת לעצמן כדרך שוללי המקום אשר יתפזרו מסביב לאסוף את המקנה: ואת הנערים. שמה רועי הגמלים: (יח) עד זה. כמו בעוד זה: אכלים. היו אוכלים וגו': (יט) ויגע בארבע פנות. עם כי בא מעבר א' הקיף את כל הבית

stolen. He sent these messengers to relate to Job what they thought had occurred. Actually, Satan had hidden away the cattle, the flocks, the camels, and the children, to return them at the end of the story.

the flocks and the youths and consumed them; only I alone escaped to tell you." 17. This one was still talking, and another one came and said, "Chaldeans formed three bands, spread out on the camels and took them, and slew the youths with the sword, and only I alone escaped to tell you." 18. While this one was still talking, another one came and said, "Your sons and daughters were dining and drinking wine at the home of their firstborn brother, 19. when, behold, a great wind came from the other side of the desert, and struck the four corners of the house; it fell upon the youths, who died, and only I alone escaped to tell you."

and the youths—*Scripture speaks of the guards of the flocks.*— [*Rashi*]

17. **spread out on the camels**— *This is an expressions of plundering plunder according to their custom that as long as they are walking, they stick together and walk stealthily lest people recognize them and drive the cattle away. When they reach the place of the cattle, they spread out in the width of the herd, one on each side, in order to gather the cattle. Now these messengers were messengers of the Adversary, and in order to provoke him [Job] and cause him to sin, they first informed him of a small loss and later of a larger one. So is the sequence of all of them.*— [*Rashi*]

and the youths—*The camel herders.*—[*Mezudath David*]

19. **from the other side of the desert**—*From the other side of the desert, for the house was on this side.*

This is the meaning of עֵבֶר, *as it is found in Scriptures.*—[*Rashi*]

upon the youths—*The sons, but it is unnecessary to mention the daughters.*—[*Rashi*] Since women are weaker than men, it is obvious that they also died.—[*Mezudath David*]

(**to tell you**—*He was permitted only to tell, and at that moment, he died. Not found in certain editions.*)—[*Rashi*]

Ramban conjectures that, although Scripture relates only the messengers' reports of these incidents and not the events themselves, they did indeed occur, as it appears from the end of the Book that God restored Job's captivity [i.e., He returned Job's property that had been taken into captivity]. At the end of the Book (42:10), *Ramban* suggests that Satan made it appear to the messengers that the children had died and the livestock had been

כ וַיָּקָם אִיּוֹב וַיִּקְרַע אֶת־מְעִלוֹ וַיָּגָז אֶת־
רֹאשׁוֹ וַיִּפֹּל אַרְצָה וַיִּשְׁתָּחוּ׃ כא וַיֹּאמֶר
עָרֹם יָצָתִי מִבֶּטֶן אִמִּי וְעָרֹם אָשׁוּב
שָׁמָּה יְהוָה נָתַן וַיהוָה לָקָח יְהִי שֵׁם
יְהוָה מְבֹרָךְ׃ כב בְּכָל־זֹאת לֹא־חָטָא
אִיּוֹב וְלֹא־נָתַן תִּפְלָה לֵאלֹהִים׃

כ וְקָם אִיּוֹב וּבְזַע יַת
מְעִילֵיהּ וְסַפַּר יַת רֵישֵׁיהּ
וּנְפַל עַל אַרְעָא וּסְגִיד׃
כא וַאֲמַר עַרְטִילַי נְפַקִית
מִן כְּרֵסָא דְאִמִּי וְעַרְטִילַי
אֲתוּב לְבֵית קְבוּרְתָּא
מֵימְרָא דַיְיָ יְהַב וּמֵימְרָא
דַיְיָ וּבֵית דִּינֵיהּ נְסִיב
יְהֵי שְׁמָא דַיְיָ מְבָרָךְ׃
כב בְּכָל דָא לָא חָב אִיּוֹב
וְלָא מְסַדֵּר מִלֵּי
מֶחְטֵי קֳדָם יְיָ׃

ת״א ויקם איוב. מ״ק ב כח ב״ב טו מ״ק כג סוטה כ: ערום. ב״ב טו עקדה שער קה: ה׳ נתן. ברכות סב זוהר תלוה סוטה יד: חסר א׳

רש״י

והיה מת באותו רגע. סא״א): (כ) ויגז. תלש כמו (ירמיה ז׳) גזי נזרך ומתרגמינן תלישה וכמו (תהלים ע״א) ממעי אמי. אתה גוזי. מוצאי: (כא) מבטן אמי. האדמה אשר לוקחתי משם או אמי ממש: וערום אשוב שמה. לא בבטן הוא מדבר ומה שמה אל מקום תשובתו ואל שהוא מוכן לכך ולא יחליף החוק לשוב כי אם אל העפר ולפיכך לא הוצרך להזכירו: (כב) תפלה. לא שום שמץ ותפלות נתן על הקב״ה כמו (ירמיה כ״ג) ובנביאי שומרון ראיתי תפלה: ולא נתן. להטיל תפלה ועול אל הקב״ה כמו (שמואל א׳ י״ח) נתנו לדוד רבבות ולי נתנו האלפים:

אבן עזרא

עד שבא זה המדבר והוא אחרית הבאים: (כ) ויגז את ראשו. טעמו שער ראשו וכן הורידו לארץ ראשן: (כא) אשוב שמה. רמז לקבר הידוע וכן כי עת לכל חפץ על כל המעשה שם. ויש אומרים כי מבטן אמי היא הארץ והענין אדם הראשון או בעבור היות העצמות שהם מוסדי הגוף מן הארץ וכנגד הארץ: (כב) תפלה. כמו תפל והענין לא יצא מפיו דבור שאין לו טעם:

מנחת שי

(כא) יצתי. לית חסר אל״ף:

רלב״ג

המין האחר מן הרעות אשר התחלתו במקבל כמו העלה והמזג וקרא התחלת זה הרע ג״כ שטן להיותו מטה מהדרך הראוי ואמר בו לסתילב על ה׳ מה שלא אמר כן בראשון לפי שזה החלק מהנפש אשר בו תהי׳ העלה הוא מכוון בעצמו לעבוד השכל האנושי ולהגיע לו שלימותו וזה מבואר למי שיעיין בספר הנפש וידע כחות הנפש האנושית לאיזה תכלית נמצאו באדם אלא שבעבר יקרה בקלת העתים שיהיה מה

מצודת דוד

מסביב: על הנערים. המה בניו ומשרתיהם ולא זכר הבנות כי כ״ש הוא שיות הנקבות המה תשושי כח ביותר: (כ) ויקרע. בעבור הצער והאבל: ויגז את ראשו. תלש שער ראשו וקלר בדבר המובן: וישתחו. אל ה׳ לברך על הרעה: (כא) ערום וגו׳. רלה לומר כמו שיצאתי מבטן אמי ערום מבלי עושר ובנים כן אשוב אל הקבר וזולתם וכאומר מה לי להתרעם על אבדן הבנים והעושר הלא לא נולדו עמי ואשוב א״כ כמו שנולדתי ולתוספת ביאור אמר הלא ה׳ נתן לי והוא לקח את שלו ומה לי להתרעם עליו: שמה. ר״ל אל מקום הידוע המוכן לכל ולא הוצרך לפרש כי מובן הוא מאליו וכן על כל המעשה שם (קהלת ג׳): (כב) בכל זאת. עם כי באו עליו צרות תכופות זו על זו מכל מקום לא חטא להתרעם אחר ה׳ ולא אמר עליו דברי תפלה:

מצודת ציון

מפאת: פנות. זויות: (כ) מעילו. שם מלבוש מה: ויגז. והלש כמו קרחי וגזי (מיכה א׳): (כא) יצתי. כמו יצאתי באל״ף: (כב) נתן. ענינו האמירה על הדבר וכן נתנו לדוד רבבות (שמואל א׳ י״ח) ויהכן שהוא מלשון שם יתנו לדקות ה׳ (שופטים ה׳): תפלה. ענין דבר גרוע שאין בו טעם וכן ובנביאי שומרון ראיתי תפלה (ירמי׳ כג):

unseemliness—Heb. תִּפְלָה. *He did not ascribe any blemish or unseemliness to the Holy One, Blessed be He. Similarly* (Jer. 23:13), *"And in the prophets of Samaria I saw unseemliness* (תִּפְלָה)*."*—[*Rashi*]

neither did he ascribe—Heb. נָתַן, lit. gave, *to ascribe unseemliness and injustice to the Holy One, blessed be He, like* (I Sam. 18:8) *"They ascribed* (נָתְנוּ) *to David ten thousands, and to me they ascribed* (נָתְנוּ) *the thousands."*—[*Rashi*] Had Job felt that he was being punished unjustly, he would have been in a dilemma: he would either have had to deny Divine Providence and ascribe his troubles to another power, such as nature or the heavenly bodies, or he would have had to ascribe injustice to God. But, Job did not feel this, and so he did not sin by denying Divine Providence, nor did he ascribe unseemliness to God.—[*Malbim*]

Job did not sin by denying God's

20. Then Job stood up, and rent his robe and tore his hair; then he fell to the ground and prostrated himself. 21. And he said, "From my mother's womb, I emerged naked, and I will return there naked. The Lord gave and the Lord took; may the name of the Lord be blessed." 22. Despite all this, Job did not sin, neither did he ascribe unseemliness to God.

---

20. stood up, rent--He rent his robe in anguish and mourning.— [*Mezudath David*] Although it is possible that Job stood up because of his intense sorrow, just as he tore his hair for that reason, the Rabbis teach us that the rite of rending the garments in mourning must be performed while standing.—[*Moed Katan* 20b, 21a]

tore—Heb. וַיָּגָז, *tore out, as in* (Jer. 7:29), *"Tear out* (גָזִּי) *your hair for your great men,"* which Jonathan renders: תְּלִישָׁיה, *tear out, and like* (Ps. 71:6) *"From my mother's womb You pull me* (גּוֹזִי)," *pull me.*—[*Rashi*] Targum renders: Cut his hair.

and prostrated himself—to bless God for the evil, [as the Mishnah (*Berachoth* 9:5) states: A person must bless for the evil just as he blesses for the good.]—[*Mezudath David*]

21. From my mother's womb— [This may refer to] *the earth, "whence I was taken,"* or *actually, "my mother."*—[*Rashi*]

and I will return there naked—*He is not referring to the womb. What then is the meaning of "there"? To the place of his return, for which he is destined, and he will not change the law, to return anywhere but to the*

earth. Therefore, it was not necessary to mention it [the location of his return].— [*Rashi*]

Ramban suggests "the bowels of the earth." He explains Job's reasoning: Since he is destined to return to the earth naked, as he was born, it makes no difference whether his worldly goods are taken from him after his death or while he lives.

The Lord gave and the Lord took—as He desired.—[*Ramban*] *Malbim* elucidates: Job has no complaint against God for taking away his possessions and his children, because, unlike the limbs of his body with which he was born, these goods are not inherently his: he was born naked and shall return naked to the earth—the first womb of man. If, after his birth, he had gained his children and possessions through his own power, then Job would have had a legitimate complaint. But since God gave them to him, He has an absolute right to take them back. Surprisingly, Job uses the Tetragrammaton, the name denoting Divine mercy. He was confident that God intended his good and had taken his children and possessions to atone for his sins, so that he might remain alive.

ב א ויהי היום ויבאו בני האלהים
להתיצב על־יהוה ויבוא גם־השטן
בתכם להתיצב על־יהוה: ב ויאמר
יהוה אל־השטן אי מזה תבא ויען
השטן את־יהוה ויאמר משט בארץ
ומהתהלך בה: ג ויאמר יהוה אל־
השטן השמת לבך אל־עבדי איוב
כי אין כמהו בארץ איש תם וישר ירא
אלהים וסר מרע ועדנו מחזיק בתמתו

ת"א ויהי היום, ב"ב ט"ז מ"ט, שבועות לו:

תרגום

והוה יומא דדינא רבא יום
שבוק סרחניא ואתו כתי
מלאכיא למקום בדינא
קדם יי ואתא לחוד
סטנא במציעיהון
למקום בדינא קדם יי:
ב ואמר יי לסטנא מנן
אנת אתי ואתיב סטנא
קדם יי ואמר מן למשוט
בארעא למבדק בעובדי
בני נשא ומן מהלכא
בה: ג ואמר יי לסטנא
אפשר דשויתא לבך
בעבדי איוב ארום לית
דכמוהי בארעא דעממי
גבר שלים ותריץ דחיל
מן קדם יי ועדי מן
ביש ועוד כדון היא
מתקף בשלימותיה

ותסיתני

רש"י

ב (ב) אי מזה תבוא. איה מקום שתוכל לומר מזה אני בא: (ג) מחזיק. אוחז כמו (שמות ד') וישלח ידו ויחזק בו. מחזיק באזני כלב (משלי כ"ו): ותסיתני בו. תסיתתני לבולעו כל ל' הסתה אינו אלא ל' המשכה שממשיך

אבן עזרא

ב (ג) והסיתני. דברה תורה כלשון בני אדם והענין שיחשבו אנשים שאין להם דעת שיכולת להסית

רלב"ג

שישפטוהו זה החלק מהנפש בלתי ישר ובלתי נאות עד שיתחדשו מזה חלאים ומכאובים מצד רוע ההנהגה וזכר על צד המשל שזה השטן השתדל בכל אופני ההשתדלות להזיק איוב בגופו ושהש"י נתן הכל ברשותו זולת נפשו כי הוא אשר לא נתן לשטן ממשלה עליה אבל הוא הענין בהפך ר"ל שהיא תמשול עליו ותנהיגהו כאשר תרצה וייחס עם זה המסרו ביד זה השטן לסבת היותו בלתי שלם בידיעת השם עד

מצודת ציון

ב (ג) ועודנו. ועודו הוא: ותסיתני. מלשון הסתה ופתוי:

מצודת דוד

ב (א) ויהי היום. היום המוכן לשיבואו בו מלמדי הזכות והחובה: (ב) אי מזה. איה המקום אשר תאמר מזה אני בא: (ג) ועודנו. עם כי הוכה שבר על שבר עודו אוחז בתמימותו: ותסיתני. דבר בלשון בנ"א ור"ל קטרגת עליו להשחיתו בחנם מבלי

2

1. Now the day came about that the angels of God came to stand beside the Lord, and the Adversary too came among them to stand beside the Lord. 2. Now the Lord said to the Adversary, "Where are you coming from?" And the Adversary replied to the Lord and said, "From going to and fro on the earth and from walking in it." 3. And the Lord said to the Adversary, "Have you paid attention to My servant Job? For there is none like him in the earth, a sincere and upright man, God-fearing and shunning evil, and he still maintains his sincerity.

power over worldly events; he knew his troubles came from God, not chance. He did not remonstrate with himself, "Had the sheep and cattle not gone out to plow, they would not have been taken," or "Had the camels not gone out, they would not have been captured, and the she-donkeys would not have been taken," or "Had someone pursued the troop, they would have rescued the livestock," or "Had each of my sons stayed home, the house would not have fallen on them."—[*Meir Iyov,* based on *Midrash Iyov*]

1. **Now the day came about**—*Mezudath David* explains: The day designated for the prosecutors and the defenders to come forth. According to *Targum,* this was Yom Kippur. According to *Midrash Iyov,* it was the day of the feast in the home of the firstborn. In any case, Job's verdict was promulgated during the Ten Days of Penitence,

between Rosh Hashanah and Yom Kippur, when a person's fate is sealed for the coming year.

to stand beside the Lord—At the first convening of the Heavenly Tribunal, the sentence order is different. Only in this verse does the Adversary stand beside the Lord. Apparently, the Adversary is not one of the angels who usually takes that position, but must be given special permission to do so.—[*Ramban*]

2. **"Where are you coming from?"**—Lit. "Where from this do you come?" *Where is the place about which you may say, "From this place I come"?*—[*Rashi, Mezudath David*]

3. **and he still**—Despite the many blows that he has been dealt.—[*Mezudath David*]

maintains—Heb. מַחֲזִיק, *holds, as in* (Exod. 4:4) *"and he held* (וַיַּחֲזֶק) *onto it";* (Prov. 26:17), *"One who holds* (מַחֲזִיק) *onto a dog's ears."*—[*Rashi*]

וַתְּסִיתֵנִי בוֹ לְבַלְּעוֹ חִנָּם: ד וַיַּעַן הַשָּׂטָן
אֶת־יְהוָה וַיֹּאמַר עוֹר בְּעַד־עוֹר וְכֹל
אֲשֶׁר לָאִישׁ יִתֵּן בְּעַד נַפְשׁוֹ: ה אוּלָם
שְׁלַח־נָא יָדְךָ וְגַע אֶל־עַצְמוֹ וְאֶל־
בְּשָׂרוֹ אִם־לֹא אֶל־פָּנֶיךָ יְבָרְכֶךָּ:
ו וַיֹּאמֶר יְהוָה אֶל־הַשָּׂטָן הִנּוֹ בְיָדֶךָ אַךְ
אֶת־נַפְשׁוֹ שְׁמֹר: ז וַיֵּצֵא הַשָּׂטָן מֵאֵת
פְּנֵי יְהוָה וַיַּךְ אֶת־אִיּוֹב בִּשְׁחִין רָע מִכַּף
רַגְלוֹ *עַד קָדְקֳדוֹ: ח וַיִּקַּח־לוֹ חֶרֶשׂ
לְהִתְגָּרֵד בּוֹ וְהוּא יֹשֵׁב בְּתוֹךְ־הָאֵפֶר:

ועד קרי

וְגָרֵיתָא מֵימְרִי בֵיהּ
לְסַלְעֲמוּתֵיהּ מַגָּן:
ד וַאֲתִיב סִטְנָא קֳדָם יְיָ
וַאֲמַר אֵבְרָא אַמְטוּל
אֵבְרָא וְכָל דִי לְבַר נָשׁ
יִמְסוֹר אַמְטוּל נַפְשֵׁיהּ:
ה בְּרַם אוֹשִׁיט כְּדוּן
מְחַת יְדָךְ וּקְרִיב לְגַרְמֵיהּ
וּלְבִסְרֵיהּ אִין לָא בְאַנְפֵּי
מֵימְרָךְ יַרְגְזִינָךְ: ו וַאֲמַר
יְיָ לְסִטְנָא הָא מְסִיר
בִּידָךְ לְחוֹד יַת נַפְשֵׁיהּ
נְטַר: ז וּנְפַק סִטְנָא
בְּהַרְמָנָא מִן קֳדָם יְיָ
וּמְחָא יַת אִיוֹב בְּשִׁיחֲנָא
בִישָׁא מִפַּרְסַת רִגְלֵיהּ
וְעַד מוֹקְדֵיהּ: ח וּנְסִיב
לֵיהּ פְּחַר לְאִתְקַרְצָפָא
בֵיהּ וְהוּא יָתֵיב בְּאֶמְצַע

ת"א ותסיתני. חגיגה ה׳ ב"ב טס
חולין ד: הנו בידך. חולין מג:

רש"י

ותאמר

את האדם לעלתו: (ד) **עור בעד עור**. אבר בפני אבר כן דרך בני אדם כשרואה הרב באה על ראשו מגין בזרועו לפניו וכ"ש שכל אשר לאיש בממון יתן: **בעד נפשו**. בפני נפשו להגין לפי שזה יודע בנפשו שנתחייב לפיכך אינו מלטער על ממונו: (ה) **אולם**. אבל: **אם לא**. תראה בו מיד שעל פניך יברכך: (ו) **אך את נפשו שמור**. שלא תלא מכאן אמרו הכמים קשה היה לער של שטן יותר משל איוב כאומר לחבירו שבור חבית זו ושמור יינה: (ח) **להתגרד בו**.

אבן עזרא

אותו: (ד) **עור בעד עור**. גוף בעד גוף ויש אומר כי מנהג האדם להסתיר עינו בידו אם יפחד ממכה בעבור היותה נכבדת: (ח) **להתגרד**. להתחכך ואין לו אח במקרא ויש אומרים חרס כמו נגרב ונחרם: **בתוך האפר**. כדרך

מנחת שי

ב (ה) אולם שלח. בגעיא: (ז) עד קדקדו. ועד קרי: קדקדו. עיין מ"ש בשמואל י"ד: (ח) להתגרד. בדל"ת. רש"י:

רלב"ג

שלא יעמוד באמונתו כאשר ינוסה וזהו אומרו ואולם שלח נא ידך וגע אל עצמו ואל בשרו אם לא על פניך יברכך וכן היה הענין על דרך האמת כי איוב להיותו נבוך ומבולבל בענין ההשגחה האלהית והיות אמונתו בזה בלתי שלימה העתיקוהו אלו הדעות הנופלות אל שיחליט

מצודת דוד

מון כ"א לנסותו: (ד) **עור בעד עור**. ר"ל ק"ו הדברים אם דרך האנשים לתת עור בעד עור שאם יבוא מי להכותו בעור פניו הלא ישים ידו על פניו לקבל את ההכאה בעור היד וא"כ הוא במקלת גופו אל קלתו כ"ש הוא שיתן האיש את כל אשר לו בעד נפשו וכאומר הנה איוב יחשוב פן נגזר עליו המיתה ונאבד כל אשר לו תמורת נפשו ויעמד חי ולזה מקבל בסבר פנים יפות: (ה) **אל עצמו ואל בשרו**. במכאובי הגוף עצמו הקשה מאבדן הבנים והעושר: **אל פניך**. כמו על פניך ורלה לומר בעבור כעסו יגדף כלפי מעלה: (ו) **הנו בידך**. הנה הוא בידך להכותו בעצמו ובבשרו להחליאו אך שמור את נפשו לבל תלא מגודל המכאב: (ז) **ויצא**. להכות את איוב: **בשחין רע**. הוא כואב ביותר: **מכף רגלו וגו׳**. ר"ל בכל שטח הגוף: (ח) **ויקח לו חרש**. איוב לקח בידו שברי חרס לחכך בהם

מצודת ציון

לבלעו. להשחיתו כמו בלע ה׳ (איכה ב׳): (ז) **מכף רגלו**. כמו שנקרא תוך היד כף כן נקראה תחתית הרגל: **קדקדו**. הוא אמצעית הראש מקום יחולק שם השער אילך ואילך: (ח) **להתגרד**. ענין

From here, the Sages said, "The Adversary's pain was greater than Job's. This is analogous to one saying to his friend, 'Break this barrel but preserve its wine.' "—[Rashi from *Baba Bathra* 16a]

7. **departed**—to afflict Job.—[*Mezudath David*]

with severe boils—with very painful ones.—[*Mezudath David*]

from the sole of his foot etc.—Over his entire body.—[*Mezudath David*]

8. **to scratch himself with**—Heb. לְהִתְגָּרֵד. *This word is spelled with a "dalet." It is a Mishnaic expression* (*Rosh Hashanah* 27b): *"If he scraped*

Yet you enticed Me against him." 4. Now the Adversary replied to the Lord and said, "Skin for skin, and whatever a person has he will give for his life. 5. But, stretch forth Your hand now and touch his bones and his flesh, will he not blaspheme You to Your face?" 6. And the Lord said to the Adversary, "Here he is in your hands, but preserve his life." 7. Now the Adversary departed from the presence of the Lord, and he smote Job with severe boils from the sole of his foot to the crown of his head. 8. Then he took himself a potsherd to scratch himself with, and he sat down in the midst of the ashes.

Yet you enticed Me against him— *You enticed Me to destroy him. Every expression of* הֲסָתָה *is only an expression of attracting a person to his counsel.*—[*Rashi*] The comparison of God and the Adversary to a king and his servants is an anthropomorphism demonstrating the idea that Job withstood God's tests and attained the level of those who serve Him out of love. The Adversary, though, retorts that tests are valid only if a person's body is afflicted. This dialogue is recorded to teach us that one who serves God while in good health, although impoverished and bereft of his children, is not rewarded as much as one who serves God while suffering from severe ailments.—[*Ramban*]

4. **Skin for skin**—*One limb for another limb. It is human nature that, when one sees a sword coming toward his head, he protects it with his arm in front of it. Surely a person will give all the money he has.*— [*Rashi*]

for his life—*For his life to protect it. Because this person knows that he*

is liable to lose his life, he does not worry about his money.—[*Rashi*] Believing that his money and children were taken from him to expiate his sins and redeem him from the death that had been decreed upon him, Job accepts his tribulations cheerfully.—[*Mezudath David*]

5. **But**—If you really wish to test him, touch his bones.—[*Rabbenu Meyuchos*]

But—Heb. אוּלָם, *but.*—[*Rashi*]

will he not—*Will You not see immediately that he will blaspheme You to Your face?*—[*Rashi*]

and touch his bones and his flesh—Afflict him with physical pains, which are more severe than the loss of his children and his possessions.—[*Mezudath David*]

6. **Here he is in your hands**—to afflict him in his bones and flesh, to inflict pain upon him—but preserve his life, lest his soul flee from the excruciating pain.—[*Mezudath David*]

but preserve his life—Lit. "guard his soul," *that it does not go out.*

ט וַתֹּאמֶר לוֹ אִשְׁתּוֹ עֹדְךָ מַחֲזִיק
בְּתֻמָּתֶךָ בָּרֵךְ אֱלֹהִים וָמֻת: י וַיֹּאמֶר
אֵלֶיהָ כְּדַבֵּר אַחַת הַנְּבָלוֹת תְּדַבֵּרִי
גַּם אֶת־הַטּוֹב נְקַבֵּל מֵאֵת הָאֱלֹהִים
וְאֶת־הָרָע לֹא נְקַבֵּל בְּכָל־זֹאת לֹא־
חָטָא אִיּוֹב בִּשְׂפָתָיו: יא וַיִּשְׁמְעוּ שְׁלֹשֶׁת
רֵעֵי אִיּוֹב אֵת כָּל־הָרָעָה הַזֹּאת הַבָּאָה
עָלָיו וַיָּבֹאוּ אִישׁ מִמְּקֹמוֹ אֱלִיפַז הַתֵּימָנִי
וּבִלְדַּד הַשּׁוּחִי וְצוֹפַר הַנַּעֲמָתִי וַיִּוָּעֲדוּ

תרגום

קִטְמָא: ט וַאֲמַרַת לֵיהּ
דִינָה אִתְּתֵיהּ עַד כְּדוּן
אַתְּ מַתְקֵף בִּשְׁלֵימוּתָךְ
בְּרִיךְ מֵימְרָא דַיְיָ וּמִית:
י וַאֲמַר לָהּ הֵיכְמָא דִי
מְמַלְלָן חֲדָא מִן נְשַׁיָא
דְעָבְדִין קְלָנָא בְּבֵית
אֲבָהַתְהוֹן הֵכְדֵין אַתְּ
מְמַלְלָא לְחוּד יַת טָבָא
נְקַבֵּל מִן קֳדָם יְיָ וְיַת
בִּישָׁא לָא נְקַבֵּל בְּכָל
דָא לָא חָב אִיּוֹב
בְּסִפְוָתוֹהִי בְּרַם
בְּרַעְיָנֵיהּ הִרְהֵר בְּמִלִּין:
יא וּשְׁמַעוּ תְּלָתָא חַבְרֵי
אִיּוֹב יַת כָּל בִּישְׁתָּא
הָדָא דַאֲתַת עֲלוֹהִי (כַּד
חָמוּן יַת אִילָנֵי
פַרְדֵסֵיהוֹן דִי יַבִּישׁוּ וּלְחֵם סְעוּדַתְהוֹן אִתְהַפַּךְ לְבִיסְרָא חַיָא וַחֲמַר מִשְׁתֵּיהוֹן אִתְהַפַּךְ לִדְמָא) וַאֲתוֹ
גְּבַר מֵאַתְרֵיהּ (וּבְהָא זְכוּתָא אִתְפְּצִיוּ מִן אֲתַר מְזוּמָן לְהוֹן בְּגֵיהִנָּם) אֱלִיפַז דִי מִן תֵּימָן וּבִלְדַּד דִי מִן
שׁוּחַ

רש"י (מלעיל)

בדלי"ת כתוב ול' משנה הוא גורדו ומעמידו על גלדו אבל גורר ברי"ש אינו אלא ל' סחיבה כמו גורר אדם מטה וספסל: (ט) מחזיק. אוחז: ומת. לשון צווי כמו ומת בהר (דברים ל"ב): (י) גם. לא די שבראנו אלא גם את הטוב נקבל ואת הרע לא נקבל בתמיה: בשפתיו. אבל בלבו חטא: (יא) רעי איוב. אוהביו: לנוד. כמו מי ינוד לך

מנחת שי

(יא) הבאה עליו. זהו א' מן השלשה מלעיל על פי המסורת: הבאה עליו. בדפוס ישן כתיב א לי ו ואין לסמוך עליו:

אבן עזרא

אבילות וילבש שק וישב על האפר. והאומר כי שבתו באפר לקרר השחין צריך להביא ראיה שהיה השחין חם ולח: (י) בכל זאת לא חטא איוב בשפתיו. להורות כי עוד יחטא בשפתיו ויוציא מפיו מלים ברוב צערו: (יא) אליפז התימני. ממשפחת תימן בן אליפז בן עשו והקרוב שהיה קרוב מימי משה כי לא יתיחס לתימן כי אם אחר דורות. וחז"ל אמרו כי משה כתב ספר איוב והקרוב אלי כי הוא ספר מתורגם על כן הוא קשה בפירוש כדרך כל ספר מתורגם: השוחי. מבני קטורה אשת אברהם. את ישבק ואת שוח: הנעמתי. לא ידענו אם יחוסו למדינה או למשפחה:

רלב"ג

המאמר שאין הש"י משגיח בתחתונים ר"ל באישיהם ואילו היה מלוייר אליו האמת בזה לא היה נעתק בשום פנים אל שהאמנה בחלופו והנה שבת היותו נבוך זה השיעור מהמבוכה בזה הדרוש היתה חסרונו בהשגות העיונות אשר השלימות בהם שבת השמר האדם מאלו הרעות המדומות. וזכר שכבר הגיע מתום זה האיש ויושרו עד שעם אשר הסתה אותו אשתו לבלתי החזיק בתומתו והוכח במכאובות חזקים לא חטא בכל זה בשפתיו אלא שכבר אחז"ל שבמחשבתו היה נבוך ומבולבל כמו שהוכיח בסוף הענין אחז"ל בשפתיו הוא דלא חטא

מצודת ציון

מכוך ובדרז"ל גורד כדרכו ואינו חושש (שבת קמ"ז): (ט) ברך. לשון כנוי כלפי מעלה: (י) הנבלות. פחותות ונבזות: (יא) ויועדו. מלשון וועד ואסיפה:

מצודת דוד

מקומות השחין: בתוך האפר. לקרר חמימות השחין: (ט) עדך. עדיין אתה מחזיק בתמימתך וכאלו אמרה אל תחזיק עוד אלא ברך את ה' ובעון זה תמות מיד והנה טובה לך משתחים ביסורים מכאיבי' כאלה: (י) כדבר וגו'. תדברי כדברי אחת מנשי הנבלות: גם את הטוב. ר"ל אם אמנם שדי הרע לנו הנה עוד יבוא מועד אשר נקבל גם את הטוב ולא נוסיף לקבל עוד את הרע: בכל זאת. עם כי נלקה בגופו ומלא מכית מכל מקום לא חטא בשפתיו לברך את ה' כאשר הסיתתו אשתו: (יא) וישמעו. מן המספרים: איש ממקומו. כל אחד בא ממקומו

saw that the trees of their orchards had withered, the food of their repasts had turned to raw meat, and the wine of their feasts had turned to blood.

Eliphaz the Temanite—of the clan of Teman, the son of Eliphaz the son of Esau.—[*Ibn Ezra*]

Bildad the Shuhite—of the clan of Shuah of the sons of Keturah, the wife of Abraham.—[*Ibn Ezra*]

and Zophar the Naamathite—We don't know whether this is a place-name or the name of a clan.—[*Ibn Ezra*] See *Daath Mikra*.

9. Then his wife said to him, "Do you still maintain your sincerity? Blaspheme God and die!" 10. And he said to her, "You talk as one of the disgraceful women talks. Shall we also accept the good from God, and not accept the evil?" Despite all this, Job did not sin with his lips. 11. Now Job's three friends heard about all this evil that befell him, and they came, each one from his place: Eliphaz the Temanite, Bildad the Shuhite, and Zophar the Naamathite, and they met

it גְרָדוֹ *and reduced it to its normal size," but* גוֹרֵר *with a "reish" is only an expression of dragging, like* (*Shabbath* 29b), *"A person may drag a bed or a bench."*—[*Rashi*]

in the midst of the ashes—in the manner of mourners.—[*Ibn Ezra*] *Gra* explains that Job sat among the scabs that he picked off his boils. The *Midrash* states that, above his waist, Job was afflicted with dry boils, so he took a potsherd to scratch himself with. Below his waist, the boils were wet and oozing, so he sat amidst ashes, which would absorb the discharge.

9. **maintain**—Heb. מַחֲזִיק, *hold.*—[*Rashi*]

Blaspheme God—Maintain your sincerity no longer. Rather, blaspheme God, and He will cause you to die immediately. Death is preferable to living in agony.—[*Mezudath David Ramban* objects to this interpretation on the grounds that Job's wife had no guarantee that Job's blasphemy would result in his immediate death; he might remain alive, in pain. *Ramban* explains, rather, that she served God with the intention of receiving reward. She was certain that Job remained faithful to God so that He should prolong his life. Therefore, she urged him to renounce his faith and blaspheme God because his life was useless. Job retorted that he served God not for reward, but out of love.

and die—Heb. וָמֻת. *This is an imperative expression, as* (Deut. 32:50), *"And die on the mountain."* —[*Rashi*]

10. **also**—*Is it not enough that He created us? Should we also accept the good, but not accept the evil? This is a wonder.*—[*Rashi*] Shall we not accept it, but instead contest God's justice?—[*Ramban*]

with his lips—*but in his heart he did sin.*—[*Rashi* from *Baba Bathra* 16a, *Targum*]

Despite all this—Despite all his trials and tribulations, he did not speak ill of God's judgment, until his friends came and he began to speak with them.—[*Ramban*]

11. **Job's three friends**—Heb. רֵעֵי, *those who loved him.*—[*Rashi*]

heard—from people who told them.—[*Mezudath David*] *Targum* relates that they knew of Job's misfortunes without being told; they

יחדו לבוא לנוד־לו ולנחמו: יב וישאו
את־עיניהם מרחוק ולא הכירהו
וישאו קולם ויבכו ויקרעו איש מעלו
ויזרקו עפר על־ראשיהם השמימה:
יג וישבו אתו לארץ שבעת ימים
ושבעת לילות ואין־דבר אליו דבר
כי ראו כי־גדל הכאב מאד: יד אחרי־
כן פתח איוב את־פיהו ויקלל את־
יומו: ג א ויען איוב ויאמר: ב יאבד יום
אולד

שוח וצופר די מן נעמה
ואתחברו כחדא למיתי
למנד ליה ולנחמותיה:
יב וזקפו ית עיניהון מן
רחיק ולא אשתמודעוהי
וארימו קלהון ובכו
ובזעו גבר מעיליה
ודרקון עפרא על
רישיהון לצית שמיא:
יג ויתיבו עמיה לארעא
שבעא יומין ושבעא
לילון ולית די ממלל
עמיה פתגם ארום
דחמון ארום סגא כיבא
לחדא: יד מן בתר כדין
פתח איוב ית פומיה
ולטט ית יומיה:
א ואתיב איוב ואמר:
ב יהובד יומא

ת"א וישבו אתו. ברכות ● מ"ק כב: אחרי כן. מ"ק כח: יאבד. נדה טז:

רש"י

(ישעיה כ"א) לא תנודו לו (ירמיה ט"ו): (יב) השמימה. כלו' למעלה מראשיהם (הרבה) והוא היה להם מנהג אבל: ולא הכירוהו. כי נשתנו פניו מחמת הייסורין: (יג) לארץ. על הארץ לצער בצערו: מענה איוב: ג (א) ויען. ויצעק שכל ענייה האמורה בתורה אינה אלא ל' הרמת קול ואב לכולם וענו הלוים וגו' קול רם (דב'

מנחת שי

ג (א) ויען איוב ויאמר. בפתח גדול ומלעיל וכן במסורת חשיב ל"א ויאמר פתחין ומלרע וכל ויען ויוסף דאיוב דכוותא

אבן עזרא

(יד) ויקלל את יומו. אף על פי שלא ישיג ליום ברכה או קללה אכן מרוב הצער יאמר המצטער מקולל יהא היום שנולד בו והשעה שנולד בה גם יש ימים שיהיו כן בהיות שני המאורות על מתכונה קשה וזה צריך פירוש ארוך וכן אמר ירמיה ארור היום אשר ילדתי בו ויש אומרים כי על שם היום מהשבוע יאמר שהיה מתאוה שלא ישמע זכרו הוא היום שנולד בו והנכון הוא הראשון: ג (א) ויען איוב. כמו ועניית ואמרת בהביאו הבכורים ויהיה ענינו כמתחיל או שאלוהו חבריו אחר מלאת שבעת ימים מה לך אז ענה להם וכן ועניית ואמרת בהביאו הבכורים ישאלוהו הכהנים מה זה. ידוע כי אין בלשון הקדש סימן שיורה על סי' האמצעי ואין בלשונם חוץ מעתיד ועבר וכל מה שתמצא באיוב שהוא לשון עתיד הוא בינוני או לשון עבר: (ב) יאבד יום. היה מתאוה שיאבד בתחלה היום שנולד בו ואם נולד ביום ואם נולד בלילה שתאבד הלילה שאמר

רלב"ג

אבל בלבו חטא. עוד זכר שכאשר שמעו רעי איוב באו לנוד לו ולנחמו וכראותם חוזק שברו לא נמצא מי שדבר אליו דבר ואחשוב שאלו הרעים היו חכמים מפורסמים בזמן ההוא חקרו יחד עמו בעיוניות ונמצא ביניהם בזה המבוקש התוריי זה המחלוקת אשר הוא לפי מה שתשפטהו החלוקה כמו שיתבאר אחר זה. וכראות איוב כי אין דובר אליו דבר פתח פיהו וקלל את יומו לפי שדעתו היה כמו שיתבאר מדבריו שכל מקרי האדם הם מוגבלים ומסודרים לפי מערכת הככבים בעת הלידה: ביאור מלות המענה (א) ויען. הרצון בו ויקרא כמו

מצודת דוד

אל מקום איוב ובהיותם שם נאספו יחד לבוא אל איוב הביתה לנוד עליו בראש וכדרך המיצר בצרת האוהב ואף לנחמו בדברי תנחומין: (יב) ולא הכירהו. כי נשתנה תאור פניו בעבור רוב הצרות והמכאובות: ויקרעו איש. כל אחד קרע מעילו וזרקו עפר למעלה מראשיהם לאויר השמים כי כן היה להם מנהג אבלות וצער: (יג) לארץ. על הקרקע לצער בצערו: ואין דבר. אין מי בהם דובר אליו דבר כי ראו אשר גדל הכאב מאד ולא מלאו עדיין מקום לנחמו: (יד) אחרי כן. כאשר חלפו שבעת הימים: ויקלל את יומו. אשר נולד בו כחושבו שכל מקרי האדם המה מוגבלים ומסודרים לפי מערכות כוכבים בעת הלידה וההריון לזה הוכה גם הוא במכאוב כי לא מלא בעצמו עון אשר יחטא ואשם ולכן ממרירות לב קלל יומו על כי בו הורו מערכות הכוכבים בו לרעה: ג (ב) יאבד. היום אשר נולדתי בו יהיה אבוד ר"ל בכל שנה

מצודת ציון

ג (א) ויען. ענינו הרמת קול וכן וענו הלוים וגו' קול רם (דברים

which was so inauspicious.—[*Mezudath David*]

(Job's Address)

1. **Now Job raised his voice**—Heb. וַיַּעַן, *he cried out, for every expression of* עֲנִיָּה *in the Torah is only an expression of raising the voice, and the "father" of them all is* (Deut. 27:14): *"The Levites shall raise their voices* (וְעָנוּ) *etc. with a loud voice."*—[*Rashi*]

2. **in which I was to be born**—*This is a future expression, that he was saying, "Would that the day in which I was destined to be born be lost, and*

together to come to bemoan him and console him. 12. Now
they lifted their eyes [and looked] from afar but they did not
recognize him; so they raised their voices and wept, and each
one rent his robe, and they threw earth on their heads towards
heaven. 13. Now they sat down with him on the ground for
seven days and seven nights, but no one said a word to him
because they perceived that the pain was very severe. 14. After-
wards, Job opened his mouth and cursed his day.

3

1. Now Job raised his voice and said, 2. "Would the day in
which I was to be born be lost,

to bemoan—Heb. לָנוּד, as in (Isa.
51:19): *"who will lament* (יָנוּד) *for
you?"*; (Jer. 22:10), *"neither bemoan*
(תָּנֻדוּ) *him."*—[*Rashi*]
Mezudath David explains that
they went to shake their heads, as
one who feels his friend's pain and
tries to comfort him with words.
12. **from afar**—From a distance,
they saw him coming toward them,
weeping and crying bitterly over his
misfortunes.—[*Moshe Kimchi*]
but they did not recognize him—
*because his face had changed as a
result of the agonies.*—[*Rashi*] They
did not recognize him because his
face was covered with boils, and his
robe was rent.—[*Berechiah*] Not
that they mistook him for someone
else—for were that so, they would
not have rent their robes—but his
form was no longer familiar to
them.—[*Zerachiah*]
towards heaven—*I.e. high over*

*their heads. That was their mourning
custom.*—[*Rashi*] [*Rashi* in *Nach
Lublin* is transposed, "הַשָּׁמַיְמָה"
coming before "וְלֹא הִכִּירוּהוּ." We
have followed the Warsaw, Vilna,
and *Malbim* editions.]
13. **on the ground**—Heb. לָאָרֶץ, lit.
to the ground. *On the ground, to
share his pain.*—[*Rashi*]
no one said a word—They saw
how severe his pain was, and they
had no words to console him.—
[*Mezudath David*]
14. **and cursed his day**—Although
the day is susceptible neither to
curse nor blessing, out of excru-
ciating pain a person cries that the
day and the hour in which he was
born should be cursed.—[*Ibn Ezra*]
Job believed these events were
affected by the constellations ruling
at the time of his birth. Therefore, he
cursed the day in which he was born,

אִוָּלֶד בּוֹ וְהַלַּיְלָה אָמַר הֹרָה גָבֶר:
ג הַיּוֹם הַהוּא יְהִי־חֹשֶׁךְ אַל־יִדְרְשֵׁהוּ
אֱלוֹהַּ מִמָּעַל וְאַל־תּוֹפַע עָלָיו נְהָרָה:
ד יִגְאָלֻהוּ חֹשֶׁךְ וְצַלְמָוֶת תִּשְׁכָּן־עָלָיו
עֲנָנָה יְבַעֲתֻהוּ כִּמְרִירֵי יוֹם: ה הַלַּיְלָה

ת"א הורה גבר. סנהדרין לו נדה טו:

ההוא

דְאִתְיְלֵדִית בֵּיהּ (וּמַלְאֲכָא דִי מְמַנֵי עַל עִבּוּר) וְלֵילְיָא דִי אֲמַר אִתְבְּרָא גְבָר: ג יוֹמָא הַהוּא יְהֵי קַבְלָא לָא יִתְבְּעֵינֵיהּ אֱלָהָא מִן לְעֵלָא וְלָא תֵפַע עֲלוֹי שְׁפַרְפְּרָא: ד יְטַנְּנוּן יָתֵיהּ חֲשׁוֹכָא וְטוּלֵי מוֹתָא תִּשְׁרֵי עֲלוֹי עֲנָנָא יְבַעֲתוּן יָתֵיהּ הֵיךְ מְרִירֵי יוֹמָא (צַעֲרָא דְאִצְטַעַר יִרְמְיָה עַל חוּרְבַּן בֵּית מַקְדְּשָׁא וְיוֹנָה בְּאִטַּלְּקוּתֵיהּ בְּיַמָּא דְטוּרְסִים): ה לֵילְיָא הַהוּא יְדַבְּרִנֵּיהּ קַבְלָא לָא יִתְיַחַד עִם יוֹמִין טָבִין דְשַׁתָּא בְּמִנְיַן רֵישֵׁי

רש"י

ירחיא

כ"ז): (ב) **אולד בו**. לשון עתיד שהיה אומר הלואי ויאבד היום שהייתי עתיד להוולד בו ואז לא הייתי נולד: **והלילה**. אף היא תאבד: **אמר**. שיאמר המבשר אשר עליו הדבר מוטל: **הורה גבר**. שעיבר אבי את אמי. בנקבה נוהג לומר הורתה ובזכר נוהג לומר הורה את הנקבה: **והלילה אמר**. זה א' מן המקומות שחיסר המקרא את דבריו מפני שלא הוצרך לפרש מי הוא ומלילתו אמר האומר. (ודומה לו הירוצון בסלע סוסים אם יחרוש בבקרים היה לו לומר אם יחרוש אדם בבקרים) ורז"ל אמרו מלאך הממונה על ההריון לילה שמו: (ג) **היום ההוא יהי חשך**. תמיד בכל שנה כשיגיע אותו יום: **אל ידרשהו אלוה ממעל**. לטובה: **ואל תופע עליו נהרה**. אורה כמו לוהר ומתרגמינן ניהור: (ד) **יגאלוהו**. כמו לחם מגואל (מלאכי א') במה גאלנוך (שם) והוא לשון ליכלוך: **צלמות**. צל של מות (חשך) שאינו מאיר לעולם: **עננה**. אפילה: **כמרירי יום**. שדים המושלים בצהרים כמו קטב

מנחת שי

אבל הם כולם מלעיל וכן במכלול דף ק"ג ובספר הבחור מאמר ב' עיקר ו': (ג) יהי חשך. בגעיא: (ד) תִּשְׁכָּן־עליו. כן הוא בספרים מדוייקים ולב"א בקמץ חטוף: כִּמְרִירֵי יום.

אבן עזרא

המבשר הורה גבר וכמוהו ויאמר ליוסף. והירה כמו יולד וכמוהו ותהר את מרים כי היום שנולד בו יהיה יום חשך והנכון שיתאוה להיותו יום חשך עד שלא יהיה יום וזה טעם יאבד. יום ולילה הם כנגד הארץ מפאת השמש בעבור היות הארץ באמצע הגלגלים ולבאות מעלה ואין להם חשך כלל גם קדרות הלבנה מפאת הארץ שהיא למטה אין אור אלא ממעל וזה ענין אל ידרשהו אלוה ממעל כי הארץ היא חשך: (ג) **תופע**. כמו תשקיף: **נהרה**. אור וכמוהו ונהורה עמיה שרא ויש אומרים כי כמוהו המנהרות אשר בהרים: (ד) **יגאלהו**. מן לחם מגואל ויש אומר שהוא מן גאל ועניינו שיפדוהו וימשכוהו לנפשם והוא רחוק: **יבעתוהו**. יפחידוהו שלא יעמוד כמו ובעתתו רוח רעה: **כמרירי יום**. כמו קטב מרירי ויש אומרים כי הכ"ף כמו כחצי הלילה. כמסיגי גבול. וענין מרירי יום חוזק החום הדומה לסם המות ואם נולד בלילה הלילה ההוא יקחהו אופל:

רלב"ג

ועניית ואמרת שהלילה בו קריאה לא תשובה: (ב) והלילה אמר הורה גבר. הלילה בו הלילה שאמר המבשר שבשרה בה גבר והוא ליל ההריון וייחס ההריון ללילה להיותו עת המשגל לפי החק האנושי ארז"ל מלאך הממונה על ההריון לילה שמו: (ד) יגאלהו. יטנפוהו וילכלכוהו או יהיה הלילה בו שיהיו גואליו וקרוביו חשך וצלמות בדרך שישכנו עמו תמיד והכל עולה לענין אחד: כמרירי יום. הוא מענין עורנו כתנור

מצודת ציון

כ"ז): (ב) **אולד**. אומר דברים כאילו ידבר קודם הלידה: (ג) **תופע**. תזרח כמו הופיע מהר פארן (דברים ל"ג): **נהרה**. אורה כמו ונהורא עמיה שרא (דניאל ב'): (ד) **יגאלהו**. כמו יגעלוהו בעי"ן ועניינו טינוף ולכלוך וכן לחם מגואל (מלאכי א'): **וצלמות**. נגזר של מות הוא חשכת הקבר: **יבעתוהו**. מל' בעתה וחרדה: **כמרירי**. ענין חמימה כמו כתנור נכמרו (איכה ה') ובאה בהכפל

מצודת דוד

כשיבוא היום ההוא יהיה בו חשך עד שיהיה אבוד ממנו שם יום: **והלילה אמר הורה גבר**. רלה לומר וכמו כן תהיה אבודה הלילה אשר המשכיל לדעת מתי היתה זמן העבור אמר באותה הלילה עיבר אבי את אמי (כי זמן הלידה נראה וידוע לכל אבל זמן העבור לא יבין כי אם המשכיל בחכמה): (ג) **אל ידרשהו**. להשפיע בו טובה ממעל: **ואל תופע**. לא תזריח בו אורה: (ד) **יגאלהו חשך וצלמות**. ילכלך ויעטף אותו ותשכן עליו השכת הענן: יבעתהו. יפחדוהו תוקף חמימות היום רלה לומר האידים אשר עולים בסיבת תוקף החום ימנעו אורו: (ה) **הלילה ההוא**. אשר

the destruction of the Temple, and by Jonah when he was cast into the sea.

5. **That night**—of my conception. —[*Mezudath David*]

and the night when one said, 'A man has impregnated.' 3. May that day be dark; let God not seek it from above, and let no light shine upon it. 4. May darkness and the shadow of death defile it; let pitch darkness dwell upon it; let them frighten it like demons of the day. 5. That night—

then I would not have been born."—[*Rashi*] *Mezudath David:* Job cursed his birthday, saying it should be dark on that date every year, so that it will not be considered a day.

and the night—*That too should have been lost.*—[*Rashi*]

when one said—*that the reporter, upon whom it was incumbent* [to report] *would say.*—[*Rashi*]

"A man has impregnated."—*That my father impregnated my mother. Concerning a female, it is customary to say* הָרְתָה, *she conceived, and concerning a male, it is customary to say,* הוֹרָה, *he impregnated the female.*—[*Rashi*]

and the night when one said—*This is one of the places where Scripture abbreviates its words because it is unnecessary to explain who* [the subject] *is, and the expression means, "the sayer said." [Similar to this is* (Amos 6:12), *"Will horses run on the rock, or will one plow with cattle?" He should have said, "Will a man plow with cattle?"] However, our Sages said, "The angel appointed over conception is named Laylah."*—[*Rashi* from *Niddah* 16b and *Targum*]

3. **May that day be dark**—*constantly; every year, when that day arrives.*—[*Rashi*]

let God not seek it from above—*for good.*—[*Rashi*] On that day, let Him not lavish good on the earth.—[*Mezudath David*]

and let no light shine upon it—Heb. נְהָרָה, *light, like* צֹהַר, *which is translated* נְהוֹר.—[*Rashi* from Gen. 6:16, *Targum Onkelos*] *Targum* renders: dawn.

4. **defile it**—Heb. יִגְאָלֻהוּ, *like* (Malachi 1:7), *"defiled* (מְגֹאָל) *bread"; "How have we defiled You* (גֵאַלְנוּךָ)*?" an expression of contamination.*— [*Rashi*]

the shadow of death—Heb. צַלְמָוֶת, *the shadow of death, darkness that never lights up.*—[*Rashi* from *Targum*]

pitch darkness—Heb. עֲנָנָה.—[*Rashi*] *Targum* renders: a cloud. *Rabbenu Meyuchos:* a dark cloud.

like demons of the day—Heb. כִּמְרִירֵי, *demons who rule at noon, like* (Deut. 32:24), *"Ketev Meriri," who rules at noon; as it is stated* (Ps. 91:6): *"from Ketev, who rules at noontime."*— [*Rashi*]

Mezudoth renders: The heat of the day shall frighten it. The heat causes heavy vapors, which can frighten the day by obscuring its light. This explanation follows *Ibn Ezra,* who considers the root as כמר, to heat.

Targum renders: as those whose day is bitter, comparing Job's emotion to the pain felt by Jeremiah over

הַה֗וּא יִקָּחֵ֫הוּ אֹ֥פֶל אַל־יִ֭חַדְּ בִּימֵ֣י שָׁנָ֑ה
בְּמִסְפַּ֥ר יְ֝רָחִ֗ים אַל־יָבֹֽא׃ ו הִנֵּ֤ה הַלַּ֣יְלָה
הַ֭הוּא יְהִ֣י גַלְמ֑וּד אַל־תָּבֹ֖א רְנָנָ֣ה בֽוֹ׃
ז יִקְּבֻ֥הוּ אֹרְרֵי־י֑וֹם הָ֝עֲתִידִ֗ים עֹרֵ֥ר
לִוְיָתָֽן׃ ח יֶחְשְׁכוּ֮ כּוֹכְבֵ֪י נִ֫שְׁפּ֥וֹ יְקַו־לְא֥וֹר
וָאַ֑יִן וְאַל־יִ֝רְאֶ֗ה בְּעַפְעַפֵּי־שָֽׁחַר׃ ט כִּ֤י לֹ֣א

יַרְחַיָא לָא יֵעוֹל׃ ו הָא
לֵילְיָא הַהוּא יְהֵי צַעֲרָא
לָא תֵיעוֹל רְנָנָא דְתַרְנְגוֹל
בְּרָא לְמִקְלָסָא בֵיהּ׃
ז יְלַטְטוּנֵיהּ נְבִיַיָא דִי
לָטְטִין יוֹמָא דְפוּרְעָנוּתָא
דְאִיטִימוּסָא לְאַדְכָּר
בְּאַתְעָרוּתְהוֹן אַלְוְיָתְהוֹן׃
ח יִתְחַשְׁבוּן כּוֹכְבֵי נֶשֶׁף
שֵׁירוּיֵהּ יְסַכֵּי לְאַנְהָרָא
וְלָא יֶחֱמֵי בְּתִימוֹרֵי
קְרַצְתָּא׃ ט אֲרוּם לָא

ת"א נשפי. פסחים ג: לא סגר. בכורות מה:

סגר

רש"י

מרירי והוא מושל בצהרים שנאמר ומקטב ישוד צהרים (תהלים צ"א): (ה) אל יחד. אל ישמח כמו ויחד יתרו (שמות י"ח) (פ"א אל יתאחד סא"א): (ו) גלמוד. יחיד והסר מאדם ומכל בריה: (ז) יקבוהו. יקללוהו כמו קבה לי (במדבר כ"ג): אוררי יום. המקללים את ימיהם. לפי שהם מכוונים לקלל קללה מתוך צערם: העתידים עורר לויתן. להיות ערירים במהברתם ליחד ליווי שלהם מהברת איש ואשתו מאין בנים. ובגמרא ירושלמי ראיתי עורר לויתן לקונן על ליווי שלהם כשימות כמו לא יערער על מתו: (ח) נשפו. החשך אישונו: בעפעפי. בזהרורי כמו ועפעפינו יזלו מים (ירמיה ט'): (ט) כי לא סגר. מי שיכולת בידו לסגור וגם זה מן המקראות דומין להלילה אמר: דלתי

מנחת שי

כ"כ: (ו) אל יחד. דגש הדל"ת לתיקון הקריאה לפי שהמלה מלעיל ואילו היתה מלרע היתה כמו ולא יחם לו. רד"ק שרש אחד ובמכלול דף קי"ב:

אבן עזרא

(ה) יחד. יתחבר מן יחד והנכון בעיני שהוא אל ישמח כמו ויחד יתרו עניינו אל ישמח להחשב בימי שנה: (ו) גלמוד. שומם כמו גלמודה: (ז) העתידים. שהם מזומנים לעורר אבלם כמו ועתדה בשדה לך. ועתידותיהם שותתי וכו"ן לויתן מקום מ"ם ועניינו אבל ובדברי רבותינו ז"ל אשה לא תעורר לויתה במועד ויש אומרים כי על אנשי ספינה שחשבה להשבר מדבר שקללו היום שנכנסו בה שהם עתידים שיאכלם לויתן והוא מין דג גדול והקרוב כי אוררי יום הם הספדנים בכל לשון שיקללו הימים: (ח) נשפו. תמלא מלת נשף להתחלת הלילה ולאחריתו: בעפעפי שחר. י"א כמו השקפה וכמוהו התעיף עיניך בו ואיננו והנכון שהוא על דרך משל בעינים והשחר דמה להם והענין כאשר יפתח השחר עפעפיו כעינים שיש להם עפעפים והוא האישון ונקרא עפעף על שם האור: (ט) לא

רלב"ג

נכמרו רולה לומר חמימות היום וזה במשקל סגריר והרצון בו שיבעתוהו האידים הטולים בסבת חמימות היום עד שימנעו אורו: (ה) אל יחד בימי שנה. הרצון בו לא יהיה אחד בימים שלא יבא במספר עמהם: (ו) גלמוד. הרצון בו יחידות ר"ל שלא ילכו בלילה חברת האנשים יחד: (ז) לויתן. אבלם: (ח) כוכבי נשפו. הם הכוכבים הגדולים הנראים בתחלת הלילה ובסופה ולא ימנע הראותם האור הנמלא

מצודת דוד

עיכר בו אבי את אמי: יקחהו אופל. האופל יקח אותו לחלקו וישמש בו: אל יחד. אל יתאחד בימי שנה להתחבר עמהם להיות כמותם ואל יבוא בימי מספר החדשים וכפל הדבר במלות שונות: (ו) יהי גלמוד. כ"כ יגדל בו החשך עד שיהיה יחידי רלה לומר לא ילכו בו הבורח אנשים יחד לטייל ולא הבוא בו אם כן רננה כי דרך הבורות אנשים ההולכים יחד לטייל אשר ישירו וירננו בדרך מהלכם אבל כשלא ילכו בו הבורות לא ישמע בו רננה: (ז) יקבוהו וגו. הספדנים המאררים בהספדם את יום מיתת המת אשר יספדוהו ומוכנים המה לעורר אבלות ולמדו לשונם נאהר ולקלל המה יקבוהו את הלילה ההוא: (ח) כוכבי נשפו. אף הכוכבים הגדולים הנראים בתחלת הלילה ובסופו גם המה יהיו חשוכים בהלילה ההוא עם כי אורם רב עד שלא ימנע הראותם בעבור קלת האורה אשר היא בתחילת הלילה ובסופו: יקו. הלילה ההוא יקוה שיבוא אחריו אור השמש ולא יהיה כי לא תזרח השמש ביום שלאחריו ואפילו בבקיעת השחר וזהו לא יראה הלילה ההוא כי לא יאיר אחריו אור השחר: (ט) כי לא סגר. רלה לומר בעבור זה יהיו מקוללים כן על אשר לא שפטו אז מערכת השמים לסגור דלתי בטני הוא הטבור אשר דרך בו יבוא המאכל להזנת הולד כ"א היה נסגר הייתי אז מת

מצודת ציון

למ"ד הפעל על משקל סגריר (משלי כ"ז): (ה) אופל. חשך עב: יחד. מלשון אחד: (ו) גלמוד. יחידי כמו עדת חנף גלמוד (לקמן ט"ו): (ז) יקבוהו. ענין קללה כמו לכה קבה לי (במדבר כ"ג): העתידים. המוכנים כמו להיות עתידים ליום הזה (אסתר ג'): ערר. מלשון התעוררות: לויתן. ענין אבלות ובירושלמי לא תעורר אשה לויתה במועד (מ"ק פרק משקין): (ה) נשפו. תחלת הלילה וסופו שניהם קרואים נשף ובדרז"ל תרי נשפי הוו וכו' (ברכות ג') והוא ענין החשך כמו בנשף בערב יום (משלי ז'): בעפעפי. הוא אישון העין והושאל לבקיעת אור השחר והוא האור הנולץ בפאת המזרח

may pitch darkness take it; it shall not rejoice among the days of the year; in the number of months it shall not come. 6. Behold that night shall be lonely; no joyful singing shall come therein. 7. May those who curse the day, curse it—those destined to be childless in their union. 8. May the stars of its evening be darkened; it shall hope for light but have none, neither shall it see the rays of dawn. 9. For He did not

may pitch darkness take it—for its share and use it.—[*Mezudath David*]

it shall not rejoice among the days—Heb. אַל יִחַדְּ, *it shall not rejoice, as* in (Exod. 18:9), *"And Jethro rejoiced* (וַיִּחַדְּ).*"*—[*Rashi*] Let the day not rejoice to be considered among the days of the year.—[*Ibn Ezra*]

(Another explanation is: It shall not join. This does not appear in certain editions.)—[*Rashi*

6. **lonely**—*Alone and lacking any man or creature.*— [*Rashi*] Desolate.—[*Ibn Ezra*] It is customary for people walking together to sing. Therefore, may it be so dark that no people walk together; thus no joyful singing will be heard.—[*Mezudath David*]

7. **curse it**—Heb. יִקְּבֻהוּ, *curse it, as* in (Num. 22:17), *"curse* (קָבָה) *for me."*—[*Rashi*]

those who curse the day—*Those who curse their days, since they intend to pronounce a curse because of their anguish.*—[*Rashi*] *Mezudath David* interprets this passage as referring to professional eulogists. Those who curse the day of death should also curse the day of my birth. *Targum* paraphrases: May the prophets, who curse the day of retribution, curse my day.

those destined to be childless in their union—Heb. עֹרֵר לִוְיָתָן, *to be childless* (עֲרִירִים) *in their union: to join their mate in the union of man and wife, without children. And I saw in the Jerusalem Talmud* (*Moed Katan* 1:5) *that* עֹרֵר *means, to lament their mate when he dies, as* in (*Moed Katan* 1:6): *A person may not inspire lamentations* (יְעַרְעֵר) *for his dead relative.*—[*Rashi*]

8. **its evening**—Heb. נִשְׁפּוֹ, *the darkness of its night.*—[*Rashi*

the rays of—Heb. עַפְעַפֵּי, *rays of, like* (Jer. 9:17), *"and our eyelids (or pupils)* (וְעַפְעַפֵּינוּ) *gush water."*—[*Rashi* The dawn is likened to the eye, which opens and allows the light to enter.—[*Ibn Ezra*] Cf. Commentary Digest to Jer. 9:17.

9. **For He did not shut**—*He Who was able to shut. This too is one of the verses that resemble "the night when one said"* (verse 2).— [*Rashi*] [*Rashi* probably means God.] *Mezudath David* renders: For the constellations of the heaven did not shut, etc. Therefore, they should be cursed.

סָגַר דַּלְתֵי בִטְנִי וַיַּסְתֵּר עָמָל מֵעֵינָי׃
י לָמָּה לֹּא מֵרֶחֶם אָמוּת מִבֶּטֶן יָצָאתִי
וְאֶגְוָע׃ יא מַדּוּעַ קִדְּמוּנִי בִרְכָּיִם וּמַה־
שָּׁדַיִם כִּי אִינָק׃ יב כִּי־עַתָּה שָׁכַבְתִּי
וְאֶשְׁקוֹט יָשַׁנְתִּי אָז יָנוּחַ לִי׃ יג עִם־
מְלָכִים וְיֹעֲצֵי אָרֶץ הַבֹּנִים חֳרָבוֹת
לָמוֹ׃ יד אוֹ עִם־שָׂרִים זָהָב לָהֶם
הַמְמַלְאִים בָּתֵּיהֶם כָּסֶף׃ טו אוֹ כְנֵפֶל

תרגום

אחד פאתי דלתתי דהנון
דשי כרסי וטמר עמלא
מן עיני: י למא לא מן
רחמא אמות מכרסא
כד נפקית ואתנגד:
יא מה דין אקדימו יתי
רכוביא ומה חדיא ארום
איניק: יב ארום השתא
שכיבית ואשדוך
דמכית בכן ינוח לי:
יג עם מלכיא ויעטי
ארעא דמשכללין צדין
להון: יד או עם
רברביא דדהב להון
דממלין קורטוריהון
סימא: טו או היך נפלא
דטמיע

ת"א ישנתי. ברכות נז:

רש"י

בטני. שילאתי ממנו שאם עשה כן ויסתר עמל מעיני: (י) למה לא מרחם אמות. מיליאתי מרחם הייתי (ס"א אהא) מוכן למות מיד ומדבר בלשון עתיד כאלו עומד עכשיו ביום יציאת הרחם ואומר (למה) לא אמות עתה ולמה לא: מבטן יצאתי ואגוע. למה לא היתה לי גויעה מוכנת: (יא) מדוע קדמוני. ברכי אמי קודם למיתה: כי אינק. נגזר עלי לינק מהם לפי שהוא מדבר ביום לידה הוא מזכיר דברים של אחריו בלשון עתיד: (יב) שכבתי. הייתי שוכב בקבר: (יג) הבונים חרבות למו. וזהו דרך למעמידי שם לבנות ערים נחרבות לזכרון להם כמו (ישעיה נ"ח) ובנו ממך חרבות עולם וקורא לך גודר פרץ כלומר עם שרים ובעלי שם. או הלואי שלא נודעתי ואהיה כנפל ומה שכתב לא אהיה כנפל טמון מפני שעומד על לשון שהתחיל לדבר בלשון תימה ומוסב על למה לא מדוע קדמוני ברכים

מנחת שי

(יג) חרבות. בחטף קמץ: (יד) הממלאים. כן כתיב והוא קל וכ"כ לוית חן פ' י"ג שער ד' ובמסורת ג' בקריא והממלאים למני ממסך (ישעיה ס"ה): הממלאים בתיהם כסף. הממלאים בית אדוניהם

אבן עזרא

סגר. יחסר פותח הרחם: דלתי בטני. הטבור שממנו יבא המאכל לולד קודם שיולד: (יא) ומה שדים. כטעם

רלב"ג

אז: ואל יראה בעפעפי שחר. ר"ל שלא יבקע השחר: (י) דלתי בטני. ר"ל הבטן אשר היה בו הריוני והוא בטן אמי: (יג) הבונים חרבות

מצודת ציון

טרם יגלה השמש שהוא נראה כפתיחת העין: (י) אמות. אמר דבריו כאלו ידבר קודם הלידה: ואגוע. ואמות כמו כי גוע אהרן (במדבר כ'): (יא) קדמוני. באו לפני כמו ולא יקדמנה מגן (ישעי' ל"ז): ומה. ענינו כמו למה וכן מה יתאונן אדם (איכה ג'): (יג) למו. לעצמם: (טו) טמון. מכוסה ונסתר: כעוללים. כן

מצודת דוד

כמעי אמי וכו' אם כן נסתר מעיני העמל אשר אני עתה בו: (י) למה לא מרחם אמות. כאומר ואם בעבור סבת אמי נשארתי חי במעיה למה לא מתי מיד בלאתי מן הרחם: מבטן. כאשר יצאתי מבטן אמי היה לי לגוע ולמות וכפל הדבר במלות שונות: (יא) מדוע קדמוני. מדוע באו לפני ברכי המילדת לקבל אותי בצאתי מהרחם כמשפט המילדת הלא טוב היה לי לפול בארץ ולמות: ומה שדים. למה נמלאו שדים לאמי להניק אותי הלא טוב היה לי בהעדרם כי מיד הייתי מת ברעב: (יב) כי עתה. אם כן היה הייתי א"כ עתה שוכב בקבר בהשקט וכאשר הייתי ישן בקבר אז היה לי מנוחה וכפל הדבר במלות שונות: (יג) עם מלכים. הייתי אם כן שוכב עם מלכים ודומה להם כי לא ניכר בקבר יתרון לזה על זה: הבונים וגו'. דרך המלכים והגדולים לבנות ערים חרבות ושוממות למען היות להם לזכרון: (יד) או עם שרים. או הייתי שוכב דומה לשרים בעלי הזהב וכאומר הנה בקבר לא היה ניכר יתרון לא לבעלי הממשלה ולא לבעלי העושר אבל עתה אל מי אדמה ואשוה: (טו) או כנפל טמון. מוסב על למה האמור בתחלת הענין לומר או למה כנפל טמון לא אהיה רלה לומר למה לא הייתי נפל והוא הנופל מרחם קודם זמנו עד לא כלו חדשיו בעוד לא נתפשטו

. . . or why was I not like a hidden stillborn child?"—[*Rashi*]

15. **a hidden stillborn child**— Curled up and hidden within itself.— [*Mezudath David*]

like a stillborn. What Scripture states: I was not like a hidden stillborn, is because it continues with the language with which it started to speak, viz. in the interrogative, and it refers to "Why did knees receive me

shut the doors of my womb, neither did He hide trouble from my eyes. 10. Why did I not die from the womb? [Why did I not] emerge from the belly and perish? 11. Why did knees receive me and why [were there] breasts that I should suck? 12. For now, I would be lying tranquilly; I would sleep, then it would be restful for me. 13. With kings and counselors of the earth, who build ruins for themselves, 14. Or with princes who have gold, who fill their houses with silver. 15. Or [why] was I not like a hidden stillborn child,

---

Ralbag sees the subject as "the night"; *Rabbenu Meyuchos,* as "the day."

the doors of my womb—*from which I emerged, for had He done so, He would have hidden trouble from my eyes.*—[*Rashi*]

10. **Why did I not die from the womb?**—*Why was I not ready to die immediately upon my emergence from the womb? He speaks in the future tense, as though he were standing now on the day of his emergence from the womb and saying, "Why will I not die now, and why did I not . . .*—[*Rashi*]

emerge from the belly and perish?"—*Why was my death not imminent?*—[*Rashi*] *Rabbenu Meyuchos* explains that Job laments the fact that he did not die in the womb or emerge dying from the womb.

11. **Why did knees receive me**—*Why did the knees of my mother receive me before my death?*—[*Rashi*] Why did my mother dandle me on her knees?—[*Rabbenu Meyuchos*] Why did the midwife's knees receive me as I emerged from my mother's

womb? It would have been better had I fallen to the ground and died.—[*Mezudath David*]

that I should suck—[Why] *was it decreed upon me to suck them? As he is speaking on the day of his birth, he mentions those subsequent events in the future tense.*—[*Rashi*] Why did my mother have breasts to suckle me? I would have been better off without them, for then I would have died of hunger.— [*Mezudath David*]

12. **I would be lying**—Heb. שָׁכַבְתִּי, lit. I lay. *I would be lying in the grave.*—[*Rashi*]

13. **With kings**—I would be lying with kings and their ilk, for in the grave, no one has superiority.— [*Mezudath David*]

who build ruins for themselves—*It is customary for those who seek fame to build ruined cities as a memorial for themselves, as* in (Isa. 58:12), *"And those coming from you shall build ancient ruins . . . and you shall be called the repairer of the breaches." That is to say, with princes and famous people. Or, would that I was unknown, and I would be*

טָמוּן לֹא אֶהְיֶה כְּעֹלְלִים לֹא־רָאוּ אוֹר׃
טז שָׁם רְשָׁעִים חָדְלוּ רֹגֶז וְשָׁם יָנוּחוּ יְגִיעֵי
כֹחַ׃ יז יַחַד אֲסִירִים שַׁאֲנָנוּ לֹא שָׁמְעוּ
קוֹל נֹגֵשׂ׃ יח קָטֹן וְגָדוֹל שָׁם הוּא וְעֶבֶד
חָפְשִׁי מֵאֲדֹנָיו׃ יט לָמָּה יִתֵּן לְעָמֵל
אוֹר וְחַיִּים לְמָרֵי נָפֶשׁ׃ כ הַמְחַכִּים
למות

ת"א חדלו רוגז. נדרים כא: קטן וגדול. ב"מ פה:

דִּטְמִיעַ בְּמַעֲיָנָא לֵית
אֶפְשַׁר דְּאֶהֱוֵי הֵיךְ טַלְיָא
דְּלָא חֲמוֹן נְהוֹר
אוֹרַיְתָא׃ טז תַּמָּן
רַשִׁיעַיָּא דַעֲבַדוּ תְּתוּבָא
פְּסַקוּ רוֹגֶז גֵּהִנָּם וְתַמָּן
יְנוּחוּן תַּלְמִידַיָּא
דְּאִשְׁתַּלְהֵי חֵילְהוֹן
בְּאוֹרַיְתָא׃ יז כַּחֲדָא
אֲסִירֵי מְדְרָשָׁא שְׁלִיאוּ
לָא שְׁמַעוּ יַנָּקֵי בֵּית רַבָּא
קָל אֱמוֹרָאָה׃ יח יַעֲקֹב
דְּאִתְקְרֵי דַּרְדַּק וְאַבְרָהָם
דְּאִתְקְרֵי קַשִּׁישׁ תַּמָּן הוּא וְיִצְחָק עַבְדָּא דַיְיָ דְּנָפַק בַּר חוֹרִין מִן כּוּפְתָא מִן קֳדָם דִּידֵיהּ׃ יט לְמָא
יְהִיב לְלָעֵי נְהוֹרָא וְחַיֵּי לִמְרִירֵי נַפְשׁ׃ כ דְּאוֹרְכִין לְמוֹתָא וְלֵיתוֹי וְחָפְסִין
ליה

רש"י

או מדוע לא אהיה כנפל טמון: (טו) בעוללים. תינוקות ולכך קורא אותם עוללים שכולם שחוק וליכלוך כמו (לקמן ט"ז) ועוללתי בעפר וכמו ויתעללו בה כל הלילה (שופטים יט): (טז) חדלו רוגז. נמנעים מרוגזם שהיו נוהגים ורגילים להרגיז בארץ: ושם ינוחו. ושם נחו. דבר ההוה כתבו בלשון עתיד: (יח) קטן וגדול שם. שם ניכר מי חשוב ומי שפל ולפי שאותה גדולה גדולת עולם הוא ואותו שפלות שפלות עולם הוא: (יט) למה יתן. (הנותן והוא הקב"ה): לעמל אור. למי שגדל בעמל וצרה למה נותן לו אור עולם ולא המיתו בהוולדו: (כ) המחכים למות.

אבן עזרא

למה וכמוהו מה יתאונן: (טז) שם רשעים. הם המתנועעים הדלו מרוגזם: (כ) ויחפרוהו. יבקשוהו יותר

מנחת שי

(לפניה א'): (יז) קול נגש. במקצת מדוייקים חסר וא"ו וכן ראוי. דבמסורת דניאל י"א נמסר נוגש ב' מלא וסימן ממנו יצא כל נוגש (זכריה י) ועמד על כנו מעביר נוגש שם בדניאל:

רלב"ג

למו. ר"ל שהם בונים המקומות אשר היו חרבים לקרא שמם על הבניינים ההם: (טז) חדלו רוגז. ר"ל חדלו יראה כמו הענין באמרו

מצודת דוד

איבריו ועדיין הוא מקופל וטמון כאלו בקלתו: כעוללים וגו'. הם הנפלים אשר לא ראו אור העולם וכפל הדבר במלות שונות: (טז) שם. ר"ל מה שאתאוה לשכון בקבר הוא בעבור כי שם חדלו הרשעים מרגזם ולא יוסיפו להתרגז ולכעוס על אנשים ומלאו א"כ שוכני הקבר מרגוע מן הרשעים: יגיעי כח. אותם שהיה כחם יגע ועיף מן העמל הנה שם ישכנו במנוחה: (יז) יחד. האנשים שהיו במאסר עד לא מתו הנה שם כולם יחד בהשקט ושאנן ואין מי ישמע שם קול נוגש המכריח לעבודת המלך: (יח) קטן וגו'. ר"ל שם שוה הקטן להגדול ואין יתרון לזה על זה ושם נעשה העבד חפשי מאדוניו כי לא יעבדנו עוד: (יט) למה יתן. רלה לומר ואם אמנם הקבר הוא מקום מנוח ומרגוע למה יתן אור העולם למי שנפשו עמל בצרות ולמה יתן חיים וגו'. וכפל הדבר במלות שונות: (כ) המחכים. הלא המה אשר יקוו למות ומדוע איננו ואף כי

מצודת ציון

יקרא התינוק הרך כמו עוללי טפחים (שם ב') וכן יקרא במעי האם: (יז) שאננו. מלשון שאנן והשקט: נוגש. מלשון נגישה וכפיה: (יח) חפשי. ענין חרות כמו יצא לחפשי חנם (שמות כ"א): (יט) למה יתן. מי שבידו ליתן וקאי בדבר המובן מאליו וכמוהו רבים: (כ) המחכים. המקוים כמו וחכיתי לה' (ישעיה ח'): ויחפרוהו. מל' חפירה ור"ל יחפשו כי המחפש חופר בקרקע:

troubles, and why does He give life to those of bitter spirit? These are synonymous.

20. **Who await death**—*to those of bitter spirit, who long for and desire death and complain, saying, "It is not here."*—[*Rashi*]

like infants who did not see the light? 16. There the wicked cease from anger, and there the weary rest. 17. Together prisoners are tranquil; they hear not the voice of the task-master. 18. Small and great are there, and a slave is free from his master. 19. Why does He give the toiler light and life to those of bitter spirit? 20. Who await

like infants—Heb. כְּעֹלְלִים, *infants. He calls them* עוֹלְלִים *because they are all play and dirt, like* (below 16:15), *"and I sullied* (וְעֹלַלְתִּי) *with dust," and like* (Jud. 19:25), *"and abused* (וַיִּתְעַלְּלוּ) *her the entire night."—* [*Rashi*] [The root עלל denotes both playing and sullying.]

who did not see the light—The light of Torah.—[*Targum*]

16. **cease from anger**—*They restrain their anger, with which they were accustomed and wont to cause anger in the earth.*—[*Rashi*] I desire to be in the grave because it is an asylum from the wicked—there, they have ceased their anger and will not vent it on others.—[*Mezudath David*] The Rabbis explain: There the wicked cease to provoke the Omnipresent.—[*Yalkut Shimoni* from *Gen. Rabbah* 9:7]

and there . . . rest—Heb. יָנוּחוּ, lit. shall rest, *and there rested. Something that occurs regularly is written in the future tense.*—[*Rashi*]

Targum renders: There the repentant wicked have ceased to be afflicted by the anger of Gehinnom, and there the pupils who are weary from the Torah will rest.

17. **Together prisoners are tranquil**—Those who were prisoners

before their death are all there in peace and harmony, and no one hears the voice of the taskmaster demanding that they come to the king's service.—[*Mezudath David*] *Targum* paraphrases: Together, those confined to the studyhall are tranquil; the schoolchildren no longer hear the voice of the lecturer.

18. **Small and great are there**—*There it is obvious who is esteemed and who is humble, and since that greatness is perpetual greatness, and that humility is perpetual humility . . .*—[*Rashi*]

19. **Why does He give**—*(the giver, i.e. the Holy One, blessed be He.)*—[*Rashi*]

the toiler light—*He who grew up with toil and trouble—why did He give him perpetual light and not slay him at birth?*—[*Rashi*]

Mezudath David explains:

[18] **Small and great are there**—There the small and the great are equal, neither superior to the other, and there the slave is free from his master and need serve him no longer.

[19] **Why does He give**—Since the grave is a place of contentment, why does He give the light of the world to one whose soul must toil amidst

לַמָּוֶת וְאֵינֶנּוּ וַיַּחְפְּרֻהוּ מִמַּטְמוֹנִים׃
כא הַשְּׂמֵחִים אֱלֵי־גִיל יָשִׂישׂוּ כִּי יִמְצְאוּ־
קָבֶר׃ כב לְגֶבֶר אֲשֶׁר־דַּרְכּוֹ נִסְתָּרָה
וַיָּסֶךְ אֱלוֹהַּ בַּעֲדוֹ׃ כג כִּי־לִפְנֵי לַחְמִי
אַנְחָתִי תָבֹא וַיִּתְּכוּ כַמַּיִם שַׁאֲגֹתָי׃
כד כִּי פַחַד פָּחַדְתִּי וַיֶּאֱתָיֵנִי וַאֲשֶׁר יָגֹרְתִּי
יָבֹא לִי׃ כה לֹא שָׁלַוְתִּי וְלֹא שָׁקַטְתִּי

ולא

ת״א אלי גיל. ברכות ח: כי פחד. ברכות ס:

תרגום

ליה מן טומעיא :
כא דהוו חדין לדיצא
השתא יחדון ארום
ישכחון בית קבורתא :
כב כל אלין מרירתא
לגבר די אורחיה
מטמרא וטלל אלהא
אמטולתיה : כג ארום
קדם סעודתי תנחתי
תיעול ונתזן היך מוי
אכליותי : כד ארום
דחולא דחלית ואתת
לותי ומה דדלחית ייתי
לי : כה לא שליית
מבסורתא דתורי ואתנן

רש״י

למרי נפש המחכים ומתאוים למות וקובלים לאמר איננו: ויחפרוהו. מרגלים אחריו: **ממטמונים**. יותר משמרגלי׳ אחר מטמוני אוצרות: **(כא) השמחים אלי גיל**. וישישו אם היו מוצאים קבר: **אלי גיל**. בשביל הגילה והששון של (מציאות) קבר: **(כב) לגבר אשר דרכו נסתרה**. כל טובות אשר פעל נסתרו מאת בעל הגמול ולא הביט בהם: **ויסך אלוה בעדו**. עשה מחילה לפניו לסוגרו במסגר כמו (הושע ב׳) הנני סך את דרכך: **(כג) תבא**. באה: **ויתכו**. לשון נתך ארלה נגררים ויורדים כמים ויש לפרש נתיכה לשון רבייה: **(כד) פחד פחדתי**. כל ימי עמדתי בפחד על זה כמו שאמרתי (לעיל א׳) ויהי כי הקיפו וגו׳ אשר יגורתי הן עתה הועתד ונגזר שיבא לי: **(כה) לא**

אבן עזרא

מהחופרים למצוא מטמון: **(כא) אלי גיל**. יש אומרים גיל תנועה לשמחה ולאבל כמו רנה. ואחרים אומרים כי ענינו כמו השמחים ללכת אל גיל כן ישישו. חזר ופירש מי הוא. המחכים למות. הוא: **(כב) לגבר אשר דרכו נסתרה**. ממנו והאל סגר עליו וזה ענין ויסך אלוה בעדו כמו יסגור על איש. והגאון רב סעדיה פירש בו להפך ואמר כי ענינו כי אין צורך להיים אלא הגבר אשר דרכו נסתרה אפילו באכילה לא יתענג: **(כג) ויתכו כמים שאגותי**. עד שיבכה. או הוא על דרך משל שלא יתעכבו כי אם ירוצו זאת אחר זאת ולא תפסקנה:

רלב״ג

לב רגז שהרלון בו לב ירא והרלון בזה שאחר המות סרה יראת הרשעים מעל האנשים: (כ) ויחפרוהו ממטמונים. ר״ל שהם יבקשו המות יותר ממטמונים: (כב) ויסך אלוה בעדו. ר״ל שגדר השם בעד דרכו אשר ילך בה עד אשר ימנעו ממנו כל מבוקשיו: (כג) ויתכו כמים

מצודת ציון

ממטמונים. מאוצרות כי הדרך להניחם במקום טמון ונסתר: (כא) אלי גיל. אל גיל: (כב) ויסך. ענין גדר כמו אתה שכת בעדו (לעיל א׳): (כג) ויתכו. ענין שפיכה ויציקה כמו עד נתך מים (שמואל ב׳ כ״א): שאגותי. לעקותי: (כד) כי פחד. אשר פחד וכן כי גוע אהרן (במדבר כ׳): ויאתיני. באה עלי כמו אתא בוקר (ישעיה כ״א): יגורתי. ענין פחד כמו ויגר מואב (במדבר כ״ב): יבא לי.

מצודת דוד

יחפשו אחריו יותר מאחר מטמונים: **(כא) השמחים**. הנה האנשים שלימי הדעת השמחים אל דבר אשר ראוי ונכון לגיל בו הלא המה ישישו כאשר ימצאו קבר וסיבת מות: **(כב) לגבר**. מוסב למעלה לומר הלא ישישו כאשר ימצאו קבר לגבר אשר דרכו נסתרה ממנו שיש לו קושי המזל לבל יוכל לעשות דרכו לגמור מעשהו אשר סחל ואלוה עשה גדר בעד דרכו לבל יוכל לעבור בו ובעבור זה ישישו שלימי הדעת כאשר ימצאו לו קבר כי יאמרו טוב מותו מהיין והואיל וכן הוא למה יתן א״כ לעמל אור: (כג) כי לפני לחמי. למה לי חיים הלא מר לי מאד כי אף לפני מאכלי תבוא אנחתי ולא הלכה הלער בשמחת תענוג המאכל. ושאגותי המה תכופים מבלי הפסק כמים הנגריס ויורדים: (כד) כי פחד. הפחד אשר פחדתי בעת שלותי פן יבואו עלי הרעות האלה הנה כן באו עלי: ואשר יגורתי. כפל הדבר במלות שונות: (כה) לא שלותי. מעולם לא ישבתי

Now it has been destined and decreed that it come upon me.—[*Rashi*]

25. **I was not at ease**—*from this worry, and behold, trouble has come.*—[*Rashi*] Job complains that he was never at ease, but continually worried about worldly events lest something unpleasant befall him. Indeed, trouble and quaking did befall him.—[*Mezudath David*] *Targum* paraphrases: Because of the report of the livestock, I was not at ease; because of the report of the fire, I was not quiet; because of the report of the camels, I did not rest, and because of the report of the children, trouble came.

To summarize Job's address: The

death and it is not here, and they spy after it more than after hidden treasures. 21. Those who are happy over joyous occurrences, rejoice when they find a grave 22. for a man whose way is hidden, and God hedged him in. 23. For before my meal comes my sigh, and my moans pour like water. 24. For the thing I feared has befallen me, and what I dreaded is coming upon me. 25. I was not at ease, neither was I quiet,

and they spy after it—Heb. וַיַּחְפְּרֻהוּ *and they spy after it.—[Rashi] Mezudath Zion* renders: and they dig; one searches for something by digging in the ground.

more than after hidden treasures—*More than people spy after hidden treasures.—[Rashi]* They search for death more intently than people dig for hidden treasure.—[*Ibn Ezra*]

21. **Those who are happy over joyous occurrences**—*and rejoice if they find a grave.—[Rashi]*

over joyous occurrences—*Because of the joy and the happiness of finding a grave.—[Rashi]* [*Rashi's* intention is obscure.] *Mezudath David* explains: Intelligent people, who rejoice over things that properly merit rejoicing, will rejoice when they find a grave and a cause for death.

22. **for a man whose way is hidden**—*All the good deeds that he performed were hidden from the Great Recompenser, and He did not look at them.—[Rashi]*

and God hedged him in—*He made a wall in front of him to shut him up in a prison, as* in (Hos. 2:8) *"Behold I will close off your way."*— [*Rashi*]

This refers to the preceding verse: These intelligent people will rejoice when they find a grave for the unlucky person whose way is hidden fromKim, for such a(n unlucky) person is unable to complete the work he has started—God has made a hedge around him which he cannot penetrate, so death is better than life for this unfortunate, frustrated person. But if so, why does God give the light of life to the toiler?—[*Mezudath David*]

23. **For before my meal**—Why should I live when my life is so bitter? Even before my meals, I sigh, and the sigh is not offset by the pleasure of eating.—[*Mezudath David*]

comes—Heb. תָּבֹא, lit. shall come.—[*Rashi*]

pour—*An expression of* (Exod. 9:33) *"pour* (נִתַּךְ) *to the ground." They run and descend like water. The word* וַיִּתְּכוּ *may also be interpreted as, being plentiful.*— [*Rashi*] I moan incessantly, like water that constantly runs down.— [*Mezudath David*]

24. **the thing I feared**—*All my life, I stood in fear of this, as I said* (1:5): *"Now it would come about, when the cycle of the feasting would days be over, etc." What I dreaded—Behold!*

וְלָא שְׁדוּכֵית מִן **וְלֹא־נָחְתִּי וַיָּבֹא רֹגֶז׃ ד א וַיַּעַן אֱלִיפַז**
בְּסוּרְחָא דִיקִדְתָּא וְלָא
נְיָחִית מִבְּסוּרְתָּא דְנַמְלַיָא וַאֲתָא רוּגְזָא עַל בְּסוּרְתָּא דִי בְנַיָא׃ א וַאֲתֵיב אֱלִיפַז דְמִן
תֵּימָן

רש"י

שלותי. מדחגה זו והנה ויבא רוגז: (מענה אליפז): ילחק זכה שתשרה עליו שכינה: התימני. מארץ תימא. ד (א) אליפז. בן עשו היה ועל ידי שנתגדל בחיקו של מארצו של עשו (סא"א):

אבן עזרא

ד (א) ויען אליפז:

מנחת שי

(כה) ולא נחתי. בגעיא: ויבא רגז. במקצת ספרים כ"י הטעם ביו"ד בלי ספק וכן הוא בחילופים לב"א ובחילופים כ"י מצאתי שגם לב"נ הטעם ביו"ד אלא שהוא בגלגל ולב"א במאריך:

רלב"ג

שאגותי. ר"ל שכבר נגרו אחת אחת כמים הנגרים אשר ירוצו כן לקראת כן בלי הפסק: (כה) ויבא רגז. ר"ל מה שהייתי ירא ממנו ויהיה רוגז מעניין יראה על דרך אמרו שם רשעים חדלו רגז: ביאור דברי המענה לעק איוב ואמר יאבד יום אשר יולדתי בו והלילה אשר היה בו ההריון לאמי. היום ההוא יהיה חשך. היום ההוא אשר יולדתי בו יהיה חשך אל ישתדל בו אלוה ממעל להזריח עליו השמש ולא יאיר עליו שום אורה יהיה עם היום ההוא חשך וצלמות בדרך שלא יהיה אור בו. יבעתהו האידים החזקים העולים בסבת חוזק החום מהיום. הלילה ההוא אשר הרתה בו אמי יקחהו אופל עד שלא יהיה בו אור הככבים ולא יהיה נמנה באחת מימי השנה עד שילורף אל השנה ולא יבא במספר הירחים עד שילורף אל החדש. הנה הלילה ההוא יהי גלמוד עד שלא ילכו בו חברת האנשים במבואות העיר וברחובותיה ולא תבא בהם רננה בו. ואמנם אמר זה לפי שמנהג ההולכים בלילה שישירו וירננו. יקללו הלילה ההוא כל האנשים העתידים לעורר אבלם על קושי יומם שהם מקללים הזמן בסבת מרירות נפשם. יחשכו הככבים הגדולים הנראים בלילה ההוא בתחילתה ובסופה עם הסתר שאר הככבים בסבת האור הנמלא אז ויתמיד החשך בלילה ההוא לבלתי סור. יקוה לאור השמש ולא יזרח ולא יבקע השחר בה בדרך שלא יהיה אחריה יום. כי לא סגר הלילה ההוא דלתי בטן אמי שלא תתעבר והיה מסתיר בזה עמל מעיני ואחר שנתעברה למה לא מתי מעת לאתי מרחם אמי עד שתיקף שילאתי מבטן אגוע כי זה היה יותר טוב לי מחיותי לראות בזה הרע אשר מלאני. מדוע קדמוני ברכים. ברכי המילדת להלילני בעת הלידה ולמה נמלאו שדים לאמי להניק אותי להחיותי. כי עתה אם הייתי מת מרחם הייתי שוקט ונח מאלו הרעות בקבר. עם מלאכים ויועלי ארץ אשר הם בונים המקומות החרבים למו להקרא שמם עליהם. או עם שרים זהב להם הכונסים להם אוצרות כסף הנה אגו האנשים עם טוב הצלחתם לפי המראה לא היה להם בקבר יתרון עלי. או למה לא הייתי נפל שאמית מרחם ולא יושלם ההריון כי כמו העוללים המתים במעי אמם אשר לא ראו אור הנה המות נבחר מאד וזה כי בעת המות סרה יראת הרשעים מעל האנשים ר"ל שהמתים אינם יראים מהרשעים ושם ימלאו מנוח היגעים. כל האסירים הם שאננים בקבר ולא שמעו קול נוגש. שזה המות לקטן ולגדול אין יתרון בו לאחד על האחד ושם העבד חפשי מאדניו לא יעבדנו ולא ירדה בו. הנה תמה למה יתן השם לאיש הקשה יום אור החיים ולמה יתן חיים לאנשים המרי נפש והנה המות להם יותר טוב עד שמחכים למות למלוא מרגוע לנפשם ולא ימלאוהו וישתדלו למלוא אותו יותר ממטמון לרוב תשוקתם אליו אם יאמר האומר כי לא די עדות בתשוקתם אל המות שיהיה המות יותר טוב להם כי כן מנהג החולים שתהיה תשוקתם אל מה שיזיקם ולא יתכן לומר שיהיו הענינים ההם המזיקים טובים להם מפני תשוקתם אליהם הנה אנחנו נמצא שהאנשים האחרים השמחים אל מה שראוי לשמוח עליו ישמחו ויגילו כי ימות האיש קשה יום אשר גדר השם דרכו עד אשר לא יוכל להשיג דבר ממה שיבקשהו לראות כי המות טוב לו ואולם זכר השמחים אל מה שראוי לשמוח עליו כי מהם לבד תלקח ראיה בזה הענין לפי שבכאן אנשי רעי התכונה ישמחו כי ימלא רע לזולתם ולא תעיד שמחתם על הרע ההוא שיהיה הרע ההוא טוב למקבלים אותו וזה מבואר בנפשו ואחר שהתיישב שהמות טוב לכמו אלו האנשים המרי נפש הנני תמה למה השתדל השם שיתן לי חיים שבכבר השיגני מהמרירות עד שתמיד אני מתאנח גם בעת היות מאכלי לפני אשר היה ראוי שישכחני לרתי השתדלותי בלקיחת מזוני ונתכו כמים שאגותי אחת אחת כמים הנגרים בלי הפסק כי אין הפסק בין שאגה לשאגה. הנה פחד פחדתי בעת שלותי פן יבאוני הרעות האלה אשר באו לי ואשר יגרתי בא לי לא שלותי ולא שקטתי ולא נחתי מזה הפחד עד שבא מה שהייתי ירא ממנו: והכלל העולה מהדברים הוא שדעת איוב היה שכל מקרי האדם הם מסודרים ומוגבלים לפי מערכת הככבים בעת הלידה ולזה קלל היום שנולד בו לחשבו כי הוא היה סבת הרשעת שקרוהו וקלל ליל ההריון להיותו מורה על איכות מה שיקרה לעובר ברחם ועת לאתו מרחם וכבר זכרו זה בעלי המשפט ולזה היה מורה ליל ההריון על עת הלידה אשר הוא מורה לפי דעתם על כל מקרי האדם בחייו וקלל יום הלידה תחלה להיות מורה בעצמות ראשונה על מקרי האדם בחייו וקלל ליל ההריון אחר זה להיותו מורה בשנית עליהם וזה שהוא יורה על עת הלידה אשר הוא מורה על אלו המקרים ועוד נתרעם על ליל ההריון על אשר לא היתה הוראתו אם שלא תתעבר אמו אם שלא תשלים הריונה ותפיל אם שימות בלאתו מרחם אמו כי אלו המקרים הם לפי מערכת הכוכבים ברגע רדת הטפה ברחם לפי מה שאמרו בעלי המשפט והנה בחר איוב לא היותו על היותו בסבת המקרים האלה אשר קרוהו ונתרעם על הש"י המסדר זאת ההנהגה אשר מצד מערכת הככבים אשר ימצא בה זה האופן מהעדר הסדר והיושר אשר יבא ממנה רעות לטובים וטובות לרעים כמו שיזכר איוב במה שאחר זה איך לא סדר במי שיולד בכמו זה המערכת שימות מרחם ולא יראה ברע כי זה יותר טוב להם לפי מחשבתו וייחס זה לשגגה לשם ית' או ללאות וקוצר וכבר שגג בזאת ההנחה בב' לדדים. האחת כי זאת ההגבלה המסודרת מצד מערכת הככבים לא תחייב על כל פנים הגעת המקרים אשר יורו עליהם אבל כבר נשארו אפשריים מצד הבחירה האנושית כמו שזכרנו בפתיחתנו לזה הביאור. והשנית לחשבו שאלו הרעות המדומות הם רעות אנושיות עד שיבחר המקבל ברעות ההם המות מהחיים וזה אמנם היה צודק אם היו אלו הרעות רעות אנושיות לפי שהמות משובח על החיים הבלתי אנושיים לפי דעת קלת הקודמים כמו שנזכר בספר המדות ואולם הטובות האנושיות עם הרעות הבלתי אנושיות הם הם משובחות בעלמם ואפשר שנאמר שאיוב לא שגג בלד השני כי היה מאמין בהשארת הנפש כמו שנבאר במה שיבא בע"ה ואולם אמר זה ללער אלו החיים אשר היה בהם וגנותם שיותר טוב היה אלו העדר ההצלחה האנושית עם העדר אלו הרעות אשר היה בהם מתיקות קנין ההצלחה האנושית עם קנין אלו הרעות ואע"פ שהם רעות בלתי אנושיות. ואולם בלד הראשון היה טועה בלי ספק כמו שיוכיח תשובת ריעיו לו במה שיבא ותשובתו אליהם ולולא זה לא היינו אומרים שטעה בו כלל וזה כי אנחנו נראה ירמיהו ע"ה קלל את יומו אלא שירמיהו לא הביאתהו לזה אמונתו בזאת ההגבלה היא מצד המערכה כמו שהתפלסס מדבריו במקומות רבים מנבואתו ואמנם אמר זה על לד ההפלגה והגוזמא לחוזק מרירות נפשו והנה דעת איוב היה כמו שיתבאר במה שיבא שההשגחה האלהית איננה באישי האדם כלל כל שכן בשאר אישי ב"ח אבל הם כלם מעולחים ונעזבים אל ההנהגה המסודרת מהגרמים השמימיים והביאהו להאמין זה החוש והעיון אם החוש למה שנראהו מרוע הסדור הנופל באישי האדם הטובות והרעות אם העיון להיות אלו הענינים הפרטים הזמניים בלתי אפשר בהם לפי מחשבתו שיהיו ידועים אל הש"י לפי שאי אפשר שתהיינה בו ידיעות מתחדשות ונפסדות ולא ידע אם כן הענינים הזמניים מי שאין לו יחס עם הזמן כלל וזהו אמרו מדוע משדי לא נלפנו עתים ויודעיו לא חזו ימיו ירלה בזה מדוע לא יהיו נעלמים מהש"י הענינים הזמניים והזמנים והנה אין לו יחס עם הזמן עד שיודעיו לא חזו ימיו אבל ראוהו קיים ועומד ורחוק מההתפעליות כולם בתכלית המרחק ומי שזה דרכו אי אפשר שיתירא בזמן

מצודת דוד

בשלוה ובהשקט ובנחת כי יראתי מן הרעה הבאה ומתרגשת בעולם והנה באה עלי הרוגז והחרדה (העולה מהמענה הסיא שהיה איוב נבוך בדעתו ומסתפק לומר שכל מקרי האדם המה מוגבלים ומסודרים לפי מערכת השמים אשר יורו בעת ההריון והלידה ולזה קלל יום מולדתו וליל עיבורו אף יתרעם מול המקום המסדר את ההנהגה הסיא לומר מדוע לא סדר אשר מי שיהיה ראוי להולד בכמו זה המערכה שנולד בה שימות או ברחם האם או בצאתו ולא יראה ברעה כי טוב לו המות):

מצודת ציון

כמו בא לי: (כה) נחתי. מלשון נחת ומנוחה: ד (א) ויען. מל'

and I did not rest, yet trouble came.

4

1. Now Eliphaz the Temanite raised his voice

commentators conclude that Job is
convinced that God can do no injus-
tice. He considered himself a righ-
teous person, and as a righteous
person should not suffer, his trials
and tribulations could not be pun-
ishments for his sins. Job did not
believe that his troubles were mere
coincidence, since one followed in
the wake of the other: he lost first his
possessions, then his children, and
then he suffered physical pains. Nor
could he believe that God supervises
everything that happens to people
on earth, for were that so, God's
knowledge would change with the
times, and He would be governed by
Job's deeds and other time-bound
incidents. Job instead believed that
God entrusted the constellations
with the supervision of the world.
He cursed the day he was born and
the night he was conceived because
his future would be controlled by
the constellations ruling at that
time. Yet he blamed God for
establishing this system and for

allowing people born under fore-
boding signs to remain alive. It
would have been better had he died
in his mother's womb, or upon his
emergence therefrom, rather than
suffer his present agonies.—[*Rab-
benu Bechayah, Tochachath Chayim,
Mezudath David, Malbim*]
(**Eliphaz's Address**)
1. **Eliphaz**—*He was Esau's son,
and because he was nurtured in
Isaac's bosom, he merited that the
Shechinah rest upon him.*—[*Rashi*]
[*Rashi* alludes to verse 12, which
intimates that Eliphaz was a proph-
et, as will be discussed further.]
the Temanite—*From the land of
Tema, Esau's country. (Not found in
some   editions.)*—[*Rashi*] [This
appears to be an error, since *Rashi*
later states (6:19) that Tema was the
land of Ishmael. Actually, Tema was
a son of Ishmael, (Gen. 25:15). This
should probably read: From the
land of Teman, Esau's country.
Teman was a son of Eliphaz (Gen.
36:15).]

הַתֵּימָנִי וַיֹּאמַר׃ ב הֲנִסָּה דָבָר אֵלֶיךָ
תִּלְאֶה וַעְצֹר בְּמִלִּין מִי יוּכָל׃ ג הִנֵּה
יִסַּרְתָּ רַבִּים וְיָדַיִם רָפוֹת תְּחַזֵּק׃ ד כּוֹשֵׁל
יְקִימוּן מִלֶּיךָ וּבִרְכַּיִם כֹּרְעוֹת תְּאַמֵּץ׃
ה כִּי עַתָּה ׀ תָּבוֹא אֵלֶיךָ וַתֵּלֶא תִּגַּע
עָדֶיךָ וַתִּבָּהֵל׃ ו הֲלֹא יִרְאָתְךָ כִּסְלָתֶךָ

ת"א כסלתך . כ"מ נא סנהדרין פט :

תרגום

תֵּימָן וַאֲמַר: ב הַעַל גְּסִיוֹן פִּתְגָמָא דְמָטָא לְוָתָךְ תִּשְׁתַּלְהֵי וּלְמֶעְכְּבָא בְּמִלַּיָא מַן יֵכוּל: ג הָא כְּסַנְתָּא סַגִּיעִין וִידַיָא חַלָּשָׁיָא תַּקֵּפְתָּא: ד דְּתַקֵּל בְּחוֹבָא יְקִימוּן מִלָּךְ וְאַרְכּוּבַיָא דְחָמְטָן בַּעֲבֵירָא תְּחַיֵּל: ה אֲרוּם כְּדוּן תֵּיתֵי לְוָתָךְ וְתִשְׁתַּלְהֵי תִּמְטֵי גַּבָּךְ וְאִתְבַּהֲלְתָּא: ו הֲלָא דַחַלְתָּךְ סְפוּיָךְ סִבְרָךְ

רש"י

(ב) **הנסה**. לשון תימה הבעבור שניסה דבר אליך תלאה בנסיון אחד שניסך בוראך ובא אליך אתה נלאה ומעתה עצור במילין מי יוכל מלהשיבך: (ג) **הנה יסרת רבים**. שהרבו דברים הוכחתם ויסרתם: **וידים רפות**. ויגורות מפורענות הבא עליה' אתה היית רגיל להזקם ולומר אל תירא שבדהיא מדת הדין: (ד) **יקימון**. רגילות הם מליך להקים את הכושל: (ו) **הלא**. עתה סופך מוכיח על תחלתך שיראתך שהיית ירא שמים: **כסלתך**. היא (עיין תוספות ושלמות

מנחת שי

ד (ב) הנסה דבר. בספרים שלנו הדל"ת רפויה כמנהג ובעל לשון למודים ובעל מקנה אברהם כתבו בכלל אתי מרחיק שילאו מעטים מן הכלל ימנו בתוכם הנסה דבר ונראה שאמרו כן על אליך תלאה שהתי"ו בדגש אע"פ שהמלה מלרע וכן מלאתי במקצת ספרי' מדויקים אבל במקצתם התי"ו רפויה כמנהג: ועצר. העי"ן בשו"א לבדו. מכלול דף מ"ט ולוית חן בשער א' פ' י' ובשער ג' פ' י"ט וכן כתבו המדקדקים אחרים:

אבן עזרא

(ב) **הנסה**. הנו"ן ל' רבים והסמ"ך מקום שי"ן וההא"א מקום אל"ף וכמוהו נסה עלינו אור פניך ה'. ועצור במלין מי יוכל. וי"א הנסה המנסה וטעם דבר בדבר והאחרים אמרו כי הדבר הוא המנסה ועצור במלין לא נוכל שלא נשיבך. (ו) **כסלתך**. דבר שתשען עליו כמו וישימו באלהים כסלם:

רלב"ג

כלל כמו שיתבאר בטבעיות ועוד שאלו הענינים הטבעיים האלהיים לרחוק מדרגתם מהש"י הנה ימאסם הש"י ויתעבם בהכלת לפתיותם כי אין מדרך השלם בתכלית השלמות להשגיח בדברים אשר הם בתכלית החסרון ועוד כי השכל לא ישיג הדברים מלד מה שהם בו פרטיים אבל תהיה בו ההשגה לכחות אחרים כמו הדמיון והחוש ואם אין בשם יתברך כמו אלו הכחות אשר יושג בהם הפרט אי אפשר שישיג אלו הדברים הפרטיים והוא אומרו העיני בשר לך אם כראות וגו' הנה אלו הטענות שתמלא שיקיים בהם איוב דעתו בזה סדרום. וכבר יספק מספק ויאמר אם היה דעת איוב כן על מה היה מעלה עולות וירצתו שמא חטאו בניו והוא ירצה שהתשובה והתפלה אל השם יתברך בלתי מועילה להיותו בלתי משגיח בזה העולם השפל ונאמר כי איוב היה מאמין בהשארת הנפש כמו שירצה מדבריו במה שאחר זה ולזה היה מקריב בניו לעבודת השם יתברך כפי היכולת אע"פ שלא היה מאמין שיהיה בזה גמול גופני מלורף לזה שאיוב היה רולה ללאת ידי שתיהן ללוני שלמה שהיה נבוך ומבולבל בענין השגחת השם יתברך היה רולה לעשות הראוי לפי כל אחת מהדעות ולזה היה עושה פעולות המאמין בגמול ובעונש כדי שישמרו קניניו עד שהשיגהו מה שהגיעו ואז התרחקה ממנו האמנה הזאת לדעתו בעלמו שהוא היה לדיק ושאין השגת אלו הרעות על לד העונש לגמרי שקדם: ביאור מלות המענה (ב) הנסה דבר אליך תלאה. הוא מענין נשיאה בתמורת השי"ן וס' והאל"ף בה"א וכמהו נסה עלינו אור פניך ה' והרלון בו אם נשא משל ונדבר אליך ולהשיב על דבריך תלאה. או יהיה מענין נסיון והוא היותר נכון והרלון בו האם כאשר נסה השם להגיע אליך דבר מן הרעות תלאה ולזה אמר כי עתה תבא אליך ותלא: (ו) כסלתך.

מצודת ציון

(ב) **הנסה**. מלשון נסיון והוא בה"א שאלה ותשובה: **תלאה**. ענין עייפות ויגיע' כמו את כל התלאה (שמות י"ח): **ועצור**. ענין מניעה ועכבה כמו שרים עלרו במלים (לקמן כ"ט): **במלין**. ענין דבור: (ג) **רפות**. מלשון רפיון: (ד) **כושל**. ענין נפילת הכח והתשות: **כורעות**. היא הנפילה על הברכים: **תאמץ**. תחזק: (ה) **ותלא**. כמו ותלאה: **עדיך**. אליך כמו ועדיכם אתבונן (לקמן ל"ב): (ו) **כסלתך**. ענין בטחון ותקוה

מצודת דוד

ד (ב) **הנסה**. האם ראוי ונכון שכאשר המנסה נסה אותך בדבר רעה מן הרעות נעשית מיד עיף ויגע מלהיות מחזיק בתומתך ולכן מי יוכל להתאפק לעלור בדברים מבלי להשיב: (ג) **הנה יסרת**. הנה מאז הלא אתה יסרת רבים אשר הרבו דברים כלפי מעלה: **וידים רפות**. סידים שהיו רפות באמונת השם אתה היית מחזק באמרי מוסר: (ד) **כושל**. האיש הכושל היו מליך מקימים אותו וברכים הכורעות לנפול אתה היית מאמץ רלה לומר כל מי שהי' נבוך בהשגחת המקום בעבור מה שהגיע אותו מהרעות כחושבו שבאה מלד המערכה ולא בהשגחה הנה מאז היית אתה מעמידו על האמת לומר שבא בהשגחה ומלד העונש על הפשע והנה שבו כולם וסודו לדבריך: (ה) **כי עתה**. וכאשר עתה תבוא אליך מה מהרעות נעשית נלאה ועיף להחזיק עלמך וכאשר נגעה אליך הרעה נעשית מבוהל ומבלי דעת מיושבת לדבר דברי רוח: (ו) **הלא יראתך**. הלא עתה נראה למפרע שכל יראתך היתה למען בטחונך בה להשיג

you are too weary to maintain your stand; when the evil touches you, you become frightened and confused and can answer only in words of no substance.—[*Mezudath David*]

6. **Surely**—*now, your end reveals your beginning, that your fear, that you feared heaven . . .*—[*Rashi*]

your foolishness—*Is due to foolishness and not to full understanding, and so are your hope and the sincerity of your ways all foolishness.*—[*Rashi*]

and said, 2. "Because He tested you with [one] thing, should you weary? Who can withhold words? 3. Behold, you have chastised many, and you have strengthened weak hands. 4. Your words would pick up the stumbler, and you would strengthen buckling knees. 5. Now when it comes to you, you weary; it touches you and you are frightened. 6. Surely, your fear was your foolishness,

2. Because He tested—*This is an expression of wonder. Because He tested you with one thing, should you weary? With one test that the Holy One, blessed be He, tested you, you have become weary. From now on, who will be able to withhold his words from answering you?*—[*Rashi* following *Targum*]. Others explain: Should one test you with words, you will surely weary. Nevertheless, who can withhold his words?—[*Ibn Ezra, Ramban*] *Ibn Ezra* suggests also: Should we raise a word against you, you would weary. Nevertheless, who can withhold answering words?

Gra renders:

[1] **Now Eliphaz the Temanite replied and said**—First he refuted Job's arguments, then he made a statement, as will be explained later. Teman was the firstborn of Eliphaz, who was Esau's firstborn. Since his was the southernmost land of Edom, the south is often called תֵּימָן.

[2] **Because He tested you with [one] thing, do you weary?**—You weary when tested with only one thing, but Abraham was tested with ten tests, and he was able to pass them all (*Tanchuma Buber, Vayishlach* 8). This is the refutation of Job's arguments, [viz. that his trials

and tribulations represented a test given him by God.] Then Eliphaz made another statement,

Who can withhold words?—At times, a person cannot restrain himself from answering an argument he overhears, particularly if the argument is definitely false, or if the speaker derides his friend. In this case, Eliphaz claims that Job's argument is invalid; also that Job spoke harshly of God.

3. Behold, you have chastised many—*who multiplied words; you admonished them and chastised them.*—[*Rashi*] Formerly, you chastised many who multiplied words against the Most High.—[*Mezudath David*]

and . . . weak hands—*of those who feared the retribution that came upon them. You used to strengthen [them] and say, "Fear not, for that is the Divine Standard of Justice."*—[*Rashi*] With your admonition, you would strengthen those whose faith in the Almighty was weak.—[*Mezudath David*]

4. would pick up—*Your words were wont to pick up the stumbler.*—[*Rashi*]*

5. Now when it comes to you—But now, when some evil befalls you,

תקותך ותם דרכיך: ז זכר נא מי הוא
נקי אבד ואיפה ישרים נכחדו:
ח כאשר ראיתי חרשי און וזרעי עמל
יקצרהו: ט מנשמת אלוה יאבדו ומרוח
אפו יכלו: י שאגת אריה וקול שחל
ושני כפירים נתעו: יא ליש אבד מבלי
טרף

ת"א נקי אבד. ב"מ נח סנהדרין פט זוהר פנחס:

ושלמות אורחתך: ז אדכר כדון מן דזכי כאברהם הובד והאן תריצין כיצחק ויעקב אתכחדו: ח היכמה די חמיתי דרא דטובענא עבדי שקרא ופלחי לעות ישתלמין כמניה: ט מן מימר אלהא יהובדון ומן זעפא דנחיריה ישתיצון: י אכליות דשעיר דמתיל לאריא טרפא וקלא דליה דמתיל לשחלא מרתיחין כדביא בחטופיהון ורברבנוי דמתילין לליתא מתפרשין למבז בזתא: יא היכמה דאריא יהובד מדלית עדאה היכדין יהובד ישמעאל מדלית זכותא ובנוי לסטיא אתפרשו מן אורחין תריצין: ת"א ישמעאל דמתיל לארין יהובד מדלית

רש"י

ב"מ כ"ח) מחמת כסילות היא ולא מדעת שלימה וכך תקותך ותום דרכיך הכל כסילות: (ז) נכחדו. נעלמו ונאבדו כמו ותכחד מן הארץ (שמות ט'): (ח) כאשר ראיתי. אשר (כן) נכחדו חורשי און. ומכינים את העון במחשבתם כחורש זה שמכין לפני הזריעה ואחרי כן זורעים במעשיהם את העמל וראיתי שהם יקצרוהו. כלומר רעתם שבאה עליהם. וראיתי כי: (ט) מנשמת אלוה יאבדו. מנשיבת סערתו וכעסו: ומרוח אפו יכלו. כלים תמיד ועל דור המבול דיבר: (י) שאגת אריה וקול שחל. הארי גדול והשחל בינוני והכפיר קטן. כולם נתעו. כלומר המלכים והשרים והעבדים וכל שמות הללו שמות אריה הם: (יא) ליש אובד מבלי טרף. השרים אבדו

אבן עזרא

(ז) נכחדו. נכרתו כמו ותכחד מן הארץ: (י) שאגת אריה. פירש בו רבי משה הכהן כ"ע כשאגת אריה והענין שישליט עליהם המקום אריות וחיות ופירש רבי יונה נתעו נלתעו מן מלתעות ושניהם רחוקים ופירושו שדמה אף אלהים לשאגת

רלב"ג

ר"ל תקותך והרצון בו במה שהיית ירא אלהים לא היה אלא לתקותך שישמור קניניך וכאשר ראית אבוד הקנינים הסם סרה יראת השם מעל פניך. ווי"ו ותום דרכיך כפ"א רפה בלשון ישמעאל והרצון תקותך תום דרכיך ר"ל תקותך שישמרו קניניך היתה סבת תום דרכיך ולזה סר תמימותך בסוף הקנינים השם: (ח) וזורעי עמל. הרצון בו עול וכן תחת לשונו עמל ואון והמשיל ההשתדלות באון לחרישה וזריעה וקצירה להורות על רוב ההשתדלותם בו ועשותם תחבולות רבות עד שישיגוהו כמו הענין בעובדי האדמה שיעשו מלאכות רבות להגיע אל התכלית המבוקש מהם: (י) אריה ושחל וכפירים וליש ולביא הם משל לאנשים הרעים אשר כל מגמתם להזיק לזולתם כמו אלו החיות

מצודת דוד

מבוקשך ע"י ולא מדעת שלימה מיראת הרוממות: תקותך ותם דרכיך. תקותך היתה עם תום דרכיך. רלה לומר לא היתה תום דרכיך מאהבתך אותה אבל מחשבת תקותך היתה עמה כי הלא עתה באבדן תקותך תפל היראה: (ז) זכר נא. עתה החל לסתור דבריו ואמר תן עתה דעתך לזכור מי הוא הנקי הנאבד מכל וכל ואיה הם הישרים אשר נכחדו מבלי תקומה: (ח) כאשר. מוסב למעלה לומר מי הוא נקי אבד וגו' להיות דומה כאשר ראיתי אשר חורשי און וזורעי עמל שהם יקצרו פרי זרעם רלה לומר כמו החורש להכין השדה לזריעה ואחר כך זורע הלא יקצר הזרע שזרע כן מוסב הרע ועיקרו מקבל הגמול משלם ויאבד לנצח: (ט) מנשמת. מנשיבת הבל פיו יאבדו רלה לומר במעט סיבה ובדבר קל בהפחת רוח בעלמא: ומרוח וגו'. כפל הדבר במלות שונות: (י) שאגת אריה. עם כי היה להם שאגת אריה וקול שחל לאיים ולהפחיד את הבריות ושיני כפירים לאכלם בכל פה הנה בסופם המה נתעו לבלי דעת למלוא הללה מן הרעה הבאה עליהם: (יא) ליש. עם כי היה גבור כאריה סופו אובד הוא מבלי מלוא טרף ומזון להחיות נפשו ומת ברעב ובניו יתפרדו הנה והנה לבקש אכלם ומוסב למעלה לומר

מצודת ציון

כמו אשר יקוט כסלו (לקמן ח'): ותום. הוי"ו באה במקום עם וכן ויוסף היה במצרים (שמות א') ור"ל עם יוסף שהיה במצרים: (ז) נא. עתה: ואיפה. איה פה: נכחדו. נכרתו כמו ותכחד מן הארץ (שם ט'): (ח) עמל. ענינו עול: (ט) מנשמת. ענין נשיבה וכן מנשמת רוח אפו (ש"ב כ"ב): יכלו. מל' כליון: (י) שחל. וכפירים. ליש. ולביא. המה שמות הארי זכר ונקבה אלא שזה גדול מזה:

lions possessed a mighty roar to frighten other creatures, and could devour them ravenously, they were ultimately left without knowledge of how to save themselves.—[*Mezudath David*] *Ibn Ezra* explains: This verse is a continuation of the previous one. God's anger is like the roar of an old lion and the voice of a young lion, and the teeth of the cubs will wander as they search for food.

11. **A lion perishes without prey**—*The princes perished like a lion who perishes without food; so did their strength to commit violence dissipate. The word* אבד *is not an expression of a*

your hope and the sincerity of your ways. 7. Remember now, who was innocent that perished, and where were the upright destroyed? 8. As I have seen, those who plow violence and sow mischief will reap it. 9. From the breath of God they will perish, and from the wind of His nostrils they will be destroyed. 10. The roar of an old lion, the voice of a young lion, and the teeth of lion cubs were misled. 11. A lion perishes without

Others render: Is not your fear your confidence; your hope, the sincerity of your ways? Did you truly fear God's exaltation, or was your "fear" only confidence that through this behavior you would attain your desires? Your hope was in the sincerity of your ways; your sincerity, though, came not out of love but out of hope of fulfilling your needs. It is obvious, now that you have lost your hope, that you have given up your fear of God.—[*Mezudath David* from *Targum, Ibn Ezra, Tos. Baba Metziah* 58b)

7. **Remember now**—Now Eliphaz commences to refute Job's words. He says, "Think hard and try to remember, what innocent people perished completely? and where are the upright who were hopelessly destroyed?"—[*Mezudath David*]

destroyed—Heb. נִכְחָדוּ, *disappeared and perished, like* (Exod. 9:15), *"and you would vanish* (וַתִּכָּחֵד) *from the earth."*—[*Rashi*] *Targum* paraphrases: Remember now, who that was innocent like Abraham perished, and where were upright men like Isaac and Jacob destroyed?

8. **As I have seen**—*that those who plow violence and prepare the iniquity in their thoughts, like a plower who*

prepares [the field] *before sowing, afterwards they sow mischief with their deeds. And I saw that they will reap it*—i.e. *their evil that comes upon the, and I saw that* . . .—[*Rashi*]

9. **From the breath of God they will perish**—*From the blowing of His stormwind and His anger.*—[*Rashi*]

and from the wind of His nostrils —*they are always destroyed, and he spoke of the Generation of the Flood.*—[*Rashi* from *Targum*] *Ramban* explains that Eliphaz argues that, since Job never saw innocent people perish, he must conclude that those who perished did so only because of God's decree upon them. Alternatively, only those who plow violence and sow mischief perish because of God's will, no one else. This statement is directed against Job, who believes himself to be righteous and cannot conceive that his troubles were directed against him by God as punishment for his sins.—[*Zerachiah*]

10. **The roar of an old lion, the voice of a young lion**—*The* אַרְיֵה *is the old one, the* שַׁחַל *the middle one, and the* כְּפִיר *the cub; all of them were misled. I.e. the kings, the princes, and the slaves; all these names are names of the lion.*—[*Rashi*] Although the

טרף ובני לביא יתפרדו: יב ואלי דבר
יגנב ותקח אזני שמץ מנהו: יג בשעפים
מחזינות לילה בנפל תרדמה על־
אנשים: יד פחד קראני ורעדה ורב
עצמותי הפחיד: טו ורוח על־פני יחלף
תסמר שערת בשרי: טז יעמד ולא־
אכיר

ה"א יגונב. סנהדרין פט:

זכותא ובנוי דלוט
דמתיל ללִיתא יתפרשון
מקהלא: יב לותי פתגם
אתאמר בנטיר ואליפת
אודני קצת דאתמצי
מניה: יג בכחשבתא
דמן חזותא בליליא כד
נפלת שנתא על בני
נשא: יד דחולא ערעני
ורתיתא וסוגעי אברי
דחיל: טו וזיקא על אפי
יעבר מצלהבא עלעולא
בסרי: טז יקום ולא

רש"י

כליש זה האובד מבלי מזון כך אבד כחם מעשות חמס. אובד אינו לשון אדם האובד דבר ממנו אלא הוא עצמו הולך לאיבוד כמו תעיתי כשה אובד (תהלים קי"ט) וכמו הייתי ככלי אובד (שם י"ח): ובני לביא יתפרדו. מדבר דור הפלגה אשר נפוצו משם על פני כל הארץ: (יב) ואלי דבר יגונב. חוזר על תוכחתו שהוכיחו עד הנה מה תזעק זכר נא מי הוא נקי אבד וגו' כאשר ראיתי וגו' ועל אודותיך אלי דבר נבואה יגונב מן הסגנון כדבר גנוב לפי שאין רוח הקודש נגלה על נביאי עכו"ם בפרהסיא משל למלך שהיתה לו אשה ופלגש כשבא אל אשתו בא בגלוי ואצל פלגשו בא בסתר ובגניבה כך הקב"ה לנביאי עכו"ם ויבא אלהים אל אבימלך בחלום לילה (בראשית כ"ו) וכן ויבא אלהים אל לבן וגו' (שם ל"א) לבלעם נופל וגלוי עינים (במדבר כ"ב) לאליפז בחזיונות הלילה. אבל בנביאי ישראל כתיב (שם י"ב) פה אל פה אדבר בו במראה ולא בחידות. במדרש תנחומא מלאתי מוגה. ולשון ותקח אזני שמץ מנהו שמץ מקצת רוח הבנה: (יג) בשעיפים. במחשבות: (יד) פחד קראני. מן הרוח שבא אלי ורוח היא מלאך שנא' (תהלי' ק"ד) עושה מלאכיו רוחות: (טו) תסמר. הרוח שערת בשרי: הסמר. היא לשון אדם שעמדו שערותיו: (טז) יעמוד. עומד היה בפני ולא הייתי מכיר מראהו: דממה וקול. קול דבר השאי הייתי שומע. ד"א דממה

מנחת שי

(יג) בשעפים. בדגש הפ"א: בנפל. הפ"א רפה: (טז) יעמד. העי"ן בשוא ופתח: ולא אכיר. הוא"ו בגעיא ואין טעם אחר בלמ"ד:

אבן עזרא

אריה על טרפו. ופי' נתעו כמו יתעו לבלי אכל מלת נתעו שבה על הכפירים וכמוהו קול דודי הנה זה בא: (יב) יגונב. מן גנב ועניינו נהטף: שמץ מנהו. כל המפרשים פירשו בו מעט לפי הענין והנכון בעיני שהוא מטעם ומה שמץ דבר נשמע בו ועניינו כי לא יכלה אזני לקחת הטוב המעולה ממנו כענין פנים והזהיר הנזכרים בפרשת כי תשא: (יג) בשעיפים. מחשבות: (טו) הסמר. תרעיד כמו סמר מפחדך בשרי ורבינו האי ז"ל פירש שהוא ממסמרות כי הכתב כמסמר נטוע: יחלוף. יהלוך כמו הלף הלך לו: (טז) יעמוד. זה בחלום: דממה וקול. כמו קול דממה דקה וזו דרך

רלב"ג

אשר יכספו לטרוף זולתם מהכ"ת: (יב) יגונב. ר"ל יעלה ויתכסה: שמץ מנהו. ר"ל מעט ממנו וכמוהו ומה שמץ דבר נשמע בו: (יד) עלמותי.

מצודת ציון

נתעו. מל' תועה ענינו מי שאינו יודע מה לעשות: (יא) יתפרדו. יתפזרו: (יב) שמץ. ענין מעט ומשהו וכן ומה שמץ דבר (לקמן כ"ו): (יג) בשעיפים. ענין מחשבה וכן לכן שעיפי ישיבוני (לקמן כ'): מחזיונות. ענין ראיה כמו ואתה תחזה (שמות י"ח): תרדמה. היא שינה עמוקה: (יד) קראני. מל' מקרה: (טו) ורוח. ר"ל המלאך: יחלוף. יעבור כמו חלף הלך לו (ש"ה ב'): תסמר. מל' מסמר ויתד ור"ל נתקשה כמסמר וכן סמר מפחדך בשרי (תהלים קי"ט): (טז) ולא אכיר. הוי"ו הוא כטעם אעפ"כ וכן

מצודת דוד

מי הוא נקי אבד כאשר ראיתי את אבדן הרשעים מבלי תקומה ואם היה הכל מלד המערכה ולא בהשגחה ראוי היה להיות מקרה אחד לכל לצדיק ולרשע: (יב) ואלי דבר יגנב. הנה באה אלי דבר נבואה בגניבה ועל כי לא היה מבני ישראל לא באה אליו הנבואה בדרך ישרה ממקור הקדש כ"א בדרך עקלקלות ע"י כהות הטומאה ויתייחס כאלו גנוב הוא מהקדושה: ותקח אזני. קבלה אזני מן הנבואה משהו מיעטת ולא כולו אף לא חלק גדול: (יג) בשעיפים. בעת היו המחשבות מלאות מחזיונות לילה ר"ל מראיית הדמיונות הנראים בלילה על המשכב והיא תחלת הלילה שאז הרעיונים מלאים מדמיונות שהרהר ביום: בנפול. בעת אשר התרדמה מפלת על אנשים כי בתחילת הלילה נלאה ועיף ממלאכת היום והתרדמה נופלת עליו וכפל הדבר במלות שונות לתוספת ביאור ולתפארת המליצה: (יד) פחד. אז בעת ההיא קרה לי פחד וגם רעדה והפחד ההוא הפחיד את הרוב מעלמותי ואחז חיל ורתת: (טו) ורוח וגו'. המלאך הדובר חלף ועבר לפני: תסמר. קבולת שערת בשרי תעמוד ותתקשה כמו מסמר כדרך המתפחד ונבעת: (טז) יעמד. עם כי בעת חלף לפני היה עומד זמן מה עם כל זה לא הייתי

spirit that came to me, and the spirit was an angel, as it is stated (Ps. 104:4): *"He makes his angels spirits."*—[*Rashi*]

15. **it made stand on end**—*The spirit made the hair of my flesh* [stand on end]. Heb. תְּסַמֵּר. *That is an expression of a man whose hair stood on end.*—[*Rashi*] It stood stiff as a nail (in Hebrew, מַסְמֵר).—[*Mezudath David*]

16. **It was standing**—*It was stand-*

prey, and the young of the lion will scatter. 12. Now a word
was conveyed secretly to me, and my ear grasped a bit of it.
13. In the thoughts of the visions of night, when slumber falls
on people, 14. terror and quaking befell me, and He frightened
most of my bones. 15. And a spirit passed by my face; it made
the hair of my flesh stand on end. 16. It was standing, but I did
not

man who loses something, but [of a
man who has] *himself become lost,
like* (Ps. 119:176), *"I have gone
astray like a lost* (אֹבֵד) *sheep," and
like* (ibid. 31:13), *"I was like a lost*
(אֹבֵד) *vessel."—[Rashi]*

and the young of the lion will scat-
ter—*He is speaking of the Generation
of the Dispersion, who were scattered
from there* [Babel] *over the face of the
entire earth.—[Rashi* from unknown
midrashic source, referring to Gene-
sis 11:9]

12. **Now a word was conveyed**
secretly to me—*He returns to his
rebuke with which he has been chas-
tising him till now: Why are you
crying? Remember now who was
innocent that perished etc.; As I have
seen, etc. And concerning you a word
of prophecy was secretly conveyed to
me,* [lit. was stolen to me], *from the
expression* (כְּדָבָר גָּנוּב) *like a stolen
thing, because the Holy Spirit does
not reveal itself to the prophets of the
heathens in public. This is analogous
to a king who had a wife and a
mistress. When he would go to his
wife. he would go in public, but to his
mistress, he would go clandestinely
and stealthily. So it is with the Holy
One, blessed be He. Regarding the
prophets of the heathens* [Scripture

states:] *(Gen. 20:3), "And God came
to Abimelech in the dream of the
night," and similarly (ibid. 31:24),
"And God came to Laban the
Aramean in the dream of the night";
to Balaam (Num. 24:4), "who falls,
but his eyes are open"* [in *Gen.
Rabbah* 52:5 (Num. 22:20), "And
God came to Balaam at night."]; *to
Eliphaz, "in the visions of the night."
But concerning the prophets of Israel
it is written (ibid. 12:8): "With him I
speak mouth to mouth manifestly and
not with riddles." In Midrash Tan-
chuma, I found it emended.* [See
Tanchuma Balak 8, *Tanchuma Buber
Vayishlach* 24.] *Now* [in] *the ex-
pression, "And my ear grasped a bit
of it,"* שֵׁמֶץ *means a bit of the spirit of
understanding.—[Rashi]*

13. **In the thoughts**—Heb.
בִּשְׂעִפִּים—*[Rashi, Ibn Ezra* from
Targum] When people's thoughts
are full of "the visions of night"—
the imaginings that appear to a
person when he lies in bed at the
beginning of the night, when the
mind is full of the images seen
during the day.—*[Mezudath David]*

when slumber falls—When people
just fall asleep, exhausted from their
daily work.—*[Mezudath David]*

14. **terror befell me**—*from the*

אַכִּיר מַרְאֵהוּ תְּמוּנָה לְנֶגֶד עֵינָי דְּמָמָה
וָקוֹל אֶשְׁמָע: יז הַאֱנוֹשׁ מֵאֱלוֹהַּ יִצְדָּק
אִם־מֵעֹשֵׂהוּ יִטְהַר גָּבֶר: יח הֵן בַּעֲבָדָיו
לֹא יַאֲמִין וּבְמַלְאָכָיו יָשִׂים תָּהֳלָה:
יט אַף ׀ שֹׁכְנֵי בָתֵּי־חֹמֶר אֲשֶׁר בֶּעָפָר
יְסוֹדָם

ת״א האנוש. עקידה שער עד עקרים מ״ד פ״ה:

אִשְׁתְּמוֹדַע חֶזְוֵיהּ דְּמוּ
לָקֳבֵל עַיְנַי חֲשַׁשׁ וְקָל
סוֹגְעִין אֶשְׁמַע: יז אַכְרֵז
וַאֲמַר אֶפְשַׁר דְּבַר נָשׁ
מֵאֱלָהָא יִזְכֵּי אִם מִן
דַּעֲבָדֵיהּ יִדְכֵּי גְּבַר:
יח הָא בְּעַבְדוֹי נְבִיַּיָא
לָא יְיַמִּין וּבְאִזְגַּדוֹי יְשַׁוֵּי
עִילָּא: יט כָּל דְּכֵין
רַשִׁיעַיָא דְשָׁרְיָן בִּקְבוּרַת
טִינָא דִּי בְּעַפְרָא

רש״י

וקול אשמע קול שמעתי מדממה אבל דממה לא שמעתי. דממה אלו המלאכים שאומרים שבח בהשאי כדמתרגם ואחר הרעש קול דממה דקה (מלכים א׳ י״ט) קל דמשבחין בחשאי. משה דממה שמע מכאן שהראשונים נשתמשו בקול והאחרוני׳ בבת קול כאדם המכה בפטיש וקול ההכרה נשמע למרחוק. וכך הוא אומר: (יז) **האנוש מאלוה יצדק.** בתמיה: **ואם מעושהו יטהר גבר.** ואם יותר מעושהו יטהר גבר ומה זה חבירך יצעק: (יח) **הן בעבדיו.** הצדיקים לא יאמין שלא יחטאו לו ומסלקם מן העולם לפני זמנם: **תהלה.** ל׳ הוללות: (יט) **אף.** כל שכן שוכני בתי חומר אשר בעפר יסודם. קברם: **ידכאום לפני עש.** מן השמים מתישין את כחם עד שהן שפלים ונדכאים לפני הרימה

אבן עזרא

נבואה קטנה. (יח) **לא יאמין.** אין אמונה בעבדיו כנגדו שהוא לבדו שלם בלא חסרון: **תהלה.** כמו אמרתי להוללים אל תהולו בעבור חסרונם: (יט) **אף שוכני בתי חומר.** קל וחומר הדרים בבתי חומר. והנכון בעיני שעבדיו ומלאכיו הם העליונים שאין להם גשם שהוא גוף ונפשות בני אדם נחלבו׳ מהם ואף שוכני בתי חומר הם הגופו׳ שיסודם בעפר: **ידכאום.** ענין בתי חומר ידכאו השוכנים בעבור שיכלה הגוף כעש. ורובי המפרשים פירשו לפני עש לפני במש ואמרו כי עש כמו ועיש על בניה תנחם והם שבעה כוכבים קרובים מהמזלות הצפוני. כמו עש ועיש והטעם כל ימי היות עיש:

רלב״ג

איברי: (יח) לא יאמין. הוא מענין אמת ר״ל שלא ישיגו האמתות והקיום מעצמותם אבל להם סבה בהיותם אמת כמו שיש להם סבה בהיותם נמצאים ולזה היה חסרון בחק אלו הנמצאים הקדושים ביחס אל הש״י וזה כי הש״י לבדו יהיה אמתותו וקיומו מעצמותו. או יהיה הרצון בזה שהש״י לא יאמין בהם שישלימו מעצמם מה שהוכן להם מהפעולות אם לא יהיה בזה עזר מהש״י וזה הדבר כבר באררנוהו במה שאין ספק בו בחלק הג׳ מהמאמר החמישי בספר מלחמות ה׳: תהלה. רוצה לומר אורה ויהיו הלה והלל שני שרשים בענין אחד והרצון בו ולא במלאכיו ישים אורה ר״ל שאין האור להם והוא ההשגה במה שהם משיגים מצד עצמותם אבל מצד הסבה הראשונה והוא השם יתברך ואולם הש״י אין לו ההשגה במה שישיג מזולתו: (יט) עש. הרצון בו כלוי והוא שם והפעל ממנו ועלמי עששו. עששה מכעס עיני. והרצון בו שכבר ידכאום מקרים אם מחוץ אם מרוע הנהגתם ויפסדו קודם שישיגם הכלוי הטבעי וזה דבר אמתי אין

מצודת דוד

מכיר מראהו אף כי היתה תמונת פניו לנגד עיני: דממה וקול אשמע. שמעתי קול נמוך מאד כאלו היא היתה מורכבת משתיקה וקול: (יז) האנוש. והנה שמעתיו אומר האנוש מאלוה יצדק ר״ל האם אפשר שיהא האדם מוצדק בסדר ההנהגה יותר מן המקום ב״ה ואם הגבר יהיה טהור במפעליו יותר מה אשר עשהו וכאומר כלא אף האדם השלם המסדר הנהגה מה הנה לא יסדרה באופן יהיה מקרה אחד לרע ולטוב ואיך אם כן יחשוב מי שהמקום ב״ה מסר הכל ביד הנהגת מערכת השמים עד כי יהיה מקרה אחד לצדיק ולרשע וילדק א״כ האנוש מאלוה: (יח) הן בעבדיו. הנה בעבדיו המלאכים עם כי הם ירדו מאמש צשלימות רב עם כל זה לא נתן בהם קיום בעצמם לבל יצטרכו בכל עת השפעת אלוה עליהם: ובמלאכיו. מלת לא משמשת בשלים כאלו אמר ובמלאכיו לא ישים תהלה והוא כפל ענין במלות שונות לומר הנה לא שם במלאכיו עצמם להיות בהם אורה משלהם כי הכל בא ממנו בכל עת ואם כן הוא שלם מאד מן מלאכי מעלה ואין לו ערך ודמיון עמהם: (יט) אף שכני. ומכל שכן שהוא שלט מכ״ש השוכנים בבתי חומר רלה לומר בעולם השפל אשר יסוד מלכם הוא בעפר הארץ שהיא סיבה לדכא אותם לפני הכלוי והרקבון הגושל בהם לא כמלאכי מעלם השוכנים בעולם העליון אשר לא יקרה להם הכלוי וההפסד וכאומר הלא משכנות עולם השפל ומקריו המה סבות מונעות השגם והשלימות ולזה הינם אפילו כמלאכי מעלה וכל שכן הוא שמאד רחקו מערך שלימות המקום ב״ה ואיך יחשוב מי אשר ילדק אנוש

מצודת ציון

הנמלים וגו׳ ויכינו וגו׳ (משלי ל׳): תמונה. צורה: דממה. מל׳ דמיה ושתיקה: (יח) יאמין. ענינו קיום וכן יתד במקום נאמן (ישעיה כ״ב): תהלה. ענין אורה כמו בהלו נרו (לקמן כ״ט): (יט) אף שוכני. תחסר מלת כי וכאומר אף כי והוא ענין כ״ש כמו אף כי אש אכלתהו (יחזקאל ט״ו): חומר. טיט: עש. ענין

defines it as blemish. Others define it as light, explaining the verse: Behold, He does not trust His servants, neither does He give light to His angels, as a light of their own, for everything emanates from Him at all times.—[*Mezudath David, Redak (Shorashim)*]

19. **Surely**—Heb. אַף. [This does not mean also but] *surely those who*

recognize its appearance, this image before my eyes; I heard a faint voice. 17. Can a mortal be more righteous than God, or can a man be purer than his Maker? 18. Behold, He does not trust His servants and He casts reproach upon His angels. 19. Surely those who dwell in mud houses, whose foundation is in dust;

ing before me, but I did not recognize its appearance.—[*Rashi*]

a faint voice—Lit. silence and a voice. *I heard the sound of faint words. Another explanation: I heard silence and a voice. I heard the voice of the silence, but the silence I did not hear. "Silence" denotes angels reciting praise silently, as [Jonathan] renders* (I Kings 19:12): *"a still small voice" as: a voice of those praising quietly. Moses heard the silence* [i.e. the voice of the angels praising]—*from here we deduce that the early prophets heard* [lit. used] *the voice, whereas the later ones heard an echo, like a man who hits with a hammer, and the echo resounds far away.* [*Rashi's* reference to Moses appears entirely out of place. Also, according to this *Rashi,* Eliphaz's prophecy was comparable to that of Elijah, a statement which does not follow *Rashi's* commentary to Kings, where he states that Elijah heard the voice of the angels praising, whereas Eliphaz heard only the echo. It appears, therefore, that the version of *Rashi* found in *Etz Chayim* ms. is more accurate. It reads: *praising silently, for he heard the silence itself.* [שֶׁהַדְּמָמָה מַמָּשׁ שָׁמַע, instead of מֹשֶׁה דְּמָמָה שָׁמַע]. *From here . . . far away. Here it is written: silence and a voice, whereas concerning Elijah it is written: a still small voice; because Eliphaz heard only the silencing of the voice, like a person who shouts into a barrel, that the voice of the barrel shouts toward him. That is an echo, not the voice itself, but concerning Elijah it is written: a still, small voice, for he heard the voice itself.] And this is what it said.*—[*Rashi*]

17. **Can a mortal be more righteous than God?**—*This is a wonder.*—[*Rashi*] [*Rashi* may mean simply that this is the interrogative form, or perhaps that this is a rhetorical question.]

or can a man be purer than his Maker?—*Or can a man be more pure than his Maker?*—[*Rashi*] [In the Hebrew, the comparative form does not appear. Therefore, *Rashi* clarifies the clause.]

18. **Behold . . . His servants**—*the righteous. He does not trust that they will not sin against Him, and He takes them out of the world before their time.*—[*Rashi*] *Targum* renders: His servants, the prophets. *Ibn Ezra* explains that there is no faith in God's servants comparable to Him, because He alone is perfect, without blemish.

reproach—Heb. תָּהֳלָה, an expression of folly.—[*Rashi*] *Ibn Ezra*

יְסוֹדָם יְדַכְּאוּם לִפְנֵי־עָשׁ׃ כ מִבֹּקֶר
לָעֶרֶב יֻכַּתּוּ מִבְּלִי מֵשִׂים לָנֶצַח יֹאבֵדוּ׃
כא הֲלֹא־נִסַּע יִתְרָם בָּם יָמוּתוּ וְלֹא
בְחָכְמָה׃ ה א קְרָא־נָא הֲיֵשׁ עוֹנֶךָּ וְאֶל־
מִי מִקְּדֹשִׁים תִּפְנֶה׃ ב כִּי־לֶאֱוִיל יַהֲרָג־
כָּעַשׂ וּפֹתֶה תָּמִית קִנְאָה׃ ג אֲנִי־רָאִיתִי

שִׁיתְאָסֵיהוֹן יְדַכְּכִנּוּן
קֳדָם זַחֲלָא׃ כ מִצְּפַר
לְרַמְשׁ מִשְׁתַּפְפִין מִן
דְּלֵית מְשַׁוֵי לְהוֹן אַרְכָּא
לְעָלְמָא יְהוֹבְדוּן׃
כא הֲלָא מִדְּלֵית זְכוּתָא
לְהוֹן אִנְטַל סָעִיד מִנְהוֹן
יְמוּתוּן וְלָא בְחָכְמְתָא׃
א קְרֵי כְדוּן הַאִית עָנֵי
לָךְ וּלְמַן מִן קַדִּישַׁיָא
תִתְפְּנֵי׃ ב אֲרוּם לְשַׁטְיָא
יִקְטוֹל רוּגְזֵיהּ דְּקֵירִים
וּשְׁבִירָא תְּמִית טִנְנָא דְבַרְיְתָא׃ ג אֲנָא חֲמֵית שַׁטְיָא דְמִתְנְצִיב וְלַטְטֵית מְדוֹרֵיהּ
בתכיף

רש״י

האוכלתן במותן: (כ) מבקר לערב יכתו. ביום אחד הם כתותים ונדכאים: מבלי משים. על לב לשוב לקונם: לנצח יאבדו. וגם זה הוא מקרא חסר: (כא) הלא נסע יתרם בם. כמו (ישעיה ט״ו) יתרה עשה גאות׳ וחכמתם תתבלע בגופן והגה נוסעת ונסחת כמו (שם לג) בל יסע יתידותיו: ה (א) קרא נא. ע״כ דבר הנבוא׳ מכאן ואילך חוזר לתוכח׳ לעק הרבה מי יענך: ואל מי מקדושים. הגוזרים זאת עליך תפנה להלחם אתו: (ב) כי לאויל. כמותך יהרג כעסו שאלו היית שותק שמא תשוב מדת הרחמים עליך: קנאה. הוא כעס וחימה כמו (דברים

מנחת שי

ה (א) קרא נא. הקו״ף בגעיא: (ב) יהרג כעש. בשי״ן כמו בסמ״ך וזהו אחד מן ד׳ כתיב בשי״ן בלישנא ובמסורת הוסע סימן ב׳ במסר סי׳ מן כל מלין דכתיבין שי״ן וקריין סמ״ך: (ג) אני ראיתי. האל״ף בגעיא בס״ם וכן הוא בחילופים לב״א ועיין מה

אבן עזרא

(כ) מבלי משים. פי׳ מבין וכמוהו וישימו וישכילו: יכתו. מן כתית והטעם כמו בבקר יציץ וחלף: (כא) הלא נסע יתרם. יש מפרשים יסע יתרון דעתם ויאבד ואחרים אמרו כי הוא כמו כי יתרי פתח שיסע יתר אהלי והקרוב אלי שהוא כמו יתרה עשה שהוא ממון ועניינו שיאבד ממונם במותם: ימותו ולא בחכמה. חכמו שיקבלו ממון גם יורה זה הפסוק כי זה אדם לא נברא אלא שילמד חכמה: ה (א) קרא נא. אם אינו כן שאל אם תמצא מי שיענה אותך: ואל מי מקדושים תפנה. או אמור מפי מי מהקדושים שהיו בארץ שמעת: (ב) כי. ידוע כי

רלב״ג

ספק בו וזה כי רוב המתים מתים בזולת עתם בסבת מקרים מה ולא ימצא שימות המות הטבעי אחד מאלף: (כ) מבלי משים. חסר לב והרצון בו מבלי משים לב להשלים נפשם וכמוהו וישימו וישכילו יחדו. והרצון בו וישימו לב: (כא) הלא נסע יתרם בם. רוצה לומר שכבר נסע ממקומו יתרונם אשר בם על שאר הב״ח והוא השכל והנה הוא לו כי הוא בתחלת ענינו חסר ומי שלא ישלימהו לא ימצא לו יתרון על שאר הב״ח בעת המות כמו שנאמר אדם ביקר בל ילין נמשל כבהמות נדמו: (ב) לאויל. הוא האיש אשר יכוין פעולותיו תכלית מה ולא יבא אל הגעת התכלית ההוא בסבות הראויות והוא מבואר שלא יגיע התכלית לכמו האיש הזה אלא במקרה ולזה יהיה כועס תמיד

מצודת ציון

כבלוי וההפסד כמו עששה מכעס (תהלים ו׳): (כא) יתרם. ענין רבוי ותוספת: ה (ב) כעש. כמו כעס בסמ״ך: ופותה. מלשון פתוי:

מצודת דוד

מאלוה: (כ) מבקר וגו׳. כל היום המה כתותים ומדוכאים ומבלי משים בו הכתיתה כי אם זולת אדם תסלף דרכו וחובל בעלמו: לנצח יאבדו. וכן בכל יום המה כתותים ואבודים ואיה אם כן שלימות האדם אם אין בו דעת לא לשמור את עלמו: (כא) הלא נסע וגו׳. יתרון ההבמה אשר ניתן בהם יותר משאר בעלי חיים הלא נסע והלך מהם כי המקריים המתאוים מזולתם ומעלמם המה יסבבו להשליך את החכמה מנגד ולזה ימותו ולא ימלאו חכמה ר״ל יסיה לכם לפון יתחכמו עד כי ימותו ובהיות כן איה אם כן שלימות האדם לחשוב אשר ילדק מאלוה: ה (א) קרא נא. כהתימו לספר דברי המלאך אמר לאיוב פן תאמר איזה דרך הלך הרוח לדבר כך ומדוע לא דבר כי לזה אמר דע לך כי נבאשת בעיני ה׳ על כי בעשת דיסורין ובחון הדבר וקרא עתה אל השמים וראה האם יש מי אשר יענה לך ואל מי ממלאכי מרום תפנה להמלין טוב בעבורך הלא נבאשת בעיני כולם ולזה לא ידברו כך מעתה: (ב) כי לאויל. לשוטה כמותך יהרוג הכעס אשר יכעוס בבוא הרעה כי בעבור זה לא ימלא מלמד זכות ומשיב דבר: ופותה. הנפתה בלבו אחר תאוות הללחות המדומה תמית הקנאה שיתקנא בהללחות הרשעים ומרבה להתרעם על ה׳. כי מאבד עולמו באין מלין יושר: (ג) אני ראיתי. אבל אני כאשר ראיתי

haps the Divine standard of clemency would return upon you.—[*Rashi*]

wrath—*That is anger and fury, as* in (Deut. 32:21), *"They have provoked Me to wrath* (קִנְאוּנִי)."—[*Rashi*] *Mezudath David* interprets קִנְאָה as the envy that naive people, who desire mundane material riches, feel at the prosperity of the wicked. They continually complain to God, until they have no defender in heaven.

3. **I have seen a fool taking root**—When I saw a fool spreading his roots in the ground, I did not envy his prosperity, but suddenly before

they crush them before the worms. 20. From morning to
evening they are crushed without giving [a thought]; they perish
to eternity. 21. Their haughtiness, which is absorbed within
them—does it not leave [them]? They die, and not with
wisdom.

5

1. Now call; will anyone answer you? To which of the holy
ones will you turn? 2. For anger will kill a fool, and wrath will
kill a naive person. 3. I have seen

dwell in mud houses, whose founda-
tion is in dust, meaning their graves.
—[Rashi]

**they crush them before the
worms**—*From heaven, their strength
is sapped until they are humble and
crushed before the worms that eat
them in death.*—[Rashi] Therefore,
how can such a humble creature be
more righteous than God?—[Mezu-
dath David] According to *Ibn Ezra,*
most commentators render: before
the sun. He quotes others who iden-
tify עָשׁ with עַיִשׁ (below 38:32), which
he apparently identifies as Ursa
Major; thus, the meaning is: They
are crushed as long as Ursa Major
(representing the stars in general)
exists. *Ralbag* explains that people
are crushed before their appointed
time of destruction—their foolish
behavior results in premature death.

20. **From morning to evening they
are crushed**—*In one day, they are
crushed and subdued.*—[Rashi]

without giving [a thought]—lit.
without putting it *upon their heart to
return to their Maker.*—[Rashi]

Without understanding.—[Ibn Ezra]

they perish to eternity—*This too is
an elliptical verse.*—[Rashi]

21. **Their haughtiness, which is
absorbed within them—does it not
leave [them]?**—Heb. יִתְרָם בָּם, *like*
(Isa. 15:7), *"Because of haughty
things (יִתְרָה) they did." Their haughti-
ness and their wisdom, which is
absorbed into their body—behold it
will move away and be uprooted from
them, like* (ibid. 33:20), *"whose pegs
shall never be moved (יִסָּע)."*—[Rashi]

Mezudoth renders: Their superi-
ority, meaning their wisdom. *Ibn
Ezra* renders: Their wealth; he
quotes *Targum* as having rendered:
Their tent peg.*

1. **Now call**—*Up to here are words
of prophecy. From here on, he returns
to his rebuke: Cry out to your utmost,
who will answer you?*—[Rashi]

**To which of the holy ones [i.e. of
the angels]**—*who decrees this upon
you will you turn, to strive with
him?*—[Rashi]

2. **a fool**—*like you, anger will kill
him, for had you remained silent, per-*

אֱוִיל מַשְׁרִישׁ וָאֶקּוֹב נָוֵהוּ פִתְאֹם׃
ד יִרְחֲקוּ בָנָיו מִיֶּשַׁע וְיִדַּכְּאוּ בַשַּׁעַר וְאֵין
מַצִּיל׃ ה אֲשֶׁר קְצִירוֹ רָעֵב יֹאכֵל וְאֶל־
מִצִּנִּים יִקָּחֵהוּ וְשָׁאַף צַמִּים חֵילָם׃
ו כִּי לֹא־יֵצֵא מֵעָפָר אָוֶן וּמֵאֲדָמָה לֹא־

בִּתְכֵּיף : ד מִתְרַחֲקִין
בְּנוֹי מִפּוּרְקָנָא לְעָלְמָא
דְאָתֵי וְיִשְׁתַּפְּפוּן
בְּמַעֲלָנָא דְגֵהִנָּם בְּיוֹם
דִּינָא רַבָּא וְלֵית דְּפָצֵי :
ה דִּי חֲצָדֵיהּ כַּפְנֵי
יֵיכְלוּן וּפוּלְמוּסִין בְּמָנֵי
זֵינָא יְדַבְּרוּנֵיהּ וְיִבְזוּן
לִסְטִימִין נִכְסֵיהוֹן :
ו אֲרוּם לָא נָפֵיק מֵעַפְרָא

רש"י

ל"ב) הם קנאוני: (ד) ירחקו בניו. זו היא קללה שקללתיו: וידכאו. דגש הוא ידוכאו. ואם הוא נקוד רפי משמש ידכאו אחרים: (ה) אשר קצירו. של רשע: רעב יאכל. כי ימות רשע יבואו הרעבים שקילן בחייו וישתלמו גזילותיו מנכסיו: ואל מצנים יקחהו. כמו ויקחו אליך (שמות כה) כלומר לצורך העני הנושא מגינים וכלי זיין של רשע זה יקחהו השופט הממונה לכך: ושאף. ובלע איש מן הצמים שגזל בחייו: חילם. ממונם שגזל זה בחייו: (ו) כי לא

יצמח

אבן עזרא

לאויל יהרג כעס: (ג) משריש. כמו ותשרש שרשיה שעשה שרשיה: ואקב. קללתי כמו מה אקוב והטעם קללתי נוהו שהוא ביתו שיבוא לו רע פתאום: (ד) בשער. בפרהסיא: (ה) קצירו. יזרע. ורעב שאין לו כח יתגבר עליו ויאכל קצירו: ואל מצנים. כמו ולצנינים כי הזרע כשלא יהיה מנוקה ירבו הוחיו ויקחו הרעבים הקוצים מבין החוחים: צמים. י"א כמו צמאים והענין כפל כי זכר הרעבים והצמאים. ויש אומר כי צמים האבן התקיפה בלשון ישמעאל. וא"ר משה שפירושו הבתולות בעלות הצמות. והוא רחוק: (ו) כל עמל שהוא עם און הוא כמוהו בענין. אמר כי הרשע לא ינמה לכן בן אדם יולידנו וכאילו לא יולד אלא לעשות עמל ואון כענין

מנחת שי

שכתבתי במשלי כ"ו: נוהו פתאם. רפה הפ"א: (ד) וְיִדַּכְּאוּ בדפוסים ישנים מגאסולי ושונצין כתוב וְיִדַּכְּאוּ ולא מצאתי כן בספרים כ"י שלפני. וראיתי לגאון ר"ש בר צמח בפי' אוהב משפט שלו שהביא שתי הגרסאות וכן כתב וידכאו הוא מבנין התפעל והיה ראוי היו"ד בחירק והדל"ת בדגש אלא שהוסלה תנועת היו"ד בוא"ו ובאה הדל"ת ברפה שלא כמנהג. כן מצאתיו בספרים מדוייקי'. וי"ס שהוא כמשפטו היו"ד בחירק והדל"ת דגושה וכן כתבוהו ר' יונה ור' דוד קמחי בספר השרשים עכ"ל: (ה) ושאף י"ס שכתוב בהם ישאף ביו"ד וקרי ושאף בוא"ו ואין לסמוך עליהם יען לא נמנה זה במסורת עם מלין דכתיבין יו"ד

רלב"ג

כאמרו אולת אדם תסלף דרכו ועל ה' יזעף לבו: ופותה. הוא האיש הרב התאוה אשר יפותה לבו בהצלחות המדומות וישאר תמיד עם הקנאה והמאווה שהוא ילך הפותה לאויל כי מדרך הפותה שיהיה אויל כאמרו נחלו פתאים אולת והסבה בזה כי לחוזק תשוקתו בענינים ישתדל במהירות להשיגם ויהיה זה סבה שלא יתנהג בזה בסבות הראויות: (ד) בניו. הם הנמשכים אחריו להתנהג במנהגו וכמו זה אמר הכתוב ושמתי אני את פני באיש ההוא ובמשפחתו. והרצון בזה האנשים הנמשכים אחריו כמו שביאר אונקלוס: (ה) אשר קצירו רעב יאכל. שב אל האויל ויצלה בזה שכבר יגיע מרוע הצלחתו שהאיש הקשה יום והוא הרעב יאכל קצירו של האויל. אמרו ואל מצנים יקחהו ושאף צמים חילם. שב אל בני האויל אשר זכר או אל כלל האוילים ויצלה בצנים וקוצים והרצון בהאיפה הלפוי והתקוה על דרך אומרו כעבד ישאף צל והרצון בצמים האיש הפריץ וקראו צמים לפי שמנהג הפריצים שיהיו מגדלי צמה ר"ל שער ואמר שלאיש קשה המזל אשר יקח קצירו מבין הקוצים והצנינים לרוע הצלחתו ויצפה עם זה שמה שלקח מן הקציר יבא איש פריץ ויחזק עליו ויגזלהו ממנו יהיה חילם וזה תכלית רוע ההצלחה ר"ל שהאנשים היותר רעי ההצלחה בימלאו ימלאו מצליחים על אלו האוילים ויהיה להם חילם ונכסיהם ואפשר שכל

מצודת דוד

את האויל משלח שרשיו להתפשט בארץ בחוזק רב הנה לא קנאתי אני בהצלחתו אבל פתאום טרם יבוא במחשבתי בוא הרהור קנאה הייתי שופט ברעיוני לגזור אומר שסוף הדבר אשר יהיה נוהו מקולל: (ד) ירחקו. כי בניו יהיו מרוחקים מתשועת אדם כי בעון אביהם לא ימלאו מרחמים: וידכאו בשער. במקום פרסום בשער העיר יהיו מדוכאים מבני אדם ואין מי יציל: (ה) אשר קצירו. נכון בידו אשר קציר שדהו יאכל כל מי אשר ירעב ויתאוה לו: ואל מצנים יקחהו. יקחו הקציר מבין הקוצים ולא ימהרו לקחת כמות שהם עם הקוצים כגונב דבר אשר יתפחד מן הרואים כי אם יברר האוכל לקחת לעין כל ולא ימצא מי ימחה בידו או להיפך שיקחו הקציר עם הקוצים ולא ישאירו כלום לא כדרך המתפחד שחוטף מהרה וממהר ללכת לדרכו: ושאף צמים. כ"א מן הצמאים אשר האויל הזה הצמיאו בקחת ממנו עשרו הנה בסוף תגבר ידו ויחזור ויבלע את עושר עצמו מה שגזל זה וכל אחד יקח את שלו: (ו) כי לא יצא וגו'. רצה לומר הלא עינינו רואות אשר נתהוה בעולם עמל ואון והנה אינם צומחים ויוצאים מהאדמה לבוא מאליהם במקרה כי

מצודת ציון

(ה) ואל. הוא כמו ואת וכן וירדפו אל מדין (שופטים ז') ועניינו מן כמו כצאתי את העיר (שמות ט'): מצנים. המ"ם נוספת ועניינו קוצים וכן צנים פחים (משלי כ"ב): ושאף. ענין בליעה והמשכה אל הפה כמו שאפה רוח (ירמיה ב'): צמים. כמו צמאים: חילם. עשרם: (ו) און. ענין שבר:

6. **For not from the dust does ruin emerge**—*A plague that comes upon a person is not for nought, nor does it spring from the ground.*—[*Rashi*]

ruin—Heb. אָוֶן. *It is an expression of ruin.*—[*Rashi*] We see ruin and trouble in the world, and they do not grow out of the ground spontaneously as a mere happening, but rather as retribution for sin. Therefore, when I saw a fool taking root, I judged that he was fit for ruin and trouble, for it befits him.—[*Mezudath David*]

a fool taking root, and suddenly I cursed his dwelling. 4. May his sons distance themselves from salvation, and may they be crushed in the gate without a rescuer. 5. The hungry shall eat his harvest, and he will take it for the one saved from his weapons, and one of the tnirsty shall swallow their riches. 6. For not from the dust does ruin emerge, and not from the soil

any thought of envy entered my mind, I cursed his dwelling—I felt convinced that disaster would ultimately overtake him.—[*Mezudath David, Ramban*] *Ibn Ezra* renders: I cursed his dwelling that evil should suddenly befall it. *Ibn Ganah* states: I found it cursed. *Malbim* explains: I saw a fool who had neither sown nor toiled, yet suddenly his dwelling took root, spreading roots below and fruit above; i.e. with no effort he became wealthy. Immediately, I cursed him that his children should not retain that wealth.

4. May his sons distance themselves from salvation—*This is the curse with which I cursed him.*— [*Rashi*] His sons will distance themselves from man's salvation because, due to their father's sins, no one will show them any clemency.—[*Mezudath David*]

and may they be crushed—Heb. וְחַדַּכְּאוּ. *It is punctuated with a dagesh:* וְיִדַּכְּאוּ, *and may they be crushed, but if it was punctuated without a dagesh* (וְיִדַכְאוּ) *it would mean that they should crush others.*—[*Rashi*] This is the "hithpa'el" conjugation, usually used in the reflexive sense. Because of the "dalet," which is punctuated with a "dagesh," the "thav," usually

found in the reflexive, is dropped. If it were punctuated וְיִדְכָּאוּ, it would be the "pi'el" conjugation, an active voice. Some irregular editions, though, do read וְיִדַּכְּאוּ. See *Minchath Shai,* who quotes *Ohev Mishpat.*

in the gate—In public.—[*Ibn Ezra*] *Targum* renders: In the entrance to Gehinnom on the day of the great judgment.

5. his harvest—*of the wicked man.*—[*Rashi*]

The hungry shall eat—*When the wicked man dies, the hungry whom he cut off during his lifetime shall come and take payment from his property.* —[*Rashi*] Whoever is hungry and wants to eat will devour his harvest. —[*Mezudath David*]

and he will take it for the one saved from his weapons—*Like* (Exod. 27:20), *"and they shall take to you"; for the benefit of the poor man who was saved from the weapons of this wicked man, the judge who is appointed for that purpose shall take it* [the estate of the wicked man].— [*Rashi*]*

shall swallow—*One of the thirsty ones whom he robbed during his lifetime shall swallow.*—[*Rashi*]

their riches—*Their money that this one stole during his lifetime.*—[*Rashi*]

יִצְמַח עָמָל׃ ז כִּי־אָדָם לְעָמָל יוּלָּד וּבְנֵי־
רֶשֶׁף יַגְבִּיהוּ עוּף׃ ח אוּלָם אֲנִי אֶדְרֹשׁ
אֶל־אֵל וְאֶל־אֱלֹהִים אָשִׂים דִּבְרָתִי׃
ט עֹשֶׂה גְדֹלוֹת וְאֵין חֵקֶר נִפְלָאוֹת עַד־
אֵין מִסְפָּר׃ י הַנֹּתֵן מָטָר עַל־פְּנֵי־אָרֶץ
וְשֹׁלֵחַ מַיִם עַל־פְּנֵי חוּצוֹת׃ יא לָשׂוּם

ת"א לעמל יולד. סנהדרין צט: ובני רשף. ברכות ה': אני אדרוש. עקרים מ"ד פ"ח: הנותן מטר. תענית ב' ט': ושולח מים. נזיר ג' ב"ב סח כ"ה יט:

תרגום

שְׁקַר וּמִן אַדְמָתָא לָא יִרְבֵּי לֵעוּת: ז אֲרוּם בַּר נָשׁ לְמִלְעֵי בְּאוֹרַיְתָא אִתְבְּרִי וּבְנֵי מַזִּיקֵי בְּגוֹבְהָא יְטוּסוּן: ת"א אֲרוּם בַּר נָשׁ לְלֵיעוּת אִתְיְלִיד וְסוֹפוֹהִי הֵיךְ נִצִּין דְּנָהֲרִין מִן גּוּמְרַיָּא וּמִתְנַבְּהִין הֵיכְדֵין יְעוּף: ח בְּרַם אֲנָא אֶתְבַּע אוּלְפַן מִן תַּקִּיפָא וְלֵאלָהָא אֲשַׁוֵּי מִלְּתִי:
ט עָבֵד רַבְרְבָן וְלֵית סְכוּם פְּרִישָׁן עַד דְּלֵית מִנְיָן: י דִּיהַב מִטְרָא עַל אַפֵּי אַרְעָא דְיִשְׂרָאֵל וּמְשַׁדֵּר מַיָּא עַל אַפֵּי מְחוֹזֵי עַמְמַיָּא: יא מְטוּל לְשַׁוָּאָה מַכִּיכֵי אוּלְצָנָא לְרוּמָא וְאוּכָמֵי מסכינותא

רש"י

יצא מעפר. מכה הבאה על האדם לא לחנם היא ולא מן העפר תצמח לו: און. הוא לשון שכר: (ז) כי אדם לעמל יולד. כי אי אפשר שלא יחטא ויקבל עמל בחטאו לקבל פורענותו. ואינו כבני רשף שהם מלאכים ורוחות שהם יגביהו עוף ואינם מן התחתונים (סא"א יגביהו לעוף מלהיות מן התחתונים) לשלוט בם שטן ויצר הרע: רשף. כמו רשפי קשת (תלי' עו) כשהחץ מעופף' נקרא רשפי לשון עוף. כ"ש: (ח) אולם אני אדרוש. אם היו באים עלי יסורים הללו הייתי דורש אל הקב"ה בתפלה ובתחינה ואילו הייתי שם דברתי בבקשה: (י) הנותן מטר על פני ארץ. ארץ ישראל: ושולח מטר על פני חוצות. ע"י שליח לשאר ארצות: (יא) לשום שפלים למרום. הוא נותן את המטר

מנחת שי

בריש תיבותא וקריא וא"ו: (ז) יולד. נכתב ביא"ו עם הדגש והם שלשה במסורת: (ט) עשה גדלות ואין חקר נפלאות עד אין מספר. ג' פסוקים בסיפרא מטעין בהון וסי' קדמאה עשה גדלות ואין חקר נפלאות. תניינא בסי' ט' עשה גדלות עד אין חקר ונפלאות. וה' פסוק סי' ונע"ו מים עד ים: (י) ושלח מים. במקצת מדוייקים מס"ם כתוב בשני טעמים: חוצות. כן ראוי להיות עפ"ה דפלשת

אבן עזרא

הן בעון חוללתי כי תולדות בן אדם קרובה לעשית רע כטעם כי יצר לב האדם רע: (ז) ובני רשף. יש אומרים כי כאשר תולדות העוף לעוף כן תולדות האדם לעמל וכמוהו ולחומי רשף שפירושו אכולי עוף. ויש אומרים כי בני רשף הראויים להיות בגיהנם יגבהו בעוה"ז. וזה הפירוש בלא רשף רק הוא קר. ויש אומרים כי בני רשף הם ניצוצי האש והוא קרוב בעבור שהאד' רגיל לראות השמש זורחת ושוקעת אין זריחתה ושקיעתה אלא בעיניו ובעבור בא הגשם לפרקים מעטים גם יש עתים שיכלא הגשם בשעת הצורך ויצעקו בני אדם אל הבורא ויצוה על העבים להמטיר וזה יהיה להם אות גדול על כן הזכיר אחר עושה גדולות הנותן מטר: (יא) לשום

רלב"ג

הפסוק יהיה שב לדבר אחד ויחסר מלת אל והרצון בו אל אשר קצירו יאכל איש רעב ונקבה ואל אשר יקח קצירו מן הקוצים וילפה עם זה שמה בלקחה מן הקוצים יגזלהו ממנו איש פריץ יהיה חיל בני האויל אשר זכר: (ז) ובני רשף. הם ניצוצי אש: (יא) וקודרים. הם האבלים

מצודת ציון

(ז) רשף. גחלת אש כמו רשפיה רשפי אש (ש"ה ח'):

מצודת דוד

אף באים לשלם גמול המפעל ולזה כאשר ראיתי האויל המשריש שפטתי בהוא הראוי להיות מהמקבלים העמל ואון כי לו נאה כי לו יאה: (ז) כי אדם. הלא האדם נברא להיות עמל על טרפו לא לקחת מזולתו דבר אשר לא עמל בו: ובני רשף. וכאשר ניצוצי רשפי אש הוחק טבעם להגביה עצמם לעוף למעלה כן משפט האדם לעמול על טרפו וזה האויל לא כן עשה לזה יקבל גמולו משלם: (ח) אולם. באמת אם הייתי אני מדוכא ביסורין לא הייתי מתרעם כמותך אבל דורש הייתי אל ה' להתחנן לפניו: ואל וגו'. כפל הדבר במלות שונות: (ט) עושה גדולות. כי הוא עושה גדולות ואי אפשר להקור אותם ולדעתם ובאומר לזה הייתי דורש לה' כי בידו להושיע וימשול במערכת השמים ולכל אשר יחפוץ יטם עם כי נראה כאשר תשפוט המערכה כן הוא על פי הרוב מכל מקום הכל בידו ועם כי לא נדע חסרון הדבר הוא בעבור כי קצרה דעת האדם וכאשר אין חקר לכל הגדולות שעושה המקום ב"ה: עד אין מספר. לגודל רבוים: (י) הנותן מטר. עם כי רבות פעמים לא יורה הטבע על המטר עם כל זה יתן הוא זולת הטבע בהשגחה פרטית: ושלח וגו'. כפל הדבר במלות שונות: (יא) לשום. בכדי להשים למרום בגבהי המעלה את השפלים חסירי הצלחה כי בהיות המטר האדמה

does trouble spring, 7. because man is born for trouble, but flying creatures fly upward. 8. But I would seek of God, and to God I would commit my cause, 9. Who does things great and unsearchable, wonders without number, 10. Who gives rain upon the face of the land and sends water upon the face of outside places, 11. to place

7. **Because man is born for trouble**—*For it is impossible that he should not sin and receive trouble as punishment for sin. He is not like the flying creatures—the angels and spirits—who fly upward, and are not of the earthly creatures (other editions read: fly upward so as not to be among the earthly creatures), over whom the Adversary and temptation rule.*—[*Rashi*]

flying—Heb. רֶשֶׁף, *as* in (Ps. 76:4), *"arrows of* (רִשְׁפֵּי) *a bow." When the arrow flies, it is called* רִשְׁפֵּי, *an expression of flying. This is what I heard.*—[*Rashi*]

Mezudath David explains that, just as it is natural for sparks to fly upward, so it is natural for man to be born in order to labor. *Targum* renders: For a person was created to toil in Torah, and the children of the demons fly upward.

8. **But I would seek of God**—*If these pains came over me, I would appeal to the Holy One, blessed be He, with prayer and supplication, and if I would commit my cause to a request.*—[*Rashi*] I would not complain as you are doing, but I would beseech God to release me from my predicament.—[*Mezudath David*]

9. **Who does things great etc.**—For He does great things, which are unfathomable. It is as if to say, "I would seek of God because He has the power to save me, and can overpower the constellations, turning them as He pleases." Although it may often appear that the constellations rule, He is superior to everything. If we do not understand His plan, if man does not fathom all the great things that God performs, it is because man's intellect is limited.—[*Mezudath David*]

without number—because of the great quantity.—[*Mezudath David*]

10. **Who gives rain upon the face of the land**—*The land of Israel.*—[*Rashi, Targum*]

and sends water upon the face of outside places—*through a messenger to other countries.*—[*Rashi*] *Targum,* too, renders: and sends water on the face of the regions of the peoples. *Mezudath David*: Although often nature does not indicate that there will be rain, God sends it through Divine Providence.

11. **to place the humble on high**—*He gives the rain, and He frustrates the plans of the crafty, who intend to raise the prices and buy the fields of the poor for little grain.*—[*Rashi*]

שְׁפָלִים לְמָרוֹם וְקֹדְרִים שָׂגְבוּ יֶשַׁע׃
יב מֵפֵר מַחְשְׁבוֹת עֲרוּמִים וְלֹא־תַעֲשֶׂינָה
יְדֵיהֶם תּוּשִׁיָּה׃ יג לֹכֵד חֲכָמִים בְּעָרְמָם
וַעֲצַת נִפְתָּלִים נִמְהָרָה׃ יד יוֹמָם יְפַגְּשׁוּ־
חֹשֶׁךְ וְכַלַּיְלָה יְמַשְׁשׁוּ בַצָּהֳרָיִם׃ טו וַיֹּשַׁע
מֵחֶרֶב

ת"א מפר. נדרים ל' סנהדרין נו עקרים מ"ד פ"ט :

מסכיניתא תקפו פורקנא : יב דבטל מחשבתהון דמצראי דחכימו לאבאשא לישראל ולא עבדא אידיהון מלכת חכמתהון : יג מאחד חכימי פרעה בחכימותהון ומלכת אסטגנינוהי עוקמניא אוחית עליהון : יד בימם יערעון חשוך והיך ליליא ימשמשון בטיהרא : טו ופרק עמיה מן קטילא דפומהון ומן

רש"י

והוא מפר מחשבות ערומים שמדמין להפקיע שערים ולקנות שדות העניים במעט תבואה : וקודרים. שקומטים פניהם ברעב : (יב) **ולא תעשינה ידיהם תושיה**. אותה עצה שדימו לעשות : **(יג) נמהרה**. כל העצה העשויה במהירות היא סכלות : (יד) יומם יפגשו חושך. שאין עצתם מתקיימת ונעשית ואור חכמתם נהפך לחושך : **(טו) ויושע.**

אבן עזרא

שפלים. הבוכים השואלים מטר אז ראו החכמים והערומים שלא תועיל חכמתם : (יב) תושיה. כטעם חכמה ורבי משה פירש שהוא מן יש : (יג) נמהרה. נבערה כמו ולבב נמהרים : (יד) **יומם**. ענינו ביומם : (טו) **ויושע מחרב**. אביונים והטעם מחרב אויבים : **מפיהם**. שאם ירעבו יוכל אויב לצור עליהם והענין הנה המקום כאשר ירצה לייסר בני אדם ימנע הגשם בעתו וכאשר ישובו אליו יענם ויושיעם :

מנחת שי

בלק : (יב) ולא תעשינה. הוא"ו בגעיא : תושיה. בקצת ספרים חסר וא"ו והמסורת מסייעם דכשעיה סי' כ"ח ומשלי סי' ח' נמסר סי' מן ז' מלאים בלישנא ואין זה מכללם : (יד) ימששו. קלה

רלב"ג

הקשי יום וקראם קודרים כי נרב אבלם ידמה להם שיחשך האור שהוא אבלם ולזה אמר הנביא על רוב הצרות ונבט לארץ והנה חשך צר ואור חשך בעריפיה ואמר דוד כאבל אם קודר שחותי : (יב) תושיה. הוא שם לכל נימוס וסדר ולזה נקרא התורה תושיה כי הוא הנימוס והסדור האלהי ויקרא תושיה המנהג שראוי לאדם במה שהוא אדם שיתנהג בו והוא אומרו ותושיה נדחה ממני כי לא נתנה תורה בעת שהיה איוב ולא היה מאמין בתורה עד שיתפאר שלא נדחה ממנו התורה אבל התפאר שלא נדחה ממנו הנימוס והסדר אשר ראוי לאדם במה שהוא אדם להתנהג בו בדרך שישלים נפשו ואפשר שכבר היה נימוס מה לאומה אשר היה איוב ממנה והתפאר שכבר התנהג באותו נימוס בשלימות ויקרא תושיה מה שהוגבל וסודר במחשבה והשתדלות לעשות מהפעולות עד שיגיע אל התכלית אשר כוונו עליו והמשל אם רצה גנב לעשות גנבה מה וסדר הפעולה ההיא בלבו ואיך יתנהג בה עד שישלים לו עשיית הגנבה הנה זה הסדור אשר סדר בלבו ושמהו כמו חוק לו יקרא תושיה ובזה האופן אמר ולא תעשינה ידיהם תושיה ר"ל שלא יעשו מה שסידרו והגבילו במחשבתם לעשות מהפעולות : (יג) נפתלים. הם העקשים אשר יעמיקו לבקש עקלתונות עד שיגיעו למבוקשם ואמר שעם עומק העצה באלו האנשים יסבב השם שתהיה עצתם נבערת ונמהרה ותהיה נמהרה מענין נמהרי לב והם הפתיים : (טו) ויושע מחרב. חסר הפעול ושב אל השפלים והקודרים שזכר

מצודת דוד

אתן יכולת ובא להם ההרוחה ונראה גם בזה את גודל ההשגחה : וקודרים. המשחרים מעקת הרעבון נתחזקו בישע אלהים וכפל הדבר במלות שונות : (יב) מפר. בהשגחתו מפר מחשבות חכמים המתחכמי' בערמות ותחבולו' : תושיה. כל מה שיש עם מחשבותיהם לעשות : (יג) בערמם. בדברי הערמה אשר חשבו לעשות לזולת בזה עצמם נלכד אותם ויפול בשחת יפעל : ועצת נפתלים. עצת העקשים נעשית במהרה כי תשוב על עצמם והוא ענין מליצה לומר שאיל והוא יעלה ואליו תשוב אם כן נעשית במהירות רב כי האדם קרוב אל עצמו ואין צריך ללכת מרחוק : (יד) יומם. באור היום יפגשו את החשך רצה לומר בדבר ברור הנראה לעין כל תסכל עצתם ויתעו בה : וכלילה. כמו ההולך בחשכת הלילה אשר דרכו למשש ביד לבל יוכשל בדבר מה כן ימששו בעת הצהרים ורצה לומר אף בדבר המובן בתחילת המחשבה יהיה טח עיניהם מראות מהשכל לכותם וכפל הדבר במלות שונות : (טו) ויושע. ובסכול דעתם יושיע ה' את מי אשר היו עצתם עליו ויהיה נושע מחרב והוא מפיהם של

מצודת ציון

(יא) וקודרים. ענין שחרות כמו שמש וירח קדרו (יואל ב') : שגבו ישע. כמו שגבו בישע : (יב) תושיה. מל' יש : (יג) נפתלים. עקשים כמו אין בהם נפתל (משלי ח') : (יד) יומם. ביומם : יפגשו. יפגעו : ימששו. ענין החפוש בידים להשמר

bondage and the redemption therefrom, as follows:

[12] **Who frustrated**—the plans of the Egyptians plotting to harm Israel, and the plan of their craftiness was not carried out by their hands.

[13] **Who took the wise men**—of Pharaoh with their wisdom, and the counsel of his crooked astrologers He hastened upon them.

[14] **By day, they met darkness**—and they groped at noon as at night. [This apparently alludes to the plague of darkness.]

15. **And He saved**—*the stumblers from the sword. From what sword? From their mouth, for they thought to*

the humble on high, and those blackened are exalted by salva-
tion. 12. He frustrates the plans of the crafty, so that their
hands do not carry out their plans. 13. He takes the wise in
their own craftiness, and the counsel of the crooked is hasty.
14. By day, they meet darkness, and they grope at noon as at
night. 15. And He saved

and those blackened—*whose faces
are shrivelled from hunger.*—[*Rashi*]
Targum paraphrases: those black-
ened by poverty.

Mezudath David explains:

to place—[He gives rain] in order
to elevate the humble people who
lack bread; when it rains, the earth
gives forth its produce and relieves
their hunger, thereby demonstrating
Divine Providence.

and those blackened—Those
blackened by the straits of hunger
are strengthened by God's salvation.
Gra explains that there are two
kinds of poor people: 1) those who
walk the streets begging for alms,
and 2) those who stay at home and
suffer in silence. Both are saved by
the rain. The one at home gains
sustenance from the plentiful pro-
duce, and the street beggar benefits
from the people's increased genero-
sity. The humble are those who stay
at home, whose sustenance is raised,
and those blackened by the days in
the sun are exalted by salvation.

12. **He frustrates**—With His Pro-
vidence, He frustrates the

plans of the crafty—who engage in
all sorts of intrigues.—[*Mezudath
David*]

**so that their hands do not carry out
their plans**—*The counsel that they
planned to perform.*—[*Rashi*] The
Hebrew is תֻּשִׁיָּה, a word used fre-
quently in Proverbs as synonymous
with חָכְמָה, *wisdom. Ibn Ezra* there-
fore renders: wisdom. He quotes
Rabbi Moses, who derives it from
יֵשׁ, *there is* meaning wisdom that has
substance. *Mezudath David* defines it
as, all that is in their thoughts to do.
Ramban explains that their plans
will come to nought.

13. **in their own craftiness**—They
will themselves be caught with the
very craftiness that they planned to
use on others.—[*Mezudath David*]

is hasty—*Any counsel that is
planned hastily is foolishness.*—
[*Rashi*] *Ibn Ezra* renders: is boorish.

14. **By day, they meet darkness**—
*For their counsel is not executed or
accomplished, and the light of their
wisdom is converted to darkness.*—
[*Rashi*] Something that is very clear
to all will nevertheless prove mis-
leading to them.—[*Mezudath David*]

as at night—Just as one who
walks at night gropes at everything
lest he stumble, so will they grope at
noon. That is, the very obvious will
mislead them. This is synonymous
with the preceding clause.—[*Mezu-
dath David*]

Targum interprets these three
verses as referring to the Egyptian

מֵחֶרֶב מִפִּיהֶם וּמִיַּד חָזָק אֶבְיוֹן׃
טז וַתְּהִי לַדַּל תִּקְוָה וְעֹלָתָה קָפְצָה פִּיהָ׃
יז הִנֵּה אַשְׁרֵי אֱנוֹשׁ יוֹכִחֶנּוּ אֱלוֹהַּ
וּמוּסַר שַׁדַּי אַל־תִּמְאָס׃ יח כִּי הוּא
יַכְאִיב וְיֶחְבָּשׁ יִמְחַץ וְיָדָו תִּרְפֶּינָה׃
יט בְּשֵׁשׁ צָרוֹת יַצִּילֶךָּ וּבְשֶׁבַע לֹא־יִגַּע

וידיו קרי — בך

תרגום

יַד מְלַךְ תַּקִּיף עַמָּא חֲשִׁיכָא׃ טו וַהֲוָת לְמִסְכְּנָא סִבְרָא וּנְכֶלְתָּא דְרַשִׁיעֵי טַפַּיַת פּוּמָהּ׃ יז הָא טוּבֵיהּ דְאַבְרָהָם גַּבְרָא חֲסִידָא דִיכַסְנְגֵיהּ אֱלָהָא וְאַנְתְּ יִשְׂרָאֵל מַרְדוּתָא דְשַׁדַּי לָא תַרְחֵיק׃ יח אֲרוּם הוּא מַיְתֵי כֵּיבָא וּמָעֵל סַמְתֵּירָא יִמְחֵי וִידוֹי מַסְיָן׃ יט בְּשִׁית עַקְתִּין יְפַצְנָךְ וּבַשְׁבִיעֲתָא לָא

רש"י

את הכסלים מחרב ומאיזה חרב מפיהם שהיו סבורים לבולעם ומתאוים להשמידם: ומיד חזק. יושיע אביון: (טז) ועולתה. העולה והרשעה כמו (תלי' ס"ד) יחפשו עולות. עלילות: קפצה. סגרה כמו לא תקפוץ: (יז) הנה אשרי אנוש וגו'. ביסורין וכשם שהוא מרפא מכאוב של אלו כך אני אדרוש אליו על יסורין אלו שיבואוני והיה לך לקבלם ולא למאסם: (יט) בשש צרות. כשיבואו לעולם יצילך ע"י יסורין שנתייסרת בהם וגם בשביעית כשתבא לא

מנחת שי

הסי"ן כתוב הספרים ויו"ד בגעיא: (טז) ועלתה. מתחלפת ועולתה מלא וא"ו: (יז) יוכיחנו. במקצת ספרים חסר יו"ד אחר כ"ף: (יח) וידו. וידיו קרי: (יט) יצילך. כתוב המדוייקים הכ"ף דגושה:

אבן עזרא

(יח) תרפינה. ביו"ד והטעם כמו אל"ף וכמוהו רפינו את בבל ולא נרפתה: (יט) בשש צרות. יתכן היות זכר

רלב"ג

לאשוקה או יהיה שב אל האביון שזכר בסוף הפסוק והוא יותר נכון וכוונת הפסוק שהשם הושיע האביון מחרב ומיד חזק: מפיהם. של הרשעים וממאמרם ר"ל שישיב פיהם ומאמרם כלי להושיע בו האביון אשר כוונו להרע לו והמשל שהם יאמרו שידרשו אחרי פלוני להרגו וישמע הדבר איש מה ויגיד עליהם לאיש ההוא ויגלה או שיהיה במאמרם מסכול העלה מה שיגלה בו האביון ואפשר שנאמר שהרצון בזה שהשם יושיע אביון מחרב ומפיהם ומיד חזק בזה האופן מההשגחה והולם יושיעם מפיהם על דרך משל שלא יהיו טרף לשיניהם בשישבר שיניהם כמו שנאמר ושני כפירים נתעו וגם כן הנה ישמרו שלא יהיו טרף לשיניהם במה שיסבב הש"י לאלו

מצודת ציון

ממכשול כמו כאשר ימשש העור (דברים כ"ח): (טז) קפצה. ענין סתימה וכן וכל עולה קפצה פיה (תהלים ק"ז): (יח) ויחבש. מל' תחבושת ורפואה כמו לחבוש לנשברי לב (ישעיה ס"א): ימחץ.

מצודת דוד

הרשעים ההם אשר חשבו נכלים היום כי ישגו ולא ידעו מה יעשו להשיג תוחלתם: ומיד חזק. כזה יושיע האביון מיד החזק ממנו וכפל הדבר במלות שונות: (טז) ותהי. בשכל דעת הרשע תהיה למלאות תקות הדל אשר ייחל עליה: ועלתה. והנה העולה סתמה פיה ולא יוכל להרע לו ונגלה אם כן מכל זה גודל ההשגחה: (יז) הנה. הואיל והכל בא בהשגחה הנה אשרי להאדם אשר יוכיחנו אלוה במשפט יסורין כי בזה ימורק העון להעביר אשמתו וגם אתה אל תמאס מוסר שדי: (יח) כי הוא יכאיב. ביסורין הוא מכאיב ובהם עצמו עושה תחבושת ורפואה כי בהם ממורק העון ותלך לו: וידיו. הידים אשר ימחץ בהם הם עצמם מרפאים בזה את המחץ מחלי העון וכפל הדבר במלות שונות: (יט) בשש צרות. הנה דע לך אשר בעבור היסורים הבאים עליך נתמרק העון ועוד לא יוסיפו

refers to ailments in the internal organs. God brings them upon a person, and He will heal them.—[*Gra*]

He wounds etc.—This refers to external injuries, brought about by human beings. Nevertheless, His hands will heal them.—[*Gra*]

19. **In six troubles**—*When they come to the world, he will save you through the pains with which you were tormented, and also with the seventh one, which when it comes will not touch you.*—[*Rashi*] The six troubles are those enumerated in verses 20-22, and the seventh is that mentioned in verse 23. Although it is insignificant in comparison to the first six, God will save you from it in the merit of the pains and torments that you have endured.—[*Mezudath David*]

[them] from the sword of their mouth, and the needy from the hand of the mighty. 16. So it was hope for the poor, and libel shut its mouth. 17. Behold, fortunate is the man whom God reproves; so do not despise the chastening of the Almighty. 18. For He brings pain and binds it; He wounds, and His hands heal. 19. In six troubles He will save you, and in the seventh no harm will touch you.

swallow them and longed to destroy them.—[*Rashi*]

and . . . from the hand of the mighty—*He saves the needy.*—[*Rashi*] *Ramban* renders: And He saved them from the sword of their hands and from their teeth.

Targum continues his interpretation relating themselves to Israel's redemption from Egypt, explaining: And He redeemed His people from the death of their mouth and a needy people from the hand of a mighty king. *Mezudath David:* God will rescue the poor from the hands of the wicked by confusing the latter so that they cannot achieve their evil goals.

16. **So it was hope for the poor**—The poor longed for the frustration of the plots of the wicked, and these hopes were fulfilled.—[*Mezudath David*]

and libel—Heb. וְעֹלָתָה. *The libel* (עֲלִילָה) *and the wickedness, as* (Ps. 64:7), *"They search for false charges* (עוֹלוֹת)*," equivalent to* עֲלִילוֹת*, libels.*—[*Rashi*]

shut its mouth—and will no longer be able to harm.—[*Mezudath David*] She will see that there is a Divine Guide standing by the right hand of the needy to rescue him.—[*Malbim*]

shut—Heb. קָפְצָה, *shut, as* (Deut. 15:7), *"nor shut* (תִקְפֹּץ)*."*—[*Rashi*] *Gra* explains that when salvation comes the poor will be tranquil and quiet, because the wicked, afraid to open their mouths and commit evil deeds, will be as though nonexistent. The clause ". . . hope for the poor" corresponds to "the needy from . . . the mighty." and "libel, etc. to, "the sword of their mouth."

17. **Behold, fortunate is the man etc.**—*with pains, and just as He heals the pain of these* [people], *so would I [myself] appeal to Him about these pains that would come upon me. So should you accept them and not despise them.*—[*Rashi*] As everything comes directly from Divine Providence, the man whom God reproves is fortunate, because through these pains his sins will be expiated. So, do not complain about the pains and troubles that God inflicts upon you because ultimately they will benefit you.—[*Mezudath David*] According to *Targum,* the man God reproves is Abraham, and Israel is being admonished not to despise God's chastisement.

18. **For He brings pain etc.**—This

בְּךָ רָע׃ כ בְּרָעָב פָּדְךָ מִמָּוֶת וּבְמִלְחָמָה
מִידֵי חָרֶב׃ כא בְּשׁוֹט לָשׁוֹן תֵּחָבֵא וְלֹא־
תִירָא מִשֹּׁד כִּי יָבוֹא׃ כב לְשֹׁד וּלְכָפָן
תִּשְׂחָק וּמֵחַיַּת הָאָרֶץ אַל־תִּירָא׃
כג כִּי עִם־אַבְנֵי הַשָּׂדֶה בְרִיתֶךָ וְחַיַּת
השדה

תרגום

יִקְרִיב בִּיךְ בִּישׁ׃ כ בְּכַפַּן
דְמִצְרַיִם פָּרְקָךְ מִמּוֹתָא
וּבִקְרָבָא דַעֲמָלֵק מִקְטוֹל
סַיְפָא׃ כא בְּנִזְקָא דְלִישָׁן
דְבִלְעָם תִּטַּמַּר בֵּינֵי
עֲנָנַיָא וְלָא תִדְחַל מִן
חֲבָל מִדְיָנָאֵי כַּד יֵיתֵי׃
כב לְחַבֵּל סִיחוֹן וּלְאוּלְצַן
מַדְבְּרָא תִגְחָךְ וּמִן
מַשְׁרְיָת עוֹג דְמַתִּיל
לְחֵיוַת בָּרָא דְאַרְעָא לָא
תִדְחַל׃ כג אֲרוּם עִם לוּחֵי אַבְנָא דְאִתְיְהִיבוּ בְּפוּמְבֵּי בְּחַקְלָא קְיָמָךְ וּכְנַעֲנָאֵי דִמְתִילִין

ת״א ברעב פדך. תענית ח׳ יח: בשוט, גיטין ס׳ פ״ו:

רש״י

יגע בך. ועכשיו הוא מוכה אותן: (כא) בשוט לשון. של שטן תחבא אלו הן השבע צרות רעב והרב ל׳ ושוד וגו׳ וחית הארץ הם ליסטים: (כג) אבני השדה. מין אדם הן: וחית השדה. היא שנקרא (גרוש״ה בלע״ז) וזו היא חית השדה ממש ובלשון משנה תורת כהנים נקראים אדני השדה: השלמה לך. יהיה לך שלום עמך:

אבן עזרא

שבע על דרך המקרא ואחרים ספרו אותם והם ז׳ במספר: (כא) בשוט לשון. כי הלשון הרע הוא כמו שוט ויותר נכון היות לשון חומה כמו לשונות הגוים ושוט מן שוטטו בחוצות ירושלים כאשר תשוטט ל׳ בארץ תחבא: (כב) ולכפן. תרגום רעב או הוא מן כפנה שרשיה וטעמו אספה: (כג) כי עם אבני השדה. כאילו ברית כרתה עם האבנים שלא

מנחת שי

(כא) משד. ברוב המדוייקים חסר וא״ו: כי יבוא. הספרים

רלב״ג

האבנים הרעים מסכול העלה: (כא) בשוט לשון תחבא. ר״ל כאשר תשוטט לשון הרע בארץ אשר היא סבת מריבות חזקות ורעות שם תחבא ר״ל שלא תזכר: (כב) ולכפן. הוא כשהתבואה ביד שומרי האוצרות ואז תהיה ביוקר לא בסבת חסרון התבואה ואולם הרעב הוא

מצודת דוד

צרות לגעת בך כי יצילך ה׳ בעת יבוא בעולם אחת מששת הצרות האמורות למטה: ובשבע. ובדבר השביעית אשר לא תחשב נצרה כמוהם מכל מקום לא יגע בך הרע ההוא: (כ) ברעב. בעת בוא רעב בעולם יפדך ה׳ שלא תמות מן חסרון האוכל ובמלחמה יפדך מיד חרב האויב: (כא) בשוט לשון. בעת יתרבה לשון הרע בעולם ותשוטט הלשון לדבר רכיל אתה תהיה נחבא ונסתר ממנה כי לא הדבר עליך ולא תירא אם כן תהשוד והאבדון הבאה על ידי לשון הרע: (כב) לשוד. בעת בוא שודד לגזול הון או בעת בוא כפן רלה לומר עת יאצלו התבואות לייקר השער הנה תשחק ותענג בהלה כי לא יגעו בך לרעה: ומחית הארץ. בעת יהיה משלחת החיות לא תירא מהם והרי הם ששה צרות במספר רעב ומלחמה ולה״ר שודדים כפן חית הארץ: (כג) כי עם אבני השדה. אשר עם אבני מכשול המושלכים ע״פ השדה יהיה כאלו כרת ברית עמהם לבל תגוף באבן רגליך והיא השביעית אשר לא תחשב נצרה כששת הראשונים: וחית השדה. הוא ענין מגילה נומר כאלו חית השדה היו השלמים לדבר נתווך השלום ביניך ובין אבני השדה וכאלו הם

מצודת ציון

ענין סכאה כמו מחץ ראש (תהלים ק״י): (כא) בשוט. ענין ההליכה אנה ואנה כמו משוט בארץ (לעיל א׳): (כב) ולכפן. ענין אסיפה וכן כפנה שרשיה (יחזקאל י״ז) ובד׳ רז״ל יש כנופיא (שבת ס׳) ושם

20. In famine, He redeemed you from death, and in war, from the power of the sword. 21. You shall be hidden from the scourging tongue, and you shall not fear plunder when it comes. 22. You shall mock plunder and hoarding, and you shall not fear the beasts of the land. 23. But you have a treaty with the stones of the field, and the beasts

20. **In famine**—When the world is beset by famine, God will redeem you so that you will not die of hunger, and in wartime, He will redeem you from the sword of the enemy.—[*Mezudath David*]

The sword is harsher than famine because it is inflicted by people, who have free choice in their actions; unlike famine, which is completely God's doing.—[*Gra*] *Targum* takes "famine" as an allusion to the Egyptian famine of Joseph's time, and "war" as the Amalekite attack on the Israelites following the Exodus.

21. **from the scourging tongue**—*of the Adversary you shall be hidden. These are the seven troubles: 1 famine, 2) the sword, 3) the tongue, 4) plunder etc., and 5) the beasts of the land, which are brigands.* —[*Rashi* [See next verse.]

23. **the stones of the field**—*They are 6) a type of man.*—[*Rashi*] [See verses 22,24.]

and the beasts of the field—*That is what is known as grouse(?) in Old French, and this is actually a beast of the field. In the language of the Mishnah in Torath Kohanim, they are*

called "adnei hasadeh."—[*Rashi*] [*Rashi* does not explain what type of man the "stones of the field" are, nor what type of beast the *adnei hasadeh* are. The reference to *Torath Kohanim* is not found in extant editions. However, the *adnei hasadeh* is mentioned in *Kilayim* 8:5: the first, anonymous *tanna* considers it a beast, but Rabbi Yose considers it a man, insofar as its corpse—like that of a human—conveys ritual contamination to all persons, foods, and utensils found in its environs. *Aruch* defines it either as people who inhabit the forests or as a beast that resembles a man. *Tifereth Israel* (ad loc.) identifies it as the orangutan, which means *man of the forest. Yerushalmi* (ad loc.) calls it *bar nash detur*, man of the mountain, and describes it as a fierce creature whose navel is attached to the earth by a cord. It draws sustenance from this cord and dies if it is broken. *Rabbi Obadiah of Bertinoro*, in his Mishnah commentary, identifies the *adnei hasadeh* with the *avnei hasadeh* of the beginning of the verse.]

הַשָּׂדֶה הָשְׁלְמָה־לָךְ׃ כד וְיָדַעְתָּ כִּי־
שָׁלוֹם אָהֳלֶךָ וּפָקַדְתָּ נָוְךָ וְלֹא תֶחֱטָא׃
כה וְיָדַעְתָּ כִּי־רַב זַרְעֶךָ וְצֶאֱצָאֶיךָ
כְּעֵשֶׂב הָאָרֶץ׃ כו תָּבוֹא בְכֶלַח אֱלֵי־
קָבֶר כַּעֲלוֹת גָּדִישׁ בְּעִתּוֹ׃ כז הִנֵּה־זֹאת

ת״א שלום אהלך. שבת לד יבמות סב סנהדרין עו: תבא בכלח. מ״ק כח:

חקרנוה

תרגום

לחיות ברא אשלימו עמך: כד ותנדע ארום שלם בית אולפנך תזמין מדור בית משכבך ולא תנזיק: כה ותנדע ארום סגיעין בנך ובני בנך היך עסבא דחקלא: כו תעול בשלימות שניך בכוכא לקבורתא היך מסק גדישא בעדניה: כז הא דא פשפשנא יתה

רש״י

(כד) וידעת כי שלום אהלך. ואז בכל מקום תהיה בטוח כי שלום אהלך: ופקדת נוך ולא תחטא. כמו אל השערה ולא יחטיא (שופטים כ) וזו היא השביעית שמנינו למעלה: (כו) תבוא בכלח אלי קבר. שתגלגל מן הדבר. ובכלה אין סמך במקרא להבין מלילתו ולפי ענין המליצה יפתר וילמד מענינו שהוא לשון גמר ביטול התבואה כשבישל כל צורכה. ורז״ל פירשו בכלה בגימטריא ששים שנה: כעלות גדיש. כאשר נסתלק הגדיש מן הקרקע בעתו:

מנחת שי

(כה) וידעת כי רב. הוא״ו בגעיה מתחלפים ולפי המסורת מלא: (כו) תבוא. נכון להיות מלא וא״ו עפ״ה דאיוב סימן ב׳ כי בס״ם:

אבן עזרא

(כד) ופקדת נוך. תנזק בהן ועשית שלום עם החיות: (כו) בכלח. אין תמלאנו כאשר עלה במחשבתך ולא תהיה: לו חבר כי אם שנים בספר הזה וטעמו שימות במלאת מספר ימיו והוא הזקנה: (כו) בעלות גדיש. כהכרת וכמוהו אל תעלני בחצי ימי:

רלב״ג

הסרון תבואה: (כד) ופקדת נוך ולא תחטא. ר״ל בני נוך והם בני ביתו וכאילו אמר שבכר קצה מפני שלא השגיח בבניו באופן הראוי לשומלם מחטא: (כו) כעלות גדיש. מענין כליתה וכמוהו אל תעלני בחצי ימי: ביאור דברי המענה השיב אליפז ואמר ידענו שאם נסה מלל ודבר אליך להשיב על דבריך יכבד עליך אלא שעם כל זה לא אוכל להמנע מלהשיב על דבריך כי מי יוכל לעצור במלין על דבריך אלה. או יהיה הרצון בזה האם כאשר נסה השם להגיע אליך דבר מן הרעות תלאה ומי יוכל לעצור במלין מלהוכיחך על תכונתך זאת. הנה במה שקדם היותך מיסר רבים כאשר במעט מהם דברים כאלה והידים אשר היו רפות באמונת השם היית מחזק והאיש הכושל היו מקימים מליך והברכים הכורעות היית מאמץ והיית אומר לו במה שהגיעו מהרע הוא על צד העונש למרי קדם ר״ל שכל מי שהיה נבוך באמונת השם יתברך בעבור מה שהגיעהו מהעונש היית מחזק אותו עד שיאמינו כולם כי על כל מעשה גמול ומשפט להיות בזה תקון המדינה ותקון הצלחת האדם וזה שההמון אם לא ייראו מהעונש לא ימנעו מעשיית הרעות כאשר יביאם טבעם להשתוקק אליהם. והנה עתה כאשר תבוא אליך הרעה נלאית לסבלה וכאשר נגע עדיך היית נבהל הנה זה ממה שיוכיח שיראתך השם לא היה אלא לבטחונך שישמור לך קניניך ותקותך בשישמור לך אלו הקניינים היתה סבת תמימות דרכיך לא טוב האמונה כי לפי מה שאני רואה מדבריך עתה איך מאמין שיהיה בכאן גמול ועונש. והחל אליפז לסתור דבריו מהמוחש ואמר זכור נא מי הוא נקי ואבד ואיפה תמלא שנכחדו ישרים כמו שראיתי זה מהאנשים המשתדלים בכל עוז בעשיית העול והחמס שיאבדו ויכלו מרוח אף השם ואולם הנקיים והישרים ואם היה שיגיעום קצת רעות אינם מכלות ומאבדות אותם לגמרי כמו הענין ברעות הרשעים וזה לאות שאלו הרעות אינם נופלות במקרה שמו באתה מניח ר״ל שאם היה הענין כן לא היה בזה הבדל בין הישרים והרשעים ואולם היות רעות הישרים יותר הלבות למיעוט עונותיהם לא שיהיו להם רעות בזולת מרי כמו שהיה מניח איוב הנה האנשים הרשעים אשר תשוקתם לטרוף טרף כמו החיות הרעות נמלאו שנתעו שיהיה עד שיבלר מהם אשר יזמו לעשות ותראה אותם אובדים מבלי מליאתם הטרף ובניהם יתפרדו אנה ואנה ישוטטו לבקש די טרפם וזה דבר נמצא בלי ספק בחוש כי הרבה מה שתמצא מהאנשים הרשעים אשר כל השתדלותם להזיק לאחרים בברוב העתים לא ימלאו ותמנע מחשבתם הרעה וזה ממה שיורה שהשגחת הש״י הוא באישי האדם ואמר אליפז הנה באמת אופן השגחתו יגונב ויעלם ממני אלא שבכר נקחה אזני שמץ מנהו מעט מזאת ההשגחה אשר תעמידני על היות השגחתו בשפלים. וזה שבשעיפים מחזיונות לילה בנפול תרדמה על אנשים קראני פחד ורעדה ורוב עצמי הפחיד מהמראה אשר אראה בחלום מהדברים העתידים לבא עלי אשר סבת הידעתם הוא הש״י וזה שמה שהגיד לי המראה ההיא הוא ענין רוחני. יעבור על פני תסמר שערת בשרי מדי בואו מרוב החרדה כי כבר ייוחדו החלומות הצודקים מאשר החלומות שכבר יקרה מהם החרדה והתפעמות הרוח כמו שנזכר בספר החוש והמוחש ויעיד על זה מה

מצודת ציון

(כד) ופקדת. ענין זכרון והשגחה כמו פקד פקדתי (שמות ג׳): נוך. מל׳ נוה ומדור: תחטא. ענייננו חסרון כמו קולע וגו׳ ולא יחטיא (שופטים כ׳): (כו) בכלח. עת זקנה וכן עלימו אבד כלח (לקמן ל׳): אלי קבר. אל קבר: כעלות. ענין סלוק כמו אל תעלני בחצי ימי (תהלים ק״ב): גדיש. כרי מן עמרי תבואה:

מצודת דוד

השלימו לך את האבנים ההם: (כד) וידעת. בכל מקום שתהיה תהא יודע ומובטח אשר השלום באהלך: ופקדת. תזכור ותבניט במדורך כי לך תהיה ולא תהיה נחסר ממך להמסר ביד אחר: (כה) וידעת. תהיה יודע ובטוח אשר הרבה יהיה זרעך: וצאצאיך וגו׳. כפל הדבר במ״ש: (כו) תבוא בכלח. בעת הזקנה תבוא אל הקבר כמו שמסלקין את הגדיש מן השדה בעת שנתייבש כל צרכו כן תסולק מן העולם בעת ימלאו ימיך: (כז) הנה זאת. המענה הזאת הקרנוה בהשכל ודעת וכן היא האמת לזאת שמע אותה להבינה היטב: ואתה דע לך. כאומר הנה עשיתי את שלי ואתה דע לך

and you will not sin. Should you deny her this intimacy, you are deemed a sinner.—[*Yevamoth* 62b, *Rashi* ad loc.] *Gra* explains this verse as parallel to (Deut. 28:3) "Blessed shall you be in the city, and blessed shall you be in the field." The tent represents the field, where one

of the field made peace with you. 24. Then you shall know that
there is peace in your tent, and you shall visit your habitation
and miss nothing. 25. And you shall know that your seed shall
be many, and your offspring [as numerous] as the grass of the
earth. 26. You shall come to the grave at a ripe old age, as the
grain stack is taken away in its time. 27. Behold this;

made peace with you—*will have
peace with you.*—[*Rashi*]
Mezudath David explains the verses
as follows:
[21] **When a tongue travels**—
When slander increases in the world,
and the tongue "travels" to spread
gossip, you will be hidden and con-
cealed from it, for it will not talk
about you. You will therefore be
safe from the plunder and the
destruction wrought by the tongue.
[22] **plunder and hoarding etc.**—
When robbers come to plunder
property, or when people hoard
grain in order to cause shortages
and raise prices, you will mock them
because you will not be affected.
the beasts of the land—When the
land is overrun by wild beasts, you
will not fear them. The aforemen-
tioned are the six troubles, namely:
1) famine,   2) war,   3) slander,
4) robbers,   5) hoarding,   and
6) wild beasts.
[23] **But with the stones of the
field**—It is as though you made a
treaty with the stones strewn about
the field, upon which people might
stumble, that you should not trip on
them. This is the seventh trouble;
although mild and insignificant
compared to the first six, you shall
be protected from it.

and the beasts of the field—It is as
though the beasts of the field were
sent to you as emissaries (of peace)
to make peace between you and the
stones of the field.—[*Mezudath
David*]
24. **Then you shall know that there
is peace in your tent**—*Then, wherever
you are, you will be confident that all
is well in your tent.*—[*Rashi, Mezu-
dath David*]
**and you shall visit your habitation
and miss nothing**—Heb. תֶחֱטָא, *like*
(Jud. 20:16), *"at a hairbreadth and
not miss* (יַחֲטִא)." *This is the seventh*
[trouble] *that we counted above.*—
[*Rashi*] You will find it as you had
expected, and you will miss noth-
ing.—[*Ibn Ezra*] You will remember
and supervise your habitation
because it will be yours. It will not
be taken from you and given to
others.—[*Mezudath David*] The
Sages take the words אֹהֶל, *tent,* and
נָוֶה, *habitation,* as references to Job's
wife, in keeping with their explana-
tion in Deut. 5:27: "Return to your
tents"—You shall know that there is
peace in your tent, but you will have
no peace without a "tent," that is, a
wife. Another Sage interprets
further: If you know that your wife
is perfect in the fear of God, you
shall visit her with marital relations,

שנזכר מחלום פרעה וחלום נבוכדנצר והנה יורה על היותו רוחני שהוא יעמוד לפני ולא אכיר מראהו אך תמונה לנגד עיני אשר יראה אותה לי הכח הדמיוני ואשמע דבריו הנפלאים כאילו הם מורכבים מהקול והדממה וזה שהשכל יקבלם רוחניים בזולת קול והדממה מראה אותה כאלו הם דברים קוליים באותות וקול. ואחר כן החל אליפז בטענה שלישית ואמר איך אפשר שתאמין שיהיה השם יתברך פועל המין האנושי וממציאו ומנהיגו והוא בלתי משגיח בו עד שכבר ימצא צדיק ורע לו רשע וטוב לו. האם אפשר באדם שיהיה צדיק יותר מהש"י האם יהיה האדם טהור יותר מפועלו הלא כמו אלו הענינים יהיו מיוחסים אל העול באדם ר"ל אם ינהיג מדינה אחת ולא ינהיגנה ביושר ואיך אפשר שיסופר בש"י עם היותו בתכלית השלימות מה שהוא חסרון ועול בחוק האדם. הן בעבדיו לא יאמין והם השכלים הנפרדים לא יתן אמתות וקיום בעצמותם אבל מה שלהם מן האמתות והקיום הוא מזולתם והוא הש"י. ולא ישים במלאכיו אורה מעצמותם וזה כי אין האור להם והוא ההשגה במה שהם משיגים מצד עצמותם אבל מצד מה ששפע למציאותם מהסיבה הראשונה והוא הש"י ולזה הוא מבואר שאלו הנמצאים ואם הם שלמים מאד ביחס אל האדם הנה הם חסרים מאד ביחס אל הש"י כי אין יחס בין מי שמציאותו וקיומו והשגתו מעצמותו ובין מי שהוא לו מציאותו וקיומו והשגתו מזולתו. ואם באלו עם פשטותם ושלמותם ונצחיותם ימצא חסרון אצל הש"י הנה אין ספק שהאדם חסר מאד ביחס אל הש"י כי הוא שוכן בבתי חומר ר"ל בזה העולם השפל ובעפר יסודו ר"ל שקיום צורתו הוא בחומר שלה כי הוא נושא לצורתו ולפי שצורתו היא היולאנית ואל זה כיון גם כן אפשר במה שאמר שוכני בתי חומר ר"ל שצורותיהם היולאנית עם החסרון הנמצא להם בעצמותם יחוייב עוד בהם שיהיו נפסדים ואין זה ההפסד ג"כ מוגבל בהם עד שיהיו בטוחים ממנו עת מה אבל ידכאום מקרים ויפסידום קודם שישיגם הבלוי וההפסד הטבעי. מבקר לערב ישיגם המות במעט סבה מבלי משים לב לפנות אל השלימות האנושי יאבדו אבידה מוחלטת ולא יהיה להם השארות כלל. הלא האדם ואם לו קצת שלימות והיא ההכנה השכלית אשר לו בה יתרון והשארות הנה יקרה לו ברוב שיסור יתרונו אשר בו וימות ולא בחכמה לפי שבהגעת השלמות לו מהקושי העצום לקושיות בעצמו ולרבוי המונעים. אם חשבת להיות במדרגה השכלית והמלאכים להיותך בעל שכל ראה מאד רחקה מדרגתך מהם עד שאם תקרא אליהם לא תמצא מי שיענך. ואל מי מקדושים תפנה שיענך הלא היותר שפל מהם לא יענך לרוחק מדרגתך ממנו ואם הענין כן ביותר שפל מהם ראה מה מאד רחקה מדרגתך ממדרגת הש"י ובהיות הענין כן הוא מבואר שלא יתכן שייוחס לשם יתברך עם שלמותו מה שהוא חסרון בחק האדם אבל הוא בתכלית מהחסרון ביחס אל הש"י. והוסיף אליפז להתיר ספק מה בענין הרעות אשר נראה באדם בזולת מרי קדם ואמר בהם אינם רעות יהיה ראוי שידאג האדם עליהם ויחסם אל האולת והפתיות ועל זה אמר הנה לאויל יהרג כעס כי הוא ידאג תמיד כאשר לא יבואו מבוקשיו אשר הוא סבת העדר בואם לפי שלא דרך בהגעתם בסבות הראויות והוא מבואר שכמו זה האיש מעט תמיד כאשר לא יבואו מבוקשיו אשר כיון אליהם ויחשוב שכבר ענשו הש"י אלא שהוא מבואר שכמו זה לא יקרא רע כמו שלא יקרא רע אם לא תצא ספינה מהחפירה בקרקע כי לא תעשה הספינה בכמו זה הפעל והאיש הפותה אשר יפותה לבו לכל ההצלחות המדומות תמיתהו קנאתו כי עינו לא תשבע וישאר תמיד עם הקנאה והמכאוב ההוא מצורף לזה שהוא ישתדל לרוב קנאתו להגיע אל מבוקשיו במהירות וידרוך מפני זה בהגעתם בסבות בלתי נאותות. כמו הענין באויל אם יקרה שיהיה משריש ומצליח בקצת הענינים הנה כאשר ראיתי זה בא אידו פתאום וקללתי נוהו למיעוט השארות קנינו אשר כיון אליהם כי לא יגיע לכמו האיש הזה שום תכלית אם לא במקרה ומה שהוא במקרה הוא מעט כמו שהתבאר במקומו. הנה בניו הנמשכים אחריו ירחקו מישע וידכאו בשער לעיני כל העם ואין מציל לפי שכמו זה האיש לא ישתדל ג"כ בקנין ההוהבים כמו שלא ישתדל בשאר הסבות המביאות מה שמשתוקק אליו אלא כבר יגיע מהרוע לאויל ולבניו האוחזים דרכו עד שיהיה חילם לאיש קשה המזל שיאנוס אותו האיש הרעב ויאכל קצירו ולאשר יקח קצירו מבין הקוצים לרוע הצלחתו ויקוה האיש הפריץ לנקחו ממנו וזה תכלית הרוע ר"ל שיהיו השפלים שבאנשים גוברים עליהם. הנה לא יצא מעפר און ועמל ר"ל שאין הארץ סבת רוע הסדור הנופל בעיונות אישי האדם ורעתם אשר הוא און ועמל כמו שהיה חושב איוב וזה שכוונתו היה כי למרחק אלו הענינים אשר בארץ במדרגה מהש"י הוא מחוייב שיהיה בלתי משגיח בהם כאמרו מה אנוש כי תגדלנו וגו' האף על זה פקחת עיניך וגו'. אבל הרעות הנופלות בכאן בזולת מרי קדם אין ראוי בהם שיקראו רעות לפי שהם מיוחסות אל סכלות המקבל כמו שזכר באויל ופותה וזה שהאדם יולד לעמל ולהשתדל בקנינים אשר יצטרכו אליו כי לא נתנו לו שלמיותיו בפעל אבל נתנו לו הכלים אשר אפשר שבהם יגיע אל מה שיצטרך אליו וכמו שבידודי האש יולדו להתנועע תקף התהוותם ולהגביה עוף מה שהתמידו נמצאים עד שיסור החלק האשי מהם ויפול האפר. ובהיות הענין כן רצוני שהאדם יולד לעמל בשלמיותיו אשר ירצה הגעתם אליו הנה אם לא ירדוף בהגעתם בסבות הראויות אין זה עונש אם לא יגיעו וזה מבואר בנפשו. ולהיות הענין כן הנה החליט אליפז המאמר שהרעות הבאות על איוב היו על צד המוסר והתוכחה למרי קדם ולזה אמר אליו אם הייתי במקומך הייתי דורש אל אל ומתפלל אליו שירחם עלי כי הוא משגיח בזה העולם השפל השגחה נפלאה ויורה על זה הגדולות והנפלאות אשר הוא עושה ומכללם נתינת המטר בסדר וביושר אשר בו חיי כל צומח וזה שהמטר על הרוב יהיה במקומות הנגלים מהארץ מאדים יביאום אליהם רוחות ממקומות אחרים זולתם ומה שזה דרכו הוא מיוחס אל הקרי וההזדמן ומה שיוחס אל הקרי וההזדמן הוא ראוי שיהיה מעט ואנחנו נראה המטר תמיד בדרך שישלמו בו הצמחים הנה זאת ראיה חזקה שבכאן משגיח בענין נתינת המטר זולת הטבע ולזה תמצא בכל הנביאים והחכמים כשהם יספרו נפלאות השם שהם יספרו תחלה נתינת המטר ועוד יראה בכאן מה שיתחזק שהשם ית' משגיח באישי האדם וזה שהרשעים אשר ישתדלו בעשיית הרעות אל האנשים השפלים וחלושים ימנע מהם אשר יזמו לעשות עם היותם בעלי כח וחכמים להרע וזה שהש"י יסבב לשום האנשים השפלים הנרדפים למרום ההצלחה ולהשגיב ישע האנשים המדוכים והאבלים והוא מיפר עצת הרשעים החכמים להרע אשר ישתדלו להרע להם ולא תעשינה ידיהם מה שחשבו לעשותו. החכמים הוא לוכד בערמה ר"ל שרוב ערמה ישים הש"י כלי למנוע מהם אשר יזמו לעשות והמשל שכאשר ידעו באיש שילך בחון ויבקשו לרדוף אחריו לקחת אשר לו ישפטו לאיזה צד הלך ויעמיקו בו ויאמרו שהוא יותר ראוי שיהא לכתו לזה הצד לסבות מה יזכרום ורוב העמקתם בזה תסבב שישפטו שהוא הלך בצד אשר לא הלך בו וירדפוהו שם ולא ימצאוהו. ועצת הרשעים הנפתלים המבקשים דרכים עקלתונים ומעמיקים בהם בכל הצדדים האפשריים כדי שיגיעו למבוקשם להשיג עשיית העול והחמס ישימם השם נמהרה ותסבה ותהיה סבה שלא ישפטו הדבר אשר ירצוהו כפי מה שראוי בעניניהם הברורים. יומם ובצהרים ילכו בחשך רוצה לומר שאפי' בענינים המבוארים בנפשם בתחלת המחשבה תסכל עצתם. ובזה האופן יושיע הש"י השפלים והקודרים מחרב הרשעים שלא יזיקם מפיהם וממאמרם של אלו הרשעים ר"ל שפיהם ודבריהם אשר הסכימה עצתם בהם שם הש"י כלי להושיע השפלים והקודרים ובזה האופן הושיע הש"י האביון מיד חזק ממנו עד שכבר תהיה לדל תקוה שלא יעזבהו הש"י ביד הרשעים ואנשי עולה קפצו פיהם להצטער על אשר לא הגיעו אל התכלית אשר כוונו אליו וזאת הטענה שזכר בכאן מבוארת ונגלית מן החוש וזה שאנחנו נמצא ברשעים רבים מכוונים להרע ומשתדלים בו ולהם הכלים אשר בהם אפשר שיזיקו לרבים ויהיה עם זה ההיזק המגיע מהם מעט הנה זה ממה שיורה כי שם גבוה שומר ובהיות הענין כי אין לך להתרעם מהש"י אם הוכיחך וייסר אותך על עונותיך כי מאושר הוא מי שיוכיחנו הש"י וזה שהטובים יוכיחם כדי שיחזרו למוטב ואולם הרעים ימיתם בהמלאת סאתם ולזה ראוי לך שלא תמאס מוסר הש"י כי הוא כשייסר הטובים ירפאם ויחבשם אחר הכאתו ומחצו אותם. אם תשוב ותכנע טרם בוא הצרות בעולם יצילך מהם. וזכר שש ושבע להיותם מספרים שלמים עם שכבר זכר מהצרות כמו זה המספר והם הרעב והמלחמה ולשון הרע והשוד וכפן וחיות הארץ ואבני השדה. ברעב יפדך הש"י שלא תמות מצד חסרון האוכל ובמלחמה יצילך שלא תהרג כאשר תשוטט הלשון להרע לאנשים בלשון הרע לא תזכר שם וכאשר יבוא השודד לשלול שלל ולבוז בז לא תירא כי לא יגע בך רע. לשוד ולכפן תשחק שלא תנזק בהם ולא תירא מן החיות הרעות שיטרפוך ולא מאבני השדה שתנגוף בהם רגליך כי אתה כאלו כרת ברית עם אבני השדה וכאלו השלמה לך חיות השדה. וידעת כי שלום אהלך וידעת כי בביתך יהיה שלום ופקדת אנשי ביתך ותצום שילכו בדרך השם ולא תחטא וזה אמר לו אליפז להעיר שהוא אולי חטא כאשר לא השגיח בתקון אנשי ביתו כדי שיהיו יראים מהש"י אע"פ שלא חטא במעשיו בעצמו ולזה נענשו בניו ונענש באבדן שאר קניניו ולזה אמר אם היית עושה ככה תדע באמת כי יהיה רב זרעך ובניך יהיו רבים כעשב הארץ וגם אתה לא תמות בלא עתך אם התנהגת בזה המנהג אבל תבא בזקנה המופלגת אל קבר כמו שיכרת הגדיש בעתו. הנה זהו מה שחקרנוהו והוא האמת בעצמו שמע אותו ודע לך האמת והתנהג בו: והכלל העולה מן הדברים הוא שאליפז היה מאמין שהרעות הבאות לאישי האדם הם מגיעות להם מהש"י על צד העונש על מה שחטא והיה מתיר זה הספק במה שנראה מהגעת הרעות בזולת מרי באמר שכבר יהיו בכאן רעות מצד האולת והפתיות ואלו אינם ראויות שיקראו רעות כמו שביארנו וקיים דעתו תחלה מהחוש ואמר שאנחנו לא נמצא האבדון וההכחד בישרים ובנקיים כמו שימצא ברשעים וזה ממה שיורה שסבת המצא רע ברשעים הוא היותם רשעים וזה אמנם יהיה על צד העונש ואמנם הנקיים והישרים כשיחטאו חטאים מה יוכיחם הש"י וייסרם אך לא יאבדו ולא יכחדו

pitches a tent during the harvest. You shall know that there is perfection in your field, meaning that you will be blessed in your harvest. The habitation represents the house in the city. When you ask concerning the welfare of your household, you will discover that nothing is amiss either in their property or in their bodies. Both your possessions and your household members will be blessed.

25. **And you shall know etc.**—You will be assured that you shall beget many children.—[*Mezudath David*] This refers to his actual children.—[*Gra*]

and your offspring—This refers to his grandchildren.—[*Gra*]

26. **You shall come to the grave at a ripe old age**—Heb. בְּכֶלַח. [In other words,] *you will be saved from pestilence. As for the word* בְּכֶלַח: *there is no Biblical support to understand its meaning, but according to the context, it can be interpreted as an expression of the completion of the ripening of the grain, when it is completely ripe. Our Rabbis, however, interpret* בְּכֶלַח *as "sixty years," according to its numerical value.*—[*Rashi* from *Moed Katan* 28a] In our editions of the Talmud, sixty years represents death at the hands of heaven, but to some authorities, sixty is a normal death.—[*Tos.* ad loc., *Ein Yaakov, Ran* as quoted by *Hakothev, Rabbenu Hananel*]

as the grain stack is taken away—*As the grain stack is taken off the ground in its time.*—[*Rashi*] You will go to your grave, as they remove the grain stack from the field when it is sufficiently dried out; so will you be taken from the world when your years are full.—[*Mezudath David*]

Gra explains: Grain can be gathered either *before* its time, when each kernel will be moist and full, or *in* its time, when it has dried out. Similarly, man's demise can come either when he is young and fresh, or when he is old and dried out. If death comes when he is old, it is "in its time," but his body has deteriorated and dried up. Eliphaz assures Job that he shall experience the advantages of both types of demise: Job would go to his grave while fresh and moist (בְּכֶלַח), like a young man, who has much blood and basic moisture, yet he would have a timely death. I.e. he would die of old age, but unlike many whose longevity is tainted by suffering from their weakened physical condition, Job would enjoy his long life, healthy and vibrant until his dying day. That day would come about like the removal of the grain stack in its time—in the time it is fit to become dry—yet he would die when all his strength was still with him.

27. **Behold this**—address; we have inquired into it with acuity and erudition, in order to comprehend it thoroughly.—[*Mezudath David*]

וזה ג"כ קלת טענה על איוב על בחרו המות יותר מן היסורין שהיה נוסף בהם. והטענה השנית היא לקוחה מההודעה אשר תקרה בחלום אשר תורה על השגחתו ית' בחיי האדם וזאת טענה חלושה כאשר לא יאמר בזה יותר מזה השיעור כי אע"פ שנודע זאת ההודע' לא יחויב מזה שיהיה הש"י משגיח בחיי האדם על לד שיאמין אליפז וזה מבואר למי שיעיין בספר החוש והמוחש וכבר שיער אליפז בחולשת זאת הטענה ולזה אמר ואלי דבר יגונב וגו' ואולם אליהוא הרחיב המאמר בזאת הטענה ואמת ממנה ענין ההשגחה במה שאין ספק בו. והטענה השלישית היא לקוחה משלימות הש"י ותכלון האדם ואופן סדורם כן הנה האדון לשלימות הנמלא בו לא יעלים עיניו ממה שיהיגהו ולא יעשה

חֲקַרְנוּהָ כֶּן־הִיא שְׁמָעֶנָּה וְאַתָּה דַע־
לָךְ׃ ו א וַיַּעַן אִיּוֹב וַיֹּאמַר׃ ב לוּ שָׁקוֹל
יִשָּׁקֵל כַּעְשִׂי וְהַיָּתִי בְּמֹאזְנַיִם יִשְׂאוּ־
יָחַד׃ ג כִּי־עַתָּה מֵחוֹל יַמִּים יִכְבָּד עַל־
כֵּן דְּבָרַי לָעוּ׃ ד כִּי חִצֵּי שַׁדַּי עִמָּדִי

הֵכְדֵין הִיא קַבְּלְנָהּ
וְאַנְתְּ דַע לָךְ׃ א וַאֲתֵיב
אִיּוֹב וַאֲמַר׃ ב מָאִים
מִתְקָל יִתְקַל רוּגְזִי
וְאִתְרְגוּשְׁתִּי בְּמַסַּחְתָּא
יִטְלוּן כַּחֲדָא׃ ג אֲרוּם
כְּדוּן יַתִּיר מִחַלָּא דְיַמָּא
יִתְיַקַּר בְּגִין כֵּן מִלַּי
מִשְׁתַּלְהָיָן׃ ד אֲרוּם גִּירֵי
שַׁדַּי בַּהֲדִי דִּי אַרְסְהוֹן

ת״א שקול ישקל. ב״ב ט׃ והותי קרי אשר

רש״י

(מענה איוב)׃

ו (ב) והותי. שברי׃ ישאו יחד. עם משקל שכנגדה ואפי׳ הם חול ימים יכבד ממנו׃ (ג) לעו. מגומגמין כאדם שאין בו כח להוציא דבר מפיו כתיקונו. וכן ושתו ולעו (עובדיה א׳) שכן דרך שיכור לגמגם בדבריו׃ (ד) חמתם. ארס שלהם דרך פרסיי׳ לתת ארס של נחש

מנחת שי

לא נמנה זה עם החסרים שם׃ (כז) חקרנוה כן היא. בס״ס המדוייקים מלת כן בסגול ודגושה מדין אתי מרחוק וכן כתוב במכלל דף ק״ז הע״פ שמלת כן היא מלה זעירא אחר שהיא סמוכה למלת היא לא היה לה להיות משפטה כמשפט מלה זעירא אלא שכן מלאתו אותה דגושה ועמ״ש גם במזמור ע״ז על גאלת בזרוע׃

ו (ב) כעשי. בשי״ן כמו בסמ״ך והעי״ן בשו״א לבד׃ והיתי. והותי קרי׃ במאזנים. הבי״ת בגעיא׃ ישאו יחד. אין דגש

אבן עזרא

ו (א) ויען איוב׃ (ב) לו שקל ישקל. והותי. מן הוה על הוה׃ (ג) לעו. כמו ושתו ולעו כלומר נסתרו כאילו נבלעו. ויש אומרים שהוא תרגום מן לחיים

רלב״ג

יעשה למונהגים מאתו עול וזה כי האדון השלם לא יעלים עיניו מהפעולות הנעשות במדינתו ולא יעשה להם עול כ״ש למונהגים מאתו הנה יתחייב מזה שיהיה מה שהוא יותר אמתי בשלימות יותר אמתי בהתרחק מן העול והעולם ממה שינהיגו להיות היותר שלם מתרחק יותר מן החסרון ואולם מה שיראה מן הרעות אשר לא יוקדם להם מרי הם בסבת האולת והפתיות והם אינם ראויות שיקראו רעות כמו שביארנו וכן היה אפשר שיגיעו לזאת הסבה טובות לרעים אלא שזה לא יתקיים כי אם זמן מועט כאשר אני ראיתי אויל משריש וגו׳ והנה זאת הטענה היא לקוחה מצד הפחות והיותר. והטענה הרביעית מה שיראה מהווית המטר בסדור שישלמו בו הצמחים והמנע מהרשעים החכמים להרע מחשבתם הרעה להרע לשפלים החלושים על הרוב ואופן סדור המאמר בזה הוא על זה התואר אם היה הש״י בלתי משגיח בזה העולם השפל היה התהוות המטר במקום מהמקומות הגלגלים מהארץ מעט ולא יתכן שישלמו בו הצמחים על הרוב לפי שרוב מה שיתחדש מזה הוא מתייחס אל הקרי וההזדמן אם לא היה בכאן פועל אחד בגשמים זולת הטבע לפי שהוא על הרוב מהטענים יביאום הרוחות במקום אשר ירד שם עוד נשנה שכבר ישלמו במטר הצמחים על הרוב ויתחייב מזה שהש״י משגיח בזה העולם השפל וכמו זה האופן בעינו יסודר ההיקש השני אם היה הש״י בלתי משגיח באישי האדם היתה מחשבת הרשעים החכמים יוצאת אל הפועל על הרוב לפי שהם ישתדלו בהוצאתה אל הפעל בסבות היותר נאותות כמו הענין בשאר המלאכות אשר יעשה האדם במחשב׳ וההשתדלות שתכלית יגיע בהם על הרוב עוד נשנה אבל אנחנו נמצא שמחשבת הרשעים החכמים לא תצא אל הפועל אם לא על המעט ויתחייב מזה שהש״י משגיח באישי האדם הנה לאלו הטענות ייחס אליפז הרעה שבאה אל איוב למרי קדם ממנו ומכניו על האופן שביארנו ונתן עצה אליו שישוב אל ה׳ וירחמהו׃ ביאור מלות המענה׃ (א) ויען איוב ויאמר׃ (ג) לעו. נשחתו׃ (ד) חצי שדי. חצים חזקים על דרך כקול שדי. והיה שדי בצריך׃ חמתם. ארסם על דרך

מצודת ציון

ו (ב) לו. ענינו כמו אם וכן לו החייתם אותם (שופטים ח׳)׃ כעשי. כמו כעסי בסמ״ך׃ והותי. ענין שברון רוח כמו הוה על הוה (יחזקאל ז׳)׃ (ג) לעו. ענין מגומגם ונשחת כמו

מצודת דוד

בנפשך אם תבחר אמרי אם תחדל (העולה מן המענה הוא שאליפז שהכל בא בהשגחה והביא ראיה מאבדן הרשעים מבלי תקומה ולא כן יאבדו הצדיקים ויסכל דעת איוב במה שיחשוב שהכל מסור ביד מערכת השמים ומקרה אחד לכל לצדיק ולרשע כי ישיב אמרים הלא בחוק האדם השלם יחשב דבר כזה לעול עם שאינו שלם אף כמלאכי תעלה וכל שכן שאין לו ערך עם שלימות המקום ב״ה ואיך אם כן יעלה על הדעת שיש עול זה בחוקו יתברך ואם כי נראה שברוב הפעמים בא כאשר תשפוט המערכה מכל מקום בא בהשגחה ובעבור קוצר הדעת לא נודע פתרון הדבר. ויוכיח עוד על ההשגחה מנתינת המטר זולת הטבע ומסכל הרשעים ברעתם אשר חשבו לזולת ומסכול דעתם בדבר הנראה לעין כל וישפוט על יסורי הצדיקים אשר יבואו למרק מעט העון אשר בידם למען ישגא אחריתם ויתוה עלתו לאיוב לבל יבעט ביסורין כי הם באו למרק העון לטוב לו כל הימים)׃

ו (ב) כעשי והותי. היא היא כי בעבור שברון הרוח יכעס האדם בעצמו ור״ל אם היו שוקלין אותם לשומם במאזני משקל ולשאתם יחד עם הדבר הנתון לעומתן וכדרך השוקלין׃ (ג) כי עתה. אז היה עתה נודע לכל אשר הותי יכבד מחול הימים אם ישימם לעומתם׃ על כן. בעבור גודל המכאוב לזה דברי המה מגומגמים להרבות בתרעומות ולהסתפק בהשגחה ולומר פעם כך ופעם בהפוך׃ (ד) כי חצי שדי. חצי יסורין הבאים מן שדי מתמידים לשבת עמדי (עם כי איוב חשב שבא הכל מצד המערכה עם כל זה אמר דבריו אל

my anger and my calamity—These terms are synonymous—a person is angered by his calamity. Literally, my breach, the breach of my spirit.—[*Mezudath David*]

placed together on a scale—*with a weight opposite it, even if* [this weight] *were the sand of the seas, it would outweigh it.*—[*Rashi*]*

3. **stammer**—Heb. לָעוּ. *They are uncertain, like a person who has no strength to pronounce a word properly. Likewise* (Obad. 16), *"And they shall drink and stammer* (וְלָעוּ), *"be-*

we have inquired into it, so it is. Listen to it, and you—know
for yourself."

6

1. Now Job replied and said, 2. "If only my anger and my
calamity were weighed, placed together on a scale, 3. for now,
it would be heavier than the sand of the seas; therefore, my
words stammer. 4. For the Almighty's arrows are with me,

and you—know for yourself—I
have performed my task by explain-
ing Divine Providence to you. Now
you decide whether or not to accept
it.—[*Mezudath David*]

(In his address, Eliphaz maintains
that all occurrences result from
God's Providence. He bases his con-
clusion on the observation that
while the righteous are able to
recover from ruin, the wicked can-
not. He rejects Job's assertion that
events are ruled by the constella-
tions, and that the same thing can
befall a righteous man as a wicked
one, retorting that such a practice
would be considered unjust even if
performed by a human, who is in-
ferior even to the heavenly angels
and surely is far from resembling the
Almighty Himself. How can we
possibly attribute such behavior to
the Almighty? Although occur-
rences often seem to emanate from
the constellations, they are nonethe-
less the result of Divine Providence.
However, our lack of knowledge
and wisdom prevents us from under-
standing His intention.

Eliphaz offers proof for his state-
ments by pointing out God's

wisdom in bringing rain, and by
showing how the wicked stumble on
the very plots with which they
intend to trap others. He explains
the evil that befalls the righteous as
the punishment for their few sins.
After receiving this punishment,
they will become even greater.
Eliphaz admonishes Job to stop
complaining about his orments,
because they were sent by God to
expiate his sins.)—[*Mezudath David*]
(**Job's reply**)

Ramban in *Shaar Hagemul* writes
that Job changes his position and
appears to concur with Eliphaz's
assertion that the Almighty's arrows
and terrors are with him. He repeats
the first curse, saying that since his
tortures are not the result of chance
but of God's particular desire and
intention, may God crush him and
put him to death immediately, or
wait until his allotted days are over
to kill him, because his life is wind,
and he is too weak to endure until
this ordeal ends. The rest of Job's
reply will be discussed in each verse
as we come to it.

2. **and my calamity**—Heb. וְהַוָּתִי,
my ruin.—[*Rashi*]

אשר חמתם שתה רוחי בעותי אלוה יערכוני: ה הינהק פרא עלי דשא אם יגעה שור על בלילו: ו היאכל תפל מבלי מלח אם יש טעם בריר חלמות: ז מאנה לנגוע נפשי המה

שתית רוחי ביעותא דמן קדם אלהא יסדרון לקבלי: ה האפשר דמדברים מרודא עלוי דתאה היך יגעי תורא על אספסתיה: ו האפשר דמתאכל תבשילא מדלית מלחא אין אית טעם בחלבון בעתא וחלמונא: ת"א כמה דלא מתאכל מידי בשש בלא מלחא הכדין לית טעמא ברירא דחלמונא: ז סריבת למקרב נפשי הנון מתחשבין היך דוותא לסעודתי: ת"א סריבת למקרב נפשי הנון עבדין יתי אסתנים

רש"י

בהליהם: (ה) הינהק פרא וגו'. כלומר וכי לחנם אני צועק יהלא בהמה שוטה אינה נוהקת בזמן שיש לה דשא וכן שור לא יגעה אא"כ אין לו בליל תבואה. בפרא נוהג לשון נהק. ובשור ל' געייה: (ו) היאכל תפל. דבר שהוא בלי מלח וצריך להמליחו ולא נמלח קרוי תפל בל' משנה (שבת קכח חולין קיג. נדרים נא): אם יש טעם בריר. הבא מהמת החלמות שאוכל דבר חזק שמרבה ריר ורוק כגון שום כלומר וכי סבורים אתם שיהו מתקבלות תשובות שאין בהם ממש. ריר כמו (שמואל א' כ"א) ויורד רירו על זקנו. חלמות כמו (לקמן ל"ט) יחלמו בניהם לשון חוזק. ויש פותרים ל' חלום ואין נראה בעיני מפני דגשות הלמ"ד: (ז) מאנה לנגוע נפשי. כלומר הרבה יש לי לזעוק כי דברי' שהיתה נפשי ממאנת וקצה לנגוע בהן. לשון נגיעה: המה כדוי לחמי. המה לי עתה נכונים למשמש בהם כמפות שלחני שלחמי נתון בהם. כדוי ל' ויכרות את מדויהם (שמואל ב' י') כ"ש מפי רבי משלם רופא. ע"א כמפות שמסננין בהן את התבשיל ומאכל זב מהם. דוי לשון דוה זבה: לחמי. כל מאכל קרוי לחם כמו עבד לחם רב (דניאל ה') וכמו נשחיתה עץ בלחמו (ירמיה י"א) ותירגם יונתן סמא דמותא במיכליה. ל"א המה כמבטי מאכלי. כלומר גם לבי

והות

אבן עזרא

והוא רחוק: (ד) בעותי אלוה. כמו להרדת אלהים: יערכוני כלומר יערכו עמי מלחמה: (ה) הינהק. אין לו חבר בלשון המקרא וידמה ללשון קדר: בלילו. מן ויבל לחמורים. בליל חמיץ והטעם כי היושב בהשקט לא ישאג ולא ידאג וכמו כן אתם יאמר איוב להבריו. ועוד שתדברו דברים שאין בהם ממש וזה טעם היאכל תפל מבלי מלח: (ו) הלמות. בדברי רבותינו חלמון מבפנים ויש אומרים שהוא ריר לחמ גם הוא בלשון הלמה: (ז) מאנה לנגוע נפשי. החכורו' שמאנה נפשי לנגוע בהם קודם היות המה הוליי גופי. ויש אומר לנגוע כמו לחלוש. וכמוהו וינגעו יהושע והטעם כי

מנחת שי

ביו"ד: (ה) הינהק פרא. היו"ד במאריך בספרים כ"י: (ז) לנגוע. יש חילופים בספרים והנכון כי הוא מלא וא"ו עפ"ה כמו בנמסר

רלב"ג

חמת תניניס יינם: בעותי אלוה. ביעותים חזקים. על דרך רוח אלהים. כהררי אל: (ה) בלילו. ר"ל תבואתו שאוכל ממנה: (ו) בריר חלמות. הוא ריר הבריאה מהחלמיני והחייני כלה בזה שאין טעם בריר הבריאה ואולם בריר החולה יש בו טעם לפי הליחה הגוברות עליו. או יהיה בריר חלמות ריר מלובן הבילה שהיא כלה חלמון תחלה ואחר יברור הטבע ממנה החלק היותר דק והוא החלבון והנה הריר ההוא

מצודת דוד

מ"ל דעת אליפז שהכל בא מה' בהשגחה): אשר חמתם. היא הליחה המעופשת הזאת משחין הרע ואחז במבא מדרך הפרסיים אשר ימשחו את הליהם בארס הנחש: בעותי. החרדות הבאות מאת המקום כ"ה הם עורכים מלחמה עמי: (ה) הינהק. וכי יצעק הפרא כאשר יעמוד על הדשא ולא יחסר מאכלו וכי יצעק השור כשעומד על התבואה הבלולה במזון וכאומר הלא בהמה שוטה לא תצעק בחנם ומכל שכן איש כמוני: (ו) היאכל. וכי יאכל אדם דבר בהמה ודג כשהן חיין ונא יהיו מלוחין כל צרכן כי אין דרך נאכלן כ"א ע"י מרבית המליחה לא זולת: בריר חלמות. ברוק הבריאות כי ברוק החולה יש טעם מאחת מהרכבת המרות אשר הגבר בו אבל ברוק הבריא אין טעם כלל וכאומר וכי אקבל ממך מאמרים ריקים מבלי טעם חכמה: (ז) מאנה. הבחין אשר מעולם מאנה נפשי לנגוע בם בעבור מיאוסם המה דומים כחליי בשרי ר"ל הבחין אשר מאסתי לנגוע בה מהתענג ומרוך לבב והבחין אבר עתה

מצודת ציון

ושתו ולעו (עובדיה א'): (ד) חמתם. ארסם כמו חמת תנינים (דברים ל"ב): בעותי. מל' בעתה וחרדה: (ה) הינהק. כן נקרא קול צעקת הפרא והוא מל' ונאק נאקות (יחזקאל ל') בחלוף ה"א באל"ף וכן בין שיחים ינהקו (לקמן ל'): ינעה. כן יקרא קול צעקת השור כמו הלוך וגעו (ש"א ו'): בלילו. מלשון בלבול וערבוב: (ו) תפל. ענינו דבר שאינו מתוקן כל צרכו וכן טחים אותו תפל (יחזקאל י"ג): בריר. רוק הפה כמו ויורד רירו (ש"א כ"א): חלמות. ענין בריאות וחוזק כמו ותחלימני והחייני (ישעיה ל"ח): (ז) מאנה. מלשון מיאון: כדוי. מלשון מדוה וחלי: לחמי. כן

wakes up thirsty experience any taste in the saliva in his mouth, which was the beverage he imagined he was drinking? Job says to his friends, "Your words are like the saliva of the dream: useless." (*Teshuvoth Dunash*, pp. 61f)]

7. **What my body refused to touch**—*That is to say, I have reason to cry increasingly, because things*

whose venom my spirit drinks; the terrors of God wage war
with me. 5. Does a wild donkey bray when it has grass or does
an ox low over its fodder? 6. Can bland food be eaten without
salt, or is there a taste in the saliva of strong-tasting food?
7. What my body refused to touch—they are

cause it is usual for a drunkard to
stammer in his speech.—[Rashi] Ibn
Ezra renders: were swallowed up.
My words were refuted; it was as
though they were swallowed up.

4. **For the Almighty's arrows**—
The arrows of the torments that
emanate from the Almighty dwell
with me always. (Although Job
thought that everything came from
the constellations, he spoke now
according to Eliphaz's argument,
that everything comes from Divine
Providence.)—[Mezudath David] (Cf.
Ramban's explanation, v.2)

venom—Heb. חֲמָתָם, their venom. It
was the custom of the Persians to
apply snake venom to their
arrows.—[Rashi] These arrows
represent the pus that would ooze
from his boils.—[Mezudath David]

the terrors of God—The terrors
that emanate from God are waging
war against me.—[Mezudath David]
Ibn Ezra and Ralbag render: great
terrors.

5. **Does a wild donkey bray**—That
is to say, do I cry out for nought?
Even a stupid animal does not bray
when it has food, neither does an ox
low unless it does not have grain fod-
der. With a wild donkey, the expres-
sion used is נָהַק, braying, and with an
ox the expression of גְּעִיָּה, lowing.—
[Rashi]

Ibn Ezra explains that Job directs
this retort to his friends who are
content: "They who dwell in qui-
etude will not cry out or be in
dread."

its fodder—Heb. בְּלִילוֹ, a mixture
of various grains for cattle.—[Mezu-
dath Zion]

6. **Can bland food be eaten**—A
thing that has no salt and must be
salted, but was not salted, is called
תָּפֵל in Mishnaic Hebrew (Shabbath
128a, Hullin 113a, Nedarim 51a).—
[Rashi]

or is there taste in the saliva—that
comes from strong-tasting foods, for
the one who eats a strong-tasting
food that increases the saliva, e.g.
garlic. That is to say, Do you think
that replies that have no substance are
acceptable? רִיר [means saliva] as in (I
Sam. 21:14), "and let his saliva (רִירוֹ)
run down upon his beard." חַלָּמוּת is
like (below 39:4), "Their sons wax
strong (יַחְלְמוּ)," an expression of
strength. Some interpret it as an
expression of a dream (חֲלוֹם), but this
does not appeal to me because of the
dagesh in the "lammed."—[Rashi]
[Rashi may be referring to his grand-
son, Rabbenu Tam, who connects
the word חַלָּמוּת with חֲלוֹם, a dream,
and renders: or is there taste in the
saliva of a dream? Does a person
who dreams that he is drinking and

כדוי לחמי: ח מי־יתן תבוא שאלתי
ותקותי יתן אלוה: ט ויאל אלוה
וידכאני יתר ידו ויבצעני: י ותהי־עוד
נחמתי ואסלדה בחילה לא יחמול כי־
לא כחדתי אמרי קדוש: יא מה־כחי
כי איחל ומה־קצי כי־אאריך נפשי:
יב אם־כח אבנים כחי אם־בשרי נחוש:
יג האם אין עזרתי בי ותשיה נדחה

תרגום

והות מסתיא לסעודתי: ח מן יהיב ותיתי שילתי וסברי יתן אלהא: ט ושרי אלהא לממסכן יתי יתיר ידיה ויעתיר יתי: י ותהי דא תנחומתי ואבוע בריתא ולא יחוס על רשיעא ארום לא כסיתי מלי קדישא: יא מה חילי ארום אוריך ומה סופי ארום נגרנא נפשי: יב אין חילא היך אבניא חילי אין בסרי קרים כנחשא: יג המדלית סיועי בי וחוכמתא אתברחת מני

ת"א ותושיה. שם סב:

רש"י

להסתכל בהם ברימה כאשר אני מסתכל במאכלי ולשון משנה הוא ומסגו כי דוי (במסכת שבת): (ט) ויואל. וירצה: וידכאני. לשון מיתה: יתר ידו. יגדל ידו במכתו כמו הנה יד ה' הויה (שמות ט): ויבצעני. ויכלני כמו בלע אמרתו (איכה ב') ידיו תבצענה (זכריה ד'): (י) ותהי עוד נחמתי. ותהי עוד זאת לי לנחמה: ואסלדה בחילה לא יחמול. ואבקש ממנו סליחה שלא יחמול מלבלעני ואני איני מוצא לו דמיון במקרא זולתי בלשון משנה הוא לשון ירא ודואג שהיד סולדת בהן מלכוות בריתהן כלומר אתהולל בדאגה ובחילה ובקשה זו: כי לא כחדתי. ולא הסרתי אמריו מלקיימן: (יא) מה כחי. חזק לסבול: כי איחל. כי אמתין עד יום רפואה או עד יום מיתה: איחל. כמו ויחל עוד דנה (בראשית ח'): ומה. חשוב קיצי וחזק כי איחל כי לא אוכל להאריך קיצי מלסבול: נפשי. הוא יצר תאות אדם בכמה מקומות כמו אם יש את נפשכם (שם כ"ג): (יג) האם אין

מנחת שי

בפ' ויצא במ"ג: (ח) תבוא שאלתי. י"ס שהשי"ן בשוא והאל"ף בצירי ובמדוייקים השי"ן בסגול והאל"ף בחטף סגול וכן בשרשים: (יג) ותשיה. במקצת ספרים חסר וא"ו בתר תי"ו ונכון לעשות כן

אבן עזרא

נפשי מאנה שתחלם והמות: המה. ישוב על האכיר: (ט) וידכאני. לגמרי: יתר ידו. כמו הנה יד ה' הויה: ויבצעני. ויכלני כמו כי יבלע ה': (י) ואסלדה. כמו בילה סלודה והוא משל להוזק הכאב והתימה שלא יחמול ואני לא כחדתי דבריו ואין לי עזר מנפשי. ואני ראיתי רב

רלב"ג

לא ימלא בו טעם: (ז) כדוי לחמי. כמו חליי בשרי: (ט) ויבלעני. ענין השלמ' וכלוי והרצון בו ויכלני או יהיה זה מענין כריתה והענין אחד: (י) ואסלדה בחילה. ר"ל אע"פ שהיה מתחמם ונכוה בחיל ובמכאוב אשר הביא עליו הש"י: (יב) אם בשרי נחוש. ר"ל האם בשרי מהברזל החזק והוא הנקרא נחשת אשר יעשה ממנו החרבות: (יג) ותושיה נדחה ממני. ר"ל האם נדחה ממני תושיה היא ההנהגה

מצודת ציון

יקרא הבשר וכן ולחמם טגלים (צפניה א'): (ט) ויאל. וירצה כמו ויואל משה (שמות ב'): יתר. מלשון התרה ופתיחה: ויבצעני. ענין השלמה כמו וידיו תבצענה (זכריה ד'): (י) ואסלדה. ענין חמום וכויה ובדרז"ל יד סולדת בהן (שבת מ'): בחילה. מלשון חלחלה ורעדה: כחדתי. ענין מניעה והעלמה כמו לא כחדו (ישעי' ג'): (יא) איחל. מלשון תוחלת ותקוה: (יג) ותושיה. מלשון יש:

מצודת דוד

כי הנה ידמה זה לזה ואין אם כן אתרחק מבשר עלמי ומדוע א"כ לא אזעק מרה: (ח) מי יתן. נזאת השואלי תבא בשאלתי ויתן אלוה הדבר שאני חושק ומקוה לה: (ט) ויואל. וירצה אלוה וידכא אותי מהעולם ויפתח ידו להכות בי עד ישלים את ימי חיי: (י) ותהי עוד נחמתי. חזר לנחם את עצמו ואמר הנה עוד לי נחמה מה עם כי אני נכוה ברעד אחרי אשר לא יחמול עלי מכל מקום אתנחם מעט על כי לא מנעתי אמרי קדוש ואין לי להתרעם על עצמי לומר שאני גרמתי לי הרעה מצד העונש: (יא) מה כחי. עתה חזר להשיב על מה שאמר אליפז הנה במכאוב היסורים ימורק העון וישגא אחריתו ועל זה אמר לו מה כחי כי אקוה לטובה הלא ככר תם כחי עד מאד עד שאי אפשר לי לחזור לאיתני: ומה קצי. מהו קץ ימי אשר אאריך נעכב את נפשי אללי רצה לומר הלא מעט ימי האדם ומה לי בטובה אשר היא תבוא לאחר זמן על ימים מועטים: (יב) אם כח אבנים. וכי כחי כאבנים וכי בשרי חזקה כנחושת עד שאוכל לשאת מכאובים כאלו ולהזור לקדמותי: (יג) האם. וכי

11. **What is my strength**—*How strong is it to bear* [my pains]?—[*Rashi*]

that I should wait—*That I should wait until the day of recovery or until the day of death?*—[*Rashi*]

I should wait—Heb. אֲיַחֵל, *like* (Gen. 8:10), *"And he waited* (וַיָּחֶל) *again," concerning Noah.*—[*Rashi*]

and what—*Of what importance is my end that I should be able to restrain my desire to bear?*—[*Rashi* according to *Shem Ephraim*]

my desire—Heb. נַפְשִׁי. *This* [word

as cloths for my food. 8. Would that my request were granted,
and God would give what I hope for. 9. And may God desire
and crush me, enlarge His hand and finish me off. 10. Then
should I yet have comfort, and I will beg, shuddering, that he
have no pity, for I have not denied the words of the Holy One.
11. What is my strength that I should wait and what is my end
that I should restrain my desire? 12. Is my strength the strength
of stones or is my flesh copper? 13. Have I no help, or is
counsel lost

that my body refused [to touch] *and was disgusted to touch . . .* [לִנְגּוֹעַ] *is an expression of touching.*—[*Rashi*]

as cloths for my food—*Now they are prepared for me to touch them like my tablecloths upon which my food is placed.* כִּדְוֵי *is an expression like* (II Sam. 10:4), *"and he cut off their garments* (מַדְוֵיהֶם)." *I heard this from Rabbi Meshullam the physician. Another interpretation: Like cloths with which they strain the cooked foods and the food runs out of them.* דְּוֵי *is an expression of* דָּוֶה, *running.*—[*Rashi*]

my food—Heb. לַחְמִי, lit. my bread. *All food is called* לֶחֶם, *as* in (Dan. 5:1), *"made a great feast* (לְחֶם)," *and as* in (Jer. 11:19), *"Let us destroy his food* (בְּלַחְמוֹ) *with wood," which Jonathan renders: poison into his food. Another explanation: They are as the sights of my food. That is to say: I am accustomed to looking at them, at the worms, as I look at my food. This is Mishnaic Hebrew: "and they walk when they look* (דָּוֵי)*" in Tractate Shabbath* (53b).—[*Rashi*]

9. **desire**—Heb. וְיֹאֵל, *and may He want.*—[*Rashi*]

and crush me—[This is] *an expression of death.*—[*Rashi*]

enlarge his hand—*May He enlarge His hand with His plague like* (Exod. 9:3), *"Behold God's hand is."*—[*Rashi*] [This verse refers to the cattle plague.]

and finish me off—Heb. וִיבַצְּעֵנִי, *and finish me off, as* in (Lam. 2:17), *"He has carried out* (בִּצַּע) *His word," and* (Zech. 4:9), *"and his hands shall finish it* (תְּבַצַּעְנָה)."—[*Rashi*]

10. **Then should I yet have comfort**—*And this shall yet be to me for comfort.*—[*Rashi*]

and I will beg, shuddering, that He should have no pity—Heb. וַאֲסַלְּדָה. *And I will beg of Him with shuddering (Shem Ephraim) that He not refrain from finishing me off. I cannot find any similar word in Scriptures, except that in Mishnaic Hebrew it is an expression of fear and concern, that the hand fears them lest it be scalded in boiling water. That is to say: I will shudder with concern and with shuddering request this.*—[*Rashi*]

for I have not denied—*I did not fail to fulfill His words.*—[*Rashi*]

מִנִּי : יד לְגַבְרָא דְמָנַע
מִן חַבְרֵיהּ חִסְדָא
וְדַחֲלַת שַׁדַּי יִשְׁבּוֹק :
טו אַחַי בְּזַזוּ הֵיךְ נְגוּד
נַחְלָא הֵיךְ מַפְקָנוּת
פִּצְדֵי נַחְלַיָא עָבְרִין :
טז דִשְׁחִימִין מִן צִנְתָא
עֲלֵיהוֹן יִתְחֲיֵל תַּלְגָא :
יז בְּעִדָּן דְחָבוּ דָר

מִמֶּנִּי : יד לַמָּס מֵרֵעֵהוּ חָסֶד וְיִרְאַת שַׁדַּי
יַעֲזוֹב : טו אַחַי בָּגְדוּ כְמוֹ־נָחַל כַּאֲפִיק
נְחָלִים יַעֲבֹרוּ : טז הַקֹּדְרִים מִנִּי־קָרַח
עָלֵימוֹ יִתְעַלֶּם־שָׁלֶג : יז בְּעֵת יְזֹרְבוּ
נצמתו

ת"א למס . שבת סג כתובות ל קידושין סג : אחי בגדו . ערובין סה :

רש"י

עזרתי בי. לשון תימה הגם זאת תבא עלי שאין עזרתי בי אותם ריעים שהיו לי לעזרני אינם בעזרתי : ותושיה נדחה. עלה של יועצים נדחה ממני שקמתם עלי למקניט ולדחות : (יד) למס מרעהו חסד. למי שמונע חסד מחבירו. והלמ"ד משמשת כמו לרב לשב לגו ונם הוא ל' פועל כמו בא שב גד נס אלו לשון עושה. מס החסד. מכלה אותו כמו ואם השמש ונמס (שמות ט"ז): (טו) אחי. בני מלילתי: בגדו. כי כמו הנחל הבוגד בגידות כמו שמפורש בענין: כאפיק נחלים. מוצא נחלים יעברו ממידה נכוחה וריעות. ומה היא בגידותו של נחל: (טז) הקודרים מני קרח. אם בא עליהם קרח נקמטים ונעשים קרים (קרשים קרים) ועלימו יתעלם מתכסה השלג שנופל על הקרח הרי בגידה אחת שנתכס' מן העין ואין הצמא מוצא מים לשתות : (יז) בעת יזורבו. לשון ילורבו כחום השמש : נצמתו. (רטרי"ש בלע"ז) כמו וחומץ לומתן בלשון גמרא (פסחים מ') ל' מתחלפת בז' כמו לעקה זעקה . יזורבו . לשון ונלרבו בה כל פנים (יחזקאל כ"א) וכמו אש לרבת (משלי ט"ז) : נדעכו . נקפצו ממקומם :

אבן עזרא

קאי ז"ל שפירש ואסלדה לשון הגבהה: (יד) למס . כמו וימס לבב העם והענין כי המס מרעהו חסד הוא ועניינו שחשבתי להיות לי עזר מאחרים : (טו) אחי בגדו . כאפיק נחלים . חוזק : (טז) הקודרים . מזמן רדת הקרח יתעלם רדת השלג ולא יראה עליהם בעבור קדרותם ודומה להם חשכת מים : (יז) בעה יזורבו . כאשר יתקררו. מדברי רז"ל משום דמזודרבבי : נצמתו . יתקשרו כמו כן מדבריהם באמרם צומת הגידין והוא מקום שהתחברו בו והטעם אע"פ שהם בכח הזה : בחמו . כשיבא החום כאילו שבו ממקומם ולא היו שם מן ידעך נרו שעניינו לשון כבוי וכליון והנכון בעיני כי זה הפסוק כפול בענין כדרך פסוקי זה הספר וספרים אחרים ויהיה ענין יזורבו יתחממו ואין לו חבר ופי'

מנחת שי

עפ"ה דמשלי ח' שאין זה מן ז' מלאים בלישנא הנמנים בם:(יד) למס.

רלב"ג

האנושית אשר היה ראוי שיתנהג בה : (יד) למס מרעהו חסד. בתמיה והרלון בו היתכן שלאיש המס אשר המסו אותו רוב הלרות הבאות עליו יסיה מרעהו חרפה ויאמר עליו שיראת שדי היה עוזב על כן באה עליו הלרה הזאת. או יהיה חסד דבק עם יראת שדי ויהיה פי' אם יתכן שייחסו אליו רעיו מפני שהוא מס חסד ויראת שדי היה עוזב : (טז) הקודרים מני קרח. ר"ל שאלו הנחלים קודרים לרוב עמקם בסבת הקרח והשלג הנתך ונעלם בהם וזה שקלת הנהרות יהיו מימיהם השלגים אשר בהרים כאשר יותכו ואלו הנהרות לא יתמידו כל השנה : (יז) יזורבו. ר"ל ירבו ויגרו ואז נלמתו ר"ל נכרתו ויש מי שפירש יזורבו יתחממו והרלון בו ילורבו בחלוף לד"י בזי"ן לפי שהם ממולא אחד. ויעיד על פירושו מה שאמר בחומו נדעכו ממקומם ר"ל בהגיע החום נעקרו ממקומם וזה שאלו הנהרות הסוים ממימי הגשמים

מצודת דוד

גם זאת יבוא לי שלא יהיה לי עזר מה הראוי עתם לי והיא תנחומות אוהבים : ותושיה. וכי יהיה נדחה ממני כל מה אשר יש עם מחשבותי כי תשחק על אמרי ותלעג למו : (יד) למס . היתכן אשר להאיש שנמס בשרו מגודל המכאוב יהיה לו עוד חרפה מרעהו ויעזוב יראת שדי כי הלא אין פחד אלהים נגד עיניו לומר הלא די לו בהמכאוב ולמה עוד אקניטו : (טו) אחי. רעי בגדו בי כמו נחל אשר ירבה לבגוד באנשיו : כאפיק. כזרם הנחלים אשר יעברו ממקומם וילכו להם וכפל הדבר במלות שונות : (טז) הקודרים. כי הנחלי' הקודרים מהתחלת יעי הקרח היא עת כי ירבו מי הנחלים ויחשכו הנחלים מרוב עומק המים והשלג היורד על הנהלים הסם מתעלם ומתכסה בהם לרוב עומקם וחשכותם : (יז) בעת יזורבו. בימי הקיץ בעת יתחממו נכרתו ממקומם ואינם כי נתיבשו הנהלים : בחומו . בזמן

מצודת ציון

(יד) למס . מלשון המסה והמגה : חסד . ענינו חרפה כמו חסד הוא (ויקרא כ') : (טו) כאפיק . ענינו זרם יולת המים כמו כאפיקים בנגב (תהלים קכ"ו): (טז) הקודרים. ענין שחרות וחשך כמו שמש וירח קדרו (יואל ב') : מני . מן : קרח . הוא הגליד הנקפא מהקור כמו משליך קרחו כפיתים (תהלים קמ"ז) : יתעלם . מלשון העלם ומכוסה : (יז) יזורבו . כמו ילרבו כי זסשר"ן מתחלפים והוא מענין חמום כמו לרבת השחין (ויקרא י"ג) : נצמתו . ענין כריתה

like the current of streams—which pass from their place and go away.

16. **which wrinkle from the ice**—*If ice comes upon them, they wrinkle and become like boards (Shem Ephraim), and upon them the snow disappears—it is covered, for it falls with the ice. This is one betrayal, that it* [the stream] *is covered from the eye, and a thirsty man does not find water to drink.*—[*Rashi*]

Mezudath David explains that the streams are darkened by their depth, and the snow that falls into them is covered and concealed by the dark depths.

17. **At the time they become warm**—Heb. יְזֹרְבוּ, *an expression of*

to me? 14. By one who withholds kindness from his friend and who abandons the fear of the Almighty? 15. My brethren have betrayed [me] like a stream; like the source of streams they pass, 16. which wrinkle from the ice—upon them snow is hidden. 17. At the time they become warm,

denoting] *a person's temptation toward desire* [is used] *in many places, as* (Gen. 23:8), *"If it is truly your will* (נַפְשְׁכֶם)."—[*Rashi*] [I.e. how long can I expect to live that I should hold back my desires until I am well?] *Mezudath David* explains: How far off is my end that I should keep my soul in my body? My life is short—what benefit can I gain in so short a time?

12. **Is my strength etc.**—Is my strength like that of stones, or is my flesh as strong as copper, that I should be able to endure such pains and return to my former state?—[*Mezudath David*]

13. **Have I no help**—*This is an expression of wonder. Will this too come upon me, that I have no help? Those friends that I had to help me are not helping me.*—[*Rashi*]

or is counsel lost—*The counsel of counselors is lost from me, because you have risen against me to provoke and to reject.*—[*Rashi*] *Mezudath David* renders: and substance is rejected from me. You scorn the substance of my thoughts.

14. **By one who withholds kindness from his friend**—Heb. לַמָּס, *by one who withholds kindness. The "lammed" is a prefix, as* in (Num. 26:54), *"to the numerous one* (לָרַב)"; *"to the one who returns* (?) (לָשָׁב)," and (Isa. 28:10, 13) *"for a precept* (לָצו)." מָס *too is an expression of a verb, like* בָּא, *comes;* שָׁב, *returns;* גָּר, *dwells; these also are an expression of doing* [i.e. the present tense]: *who withholds kindness, who destroys it, like* (Exod. 16:21), *"when the sun grew hot, it melted* (וְנָמָס)."—[*Rashi*]

Mezudath David renders: Should one whose flesh is melting from his excruciating pains yet suffer disgrace at the hands of his friend, and does he abandon the fear of the Almighty? Should not his friend reason that he has suffered enough from his pains, and stop provoking him? Does not such provoking behavior indicate that this friend has no fear of the Almighty?

Ralbag explains: Is it possible that a person who is melting because of his multiple troubles should suffer disgrace at the hands of his friend, who accuses him of abandoning the fear of the Almighty?

15. **My brethren**—*Those who defend me.*—[*Rashi*] My friends.—[*Mezudath David*]

betrayed—*me like the stream that betrays* [many] *betrayals, as is explained in this chapter.*—[*Rashi*]

like the source of streams—Heb. כַּאֲפִיק, *the source of streams, they pass from the proper trait of friendship. Now what is the betrayal of a stream?*—[*Rashi*] *Mezudath David* renders:

נִצְמָתוּ בְּחֻמּוֹ נִדְעֲכוּ מִמְּקוֹמָם׃ יח יִלָּפְתוּ
אָרְחוֹת דַּרְכָּם יַעֲלוּ בַתֹּהוּ וְיֹאבֵדוּ׃
יט הִבִּיטוּ אָרְחוֹת תֵּמָא הֲלִיכֹת שְׁבָא
קִוּוּ־לָמוֹ׃ כ בֹּשׁוּ כִּי־בָטָח בָּאוּ עָדֶיהָ
וַיֶּחְפָּרוּ׃ כא כִּי־עַתָּה הֱיִיתֶם לֹו* תִּרְאוּ
חֲתַת וַתִּירָאוּ׃ כב הֲכִי־אָמַרְתִּי הָבוּ לִי

טוּבְעָנָא אִשְׁתַּרְבָבוּ אִתְמַגְרוּ בְּרִתְחֵיהּ אִתְמְחִיאוּ מִן אַתְרֵיהוֹן׃
יח מְטוּל דִּמְקַלְקְלִין אִסְרָטֵי אוֹרְחֵיהוֹן סָלְקִין לְלָמָא וִיהוֹבְדוּן׃
יט אִסְתְּכוּ אִסְרָטֵי תֵימָא הֲלִיכָתָא דִּזְמַרְגַד סְבַרוּ לְהוֹן׃
כ בְּהִיתוּ אֲרוּם אִתְרְחִיצוּ בְּטַעֲוָתְהוֹן אֲתוֹ לְגַבָּהּ וְאִתְכַּסִּיפוּ׃
כא אֲרוּם כְּדוּן הֲוֵיתוּן כְּלָא הֲוֵיתוּן חֲמֵיתוּן תְּבָרָא וְאִתְבְּהַלְתוּן׃
כב הַבְקוּשְׁטָא אֲמָרִית הֲבוּ לִי וּמִן נִכְסֵיכוֹן שְׁחַדוּ אַמְטוּלָתִי׃

ת"א נלמתו. סנהדרין כט: ילפתו. כותה ג' ע"ג ה': כצ"ל ומכחכם ושזבוני

רש"י

(יח) ילפתו. יאחזו אורחות דרכם כמו וילפת שמשון (שופטים ט"ז) וכן ויחרד האיש וילפת (רות ג') שחבקתו האשה: (יט) תימא. ארץ ישמעאל שהיא נמוכה והמים נגרים שם: קוו. לשון קו נטוי. ד"א ל' יקוו המים: (כ) בושו כי בטח באו עדיה. בושו שוטיה כי בטח כל איש ואיש לשתות מהם: (כא) כי עתה הייתם לו. הייתם נמשלים לאותו נחל: תראו חתת. פחד המכה ותיראו לומר האמת ומחניפים את בעלי ריבי: (כב) ומכוחכם.

מנחת שי

המ"ם בקמץ: (יט) ארחות תמא. חסר יו"ד אחר תי"ו ע"פ המסורת דישעיה כ"א וטועים הכותבים אותו מלא יו"ד: הליכת. חסר וא"ו אחר כ"ף עפ"ה דתהליס ס"ח: שבא. בס"א כתוב שוא בוא"ו ואין לחוש עליו: קוו למו. בספרים כ"י במקף בין שתי המלות ובלא טעם אחר במלת קוו: (כא) הייתם לו. נפל מחלוקת גדול בין הספרים ולא ראי זה כראי זה ואין לך שוה ביניהם במקצתם כתוב לא באל"ף ואין בהם קרי וכתיב כלל ובמקצתם כתיב לו בוא"ו וברובה מהם כתיב לא באל"ף וקרי לו בוא"ו וגם ר' אברהם פריצול פירוש שני פירושים א' באל"ף וא' בוא"ו וגירסא זו אינה מאופרת בעיני לפי שלא נמנית תיבה זו עם ט"ו תיבות הכתובות לא באל"ף וקריין לו בוא"ו כפ' שמיני והגירסא הישרה אצלי היא הכתובה לו בוא"ו בלא שום קרי וכתיב שכן פירשו רובו המפרשים וכן מלאתי בחילופי' שבין מערבאי ומדינחאי דלמערבאי הייתם לו בוא"ו ולמדינחאי הייתם לא כתיב לו קרי וידוע דקים לן כמערבאי: תיראו חתת. בספר מוגה מלא יו"ד וכ"כ רד"ק בשרש ירא תיראו חתת ותיראו שניהם כתיבים ביו"ד וזה שלא כדברי הלונזאנו שכתב בפרק הליכות שבא תראו חסר יו"ד: (כב) הכי אמרתי. הה"א בגעיא בס"ס: הבו לי. כל הבו שעמם בבי"ת בר מן דין דטעמא בה"א וכן במסורת ריש פ' האזינו גם בסוף מסרה גדולה נמנה בשיטה חדא דכל הב

אבן עזרא

נלמתו נכרתו כמו ילמיתם ה': (יח) ילפתו. יתעוותו כמו ויחרד האיש וילפת. וילפת שמשון. והטעם על הנחלים שיעלו באד והענין כי המים תולדותם לרדת למטה וכאשר ישובו אד יעלו בתהו ויאבדו. ומפרשים יפרשו זה הפסוק על הולכי מדברות ואיננו נכון: (יט) הביטו ארחות תימא. הם הערב ומשכן רובם במדבר הגדול שאין ים בו: (כ) בושו כי בטח. לבם והענין מאשר בטחו: באו עדיה. עד המקום כי ימלא בלשון נקבה כמו ולא עוד תשורנו מקומו וטעם הנחלים כי השיירות יבושו כאשר יגיעו למקום שמקוים להיות שם מים והם למאים וכן אחי בגדו בי: (כא) כי עתה הייתם לו. למקום כאשר ראיתם החתת שהביא

רלב"ג

וקרח והשלג יעדרו בעת הקין: (יט) ארחות תימא. הם השיירות ההולכות לתימא וכן הליכות שבא הם שיירות סוחרים ההולכות לשבא

מצודת ציון

כמו לבקרים אלמית (תהלים ק"א): נדעכו. ענין ניתור וקפילה כמו דעכו כאש קולים (שם קי"ח): (יח) ילפתו. ענין אחיזה כמו וילפת שמשון (שופטים ט"ז): בתוהו. במקום שממה: (יט) קוו. מלשון קו וחבל: (כ) עדיה. אליה כמו תגע עדיך (לעיל ד'): ויחפרו. ענין בושה: (כא) חתת. שבר כמו מחתה קשתותם (ירמיה נ"א): (כב) הבו. תנו:

מצודת דוד

בימומו נקפלו ממקומם וכפל הדבר במלות שונות: (יח) ילפתו. סמים הסם יאחזו ארחות דרכם ר"ל לא נודע למי אנה הלכו ורק הם לבדם יודעים ארחות דרכם מאז נחיבשו בחמה ומהם נבלעו בארץ וכל סמים עלו בתוהו מקום שאין שם אנשים להנות מהם והרי הם אבודים מאנשים: (יט) הביטו. המים ההם הביטו ארחות תימא ללכת שמה ודרך ההולך לשבא עשוהו נעלמן קו ישר ללכת בו והוא ענין מליצה לומר לא נודע איה הם כאלו הלכו בדרך רחוק מאוד לתימא ולשבא: (כ) בושו כי בטח. הנה כל אחד אשר בטח לשתות ממי הנחלים ההם בושו כאשר באו למקום הנחל ולא מצאו מים: באו. כאשר באו אליה הנה נחפרו ונכלמו כי אין מים וכפל הדבר במלות שונות: (כא) הייתם לו. דומים אתם להנחל הזה כי כמו שהנחל בגד באנשיו והלך לו בזמן החום אשר היא העת המצטרך ביותר למים כן אתם בגדתם בי בעת צרה עת המצטרך לתנחומות האוהבים: תראו חתת. כאשר ראיתם השבר הבאה עלי תפחדו לומר האמת מול המקום ב"ה שלא יקרה לכם כמקרי: (כב) הכי אמרתי. האם אמרתי תנו לי מה מן הכון: ומכוחכם. ממון שלכם הבאה בעמל וכח ממנו תנו שוחד בעבורי ר"ל אמרתי

We have translated the first וַתִּירָאוּ as in *Nach Lublin,* and as *Minchath Shai* quotes *Redak*. However, *Ibn Ezra* renders: For now you were for Him, when you saw the ruin that He brought upon me, and you feared. Apparently, he read: וַתִּרְאוּ, you saw. *Mezudath David,* too, renders the latter half of the verse: When you *saw* the ruin that came upon me, you

they retreat; when it heats up, they jump from their place.
18. The paths of their way are held [by them]; they go up in waste and are lost.
19. They look at the paths of Tema; they make a line for the roads of Sheba.
20. They are ashamed because they had hoped; they came to it and were disgraced.
21. For now you are like it; you fear ruin; yea you fear.
22. Did I say, "Give me,"

יִצֹּרְבוּ, *they become warm from the heat of the sun.*—[*Rashi*]

they retreat—Heb. נִצְמָתוּ, *retrait in Old French, shrink, contract, as "and the vinegar shrinks them* (צוֹמְתָן), (*Pesachim* 41a) *in Talmudic Hebrew. [In the word* יְזֹרְבוּ*], the "zaddi" is converted to a "zayin," like* צְעָקָה *and* זְעָקָה, *a cry. [Therefore,]* יְזֹרְבוּ *is an expression of* (Ezekiel 21:3), *"and all faces shall be scorched* (וְנִצְרְבוּ)," *and like* (Prov. 16:27), *"searing* (צָרֶבֶת) *fire."*—[*Rashi*]

they jump—Heb. נִדְעֲכוּ, *they jump from their place.*—[*Rashi*]

18. **are held**—Heb. יִלָּפְתוּ. *They hold the paths of their way, as* in (Jud. 16:29), *"And Samson grasped* (וַיִּלְפֹּת)," *and similarly* (Ruth 3:8), *"and the man quaked and was taken around* (וַיִּלָּפֵת)," *for the woman embraced him.*—[*Rashi*]

Ibn Ezra renders: The paths are crooked, referring to the evaporation of the streams in the heat. Although water naturally flows downward, when it evaporates, it goes up in waste and disappears. *Mezudath David* explains that the water alone knows where it goes. Some of it dries up in the sun, some sinks into the ground, but it all goes up in waste, into an uninhabited place where no one can benefit from it; hence, it is lost to the human race.

19. **They look at the paths of Tema**—*The land of Ishmael, which is low, and the water flows there.*—[*Rashi*] The water looks toward the paths of Tema, to go there.—[*Mezudath David*]

they make a line—Heb. קִוּוּ, *an expression of an extended line. Another explanation: It is an expression of* (Gen. 1:9), *"Let the waters . . . gather* (יִקָּווּ)."—[*Rashi*] According to the first explanation, the water follows the line of the road of those travelling to Sheba. The intention is that no one knows where the water goes. It is as though the water went away to far-off places, such as Tema and Sheba.—[*Mezudath David*]

20. **They are ashamed because they had hoped; they came to it**—*Those who drink it are ashamed because everyone had hoped to drink thereof.*—[*Rashi*]

21. **For now you are like it**—*You are compared to that stream.*—[*Rashi*]

you fear ruin—*The fear of the plague, and you are afraid to say the truth, thereby flattering my opponent.*—[*Rashi*]

וּמִכֹּחֲכֶם שִׁחֲדוּ בַעֲדִי: כג וּמַלְּטוּנִי מִיַּד־
צָר וּמִיַּד עָרִיצִים תִּפְדּוּנִי: כד הוֹרוּנִי וַאֲנִי
אַחֲרִישׁ וּמַה־שָּׁגִיתִי הָבִינוּ לִי: כה מַה־
נִּמְרְצוּ אִמְרֵי־יֹשֶׁר וּמַה־יּוֹכִיחַ הוֹכֵחַ
מִכֶּם: כו הַלְהוֹכַח מִלִּים תַּחְשֹׁבוּ וּלְרוּחַ
אִמְרֵי נוֹאָשׁ: כז אַף עַל־יָתוֹם תַּפִּילוּ
וְתִכְרוּ עַל־רֵיעֲכֶם: כח וְעַתָּה הוֹאִילוּ

כג וְשֵׁזְבוּנִי מִן יַד מְעִיקָא
וּמִן יְדֵיהוֹן דְתַקִּיפֵי
פְּרוּקוּ יָתִי: כד אֲלִיפוּ
יָתִי וַאֲנָא אֶשְׁתּוֹק וּמָה
דְשָׁלִיתִי אַסְכִּילוּ לִי:
כה מָה בְּסִימִין הִנּוּן מִלִּין
תְּרִיצִין וּמַן דְּבָשַׂר
לְכַסָּנָא יְבַסֵּן מִנְּכוֹן:
כו אֶפְשַׁר דִּלְכַסָּנָא
בְּמִילַיָּא אַתּוּן חָשְׁבִין
וּלְקִבְלָא אַמְתִּילוּ מִלֵּי
יֵאוּשָׁא: כז רְגֵיז עַל יַתָּם
תְּשִׁדּוּן וְתַחְשְׁלוּן עַל
חַבְרֵיכוֹן: כח וּבְדוּן שְׁרוּ

רש"י

פנו

שחדו בעדי. וממונכם: **(כה) מה נמרצו**. כמו קללה נמרצת (מלכים א' ב') לשון דבר דבור על אופניו (משלי כ"ה) וכן נמלצו לחכי (תהלים קי"ט) כולן ל' מליצה הם ולמ"ד מתחלפת ברי"ש: **אמרי יושר**. אם אמרי יושר הייתם אומרים היו מקובלים אבל עתה מה יוכיח הוכח מכם. כל תוכחה שבאיוב בירור הדברים הם ומעמידים על האמת: **(כו) הלהוכח מלים תחשבו**. הלברר דברים תחשובו: **ולרוח**. הם משולים: **אמרי נואש**. שאין בהם ממש כמו (ירמיה ב') ותאמרי נואש. איני חוששת לדברי הנביאים: **(כז) תפילו**. בדינכם אתם מפילים האף על עני כמוני בקו משפט ותכרו שוחה על ריעכם להפילו: **(כח) הואילו**. התרצו לפנות אלי ולשמוע

אבן עזרא

עלי ותיראו: **(כה) נמרצו**. חזקו כמו קללה נמרצת: **(כו) הלהוכח מלים תחשובו**. מלים ממש שתוכלו להוכיח בהם והענין שאין לכם ראיה: **ולרוח**. ועוד כי תחשבו אמרי נואש שהם רוח והענין שתחשבו שדבריכם נכונים ודברי מי שהוא בצער הבל: **(כז) אף על יתום**. זה יורה כי אינכם רחמנים רק אם תפילו קיר או הדומה לו על יתום לא תחושו ותתכרו ותשמחו באיד ריעכם: **ותכרו**. מן ויכרה להם כרה. ויתכן היות תכרו מן כי יכרה איש בור. והוא נכון להדבקו עם תפילו: **(כח) ועל פניכם**. כמו על

מנחת שי

וחד מלעיל ולית דכוותיה: שחדו. עיין מ"ש בשופטים ה' ואיוב ל"ג: (כו) נואש. בספר כ"י נגרלה הוא"ו ומסור עליו לית חסר אמנם בשאר ספרים מלא וכן במסורת ירמיה י"ח נמסר נואש ד' ואין הפרש

רלב"ג

הנה זכר אלו השיירות לפי מה שאחשוב לפי שמהלכם הי' למקומות הרחוקים כאשר יסעו מן הארץ אשר היה שם איוב והיה שם באמצע דרכם מדברות לא ישב אדם שם: (כב) שחדו בעדי. הרצון בו תנו שחד בעדי: (כו) אמרי נואש. קרא עצמו נואש להיותו נואש מטוב לחוזק שברו: (כז) ותכרו. הרצון ותחפרו ותעמיקו שחה:

מצודת דוד

כזאת היה מקום לחשוב כי בעבור הגלת ההון תרשיעו אותי על לא חמס: **(כג) ומלטוני**. על ידי השוחד מלטו אותי מיד הצר ופדו אותי מיד הפריצים וכאומר הלא אין מקום לתת שוחד ואין מחשבותי עליו ומדוע אם כן תרשיעו אותי: (כד) הורוני. למדו אותי מה פשעי ואני אחריש לשמוע אמריכם והבינו לי מהו הדבר אשר שגיתי בו לשתאמרו שבאו היסורין למרק העון: **(כה) מה נמרצו**. מה מאוד חזקו אמרי יושר אבל מה יועיל הויכוח אשר מכם אם לא נאמרה ביושר: (כו) הלהוכח. רצה לומר וכי להתוכח תחשבו אשר מלים בעלמא יספיק להם אבל לא כן הוא כי אמרי נואש לרוח הם משולים ואין בהם תועלת: (כז) אף על יתום. מתוך דבריכם נראה שאינכם רחמנים ואפילו על היתום תפילו המכשול ולא תחוסו עליו ותחפרו בור על ריעכם לנפול בו ואל תחמולו: (כח) ועתה. הואיל ואין ממש בדבריכם התרצו לפנות אל אמרי לשמוע אליהם

מצודת ציון

(כג) **צר**. שונא: עריצים. חזקים: (כד) **הורוני**. למדוני כמו את מי יורה דעה (ישעי' כח): (כה) נמרצו. נתחזקו כמו וחבל נמרץ (מיכה ב'): ומה. הוי"ו במקום אבל: **יוכיח**. ענין ברור דברים כמו והוכח בדברים (מ"ב י"ט): (כו) **נואש**. ענין דבר שאין בו ממש ואין לחשוש עליו וכן ותאמרי נואש (ירמיה ב'): (כז) ותכרו. ותחפרו כמו בור כרה (תהלים ז'): (כח) **הואילו**. התרצו כמו ויואל

said, I despair (נוֹאָשׁ).*" I am not concerned with the words of the prophets.*—[*Rashi*]

27. **You cast**—*With your judgment, you cast wrath upon a poor man like me, with the line of judgment; and you dig a pit for your friend into which to cast him.*—[*Rashi*] *Ibn Ezra* renders: You would *even* cast a wall or the like onto an orphan.

28. **But now**—that your words have no substance.—[*Mezudath David*]

agree—*Be willing to turn to me and to hear my words. Then you will see whether I lie to your face.*—[*Rashi*] If I am stating lies or words

or "Offer a bribe for me from your wealth"? 23. And "Rescue me from an enemy," and "Ransom me from the hands of tyrants"? 24. Instruct me and I will be silent, and allow me to understand where I have erred. 25. How clear are words of uprightness, but what does your proof prove? 26. Do you think to clarify words? They are like wind, words of futility. 27. You cast wrath upon an orphan, and you dig [a pit] for your friend. 28. But now, agree

were frightened to tell the truth against the Omnipresent, lest what befell me befall you. This is also the reading of *Rabbenu Meyuchos* and *Isaiah da Trani* and perhaps, *Rashi*. *Targum* renders: For now, you are as nought; you *saw* ruin and became frightened. Note that he obviously read לֹא, *no,* rather than לֹו, *to him,* as it is in our editions. See *Minchath Shai,* who attributes *Targum's* reading to the Jews of the east and ours to the Jews of the west.

22. **Did I say, "Give me"**—of your wealth?—[*Mezudath David*]

or "Offer a bribe for me from your wealth"—Heb. מִכֹּחֲכֶם, lit. from your strength. *And from your wealth.*—[*Rashi*] *Targum:* from your substance.

Mezudath David explains that wealth is called כֹּחַ because of the strength exerted to accumulate it. Job tells his friends that it is as if he were requesting money from them, and they were condemning him in order to evade his request. But, as he is asking nothing of them, there is no basis for their condemnation.

23. **And "Rescue me from an enemy"**—Through the bribe, rescue

me from an enemy and ransom me from the hands of tyrants. Since there is no occasion to give bribes, why do you condemn me?—[*Mezudath David*]

25. **How clear**—Heb. נִמְרְצוּ, like (I Kings 2:8), "a clear curse (נִמְרֶצֶת)," an expression of (Prov. 25:11) "a word spoken with proper basis," and similarly (Ps. 119:103), "How clear (נִמְלְצוּ) are Your words to my palate." *All of them are expressions of clarification* (מְלִיצָה), *and the "lammed" is converted to a "resh."*—[*Rashi*] *Ibn Ezra* renders: How powerful are words of uprightness! *Targum:* How sweet are right words!

words of uprightness—*If you were saying words of uprightness, they would be accepted, but now, what does your proof prove? Every expressions of* תּוֹכָחָה *in Job means the clarification and verification of matters.*—[*Rashi*]

26. **Do you think to clarify words**—Heb. הַלְהוֹכַח. *Do you think to clarify words?*—[*Rashi*]

They are like wind—*They are likened* [to wind].—[*Rashi, Ibn Ezra*]

words of futility—*which have no substance, like* (Jer. 2:25), "but you

פְנוּ־בִי וְעַל־פְּנֵיכֶם אִם־אֲכַזֵּב: כט שֻׁבוּ
נָא אַל־תְּהִי עַוְלָה וְשֻׁבִי* עוֹד צִדְקִי
בָהּ: ל הֲיֵשׁ־בִּלְשׁוֹנִי עַוְלָה אִם־חִכִּי לֹא־
יָבִין הַוּוֹת: ז א הֲלֹא־צָבָא לֶאֱנוֹשׁ עֲלֵי*־
אָרֶץ וְכִימֵי שָׂכִיר יָמָיו: ב כְּעֶבֶד יִשְׁאַף־

*וְשֻׁבוּ קרי *עֲלֵי קרי

אִסְתַּכְּלוּ בִי וְקֳדָמֵיכוֹן אִם אֲכַזֵּב: כט תּוּבוּ כְדוּן לָא תְהֵי רַשִׁיעָא וְתוּבוּ תוּב לְזַכָּאוּתִי בָהּ: ל הַאִית בְּלִישָּׁנִי רִשְׁעָא אִין מוֹרִיגִי לָא יִתְבַּיֵּן רְגוּשְׁתָּא: א הֲלָא חֵילָא לְבַר נָשׁ עֲלֵוֵי אַרְעָא וְהֵיךְ יוֹמֵי אֲגִירָא יוֹמוֹי: ב הֵיךְ עַבְדָּא דְשָׁאֵף טוּלָא

רש"י

דברי ותראו אם על פניכם אכזב: (כט) שובו נא. לבחון ותבחנו שלא תהא עוד עולה ושובו לחקור והרי צדקי ימצא בה: (ל) אם חכי לא יבין הוות. לא יבין כשאני מדבר הוות:

ז (א) הלא צבא וגו'. זה הדבר אשר אמרתי לכם הואילו פנו בי כי איך אחריש מלזעוק על הוותי הלא ידעתם כי יש צבא וזמן לאנוש כמה יחיה: וכימי שכיר. שנשכר לשנה ויודע שיכלו ימי שכירתו כן זה יודע שיכלו שנים הקצובות לו. ואני אותו צבא הניתן לי: (ב) כעבד ישאף צל. כעבד שהוא יגע כל היום וישאף ויתאוה מתי יהיה צל

מנחת שי

פניהם במלא וחסר: (כט) ושבי. ושבו קרי: (ל) אם חכי לא יבין הוות. מסורת סוף פרשת משות כל הוות מלא בר מן ג' חסר וסימן הות לאביו בן כסיל (משלי י"ט) שקר מזין על לשון הות (משלי י"ז). אם חכי לא יבין הות בתראה פליגא ע"כ. ובכל ספרים מדוייקים זה דאיוב בשני ואוי"ן והגרסא הישרה כמ"ש במסורת משלי י"ט ומשלי י"ז הות ב' חסר והם השנים במשלי כדלעיל: ז (א) על ארץ. עלי ארץ קרי:

אבן עזרא

פני אהרן אביהם: (כט) שובו נא אל תהי עולה. אתכם תראו צדקי במלתי:

ז (א) הלא צבא. זמן קצוב: (ב) כעבד ישאף צל.

רלב"ג

(א) צבא. קץ וזמן קצוב: (ב) ישאף. יקוה: פעלו. שכר פעולתו. כמו הנה שכרו אתו ופעולתו לפניו ר"ל שכר פעולתו:

מצודת ציון

משה (שמות ב'): ועל פניכם. לפניכם כמו על פני (שם כ'): (כט) שובו. התעכבו כמו לא ישבו בארץ ה' (הושע ט'): (ל) הוות. דברי רשע ושבר:

ז (א) צבא. קץ וזמן וכן חליפות וצבא עמי (לקמן י'): (ב) ישאף.

מצודת דוד

ותראו אם אדבר לפניכם כזב ודבר שאין כן ממש: (כט) שובו נא. התעכבו עתה לבחון דברי ותראו אשר לא תמצאו בהם עולה: ושובו עוד. להתעכב יותר לבחון היטב ותראו שאני צדיק בדבר והדין עמדי: (ל) היש. וכי יש בלשוני עולה ר"ל וכי שמעתם ממני מאז דברי עולה: אם חכי. וכי חכי לא יבין מה הם דברי הוות וכאומר הלא ידעתם אותי מאז שאינני מדבר עולה כזדון הלב ולא בעבור הסכלות ולזה שמעו אמרי:

ז (א) הלא צבא וגו'. עתה החל אמריו לומר הלא צבא לאנוש ר"ל הלא קץ וזמן יש לאדם על הארץ וימיו מוגבלים כימי שכיר: (ב) כעבד. כמו העבד העמל במלאכה כל היום אשר יתאוה לצלי ערב לנוח ממלאכתו וכמו השכיר אשר יקוה עת השלמת פעלו:

will the shadow of evening come?" And as a hireling, who hopes for his wages at eventide, because the whole day was to him for toil, and he yearns for the sunset.—[*Rashi*] The slave looks forward to the shadow of evening, when he can rest from his toil. The hireling anxiously awaits his pay for the work he has done; so did I hope for two things: either that my pains heal completely and my previous good health return, or, that I be able to sleep at night and gain respite from my pains.—[*Gra*]

Alshich explains that, if a physician cures a terminally ill patient, that patient will remain indebted to him for life—and even if he serves for the rest of his life, he deserves no pay. The same should be true of our service to the Almighty. Since He gave us our lives, we should serve him constantly with no thought of reward. Nonetheless, God rewards us for performing His commandments. However, Job claims that his service of God was perfect, without thoughts of reward, like a slave who seeks no reward but only to take shelter in the shade of his master's

and turn to me and [see] whether I lie to your face. 29. Return
now; there will be no injustice, and return again [to see that] my
cause is righteous. 30. Is there injustice in my tongue, or will
my palate not understand wickedness?

7

1. Is not man on earth for a limited time, and are his days [not]
like the days of a hireling? 2. As a slave, who longs for

of no substance.—[*Mezudath David*]
Isaiah da Trani renders: Now
commence to turn to me and
hearken to my words. I will speak to
your face, and you will see whether I
lie. *Rabbenu Meyuchos* explains:
And now, do not come to me with
condemnation, but agree to turn to
me with friendliness. Then I will
state my cause to your face, and if I
lie, you may contradict me.

29. **Return now**—*to test, and you
will determine that there shall be no
more injustice; return to investigate,
and behold, my righteousness will be
found in it.*—[*Rashi*]
Isaiah da Trani explains: Return
now to admit that my words are
true. Let there be no injustice in
your tongue. Again I say to you,
Return to my proof and you will see
that my cause is just. *Rabbenu
Meyuchos* explains: Return now
from your previous attitude, and do
not pass judgment upon me; further-
more, return to another attitude to
seek to vindicate me, and you will
find that I am just. *Simchah Aryeh*
explains that Job demands that his
friends repent for misjudging him.

Listening to his arguments will
atone for their injustice, and declar-
ing his righteousness will exonerate
them completely from their sin
against him.

30. **Is there injustice in my tongue**
—Have you ever heard me utter any
unjust words?—[*Mezudath David*]
**or will my palate not understand
wickedness?**—*Will it not understand
when I speak words of wickedness?*—
[*Rashi*] You have known me for a
long time—I make unjust state-
ments neither willingly, nor out of
lack of knowledge or intelligence.
Therefore, hearken to my argu-
ment.—[*Mezudath David*]

1. **Is not man on earth for a limited
time**—*This is what I said to you,
'Agree and turn to me,' because how
can I be silent from crying out about
my misfortune? Do you not know that
the time a man has to live is limited?*
—[*Rashi*]
and . . . like the days of a hireling
—*and I—that time that is allotted to
me . . .*—[*Rashi*]
2. **As a slave who longs for the
shadow**—*As a slave, who toils all day
through and longs and yearns, "When*

צֵל וּכְשָׂכִיר יְקַוֶּה פָעֳלוֹ׃ ג כֵּן הָנְחַלְתִּי
לִי יַרְחֵי־שָׁוְא וְלֵילוֹת עָמָל מִנּוּ־לִי׃ ד אִם־
שָׁכַבְתִּי וְאָמַרְתִּי מָתַי אָקוּם וּמִדַּד־
עָרֶב וְשָׂבַעְתִּי נְדֻדִים עֲדֵי־נָשֶׁף׃ ה לָבַשׁ
בְּשָׂרִי רִמָּה וגוש עָפָר עוֹרִי רָגַע
וַיִּמָּאֵס׃ ו יָמַי קַלּוּ מִנִּי־אָרֶג וַיִּכְלוּ בְּאֶפֶס

וגוש קרי ג׳ זעירא

תקוה

טוּלָא וְהֵיךְ אֲגִירָא
דְמוּדִיק סְטָרֵיהּ׃
ג הֵיכְדֵין אִתְחַסְנִית לִי
יַרְחִין דְּמַגָּן וְלֵילָוָן
דְלֵעוּת חֲשִׁיבוּ לִי׃ ד אִין
שְׁכִיבִית וַאֲמָרֵית אֵימְתַי
אֲקוּם וּנְדַדִית בְּרַמְשָׁא
וּשְׂבָעִית נְדָדַת שֵׁנְתָא
עַד עִדַּן שְׁפַרְפְּרָא׃
ה לְבַשׁ בִּסְרִי מוּרְגֵי
וְגַרְגְּשְׁתָּא דְעַפְרָא
מַשְׁכֵי רְטֵט וְאִתְמְסֵי׃
ו יוֹמַי קַלִּילוּ מִן גַּרְדִּית

רש״י

הערב וכשכיר אשר יקוה פעלו לערב לפי שהיה לו כל היום לעמל ויתאוה לביאת השמש: (ג) כן הנחלתי לי. משמי׳: ירחי שוא. ויסורין אותו לבא הניתן לאנוש עלי ארץ: ולילות עמל מנו לי. (מן השמים): (ד) אם שכבתי. בלילה לפיתי ואמרתי וגו׳: ומדד ערב. מתי יאיר ויבוא עת קימה ועת מידוד הכסף לשון ותדד שנתי (בראשית ל״א) והמ״ם הוא עיקר נופל כמו מאמר. מאמר: ושבעתי נדודים. ואשבע נדודים על מאתי ביום עד נשף לפי שלא הייתי יכול לישן מפני ייסורים עד נשף של יום לפי שלבש בשרי רימה: (ה) וגוש עפר. גושת עפר והיא העלתה חלודה שדרך גוש עפר לגלח ולהעלות חלודה: רגע. נקמט כמו רוגע הים (ישעיה י׳) פ״א עורי רגע ל׳ נוח. גל אחר (ס״א אצל) גל כקמטים הללו: (ו) ימי קלו. ימי טובתי מיהרו ללכת: מני ארג. מיני אריגה הנעשית מהרה וכן

אבן עזרא

כאשר השלים מלאכתו: (ג) מנו לי. זמנו לי כמו מנה את מאכלכם: (ד) ומדד ערב. מן וימדדם בחבל. ויהסר לבי: נדודים. מן ותדד שנתי: (ה) וגוש. י״א שהוא מן נגשה כעורים ואחרים אמרו שהוא מין עפר כענין מישני אדמת עפר יקיצו: רגע. א״ר משה נבקע. וכמוהו על רגעי ארץ. רגע אחד ממנו וענינו הלך ואמר כי וימאס מן נמס והאל״ף תחת הסמ״ך כאל״ף אשר בזאו נהרים. והנכון בעיני שרגע מן רוגעהים ויהיה וימאס כמשמעו בעבור שנשתנה: (ו) מני ארג. כענין קפדתי

מנחת שי

(ה) וגיש. וגוש קרי ובספרים ישנים ספרדים מסור עליו לית גימ״ל זעירא וכן הוא באלפ״א בית״א מאותיות קטנות: (ו) ימי קלו. מלעיל וכן וימי קלו מני רץ בסימן ט׳ ועיין מ״ש בפרשה

רלב״ג

(ד) ומדד ערב. ר״ל מדד לגבי אורך הלילה להיותו בלתי ישן בלו וזה כי בעת השינה לא ירגיש האדם הרגש שלם: (ה) רגע וימאס. נבקע והיה נמאס מלד הליחה הסרוחה אשר בו: (ו) ארג. הוא כלי האורג שבו חוט האורג שיניעהו האורג בקלות מקלה אל קלה:

מצודת דוד

(ג) כן הנחלתי. כן אני מנחיל לעלמי ירחי שוא ר״ל מלפה אני מתי יעבור החדש אולי יקל הליי בהדש הבא וכולה אני לגתוך מהרה את החדשי׳ אולם היא נשוא כי לא הוקל חליי: ולילות עמל. רלה לומר וכ״כ בדבר הלילות עם כי אלפה מתי יעברו לילות העמל אשר הזמינו לי רלה לומר בכל לילה מהלילות אלפה מתי תעבור הנה לשוא תוחלתי: (ד) אם שכבתי. כאשר אשכב בלילה אמרתי מתי אקום ותנוד הערב ותלך לה כי אולי יקל חליי ביום וכאשר לא הוקל אלפה בכל שעה מהיום מתי תנוד השעה ותלך לה כי אולי יקל בשעה האחרת והרי אני שבע כל היום ממחשבות נדידה עד הערב וכן חוזר חלילה וכאומר הלא כדרכי כן דרך כל סובלי יסורים וימי האדם הלא קלובי׳ המה ואם כן החושב כן חסן הוא לקרב עת המיתה כי ייטיב לו מחיי לער ויסתור בזה דעת אליפז שאמר שהכל בא בהשגחה והרשעים יאבדו בעונש וימותו אבל הלדיקים ימורק מעט עונם ע״י היסורים כי בהיות כן שבאה הכל בהשגחה יחשב עוד יותר לעול כי המיתה טובה היא מחיי לער ורעה א״כ גמול הלדיקים רע מגמול הרשעים: (ה) לבש. הנה מרוב פלעי הנגעים עלתה הרימה על בשרי והיא כאלו נבושה מהם ומגוש עפר האבן כמ״ש למעלה והוא יושב בתוך האפר ועפר ואפר אחד הוא: עורי. עור בשרי נתבקע ונמס: (ו) ימי

מצודת ציון

יתאוה כמו אל תשאף הלילה (לקמן ל״ו): (ג) מנו. הזמינו כמו וימן ה׳ דג (יונה ב׳): (ד) ומדד. מלשון נדידה: נשף. ערב כמו נשף חשקי (ישעיה כ״א): (ה) וגוש עפר. חתיכת עפר ובדרז״ל גזרו על גושה (שבת ט״ז): רגע. נתבקע כמו ועל רגעי ארץ (תהלים ל״ה): וימאס. מלשון המסה: (ו) ארג. כן יקרא

the sea.'' Another explanation: עוֹרִי רָגַע *is an expression of resting, a wave after a wave, like wrinkles (?).*—[*Rashi*] *Shem Ephraim* emends: *''. . . who wrinkles the sea and its waves stir,'' a wave beside a wave, like wrinkles. Another explanation:* עוֹרִי רָגַע *is an expression of resting.* He explains it as: his skin rested; it became lifeless. *Ralbag*, followed by *Mezudath Zion,* explains: split.

6. **My days are swifter**—*The days of my prosperity hastened to go away.*—[*Rashi*]

than a weaver's shuttle—*Than weaving that is done swiftly. So said Hezekiah* (Isa. 38:12), *''I severed, like a weaver, my life.''*—[*Rashi*]

the shadow, and as a hireling who hopes for his wages, 3. so
was I made to possess months of futility, and they appointed
wearisome nights for me. 4. If I would lie down, I would say,
'When shall I arise, and [when will] the evening depart?' And I
was sated with restlessness until twilight. 5. My flesh is clothed
with worms and clods of earth; my skin wrinkled and melted.
6. My days are swifter than a weaver's shuttle and are spent
without hope.

house, and like a hireling who hopes
only for his work, not for the reward
of his work.

3. so was I made to possess—*from
Heaven.*—[*Rashi*]

months of futility—*and torments,
that limited time that is given to man
upon earth.*—[*Rashi*]

**and they appointed wearisome
nights for me**—(*from Heaven*).—
[*Rashi*] The edition of Job with
Rashi and *Ramban* reads as follows:
So was I made to possess—*that
allotted time that was given to man on
earth, with months of futility and
torments.*

Corresponding to the slave who
yearns for the shadow, meaning he
yearns for the termination of his
period of servitude—so did I hope
for the termination of my illness. Yet
these months were months of futili-
ty, for I see no end to them. Also, I
have no rest at night because the
pains do not allow me to sleep.—
[*Gra*]*

4. If I would lie down—*at night, I
would hope and say, etc.*—[*Rashi*]

and the evening depart—*When will
it become light and when will the time
of arising come, and when will the*

evening depart? [The word מִדַּד] *is an
expression of* (Gen. 31:40) *"and sleep
was banished* (וַתִּדַּד)." *The "mem" is a
defective radical, as in* מַאֲמָר, *state-
ment;* מִשְׁמָר, *watch.*—[*Rashi*]

Rashi considers the "mem" part
of the radical. Other grammarians
consider it a prefix. *Ibn Ezra* and
Rabbenu Meyuchos take the entire
word as a radical meaning to
measure. Thus they interpret: and
my heart measured the evening; i.e. I
counted the hours of the evening.

And I was sated with restlessness
—*I was sated with restlessness on my
bed by day until twilight, because, due
to the torments I could not sleep until
the twilight of day because my flesh
was clothed with worms.*—[*Rashi*]*

5. is clothed—Because of my
many wounds, worms attached
themselves to my flesh, until it seems
to be clothed with them.—[*Mezu-
dath David*]

and clods of earth—*Clods of earth
(?). Now this is the development of
rust, because it is the custom of clods
of earth to moisten and cause rust.*—
[*Rashi*]

wrinkled—Heb. רָגַע, *wrinkled, as*
in (Isa. 51:15), "*Who wrinkles* (רֹגַע)

תִּקְוָה׃ ז זְכֹר כִּי־רוּחַ חַיָּי לֹא־תָשׁוּב עֵינִי
לִרְאוֹת טוֹב׃ ח לֹא־תְשׁוּרֵנִי עֵין רֹאִי
עֵינֶיךָ בִּי וְאֵינֶנִּי׃ ט כָּלָה עָנָן וַיֵּלַךְ כֵּן
יוֹרֵד שְׁאוֹל לֹא יַעֲלֶה׃ י לֹא־יָשׁוּב עוֹד
לְבֵיתוֹ וְלֹא יַכִּירֶנּוּ עוֹד מְקוֹמוֹ׃ יא גַּם־
אֲנִי לֹא אֶחֱשָׂךְ פִּי אֲדַבְּרָה בְּצַר רוּחִי
אָשִׂיחָה בְּמַר נַפְשִׁי׃ יב הֲיָם־אָנִי אִם־

מחי ופסקו מדלית סברא: ז אדכר ארום היך רוחא חיי לא תתוב עיני למחמי טב: ח לא תסכי יתי עינא דחמיא יתי עינך במימרי ולא איתי: ט היכמא דפסק ענגא ואזל היכדין דנחית לבי קבורתא לא יסק: י לא יתוב תוב לביתיה ולא אשתמודעיה תוב אתריה: יא לחוד אנא לא אמנע פומי אמלל בעקת רוחי אשיח במריר נפשי: יב הכמצראי דאתחייבו למטבע בימא דסוף אתחייבית אנא אין כפרעה דאשתניק במצועיה בחוביה ארום תמני עלי מטרא: ת״א הכימא רבא אנא דמתרנף ת״א לא פנן, כ״כ קי:

רש״י

אמר חזקיה (ישעי׳ ל״ח) קפדתי כאורג חיי: באפס תקוה. איני מקוה עוד לטובה: (ז) לא תשוב עיני. לאחר מיתה וכאן כפר איוב בתחיית המתים: (ח) לא תשורני. לא יראני עוד עין שתחפוץ לראותי אחר שאמות: עיניך בי ואינני. להקב״ה מדבר למה הורכת לבלעני ולדכאני ביסורים ברחייה אחת שתשים עיניך עלי ואינני בעולם: (יא) גם אני לא אחשך פי. הואיל ואינך חדל ממני גם אני לא אמנע דיבור מלצעוק על מדותיך: (יב) הים

מנחת שי

נח על כי קלו המים: (ח) עין ראי. בס״א כ״י וגם בדפוסים ישנים הטעם באל״ף אמנם בס״ס המדוייקים הטעם ברי״ש וכן דינו כי הוא שם בשקל לוי חולי וכמוהו יכל בשרו מראי (לקמן ל״ג). יפה עינים וטוב ראי (ש״א ט״ז) כמ״ש רד״ק שם. ובמסורת ס׳ לך לך ראי ו׳ בחולם וסימן הגם הלם. על כן קרא לבאר. וילחק בא מבא. וישב ילחק עם באר לחי. והוא אדמוני עם יפה עינים. לא תשורני עין ראי. וחד אתה אל ראי בחטף קמץ ע״כ. ד׳ קדמאי מלרע שהם לדעת קצת מדקדקים פעל עם כנוי המדבר בעדו. וי״א שהם שם עם כנוי המדבר ג״כ כלומר נבואתי וכתב רד״ק שזהו הנכון וב׳ בתראי מלעיל כדאמרן וכן אתה אל ראי שהוא בחטף גם הוא שם כלומר אל ראות בשקל לרי עני וכ״כ הראב״ע: (י) ולא יכירנו עוד. כן הם הטעמים בספרים כ״י לא כמו שנמצא בדפוסים בכתף ימין ומיושב על מלת יכירנו: מקומו. מלא וא״ו על פי המסורת דריש עזרא ידכותיה בלישנא אף לזאת יחרד לבי ויתר ממקומו דאוריית׳ דכוותיה חסר וכל מקמו דאיוב חסר ודכוותיה בלישנא אל ילא איש ממקמו ועיין מ״ש בסי׳ י״ד: (יא) אחשך פי. בקמץ חטוף והמי״ת בחס״ף סגול ברוב הספרים: אדברה. האל״ף בגעיא בס״ס: (יב) הים

אבן עזרא

כאורג חיי: באפס תקוה. בהכרת תקות החוט. או תקוה ממש: (ז) לא תשוב עיני. אחר מותי ומלת זכור למקום ידבר וכן כי תשים עלי משמר ועניינו משמר הים כטעם בל

מצודת ציון

הכלי אשר השלך האורג בין חוטי השתי: באפס. מבלי: (ח) תשורני. תראני כמו אשורנו ולא קרוב (במדבר כ״ד): (יא) אחשך. אמנע ואחדל: אשיחה. מלשון שיחה ודבור:

מצודת דוד

קלו. מהרו ללכת בקלות יותר מן הארג אשר ממהר ללכת בקלות בין חוטי השתי: ויכלו. יהיו כלים מבלי תקוה כי לא אקוה עוד לחזור לקדמותי כי נחליתי מאוד עד שאי אפשר לשוב לאיתני: (ז) זכור. חזר פניו כלפי מעלה ואמר אתה ה׳ אם כן הדבר כמ״ש אליפז שבאו היסורים למרק העון להטיב האחרית עד מתי אהיה מעונה הן דעתך לזכור אשר ימי חיי תפים מהר כמו הרוח ואם תמתין עוד הנה לא תשוב עיני לראות טוב כי אמות טרם בוא הטובה: (ח) לא תשורני. העין הרואה אותי עתה לא תראה אותי עוד כי אמות ואקבר וכאשר תשים עיניך להיטיב לי לא אהיה עוד בעולם: (ט) כלה ענן. ר״ל לא אקוה שתשוב ותחייני לראות בטוב כי כמו הענן כלה סופו והולך לו ולא ישוב זה הענן בעצמו כן היורד אל הקבר לא יעלה עוד ממנה ומזה אמרו רבותינו ז״ל שכפר בתחית המתים: (י) מקומו. אנשי מקומו לא יכירו אותו עוד כי לא ישוב אליהם וכפל הדבר במלות שונות: (יא) גם אני וגו׳. כאומר הואיל ואין היסורים חדלים ממני ולא אקוה עוד לראות טוב לכן לא אחדל גם אני מאמרי פי ואדברה בעבור צר רוחי וכאשר אבדתי אבדתי: אשיחה וגו׳. כפל הדבר במלות שונות: (יב) הים אני. וכי אני דומה אל הים או אל הלויתן אשר שמת עלי משמר להיות

7. Remember that my life is wind; my eye will not return to see good. 8. The eye of him who sees me shall see me no more; set Your eyes upon me and I will be here no longer. 9. Just as a cloud is consumed and goes away, so will one who descends to the grave not ascend. 10. He shall never again return to his house, neither shall his place recognize him again. 11. Neither will I restrain my mouth; I will speak with the anguish of my spirit, I will complain with the bitterness of my soul. 12. Am I a sea or

without hope—*I hope no longer for good.*—[*Rashi*] I no longer entertain any hope of complete recovery because I am too ill to regain my strength.—[*Mezudath David*]

7. **Remember that my life is wind**—Now Job addresses the Almighty and says, "Alas, O Lord! If what Eliphaz says—that suffering comes to expiate one's sins, to benefit him in the future—is true, then for how long will I be made to suffer? Remember that the days of my life are swiftly flying away like the wind, and if You wait much longer, my eye will never see good because I will die before that good comes."—[*Mezudath David*]

my eye will not return—*after death. Here Job denies the dogma of the Resurrection of the Dead.*—[*Rashi from Baba Bathra* 16a] The Rabbis derive this denial from verse 9.

8. **shall see me no more**—*The eye that wishes to see me shall see me no more after I die.*—[*Rashi*] *Mezudath David* states: The eye of the one who sees me now will see me no more

because I will be dead and buried.

set Your eyes upon me and I will be here no longer—He is addressing the Holy One, blessed be He: "Why did You have to finish me off and crush me with pains? With one look that you set Your eyes on me, I am no longer in the world."—[*Rashi*] *Mezudath David* explains: When You will set Your eyes on me to benefit me, I will no longer be in the world.

9. **Just as a cloud is consumed etc.**—As mentioned above, the Rabbis deduce from here that Job denied the dogma of the Resurrection of the Dead.—[*Mezudath David*] In Job's defense, *Isaiah da Trani* explains: So will one who descends to the grave not ascend from there until God renews His world and resurrects the dead.

11. **Neither will I restrain my mouth**—*Since You do not desist from me, neither will I restrain my speech from complaining about Your ways.*—[*Rashi*]

12. **Am I a sea**—*that You placed sand over me as a guard?*—[*Rashi*]

תַּנִּין כִּי־תָשִׂים עָלַי מִשְׁמָר׃ יג כִּי־
אָמַרְתִּי תְּנַחֲמֵנִי עַרְשִׂי יִשָּׂא בְשִׂיחִי
מִשְׁכָּבִי׃ יד וְחִתַּתַּנִי בַחֲלֹמוֹת וּמֵחֶזְיֹנוֹת
תְּבַעֲתַנִּי׃ טו וַתִּבְחַר מַחֲנָק נַפְשִׁי מָוֶת
מֵעַצְמוֹתָי׃ טז מָאַסְתִּי לֹא־לְעֹלָם אֶחְיֶה
חֲדַל מִמֶּנִּי כִּי־הֶבֶל יָמָי׃ יז מָה־אֱנוֹשׁ
כִּי תְגַדְּלֶנּוּ וְכִי־תָשִׁית אֵלָיו לִבֶּךָ׃
יח וַתִּפְקְדֶנּוּ לִבְקָרִים לִרְגָעִים תִּבְחָנֶנּוּ׃

ת"א מה אנוש. עקרים מ"ג פ"ח וע"ד פ"י: תפקדנו. ר"ה טז כו:

דמתרגף לקציא אין
לויתן דאטימוס
לאתחדא ארום תשוי
עלי נטירא: יג ארום
אמרית תנחמנני דרגשי
יסובר במלי בית
משכבי: יד ותברהנני
בחלמיא ומחזוניא
תבעת יתי: טו ובחרת
שרנוקא נפשי מותא מן
קיום גרמי: טז רחיקית
דלא לעלם אחי פסק
מני ארום למא יומי:
יז מה בר נש ארום
תרבניה וארום תשוי
לותיה לבך:
יח ותסערגיה לצפריא לשעתא תבחנניה:

רש"י

אני. שמת עלי חול למשמר: אם תנין. דג גדול שהכנסתו בנבכי ים כי תשים עלי משמר השטן הזה לשומרני שלא תצא נפשי: (יג) ישא בשיחי משכבי. משכב הלילה יסבול בצרתי מעט ואוכל למעט שיחי: (טו) מות מעצמותי. מות אני בוחר יותר מאיברים הללו שבי: (טז) מאסתי. בחיי. כי סוף סוף לא לעולם אחיה: חדל ממני. מלהרע לי כי הבל ומעט ימי: (יז) כי תגדלנו. לשית אליו לבך לפקוד מעשיו בכל בקר ולבחון לכל רגע:

אבן עזרא

ישובון לכסית הארץ: (טו) מות מעצמותי. בחרה נפשי מות יותר משתדור בעצמותי כי הגוף לנפש כמו בית ועיקר הגוף הם העצמות כמו היסוד והעמודים: (יח) לבקרים.

מנחת שי

אני. הה"א בגעיא בס"ס ולא יתכן דגש ביו"ד: (יח) לרגעים.

רלב"ג

(יג) בשיחי. בצערי וכן אריד בשיחי: (טו) מעצמותי. מאברי:

מצודת דוד

כלוא ביסורים מבלי צאת מהם בעת מן העתים כאשר שמת את החול אל הים להיות לו למשמר לבל יעברנהו וכאשר תפשת את הלויתן בנבכי ים לבל יצא בשום פעם שלא יחריב העולם: (יג) כי אמרתי. אם אמרתי ערשי תנחמני כי משכב השינה תשכיח הצער: ישא בשיחי משכבי: משכב הלילה תצער ותלהם בשיחי לכלותה וכפל הדבר במלות שונות: (יד) וחתתני. אבל גם התנחומין הזה לא עלתה בידי כי בעת השינה שברת אותי בחלומות רעים והחרדת אותי מן החזיונות הקשות כי רואה אני בחלומי כל מקרי היום על כי תמיד אהרהר בהם כי כן הדרך נראות בחלום הרהורי היום: (טו) ותבחר וגו'. נפשי תבחר למות מעיתת חנק ותבחר המות יותר מלהיות עם עצמותי: (טז) מאסתי. אמאס חיי כי לא לזמן ארוך אחיה ומהו הטובה אשר אוכל לקבל בזמן קצר לזאת חדל ממני את החיים כי הלא הבל ימי ואין בהם ממש כי מעטים המה: (יז) מה אנוש. עד הנה אמר דבריו לפי דעת אליפז שהכל בא בהשגחה ועתה בא לחוות דעתו וכאומר איך אאמין שהכל בא בהשגחה וכי מה הוא האדם אשר תחשיב אותו לגדול ומכובד עד שתשגיח בו וכי תשים אליו לבך הלא קטן הוא ובזוי מאד: (יח) ותפקדנו.

מצודת ציון

(יב) תנין. זה הלויתן כמ"ש: (יג) ערשי. מטתי כמו ערשו ערש ברזל (דברים ג'): ישא. תצער ותלהם כמו ותשא הארץ מפניו (נחום א'): בשיחי. ענינו ספור התלאות כמו מרוב שיחי וכעסי (ש"א א'): (יד) וחתתני. ענין שבר כמו תראו חתת (לעיל ו'): ומחזיונות. ענין ראיה כמו ואתה תחזה (שמות י"ח) ור"ל הדמיונות שרואים בחלום וכפל הדבר במ"ש: תבעתני. מלשון בעתה וחרדה: (טו) מעצמותי. האברים יקראו עצמות כי הם המעמידים אותם: (יז) תשית. תשים: (יח) ותפקדנו. תשגיח בו כמו ופקדת נוך

"How can I believe that everything is the result of Divine Providence? What is man that You should lend him such importance, that You guide him and pay attention to him? Is he not small and insignificant?"—[*Mezudath David*] *Ramban* explains Job's reasoning: As man is so insignificant, he cannot harm God through his sins. Therefore, why should He punish him?

a sea monster, that You place a watch over me? 13. Should I
say that my bed shall comfort me, that my couch shall bear my
speech—14. You terrify me with dreams, and You frighten me
with visions, 15. so that my soul chooses strangling; death
rather than these my bones. 16. I despised [my life]; I will not
live forever; desist from me for my life is futility. 17. What is
man that You should give him importance, or that You should
pay attention to him? 18. That you should visit him every
morning and try him every moment.

or a sea monster—*A huge fish that You imprisoned in the depths of the sea, that You place this Adversary as a guard over me, to watch me lest my soul depart?*—[*Rashi*] *Rashi* alludes to the leviathan, which is imprisoned in the depths of the sea, lest it emerge and destroy the world.—[*Targum, Mezudath David*]

13. **Should I say that my bed shall comfort me**—The bed upon which I sleep should cause me to forget my pain.—[*Mezudath David*]

that my couch shall bear my speech—*The couch upon which I sleep at night will bear my trouble somewhat, and I will be able to restrain my speech.*—[*Rashi*] *Mezudath David* explains: The couch upon which I sleep at night will burn my speech to cause it to cease.

14. **You terrify me**—Heb. וְחִתַּתַּנִי. This translation follows *Berechiah* and *Rabbi Joseph Kimchi. Targum, Mezudoth,* and *Isaiah da Trani* render: You break me. I cannot achieve even that small degree of comfort because You break me with nightmares and frighten me with harsh visions. In my dreams, I see all the happenings of the day, because I constantly review them.—[*Mezudath David*]

15. **death rather than these my bones**—*I choose death rather than these limbs in my body.*—[*Rashi*] I choose death rather than to be alive with my bones.—[*Mezudath David*]

16. **I despised**—*my life, because ultimately I will not live forever.*—[*Rashi*] Therefore, what good can I achieve in this short time?—[*Mezudath David*]

desist from me—*From harming me, because my days are futile and few.*—[*Rashi*] *Mezudath David* explains that Job supplicates God to end his life because it has no value for him.

17. **that You should give him importance**—*to pay attention to him, to visit his deeds every morning and test him every moment?*—[*Rashi*]

Until this point, Job has argued in response to Eliphaz's opinion, that all occurrences are the result of Divine Providence. Now he expresses his own opinion, saying,

יט כַּמָּה לֹא־תִשְׁעֶה מִמֶּנִּי לֹא־תַרְפֵּנִי
עַד־בִּלְעִי רֻקִּי: כ חָטָאתִי מָה אֶפְעַל ׀
לָךְ נֹצֵר הָאָדָם לָמָה שַׂמְתַּנִי לְמִפְגָּע
לָךְ וָאֶהְיֶה עָלַי לְמַשָּׂא: כא וּמֶה ׀ לֹא־
תִשָּׂא פִשְׁעִי וְתַעֲבִיר אֶת־עֲוֺנִי כִּי־עַתָּה
לֶעָפָר אֶשְׁכָּב וְשִׁחֲרְתַּנִי וְאֵינֶנִּי: ח א וַיַּעַן

מלרע רפה ומלעיל ת"ע תחת עליך

תרגום

יט כְּמָא לָא תִשְׁבּוֹק מִנִּי
לָא תַשְׁלְגֵנִי עַד דְאֶבְלַע
רְקִי: כ חָבֵית מַה אֶעְבַּד
לָךְ נַטְרֵיהּ דְבַר נָשָׁא
לְמָא שַׁוִיתַנִי לְמַאְרַע לָךְ
וַהֲוֵיתִי עֲלַי לְמַטּוֹל:
כא וּמָא דֵין לָא תִשְׁבּוֹק
מְרוֹדִי וְתַעֲבַר יַת עֲוָיָתִי
אֲרוּם כְּדוּן לְעַפְרָא
אֶשְׁכּוּב וְתִתְבַּעֲנָנִי וְלָא
אִיתִי: א וַאֲתִיב בִּלְדַד
דמן

רש"י

(יט) כמה. עת ארוך אשר לא תשעה ממני כמו ואל ישעו בדברי שקר (שמות ה') וכן שעה מעלי וחדל (לקמן י"ד): בלעי רוקי. כדי בליעת רוקי: (כ) למפגע לך. כפוגע האדם בעת חמתו ומעורר עליו כל מעשה איבתו (ס"א חוכתו): ואהיה עלי למשא. זה אחד מן תיבות שכנה הכתוב והן תיקון סופרים: (כא) ומה לא תשא פשעי. ומה הדבר הזה שאינך נושא לפשעי: ושחרתני. תבקשני ולא תמצאני:

מנחת שי

כן כתוב בלא וא"ו בתחלת המלה וד' הם במסורת: (יט) כמה. מלרע כמ"ש במזמור ע"ח: (כ) מה אפעל. העי"ן בפתחה: למה שמתני. כל למה רפי טעמו למטה בר מן דין דהוא לעיל אע"ג דרפי וחשיב ליה בעל המסורת בשיטה חדא דכל חד וחד מלעיל ולית דכוותיה זיל קרי בסוף מסרה גדולה דילן: ואהיה עלי למשא. זהו אחד מן י"ח פסוקים תקון סופרים והיה לו לומר עליך אלא שכינה הכתוב הרא"ע ורלב"ג ומדרש ילמדנו ומכילתא פרשה בשלח וספרי פרשת בהעלותך ומסורת וכבר ביארתי ענין זה בארוכה בזכריה ב':

אבן עזרא

לכל בקר ועניינו תמיד. וכמוהו חדשים לבקרים: (יט) תשעה. כמו תרפה וכן שעו מני: (כ) למפגע. כי תפגע בי ידך ומכתך: ואהיה עלי למשא. תיקון סופרים אע"פ שפירושו כאשר הוא בלא תיקון נכון:

רלב"ג

(יט) תשעה. תרפה ותסור מהכאב: (כא) ושחרתני. בקשתני. זהו ביאור מלות המענה: ביאור דברי המענה ענה איוב וטען ואמר על מה שהי' מגיח שהתוכחת והמוסר יהיה לישרים ולנקיים על המעט שלהם מהחטאים והמות והאבדון יהיה לרשעים מצד גודל החטא ומגלל עצמו על מה שהיה בוחר המות על היסורין שהיה נוסר בהם. לו שקול ישקל כעסי והתרעומות אשר אני מתרעם על יסורי כנגד שברי במאזני' הנה לא יכבד הכף האחד מהמאזנים על הכף האחר ולפי ששברי יכבד מחול ימים על כן דברי נשחתו והיה כעסי כנגד מה שהשברתי בו וזה כי חלים חזקים עמדי אשר ארסם שותה נפשי. ויערכוני תמיד בעותים חזקים ונפלאים התחשוב שאתרעם ללא דבר. היגהק פרא בשימצא לפניו דשא ביאכל ממנו. אם יגעה השור כשימצא מספוא לפניו שיאכל ממנו. הנה באמת אינני מתרעם אלא על מה שראוי להתרעם ממנו. היאכל דבר תפל מבלי מלח יתן לו טעם אם יש טעם בריר חלמות ר"ל הבריא כן אני לרוב חוליי לא אמצא טעם במזוני. הנה אשר מאנה לנגוע נפשי מרוב

מצודת ציון

(לעיל ה'): לבקרים. בכל בקר וכן חדשים לבקרים (איכה ג'): (יט) תשעה. תחדל כמו השע ממני ואבליגה (תהלים ל"ט): (כ) למפגע. ענין הכאה מכת מות כמו גש פגע בו (ש"ב א'): (כא) ומה. ולמה וכן מה יתאונן (איכה ג'): ושחרתני. תדרוש אותי כמו שוחר טוב (משלי י"א):

מצודת דוד

וכי תשגיח בו בכל בקר וכי תבחון מעשיו בכל רגע וכי זו היא כבודך: (יט) כמה. כאומר ולו אף אם תשגיח בי ומצד השיגש באו עלי היסורים מה זה תכבד עלי ידך כמה הרבה מן הזמן אשר לא תחדל ממני מלהכות בי ולא תתן לי רפיון אף זמן מועט משך שיעור בליעת הרוק: (כ) חטאתי. ועוד אף אם לו חטאתי מה אני עד שאוכל לפגום כך ועוד הלא אתה נוצר האדם ולמה בראתני להיות נכון לשאתה תפגע בי מכת ידך וכאומר הלא בתחילת בריאתי ידעת כי כן יהיה וכאלו בראתני להנקם בי להיות כמטרה לחץ: ואהיה עלי למשא. תקון סופרים הוא והראוי ואהיה עליך למשא ומוסב על למה שמתני כאומר למה בראתני להנקם בי ולהיות עליך למשא לפגום מה בקדושתך הלא טוב היה העדרי. ובלא תקון יאמר שאומר כן קלתי בחיי ולא אוכל לסבול את עצמי ואני עלי למשא והוא מענין לשון מליצה: (כא) ומה וגו'. ועוד הלא כבר קבלתי די הגמול ומעתה למה לא תמחול פשעי להביא עלי הטובה גמול הצדק: כי עתה. ר"ל הנה עתה בזמן קרוב אשכב לעפר כמתי עולם וכאשר תשחר אותי לגמלני גמול הצדק לא אהיה עוד בעולם ויקופח אחר כך שכרי (העולה מהמענה היא לסתור דעת אליפז שאמר שהכל בא בהשגחה וגמול ישלם כי ישיב אמרים אם כן הוא יהיה עוד עול נוסף כי גמול היסורים אשר ישולם להצדיקים על מעט העון רעה היא מגמול האבדון אשר ישולם לרשעים ויביא ראיה מבעלי המכאוב אשר יצפו יום יום בהעברת הזמן וימי האדם כלא קצובים המה ויתאוו אם כן בהתקרב עת המות ויוסיף אומר שאין כבוד המקום להשגיח בשפלים והוכיח בדברים לומר אף אם ישגיח ואף אם יחטא ואשם מה יפעל בו ולמה ברא אותו. ויתרעם עוד לומר הלא די לו בעונש שקבל עד כה ומתי יקבל גמול הצדק וכי יקופח שכרו):

to bear his pains; his limbs weigh heavily upon him. So *Mezudath David*.

21. **Now why do You not forgive my transgression**—Lit. and what etc. *What is this matter that You do not forgive my transgression?*—[*Rashi*] Besides, I have been punished sufficiently for my sins. Why do You not forgive me now and give me the reward that is due me?—[*Mezudath David*]

19. How long will You not desist from me, will You not let me
go until I swallow my spit? 20. I have sinned; what do I do to
you? O watcher of man, why have You made me as a mark for
you, so that I have become a burden to myself? 21. Now why
do You not forgive my transgression and remove my iniquity,
for now I will lie on the dust; and You shall seek me but I am
not here.

19. **How long**—*For what length of
time will You not desist from me, like
(Exod. 5:9), "and let them not turn
(יִשְׁעוּ) to false words." Similarly
(below 14:6), "Turn away (שְׁעֵה) from
him and desist."*—[Rashi]
until I swallow my spit—*Long
enough to swallow my spit.*—[Rashi]
Even if You do visit upon me, and
my suffering results from my sins,
why do You lay Your hand so heavi-
ly upon me for such a long time?
Why do You not desist from striking
me even long enough for me to swal-
low my spit?—[Mezudath David]
Simchah Aryeh connects this verse
with the preceding one: there, Job
complains that God tests him every
moment. Now, he complains that
He does not desist from testing him
even a shorter time, viz. long enough
to swallow his spit.
20. **I have sinned; what do I do to
You etc.**—And, even if I sinned,
what am I that I can harm You?—
[Mezudath David]
O watcher of man—Are You not
the Watcher of man?—[Mezudath
David]
as a mark for You—*As an object
that a man strikes when he is angry
and vents upon it the entire act of his
hatred (other editions: his sin).*—

[Rashi] Why did You create me to
be available to strike? When You
created me, You knew that this
would happen. It is as though You
created me to be an object for Your
punishment.—[Mezudath David]
Isaiah da Trani explains: True, I
have sinned. What more can I do for
You but repent of my sins and
promise to sin no more? And You,
O Watcher of man, have but to for-
give me. Why have you made me
into one who must cry out to You
and supplicate You?
**so that I have become a burden to
myself**—[Etz Chayim ms.: Like "and
I have become a burden to You."]
*This is one of the words in which
Scripture euphemized, and they are
known as the emendation of the
scribes.*—[Rashi from Mechilta
Beshallach, Shirah ch. 6; Sifre
Behaalothecha 84] I.e. just as a
scribe changes any harsh language
for the sake of propriety, so does
Scripture change any irreverent
expressions. Also, it may not mean
that the Rabbis, known as Scribes,
altered the text, but that they
revealed to us this method in
interpretation.—[Mizrachi to Gen.
18:22] *Isaiah da Trani* suggests that
Job means that he is no longer able

האספניסות והמיאום המה כמו חליי בשרי ואיך אוכל להתרחק ממנו. הנה מרוב המכאוב והחולי אחבוק חפץ נפלא מי יתן ויגלה השם
וידכאני דבר נוסף על חליי בדכן שיכלני כי המות נבחר מאלו החיים. והנה באמת אע"פ שאני מעונה בחולי והמכאוב החזק הנה אני
מתנחם כי לא כחדתי אמרי קדוש ואין לי להתרעם על עצמי ולומר אם הייתי נשמר מהחטא לשם לא היה מגיע אלי זה. מה כחי כי איחל
שירפאני הש"י וייטיב לי אחריתי כמו שהבטחתני הנה אין לי כח לשאת זה החולי ומה קץ חיי כי אאריך חיותי עד שירבה זרעי וצאצאי
כמו שהבטחתני הלא מעט נשאר במדת ימי כל שכן עם כמו אלו הצרות. האם כחי חזק לכח האבן ואם בשרי חזק כנחשת שאוכל לסבול
זה החלי. האם אין בי מנפשי ההנהגה הנאותה הראויה שתהיה לי לעזר ולהועיל והוא ההתנהג ביראת השם וההליכה בדרכים המשובחים
האם נדחה ממני ההנהגה האנושית ר"ל שלא אתנהג במה שראוי לאדם השלם להתנהג בו עד שתאמר שעונותי הטו אלה. האם יתכן
שיהיה לאיש המדוכה חרפה מרעהו ויאמר עליו שיראת שדי היה עוזב על כן באה עליו הצרה הזאת כמו שאתה אומר אלי הזאת החניפה
וההמלה שיחמלו רעיו עליו. הנה רעי בגדו בי כמו הנחל ואפיקי הנחלים שיגברו ויזולו. הקודרים לרוב עמקם מהקרח והשלג הנתך
עליהם. והנה בעת שיזולו נכרתו ונפסקו לפי שאין סבת רבויים מצד עצמותם אבל לסבות מחוץ וכלות המים הבאים עליהם יעדרו
וכבוא חום הזמן שימנעו מימי הגשמים ותכלה התכת השלגים יעקרו ממקומם או יסורו הנחלים ויאבדו. אם להלפת ארחות דרכם
ויטו מימי מקוריהם אל מקומות אחרים אם שיעלו בתהו ויאבדו ור"ל שתסור הווית המים ממקוריהם ויכלו לגמרי וזה יהיה אם בשלא
יתחדש מן האיד המתחדש שם במקום ההוא מים אבל יעלה אל הארץ או יפסוק חדוש האיד ההוא. והנה שתי אלו הסבות נזכרו בספר
האותות להפסק הנהרות וכבר הביטו הסוחרים העוברים שם בימות הגשמים אלו הנהרות ברובם וקוו שבעת החום שיצטרכו המים
להם ימלאו שם מים רבים ובבואם אל אלו הנהרות בעת החום ולא מצאו שם דבר בושו וחפרו על תקותם. והנה עתה הייתם לי אתם
רעי דומים לזה הנהר וזה שאני בטחתי בכם שאעזר מכם בעת הצורך ושתנחומותיכם יסירו חליי נהפך הוא כשראיתם החתת המגיע
אלי יראתם להתקרב לי ונהפכתם לזרים ולמה התנכרתם אלי. הכי אמרתי לכם שתתנו לי דבר מהונכם ותעשו שוחד מעמלכם למלטני
מיד צר ולפדותי מיד עריצים ואלו היה כן החרשתי כי אמרתי להציל הונם עשו מה שעשו אבל איני מבקש מכם דבר ולמה תתנכרו
אלי כי תאמרו שגיתי בדברי ועל כן אתם מתווכחים עמי. הורוני מה ששגיתי בו ואני אחריש ובואו עמי בטענות אמתיות לא בטענות
כוזבות האלה לומר עלי שחטאתי ואתם ידעתם לדקתי ותום לבבי. הנה נמרצו ונחזקו אמרי יושר אבל מה יועילו התוכחות אשר יהיו
מכם. האם יהיה ראוי שלהתווכחותכם עמי תחשבו למלים ולרוח דברי מזולת שתבואו עליהם בטענה האם זה מחוק המתווכח השלם.
הלא באמת אני שופט שאתם מפילים אף על יתום כשיריב עם זולתו לחולשתו לפי שאתם תכרו ותעמיקו לדבר סרה על ריעכם כי תראו
כי מטה ידו וזה לאות שכונתכם לרדוף החלשים. ועתה הואילו וראו אם אכזב במאמרי ושובו להשיב על דברי בזולת עולה. הנה כאשר
תשובו להתווכח עמי בזה האופן יראה צדקי בזה ההתוכחות. היש בלשוני עולה במה שאני טוען שהש"י בלתי משגיח באישי האדם אם
חכי לא יבחן ההוות אשר הסברתי בהם ויפער אם המות נבחר מהם אם לא הנה באמת אבאר לכם שבאופן מה ימלא המות נבחר על כמו
אלו החיים. וזה שכבר נמלא קץ וזמן קצוב לאנוש על הארץ וכימי שכיר שהם מוגבלים כן ימיו מוגבלים. והנה כמו העבד המתעמל תמיד
שיקוה בא הלילה למצוא מרגוע לנפשו וכמו השכיר שיקוה בא העת שישלם בו שכירותו כדי שיפרעהו ממלאכתו. כן הנחלתי לי ירחי שוא
ולילות עמל וזה שכאשר אני בחדש האחד אני מקוה שאהיה בחדש האחר כי אמרתי אולי לא יכבד עלי העת בחדש האחר ככבדו בחדש הזה
והלילות שאחשוב לשכב ולישן למצוא מרגוע למחלתי הנה גם לא ישכב לבי. וזה שאם שכבתי הנה אקוה כל הלילה מתי אקום וימודד לבבי
אורך הלילה בסבת העדר השינה ממני ושבעתי נדודים על ערשי בסבת מחלתי עד ביאת השחר מזולת מנוח כלל ובהיות הענין כן הוא
מבואר שאני בוחר תמיד המות על אלו החיים אשר אני בהם לפי שזמני מוגבל ואני בוחר תמיד ההתקרב אל המות כי בבקר אני מקוה
אל הערב הבא ובערב אני מקוה הבקר הבא והוא מבואר שזאת התשוקה תמצא בכל מי שייסר בכמו אלו היסורין ולזה מבואר שהמו' נבחר
יותר מהם באופן מה. הנה מרוב נגעי עלתה רמה בבשרי וגוש עפר ועורי נתבקע והיה בתכלית המיאום בסבת הליחה אשר שם. ימי
קלו יותר מן הארג אשר יניעהו האורג מקלה אל קלה בקלות כן ימי חיי הם מעטים ויכלו בזולת תקוה טובה כי לא אשער שאוכל לחיות
ולראות טוב אחר זה השבר והחלי. אהה הש"י אם אמת מה שאמר אליפז שאתה הוכחתני ותטיב לי באחריתי עד מתי תמאן להעביר ממני
הרעה אשר אני בה. זכור כי רוח חיי ואי אפשר שתשוב עיני לראות טוב. לא תשורני עין רואי לאבדי בעת בא קצי וכאשר יהיו עיניך
בי להטיב לי ולא תמצאני ואין לי תקוה שתשוב ותחייני לראות טובך. כי כמו שכלה ענן וילך לגמרי ולא ישוב הענין ההוא שנית כן מי שירד
שאול לא יעלה ולא ישוב לביתו. גם אני לא אחשך פי בעבור דבריכם שלא אתרעם מהש"י אם אמת אתכם מה שאתם אומרים שהוא
משגיח באישי האדם. אדברה עם צרות רוחי ואשיחה עם מרירות נפשי. אהה הש"י אם אמת הוא שזו התוכחת ממך על מה אתה מפליג
ככה בעשיית הרע לי. הים אני אם תנין כי תשים עלי משמר ומאשר לא אוכל לצאת ממני בעת מן העתים כמו שהים לא יצא מגבולו
בעת מן העתים ולא התנין ממאסרו ליראת האנשים ממנו. כי אמרתי אתנחם מרעתי בעת היותי על ערשי. ישא בצערי משכבי לחשבי
שאמצא מרגוע כאשר אישן הנה גם בעת השינה לא אמצא מרגוע. כי אז חתתני בחלומות רעים ובחזיונות קשים בעתוני. עד שבחרה
מחנק נפשי ומות יותר מהיותה עם עצמותי ואיברי. מאסתי בחיי כי לא לזמן ארוך אחיה עד שאוחיל שיבא עת אראה בו טוב. אהה הש"י
חדל ממנו כי הבל ימי ויכלו בזה הרע. ואחר שסתר איוב בכמו אלו המאמרים מה שאמר אליפז שאלו המכאובים אשר חלו עליו הם על צד
התוכחה ובאר ממה שיגיעם בהם שהמות הוא יותר נבחר מהם בא בטענה חזקה לסתור דעת אליפז במה שהיה אומר שהש"י משגיח
באישי האדם ומבין אל מעשיהם ואמר שהוא בלתי אפשר שישגיח הש"י באדם לחסרון האדם ושלימות הש"י כל שכן שיפקדנו תמיד לבקרים
ולרגעים יבחננו אם חטא אם לאו עד שיגיע לו מה שראוי לפי מעשיו בעת עת ותהיינה בו ידיעות מתחדשות תמיד לאין תכלית כמו שהיה
אומר אליפז. אהה הש"י אם אמת מה שאמר אליפז כמה מן הזמן לא תסור ממני מלהכאיבני עד שלא תרפני אפילו זמן מעוט שאוכל לבלוע
בו רוקי עם היותי תם וישר. ויהי גם כן שחטאתי כמו שאמר אליפז מה אוכל עשות לך שומר האדם ונוצרו לפי מה שאמר אליפז. למה שמתני
למפגע לך כאילו אין לך לעשות דבר רק להרע לי כאילו הייתי לך למשא האם זה מחוק הפועל והשומר עם מה שיפעלהו וישמרהו ר"ל
שיהיה שונא מה שישמור אותו. והנה לפי תקון הסופרים שתקנו וכתבו ואהיה עלי למשא יהיה פירוש שכבר הוספת להרע לי עד שהייתי
עלי למשא וקצתי בחיי. ומה לא תשא פשעי ותעביר את עוני במה שהכאבתני ותסיר מעלי הצרה הזאת כי עתה לעפר אשכב מחוזק הכאב
וכאשר תבקשני לגמלני טוב על צדקתי ויושר לבבי לא תמצאני וייוחס אליך העול כאשר תקפת שכרי בצדק והיושר שעשיתי ובהיות
הענין הזה כן אין המלט לפי דעת אליפז מייוחס העול לש"י בזאת ההכאבה אשר הכאיבני ואף על פי שאודה שכבר חטאתי כל שכן
כשאניח שלא חטאתי כמו שהוא האמת: והכלל העולה מהדברים. הוא שאי אפשר שיהיו הרעות המגיעו' לאישי האדם מיוחסות אל העונש
מהש"י ויהיה עונש הרשעים שיכחדו ויאבדו ועונשי הטובים שתבאו מעט מכאובות ויסורין כמו שהיה אומר אליפז לפי שאם היה כן היה
יותר קשה עונש הטובים מעונש הרשעים ויהיה זה עול בחק הש"י וזה שהיה מספר שכבר הגיעהו מחוזק המכאובות עד שהיה בוחר
המות על אותם החיים וזה הדבר כבר אמרו ג"כ איוב בתכלית הביאור בזולת המענה הזה אמר אם שוט ימית פתאום למסת נקיים ילעג
רצה בזה אם שוט ימית הרשע פתאום הנה הוא ילעג וישחק למסת נקיים לפי שיותר קשה הנסיון והיסורים ההם מהמות הפתאומית כל
שכן שכבר יאמר איוב שלא חטא כי כבר היה יודע בעצמו שלא חטא והנה איוב הביא ראיה על שהמות יותר נבחר מאלו להיות ימיו
קצובים והוא היה מיחל בהיותו בירח זה מי יתן בירח השני ובערב יאמר מי יתן בקר הנה א"כ הוא היה בוחר ההתקרב אל המות וזה
מופת חזק על שהמות מאלו נבחר באופן מה מאלו החיים שאם לא היה כן הנה לא היה חושק סור הזמן אשר הוא בו כדי שלא יתקרב אל
המות ולפי שקרה לכל מי שישיגוהו מכאובות כאלו שיחשוק סור הזמן אשר הוא בו הוא מבואר שכל אחד מאנשי המכאובות האלו יבחר
המות על החיים ההם במקרה ואם לא ירגיש בזה ולזה היה בוחר איוב שייוחס אל הש"י העדר ההשגחה באישי האדם כדי שירחק ממנו
העול ברוע הסדור הנופל בטובות אישי האדם ורעותם אשר אין המלט ממנו במה שהניח אותו אליפז כמו שביארנו בזה המענה. ואולם
לא גנו רעי איוב אותו במה שכפר בתחיית המתים לפי שלא היו מאמיני תורתנו ולא סופר להם ג"כ אז מנביא זה הייעוד לפי מה
שאחשוב. ועוד ביאר לשתי סבות שאי אפשר שישגיח הש"י באישי האדם. האחת להיות האדם נמאס בעיניו מצד חסרונו ביחס אל
שלימות הש"י. והשנית להיות אלו הידיעות הוות מתחדשות תמיד ואי אפשר שתהיינה בש"י ידיעות מתחדשות כל שכן תהיינה בו ידיעות
מתחדשות לאין תכלית והנה לא השתדל איוב לסתור טענות אליפז אשר היה מקיים דעתו בהשגחה אבל סתר דעתו והביא טענה בזה
מן החוש והעיון האמתי והנה לא סתר טענותיו בעצמם אם לפי שלא נתבאר לו איך תשלם הסבה בדברים ההם מזולתם שיניח הש"י
משגיח בפרטי האדם אם לפי שהטענות ההם לא יתחייבו על כל פנים שהש"י משגיח באישי האדם כי לאומר שיאמר שזאת ההשגחה

and You shall seek me—*You shall seek me and not find me.*—[*Rashi*]

(In summation: Eliphaz has argued that all occurrences are the result of Divine Providence and that God punishes the righteous for their sins. Job rebuts this by arguing that, were this the case, God would indeed be committing an injustice against the righteous, because the punishment meted out upon them is worse than the destruction of the wicked. He brings as proof suffering people, who are eager for the time to pass; as man's days are limited, they are, in effect, longing for death.

Moreover, he argues, it is beneath God's dignity to look at the lowly earth creatures. Thus, even if a person sins, how does this effect God? Why, in fact, did He create him?

Job concludes with the reasoning that his sufferings have more than compensated God for all his sins. When will he receive his reward? Shall it be withheld completely?)—[*Mezudath David*]

Tochachath Chayim explicates Job's arguments in a similar manner, stating that they were three: 1) Granted that he has sinned against God, Who judges each individual, under no circumstances does he deserve the agonies that have befallen him. (Indeed, Scripture attests Job's integrity, describing him as being "sincere and upright, God-fearing, and shunning evil," and "there is none like him in all the earth." He was surely praiseworthy for not "ascribing unseemliness to God.")

2) Under these conditions, Job would choose death over life, as would anyone who is suffering a long and severe illness. That the wicked die quickly while the righteous endure protracted suffering seems to Job to be a flaw in Divine Providence, as far as life in this world is concerned.

3) Philosophically, it appears that there can be no Divine Providence over man, either because God's infinite superiority precludes His interest in man's affairs, or because the change of man's deeds would cause a change in God's knowledge. Since it is improper to believe that God's knowledge changes with time, we must believe that God knows nothing of man's deeds. However, we do not find that Job denied Divine Providence completely, but that he complained about the injustice committed against the earthly creatures.

היה מזולת הש"י ואם באנו לבאר זה בשלימות הצטרכנו למאמר ארוך ולזה נקצר ונעמוד על מה שיש בו די בזה המקום ונאמר שיש
לאומר שיאמר באלו הטענות כולם שהם לא יחייבו מה שיחייב מהם אליפז וזה שההודעה שתהיה בחלום כבר אפשר שתיוחס אל הסדור
והשפע אשר מהגרמים השמימיים והשכל הפועל כמו שהתבאר במקומותיו וענין הגשמים והמנע מהרשעים מחשבתם נשמור הטובים
אפשר שיוחס גם כן הסדור והשמירה לגרמים השמימיים לפי מה ששמם הש"י עליו . ואולם מה שאמר שמה שהוא חסרון בחק האדם לא
יתכן שיוחס לש"י הנה זאת הטענה בלתי צודקת על כל פנים כמו שיראה זה הפילוסוף וזה כי ממה שהוא חסרון בחק האדם לא יחוייב
על

בִּלְדַּד הַשּׁוּחִי וַיֹּאמַר׃ ב עַד־אָן תְּמַלֶּל־
אֵלֶּה וְרוּחַ כַּבִּיר אִמְרֵי־פִיךָ׃ ג הַאֵל
יְעַוֵּת מִשְׁפָּט וְאִם־שַׁדַּי יְעַוֵּת צֶדֶק׃
ד אִם־בָּנֶיךָ חָטְאוּ־לוֹ וַיְשַׁלְּחֵם בְּיַד־
פִּשְׁעָם׃ ה אִם־אַתָּה תְּשַׁחֵר אֶל־אֵל
וְאֶל־שַׁדַּי תִּתְחַנָּן׃ ו אִם־זַךְ וְיָשָׁר אָתָּה
כִּי־עַתָּה יָעִיר עָלֶיךָ וְשִׁלַּם נְוַת צִדְקֶךָ׃
ז וְהָיָה רֵאשִׁיתְךָ מִצְעָר וְאַחֲרִיתְךָ

תרגום

דְמִן שׁוּחַ וַאֲמַר׃ ב עַד אֵימָתַי תְּמַלֵּל כְּאִלֵּין וְזַעְפָּא רַבָּא מֵימְרֵי פוּמָךְ׃ ג אֶפְשַׁר דֶאֱלָהָא יְעַקֵּם דִינָא וְאִם שַׁדַּי יְקַלְקֵל צִדְקָא׃ ד אִין בְּנָךְ חָבוּ קֳדָמוֹי וְשַׁדְּרִינוּן בַּאֲתַר מַרְדֵיהוֹן׃ ה אִין אַתְּ תְּקַדֵּם בִּצְלוֹ קֳדָם אֱלָהָא וּלְוַת שַׁדַּי תְּצַלֵּי׃ ו אִין בְּרִיר וּתְרִיץ אַתְּ אֲרוּם כְּדוֹן יִתְגַּבַּר עֲלָךְ וִישַׁלֵּם יָאֲיַת צִדְקָךְ׃ ז וַהֲוָה שֵׁירוּתָךְ זְעֵר וְסוֹפָךְ

ת״א אם זך. ר״ה יז:

רש״י

(מענה בלדד): ח (ב) ורוח כביר. רוב דברים: כביר. לשון רוב: (ג) האל יעות משפט. הה״א נקוד פתח והלילתו לשון תימה: (ד) וישלחם ביד פשעם. ע״י פשעם. (הפשע) הוא נעשה שליח להובילם: (ה) אם אתה תשחר וגו׳. יעיר עליך את זכותך: (ו) ושלם נות צדקך. ויעשה את נות לדקך שלם ותמים: (ז) והיה

מנחת שי

ח (ב) תמלל אלה. בלא מאריך בלמ״ד: (ג) יעות לדק. לפי מה שמלאתי בניסח כ״י במילופי ב״א וב״נ. לב״א יעות בליר״י הוא״ו ובמאריך ובלא מקף בין שתי המלות ולב״נ יעות לדק בסגול הוא״ו ובלא מאריך ובמקף וכן ראיתי בשתי מקראות כ״י כב״א: (ד) חטאו לו. הח״ת במאריך:

אבן עזרא

ח (א) ויען בלדד: (ב) כביר. גדול וכמוהו והוריד כאביר והאל״ף נוסף: (ד) אם בניך חטאו לו. יש אומר שהוא דרך מוסר ולא אדע למה הולרכו לזה: (ו) ושלם נות צדקך. היא הנשמה וטעם ושלם משלום

רלב״ג

על כל פנים שיהיה חסרון בחק הש״י וזה כי כל מי שיש לו כח על פעל מה הנה הפעל ההוא שלימות לו מהלד שהוא כחיי עליו וכאשר לא ילא הכח ההוא אל הפעל יהיה זה לבעל הכח ההוא חסרון ואולם לא יהיה חסרון למי שאין לו כח על הפעל ההוא אם ימנע ממנו הפעל ההוא והמשל שקריאת התרנגול הוא שלימות לו מהלד שהוא כחיי עליו וכאשר תבלר ממנו זאת הפעולה הנה יהיה זה חסרון בחקו ולא יהיה זה חסרון בחק האדם או שאר בעלי חיים אם תמנע מהם זאת הפעולה ובהיות הענין כן הנה לא יהיה החסרון לש״י אם לא ישגיח על כל מעשה האדם עם היותו שליט בכל המליאות ובכלל הנה היה חסרון לש״י אם אמרנו שלא ידע במוחלט אבל אם אמרנו שהוא ידע הדברים הנלחיים הנכבדים ולא ידע הדברים הפחותים האובדים הפחותים מהלד שהם בו אובדים לפחיתותם וידעם מהלד אשר הם בו נלחיים הנה אין זה חסרון בחק השכל האנושי המנע ממנו השגת הדברים הפרטיים אשר ישיגום החושים. הנה זה ממה שאפשר שיאמר לבאר שלא יתחייב מטענות אליפז מה שחייב מהם ואולם מה האמת בזה כבר ביארנוהו בספר מלחמות ה׳ וביאורנו לספר החוש המוחש ושם ביארנו שהש״י ידע כל הדברים בשלימות והאופן אשר ידעם בו וכבר יתבאר האמת ברוב אלו הטענות במה שיבא מזה הספר: ביאור מלות המענה (א) ויען בלדד השוחי ויאמר: (ב) ורוח כביר אמרי פיך. ר״ל איך תוליא מפיך רוח חזק כנגד הש״י התחשוב לו לשבר הרי אמתות האמונה בענין ההשגחה: (ו) יעיר עליך. הנה מעורר הטוב בעבורך או יהיה ענינו

מצודת דוד

ח (ב) עד אן. עד מתי תדבר אלה הדברים הלא אמרי פיך יחשבו לכעס חזק: (ג) האל. וכי האל יעות משפט מבלי את עונש לרשעים כפי הגמול וכי יעות הלדק מבלי תת גמול שכר הלדיקים ואיך תאמר שמסר הכל ביד מערכת השמים והי׳ א״כ כלדיק כרשע: (ד) אם בניך. ר״ל ראה שאין הדברים באים במקרה כ״א בהשגחה כפי הגמול כי כאשר בניך חטאו בעשותם משתה תמיד המביא לידי קלות ראש הנה אז גרשם מן העולם במקום פשעם כי בבית המשתה מתו במקום הרשע שם המשפט: (ה) אם אתה וגו׳. ר״ל ומזה תשכיל לדעת כאשר אתה תדרוש לה׳ שירחמך ותתחנן אליו להעביר המכתך: (ו) אם זך. ר״ל אם תעשה בזכות וישרות הלב לא ברמיה הנה לא יקופח שכרך כי מעתה יעורר רחמיו ויעשה נות לדקך שלם ותמים למעלה כל מחסורך כי גמול הוא משלם: (ז) ראשיתך מצער. הטובה שהיה לך בראשית ימיך תחשב למעט כי הטובה שיהיה לך

מצודת ציון

ח (ב) ורוח. ענינו כעס כמו הניחו את רוחי (זכריה ו׳): כביר. חזק כמו אל כביר (לקמן ל״ו): (ד) וישלחם. גרשם כמו שלח מעל פני (ירמיה ט״ו) והוי״ו היא במקום אז וכן אם בחקותי תלכו וגו׳ ונתתי וגו׳ (ויקרא כ״ו) ור״ל אז נתתי וגו׳: ביד. במקום כמו יד אבשלום (ש״ב י״ח): (ו) זך. מלשון זכות ובהירות: (ז) מצער. מעט כמו הלא מלער היא (בראשית י״ט): ישנה.

uprightness of heart, with sincerity and not hypocrisy, your reward will not be withheld, for from now on He will arouse His compassion and complete your righteous home.—[*Mezudath David*]

and will complete your righteous home—*And He will make your righteous home complete and perfect.*—[*Rashi*]

7. **And your beginning shall be small**—*Your beginning, which has*

8

1. Now Bildad the Shuhite replied and said: 2. "How long will you speak such things, seeing that the words of your mouth are [like] a mighty wind? 3. Does God pervert judgment, or does the Almighty pervert justice? 4. If your children sinned against Him, He sent them away in the hands of their trangression. 5. If you seek God and supplicate the Almighty, 6. if you are pure and upright, He shall arouse [your merit] over you, and will complete your righteous home. 7. And your beginning shall be small, but your end

(Bildad's Address)

Job's second friend, Bildad the Shuhite, comes now to defend Eliphaz; in fact, he exceeds Eliphaz. He asserts that God was just in bringing these troubles upon Job and his children. He accuses the children of being completely wicked, liable to *kareth,* spiritual excision, for which reason they all died. Job, too, was punished for his sins. If he supplicates God, He will forgive Job his sins and reward him for his good deeds.—[*Ramban*]

1. **Now Bildad the Shuhite**— Bildad was of the family of Shuah, a son of Abraham, mentioned in Gen. 25:2.—[*Ramban, Gra*]

2. **a mighty wind**—*Many words.* —[*Rashi*] *Targum* renders: a mighty storm wind. *Mezudath David:* mighty wrath.

mighty—Heb. כַּבִּיר, *an expression of multiplicity.*—[*Rashi*] Just as one cannot bear a mighty wind, neither can one bear the words of your mouth.—[*Isaiah da Trani*]

3. **Does God pervert judgment**— Heb. הַאֵל. *The "hey" is vowelized with a "pattah," and it means an expression of wonder.*—[*Rashi*]*

4. **If your children**—You can easily perceive that the incidents did not happen by coincidence but by Divine Providence, as each one deserved, for when your children sinned by making daily feasts which led them to levity, God expelled them from the world in the place of their transgression: they perished in their banquet house.—[*Mezudath David*] Note that *Mezudoth* defines בְּיַד פִּשְׁעָם as: in the place of their transgression. *Rashi,* however, explains:

He sent them away in the hands of their transgression—*Through their transgression. (The transgression) became the agent to carry them off.*—[*Rashi*]

5. **If you seek God etc.**—*He will arouse your merit over you.*—[*Rashi*]*

6. **if you are pure and upright**—If you seek God with purity and

יִשְׂגֶּה מְאֹד׃ ח כִּֽי־שְׁאַל־נָא לְדֹר רִישׁוֹן
וְכוֹנֵן לְחֵקֶר אֲבוֹתָם׃ ט כִּֽי־תְמוֹל אֲנַחְנוּ
וְלֹא נֵדָע כִּי צֵל יָמֵינוּ עֲלֵי־אָֽרֶץ׃ י הֲלֹא־
הֵם יוֹרוּךָ יֹאמְרוּ לָךְ וּמִלִּבָּם יוֹצִאוּ
מִלִּֽים׃ יא הֲיִגְאֶה־גֹּמֶא בְּלֹא בִצָּה יִשְׂגֶּה־
אָחוּ בְלִי־מָֽיִם׃ יב עֹדֶנּוּ בְאִבּוֹ לֹא יִקָּטֵף
וְלִפְנֵי כָל־חָצִיר יִיבָשׁ׃ יג כֵּן אָרְחוֹת

יִסְגֵא לַחֲדָא׃ ח אֲרוּם
שְׁאַל כְּדוּן לְדָר קַדְמַי
וְכַוֵין לְפִשְׁפּוּשׁ
אֲבָהַתְהוֹן׃ ט אֲרוּם
כְּאִתְמָלֵי אֲנַחְנָא וְלָא
נִדַע אֲרוּם הֵיךְ טוּלָא
יוֹמָנָא עֲלֵוֵי אַרְעָא׃
י הֲלָא אִנּוּן יַלְפוּנָךְ
וְיֵימְרוּן לָךְ וּמֵרְעוּתְהוֹן
וּמֵרַעְיוֹנְהוֹן יַפְקוּן מִלִּין׃
יא הַאֶפְשַׁר דְאִתְגָאֵי
גוֹמָא בְּלָא בִצָא יִסְגֵא
עַרְקָא בְּלָא מַיָא׃ יב עַד
דִי הוּא בְגֵיוּתֵיהּ לָא
אִתְלִישׁ וּקְדָם כָּל עִסְבָּא
יִיבַשׁ׃ יג הֵיכְדֵין אֶסְרָט

ת״א יסגה מאוד. קדושין מ׳ : כי תמול. זוהר ואתחנן : י׳ תחת א׳ כצ״ל

רש״י

ראשיתך מצער. ראשיתך שעברה מלער לפי אחריתך שישגה מאוד: (ח) **לדור ראשון**. על דור ראשון כמו (דברי׳ ד׳) כי שאל נא לימים ראשונים: **וכונן**. הכן והזדמן לעמוד על חקרי אבותם: (יא) **היגאה גומא**. זאת יאמרו אין הגומא גדל אלא בעוד שהבילה לחה במימיה ובליחלוהיה. בילה (מריש״ק בלע״ז): (יב) **באבו**. בליהלוהו ובפריו: **לא יקטף**. לא ישבר ולא ינתק כמו (שם כ״ג) וקטפת מלילות: **ולפני כל חציר ייבש**. קודם כל הציר ייבש. כשהמים כלים והבילה חריבה: (יג) **כן ארחות כל שוכחי אל**. להגלית בעת שטעתו משחקת לו עד שתתמלא סאתו: ותקות, סופו

אבן עזרא

או מתפלוס ויחסר בית מגות לדקך: (י) **הלא הם**. ישוב לחקר אבותם: (יא) **בלא בצה**. כמו בילאותיו וגבאיו. אחו ענינו למהי אחו כמו ותרעינה באחו: (יב) **באבו**. במקום למתו: **לא יקטף**. אפי׳ שלא יקטפנו אדם הוא

מנחת שי

(ח) לדור רישון. ביו״ד לבד מקום אל״ף ונמלא הרי״שון אדם תולד (לקמן ט״ו) באל״ף וביו״ד האל״ף שרש והיו״ד נמשך שרפים שרש ראש ונימוקי המדקדק במכלול דף רכ״ב: וכונן לחקר אבותם. קך הם הטעמים במקלת מדוייקים: (י) יולאו מלים. במקלת מדוייקים כ״י מלא וא״ו וחסר יו״ד גם במסורה פ׳ שלא לך וביחזקאל כ״ח נמנה עם מלין מיוחדים דחסרים יו״ד בליסן יליאה: (יא) היגאה גמא בלא בלה. הה״א נחה: ישגא אחו. בסי״ן ובאמת כי בספרים רבים כתוב ישגה בה״א כמו שהוא ואחריתך ישגה מאד דלעיל וכן במסורת ישגה ג׳ וסי׳ כארז בלבנון ישגה. ואחריתך ישגה מאד. ישגה אחו בלי מים. אבל רד״ק כתב בספר השרשים שזה באל״ף מקום ה׳ וכן כתבו

רלב״ג

יש עליך ומזה הענין פי׳ קלת מפרשים אמרו ג״כ והתעוררתי כי מלאו רע: ושלם. ויעמיד בשלום: נות לדקך. ר״ל נפשך כי הנפש היא נות הלדק ומשכנו: (יא) היגאה. היגדל: בלה. הוא טיט: אחו. הוא למח האחו: (יב) עודנו באבו לא יקטף. עודנו באבו ולחותו ורעננותו לא היה ראוי שיקטף ויכרת ועכ״ז ייבש בקלות קודם כל חליר עם המלא אלנו לחותו ומזונו אשר ממנו יזון. או יסים הרלון

מצודת דוד

באחרית ימיך יגדל מאד עד שלעולם תחשב למעט הטובה שהיה לך מאז: (ח) **כי שאל נא**. עתה שאל דבר לדורות הקודמים והכן דעתך אל מה שחקרו אבותיהם ומסרו להם: (ט) **כי תמול**. לפירים אנחנו לימים כאלו כיום אתמול נולדנו ולא נדע כל הקורות להביא ראיה מן המוחש: כי צל ימינו. כמו הצל אשר לא יעמוד זמן רב במקום אחד כי ינטה ממקומו בעבור הלוך השמש כן אנחנו מקרוב נולדנו ולא עבר עדיין זמן רב: (י) **יורוך**. ילמדו אותך ויאמרו לך מה שקבלו מאבותם אשר חקרו מהדברים אשר נתפרסם להם מן החוש: ומלבם. אף מלב עלמם יוליאו דברים אשר חקרו בשכלם על פי הדברים אשר קבלו מאבותם: (יא) **היגאה**. והנה כה יאמרו לך וכי יגדל עץ גומא בלא טיט הלח וכי יגדל למח האחו בלא מים הלא אין דרכם לגדל אלא במקום המים שהם מרבים הלחלוחית ושפע הרטיבות: (יב) **עודנו באבו**. כשהוא עדיין בלחלוחו הראוי הנה אז לא ישבר אבל כאשר פסקה הלחלוחית דרכו להתייבש טרם כל חליר כי רב הלחלוחית שבו הוא סבתו להתייבש מהר כאשר תסור ממנו: (יג) **כן ארחות**. כן הוא דרך של כל שוכחי השם עם כי בעת הללחתם המה ממולאים בטובה אבל

מצודת ציון

יתגדל כמו כארז בלבנון ישגה (תהלים צ״ב): (ח) **רישון**. כמו ראשון: (ט) **תמול**. אתמול: (יא) **היגאה**. היגדל כמו כי גאו המים (יחזקאל מ״ז): **בצה**. טיט הלח כמו הטבעו בבון רגליך (ירמיה ל״ח): **אחו**. שם למח מה וכן ותרעינה באחו (בראשית מ״א): (יב) **באבו**. ר״ל בלחלוחו הראוי לו לפי טבע הצמח ההוא וכן באבי הנחל (ש״ה ו׳) ור״ל בלמחי הנחל הלחים: **יקטף**. יכרת וישבר

12. **in its greenness**—*In its moisture and with its produce.*—[*Rashi*]

will not be plucked—Heb. יִקָּטֵף, *will not be broken or pulled off, like* (Deut. 23:26), *"you may pluck* (וְקָטַפְתָּ)*ears."*—[*Rashi*]

but before any other grass it will dry up—*Before any other grass* [does], *it will dry up when the water evaporates and the marsh dries up.*—[*Rashi*]

Mezudath David points out that because of its exceeding [need for] moisture, papyrus dries out before all other grass when that moisture is no longer available. *Ibn Ezra*

shall increase exceedingly. 8. For inquire now about the past generation and apply yourself to what their fathers have searched out, 9. For we are of yesterday and know nothing, because our days on earth are like a shadow. 10. Will they not instruct you and tell you, and utter words out of their heart? 11. Can papyrus shoot up without a marsh? Can the reed-grass grow without water? 12. When it is still in its greenness, it will not be plucked, but before any other grass, it will dry up. 13. So are the ways of

passed, shall be small as compared to your end, which shall increase exceedingly.—[Rashi] The prosperity that you enjoyed in your early years will be discounted as insignificant when compared to the great prosperity you shall enjoy at the end of your life, it will be so much greater.—[Mezudath David]

Malbim explains that Bildad is referring to Job's suffering: Although you have not sinned, God causes you to suffer now so that you can enjoy prosperity in the end.

8. about the past generation—Lit. to the past generation. About the past generation, like (Deut. 4:32), "For inquire now about the earlier times."—[Rashi]

and apply yourself—Apply and prepare yourself to understand what their fathers have searched out.—[Rashi] [Study] their forefathers' findings, which they taught them.—[Mezudath David] This doctrine, that God brings suffering on a guiltless person in order to increase his prosperity in the future, is a tradition from the earlier generations.—[Malbim]

9. For we are of yesterday—We are young, as though we were born yesterday, and we cannot bring proof from our experience.—[Mezudath David]

because our days on earth are like a shadow—Just as a shadow does not stay long in one place, but moves as the sun rises higher and higher over the horizon, so are our days; we were born a short time ago, and we have been here on earth for a short time only.—[Mezudath David]

10. Will they not instruct you—They will teach you and tell you what they learned from their fathers, and what they [themselves] searched out, based on their [own] experience.—[Mezudath David]

and utter words out of their heart?—They will also teach you things that they searched out themselves based on the tradition they received from their predecessors.—[Mezudath David]

11. Can papyrus shoot up—They will say this: Papyrus cannot grow except when the marsh is wet with its water and its moisture. בְּצָה is maresc in Old French, a marsh.—[Rashi]

כל־שכחי אל ותקות חנף תאבד:
יד אשר־יקוט כסלו ובית עכביש
מבטחו: טו ישען על־ביתו ולא יעמד
יחזיק בו ולא יקום: טז רטב הוא לפני־
שמש ועל־גנתו ינקתו תצא: יז על־
גל שרשיו יסבכו בית אבנים יחזה:
יח אם־יבלענו ממקומו וכחש בו לא

תרגום:
כל דשלן אלהא וסבר
מדילטור תהובד: יד די
תזוח סבריה והיך בי
מטוייאתא רוחצניה:
טו מסתמיך על ביתיה
ולא יקום ויתתקף ביה
ולא יתקיים: טז רטיב
הוא קדם מדנח שמשא
ועל פריוניה ינקותיה
תפוק: יז די על איגר
שרשוי חרשין בית
אבניא יעוין: יח אם
יסלעמניה מן אתריה
ומכדב ביה לא חמית

רש"י

של הנף יאבד: (יד) **אשר יקוט**. יקוץ ויכרות כסלתו והבטחתו: **כסלו**. היא מחשבת מבטחו כמו (לקמן ל"א) אם שמתי זהב כסלי. יקוט לשון קציר כמו (יחזקאל ט"ז) כמעט קט: **ובית עכביש**. שאינו קיים יהי מבטחו: (טז) **רטוב הוא**. לח והזק מזלו טרם בא אליו עת פקודת מכת חומו המיבשתו ולפי שדימהו בגומא מדבר לפי הענין: **ועל גנתו יונקתו תצא**. יונקתו שורש היונק או ענף הילדה הגדל בשנה זו כמו מראש יונקתו קטף: (יז) **יסובכו**. יתאחזו בענף ובסובך: **בית אבנים**. מקום איתן רואה ובונה לו למצודה ומנחם פיר' יחזה לשון גבול יגבול אותו יבננו עד גבולו וכן מהוז חפצם (תלים ק"ז) וכן מחזה אל מחזה (מלכי' א' ז') כל אלה לפני מכתו: (יח) **אם יבלענו ממקומו**. הנפרע ממנו ומקרא חסר הוא זה: **וכחש בו**. מקומו: **לא ראיתיך**. שאין נשאר ממנו לא שרש ולא ענף

מנחת שי

אחריו בפל מכלל יופי ובעל הלשון. וכן מלאתי בס"א מדויק כ"י ובן ובקלת דפוסים ישנים וכלאי הוא לד"ק לסמוך עליו והמסורת שהבאתי למעלה אם היתה כתובה כן בספרי רד"ק ז"ל שלא לענין האותיות כאמרה רק על קריאת המלות כמנהג בכמה מקומות: (טו) יחזיק בו. הח"ת בשוא ופתח: (טז) יונקתו. בספר אחד חסר

אבן עזרא

ייבש מאליו: (יד) **אשר יקוט**. פי' הגאון בו הבל השמש והוא רחוק לכן הוא מן ונקוטותם ופי' כסלו השענו כמו אם שמתי זהב כסלי: (טז) **רטוב הוא לפני שמש**. קודם זרוח השמש ותרגום לחים רטיבין: **ועל גנתו**. הענין כפול: (יז) **על גל**. כמו גל אבנים: **יחזה**. יסתכך כמו קרן חזות: (יח) **אם יבלענו**. כאילו אחר בלעו וכאילו לא

רלב"ג

באמרו לא יקטף בזולת שיקטף: (יד) אשר יקוט. יכרות כטעם ונקוטותם: כסלו. ר"ל מבטחו וכמוהו וישימו באלהים כסלם: **ובית עכבים**. היא הבית באורגת העכבים והמשל בית זה הרשע דומה לבית העכבים להעיד על חולשתו: (טו) ישען על ביתו. הוא חושב להשען על חוזק ביתו שלא יוכל להזיק אותו מזיק ולא יעמוד ולא יתקיים: יחזיק בו. ר"ל יחזיק עלמו בו שהוא יחשוב שהוא חזק מלד חוזק ביתו אשר בו ולא יקום ולא יתקיים: (טז) רטוב הוא לפני שמש. ר"ל הלמח ההוא לח ורענן והשמש מביט בו ולזה הפליג בלמיחתו עד שילאו לו יונקותיו על גנתו אשר הוא נטוע בה ר"ל שילאו לו יונקות משרשיו: (יז) על גל שרשיו יסובכו. ר"ל שעל גל המים יסתבכו שרשיו עד שמרוב מזונותיו יסתעפו שרשיו באבני הסלע. ויהיה יחזה יסתבך כטעם קרן חזות: (יח) יבלענו. יעקרנו ויסירנו עד שיכחש

מצודת ציון

כמו כך אקטף (יחזקאל י"ז): (יג) חנף. כן יקרא הרשע על כי מחניף לילרו וממלא פתויו: (יד) יקוט. יוכרת כמו ונקטו בפניהם (שם ו'): כסלו. בטחונו כמו ילאתך כסלתך (לעיל ד'): עבביש. שממית: (טז) רטוב. מלוחלח: יונקתו. ענפיו הרכים כמו ויעל כיונק לפניו (ישעיה נ"ג): (יז) גל. מעין כמו גולת מים (יהושע ט"ו): יסובכו. יתאחזו כמו עד סירים סבוכים (נחום א'): יחזה. ענין גבול כמו מחוז חפצם (תהלים ק"ז): (יח) יבלענו. ישחיתנו:

מצודת דוד

בבוא יום הפקודה תקות כ"א אבדה חים קל מהר: (יד) **אשר יקוט**. אשר אז יוכרת בטחונו והרי היא כאריגת העכבים שאינה מתקיימת: (טו) ישען. עם כי הוא נשען על חוזק ביתו להתחזק בו הנה לא יעמוד בידו ועם כי יאחז בו בחוזק לא יתקיים בידו כי יאבד ממנו בעת יכלה די גמול מעט מעשה הטוב שעשה ואם כן מרבית הטובה סיבה היא לו לרעה לקרב את האבדון כאשר מרבית הלחלוחית של הגומא והאחו סבה הוא להם להתייבש מהר: (טז) **רטוב הוא**. רלה לומר ובדבר רעות הלדיקים ימשילו לומר הנה העץ רענן אשר הוא רטוב אף בעמדו אל מול השמש וענפיו מתפשטים על כל הגן אשר הוא נטוע בו: (יז) על גל. ושרשיו נאחזים אלל גל המים ועומד בגבול של בית אבנים והוא דבר הנותן שאר לאילן: (יח) אם יבלענו. אם מי ישחיתו לעקרו ממקומו: וכחש בו. ר"ל כשיעקרו עם כל שרשיו לבל ישאיר שארית מה עד שהאילן יכחש במקומו לומר לא ראיתיך מעולם על כי לא נשאר שם זכרון מה והוא ענין מגילה:

18. **If one destroys him from his place**—*the One Who requites him, and this is an elliptical verse.—[Rashi]*

all those who forget God, and the hope of the flatterer shall be lost, 14. whose confidence shall be cut off, and whose trust is a spider's web. 15. He leans on his house but it does not stand; he grasps it but it does not endure. 16. It is fresh before the sun, and on its garden its tender branch emerges. 17. Beside the fountain, its roots are entwined; he sees a stone house. 18. If one destroys him from his place, then it shall deny him, [saying]

renders: When it is still growing in its place and it is not plucked, it will dry up before any other grass.

13. **So are the ways of all those who forget God**—*to prosper when it goes well with him until his measure* [of sin] *is full.*—[*Rashi*]

and the hope—*the end of the flatterer will be lost.*—[*Rashi*] When the time of their visitation arrives, their hope is lost.—[*Mezudath David*]

the flatterer—The wicked is called a flatterer because he flatters his evil inclination and allows himself to be enticed by it.—[*Mezudath David*]

14. **whose confidence shall be cut off**—*His confidence and his trust will be cut off.*—[*Rashi*]

confidence—Heb. כִּסְלוֹ. *That is the thought of his confidence, like* (below 31:24), *"If I put my confidence* (כִּסְלִי) *in gold."* יָקוֹט *is an expression of cutting off, as* (Ezek. 16:47): *"for after a very little while* (קָט)*."*—[*Rashi*]

a spider's web—*which does not last, is his trust.*—[*Rashi*]

15. **He leans on his house**—He relies on the strength of his house to protect him from all harm, but as soon as the reward for his few good deeds is depleted, his house will collapse.—[*Ralbag, Mezudath David*]

16. **It is fresh**—*His fortune is moist and strong before the time of the visitation of the heat plague—which dries him out—comes to him, and because he* [Bildad] *compares him* [the wicked] *to the papyrus, he speaks according to that metaphor.*—[*Rashi*]

and on its garden its tender branch emerges—Heb. יוֹנַקְתּוֹ, *its root that draws sustenance, or a young branch that grows this year, like* (Ezek. 17:22), *"I will pluck from the top of his young twigs* (יְנִקוֹתָיו)*."*—[*Rashi*]

17. **are entwined**—Heb. יְסֻבָּכוּ, *will be entwined with the branch and with the thicket.*—[*Rashi*]

a stone house—*He sees a strong place and builds it for himself as a stronghold. Menachem, however, explains* יֶחֱזֶה *as an expression of a border: will border him; he will build it up to his border.* [Perlow ed. reads: *on his border.*] *Likewise* (Ps. 107:30), *"their desired haven* (מְחוֹז)*." Likewise* (I Kings 7:4), *"an edge to an edge* (מֶחֱזָה אֶל מֶחֱזָה)*"* (*Machbereth Menachem* p. 86). *All these are before his plague.*—[*Rashi*]

רְאִיתִיךָ: יט הֶן־ה֭וּא מְשׂ֣וֹשׂ דַּרְכּ֑וֹ
וּ֝מֵעָפָ֗ר אַחֵ֥ר יִצְמָֽחוּ: כ הֶן־אֵ֭ל לֹ֣א יִמְאַס־
תָּ֑ם וְלֹֽא־יַ֝חֲזִ֗יק בְּיַד־מְרֵעִֽים: כא עַד־
יְמַלֵּ֣ה שְׂח֣וֹק פִּ֑יךָ וּשְׂפָתֶ֥יךָ תְרוּעָֽה:
כב שֹׂנְאֶ֥יךָ יִלְבְּשׁוּ־בֹ֑שֶׁת וְאֹ֖הֶל רְשָׁעִ֣ים
איננו

יָתָךְ: יט הָא הוּא חֶדְוַת
אוֹרְחֵיהּ וּמִן עַפְרָא
אוֹחֲרָן יְלַבְלְבוּן: כ הָא
אֱלָהָא לָא יְרַחֵיק שְׁלִים
וְלָא יִתְקֵיף בְּיַד
מַבְאִשִׁין: כא עַד דִּי
מַלֵּא חוּכָא פּוּמָךְ
וְסִפְוָתָךְ הֵיךְ יַבָּבָא:
כב סָנְאָךְ יִלְבְּשׁוּן בַּהֲתָא
וּמַשְׁכְּנָא דְרַשִׁיעֵי

ה׳ במקום א׳

רש"י

והרי הוא כלא היה שאין נפילתו מתעלת כמפלת צדיק כי הצדיק יפול ויקום וזה יפול בלא תקומה: (יט) **הן הוא משוש דרכו**. של רשע שכל משושו וגם הצלחתו ללא תקוה תשוב: **ומעפר אחר יצמחו**. ובני אדם שהיו עד הנה שחים עד עפר יצמחו · **אחר**. אדם אחר יצמח לקבל גדולתו של זה כשם שמצינו ולחוטא נתן ענין וגו׳ (קהלת ב׳) ע"כ דע על עצמך אם רשע היית אין תקומה למפלתך אם תם היית כו׳: (כ) **הן אל לא ימאס תם**. ולא יחזיק ביד משנאיך

אבן עזרא

נראה: (יט) **הן הוא**. זהו דרכו המעולה ומנהג תולדותיו וזהו משל על הרשעים שלא יעמדו:

מנחת שי

וא"ו אחר יו"ד: (כ) הן אל. בכל ספרים כ"י שלפני הה"א בסגול כחברו שלמעלה ממנו וכן הגיה בעל אור תורה בספרו אבל במסורת שלפניו לא נמנה זה עם אותם שהם בסגול: (כא) עד ימלה. בדפוס נאפולי כתוב ימלא באל"ף וכן בפי׳ איוב כ"י ישן לא ידעתי המחבר כתב ימלא באל"ף ואח"כ כתב וי"ס שכתוב ימלה בה"א תמורת אל"ף ע"כ. ולבונו אחרון עיקר שכן הוא דעת רד"ק וכן במסורת לית כתוב ה"א וגם בסוף פ׳ לו ותהלים כ׳ נמסר ימלא ז׳ ו׳ כתיב אל"ף וא׳ כתיב ה"א וזהו מה שכתוב בה"א: ושפתיך תרועה. במדוייקים כ"י התי"ו רפויה שאין טעם מפסיק במלת שפתיך:

רלב"ג

האילן ממקומו ויאמר לא ראיתיך ר"ל שלא ישאר שום רושם כלל: (כ) ולא יחזיק ביד מרעים. לא יאחוז להצילם מהרעות אבל יביאם עליהם כטעם ויחזיקו האנשים בידו: ביאור דברי המענה. ענה בלדד השוחי ואמר עד אן תמלל דברים קשים כאלה כנגד השם ותוציא מפיך רוח כביר כנגדו. האם הש"י יעות משפט אין ספק שכל מה שיעשה הוא במשפט ובצדק. הנה אם חטאו לו בניך שלחם ובערם מן העולם בעבור פשעיהם. ואם אתה תשחר אל אל שירחמך ותתחנן לפניו שיסלח לך אם חטאת. או אם זך וישר אתה כמו שאתה אומר עתה יביא אליך הטוב ויעמיד בשלום נפשך ויהיה הרע שהביא אליך לטוב לפי שבלדד היה חושב כמו שיתבאר מדבריו כי הרעות יבאו לטובים אשר לא קדם להם מרי ועון להוסיף להם טוב במה שעתיד ומה שנחשוב אותו רע הוא טוב אלא שאנחנו לא נדע שיעור החכמה האלהית אשר חייבה הגעת הטוב לו בכמו אלו הסבות ולנקיים אשר קדם להם מרי מעט יבואו רעות חלושות וכאשר ישובו לש"י והספכו לטוב והחל לזכור הבדל מה בין הרעות שיבאו לרעים והרעות אשר יבואו לטובים ובין הטובות אשר יבאו לטובים והטובות אשר יבאו לרעים כי הטובות שיבאו לרעים הם רעות ואם לא נשער אופן היותם רעות והרעות אשר יגיעו לטובים הם טובות ואם לא נשער בזה לקצורנו בהשגחת החכמה האלהית ונתן ראיה מן המקובל. ויאמר כי שאל נא לדורות הקודמים וכונן אל מה שחקרו אבותיהם כי אנחנו נצטרך בזה לקבל עדות מהם לפי שתמול אנחנו ולא נדע הענינים אשר יצטרכו לזמן ארוך לעמוד עליהם מן החוש לקוצר זמננו. הלא הם יורוך האמת ויאמרו לך מה שנתפרסם להם מן החוש עם מה שהוציאו משכלם. הנה הגומא לא יגדל בזולת טיט ר"ל שהוא צריך ללחות רב ולא ישגא למח האחו בלי מים משקים אותו תמיד. ובעוד שזה הצמח בלחותו ורעננותו בזולת שיכרת ויקטף הנה ייבש קודם ייבוש כל צמח אחר. וכן הענין בשוכחי אל שכבר יגיעם רע שיכלם לגמרי על מקומם ובחשבם להיות בשלום תאבד תקות הרשע כבר תכרת תקותו וביתו אשר הוא בוטח בו בחזקו יהיה חלוש כמו אריגת העכבים שהוא בתכלית החולשה. הנה הוא נשען על חוזק ביתו ויחשוב להתחזק בו ולא יתקיים כבית הבוא. ובכלל הנה כל מה שיהיה עליו לעזר יאבד ממנו כמו האחו והגומא שיבשו פתאום עם היותם הלחות אשר היו ניזונים ממנו ובהיות הענין כן הנה טובות הרשעים הם רעות ואולם אנחנו לא נדע האופן אשר הם בו רעות ונפלא מפני זה בשנראה הגעת אלו הטובות אל הרשעים. ואחר שזכר אופן ההמשל בהיות טובות הרשעים רעות בא להביא משל ודמיון ברעות הצדיקים איך יתכן שיהיו טובות. ואמר הנה העץ שהוא רענן הוא במקום שהשמש רואה אותו ויוצאת יונקתו משרשיו על הגן אשר הוא נטוע בו ברבוי לחותו ויסתבכו שרשיו על גל המים עד שמרוב מזונו יסתעפו שרשיו באבני הסלע אם יוציאנו מוציא ממקומו בשלמות עד שלא ישאר ממנו שום רושם כלל. הנה זאת העקירה שנעקר זה האילן מהמקום ההוא הוא משוש דרכו ומעפר אחר יטעוהו בו יצמחו לו יונקות באופן יותר שלם ממה שהייתה לצמחות לו שם ויסתעפו שרשיו ויסובכו וזה דבר מבואר נגלה מן החוש ר"ל שקצת הצמחים תהיינה יותר שלמות כשיעקרו ממקומם ויטעום במקום אחר וכן רעות התם והישר שאנחנו נחשב אותם רעות ואינם רעות אבל הם טובות.

מצודת דוד

(יט) **הן הוא משוש דרכו**. רצה לומר עם כי נראה שהשחתת את האילן הנה לא כן הוא זהו שמחת דרכו של האילן כי מעפר אחר אשר עתה יטע בו יצמחו לו יונקות באופן יותר שלם כי כן דרך קצת מן הצמחים אשר תהיינה יותר שלימות כאשר יעקרו ממקומם ויטעו במקום אחר א"כ הרעה הזו העקירה הוא וכן רעת הצדיקים לטובה תחשב ועם כי לא נדע היאך הוא בעבור סכלות הדעת: (כ) **הן אל**. כי האל לא ימאס תם להרע לו על לא תכלית טוב וכאשר לא יחזיק ביד מרעים להטיב להם על לא תכלית רע: (כא) **עד ימלה**. רצה לומר וכן לא ימאס בך וישגה אחריתך עד אשר ימלא פיך שחוק ותרועה שמחה בעבור רוב הטובה: (כב) **שונאיך**. השמחי לאידך ואוהבי רעתך הם ילבשו בושת כאשר יראו אותך בטובה: **ואוהל**. אבל אהל הרשעים היא תאבד ואין לו לשוב לקדמותו ולא

מצודת ציון

(יט) **דרכו**. ענין סדר והנהגה: (כא) **ימלה**. כמו ימלא באל"ף:

22. **Your enemies**—who rejoice at your misfortune and enjoy your suffering, will be clothed with shame when they witness your prosperity. —[*Mezudath David*]

and the tent of the wicked—But the tent of the wicked will be lost and will not be reinstated, unlike your tent, which will be reestablished as in previous years.—[*Mezudath David*]

(In summation: Bildad agrees

'I have not seen you.' 19. Behold this is the joy of his way, and from the earth, others will spring forth. 20. Behold God will not reject the innocent, nor will he uphold evildoers. 21. Until He fills your mouth with laughter and your lips with shouting. 22. Your enemies will be clothed with shame, and the tent of the wicked

then it shall deny him—*his place* [shall deny him].—[*Rashi*]

'I have not seen you.'—*For neither root nor branch shall remain of him, and it will be as though he had never existed, for his fall shall not ascend like the downfall of the righteous— for the righteous will fall and rise, but this one will fall without rising.*— [*Rashi*] Ramban explains that the sun, mentioned in verse 16, is the subject here. When it shines, it will destroy the wicked man from his place, so that the place will deny ever having seen him.

19. **Behold this is the joy of his way**—*Of the wicked man, for all his joy and also his success will end up without hope.*—[*Rashi*]

and from the earth, others will spring forth—*And people who were until now bent down to the ground will spring forth.*—[*Rashi*]

others—*Another man will spring forth to receive the greatness of this one, as we find* (Eccles. 2:26): *"and to the sinner He has given the task etc.* [to give to him who is good in God's sight]." *Therefore, you should know about yourself, if you were wicked, you will not rise after your downfall. If you were innocent . . .*—[*Rashi*]

Mezudath David explains that, although it appears that the tree has

been destroyed, it has not. On the contrary, this apparent destruction is the joy of the tree's way, because it will now be planted into other soil, from which its saplings will grow superlatively. Certain plants grow better when they are uprooted from their place and transplanted into other soil. Consequently, an apparent evil is in fact a benefit. By this same token, the sufferings of the righteous are actually beneficial to them, but we do not have the knowledge to understand how.

20. **Behold God will not reject the innocent**—*and He will not uphold your enemies who are harming you, until He returns to grant you clemency, and* [then] *He will fill your mouth with laughter.*—[*Rashi*] *Mezudath David* explains: For God will not reject the innocent, harming him, unless a benefit will result therefrom, just as He will not uphold the evildoers to their benefit unless they ultimately will suffer harm.

21. **Until He fills your mouth with laughter**—Likewise, He will not reject you, and your end will be to increase exceedingly, until He fills your mouth with laughter and your lips with a shout of joy in celebration of the great prosperity granted you.—[*Mezudath David*]

אֵינֶֽנּוּ׃ ט א וַיַּעַן אִיּוֹב וַיֹּאמַר׃ ב אָמְנָם
יָדַעְתִּי כִי־כֵן וּמַה־יִּצְדַּק אֱנוֹשׁ עִם־אֵל׃
ג אִם־יַחְפֹּץ לָרִיב עִמּוֹ לֹא־יַעֲנֶנּוּ אַחַת
מִנִּי־אָלֶף׃ ד חֲכַם לֵבָב וְאַמִּיץ כֹּחַ מִי־
הִקְשָׁה אֵלָיו וַיִּשְׁלָם׃ ה הַמַּעְתִּיק הָרִים
וְלֹא

תרגום

לֵיתוֹהִי: א וַאֲתֵיב אִיּוֹב
וַאֲמַר: ב בְּרַם בְּקוּשְׁטָא
יְדַעֵית אֲרוּם הֵיכְנָא
וּמַה יִדְכֵּי בַּר נָשׁ עִם
אֱלָהָא: ג אִם יִצְבֵי
לְמִנְצֵי עִמֵּיהּ לָא
יְתִיבִנֵּיהּ חֲדָא מִן אָלֶף:
ד חַכִּימָא לִבָּא וְאַלִּים
חֵילָא מַן אַקְשֵׁי לְוָתֵיהּ
וְאַשְׁלֵם: ה דִּמְסַלֵּק
תִּקִּיפִין הֵיךְ
טוּרַיָּא

רש״י

המריעים לך עד אשר ישוב לרחם עליך וימלא שחוק פיך: (מענה איוב): הוא לריב: ואמיץ כח. להפרע: מי הקשה. לבו והלך שלם. פרעה הקשה ונחסר. וכן כל המקשים:
ט (ג) לריב עמו. להתווכח עמו: (ד) חכם לבב. (ה) המעתיק הרים. המסלקם כהופכו סדום: ולא ידעו.

אבן עזרא

ט (א) ויען איוב: (ב) אמנם ידעתי כי כן: (ד) מי הקשה אליו. לבו: וישלם. והיה שלם:

רלב״ג

ובכלל הנה הש״י לא ימאס התם אבל ישגיח בו וישמרהו תמיד ולא יציל הרשעים מהרעות כאשר הביאם עליהם כמו שעשה זה בנקיים שקדם להם מרי מעט ר״ל שהם כשישובו אל הש״י יצילם מהרע ההוא ויתהפכו להם לטוב. הנה אם היית עושה כמאמרי שתשחר אל אל ותתחנן לפניו יגיע לך מהטוב עד שימלא שחוק פיך מהטוב אשר ייטיב לך ממקום אחר ושפתיך ימלא תרועה מרוב השמחה. שונאיך ילבשו בושת ויהרום אוהל הרשעים. זה ביאור דברי המענה: והכלל העולה מהדברים הוא שדעת בלדד היה שכל טובות האדם ורעותיו מוגבלות ומסודרות מאת הש״י בצדק ובמשפט לא יפול דבר ומה שיחשב מרוע הסדור בטובות האדם ורעותיו הוא מצד סכלותנו וזה כי הנקי כשיבואו לו רעות הם טובות בעצמותם אלא שאנחנו לא נדע האופן אשר בעבורו היו טובות והביא משל בזה מן הצמחים כי קצתם ישחיתו אותם ויעקרו ממקומם וזה טוב להם כי ממקום אחר תהיה צמיחתם יותר טובה וכן הם רעות הצדיקים. וטובות הרשעים הם רעות על דרך האמת שיכחדו גם הרשעים ויאבדו ולא יועילם רוב טובם אשר בידם כמו הענין בעשבי האחו שיבשו עם היותם בלחות והרעננות. ולא נראה מדבריו בספר הזה שישוה בזה הענין האדם לשאר ב״ח וזה שהחטא והפשע ושכיחת האל והחניפות והתמימות אשר זכר לא ימצאו כי אם באדם לבדו מבין שאר בעלי חיים כי לא יתוארו באלו התארים שאר הב״ח ר״ל שלא יאמר בהם שהם מרעים או חנפים או שוכחי אל או תמימים. והוא מבואר שאיננו מחוייב שמי שיודה שהש״י משגיח באישי האדם ופוקד אותם על כל מעשיהם בצדק ובמשפט שיודה שיהיה הענין כן בשאר אישי ב״ח כי אולי נבדל בזה האדם לפי דעתו להיותו בעל שכל ולזה ראוי יותר שיהיה נפקד על כל מעשיו. ואמנם היה מחוייב במי שיודה שהש״י משגיח על שאר ב״ח ולא ישיגם דבר מהמקרים אם לא במשפט שיודה זה באישי האדם כי זאת ההשגחה תהיה יותר במי שיהיה יותר נכבד כמו שהתבאר בספר ב״ח ובכלל הנה אין ראוי שנייחס לאדם מהמום בדעותיו רק מה שנמצאהו מבואר מדבריו או מתחייב מהם ולזה לא הסכמנו אנחנו שיהיה דעת בלדד בהשגחה כמו דעת כת המעתזל״ה כמו שזכר הרב המורה ז״ל. ואחשוב שמה שהניעו להניח דעת בלדד ע״ז האופן הוא מה שימצא מדעות האנשים המפורסמים בזמננו בהשגחה ולפי שראה התיחסות מה בין דעת בלדד ודעת כת המעתזל״ה יחס מפני זה דעת המעתזל״ה לבלדד. ובכלל הנה אם היו דעות האנשים שזכר הרב המורה על מספר חלקי הסותר אשר ימצאו בזה הדרוש היה ראוי שיפרשו דברי אלו האנשים בדרך שיסכימו לדעות ההם אע״פ שלא יהיו פשטי דבריהם מורים הוראה נגלית שיהיה להם הדעת ההיא אלא שהוא מבואר שמספר הדעות ההם אשר לכת המעתזל״ה והאש״עריה ילאו מההוויות הנמצאות למדברים אשר קיימו דעותיהם בחדוש העולם ואיננו ראוי שימנו כמו הדעות ההם חלקי הסותר כי המחשבה לא תפול בכמו הדעות ההם תחלה והעיון האמיתי ירחיקם ולזה נמשכנו אנחנו בביאורנו זה אל מה שיורה פשטי דברי אלו האנשים ונראה לנו מהם שדעותיהם הם על מספר חלקי הסותר אשר בזה הדרוש לפי מה שתשפטהו התכונה לאנשים המטיבים בעיון והנה נבאר בע״ה במה שיבא איך נמצאו דעות אלו האנשים על מספר חלקי הסותר בזה הדרוש והנה בלדד ואם הוא דבר כנגד המוחש כבר ימלא לו פנים מן ההראות כי הרבה פעמי׳ יגיע לאדם רע ויתבאר בסוף הענין שכבר היה סבה להביא עליו טוב או לשומרו מרע יותר חזק. והרבה פעמים יגיעו לאדם טובות יתבאר בסוף שהם היו סבת הגעת הרע או למונעו מטוב אחר יותר חזק: ביאור מלות המענה (א) ויען איוב ויאמר: (ד) וישלם. ויעמוד עמו בשלום: (ה) המעתיק הרים. עוקר הרים ממקומם וזה יעשהו השם יתברך באמצעות הרוח הנעצר בתוכו כמו שהתבאר בספר האותות: ולא ידעו. חסר ועניינו ולא ידעו האנשים מי הוא אשר הפכם באפו ר״ל שסבת

מצודת דוד

כן אהלך כי תשוב ותכון כמאז (העולה מהמענה ההיא שדעת בלדד כדעת אליפז שהכל בא בהשגחה ויוכיח מאבדן בניו בבית המשתה במקום הרשע שם המשפט ויחזק דעתו שטובות הרשעים המה לתכלית רע כמו מרבית הצלוחית במקלת הצמחים ואף רעת הצדיקים לטובה תחשב כמו עקירת קצת הצמחים ואנחנו לא נדע שיחן מקוצר הדעת וסוף יכחם את איוב לומר כי ישגה אחריתו): ט (ב) אמנם וגו׳. בא להשיב על דברי בלדד ואמר מה שאמרת האל יעוות משפט וגו׳ הנה באמת ידעתי גם אני כי כן הוא בעבור זה שפטתי שהכל בא מצד המערכה אבל כל תלונותי מהו הגמול כאשר יצדק אנוש עם אל ללכת בדרכיו הלא גם הוא נעזב להנהגת המערכה והיה כצדיק כרשע ומקרה אחד להם: (ג) אם יחפוץ. אם הצדיק ירצה להתווכח עם המקום על קפחון שכרו הלא לא ישיב לו אף תשובה אחת מאלף שאלותיו: (ד) חכם לבב. ועוד הלא הוא חכם לבב ואמיץ כח בתכלית השלימות ומי הוא אשר דבר קשות למולו והוא נשאר בשליה כי הלא גבר עליו אם בחכמה אם בכח ובעבור זה מי הוא אשר לא ירעד להתוכח עמו (ואם כי היה מסתפק בהשגחה הנה על הרוב ידבר אבל יודע היה אשר בידו הכח לשדד המערכה כאשר ירצה): (ה) המעתיק. הלא הוא

overpower him either with His wisdom or with His power. Who, therefore, could speak harshly to Him and emerge unscathed? Who would not fear to contend with Him? (Although Job was skeptical about Divine Providence, he did believe that at times God would overpower

shall be no more."

9

1. Then Job replied and said, 2. "Indeed, I know that it is so, but why should a man be righteous with God? 3. If he would wish to contend with Him He would not answer him one out of a thousand. 4. He is wise in heart and mighty in strength; who hardened [his heart] against Him and remained whole? 5. He Who moved mountains

with Eliphaz that all Job's troubles result from Divine Providence. His proof is that Job's children perished in the banquet house, the place in which they had sinned. He opines that the prosperity of the wicked is for their detriment, like the moisture found in certain plants which causes them to dry up quickly. The sufferings of the righteous are for their benefit, however, like the plants that thrive when transplanted to other soil; but our intellect is limited and unable to comprehend this phenomenon. He also consoles Job, promising him that his end will be to increase exceedingly.)—[*Mezudath David*]

Ramban explains that Bildad condemned Job's children, claiming that they were liable to spiritual excision for their sins; Job was being punished for his sins, but would be reprieved if he prayed to God and repented. *Malbim* explains that Job's suffering was visited upon him to increase his prosperity in the future although he had not sinned.

(**Job's Reply**)

2. **Indeed I know etc.**—He comes to reply to Bildad's argument, and says: Your argument that God does not pervert judgment, etc.—indeed, I realize that, and so I concluded that God does not judge the world but has delegated that task to the constellations. My complaints are these: What is man's reward if he is righteous and follows God's ways? He, too, is abandoned to the constellations, and the same thing happens to the righteous as happens to the wicked.—[*Mezudath David*]

3. **to contend with Him**—*To debate with Him.*—[*Rashi*]

He would not answer—even one question out of a thousand.—[*Mezudath David*]

4. **He is wise in heart**—*to contend.*—[*Rashi*]

and mighty in strength—*to requite.*—[*Rashi*]

who hardened—*his heart and went away whole? Pharaoh hardened* [his heart] *and was destroyed, and so it is with all who hardened* [their hearts].—[*Rashi*]

God is both omniscient and omnipotent. Who can contend with Him and emerge unscathed? God would

וְלֹא יָדָעוּ אֲשֶׁר הֲפָכָם בְּאַפּוֹ׃ ו הַמַּרְגִּיז
אֶרֶץ מִמְּקוֹמָהּ וְעַמּוּדֶיהָ יִתְפַלָּצוּן׃
ז הָאֹמֵר לַחֶרֶס וְלֹא יִזְרָח וּבְעַד כּוֹכָבִים
יַחְתֹּם׃ ח נֹטֶה שָׁמַיִם לְבַדּוֹ וְדוֹרֵךְ עַל־
בָּמֳתֵי־יָם׃ ט עֹשֶׂה עָשׁ כְּסִיל וְכִימָה
וְחַדְרֵי תֵמָן׃ י עֹשֶׂה גְדֹלוֹת עַד־אֵין
חֵקֶר וְנִפְלָאוֹת עַד־אֵין מִסְפָּר׃ יא הֵן

ת"א המרגיז. חגיגה יב: לחרס. מנחות קי: עש. ברכות נח: עושה גדולות. ברכות נח תענית ב' ט' נדה לא:

טוּרַיָא וְלָא יְדַעוּ אֲרוּם
הֲפִיכְנוּן בְּרוּגְזֵיהּ:
ו דְמַרְגֵיז אַרְעָא מֵאַתְרָהּ
וְעַמוּדָהָא מִתְרַפְּפִין:
ז דַאֲמַר לְשִׁמְשָׁא וְלָא
יְדַנַח וְאַמְטוּל כּוֹכְבַיָא
יַחְתּוֹם בַּעֲנָנֵי: ח דְמָתַח
שְׁמַיָא לִבְלְחוֹדֵיהּ
וּמְטַיֵיל עַל רוּם תְּקוֹף
יַמָא: ט דַעֲבַד עָשׁ
נִפְלָא וְכִימָא וְאִדְרוֹנֵי
שִׁטְרֵי מַזָלַיָא בִּסְטַר
דָרוֹמָא: י דְעָבַד רַבְרְבָן
עַד דְלֵית סוֹף וּפְרִישָׁן
עַד דְלֵית מִנְיָן: יא הָא

רש"י

עד שנהפכו: (ו) המרגיז ארץ. בהביטו אליה ותרעד: (ז) האומר לחרס. לשמש דוס והוא שמר אמרת מלך ולא יזרח: ובעד. וכנגד הכוכבים יסגור מחילה ולא יאירו: (ח) נוטה שמים לבדו. ומלאכים נבראו ביום שני שלא תאמר מיכאל מתח בצפון וגבריאל בדרום: על במתי ים. על גובהי ים ועל מעשה בראשית נאמר שגבהו המים התחתונים לרום למעלה ודרכם: (ט) כסיל וכימה. מזלות הם: וחדרי תימן. להכניס שם סופה כמו שאמר מן החדר תבא סופה (לקמן ל"ז): (יא) הן יעבור וגו'. ידעתי כי כל אשר יחפוץ יעשה: יעבר עלי. לפני ולא אראנו:

אבן עזרא

(ז) לחרם. לשמש כמו בטרם יבא החרסה: יחתום. יעלים: (ט) עש. הם שבעה כוכבים: כסיל וכימה. שני כוכבים גדולים האחד בפאת שמאל מגלגל הנוטה והשני בפאת נגב ועש בפאת לפון הגלגל הגדול: וחדרי תימן.

מנחת שי

ט (ח) במתי ים. במקרא גדולה נכתב בגליון בספר מוגה במתי מב ע"כ. וספר מוטעה הוא זה: (י) עשה גדלות וגו'. כי

רלב"ג

העתקם ממקומם נעלמת מההמון: (ו) המרגיז. מניד ומניע: יתפלצון. יתנודדו ויתנועעו: (ז) לחרס. הוא השמש: יחתום. יסגור עד שלא יראו הם הכוכבים ההם וזה בעמוד קלתם תחת קלתם ויהיה שב אל כוכבי לכת לבד. או שיסתרו באור השמש ויהיה שב אל כל הכוכבים. או יהיה הרלון באמרו ובעד ככבים יחתום ר"ל כל כך יעדר אור השמש בעת הלקיה עד שיראו הככבים: (ח) ודורך על במתי ים. ענינו שהוא נוטה הגשם שידרוך על במתי ים והוא השמים וכוכביו ההולכים באיזור גלגל המזלות או נוטין ממנו מעט ללפון ולדרום: (ט) עש

מצודת דוד

המעתיק את ההרים ממקומם והמון האנשים לא ידעו מי הוא אשר הפכם באפו כי נעלמה מכל סיבות הפיכתם: (ו) המרגיז. הוא המרעיד את הארץ לנוד ממקומו ועמודי הארץ יחרדון כי כאשר תעלה הרוח בבטן הארץ תרעד עמודיה הם תחתיות הארץ ואף פני האדמה ממעל: (ז) האומר. הוא הגוזר על השמש שלא יזרח ואינו זורח וסוגר מול הכוכבים לבל יאירו בעולם ועל ימי המבול יאמר כי לא שמשו אז המזלות: (ח) נוטה שמים. עם כי הוא מקיף כל העולם פרשו הוא לבדו: ודורך. בוטש על גבהי הים לבל ישפכו לכסות הארץ כי מי אוקינוס גבהו מן הארץ כן אמרו רבותינו ז"ל: (ט) עש כסיל וכימה. שמות מיני מזלות הן: וחדרי תימן. יש בפאת הדרום חדרים שאלור בהם רוח סופה כמ"ש מן החדר תבוא סופה (לקמן ל"ז): (י) עד אין חקר. עד שאי אפשר לחקור אחריהם להבינם: עד אין מספר. נגודל רבויים: (יא) הן יעבור. אף כי בכל עת יעבור אצלי כי מלא

מצודת ציון

ט (ו) יתפלצון. יחרדון כמו ותכסני פלצות (תהלים נ"ה): (ז) לחרס. לשמש כמו מלמעלה החרס (שופטים ח'): יחתום. יסגיר כמו

constant but occur occasionally, they are said to have no number, meaning that the individual miracles cannot be counted. The "great deeds" are described as having no limit, since they are, as it were, one constant procedure, not subject to counting.

11. **Behold, He goes by me**—*I know that all He wishes, He does.*—[*Rashi*]

but they knew not that He had overturned them in His wrath; 6. He Who causes the earth to quake from its place, and its pillars shudder; 7. He Who spoke to the sun and it did not shine, and He sealed up the stars; 8. He Who alone stretched out the heavens and treads on the high places of the sea; 9. He Who made the Bear, Orion, and the Pleiades, and the chambers of the south; 10. He Who performs great deeds without limit, and wonders until they have no number—11. Behold,

the constellations and visit retribution upon an individual. He contended merely that that is not the usual procedure.)—[*Mezudath David*]

5. **He Who moved mountains**—*He moved them away when He overturned Sodom.*—[*Rashi*]

and they knew not—*until He turned them over.*—[*Rashi*] The people did not know who had moved the mountains with his wrath because the reason for the overturning was hidden from them.—[*Mezudath David*]

6. **He Who causes the earth to quake**—*when He looks at it, and it trembles.*—[*Rashi*]

7. **He Who spoke to the sun**—Heb. לַחֶרֶס, *to the sun, "Stand still," and it kept the command of the King and did not shine.*—[*Rashi*]

and He sealed up the stars—*He closed off the stars with a partition and they did not shine.*—[*Rashi*] *Mezudath David* interprets this as referring to the Great Flood, when the heavenly bodies did not function.

8. **He Who alone stretched out the heavens**—*and the angels were created on the second day, lest you say that Michael stretched it out in the north and Gabriel in the south.*—[*Rashi* from *Gen. Rabbah* 3:11, with variations.]

on the high places of the sea—*On the heights of the sea. This was stated regarding the Creation, that the lower waters raised themselves up on high, and He trod them.*—[*Rashi* from *Midrash Ps.* 93:5]

9. **Orion, and the Pleiades**—*they are constellations.*—[*Rashi*]

and the chambers of the south—*Into which to bring the tempest, as he states* (below 37:9): *"From the chamber shall come the tempest."*—[*Rashi*]

10. **without limit**—This translation follows the *Targum. Mezudath David* explains: to the extent that they are unfathomable.

until they have no number—They are too numerous to count.—[*Mezudath David*]

Gra explains that "great deeds" are the wonders of nature, and "wonders" are the supernatural miracles. Since the latter are not

יַעֲבֹר עָלַי וְלֹא אֶרְאֶה וְיַחֲלֹף וְלֹא־אָבִין
לוֹ׃ יב הֵן יַחְתֹּף מִי יְשִׁיבֶנּוּ מִי־יֹאמַר
אֵלָיו מַה־תַּעֲשֶׂה׃ יג אֱלוֹהַּ לֹא־יָשִׁיב
אַפּוֹ תַּחְתָּו שָׁחֲחוּ עֹזְרֵי רָהַב׃ יד אַף כִּי־
אָנֹכִי אֶעֱנֶנּוּ אֶבְחֲרָה דְבָרַי עִמּוֹ׃ טו אֲשֶׁר
אִם־צָדַקְתִּי לֹא אֶעֱנֶה לִמְשֹׁפְטִי
אֶתְחַנָּן׃ טז אִם־קָרָאתִי וַיַּעֲנֵנִי לֹא

תחתיו קרי

תרגום

יֶעֱבַר עֲלַי בִּשְׁמֵי מְרוֹמָא
וְלָא אֶחֱמֵי וְיַחְלוּף וְלָא
אֶתְבַּיֵּן לֵיהּ׃ יב הָא
יַחְטוּף אֱנָשׁ בְּעַלְמָא
וּמַן יְתִיבְנֵיהּ מַן יֵימַר
לֵיהּ מַה אַתְּ עָבֵיד׃
יג אֱלָהָא לָא יְתִיב
רוּגְזֵיהּ תְּחוֹתוֹי שְׁיָחָן
רַשִׁיעַיָּא יִתְבָּרוּן גֵּיוְתָנַיָּא
דְּמְסַיְּעִין בְּסוּגְעָא׃ יד אַף
כָּל דְּכֵן אֲרוּם אֲנָא
אֲתִיבְנֵיהּ אֶבְחַר פִּתְגָמַי
עִמֵּיהּ׃ טו דְּאִין זַכְיֵת לָא
אֲתִיב לְמַן דְּדָיֵין יָתִי
אֶצְלֵי׃ טז אִין קְרֵית וַאֲתֵיב יָתִי לָא אֵימִין

רש"י

(יב) יחתוף. יכה פתאום כמו (משלי כ"ג) היא כחתף תארוב לשון פתאום הוא: (יג) לא ישיב אפו. מפני יראת (ולדקת ס"א) איש: תחתיו שחחו. לבא מרום שבאו לעזור את מצרים. מצרים נקרא רהב שנאמר לכן קראתי לזאת רהב הם שבת (ישעיה ל') על שם גאותם אשר אמרו מי ה' וגו' (שמות ג'): (יד) אף. כ"ש: (טו) לא אענה. אירא להרים קול לפניו: למשופטי. כמו לשופטי: (טז) לא אאמין. לא אוכל להאמין מיראתי אותו כי איך

מנחת שי

פסוקים מטעין בהון בסיפרא עיין לעיל סי' ה': (יא) ולא אבין. הוא"ו בגעיא: (יג) תחתו. תחתיו קרי והוא חד מן ד' כמ"ש בש"ב כ': (טז) למשפטי. בכל ספרים שלפני חסר וא"ו אחר שי"ן

אבן עזרא

הם הכוכבים שהם בפאת נגב הגלגל הגדול ובעבור היות היישוב בפאת שמאל ולא יראו אותם הכוכבים על כן קראם חדרי כאלו הם במקום נחבא: (יא) ויחלוף. יהלוך וכן חלף הלך לו: (יב) הן יחתוף. ישחית כמו כחתף תארוב: (יג) עוזרי רהב. אנשי הממשלה:

רלב"ג

כסיל וכימה. הם צורות בגלגלי הכוכבים הקיימים: וחדרי תימן. הם צורות הדרומיות: (יא) ויחלוף. ויעבור: (יב) הן יחתף. חסר ועניינו הן יחתוף האדם אם ירצה ולא ימצא מי שישיבנו ממעשיו: (יג) שחחו. שפלו: עוזרי רהב. הם העוזרים בגאוה ובתוקף: (טו) למשופטי אתחנן. בתמיה והרצון בו ואיך אתחנן אל השם יתברך הנה אם קראתי ויענני לא אאמין כי יאזין קולי להיותי פחות מאד

מצודת ציון

כי חתוס הוא (ישעיה כ"ס): (יא) ויחלוף. ענין העברה כמו חלף הלך לו (ש"ס כ'): (יב) יחתוף. כמו יחטוף בטי"ת ועניינו מהירות הלקיחה וכן כחתף תארב (משלי כ"ג): (יג) שחחו. כפפו כמו וישח אדם (ישעיה ב'): רהב. ענין גאוה והתחזקות כמו ורהבם עמל (תהלים צ'): (טו) למשופטי. כמו לשופטי:

מצודת דוד

כל הארץ כבודו אבל לא אראהו: ויחלוף. עם כי יחלוף לפני לא אתבונן את תמונתו: (יב) הן יחתוף. הוא חוטף את האדם בכח ובמהירות ומי ישיבנו ממעשיו מי יאמר אליו למה תעשה כזאת: (יג) אלוה לא ישיב אפו. רלה לומר לא ימצא מוחה בידו אשר בעבור זה ישיב את אפו ממי שכעס עליו כי תחת רגליו כפפו את קומתם כל העוזרים בהתחזקות ובגאוה ולא יעמדו נגדו למחות בידו: (יד) אף כי אנכי. ומכ"ש חלש כמוני איך אשיב אמרי לו איך אבחרה לברר דברי עמו (ואף כי רבות פעמים אמר שרצונו להתווכח עמו הנה מן הכאב לב יתהפך במגיו פעם יאמר כך ופעם כך וכדרך בני אדם): (טו) אשר אם צדקתי. עם כי צדקתי לא אדע איך לדבר עמו להשיב אמרי לו כי הן קלותי מאד נגדו: למשפטי אתחנן. וכי אתחנן אל השופט אותי הלא מערכת השמים הם שפטו עלי היסורים ומה יועיל א"כ תחנון: (טז) אם קראתי. אם כשאקרא אל ה' ויעיב לי עם כל זה לא אאמין בעצמי אשר ישמע קולי והוא

my Judge—Heb. לִמְשֹׁפְטִי, *like* לְשׁוֹפְטִי.—[*Rashi*]

will I supplicate?—Will I supplicate the One Who judges me? Are not the constellations my judges? Consequently, what will supplication avail me?—[*Mezudath David*]

16. **I will not believe**—*I will be unable to believe out of my fear for Him, for how do I not see Him?*—[*Rashi*]

Ralbag explains: Will I supplicate my judge? How can I supplicate the Lord? Behold, even if I call to Him and He answers me, I shall not believe that He hearkens to my voice, because of my infinite humility as compared to Him. *Mezudath David* explains: The prospect of His listening to me is so unlikely that I myself would not believe that He was listening to me.

He goes by me but I do not see [Him]; and He passes but I do not perceive Him. 12. Behold, He strikes suddenly, and who can hold Him back; who will say to Him, 'What are You doing?' 13. God will not hold back His wrath; all the helpers of Rahab stoop under Him. 14. Surely, that I should answer Him; that I should choose my words with Him. 15. For if I am right, I will not reply; will I supplicate my Judge? 16. If I call and He answers me, I will not

He goes by me—*Before me, but I do not see Him.*—[*Rashi*] Although He constantly passes by me, I do not see Him, nor can I perceive His appearance.—[*Mezudath David*] *Ramban* explains that, because God passes by invisibly, one cannot beware of Him.

12. **Behold, He strikes suddenly** —Heb. יַחְתֹּף, *He strikes suddenly, like* (Prov. 23:28), "She, too, will suddenly (כְּחֶתֶף) lurk," *an expression of suddenness.*—[*Rashi*] *Ibn Ezra:* He destroys. *Targum:* He seizes a man in the world [so *Mezudoth, Rabbenu Meyuchos,* and *Isaiah da Trani*].

and who can hold Him back—from performing His will?—[*Ralbag*]

Who will say to Him etc.—Who will question Him, saying, "Why do You do this?"—[*Mezudath David*]

13. **will not hold back His wrath**—*because of fear (other editions: righteousness) of a man.*— [*Rashi*] There is no one to protest against what He does, no one for whom He will withhold His wrath and refrain from giving vent to His anger.—[*Mezudath David*]

[all the helpers of Rahab] stoop under Him—*The celestial host that came to aid the Egyptians. Egypt is called Rahab, as it is said* (Isa. 30:7): "Therefore, I called this, 'They are haughty (רַהַב), idlers,' " *by dint of their haughtiness, for they said, "Who is the Lord? etc."* (Exod. 5:2).—[*Rashi*] Other commentators explain: All those who help with strength and pride stoop under Him. Therefore, no one will have the courage to protest His acts.— [*Mezudath David, Rabbenu Meyuchos*]

14. **Surely**—Heb. אַף.—[*Rashi*] Surely a weak person like me—how will I answer Him, how will I choose my words to speak to Him? (Although Job stated many times that he wanted to contend with God, he also changed his mind many times out of his agonies and heartache. This is human.)—[*Mezudath David*]

15. **For if I am right**—Even if I am right.—[*Mezudath David*]

I will not reply—*I will fear to raise my voice before Him.*—[*Rashi*]

אַאֲמִין כִּֽי־יַאֲזִין קוֹלִֽי׃ יז אֲשֶׁר־בִּשְׂעָרָה
יְשׁוּפֵנִי וְהִרְבָּה פְצָעַי חִנָּֽם׃ יח לֹֽא־יִתְּנֵנִי
הָשֵׁב רוּחִי כִּי יַשְׂבִּעַנִי מַמְּרֹרִֽים׃
יט אִם־לְכֹחַ אַמִּיץ הִנֵּה וְאִם־לְמִשְׁפָּט
מִי יוֹעִידֵֽנִי׃ כ אִם־אֶצְדָּק פִּי יַרְשִׁיעֵנִי
תָּֽם־אָנִי וַֽיַּעְקְשֵֽׁנִי׃ כא תָּֽם־אָנִי לֹֽא־אֵדַע
נַפְשִׁי אֶמְאַס חַיָּֽי׃ כב אַחַת הִיא עַל־כֵּן

אמרתי

ת״א בשערה. ב״ב יז נדה נב: תם אני. עקידה שער ו׳:

אֲרוּם יְצִית לְקָלִי׃
יז דְעַד חוּטֵי בִינָתָא
מְדַקְדֵק עִמִי וְאַסְגֵי
הִלְבְשׁוּשֵׁי מַגָן׃ יח לָא
יִשְׁבְקִנַנִי לַאֲתָבָא רוּחִי
אֲרוּם יַשְׂבְּעִנַנִי מְרִירַיָא׃
יט אִם לְחֵילָא אֲלִים הָא
הוּא וְאִין לְדִינָא מַן יַסְהִיד
עֲלָי׃ כ אִין זַכֵּי אֲנָא פּוּמִי
יְחַיְבִינַנִי שְׁלִים אֲנָא
וּמְקַלְקֵל יְהֵי׃ כא שְׁלִים
אֲנָא לָא אֶנְדַע נַפְשִׁי
אַרְחִיק חַיָי׃ כב חֲדָא
מְכִילָא הִיא בְּגִין כֵּן

רש״י

לאי ארחנו: **(יז) אשר בשערה**. נתהלפה לורתי (ס״א שורתי) לפניו: **ישופני**. יכתתני ואכות אותו טחון (דברים ט׳) מתרגמינן ושפית יתיה: **פצעי**. מכה המוליאה דם וליחה: **(יח) לא יתנני**. אינו מניחני להשיב רוחי אלי: **(יט) אם לכח**. איך אריב עמו אם לכח הוא בא אמיץ הנה הוא: **ואם למשפט**. מי יוכל להועידני לפניו ולהחזיק דבר משפטי. הלא: **(כ) אם אצדק פי ירשיעני**. כי יסתמו דברי מירא ויעקשני פי: **(כא) תם אני**. יודע אני בעצמי שאני תם ואעפ״כ לא אדע נפשי במה אמלא נופש: **(כב) אחת היא**. בעולם ועליה אמרתי תם ורשע

אבן עזרא

(יז) ישופני. כמו ישופך ראש: **(יט) מי יועידני**. כמו מי כמוני ומי יועידני: **(כא) לא אדע נפשי**. בתימה או לא אדע

מנחת שי

ותמיהני שבמהלך שבילי הדעות בבנין פועל הכבד מהשלמים כתוב שהוא בוא״ו: (כ) תם אני ויעקשני. נשתתף עם הקמ״ן מאריך וכן

רלב״ג

ביחס אליו: (יז) ישופני. יכתתני: חנם. בלא עון: (כא) תם אני לא אדע נפשי. ר״ל הנני אפס ותם עד שלא אדע בעצמי נפשי ר״ל באין

מצודת דוד

מדקק הפלגה לומר כל כך הדבר נמנע בעיני עד אשר אלהים גם את עלמי: **(יז) אשר בשערה**. הלא הוא אשר כתת אותי ברוח סערה והרבה פלעי בהנם על לא חמס בכפי ואם הייתי נחשב בעיניו היה משדד המערכה בעבורי (ואף כי תלה היסורים במשפט המערכה עם כל זה יחשב כאלו המקום כתה אותו כי הוא נתן הממשלה ביד המערכה): **(יח) לא יתנני**. אינו מניח אותי להשיב נשימתי אלי כי כל היום ימר לנפשי עד ישביעני מהמרירות: **(יט) אם לכח**. רלה לומר הנה הרעות שהביא עלי אם המה מלד הכח והתוקף שיש לו בזולת שמירת המשפט הן ידעתי כי אמיץ הוא וכל יוכל ולא יבלר ממנו אבל אם המה מלד המשפט כאשר יאמרו הבירי מי הוא אשר יקבע לי יום מיועד ונקרבה יחד למשפט לדבר הדין עם מי: **(כ) אם אצדק**. היתכן אם אמנם אני לדיק במעשי ופי יעשה אותי לרשע בתמיה וכי בעבור אמרי פי אחשב לרשע הלא מעלמי אני תם וישר והוא עשה אותי נעקש בהבאת היסורים על לא חמס ועל ידי זה הנה נעשיתי עקש להרהר ולהתרעם: **(כא) תם אני**. עם כי אני תם וישר ולא ימלא בי עון עם כל זה לא אכיר בי נפשי החיונית כי הרביני כמת ובעבור זה אמאס חיי כי טוב לי המיתה: **(כב) אחת היא**. בזה ישיב על מה שאמר בלדד שרעות הלדיקים המה לטובה ולא כן רעות הרשעים ועל זה אמר הלא מין אחת הם ודרך אחת

מצודת ציון

(יז) בשערה. כמו בסערה בסמ״ך: **ישופני**. יכתת אותי כמו הוא ישופך ראש (בראשית ג׳): **פצעי**. הוא מכה המוליאה דם: **(יח) יתנני**. ענין עזיבה וכן ולא נתן סיחון (במדבר כ״א): **רוחי**. על הנשימה יאמר: **(יט) יועידני**. ענינו עת קבוע וכן מי כמוני ומי יועידני (ירמיה

believe that He would hearken to my voice—17. He Who
would crush me with a tempest and multiply my wounds for
nought; 18. He Who would not let me catch my breath, for he
would sate me with bitterness. 19. If it is a trial of strength—
behold He is mighty; and if of judgment—who will summon
me? 20. If I am innocent, my mouth will condemn me; if
blameless, it will make me crooked. 21. I am blameless, but I
do not know how to find rest; I despise my life. 22. It is all one;
therefore

17. **He Who would crush me with a tempest**—*My form was changed (other editions: my status) before Him.*—[*Rashi*]

would crush me—Heb. יְשׁוּפֵנִי, *would crush me.* "*I crushed it and ground it*" (Deut. 9:21) *is translated into Aramaic as* וְשָׁפִית יָתֵהּ.—[*Rashi*]

my wounds—Heb. פְּצָעַי, *a wound that oozes blood and pus.*—[*Rashi*] If I were esteemed in His eyes, He would overpower the constellations for me. (Although Job attributes his suffering to the constellations, he blames God for allowing them to control him.)—[*Mezudath David*]

18. **He Who would not let me**—*He does not let me bring back my breath to myself.*—[*Rashi*] I cannot catch my breath because all day my soul is bitter until I am surfeited with bitterness.—[*Mezudath David*]

19. **If it is a trial of strength**—*How can I contend with Him? If He comes with strength, behold He is mighty.*—[*Rashi*]

and if of judgment—*who will be able to summon me before Him and*

confirm my verdict? Is it not so that . . .—[*Rashi*]

20. **If I am innocent, my mouth will condemn me**—*because my words will be silenced out of fear, and my mouth will make me crooked.*—[*Rashi*]

21. **I am blameless**—*I know of myself that I am blameless; nonetheless, I do not know my rest, how I will find rest.*—[*Rashi*] *Mezudath David* renders: I do not know my soul. I do not recognize the spirit of life within me; I am as though dead. Therefore, I despise my life.

22. **It is all one**—*in the world, concerning which I said that He destroys both the innocent and the wicked. Now, what is it? . . .*—[*Rashi*] Here Job rebuts Bildad's statement that the suffering of the righteous is for their benefit and the suffering of the wicked for their detriment, claiming that all suffering is the same. If both conditions are the same, how can the purpose differ? He therefore concluded that the evil destroys both the innocent and the wicked,

אָמַרְתִּי תָּם וְרָשָׁע הוּא מְכַלֶּה׃ כג אִם־
שׁוֹט יָמִית פִּתְאֹם לְמַסַּת נְקִיִּם יִלְעָג׃
כד אֶרֶץ ׀ נִתְּנָה בְיַד־רָשָׁע פְּנֵי־שֹׁפְטֶיהָ
יְכַסֶּה אִם־לֹא אֵפוֹא מִי־הוּא׃ כה וְיָמַי
קַלּוּ מִנִּי־רָץ בָּרְחוּ לֹא־רָאוּ טוֹבָה׃
כו חָלְפוּ עִם־אֳנִיּוֹת אֵבֶה כְּנֶשֶׁר יָטוּשׂ
עֲלֵי־אֹכֶל׃ כז אִם־אָמְרִי אֶשְׁכְּחָה שִׂיחִי

אעזבה

ק"א מכלה. עקרים מ"ד פ"ו: אפו. ב"ב טו: אשכחה. עקידה שער כח:

אֲמַרִית שְׁלִים וְחַיָּב הוּא מְשֵׁיצֵי: כג אִין בְּרוּגֶז יְמוּת בִּתְקֵיף כַּד מִתְמַסְמְסִין זַכָּאִין יִדְחַךְ: כד אַרְעָא אִתְמְסַרַת בְּיַד חַיָּבָא מִן קֳדָם יְיָ דַיָּנָהָא יַחְפֵּי זְכוּתָא אִין לָא דֵיכֵי מַן הוּא: כה יוֹמַי קַלִּילוּ יַתִּיר מִן טוּל עוֹפָא דְרָהֵט עֲרַקוּ לָא חֲמוֹן טָבְתָא: כו חָלְפִין עִם אִלְפַיָּא דִטְעִינִין מִגְדַיָּא הֵיךְ נִשְׁרָא דְטָיֵים עַל מֵיכְלָא: כז אִין אֵימַר אִתְנְשֵׁי מִלַּי אֶשְׁבֹּק

רוגזי

רש"י

הוא מכלה בעבורה. ומה היא: (כג) אם שוט. לשון של שטן ימית פתאום את הצדיק: למסת נקיים. שהמית ילעג: (כד) ביד רשע. כלפי שטן: פני שופטיה יכסה. מהבחין ומהבין בדבר אמת: ואם לא איפוא. דבר אמת דבר זה מי הוא המכלה את התמימים: (כה) וימי. עם כליון שאר התמימים קלו מני רץ: (כו) אבה. שם נהר שוטף: יטוש. יפרח: (כז) שיחי. דברי צערי: פני. המתי: ואבליגה. אתחזק כמו המבליג שוד על עז (עמוס

מנחת שי

תם אני שבסמוך ועיין מ"ש בס' בראשית אלא כי את לי: (כג) למסת נקיים. במקלת מדוייקים בשני יודי"ן וכן נכון עפ"ה שנמסר ב' נקיים חסר יו"ד ואין זה מהם: (כד) ביד רשע. הבי"ת בגעיא: אפוא מי הוא. בספרים מדוייקים כתיב אל"ף פ"א וא"ו אל"ף אבל בשרש אף נמנו ד' אפו כתיב בוא"ו עפ"ה והקבלה וכולם באיוב והראשון שבהם אם לא אפו ונראה שהוא זה כי הוא הראשון גם לפי סדר הכתובים וגם במסרה קטנה מסור עליו ד' כ"כ וכן במכלול יופי כתוב על זה נכתב בוא"ו עפ"ה והקבלה. ובעזרת העוזר מלאתי בירורו של דבר כי שבוש נפל בספרי השרשים שהשמיטו וא"ו מן מלת אם. והמכלול יופי ואחרים טעו מפני שראו אם לא אפו בראשונה בשרשים וחשבו כי הוא זה ואין הדבר כן שהוא פסוק ואם לא אפו מי יכזיבני בסוף סימן כ"ד וכן בשרשים כ"י ישן כתיב ואם בוא"ו ואל יבא שום אדם להכזיבני בזה כי המסרה מפורשת בפרשת וישב כמו שכתבתי וכן מלאתי במסרה כ"י לשון קלר אפו ד' חסרים אל"ף ואיכון בסיפרא וסימניהון ואיה אפו בסימן י"ז. דמו אפו. מי יתן אפו בסי' י"ט. אפו מי יכזיבני בסימן כ"ד: (כה) וימי קלו. בעל פתח דברי מנאו עם אותם שהם מלעיל כדף

אבן עזרא

רע לנפשי: (כג) למסת נקיים ילעג. הלועג והפך הדבר כי יתן המקום הארץ ביד הרשע שיכסה פני שופטיה ועניני כמו ופני המן חפו שלא יוכלו לשאת פנים: (כד) מי הוא. יכזיבני: (כו) אבה. יש אומרים שם מקום או שם נהר שוטף ויש אומרים פירות כמו ואנביה שגיא והראשון נכון: יטוש. אין לו ריע במקרא ופירושו יעוף לפי הענין:

רלב"ג

נכרים כחותיה באיברי: (כג) אם שוט ימית פתאום. ענינו אם שבט ימית הרשע פתאום כמו שאמר בלדד הנה הרשע ההוא ילעג לראות אשר ינסה בהם השם יתברך הנקיים לפי שהוא ימות תכף ולא יאריך ברע ההוא והנקיים יתמידו ברע ההוא: (כו) אניות אבה. הוא ענין רלון והם האניות שישיגו רלונם בהם ההולכים בים להשמית כי הם ילטרכו ללכת במהירות אל אשר ירלו: יטוש. יעוף: (כז) שיחי.

מצודת ציון

מ"ט): (כג) שוט. שרביט כמו שוט לסוס (משלי כ"ו): למסת. מל' המסה והמגה: (כו) יטוש. ימהר ויעוף. כנשר חש לאכול (חבקוק א') תרגומו דטאים למיכל: (כז) שיחי. ספור התלאות:

מצודת דוד

להם ואיך א"כ ישתנו בפעולתם על כן אמרתי שהרעה מכלה התם והרשע זה כזה כי אין טובה באה מן הרעה: (כג) אם שוט. ר"ל אף לפי דבריך אשר שבט המכה ימית פתאום את הרשע כאשר יקבל די גמול מעט מעשה הטוב שעשה ולא כן ימהר להמית את הצדיק אלא גם זאת עוד לטובה יחשב להרשע כי הוא שוחק ומלעיג על המסת הנקיים באריכות ימי יסורין וטובה בעיניו המיתה הפתאומית: (כד) ארץ נתנה. הנה הרשע בעודו כל הארץ שלו היתה לעשות בה חפלו לגזול ולעשוק ולרב חזקו הנה שופטי הארץ יעלימו עין ממנו וכאלו יכסה פניהם לבל יסתכלו במעשיו: אם לא. ר"ל אם תאמר לא כן הוא איה פה האיש ומי הוא אשר יכזב את אמרי: (כה) וימי. אבל אני עם כל לדקותי הנה מהרו ימי ללכת בקלות רב יותר מן האדם הרץ וברחו ממני וכאלו לא ראו טובה כי הכל נשכה עתה בבוא מרבית הרעה: (כו) חלפו. עברו עם האניות ההולכות על נהר אבה אשר ממהרות ללכת: כנשר. עפו מהר כנשר אשר ממהר לעוף בעבור השגת האוכל: (כז) אם אמרי. אם אחשוב אשכח יללתי וספור תלאותי ואעזוב את כעסי ואתחזק

I said, 'He destroys both the innocent and the wicked.' 23. If
the scourge kills suddenly, he will mock at the calamity of the
innocent. 24. The earth has been given into the hands of a
wicked one; he covers the faces of its judges. If not, then who is
he? 25. My days are swifter than a runner; they fled, they saw
no good. 26. They passed with the ships of Ebeh, like an eagle
that swoops upon food. 27. If I say, 'Let me forget my
complaint,

and no good comes out of evil.—
[*Mezudath David*]

23. If the scourge—*of the Adver-
sary's tongue suddenly puts the righ-
teous to death.*—[*Rashi*]

at the calamity of the innocent—
that he put to death he will mock.—
[*Rashi*] *Mezudath David* explains:
Even to your account—that the
scourge of the smiter slays the
wicked after he has received the little
reward he deserved for his few good
deeds, but it does not hasten to slay
the righteous man—I say that this
too is good for the wicked man, for
he mocks at the calamity of the
innocent who endure long suffering,
yet he dies suddenly without suffer-
ing.

**24. into the hands of a wicked
one**—*Referring to the Adversary.*—
[*Rashi* from *Baba Bathra* 16a]

he covers the faces of its judges—
*from discerning and comprehending
the truth of the matter.*—[*Rashi*]

If not, then—*If this [interpreta-
tion] is not the truth of the matter,
who is it that destroys the innocent?*
—[*Rashi*]

Mezudath David explains that,

while the wicked man is alive, the
whole earth belongs to him, to do
whatever he desires, to rob and to
oppress—and because of his power,
the judges of the land overlook his
evil deeds. It is as though they cover
their faces so as not to look at his
deeds. If you say that this is not so,
who is the man who can contradict
my words and where is he?

25. My days—*with the destruction
of the other innocent people are
swifter than a runner.*—[*Rashi*]
Despite all my righteous deeds, my
days hastened to pass by, more
swiftly than a runner runs. They fled
from me as though they had never
seen any good, because it all was
forgotten when my suffering came
upon me.—[*Mezudath David*]

26. Ebeh—*The name of a rushing
river.*—[*Rashi*] *Ibn Ezra* states that it
is a place name and he explains
Targum's definition, *ships laden with
fruit,* as a derivation from the
Aramaic אִנְבֵּהּ, *its fruit.*

swoops—Heb. יָטוּשׂ, *flies.*—[*Rashi*]

27. my speech—*The words of my
pain.*—[*Rashi*]

אֶעֶזְבָה פָנַי וְאַבְלִיגָה׃ כח יָגֹרְתִּי כָל־
עַצְּבֹתָי יָדַעְתִּי כִּי־לֹא תְנַקֵּנִי׃ כט אָנֹכִי
אֶרְשָׁע לָמָּה־זֶּה הֶבֶל אִיגָע׃ ל אִם־
הִתְרָחַצְתִּי בְמוֹ*־שָׁלֶג וַהֲזִכּוֹתִי בְּבֹר
כַּפָּי׃ לא אָז בַּשַּׁחַת תִּטְבְּלֵנִי וְתִעֲבוּנִי
שַׂלְמוֹתָי׃ לב כִּי־לֹא־אִישׁ כָּמֹנִי אֶעֱנֶנּוּ
נָבוֹא יַחְדָּו בַּמִּשְׁפָּט׃ לג לֹא יֵשׁ־בֵּינֵינוּ
מוֹכִיחַ יָשֵׁת יָדוֹ עַל־שְׁנֵינוּ׃ לד יָסֵר

דוּגְזִי וְאֶתְגַבַּר׃
כח כְּנַשִׁית כּוּלְהוֹן צַעֲרִי
יָדַעְת אֲרוּם לָא תְזַכֵּי
יָתִי׃ כט אֲנָא אֶתְחַיֵּב
לְמָא דֵין לִלְמָא אֶלְעֵי׃
ל אִין אַסְחַיֵּית בְּמֵי
תַלְגָא וְדַכְּאֵית בְּאַהֲלָא
יְדַי׃ לא הֵיכְדֵין
בְּשְׁחוּתָא תְטַמְשְׁנַנִי
וּמְרַחֲקִין יָתִי כְסוּתָי׃
לב אֲרוּם לָא בַר נָשׁ
דִכְמֵי אֲתִיבִנֵיהּ נֵעוּל
כַּחֲדָא בְּדִינָא׃ לג לָא
אִית בֵּינָנָא מַכְסֵין יְשַׁוֵי
יְדֵיהּ עַל תַּרְוֵינָנָא׃
לד יֶעְדֵי מֵעֲלַי מַחֲתֵיהּ

* במי קרי

רש״י

ה׳): (כח) יגורתי כל עצבותי. שלא יניחוני מלצעוק: ידעתי כי לא תנקני. מעוני מלהפרע ממני: (כט) למה זה הבל איגע. לבא במשפט: (ל) בבור. נקיון: (לא) בשחת תטבלני. להיות לזהון ומגואל כלומר אז תמצא לי עון רב: (לב) במשפט. בדברי תוכחות. משפט משמש ג׳ לשונות

אבן עזרא

(כז) אעזבה פני. כעסי כמו ופניה לא היו לה עוד: ואבליגה. ואתחזק כמו המבליג שוד: (כח) עצבותי. מן בעצבון: (לא) והעבוני שלמותי. רבים פירשו בו מפחת

מעלי

תחלתו הוכחת דברים אמצעיתו פסק דין. וסופו משטר יסורין וגיבוי חוב. ופעמים שהמקרא כותבו ע״ש תחלתו ופעמים ע״ש אמצעיתו ופעמי׳ ע״ש אחריתו: (לג) מוכיח. (דרשניי״ר בלע״ז) מראה לכל א׳ חובתו וזכותו: ישת ידו. משטר אימתו וגינוסו: על שנינו. שלא יחזק החזק את הרפה:

מנחת שי

פ״ו ועיין מה שכתבתי לעיל סימן ז׳ על ימי קלו: (כט) למה זה. מאריך בלמ״ד: (ל) במו. במי קרי: והזכותי בבור. במקצת ספרים בתי המלות מלאים וא״ו ומילופים אחרים יש: (לד) שבטו. במקצת ספרים לית ט״ת רבתי וי״א ט״ת דטוב שם משמן וי״א

רלב״ג

דברי נגעי: פני. כעסי: ואבליגה. ואתחזק ויהיה בודד או יהיה יוצא ויהיה פי׳ ואחזק לבי: (כח) כל עצבותי. כל הכעסים אשר לי: (לא) אז בשחת תטבלני. ר״ל תכנים גופי בשחת: (לב) כי לא איש כמוני. ענינו אין השם יתברך איש כמוני לדבר עמו:

מצודת דוד

להתאפק מלצעוק ומלהתרעם: (כח) יגורתי. אאסוף כל העצבון אשר לי נאצרים תוך הלב מבלי לצעוק עוד הנה עם כל זה ידעתי שלא תנקה אותי מן היסורין ולא אהיה א״כ מאומה: (כט) אנכי ארשע. ר״ל אף אם רשעתי למה זה הבל איגע להתחנן לפניו כי מה אועיל הלא כ״כ אני מדוכא ומעונה עד שאי אפשר לי לחזור לקדמותי: (ל) אם התרחצתי. אף אם ארחץ עצמי במי שלג ואנקה כפי בבורית המנקה ר״ל אם אשוב לה׳ ואעביר ממני לכלוך העון: (לא) אז בשחת. ר״ל התשובה לא יועיל כ״א להביא עלי המיתה לטבול אותי ולהורידני אל שחת הקבר ולאשר שלמותי יתעבו אותי כי יפשטו אותם מעלי בהוריד אותי שאולה וכלומר אך את הטובה ההיא אוכל לקבל אבל לא אקוה לחזור לקדמותי: (לב) כי לא איש כמוני. אין המקום ב״ה איש כמוני שאשיב לו נבוא יחדיו במשפט לברר הדין עם מי כי אם אלו היה וגו׳ אפשר להתוכח עמו אז כאשר יצאתי זכאי בע״כ היה מפליא ניסיו להחזירני לקדמותי משא״כ על ידי תשובה כי אז יהיה די בטובת [illegible]תה: (לג) לא יש. אין בינינו מברר דבריו אשר ישים יד ממשלתו על שנינו להיות נשמעים לו: (לד) יסר. אם יסר מעלי שבטו המכה בי הם היסורין ולא תבעת

מצודת ציון

פני. כעסי כמו אתן את פני (ויקרא כ׳): ואבליגה. אתחזק כמו המבליג שוד (עמוס ה׳): (כח) יגורתי. אאסוף כמו אוגר בקיץ (משלי י׳): (כט) איגע. מל׳ יגיעה: (ל) והזכותי. מלשון זכות ובהירות: בבור. שם עשב המנקה וקרוי בורית ויקרא גם אהל בדרז״ל (שבת ל׳): (לא) בשחת. בבור: תטבלני. מלשון טבילה ור״ל תורידני: שלמותי. מלבושי: (לג) מוכיח. מברר אמריו

middle, and sometimes to the end.—[*Rashi*]

Were I able to debate with Him, he would be compelled to cure me miraculously if I won the debate. However, as it is I must repent, so I will not be able to achieve anything more than death.—[*Mezudath David*]

33. **arbiter**—*discerner in Old French. He shows each one his guilt and his innocence.*—[*Rashi*]

who will place his hand—*The ruling of his fear and his power.*—[*Rashi*]

on both of us—*so that the stronger does not overpower the weaker.*—[*Rashi*]

I will abandon my anger and restrain myself.' 28. I will gather in all my sadness, I know that You will not declare me innocent. 29. If I am wicked, why should I toil in vain? 30. I washed myself with snow water and cleansed my hands with purity. 31. Then You will plunge me in the ditch, and my garments shall abhor me. 32. For He is not man like me, that I should answer Him, 'Let us come together in debate.' 33. There is no arbiter between us, who will place his hand on both of us. 34. Let Him take

my anger—Heb. פָּנַי.—[*Rashi*]

and [I will] restrain myself—Heb. וְאַבְלִיגָה, *I will strengthen myself, like* (Amos 5:9), *"Who strengthens* (הַמַּבְלִיג) *the robbed upon the strong."*—[*Rashi*]

28. **I will gather in all my sadness**—*that it not let me cry out.*—[*Rashi*]

I know that You will not declare me innocent—*of my iniquity, so as not to requite me.*—[*Rashi*] *Mezudath David* renders: I know You will not cleanse me of my torments.

29. **If I am wicked**—Even if I am wicked, why should I toil in vain to supplicate Him? What will I gain? I am so crushed and afflicted that I will never recover.—[*Mezudath David*] *Targum* renders: I will be condemned; why then should I toil in vain? *Rabbenu Meyuchos* follows this interpretation.

why should I toil in vain—*to come to judgment?*—[*Rashi*]

30. **with purity**—Heb. בְּבוֹר, *with cleanliness.*—[*Rashi*] *Targum* renders: בְּאַהֲלָא, an alkaline plant used as soap (*Shabbath* 90b). *Mezudath David:* Even if I repent before God and remove the stains of my sin. *Ramban* explains that the two expressions denote his having clean hands and a pure heart, as in Psalms 24:4.

31. **You will plunge me into the ditch**—*to be sullied and contaminated. I.e. You will find great iniquity in me.*—[*Rashi*] *Mezudath David* explains: The repentance will not avail me except to bring death upon me: You will plunge me into the grave, where my garments will abhor me, for they will be stripped off me when I am lowered into it. Thus, the only good I will derive from repentance is my death, not my recovery.

32. **in debate**—Heb. בְּמִשְׁפָּט, *in words of debate.* [The word] מִשְׁפָּט *is used in three expressions* [i.e. to denote three steps in the judicial process]: *1) its beginning, viz. the clarification of the matters, 2) its middle, viz. the verdict, and 3) its end, viz. the meting out of the tortures and the collection of the debt. Sometimes, Scripture writes it as referring to the beginning, sometimes to the*

מעלי שבטו ואמתו אל־תבעתני׃
לה אדברה ולא איראנו כי־לא־כן אנכי
עמדי׃ י א נקטה נפשי בחיי אעזבה
עלי שיחי אדברה במר נפשי׃ ב אמר
אל־אלוה אל־תרשיעני הודיעני על
מה־תריבני׃ ג הטוב לך כי־תעשק
כי־תמאס יגיע כפיך ועל־עצת רשעים
הופעת׃ ד העיני בשר לך אם־כראות

ס׳ רבתי

ודחלתיה לא תבעית יתי׃ לה אמלל ולא אדחל מניה ארום לא הכנא אנא בהדי׃ י א אתגזרת נפשי בחיי אשבוק עלי מלי אמלל במרירות נפשי׃ ב אימר לאלהא לא תחיבנני אודע יתי מטול מה תנצי עמי׃ ג התקין קדמך ארום תטלום ארום תרחק לעות ידך ועל מלכת דרשיעי אופעת׃ ד העינין כבר בשרא לך אין כמחמי בר

רש״י

(לה) **כי לא כן אנכי**. על כן שאנכי ירא אני מוחזק כי שלא אתחייב בדין: י (א) **נקטה נפשי**. נפשי מתקוטטת על שאני חי והוא לשון ונקוטתם בפניכם (יחזקאל כ׳): **אעזבה עלי שיחי**. צרתי לזעוק ולקבול ולא אוכל לשכחו ולהבליגו: (ג) **הטוב**. בתמיה כי תעשוק ותגזול מן הצדיק את צדקו

מנחת שי

סי״ת דותלא אתו כי טוב: אל תבעתני. בא פתח גדול תחת קמץ קטן וסגו״ן דגושה לתפארת ההפסק והראוי תְּבַעֲתַנִּי מכלול דף מ״ג וגוית חן פ״ה שער ו׳ בהגה״ה: (לה) אדברה ולא איראנו. האל״ף בגעיא בס״ם: י (ב) על מה תריבני. מלת על בגלגל:

אבן עזרא

החבורות והפחין. והנכון בעיני שהוא דרך משל כי שלמותי היו מתעבות אותי ומרשיעות והוא כנגד אם התרחלתי במי שלג: (לה) **כי לא כן אנכי עמדי**. אינני עם נפשי כמו שחשבתם: י (א) **נקטה נפשי**. אם עזבתי שלא אדבר או דברתי כענין החרשתי בלו עצמי בשאגתי: **אעזבה**. יש אומר שהוא מן עזוב תעזוב עמו. והקרוב אלי שהוא כמשמעו: (ג) **ועל עצת**. כאילו הופעת על עצת רשעים:

רלב״ג

(א) נקטה נפשי. נכרתה: שיחי. דברי כעסי: (ג) הופעת. ענינו ההבטה וההבנה. או יהיה ענינו אורה וזוהר. ר״ל שיגיע לרשעים בעולם אורך וזוהר עד שישלימוהו:

מצודת ציון

כמו אשר הוכיח ה׳ (ברא׳ כ״ד): (לד) ואמתו. מל׳ אימה ופחד: י (א) נקטה. נכרתה כמו אשר יקוט כסלו (לעיל ח׳): **אעזבה**. ענין עזיבת משא וכן עזוב תעזוב עמו (שמות כ״ג): (ג) תעשוק.

מצודת דוד

אותי פחדו: (לה) אדברה. אז אדבר דברי להתווכח על מה הביא כרעה עלי על לא חמס בכפי ולא אירא ממנו כי לא ימצא בידי דבר פשע כי לא כן אנכי עם עצמי כאשר אני בעיניכם אשר תחשבוני לרב פשע אשר לא כן הוא: י (א) נקטה נפשי. מן גודל הכאב נכרתה נפשי בעת עודני חי ולזה אטען על עצמי משא ספור תלאותי ואדבר במרירות נפשי: (ב) אמר. אני אומר אל אלוה אל תעשה אותי לרשע להביא עלי הרעות כמשפט הראוי אל רשע הודע לי על מה תריב עמדי לדין אותי כמשפט הרשע מה פשעי: (ג) הטוב לך. וכי טוב בעיניך אשר תעשוק את גוף האדם על לא חמס: כי תמאס. מוסב על הטוב לך לומר וכי טוב לך אשר תמאס פועל ידיך הלא מחוק הפועל לאהוב מעשה ידיו ולא למאסם: ועל עצת רשעים. וכי טוב לך שתופיע על עצת רשעים ר״ל שיגיע אליהם זהרך בעולם עד שישלימם וכאומר מדוע תעשוק הצדיק ותעשה חסד לרשע אשר שניהם לא יצדקו: (ד) העיני בשר לך. וכי יש לך עינים דומים לעיני בשר ודם שאינו רואה בהם תעלומות לב כי הלא רואה

fering fit for a wicked man. Tell me why You judge me so harshly! What did I do?'—[*Mezudath David*]

3. **Is it good**—Heb. הֲטוֹב, *an interrogative form.* [Is it good to You] *that You should oppress and rob the righteous man of his righteousness,* [while] *upon the council of the wicked, who vex You, You shine Your splendor to show them a friendly countenance?*—[*Rashi*]

4. **Do You have eyes of flesh**—Do You have eyes like flesh and blood, who do not see the thoughts of the heart? Do You not see hidden things and do You not know who is righteous and who is wicked? Why then do You change their reward?—

His rod off me, and let His terror not frighten me. 35. I will speak and I will not fear Him, for I am not so with myself.

10

1. My soul quarrels with my life; I will leave my speech with me; I will speak with the bitterness of my life. 2. I will say to God, 'do not condemn me; let me know why You quarrel with me. 3. Is it good to You that You should oppress, that You should reject the toil of Your hands, and shine upon the counsel of the wicked? 4. Do You have eyes of flesh, or do You see

34. **Let Him take His rod**—I will debate with Him if He takes His rod, the rod of tortures, off me, and His terror does frighten me.— [*Mezudath David*] *Ramban* explains that Job *prays* that God take His rod off him. He also suggests that the arbiter take God's rod off Job. According to the masoretic text, the word שִׁבְטוֹ, *His rod,* is written with a large "teth." *Midrash Rabbi Akiva ben Yosef, Batei Midrashoth* vol. 2, p. 485 explains that there were never afflictions comparable to those of Job.

35. **I will speak**—Then I will speak my words and debate with Him His reasons for bringing sufferings upon me, seeing that I have not sinned. I will not fear Him because He shall find no fault with me.— [*Mezudath David*]

for I am not so with myself— *Because I fear* [God], *I am certain with myself that I will not be found guilty in the trial.*—[*Rashi*] In my own soul, I am not as you think.—

[*Ibn Ezra*] *Ramban* suggests: as according to His judgment. *Isaiah da Trani* proposes that the meaning is: since it is not possible to contend with Him, I will contend with myself to alleviate my anguish. *Rabbenu Meyuchos* explains this as a euphemism, "for not so am I with Him." I am not wroth with Him that is opposite me, as He is wroth with me.

1. **My soul quarrels**—Heb. נָקְטָה. *My soul quarrels about the fact that I am alive. That is an expression of* (Ezek. 20:43), *"and you shall quarrel* (וּנְקֹטֹתֶם) *with yourselves."*—[*Rashi*] *Mezudoth* explains: My soul is cut off during my lifetime.

I will leave my speech—I.e. *my trouble, to cry and lament, and I cannot forget it or restrain it.*— [*Rashi*] *Mezudath David* renders: I will load upon myself the burden of the narrative of my tribulations.

2. **I will say etc.**—I will say to God, 'Do not condemn me as a wicked man, to bring upon me suf-

אנוש תראה: ה הכימי אנוש ימיך אם־
שנותיך כימי גבר: ו כי־תבקש לעוני
ולחטאתי תדרוש: ז על־דעתך כי־
לא ארשע ואין מידך מציל: ח ידיך
עצבוני ויעשוני יחד סביב ותבלעני:
ט זכר־נא כי־כחמר עשיתני ואל־
עפר תשיבני: י הלא כחלב תתיכני
וכגבנה תקפיאני: יא עור ובשר
תלבישני ובעצמות וגידים תשככני:

בר נש תחמי: ה הכיומי
בר נש יומיך אין שניך
היך יומי גברא: ו ארום
תבעי לעויתי ולחובי
תתבע: ז על מנדעך
ארום לא אתחייב ולית
מן ידך פצי: ח ידך
צירוגי ועבדו יתי כחדא
חזור וסלעמתא
יתי: ט אדכר כדון ארום
איך טנא עבדתני
ולעפרא תתיבנני:
י הלא היך חלבא
סנינתא יתי והיך גובנין
קרשתא יתי: יא משכא
ובסרא אלבשתני
ובגרמיא וגידיא
אשתיתני

ת"א תבקש. ב"ב טז זוהר פנחס ד' פסוקים: כחלב. נדה כה: עור ובשר. סוטה כא נדה כה זוהר יתרו:

רש"י

ועל עצת רשעים ומקניטים הופעת זיוך להראות להם פנים שוחקות: (ה) הכימי אנוש ימיך. להתגרות בו ולרדוף: (ז) על דעתך. יודע אתה: (ח) עצבוני. עשאוני. עצב דפוס כמו אין מעצבין את הקטן במסכת שבת (דף קמ"ו) ועתה חיילותיך יחד סביב: ותבלעני. הם התולעים: (ט) תשיבני. לבסוף: (י) כחלב תתיכני. בטיפת

מנחת שי

(ו) ולחטאתי. הוא"ו במאריך: (ט) ואל עפר. בגעיא הוא"ו בספרי ספרד וכן הוא כחילופים לבן אשר: (יא) תשככני. לית וחסר וכתיב שי"ן:

אבן עזרא

(ז) על דעתך כי לא ארשע. ואם רשעתי לא אוכל להנצל כי אתה היוצר: (ח) עצבוני. רובי המפרשים אמרו כי עצבוני הוא מלשון קדר ברא מיתרי הגוף ופי' ותבלעני שהוא מן כסוי על הקרבים המכוסים. והנכון בעיני שפי' ידיך כמו יד ה' הויה ועצבוני כמשמעו גם ויעשוני כמו הנני עושה את כל מעניך. ועשותם רשעים גם ותבלעני כמשמעו: (י) תתיכני.

רלב"ג

(ז) על דעתך. אצל ידיעתך: ואין מידך מציל. או יהיה פי' שלא ימלא מי שישיבך ממעשיך: (ח) עצבוני. ציירוני כטעם עצביהם כסף וזהב שהם הצלמים אשר הם מצויירים לפי הצורה אשר ירצו לעשותם ורמז בה אל הכח המצייר אשר נתן הש"י בזרע ומענין זה אמרז"ל אין מעצבין את הקטן: ותבלעני. ותשחיתני: (י) כחלב תתיכני. רמז בזה אל הזרע אשר ממנו ההוייה ר"ל זרע האשה שהוא נתך תחלה ונגר ואחר כן יקפיאהו ויעמידהו החום הטבעי אשר בזרע הזכר כמו שהתבאר בטבעיות: (יא) תשוככני. תכסני כי העצמות והגידים הם מחוץ סביב האיברים הנכבדים הפנימיים ובזה נשמרים באופן מה עם שבעצמות יסיס

מצודת דוד

אתה כל תעלום ויודע אתה מי הצדיק ומי הרשע ומדוע תחליף משכורתם: אם כראות. כפל הדבר במלות שונות: (ה) הכימי. רצה לומר ואף אם חטאתי למה זה ממהרת בתשלומי הגמול כזה אחר זה אחד באחד יוגשו וכי יתיך כליס כימי אנוש אשר בעבור זה ימהר יחיש נשלם כל הגמול כחשבו פן ימות עד לא ישלים לשלם כל הגמול אבל אתה הלא חי וקיים לעד ובכל עת אני בידך: אם שנותיך וגו'. כפל הדבר במלות שונות: (ו) כי תבקש. אשר אתה תבקש על עוני ותדרוש על חטאתי לחפש אחר כולם לגרפס יחד לשלם על הכל כאחד מבלי הפסק בינתיים כאלו לא הייתי מסור בידך בכל עת: (ז) על דעתך. ר"ל הנה לפעמים ימהר האדם לשלם גמול הרע בחשבו פן יעזוב דרכו ואז ימנעוהו אנשים מלנקום ממנו מעתה ולזה אמר הנה ממהרת לשלם הכל על כי יודע אתה שלא ארשע עוד מעתה אבל הלא אין מציל מידך ומי ימנע בידך לעשות בכל עת כחפצך פן ננקום נקם פן לרחם: (ח) ידיך עצבוני. ומדוע א"כ מכות ידיך יעליבו אותי וכחשו אותי ובאו כולם יחד סביבי ותשחית אותי בהם ומה זה ממהרת: (ט) זכר נא. תן עתה דעתך לזכור שעשית אותי כיוצר העושה מלאכתו בחומר ועתה תשתוקק להשיבני אל העפר לבטל את פעולתך הנפלאה: (י) הלא כחלב. בעת הלידה מתחילה התכתני כחלב לברור הצלול מן זרע אבי ואמי ואחר זה הקפאת אותי כגבינה היא התחלת הילידה: (יא) עור ובשר. אחר זה הלבשת אותי ממעל לאיברים הפנימיים בלבוש עור ובשר לשמרם מהנזק כי בהם תלוי עיקר חיות האדם:

מצודת ציון

ענין גזל: הופעת. האלת וזרחת: (ח) עצבוני. מלשון עצבון: ויעשוני. ענין כתישה כמו הנני עושה את כל מעניך (צפניה ג'): (י) תתיכני. מל' התכה ויציקה וכן כהתוך כסף (יחזקאל כ"ב): תקפיאני. כאשר דבר נזול יתהפך להיות עב ודבר גוש נקרא הקפאה כמו קפאו תהומות (שמות ט"ו): (יא) תשוככני. מל' סכך

9. **You will return me**—*in the end.*—[*Rashi*] *Mezudath David* interprets this as a question: Will You return me, such a remarkable creature, to dust?

10. **Did You not pour me like milk**—*Concerning the drop from which I was born.*—[*Rashi*]*

11. **skin and flesh**—Afterward, You clothed my internal organs with

as a man sees? 5. Are Your days like the days of a mortal, or are Your years like the days of a man, 6. that You should search for my iniquity and seek my sin? 7. It is in Your knowledge that I will not be condemned, but no one can save [me] from Your hand. 8. Your hands shaped me and made me; [Your hosts are] together round about, and You destroy me. 9. Remember now that You made me like clay, and You will return me to dust. 10. Did You not pour me like milk and curdle me like cheese?—11. Clothe me with skin and flesh and cover me with bones and sinews?

[*Mezudath David*] *Ramban* explains: Do You have eyes of flesh that You do evil to me in order to test me, to know what is in my heart, whether I love You wholeheartedly?

5. Are Your days like the days of a mortal—*to provoke him and pursue [him]?*—[*Rashi*] [*Rashi's* intention is obscure.] Other exegetes explain: Even if I have sinned, are Your days like the days of a mortal, who fears that if he does not take revenge immediately, he may die before exacting vengeance? Since You live forever, You always have time to punish me.—[*Mezudath David, Ramban, Berechiah, Saadiah,* and *Rabbi Joseph Kimchi*]

6. that You should search etc.—That You should search for my iniquity and seek my sin, to combine them as one and to requite me for them all at once, without interruption, as though I were not under Your power at all times.— [*Mezudath David*]

7. It is in Your knowledge—*You know.*—[*Rashi*]

that I will not be condemned— Why do You test me? You know that I will not be found guilty. Yet, no one can save me from Your hand.—[*Ramban, Rabbenu Meyuchos*] *Mezudath David* explains: Some people hasten to take revenge lest their enemy change his ways, and people protest the revenge. But You know that I will not deal wickedly; yet no one can save me from Your hand if You desire to punish me.

8. shaped me—Heb. עִצְּבוּנִי. *They made me a shape, a mold, like "nor straighten* (מְעַצְּבִין) *an infant's limbs," in Tractate Shabbath* (22:6). *But now Your hosts are together round about.*—[*Rashi*]

and You destroy me—*These are the worms.*—[*Rashi*] *Mezudoth* follows *Ibn Ezra,* who derives עִצְּבוּנִי from עֶצֶב, *sadness. They render: Why then did the plagues of Your hands sadden me and crush me, and all come together around me? Why have You destroyed me with them? What was Your rush?*

יב חַיִּים וָחֶסֶד עָשִׂיתָ עִמָּדִי וּפְקֻדָּתְךָ
שָׁמְרָה רוּחִי׃ יג וְאֵלֶּה צָפַנְתָּ בִלְבָבֶךָ
יָדַעְתִּי כִּי־זֹאת עִמָּךְ׃ יד אִם־חָטָאתִי
וּשְׁמַרְתָּנִי וּמֵעֲוֺנִי לֹא תְנַקֵּנִי׃ טו אִם־
רָשַׁעְתִּי ׀ אַלְלַי לִי וְצָדַקְתִּי לֹא־אֶשָּׂא
רֹאשִׁי שְׂבַע קָלוֹן וּרְאֵה עָנְיִי׃ טז וְיִגְאֶה
כַּשַּׁחַל תְּצוּדֵנִי וְתָשֹׁב תִּתְפַּלָּא־בִי׃

תרגום

אשתיתני: יב חיי וחסדא עבדתא עמי ודכרנך נטרת רוחי: יג ואלין אטישתא בלבך ידעית ארום דא גבך: יד אין חבית ונטרתני ומן חובי לא תזכנני: טו אין חבית חבל עלי מן דינא רבא וזכיתי לא אזקוף רישי מן קדם חיביא דאסבע חסודא ואחמי סגופי: טז וארים ידיה היך אריא תצוד יתי

ת"א ופקודתך. סנהדרין לח:

רש"י

תולדותי: (יב) ופקודתך. פקודת משמרתך שמניתה לי שומרים: שמרה רוחי. בבטן אמי ואח"כ: (יג) ואלה צפנת בלבבך. לבלעני כאלו אין (אתה) זוכרם וידעתי כי זאת עמך הכל כמפורש ולא שכחת: (יד) אם חטאתי ושמרתני. נתת עיניך בי מלהעלים ולעבור על מדותיך (ומעתה) ומעוני אין אתה מנקני אלא הכל אתה פורע: (טו) שבע קלון. אני: וראה עניי. אין זה וראה לשון צוואה אלא שם דבר ראה עניי (בדל"ן בלע"ז) שכל שעה אני רואהו כמו שאתה אומר ושבע ימים (לקמן בסוף) כמו ושבע ימים (בקמץ תחת שי"ן) כן תאמר וראה כמו ורואה עניי: (טז) ויגאה כשחל תצודני. ויגדל בעיניך להיות לך למשא ולפח נפש את אשר כשחל תצודני אשר תפרוש לי מצודה כאילו

מנחת שי

(יג) צפנת בלבבך. הבי"ת רפויה במדוייקים ואין כאן דין אתי מרחיק שאין הטעם בתנועה הראשונה: (טו) אללי לי. מלרע כמה שכתוב במיכה ז׳:

אבן עזרא

כמו כהתוך כסף: (יב) ופקודתך. היא הפועלת והוא כמו צוויך: (יג) ואלה. ענינו על השגגות והענין אחר שעשית עמי כל זה החסד מה לך לצפון עמך שגגותי: (טו) שבע קלון. יחסר מלת אני: (טז) ויגאה. יחזור על עניי שכל יום ויום יתגבר: ותשב. פעם אחר פעם כענין אך בי ישוב: תתפלא בי. תראה פלאיך בי:

רלב"ג

לגוף קיום ועמידה וגידים תשלמנה תנועות האברים החלקיות: (יב) ופקודתך. ופקידותך הרצון בזה ופקידותך אשר שמת בכחותי הפועלות לממשל על הכחות המתפעלות הנה הפקידות ההוא שמרה רוחי בקרבי כי לולא זה לא הייתי יכול להתקיים כלל וזה שהאדם לדקות חמרו יתפעל בקלות ויפסד לולי רבוי הכלים אשר שם בו השם לעזור בשמירתו הזמן האפשרי: (יד) ושמרתני. בשמור ובמאסר: (טו) וראה. מקור והרצון בזה הנני שבע קלון ורואה עניי תמיד: (טז) ויגאה. ר"ל מי יתן ויגדל הכאב הבא עלי עד שתלכדני כשחל שימית

מצודת ציון

וכסוי ושם היא בשי"ן: (יב) ופקודתך. ומצותך: (יג) צפנת. הסתרת: (טו) אללי. מל׳ יללה ובאה האל"ף במקום היו"ד כמו ישי ואישי (ד"ה א׳ ב׳): (טז) ויגאה. ויגדל כמו היגאה גומא (לעיל

מצודת דוד

תשוכבני. כסית איברי הפנימים בעצמות וגידים המקשרים יחד את העצמות להיות מסובכים ונאחזים אלו באלו: (יב) חיים והסד. בעת ההיא עשית עמדי החיים לתת בי רוח החיוני ולא בעבור גמול מה כי עדיין לא עשיתי מאומה אבל בחסד עשית זאת: ופקודתך. מצותך שמרה רוחי בקרבי לבל תצא עם כי הגוף הוא כנאד המלא נקבים: (יג) ואלה. ואם סיבת אלה הדברים ואוסף פעליהם צפנת בלבבך ואין זולתך מי ישיג אותם עם כל זה את זה ידעתי אשר הדבר הזאת היא עמך אתה בראת אתה יצרת ואיך א"כ תחבל מעשה ידיך אשר נעשה בחכמה נפלאה ובשלימות רב: (יד) אם חטאתי. אף אם חטאתי האם ראוי אשר שמרתני זה זמן רב כמאסר המכאובים האלו ולא תנקה אותי עדיין מכתמי העון: (טו) אם רשעתי. לזאת אשפוט שאין הבדל בין הרשע ובין הצדיק בין אם רשעתי אללי לי בין אם צדקתי לא אריס ראשי בין כך ובין כך אני שבע מקלון חרפת רעי ומראית עניי ושפלותי כי אם היה הבדל בין צדיק לרשע אף אם נו רשעתי מ"מ הלא כבר קבלתי די הגמול והריני מנוקה מעון ומה זה לא ילכו ממני היסורין: (טז) ויגאה. מי יתן ותהיה הרעה גדולה עלי כ"כ עד שתלכוד אותי בה כשחל הזה אשר ילכוד דבר מה אשר ישמיתו פעם אחת ולא ישנה וכן אתאוה להיות נשחת בהרעה עד לכלה אבל תשוב ללכוד אותי פעם אחר פעם ותראה בי פלאות לשמור את הנפש ולא תתן אותה לראות

nounce judgment, an expression of (Num. 6:2), *"shall pronounce* (יַפְלִא)."—[*Rashi*] *Mezudath David* renders: Would that it were so great that You would hunt me as a lion, but You repeatedly marvel at me. Would that my sin were so great that You would hunt me as a lion hunts its prey, slaying it at once. Instead, You hunt me time after time and marvel at the wonders You perform to restrain my soul [alive within my body], and You do not allow me to see the grave.

12. You have granted me life and kindness, and Your providence watched my spirit. 13. But You hid these in Your heart; I knew that it was with You. 14. If I sinned, You watched me, and would not cleanse me of my iniquity, 15. If I dealt wickedly, woe is to me; and if I am righteous I will not raise my head, sated with disgrace and seeing my affliction. 16. And it is so great that you hunt me like a lion, and You repeatedly pronounce a verdict upon me.

skin and flesh to guard them from harm, for my life is dependent on them.—[*Mezudath David*]

12. **life and kindness**—At that time, You granted me life without any previous payment, for I had done nothing. It was purely out of kindness that You granted me life.—[*Mezudath David*]

and Your providence—*The providence of Your watch, for You appointed watchers for me.*—[*Rashi*] Your command kept my spirit in me that it should not leave my body; otherwise, it would surely have left me, because the body is like a flask full of holes.-[*Mezudath David*]

watched my spirit—*in my mother's womb, and afterwards . . .*—[*Rashi*]

13. **But You hid these in Your heart**—*to destroy me as though You did not remember them, but I knew that this was with You, everything as it was delineated, and You did not forget.*—[*Rashi*] Although the cause and implementation of all these things is a secret, I knew that this procedure was with You. How can You destroy Your handiwork, that You created in such a wondrous manner?—[*Mezudath David*]

14. **If I sinned, You watched me**—*You laid Your eyes on me so as not to ignore [my sins] nor to forbear retaliation, and* [from now on] *You are not cleansing me of my iniquity but are requiting me for everything.*—[*Rashi*]

15. **sated with disgrace**—*am I.*—[*Rashi*]

and seeing my affliction—Heb. וּרְאֵה. *This is not an expression of the imperative, but is an adjective.* וּרְאֵה עָנְיִי *is badlace (?) in Old French, "that I see it all the time." As you say* (below, at the end of the Book), "וּשְׂבַע יָמִים, *and I am sated with days," like* "וְשָׂבֵעַ יָמִים" (with a "kamatz" under the "sin") so do you say וּרְאֵה, *like* וְרוֹאֶה, "and seeing my affliction."—[*Rashi*]

16. **And it is so great that You hunt me like a lion**—*And it is so great in Your eyes to be to You as a burden and a disappointment, that You hunt me like a lion; You spread out a net for me as though I was as mighty as a lion.*—[*Rashi*]

and You repeatedly—*from day to day.*—[*Rashi*]

pronounce a verdict upon me—Heb. תִּתְפַּלָּא, *to exact and to pro-*

יז תְּחַדֵּשׁ עֵדֶיךָ ׀ נֶגְדִּי וְתֶרֶב כַּעַשְׂךָ
עִמָּדִי חֲלִיפוֹת וְצָבָא עִמִּי׃ יח וְלָמָּה
מֵרֶחֶם הוֹצֵאתָנִי אֶגְוַע וְעַיִן לֹא־תִרְאֵנִי׃
יט כַּאֲשֶׁר לֹא־הָיִיתִי אֶהְיֶה מִבֶּטֶן לַקֶּבֶר
אוּבָל׃ כ הֲלֹא־מְעַט יָמַי *יֶחְדָּל *יָשִׁית
מִמֶּנִּי וְאַבְלִיגָה מְּעָט׃ כא בְּטֶרֶם אֵלֵךְ
וְלֹא אָשׁוּב אֶל־אֶרֶץ חֹשֶׁךְ וְצַלְמָוֶת׃
כב אֶרֶץ עֵפָתָה ׀ כְּמוֹ־אֹפֶל צַלְמָוֶת וְלֹא־

ת״א עפתה. סוטה מט עקרים מ״ד פ״ג: וחדל קרי ושית קרי סדרים

ותתוב תְּדִין בִּי: יז תְּחַדֵּת
סָהֲדָיךְ לָקֳבְלִי וְתַסְגֵּי
רוּגְזָךְ בַּהֲדִי מִתְחַלְּפָן
מַחְוָתָא מִתְחִילִין גַּבִּי:
יח וּלְמָא מִן רַחְמָא
אַפֵּקְתַּנִי אִתְנְגִיד וְעֵינָא
לָא תִסְכְּנַנִי: יט הֵיכְמָה
דְּלָא הֲוֵיתִי אֱהֵי מִן
כְּרֵיסָא לְבֵי קְבוּרְתָּא
אֶתְעַל: כ הֲלָא קַלִּילִין
יוֹמַי וּפָסְקָן וְשַׁנֵּי עֲלַי
וְאָנוּחַ זְעֵיר: כא עַד דְּלָא
אֵיזֵל וְלָא אֲתוּב לְאַרְעָא
חֲשׁוֹכָא וְטוּלָא דְמוֹתָא:
כב אַרְעָא דְּתִימוּרְהָא
הֵיךְ קֳבַל טוּלֵי מוֹתָא
וְלָא סִדְרֵי יְתוּב בְּנֵי

רש״י

אני גבור כשחל: ותשב. מיום אל יום: התפלא בי. לדקדק ולהפליא במשפט ל׳ כי יפליא (במדבר ו׳): (יז) עדיך. להעיד על חליפת החלאים ומכאובים: וצבא עמי. זמנים קצובים ליסורי אלו משמשים (צבא א׳) והוזרים ומתחלפים שנויים משונים מאלה ומשמשין זמן אחר: (יח) אגוע ועין לא תראני. הלואי אגוע מרחם: (יט) אובל. הלוואי הייתי מובל: (כ) ושית ממני. תשית עצמך ממני ומעלי כמו (ישעי׳ ס״ה) קרב אליך קרב לעצמך ורחק ממני: (כא) בטרם אלך. בעודני חי ולא הגיע עת מותי הנח לי וארגיע: (כב) עפתה. שם דבר חשיכה כמו שחר ועיפה: צלמות.

אבן עזרא

(יז) עדיך. הם הנגעים שיעידו: חליפות וצבא. הולכות ועומדות כמו הלא צבא והענין שהם עתה בזמן הזה ועניינו על התלאות: (כ) ושית ממני. הרף ממני כמו ונשתו מים: ואבליגה. ואתחזק: (כב) עפתה. חשך וכמוהו

מנחת שי

(יז) ותרב כעשך. בס״א כ״י ובדפוס נאפולי כתוב כעסך בסמ״ך וטעות הוא בידם שזהו אחד מן ד׳ דכתיבין שי״ן בלישנא ע״פ המסרה וגודע עוד ממסרה אחרת שזה כתוב בשי״ן שכן אומרת כעסך ב׳ חד כתיב סמ״ך וחד כתיב שי״ן וסימן והפר כעסך עמנו (תהלים פ״ה). ותרב כעשך עמדי: (כ) יחדל. וחדל קרי: ישית. ושית קרי:

רלב״ג

בפעם אחת אבל אתה תשוב להכותי מכה אחר מכה ותראה פלאות בי: (יז) עדיך. נגעיך ולו דמיון מה בלשון ארמי כי השפחת נקראת עדיתא: חליפות. מענין כריתה: וצבא. רבוי: (כ) והדל. המנע מהכות עלי אלו הרעות: ושית ממני. הרפה ממני: ואבליגה. ואתחזק או ואחזק לבי: (כב) עפתה. אורה: ולא סדרים. ר״ל שאין בארץ דבר שומר סדר ויושר בעניניה הפרטיים: ותופע. ותאיר:

מצודת דוד

שמח: (יז) תחדש. בכל עת תחדש נגדי עדים אשר יעידו לך על רוע מפעלי ועל רעיו יאמר אשר ירשיעו אותו: ותרב. על ידי זה תרבה כעסך עלי כי ארבה להשיב אמרים וברוב דברים לא יחדל פשע: חליפות. והמה מחליפים עצמם פעם ידבר זה ופעם זה ואת כולם אשיב: וצבא עמי. לא ימהרו ללכת אבל יתעכבו עמי משך זמן ומרבים דברים ובע״כ אשיב על כל דבריהם: (יח) ולמה. אם ככה אתה עושה לי למה הוצאתני חי מרחם אמי היה לי לגוע ברחם ולא היה עין רואה אותי על כי הייתי נקבר מיד: (יט) כאשר וגו׳. אז הייתי כאלו לא הייתי כי הייתי מובל מן הבטן אל הקבר והרי הוא כאלו לא נבראתי מעולם: (כ) הלא מעט ימי. ואם נבראתי בעבור לקבל עוד הטובה הלא ימי מעטים המה ומתי אקבל את הטובה ולזה חדל היסורין ושים אותם ממני ואתחזק מעט זמן: (כא) בטרם אלך. בטרם אמות ואלך בדרך אשר לא אשוב והיא אל ארץ חשך וצלמות חשכת הקבר: (כב) ארץ עפתה וגו׳.

מצודת ציון

ה׳): (יז) כעשך. כמו כעסך בסמ״ך: וצבא. ענין זמן כמו הלא צבא לאנוש (לעיל ז׳): (יח) אגוע. אמות: (יט) אובל. אובא כמו והוא לקברות יובל (לקמן כ״א): (כב) עפתה. חשכה וכן תעופה

Your mind off me and I will rest a little.

21. **before I go**—*While I am still alive, and the time for me to die has not yet arrived, desist from me and I will rest.*—[*Rashi*]

to a land of darkness etc.—Before I go on a way from which I will not return, viz. to a land of darkness and the shadow of death, the darkness of the grave.—[*Mezudath David*]

22. **darkness**—Heb. **עֵפָתָה**. *This is a noun meaning darkness, like* (Amos 4:13) *"dawn and darkness* (**וְעֵיפָתָה**)." [Note that our reading in Amos is "dawn into darkness (**שַׁחַר עֵיפָה**)."

17. You renew Your witnesses against me, and You increase Your anger with me; shifts with set times are with me. 18. Now why did You take me out of the womb? Would that I had died and no eye had seen me. 19. Then I would have been as though I had not existed; would that I was brought from the womb to the grave. 20. Are not my days few? So desist and withdraw from me, and I will strengthen myself a little, 21. before I go and do not return, to a land of darkness and the shadow of death, 22. a land of darkness like darkness itself; the shadow of death without

17. **Your witnesses**—*to testify about the changes of the ailments and the pains.*—[*Rashi*]

with set times are with me—*Times set for these my tortures, which serve (once) and* [then] *repeatedly shift with changes different from these, and serve again.*—[*Rashi*] *Mezudath David* takes "witnesses" to refer to Job's friends, who condemn him.

and You increase Your anger—Through these witnesses, You increase Your anger against me because I respond more frequently and am apt to sin by saying something wrong.—[*Mezudath David*]

shifts—They change shifts, first one speaking and then another, and I answer all of them.—[*Mezudath David*]

set times—They do not hurry away but tarry with me for some time, speaking at length, and I am compelled to answer them.—[*Mezudath David*]

18. **Would that I had died and no eye had seen me**—*If only I had died*

[upon emerging] *from the womb.*—[*Rashi*]

19. **Then I would have been etc.**—Then I would have been as though I had never existed, for I would have been brought to the grave immediately.—[*Mezudath David*]

would that I was brought from the womb to the grave—*Would that I was brought.*—[*Rashi*] Cf. preceding comment.

20. **Are not my days few?**—If I was created in order to receive benefit later, are not my days few? When will I receive that benefit?—[*Mezudath David*]

desist—Cease the torments.—[*Mezudath David*]

withdraw from me—*Withdraw Yourself from me and from upon me, like* (Isa. 65:5), *"Keep to yourself." Remain by yourself and distance yourself from me.*—[*Rashi*] *Mezudath David* renders: Cease the torments, and withdraw them from me, and I will strengthen myself awhile. *Rabbenu Meyuchos* renders: Take

זה ביאור מלות המענה: ביאור דברי הטענה ענה איוב ואמר אמנם אני ידעתי כי כן ר"ל על מה שהוכחתני ואמרתי עד אן תמלל אלה לא תחשב שאמרתי מה שאמרתי לריב עם השם יתברך אבל אמרתי זה לפי דעת אליפז ואולם אני אחשוב ג"כ שהשם יתברך לא יעות משפט ולזה גזרתי שהוא בלתי משגיח באישי האדם כדי שלא איחס עליו עול. ואולם שם השם יתברך עניניהם לפי מה שימשך מפעל הגרמים השמימיים ואף על פי שהיה יותר טוב כמו שאמרתי לאנשים המרי נפש שימותו מרחם אינני מיחס בזה עול אל הש"י וזה שזה אמנם היה ממנו מצד שלא היה אפשר שיהיה ענין פרטי האדם מסודר ממנו באופן יותר שלם ובכלל הנה הוא מבואר שאין ראוי לאדם לריב עם השם יתברך ולהשיב דברים כנגדו כי איך יתכן שיצדק אנוש עם אל בריבו עמו הנה אף על פי שיחפוץ לריב עמו לא יוכל כי השם ית' לא יעננו בשום דבר מדבריו ועוד כי הוא חכם בתכלית החכמה ויכול במה שירצהו ולזה ראוי לירא להריב עמו כי מי הקשה אליו ויעמוד בשלום וזה שהאדם ישמר מהריב עם שתקיף ממנו וחכם ממנו כ"ש עם מי שהוא בתכלית החכמה והתוקף. הנה מרוב כחו עוקר הרים ממקומם ולא הכירו המון האנשים מי הוא שהפכם באפו לפי שסבת העתקם ממקומם נעלמת מהם. והנה השם יתברך הוא הסבה בזה בהשתלשלות הסבות ר"ל שהוא הסבה הראשונה וזה אמנם יהיה בסבת התגבר האד הקיטורי בבטן הארץ שיתהוה ממנו רוח ידחה ההר ההוא ויגביהנו עד שתבקע הארץ ויצא הרוח ואז יהפך ההר ההוא בעת נפלו ולזאת הסבה בעינה הוא מניד הארץ ממקומה ויתנודדו העמודים אשר היא נסמכת עליהם ר"ל שלמטה יצא התנודדות תחלה בסבת הרוח הנעצר שם ובסבת התנודד הארץ הסמוכה לארץ ההיא תתנודד הארץ אשר עליה. הנה אומר לשמש ולירח ולא יזרח וזה יהיה בעת דבוקו עם הירח ולא היה לירח מרחב לפי הנראה ואע"פ שהשמש חזק האור עד שמרוב אורו ימנע הראות הככבים הנה ימנע הירח אורו ממנו ולא יאיר ולזה יקרה בשאר ככבי לכת שיעדר אורם כשיסתירו אותם השפלים מהם. הוא נוטה שמים לבדו בזולת אמצעי בינו וביניהם בעת הבריאה ואולם היסודות ומה שהורכב מהם ברא באמצעות הגרמים השמימיים והוא לבדו נוטה הגשם שידרוך על במתי ים והוא השמים והככבים ההולכים באיזור גלגל המזלות או נוטים ממנו מעט לצפון ולדרום כמו ככבי לכת והככבים הקיימים אשר בשתים עשרה המזלות והוא עשה הצורות הצפוניות והדרומיות אשר בגלגל המזלות והנה בבריאתם מהפלא מה שלא יעלם וזה כי אלו הככבים עם היותם מטבע אחד בעינו יעשו פעולות מתחלפות בזה העולם השפל. יספר איוב מאלו הצורות עש והוא בנות עיש וכסיל וכימה שהם שתי צורות מעידות על התגברות חום וקור רצוני שכסיל מעיד על רוב הקור וכימה על רוב החום וחדרי תימן הם הצורות הדרומיות. ובכלל אם באנו לספר נפלאותיו לא נוכל כי הוא עושה גדולות עד אין חקר ונפלאות עד אין מספר וזה מבואר למי שעיין בטבע זה המציאות ובפרט באיברי הב"ח ואופן הסתעפם בהתחלתם הנה באמת הוא יעבור עלי ולא אראהו ויעבור לפני תמיד ולא אבין לו כי כבודו מלא עולם והוא עם כל דבר מנבראיו כי הוא הנימוס והסדר אשר בו יתקיים דבר דבר מהנמצאות באופן מה כמו שביארנו במה שאין ספק בו בספר מלחמות ה'. אם יחתוף אדם וישחיתהו מי ישיבנו היש שם גבוה ויותר חזק ממנו ומי יאמר אליו מה תעשה. הנה באמת אלוה לא ישוב אפו כי הוא בלתי מקבל השינוי והתמורה ולזה יהיה מה שאמרת לי שאתחנן אל השם יתברך להסיר מעלי את הרע הזה מבואר הבטול. העוזרים בגאוה ובתוקף שחו תחתיו ר"ל שלא יועיל עוזרם כנגד השם יתברך. אף כי אנכי אדבר ואריב עמו איך יתכן זה. הנה אע"פ שצדקתי לא אמצא בעצמי דרך לדבר עמו ואיך אתחנן למשפטי אם העויתי כמו שאתה מיען אותי. הנה אם קראתי אליו ומצאתי שהוא עונה אותי אע"פ כן לא אאמין כי יאזין קולי ואמנם אמר זה לפי שהוא מבואר לפי דעתו שהקב"ה בלתי משגיח באישי האדם לחסרונם ולהיותם הווי' נפסדים והנה התחזקה זאת האמונה אצלו מצד העיון עד שאע"פ שיראה שהמוחש יחלוק עליה לא יסור ממנה. וכאשר השלים איוב התנצלות על מה שהיה מוכיח אותו בלדד במה שהיה מריב עם השם יתברך ולא היה מתחנן לפניו להעביר רעתו שב להשיב על דבריו במה שהיה מניח שאם היה איוב זך וישר היו אלו הרעות הבאות עליו טובות באחרית. ואמר הנה מכתי אנושה מאד על לא חמס בכפי כי השם יתברך יכתת אותי בסערה והרבה פצעי על לא פשע ועל לא חטאת וזה בתמידות עד שלא יתנני השב רוחי כי ישביעני תמיד מקרים קרים ואיך ראוי שיקראו כמו אלו הרעות הנפלאות טובות הלא אם השם ית' יעשה מה שיעשה מהרעות מצד הכח והתוקף אשר לו בזולת שמירה שיהיה במשפט ידעתי שהוא יוכל לעשות הכל כמו שיהפוך ההרים והארצות בכחו ובגבורתו וזה בהשתלשלות הסיבות כי הוא הסיבה הראשונה בכל מה שיתחדש ובזולתו לא יעשה דבר ואם יעשה זה מצד המשפט כמו שאתה אומר מי יעידנו עמו ונקרבה יחד למשפט כי ידעתי שהוא עושה לי עול אם הענין כדבריך. אבל מה אעשה והנה אם צדקתי פי ירשיעני רשע בעיני שומעי דברי. הנני תם ופי יביא לחשוב שאני עקש. והנה אמר זה איוב כנגד חבריו שהיו מאשימים אותו חוטא על דבריו. הנה באמת תם אני ואפס עד שלא אדע בעצמי נפשי ר"ל שאין ניכרים כחותיה באיברי. ולזה אמאס חיי כי אינם חיים על דרך האמת ובהיות הענין כן הנה לא אקוה שיהיו אלו הרעות להביא טובות אחרות כמו שאתה אומר כי הנני מרגיש בעצמי שאני תם ואפס באלו הרעות. אחת היא הדרך אשר יזוקו בה הטובים והרעים ועל כן אשפוט שאין הבדל בין התם והרשע כמו שאמרתי. ובאמת כי בלדד אמר בזה מאמר חסר לפי שאם היה כדבריו היה ראוי שתהיינה רעות הצדיק מזולת מין רעות הרשע כי התחלות הדברים הספיים ראוי שתהיינה הספיות לפי שהם יביאו אל תכליות הספיות ואם אמרתי שיש בזה הבדל כי רעות הרשעים הם באופן שיכלום פתאום והנקיים לא יבואו להם רעות לכלותם אבל יבאו עליהם רעות וייסורין להביא עליהם טוב כמו שזכרת בדבריך הנה באמת לא יתנצל בזה השם יתברך מהעול וזה שיותר רע מה שיבא לצדיקים ממה שיבא לרשעים לפי שהצדיקים שוקדים ברעותם זמן ארוך והרשעים יכלו תכף. ולזה אמר אם שבט ימית הרשע פתאום הנה הרשע ההוא ילעג למסת הנקיים ולייסוריהם לפי ביותר קל לסבול מה שבא עליו מהרע לקוצר זמנו ממה שבא מהרע לנקיים ועוד כי ימצא בזה עול אם היו אלו הטובות והרעות מכוונות מהשם יתברך וזה שכבר ימצאו רשעים קצתם מצליחים מאד עד שכל הארץ נתנה בידם פני שופטי הארץ יכסו רוצה לומר שיעלימו עין ממשפטם ואם לא איפה מי הוא שיכזיבני ויחלוק על המוחש ויאמר שאין זה אמת או שאותן הטובות הם רעות. הנה ימי עם צדקתי ותום לבבי הלכו במהירות בלא תמדה כמו שילכו במהירות האניות המתוקנות בתכלית התקון בים וכמו שיעופף במהירות הנשר כשידבק האוכל. אם אמרתי אשכח שברי ואעזוב כעסי ואחזק מעט פני ירא מאד כל הכעסים אשר לי הם שכבר ידעתי שלא תנקני באחרית מאלו הרעות. הנה אם רשעתי למה זה הבל איגע להתחנן לפני השם יתברך כמו שאתה מיען אותי. הנה אע"פ שהתרחצתי במי שלג להסיר לכלוך החטאים ההם והזכותי כפי בנקיות לא יועיל לי. לפי שמכאוביהם באופן שלא יועיל לי שובי אל השם יתברך אם היה שרשעתי לפי שהם פונים אל המות ולזה כשאקוה המלט בהתחנני אל השם יתברך אז יגיעני המות ויביאני אל שיתעבוני שלמותי להיות מת. הנה השם יתברך לא איש כמוני עד שאוכל לענות אותו ולבוא יחדו במשפט ולא יש ג"כ בינינו מוכיח ישית ידו על שנינו וישפוט מי יצדק. הנה אם יסיר מעלי שבטו בדרך שלא תבעתני אימתו אז אדברה על מה שהביא עלי מן הרע על לא חמס בכפי ולא איראנו כי לא כן אנכי עמדי כמו שאתם חושבים שרשעתי וזה שאני יודע בעצמי שלא חטאתי. הנה מרוב מכאובי נקטה נפשי בחיי אעזוב עלי דברי שברי ואשיחה במרירות נפשי עם השם יתברך אם הענין כדבריכם שיהיו אלו הרעות מגיעות ממנו על הכוונה הראשונה. אומר אל אלוה אל תרשיעני הודיעני על מה תריבני והכעס עמי כי אין בי חטא תוכל לתלות בו כעסך עמי. הטוב לך כי תעשוק האדם תחמסהו להביא עליו רע על לא חמס בכפיו וכי תמאס מה שעשית אותו הזה מחוק השלם הלא כל פועל אוהב מה שיפעלהו כ"ש שלא ימאסהו ואם טוב לך שתופיע על עצת רשעים ר"ל שיגיע אליהם הטוב בעצתם עד בישלימוה הנה זה תכלית העול אם היו אלו הענינים מגיעים מהשם יתברך על הכוונה הראשונה כמו שאתה אומר ר"ל באם ימאס הטובים ויביא ההצלחה אל הרעים עד שלא יבצר מהם כל אשר יזמו לעשות ואיך אפשר כך שתהיה משגיח בעניני האדם הפרטיים האם עיני בשר לך עד שתדע אלו הדברים הפרטיים ההיולאניים. אם כראות אנוש תראה אשר לו כחות נפשיים ההיולאניים ישיג בהם הדבר במה שהוא פרטי כמו כח הדמיון והחוש ושאר הכחות הנפשיות אשר ינהגו מנהגם. הכימי אנוש ימיך ושנותיך כשנות גבר עד שתדע הענינים הזמניים הפרטיים ותבקש לעוני ולחטאתי תדרוש ואיך אפשר שישיג הדברים הזמניים הפרטיים מי שאין לו יחס כלל עם הזמן. הנה איך יתכן שתבקש לי עון וחטאת ואלו ידיעתך כי לא ארשע אם היה שתשגיח בפרטי האדם ותבין אל כל מעשיהם כמו שאומרים רעי. והבאת אותי עם זה המכאוב חזק ממות עד שאין מידך ונגעך שהבאת עלי מציל ר"ל שלא אוכל להנצל ממנו בשום פנים. הלא ידיך יצרו אותי ועשאוני בעת ההויה זה היצור הנפלא אשר באיברי גופי והקשרם קצתם בקצתם והסתעפם קצתם מקצתם באופן שכבר ילאו השכליים האנושיים להשיג אופן החכמה בזאת הבריאה בשלימות ועשית אותי יחד סביב בעת הבריאה רוצה לומר שהתחלת ההויה היתה מהאמצע והוא הלב ואחר לצורת איברי סביב יחד ואף על פי שקצתם ישלמו קודם קצתם לפי שאי אפשר שיתהוו האיברים הנפרדים כמו שהתבאר בספר ב"ח ועתה תבלעני ותשחיתני. זכור נא כי כחמר וכעפר הייתי בעת שעשיתני ועתה למה תשתוקק להשיב אותי אל העפר ותבטל ממני פעולתך הנפלאה הלא בעת ההויה התכתני תחלה כחלב ואחר כך הקפאת אותי כגבינה ואולם אמר זה כי הזרע אשר יתהוה ממנו והוא דם הנקבה נתך תחלה ואחר כך הקפיאו החום אשר בזרע הזכר עם הכח האלהי לתת לו צורה ותמונה כמו שהתבאר בספר ב"ח.

The former is the reading of the Septuagint; apparently it is that of *Targum Jonathan* and *Rashi* also.]

like darkness itself—Like pitch darkness. *Mezudath David* explains that the night is pitch dark, with the darkness of the grave, the shadow of death. *R. Joseph Kimchi* explains that the darkness of this land is like the darkness of countries where the sun does not shine for six months of the year.

the shadow of death—Heb. צַלְמָוֶת, like צֵל מָוֶת. This follows *Targum, Redak* quoting *Saadia Gaon,* and *Mezudath David.* However, *Rashi* to Jeremiah 2:6 follows *Menachem* p. 150 and *Dunash* p. 89, who define it as an expression of darkness, so *Saadia* (ed. Kafich). According to *Ibn Nachmiash* to Jeremiah (ad loc.), *Jonathan* renders: שַׁלְהוּבָא, *darkness,* agreeing with *Rashi, Menachem,* and *Dunash. Mezudath Zion's* definition appears to combine both derivations: darkness of the grave.

Ibn Ganah (*Sepher Haschorascheim,* p. 431) explains that darkness, because of its desolation and man's fear of it, is depicted as the shadow of death, as though death were a person with a shadow, and darkness is that shadow.

the shadow of death—*it is, without orders in it (that there are no orders of man; i.e. there are no customs, for there is no civilization, and its light is like darkness).*—[*Rashi*]

Rashi explains that the verse is elliptical, and should be read: It is the shadow of death, and there are no orders therein. *Mezudath David,* following *Ibn Ezra, Ibn Ganah,* and the *Kimchis,* explains that there is no order in the planets or the stellar constellations. *Redak* suggests that it means, there is disorder due to the darkness. *Rabbenu Meyuchos* derives סְדָרִים from מִסְדְּרוֹנָה, *a vestibule.* Vestibules do not allow the light to shine in. *Ramban* defines סְדָרִים as the orders of the times enumerated in Gen. 8:22: cold and heat, summer and winter, day and night.

and where the light is as darkness—*The illuminated place [therein] is like darkness.*—[*Rashi*] Therefore, desist from me before I go to that place.

(In summation: Job wishes to refute Bildad's assertion that all happenings are the result of Divine Providence, and that the prosperity of the wicked is for evil, whereas the suffering of the righteous is for good. To this, Job replies that it is impossible that two identical happenings, viz. the sufferings of the righteous and the sufferings of the wicked, should have opposite effects. If you say that the wicked die suddenly, whereas the righteous suffer, that is better for the wicked: surely, he would prefer to die suddenly than to suffer the agonies endured by the righteous. Job com-

עור ובשר הנבשת אותן האברים הפנימיים לשומרם ובעצמות וגידים תכסה האיברים הפנימיים לשומרם ולהיות לו עמידה וקיום ולהקשר האיברים קצתם בקצתם ולתת להם מהתחלתם המזון והחוש והתנועה עד שנמלאת בי . חיים וחסד עשית עמדי להשגיח בי בבריאתי זאת שהשגחה הנפלאה במה שהמלאת ע׳ מאיברי והכחות הנפשיות ולא די שהמלאתני בזה האופן הנפלא אלא שגמת בי פקודה ששמרה רוחי וחיי כ״ל שנתת מנוי ושלטנות לצורתי על כחותיי המתפעלות עד שישמר בזה מציאותי כי שמירות מציאות כל מורכב הוא כאשר יגברו כחותיו הפועלות על המתפעלות וכבר הורגו באדם כלים רבים ובחות נפשיים רבים תשלם בהם זאת השמירה הזמן האפשרי כשלא היה

בס

נְשָׁא וּמְפַעְפְּעָא הֵיךְ קְבָל: א וַאֲתִיב צוֹפַר דְמִן נַעֲמָה וַאֲמַר: ב אֶפְשַׁר דְמַסְגֵי מִלַּיָא

סְדָרִים וַתֹּפַע כְּמוֹ־אֹפֶל: יא א וַיַּעַן צֹפַר הַנַּעֲמָתִי וַיֹּאמַר: ב הֲרֹב דְּבָרִים לֹא

רש"י

היא ולא סדרים. בה (שאין שם סדרי אדם כלו' מנהגים שאין שם ישוב ואור שבה כמו אופל היא): ותופע כמו אופל. מקום מופע שבה כמו אופל הוא: מענה צופר: יא (ב) לא יענה. מאחרים מפני רוב דבריו:

אבן עזרא

עיפה שהר עיפה: סדרים. הם מערכות הכוכבים ותרגום יערוך יסדר: יא (א) ויען צופר: (ב) הרב דברים לא

רלב"ג

שם מונע מלך רוע ההנהגה או זונת זה מהדברים שיהיו סבה אל שימות האדם בלא עתו. הנה אלו הענינים אשר באדם במה שהוא אדם לפנת בלבבך להיותם בלתי פרטיים ולא זמניים והם אופני החכמה בבריאתן ושמירת מציאותו הזמן האפשרי ר"ל שאתה משגיח באדם באלו הענינים האנושיים. ידעתי כי זאת ההשגחה וההנהגה עמך היא ואולם במקרים אשר הם פרטיים וזמניים לא יתכן שתהיה משגיח. אתה ה' אלהים אף על פי שאודה שחטאתי האם ראוי שתשמרני במשמר ובמאסר אלו המכאובים תמיד ולא תנקני מעולם ממעשי. הנה אם רשעתי אוי לי ואם צדקתי אוי לי ג"כ כי לא אוכל לשאת ראשי להיות שבע קלון מהתרדפות אשר תרדפוני רעי בהם ולראותי בעניי ובשפלותי מי יתן ויגדל מאד הרע שאתה עושה לי עד שבמלידת הבהל תלידני פעם אחת לא תשנה לי כלומר שתמיתני תכף אך אתה השוב ללוד אותי לידה אחר לידה ולתת לי מכות ונגעים רבים להפליא זה אחר זה. תחדש עדיך נגדי ותרב כעסך עמי בנגע ובנגע ר"ל שהם רעים מאד ורבים עד שנגעים מכריתים אותי ורבוי גדול מהם עמי. ואם ככה אתה עושה לי טוב שלא הוצאתני מרחם ול.. תראני עין והייתי כאילו לא הייתי ולא יצאתי לאויר העולם עד שמבטן לקבר אובל כי איוב היה רואה שטוב לאדם הקשה יום שלא נברא כמו שקדם ולמה תרדפני כמו אלו ההרדפות אם הענין כמו שאומרים רעי שיהיו הרעות מגיעות מאתך. הלא מעט ימי חדל ממני אם תרצה שאראה בטוב בטרם אמות הסר ממני אלו המכאובים והנגעים אשר חוליתי בהם ואחזק מעט בטרם אלך אל מקום שלא אשוב ר"ל אל המות ואל ההעדר והוא אשר קרא ארץ חשך וצלמות הנה זה מציאות השפל ומלא עיפתו ואורו החשך כמו אופל וזה כי בו ימצא כל המות וההעדר ולא ימצא בו סדור והגבלה במה שימצא בו מחיים אבל האור ההוא החשך כמו אופל וזה מחוייב בו מצד פחיתותו וחסרונו: והכלל העולה מהדברים הוא שאיוב לא היה מריב על השם יתברך ושייחס אליו עול כמה שיביא מהרעות לאישי האדם אבל היה מרחיק זה וייחס אלו הרעות אל ההגבלה המסודרת מהכוכבים ואולם מה שהתרעם מהשם ית' הוא למה לא סדר בכמו אלו האנשים הקשי יום שלא יתהוו כי יותר היה להם זה טוב וייחס לזה התהוותם לבגנה אל השם ית' או ללאות וקצור. ואולם מה שנמשך בדבריו מהתרעם אל השם יתברך על הרעות הבאות עליו הוא לפי שהש"י סדר זה הסדור אשר מהגרמיים השמימיים אשר בו מהעדר הצדק והיושר מה שזכרו איוב ר"ל תם וישר הוא מכלה. או הוא לפי דעת רעיו שיראו שהשם יתברך הוא משגיח באישי האדם וגם בהם הרעות והטובות במשפט. ועוד כי מה שהיה טוען איוב מענייניו שלא חטא היה נעלם לרעיו ולזה היה אפשר שיאמרו לו שאינם מאמינים בזה ולזה היה חושק שיהיה מתוכח עם השם יתברך אם היה אפשר שאם היה יודע מעשה האדם היה ידוע לו מעשה איוב וצדקו ותם לבבו ואם היה עם זה מגיע לו כמו אלו הרעות האמיתות היה עול וזה היה שופט איוב שהשם ית' בלתי יודע אלו הדברים הפרטיים ושכבר עזבם והניחם תחת ממשלת הגרמים השמימיים לשומרם כפי מה שאפשר והנה כבר ביאר איוב במה שאמר בלבד שהרעות אשר לנקיים הם טובות ואם לא נשער הוא כוזב מלך המוש כי אין הבדל בין הרעות אשר לצדיקים ובין הרעות אשר לרשעים אבל הם אחדות במין וזה היה בלתי אפשר אם היה הענין כמו שאמר בלבד וזה שהדברים אשר תכליותיהם הפכים ראוי שיהיו מתחלפים במין הפעלים אלא אם היה זה במקרה כמו שנמצא לדבר אחד בעינו שיהיה סבה לדבר והפכו אלא שהוא סבה לאחד מן ההפכים בעצם ולאחד במקרה ובזה האופן ימצא לחום החמום והקור וימצא לקור הקרור והחמום כמו שנזכר ברביעי מהאותות. ועוד שכבר נתבאר לאיוב מרעותיו שהם ממיתות ומוליכות אל המות כמו הענין ברעות אשר לרשעים עם התבאר לו מעצמו שהוא היה תם וישר ועוד שאם הענין כן היה הרע אשר יגיע לנקיים יותר קשה ואף על פי שנודה שיהיה תכליתו לטוב לפי שהרע המגיע לרשעים ימיתם פתאום ולא ירגישו ברע כי אם זמן מועט ואולם הנקיים יתמיד להם הרע זמן ארוך. והוסיף להפליא איוב על מה שהתהלל השם ית' בבריאת האדם בתכלית מה שאפשר מהשלמות וטוב ההשגחה איך ראוי שיסדר כמו זאת הבריאה הנכבדת באנשים הקשי יום אשר סדרו להם מערכת הכוכבים בגיאתם מרחם מקרים רעים ומפסידים אותם ומה תועיל להם זאת הבריאה הנפלאה האם ראוי בחק הפועל השלם שיעשה פעל הבטלה ר"ל שיעמיק ויפליא בטוב הבריאה והוא בעצמו יסדר תכף מה שיפסידה הלא יותר טוב לכמו אלו האנשי' שלא יהיו נבראים והנה הביא איוב בזה המאמר שני מופתים חזקים יבטל בהם שיהיה הש"ת יודע הענייני' הפרטיים. המופת הראשון סדורו כן הש"י אין לו כח מהכחות אשר יושגו בהם הענינים הפרטיים כי אין לו כח היולאני כמו שהתבאר במופת בטבעיות ובאלהיות וכל מי שאין לו כח מן הכחות אשר יושגו בהם הענייני' הפרטיים לא ישיגם ויחוייב מזה שהש"י אינו יודע אלו הענינים הפרטים ואל זה ההיקש רמז באמרו העיני בשר לך אם כראות אנוש תראה. והמופת השני סדורו כן הש"י אינו זמני ומתנועע להיותו בלתי היולאני וכל מי שישיג הדברים הפרטיים זמניים מצד שהם פרטיים וזמניים הוא זמני ומתנועע לפי שיחוייב היותו היולאני אחר שהוא יקבל הדברים אשר ישיגם קיבול היולאני ויולד מזה בתמונה השנית שהשם יתברך לא ישיג הדברים הפרטיים ואל זה ההיקש רמז באמרו הכימי אנוש ימיך וגו' ואולם איוב יודה שהש"י משגיח במינים להיותם בלתי זמניים ולזה ימצא באלו הנמצאות השפלות הסדר והיושר במה שלהם מצד הטבע המיניי וימצא בהם העדבוד והעדר הסדר במה שהם בו פרטיים ולזה אמר במציאות הפרטי באלו הענינים השפלים אשר בעולם ההויה וההפסד שאורו הוא כמו אופל לפי שלא ימצא בחיים הנמצאים בו סדור ויושר: ביאור מלות המענה (א) ויען צופר הנעמתי ויאמר:

מצודת דוד

החושך שלה היא כמו חשכת אפלה והיא לנו של מות ואין שם סדרי מערכות הכוכבים ומזלות: ותופע. אף מקום המאיר ומזהיר בזה היא כחשכת אפלה ולזה חדל ממני היסורים עד לא אלך אל המקום ההוא (העולה מהמענה היא לסתור דעת בלדד שאמר אשר הכל בא בהשגחה וטובות הרשעים לרעה ורעות הצדיקים המה לטובה כי ישיב אמרים לומר איך יתכן אם המה מין אחת ודרך אחת להם וישתנו הם בפעולתם ואם בעבור המיתה הפתאומי' הבאה לרשע הלא עוד לטובה יחשב ויבחר בזה מלהיות מיוסר כמו הצדיק אף יתלונן למה זה ימהר נשלם כל גמול הרשע הלא האדם הוא בידו בכל עת וירב אמריו לאל איך לא יחום מלהבל את פועל ידיו אשר נעשה בחכמה נפלאה ובשלימות רב):

יא (ב) הרוב דברים. וכי מי שמרבה דברים לא יהיה לו תשובה עליהם וכי לא ימלא מענה גם על מרבית הדברים: ואם איש

מצודת ציון

כבוקר תהיה (לקמן י"א): סדרים. שמות מערכות (ויקרא כ"ד) ת"א סדרין: ותופע. אורה וזריחה כמו הופיע מהר פארן (דברים ל"ג):

Ibn Ezra (above 2:10) suggests that it may be the name of a clan. *Gra,* to 8:1, claims that Zophar and Naamath were brothers, descendants of Nahor, Abraham's brother, but his proof is obscure. He writes also on

orders, and where the light is as darkness.' "

11

1. Now Zophar the Naamathite replied and said, 2. "Should not a multitude of words

plains that God hastens to punish a wicked man for all his sins. He argues that since man is in God's hands, He need not punish him immediately. He has time to delay the punishment. Job complains further that God should not destroy the work of His hands, which He created and fashioned with profound wisdom.)—[*Mezudath David*]

Rabbenu Bechayah in *Kad Hakemach* sums up Job's reply: Job persists in his contention that there is no Divine Providence upon the individuals on earth. He proves this by the example of the tempest, which injures both the righteous and the wicked, just as it blows off both the leaves and the fruit from the tree. Therefore, since there is no Divine Providence, "He increases my wounds for nothing"—He does not allow me to catch my breath and rest because He sates me with bitterness. Job states further that if there is indeed Divine Providence in the world, how is it that a scourge slays people suddenly and mocks the suffering of the innocent? If this is Divine Providence, then the world is in the hands of a wicked King, Who covers the faces of the judges so that they cannot see to perform justice. If you deny that, who then destroys everything? He proceeds to argue that it is better to deny Divine Provi-

dence rather than attribute injustice to God; instead of denigrating God's greatness, [realize] that it is this greatness that makes it beneath His dignity to supervise lowly earth creatures.

Job continues, stating that he does not fear Divine Justice because he did not sin. It is God's fault that he is suffering so intensely. He has not sinned like Adam, who blamed God for giving him a wife who caused him to sin. According to the Midrash, Job accuses God of robbery (עָשָׁק). He describes man as the result of three partners' participation in his birth: his father, his mother, and the Holy One, blessed be He. The body belongs to the father and mother, and the soul belongs to the Holy One, blessed be He. When the person dies, God takes His part and leaves the part belonging to the father and mother before them. In his case, however [Job says], "You said to the Adversary, 'Behold he is in your hands, but preserve his soul.' You gave my parents' part to the Adversary, and You kept Yours. That constitutes robbery."*

(Zophar's Answer)

1. **Zophar the Naamathite**—According to *Targum*, Naamah is a place name. See *Daath Mikra* for various theories as to its location.

יַעֲנֶה וְאִם־אִישׁ שְׂפָתַיִם יִצְדָּק: ג בַּדֶּיךָ
מְתִים יַחֲרִישׁוּ וַתִּלְעַג וְאֵין מַכְלִם:
ד וַתֹּאמֶר זַךְ לִקְחִי וּבַר הָיִיתִי בְעֵינֶיךָ:
ה וְאוּלָם מִי־יִתֵּן אֱלוֹהַּ דַּבֵּר וְיִפְתַּח
שְׂפָתָיו עִמָּךְ: ו וְיַגֶּד־לְךָ ׀ תַּעֲלֻמוֹת
חָכְמָה כִּי־כִפְלַיִם לְתוּשִׁיָּה וְדַע כִּי־
יַשֶּׁה לְךָ אֱלוֹהַּ מֵעֲוֺנֶךָ: ז הַחֵקֶר אֱלוֹהַּ
תִּמְצָא אִם עַד־תַּכְלִית שַׁדַּי תִּמְצָא:
ח גָּבְהֵי שָׁמַיִם מַה־תִּפְעָל עֲמֻקָּה

לָא יִתּוֹתַב וְאִין בַּר נָשׁ
מָרֵי שִׂפְוָן יִזְכֵּי:
ג כַּדְבוּבָךְ גּוּבְרַיָּא
מַשְׁתְּקִין וּדְחֵכְתָּא וְלֵית
דְּמַכְסַף: ד וְתֵימַר דְּכֵי
אוּלְפָנִי וּבְרִיר הֲוֵיתִי
בְּעֵינָךְ: ה וּבְרַם מַן יִתֵּן
אֱלָהָא מְמַלֵּל וְיִפְתַּח
שִׂפְוָתוֹהִי עִמָּךְ: ו וִיחַוֵּי
לָךְ כְּסוּיָן דְּחוּכְמְתָא
אֲרוּם כּוּפְלָא לְחוּכְמְתָא
וְדַע אֲרוּם אַנְשֵׁי לָךְ
אֱלָהָא מֵעֲוָיָנָךְ: ז אֶפְשַׁר
דְּפִשְׁפּוּשׁ אֱלָהָא תִשְׁכַּח
אִין עַד סְיָפֵי שַׁדַּי
תִּשְׁכַּח: ח בְּגַבְהֵי שְׁמַיָּא
מָה אַתְּ עָבֵד בְּאוֹרַיְתָא
דַּעֲמִיקָא מִן שְׁיוֹל מָה

רש"י

(ג) בדיך. שאתה בודה מלבך: מתים יחרישו. בני אדם: (ד) והאמר. להקב"ה זך לקחי ובר הייתי בעיניך: (ו) תעלומות חכמה. ותדע כי כפלים לתושיה יש לתורה שלא קיימת: כי ישה. כמו (דברי' כ"ד) כי תשה ברעך הרבה יש לו עוד חוב עליך בדברי עיניך: (ז) החקר אלוה תמצא. שאתה סבור שקיימת הכל: (ח) גבהי

מנחת שי

יא (ה) ואולם. הוא"ו בגעיא: (ו) ויגד לך. במדוייקים הגימ"ל בסגול ויש מאריך ביו"ד במקאתם: לתושיה. הלמ"ד

אבן עזרא

יענה: (ג) בדיך. כמו כזביך מן אשר בדא מלבו: (ו) כפלים. שלא ידעו בני אדם: ישה. ישכח. ויש אומרים שהוא מן כי תשה ברעך אבל הענין רחוק: (ח) עמקה. על עלת המקום. או ישוב לתושיה:

רלב"ג

(ג) בדיך. כזביך: (ד) לקחי. נמוסי והנהגתי אשר אני מתנהג בה: ובר. נקי: (ו) לתושיה. לפי הנימוס והסדור אשר יסודרו ממנה העונשים במרי מרי: כי ישה לך אלוה מעונך. ר"ל שהש"י העלים ממך ושכח אותך דברים רבים עוית בהם ואין אתה משער שיהיה לך עון בהם ואולם אמר זה לפי שהיה רואה שהאדם יחטא כשלא יעשה טוב תמיד להשתדל להשכיל ולדעת הש"י כפי היכולת ולזה תחשוב להיותך לדיק והנך חוטא וזה האופן מהעיון כאילו העלימו הש"י מן האדם ר"ל שלא בראו באופן שיוכל להשיג זה וזה כי האדם לקלורו

מצודת ציון

יא (ב) יענה. מל' עניה ותשובה: (ג) בדיך. כזב הבדוי מן הלב כמו מלבך אתה בודאם (נחמיה ו'): מתים. אנשים כמו מתי מספר (בראשית לד): (ד) לקחי. ענין הלמוד והרגל כמו הלוקחים לשונם (ירמיה כ"ג): ובר. ברור ונקי: (ו) לתושיה. כן נקראת חכמת התורה והוא מלשון יש על כי ישנה לעולם ולא תחזור לאין כשאר הדברים: ישה. ילוה כמו אשר ישה ברעהו (דברים

מצודת דוד

שפתים. וכי היודע להמלין את אמריו במיטב הדבור וכי בעבור זה ילדק: (ג) בדיך. הדברים אשר אתה בודה מן לבך ישתיקו את האנשים לבל ימחאו בתרעומתך כי חושבים שכן דברת והאמת אתך ובעבור זה תוסיף להלעיג מול המקום על כי אין מי מכלים אותך עליהם: (ד) ותאמר זך לקחי. תאמר אל מול המקום הנה למוד הרגל דרכי היא זכה וברורה וגם בעיניך אני בר ונקי ר"ל יודע אתה שהדין עמדי ותעשוק גמולי: (ה) ואולם. אבל באמת מי יתן שידבר בך אלוה ויפתח שפתיו להתווכח עמך: (ו) תעלומות חכמה. סודות מסתרי החכמה אשר יתחייבו הבאת העונש על כל חטא אשר יחטא האדם: כי כפלים לתושיה. אשר לפי חכמת התורה ראוי עוד לך כפלים מן המכאוב אשר בא עליך אבל לא יותר כלום כי דע אשר הוא הלוה לך מה מעוניך והקבל עליהם גמול את"ז ועתה המה בהלואה אצלך: (ז) החקר. מה תתרעם על רעות הלדיק ועל טובות הרשע וכי אתה תמלא חקר משפט ה' וכאומר וכי יודע אתה מי הוא הראוי להקרא לדיק ומי לרשע יחשב כי הכל הוא לפי שיעור מדרגת הכנת האדם כי מי שהכנתו מרובה ומקלר בעבודת אלהים לא לדיק יחשב ומי אשר הכנתו מעטה הנה כל דבר לרב יחשב ומי הוא היודע תעלומות לב מי הכנתו מרובה ומי הכנתו מועטת וכאלו ישפוט על יסורי איוב שבאו על אשר קלר בחכמה ומרובה היתה הכנתו: עד תכלית. כאומר אף אם חכמת לדעת מה וכי תמלא עד התכלית: (ח) גבהי שמים. הנה סדור אלוה

less able yet serves Him to the best of his ability is guiltless. He intimates that Job did not serve God to the best of his ability.—[*Mezudath David*]

8. **[In] the heights of heaven**—[About] *something that is as high as the heights of heaven, what can you do? And the wisdom is deeper than the grave.*—[*Rashi*] God's arrangement of recompensing the righteous and the wicked is as high as the heights of heaven. What can you do to comprehend it? And it is deeper

be answered, or should a talkative person be accounted right?
3. Your fabrications may silence men, and you mock with no
one to embarrass you. 4. You said, 'My doctrine is pure, and I
was clean in your eyes.' 5. But, would that God would speak
and open His lips with you, 6. and tell you mysteries of wisdom
for the wisdom is double, and know that God lends you of your
iniquity. 7. Can you find out the mystery of God; can you find
out the limit of the Almighty? 8. [In] the heights of heaven,
what will you do? Deeper

this verse that Zophar was the youngest of Job's friends.

2. Should not . . . be answered—*by others because of the multitude of his words?*—[*Rashi*] Will Job's arguments not be refuted because he is long-winded? Can we not find a refutation to his many words?—[*Mezudath David*]

or should a talkative person be accounted right?—Simply because one has mastered oratory, must he be right?—[*Mezudath David*]

3. Your fabrications—*that you invent from your heart.*—[*Rashi*]

may silence men—Heb. מְתִים, *people.*—[*Rashi*] These fabrications may silence men, who will not protest against them because they think that your complaints against God are valid; therefore you continue to mock the Almighty because no one embarrasses you.—[*Mezudath David*]

4. You said—*to the Holy One, blessed be He, 'My doctrine is pure, and I was clean in Your eyes.'*—[*Rashi*]

6. mysteries of wisdom—*and you*

would know that the wisdom is double, i.e. the Torah that you did not fulfill.—[*Rashi*]

that [God] lends—Heb. יַשֶּׁה, *like* (Deut.24:10), *"If you lend* (תַשֶּׁה) *your friend." He has yet a large debt over you in the matters of your iniquity.*—[*Rashi*] *Mezudath David* explains: According to the wisdom of the Torah, you deserve twice the amount of suffering that you have already suffered. But God will relinquish nothing. You should know that He has "lent you part of your iniquity"—granted you a reprieve from punishment—but will eventually demand payment, and complete your penalty.

7. Can you find out the mystery of God—*that you think that you have fulfilled everything?*—[*Rashi*] You complain about the sufferings visited upon the righteous. Do you know who is a righteous man? A person's shortcomings are judged in relation to his ability. One who has the ability to serve God by doing many good deeds, but neglects to do so, deserves punishment; one who is

משאול מה־תדע: ט ארכה מארץ
מדה ורחבה מני־ים: י אם־יחלף ויסגיר
ויקהיל ומי ישיבנו: יא כי־הוא ידע
מתי־שוא וירא־און ולא יתבונן:
יב ואיש נבוב ילבב ועיר פרא אדם
יולד

ת"א ארוכה. עירובין כא: וירא און. ר"ה ח: נבוב. ב"ב יב:

תרגום

את ידע: ט דנגידא יתיר
מן ארעא משחתה
ופתיה יתיר מן ימא:
י אין יחלוף וייחוד
שמיא בעננין ויכנוש
משרין מן יתיבניה:
יא ארום הוא חכים
גברי שקרא ואפשר
דחמי שקר ולא אתבין:
יב וגבר חריף יתחכם
לביה ועילא דמרודא
היך בר נש אתיליד: ת"א ובר נש מפלפל ידיק ועולם מסרבן דאתבן גברא רבא מתעבד

רש"י

שמים. דבר שהוא גבוה כגובהי שמים מה תפעלנה אתה ועמוקה היא החכמה משאול: (ט) מדה. מדוד שלה (פא"א מדה שלה) וכאן הזכיר מידוד בלשון זכר (שלא אמר מדתה): (י) אם יחלוף ויסגיר. ביסורין את מי שירצה ויקהיל כל פמליאות שלו לווכה על שהסגיר: ומי. בהן: ישיבנו. בדברי' למאוא עול בפעלו ואם מפני שהנידון שליו ושקט ימים רבים. כן דרכו: (יא) כי הוא ידע מתי שוא וירא און ולא יתבונן. שהם עושים ימים ושנים ודומה כמו שלא יתבונן (יתבוננו) כי מאריך אפו: (יב) ואיש נבוב. חלול בלא לב אשר לא הבין דרכו: ילבב. יקנה לו לב לשוב לבוראו ולפשפש במעשיו. או אדם אשר היה כעיר פרא לימוד מדבר קל בלא דעת: אדם יולד. ילמד עצמו

אבן עזרא

(י) אם יחלוף. כמו כל בני חלוף: ויקהיל. הוא הפך:
(יא) וירא און ולא יתבונן. יראה האון ואינו צריך להתבונן:
(יב) נבוב. כמו נבוב לוחות: ילבב. יקנה לב שהיא החכמה כמו קונה לב: ועיר פרא. כמו עיר פרא הוא האדם כאשר יולד

מנחת שי

בגעיא: (ט) ארכה. חד מן ג' חסרים ודגשים: מדה. לית מפיק ה"א וכן הוא במסורת גדול וברשים:

רלב"ג

מהשיג עצמו באופן שלם ולא ידע מה שאפשר לו לעשות מן הטוב אשר הוא חוטא לפי דעת צופר אם יקצר מזה ואולם הש"י אשר ברא ידע טבעו וידע מה שאפשר לו לעשות מן הטוב ויענישהו אם יקצר מזה. או יהיה הרצון במלת ישה ילוה ויהיה פי' מעוקך מעונשך על דקך גדול עוני מגבוא והטעם כי הש"י ילוה בעבורך ויניח עד עת קץ מעונשך ואינו רוצה להפרע ממך יחד פן ימיתך: (ט) מדה. מדתה ר"ל מדה מה שבין הגובה והעומק. או יהיה שב אל חכמת הש"י שזכר באמרו ויגד לך תעלומות חכמה: (י) יחלוף. יכרית: ויסגיר. ויושים במסגר ובבית כלא: ויקהיל. שיאסוף אנשים במקום אחד או במדינה אחת מזולת שישימם במאסר: (יא) וירא און ולא יתבונן. ר"ל וירא איש און ואשר לא יתבונן בדרכי הש"י להשכיל ולדעת אותו כי הוא ג"כ עון. או ירצה בזה כי הש"י ידע אנשי שוא ומרמה ואשר ראה און ר"ל אשר טעה בעיוניות וידע ג"כ האיש אשר לא יתבונן להשכיל בדרכיו. והנה זכר בזה האופן ב' מיני הסכלות אשר הוא קנין והוא אשר טעה בעיוניו והסכלות אשר הוא העדר והוא אשר לא ישתדל להתבונן בנמצאות ויהיה וירא און מענין ההשגה השכלית כטעם ולבי ראה הרבה חכמה ודעת: (יב) נבוב. חלול: ילבב. ישכיל: ועיר פרא. ועיר ופרא רצה לומר שהוא נמשל כבהמות בעת הולדו:

מצודת דוד

בתשלום הגמול לרעים ולטובים הלא השמה רמו כגבהי שמים ומה אם כן תפעל למו לעמוד על אמיתתם והלא היא עמוקה משאול מה תוכל לדעתה: (ט) ארוכה. מדת הסדור ההיא ארוכה מן הארץ ורחבה מן הים המקיף את העולם ואיך אם כן אפשרי להשיג בחכמת הלב: (י) אם יחלוף. לזאת אף אם ימלאו מרבית אנשים אשר ישוו בדבר המעל ועל כל זה יענשו בעונשים מתחלפים את מי מהם יכרית מן העולם ואת מי יסגיר במאסר היסורין ואף מהם יקהיל לאספם אל משמר לכלאם בה הנה עם כל זה אין מי להשיב על גמול תשלומיו: (יא) כי הוא ידע. ר"ל אם לפי דעת האדם ישוו כולם בדבר המעל הוא על כי אינו יודע שעור הככת כ"א ואחד אבל המקום ב"ה יודע הוא אנשי שוא ר"ל מי הם אשר מעלו בשקר כי הכינו במעל ושקרו בעצמם לעשותה מתאות הלב ומי הוא אשר ראה און בלבו וטעה במחשבתו לומר שאין כאן מעל אולם יכול היה לעמוד על האמת כי שעור הכנתו היתה מרובה אבל קצר בחכמה ויודע מי הוא אשר לא יתבונן כלל כי לפון לבו משכל ועשה העמל מהסרון הדעת ועל כולם יבוא במשפט ולפיכן ישיב משפט לכ"א לפי הראוי לו כי באמת לא ישוו בדבר המעל: (יב) ואיש נבוב. כי גם הסכל הריק מהכמה עם כי עשה העמל מחסרון הדעת על"ז ענש יענש כי ראוי לאיש נבוב וריק מחכמה לקנות לב להשתדל בחכמה להשכיל דרכי ה' כי כל אדם כאשר יולד הוא כעיר פרא מבלי חכמה וכאשר יכין לבו הנה ישכיל וכ"כ ראוי לכל איש נבוב להכין לבו להרגיל

מצודת ציון

ט"ו): (י) יחלוף. יעבור מן העולם וכן עד בוא חליפתי (לק' י"ד): ויקהיל. יאסוף כמו ויקהל משה (שמות ל"ה): (יב) נבוב. חלול וריק כמו נבוב לוחות (שם כ"ז): ילבב. מל' לב ר"ל יקנה לב: ועיר. כן נקרא החמור בקטנותו וכן עיר בן אתונות (זכריה ט'):

than the grave, what do you know? 9. Longer than the earth is its measure, and wider than the sea. 10. If He passes and confines and assembles, who can hinder Him? 11. For He knows deceitful people; when He sees iniquity, He does not consider it. 12. But an empty man will gain understanding, and [from] a wild donkey a man

than the sea; how can you know it?—[*Mezudath David*]

9. **its measure**—Heb. מִדָּה, *its measure, but here he mentions measure with a masculine noun (since he did not say, מִדָּתָה).*—[*Rashi*] It is longer than the dry land and wider than the sea that encompasses the earth. How can you fathom it?—[*Mezudath David*]

10. **If He passes**—If God passes by a man.—[*Isaiah da Trani*]

If He passes and confines—*with pains the one He wishes, and He assembles all His divine ministers to justify His act in having confined.*—[*Rashi*]

who—*among them.*—[*Rashi*]

can hinder Him—*with words to find injustice in His act? And if because the One being judged is tranquil and silent for many days, that is His way.*—[*Rashi*]

11. **For He knows deceitful people; when He sees iniquity, He does not consider it**—[He sees the iniquity] *that they commit for days and years, and it seems as though He does not consider it because He is slow to anger.*—[*Rashi*] *Isaiah da Trani* reads this as a question: Will He not consider it? See *Ramban* at the end of the chapter.

12. **But an empty man**—Heb. נָבוּב, *a hollow man, without a heart* [i.e. understanding], *who did not understand His way.*—[*Rashi*]

will gain understanding—Heb. יִלָּבֵב. *He will gain for himself a heart* [i.e. understanding] *to return to his Creator and to search through his deeds—or* [he will remain] *a man who was like a wild donkey, accustomed to the desert, hasty, without sense.*—[*Rashi*]

a man will be born—*He will teach himself to be a new man according to the order of people, and he will determine his way.*—[*Rashi*] *Mezudath David* explains that even a man bereft of wisdom is punished for his sins, because he should have acquired wisdom. Every person is born bereft of wisdom, like a wild donkey, but one may acquire it by preparing oneself for it.

יולד: יג אם־אתה הכינות לבך ופרשת
אליו כפיך: יד אם־און בידך הרחיקהו
ואל־תשכן באהליך עולה: טו כי־אז
תשא פניך ממום והיית מצק ולא
תירא: טז כי־אתה עמל תשכח כמים
עברו תזכר: יז ומצהרים יקום חלד
תעפה כבקר תהיה: יח ובטחת כי־יש

מתעבר: יג אין את
כוונתא לבך ותפרוס
לותיה בצלו ידיך:
יד אין שקר בידך רחק
יתיה ולא תשרי
במשכנך עולא:
טו ארום הידין תזקוף
אפיך דלא מום ותהוי
סנין מחבולא ולא
תדחל: טז ארום את
לעות תתנשי היך מוי
דעברו תדכר: יז ומטהר
יומיך יקום גושמך
דהלך בגרגושתא
דפעפועא דקבלא היך צפרא תהוי: יח ותתרחיץ ארום אית סבר ותתקין בי קבורתא

ת"א הכינות. עקרים מ"ד פי"ז:

רש"י

להיות אדם הדם כסדר בני אדם ויכוין דרכו: **(יג) אם אתה**. היית מכוון לבך אחר יסורין: **ופרשת אליו כפיך**. בתחנה. ותרחק און מידך ואל תשכן באהליך עולה: **(טו) כי אז**. היית בטוח שתשא פניך ממום שתגרום לעצמך לשאת פניך מכל מום מתוך כך: **והיית מוצק**. חזק כמו מצוקי ארץ. וכל עמל היית שוכח: **(טז) כמים עברו**. וחלפו כן יהיה לך כל זכרון עמל: **(יז) ומצהרים יקום חלד**. יותר מאור צהרים יקום חלד לך. מזל וזמן כמו וחלדי כאין נגדך (תהלים ל"ט). ד"א יקום חלד כמו יקום אור חלודה שלך כלומר שיהיה מקום אפילה מאיר יותר מאור צהרים זו שמעתי אבל הראשון לא נראה (סא"א): **העופה**. אפילה שלך כבקר תהיה. ע"א

לרוחצן

אבן עזרא

וכמוהו ככבש אלוף: (יז) אמר ר' משה כי הלד כמו חלודה בלשון רבותינו ז"ל והענין כי תשוב החלודה ותאיר יותר מצהרים. והנכון כי הלדך פי' זמנך יקום והענין יקום יעמוד כמו וקם הבית: **תעופה**. י"א תסתכל. וכן התעיף עיניך בו. ואחרים אמרו כי תעופה מן עיפה והוא נכון והענין אם עשית תשובה יעמוד חלדך כשמש צהרים ובעת ההשך תשוב כבקר כענין ישוב לימי עלומיו. תתחדש כנשר נעורייכי: (יח) **וחפרת**. כאלו הפרת סביבותיך כמו שיעשו סביבות חומות המדינה:

מנחת שי

(טו) מלק. חסר וא"ו עפ"ה והלד"י בקמץ בכל ספרים שלפני. ובמכלול דף רל"א יצא בלי סמיכות פתח והיית מלק בפתח במקצת ספרים ובמסרה אין פתח כ"א מלק נחשת (מ"א ז') : (טז) כמים עברו. במקצת ספרים מדפוסים ישנים וכ"י הכ"ף בפתח אבל בכל ס"ס בשוא וכן במסורת נחשב זה עם ג' רפין וסימנהון בירמיה סי' כ"א : (יז) תעפה. נמסר עליו ברוב המדוייקים לית וחסר : (יח) ובטחת. בס"ס יש מאריך בוא"ו מלבד הימנית :

רלב"ג

(טו) תשא פניך ממום. תסיר עלמך ממום החלאים והמכות אשר הולית בהם : מולק. חזק : (טז) עמל תשכח. עמל הלרות אשר באו עליך תשכח : (יז) תעופה. תאיר ותזהיר :

מצודת דוד

בחכמה : (יג) אם אתה. אם תכין לבך ר"ל אם תרגיל לבך בחכמה כשעור מרבית הכנתך ותפרוש כפיך אל ה' להעביר עונך על מה שקלקלת עד הנה בחכמה ובעבודת אלהים לפי רוב הסכנה : (יד) אם און. אם יש בידך דבר עבירה הרחיקהו ממך ותעזוב אותה ואל תשכן באהליך עולה כי שלא תשלחנה ממך: **(טו) כי אז**. כאשר כן תעשה אז תרום פניך למעלה מבלי מום ר"ל לא תלך עוד שחוח ופניך למטה ואף מהאובך ירופא ותהיה מבלי מום: **והיית מוצק**. ומה: והלאה תהיה חזק ולא תירא מפחד כי לא יקרב אליך: (טז) עמל תשכח. העמל שהיה לך תשכח בעבור רוב הטובה ורק מעט תזכור כמים העוברים ממקומם אשר זכרונם ישאר מעט בלב האנשים ולזה ירום לבך ולא תלך עוד שחוח: **(יז) יקום חלד**. יקום לך זמן מאיר יותר מעת הצהרים: תעופה. עת החושך תהפך להיות מאיר כאור הבוקר: **(יח) ובטחת**. תשב בטח כי יש תקוה

מצודת ציון

פרא. חמור הבר : (טו) מוצק. חזק כדבר הניצק ממתכת : (יז) חלד. זמן כמו וחלדי כאין נגדך (תהלים ל"ט) : תעופה. ענין

than midday—Heb. חָלֶד. *More than the light of midday,* חֶלֶד *shall rise for you, i.e. luck and time, like* (Ps. 39:6), "*and my age* (חֶלְדִּי) *is as nothing before You.*" *Another explanation:* יָקוּם חָלֶד *means: The light of your rust shall rise; i.e. your darkest place shall illuminate more than the light of midday. I heard this, but the first* [explanation] *does not please me (not found in some editions).*—[*Rashi*] [This is *Rashi's* commentary according to Nach Lublin, the Warsaw ed., and the Vilna ed. The Furth ed. of 1844 and the *Malbim* ed. read: *I heard this, but the first* [explanation] *pleases me.* The latter appears accurate because of the contrast: *Rashi* states that he heard the latter explanation from his mentors but

will be born. 13. If you prepare your heart and spread out your hands to Him, 14. if there is iniquity in your hand, distance it, and do not allow injustice to dwell in your tents. 15. For then you will lift your face without a blemish, and you shall be strong and shall not fear, 16. for you shall forget trouble; like water that has passed shall you remember. 17. And your luck shall rise more than midday; your darkness shall be like the morning. 18. And you shall trust for there is

13. **If you**—*would aim your heart after your pains.*—[*Rashi*]

and spread out your hands to Him—*in supplication. Distance iniquity from your hand, and do not allow injustice to dwell in your tents.*—[*Rashi*]

14. **if there is iniquity etc.**—The Talmud (*Kethuboth* 19b) interprets this to mean that one may not keep a bill of indebtedness signed on trust (that the loan would not be collected). Since this document was false from its very inception, it is called אָוֶן, falsehood.—[According to *Targum*]

and do not allow injustice etc.—This refers to a bill of indebtedness that has already been paid. Originally legitimate, this bill has now lost its validity and may be used to perpetrate an injustice; thus it is not known as "falsehood," but as "injustice."—[*Tosafoth* ad loc.]

15. **For then**—*you would be sure that you could lift your face unblemished, for you would cause yourself to lift your face without any blemish. Because of this . . .*—[*Rashi*] You will no longer walk stooped, with your face down. Also, your pains will be healed and you will have no more blemishes.—[*Mezudath David*] *Rabbenu Meyuchos* explains: Then you will be able to lift your face in the presence of God without a blemish—without sin.

and you shall be strong—Heb. מֻצָּק, *strong, like* (I Sam. 2:8), *"the pillars of* (מְצֻקֵי) *the earth," and you shall forget all your trouble.*—[*Rashi*] *Meyuchos:* Healthy and clean. *Simchah Aryeh* claims that this term is used to denote fearlessness, as below (41:16).

and shall not fear—You will not fear anything because no danger will come near you.—[*Mezudath David*]

16. **for you shall forget trouble**—You shall forget all your harrowing experiences.—[*Mezudath David*]

like water that has passed—*and gone by, so shall be the entire memory of your trouble.*—[*Rashi*] His trouble is compared to water which passed and left no trace.—[*Ohev Mishpat*] You will have a faint memory of your trouble, just as people remember only faintly water that has flowed downstream. Therefore, your heart will be raised and you will not walk stooped.—[*Mezudath David*]

17. **And your luck shall rise more**

לְרוּחְצָן תִּשְׁכּוּב:
יט וְתִרְבַּע וְלָא דִמְנִיד
וִישַׁחֲרוּן אַפָּךְ סַגִּיעִין:
כ וְעַיְנִין דְּרַשִׁיעַיָּא
תִּשְׁתֵּיצוּן וְשֵׁיזְבוּתָא
הוֹבַד מִנְּהוֹן וְסִבַּרְתְּהוֹן

תִּקְוָה וְחָפַרְתָּ לָבֶטַח תִּשְׁכָּב: יט וְרָבַצְתָּ
וְאֵין מַחֲרִיד וְחִלּוּ פָנֶיךָ רַבִּים: כ וְעֵינֵי
רְשָׁעִים תִּכְלֶינָה וּמָנוֹס אָבַד מִנְהֶם

ת"א תכלינה. ר"ה לא:

רש"י

תעופה לשון עפעפי שחר (לעיל ג) שאם הוא לשון אופל היה לו לומר תעופה נקוד בשו"א כמו תנופה (תקומה) תקומה תרומה תנומה: **(כ) ועיני רשעים.** סונאיך תכלנה בפנותם ברעתך לראות ולא ישיגו תאוותם וכל כליון עינים שבלשון קודש זהו המצפה לראות ואינו משיג וכמו ועיניך רואות וכלות אליהם וגו' (דברים כ"ח): **ומנוס.**

מנחת שי

(יט) ורבצת. בס"ם הוא"ו בגעיא: (כ) מנהם. הנו"ן דגושה והמ"ם בחירק:

רלב"ג

(כ) מנהם. כמו מהם: מפח. דאגה ודאבון: **באור דברי המענה** ענה צופר הנעמתי ואמר התחשוב שלריבוי דבריך יבצר ממני מענה או תחשוב שתצדק בכזביך בעבור ריבוי דבריך. באמת אתה הרבית לכזב עד שכזביך יחרישו האנשים ולא ימלאו מענה ודבר והלעגת לעגים רבים כנגד השי"ת ואין מכלים אותך מרעי על זה. ואמרת שההנהגה שהנהגת בה היא זכה ושאתה בר ונקי בעיני השם יתברך אם היה שישגיח באלו הענינים. ואולם מי יתן אלוה דבר ויפתח שפתיו עמך ויגד לך תעלומות חכמה וסודותיה אשר יתחייב ממנה הבאת העונש על מרי ומרי כשיעור אשר ימלא עליו כי לפי הסדור והנימוס ההוא היה ראוי שיגיעך השם יתברך מהרע כפלים על מה שהגיע עליך. ודע כי השי"ת ילוה בעבורך ויניח מעונשך עד עת קץ כי אינו רוצה להפרע ממך יחד פן ימיתך ולזה הוא רוצה להביא עליך רעה אחר רעה בשיעור שתוכל לסבול והוא מה שנתרעמת בו במאמרך. או היה הרצון בזה הנך מתרעם על ריבוי המכאובות אשר באו עליך אבל ראוי שיגיעו לך יותר מהם כפלים על מה שמרית לפי הנימוס האלהי אשר יסודר ממנו העונש למרי מרי ולזה לא תבטח שתסיר מכת השי"ת ממך עדיין והנה לסכלותך בזה הנימוס אתה חושב שיעשה לך הש"י עול במה שהפלא והרבה מכותך ואין הענין כן. ודע גם כן כי אתה עוית הרבה ואם איך מצער בזה כי יתכן שיהיו לך עונות ידע השם יתברך בהם שהם עונות וענין היותם עונות נעלם ממך ונסתר ולזה תחשוב במה שבא עליך מהעונש שבא על לא חמס בכפיך ואין הענין כן וזה שצופר היה רואה שהש"י יעניש האדם אם יקצר מעשו' הטוב אשר אפשר לו לעשות כאילו תאמר אם יקצר מהתבונן בפעולות הש"י ובדרכיו כפי היכולת וזה השיעור איננו ידוע לאדם לפי שלא ידע טבעו בשלימות ולזה לא ישער מה שאפשר לו לעשותו מהטוב ואולם הש"י אשר בראו ידע זה ובהיות הענין כן הנה ישיג הסכלות בזה הדרוש מפני לצדדים הלך האחד שאיך ידע שיעורי העונשים הראויים במרי מרי לפי ששעורי המרי נעלמים ממנו ופעמים יהיה המרי אשר הוא יותר חלוש אצלנו יותר חזק אצל השם ונתמה מפני זה איך הגיע לאיש אשר יעשה המרי היותר חלוש יותר מהעונשים והשני שבכאן אנשים רבים תחשוב בהם שהם נקיים והם רשעים על אשר קצרו מעשיית הטוב האפשרי להם. ואפשר עוד שהרצון באמרו ויגד לך תעלומות חכמה וגו' שאי אפשר לאדם שידע מי הוא צדיק או מי הוא רשע וזה כי לפי הכנת האדם לקבול השלימות יצטרך שתהיינה פעולותיו אשר יהיה בהם צדיק ולזה מי שהיה מוכן לקבל מן השלימות חלק גדול ולא דרך בקיבול השלימות ההיא ודרך אל קיבול השלימות למטה מהשלימות אשר היה מוכן לקבל אותו הנה יהיה האיש ההוא רשע אצל הש"י והאיש אשר קיבל מהשלימות חלק מעט מאד ולא היה מוכן אל שיקבל ממנו יותר הוא צדיק בעיני הש"י וזה האופן מההכנה אשר ייוחד בה אחד אחד מהאנשים נעלם ממנו ולזה נחשוב ברשע שהוא צדיק ובצדיק שהוא רשע כי אנחנו לא נדע מה שהיה מוכן אליו אחד אחד מהם מקבול השלימות. ולזה אמר צופר שאם היה אפשר שיגיד הש"י לאיוב תעלומות חכמת ההכנה הזאת אשר נברא בה היה יודע כי כפלים מהשלימות אשר קבל היה ראוי שיקבל לפי ההכנה ההוא ולזה יחשוב איוב שהוא צדיק והוא רשע באמת ויפורש אומרו ודע כי ישה אלוה מעונך לפי הפי' הראשון אשר זכרנו וזה הפי' הוא נאות אצלנו בזה הפסוק ואיך תחשוב בזה שסדור המגיע מהש"י לאישי האדם מהטובות והרעות שיהיה בלתי ישר. האם לך חכמה כחכמת הש"י עד שתדע מדרגת הכנת אחד אחד מהאנשים שתוכל לדעת מה ראוי שיגיע מהש"י מהטובות והרעות על מעשיהם עד שכאשר לא ימלא הענין כפי מה שתחשוב תגזור שזה עול הנה באמת אי אפשר לאדם שידע זה כי לא ימצא האדם חקר אלוה ולא ישיג הש"י עד תכלית ההשגה ואיך אפשר שתשיג אופן חכמת הש"י והנה לא תוכל להשיג מעשיו כי לא תוכל להשיג מקום הגובה אשר יגבילהו השמים ולא מקום העמוק אשר הוא עמוק משאול והוא מרכז הארץ. הנה מדה מה שבין הגובה והעומק ארוכה מארץ וזה השיעור אשר בין הגובה והעומק איננו קו אחד לבד אבל לו רוחב יותר מרוחב הים כי הוא מכל צדדי המרכז עד השמים ואם לא תוכל להשיג בשלמות המעלה והמטה אשר פעל הש"י ר"ל שלא תדע ארכו ורחבו והמקומות אשר יגלה אליהם איך תדע חכמת הש"י. ואפשר שיאמר שהרצון בזה ואיך אפשר לך שתשיג אופן זאת החכמה אשר יסודר ממנה זה הסדור הנמצא לאישי האדם בטובות והרעות. והנה היא גבוהה ממך גובה נפלא כמו גובה השמי' והיא עמוקה יותר משאול ומדתה ארוכה מארץ והיא רחבה יותר מהים המקיף בארץ. כי אם יגיע הש"ית לאנשים עונשים מתחלפים על מריים עד שקצתם יכרות וקצתם יענה אותם בשישימם במסגר ובמאסר ולא יכלם וקצתם לא יענה אותם בשישימם במסגר ובמאסר אבל יקהילם ויאסוף אל מקום אחד או אל מדינה אחת מי הוא שיוכל להשיב ולומר לו שהוא עשה עול על ענייניו בהכבידו עונש על קצתם יותר מקצתם עם היות לפי הנראה מריים שוה או יהפוך כאשר יגיעם מעט מהעונש שהוא יותר רב מרי או כאשר יגיעהו יותר מהעונש שהוא נקי ויבר כי אלו הם לצדדי המבוכה והבלבול. הנה אי אפשר ליחס מפני זה עול אל

מצודת דוד

לשכב בטח כאשר כן תעשה: והפרת. כאלו הפרת סביב הפירה עמוקה לבל קרוב אליך כן תשכב לבטח מבלי מחריד: (יט) ורבצת. וכאשר תרבץ לנוח אין מי יחרידך: רבים. גדולי העם יחלו פניך למלאות משאלותם בהיות לאל ידך: (כ) ועיני רשעים. אבל הרשעים עם גודל הצלחתם סוף תכלינה עיניהם כי לא ישיגו תוחלתם וכאשר יבואו ימי הפקודה יאבד מהם המנוס כי לא ימצאו מי לנוס אליו

מצודת ציון

חפר: (יט) ורבצת. ענין השכיבה לנוח: וחלו. ישאלו ויבקשו: רבים. גדולים כמו ורבי המלך (ירמיה מ"א): (כ) תכלינה. המתאוה לדבר ואינה באה קרוי בל' מקרא כליון עינים: ומנוס.

the end, the wicked, despite their great prosperity now, will ultimately seek their desires but not achieve them.

way to flee—Heb. מָנוֹס. *That is a refuge.*—[*Rashi*] They will find no one to whom they can run for safety.—[*Mezudath David*]

hope, and you shall dig [around yourself] and lie in safety.
19. And you shall lie down and no one will frighten you, and
great men will supplicate you. 20. And the eyes of the wicked
shall fail, and they shall have no way to flee,

prefers the former. There is no con-
trast in the first reading: *Rashi* heard
the second explanation, and it
pleased him more than the first.]
Menachem and *Ibn Ganah* explain:
The time of your life shall rise higher
than midday. *Ibn Ezra* renders:
Your time shall stand.

These comments are similar to
Rashi's first explanation. However,
R. Moshe's explanation—Your rust
shall return and illuminate more
than midday—quoted by *Ibn Ezra*,
reflects *Rashi's* second one.

your darkness—Heb. תָּעֻפָה. *Your
darkness shall be like the morning.
Another explanation:* תָּעֻפָה *is an
expression of* (3:8) "*the rays of*
(עַפְעַפֵּי) *dawn." Because, if it is an
expression of darkness, he should
have said,* "תְּעוּפָה," *like* תְּנוּפָה, *waving,*
תְּקוּמָה, *rising,* תְּרוּמָה, *raising,* תְּנוּמָה,
slumber.—[*Rashi*]

Rashi apparently interprets תָּעֻפָה
as a verb, as does *Ralbag:* You will
shine; you will be like the morning.
Perhaps he agrees with the explana-
tion quoted by *Ibn Ezra:* You shall
look [at]. *Ibn Ezra,* himself, renders:
At the time of darkness, you will be
like the morning. *Redak, Shorashim*
states: Instead of being dark, you
will be like the morning.

18. **And you shall trust**—You will
live in safety, because there is hope
for safe dwelling if you repent.—
[*Mezudath David*]

**and you shall dig [around your-
self]**—It will be as though you have
dug a moat around yourself, as they
dig around the walls of a province.
—[*Ibn Ganah* and *Ibn Ezra*] No one
will be able to come near you.—
[*Mezudath David*]

Redak suggests: and you shall dig
around yourself, and you shall not
require a wall. *Rabbenu Meyuchos*
and *Isaiah da Trani* render: and you
shall search, meaning, search out a
place in which to lie down in peace,
and there you shall lie.

19. **And you shall lie**—And when
you lie down, there will be none to
frighten you.—[*Mezudath David*]

**and great men will supplicate
you**—The great men of the nation
will supplicate you to fill their
requests, because you will have the
ability to do so.—[*Mezudath David*]
Because of your greatness and your
goodness, they will supplicate
you.—[*Rabbenu Meyuchos*]

20. **And the eyes of the wicked**—
*your enemies, will fail when they turn
to your troubles to see, but will not
achieve their desire. Every expression
of* כִּלְיוֹן עֵינַיִם, *failure of the eyes, in the
holy tongue means one who looks for-
ward to see something but does not
achieve* [his wish], *and as* (Deut.
28:32) "*and languish* (כָּלוֹת) *for them
etc.*"—[*Rashi*] *Mezudath David* ex-
plains this verse impersonally. While
you, a righteous man, will prosper in

השם יתברך כי הוא ידע אנשי השוא והמרמה ויעניש על פעולותיהם הרעות וידע גם כן אשר ראה לבו און בעיוניות ר"ל אם טעה בעיוניות יענישהו על התרשלותו מחקור בענייני' באופן הראוי עד שקרהו השבוש וידע גם כן אשר לא יתבונן בדרכי השם יתברך כדי שישכיל וידע אותו ויענישהו על סכלותו . וזה שהאיש נברא נבוב וחלול ומוכן להשכיל כדי שילבב וישכיל דרכי הש"י כי הוא נמשל כבהמות בעת הולדו ונתן לו הש"י שלמותו בכח והמציא לו הכלים אשר בהם אפשר שיוציאהו אל הפעל ולזה יענש אם לא ישתדל בו כפי הראוי ולזה יעלם ממנו הרבה מאלו הענינים ונחשוב במי שהוא רשע שהוא צדיק ומי שהוא צדיק שהוא רשע כי מי שלא ראינו אותו עושה רשע וחמס נחשבהו נקי וצדיק והנה אינו נקי וצדיק בחק הש"ת אם לא עשה הטוב האפשרי לו לפי הכנתו ולזה יתכן שנחשוב באנשים שיהיה שוה מריים עם היותו בלתי שוה כי כבר תתחלף הכנת אחד מהאנשים להכנת האחר והנה שיעור המרי הוא לפי מדרגת ההכנה רצונו שהפעל המגונה האחד בעינו יהיה מרי רב כאשר עשהו מי שהכנתו שלימה מאד ויהיה מרי חלוש כאשר עשהו מי שהכנתו חסרה מאד ונחשוב מפני זה במה שהוא יושר שהוא עול מצורף לזה העלם ממנו העונש הראוי במרי מרי ופעמים יהיה מה שנחשוב בו שיהיה ענשו יותר מעט יותר רב ונחשוב מפני שיהיה זה העדר הסדור נמצא באלו הענינים . הנה אם אתה הכינות לבך אל השם יתברך ופרשת אליו כפיך רצה לומר שתקרב אליו כפי היכולת כשתשכיל דרכיו או ירצה בזה אם אתה הכינות לבך לשוב אל השם יתברך כפי היכולת ותתפלל אליו כפי היכולת שירחמך . והיית מרחיק מידך און אם הוא בידך וזה אם בדעות אם במעשים ואולם הרחקת האון בדעות הוא לעזוב הדעות הנפסדות בהם ואולם הרחקת האון במעשים יהיה כשתשיבהו לראוי לו עד שלא תשכן באהליך עולה . הנה אז תסלק עצמך מאלו המכאובות והנגעים אשר חולית בהם והיית חזק ולא תירא . הנה מה שעמלת בו מן ההון והבנים שאבדת תשכח עד שכמו המים שיעברו במהירות ויסורו כן יהיה זכרך אלו הדברים אשר באו לך בזכרך אותם. ויבא לך זמן יותר טוב בהיר ומזהיר יותר מהצהרים ויתוסף אורך תמיד כבקר ההיה שאורו הולך וחזק כל מה שהוא נמצא . ובטחת כי יש תקוה רצה לומר שלא תפחד שתאבד הקניינים ההם כמו שהיית עושה מקדם. אבל תהיה לך תקוה ובטחון שישמרו ויהיה הפחד מסולק ממך עד שאם תחפור בשדה בזולת גדר וכסוי לבטח תשכב שם ורבצת ואין מחריד ויגיע מעוצם הצלחתך עד שרבים ונכבדים יחלו פניך . ואולם הרשעים ואם להם הצלחות הנה הם ביגון ובפחד כל ימיהם עד שעיניהם תכלינה מרוב היגון ומרוב הפחד שיש להם לא ימצאו מנוס כי לא ימצאו מקום יבטחו בו ולא תהיה תקותם שיבואם טוב אבל הם מקוים שיבואם רע ויירצו ממנו עד שתפח נפשם מהדאגה : והכלל העולה מהדברים הוא שצופר יסכים לבלדד במה שאמר שהטובות והרעות הנופלות באישי האדם הם כולם מוגבלות ומסודרות מהש"י לפי מעשה איש ואיש ואולם יתיחד בהתרת הספק אשר יקרה בזאת ההנהגה מצד רוע הסדור הנמצא בחוש בטובות אישי האדם ורעותיו וזה שבלדד התיר זה הספק במה שאמר שמה שנחשבהו רע במה שיבא מן המקרים לנקיים הוא טוב ומה שיבא מהטוב לרשעים הוא רע ואם לא נשער . ואולם צופר התיר זה הספק באמר שרוע הסדור אשר נראהו באלו הטובות והרעות הוא לקצורנו מהשיג האמת בזה וזה שצופר יראה שבכאן הכנות פרטיות ייוחד בהם איש ואיש ולפי שיעור מדרגת ההכנה אשר לאדם יתחייב שתהיינה פעולותיו אשר יהיה בהם צדיק וכשיקצר מזה הנה הוא רשע לפי שהוא קצר מעשיית הטוב האפשרי לו ואע"פ שנראהו שלא עשה שום פעל מגונה אבל היו פעולותיו כולם טובות ולזה נחשוב בו שיהיה צדיק ונתמה איך חלו עליו אלו הרעות וכבר יתכן שימצא איש יעשה מעט מהטובות והוא צדיק לפי שלא הוכן לו שיקבל מהשלמות יותר מזה השיעור ונחשוב בו שלא יהיה צדיק מצד מיעוט הטוב הנמצא בפעולותיו ולזה נתמה על רב הטובות המגיעות לו וכן ראוי שנבין הענין בפעולות המגונות ר"ל שאשר מדרגת הכנתו חסרה יהיה ענשו חלוש על הפעל המגונה מאד לפי שהוא ימנעהו מהשלימות הפחות אשר היה מוכן אליו שמדרגת הכנתו שלימה יהיה ענשו רב על הפעל המגונה לפי שהוא ימנעהו מהשלימות הנכבד שהיה מוכן אליו ובהיות הענין כן יהיה קצורנו מהשיג האמת באלו הטובות והרעות איך ראוי שיהיה הענין בהם מבני צדדים הצד האחד שאנחנו לא נדע באופן חכמת הש"י אשר יתחייב ממנה שיעור העונש במרי מרי ולזה נתמה במי שמרה מרי מעט לפי מחשבתנו ונראה לו מהעונש יותר ממי שהפליג יותר במרי לפי מחשבתינו . והצד השני שכבר יתכן שיהיה לאדם עון ופשע ולא נשער בזה ונתמה איך יגיע לו רע וזה שהוא יראה שכבר יהיה מרי אם יבטל האדם מהשתדל במושכלות כפי מה שאפשר לו ואם יעלה בידו דעת בלתי נכון בעיוניות מצד קצורו מחקור בדברים כפי מה שראוי לפי שהש"י בראו בעל שכל לזאת הכוונה ובכלל הנה הוא מרי אצל צופר אם יקצר האדם מעשיית הטוב האפשרי לו לפי הכנתו והוא מבואר שמזה הצד ימצאו רבים שהם רשעים ולא נשער בזה ובהיות הענין כן הנה לא ימנע שלא ימצאו אנשים שוים במריים לפי מחשבתנו ויתחלפו עונשיהם הבאי' עליהם מהש"י חלוף נפלא עד שקצתם ימית וקצתם יעניש בשישימם במסגר וקצתם לא ישיגם העונש שישימו במסגר אלא שיקהלו ויאספו אל עיר אחת או אל מדינה אחת והסבה בזה כי כשנחשוב בהם שהם שוים במרי הם מתחלפים בו מאד ואנחנו לא נשער . ואולם מה שנראה מהטובות לקצת הרשעים הנה צופר יתיר הספק בזה בשיאמר שאינם נמלטים מהרעות לפי שהם עם מה שלהם מההצלחה יפחדו פחד תמיד שתבואם שואה ויהיו בפחד וכאב לב תמיד ודי להם בזה העונש מצד פחיתות מדרגת הכנתם ואחר שנתיישב זה נאמר שכבר נאמרו בזה הספר כל חלקי הסותר אשר אפשר שתפול בהם המחשבה למשכילים בזה הדרוש ונייחד בחלק חלק מהם אחד מאלו האנשים אשר נחלקו בזה הספר . וזה שלא ימנע הענין מחלוקה אם שיהיה כל מה שישיג האדם מטוב ורע מוגבל ומסודר מהש"י לפי מעשיו אם שלא יהיה דבר ממה שישיג האדם מטוב ועד רע מוגבל ומסודר לפי מעשיו ר"ל שלא יועיל לו באלו הטובות והרעות הבאות עליו אם עושה טוב ולא יזיקהו בהם אם יעשה רע אם שיהיה קצתם מוגבל ומסודר לפי מעשה האדם וקצתם לא וזאת החלוקה הכרחית . ולפי שמי שיראה שכל הטובות והרעות הבאות לאדם הם מוגבלות ומסודרות מהש"י ישיגהו ספק מצד החוש לפי מה שיחשוב שכבר התאמת בחוש סותר זה המאמר והוא שקצת הצדיקים יגיעם רע יותר ממה שיגיע לקצת הרשעים וקצת הרשעים יגיעם טוב יותר ממה שיגיע לקצת הצדיקים הוא מבואר שזה ספק יותר אם בשנודה בזאת הטענה אם בשנחלק עליה . ואולם המחלוקת הוא מב' צדדין לבד אם מצד המחלוקת על נושא זה המאמר והוא מה שיאמר אותו צופר אם מצד המחלוקת על נשואו וזה יאמר אותו בלדד ואולם המחלוקת על נשואו הוא מה שאמר שמה שנחשבהו רע אינו רע אבל הוא טוב ומה שנחשבהו טוב אינו טוב אבל הוא רע ואולם המחלוקת על נושאו הוא שיאמר שמי שנחשבהו צדיק אינו צדיק ומי שנחשבהו רשע אינו רשע או אם היה רשע הנה מדרגתו ברשע חלושה מצד חולשת הכנתו וזה מי שנחשבהו צדיק אינו נמלט מהמרי שכבר חטא בבלתי עשותו הטוב האפשרי לו בעיוניות ובזה התיר הספק ברע המגיע לצדיקים . ומה שנרא' זה שמגיע יותר מהרע לקצת הצדיקים ממה שמגיע לקצת הרשעים הנה הוא יתיר הספק הזה באמר שאנחנו לא נדע שיעור העונשים הראויים לפי מרי מרי כי לא נוכל להשיג שיעור הכנת איש ואיש אשר יסודר ממנה זה הסודר והנה המרי לאשר נחשוב אותו צדיק ימשוך לו עונש עצום מהמרי אשר לאשר נחשוב אותו רשע והוא מבואר שיתחייב לבעל זה הדעת שיניח שאפשרות עשיית הטוב אינו שוה בכל האנשים שאם היה האפשרות ההוא שוה היה בהכרח מרי הרשעים יותר עצום לפי שכבר היה נכלל בו המרי אשר לצדיקים והוא שלא עשו הטוב האפשרי להם בעיוניות וישאר הספק למה יגיע מהרע יותר לקצת הצדיקים ממה שיגיע מהרע לקצת הרשעים עם היותם למטה מהם בהשגות העיונית ואולם כשיונח שזה האפשרות מתחלף לפי שההכנות אשר לאיש ואיש בעיון מתחלפות כבר אפשר שיאמר שמרי הצדיק בבלתי עשותו הטוב האפשרי לו הוא יותר חזק המרי מהרשע אשר הוא למטה ממנו בעשיית הטובות לפי שהרשע הכנתו פחותה בעשיית הטובות ביחס אל הכנת הצדיק . ומה שיראה שיגיע מהטובות לקצת הרשעים הנה אם שיהיה רשעם מצד קצורם מעשיית הפעולות הטובות או מצד עשותם הפעולות המגונות ואם היה רשעם מצד קצורם מעשיית הפעולות הטובות הנה צופר יתיר זה הספק בזה שיאמר שהם צדיקים לפי שלא הוכן להם שיקבלו מהשלימות שיעור יותר גדול ואם היה רשעם מצד עשות' הפעולות המגונות הנה התיר צופר הספק בזה בשיאמר שהם אינ' נמלטים מהפחד אשר הוא רע נפלא ולפי שהפחד הוא דבר בלתי מורגש נחשוב בכמו אלו האנשים שלא יגיעם שום רעה ודי להם בזה העונש אע"פ שפעולותיהם מגונות מאד לפי שמדרגת הכנתם הוא פחותה ויאמר ג"כ במה שאחר זה שאם לא יענשו הם כבר יענשו בניהם הבאים אחריהם ודי להם בזה העונש לפי מחשבתו כי הטוב אשר תכליתו רע הוא רע . ואולם בלדד יראה כמו שאמרנו שמה שנחשבהו רע אינו רע לפי שהוא יביא אל תכלית טוב ומה שיראה מהטובות לרשעים הוא רע לפי שהוא יביא אל תכלית רע וכבר המשיל בזה מהצמח שבאחו והגומא כמו שביארנו שלא יועילם לחותם ורעננותם שלא ייבשו בקלות והוא מבואר שאין בכאן צד שלישי מהמחלוקת על סותר זה המאמר אשר התאמת מן החוש לפי שאם נחלק בו בנושא ובנשוא יחד ישאר הספק בעינו וזה מבואר בנפשו ר"ל אם נאמר שמי שנחשוב אותו צדיק הוא רשע וההפך ומה שנחשבהו טוב הוא רע וההפך וזה כי לא יתחדש מזה מאמר זולת המאמר אשר חייב הספק. ואולם היתר זה הספק אשר יהיה בשנודה בזאת הטענה הוא שיאמר שאלו הרעות והטובות אשר נמצאם מגיעות לאנשים בזולת יושר אינם מגיעות מהש"י אבל מיוחסו' לסבה אחרת כאילו תאמר הפתיות והאולת כמו שיראה

and their hope—*What they hope to see in you will be intense grief for them.*—[*Rashi*] *Mezudath David* explains: They are destined for intense grief. It is as though they had hoped for it, because it will surely come.

intense grief—Lit. the blowing of the soul. It is so intense that the soul is ready to fly out of the body. See 31:39.—[*Mezudath Zion*] *Rabbenu Meyuchos* explains: But the wicked, who are not far from injustice and iniquity—their eyes languish for salvation but do not find it. They have nowhere to flee on the day of evil, when retribution comes upon them. Therefore, their hope, the refuge they long for, will be only intense grief—as though a wind blew into their spirit. *Berechiah* concludes: This is Zophar's reply to Job, who imagined that God hunted him like a lion and set up witnesses against him, and who scoffs at his companions that they cannot answer him. Yet if God were to open his (Zophar's) mouth, he would answer him—but no man can find out the deep things of God.

(In summation: Zophar agrees with Eliphaz and Bildad that every incident in a person's life is a result of Divine Providence. However, the reward for an act varies, depending upon a person's ability and talent. If one is very talented and fails to study wisdom, he is adjudged a wicked man. On the other hand, if one is not talented, even a little wisdom or good deeds are accounted adequate. Consequently, although many people appear righteous or wicked, they are not all rewarded or punished to the same degree because in God's eyes, they are different. Zophar accuses Job of neglecting his study of wisdom, compared to his ability.)—[*Mezudath David*]

Ramban and *Rabbenu Bechayah* explain that Zophar reasons that God's wisdom is hidden. Sometimes God grants prosperity to the wicked because He pities them and does not wish to destroy His creatures. Surely, He would not commit injustice against a righteous man. He does not punish them for the full extent of their sins, but metes out upon them less than they deserve. If Job prepares his heart and supplicates God, He will surely heal him of his misery.

In this reply, Zophar offers a solution for the famous enigma of the prosperity of the wicked. The enigma of the suffering of the righteous, however, is not apparently problematic because if one perishes, we can say that he must have been guilty, just as Job's friends said to him. Zophar brings the prosperity of the wicked as proof of God's compassion, that He does not thoroughly scrutinize the counsel of the wicked and does not completely

אליפז. והוא מבואר שיותר זה הספק אשר יהיה כשנודה בזאת הטענה הוא ג"כ כאחד משני צדדים אם שנאמר שההשגחה האישיית היא בכל אחד מן האנשים אך לא בכל דבריהם אם שנאמר שההשגחה האישיית הוא בקצת האנשים ובקצת לא ואולם מי שיראה שאין דבר מהטובות והרעות ההם מוגבל ומסודר מהש"י הנה הוא כבר יראה בטובות והרעות ההם סדור בהכרח לפי שכבר הגיע לנו ידיעה בהם אם בחלום אם בקסם אם בנבואות ואין בכאן דבר יתכן שייוחס אליו זה הסדור זולת המערכת אשר לכוכבים בעת הלידה חוייב בבעל זה הדעת שיאמין בזאת ההגבלה הוא מצד הגרמים השמימיים ולזה לא יועיל בה הצדק ולא יזיק בה הרשע כי הכל מוגבל לו לאדם בגיחו מרחם אמו וזאת החלוקה היא על דעת איוב. ואולם מי שיראה שקצתם מוגבל לפי צדק האדם ורשעו מהש"י וקצתם בלתי מוגבל לפי שאין זאת

וְתִקְוָתָם מַפַּח־נָפֶשׁ׃ יב א וַיַּעַן אִיּוֹב
וַיֹּאמַר׃ ב אָמְנָם כִּי אַתֶּם־עָם וְעִמָּכֶם
תָּמוּת חָכְמָה׃ ג גַּם־לִי לֵבָב ׀ כְּמוֹכֶם
לֹא־נֹפֵל אָנֹכִי מִכֶּם וְאֶת־מִי־אֵין כְּמוֹ־
אֵלֶּה

מַפַּח נְפַשׁ׃ א וַאֲתִיב
אִיּוֹב וַאֲמַר׃ ב בְּקוּשְׁטָא
אֲרוּם אַתּוּן חַבְרַיָּא
וְעִמְּכוֹן תְּסוּף חוּכְמְתָא׃
ג לְחוּד לִי לִבָּא דִּכְמָתְכוֹן
לָא פְּרִישׁ אֲנָא מִנְּכוֹן
וְעִם מַן לֵית דִּכְוָת
אִילֵין

רש"י

הוא מבטה: ותקותם. מה שהם מקוים לראות בך למפח נפש יהי להם: (מענה איוב): יב (ב) תמות חכמה. כשתמותו תמות עמכם כל החכמה כי כל חכמה בכם. אבל: (ג) גם לי לבב כמוכם. ואת מי אין כמו אלה. שהקב"ה שליט לעשות רצונו ולהאריך שלוות רשעים. אינכם אלא כמשחקים בי:

אבן עזרא

יב (ב) אמנם כי אתם עם. תמות חכמה עמכם בעבור כסילותכם כענין נסרחה חכמתם: (ג) ואת מין אין כמו אלה. מי לא ידע בכל אלה:

מנחת שי

יב (ג) כמוכם. בגעיא הכ"ף:

רלב"ג

זאת ההשגחה לכל האנשים אך נקלתם והם הראויים לה לפי מה שיתבאר במה שאחר זה הוא מאמר אליהוא וזהו האמת בעצמו כמו שיתבאר במה שיבא. והנה אליפז היה מתקרב לזה הדעת האמתי כי הוא היה מודה שבכאן רעות אינם מוגבלות מהש"י והם הרעות אשר תהיינה לנו מצד הפתיות והאולת אלא שאין ראוי להתרעם עליהם כי אין ראוי שיקראו רעות לפי שהאדם נברא משולל מכל הטובות והרעות והקניינים אשר הוא כחיי עליהם ואם לא ישתדל להגיע להם בסבות המביאות אותם אין לו להתאונן עליהם אם לא יגיעו אליו, אלא שבזה הצד לא הותרו כל הספיקות לפי שאנחנו לא נוכל ליחס כל הרעות אשר נראה שיפול בהם העדר הסדור אל האולת והפתיות ומה שנוהג מנהגם ועוד שהם הודינו שמזה הצד יותר הספק בדעות מה נעשה בהעדר הסדר הנמצא בטובות הנשארות זמן ארוך ונמצא מהם הרבה באיש אחד ואל איזה דבר ניחסהו וזה שהוא בלתי אפשר שניחסהו אל האולה והפתיות כי מה שיגיע מהטובות בזה האופן לא ישאר כי אם זמן מועט ולא יהיה מתמיד ר"ל שלא יתכן שיגיע בזה האופן טובות רבות לרשע כמו שיראה בחוש מהם וזה ג"כ אפשר שיסופק ברעות המגיעות הרבה לצדיקים ר"ל שאי אפשר שייוחסו אל האולת והפתיות כי מה שהוא בזה התאר הוא מעט כי היה מציאותו בקרי ובהזדמן. ולזה היה דעת אליפז יותר חסר בענין מה מדעת בלדד וצופר ויותר שלם באופן אחד, ואולם היותו יותר חסר לפי שהרבה מהספקות אשר הביאוהו לזה הדעת הם נשארות עמו משא"כ בדעות בלדד וצופר, ואולם היותו יותר שלם כי הוא לא היה מכחיש המוחש אבל היה מכוון בזולת הכחשת המוחש שיתיר הספקות כמשפט כל חכם ועוד כי השרש אשר ממנו המשיך דעתו הוא אמתי בעצמו והולך עתה במה שאחר השרש וזה כי הוא כששער שהוא בטל שייוחסו כל הטובות והרעות אל גמול ועונש מאת הש"י לפי מעשה האדם כמו שיתבאר מהחוש והיה בטל ג"כ שלא יהיה בהם דבר מוגבל מאת השם לפי מעשה האדם לפי מה שיגזרהו החוש כמו שזכר אליפז בזה הספר במה שטען על איוב הנה חייב בהכרח שיהיה קצתם מיוחס אל הש"י לפי צדק האדם ורשעו וקצתם בלתי מיוחסות אליו ואולי לא אמר אליפז יותר מזה השיעור שיה מחוייב היות מאמרו אמת ואמנם טעה בשלא הבדיל באופן שלם מה שייוחס אל הש"י מאלו הטובות והרעות ממה שלא ייוחס אליו ולזה לא עמד טעמו בו כשטען עליו איוב מה שטען לסתור דעתו כמו שיתבאר במה שאחר זה. ועוד כי דעת אליפז היה דובק אל האמת ואם אינו בעצמו אמת כי הוא כבר שם כל השתדלותו להתיר הספיקות בזולת הכחשת המוחש ומי שמנהגו זה המנהג הנה כשיטעה בספקות הנופלות בדעתו מצד המוחש ומי יתקור בלד אחר שיגיח דעתי יותרו בו הספיקות בזולת הכחשת המוחש. ואולם בלדד וצופר אמרו מאמר בלתי מבואר ולא הניחו למוחש רושם אבל התירו הספק כשאמרו שאלו הדברים נעלמים ממנו ואם העניין כן איך ידעו שאלו הדברים הם בסדר וביושר מי הגיד להם זה והנה אין להם מאזני הבחינה ולא די בשרש שפעלו בו זה שימנעם מהשיג האמת בזה הדרוש אבל מי שמנהגו זה המנהג לא יתכן שישיג האמת בשום דבר כי אם לאנשים התחלה לידיעה ממה שנראה אותו מהדברים המוחשים לא יהיה לידיעת דבר דרך: ביאור מלות המענה (א) ויען איוב ויאמר:

מצודת דוד

לעזרה: ותקותם. ר"ל מוכנים הם לדאבון נפש כאלו יקוו לה כי בודאי כן יהיה (העולה מהמענה ההיא שדעת צופר כדעת אליפז ובלבד שהכל בא בהשגחה אולם גמול המעשה תחלק לפי שעור מדרגת הכנת האנשים ומי שהכנתו מרובה וקצר בחכמה יחשב כרשע ומי שהכנתו מועטת אף המעט כרב יחשב עד כי ימלא מרבית אנשים ישוו בדבר המעל בעיני העם ויתחלפו בגמול עונשם וישפוט על ייסורי איוב על כי קצר בחכמה לפי שיעור הכנתו): יב (ב) אמנם. האמת כי אתם הרבים ולמולי תחשבו לעם כי נשארתי לבדי ואין מי יחזיק בידי אבל וכי בעבור כי אתם הרבים לשלי תמות החכמה עמכם ר"ל וכי כל החכמה היא בכם עד שאם תמותו תמות גם היא ולא תשאר בעולם: (ג) גם לי לבב. הנה לא

מצודת ציון

מל' ניסה ובריחה: מנהם. מהם: מפח נפש. דאבון נפש ע"ש שקרובה הנפש לפרוח ולצאת מן הגוף וכן ונפש בעליה הפחתי (לקמן ל"א): יב (ג) לא נופל. לא פחות וגרוע וכן נופלים מעליהם (יחזק' ל"ב):

not inferior to you simply because I am one against your three. With whom are there none comparable to these? Your wisdom is no higher than that of the masses. Any simple person is as wise as you.

and their hope shall result in intense grief."

12

1. Now Job replied and said, 2. "Indeed you are a people, and wisdom shall perish with you. 3. [But] I too have intelligence like you; I am not inferior to you, and with whom are there none comparable to

reject any of His creatures. From this assumption, he deduces that God surely does not wrong the righteous. He merely "lends" them of their iniquities and requites them with less punishment than their sins deserve.

2. **Indeed you are a people**—True, you are the majority. Compared to me, you are like an entire nation, for I am left alone without support.—[*Mezudath David*]

wisdom shall perish—*When you die, all wisdom shall perish with you because all wisdom is in you, but I too have intelligence like you.*—[*Rashi*] This interpretation is also found in the commentaries of *Rabbenu Meyuchos, Isaiah da Trani, Ramban,* and with a minor change, in *Mechilta, Yithro* 2, (which defines תָּמוּת as תּוּמַּת, "shall terminate.") *Mezudath David* explains it as the interrogative: Because you outnumber me, do you think that wisdom will die with you? Do you possess all the wisdom in the world, so that when you die, all wisdom will perish along with you? *Ibn Ezra* renders: and with you wisdom is dead. He compares this to Jeremiah 49:7: "Their wisdom has spoiled." *Ramban* objects to *Ibn Ezra's* interpretation because it perverts Job's claim, "I too have intelligence like you" into, "I am a fool like you."

3. **I too have intelligence etc.**—It is not so; I too have intelligence like you, and I am not inferior to you.—[*Mezudath David*]

and with whom are there none comparable to these?—*(Who is it who does not know like these) that the Holy One, blessed be He, has power to perform His will and to allow the tranquility of the wicked to last? You are only mocking me, and I am . . .*—[*Rashi*] [Parenthesis is included from the *Etz Chayim* ms.] Do you have such great wisdom, not found in others?—[*Mezudath David*]

Azulai explains these verses in accordance with the maxim that the majority opinion is decisive only in the absence of superior wisdom. However, should the minority possess superior wisdom, its opinion is decisive. Job thus states: Indeed you are a people; you are the majority, but you believe that with you wisdom dies—you believe that your number proves you right, and that wisdom has no value. My intelligence is equal to yours and I am

אֱלֹהַּ: ד שְׂחֹק לְרֵעֵהוּ ׀ אֶהְיֶה קֹרֵא
לֶאֱלוֹהַּ וַיַּעֲנֵהוּ שְׂחוֹק צַדִּיק תָּמִים:
ה לַפִּיד בּוּז לְעַשְׁתּוּת שַׁאֲנָן נָכוֹן לְמוֹעֲדֵי
רָגֶל: ו יִשְׁלָיוּ אֹהָלִים ׀ לְשֹׁדְדִים וּבַטֻּחוֹת
לְמַרְגִּיזֵי אֵל לַאֲשֶׁר הֵבִיא אֱלוֹהַּ בְּיָדוֹ:

ת"א שחוק. חגיגה ה': לפיד סנהדרין קח: ישליו סוכה נב (תענית כו): כצ"ל כצ"ל ואולם

אִילֵין: ד חוּכָא לְחַבְרֵיהּ אֱהֵי דְקָרֵי לֶאֱלָהָא וְעָנֵי יָתֵיהּ חַיִךְ לְזַכָּאָה שְׁלִימָא: ה אוּדָא דִבְסִיר לְרַשִׁיעָא מִן מַחְשְׁבָא שְׁלֵו מְכַוֵּן לְהַרְפַּתְקֵי זִמְנָא: ת"א בּוּעֲרָא בְּסִיר לְעֵשָׂו דְּמִן מַחְשַׁבְתָּא רְחִיץ שְׁלֵו בְּרַם הוּא מְעַתַּד לְאִזְדַּעְזָעַת רִגְלָא: ו וּבְנֵי עֵשָׂו דִשְׁלֵוִין בְּמַשְׁכְּנֵיהוֹן יִתְמַסְרוּן לְבָזוֹזִין וּבְנֵי יִשְׁמָעֵאל דְרָחִיצִין יִתְמַסְרִין לִשְׁאָר אוּמַיָא דְמַרְגִיזִין אֱלָהָא דִכְמָתְהוֹן דְזַמִּין אֱלָהָא בִּידֵיהּ: ת"א וּבְנֵי יִשְׁמָעֵאל דִשְׁלֵוִין בְּמַשְׁכְּנֵיהוֹן יִתְמַסְרוּן לְבָזוֹזִין וְעַמּוֹנָאֵי וּמוֹאֲבָאֵי דְשָׁרְיָן לְרַחְצָן יִתְמַסְרוּן בְּיַד רַשִׁיעַיָא דְמַרְגְזִין אֱלוֹהַּ הֵיךְ פַּרְעֹה דְאִיתֵיהּ אֱלוֹהַּ

עלוהי

רש"י

ואני הוא ההוה: (ד) שחוק לרעהו. קורא להקב"ה ויענהו מלער הקנטתם ומה ענהו לתת לו שחוק לצדיק: תמים. שלם: שחוק צדיק תמים. הוא העניה אשר יענה וידעתי אני כאשר אמרתם. כי: (ה) לפיד בוז. אש של גיהנם עומד למי שאנן בעשתותו לומר שלום יהיה לי: נכון. מזומן הוא העשתות שאנן להיות במועדי רגל שרגלם מועדת: (ו) ישליו. וידעתי אני כי ימים ישליו אוהלים לבני קדר השוכני' באהלים המדברי' והם שודדים שנא' פרא אדם ידו בכל (בראשית ט"ז): ובטוחות. שלימות יש למרגיזי אל לכל אשר הביא לו הבור השלום בידו אם טוב אם רע:

מנחת שי

(ד) שחק לרעהו. שחק קדמאה דפ' חסר ותניינא מלא וכן במסו' ירמיה סימן כ' והארכתי בזה בירמיה סימן מ"ח: לאלוה. הלמ"ד בסגול: (ה) לעשתות. במקצת ספרים בחולם והם משובשים כי במדוייקים הם בואו שור"ק וכ"כ רד"ק בשרשי שהוא בשקל עבדות:

אבן עזרא

(ד) שחוק לרעהו. שבתי כאדם שהיה שחוק לרעהו והוא כשחוק לרעהו והתימה שהיה זה שבב לשחוק קורא לאלוה ויענהו: (ה) לפיד בוז. הלמ"ד נופל מן אם בפידו להם שוע בעבור הפיד שבא לו שבר. בוז כמו ובוז משפחות במחשבת השאנן: לעשתות. כמו אולי יתעשת האלהים. אבדו עשתנותיו: נכון למועדי רגל. וזה דבר יביא האדם שתמעד רגלו כענין ואני כמעט נטיו רגלי: (ו) ישליו. כי יראה שהם השודדים העושים החמס בפרהסיא בשלוה וישליו ישמש עצמו ואחר עמו כמו יחי ראובן ואל ימות שענינו ואל יהי מתיו מספר. מתיו כענין ואני מתי מספר: ובטוחות. ענינו

רלב"ג

(ד) שחוק. לעג: (ה) לפיד. מענין לפידים ויהיה אומרו לפיד בוז כמו לפיד ובוז: לעשתות. למחשבות. מענין עשתונותיו. ואפשר שתהיה למ"ד לפיד משמשת ויהיה ענינו מי שהוא נכון לפיד ואיד הוא נבזה למחשבות השאנן וכן מי שהוא נכון למועדי רגל וכפל הענין במלות שונות: (ו) לשודדים. לעושים חמס ושודדים האנשים: ובטוחות. חסר מלת משכנות והרצון בזה שכבר ימלאו משכנות למרגיזי אל שיבטחו בהיותם בהם ולא יפחדו משום דבר: לאשר הביא אלוה בידו. ר"ל לעובדי כו"ם שיביאו הכו"ם בידיהם וישתחוו להם. או ירצה בזה שבידו הביא והמציא אלוה ר"ל שידיו עשו הפסל ואחר יסגוד לו וישתחוה ולא יפקח עיניו כי הפסל ההוא הוא מעשה ידיו כדרך אמרו למעשה ידיו

מצודת ציון

(ד) לרעהו. מל' רעיון ומחשבה כמו בנת לרעי מרחוק (תהלים קל"ט): (ה) לפיד. הוא העץ שמגדלים בו האש ונשרף גם הוא כמו כלפיד יבער (ישעיה ס"ב) ועל כי לא יצלח למלאכה ובזוי הוא מאד אמר לפיד בוז: לעשתות. למחשבות כמו אבדו עשתונותיו (תהלים קמ"ו): שאנן. שוקט ובוטח כמו שאנן מואב (ירמיה מ"ח): למועדי. ענין החלקה והשמטה לנפול כמו ולא מעדו קרסולי (תהלים י"ח): (ו) ישליו. מל' שלוה: ובטוחות. ר"ל

מצודת דוד

כן היא כי גם לי יש לב מבין כמו לכם ואינני נופל במעלה להיות גרוע ופחות מכם: ואת מי. ועם מי מהאנשים אין לב מבין כמו שיש עם אלה הדיעים וכי חכמה גדולה יש בכם אשר לא המצא בשאר האנשים: (ד) שחוק לרעהו. על כי הרבה לוסר לבזותו אמר אני אהיה לשחוק וללעג למחשבתו אשר בעבור גודל הצלחתו אשר ישיג כל תאותו כאלו בכל אשר יקרא לשאול מאלוה יענה וישיב לו למלאות שאלתו לזה גבה לבו עד כי ישחוק עלי אשר אני באמת צדיק תמים: (ה) לפיד בוז וגו'. כי כן הדרך אשר למחשבו' איש שאנן ושקט מרוב כל יחשב כלפיד הבזוי את מי אשר הוא נכון שימעדו רגליו לנפול ולזה הרבה לוסר לשחק בי: (ו) ישליו. אבל לא מרוב חכמה ויושר לבב רבה הצלחתו כי הלא ראינו אשר אהלי השודדים המה בשלוה ומשכנות בטוחות נמלאים למרגיזי אל נאשר יעבוד

mock me, but his superiority is not due to any particular wisdom, but because . . .

[6] **the tents of robbers prosper—** We see the tents of robbers endowed with tranquility, and the dwellings of those who provoke God, with security.

he who brings a god in his hand— One who worships an idol must carry the immobile god in his own hand. Comparably, Zophar's prosperity is no indication of personal wisdom or integrity—it comes from without.

Ralbag interprets this verse simi-

these? 4. I am as one who is a laughingstock to his friend, one who calls to God and He answers him that the completely righteous will have laughter. 5. A brand of contempt is for the thought of the tranquil, is prepared for those whose foot has slipped. 6. The tents of robbers prosper, and those who provoke God are secure, to whomever God brought it with His hand.

4. **a laughingstock to his friend**— *He calls to the Holy One, blessed be He, and He answers him concerning the pain of their provocation. Now what does He answer him? To give the righteous laughter.*

completely—Heb. תָּמִים.—[*Rashi*]

that the completely righteous will have laughter—*That is the answer that He will reply with, and I know that it is as you said, (8:21) ("He will yet fill your mouth with laughter,") for. . .*—[*Rashi*] [Parentheses is inserted from *Etz Chayim* ms.]

5. **A brand of contempt**—*The fire of Gehinnom stands for one who is tranquil in his thoughts, saying, "I will have peace."*—[*Rashi*]

prepared—*The one who is tranquil in his thoughts is destined to be among those whose foot slips, whose foot slips.*—[*Rashi*] Rashi repeats these words, first stating the words of the verse and then explaining them in simple Hebrew.]

6. **prosper**—*I know that at times tents will prosper, namely those of the Kedarites who dwell in tents in the deserts, and who are robbers, as it is stated* (Gen. 16:12): *"a free man among men; his hand shall be against every man."*—[*Rashi*]

are secure—lit. and security is to those who provoke God. *Those who provoke God have perfection, anyone to whom the Rock brought peace with His hand, whether he is good or bad.*—[*Rashi*] *Etz Chayim* ms. reads: *Whomever God brought one fortunate hour will achieve good, whether he be good or bad.*

Job retorts with his belief that, in the end, the righteous will be rewarded and the wicked, having enjoyed prosperity in this world, will suffer in Gehinnom for their provocations. *Mezudath David* explains as follows:

[4] **a laughingstock to his friend**— Zophar's contempt prompts Job to reply: I am the victim of his derision and contempt because he believes himself superior. He is so prosperous, it seems he merely tells God his desires, and he is answered. He has become so arrogant that he mocks me, a completely righteous man.

[5] **A contemptible brand**—A prosperous and tranquil person regards one less fortunate, one whose feet are about to slip, as a contemptible brand—a discarded torch. Zophar allowed himself to

ז ואולם שאל־נא בהמות ותרך
ועוף השמים ויגד־לך: ח או שיח לארץ
ותרך ויספרו לך דגי הים: ט מי לא־
ידע בכל־אלה כי יד־יהוה עשתה
זאת: י אשר בידו נפש כל־חי ורוח כל־
בשר־איש: יא הלא־אזן מלין תבחן
וחך אכל יטעם־לו: יב בישישים חכמה
וארך ימים תבונה: יג עמו חכמה
וגבורה לו עצה ותבונה: יד הן יהרוס
ולא

ת"א שאל נא. עקידה שער ח׳: בישישים. שבת קנב קנים כה:

עלוהי מחתא בידיה:
ז וברם שיל כדון בעירי
וילפונך ועופא דשמיא
ויחוי לך: ח או מליל
לארעא ותלפנך
וישתעון לך נוני ימא:
ט מן לא ידע בכל אלין
ארום מחת ידא דיי
עבדת דא: י די בידיה
נפשתא דכל חי ורוחא
דכל בסר גבר: יא הלא
אודנא מלין תבחן
ומורינא מיכלא יטעם
ליה: יב בקשישיא
חכמתא ונוגדי יומין
בינתא: יג עמיה
חוכמתא וגבורתא
דיליה מלכא ובינתא:
יד הא יצדי ולא יתבני

רש"י

(יא) הלא אוזן מילין תבחן. ולמה לא ידעו זאת השומעי׳ פעלו כאשר החיך יטעם לאכול: (יב) בישישים חכמה

אבן עזרא

משכנות בטוחות מן בטח: לאשר הביא אלוה בידו. עובדי כו"ם שיעשה אלוהו בידו: (יב) ואורך ימים. טעמו ובאורך ימים. בי"ת בישישים ישרת עצמו ואחר עמו כמו וארא אל אברהם אל יצחק ואל יעקב באל שדי:

מנחת שי

(ז) ואולם. הוא"ו בגעיא בס"ס: ותרך. ברוב הספרים נמסר ע"ז ועל שבפסוק הסמוך ב׳ וחסר: (יא) הלא אזן. בס׳ מדוייק מטוליטולא. הה"א

רלב"ג

ישתחוו לאשר עשו אצבעותיו: (ז) בהמות ותורך. תלמדך כל אחת מהם: (ח) שיח. דבר: (יד) יסגור על איש. ר"ל כבר ישים איש במסגר ולא יצא

מצודת דוד

האליל אשר לא ימוש ממקומו ומביא אותם בידו ועם כל זה אליו ישתחוו ולו יעבדו ואם כן אף מהצלחת הרשע אין ראיה על החכמ׳ ויושר הלבב: (ז) ואולם. אבל חכמה מה לך ואם בהודעת העלמת חקר לא צריכא לך כי באמת שאל אל הבהמות וכ"א תלמדך העלם חקר אלוה רלה לומר משלימות יצירת הגלגלים ומהחכמה אשר בהם אשר יתהלכו אלה מאלה מכל זה נוכל להשכיל שלא נמצא חקר אלוה וכאילו הם יורו ויגידו את זאת: (ח) ותורך. רלה לומר מטבעי ארבע היסודות וכל הדברים הנמצאים בארץ המורכבים מהם מאלה תוכל להבין העלם חקר אלוה: (ט) מי לא ידע בכל אלה. מי הוא הסכל אשר לא ישכיל לדעת העלמות חקר אלוה באמצעית אלה הדברים זולת מאמריך: כי יד ה׳ וגו׳. כי הלא יד ה׳ עשתה כל זאת ומהם הלא יוקח ראיה על עומק חכמתו שאין חקר לה: (י) אשר בידו וגו׳. מוסב למקרא שלפניו לומר הוא האלהים אשר בידו וגו׳: ורוח וגו׳. זכר לעצמו רוח האדם על כי היא הטובה על כלנה: (יא) הלא אוזן. האוזן השומעת תבחן הדברים ממי נאמרו והחיך הטועם הוא יטעם לו טעם המאכל המר הוא אם מתוק כי בו ניתן ההרגש הזה ויובן א"כ הרבה מן הדברים על פי ההוש: (יב) בישישים חכמה. ובעבור זה ימצא הרבה מן החכמה בלב הישישים כי בעבור רוב הימים ראו הרבה בהוש ומהם יקחו התחלה להבין דבר מתוך דבר: ואורך. הבי"ת מן בישישים משמשת בשתים כאילו אמר ובאורך ימים תבונה והוא כפל ענין במ"ש ועל כי צופר היה לעיר ממנו לימים אמר איך תתפאר בחכמה למולי ואני ישיש וזקן ממך: (יג) עמו. ובעבור רוב השנים ידעתי א"כ בלעדך שעם ה׳ תכלית החכמה והגבורה: לו עצה. הוא המשכיל נאת עלה ובידו התבונה: (יד) הן יהרוס. כאשר יחפוץ להשגיח שלא ישדד המערכה וכשוא מהרס דבר מה הנה לא יבנה בזולת רלונו: יסגור. כאשר יסגור המאסר על איש הנה לא יפתח בזולת

מצודת ציון

משכנות בטוחות וקלר בדבר המובן: (ז) ותורך. ותלמדך: (ח) שיח. מל׳ שיחה ודבור: (יב) בישישים. הזקן הרבה יקרא

11. **Does not the ear discern words**—*So why did the listeners not know this, as the palate tastes to eat?*—[*Rashi*]

12. **In elders there is wisdom etc.**—*to know that with Him is wisdom.*—[*Rashi*] Because Zophar was younger than he, Job says to him, "How do you boast of wisdom as compared to me? Am I not older than you?"—[*Mezudath David*]

14. **Behold, He breaks down**—When He wishes to care for the individual, he strips the constellations of their power, and whatever He breaks down cannot be reestablished without His will.—[*Mezudath David*]

7. But now inquire of the beasts and they will instruct you, and
of the fowl of the heavens and they will tell you. 8. Or speak to
the earth and it will instruct you, and the fishes of the sea will
tell you. 9. Who does not know of all these? For the hand of
the Lord has done this, 10. in Whose hand is the soul of all
living and the spirit of all human flesh. 11. Does not the ear
discern words and the palate taste its food? 12. In elders there
is wisdom and in longevity there is understanding. 13. With
Him is wisdom and might; He has counsel and understanding.
14. Behold, He breaks down

larly, suggesting that the idolator
brings the idol in his hand, manufac-
tures it himself, and then prostrates
himself before it without consider-
ing that its existence depends upon
him.

7. **But**—what wisdom have you?
If your wisdom will teach me the
mystery of fathoming God's deeds, I
do not need you. Ask any animal: it
will instruct you of the hidden
nature of God's wisdom, viz. the
perfection of His creations and the
wisdom by which each species
differs from the others. From all
this, we can determine that God's
wisdom cannot be fathomed.—
[*Mezudath David*]

the beasts—This refers to mam-
mals and fowl.—[*Malbim*]

8. **Or speak to the earth**—This
refers to the insects, the reptiles, and
the amphibians.—[*Malbim*]

it will instruct you—From the
nature of the four elements: fire,
wind, water, and earth, and from all
creatures combined from these ele-
ments, you can readily understand

that God's wisdom is unfathoma-
ble.—[*Mezudath David*]

the fishes of the sea—which are a
species of life lower even than the
insects.—[*Mezudath David*]

9. **Who does not know of all these**
—Even without your statements,
who is so foolish that he does not
know from all these creatures that
God's wisdom is unfathomable?—
[*Mezudath David*]

**For the hand of the Lord has done
this**—Has not the hand of God done
all this? Therefrom, you can see that
God's wisdom cannot be dis-
covered.—[*Mezudath David*] Every-
one knows that these creatures have
no control over their own actions.
All their actions are attributed to
God, Who regulates their move-
ments according to their nature—
they do not move of their own free
will.—[*Malbim*]

10. **in Whose hand etc.**—This is
attached to the preceding verse: The
Lord in Whose hand is the soul of all
living etc.—[*Mezudath David*]*

וְלֹא יִבָּנֶה יִסְגֹּר עַל־אִישׁ וְלֹא יִפָּתֵחַ׃
טו הֵן יַעְצֹר בַּמַּיִם וְיִבָשׁוּ וִישַׁלְּחֵם
וְיַהַפְכוּ־אָרֶץ׃ טז עִמּוֹ עֹז וְתוּשִׁיָּה לוֹ
שֹׁגֵג וּמַשְׁגֶּה׃ יז מוֹלִיךְ יוֹעֲצִים שׁוֹלָל
וְשֹׁפְטִים יְהוֹלֵל׃ יח מוּסַר מְלָכִים פִּתֵּחַ
וַיֶּאְסֹר אֵזוֹר בְּמָתְנֵיהֶם׃ יט מוֹלִיךְ כֹּהֲנִים
שׁוֹלָל וְאֵתָנִים יְסַלֵּף׃ כ מֵסִיר שָׂפָה

לנאמנים

יִסְגוֹר עַל גְּבַר בִּקְבוּרְתָּא
וְלָא יִתְפְּתַח׃ טו הָא
אֲחַד בְּמַיָּא וּמִתְיַבְּשִׁין
וְכַד יְשַׁלְּחִנּוּן מִתְהַפְּכִין
בְּאַרְעָא׃ טז גַּבֵּיהּ
עוּשְׁנָא וְחוּכְמְתָא דִּי
לֵיהּ שָׁלֵי וּמַשְׁלֵי׃
יז דְּמוֹבִיל מָרֵי מַלְכַיָּא
כַּד מִשְׁתַּלְשְׁלִין וְנַגּוֹדַיָּא
יִתְעַלֵּב׃ יח שׁוֹשִׁילְתָּא
דְּמַלְכַיָּא מַשְׁרֵי וְאָסַר
קָמוּר בְּחַרְצֵיהוֹן׃
יט דְּמוֹלִיךְ רַבְרְבָנַיָּא
בְּבִזְּתָא וְתַקִּיפַיָּא
מְקַלְקֵל׃ כ מַעְדֵי קְשׁוֹט

רש"י

וגו'. לדעת כי עמו הכמה וגו': (טו) **וישלחם ויהפכו ארץ**. בשליחותו כאשר עשה לדור אנוש שהציף שליש של עולם: (טז) **לו שוגג**. האדם השוגג: **ומשגה**. שטן המשגה: (יז) **שולל**. שם דבר הוא שטות מוליכם בשטות כשהוא רוצה לערבב ולבלע חכמתם כמו וסר מרע משתולל (ישעיה נט) אשתוללו אבירי לב (תהלים עו) ותי"ו אשר במשתולל ואשתוללו כן דרך לשון עברית בתיבה שיסודה שי"ן או סמ"ך והוא בא לדבר בלשון נעשה ונפעל או מתפעל מתן תי"ו אחר אות ראשונה של יסוד כמו וישתכחו בעיר (קהלת ח') וישתמר חקות עמרי (מיכה ו') מסתולל בעמי (שמות ט) ויסתבל החגב (קהלת י"ב): **יהולל**. ישוטה לשון הוללות וסכלות: (יח) **מוסר מלכים פתח**. הסיר מוסר סבלו של נבוכדנצר והעבירו ממלוכה: **ויאסור אזור במתניהם**. בתחילתו כשהיה חפץ בו הגר חלציו וזרזו את למלוכה: (יט) **כהנים**. שרים כמו כהן מדין (שמות ג') כהן און (בראשית מ"א): (כ) **לנאמנים**. אף לנאמנים בו

מנחת שי

בגעיא: (טו) ויבשו. ר' יונה כתב כי הוא בחירק הוא"ו ושוא היו"ד **וְיִבָשׁוּ** ואנחנו לא מצאנוהו כן בספרים מדוייקים כי אם בשו"א הוא"ו וחירק היו"ד כר"ק במכלול דף קי"ז ובשרשים: ויהפכו. הפ"א נחה כמ"ש בס"א כ"ה: (יז) ושפטים. הוא"ו בגעיא: (יח) ויאסר אזור. האל"ף בשוא לבדו כמ"ש בס' מקן:

אבן עזרא

(טז) **לו שוגג**. הוא ידע שגגתו של האדם או שישגה אחרים והם לא ידעו: (יז) **שולל**. כל אחד מהם יוליכם שולל מדעת כטעם וסר מרע משתולל: (יח) **מוסר מלכים**. כמו מוסרות ומוטות:

רלב"ג

ממאסרו לעולם: (טז) שוגג ומשגה. שני שרשים בענין אחד: (יז) מוליך יועצים שולל. ר"ל שהוא מוליך שלל כל אחד מהיועצים כאשר ירצה ואע"פ שהם טובי העצה לא יועיל להם טוב עצתם: יהולל. מענין הוללות וסכלות: (יח) מוסר מלכים. מאסר מלכים: פתח. התיר: (יט) כהנים.

מצודת ציון

ישיש והוא מל' יש כי עמדה בו הישות ימים רבים: (יד) **יפתח**. ענין התרה מן המאסר: (טו) **יעצור**. ענין מניעה: (יז) **שולל**. ענין שטות כמו אשתוללו אבירי לב (תהלים ע"ו): **יהולל**. ענין סכלות וכן וקוסמים יהולל (ישעיה מ"ד): (יח) **מוסר**. קשרי רצועות העול כמו מוסרי צוארך (שם נ"ב): **פתח**. מסיר: **ויאסור**. קושר כמו הסוס אסור (מלכים ב' ז'): **אזור**. חגורה כמו ואזור עור (שם א'): (יט) **כהנים**. שרים כמו ובני דוד כהנים (שמואל ב' ח'): **ואיתנים**. וחזקים כמו איתן מושבך (במדבר כ"ד): **יסלף**. יעוות כמו ויסלף

מצודת דוד

חפלו: (טו) **הן יעצור**. ימנע הנביעה במים ונעשה המקום יבש: **וישלחם**. ופעם ירבה מימיהם וישלחם לשטוף פני האדמה ומהפכים הארץ כי מאבדים הרבה: (טז) **עמו עוז**. בידו החוזק והתשות את מי לחזק ואת מי להתיש כח זרועו: **לו שוגג**. יודע הוא שגגת האדם עם כי לא ידע האדם בנפשו: **ומשגה**. יודע הוא הדבר אשר האדם משגה בו את זולת עם כי לא יודע הזולת: (יז) **מוליך**. חכמי לב בעלי עצה מוליך בדרך שולל ויסכל דעת השופטים עם כי מאד חכמו: (יח) **פתח**. מתיר קשר השריט: **ויאסור**. וכאשר יהפוך יקשור האזור במתניהם רצה לומר יאמץ כוחם כי אשר האזור במתניו הוא מחוזק ומזורז: (יט) מוליך כהנים. יעות החזקים בעלי הכח לבל ילכו בדרך הנימים והראוי: (כ) לנאמנים. להמדברים

He makes mad, an expression of folly and foolishness.—[*Rashi*]

18. **He loosens the bond of kings**—*He removed the bond of the yoke from Nebuchadnezzar and dethroned him.*—[*Rashi*]

19. **princes**—Heb. כֹּהֲנִים, *like* (Exod. 3:1), *"the prince* (כֹּהֵן) *of Midian"*; (Gen. 41:45), *"the prince* (כֹּהֵן) *of On."*—[*Rashi*] [This follows *Targum Onkelos* on these two places and the *Targum* to our verse. *Mezudoth* follows this interpretation.]

and it cannot be rebuilt; He shuts up a man and there can be no opening. 15. Behold He withholds the water and it dries up; He sends it away and it overturns the earth. 16. With Him is might and counsel; His are the misled and the misleader. 17. He leads counselors away with madness and He makes judges into fools. 18. He loosens the bond of kings and He binds a girdle to their loins. 19. He leads princes away with madness and He overthrows the mighty. 20. He removes the speech

He shuts up a man—Likewise, if He shuts up a man in prison, he cannot be released without God's will.—[*Mezudath David*]

15. **He withholds the water**—from running, and the riverbed dries up.—[*Mezudath David*]

He sends it away and it overturns the earth—*As His agents, as He did to the generation of Enosh, when He inundated a third of the world.*—[*Rashi*] *Rashi* alludes to the generation of Enosh the son of Seth, about whom the Torah (Gen. 4:26) states: Then it became profane to call by the name of the Lord. As *Rashi* explains there, it became common to call persons and images by the name of the Holy One, blessed be He, to make them idols and to call them deities. [Based on *enesis Rabbah* 23:11.] *Mezudath David* explains simply that sometimes He increases the water and sends it to inundate the surface of the earth, overturning the earth and causing much destruction.

16. **With Him is might and counsel**—Heb. וְתוּשִׁיָה. *Mezudath David* defines תּוּשִׁיָּה as "weakness." God knows whom to strengthen and whom to weaken.

His are the misled—*The man who is misled.*—[*Rashi*]

and the misleader—*The Adversary, who misleads.*—[*Rashi*]

17. **madness**—Heb. שׁוֹלָל. *It is a noun, 'madness.' He leads them away with madness when He wishes to confuse and destroy their wisdom, as* in (Isa. 59:15), *"and he who turns away from evil is considered mad* (מִשְׁתּוֹלֵל)*";* (Ps. 76:6), *"The stout-hearted became mad* (אֶשְׁתּוֹלְלוּ)*." The "tav" in* מִשְׁתּוֹלֵל *and in* אֶשְׁתּוֹלְלוּ [is inserted because] *so is the structure of the Hebrew language: in a word that has a radical "shin" or "sammech," and which is used in passive or reflexive conjugation, a "tav" is placed after the first radical, like* (Ecc. 8:10), *"and they will be forgotten* (וְיִשְׁתַּכְּחוּ) *in the city";* (Micah 6:16), *"For the statutes of Omri are kept* (וְיִשְׁתַּמֵּר)*";* (Exod. 9:17), *"You still exalt yourself very high* (מִסְתּוֹלֵל) *above My people";* (Ecc. 12:5), *"and the grasshopper shall drag himself along* (וְיִסְתַּבֵּל)*."*—[*Rashi*]

He makes . . . fools—Heb. יְהוֹלֵל,

לנאמנים וטעם זקנים יקח: כא שופך
בוז על־נדיבים ומזיח אפיקים רפה:
כב מגלה עמקות מני־חשך ויצא לאור
צלמות: כג משגיא לגוים ויאבדם שטח
לגוים וינחם: כד מסיר לב ראשי עם־
הארץ

ת"א כוז. פסחים קיח: נ"א משגיא

ספותא מהימנין וטעם
סביא יסלק: כא שדי
בסרנותא על סרכיא
והקוף תקיפיא מחלש:
כב מגלי עמיקתא מן
חשוכא ומפק לנהורא
טולי מותא: כג מפיש
לעממיא ומאבדנון
משטח מצודתא
לאומיא ודברנון:
כד מעדי חכמת לבא

רש"י

פעמים שפתיו נבללים לדבר סרה כגון אברהם והאמין בה' ובסוף נכשל במה אדע: (כא) ומזיח אפיקים רפה. והגור החזקי' מרפה ומפתח חגורם להתיש כחם כמו (תהלים ק"ט) ולמזח תמיד יחגרה: אפיקים. חזקים כמו אפיקי נחושה (איוב מ') אפיקי מגינים (שם מ"א): (כג) משגיא לגוים ויאבדם. יש אומרים כאשר עשה למצרים בהשיגם את ישראל לפני בעל צפון (שמות י"ד) שנו ואמרו תדעו שהסכי' עמנו לטבעם בים כאשר גזרנו כל הבן הילוד היאורה תשליכוהו (שם א') וקשה יראתו של בעל צפון שלא נעשו בו שפטים ככל אלהי מצרים וגרם המקום להשגותם כדי לטבע'. וזהו הלשון אינו עיקר דאם כן היה לו לומר בלד ימין משגיא כמו שוגה אבל זה עיקר מגדיל לשון שגיא כח. משגיא את הגוים ומצליחם ולבם מתגאה בהצלחתם והוא אבדן שלהם מה שמצליחן: שוטח. מרבה אותם להשטיח בארץ

מנחת שי

(כ) לנאמנים. האל"ף בחטף סגול ברוב הספרים: (כג) משגיא לגוים. החכם יחייא פירשו מענין שגגה וכן פי' הרב ר' משה אלשיך וכן דרשו במכילתא פרשת בשלח בעל צפון נשתייר מכל יראות שלכן בשביל לפתות לבן של מצרים להטעותן שהוא הציל את עצמו ועליו הוא אומר משגיא לגוים ויאבדם. ואיתא נמי בשמות רבה פרשה ט"ו וכי לא היה הקב"ה יכול להציל ישראל מיד מצרים במכה ראשונה אלא לקיים מה שנאמר משגיא לגוים ויאבדם. וגם בבמדבר רבה פרשה כ' וילמדנו פרשת בלק דרשו פסוק משגה ישרי' בדרך רע בשחותו הוא יפול על בלעם הרשע שבתחלה היו הבריות נוהגות בכשרות והוא הטעה אותם בעריות וכמו שהטעה סוטעה. בעלה שנתן בה נפל והטעהו הקב"ה שכך כתוב משגיא לגוים ויאבדם. מכל אלה המדרשים משמע שדרשו משגיא לשון שגגה כאילו הוא בשי"ן ימנית אבל בכל הספרים נמלא בשי"ן שמאלית וכן פירשו רוב המפרשים מל' ריבוי ורוממות כמו הן אל שגיא (לקמן ל"ו) וכן מלאתי במדרש אסתר שאויבי הקב"ה למפלתן הן מתגדלין לפי' ויסם את כסאו מעל כל השרים ואח"כ ויתלו את המן הה"ד משגיא לגוים ויאבדם. גם רש"י ז"ל כתב שיש מפרשים פסוק זה במדר' שהבאתי למעלה מהמכילתא ואמר שאין זה הל' עיקר דא"כ היה לו להיות בלד ימין משגיא כמו שוגה אבל זה עיקר מגדיל ל' שגיא כח. ולאיתי ג"כ בפי' ר' שמעון בר צמח שכתב כלשון הזה י"מ משגיא מטעה ל' שגגה וזה הפי' הוא שגגה לפי שהוא בסבולת ואע"פ שנמלא במדרש עכ"ל. ואין לומר דאגדות חלוקות הן דהא והא איתא ולא פליגי חד דריש כפי המקרא וחד דריש כפי המסורת כדאשכחן בכמה דוכתי ע"ד אל תיקרי. ואלו ואלו דברי אלהים חיים כמ"ש בלשניה א':

אבן עזרא

(כג) משגיא. מן אל שגיא: ויאבדם. הפך משגיא. שוטח. מן וישטחו להם כמו פורש והענין מפיץ ומפזר:

רלב"ג

שרים וכמוהו ובני דוד כהנים היו: ואיתנים. חזקים: יסלף. יעות: (כ) לנאמנים. הם האנשים הממהרים לדבר לאות, או ירצה בזה האנשים הנאמנים בדבריהם לטוב טעמם וחכמתם: זקנים. חכמים: (כא) ומזיח אפיקים רפה. וחוזק חזקים החלים. או ירצה בזה ואזור חזקים התיר מענין ולמזח תמיד יחגרה: (כג) משגיא. מרבה: שוטח. מפזר:

מצודת דוד

בעלי המליצה יסיר מאמר משפתם עד לא יכינו לדבר מה בלבבם ומהזקנים בעלי המדע יקח מיטב תוכן האמרים: (כא) שופך. פעם יגוא בוז הרבה על נדיבים כמים הנשפכים ומרפה חגורת החזקים ר"ל יתיש כוחם כי החגור הוא מזורז ונחלש כשנרפה החגור: (כב) מגלה. ר"ל מלמד האדם דעת להשכיל דברים עמוקים קשי ההבנה: צלמות. ר"ל דברים הנעלמים ביותר מוליא לאור כי יחנן האדם דעת ויאיר עיניו להבין דבר מתוך דבר: (כג) משגיא. הוא מגדיל את הגוים בממשל רב והוא מאבדם: שטח. הוא יפרשם על פני האדמה במרחק רב והוא ינהיגם מארצם ללכת גולה: (כד) מסיר. פעם מסיר חכמת לב ראשי העם המנהיגים אותם והמה יתעו אותם ללכת בפלס תוהו לא בדרך ישר ועלה נכונה:

מצודת ציון

דברי לדיקים (שמות כ"ג): (כ) לנאמנים. הוא מל' ויאמנו נאום (ירמיה כ"ג) שהוא ענין דבור והנו"ן האחרונה נוספת לסימן שם תואר כמו רחמן. והלאים בלשונותם היודעים חכמת הדבור יקראו נאמנים: וטעם. ענין תוכן הדבור כמו בשנותו את טעמו (תהלים ל"ד): (כא) ומזיח. חגורה וכן ולמזח תמיד יחגרה (שם ק"ט): אפיקים. חזקים כמו אפיקי נחושה (לקמן מ'): רפה. מל' רפיון: (כב) צלמות. צלו של מות הוא חשכת הקבר: (כג) משגיא. מגדיל כמו כארז בלבנון ישגה (תהלים צ"ב): שוטח. פורש כמו וישטחו

them [the nations] *to spread them out on the earth and to cover them.*—[*Rashi*] [This should more likely read: and to lead them, as the verse reads.] *Mezudath David* states: He spreads them out upon the face of the earth over a long distance and He leads them away from their land, into exile.

24. **He takes away etc.**—Sometimes He takes away the intelligence of the leaders and they mislead their people.—[*Mezudath David*]

from trusty men, and takes away the sense of the elders. 21. He pours contempt upon princes and loosens the belt of the strong. 22. He uncovers deep things out of darkness and brings to light the shadow of death. 23. He makes nations great and destroys them; He spreads out the nations and leads them. 24. He takes away the intelligence of the heads of the people of

20. **from trusty men**—*Even from trusty men. (Even to those who believe in Him.—Etz Chayim* ms.). *Sometimes his lips become confused, speaking improper words, e.g. Abraham* [about whom it is written:] (Gen. 15:6), *And he believed in the Lord." And later, he stumbled* [by saying,] *"How will I know?"*—[*Rashi*]

21. **and loosens the belt of the strong**—*And He loosens the belt of the strong. He opens their belt to weaken them, like* (Ps. 109:19), *"and for the girdle* (וּלְמֵזַח) *wherewith he is girded continually."*—[*Rashi*]

the strong—Heb. אֲפִיקִים, *like* (below 40:18), *"as strong* (אֲפִיקֵי) *as copper;* (ibid. 41:7), *"He is proud of the strength of* (אֲפִיקֵי) *His scales."*—[*Rashi*]

22. **He uncovers etc.**—He teaches man knowledge to understand difficult, profound matters.—[*Mezudath David*]

the shadow of death—He brings to light even more mysterious things, for He favors man with knowledge and enlightenment.—[*Mezudath David*]

23. **He makes nations great and destroys them**—Heb. מַשְׂגִּיא. *Some say, as He did to the Egyptians when they overtook Israel before Baal-zephon* (Exod. 14:9). *They erred and said, "You should know that He agreed with us, to drown them in the sea as we decreed, 'Every son that is born you shall cast into the river'* (ibid. 1:22), *and* [they also said] *that their deity Baal-zephon is mighty, seeing that no acts of judgment were performed upon it, as* [they were upon] *all the* [other] *gods of Egypt, and the Omnipresent caused them to be misled in order to drown them. But this explanation is not the main one, for were it so, it should have been dotted on the right,* מַשְׁגִּיא *like* שְׁגָגָה, *the misled. This is the main explanation: it means making great, an expression of* שַׂגִּיא כֹחַ, *having great strength. He makes the nations great and causes them to prosper, and their heart becomes haughty with their prosperity, so that* [the fact] *that they prosper is their destruction.*—[*Rashi*] *Rashi* knew of the many *midrashim* that explain the verse as do the commentators that he quotes. [See *Rashi* to Exodus 14:9.] *Rashi's* intention is that this is not the simple meaning of the word מַשְׂגִּיא, but it is an expounding of the written text, the *kethib,* whereas his own explanation follows the traditional reading, the *keri.*—[*Minchath Shai*]

He spreads out—*He multiplies*

הָאָרֶץ וַיַּתְעֵם בְּתֹהוּ לֹא־דָרֶךְ:
כה יְמַשְׁשׁוּ־חֹשֶׁךְ וְלֹא־אוֹר וַיַּתְעֵם
כַּשִּׁכּוֹר: יג א הֶן־כֹּל רָאֲתָה עֵינִי שָׁמְעָה
אָזְנִי וַתָּבֶן לָהּ: ב כְּדַעְתְּכֶם יָדַעְתִּי גַם־
אָנִי לֹא־נֹפֵל אָנֹכִי מִכֶּם: ג אוּלָם אֲנִי
אֶל־שַׁדַּי אֲדַבֵּר וְהוֹכֵחַ אֶל־אֵל אֶחְפָּץ:
ד וְאוּלָם אַתֶּם טֹפְלֵי־שָׁקֶר רֹפְאֵי אֱלִל
כֻּלְּכֶם: ה מִי־יִתֵּן הַחֲרֵשׁ תַּחֲרִישׁוּן וּתְהִי
לָכֶם לְחָכְמָה: ו שִׁמְעוּ־נָא תוֹכַחְתִּי

תרגום

דְּאַרְעָא דָּרֵישֵׁי עַמָּא דְּאַרְעָא וּמַתְעֵנָן בְּלָמָא דְּלֵית אוֹרְחָא: כה יְמַשְׁשׁוּן חֲשׁוֹךְ וְלָא נְהוֹרָא וּמַתְעֵנָן הֵיךְ רַוְיָי: א הָא כּוֹלָּא חֲמַת עֵינִי שְׁמָעַת אוּדְנִי וְאִתְבִּינַת לָהּ: ב הֵיךְ מַנְדְּעֲכוֹן יָדָעִית אוּף אֲנָא לֵית פְּרִישׁ אֲנָא מִנְּכוֹן: ג בְּרַם אֲנָא לְוַת שַׁדַּי אֲמַלֵּל וּמְכַסְּנָא עִם אֱלָהּ אֶצְבֵּי: ד וּבְרַם אַתּוּן מְחַבְּרֵי שְׁקַר כְּמָאֵי אֱלִיל וּמוֹדְרְקָא דְּפַלְטֵיהּ סַגְיָנָא הֲבִין פּוּלְכָן: ה לְוַי דְּמִשְׁתָּק תִּשְׁתְּקוּן וּתְהֵי לְכוֹן לְחוּכְמְתָא: ו שְׁמָעוּ כְּרוֹן מַכְסָנוּתִי וּמְצוּת

ת״א טופלי. חולין קכ״א:

רש״י

ולכסותם: (כד) בתוהו לא דרך. בתוהו שאינו דרך. עמו מחפון (ד) טפלי שקר. מחברי דבר שקר.
יג (ג) אולם אני. אינני מבקש אלא לדבר אליו ולהתווכח. רופאי אליל כולכם. כל אליל שבמקרא ל׳ אל ורבותינו

אבן עזרא

וינחם. הפך הענין: (כד) ויתעם. בעלת תהו:

מנחת שי

יג (א) הן כל. חסלת הסימן: (ב) כדעתכם. הכ״ף בגעיא בס״ס:
(ד) ואולם. הוא״ו בגעיא:

רלב״ג

(ב) לא נופל אנכי מכם. לא חסר אנכי מכם: (ד) אליל. מלת אליל נגזרת מן אל ועניינם הבל:

מצודת ציון

לסס שטוט (במדבר י״א): (ו) וינחם. וינהיגם כמו נך נחה (שמות ל״ב): (כ) כדעתכם. כשיעור ידיעתכם יודעני גם אני לא פחות ולא נגרע ממעלתי להתוודע ממכם כמו (דברים י״ב): יג (ג) טופלי. (ד) אליל. אל ולא ולון יקראל ממשלתול כמו כחבר ימשך הטול (דברים ט״ו):
יג (כ) לא נופל. לא פחות ונגרוע. וכמו וחתסול על טוני (לך י״ד):

מצודת דוד

(כה) ימששו. וההמה ממששים בידיהם בחשך החושך אשר ילכו בה ולא ילכו בחפזון מורא כ״ל שינוים בעלת תהו וגם יתעו אל מול העלה הטובה כלנתוים. ויתעם. ה׳ מתעם אותם לסיום מבולבלים כדעתם כמו כבודו:
יג (א) הן כל ראתה עיני. הן הדברים האלה שלאמרתם כנה ראתה עיני הדברים הנגלים ושמעה אזני הדברים הנעלמים ואף כי הדברים הנסתמים ויבין בהם:

First, he defines the word טִפְלֵי as *combine*, and then he explains that the word שֶׁקֶר, *falsehood*, which appears in the singular, is elliptical for דִּבְרֵי שֶׁקֶר, *words of falsehood*, or lies.] You accuse me of many sins of which I am completely innocent.—[Mezudath David]

all of you are quacks—Heb. רֹפְאֵי אֱלִל. *Every* אֱלִיל *in Scripture is an expression of* אַל, *nought. Our Sages, however, explained that this is the*

cervical ligament, which [if damaged] has no cure, and it is called אֱלָל.—[*Rashi* from *Chullin* 121a] Accordingly, the verse is to be interpreted: *you are attempting to cure me with words that cannot cure.*—[*Rashi* ad loc.] You are physicians of no substance, no value. Your attempts to console me by telling me to repent are of no substance because I have no sins of which to repent.—[*Mezudath David*]

the land, and He causes them to wander in a wasteland [that is] not a road. 25. They grope in the darkness without light, and he causes them to wander like a drunkard.

13

1. Behold my eye has seen everything; my ear has heard and understood it. 2. I know as much as you; I too am not inferior to you. 3. But I would speak to the Almighty, and I wish to reason with God. 4. But you combine lies; all of you are quacks. 5. Would that you kept silent, and it would be accounted as wisdom for you. 6. Hearken now to my reasoning,

---

in a wasteland not a road—*In a wasteland that is not a road.*— [*Rashi*] He directs them off their course to a wasteland which has no road leading to a city.—[*Ramban*] *Mezudath David* and *Ibn Ezra* render: He misleads them with false counsel, which is not the proper way.

25. They grope in the darkness— They grope with their hands in the dark place where they have gone and they do not go into a lighted place. I.e. they are misled with false counsel and they do not recognize the true way.—[*Mezudath David*]

He causes them to wander—God causes them to wander confusedly, like the drunkard.—[*Mezudath David*]

1. Behold my eye has seen everything—Of all that I have mentioned, my own eye has seen what is visible and my ear has heard what is

audible, and both the eye and the ear have understood that each of these things was performed by God.—[*Mezudath David*]

2. I know as much as you—Why then do you tell me of God's wonders?—[*Mezudath David*]

3. I would speak to the Almighty —I do not wish to reason with you further, but I would desire to speak to the Almighty and reason with Him.—[*Mezudath David*] I wish to discuss this, because I do not believe that His supervision is uniform in all His judgments. You add that He supervises the individual as well as the entire world. Accordingly, He would be committing injustice intentionally. With such an explanation you pretend to heal my wounds easily.—[*Ramban*]

4. combine lies—Heb. טֹפְלֵי שָׁקֶר, *combine false words of falsehood.*— [*Rashi*] [*Rashi's* aim is twofold.

וְרִבוֹת שְׂפָתַי הַקְשִׁיבוּ׃ ז הַלְאֵל
תְּדַבְּרוּ עַוְלָה וְלוֹ תְּדַבְּרוּ רְמִיָּה׃
ח הֲפָנָיו תִּשָּׂאוּן אִם־לָאֵל תְּרִיבוּן׃
ט הֲטוֹב כִּי־יַחְקֹר אֶתְכֶם אִם־כְּהָתֵל
בֶּאֱנוֹשׁ תְּהָתֵלּוּ בוֹ׃ י הוֹכֵחַ יוֹכִיחַ
אֶתְכֶם אִם־בַּסֵּתֶר פָּנִים תִּשָּׂאוּן׃
יא הֲלֹא שְׂאֵתוֹ תְּבַעֵת אֶתְכֶם וּפַחְדּוֹ
יִפֹּל עֲלֵיכֶם׃ יב זִכְרֹנֵיכֶם מִשְׁלֵי־אֵפֶר

תרגום

סִפְוָתַי אֲצִיתוּ׃
ז הַלֶאֱלָהָא אַתּוּן מְמַלְלִין
שְׁקַר וּלְוָתֵיהּ תְּמַלְלוּן
נְבִילְתָא׃ ח הַאַפּוּי
תִּסְבוּן אִין לֶאֱלָהָא
תִנְצוּן׃ ט הֲתַקִּין אֲרוּם
יִפַשְׁפֵּשׁ יַתְכוֹן אִין הֵיךְ
דְמִתְלַעֲבָא בְּבַר נָשׁ
תִּתְלַעֲבוּן בֵּיהּ׃ י מְכַסְנָא
יְכַסֵּן יַתְכוֹן אִין בְּטוּמְרָא
אַפּוּי תִסְבוּן׃ יא הֲלָא
בְּאִזְדַקְפוּתֵיהּ עַל כּוּרְסֵי
דִינָא רְתִיתֵיהּ תְּבַעֵת
יַתְכוֹן וּרְתִיתֵיהּ יִפּוֹל
עֲלֵיכוֹן׃ יב דְּכְרָנְכוֹן
מְתִיל לִקְטְמָא לְגַב טִנָּא.

ת״א באתו. עקרים מ״ג פ״ג׃ דגש אחר ת״ג לגבי

רש״י

פירשו זה גיד הגומר שאין לו רפואה ושמו אלל: (ו) וריבות. הוכחות: (ז) הלאל תדברו עולה. אחרי אשר תחת אל באתם לריב לא טוב שתדברו עולה: ולו תדברו רמיה. בעבורו תדברו רמיה כמו (לקמן ל״ג) הן אני כפיך לאל וכמו אל הארץ אשר דבר להם (דברי׳ ט׳) לאורכ׳ וכמו ילחם לכם (שמות י״ד) האתם תריבון לבעל (שופטים ו׳) (הוקשה בעיני לדמותו כאן. והוא דוגמת ביד משה לו על קרח במדבר י״ז): (ח) הפניו תשאון. וכי להחניף לו באתם פנים באתם: אם לאל. בשבילו תתווכחון על רמיה: (ט) הטוב כי יחקור אתכם. ותמצאו שקרים: אם כהתל באנוש תהתלו בו. לומר לכבודך עשינו עצמינו שקרים: (י) הוכח יוכיח אתכם. הלא יודיע לכם דבתכם וכי בסתר שתעמדו לפניו בדין פנים תשאו לו לומר שם נשאנו פניך: (יא) הלא שאתו. גבהו ואימתו תבעת אתכם. ויש אומרים שאתו שריפת אשו כמו וישאם דוד ואנשיו (שמואל ב׳ ה׳) וכמו משאת העשן (שופטים כ׳): (יב) זכרוניכם משלי אפר. זכרוניכם נמשל לאפר. אתם סבורים להתמשל לאברהם שאמר אנכי עפר ואפר (בראשית

אבן עזרא

יג (ח) אם לאל תריבון. אם בעד כמו ואמר פרעה לבני ישראל: (יא) הלא שאתו. אשו כמו והמשאת החלה. או כענין רומה על השמים: (יב) משלי אפר. זכרו

מנחת שי

(ו) ורבות. הבי״ת רפה וחסר יו״ד אחר רי״ש. ובקצת מדוייקים מלאתיהו מלא יו״ד: (ז) ולו תדברו. כן כתיב ולו בוא״ו ולהוציא ממי שטעה על דעתו שהוא באל״ף: תדברו רמיה. התי״ו בגעיא בס״ס:

רלב״ג

(ז) הלאל. האם בעבור אל: ולו תדברו רמיה. ואם בעבורו תדברו רמיה: (יא) שאתו. התנשאותו ורוממותו:

מצודת דוד

אמרי: וריבות. הוא הויכוח וכפל הדבר במלות שונות: (ז) הלאל. וכי בעבור להצדיק את האל תדברו עולה לתלות בו עון רב: ולו. וכי בעבורו תדברו רמיה בתמיה וכי הגון הדבר: (ח) הפניו. וכי תשאו פניו להחניף לו כאשר תריבו בעבורו וכי רצונו בזה: (ט) הטוב. וכי יהיה טוב לכם כאשר יחקור אתכם במשפט על הדברים האלה וכי תהתלו בו לומר אז לפניו שהתלות הנה לכבודך דברנו כל אלה וכאשר יהתל איש ברעיו: (י) הוכח. דעו שיוכיח אתכם אם תחניפו לו לשאת פניו בסתר בעמקי הלב כי יודע הוא תעלומות לב אשר בזדון תדברו ולא משגגה סמה: (יא) הלא שאתו שריפת להב אשו תבעת אתכם ופחדו וגו׳ ואיך תוכלו להצטדק במשפט: (יב) זכרוניכם. ר״ל הלא בני אדם כולכם וזכרוניכם

מצודת ציון

עכומ״ז אלילים בעבור זה: (ט) כהתל. ענין לעג כמו התלת בי (שופטים ט״ז): (יא) שאתו. להב אשו כמו ותשא הארץ מפניו

his men burned them (וַיִּשָּׂאֵם)," and like (Jud. 20:38), "a great pillar of (מַשְׂאַת) smoke."—[Rashi]

12. **Your memorials are compared to ashes**—*Your memorials are compared to ashes. You expect to be compared to Abraham, who said* (Gen. 18:27), *"I am only dust and ashes."*—[Rashi]

and listen to the contentions of my lips. 7. Will you speak unjustly for God, and will you speak deceitfully for Him? 8. Will you show Him favor? Will you contend for God? 9. Will it be good when He searches you out? Will you mock Him as one mocks a mortal? 10. He will surely reprove you— will you secretly show favor? 11. Will not His majesty terrify you? Will [not] His fear fall upon you? 12. Your memorials are compared to ashes;

6. **the contentions**—*The proofs.*— [*Rashi*]

7. **Will you speak unjustly for God**—*Since you come to contend in the place of God, it is not good that you should speak unjustly.*—[*Rashi*] In order to justify God, will you speak unjustly and attach great iniquity to me?—[*Mezudath David*]

and will you speak deceitfully for Him?—Heb. וְלוֹ [usually "to him."] *For His sake will you speak deceitfully? As* in (below 33:6), "*Behold I am like your mouth for God* (לָאֵל)," *and like* (Deut. 9:28), "*to the land that He spoke for them* (לָהֶם)," *for their benefit and like* (Exod. 14:14), "*will fight for you* (לָכֶם)"; (Jud. 6:31), "*Will you contend for the Baal* (לַבַּעַל)?" *(I find it difficult to compare these instances to here* [this verse]. *Rather, this is analogous to* (Num. 17:5), "*through Moses concerning him* (לוֹ)," *concerning Korah.)*— [*Rashi*] [It is unclear which accusation is here considered unjust: that against Job of committing sins for which he must repent, or that against God of committing injustice. In the first case, Job rebukes his friends for speaking unjustly *on God's behalf.* In the second case, he rebukes them for asserting that all happenings are acts of God, for then, Job contends, they are speaking unjustly *about God* by accusing Him of injustice.]

8. **Will you show Him favor?**— *Have you come to flatter Him by being partial to Him?*—[*Rashi*]

for God—*will you debate deceitfully?*—[*Rashi*]

9. **Will it be good when He searches you out**—*and you are found to be liars?*—[*Rashi*]

Will you mock him as one mocks a mortal—*by saying, "We made liars of ourselves for Your honor"?*— [*Rashi*]

10. **He will surely reprove you**— *Will He not let you know your speech? When you stand before Him in judgment, will you secretly show Him partiality, saying there, "We showed You partiality"?*—[*Rashi*]

11. **Will not His majesty**—Heb. שְׂאֵתוֹ. [Will not] *His exaltation and His awesomeness terrify you? Others define* שְׂאֵתוֹ *as "His burning fire," like* (II Sam. 5:21), "*and David and*

לְגַבֵּי־חֹמֶר גַּבֵּיכֶם׃ יג הַחֲרִישׁוּ מִמֶּנִּי
וַאֲדַבְּרָה־אָנִי וְיַעֲבֹר עָלַי מָה׃ יד עַל־
מָה ׀ אֶשָּׂא בְשָׂרִי בְשִׁנָּי וְנַפְשִׁי אָשִׂים
בְּכַפִּי׃ טו הֵן יִקְטְלֵנִי לֹא אֲיַחֵל אַךְ־
דְּרָכַי אֶל־פָּנָיו אוֹכִיחַ׃ טז גַּם־הוּא־לִי
לִישׁוּעָה כִּי־לֹא לְפָנָיו חָנֵף יָבוֹא׃
יז שִׁמְעוּ שָׁמוֹעַ מִלָּתִי וְאַחֲוָתִי בְּאָזְנֵיכֶם׃
יח הִנֵּה־נָא עָרַכְתִּי מִשְׁפָּט יָדַעְתִּי כִּי־

לו קרי

תרגום

גַּבֵּיכוֹן׃ יג שְׁתִקוּ מִנִּי
וְאֶמַלֵּל אֲנָא וְיֶעְבַּר עֲלַי
מִדַּעַם׃ יד מְטוּל מָה
אֶטּוֹל בִּסְרִי בְּכַכַּי וְנַפְשִׁי
אֲשַׁוֵּי כַּד עַל גַּב יְדוֹי׃
טו הָא אִין יִקְטְלִנַנִי
קֳדָמוֹי אֲצַלֵּי בְּרַם
אוֹרְחָתִי קֳדָמוֹי אַכְסַן׃
טז לְחוּד הוּא לִי
לְפוּרְקָנָא אֲרוּם לָא
קֳדָמוֹי דִּילְטוּר יֵעוֹל׃
יז שְׁמָעוּ וְקַבִּילוּ מִלָּתִי
וְתַנּוּיֵי בְּאוּדְנֵיכוֹן׃ יח הָא
כְּדוּן סַדְּרֵית דִּינָא יְדַעֵית

ת"א יקטלני. סוטה כז: לישועה (סוטה כ'): חנף. סוטה מ"ב סנהדרין קג:

רש"י

(יב): לגבי חומר. שוה לעפר יהי גביכם אלו. גביכם גובה שלכם כמו ותבני לך גב (יחזק' ט"ז): (יג) ויעבור עלי מה. מה שיעבור עלי בעון לעקתי יעבור עלי ואל תחושו על מה אני לריך לשאת ולאחוז: (יד) בשרי בשיני. ליסרני ולכופני אל השתיקה: ונפשי אשים בכפי. להגיש נפשי למות בייסורי שתיקה: (טו) הן אם יקטלני. אני נפרד ממנו ותמיד לו איחל ע"כ אין מרד ופשע בדברי אך דרכי ומדותי שנהגתי בהם אל פניו אוכיח לדעת מה יפשיעני: (טז) גם הוא. וכאשר אני שלם עמו כן הוא גם לי לישועה ולא תמלאו אתם חן בעיניו: כי לא לפניו חנף יבוא. וזה שנא' להם (לקמן מ"ב) כי לא דברתם אלי נכונה: (יח) ערכתי משפט. הוכחת דברים סדרתי

מנחת שי

(טו) לא א י ח ל. לו קרי ונדרש בסוטה סוף פ' כשם במשנה ובגמרא:

אבן עזרא

כי אתם נמשלים לאפר: (יז) ואחותי. האל"ף מקום ה"א

רלב"ג

(יב) לגבי חומר גביכם. לגופי חומר נמשלו גופיכם: (יג) ויעבור עלי מה. ר"ל ויעבור עלי מהרעות מה שיהיה אם מעט ואם הרבה: (יז) ואחותי. והגדתי:

מצודת ציון

(נחום ח'): תבעת. מל' בעתה וחרדה: (יב) לגבי. ענין גוף כמו על גבי חרשו (תהלים קכ"ט): (טו) אל פניו. לפניו: (יז) ואחותי. אמרי כמו יחוה דעת (שם י"ט):

מצודת דוד

משולים לזכרון של אפר וגופכם דומה לגוף החומר ומה זה לא ירחתם מפחד המשפט: (יג) החרישו. לזאת שתקו מפתה מלדבר מה ממני להתלות כי עון רב ואני אדבר דברי ואף אם יעבור עלי מהרעות מה שיעבור אם רב ואם מעט ר"ל לא אחדל מלדבר מפחד יראת העונש: (יד) על מה. בעבור מה ר"ל מה הוא העון אשר בעבורו אשא כל בשרי בשיני כי כל הבשר נלקה ונשחת ולא נותר מהם כ"א לבד הבשר הדבוק בשינים כמ"ש ואתמלטה בעור שני (לקמן י"ט): ונפשי. על מה נפשי קלה להתפרד ממני כאלו היתה בכפי אשר מיד בהפתח היד תפול ממנה: (טו) הן יקטלני. ר"ל אל תחשבו שלעקתי יורה שמל אשר אחשב שאבדה תוחלתי סרה ממני בעבור זה יראת ה' כי לא כן הוא כי אף אם יקטלני עוד אקוה לו לעדן את נפשי בתענוג הרוחני ומדוע א"כ תסור ממני היראה וכל דברי לא להתרים נגדו אך חפלי לברר דרכי לפניו לפלם פותם: (טז) גם הוא. והן ידעתי כי מלבד זכיותי אשר רבו וילמדו עלי זכות יהיה גם הוא לי לישועה בעבור יושר אמרי כי חפלו באמת ולא להחניפו לומר לפניו כן לדקת כי אמנם חטאתי ואם לא כן הוא כי בעל חנף לא יבוא לפניו כי שנוא הוא לו: (יז) שמעו. הטו אמרי ויכנסו באזניכם: (יח) ערכתי משפט. סדרתי אמרים לטעון במשפט

18. **I have set up judgment**—[I have prepared] *my case. I have arranged my arguments in my heart viz. what to answer.*—[Rashi]

your eminences are like eminences of clay. 13. Keep your peace
and leave me alone, so that I will speak, and let come upon me
what may. 14. For what reason shall I bring my flesh up into
my teeth, and take my life into my hand? 15. Behold, let Him
kill me, I will hope for Him; but I will prove my ways to His
face. 16. He is also my salvation, because a hypocrite cannot
come before Him. 17. Hearken to my word, and to my speech
in your ears. 18. Behold now I have set up judgment; I know
that

are like eminences of clay—*Your eminences are equal to eminences of clay, compared to Him. The word* גַּבֵּיכֶם *means, your height, like* (Ezek. 16:24), "*and you built for yourself a platform* (גַּב*.*"—[*Rashi*] *Mezudath David* renders: Your remembrances are compared to ash and your bodies to piles of clay. *Simchah Aryeh* explains: The arguments you posit are proverbs of ashes, and your heaps of arguments are like heaps of clay.

13. **and let come upon me what may**—*Whatever comes upon me because of the sin of my outcry, let it come upon me and do not care. For what reason must I bring up and hold . . .*—[Rashi]

14. **my flesh up into my teeth**—*to afflict myself and force myself to silence?*—[*Rashi*] This is like saying, "Why should I bite my lips to prevent myself from talking or crying out?"—[*Malbim*]

and take my life into my hand—*to bring my life close to death with the agonies of silence.*—[*Rashi*]

15. **Behold, let Him kill me**—*I will*

not separate from Him, and I will always hope for Him. Therefore, there is no rebellion or transgression in my words, but I will reason to His face about my way and my character traits with which I have conducted myself, to know of what He will find me guilty.—[*Rashi*]

16. **He is also**—*Just as I am wholehearted with Him, so is He also my salvation, but you will not find favor in His eyes.*—[*Rashi*]

because a hypocrite cannot come before Him—*This is what was said to them* (below 42:7): "*because you did not speak to Me properly.*"—[*Rashi*] *Mezudath David* explains: I know that, in addition to my many merits, which will defend me, He will be my salvation because of the honesty of my speech. He desires truth, not flattery and false admissions that He is right and that I have sinned—which is untrue—because a hypocrite cannot come before Him.

17. **Hearken to my word**—Understand my statements and let them penetrate into your ears.—[*Mezudath David*]

אֲנִי אֶצְדָּק: יט מִי־הוּא יָרִיב עִמָּדִי כִּי־
עַתָּה אַחֲרִישׁ וְאֶגְוָע: כ אַךְ־שְׁתַּיִם אַל־
תַּעַשׂ עִמָּדִי אָז מִפָּנֶיךָ לֹא אֶסָּתֵר:
כא כַּפְּךָ מֵעָלַי הַרְחַק וְאֵמָתְךָ אַל־
תְּבַעֲתַנִּי: כב וּקְרָא וְאָנֹכִי אֶעֱנֶה אוֹ־
אֲדַבֵּר וַהֲשִׁיבֵנִי: כג כַּמָּה לִי עֲוֹנוֹת
וְחַטָּאוֹת פִּשְׁעִי וְחַטָּאתִי הֹדִיעֵנִי:
כד לָמָּה־פָנֶיךָ תַסְתִּיר וְתַחְשְׁבֵנִי לְאוֹיֵב
לָךְ

אֲרוּם אֲנָא אֶזְכֵּי: יט מַן
הוּא דְיִנְצֵי בַּהֲדֵי אֲרוּם
הַשְׁתָּא אֶשְׁתּוּק וְאִתְנְגִיד:
כ לְחוּד תַּרְתֵּין לָא תַעְבֵּד
עִמִּי הֵידֵין מִן קֳדָמָךְ לָא
אִטַּמַּר: כא יְדָךְ מֵעִלָּוַי
אַרְחֵק וּדְחַלְתָּךְ לָא
תְבַעִית יָתִי: כב וְתִקְרֵי
וַאֲנָא אָתִיב אוֹ אֲמַלֵּל
וּתְתִיבִנַנִי: כג כְּמָה לִי
עֲוָיָן וְחוֹבִין מְרוֹדֵי
וְסוּרְחָנִי אוֹדַע יָתִי:
כד לְמָה שְׁכִנְתָּךְ תְּסַלֵּק
וְתַחְשְׁבִנַנִי לְבַעַל דְּבָבָא
לָךְ

רש"י

טענותי בלבי מה להשיב: (יט) ואחריש ואגוע. אם לא אריב אחריש ואגוע: (כ) אך שתים אל תעש עמדי. דין של מעלה ודין של מטה ואם באחת תבוא למשפט אז מפניך לא אסתר אם בדין של מעלה אני אומר חטאתי מכסה פשעיו לא יצליח (משלי כ"ח) ואם בדין של מטה אף אנכי לא אודה כסוי חטאה.ל"ס (סא"א): (כא) כפך מעלי הרחק. כפייתך כמו שהשיבו אליהוא ואכפי עליך לא יכבד (לקמן ל"ג) ויש פותרים כפך כלומר ידך וקשה לי לאומרו כי לא מצינו כף לרעה כי אם להגן כמו ושכותי כפי (שמות ל"ג): (כד) פניך תסתיר. לראות את דרכי יושרי:

אבן עזרא

והוא מן אחוה דעי אף אני: (כא) כפך. מכתך בעבור

מנחת שי

(כג) הודיעני. במקצת מדוייקים חסר וא"ו ומלא יו"ד:

רלב"ג

(יט) אחריש ואגוע. הטעם אם אחריש אגוע לחוזק הכאב והנלאה מגדול בספרי עניני מכאובי: (כא) כפך. מכתך:

מצודת דוד

ידעתי אשר אצדק על פיהם: (יט) מי הוא יריב. כ"ל מי הוא אשר ערב לבו לגשת לריב עמדי להשתיקני מבלי טענות צודקות: כי עתה. אם אחריש עתה בעבור טענות הכוזבות אשר יגידו הריעים הלא אמות ואגוע מכאב מניעת הדברים: (כ) אך שתים. הזר פניו כלפי המקום ואמר אך אל תעשה עמדי שתי הדברים הם האמורות למפרע ואז לא אסתר מפניך כי אמצא מענה להתווכח: (כא) כפך. האחת היא אשר כעת סיבות הרחק מעלי מכת ידך לבל יטרדוני והשנית אשר אז אל תפחד אותי אימתך שלא יסתתמו טענותי: (כב) וקרא. אז קרא לומר מה פשעי ואני אשיב לך או אדבר אני יושר דרכי ואתה תשיב לי: (כג) כמה. כמה מספר העונות והחטאות אשר תחשב לי כמה הם אף הודיעני מה הם פשעי וחטאתי כי אני לא ידעתי מאומה בידי לא פשע ולא חטאת: (כד) למה פניך תסתיר. אחז במשל מדרך האדם המלוה לייסר את מי ומסתיר פניו לבל יראה בו שלא יכמרו רחמיו עליו: ותחשבני. ואתה חושב

in the sense of evil, but [meaning] *to protect, as* in (Exod. 33:22), *"And I will cover you with My hand* (כַּפִּי)*."*—[*Rashi*] The interpretation rejected by *Rashi* does appear in *Targum*. Also, *Ramban* explains:

Distance Your hand from upon me—The strength of Your hand, or the plague with which You have smitten me, as (Exod. 9:3): "Lo! the hand of God will be . . ."

and let Your fear not terrify me—when I reason with You.—[*Ramban*] *Mezudath David* adds: Distance the plague of Your hand lest it trouble me, and do not terrify me lest my arguments be confused. These are the two things Job beseeched God not to do to him.

22. **But call etc.**—Either You be the first to present Your accusations and I will defend myself, or I will state my innocence and then You will refute my claims. The idea is that, if Job cannot reason with God in this world, he longs to reason with Him in the world of the souls.—[*Ramban*]

23. **How many etc.**—Tell me the number of the iniquities and sins of

I will be accounted innocent. 19. Who will contend with me, for now I will be silent and perish. 20. But do not do two things to me; then I will not hide from before You. 21. Distance Your compulsion from upon me, and let Your fear not terrify me. 22. But call, and I will answer, or I will speak and You answer me. 23. How many iniquities and sins do I have? Let me know my transgression and my sin. 24. Why do You hide Your face and regard me as Your enemy?

I will be accounted innocent—I know that I will be accounted innocent with these arguments.—[*Mezudath David*] *Ramban* explains: I know that God is a righteous Judge, and if I have not done any foolish things, He will not say that I have sinned.

19. **I will be silent and perish**—*If I will not contend, I will be silent and perish.*—[*Rashi*] *Mezudath David* explains: Who is it who dares to confront me in judgment to silence me without just arguments? For now, if I remain silent because of the invalid arguments presented by my friends, I will perish from the pain of refraining from reply.

Ramban explains: Who will contend with me while I am alive? Very soon, I will be silent forever and die. Consequently, I have no time to plead my cause. *Rabbenu Meyuchos* asks: Who is my opponent with whom I will contend? I do not find my litigant. Perforce, I will be silent, and die from my troubles.

20. **But do not do two things to me**—*Viz. Heavenly judgment and earthly judgment. If You come to judgment with one* [of these], *I will not hide from before You. If with Heavenly judgment, I will say, "I have sinned,"* [because] (Prov. 28:13), *"He who conceals his sins will not succeed." If with earthly judgment, even I will not confess to concealing sin. I did not hear this (absent in some editions).*—[*Rashi*] [The meaning of this explanation is obscure.] *Mezudath David* explains that Job turns toward the Omnipresent and says, "Do not do two things to me"; these are the two mentioned below. "Then I will not be hidden from Your face because I will find an answer, to reason with You." *Ramban* explains that Job beseeches God not to punish him in the next world as He has punished him in this world: "Then," after my death, "I will not be hidden from Your face," but I will welcome my King and reason with Him.

21. **Distance Your compulsion from upon me**—Heb. כַּפְּךָ, *Your compulsion, as Elihu answered him* (below 33:7), *"and my compulsion* (וְאַכְפִּי) *shall not weigh heavily upon you." Some interpret* כַּפְּךָ *as "your hand." However, it is difficult for me to say that because we do not find* כַּף

לָךְ: כה הֶעָלֶה נִדָּף תַּעֲרוֹץ וְאֶת־קַשׁ יָבֵשׁ תִּרְדֹּף: כו כִּי־תִכְתֹּב עָלַי מְרֹרוֹת וְתוֹרִישֵׁנִי עֲוֹנוֹת נְעוּרָי: כז וְתָשֵׂם בַּסַּד רַגְלַי וְתִשְׁמוֹר כָּל־אָרְחֹתָי עַל־שָׁרְשֵׁי רַגְלַי תִּתְחַקֶּה: כח וְהוּא כְּרָקָב יִבְלֶה

לָךְ: כה הֲטַרְפָּא דְשַׁקִּיף תִּתְבַּר וְיָת גְּלָא יָבֵשׁ תִּרְדּוֹף: כו אֲרוּם תִּכְתּוֹב עֲלַי מְרִירָתָא וְתֶרְתְּנַנִי עֲוַיַת טַלְיוּתִי: כז וּתְשַׁוֵּי כַד בְּשֵׁיעַ רִגְלַי וְתִנְטוֹר כּוּלְהוֹן אָסְרָטַי עַל סְמִיוֹגֵי רִגְלַי תִּרְשׁוֹם: כח וְהוּא הֵיךְ רִקְבּוּבִית יִתְבְּלֵי הֵיךְ לְבוּשׁ

רש"י

(כה) תערוץ. תפחיד: (כו) מרורות. סרבנויות אשר מריתי פיך אתה כותב ולא הטובות שפעלתי: (כז) בסד. בלשון ארמי סדנא בסדניה יתיב עץ גדול שנותנין בו רגלי האסורים ובלשון יוני אשטו"ק: תתחקה. אתה עצמך מתחקה על פסיעותי כן פשע זה וכה פשע וכה פעל וכמו מחק הארץ (יחזקאל מ"ג) וחיק האמה (שם) זה היסוד אפיקיו"ל הן על כפים חקותיך (ישעיה מ"ט): (כח) והוא כרקב יבלה. הגוף הזה אשר תרדוף כרקב יבלה ואין כבודך כרדיפתך:

דגמריה

מנחת שי

(כז) ותשם בסד רגלי ותשמור. בספר א' כ"י ישן נושן כתוב וַתָּשֵׂם בסד רגלי וַתִּשְׁמוֹר ויחיד הוא אצל רבים: ותשמור. מלא וא"ו: ארחתי. במקצת מדוייקים חסר וא"ו אחר חי"ת

אבן עזרא

היות המכה הידועה מבן אדם בכף וכמוהו הנה יד ה' הויה: (כה) תערוץ. תפחיד או תתגבר עליו והראשון נכון: (כו) מרורות. מן מרי: (כז) בסד. כמו ושמת איתם בסיד שיראו בו כל אורחותי ורבינו האי ז"ל אמר שהוא כבל מדברי רבותינו ז"ל: על שרשי רגלי. על עיקרי רגלי תשים חק וגבול והוא רמז לבן אדם:

רלב"ג

(כה) תערוץ. תשבור: (כו) כי תכתוב עלי מרורות. ר"ל אתה גוזר עלי גזירות קשות ומרות: (כז) בסד. הוא כלי מכלי המאסר שאוסרין בו רגלי הנאסר בדרך שלא יוכל ללכת אנה ואנה ליפו"ש בלע"ז: תתחקה. שב אל הסד והרצון בו שמחקיקת המאסר ההוא שנאסרו בו רגליו הוא כאילו נחקק על שרשי רגליו עד שיהיה החקק בו כשיעור רגליו בצמצום בדרך שיעמדו בו בדוחק ולפי זה הפירוש יהיה סד נקבה ואין זה זר בלשון כי כמה שמות יבואו בלשון זכר וישתמשו בהם שימוש לשון נקבה ולפי זה הפירוש יתכן ג"כ שישוב אומרו תשמור כל ארחותי אל הסד לפי שהוא נאסר בה ולא יוכל לצאת ממנה וללכת באשר ירצה: (כח) כרקב. כענין הרקב שיבלה בקלות:

מצודת ציון

(כה) העלה. עלה אילן: נדף. כתוש כמו כקש נדף (ישעיה מ"א): תערוץ. תשבר כמו לערוץ הארץ (שם ב'): קש. תבן דק: (כו) מרורות. מל' מרי וסרבנות: ותורישני. מלשון ירושה: (כז) בסד. עצים חקוקים עשוים להסגיר בהם רגלי התפוס וכן ישם בסד רגלי (לקמן ל"ג) ובדרז"ל סדנא בסדניה יתיב (פסחים כ"ח): שרשי רגלי. הם עצמות הרגל שהם העיקר להם: תתחקה. מל' חקיקה: (כח) יבלה. מל' בליה ורקבון: עש. כן שמו של

מצודת דוד

אותי לך לאויב ומורד עד אשר תשתדל מאד בהבאות הרעות עלי: (כה) העלה. וכי תערוץ עלה נדף וכי תרדוף את קש יבש וכי זהו כבודך והלא אני כאחד מהם: (כו) כי תכתוב. כל המרי והמרד הנמצא בי תכתוב עלי בספרך למען לא ישכח ואף העונות שעשיתי בנעורי עוד לא הייתי שלם בשכלי הנה אתה מוריש אותם לי לקבל הגמול גם עליהם כאשר ידקדק האדם אחר הדומה לו: (כז) ותשם בסד רגלי. עם כי שמת רגלי בכבלי עצים סגורים והוספת עוד לשמור כל ארחותי בכל אשר אלך והלא רגלי סגורים ואיך אוכל לברוח ועוד תוסיף להכאיב אותי כי תתחקק נקבי כלי הסד מצומצמים לפי מדת שרשי רגליהם עצמות הרגל והמה דוחקים בשר הרגל ומצערים ביותר ורצה לומר הנה תייסר אותי במכאוב על מכאוב אשר לא אוכל לשאת: (כח) והוא. הלא הגוף הנרדף מנך הלא יבלה ויושחת

Yourself engrave my footsteps. So did this one transgress (*step*—[Ed. Furth]), *and so he did. Like* (Ezek. 43:14), *"from the bottom* (וּמֵחֵיק) *upon the ground"*; [and] (verse 13), *"the bottom* (וְחֵיק) *shall be a cubit." This is the foundation* [appiccate in Italian], *affische in Old French, to affix* [meaning to attach a sign]. (Isa. 49:16): *"Behold on [My] hands have I engraved you* (חַקּוֹתִיךְ)*."*—[*Rashi*]

my footsteps—Heb. שָׁרְשֵׁי רַגְלַי, lit. the roots of my feet. *Mezudath Zion* identifies them as the bones of the foot. He explains that the stocks press the flesh of the feet, causing much pain. This is analogous to the pain that Job is suffering.—[*Mezudath David*]

28. **And it**—The body You pursue will surely rot away into a decayed object, like a moth-eaten garment. Is it not beneath Your dignity to pursue such a lowly creature?—[*Mezudath David*]

25. Will You frighten a rattling leaf? Will You pursue dry stubble? 26. That You should write disobediences against me and cause me to inherit the iniquities of my youth? 27. And that You should put my feet in the stocks and guard all my ways; You engrave my footsteps. 28. And it is like rot that decays

which You accuse me. Also, tell me what they are, because I know of no transgressions or sins of which I may be guilty.—[*Mezudath David*]

24. Why do You hide Your face—*from seeing the ways of my uprightness?*—[*Rashi*] From my cry?—[*Ramban*] Job depicts God as commanding that he be castigated, and hiding His face lest He see Job's affliction and have pity on him.—[*Mezudath David*]

25. rattling leaf—Heb. עָלֶה נִדָּף. This translation follows *Targum*, as explained by *Rashi* to Leviticus 26:36. *Mezudath Zion* defines it as a crushed leaf.

Will You frighten—Heb. תַּעֲרוֹץ, *will You frighten?*—[*Rashi, Ibn Ezra, Rabbenu Meyuchos*] *Targum, Isaiah da Trani,* and *Mezudoth* render: Will You break?

Will You frighten me—a poor, wretched creature, like a rattling leaf, like dry stubble—with terror and torments?—[*Rabbenu Meyuchos*]

stubble—Heb. קַשׁ. According to *Tos. Baba Mezia* 103a, this is the straw that remains in the ground when the rest is cut off. *Rashi* to *Shabbath* 36b, 150b, identifies it as the straw that is cut from the ground.

26. disobediences—Heb. מְרֹרוֹת. *The cases of obstinacy in which I disobeyed Your orders, You write* [down] *but not the good deeds that I performed.*—[*Rashi*] According to *Rashi*, the root is מרה, related to מֶרִי, *rebellion.* This view is shared by *Ibn Ezra, Mezudath Zion,* and *Saadia. Rabbi Moshe Kimchi, Ralbag, Targum,* and *Rabbenu Meyuchos* derive it from מרר, *bitter,* rendering: You write bitter things against me.

and cause me to inherit the iniquities of my youth—You punish me even for the sins I committed in my youth, when I did not yet possess my full intelligence.—[*Mezudath David*] *Meyuchos* explains that Job argues that God is punishing him only for the sins of his youth, because once he reached his majority, he committed no sins.

27. in the stocks—Heb. בַּסַּד. *In Aramaic (Pesachim* 28a), *"The one who makes the stocks* (סָדְנָא) *sits in his own stocks* (בְּסַדְנֵיהּ).*"* [This is] *a large* [block of] *wood in which the prisoners' feet are inserted, and in Greek it is astock(?).*—[*Rashi*] According to *Targum* and *Ibn Ezra,* it is derived from סִיד, *lime* or *plaster.* You put my feet in plaster so that all my ways are discernible.

You engrave—Heb. תִּתְחַקֶּה. *You*

כבגד אכלו עש: יד א אדם ילוד אשה
קצר ימים ושבע רגז: ב כציץ יצא וימל
ויברח כצל ולא יעמוד: ג אף־על־זה
פקחת עינך ואתי תביא במשפט
עמך: ד מי־יתן טהור מטמא לא אחד:
ה אם־חרוצים ימיו מספר־חדשיו אתך
חקו עשית ולא יעבר: ו שעה מעליו

דנמריה זחיל: א בר נש
דאתיליד מן אתתא גוץ
יומין ושבע רוגזא:
ב היך ניצא נפק
ואתמולל ועריק היך
טולא ולא יקום: ג לחוד
על דין פקחתא עינך
ויתי תעל לדינא עמך:
ד מה יתן דכי מן גבר
דאסתאב בחובין
אלולפן אלהא די הוא
חד די ישבוק ליה: ה אין
לא יתוב סריניי יומוי
מנין ירחוי גבך גזרתו
עבדת ולא יעבר: ו
פסיק מניה ויפסוק

ת"א ילוד אשה. עקדה שער סד: מי יתן. נדה ט' זוהר פקודי:

רש"י

יד (ג) אף על זה. ההבל והנרקב פקחת עיניך לדקדק בחטאיו ואותי אתה מביא במשפט על עונותי: (ד) מי יתן טהור. מדבר טיפה סרוחה ושכבת זרע שהוא טמא לא אחד בהם טהור שלא יחטא: (ה) אם הרוצים ימיו. אם גמול זה הוא משתלם שחרוצים וקצובים ליום קבוע ומיועד למיתה. ומספר הדשיו אתך קצובים. וחוק זה עשית לו ולא יתקיים עוד יותר בעולם די לך בתשלומין הללו: (ו) שעה מעליו. באותו מיעוט הרץ הימים ויחדל

אבן עזרא

יד (ד) מי יתן טהור. ענינו כענין הן בעון חוללתי כי האדם נברא מדבר טמא: (ה) אם חרוצים. כבר גזרת עליו גזירה כמה יחיה וחרלת משפטו ושמת לו חקים וגבולים לא יוכל לעוברם: (ו) שעה. הרפה כמו שעו מני: ויחדל. ישמח בחלדו כמו כל יושבי חלד או ויחדל מהתרעם:

מנחת שי

והיא בקמץ חטוף לקריאת ב"א ולב"נ בחולם: (כח) אכלו עש. הספ' בכ"ף: יד (א) ושבע רגז. בספרים ישנים מהדפוס וכ"י הוא"ו במאריך ובחילופי ב"א וב"נ שלפנינו נראה שהשי"ן בשו"א ופתח לב"א ולא ראיתי כן בשום ספר גם רד"ק הביאו בשו"א לבד ולא אמר כלום מהחילוף זה דומה שהחילוף אינו אלא בטעם המאריך בלבד ועמ"ש בשופטים ה': (ג) פקחת עינך. דין הוא חד מן ו' הסרים יו"ד בליטנא וסימן נסדר בפ' ראה במ"ג: תביא במשפט. כל ספר איוב במשפט הבי"ת בפתח וזה לבדו בשו"א: (ה) אם חרוצים וגו'. כאן תחלת הסימן: חקו. חקיו קרי:

רלב"ג

(ב) כלין, כפרח: וימל. ויכרת כי הפרח נכרת בקלות וזמן קיומו מעט: (ה) אם חרוצים ימיו וגו'. אם ימיו קצובים ומוגבלים כמו שמבואר מענינו הניחהו וישלים זמנו: (ו) שעה מעליו. הרפה ממנו: ויחדל. וישלים חדלו וזמנו:

מצודת דוד

כדבר הנרקב וכבגד אשר אכלו התולעת וכי בכודך היא זו לרדוף אחר בריה שפלה כזאת: יד (א) אדם וגו'. הלא האדם הוא ילוד מאשה וא"כ מקורו משחת כי היא חמת מלא צואה ופיה מלאה דם ואף הוא קצר ימים ומלובש בחרדות עד כי ישבע מהם לגודל רבויים: (ב) כציץ. דומה הוא לציץ אשר יוכרת מיד כאשר יצא ולא יעמוד זמן רב: ויברח. מהר יברח מן העולם כצל הזה אשר לא יעמוד זמן רב במקום אחד כי כאשר יפנה השמש כן ינטה הצל ממקומו: (ג) אף על זה. אף על בריה שפלה כזה פקחת עיניך להשגיח במעשיו ולדקדק אחריו ויותר מזה שגם אותי שאני מנוקה מעון תביא עמך במשפט לענשני על אשר קלרתי בחכמה לפי שיעור הכנתי וכאשר אמר צופר: (ד) מי יתן. וכי אפשר שהנולד מן הטמא יוטהר כל כך עד שיתמיד בכל עת להרחיב לבו בחכמה והלא אבי ואמי שניהם לא היו טהורים זה כזה ומאד קשה להיות הנולד מהם טהור כל כך: (ה) אם חרוצים. אם אמנם ימי האדם הלא קצובים וכרותים במדה ומספר חדשיו המה עמך כי אתה שמת להם מספר ועשית לו חוק קבוע עד כמה יחיה ולא יעבור הגבול: (ו) שעה. לזאת הסר מעליו מכות ידיך ויהיה חדל מהם במעט ימיו עד אשר יבואו ימי הזקנה וירצה במיתה

מצודת ציון

התולעת האוכל הבגדים וכן כבגד יאכלם עש (ישעיה נ"א): יד (א) רוגז. חרדה כמו מרגיז הארץ (שם י"ד): (ב) כציץ. כפרח: וימל. ויוכרת כמו ימולל ויבש (תהלים צ'): (ג) פקחת. פתחת כמו פקח עיניך (משלי כ'): (ה) חרוצים. כרות במדה וקצוב כמו אתה חרצת (מ"א כ'): (ו) שעה. הסר כמו השע ממני

and You set his bounds that cannot cross . . ., making the final clause of verse 5 part of the protosis and verse below).

6. **Turn away from him**—during *those few limited days and let him rest from pain until he desires, in his old age and the weakness of his strength, the day of his death like a hireling who desires the completion of his day's work; for his passing from the world is decided and more definite than all passings.*—[*Rashi*] *Ibn Ezra* renders: until, like a hireling, he completes his day.

like a moth-eaten garment.

14

1. Man, born of woman, short of days and full of fear. 2. As a blossom, he emerges and is cut off; he flees like a shadow and does not stand. 3. Do You open Your eyes also on this one and bring me into judgment with You? 4. Who can bring a clean thing out of an unclean one? Not one. 5. If his days are limited, and the number of his months is with You, You set his bounds and he cannot cross. 6. Turn away from him

1. **Man, born of woman**—of a lowly beginning, originating from a drop of sperm, sustained with unclean blood, positioned in the lowest part of the body.—[*Ohev Mishpat, Malbim*]

short of days—Because he is born of woman, because of the matter of which he is composed, his days are short.—[*Sforno*] Of a humble end, because his lifespan is short.—[*Malbim*]

and full of fear—lit. full of quaking.—[*Mezudath Zion*] He has many fears during his life; it is as though he is sated with fears. Others render: full of anger.—[*Rabbenu Meyuchos*] Due to working hard to earn his livelihood.—[*Sforno, Ohev Mishpat*]

2. **As a blossom**—He is like a blossom, which is cut off immediately after it emerges and does not last long.—[*Rashi*] *Malbim* explains that shortly after the plant blossoms, it begins to wither. So is it with man; soon after he has begotten children, he begins to age.

he flees—Man flees quickly from the world like a shadow, which does not stay long in one place, for when the sun starts to descend, it moves from its place.—[*Mezudath David*] He is not in one condition for long; he constantly deteriorates.—[*Malbim*]

3. **also on this one**—[creature of] *futility that decays have You opened Your eyes to be exact with his sins, and You bring me into judgment for my iniquities?*—[*Rashi*]

4. **Who can bring a clean thing**—*from a putrid drop and semen, which is unclean? Not one of them is clean, that he should not sin.*—[*Rashi*]

5. **If his days are limited**—*If he is requited with this recompense—that his days are limited to a day set for death, and the number of months is set with you, and* [that] *You set this boundary—and he will no longer exist in the world,* [then] *this payment is sufficient for You.*—[*Rashi*] Other commentators, viz. *Rabbenu Meyuchos* and *Mezudath David*, render:

וְיֶחְדָּל עַד־יִרְצֶה כְּשָׂכִיר יוֹמוֹ: ז כִּי יֵשׁ
לָעֵץ תִּקְוָה אִם־יִכָּרֵת וְעוֹד יַחֲלִיף
וְיֹנַקְתּוֹ לֹא תֶחְדָּל: ח אִם־יַזְקִין בָּאָרֶץ
שָׁרְשׁוֹ וּבֶעָפָר יָמוּת גִּזְעוֹ: ט מֵרֵיחַ מַיִם
יַפְרִחַ וְעָשָׂה קָצִיר כְּמוֹ־נָטַע: י וְגֶבֶר
יָמוּת וַיֶּחֱלָשׁ וַיִּגְוַע אָדָם וְאַיּוֹ: יא אָזְלוּ־
מַיִם מִנִּי־יָם וְנָהָר יֶחֱרַב וְיָבֵשׁ: יב וְאִישׁ
שכב

ת"א אם יזקין. יומא פב:

תרגום

מְחָתֵיהּ עַד דִיקַבֵּל סוּטְרֵיהּ הֵיךְ כַּאֲגִירָא בְּיוֹמֵיהּ: ז אֲרוּם אִית לְאִילָנָא סְבַר אִין יִתְקַץ תּוּב יְשַׁבְשֵׁב וְנִקוּתֵיהּ לָא תִתְפְּסוּק: ח אִין מִתְסַב בְּאַרְעָא שׁוּרְשֵׁיהּ וּבְעַפְרָא יְסוּף נִצְבֵיהּ: ט מִן הַנָיַת מוֹי יְלַבְלֵב וְיַעְבֵּד זָוְזָא הֵיךְ נִצְבָא: י וּגְבָרָא יְמוּת וְיִתְמַקְמַק אִתְנְגִיד בַּר נָשׁ וְאָן הוּא: יא אֲזַלוּ מוֹי מִן יַמָּא דְסוּף וַהֲדָרוּ לְבֵית כְּנִשְׁתְּהוֹן וְיוּרְדְנָא אִתְנְגִיב וְיִתְיַבֵּשׁ קֳדָם אֲרוֹנָא דַיְיָ וַהֲדָרוּ עַל בֵּית פַּרְצִידֵיהוֹן: יב וּבַר נָשׁ שְׁכִיב וְלָא יְקוּם עַד דְלֵית

רש"י

לו ממכאוב עד ירצה בזקנותו ותשות כוחו את יום מותו כשכיר הרוצה להשלמת עבודת יומו. כי עבירתו מן העולם הלוטה ונלמתת משאר כל העוברים: (ז) לעץ. זה יש תקוה שיחליף ויונקתו אשר מגזעו לא תחדל מלהיות ענף: (ט) ועשה קציר. היא יונקת כמו (תהלים פ') תשלח קציריה עד ים: נטע. שם דבר הוא וטעם הכרתו למעלה בגו"ן ונוקד כולו קמץ מפני שהוא סוף פסוק אך מגזרת נטע הוא: (יא) אזלו מים מני ים. ממקום שנהר בא

מנחת שי

(ז) וינקתו. בספרים מדוייקים חסר וא"ו אחר יו"ד: (י) ויחלש. בספרים אחרים ישן מאד כתוב ויחלש בשוא הוא"ו וגם בדפוס ישן מויניציאה יש הערה מחילוף זה. וטועים כל האומרי' כן שכן במכלול דף כ"ה יש וא"ו שמורה הזמן שכבר עבר קודם הפעל אשר לפניו כמו הן אתה קצפת ונחטא ר"ל וכבר חטאנו על כן קצפת עלינו. וגבר ימות ויחלש וכבר חלש כי קודם שימות יחלש ויחלה: (יא) אזלו מים. במאריך האל"ף:

אבן עזרא

עד ירצה. ישלים כמו והרצת את שבתותיה: (ז) יחליף. יעשה מה יהיה חלף לו: (ט) קציר. סעיף כמו תשלח קציריה עד ים: (יא) אזלו מים. כן דמה האדם:

רלב"ג

(ז) יחליף. יוסיף להצמיח גזע אחר רמו"ש בלע"ז: לא תחדל. לא תמנע מלהצמיח: (ט) קציר. בד ופארה ברנק"א בלע"ז: (י) ויחלש. ויכרת כמו ויחלוש יהושע את עמלק והטעם שלא יוסיף להחליף כמו שעושה העץ אבל הוא כולו נכרת לגמרי:

מצודת ציון

(תהלים ל"ט): (ז) ויונקתו. ענפי הרכים: (ח) גזעו. גם הוא ענין שורש כמו מגזע ישי (ישעיה י"א): (ט) קציר. ענף כמו תשלח קציריה (תהלים פ'): (יא) אזלו. הלכו כמו ואוזל לו אז יתהלל (משלי כ'): יחרב. גם הוא ענין יובש כמו חרבו המים

מצודת דוד

יקום לה כשכיר הרוצה בהשלמת היום ויקום לה: (ז) כי יש לעץ תקוה. הלא האדם הוא נופל וגרוע מעץ השדה כי לעץ יש תקוה לחזור לקדמותו אף אם יכרת עוד יחליף לחדש ענפים אחרים תמורת' ולא יופסקו ממנו ענפיו הרכים: (ח) אם יזקין. אף אם יזקין שרשו בארץ עד שלא ישאר בו לחלוחית: ובעפר וגו'. כפל הדבר במ"ש: (ט) מריח מים. מכל מקום כשיבוא עליו מעט מים ומיד כשיריח את המים יחזור ויפרח ויגדל ענף כאלו נטעו זה מקרוב: (י) וגבר. הכי גבר כאשר ימות הלא מאוד נחלש כי לא יחזור עוד לקדמותו וכאשר יגוע איו הוא הלא לא ישוב עד עולם: (יא) אזלו. כמו כאשר ילכו להם המים מן הים והנהר הנמשך ממנו הלא יחרב ויבש ולא ישובו בו המים מעצמו בזולת מי הים: (יב) ואיש. וכן כאשר ימות

'kamatz' " as it was the practice of the medieval grammarians to call a "pattah" a "kamatz."]

10. **But a man will die**—But when a man dies, he is very weak, because he will not return to his former state, and when he perishes, where is he? Is it not so that he will never return?—[*Mezudath David*] *Malbim* defines גֶּבֶר as a man in his prime. If a man dies in his prime, he has become weakened by death and will not come to life again. In the second case, Scripture mentions אָדָם, *a man,* meaning an old man, *who perishes,* who dies from old age when his strength gives out. He dies, and then "where is he?" No living part of him remains.

11. **As the waters fail from the sea**—*From the place whence the river comes and emerges, from its source that comes to it from the sea.*—[*Rashi* according to *Shem Ephraim*]

that he may rest, until, like a hireling, he desires his day. 7. For
a tree has hope; if it is cut it will again renew itself, and its
bough will not cease. 8. If its root ages in the earth, and in the
dust its trunk dies, 9. from the smell of water it will blossom,
and it will produce a branch like a sapling. 10. But a man will
die and he is weakened; man perishes and where is he? 11. As
the waters fail from the sea, and the river is drained dry. 12. So
does a man

7. **a tree has**—*This* [tree] *has hope that it will renew itself and its bough will not cease from being a branch.*—[*Rashi*] Is not man inferior to the tree of the field? The tree has hope of returning to its former state. Even if it is cut off, it will grow other branches to replace its earlier ones, and this procedure will repeat itself indefinitely.—[*Mezudath David*] Job proceeds to clarify that, when man dies, all hope is lost of ever returning to life again. Therefore, it is proper to allow him to complete his allotted years. He notes here that vegetables do have this hope, for if a tree is cut off by man, another will grow in its place, and its boughs will not cease.—[*Simchah Aryeh*]

8. **If its root ages**—Even if its root ages in the earth so much that no moisture is left in it.—[*Mezudath David*]

its trunk dies—This is a poetic way of saying that the natural moisture is no longer present.—[*Simchah Aryeh*] According to *Mezudath David,* the second clause repeats the first in different language. However, *Malbim* explains that the first clause means that the root below the ground becomes old and loses its power to draw sustenance. The second clause means that the trunk above the ground dries out completely, in which case the tree cannot regain its vitality by itself.

9. **from the smell of water**—It will bud when a little water touches it, as soon as it smells the water.—[*Mezudath David*]

and it will produce a branch—Heb. קָצִיר. *This is a branch, as* (Ps. 80:12), *"She sent out her boughs* (קְצִירֶהָ) *to the sea."*—[*Rashi*]

a sapling—Heb. נָטַע. *This is a noun. It is accented on the first syllable, and is punctuated completely with a "kamatz" because it is the end of the verse, but it is derived from* נֶטַע, *a sapling.*—[*Rashi*] [Although its vowelization would ordinarily indicate that it is a verb in the past tense, meaning "he planted," because the accent is on the first syllable, it is a noun meaning "a sapling." In that case, then, it should be vowelized נֶטָע but since it appears at the end of a verse, the "segol" is replaced with a "kamatz," as is commonly found in Scripture. *Rashi* refers to this vowelization as "completely with a

שָׁכַב וְלֹא־יָקוּם עַד־בִּלְתִּי שָׁמַיִם לֹא
יָקִיצוּ וְלֹא יֵעֹרוּ מִשְּׁנָתָם׃ יג מִי יִתֵּן ׀
בִּשְׁאוֹל תַּצְפִּנֵנִי תַּסְתִּירֵנִי עַד־שׁוּב
אַפֶּךָ תָּשִׁית לִי חֹק וְתִזְכְּרֵנִי׃ יד אִם־
יָמוּת גֶּבֶר הֲיִחְיֶה כָּל־יְמֵי צְבָאִי אֲיַחֵל
עַד־בּוֹא חֲלִיפָתִי׃ טו תִּקְרָא וְאָנֹכִי
אֶעֱנֶךָּ לְמַעֲשֵׂה יָדֶיךָ תִכְסֹף׃ טז כִּי־עַתָּה
צְעָדַי תִּסְפּוֹר לֹא תִשְׁמֹר עַל־חַטָּאתִי׃

תרגום

דְלֵית שְׁמַיָא לָא יִתְּעַרוּן רַשִׁיעַיָא וְלָא מִתְעָרִין מִבֵּית דְמָכְהוֹן׃ יג לְוַי בְּבֵית קְבוּרְתָּא תִּטְשִׁנַנִי תִּטְמְרִנַנִי עַד דִיתוּב רוּגְזָךְ תְּשַׁוֵי לִי גְזֵירָא וְתִדְכְּרִנַנִי׃ יד אִין יְמוּת גַבְרָא רַשִׁיעָא אֶפְשַׁר דְיֵחֵי מְטוּל הֵיכְנָא כָל יוֹמֵי חֵילִי אוֹרִיךְ עַד דְיֵיתֵי חִלוּפֵי חַיָי׃ טו תְּהֵי קָרֵי וַאֲנָא אֲתִיב לָךְ לְעוּבָדֵי אִידָךְ תְּרַגְרֵג׃ טז אֲרוּם כְּדוּן פְּסִיעָתִי תִּמְנֵי לָא תִנְטוֹר עַל סורחני

רש״י

ויזלא ממקורו הבא אליו מן הים: ונהר. הבא מגשם יחרב ויבש לעולם. כן איש שכב ולא יקום: (יד) כל ימי צבאי איחל. לחיים: (טו) תקרא ואנכי אענך. תחינה היא קרא אלי ואנכי אענך להוכיח דברי: תכסוף. תחמוד: (טז) כי עתה. אתה מריע לי: צעדי. אתה סופר: לא תשמור. אינך ממתין על חטאתי מלהפרע כמו ואביו שמר את הדבר

אבן עזרא

(יד) כל ימי צבאי. זמני: חליפתי. מיתתי מן והאלילים כליל יחלוף. או הליכתי כמו חלף הלך לו כי הנולד יקרא בא והמת נקרא הולך כמו דור הולך ודור בא. אנכי הולך בדרך כל הארץ: (טו) תקרא ואנכי אענך. לקחת נפשי אין בי כח למאן: תכסוף. כאילו תתאוה לראות מעשה ידיך והיא הנשמה. כענין כי רוח מלפני יעטוף: (טז) לא תשמור. רק על חטאתי. וכמהו אין טוב באדם שיאכל ושתה

מנחת שי

(יב) ולא יקום. הוא״ו בגעיא: (יג) תָּשִׁית לִי. בספרים מדוייקים כ״כ בב׳ טעמים: (יד) היחיה. בס׳ א׳ מטוליטולא הה״א בגעיא: (טו) למעשה. בגעיא הלמ״ד בס״ם: (טז) לא תשמר. בספרים ישנים כ״י ומהדפוס חסר וא״ו ומה שנמסר עליו במסרה גדולה ד׳ מלא הוא שבוש כי במסרה גדולה בשמואל ב׳ י״א נמסר ג׳ מלאים בלישנא יחידאין בקריאה וסימן ויהי בשמור יואב (שמואל ב׳ י״א). לעולם אשמור לו חסדי (תהלים פ״ט). ותשמור כל ארחתי (איוב י״ג). ובמסרה אחריתי מוסיף הארח עולם תשמור (איוב כ״ב). ואולם מצאתי אחרי כן ג׳ מסרה אחת בס״א כ״י וכ״ל יותר נכון תשמור ד׳ מלא בקריא וסימנהון אז תלינ. ואתה אם חלך. ותשם בסד. הארח ע״כ. והנני מבארן. הראשון (כד״ה א׳ כ״ב). השני (כד״ה ב׳ ו׳). השלישי והרביעי הם השנים שזכרתי למעלה דאיוב. הלך השוה.

רלב״ג

(יג) תשית לי חק ותזכרני. ר״ל תשים לי טבע וסדור שאשוב לחיות עוד כמו הענין בעץ ואז תזכרני להטיב לי: (יד) צבאי. מדת ימי: חליפתי. כריתתי: (טז) לא תשמור. לא תמתין מענין ואביו שמר את הדבר: על חטאתי. על עונשי כדרך מחשבת סדום:

מצודת דוד

האיש לא יקום עוד: עד בלתי שמים. עד יבלו ויפסדו השמים ר״ל עד עולם לא יקיצו המתים ולא יעורו מן השינה: (יג) מי יתן. ר״ל אם היה מהאפשר לחיות אחר המיתה תהיה שאלתי מי יתן שתסתירני בשאול עד ישוב אפך ממני ותשים לי חוק מתי ישוב אפך ממני ואז תזכירני להוציאנו משם לחיות על פני האדמה: (יד) אם ימות. אבל אין זה אפשרות. כי כאשר ימות האיש האם יחזור ויחיה אך כל ימי הזמן הניתן לי אקוה לשאר חי עד בוא עת חליפתי ולא לאחר זה: (טו) תקרא. מי יתן אשר תקרא לאמר מדוע תיסרני ואנכי אשוב להתווכח עמך וכן ידעתי כי תחמוד אותי להציל ואת מעשי ידיך ולמה א״כ תמאס כי אם אלא זכאי: (טז) כי עתה. טרם אספר מעשה הטוב שעשיתי הנה תספור צעדי לדקדק אחרי

מצודת ציון

(בראשית ח׳): (יב) בלתי. ענינו כמו כלה: יקיצו. יעורו. ענין שניהם התעוררות מן השינה: (יג) תצפנני. מל׳ צפון והסתר: חוק. זמן קבוע: (יד) צבאי. זמני כמו הלא צבא לאנוש (לעיל ז׳): איחל. מל׳ תוחלת ותקוה: חליפתי. ענין העברה מן העולם וכן אם יחלוף ויסגיר (לעיל י״א): (טו) תכסוף. תחמוד כמו נכסוף נכספת (בראשית ל״א): (טז) צעדי. פסיעותי: תשמור. תמתין

was used in that period. Surprisingly, *Rashi* does not quote *Baba Kamma* 8:6, where the Mishnah does state: "He waited for her (שְׁמָרָהּ)."]

lie down and not rise; until the heavens are no more, they will not awaken, nor will they be aroused from their sleep.
13. Would that You hide me in the grave, that You would keep me secret, until Your wrath has subsided; give me a set time and remember me. 14. If a man dies, will he live? All the days of my lifespan, I will hope, until the coming of my passing. 15. Call and I will answer You; You desire the work of Your hands.
16. But now, You count my steps; You do not wait for my sin.

He explains that the river emerges from the sea [i.e. an inland sea], to the dry land, and the source from which it comes fails. *Rashi* suggests also: *From the place whence the river comes, and they went away from its source* [from] *which* [the water] *comes to it, from the sea.* The meaning is that the river originates from the sea. Instead of flowing into the river, as it should have, the water flowed elsewhere, and the river dried up.

and the river—*that comes from there is drained dry forever. So does a man lie down and not rise.*—[*Rashi*]

13. **Would that You hide me etc.**—If it were possible for a person to return to life after death, I would beseech You to hide me in the grave until Your wrath would subside, and then to remember me and take me out of there, to live again on the face of the earth.—[*Mezudath David*]

14. **All the days of my lifespan, I will hope**—*for life.*—[*Rashi*]

15. **Call**—*This is a supplication. Call to me and I will answer you to prove my case.*—[*Rashi*] *Ibn Ezra* explains: Call me to take my soul. I have no strength to refuse.

You desire—Heb. תִכְסֹף, *You desire.*—[*Rashi*] *Ibn Ezra* explains: It is as though You long to see the work of Your hands—the soul.

16. **But now**—*You are harming me.*—[*Rashi*]

my steps—*You are counting.*—[*Rashi*] [*Rashi's* intention is obscure. If he means that תִּסְפּוֹר is the present tense, rather than the future, he should have commented on that word, and not on צְעָדַי.] **You do not wait**—Heb. תִשְׁמֹר, *You do not wait for my sin to requite me, as* (Gen. 37:11), *"but his father awaited* (שָׁמַר) *the matter," and in the language of the Mishnah* (*Sanh.* 63b): *"A person may not say to his companion, 'Wait* (שְׁמֹר) *for me beside such-and-such a pagan deity.'"* [It is] *an expression of waiting.*—[*Rashi*] [Although this quotation is from a Baraitha, not from a Mishna, *Rashi* refers to it as "the language of the Mishnah" because the same Mishnaic Hebrew

יז חָתֻם בִּצְרוֹר פִּשְׁעִי וַתִּטְפֹּל עַל־עֲוֺנִי׃
יח וְאוּלָם הַר־נוֹפֵל יִבּוֹל וְצוּר יֶעְתַּק
מִמְּקֹמוֹ׃ יט אֲבָנִים ׀ שָׁחֲקוּ מַיִם תִּשְׁטֹף־
סְפִיחֶיהָ עֲפַר־אָרֶץ וְתִקְוַת אֱנוֹשׁ
הֶאֱבַדְתָּ׃ כ תִּתְקְפֵהוּ לָנֶצַח וַיַּהֲלֹךְ

ת"א אבנים. קידושין ל':

משנה

תרגום

סוּרְחָנַי: יז חֲתִים בְּסֵפֶר
דָכְרָנַיָא מְרוֹדִי וּתְחַבֵּר
עַל צֵוְיָתִי: יח וּבְרַם טוּר
נָפֵל יִתַּר וְטִינָר מִסְתַּלַּק
מִן אַתְרֵיהּ: ת"א וּבְרַם
לוֹט דְאִתְפְּרֵשׁ מֵאַבְרָהָם
דְמְתִיל לְטוּר רָם נְתַר
וְתַקִּיפָא סַלֵּיק אִיקַר
שְׁכִנְתֵּיהּ מִסְדוֹם דְהוּא
אַתְרֵיהּ: יט אַבְנַיָא שְׁיִפָא
מַיָא שְׁטְפָא כִּתְּהָא
עַפְרָא דְאַרְעָא וּסְבַר בַּר נָשׁ הוֹבַדְתָּא: כ תַּשְׁלְמִנֵיהּ לְעָלְמָא וְיֵזִיל מְתַנֵּי קְלַסְתְּרֵיהּ

רש"י

(בראשית ל"ו) המתין שתתקיים ובלשון משנה (גמ' סנהדרין ס"ג) לא יאמר אדם לחברו שמור לי בצד עכומ"ז פלונית ל' המתן: (יז) חתום בצרור. חתום ומשומר בצרור כנגד ככסף ומרגליות שלא תאבד: ותטפל על עוני. נתחברת על עוני: (יח) ואולם הר נופל. הר הנופל גבהו יבול ויעשה עפר ותהא לו תקוה ליהנות ממנו: וצור. אשר נעתק ממקומו גם הוא יבול לשון תבואה: (יט) אבנים. אשר שחקו מים. בעברם עליהם תמיד: תשטוף. השטיפה: ספיחיה. של אבן ליהפך לעפר ולצמוח בו דבר כאשר יצמחו ספיחי הקציר שעבר כן יתהפך עפר זה ספיחיה לאבן: ותקות אנוש. אינה כן אשר משימות אבדה סלה: (כ) התקפהו. תחזק ממנו ותאנסהו בתקפך ויהלך מן

מנחת שי

שבהן שזה חסר: (יח) יעתק ממקמו. בספרים מדוייקים חסר וא"ו אחר קו"ף וכן במסורת ליש עוצא מסור מקמו ו' חסרים בלישנא ובתר הכי אמר וכל אורייתא ואיוב דכוותא חסר בר מן ב' מלא וסימן ולא יכירנו עוד מקומו סימן ז'. אף לזאת יחרד לבי ליש סימן ל"ז: (יט) תשטף ספיחיה. בדפוס ישן כתיב תשטף בקמץ חטוף והוא דעת ב"כ אבל לבן אשר בהולם: (כ) ויהלך. בדפוס נאפולי וגם בס"א ישן כ"י הוא"ו בשוא ובשאר ספרים בפתח:

אבן עזרא

כאשר פירשתי בספר קהלת: (יז) ותטפול. כמו טפלו עלי: (יח) הר נופל. יש אומרים שהוא מן הנפילים ויש אומרים נופל ויבול: (יט) אבנים. המים הם משחקים האבנים בזמנים רבים: ספיחיה. ישוב לשבולת המים והענין ישטפו גליה עפר כן תקות האנוש האבדת במותו: (כ) התקפהו. תתגבר עליו ותשנה פניו:

רלב"ג

(יז) חתום בצרור פשעי. הטעם פשעי חתום וסתום וצרור בצרור בדרך שלא יסור הפשע עם מה שיגיע עלי מהעונש בעבורו אבל ישאר פשעי תמיד: ותטפול על עוני. ותחבר ותוסיף עון על עוני: (יח) הר נופל יבול. ר"ל ההר שנפל יבול ויפסד: (יט) תשטוף ספיחים עפר ארץ. הרצון בזה כמו שמחקו המים האבנים וכתתו אותם עד שלא יהיה מציאות לאבנים ההם וכמו שתשטוף שבולת המים ספיחים של עפר ארץ עד שתסור למיחת הספיחים ההם ויאבדו כן תקות אנוש האבדת. או יהיה ספיחים הפוך כמו מטר סוחף והרצון בו שכמו שתשטוף כל אחד מספיחי המים עפר ארץ ותאבדהו כן תקות אנוש האבדת: (כ) תתקפהו. תגלחהו:

מצודת ציון

כמו והביו שמר את הדבר (בראשית ל"ז): (יז) חתום. ענין סגירה: בצרור. ענין קשור כמו לצור כספו (שם מ"ב): ותטפול. ותחבר כמו טופלי שקר (לעיל י"ג): (יח) יבול. מלשון בליה והפסד: (יט) שחקו. טחנו כמו ושחקת ממנה הדק (שמות ל'): ספיחיה. הם הגדילים מהגרעינין הנופלים מאליהם בעת הקציר כמו ספיח קצירך (ויקרא כ"ה): (כ) תתקפהו. ענין האחיזה בחוזקה כמו ואם

מצודת דוד

בכל פסיעה ופסיעה ולא תמתין מלהיפרע על חטאתי רצה לומר לא תפרע מעט מעט כי אם על הכל ביחד: (יז) חתם. ועם כל זה סגורים פשעי בקשור מעולה ולא יוכחה מה מהם על ידי היסורים אשר חלפו ועברו עלי: ותטפל. ועוד תחבר על עוני דבר עון אשר אין ראוי לעגוש עליו כי תורישני עונות נעורי אבל אחר שאכפל מעשה הטוב אשר עשיתי כן ידעתי כי תכסוף אלי: (יח) ואולם. ובאמת כמו הב הנופל אשר נעשה בלה ומופסד כי לא יוסיף לקום וכמו הצור אשר יעתק ממקום גדולו הנה לא ישוב למוהו מעתה כאשר מאז: (יט) אבנים. וכמו האבנים אשר המים שוחקים אם אתם כאשר יעברו עליהם בתמידות הנה שמעט הנשחק לא תשוב למקומו: תשטף ספיחיה. וכמו הספיחים של עפר הארץ אשר השם ממעל הנה בבוא שטף מים הלא בקל תשטוף אותם ולא יחזרו למקומם: ותקות אנוש. ודומה להם האבדת תקות האדם כי לא יקום לשוב לקדמותו אחר המיתה: (כ) תתקפהו. האבדון תאחוז אותו בחיזק רב באחיזה המתקיימת עד נלח וסרי הוא הולך אחוז בה

stronger than he; You overcome him with Your power, and he goes away from the world.—[*Rashi*] *Mezudath David* renders: It overpowers him, meaning that destruction overpowers him to eternity, and he goes away, grasped by destruction.

17. My transgression is sealed up in a bundle, and You have attached Yourself to my iniquity. 18. And surely the falling mountain gives forth produce and the rock that moves from its place. 19. Stones [which] the water eroded; it washes away into dust its aftergrowth, but the hope of man You have destroyed. 20. You overpower him to eternity and he goes away,

17. **sealed up in a bundle**—*Sealed and preserved in a cloth bundle like silver and pearls, lest it be lost.*— [*Rashi*] Although You do not wait to requite me little by little but visit me with agonizing torments, You do not deduct from my sins because of the torments.—[*Mezudath David*]
and You have attached Yourself to my iniquity—Heb. וַתִּטְפֹּל, *You have attached yourself to my iniquity.*— [*Rashi*] *Mezudath David* explains: You have added to my iniquity the commission of sins for which I do not deserve to be punished. You cause me to inherit the iniquities of my youth, but after I recount the good deeds that I have performed, I am confident that You will desire me.

18. **And surely the falling mountain gives forth produce**—*The height of a falling mountain will give forth produce. It will produce dust, and there will be hope of deriving benefit from it.*—[*Rashi according to Shem Ephraim*]
and the rock—*that moves from its place will also give forth produce. This is an expression of grain.*— [*Rashi*] *Mezudath David* explains this verse in the opposite manner: Man is like a falling mountain,

which crumbles, and like a rock that moves from its place, which also crumbles, and is no longer of any use.

19. **Stones**—*which*
the water eroded—*by constantly passing over them.*—[*Rashi*]
it washes away—I.e. *the flood.*— [*Rashi*]
its aftergrowth—*of the stone, to be transformed into dust so that something should grow in it. As the aftergrowths of the harvest grow, so will the aftergrowths of this earth be transformed to stone.*—[*Rashi*] [The end of *Rashi's* comment appears to be erroneous. It should read: so will the aftergrowths of this stone be transformed to earth. The intention is that the stones that are worn out by the water passing over them are not lost completely, but will produce vegetation just as the kernels of grain that fall to the ground during the harvest take root and produce grain. The crumbling stones are referred to as aftergrowths of the stone because they produce vegetation.]
but the hope of man—*is not so, because as soon as he dies, it is lost forever.*—[*Rashi*]

20. **You overpower him**—*You are*

וְתַשַׁדְרְנֵיהּ׃ כא שַׁרְיָין בִּיקָר בְּנוֹי וְלָא יִדַּע וּמִצְטַעֲרִין וְלָא יִתְבַּיַּן לְהוֹן׃ כב בְּרַם בִּסְרֵיהּ מִן רַחְשָׁא עֲלוֹי כָּאֵב וְנַפְשֵׁיהּ בְּבֵית דִּינָא עֲלוֹי מִתְאַבְּלָא׃ ת״א בְּרַם בִּסְרֵיהּ עַד לָא יִסְתְּתֵם גּוֹלְלָא עֲלוֹהִי כָּאֵב וְנַפְשָׁא שִׁבְעָתָא יוֹמֵי אֶבְלָא עֲלוֹי מִתְאַבְּלָא

מְשַׁנֶּה פָנָיו וַתְּשַׁלְּחֵהוּ׃ כא יִכְבְּדוּ בָנָיו וְלֹא יֵדָע וְיִצְעֲרוּ וְלֹא־יָבִין לָמוֹ׃ כב אַךְ־בְּשָׂרוֹ עָלָיו יִכְאָב וְנַפְשׁוֹ עָלָיו תֶּאֱבָל׃

ת״א יכבדו. ברכות יח:

ויען

רש״י

העולם: (כא) יכבדו. יהיו כבידים בכסף ובזהב והוא לא ידע: ויצערו. וימעטו מכל טוב והוא לא יבין: (כב) אך בשרו עליו יכאב. קשה רימה למת כמחט בבשר החי:

אבן עזרא

(כא) יבבדו. מלשון כבוד וכמוהו למען שמי יכבד ה׳: ויצערו. הוא הפך הדבר: (כב) אך בשרו עליו יכאב. ענינו ימס וירקב וישחת כמו וכל החלקה הטובה תכאיבו באבנים. ופירוש עליו על עצמו ודרך הדרש ידוע ובשרו הוא גופו וכמוהו רבים בקהלת:

מנחת שי

(כא) ולא יבין. הוא״ו בגעיא:

רלב״ג

(כא) יכבדו. ירבו כענין עם כבד עון: ויצערו. וימעטו: (כב) תאבל. תאבד ותצטער: ביאור דברי הטענה ענה איוב ואמר באמת כי אתם במדרגת העם והמון ועמכם תמות חכמה ותעדר לפי שאתם מכחישים המוחש ואם לא נעשה שרש מהמוחש לא יהיה בכאן לחכמה דרך הלא ידעתם שגם לי לבב כמוכם ואינני חסר מכם. ואת מי מן האנשים לא ימצא לבב ושכל כמוכם. הנני שחוק ונעג לרעי המצליח מאד עד שמרוב הצלחתו קורא אל אלוה ויענהו בכל מה שיקרא אליו ר״ל שלא יבצר ממנו כל אשר שאלו עיניו מרוב הצלחתו ולזה ילעג וישחק תמיד על צדיק תמים כמוני והנה איוב אמר זה כנגד צופר או כנגד כל רעיו. הנה למחשבות האיש השליו והשאנן יהיה האיש הנכון למועדי רגל כמו לפיד הלא ביבהית עצמו וזולתו כשיקרב אליו ולזה ירחקו ממנו ולא די שירחקו ממנו מפני יראתם שיגיעם רע בהתקרבם אליו אבל יהיה גם כן בוז בעיניהם וירחקו ממנו מצד המיאום והבזיון. ואחר שהתרעם איוב על צופר ממה שבזה אותו שב לטעון על דבריו במה שאמר שהרשעים ואם נראה אותם מצליחים הנה אינם נמלטים מהרעות לפי שהבהלם יבהלם פחד תמיד ולא ימצאו מנוס יבעתהו בו ואמר איוב טוען על דבריו שהחוש יסתור זה. וזה שהנה ימצאו שודדים שיעמדו בשלוה באהלים ואם אין להם שום בנין חזק וזה יורה על היותם בוטחים שלא יזיקם מזיק וימצאו גם כן למרגיזי אל העובדים לפסל אשר עשו ידיהם שהוא סבה שבעונות מקומות הזקים מאד יבטחו בהם ויהיו נקיים מהפחד ולזה הוא מבואר בדברי צופר הם בלתי צודקים ואם חשבת אתה צופר להפליג בספור חכמת הש״י הנה לא נצטרך לקחת עדות על הפלגת חכמתו מהמעלה והמטה כמו שעשית אתה אבל אספר לך מחכמתו מעניינים מבוארים יותר מעידים על חכמתו ממה שספרת. וזה שאם תשאל הבהמות ועוף השמים ודגי הים והבעלי חיים ההוים בכאן הארץ הם יורוך חכמת הש״י במה שבהם בריאתם מהשלמות והחכמה אשר ימצאו השכלים האנושיים מדעת אופן החכמה ההיא בשלמות. מי לא ידע בכל אלה כי יד ה׳ עשתה זאת אשר בידו נפש כל חי ורוח כל בשר איש והנה הבדיל האדם מבין שאר בעלי חיים להיות בריאתו יותר נפלאה ירצה בזה שלא ישכל אחד מהמון האנשים כי באמת יד ה׳ עשתה אלו הנבראים מצד השלמות הנמצא בבריאתם כי לא יתכן שימצא זה השלמות הנמצא בבריאת׳ והיות הויתם מתמדת אם היה מיוחס התהוותם אל הקרי וההזדמן כמו שחשבו קצת הקודמים וכל שכן לנפש והשכל שהתחלתם היא בהכרח מלוה שהיא שכל כמו שהתבאר בספר בעלי חיים ואולם הצורות המזגיות היה אפשר לאדם שיטעה בהם ויחשוב שהתחלתם הקרי וההזדמן לפי שבכבר יחשוב שביסודות די שיתרכבו ויתחדשו מהם מזג מזג ואם הוא מבואר למעיין בחכמה הטבעית והאלהית שזה גם כן בלתי אפשר שישלם בזה הסדור הישר אלא כשיהיה התהוותם מהתחלתם שהוא שכל. הלא אזן תבחן הדברים כי היא השומעת אותם והחיך יטעם האוכל וישיג הבדלי הטעמים ורצה בזה כי מהחוש נקח ההתחלה ושרש על מה שנחקר בו. ולזה תמצא בישישים חכמה ואורך הימים יהיה סבת התבונה מצד שבאורך הזמן יתבארו לאדם מהחוש דברים רבים יעמוד מהם על אמתת מה שיחקור עליו וזה אמר כנגד צופר שהיה לעיר ממנו לימים או כנגד שניהם מרעיו כי כבר אמר במה שאחר זה ועתה שחקו עלי צעירים ממני לימים ולזה השיב אליפז במענה הבא אחר זה גם שב גם ישיש בנו וגו׳. ואמר איוב כי לפי מה שהתבאר אלו מהדברים המוחשים יתבאר לו שעם הש״י תמצא תכלית החכמה והגבורה אם החכמה למה שיראה מטוב הסדר והיושר בפעולותיו אשר אי אפשר בהם שלימות יותר ואם הגבורה כי אנחנו לא נראהו נלאה מעבות מה שאפשר עשייתו לפי החכמה ולו עצה והתבונה וזה שכמה שימשך רע מה בבריאותיו מהכרח החומר ימצא לו טוב העלה בבריאתה ההיא להמציא מה שיסיר הנזק ההוא כמו שהתבאר למי שמעיין בספר בעלי חיים ולו התבונה במה שברא מהגרמים השמימיים כי בריאתם מיוחסת אל התבונה כאומרו כונן שמים בתבונה והסבה בזה כי מה שבריאתו ויצירתו תהיה בעבור עצמותו ייוחס אל החכמה כמו אלו הבריות השפלות ואולם תמונות הגרמים השמימיים וכמותם ומרחקם מהארץ ותנועתם הוא בעבור זולתם וזה ייוחס אל התבונה כי התבונה היא הוצאת דבר מדבר זולתו והנה הגרמים השמימיים היו בזה

מצודת דוד

ואין עוזר לו: משנה פניו. והוא משנה פניו ותשלח אותו שלוח עולמית ולא ישוב עוד: (כא) יכבדו. הן אם בניו יהיו מכובדים לא ידע מזה והן אם ימעטו בכבוד לא יבין את זאת: (כב) אך בשרו עליו. אך עודו חי כאשר בשרו עוד עליו אז יכאב מדבר המכאיב וכשחיתה נפשו אצלו אז התאבלה בעבור צער ורוע המקרה אבל לאחר המיתה לא ירגיש עוד בדבר מהדברים ויאמר בזה אם אמנם כן הוא סוף האדם בפה ממנו במעט ימי חייו כי די לו בזה (העולה מהמענה הזה כי יסכל אמרי צופר לומר כי מעט השיג מן החכמה וכי הוא יודע יותר ממנו אף יגנה רעיו בכללם על אשר יחנפו לה׳ והיללים כי עון רב אשר לא כן ויסתור דעת צופר שאמר שבאו עליו היסורין על כי קצר בחכמה לפי שעור מדרגת הכנתו כי ישיב אמרים הלא כל זה הוא בעבור כי נולד הוא מטמא ולכן אי אפשר להיות מוטהר כל כך ולא יתכן שיענש המקום ע״ז כי אינה דבר אפשרי):

מצודת ציון

יתקפו האחד (קהלת ד׳): משנה. מלשון שנוי: (כא) ויצערו. וימעטו כמו הלא מצער היא (בראשית י״ט):

expression, "is as painful to the dead," and not "to the flesh of the dead." He explains the verse as *Ibn Ezra* does: His flesh that is upon him disintegrates and his soul mourns for him. I.e. his soul mourns for the body that is being devoured by the worms. [See, however, *Shabbath* 152a: Said Rabbi Yitzchak: "A worm is as painful to the dead as a

[You] change his countenance and You send him away. 21. His sons become wealthy but he does not know it; and they become poor but he does not understand. 22. But his flesh causes him pain, and his soul mourns for him."

[You] **change his countenance**— According to *Ibn Ezra*, it seems to mean rigor mortis. *Mezudath David* renders: he changes his countenance. Perhaps he means: it changes his countenance, referring to destruction mentioned previously. *Malbim* considers "hope," mentioned in the previous verse, the subject of this verse. He renders: It strengthens him forever and he walks; when his countenance changes, it sends him away. When a man is young, his hope gives him strength and courage. He imagines that he will prosper in the world forever. But when he becomes old and his face changes to the wrinkled countenance of an old man, that beloved hope sends him away. He no longer entertains any such encouraging thoughts.

21. **become wealthy**—Heb. יִכְבְּדוּ. *They will become heavy with silver and gold, but he will not know.*— [*Rashi*]

and they become poor—Heb. וְיִצְעֲרוּ. *And they have little of any good, but he will not understand it.*— [*Rashi*] [*Rashi* interprets the word יִכְבְּדוּ as, they will become heavy. This expression is used to denote wealth, as in Gen. 13:2: "And Abram was very rich (כָּבֵד מְאֹד) in herds, in silver, and in gold." See also Genesis 31:1, Heidenheim on preceding quotation. Hence, the

word וְיִצְעֲרוּ, lit. *and are lessened,* denotes a lessening of wealth and possessions.] *Ibn Ezra* connects יִכְבְּדוּ with כָּבוֹד, *honor.* וְיִצְעֲרוּ is the opposite, denoting insignificance. This appears to be the *Targum's* explanation of this verse, and it is followed by *Mezudoth.* However, *Targum* may mean: and they suffer pain but he does not understand. *Berachoth* 18b supports this, for the *Gemara* quotes this verse to prove that the dead are unaware of the pain of the living. *Meyuchos* and *Isaiah da Trani* render: His sons increase but he does not know it; they diminish and he does not understand.

22. **But his flesh causes him pain**—*A worm is as painful to the dead as a needle in the flesh of the living.*—[*Rashi* from *Ber. 18b*] *Rashi* (ad loc.) explains literally that a dead body feels the sting of the worms consuming its flesh. This would appear to be the meaning of the Talmud in *Shabbath* 13b. However, in *Responsa of Rashba,* ch. 369, we find that the dead have no sensation at all, as is evidenced by the embalming mentioned several times in Scriptures. *Tos. Yom Tov* to *Avoth* 2:7 therefore explains this maxim in the name of *Midrash Shemuel* to mean that the soul is troubled when it witnesses the body's subjection to the disgrace of being devoured by worms; hence the

האופן מהתמונה והיצאה מהמרכז ובזה המרחק ובזה הכמות ובזה השיעור מהמהירות והאיחור בתנועתם להשלים ההויות אשר בזה העולם השפל כמו שביארנו במה שאין ספק בו בחמישי מספר מלחמות ה'. פעם ימשך מפעולות הש"י שיהרוס בנין מה ולא יבנה ופעם ישים איש במאסר ולא יצא ממאסרו לעולם והוא הפך הענין הראשון באופן מה וזה כי המאסר יבנה ולא יהרס. ואולם איוב ייחס זה לשם ית' בהשתלשלות הסבות לפי שממנו היתה באופן מה זאת ההגבלה והסדור אשר באלו הענינים מצד הגרמים השמימיים פעם יעצר במים וייבשו ופעם ישלחם עד שמרבויים יהפכו ארץ. עמו עוז ותושיה ר"ל עמו הסדור והיכולת והיושר אשר סודר ממנו זה המציאות המוחש ולו ייוחס מה שיהיה שוגג בזה העולם השפל ר"ל שלא ישמור הסדר והיושר והמשגה והם הכחות המושפעות בזה העולם מהגרמים השמימיים שימשך מהם פעם מה שיתבלבל בו הסדר והיושר או יהיה המשגה החומר כי הוא סבת העדר הסדר והשוגג המורכב מהחומר והצורה. הנה מוליך יועצים משוללים וערומים ולא יועילם טוב עצתם והשופטים עם רוב חכמתם ישימם הוללים ר"ל שיעשו פעולות הוללים. הוא יתיר בקלת העתים המאסר אשר אסרו בו המלכים האנשים אשר תחתיהם ויאסור מאסר במתני המלכים רצונו שיסיר הממשלה מהם ויעבדו זולתם. הוא מוליך האדונים והשרים עם חזקם משוללים וערומים ולא תועילם גבורתם והחזקים יסלף ויעות מנימוסי גבורתם ר"ל שלא יתנהגו בענין הגבורה כראוי וינצלו מפני זה. מסיר שפה מאנשים הנאמנים בדבריהם לטוב טעמם וגבורתם וחכמתם עד שלא ימצאו מענה וטעם זקנים יקח ר"ל שבקלת העתים ימנע מהזקנים עם רוב חכמתם נתינת הטעם בדבר המבואר טעמו להם. לפעמים ישפוך בוז על נדיבים והם האנשים המכובדים ומזיק החזקים הולים. גם מן החשך והעדר הוא מגלה ומוציא לאור ההויה אשר היה לו כח עליה ר"ל שמן החומר הנעדר מן הצורה יגלה הצורה הנמצאת בו בכח ויוציא אותה בפועל ובזה האופן יוציא לאור צלמות. הנה הוא משגיא לגוים פעם ויאבדם פעם אחרת ופעם שוטח לגוים ויפזרם ר"ל שהוא מגלה אותם מעל אדמתם ופעם ינחם על אדמתם. מסיר שכל האנשים המנהיגים העם עם טוב הנהגתם עד שלפעמים יתעם וילכו בתהו לא בדרך נכון. ימששו חשך ולא אור בכל מה שיכוונו אליו ויתעה אותם כתעות השכור. הנה כל אלו הענינים ייחס איוב אל הש"י בהשתלשלות הסבות ר"ל שהם מסודרים לפי דעתו מהגרמים השמימיים ויוחסו אל הש"י מפני היותו הסבה הראשונה לכל מה שימצא ומקצת אלו הדברים שזכר איוב יהיה קצת ראיה על שאלו הענינים הם מוגבלים ומסודרים מצד המערכת שאם לא הענין כן הוא מן הפלא למה לא תמנע בעת מן העתים מהחכם חכמתו ומהמנהיג הטוב טוב הנהגתו ומהגבור הסדור הראוי לו בגבורתו וכן הענין בשאר מה שספר איוב שנוהג זה המנהג. אמר איוב לבלדד ולצופר הן כל אלו הענינים ראתה עיני ושמעה אזני ולא אביא עדות בזה מזולתי כמו שעשה בלדד באמרו שאל נא לדור ראשון וגו'. הנה כדעתכם מפעולות השם ית' ונפלאותיו ידעתי גם אני אינני חסר בזאת הידיעה מכם. ואולם אני ארצה לדבר אל שדי ולהתוכח עמו אם אוכל באופן אשר זכרתי ר"ל למה לא סבב באנשים הקשי יום לפי המערכת שלא יתהוו או ימותו מרחם ויהיה טוב להם מהתהוותם לנקמה מהם כי המות יותר טוב מן החיים לכמו אלו האנשים או למה סדר בעזובות אישי האדם ורעתם זה הסדור אשר ימשך בו מהעול עד שאין הבדל בו בין צדיק לרשע וזה כי הוא לא יבא עמי בהתוכחי עמו כי אם בטענות אמתיות אם היה אפשר זה. ואולם עמכם לא ארצה להתוכח כי אתם טופלי שקר מחברים שקרים בטענותיכם ובתנחומותיכם אתם רופאי אלל. מי יתן החרש תחרישון בזה הויכוח ויהיה לכם לחכמה ר"ל שכבר תשמרו בשתיקותכם משייוחס אליכם הסכלות מצד דבריכם הכוזבים והחסרים. שמעו נא התוכחותי עמכם וריבות שפתי האם ראוי שתדברו בעבור השם ית' מה שאתם מעבירי' שהוא עולה ורמיה להיות לו התגלות שהוא אינו עושה עול. האם ראוי שתשאו פניו ותהפכו דברים לא כן להרחיק ממנו שיעשה עול במה שאתם מעבירים שהוא כזב. האם אתם מתוכחי' בעבור האל וטוענים טענות כוזבות למען יצדק. הטוב כי יחקור הש"י אתכם אם אתם מהתלים בו כהתל באנוש ר"ל שבאדם היה אפשר שיכסה פשע אוהבו בדברי שקר לכסות קלונו. ואולם בשם יתברך אינו ראוי אבל הוא עון חזק כי זה ממה שיביא להאמין לטוען בעבור הש"י שהוא עושה עול לפי שהוא משער במום טענותיו אשר יקיים בהם שהש"י לא יעות משפט. הלא הש"ת יוכיח אתכם אם בדבר של סתר תשאו פניו ואולם אמר זה לפי שהם השתדלו לשאת פני הש"י בדבר של סתר עד שבלדד אמר שמה שנחשב שיהיו רעות הם טובות אלא שזה יסתר ממנו ולא נדע אופן חכמת הש"ת בזה מפני מה הם טובות וצופר אמר שכבר יסתר ממנו אופן חכמת הש"י אשר יתחייב ממנה שיעור העונש במרי מרי כי הוא לבדו ישער וידע מדרגת המרי אשר יעשה איש ואיש כי בזה הבדל לפי מדרגת הכנת האנשים וזאת המדרגה ידועה לו לבדו. והמשל שאין מרי מי שהכנתו פחותה בעיון אם ביטל זמן מה מהשתדל בעיון כמרי מי שהוא מוכן יותר בעיון אם ביטל זמן כשיעור הזמן ההוא מהשתדל בעיון עד שכבר אפשר שיהיה מרי האיש המוכן מאד בעיון אם ביטל זמן מועט מהשתדל בעיון יותר עצום ממרי מי שהכנתו פחותה בעיון אם הרג את הנפש או ניאף ולמה לא תיראו מהש"י להתל בו כמו אלו ההתולים. הלא שאתו היה ראוי שתבעת אתכם ופחדו היה ראוי שיפול עליכם הנכם פחותים מאד בעיון עד שזכרוניכם הם מתמשלים לאפר ולגופי חומר נמשלו גופיכם ר"ל כי אתם פחותים כמו עפר ואפר ובזה העליתם חרס בידכם בזאת החקירה אשר אנחנו מתוכחים בה. החרישו ולא תדברו ממני ואדברה אני לבדי ויעבור עלי מה שיעבור מהרע ולא תחישו לנחמני. מה העון שעשיתי שימשוך לי זה העונש הנפלא שאשא בשרי בשיני ר"ל שלא נשאר לי בשר רק בשרש שיני כדרך אומרו ואתמלטה בעור שיני ונפשי קלה להפרד ממני כאילו היא בכפי. הנה הש"ת ימיתני בלא ספק לא איחל שאנצל מזה המכאוב ועם כל זה אשתדל בכל עוז להוכיח דרכי אל פניו לפי שזאת ההנהגה היא המשובחת לפי החוק האנושי ואף על פי שלא אחשוב שיהיה לי בזה תועלת להנצל מאלו הרעות ומה שנקרא לו איחל בוי"ו יהיה הפי' כן אף על פי שימיתני הש"ת הנני מיחל בו שתושע בו נפשי. אבל דרכי אוכיח בכל עוז אל פניו כי לא לפניו חנף יבא. אבל הצדיקים יבואו לפניו ויושעו בו תשועת עולמים: שמעו שמוע מאמרי והגדתי הנה ידעתי כי אני אצדיק אם ערכת משפט עם מי שיבא עמי בטענות צודקות. מי הוא שיריב ויתוכח עמדי כי עתה אם אחריש אגוע מחוזק המכאוב. אהה הש"י אל תעשה עמי שני אלו הדברים שאזכור לך אחר זה ואז לא אירא להתוכח עמך אם היה אפשר זה. הרחק ממני מכתך ר"ל שלא תכני במכותיך עתה עד התברר המשפט והסר אימתך ממני עד שלא תבעתני ויסתתמו טענותי. ואחר שתסיר מעלי אלו השתים המונעות אותי מלהתוכח עמך קרא ואנכי אענה או אדבר והשיבני. כמה לי עונות וחטאות עד שתענישני בעבורם זה העונש הנפלא הודיעני פשעי וחטאתי כי אינני יודע בעצמי לא פשע ולא חטאת. למה תסתיר פניך ממני ותחשבני לאויב לך עד שכל השתדלותך הוא לרע לי. האם נאות לך שתשבור ותרדוף בריאה שפלה כמוני שדומה לשפלותה ולחולשתה לעלה נדף ולקש יבש. כי תכתוב עלי אלו המרורות אשר תענישני בהם ותורישני עתה העונות שהייתי עושה בנעורי. כי אני יודע בעצמי חטא אחר עד שאתה משים רגלי בסד ותשמור הסד הזאת אשר נאסרים בה רגלי כל ארחותי בדרך שלא אוכל ללכת אנה ואנה כאשר ארצה על שרשי רגלי תתחקה זאת הסד בדרך שחקיקתה מצומצמת בכמו שיעור רגלי ולזה לא אוכל להסירה ממנה ולהניע רגלי ממקומם רוצה בזה שכבר נסתרה דרכו ויבצרו ממנו כל משאלותיו לא יוכל להשיג אחד מהם. ומה נחשב זה העלה הנדף והקש היבש ר"ל האדם והוא כרקב יבלה ויכלה בקלות כמו הבגד שאכלו עש. אדם הוא ילוד אשה ר"ל שבריאתו מטיפה סרוחה והוא דם הנקבה והוא עם זה קצר ימים ושבע רוגז ורעה. הנה הוא כציץ השדה שכאשר יצא יכרת ויברח כמו הצל שאין לו עמידה וממשות ולא יתקיים. אהה הש"י אף על בריאה שפלה כזאת תפקח עיניך ותביא אותי במשפט עמך על שלא עשיתי כל ימי טוב בלי הפסק כמו שהיה צופר אומר היתכן לך שתענוש אותי על שלא עשיתי מה שאי אפשר לאדם לעשותו. ואיך אפשר שיהיה מזאת הבריאה הפחותה הטמאה בטומאת הכחות החומריות מה שיהיה טהור ולא יעשה דבר רק שישכיל אותך כמו המלאכים הנה אין אחד שיוכל לעשות טהור מטמא בזה האופן או ירצה שלא ימצא אחד מהאנשים שיהיה טהור בזה האופן. אהה השם אחר שימיו קצובים הרפה מעליו וישלם חדלו וזמנו עד אשר יבא העת אשר ימות בו מות טבעי וירצה היום ההוא אז כמו השכיר שיקוה היום שישלים בו שכירותו כדי שיפרע מפעלו וזה כי בעת הזקנה המופלגת ירצה אדם המות ויחשקהו כאמרו עד אשר לא יבאו ימי רעה והגיעו ימים אשר תאמר אין לי בהם חפץ. וזה כי יש לעץ תקוה אחר הכרתו או אחר זקנותו או אחר מותו ואולם האדם כאשר מת כבר נכרת לגמרי אבדה ממנו תקוה שישוב לחיות ולזה ראוי שתעזבהו וישלים ימיו. הנה כמו שכאשר אזלו המים מני ים והנהר יחרב ויבש לא ישאר בהם דבר מן המים ההם שיהיה כחיי אל שישובו בו הים והנהר לאיתנם. כן האיש כאשר מת לא יקום לעולם כי לא ישאר בו דבר שיהיה כחיי אל שישיבו בו החיים האנושיים עד שיפסדו השמים המתים לא יקיצו ולא יעורו משנתם ר"ל שלא יחיו אחר המות כמו שלא יפסדו השמים מי יתן ויהיה אפשר שיחיה האדם אחר מותו ותהיה שאלתי שתצפנני בשאול ותסתירני שם עד שוב אפך ואח"כ תשית לי חק ותזכרני ותחייני ולא ארגיש בזה המכאוב החזק אשר חליתי בו. אם כאשר ימות גבר ישוב לחיות כל ימי הצבא המוגבל לי עתה לחיות איחל ואחשה כדי שתבא חליפתי אולי תהיה מערכתי יותר טובה בעת התהוותי אז ממה שהיתה יום הולדת אותי. מי יתן ותקרא ואנכי אענך ואתוכח עמך האם ראוי שתכסוף להשחית מעשה ידיך. כי עתה צעדי תספור לא תמתין על ענשי ר"ל שאינך נותן לי מרגוע מאלו המכאובים כלל. חתום בצרור פשעי עד שלא יסור עם מה שחלו עלי מהמכות והנגעים אבל הוא קיים תמיד ולא די בזה אבל אתה מוסיף

needle in the flesh of the living, as it is stated, 'But his flesh causes him pain.' " Said Rab Chisda: "A man's soul mourns for him all seven days, as it is stated, 'and his soul mourns for him,' and it is written (Gen. 50:10): 'he arranged a seven-day mourning period for his father.' "

Targum renders this verse in two ways: The first version is: Indeed, his flesh pains him because of the worms, and his soul mourns for him in the Tribunal. The second version is: Indeed, his flesh pains him until the cover of the coffin is closed, and his soul mourns for him in the cemetery during the seven days of mourning. *Mezudath David* explains the verse in an entirely different manner: But as long as his flesh is on him (i.e. while he is alive), it pains him, and his soul, as long as it is with him (i.e. while he is alive), mourns for him (when he experiences any suffering or trouble). But, after his death, he no longer has any sensation and does not feel any of these trials and tribulations. Therefore, since this is man's end, turn away from him and permit him to spend his short lifespan without suffering, since the brevity of a person's life is enough punishment.

(In summation, Job retorts to Zophar's arguments by stating that he, Zophar, has achieved little wisdom and that Job is more knowledgeable than he. Job also derides his other companions for flattering God and accusing him—Job—of committing sins of which he is innocent. He also rebuts Zophar's argument that he is being punished for his failure to accumulate wisdom, arguing that because man is created from an impure state, he cannot possibly attain a state of complete spiritual purity. Therefore, he could not achieve any more wisdom, and God would surely not punish a person for not achieving an impossible goal.)—[*Mezudath David*]

Tochachath Chayim sums up Job's reply as follows: Job presents three arguments: 1) He continues to berate his companions, who insist that he is sinful and rebellious against God. He reasons that even if he has sinned, it would not be proper for God to pursue him in this manner, especially as his sins are insignificant. Job regards himself as one who fears God and shuns evil. Consequently, if we attribute Job's suffering to God, we are accusing Him of injustice. 2) Moreover, there is such disorder in the regulation of the world—punishing those who do not deserve it, delayed punishment for the sins of one's youth—that God cannot be responsible for it. Job also repeats his argument that God can have no knowledge of lowly creatures, nor can His deeds fall under the realm of time to be subject to a person's acts. He berates his friends, saying that they are speaking deceitfully. 3) He beseeches God to allow him to continue speaking and to relate to Him the magni-

לי עון על עוני. ואולם כמו ההר אשר נפל והצור אשר נעתק ממקומו יבלו ויפסדו ולא ישובו לקדמותם לעולם. וכמו האבנים ששחקו מים אותם שנפסדו ולא ישובו כמו שהיו וכמו ספיחים של עפר הארץ אשר תשטפם המים ויפסדו ולא ישובו לקדמותם לעולם כן תקות אנוש האבדת ר"ל שלא ישוב לחיות אחר מותו. תתקפהו ההפעלות הממית תקוף נצחי ויעדר ואמנם אמר זה לפי שהמות הוא כשיגברו הכחות המתפעלות הכחות הפועלות כמו שהתבאר בטבעיות ולאשר ישנה פניו ר"ל שיהפוך פניו וידרוך אל ההפסד ותשלחהו שלוח עולמי הנה

טו א וַיַּעַן אֱלִיפַז הַתֵּימָנִי וַיֹּאמַר:
ב הֶחָכָם יַעֲנֶה דַעַת־רוּחַ וִימַלֵּא קָדִים
בִּטְנוֹ: ג הוֹכֵחַ בְּדָבָר לֹא יִסְכּוֹן וּמִלִּים
לֹא יוֹעִיל בָּם: ד אַף־אַתָּה תָּפֵר יִרְאָה
וְתִגְרַע שִׂיחָה לִפְנֵי־אֵל: ה כִּי־יְאַלֵּף
עֲוֺנְךָ

ה"א חסר יראה. ב"ב סי':

בְּבֵית קְבוּרְתָּא:
א וַאֲתִיב אֱלִיפַז דְמִן
תֵּימָן וַאֲמַר: ב הַאֶפְשַׁר
דְחַכִּימָא יְתִיב דַעְתָּא
דְדָמֵי לְזַעְפָּא וִימַלֵּי הֵיךְ
רוּחַ קִדּוּמָא כְּרֵיסֵיהּ:
ג דִמְכַסֵּן בְּמִלִּין וְלָא
יַלִּיף וּמִלַּיָּא דְלֵית
מְשָׁשָׁא בְּהוֹן: ד לְחוּד
אַתְּ אִין תָּפֵשׁ דַחַלְתָּא
וְתִבְצוֹר מִלְּתָא קֳדָם אֱלָהָא: ה אֲרוּם יְאַלֵּף

רש"י

(מענה אליפז): טו (ב) **החכם יענה דעת רוח.** תמוה הוא וכי מי שהוא חכם יענה וירום קול בדעת של רוח והבל: (ג) **הוכח בדבר לא יסכון.** להתווכח בדבר שלא תהא לו מהן הנאה כמו ותהי לו סוכנת (מלכים א' א') וכמו יסכן בם (קהלת י) יהנה בם: (ד) **אף אתה.** כל שכן אתה שחכם מאוד אתה תפר יראה במרבית דבריך. ותגרע שיחה כמו כי יגרע נטפי מים (לקמן לו) וכמו ותגרע אליך חכמה: (ה) **כי יאלף עונך.** ילמד הרע את פיך

אבן עזרא

טו (ב) **החכם יענה דעת.** קדים. רוח קדים: (ג) **יסכון.** יועיל. כמו לא יסכון גבר. ויש אומרים יסכון ילמד: (ה) **יאלף.** ענינו פיך ילמד בן אדם

מנחת שי

טו (ב) יענה דעת. ברוב המדוייקים רפה הדל"ת:

רלב"ג

הנה אחר המות לא ירגיש האדם דבר מאלו הדברים שהיה מרגיש בהם בעודו חי. הנה כבר ירבו ויכבדו בניו ולא ידע או יצערו ויתמעטו ולא יבין למו. אך בשרו בעת שהיה עליו כאב יכאב וירגיש בדברים המצערים אותו ר"ל בעוד שהוא חי ונפשו בעת שהיא עליו תאבל ותתרעם למכאובים שיקרוה אמנם אחר המות לא יהיה בזה הפעלות והרגש לא לבשרו ולא לנפשו. והנה אמר איוב כל זה לתת דעת רעיו שיראו שאלו המכות אלו עליו לענוש על מריו והוא ירחיק זה שאם היה ענין כן לא היה ראוי שירדפהו הש"י בכמו אלו הרדיפות לפי שהוא היה צדיק וישר ואם היה שחטא הוא מעט ובהיות הענין כן הנה הוא מבואר שכבר יעשה לו הש"י עול אם ימיתנו באלו המכאובים אשר הם מוליכות אותו אל מות לפי מה שהתבאר לו מהם על מרי מעט אשר אפשר שייוחס לו עם שיקפח שכרו מן הצדק והיושר שעשה כי הוא לא ישוב לחיות אחר מותו בדרך שיוכל אז להטיב לו הש"י על הטוב אשר עשה: והכלל העולה מהדברים הוא שאיוב גינה דעת צופר ובלדד לפי שהיו מכחישים המוחש ואמר איוב שהם היו מבטלים הידיעה לפי שכאשר לא יעשה מהמוחש שרש והתחלה לא יהיה בכאן לידיעה דרך וגינה צופר על אשר היה מבזה אותו להיות צופר שאנן ושליו והוא היה נכון למועדי רגל. ואחר כן הביא ראיה מהחוש לבטול דברי צופר והוא שאנחנו נמצא מהרשעים המצליחים מי שאין להם פחד כלל ובפרט כי היה בלתי אפשר כאומר צופר שידע מפעלות הש"י ונפלאותיו הסיפור אשר היה הוא יודע אותו בזה כי הוא היה צעיר ממנו ואורך הזמן יוסיף אמתות בעניינים מלבד מה שיושג בו מהמוחש ולפי שלא התבאר לצופר מהחוש מה שראוי בזאת החקירה היה טועה בזה המבוקש זה האופן מהטעות. ואחר כן גינה צופר ובלדד על אשר היו מגללים הש"י מעשיית העול בכמו אלו הטענות הכוזבות כי זה היה ממה שיורה שהם יאמינו שהש"י עושה עול אבל ירצו לשאת פניו בזה האופן כמו שיכסה האדם פשע אוהבו באיזה צד שיוכל. ואחר כן הביא ראיה מחוזק הכאב לסתור דעותיהם לפי שלא היה לו פשע והיה עם זה נענש בזה העונש הנפלא. ואחר ביאר ואמר שלא יאשימהו אדם על זה הדעת שהיה לו ויאמר שלפי זה הדרך יהיה שוא עבוד אלהים ועשות צדקה וחסד כי הוא יראה שראוי לאדם שינהיג גופו ונפשו במנהגים המשובחים כדי שתגיע לנפש ההצלחה ותושע בשם יתברך. ואחר כן הביא שתי טענות האחת יסתור בה שיהיה הש"י משגיח באישי האדם. והב' יסתור בה ביחוד דעת צופר. אמנם הראשונה היא שהאדם הוא פחות ונבזה לזה לא יתכן שישגיח הש"י בו עם היותו בתכלית הכבוד ולא מחשוב זאת הטענה חלושה אבל היא פילוסופית וכבר השתמשו בה הפילוסופים וחייבו ממנה שהש"י לא ידע כי אם עצמו. ואופן הביאור בו כי הש"י אם ישגח כמו אלו הידיעות הנה יחשוב שיתחייב מזה שישלם הנכבד בפחות וזה בתכלית הגנות. ועוד שהשמחה והשלימות יהיה יותר למשיג כשיושג אלו היותר נכבד ולפי שהמשיג כפלם יערב פעולתו ביותר שלם שאפשר הנה יחשוב שיתחייב מזה שלא ישיג הש"י כי אם הענינים היותר נכבדים. ולזה חשבו שלא ישיג הש"י כי אם עצמו. ואולם האמת בזה כבר ביארנו בספר מלחמות ה'. והטענה השנית שלא יתכן שיענש האדם על אשר לא יעשה עם שאי אפשר לו עשייתו ולפי שאי אפשר לאדם שיעשה הטוב תמיד להיותו חומרי ר"ל שאי אפשר לו שישכיל ויתבונן תמיד בפעולות הש"י הנה לא יתכן שיענש על זה. ואחר כן זכר מהפלגת מכאוביו שהוא היה בוחר המות עליו. והנה התוכחות שהיה לו עם הש"י בזה הטענה היא לפי דעת אלו האנשים החולקים עמו לא לפי דעתו ובו טענה על דבריהם כמו שקדם: ביאור מלות המענה (א) **ויען אליפז התימני ויאמר:** (ג) **יסכון.** יועיל: (ד) **שיחה.** תפלה כטעם ולפני ה' ישפוך שיחו: (ה) **יאלף.** ילמד ויודיע: **ערומים.** האנשים המדברים בערמה ובמרמה:

מצודת דוד

טו (ב) **החכם.** היתכן לחכם שישיב בדעת דברי רוח וימלא בטנו מן מחשבות רוח קדים ודברים שאין בהם ממש: (ג) **הוכח.** בתוספת ביאור יפרש אמריו לומר וכי ראוי להתווכח בדבר שאין בו הנאה ולאמר מלים אשר אין בהם תועלת כי מה לנו בזה הויכוח אם תחכם מאתנו או אנו ממך: (ד) **אף אתה.** ר"ל הנה אף אתה עם רוב חכמתך תפר היראה כי במה שתאמר שהכל בא מצד המערכה תפר היראה מהמון העם ואף אתה תגרע ותמעט התפלה לפני האל כי אם בהיות הכל מצד המערכה אין מקום לתפלה והנה חטאתך רבה מאד: (ה) **כי יאלף.** אמרי פיך ילמד את עונך

מצודת ציון

טו (ג) **יסכון.** ענין הנאה וכן לא יסכן גבר (לקמן ל"ד): **ומלים.** ואמרים: (ד) **תפר.** תבטל: **ותגרע.** מל' גרעון: **שיחה.** ענין אמירת התפלה וכן ויצא יצחק לשוח בשדה (בראשית כ"ד): (ה) **יאלף.** ילמד כמו פן תאלף ארחותיו (משלי כ"ב):

to speak such words, but you should have chosen the tongue of the crafty. —[*Rashi*] *Mezudath David* renders: **For your mouth teaches your iniquity**—Your mouth teaches others your iniquitous belief, viz. that it is futile to serve God. You teach others to adhere to this doctrine.

15

1. Now Eliphaz the Temanite answered and said, 2. "Shall a wise man raise his voice with opinions of wind, and does he fill his belly with the east wind? 3. To debate over a matter from which he derives no benefit and words in which there is no avail? 4. Surely you will do away with fear and increase speech before God. 5. For your iniquity

tude of his suffering, and he accuses God of being his enemy, of pursuing a rattling leaf and dry stubble. All this is to prove that there is no Divine Providence, but the world is governed by the stars.

(Eliphaz's Answer)

2. **Shall a wise man raise his voice with opinions of wind**—*It is puzzling. Should one who is wise answer and raise his voice with an opinion of wind and futility?*—[*Rashi*]

and does he fill his belly etc.— Does he fill his belly with thoughts of the east wind, things that have no substance?—[*Mezudath David*]

3. **To debate over a matter from which he derives no benefit**—Heb. יִסְכּוֹן. *To debate over a matter from which he will derive no benefit, like* (I Kings 1:2), *"and she shall be to him a warmer* (סֹכֶנֶת)*," and like* (Ecc. 10:9), *"is warmed* (יִסָּכֶן) *by it."* I.e. *he will derive benefit from it.*—[*Rashi*] Is it proper to debate over a matter from which no benefit can be derived, and for you to say things that are of no avail? What difference does it make whether you are wiser than we or we than you?—[*Mezudath David*] *Ibn Ezra*, following *Targum*, renders:

from which nothing can be learned.

4. **Surely you**—*Surely you, who are very wise, will do away with fear by the multitude of your words.*— [*Rashi*] By asserting that all happenings result from the constellations, you do away with the fear of God; the people will no longer fear Him since He does not reward or punish. —[*Mezudath David*]

and increase speech—Heb. וְתִגְרַע, like (below 36:27) *"He will increase* (יְגָרַע) *the drops of water,"* and like (ibid. 15:8), *"and [did] you increase* (וְתִגְרַע) *wisdom to yourself."*—[*Rashi*] *Berechiah* notes that others (unspecified) also explain וְתִגְרַע as an expression of increasing: Why do you increase vain words before God? However, *Berechiah* himself and the majority of commentators define it as an expression of decreasing: You should speak less before God—[*Berechiah, Isaiah da Trani*]; You decrease prayer—because of your belief that God does not care for the individual, people are less likely to pray.—[*Mezudath David, Ohev Mishpat, Sforno*]

5. **For your iniquity teaches**—*Your evil inclination* [*teaches*] *your mouth*

עֲוֺנְךָ פִיךָ וְתִבְחַר לְשׁוֹן עֲרוּמִים׃
ו יַרְשִׁיעֲךָ פִיךָ וְלֹא־אָנִי וּשְׂפָתֶיךָ יַעֲנוּ־
בָךְ׃ ז הֲרִאישׁוֹן אָדָם תִּוָּלֵד וְלִפְנֵי
גְבָעוֹת חוֹלָלְתָּ׃ ח הַבְסוֹד אֱלוֹהַּ
תִּשְׁמָע וְתִגְרַע אֵלֶיךָ חָכְמָה׃ ט מַה־
יָּדַעְתָּ וְלֹא נֵדָע תָּבִין וְלֹא־עִמָּנוּ הוּא׃
י גַּם־שָׂב גַּם־יָשִׁישׁ בָּנוּ כַּבִּיר מֵאָבִיךָ
יָמִים׃ יא הַמְעַט מִמְּךָ תַּנְחֻמוֹת אֵל

ה"א ערומים . פסחים ג' : הראשון . שם ה' : הפ' רפה יתיר י' :

תרגום

סוּרְחָנָךְ פוּמָךְ וּתְהֵי בָּחֵר לִישָׁנָא דְחַכִּימַיָא׃
ו יְחַיְבִנָךְ פוּמָךְ וְלָא אֲנָא וְסִפְוָתָךְ יַסְהֲדוּן בָּךְ׃
ז הָא כְּקַדְמָאֵי אָדָם דְּלָא אַבָּא וְאִמָּא אִתְיְלַדְתְּ וּקְדָם גַלְמָתָא אִתְבְּרֵיתָא׃
ח אֶפְשַׁר דִבְרָז אֱלָהָא תִּשְׁמַע וְאִטְפַּת לְוָתָךְ חוּכְמְתָא׃
ט מַה יְדַעְתְּ וְלָא נֵדַע תִּתְבַּיַּן וְלָא גַבָּנָא הוּא׃
י לְחוּד סִיב וְקַשִּׁישׁ בָּנָא וּדְרַב מֵאֲבוּךְ יוֹמַיָא׃
ת"א לְחוּד אֱלִיפַז דְסִיב וּבִלְדַד דְקַשִּׁישׁ בַּהֲדָנָא וְצוֹפַר דְרַב מֵאֲבוּךְ ודבר יומין׃
יא הַזְעֵיר מִנָּךְ נֶחָמְתָא דֶאֱלָהָא וּמַלְלָא בְנִיחַ חָזֵי לְמַלָּלָא גַבָּךְ׃

מה

רש"י

לדבר כדברים האלה והיה לך לבחור לשון ערומים : (ו) **ירשיעך פיך ולא אני**. כלומר השיבני על שאלתי ונמלא פיך מרשיעך כי טוב לי שירשיעך פיך ולא אני וזו היא שאלתי : (ז) **הראשון אדם תולד**. הבטרם אדם תולד. ה"א הזאת משמשת לשון תימה לפיכך נקודה בחטף פתח ומלילתו הראשון לאדם הנוצר מאדמה נולדת שידעת לקיים כל חכמת מלות הבורא : (ח) **ותגרע**. ותרבה מלמעלה למטה לרדת עליך : (י) **כביר**. מרובה ימים מאביך : (יא) **המעט ממך תנחומות אל**. אשר הטיב לך הגוד עד עתה ימים רבים ודברו הטוב אשר לאט עמך בלאט ונחת

מנחת שי

(ה) עונך פיך. הפ"א רפה : (ז) הראישון. נכתב באל"ף וביו"ד כמש"ל סי' מ' : (ח) הבסוד. כתוב במעשי אפוד פ' ל' כי במקצת ספרים הבי"ת דגושה עכ"ל . אמנם בספרים מדוייקים כ"י רפה וכן מנאו רד"ק במכלול דף ס"א עם הרפויים וכן המ"עט ממך שבסמוך : (ט) ולא

אבן עזרא

ויודיעני עונך : (ח) **ותגרע אליך**. המגרעת היתה להכמה והצטרכ' אליך . או תשים ההכמה אצלך גרועה. ותהיה התי"ו לנוכח : (י) **כביר**. גדול וכן הוא בלשון קדר : (יא) **לאט**.

רלב"ג

(ח) ותגרע אליך חכמה . ותמנע לך החכמה עד שתהיה כולה לך ואין לזרים אתך : (יא) תנחומות אל. תנחומות אלו הנביאים רצה לומר

מצודת ציון

(ו) יענו. יעידו כמו לא תענה (שמות כ'): (ז) גבעות. הרים : חוללת. נבראת כמו ותחולל ארץ (תהלים צ') : (י) כביר. הרבה כמו מזער

מצודת דוד

לזולת ר"ל דבר העון אשר בך אשר תתחזק כי בוא עבוד האלהים הנה העון הזה תלמד לזולת לאחוז בה גם הוא : ותבחר. אבל בחרת לשון ערמה להסתיר הדבר במתק אמרי המליצה ולא תאמרנה בפה מלא ותהפך במלים אולם מתוך הדברים נראה הכוונה : (ו) ירשיעך פיך. אמרי פיך יגידו רשעתך ולא אצטרך אני לאומרה ודברי שפתיך יעידו בך על העון אשר בידיך : (ז) הראשון. ר"ל מה תבוז לדברי לומר על כי הוא צעיר לימים ואתה ישיש וכי ראשון נולדת לאדם וכי נבראת לפני הגבעות עד שלא תוקדם לך מי מבני אדם וכאומר מהו אשר הוא צעיר לימים הלא יתכן שקבל אמריו ממי שקדם לך אשר שפט גם הוא מן הכתוב אשר ראה ברוב הימים : (ח) הבסוד. ואם תתפאר למולו במרבית הידיעה הבאה מפאת החכמה האם התבוננת בסוד אלוה להבין מסתוריו : ותגרע. וכי הגרעת את החכמה מיתר האנשים לקחתה אליך וכאומר וכי כל החכמה נקחת לעצמך לך לבדך ואין לזרים אתך : (ט) מה ידעת. מהו החכמה אשר ידעת אתה ואנחנו לא נדע ומה הדבר אשר תבין ואין הבינה הזאת עמנו : (י) גם שב. כאומר ואם תתפאר בחכמה עם הזקנה הלא אף בנו יש גם איש שיבה גם ישיש הזקן הרבה יותר מאביך ואם כי לומר היה צעיר לימים הנה אמר זה על בלדד או על עצמו : (יא) המעט. מה תתרעם על היסורים על כי עשית מה מן הטוב והישר וכי מעט הוא ממך תנחומין מן האל על מכאוב היסורים מן הטוב והצלחה שהיה לך מאז אשר קבלת בהם די גמול מעשה הטוב שעשית והנה דבר העון הנמצא בך עדיין הוא עמך נסתר וטמון ולא נקית עדיין ממנו ועתה הנה תקבל גם גמול הרעה

teaches your mouth, but you should have chosen the tongue of the crafty. 6. Let your own mouth condemn you and not I, and let your own lips testify against you. 7. Were you born before Adam? Were you created before the hills? 8. Did you listen to the counsel of God and increase wisdom to yourself? 9. What do you know that we do not know? [What do] you understand that is not with us? 10. Both old and ancient are among us, who have more days than your father. 11. Are God's consolations little for you,

but you choose the tongue of the crafty—You do not state your views explicitly but conceal them craftily. However, after close scrutiny, your intention is apparent.—[*Mezudath David*

6. **Let your own mouth condemn you and not I**—*That is to say: Give me an answer to my question; the result will be that your own mouth will condemn you, for it is better for me that your mouth should condemn you and not I. Now this is my question:*—[*Rashi*]

7. **Were you born before Adam**—Heb. הֲרִאישׁוֹן. *Were you born before Adam? This "hey" serves as the interrogative expression. Therefore, it is vowelized with a "hattaf pattah," and its meaning is: Were you born the first one, before Adam who was formed from the earth, so that you knew to fulfill all the wisdom of the commandments of the Creator?*—[*Rashi*]

8. **and increase**—Heb. וְתִגְרַע. *And bring down much* [wisdom] *from*

above to descend upon you?—[*Rashi*] *Mezudath David* explains: And if you boast to Him about your extensive knowledge, which emanates from wisdom, I ask you, have you studied the counsel of God to know His mysteries? Did you decrease the wisdom of all people to take it to yourself? Do you indeed have a monopoly on wisdom?

9. **What do you know etc.**—What wisdom do you know that we do not know, and what understanding do you have that we do not have?—[*Mezudath David*]

10. **Both old**—Although Zophar was younger than Job, Eliphaz and Bildad were older.—[*Mezudath David*]

more—Heb. כַּבִּיר, *of more days than your father.*—[*Rashi*]

11. **Are God's consolations little for you**—*with which the Rock benefitted you until now for many days, and His good thing that He gave you with pleasantness and gentleness, viz. His fatness* [i.e. plenty].—[*Rashi*]

וְדָבָר לָאַט עִמָּךְ: יב מַה־יִּקָּחֲךָ לִבֶּךָ
וּמַה־יִּרְזְמוּן עֵינֶיךָ: יג כִּי־תָשִׁיב אֶל־אֵל
רוּחֶךָ וְהֹצֵאתָ מִפִּיךָ מִלִּין: יד מָה־אֱנוֹשׁ
כִּי־יִזְכֶּה וְכִי־יִצְדַּק יְלוּד אִשָּׁה: טו הֵן
בִּקְדֹשָׁו לֹא יַאֲמִין וְשָׁמַיִם לֹא־זַכּוּ
בְעֵינָיו: טז אַף כִּי־נִתְעָב וְנֶאֱלָח אִישׁ־
שֹׁתֶה כַמַּיִם עַוְלָה: יז אֲחַוְּךָ שְׁמַע־לִי

יב מָה יַלְפִנָךְ רַעְיוֹנָךְ
וּמָה מְרַמְזִין עֵינָךְ:
יג אֲרוּם תְּתִיב לֶאֱלָהָא
רוּחָךְ וּתְהַנְפֵּק מִפּוּמָךְ
מִלַּיָא: יד מַה בַּר נָשׁ
אֲרוּם יִזְכֵּי וַאֲרוּם יִזְדַּכֵּי
יְלוּד אִתְּתָא: טו הָא
בְּקַדִּישֵׁי עִלָּאֵי לָא יְהֵימִין
וְאַנְגְּלֵי מְרוֹמָא לָא זַכָּאִין
קֳדָמוֹי: טז כָּל דְּכַן
מְרָחֵק וּמְסָאֵב בַּר נָשׁ
שָׁתֵי הֵיךְ מוֹי עִילְתָא:
יז אֲחַוֵּי לָךְ קַבֵּל מִנִּי

ת"א הן בקדושיו. חגיגה ה': ושמים. זוהר ויגש: נתעב. יומא עב:

בקדשיו קרי

רש"י

דשנו: לאט. הנעים ולשון פעל הוא ולא שם דבר ולכן הוא נקוד חציו קמץ וחציו פתח: (יב) יקחך. ילמדך כמו יערוף כמטר לקחי (דברים ל"ב): ירזמון. כמו ירמזון כמו שלמה שמלה (שמות כ"ב): (יד) מה אנוש כי יזכה. מה כחו שיוכל להיות זכאי כנגד הקב"ה: (טו) ושמים. צבא השמים: זכו. יזהרו כל לשון זך הוא זוהר: (טז) אף. וזה

אבן עזרא

דבר בלאט עמך כמו בסתר: (יב) מה יקחך לבך. מה ראיה תקח כמו ויקחו האנשים מצידם. או הוא מן יערף כמטר לקחי: (יב) ירזמון עיניך. אין לו חבר והפוך בלשון קדמונינו ז"ל: (יג) כי תשיב אל אל רוחך. כעסך כמו וברוח

מנחת שי

עמנו. הוא"ו בגעיא: (יב) ומה ירזמון. הוא"ו במאריך: (יג) והוצאת. במקצת דפוסים ישנים וספרים כ"י הכל וא"ו אחר הה"א וכן הגיהו בס"ס: מפיך מלין. בס"א כ"י כתוב מלים במ"ם ונכתב בצדו ס"א מלין ע"כ. וקול מלין השמע מהמסורה במאמרה בריש סי' דנקמן במלים י' בלישנא במ"ם ואין זה מהם: (טו) בקדשו. בקדשיו קרי: (טז) ונאלח. הוא"ו בגעיא בס"ס וברוב הספרים האל"ף בחטף סגול: (יז) אחוך. במקצת ספרים הוא"ו בדגש וכס"ס בלא דגש וכ"כ רד"ק בשרשים ובספר מכלול

רלב"ג

כבלדד וצופר: לאט. סתר ולאט: (יג) רוחך. רצונך: (טז) ונאלח. נתעב ונמאס: (יז) אחוך. אגידך:

מצודת דוד

כאשר קבלת גמול מעשה הטוב והנה הטובה מאז תחשב לתנחומין על הרעה הבא עתה עליך: (יב) מה יקחך. מה מלמדך לבך לכחש בהשגחה ומה תרמוז להשריש בלב אנשים דעת כוזבת: (יג) כי תשיב. אשר תשיב רוח פיך אל ה' ותוציא מלין למולו: (יד) מה אנוש. מהו האדם אשר יזכה במעשיו עד שיאמר בה' מעוות משפטו לענשו על לא דבר: וכי יצדק. כמריה והוא כפל ענין במ"ש: (טו) הן בקדושיו. הנה במלאכיו הקדושים לא נתן בהם קיום בעצמם לבל יצטרכו בכל עת השפעת אלוה: ושמים. צבא השמים עם כי זכים ובהירים המה הנה בעיניו לא יזכו וא"כ לכולם ישיג החסרון למולו: (טז) אף כי. כ"ש האדם הנתעב במעשיו והנבאש במעלליו ומרבה לעשות עול כדרך השותה את המים אשר ירבה לשתות די ספוקו על כי אין הדרך לתת בעדו מחיר ואם כל אלה בו א"כ כ"ש הוא שיש לו חסרון רב מול שלימות המקום ב"ה ואיך א"כ יצדק: (יז) אחוך. אגיד לך דבר ושמע אלי זה אשר ראיתי

מצודת ציון

לא כביר (ישעיה ט"ז): (יא) לאט. ענין הסתר והטמון כמו לאט את פניו (ש"ב י"ט): (יב) יקחך. ילמדך כמו לקח טוב (משלי ד'): ירזמון. הוא הפוך מן ירמזון והוא מל' רמיזה: (טו) יאמין. ענין קיום וכן הן בעבדיו לא יאמין (לעיל ד'): (טז) ונאלח. נבאש כמו יחדיו נאלחו (תהלים נ"ג): (יז) אחוך. ענין הגדה: חזיתי. ראיתי:

15. **Lo! He does not believe in His holy ones**—Even the holy angels were not endowed with an independent existence, but must always rely on God's bestowal of existence upon them.—[*Mezudath David*] According to the Sages, the verse refers to the righteous, who, despite their holiness, cannot be trusted not to sin as long as they are alive. See *Isaiah da Trani,* fn. 198.

and the heavens—*the host of the heavens.*—[*Rashi*]

pure—Heb. זַכּוּ, *shine. Every expression of* זַךְ *is splendor.*—[*Rashi*]

16. **Surely**—Heb. אַף, *how much more.*—[*Rashi*]

and impure—Heb. וְנֶאֱלָח, *abominable and mixed. Similarly* (Ps. 53:4), *"Are they all dross, altogether filthy* (נֶאֱלָחוּ)*?"*—[*Rashi*] *Mezudath Zion* renders: foul smelling.

and the thing that He gave you gently? 12. What does your heart teach you and what do your eyes hint? 13. That you should return your wind to God and let words come out of your mouth. 14. What is man that he should be innocent, and that one born of woman should be just? 15. Lo! He does not believe in His holy ones, and the heavens are not pure in His eyes. 16. Surely [not] one who is abominable and impure, a man who drinks injustice like water. 17. I will tell you, listen to me;

He gave . . . gently—Heb. לָאַט, He gave gently. *This is a verb, not a noun. Therefore, it is vowelized half with a "kamatz" and half with a "pattah."*—[*Rashi*] *Mezudath David* explains: Why do you complain about your suffering because you performed good deeds? Are God's consolations too little to console you for your suffering? Should not all the prosperity that you enjoyed until now be enough reward for them? Now you must receive your punishment for the thing that is hidden with you, i.e. for the sins of which you have not yet repented.—[*Mezudath David*]

12. **teach you**—Heb. יִקָּחֲךָ, *teach you, as* in (Deut. 32:2), *"so that my teaching* (לִקְחִי) *may drip like rain."*—[*Rashi*] What is your heart teaching you—to deny the belief in Divine Providence?—[*Mezudath David*]

hint—Heb. יִרְזְמוּן, *like* יִרְמְזוּן; *like* שִׂמְלָה שַׂלְמָה, (Exod. 22:8, 26).—[*Rashi*] What are you hinting at to instill a false belief into people?—[*Mezudath David*]

What thoughts does your heart take for itself that you should think secretly that there is neither judge nor judgment? Why do you wink with your eyes to hint that you do not believe in Divine Judgment, and you do not reveal it, but complain, as though to hide that thought? Eliphaz made this statement before Job revealed his thoughts with an explicit statement that God does not care for the earthly beings.—[*Ramban* to Num. 16:1]

13. **That you should return**—That you should return the wind of your mouth to God and speak against Him.—[*Mezudath David*] *Ibn Ezra* explains: That you let out your anger against God.

14. **What is man that he should be innocent**—*What is his strength, that he can be innocent against the Holy One, blessed be He?*—[*Rashi*] What is man that he should be so innocent in his deeds that he can accuse God of punishing him unjustly?—[*Mezudath David*] How can an insignificant human defeat God in judgment?—[*Malbim*]

and that one born of woman—How can one born of woman, one who is born with an inclination to lust and desire, be just?—[*Malbim*]

וזה-חזיתי ואספרה: יח אשר-חכמים
יגידו ולא כחדו מאבותם: יט להם
לבדם נתנה הארץ ולא-עבר זר
בתוכם: כ כל-ימי רשע הוא מתחולל
ומספר שנים נצפנו לעריץ: כא קול-
פחדים באזניו בשלום שודד יבואנו:
כב לא-יאמין שוב מני-חשך וצפו הוא

ת"א אשר חכמים . כוסה ז׳ מגלה פה סוטה טז כ׳ : להם לבדם . סוטה טז : וצפוי קרי אלי

תרגום

ודין דחמיתי ואשתעי : יח די חכימיא יהון ולא מכדבין מן מסורתא דאבהתהון : ת״א דשבטוי דיעקב חכימיא יתובון ולא יכסו ממה דאלפונון אבהתהון : יט להון בלחודיהון אתיהיבת ארעא ולא עבר חילוני במציעהון : כ כל יומי רשיעא הוא מתפם ומנין שניא אתטישו לתקיפא : (ת"א) כל ימי דעשו רשיעא מורבין ליה דיעבד תתובא ולא תב מנין שניא אטמרו לישמעאל תקיפא : כא קל דלוחיא בגהנם באודניה כד שרין צדיקי בשלמא בחיי עלמא בזוותיה ייתינה : כב לא יהימין בחיוי למתב מן חשוכא ואטימוס הוא

רש"י

כל שכן: ונאלח. נתעב ומעורבב וכן כולו סג יחדיו נאלחו (תהלים כ"ג) : (יח) אשר חכמים יגידו . ויתוודו פשעם : ולא כחדו . עוונם מאבותם זהו אשר ראיתי והנני אספר לך והיכן ראיתי יהודה הודה ולא בוש במעשה תמר ראובן הודה ולא בוש במעשה בלהה ומה היה שכרם : (יט) להם לבדם נתנה הארץ . בשכר זה זכה יהודה למלכות נלח ונטלו שניהם מן הנחלה חלקם ולא גורשו מן נחלתם בעונם מאחר שהודו : ולא עבר זר בתוכם . כשבא משה לברכם שנא׳ יחי ראובן ואל ימות וגו׳ וזאת ליהודה (דברים ל"ג) . ד"א ולא עבר זר בתוכם . בנחלה של עתיד לבא ההליקה בספר (יחזקאל מ"ח). אבל: (כ) כל ימי רשע . שאינו שב מהטאו ואינו מודה פשעיו. כל ימיו: הוא מתחולל. ומתאונן על הבטחתו שישלם רעתו (ר"ל שמובטח לו שישלם רעתו ועיין פסוק כ"ג מהר"ז) אשר פעל כל מספר שנים אשר נצפנו לעריץ הוא מתהולל: מתחולל . ל׳ אניות ול"א שמעתי : (כא) קול פחדים באזניו . לאמר הגיע עת תשלומו : בשלום. וכשהוא שרוי בשלום אז השודד יבואנו: (כב) וצפוי הוא אלי חרב . עתיד הוא אלי הרב . ועינו לנוד ללחם

מנחת שי

דף קס"ד בנפל ממנו הדגש : שמע לי. בגעיא : (כב) וצפו. וצפוי קרי ביו"ד כן הוא בכל הספרים כתיבת יד מדוייקים וטעות נפל בכמה ספרי הדפוס שהשמיטו הקרי ונודע לנו זה מפי המסורה דמני

אבן עזרא

כל רוחו יוציא כסיל : (כ) מתחולל . מן חיל כיולדה : ומספר שנים . שיוקם בהם ממנו : (כא) קול פחדים .

רלב"ג

(כ) מתחולל . מענין חיל כיולדה : לעריץ . הוא הרשע ונקרא כן בהיותו תקיף ועושק שאר האנשים : (כב) וצפוי הוא אלי חרב . ר"ל שבשכר

מצודת ציון

(יח) כחדו . מנעו כמו ולא כחד ממנו (שמואל א׳ ג׳): (כ) מתחולל. מל׳ חלחלה ורעד : נצפנו . נסתרו : לעריץ . לחזק כמו עריצי גוים (יחזקאל כ"ח) ור"ל החזק ברשע : (כב) וצפוי . ענין הבטה כמו

מצודת דוד

בעיני אספר לך : (יח) אשר חכמים יגידו . מוסב למעלה לומר אספר לך מה שראיתי בחוש הדבר אשר יגידו החכמים ולא מנעו מלספר מה שקבלו מאבותם : (יט) להם לבדם . החכמים ההם משלו ברוב חכמתם על כל העולם כאלו להם לבדם נתנה הארץ ולא עבר בתוכם לנהוג עמהם איש זר אשר איננו מהם וכאומר הואיל וקבלו הדבר מאבותם ואין דרך האב להשריש דבר כזב בלב בנן והמקבלים היו חכמים גדולים משכילים לבחון האמת הוא או כזב ואף עיני כן ראו בחוש אם כן בודאי אמת נכון הדבר : (כ) כל ימי רשע . וזהו הדבר אשר ראיתי אני מה שקבלו החכמים ההם מאבותם אשר כל ימי הרשע מלאים פחד עם כי יללה דואג הוא בכל עת פן יגיעהו הרע ומספר השנים אשר נצפנו להצלחת העריץ ימלאו חלחלה וכפל הדבר במלות שונות : (כא) קול פחדים . ואשר יגור יבא לו כי בא באזניו קול פחדים ופתאום עודו יושב בשלום יבוא עליו השודד : (כב) לא יאמין . בבא עליו החשך לא יאמין בעצמו שישוב

Heb. וְצָפוּי *He is destined to the sword, and his eye to wander for bread—where should he find it?—* [*Rashi*] *Mezudath David* renders: he is viewed by the sword. It is as though the sword sees him and is coming at him.

23. **He wanders**—*I.e. he is assured*

and this I saw and I will tell. 18. That the wise men tell and do
not hide from their fathers. 19. To them alone the land was
given, and no stranger passed in their midst. 20. All the days of
a wicked man, he mourns, even the number of years that are
laid up for the oppressor. 21. The voice of terrors is in his ears;
in peace a robber will come upon him. 22. He will not believe
that he shall return from darkness, and he is destined

---

18. **That the wise men tell**—*and
confess their transgression.*—[*Rashi*]

and do not hide—*their iniquity
from their fathers. This is what I saw,
and behold, I will tell you. Now where
did I see it? Judah confessed and was
not ashamed in the incident of Tamar.
Reuben confessed and was not
ashamed in the incident of Bilhah.
And what was their reward?*—[*Rashi*]

19. **To them alone the land was
given**—*As a reward for this, Judah
merited eternal kingship, and both
took their share of the heritage, and
they were not driven out of it their
heritage because of their iniquity,
since they confessed.*—[*Rashi* from
Sotah 7b]

**and no stranger passed in their
midst**—*when Moses came to bless
them, as it is stated* (Deut. 33:6f):
*"Reuben shall live and not die etc.
And is this for Judah?"*—[*Rashi* from
Tanhuma Buber p. 188] *Another
explanation*:

**And no stranger passed in their
midst**—*in the heritage of the future
that is apportioned in the Book of
Ezekiel* (48). *But . . .*—[*Rashi* from
unknown midrashic source]

20. **All the days of a wicked
man**—*who does not repent of his sin*

*and does not confess his trans-
gressions, all his days . . .*—[*Rashi*]

he mourns—*and grieves over his
certainty of being requited for his evil
that he committed. All the number of
years that were laid up for the op-
pressor, he mourns.*—[*Rashi*] [The
word] מִתְחוֹלֵל *is an expression of
mourning, but I did not hear this.—*
[*Rashi*] [*Rashi* did not hear this
explanation from his mentors but
arrived at it through his own reason-
ing.]

The word עָרִיץ in this verse is
synonymous with רָשָׁע. Although the
oppressor is granted years of pros-
perity, he does not enjoy them
because he always fears the punish-
ment he is expecting for his sins.—
[*Mezudath David*]

21. **The voice of terrors is in his
ears**—*saying that the time of his
retribution has arrived.*—[*Rashi*]

in peace—*And when he lives in
peace, then the robber will come upon
him.*—[*Rashi*]

22. **He will not believe**—When
darkness comes upon him, he will
not believe that he will ever return
from it to his former state.—[*Mezu-
dath David*]

and he is destined to the sword—

אלי־חרב: כג נדד הוא ללחם איה
ידע כי־נכון בידו יום־חשך: כד יבעתהו
צר ומצוקה תתקפהו כמלך ׀ עתיד
לכידור: כה כי־נטה אל־אל ידו ואל־
שדי יתגבר: כו ירוץ אליו בצואר בעבי
גבי מגניו: כז כי־כסה פניו בחלבו ויעש

ת"א נודד. ב"ה לב זוהר פנחס:

פימה

הוא לקטלין בחרבא:
כג מנדד הוא למזונא
האן הוא ידע ארום
מעתד בידיה יום
חשוכא: כד יבעתוניה
עקא ומעיקא יחזרוניה
היך מליך דאיטימוס
לגלוגדקא: כה מטול
דאושיט לאלהא ידיה
ולות שדי יתגבר:
כו ירהוט לותיה
בתוקפא בקושי רום
תרסוי: כז ארום חפא

רש"י

איה ימצאהו: (כג) נודד הוא. כלומר מוכטח הוא לנוד: ידע. לו באמת: כי נכון. ומזומן לבוא בידו כלומר אליו ועמו יום חושך: בידו. כמו מן הבא בידו (בראשית ל"ב): (כד) תתקפהו. תחזק המצוקה ממנו ותאחזהו: כמלך עתיד לכידור. לא מצאתי דמיונו ויש לפותרו באותיות המתחלפות רי"ש בדלית כמו אשכנז וריפת שבתורה (שם י) (ובדברי הימים א' א') אשכנז ודיפת. וכן כתים ודודנים [שם] אף כאן לכידוד כמו לכידור כאותו המלך שהוא עתיד ליקוד באש של גיהנם הוא סנחריב שהתנבא נביא עליו (ישעיה ל') כי ערוך מאתמול תפתה גם הוא למלך הוכן לשרוף חייליו יקד יקוד ודומה לו כידודי אש יתמלטו [לקמן מ"א] אש [ס"א אש] לפידים. אש [ס"א אש] להבות: (כו) ירוץ אליו. היה רץ אל הבורא בגובה וזקיפת צואר להכעיסו: בעבי גבי מגיניו. בחוזקת כחו: גבי. ל' גובה כמו ותבני לך גב [יחזקאל ט"ז]: (כז) פימה עלי כסל. עשה פה על חלצים שחלבו ועובי שומנו כפול על כסליו ונראין

אבן עזרא

באחריתו: (כד) תתקפהו כמלך. שהוא מוכן להכנס במלחמה. ואין לו דומה. ויש אומרים כי יסובוהו צרות כהקף הגלגל סביבות הכדור שהיא הארץ ויהי כמו כדור אל ארץ וכ"ף כדור נופל וכ"ף כידור שורש והוא רחוק: (כו) בעבי גבי מגיניו. ישוב על עובי הצואר. ומגיניו הם העצמות על דרך משל. וגבי הם המיתרים: (כז) כי. חלבו כסה

מנחת שי

באיוב ז' י"ב מלין חסר יו"ד בסוף תיבותא וקריא וזה אחד מהם וכ"כ הר"ש בר צמח לפוי סעול על משקל ב כוי: (כד) יבעתהו.

רלב"ג

יראהו החרב והטעם שבכר יעבור עליו החרב ויפלו עליו אימת מות: (כד) תתקפהו כמלך עתיד לכידור. תתחזק המצוקה עליו ותסבבהו כמו המלך שעתיד לכידור ומזומן למלחמה הנקרא טורני"ש בלע"ז. או יהיה הרצון בזה תנצחהו המצוקה ותחזק עליו כמו שיתקוף המלך ויאנוס האיש ההוא שהוא עתיד להשפט בכידור והם האנשים הגדולים לטביעה שכאשר ירצו לטובעם בקלות יקשרו ראשם בין ברכם וידיהם ורגליהם בדרך שיהיו כמו הכדור עד שלא יוכלו בשום פנים להנצל מהטביעה: (כו) בעבי גבי מגיניו. במקום שגופי מגיניו יותר עבים ויותר חזקים: (כז) פימה עלי כסל. שעשה פיות על כסליו מרוב השומן:

מצודת דוד

עוד ממנו לחזור לקדמותו: וצפוי. והוא נראה אל החרב כי החרב רואהו ובא עליו: (כג) נודד. והוא נודד ממקומו בעבור הלחם לבקש איה ימצאהו: ידע. יודע הוא בעצמו שיום החושך יהיה נכון ומתקיים בידו כי בעצמו ישפוט אשר בלתה אליו הרעה ובעבור זה יוסיף לדאוג בכל עת: (כד) יבעתוהו. הצרות יחרידו אותו: תתקפהו כמלך. הצרה תאחוז אותו בחוזק כמלך האוחז בממשלתו: עתיד לכידור. מזומן הוא להיות דומה לכידור כה וכה ומטולטל ככדור הזה המטולטל ונזרק מיד ליד: (כה) כי נטה. על אשר נטה ידו אל ה' לגזות כלפי מעלה בנטיית היד והיה מתגבר עצמו למולו כי חשב אשר כחו ועוצם ידו עשה לו את העושר: (כו) ירוץ אליו. היה רץ מול ה' בצואר זקוף ובגאוה בעבור עובי גופי מגיניו אשר עליו ר"ל על כי היה בוטח ברוב חוזקו ותקפו: (כז) כי כסה. כי התענג בדשן נפשו להשמין את בשרו עד כי כסה פניו בחלבו ועשה על

מצודת ציון

לופה רשע (תהלים ל"ז): (כג) איה. אנה: (כד) ומצוקה. גם הוא ענין צרה: תתקפהו. יאחזו בחוזק: עתיד. מזומן כמו העתידים עורר לויתן (לעיל ג'): לכידור. עשוי הוא לשחוק בו לזרקו מיד ליד וכן כדור אל ארץ רחבת ידים (ישעיה כ"ב): (כו) בעבי. מל' עב: גבי. גופי כמו לגבי חומר גביכם (לעיל י"ג) ויאמר על גוף כל דבר: (כז) פימה. מל' פה: כסל. הוא הלק השדרה הסמוך

27. **collops of fat on his loins**—*He made a mouth on his loins, for his fat and the thickness of his blubber is folded on his loins, and they look like a sort of mouth.*—[*Rashi*] Because of his great prosperity, he became haughty. This gave him the audacity to defy and blaspheme the Lord.—[*Mezudath David*]

For he has covered his face with his fat—He has indulged himself until his flesh became so fat that it covers his face.—[*Mezudath David*]

to the sword. 23. He wanders for bread, where is it? He knows that the day of darkness is ready at his hand. 24. Distress and anguish frighten him; it overpowers him like a king destined for the inferno, 25. for he stretched his hand to God and showed his strength against the Almighty. 26. He runs toward Him with his neck upright, with the thickness of the body of his shields. 27. For he has covered his face with his fat, and he has made

of wandering.—[*Rashi*] *Mezudath David* explains that he wanders from his place to search for bread, to discover it.

He knows—*in fact.*—[*Rashi*]

that . . . is ready—*and prepared to come to his hand, i.e. to him, and with him is the day of darkness.*—[*Rashi*]

at his hand—*Like* (Gen. 32:14), *"from what came into his hand."*—[*Rashi*]

24. **it overpowers him**—*The anguish is stronger than he and it will prevail over him.*—[*Rashi*] *Mezudath Zion* renders: will seize him forcibly.

like a king destined for the inferno—Heb. לַכִּידוֹר. *I have not found anything similar to it, but it may be interpreted by means of the interchangeable letters, "resh" with "dalet," like* (Gen. 10:3), *"Ashkenaz and Riphath" in the Torah, and in Chronicles* (I, 1:6): *"Ashkenaz and Diphath;" and similarly* (Gen. 10:4), *"Kittim and Dodanim"* [which appears as "Kittim and Rodanim" in I Chronicles 1:7]. *Here too,* לַכִּידוֹר *is equivalent to* לַכִּידוֹד, *to the king who is destined to burn* (לִיקוֹד) *in the fire of Gehinnom; i.e. Sennacherib, about whom the prophet prophesied* (Isa. 30:33): *"For Tophteh has been set up from yesterday, that too has been prepared for the king," to burn his hosts;* (Isa. 10:16), *"a burning shall burn." Similar to this* (below 41:11), *"brands of* (כִּידוֹדֵי) *fire will slip"; either* (other editions: *fire of*) *brands, or* (other editions: *fire of*) *flames.*—[*Rashi*] *Mezudoth* identifies כִּידוֹר with כַּדּוּר, *a ball,* hence rendering: like a king destined to be tossed like a ball.

25. **for he stretched his hand to God**—Because he stretched out his hand to God to blaspheme Him; and he showed his strength toward God because he thought that he had accumulated his wealth by the strength and power of his own hands.—[*Mezudath David*]

26. **He runs toward Him**—*He would run toward the Creator with his neck high and upright, in order to provoke Him.*—[*Rashi*]

the thickness of the body of his shields—*With the power of his strength.*—[*Rashi*]

the body of—Heb. גַּבֵּי, *an expression of height, as* (Ezek. 16:24), *"and you built yourself a platform* (גָּב)*".*—[*Rashi*]

פִּימָה עֲלֵי־כָסֶל: כח וַיִּשְׁכּוֹן ׀ עָרִים
נִכְחָדוֹת בָּתִּים לֹא־יֵשְׁבוּ לָמוֹ אֲשֶׁר
הִתְעַתְּדוּ לְגַלִּים: כט לֹא־יֶעְשַׁר וְלֹא־
יָקוּם חֵילוֹ וְלֹא־יִטֶּה לָאָרֶץ מִנְלָם: ל לֹא־
יָסוּר ׀ מִנִּי־חֹשֶׁךְ יֹנַקְתּוֹ תְּיַבֵּשׁ שַׁלְהָבֶת
וְיָסוּר בְּרוּחַ פִּיו: לא אַל־יַאֲמֵן בַּשָּׁו נִתְעָה
כִּי־שָׁוְא תִּהְיֶה תְמוּרָתוֹ: לב בְּלֹא־יוֹמוֹ

אַפּוֹי בְּשׁוּמְנֵיהּ וַעֲבַד רוּטְבָא עֲלוֹי כַּפְלָא: כח וַעֲבַד שְׁכוּנָן בְּקִרְוִין צַדְיָן יָתִיב בְּבָתַּיָא דְלָא יָתְבוּן לְהוֹן דִּי אִתְעַתָּדוּ לִיגוּרִין: כט לָא יִתְעַתַּד וְלָא יִתְקַיַּם עֻתְרֵיהּ דְקָרַח וְלָא יִתְמְתַח לְאַרְעָא מִנְהוֹן וּמַהֲלִין טַבְתָּא דְדָתָן וַאֲבִירָם: ל לָא יֶעְדֵּי מִן חֲשׁוֹכָא שִׁבְשֵׁיהּ תְּיַבֵּשׁ שַׁלְהוֹבִיתָא וְיֶעְדֵּי בְּזַעְפָּא דְפוּמֵיהּ דֶאֱלָהָא: לא לָא יְהֵימִין בְּבַר נָשׁ דִּבְשַׁקְרָא תָּעֵי אֲרוּם שִׁקְרָא תְּהֵי פְּרוּגֵיהּ: לב בְּלָא יוֹמֵיהּ תִּתְמְלֵי

רש"י

כמין פה: פימה מגזרת והיתה הפצירה פים [שמואל א' י"ג] זו היא לימ"א של כפתים שיש לו פיות הרבה הפלר פיות: (כח) וישכון ערים נכחדות. כן דרך בעלי גאוה בוני חרבות לשם: (כט) ולא יקום חילו. לא יתקיים לימים רבים: ולא יטה. לא ינטה כמו ויטו אחרי הבלע [ש"א ח'] וינטו הם עלמם. מלילתו לא נטה מן השמים לארץ: מנלם. מתת תאוותם וזימון מחשבתם והיא כשהי תיבות מן להם מן הכנתם כמו וימן להם המלך [דניאל ה'] ודומה לו הפצירה פים בשתי תיבות [שמואל א' י"ג]. ארחלם ת"י אחזי להון [ישעיה ל"ג] זה נראה בעיני. ומנחם מסייעני ד"א מנלם. לשון כנלותך לבגוד והנו"ן שבו יסוד נופל לשון תכלית לא יטה לארץ להיות בטילה מגזירת חרון: (ל) ויסור. מן העולם: ברוח פיו. של שליט בעולם וזה מקרא קצר. ויש פותרים בשביל רוח פיו שהרע לדבר סרה: (לא) אל יאמן. אותו אשר בשוא נתעה כי שוא תהיה תמורתו ויגיעו כמו [רות ד'] ועל התמורה: (לב) בלא

מנחת שי

בגעיא היו"ד: (כט) ולא יטה. בלא מאריך בלמ"ד: (ל) יונקתו. בקלת ספרים חסר וא"ו אחר יו"ד: (לא) בשו' נתעה. בכל הספרים חסר אל"ף וכן מסור עליו במקלתם לית חסר אל"ף וכתב בשרשים שרש שוה ואע"פ שיש ספרים שכתב מבחוץ במקום הקרי באל"ף זה עניינו כמו שוה: (לב) בלא יומו. הבי"ת בגעיא:

אבן עזרא

פניו וכאילו יצטרך לעשות פימה עלי כסל להוציא מהחלב וזהו דרך משל כי בתחלה יעשה הרשע ובסוף להפך כעניי בפרח רשעי' כמו עשב ובסוף: (כח) וישכון ערים נכחדות. וי"א כי יבחר מקום אין שם ישוב להתבודד בו להרע. שהיו מעותדים כמו עתודים להיותם גלים. כמו גל אבנים וכן גלים גלים: (כט) חילו. עשרו כמו עשה לי את החיל הזה: יקום. יעמוד: מנלם. הדבר השלם שלהם ויפירוש יטה כמו נוטה שמים וכמוהו כנלותך כהשלימך: (ל) ויסור. אפילו ברוח פיו: (לב) בלא יומו תמלא. רובי המפרשים

רלב"ג

(כח) אשר התעתדו לגלים. אשר היו עתידים לגלים. כמו גלים גלים ר"ל שממון: (כט) מנלם. שלמותם כענין כנלותך לבגוד יבגדו בך: (לא) בשוא

מצודת ציון

גליות כמו אשר על הכסלים (ויקרא ג'): (כח) נכחדות. נגזרות ונכרתות כמו ותכחד מן הארץ (שמות ט'): למו. להם ר"ל בהם: התעתדו. הוזמנו: לגלים. ענין תל ודגור: (כט) חילו. עשרו: מנלם. תכליתם והשלמתם כמו כנלותך לבגוד (ישעיה ל"ג): (ל) יונקתו. ענף רך: (לא) המורתו. מלשון תמורה וחלוף:

מצודת דוד

כסליו כפולים מרוב השומן והמה נראים כשפתי הפיות ובעבור רוב הטובה גבהה לבו ובטח ברוב חזקו לנזות כנפי מעלה: (כח) וישכון. שכן בערים נגזרות ונחרבות כי בנה אותם נעלמו כדרך הגדולים אשר יבנו ערים נחרבות להיות להם לשם וכמ"ש הבונים חרבות למו (לעיל ג'): בתים. שכן בבתים אשר לא היו ראוים לשבת בהם אשר הוכנו והוזמנו להיות גלים ודגורין כדרך החרבות: (כט) לא יעשר. ובעבור זדון לבו לא יעמוד עשרו ולא יתקיים חילו והוא כפל ענין במ"ש: ולא יטה. לא יהיה נטוי מהם לנפול בארץ תכליתם והשלמת גמולו כ"א על ראשם יחול ויקבלו תגמול משלם: (ל) לא יסור. לא יהיה עוד נעזר לשוב לקדמותו: יונקתו. ענפיו הרכים תייבש אותם השלהבת עד שיסורו ממקומם וינועו ברוח פיו של המגשב כדרך דבר היבש אשר לרוב קלותו יתנדנד ברוח קימעא ר"ל בדבר קל יאבד מצלחתו: (לא) אל יאמן. התועה ללכת בדרך שוא לא היה מאמין אשר תמורתו תהיה שוא ר"ל בגמולו יהיה כמפעלו: (לב) בלא יומו.

ground to be freed from a decree of destruction.—[*Rashi*] [*Menachem* (*Machbereth*, p. 123) does associate כִּנְלֹתְךָ and מִנְלָם (see *Rashi* to Isaiah), adjudging both to be from the same root. However, *Menachem's* definition, ruling power, does not seem to fit either verse.]*

30. **He will not turn away etc.**—The wicked man will not be aided in returning to his previous state.—[*Mezudath David*]*

and he will turn away—*from the world.*—[*Rashi*]

by the breath of His mouth—*Of the Ruler of the world. This is an ellipsis.*

collops of fat on his loins. 28. And he dwelt in ruined cities, in houses that could not be inhabited, that were destined to become heaps. 29. He will not become wealthy, and his possessions will not remain; neither will the gratification of their desire bend to the earth. 30. He will not turn away from darkness; a flame will dry out his young branches, and he will turn away by the breath of His mouth. 31. He who was misled by futility will not believe that his recompense shall be futility. 32. Before his time

28. **And he dwelt in ruined cities**—*So is the custom of haughty people, to build ruins for a name.*—[*Rashi*] This practice was mentioned before in 3:13.—[*Mezudath David*] *Ibn Ezra* explains that they seclude themselves in an uninhabited site to plot evil.*

29. **He will not become wealthy**—Because of his arrogance, he will not become wealthy; he will not retain his riches.—[*Mezudath David*]

and his possessions will not remain—*They will not be preserved for many days.*—[*Rashi*]

neither will . . . bend—Heb. יִטֶּה, [like] יִנָּטֶה, *like* (I Sam. 8:3), *"and they turned* (וַיִּטּוּ) *after gain." They themselves turned* (וַיִּנָּטוּ). *It means that they did not bend from heaven to earth.*—[*Rashi*] [*Rashi's* point is that the verb נטה, to bend or turn, usually appears in the passive *niph'al* conjugation, used in the intransitive sense. The *kal* (simple) conjugation usually denotes the active, transitive sense, as in Exodus 8:1f and many other places. *Rashi* therefore cites an instance in which the *kal* conjugation, instead of the *niph'al,* is used in the intransitive sense.]

the gratification of their desire—Heb. מִנְלָם, *the granting of their desire and the fulfillment of their plans. It is like two words,* מִן לָהֶם. מִן *means their preparation, like* (Dan. 1:5), *"And the king prepared* (וַיְמַן) *for them." Similar to it is* (I Sam. 13:21), *"a file* (הַפְּצִירָה פִּים)*," in two words.* [The analogy is obscure.] (Isa. 33:7), *"Behold I will appear to them* (אֶרְאֶלָּם)*," which Jonathan renders: I will appear to them* [thus explaining the word as though it were written אֵרָאֶה לָהֶם]. *So it appears to me, and Menachem supports me.* [*Rashi's* comment is very puzzling, since *Menachem* states emphatically (*Machbereth* pp. 32ff.) that אֶרְאֶלָּם is *not* a combination of two words, and his explanation of מִנְלָם (below) is entirely different.]

Another explanation: מִנְלָם *is an expression of* (Isa. 33:1), *"when you finish* (כַּנְּלֹתְךָ) *dealing treacherously," in which the "nun" is a radical that sometimes is omitted, an expression of completion. It will not bend to the*

תִּמָּלֵא וְכִפָּתוֹ לֹא רַעֲנָנָה: לג יַחְמֹס כַּגֶּפֶן
בִּסְרוֹ וְיַשְׁלֵךְ כַּזַּיִת נִצָּתוֹ: לד כִּי־עֲדַת
חָנֵף גַּלְמוּד וְאֵשׁ אָכְלָה אָהֳלֵי־שֹׁחַד
לה הָרֹה עָמָל וְיָלֹד אָוֶן וּבִטְנָם תָּכִין

קְבוּרְתָּא וְעוּבֵיהּ לָא
תְהֵי עֲבוּפְיָא: ת״א עַד
לָא יוֹמֵי תִתְמְלֵי סִבְתֵיהּ
וְכַלְתֵיהּ לָא תְהֵי גְנָנָא:
לג יַתַּר הֵיךְ גוּפְנָא
בּוּסְרֵיהּ וְיִטְלוֹק הֵיךְ
זֵיתָא לַבְלְבֵיהּ: לד אֲרוּם
סִיעַת דִּילְטוֹר לְצַעֲרָא
וְאֶשָּׁתָא גַּמְרַת מַשְׁכְּנֵי שׁוֹחֲדָא: לה דְחָשְׁלִין לְעוּת וּמְמַלְּלִין שְׁקַר וְרַעְיוֹנֵי כְּרֵסְהוֹן מַתְכְּנֵי נִכְלָא

רש״י

יומו. תעמוד תמורתו על מליאתה מליגדל ולהגליה עוד כמו [ברא׳שית כ׳] וימלאו לו ארבעים יום פי׳ ואשלימו: וכפתו. כפיית ענפיו. כל ענפי אילן דומין לכיפה: (לה) הרה עמל וילד און. עשה רע וישתלמו שכר הלידה לפי ההריון

אבן עזרא

אמרו שהאל״ף במקום למ״ד הכפל והוא מן וקטפת מלילות. ומל׳ רבותינו מוללו ומריח בו: וכפתו. מן כפה ואגמון: (לג) יחמס. כמו ויחמוס כגן סכו. נחמסו עקביך ועניינו יתפזר: (לד) ואש אכלה. דמה אף אלהים לאש בעבו שהרה עמל: (לה) ובטנם. רמז למחשבותם הנסתרות:

מנחת שי

רעננה. פועל חולף כי הוא מלעיל. אף שרשנו רעננה תואר כי סו מלרע. שרשים וכן במסורה ב׳ חד מלרע וחד מלעיל:

רלב״ג

נתעה. ר״ל האיש הנתעה בשוא ובהבלי העולם להמשך אחריהם: כי שוא תהיה תמורתו. כי תמורתו תהיה שוא והבל ר״ל שבכר יפסד ויעדר (לב) תמלא. תכרת והוא שב אל יונקתו האמורה למעלה: וכפתו. הוא כמו יונקתו והרצון בו פארתו: (לג) יחמוס. יגלה כטעם ויחמוס כגן סכו בסרו. בוסר שלו: נצתו. כמו פרחו: (לד) אהלי שחד. השכוניים משחד: ביאור דברי המענה ענה אליפז התימני ואמר היתכן לחכם שיטעו טענות כוזבות אשר הם דברי רוח והבל. אם מחוק החכם שיתווכח בדברים וטענות בלתי מועילות בהאמתת מה שירצה האמתתו. הנה לא תוכל להגלל שלא תעשה העול גדול מאלו הדברים כי עתה תפר מההמון יראת הש״י כי ההמון לחולשת שכלם לא יראו משום רעוי הנה מדאגה פן יעניסם השם יתברך ולזה כשתאמר שלא יועיל הצדק שלא יבאו אלו הרעות אלא למי שבמערכתו בעת הלידה שיבואו אתה מפר יראת הש״י מההמון ואתה גם כן מונע מהתפלל לפני הש״י על הרעות הבאות לאיש איש כי התפלה עליהם שוא ובטל לפי דבריך הנה דבריך יודיעו לאנשים עונך כי אתה בוחר בדבריך לשון הערומים המדברים בערמה ובמרמה ובדרכים מתעים. הנה לא אצטרך אני לומר שאתה רשע ועל זה באה עליך הצרה הזאת כי פיך ושפתיך יעידו בך שאתה רשע. מה זה שהתפארת בישישות וזקנה האם נבראת קודם אדם הראשון ולפני בריאת הגבעות הנה אם לוסר הוא לעיל לימים הנה לא ימנע מפני זה שיגיע לו מהחוש מה שהספיק בזה הדרו וזה שיתכן שקבל כבר עדות מאנשים יותר קודמים ממך עד שכבר הגיע אליו מה שהתפרסם מזה החוש זה זמן ארוך ולזה אם אינך ראשון לכל האנשים תהיה טענתך בזה בטלה. האם שמעת בסוד אלוה ונגלה לך כבר עד שתמנע לך החכמה ותהיה לך לבדך לא נזריך אתך. מה ידעת מפעולות הש״י ולא נדע ומה תבין מהם ולא עמנו הוא. ועוד שאם תטעון כי בעבור ישישותך יתכן שתהיה חכם יותר. הנה גם שב גם ישיש בנו כביר ימים מאביך והמשוב שאליפז היה יותר ישיש מאיוב ואולם שאר רעיו היו צעירים ממנו או לופר היה צעיר ממנו. המעט ממך התנחומות שנחמך בהם אלו האנשים ר״ל צופר ובלדד עד שקראת להם רופאי אליל. האם מה שטענ לקיים שהשם ית׳ מבין את כל מעשה האדם ושופט אותו עליהם הוא דבר של לאט ושל סתר עמך עד שקראת אותם טופלי שקר וקרא סתר אלו הטענות והוא מה שאמרת אליהם אם לסתר פנים תשאון. איך לקחך לבך ואיך רמזו עיניך להשיב אל אל רוחך והוצאת מפיך מלין כנגדו. איך תחשוב שתהיה נקי וצדיק עד שלא יתכן שיגיעך עונש הנה אי אפשר באדם לחסרונו שיהיה נקי וצדיק. ואיך תחשוב שתהיה נמלט מהחסרון הלא בעיני השם ית׳ אין נמלט מהחסרון כי גם המלאכים והגלגלים ישיגם חסרון מה לפי מה שמציאותם יצטרך אל מציאו אחר ישפע ממנו ועוד בהם הסרון נפלא ביחס אל הש״י כמו שביארנו בחמישי מספר מלחמות ה׳ ולזה לא ימלא השלימות כי אם בש״י ובהיות הענין כן איך תחשוב עצמך נקי מהחסרון עם היותך נתעב ונמאס ושותה כמים עולה כי האדם זה דרכו ולזה אין לך להתרעם על הש״י על זה העונש כי בלי ספק אי אפשר מזולת סבה ואם אינך משער בזה כי יתכן שחטאת בדברים רבים הם חטא אל הש״י מצד סכלותו והיך חושב בהם שיהיו חטא. הנה אגידך שראיתי בחוש ומה שיגידוהו חכמים ולא כחדו במה שקבלו בזה מהחוש מאבותם. כי לא אביא עליך עדות ממה שיגידו הפחותים כי אין לסמוך עליהם אבל ממה שהגידו השלימים אשר להם לבדם נתנה הארץ

מצודת דוד

כזה תמלא ותושלם זמנו בלא זמנו ר״ל ימות קודם זמנו: וכפתו. ענפיו לא יהיו רטובים רלה לומר לא יבא טובה לזרעו אחריו: (לג) יחמוס. מי שבידו להסיר הוא יסיר זרעו בסבה קלה כגפן הזה המסיר בסרו במעט סבה: וישלך. והוא ישלך זרעו מהר כזית המשליך מהר נצתו והוא כפל ענין במלות שונות: (לד) כי עדת וגו׳. כי כן ראוי שתהיה עדת חנף יחידי ולא ימלא בה לא בנים ולא בנות: ואש. חרון אף ה׳ הבוערת כאש תאכל האהלים הבנוים בממון שוחד: (לה) הרה עמל. כמו שהרה עמל כן ילד און רלה לומר כמו שהלידה היא לפי ההריון כן הגמול לפי המעשה: ובטנם. הלב הנתון בבטן הלא היא הכינה המרמה ולזה יקבל גמולו משלם באין מחסור (העולה מהמענה הזה כי ישיב

מצודת ציון

(לב) תמלא. תושלם כמו ובמלאת ימי טהרה (ויקרא י״ב): וכפתו. ענפיו כמו כפות תמרים (שם כ״ג) ע״ש שהמה כפופים: רעננה. ענין לחות ורטיבות כמו בשמן רענן (תהלים צ״ב): (לג) יחמוס. יסור כמו נחמסו עקביך (ירמיה י״ג): בסרו. כן יקרא הפרי שלא נגמר בשולו כמו ובוסר גומל (ישעיה י״ח): נצתו. פרחו כמו סמדר הרמונים (ש״ה ו׳): (לד) גלמוד. יחידי כמו הלילה ההוא יהי גלמוד (לעיל ג׳): אכלה. שרפה: (לה) עמל. און. ענינם שבר ויגיעה ודבר רע:

imbueing them with the idea that there is no Divine supervision upon the world. As for Job's complaint that he was not rewarded for his many good deeds, Eliphaz replies that he was already rewarded for them during his early years, and that now he is being recompensed for his

it will be completed, and his branches will not be green. 33. He
will cast off his unripe grapes like a vine, and he will throw off
his blossom like an olive tree. 34. Because the company of a
hypocrite is lonely, and a fire consumes the tents of bribery.
35. They conceive trouble and bear iniquity. and their belly
prepares

Others interpret this to mean,
because of the breath of his mouth
that was guilty of speaking lies.—
[Rashi]

31. **will not believe**—*He who was*
misled by futility will not believe that
his recompense and his toil shall be
futility, like (Ruth 4:7), *"and con-*
cerning exchange (הַתְּמוּרָה)*."—*
[Rashi]

32. **Before his time**—*his recom-*
pense will be complete [and will
cease] *from growing and prospering*
anymore, like (Gen. 50:3), *"were ful-*
filled for him." I.e. they were com-
pleted.—[Rashi] [Rashi illustrates
that the root מלא, usually meaning
"full," is sometimes used to mean
complete.]

and his branches—*His bent-over*
branches. All branches of a tree
resemble a dome.—[Rashi] The
intention is that the branches of
a tree form a dome to shelter
those standing under them.—[Daath
Mikra] Redak explains that the
branches of a tree are known as כִּפָּה
because they are bent over, in con-
trast to the trunk of the tree, which
is upright.

will not be green—No good will
come to his posterity.—[Mezudath
David]

33. **He will cast off**—God, in

Whose hand is the power to cast off
his posterity for any minor reason,
will do so, like a vine that casts off
its unripe grapes very easily.—
[Mezudath David]

34. **Because the company etc.**—
Because it is proper that the com-
pany of the hypocrite be lonely and
that no children be found there.—
Mezudath David]

and a fire—God's wrath.—*Mezu-*
dath David]

tents of bribery—Tents built with
money received as bribes.—[Mezu-
dath David]

35. **They conceive trouble and bear**
iniquity—*They commit evil and are*
recompensed. The recompense of the
birth is in accordance with the con-
ception.—[Rashi]

prepares—*makes ready.—[Rashi]*

deceit—*Their desire shall be con-*
verted for them into deceit.—[Rashi]
Mezudath David identifies the belly
as the heart, situated in the body
cavity. It is the heart that prepared
the deceit, so it will receive its just
recompense. *Ibn Ezra,* too, explains
that the belly represents the hidden
thoughts.

(In summation: Eliphaz tells Job
that he cannot deny sinning,
because, with his very words, he
influences the people to sin by

מִרְמָה׃ טז א וַיַּעַן אִיּוֹב וַיֹּאמַר׃
ב שָׁמַעְתִּי כְאֵלֶּה רַבּוֹת מְנַחֲמֵי עָמָל
כֻּלְּכֶם׃ ג הֲקֵץ לְדִבְרֵי־רוּחַ אוֹ מַה־
יַּמְרִיצְךָ כִּי תַעֲנֶה׃ ד גַּם ׀ אָנֹכִי כָּכֶם
אֲדַבֵּרָה לוּ יֵשׁ נַפְשְׁכֶם תַּחַת נַפְשִׁי

נִכְלָא׃ א וַאֲתֵיב אִיּוֹב
וַאֲמַר׃ ב שְׁמַעֵית כְּאִלֵּין
סַגִּיעָתָא מְנַחֲמִין דְּלֵעוּר
כּוּלְּכוֹן׃ ג הָאִית סוֹף
לְמִלֵּי זִיקָא אוֹ מַה
יִבְסְמִינָךְ אֲרוּם תְּתִיב
ד לְחוּד אֲנָא כְּוָתְכוֹן
אֲמַלֵּיל לְוַי דְּאִית
נַפְשְׁכוֹן חִלּוּפֵי נַפְשִׁי
אֲחַבֵּר עֲלֵיכוֹן בְּמִלַּיָּא
וְאֶטַלְטֵל

רש"י

תכין. תזמין: מרמה. למרמה תהפך להם תאוותם: (מענה איוב): טז (ג) ימריצך. ישערך פיך לחשוב דברים נמרצים על אופניהם: (ד) ככם אדברה. ככם אני יודע לקנתר: לו יש נפשכם. ביסורין תחת נפשי גם אני הייתי מחבר עליכם במלין ומניע עליכם ראשי בלעגתכם ומאמץ אתכם במו פי לאמר החרישו התאמצו ועמדו ביסוריכם

מנחת שי

טז (ד) ככם. כתב רב פעלים דף רנ"ו שמלא בקצת ספרי המסרה ככם אדברה לית כוותיה לירי:

אבן עזרא

טז (ב) שמעתי כאלה רבות: (ג) או מה ימריצך מי יהיה תקיף ממך וינצחך:

רלב"ג

מרוב חכמתם ושלמותם לא עבר זר בתוכם שלא הם ידעו. וראיתי גם כן בעיני כי הרשע ואם הוא מצליח הוא מתחולל כל ימיו ר"ל שיאחזהו חיל וכאב לב כל ימיו ליראתו ולפחדו שיגיעהו רע ומספר השנים אשר נצפנו לתוקף התומם אנשים יהיה בכל אחד מהם קול פחדים באזניו שיגיעהו רע והנה בהיותו בשלום יבואהו השודד והרג לו בדרך שלא יאמין שוב מני החושך והצרה הזאת. שלא החרב יראה אותו בדרך שיפלו עליו אימות מות. שלא הרשע הוא נודד ללחם אנה ימצאהו כי אין לו לחם לאכול ידע כי נכון בידו יום החשך והרה גדולה ולזה הוא בכאב לב תמיד. צר ומצוקה יבעתוהו. תתחזק המצוקה עליו ותאכום אותו כמו המלך שיתקוף ויאכום האיש שהוא עתיד להשפט בכידור והם האנשים הנדונים לטביעה שיקשרו ראשם בין ברכם וידיהם ורגליהם בדרך שיהיו כמו הכידור עד שלא יוכלו להנצל מהטביעה: מפני שנטה הרשע נגד אל ידו וחשב להתגבר על הש"י. הנה הש"י ירוץ עליו להכותו בצוארו במקום שיהיו מגיניו יותר חזקים ויותר עבים להראותו כי לא תועיל גבורתו כנגד הש"י. מפני שכסה הרשע פניו בחלבו מרוב השומן ושכן בערים חריבות ר"ל שבנה אותם ושכן בבתים אשר לא היו נושבים אבל היו עתידים להיות לגלים גלים ובנה אותם מחדש כדי שיוכל לבטוח יותר בהם שיהיו חזקים ולהיותם לזכר לו. הנה יענש שלא יעשר ולא יעמוד עשרו אשר בעבורו היה מאמין עצמו ולא יטה לארצי הארץ שלמותם ר"ל שבניניהם אשר עשה לא ישארו אבל יחרבו ויפלו. לא יסור מני חשך הצרות יונקתו אשר היתה לוקחת מאד בהיותו בעשרו עד שהיתה בתכלית השומן והדשנות תיבש שלהבת הצרות הבאות עליו עד שיגיעהו מהכחישות שרוח פיו יניעהו ויסירהו ממקומו. בעבור שלא היה מאמין זה האיש הנתעה בשוא ובהבלי העולם כי ימות ותהיה שוא והבל תמורתו ר"ל שלא היה מתפחד מהמות הנה היה ענשו שימות בלא עתו ותכרת יונקתו בלא עתו וכפתו אשר איננה רעננה יהיה בקלות הפרח והנה שהוליא הרשע לעשות פרי כמו הגפן שיחמוס וישחית בסרו וכזית שישליך נצתו במעט הכה. הנה קהל החנפים סופו להיות גלמוד לפי שישחיתו קצתם לקצת ולא ישלם הקבוץ ביניהם ואש אכלה האהלים הבנויים משחד ועול לפי שהם יחשבו ויסדלו תמיד בעמל ואון ומחשבתם תכין מרמה תמיד ולזה יענישם הש"י בכמו אלו העונשים: והכלל העולה מהדברים הוא שהוא היה מגנה איוב על אמרו שלא חטא והוא מעיד שהבר חטא שהוא בדבריו אלה יפר יראת השם מהאנשים וימנע מהתפלל אליו בעת הצרה אשר עם התועלת שבו להנצל מהרע הנה בו מהתקון המדיני והסיבה אל הצלחת הנפש מה שלא יעלם והביא ראיה מהחוש אל היות אלו הרעות מסודרות מהשם ית' לפי מעשה האדם למה שימצא מהרעות לרשעים אשר לא נפקד איש מהם שלא ישיגוהו רעות אם מצד המקרה אם מזולת זה וזה ממה שיורה על כי אלו הרעות הם לרשעים מפני היותם רשעים. ועוד שאמנו כלאה העונש הבא עליהם כנגד מרים מדה כנגד מדה ואילו היה מוגבל בגיעו מקרה לא היה אפשר זה אלא אם נאמר שהבר הוגבל ג"כ או שיהיה זה האיש עושה מרי איכה דומה לעונש המוגבל לבוא עליו וזה בתכלית הבטול והגנות כי אם היה הענין כן תבטל הבחירה ויהיו כל הענינים מחוייבים הנה זה הוא לבד מה שהוסיף אליפז לטעון בזה המענה: ביאור מלות המענה (א) ויען איוב ויאמר: (ב) עמל. הבל וכזב: (ג) מה

מצודת ציון

טז (ג) ימריצך. יחזק. כמו מה נמרצו אמרי יושר (לעיל ו'): (ד) לו. כמו אם וכן לו החייתם אותם (שופטים ח'): במו ראשי.

מצודת דוד

אמריו לומר לאיוב איך תאמר לא חטאתי הלא בדבריך אלה תחטיא עוד את אחרים כי תשרש בלבם את מכשול עונך לחשוב שאין משגיח והנה רעתך רבה. ועל אשר יתרעם על היסורים בעבור מעשה הטוב שעשה ישוב לומר הלא מאז קבלת עליהם גמול וחוב העון עדיין הוא בידך ותקבל גמול בהיסורין האלה ויוכיח על ההשגחה ממפלת הרשעים מבלי תקומה ואף בימי טובתו תמלא נפשו מחלחלה וישפוט בכל עת אשר הרעה תבא עליו אשר לא כן בנקי וצדיק):
טז (ב) שמעתי. כדברים האלה שמעתי רבות פעמים ומה תועלת בהכפלה כי כולכם מנחמים תנחומי הבל לומר שאחר התשובה ישגא אחריתי ואם אין בידי עון מה מקום לתשובה ומה זה תספר לפני עונש הרשעים לעורר לבי לתשובה: (ג) הקץ. וכי ימלא סוף לדברי רוח הלא דברים כאלה תוכל להרבות עד בלי די ואם כולם ישא הרוח: או וגו'. מהו הדבר אשר מחזק אותך ומזרז על השנות עד שבע"כ תשיב ועם בלי דעת וכאומר הלא אין בדבריך חכמה ואף איך כפוי ומוכרח להשיב א"כ חדל לך ולא תוסיף לדבר עוד. או שאמר לו מדוע לא אמרת הדברים האלה בראשונה כי לדברי חכמה בע"כ יתמו האמרים אשר השב עליהם עד כי יחזור ויחשוב מה להשיב אבל לדברי רוח אין קץ כי אין על מה לחשוב. או מה חזוק ועוז מלאת מהדברים הנאמרים עד כי תשוב לענות שוב הדברים שאמרת בתחלה הלא הוא כפל ענין רק במלות שונות: (ד) גם אנכי וגו'. אמר בדרך תימה וכי אם היו נפשכם מדוכאות ביסורים במקום נפשי וכי הייתי מדבר גם אנכי ככם לתלות בכם עון רב הלא לא כן הייתי עושה אבל הייתי מחבר בדברים על

deceit."

16

1. Now Job replied and said, 2. "I have heard such [things] many [times]; you are all troublesome consolers. 3. Is there an end to words of wind? Or what will bring clarity to you that you should answer? 4. I, too, could speak like you; if your soul were instead of my soul,

---

sins. He proceeds to bring proof of Divine Providence: the downfall of the wicked and their uneasiness and fear of retribution even during their times of prosperity. These feelings do not haunt the righteous and the innocent.)—[*Mezudath David*]

(**Job's Reply**)

2. **I have heard**—such things many times. Now what is the use of repeating them? All of you are consoling me with futility by saying that after I repent, my end will be very great. If I have not sinned, of what shall I repent? Why do you tell me of the punishment of the wicked to influence me to repent?—[*Mezudath David*]

3. **Is there an end to words of wind?**—These words can be continued indefinitely, but the wind can carry them all away.—[*Mezudath David*]

will bring clarity to you—Heb. יַמְרִיצֶךָ. *Your mouth will make you evaluate to think clear words with proper basis.*—[*Rashi*] *Mezudath David* explains: What strengthens you and urges you to reply? Since your words are not said with wisdom, there is no reason to say them unless you are compelled to answer.

4. **could speak like you**—*I know how to chide as you do.*—[*Rashi*]

if your soul were—*in pain instead of my soul, I too would join words together against you and shake my head at you in your cry, and encourage you with my mouth, saying, "Be still, have courage, and endure your sufferings," just as you are saying to me.*—[*Rashi*]

אחבירה עליכם במלים ואניעה עליכם
במו ראשי: ה אאמצכם במו פי וניד
שפתי יחשך: ו אם אדברה לא יחשך
כאבי ואחדלה מה מני יהלך: ז אך
עתה הלאני השמות כל עדתי:
ח ותקמטני לעד היה ויקם בי כחשי
בפני יענה: ט אפו טרף וישטמני חרק
עלי בשניו צריו ילטוש עיניו לי: י פערו
עלי

ואטלטל עליכון במו
רישי: ה אחילכון במו
פומי וטלטול ספותי
יתמנע: ו אין אמליל
לא יפסוק כיבי ואפסוק
מה מני ייזל: ז לחוד
כדון שלהייני צדיתא כל
סיעתי: ח ונקפתני
לסהיד הוה ואקים
לאסהדא עלי כדבובי
על אפי: ט רוגזיה תבר
ונטר לי דבבו עסי עלי
בכפוי מעיקי היך אזמל
חריף עינוי לי: י פתחין
עלי

ת"א כחשי. זוהר אחרי:

רש"י

כאשר תאמרו אלי: (ה) וניד שפתי. שאני נד וקובל עתה ולועק אז יחשוך ולא אזעוק ולא אנוד עוד. אבל עתה: (ו) אם אדברה וגו': (ז) השימות. שיתקת כמו אשתומם וכמו שומו שמים [ירמיה ב'] שתקו והתמהו: (ח) והקמטני לעד היה. הקמטתני והקדרתני בשביל עד שהיה לעד על עוני להשטינני: (ט) צרי. השטן הוא הצר: ילטוש. יחדד כמו לוטש כל חורש וגו' [בראשית ד']: (י) פערו עלי בפיהם. פתחו כמו ופערה פיה [ישעיה ה']: יתמלאון. יתאספון

אבן עזרא

(ה) וניד. כמו תנודה. והענין להוכיחם: (ו) מה מני יהלוך. לא יהלך כאבי: (ז) אך עתה הלאני. הכאב ולנגדו יאמר השימות המתאבלים עלי: (ח) והקמטני. מל' קשור מדברי רבותינו ז"ל. או כמו אשר קומטו ולא עת. והם קרובים: (ט) אפו טרף. ישוב אל צרי הבא אחריו:

מנחת שי

(ט) ילטוש. במקצת ספרים ל"י נגררה הוא"ו אבל בתילים ז' אנו חרבו ילטוש מסור עליו במקרא גדולה ב' מלא וזה אחד מהם:

רלב"ג

ימריצך. ר"ל מה יחזקך מה שטענת בדבריך: (ה) אאמצכם במו פי. אחזיק אתכם בדברי: וניד שפתי יחשך. מה שאנוד אתכם בדברי יחשך כאבכם מכם: (ז) השימות כל עדתי. שמת כל חברי שוממים. ובא אמרו הלאני השימות כל עדתי פעם לנוכח ופעם שלא לנוכח על דרך אמרו משכני אחריך נרוצה הביאני המלך חדריו: (ח) ותקמטני. מענין קמטים כי הם עדות על הכחישות ועל הדלות: (ט) ילטוש עיניו לי. יעיין אותי בעין רעה. ויהיה ילטוש מגזרת חרבו ילטוש ר"ל יבריק ויחדד: (י) פערו. פתחו והרחיבו עלי פה:

מצודת דוד

דבריכם להתלונן עמכם ולהפליג ברוע המקרה אף הייתי מניע עליכם בראשי כמיילל ומילל: (ה) אאמצכם. עוד הייתי מחזק אמריכם בפה מלא: וניד שפתי. הנדת שפתי בדבור היה מחדיל אמריכם כי הייתם מנוחמים בדברי כי כן דרך המצטער כאשר ירא שמפליגין בצערו ומתלוננים עמו להצטער בצרתו מתנחם הוא בזה: (ו) אם אדברה. כאומר ואם בזה תחשבו להחדיל אמרי במה שתאמרו שאני מיפר יראה אשר היא עוד סבה לבל ילכו היסורים הנה לא כן הוא כי כמו אם אדברה לא יחשך כאבי כן לא יחשך אם אחדל מלדבר כי מה מן העון אשר ילך לו על ידי מירוק היסורים עד שאשוב להיות נקי לפילכו היסורים. וכאומר הנה אין בידי עון ומהלה בהגם באו ומדוע א"כ ילכו: (ז) אך עתה הלאני. כאומר אף לא אפחד מהוספת היסורים עד שאחדל אמרים כי הלא אך עתה הלאני עד שאי אפשר להלאות יותר וכבר עשה שממה כל עדתי הם בניו ובנותיו וכל בני ביתו ומה א"כ יוכל להוסיף עוד: (ח) ותקמטני. הקמטים שבי המה לעד על גודל הכאב. והכחש והרזון קם בי לעד כי הכחש הנראה בפני היא יענה על חוזק הכאב: (ט) אפו טרף. אף ה' טרף אותי ונוטר איבה עלי והנני לבוז עד שכל הרואה חרק עלי בשניו וצרי יחדד עיניו בהבטה יתירה להסתכל בי בעין רעה: (י) פערו. פתחו עלי פיהם ובדברי חרפה הכו לחיי רלה לומר

מצודת ציון

בראשי וכן במו פי אתחנן (לקמן י"ט): (ה) אאמיצכם. מל' אומץ וחוזק: וניד. מל' נדידה: (ו) מני. ממני: (ז) הלאני. ענין עייפות כמו הנסה דבר אליך תלאה (לעיל ד'): השימות. מל' שממה: (ח) ותקמטני. ענין כווץ וכן אשר קמטו (לקמן כ"ב) ובדרז"ל ונתפשטו הקמטין (ב"ב ק"ב): כחשי. ענין רזון כמו ובשרי כחש משמן (תהלים ק"ט): יענה. יעיד כמו לא תענה (שמות כ'): (ט) וישטמני. ענין נטירת האיבה כמו וישטום עשו (בראשית כ"ז): חרק. ענין שחיקה וטחינת השנים אלו באלו בהתקלף האדם על מי וכן ויחרקו שן (איכה ב'): ילטוש. יחדד כמו חרבו ילטוש (תהלים ז'): (י) פערו. פתחו כמו ופיהם פערו למלקוש (לק' כ"ט):

[7] **But now, it has wearied me—** Moreover, I am not afraid that my suffering will become intensified by my continued speech, because it has wearied me so much that it is impossible to weary me any more.

you have made desolate etc.—You, my suffering—you have made desolate, have destroyed all my company: my sons, my daughters, and all the members of my household. What more can you do?

[8] **it has become a witness—**My wrinkles have become a witness to the extreme pain that I am enduring, and the leanness of my face bears

I would join words together against you and shake my head at you. 5. I would encourage you with my mouth, and the movement of my lips would cease. 6. Should I speak, my pain will not cease, and should I stop, what will leave me? 7. but now, it has wearied me; you have silenced all my company. 8. You have shrivelled me up; it has become a witness. My leanness has risen against me; it testifies before me. 9. His wrath has torn me; yea, He hates me, He has gnashed His teeth at me. My Adversary sharpens his eyes upon me. 10. They open

5. **and the movement of my lips**—*which I move and* [with which I] *complain now and cry, would then stop, and I would no longer cry or lament, but now . . .*—[*Rashi*]

6. **Should I speak etc.**—

7. **you have silenced**—Heb. הֲשִׁמּוֹתָ, *you have silenced, like* (Dan. 4:16), *"was appalled* (אֶשְׁתּוֹמַם)," *and like* (Jer. 2:12), *"O heavens, be astonished* (שֹׁמּוּ)." *Be silent and wonder.*—[*Rashi*]

8. **You have shrivelled me up; it has become a witness**—*You have shrivelled me up and blackened me for a witness, for it has become a witness to my iniquity, to accuse me.*—[*Rashi*]

9. **My Adversary**—*Satan is the adversary.*—[*Rashi*]

sharpens—Heb. יִלְטוֹשׁ, *sharpens, like* (Gen. 4:22), *"who sharpened* (לֹטֵשׁ) *every instrument etc."*

Mezudath David interprets these verses quite differently:

[4] **Would I too speak as you do if your souls were instead of my soul?**—If you were crushed with suffering instead of me, would I speak as you do, and attribute grave sins to you? I would not behave in that manner, but . . .

I would join words together for you—I would join words together to lament with you and to emphasize the terrible catastrophe.

and shake my head for you—I would shake my head in sympathy for you as one wailing and troubled.

[5] **I would encourage you**—I would encourage you wholeheartedly.

and the movement of my lips would stop—The movement of my lips in speech would stop your complaints because you would be consoled by my words. So is the way of one who is troubled. When he sees others magnifying his anguish and lamenting with him, he is consoled by that.

[6] **Should I speak**—If you think that you will stop me from speaking by accusing me of doing away with fear, presenting that as another reason for the persistence of my suffering, you are mistaken; because if I speak, my pain will not stop, and if I stop speaking, what sins will leave me? I have not sinned so [it is impossible] that my sins should leave me.

עליו בפיהם בחרפה הכו לחיי יחד עלי
יתמלאון: יא יסגירני אל אל עויל ועל-
ידי רשעים ירטני: יב שלו הייתי
ויפרפרני ואחז בערפי ויפצפצני
ויקימני לו למטרה: יג יסבו עליו רביו
יפלח כליותי ולא יחמל ישפך לארץ
מררתי: יד יפרצני פרץ על-פני-פרץ

ת"א יפלח. חולין מג: ק' זעירא ירץ

עלי פומהון בחסודא
מחו ליסתי כחדא עלי
כנשא מתמלאין:
יא ימסרנני אלהא לות
מרי זדונא ועל ידי
דרשיעון ממרטט יתי:
יב שליוא הויתי
ודעדקנני ואחד בקדלי
ותברנני ואוקמנני ליה
לפלגיסא: יג יחזרון עלי
גררו יקטע כוליתי ולא
יחוס ישדי לארעא
מרירתי: יד יתקפנני
תקוף על אפי תקוף
ירהוט עלי היך גברא:

רש"י

והרבה לו דומין במקרא קראו אחריך מלא [ירמיה ה] אשר יקרא עליו מלא רועים [ישעיה ל"א] ואינו משתנה מלשונו כי כל מילוי נאסף הוא: (יא) יסגירני אל אל עויל. הסגירני הקב"ה אל אויל לץ עולל ללוץ בי: ועל ידי רשעים ירטני. רציית תנחומיו ורפואתי מסר לרשעים שאינן אלא מקניטים. ד"א ירטני כמו ירצני לשון רצוי ותנחומין: (יב) ויפרפרני. אותו עויל. ל' פירורין: ויפצפצני. לשון נשבר לשברים הרבה בחבטה רבה כמו ונפצתם איש אל אחיו [ירמיה י"ג] ונפץ עולליך אל הסלע [תהלים קל"ז]: (יג) רביו. מורה חציו כמו רובה קשת [בראשית כ"א]:

מנחת שי

(יא) יסגירני אל אל עויל. מסכת סופרים פ"ד הראשון קודש והשני חול ובמסורה קדמאה בלישי תניינא בסגול וכל קריאה חילוף: (יב) ויפרפרני ואחז בערפי ויפצפצני ויקימני. בדפוסי' ישנים וכ"י מלא יו"ד: (יד) יפרצני פרץ על פני פרץ. רפין: יפרצני פרץ. במקצת ספרים כ"י מדוייקים נמסר לית ז' זעירא וכן נמנה במ"ג באלפ"א בית"א מאותיות קטנות אבל במק"ג ריש סדר ויקרא כתוב לד"י על פני פרץ וכן ראיתי בנוסחא אחד כ"י. אמנם לשון ראשון נ"ל עיקר שכן מצאתי בנוסחא מדוייקת ריש פרשת חיי שרה האומרת ז' יפרצני פרץ

אבן עזרא

(י) יתמלאון. כמו תמלאמו נפשי: (יא) ירטני. כמו כי ירט הדרך לנגדי ואם הם שנים שרשים. ויש אומר וע"י ועל מקום. והקרוב כמשמעו: (יג) רביו. כמו השמיעו

רלב"ג

יתמלאון. יתקבצון: (יא) יסגירני. ימסרני: עויל. שקרן: ירטני. יטה אותי ממה שהייתי בו והוא מגזרת ירט הדרך לנגדי והם שני שרשים בענין אחד[?]ל ירט ורטה: (יב) ויפרפרני. שברני וכתתני מגזרת פור התפוררה ארץ וכן ויפצפצני מגזרת וכפטיש יפוצץ סלע: למטרה. כמטרה לחץ והנה הוא הרומס שמניחין מורי החצים לירות בו: (יג) רביו. מורי החצים אשר לו מגזרת וימררוהו ורובו: יפלח.

מצודת ציון

בפיהם. הבי"ת נוספת: לחיי. הוא גובה הפנים: יתמלאון. יתקבצו כמו מלא רועים (ישעיה ל"א): (יא) יסגירני. מסר אותי כמו לא תסגיר עבד (דברים כ"ג): עויל. כמו עול: ירטני. ענין עקום וכן כי ירט הדרך לנגדי (במדבר כ"ג): (יב) ויפרפרני. ענין שבירות לחתיכות רבות כמו פור התפוררה (ישעיה כ"ד): בערפי. הוא אחורי הפנים: ויפצפצני. ענין הרגילה עם הפזור וכן וכפטיש יפוצץ סלע (ירמיה כ"ג): למטרה. הוא הדבר אשר המורים בחצים יכוונו להפיל בו חציהם והוא ענין שמירה כי משמרת תרגומו מטרת ויקרא כן ע"ש שהמורים שומרים להפיל בו: (יג) רביו. המורים בקשת כמו רובה קשת (בראשית כ"א): יפלח. יבקע כמו ויפלח אל סיר (מ"ב ד'): מררתי. מל' מרה: (יד) יפרצני. מלשון פרצה

מצודת דוד

חרפת דבריהם המה לי כאלו הכו אותי על הלחי שהיא מכת בזיון: יחד. כל המחרפים אותי נקבצו עלי יחד ואמר זה על ריעיו שהיו מחרפין אותו: (יא) יסגירני. ה' מסר אותי ביד כל איש עול כי כל הרואה נוגע בי ומיצר לי: ירטני. יעקם וישחית אותי על ידי הרשעים המעיקים לי וכפל הדבר במלות שונות: (יב) שלו. יושב הייתי בשלוה ופתאום עשה אותי לפרורים ואחז בערפי ורצץ אותי עד כי יתפוצצו השברים הנה והנה: ויקימני. העמיד אותי להיות לו למטרה לזרוק בו חציו הם מלאכי היסורים: (יג) יסובו. המורים בקשת אשר לו סבבו עלי מסביב וע"י יפלח כליותי ולא יחמול עלי ואת מי המרה ישפוך על הארץ והוא משל על יסורים מחולפים: (יד) פרץ על פני פרץ. בעוד שהמכה הראשונה פקודה עלי סומך

one who shoots his arrows, as in (Gen. 21:20), *"and he became an archer* (רֹבֶה קַשָּׁת)."—[*Rashi*]

my gall—Heb. מְרֵרָתִי, *my gall.*—[*Rashi*] The splitting of the kidneys and the spilling of the gall represent the various pains that Job experienced.—[*Mezudath David*]

The Rabbis of the Talmud interpret this verse literally: Satan actually split Job's kidneys and spilled out his gall. He was able to live only through a miracle, because God had commanded Satan to preserve Job's life [*Chullin* 43a].

14. **breach upon breach**—Before the first wound heals, he smites me with another.—[*Mezudath David*]

their mouth at me, with disdain they strike my cheeks; united they assemble against me. 11. God delivers me to a fool and heals me through the hands of the wicked. 12. I was tranquil, but he crumbled me to pieces; He held me by my nape and shattered me, and stood me up as a target for him. 13. His archers surround me; he splits my kidneys and does not have compassion. He spills out my gall upon the ground. 14. He breached me [with] breach upon breach;

witness to the severity of my pains.

[9] **His wrath has torn me**—God's wrath has torn me, and He bears a grudge against me. Now I am subject to such disgrace that whoever wishes to may gnash his teeth at me, and my adversary sharpens his eyes to stare at me with an evil eye.—[Mezudath David]

10. **They open their mouth at me**—Heb. פָּעֲרוּ, they open, like (Isa. 5:14), "and opened (וּפָעֲרָה) its mouth."—[Rashi]

they assemble—Heb. יִתְמַלָּאוּן, they gather, and there are many similar words in Scripture, e.g. (Jer. 12:6), "have called a gang (מָלֵא) after you"; (Isa. 31:4), "although a band (מְלֹא) of shepherds gather against him," but it does not deviate from its original meaning because every filling (מִלּוּי) is gathered together.—[Rashi] Mezudath David explains: they opened their mouth at me, and with words of disdain, they struck me on the cheek. It is as though they use these disdainful words to strike me on the cheek, embarrassing me with such a blow.

united—All those who disgrace me assemble against me together.

He alludes to his friends, who were insulting him.—[Mezudath David]

11. **God delivers me to a fool**— The Holy One, blessed be He, delivered me to a fool, a scorner, a mocker, to be scornful of me.—[Rashi]

and heals me through the hands of the wicked—Heb. יִרְטֵנִי. The bandage of His consolations and my healing He delivered to the wicked, who only provoke. Another explanation: יִרְטֵנִי is like יַרְצֵנִי, He placates me, an expression of placating and consolation.— [Rashi] Mezudoth renders: He twists me, destroys me through the wicked.

12. **but he crumbled me to pieces** —Heb. וַיְפַרְפְּרֵנִי. That fool [crumbled me]. [It is] an expression of crumbs (פֵּרוּרִין).—[Rashi]

and shattered me—Heb. וַיְפַצְפְּצֵנִי, an expression of something being broken into many fragments with a hard blow, like (Jer. 13:14), "And I will dash them (וְנִפַּצְתִּים), one against the other"; (Ps. 137:90), "and dash (וְנִפֵּץ) your little ones against the rock."—[Rashi]

as a target—against which to shoot his arrows, viz. the pains of my suffering.—[Mezudath David]

13. **His archers**—Heb. רַבָּיו, the

יָרֻץ עָלַי כְּגִבּוֹר׃ טו שַׂק תָּפַרְתִּי עֲלֵי
גִלְדִּי וְעֹלַלְתִּי בֶעָפָר קַרְנִי׃ טז פָּנַי
חֳמַרְמְרָה מִנִּי־בֶכִי וְעַל עַפְעַפַּי צַלְמָוֶת׃
יז עַל לֹא־חָמָס בְּכַפָּי וּתְפִלָּתִי זַכָּה׃
יח אֶרֶץ אַל־תְּכַסִּי דָמִי וְאַל־יְהִי מָקוֹם
לְזַעֲקָתִי׃ יט גַּם־עַתָּה הִנֵּה־בַשָּׁמַיִם עֵדִי
וְשָׂהֲדִי בַּמְּרוֹמִים׃ כ מְלִיצַי רֵעָי אֶל־

חמרמרו קרי
אלוה

טו סַקָּא חַיְטִית עֲלַוֵי
מַשְׁכִּי וּפַלְפְּלִית בְּעַפְרָא
אַיְקָרִי׃ טז אַפֵּי
מְטַשְׁטְשִׁין מִן בְּכוּתָא
וְעַל תִּימוּרֵי טוּלֵי
מוּתָא׃ יז עַל דְּלֵית
חֲטוּפָא בִּידַי וּצְלוֹתַי
דַּכְיָא׃ יח אַרְעָא לָא
תַּחְפִּין אַדְמַי וְלָא יְהֵא
אֲתַר לְקֻבַּלְתִּי׃ יט לְחוּד
כְּדוּן דְּאִית בִּשְׁמַיָּא
מְסַהֲדִי וּמַסְהִיד עֲלַי
בִּמְרוֹמַיָּא׃ כ פְּרַקְלִיטַי
חברי

רש"י

מררתי. מרה שלי: (טו) גלדי. מכה יבשה והעלאת גלד ולשון משנה [ר"ה כ"ז] והעמידו על גלדו: ועוללתי. ולכלכתי כמו ויתעללו בה (שופטים י"ט) ל' בזיון וגנאי וכמו עוללה לנפשי [איכה ג'] : קרני. זיוי. לשון וקרנים מידו לו [חבקוק ג'] : (טז) חמרמרו. נקמטו כמו נחמרו בני מעיה בל' משנה [חולין י'] וכן מעי חמרמרו [איכה א'] : צלמות. שחשכו מחמת בכי ודמעה: (יז) ותפלתי זכה. לא קיללתי חבירי ולא פיללתי לו רעה: (יח) ואל יהי מקום. בארץ להבליע בו צעקתי כי לשמים תעלה: (יט) הנה בשמים עדי. יוצרי היודע דרכי: (כ) דלפה

אבן עזרא

אל בכל רבים: מררתי. הוא כנגד הכבד: (טו) עלי גלדי. עורי והוא מלשון קדר: ועוללתי. כמו והעלתי וכמוהו במעל ידיהם. ויש אומרים שהוא מן עול והוא יותר נכון: (טז) חמרמרו. בלשון קדר התאדמו ברוב החום או הוא מן יהמו יחמרו מימיו: (יח) ארץ אל תכסי דמי. כמו און אם ראיתי בלבי לא ישמע ה' אכן שמע אלהים ה'. וכן ותפלתי זכה. ואת ארץ אם אכזב אל תכסי דמי: ואל יהי מקום לזעקתי. לא תמצא זעקתי מקום

מנחת שי

מכוונת עם הספרים כ"י שזכרתי למעלה: (טו) עלי גלדי. במקצת דפוסים כתוב עֲלַי ושבוש הוא: ועללתי בעפר. רפה הבי"ת: (טז) חמרמרה. חמרמרו קרי והחי"ת בחטף קמץ: (יח) ואל יהי. הוא"ו בגעיא בס"ם: (יט) ושהדי. הילופים רבים נמצאים בספרים בענין הנקודות והנכון כמו שמצאתי בס"ם השי"ן בקמן והה"א בשוא ופתח וכן בשרשים השי"ן נקראת בקמן רחב ומשפטו בקמן ושלא להטעות על הה"א הוסב לקמן רחב והה"א בשוא ופתח ועיין מה שכתבתי בפ' תלוה על מלת ויספה. ומלה זו של ושהדי כתובה בשי"ן שמאלית בכל הספרים וכן כתובה בעלי השרשים בשרש שהד ויש לתמוה מאוד על ר' אליה המדקדק שהביאה בשרש סהד בסמ"ך וכתב אין דומה לו במקרא. וגם על יגר שהדותא כתב זה לבדו כתיב בשי"ן וכל שאר לישנא דסהדותא כתובין בסמ"ך ולא מצאתי בזה טעם על"ל. ועיין עוד מה שכתבתי בפרשת ויצא על

רלב"ג

יבקע: (טו) גלדי. הוא הקרום שיעלה על המכה כאמרם הגלידה המכה: ועוללתי בעפר קרני. ר"ל העליתי עפר על ראשי: (טז) חמרמרו. נמלאו חמר ולכלוך: (יט) ושהדי. ועדי:

מצודת דוד

לה השנייה ולא תמתין השנייה עד שתנך לה הראשונה: ירוץ. איש מהר יביא עלי היסורים כגבור הממהר לרוץ במלחמה: (טו) שק תפרתי. כי על המכה שהתחילה להתרפא והעלה גליד הדרך לשום עליה בגדים רכים כלמר גפן וכדומה אבל אני מרוב היגון והצער תפרתי שק ללבשו ממעל לגלדי המכה ולכלכתי זוהר פני באפר כדרך האנשים רבי היגון אשר ילבשו שק ומעלים אפר על ראשם: (טז) פני חמרמרו. מן הבכי נתכווצו מקומות פני ועל אישון עיני פרוש חשכת המות: (יז) על לא חמס. וכל זה בא לי לא בעבור חמס כי אם בחנם: ותפלתי זכה. תפלתי למקום היתה מעולם זכה ונקיה מבלי סרהור מחשבה המבטל כוונת התפלה: (יח) ארץ. אתה ארץ אל תבלע את דמי הנגרים מפצעי לכסותם מן העין אלא יהיו נראים לכל ויבקשו עלי רחמים: ואל יהי מקום. להסתר שם זעקתי כ"א תעלה השמים: (יט) גם עתה. כאומר עם כי עתה נבאשתי בעיני רעי אף שמאז החזיקו אותי לצדיק עתה בראותם שיד ה' נגעה בי חזרו לתלות בי עון רב אבל בשמים גם עתה מלאתי עד לי על יושר לבבי והוא ה' היודע הכל: ושהדי במרומים. כפל כדבר במלות שונות: (כ) מליצי רעי. אתם רעי המדברים עמדי בדבר מליצת

מצודת ציון

ושבר: (טו) גלדי. הוא הקרום העולה על המכה ובדרז"ל הוגלד פי המכה (כתובות ע"ו): ועוללתי. ענין לכלוך ועפ"ז יקרא הקטן עולל כי הוא מלוכלך בעפר ובדומן: קרני. ענין זוהר כמו קרן עור פני משה (שמות ל"ד): (טז) חמרמרו. נתכווצו וכן מעי חמרמרו (איכה א') ובדרז"ל נחמרו בני מעיים (חולין נ"ו): צלמות. צלו של מות הוא חשכת הקבר: (יט) ושהדי. כמו וסהדי בסמ"ך והוא עד בל' ארמי: במרומים. בשמי מרום: (כ) מליצי. המדבר במיטב הדבור בדבר הויכוח יקרא מלין: דלפה. ענין טפטוף

ascend to heaven.—[*Rashi, Ibn Ezra, Mezudath David*] *Ibn Ezra* also suggests that Job wishes to support his contention that his prayer is pure. He prays that if he is lying, the earth should not cover his blood and his cry should find no resting place.

19. **Even now etc.**—Though his friends now despise him—they who formerly held him to be a righteous

he runs toward me like a mighty warrior. 15. I sewed sackcloth on my scabs and sullied my radiance in the dust. 16. My face became shrivelled from crying, and upon my eyelids is the shadow of death. 17. But not because of any violence in my hands, and my prayer is pure. 18. O earth! do not cover my blood, and let there be no place for my cry. 19. Even now, behold my Witness is in heaven and He Who testifies for me is on high. 20. My intercessors, my friends, to

15. **I sewed sackcloth**—When a wound begins to heal and a scab forms, it is customary to wrap soft gauze around it. In my sorrow, however, I wrapped my wounds in coarse sackcloth.—[*Mezudath David* from *Midrash Iyov*]

my scab—Heb. גְּלְדִּי, *a dry wound that forms a crust, and* [in] *the language of the Mishnah (Rosh Hashanah 27b): He scraped it* (the shofar) *down to a thin crust* (גִּלְדוֹ).—[*Rashi*] *Targum* and *Ibn Ezra* render: my skin, based on the Arabic cognate.

and sullied—Heb. וְעֹלַלְתִּי, *and I sullied, like* (Jud. 19:25), *"and abused* (וַיִּתְעַלְּלוּ) *her,"* an expression of disgrace and abasement, and like (Lam. 3:51), *"sullies* (עוֹלְלָה) *my soul."*—[*Rashi*]

my radiance—Heb. קַרְנִי, *my radiance, an expression of* (Habakkuk 3:4): *"rays of light* (קַרְנַיִם) *came to them from His hand."*—[*Rashi*] I sullied the radiance of my face with ashes, as it is customary for people grieving intensely to don sackcloth and shower dirt upon their head.—[*Mezudath David*] *Ralbag* renders: I raised dust upon my head.

16. **became shrivelled**—Heb. חֲמַרְמְרוּ, *like* (*Chullin* 3:3), *"and its internal organs became shrivelled* (וְנֶחְמְרוּ),"* *in the language of the Mishnah. Similarly* (Lam. 1:20), *"my intestines have become shrivelled* (חֳמַרְמָרוּ)."*—[*Rashi*] *Ibn Ezra* explains that his face reddened from heat. He bases this definition on the Arabic cognate. *Ralbag* explains that his face became smeared with mud and filth.

the shadow of death—*It became darkened from weeping and tears.*—[*Rashi*] See above 10:22.

17. **not because of any violence**—All this came to me for nothing, not for any violence that I had committed.—[*Mezudath David*]

and my prayer is pure—*I did not curse my friend nor did I think any evil against him.*—[*Rashi*]*

18. **O earth! do not cover my blood**—Job prays that the earth should not cover the blood oozing from his wounds but leave it exposed, so that all passersby should see it and pray for his recovery.—[*Mezudath David*]

and let there be no place—*in the earth to absorb my cry, but it should*

אֱלוֹהַּ דָּלְפָה עֵינִי׃ כא וְיוֹכַח לְגֶבֶר עִם־
אֱלוֹהַּ וּבֶן־אָדָם לְרֵעֵהוּ׃ כב כִּי־שְׁנוֹת
מִסְפָּר יֶאֱתָיוּ וְאֹרַח לֹא־אָשׁוּב אֶהֱלֹךְ׃
יז א רוּחִי חֻבָּלָה יָמַי נִזְעָכוּ קְבָרִים לִי׃
ב אִם־לֹא הֲתֻלִים עִמָּדִי וּבְהַמְּרוֹתָם

חַבְרַי קֳדָם אֱלָהָא זָלְגַת עֵינָי׃ כא אֶפְשַׁר דְמִכְסַן בַּר נָשׁ עִם אֱלָהָא וְהֵיךְ אֱנָשׁ עִם חַבְרֵיהּ׃ כב מְטוּל דִשְׁנֵי מִנְיָן אָתְיָן וְאָסְרָטָא דְלָא אֱתוּב אֵיזֵל׃ א נַפְשִׁי מִתְחַבְּלָא יוֹמֵי דְעִיכוּ קִבּוּרָן מִתְקְנָן לִי׃ ב אִין לָא מִתְלַעֲבִין בַּהֲדִי וּבִפְרוֹגֵיהוֹן

מ' דגושה

רש"י

דומעה וזולפה דמעה ל' דלוף: (כא) ויוכח לגבר. והלואי יעשה לי זאת שיתן לי מקום להתווכח גבר עם אלוה להשוות שני הריבים ריב גבר עם קונו וריב בן אדם לרעהו: (כב) כי שנות. הקצובים מספר לימי חיי: יאתיו. יגיעו ואז ארח לא אשוב אהלך: יז (א) נזעכו. נקפצו כמו נדעכו [לעיל י']: קברים לי. מוכן אני לקבר: (ב) אם לא. זאת באתי שבני אדם התולים נועדו עמי בתנחומי להתל בי: ובהמרותם. כמו וימרו בי [יחזקאל כ'] ממרים הייתם [דברים ט'] ל' בהקנטתם: תלן עיני. עיני ולבי ומחשבתי לנים בהן:

מנחת שי

יגר שהדותא: במרומים. ברוב הספרים מלא וא"ו וכן הוא במסורת כאן שנמסר ד' מלאים וזה אחד מהם אבל בתהלים קמ"ח נמסר ג' מלאים ואין זה מהם: (כ) דלפה. מאריך. בדל"ת: יז (ב) ובהמרותם. בדגש המ"ם לתפארה. מבלול שקל פָּעַל ושרשים:

אבן עזרא

ויש אומרים ארץ גלי חמסי ואל יהי מקום שתעכב שם זעקתי אלא תעלה מיד: (כ) דלפה. כמו תזל וכמוהו ידלוף הבית: (כב) כי שנות מספר. דבר שיש לו מספר במהרה: יאתיו. ישלמו:

יז (א) נזעכו. מהענין יתפרש שאין לו חבר במקרא: (ב) אם לא התולים עמדי. יתרעם על חביריו שיאמרו התולים: ובהמרותם הלן עיני. לא אישן עד שימררו חיי. או מן סורר ומורה כמו כל איש אשר ימרה את

רלב"ג

(כ) דלפה עיני. הדמע עיני: (א) חובלה. נשחתה: נזעכו. נכרתו: (ב) התולים. אנשי מהתלות ובא בשקל עלומים שהוא אנשי עולם: ובהמרותם. ובהכעסתם אותי מענין מרו ועצבו את רוח קדשו: תלן עיני. ר"ל שעיני רואה הכעסתם ולנה שם:

מצודת ציון

כמו דלף טורד (משלי כ"ז) כי דמעת הבכי יורדת טפה טפה: (כב) יאתיו. יבואו כמו אתא בקר (ישעיה כ"א): יז (א) נזעכו. כמו נדעכו ועניינו ניתור וקפילה כמו נדעכו ממקומם (לעיל ו'): (ב) התולים. ענין לעג כמו התלת בי (שופטים

מצודת דוד

סוככות הלא אל אלוה תדמע עיני והלא לפניו גלוי יושר דרכי: (כא) ויוכח. הלואי היה מקום לגבר להתווכח עם אלוה כאשר בן אדם עם רעהו: (כב) כי שנות. כאומר הנה יש עמדי מה להתווכח כי הלא שנות מספר הקצוב לפי זמן העמדת הלחות הלא יבואו לי כי קרבו השלמתם בעבור רוב המכאוב אשר מהרו להתייבש את הלחות והמיתה קרובה לבוא ואלך א"כ בארח אשר לא אשוב עוד ומתי א"כ אקבל גמול יושר דרכי:

יז (א) רוחי חובלה. הלא כבר רוחי נשחתה וימי חיי כלא נקפצו ממני והלכו להם והרבה קברים לי ר"ל בכל מקום מוכן לי קבר: (ב) אם לא התולים. הנה מגודל הכאב אני קרוב למיתה אף אם לא היה עמדי רעי המהתלים בי ואף אם לא התמידה עיני לראות במה שהם ממרים ומקניטים אותי והוא כפל ענין במלות שונות ור"ל הנה בלא הם אני קרוב למיתה כאלו בכל מקום מוכן לי קבר:

[*Rashi*] Because of the intensity of the pain, I am near death, even if my friends were not here to mock me and provoke me. The two clauses are synonymous.—[*Mezudath David*]

in their provocation—Heb. וּבְהַמְּרוֹתָם, *like* (Ezek. 20:8, 13, 21), *"And they provoked* (וַיַּמְרוּ) *me"*; (Deut. 9:7), *"you have been provoking* (מַמְרִים)." [This is] *an expression meaning: in their provocation.*—[*Rashi*]

God my eye pours out tears. 21. Would that a man could reason with God as a man with his fellow. 22. For numbered years will come, and I will go on a way from which I will not return.

17

1. My spirit has been destroyed, my days flicker; graves are ready for me, 2. even if there were no mockers with me, and in their provocation

man, but seeing how the hand of God has struck him, now attribute great iniquity to him—nevertheless, exclaims Job, "Even now have I found a Witness on my behalf, for the uprightness of my heart, and He is the Lord Who knows all."—[*Mezudath David*]

behold my Witness is in heaven—*My Creator, Who knows my ways.*—[*Rashi*]

20. **My intercessors, my friends**—This translation follows *Targum.* The meaning is: My intercessors, who are my friends, who should have interpreted in my favor; who ought to have comforted me and prayed for me instead of condemning me,—know that my eye pours out tears to God.—[*Berechiah*] *Mezudath David* interprets: My friends, who debate with me, etc.

pours out—Heb. דָּלְפָה, *tears and sprays tears, an expression of dripping* (דִּלוּף).—[*Rashi*]

21. **Would that a man could reason**—*If only He would do this for me, that He would give me a place so that a man could reason with God, to liken the two contentions: the contention of man with his Maker, and the contention of man with his fellow.*—[*Rashi*]

22. **For numbered [years]**—*The limited number of the days of my life.*—[*Rashi*]

will come—*Will arrive, and then I will go on a way from which I will not return.*—[*Rashi*]

1. **flicker**—Heb. נִזְעָכוּ, *have sprung away, like* (above 6:17) *"they jump* (נִדְעֲכוּ)."—[*Rashi*] *Meyuchos, Berechiah,* and *Ramban* render: their light has been extinguished. *Ibn Ezra* defines it as "my days are shattered," and notes that this verb occurs nowhere else in Scripture. *Redak* and *Isaiah da Trani* render: were cut off. *Moshe Kimchi:* are finished.

graves are ready for me—*I am ready for the grave.*—[*Rashi*]

2. **even if there were no**—[I.e. even if] *this had not befallen me, that scornful people had gathered with me in my consolations to mock me.*—

תלן עיני: ג שימה נא ערבני עמך מי
הוא לידי יתקע: ד כי־לבם צפנת
משכל על־כן לא תרומם: ה לחלק יגיד
רעים ועיני בניו תכלינה: ו והציגני
למשל עמים ותפת לפנים אהיה:
ז ותכה מכעש עיני ויצרי כצל כלם:

וּבְפַרוּגֵידְהוֹן תְּבִית עַיְנֵי:
ג שַׁוֵּי כְדוּן עָרֵב יָתִי
עִמָּךְ מַן הוּא לִידֵי יְקַיֵּם:
ד אֲרוּם לִבְהוֹן אַפְשְׁתָּא
מִסָּכְלְתָנוּ מְטוּל הֵיכְנָא
לָא תְרוֹמֵם לְהוֹם:
ה לְמִפְלַג עַל אַחֲוַיַּת
חַבְרַיָּא וְעֵינֵי בְנוֹי
תִּשְׁתֵּיצוֹן: ו וְעַתְּדַנִי
לְמַתְלִין בְּעַמְמַיָּא וְגֵיהִנָּם
מִן לְוָיו אֱהֵי: ז וּכְהֵית
מִן רְגִיז עַיְנֵי וְקַלַסְתּוֹרֵי

נ"א תכלנה

רש"י

(ג) שימה נא. הבורא: ערבני בתקע כף להתווכח יחד כי מי הוא מאלה לידי יתקע ויישיב לו: (ד) כי. הנה: לבם צפנת משכל. ועל כן לא תרומם תפארתך על ידיהם: (ה) לחלק. לחלקלקות: יגיד. כל אחד מהם את רעו וזאת תבא להם עיני בניו תכלינה: (ו) ותופת. כמו תוף: לפנים. של בריות אני: (ז) ויצורי. איברים שאני נוצר

ישמו

אבן עזרא

פיך: (ג) שימה נא. הזר למקום: עירבני. ערוב אותי מן ערב את הנער: מי הוא. מחברי לידי יתקע: (ד) צפנת. הסתרת והעלמת וכסית: לא תרומם. אותם. ומי יגיד לרעיו חלקותם נקום ממנו ועיני בניו תכלינה: (ו) והציגני. יאמר על הכאב. ויש אומרים על אליפז: למשול. להיות למשל ולשנינה: ותפת לפנים. כמו מקום התפת לפני בני אדם ועיניהם. ויש אומרים כי התי"ו האחרון נוסף והוא כמו תוף: (ז) ויצורי. הם האיברים הנוצרים:

מנחת שי

(ו) והציגני. סוס"ו בגעיא: (ז) מכעש. בשי"ן כמו בסמ"ך פל:

רלב"ג

(ג) שימה נא ערבני עמך. שימה נא לבך כי להשיב על דברי בהתווכחי עמך ותן לי ערב אוכל לבטוח בו שתשיב על דברי כי תשוקתי היא להתוכח עמך לא עם אלו האנשים: לידי יתקע. הוא מענין תקיעת כף לקיים על דבר: (ה) לחלק. מענין שפתי חלקות: רעים. מחשבות ורעיונים כשמם בנא לרעי: (ו) למשול עמים. להיות למשל ולשנינה בגוים: ותפת. אדון כענין תפתאי האמור בדניאל: לפנים. קודם: (ז) ויצורי. מחשבותי מגזרת כי יצר לב האדם:

מצודת דוד

קרוב למיתה והמה מוסיפים לי עוד לצער ויגון: (ג) שימה נא. חזר פניו כלפי המקום ואמר שים עתה לבך אלי נתן לי ערב במקומך להיות בטוח בו שתשלם ההתווכחות ביניני לבוא על האמת ומי הוא אשר יתקע ידו לתוך ידי לקבל על עלמו בקיום גמור להשלים את ההתווכחות: (ד) כי לבם. אין לי חפץ ברעי אלה כי לבם הסתרת משכל ולא בחכמה ידברו על כן לא תרומם ע"י כי אין בידם מענה להצדיק רוחך לרומם תפארתך: (ה) יגיד רעים. ר"ל מן הרעים יגיד לדברי חלקלקות וחנף ולא בדעת ידבר וכן ידעתי שכל אחד יקבל גמול כי תכלה עין בניו לכל ישינו תוחלתם כי רע עליך הדבר כי לא לפניך חנף יבוא: (ו) והציגני. כמכאוב העמיד אותי להיות למשל לכל העמים כי כאשר יקרה למי רוע המקרה יאמרו שהוא נמשל ודומה למקרי איוב: ותופת. הנה אני לגיהנם לפני הבריות כי רואים כי מכאובות מחולפים דוגמת יסורי גיהנם: (ז) ותכה. עיני כהתה מרוב הכעס כדרך השורה כלפי אשר יכעס על עלמו: ויצורי. כל

מצודת ציון

פ"ז): ובהמרותם. מל' מרי והקנאה: תלן. ענין התמדה כמו לדק ילין בה (ישעיה א'): (ג) יתקע. ענין תקיעת יד ביד לקיים דבר כמו ושונא תוקעים (משלי י"א): (ה) תכלינה. המתאוה לדבר ואינו משיגו קרוי כליון עינים: (ו) והציגני. העמידני כמו הציג אותו לבד (שופטים ז'): ותופת. כן יקרא הגיהנם כמו כי ערוך מאתמול תפתה (ישעיה ל') ע"ש שכל המתפתה בילרו נופל בו: (ז) ותכה. ענין עכירות כמו כהה הנגע (ויקרא י"ג): ויצורי.

example for all peoples, so that whenever anyone suffers, people will say that his misfortune resembles that of Job.

and . . . a drum—Heb. תֹפֶת, *like* תּוֹף*, a drum.*—[*Rashi*]*

before them—lit. to the face; [i.e. to the face] *of the people, I am* [a drum].—[*Rashi, Ibn Ezra*] *Ralbag* renders: and I was a master of old. This definition is based on Daniel 3:2, where the word תִּפְתָּיֵא is used to mean certain government officials.

7. **is dimmed**—My eye became dim because of my great anger, as one suffering pain is angry with himself.—[*Mezudath David*]

and my limbs—Heb. וִיצֻרַי, lit. my formed ones, meaning *the limbs, with which I was formed.*—[*Rashi, Ibn Ezra*] Another interpretation offered by *Targum, Zerachiah,* and *Berechiah,* is: and the features of my face are all like a shadow. *Ralbag* and *Mezudoth* render: my thoughts are all like a shadow. The desires of

my eye [did not] abide. 3. Pay heed now, give me surety with
You, for who is it who will shake hands with me? 4. For You
have hidden their hearts from understanding; therefore, You
will not be exalted. 5. He who speaks to his friends with flat-
tery—his children's eyes will fail. 6. And it set me up as a
byword for peoples, and I will be [like] a drum before them.
7. And my eye is dimmed from anger, and my limbs are all like
a shadow.

my eye ... abide—*My eye, my heart, and my thought abide in them.*—[*Rashi*]

3. Pay heed now—*O Creator.*—[*Rashi*] He now turns to address the Omnipresent and says, "Now turn Your attention to me."—[*Mezudath David*]

give me surety—*by shaking the hands to debate together, for who is it of these who will shake my hand that it should be good for me?*—[*Rashi*] [*Nach Lublin* reads: *for Him,* which does not make sense.] Give me a trustworthy guarantor in Your stead, to ensure that You will see the debate to the end until we reach the truth, and who is it that will shake hands with me to accept upon himself the completion of the debate?—[*Mezudath David*] Be my security from death.—[*Meyuchos*] *Isaiah da Trani* explains: If You accept him in surety and You will not harm me, I will not fear any of these.

4. For—*Behold.*—[*Rashi*]

You have hidden their hearts from understanding—*Therefore, Your glory will not be exalted through them.*—[*Rashi*] *Mezudath David* ren-

ders: Therefore, You will not be exalted through them because they have no answer to justify You, to exalt Your glory. *Isaiah Da Trani* explains: Therefore, their wisdom will not be exalted. *Ibn Ezra* renders: Therefore, You will not exalt them.

5. flattery—Heb. לְחֵלֶק, *flattery* (לַחֲלַקְלַקּוֹת).—[*Rashi*]

speaks—*Each one of them* [speaks] *to his friend, and this will come to them: their children's eyes will fail.*—[*Rashi*] Each one of the friends will speak with words of hypocrisy and flattery without understanding, and I know that each one will receive his recompense; that is, his children's eyes will fail—they will not achieve their desires—because You do not approve of this matter, for a hypocrite cannot come before ou.—[*Mezudath David*] *Ralbag* renders: He who tells thoughts of flattery—his children's eyes will fail.

6. And it set me up—The subject is "the pain." Some say it is Eliphaz.—[*Ibn Ezra*] *Mezudath David* adopts the former interpretation: The pain set me up as an

ח יָשֹׁמּוּ יְשָׁרִים עַל־זֹאת וְנָקִי עַל־חָנֵף
יִתְעֹרָר: ט וְיֹאחֵז צַדִּיק דַּרְכּוֹ וּטֳהָר־
יָדַיִם יֹסִיף אֹמֶץ: י וְאוּלָם כֻּלָּם תָּשֻׁבוּ
וּבֹאוּ נָא וְלֹא־אֶמְצָא בָכֶם חָכָם: יא יָמַי
עָבְרוּ זִמֹּתַי נִתְּקוּ מוֹרָשֵׁי לְבָבִי:
יב לַיְלָה לְיוֹם יָשִׂימוּ אוֹר קָרוֹב מִפְּנֵי־

תרגום

הֵיךְ טוּלָא כוּלְהוֹן:
ח יִשְׁתְּקוּן תְּרִיצֵי עַל
דָא וְדַכֵּי עַל דִילָטוּר
יִתְגַבַּר: ט וְיוֹחַד צַדִּיקָא
אוֹרְחֵיהּ וּדְכֵי אַיְדֵי
יוֹסִיף אִתְחַיָלוּתָא:
י וּבְרַם כּוּלְהוֹן תְּתוּבוּן
אֱתוּ כְדוּן וְלָא אֶשְׁכַּח
בְּכוֹן חַכִּים: יא יוֹמַי
עֲבַרוּ רַעְיוֹנַי אִתְבַּטִּילוּ
לוּחֵי לִבְבִי: יב לֵילְיָא
הֵיךְ יְמָמָא יְשַׁווּן נְהוֹרָא
קריב

רש"י

בהם: (ח) ישומו. יתמהו: ונקי. אם יש לדיק שומע בהותלות החניפים האלה: יתעורר. לריב בהם: (ט) ויאחז [כל] צדיק דרכו. לעמוד כנגד את חניפים: (י) ואולם כולם. אני אומר לכם תשובו נא ובאו נא: ולאאמצא בכם חכם. במה שאתם מלעיגים על קבלתי: (יא) ימי וגו'. הנה ימי טובתי שהורגלתי בהם עברו: זמותי. שזמותי להאריך בטובה: נתקו מורשי לבבי. מחשבות שלבי מורשני שהיה לבי אומר לי לירש טובה לפי דרכי: (יב) לילה ליום ישימו. התולים אלה הופכים לי לילה ליום כי מגרת התולים לא אישן בלילה: אור קרוב. וקלר

מנחת שי

פי המסורת: (ט) וּטֳהָר־יָדַיִם. במקף ישוב החולם בזה המשקל נקמן חטף כמו אהב טהר לב (משלי כ"ב) ובא גם פ"א הפעל ב קמן חטוף אלו דברי רד"ק במכלול דף כ"י ובשרשים וכן מלאתי במקלת מדויקים כ"י עם מאריך בוא"ו ובהגהות שרשים א"א אין ספק כי זה טעות סופר כי לא יבאו ב' חטפין זה אח"ז לעולם ואינו אלא ומהר הטי"ת בשוא והה"א בקמ"ץ חטף וכן במסורת וטהר ג' קמלין ב' מנהון בענין דנעמן ודין על"ל. ולי נראה שאין ראיית המסורת מכרעת גם מה שכתב כי לא יבואו ב' חטפין זה אחר זה לעולם אפשר שיבא חטף קמן קודם הקמן אע"פ שקריאתו חטופה מפני הסמוכות כמו שנמלא במקלת ספרי' מדוייקי' מלת ומגער בך שהגימ"ל בחט"ף קמן (ישעיה כ"ד) וכן כתב בעל הלשון ובסמיכות אהב טהר לב אבל וטהר ידים הראשונה חטף קמן ושנייה לה קמן חטוף: (י) ואלם. הוא"ו בגעיא: ובאו נא. יש ספרים שכתוב יבאו ביו"ד וק' ובאו בוא"ו אבל במדוייקים אין כאן קרי וכתיב כלל גם לא נמנה במסורת במערכת אות יו"ד עם

אבן עזרא

(יא) זמותי. מחשבותי ובלשון קדר דבר שיקשור וזהו קשר המחשבה: מורשי לבבי. כפי הענין שעיפים והכהן ז"ל אמר שהוא מן את מורשיהם בדרך רחוקה: (יב) לילה

רלב"ג

(ח) ישומו. יתמהו: יתעורר. יתמה ויפלא ויקבל התפעלות רב: (יא) זמותי נתקו. מחשבותי נפסקו: מורשי לבבי. מחשבותי כי הלב יירש ממחשבה

מצודת ציון

כן יקרא תאות הלב כי הוא פועל המחשבות כמו וכל יצר מחשבות לבו (בראשית ו'): (ח) ישומו. יתמהו כמו שמו אלי והשמו (לקמן כ"א): יתעורר. מל' התעוררות: (ט) דרכו. הנהגתו: אומץ. חוזק: (יא) זמותי. מחשבותי כמו כאשר זמם (דברים י"ט): נתקו.

מצודת דוד

תאות מחשבות לבי לא יתקיימו כלל הזה אשר לא יתקיים במקום אחד כי בכל עת ינטה ממקומו כאשר ינטה השמש: (ח) ישומו. הישרים יתמהו על גודל מכאובי מבלי חמס והנקי יתעורר להתקלף על שמחניף לה' מבלי טענה מספקת: (ט) ויאחז. ועם כל זה יאחז לדיק דרכו ולא יעזבנה בחושבו שלא שוא עבוד אלהים כי יודע הוא שאת הטוב יקבל בתענוג הנפשי: וטהר ידים. מי שהוא טהר ידים מגזל ועושק הלא יוסיף עוד אומץ בראותו רוע הסדור הנופל בקנייני עוה"ז ובהצלחתו כי מעתה מאוד ימאס בו וישם תקותו בהצלחת הנפש ויחדל כפו מעושק ואמר זה להשיב על דברי אליפז שאמר לו שמיפר יראה ואמר אדרבה עוד יוסיפו בה: (י) ואולם. ובאמת אתם כולכם תשובו ובואו להשכיל אמיתת הדבר ולא אמלא בכם חכם כי לא בחכמה שפטתם לומר שאני מיפר יראה: (יא) ימי עברו. הנה מרוב המכאוב עברו ימי חיי והנני קרוב למות ומרוב בלבול הדעת נעתקו מחשבותי אשר היו אל לבבי כמורשה לה לומר עם כי מאז חושב הייתי מחשבות חכמה כאלו לבבי נחל אותם לה לנחלה הנה מעתה נעתקו וסרו: (יב) לילה ליום ישימו. רוב המכאוב יבלבלו מחשבותי וישימו עתה לי חשוכים ונעלמים כחשכת הלילה

11. **My days etc.**—*Behold, the days of my prosperity, to which I became accustomed, have passed.*—[*Rashi*]

my purposes—*Which I had expected to last with prosperity.*—[*Rashi*]

the thoughts of my heart have been broken off—Heb. מוֹרָשֵׁי, lit. the inheritances of. *The thoughts which my heart gave me to possess, for my heart said that I would inherit good because of my* [righteous] *way.*—[*Rashi*] Many commentators divide the verse in a different manner, following the cantillation signs. They render: My days have passed, my purposes have been broken off; yea, the thoughts of my heart.—[*Sforno, Meir Iyyov, Meyuchos*]

12. **They turn night into day**—*These mockers turn night into day for*

8. The upright will be appalled by this, and an innocent one will be aroused against a hypocrite. 9. Yet the righteous holds on his way, and the one whose hands are clean grows stronger and stronger. 10. But all of them, [I say] you shall return and come now, and I will not find any wise man among you. 11. My days have passed, yea my purposes; the thoughts of my heart have been broken off. 12. They turn night into day; the light is short because of

my thoughts will not be fulfilled, just as a shadow has no permanence but moves from its place when the sun sinks.

8. will be appalled—Heb. יִשֹּׁמּוּ, *they will wonder.*—[*Rashi*] The upright are perplexed when they see a good man like me so afflicted, and the result is that they are aroused against those who flatter God without adequate reason.—[*Mezudath David*]

and an innocent one—*If there is a righteous* [man] *who hears the mockery of these hypocrites.*—[*Rashi*]

will be aroused—*to quarrel with you.*—[*Rashi*] *Meyuchos* adds: because he sees the innocent in undeserved straits. *Ramban* explains that the upright will be troubled about this, fearful lest despite their innocence, similar straits befall them. Also, every innocent one will be aroused to differ with Eliphaz, because they know that they are innocent and that they suffer needlessly for no crime of their own.

9. Yet the righteous holds on his way—*I.e. every righteous man holds on his way to stand up against the*

company of the hypocrites.—[*Rashi*] Nevertheless, the righteous holds to his way and will not abandon it, thinking that it is futile to serve God, because he knows that he will be handsomely rewarded with spiritual pleasure in the Hereafter.—[*Mezudath David*]

and the one whose hands are clean—of robbery and cheating will grow stronger and stronger in his observance of the commandments when he witnesses the irregularity of the prosperity in this world. He will despise it, understanding that this is not the awaited reward, for he will realize that the awaited reward comes in the Hereafter and is spiritual.—[*Mezudath David*]

10. But all of them—*I say to you, "Return now and come now."*—[*Rashi*] *Mezudath David* explains that Job exhorts them to return to concentrate on the truth of the matter.

and I will not find any wise man among you—*insofar as you mock my lamentation.*—[*Rashi*] because you have misjudged me, deciding that I am doing away with fear.—[*Mezudath David*]*

חֹשֶׁךְ׃ יג אִם־אֲקַוֶּה שְׁאוֹל בֵּיתִי בַּחֹשֶׁךְ
רִפַּדְתִּי יְצוּעָי׃ יד לַשַּׁחַת קָרָאתִי אָבִי
אַתָּה אִמִּי וַאֲחֹתִי לָרִמָּה׃ טו וְאַיֵּה אֵפוֹ
תִקְוָתִי וְתִקְוָתִי מִי יְשׁוּרֶנָּה׃ טז בַּדֵּי

שאול

קָרִיב מִסַּלְקִין מִן קֳדָם
חֲשׁוֹכָא׃ יג אִין אֲנָא
סָבַר דְבֵי קְבוּרְתָּא בֵּיתִי
בַּחֲשׁוֹכָא מַאֲכִית שְׁוִויָי׃
יד לְשַׁחֲתָא קְרֵיתִי אַבָּא
אַנְתְּ אִמִּי וַאֲחָתִי
לְרַחְשָׁא׃ טו וְהָאן דֵּיכֵי
סִבְרִי וּמְתִינָתִי מַן
יִסְכְּנֵהּ׃ טז תַּגְדוּ לְבֵי

רש"י

לי מפני צרת חבך לילה. אור קרוב כאשר יבא השמש נראה לי שעתה מקרוב האיר היום ונקצר וחלף לו. כמו [בראשית י"ט] העיר הזאת קרובה נתיישבה מקרוב מחדש וכמו כי רננת רשעים מקרוב [לקמן כ'] וכמו חדשים מקרוב באו [דברים ל"ב]: (יג) **אם אקוה שאול**. כמו אם הרוצים ימיו [לעיל י"ד] כלומר מאחר שאני מקוה שאול ביתי: **בחשך רפדתי**. שטחתי יצועי בקבר: (יד) **לשחת קראתי אבי אתה**. להתלונן בו ימים רבים כאילו הוא אבי מאחר שתקותי זאת היא: (טו) **ואיה אפו תקותי**. זאת למה נמשכת ומי ישורנה להצילה עדי: (טז) **בדי שאול**

אבן עזרא

ליום ישימו. חביריו: (טז) **בדי שאול**. כמו סעיפי שאול על דרך משל כאילו השאול עץ למטה כמו ותעש בדים והראוי להיות אל בדי שאול תרדנה הנבראות או ישוב

מנחת שי

מלין דכתיבין יו"ד בריש תיבותא וקריין וא"ו ונראה שזהו מחלוקת בין מערבאי למדינחאי ובחילופים שלנו לא נתברר כל הצורך: (טו) ואיה אפו. חד מן ד' דכתיבין בוא"ו בסיפרא ועיין מה שכתבתי בסימן ט':

רלב"ג

ההתחלות אשר ישתמש בהם בחקירותיו בדבר דבר: (יג) רפדתי יצועי. הצעתי ערשי: (טז) בדי שאול. כמו לבדי שאול והרצון בו לירכתי שאול: אם יחד על עפר נחת. אם ינוחו יחד על עפר והכונה בשאול השפל שבמקומו' והוא מרכז הארץ וכמוהו והליעה שאול הנך כי הוא הפך השמים שהוא המעלה במוחלט: ביאור דברי המענה ענה איוב ואמר שמעתי כמו אלה הדברים פעמים רבות הנה כולכם מנחמי' תהומי עמל וכזב. האם ימלא קץ לדברי רוח והבל כמו שהם דבריכם או מה יחזק דעתך מה שתטען ותענה הנה אין בדבריך מה שיחזק דעתך בו. גם אנכי הייתי מדבר עמכם כמו לו הייתם במקומי אחביר עליכם במלין לנחם אתכם ואניע' עליכם במו ראשי לנוד לכם ולהיות מיצר בצרתכם. אם היה הענין כן אחזיק אתכם בדברי ומה שאנוד לכם בדברי יהיה להפליג על חוזק כאבי שבכל יחשך כאבכם מכם כי הכבה יתפייסו מי שהובכל כאשר יודו לו ויכבדו אותו בחוזק שברו ושיעור מה שאבד ממנו. הנה אם אדבר לא יחשך כאבי ממני או אם אחדל מהדבור לא יועיל לי ולא יסור דבר מצרתי. אך עתה הלאני השם שם כל עדתי שוממים. אינו צריך לעד אחר על צרתי כי הקמטי' שבי מרוב הכחישות יעידו עלי וכחשי ודלותי יעיד על חוזק שברי ומכאובי. אך הש"י טרף אותי וישטמני תכלית השנאה והגיעני להיות חרפה. אדם וכזוי עם עדשלי הרק עלי בשיניו לכעסו עלי וילטוש עיניו לי לעיין אותי בעין רעה. הרהיבו עלי פיהם אויבי בהרפותיהם אשר הם מחרפים אותי הכו לחיי יחד עלי יתקבצון כל שונאי והנה אמר זה לפי מה שאחשוב כנגד רעיו שהיו מחרפין אותו. ימסור אותי הש"י ביד שקרן ועל ידי רשעים הטה אותי ממה שהייתי בו. שליו הייתי ויפרפרני השם ויכתתני אחז בערפי ושברני ויקימני לו למטרה לירות בו חציו. יסובו עלי מורים החצים אשר לו יבקע כליותי ולא יחמול לשפוך לארץ מררתי והנה אמר זה כנגד המכות והמכאובות אשר חלו בו. יפרצני השם פרץ על פני פרץ ר"ל מכה אחר מכה ירוץ עלי כגבור להכות אותי בכח ובתוקף מכות רבות. על מה שהוגלד ממכותי תפרתי שק שהוא בגד קשה והנה הוא מכאיב ומצער אותי מאד ועוללתי ראשי בעפר ואפר וכל זה מרוב היגון כי בשבת היגון יתגרו האנשים שק ויעלו עפר על ראשם. פני נמלאו חומר ולכלוך מרוב הבכי ובשבת הבכי חשכו ראותיי עד שעל עפעפי צלמות. כל הצרות האלו באוני על לא חמס בכפי וגם תפלתי היתה זכה שלא הייתי מתפלל שיבא רע לאויבי ולא הייתי נמנע מלהתפלל לשם יתברך קודם בוא אלי הצרה הזאת וזה שאיוב כמו שזכרנו היה נבוך תחלה בזאת החקירה והיה רוצה לצאת ידי שתיהן ולזה היה מקריב קרבנות אל השם יתברך לכפר בעד בניו. ארץ אל תכסי דמי והחמס הנעשה לי בסבת זה הסדור המסדור מהשם יתברך או יהיה הרצון בזה אל תכסה החמס הנעשה לי אם אמת מה שיאמרו רעי שתהיינה אלו הרעות מאת הש"י על צד העונש ואל יהי מקום להסתר שם זעקתי על החמס הנעשה לי. גם עתה הנה בשמים עדי שהאמת אתי אם היה הש"י

מצודת דוד

את הדברים המבוארים ונגלים כאור היום: **אור קרוב**. האורה החכמה שהיתה מאז קרובה לי הלכה לה מפני חשכת הצרות והוא מקרה קצר כאלו אמר אור איננה קרובה מפני חשך: (יג) **אם אקוה**. כאומר והנה הבל תנחמוני גומר שאחריתי ישגא מאד כי הלא אם אני כל כך בחוזק המכאוב עד אשר אקוה שיהיה ביתי בשאול ואציע משכבי בחשכת הקבר: (יד) **לשחת**. אקרא לשחת אבי אתה ואל הרמה אקרא אמי ואחותי אתה רצה לומר מאד קרבה נפשי לרדת שחת להיות עם הרמה כבן עם אביו ואמו ואחותו: (טו) **ואיה**. וא"כ איה תקותי מתי אקבל טובה ומי יראה את תקותי כי הלא אמות ואיך אם כן אראה בטובה אשר אקוה לה: (טז) **בדי שאול וגו'**. הלא צרותי רבו עד מאד עד שאם הונחו יחד על העפר היו יורדות ולוללות

מצודת ציון

ענין העתקה: **מורשי**. מל' ירושה: (יג) **רפדתי**. הצעתי כמו ירפד חרוץ (לקמן מ"א): **יצועי**. מצעות מטתי כמו אז חללת יצועי (בראשית מ"ט): (יד) **לשחת**. לבור הקבר: (טו) **ואיה אפו**. ענינם אחד כי אפו הוא כמו איה פה והוא כפול במלות נרדפות כמו אדמת עפר (דניאל י"ב): **ישורנה**. יראנה כמו אשורנו ולא קרוב (במדבר כ"ד): (טז) **בדי שאול**. כמו בשאול ויורה עוד על

16. **The limbs of the grave shall descend**—*Those limbs* [of my body] *that will ultimately descend to the grave, for indeed they will all rest on the dust.*—[*Rashi* as quoted by *Ohev Mishpat*] [I have taken the liberty of deviating from the extant editions of *Rashi* because I could not make sense of them.] The *Malbim* edition reads: *Those limbs, which will ultimately descend to the grave, which will be together . . .*

the darkness. 13. Since I hope for the grave as my house, in the darkness I have spread out my couch. 14. To the pit I have called, 'You are my father'; 'My mother,' and 'My sister,' to the worms. 15. Where then is my hope? And as for my hope, who shall see it? 16. The limbs of

me, for I cannot sleep at night because of the trouble of the mockings.—[Rashi] Mezudath David explains in the opposite manner: They turn day into night. The excruciating pains that I experience confuse my thoughts and make dark and hidden like the blackest night those things that are, in reality, as clear as daylight.

the light is short—lit. קָרוֹב, near, and short for me because of the trouble of the darkness of the night. The light is short; when the sun sets, it appears to me as though a short time ago the day dawned, was shortened, and left. This is like (Gen. 19:20), "this city is recent (קְרֹבָה)." It was newly settled recently and like (below 20:5), "That the triumphing of the wicked is short (מִקָּרוֹב)," and like (Deut. 32:17), "new ones that came up of late (מִקָּרוֹב)."—[Rashi]

13. Since I hope for the grave—Heb. אִם, like (above 14:5), "If (אִם) his days are limited." [See Rashi ad loc.] I.e. Since I hope for the grave as my house.—[Rashi]

in the darkness I have spread out my couch—I have spread out my couch in the grave.—[Rashi] You are consoling me with futility, saying that my end will be very great. I am afflicted so severely by my pains that I hope for the grave as my house, and to spread out my couch in the

darkness of the grave.—[Mezudath David]

14. To the pit I have called, 'You are my father,'—to lodge there many days as though it was my father, since this is my hope.—[Rashi] I was as attracted to the grave, [wishing] to be there with the worms, as one wishes to be with his father, his mother, and his sister.—[Mezudath David]

15. Where then is my hope—[Where then is] this [my hope]? Why is it deferred, and who will see it to hasten it to me?—[Rashi] Mezudath David explains: If so, where is my hope? When will I receive the good and who will see my hope? Will I not die? How then will I see the good I am hoping for? Rabbenu Meyuchos explains the preceding verses also in this manner:

[13] If I hope—from now on to see good, already . . .

the grave is my house—and I am close to death, and . . .

in the darkness I have spread out my couch.—

[14] 'You are my father.'—I.e. just as my father and my mother and my sister are my kin forever, so are the grave and the worms.

[15] And where then—If so, where is my hope for which I had hoped? I am going to die. Now who will see my hope without me?

שְׁאֹל תֵּרַדְנָה אִם־יַחַד עַל־עָפָר נָחַת׃
יח א וַיַּעַן בִּלְדַּד הַשֻּׁחִי וַיֹּאמַר׃ ב עַד־
אָנָה׀ תְּשִׂימוּן קִנְצֵי לְמִלִּין תָּבִינוּ וְאַחַר
נְדַבֵּר׃ ג מַדּוּעַ נֶחְשַׁבְנוּ כַבְּהֵמָה נִטְמִינוּ

תרגום

קְבוּרְתָּא תָּחֲתָן אִין
כַּחֲדָא עַל עֲפַר שָׁרָן׃
א וַאֲתִיב בִּלְדַּד דְּמִן
שׁוּחַ וַאֲמַר׃ ב עַד אֵימַת
תְּשַׁוּון הַרְפַּתְקֵי לְמִלַּיָא
תִּתְבַּיְנָן וּמִבָּתַר כֵּן
נְמַלֵּל׃ ג מָא דֵין
אִתְחַשַּׁבְנָא הֵיךְ בְּעִירָא
טמענא

רש"י

תרדנה. אותם איברים שסופן לירד שאול שתהא יחד על עפר נחת: נחת. מלשון ל' ותנח עליהם הרוח [במדבר י"א]: [מענה בלדד]: יח (ב) קנצי. סוף: תבינו. תשתקו להבין ולשמוע את אשר נדבר: (ג) נטמינו בעיניכם.

אבן עזרא

תרדנה על בדי כי בדי השאול תפולנה ותרדנה וכאילו כמשמעו כי יחד יש לנו על עפר נחת: האדם על סעיפי השאול: נחת. יש אומרים ירד או נחת יח (ב) עד אנה תשימון קנצי למלין. הנו"ן נוסף

רלב"ג

מבגיח באילו הדברים הפרטיים כמו שאתם אומרים אתם רעי המליצים עמי אל אלוה תדמע עיני ואילו דברי לא עמכם שאם היו דברי עמכם היה מבואר שלא תהיה טענה עליכם מה שאספר מהחמס הנעשה לי אם הענין כדבריכם לפי שכלכם תאמרו שאינכם מאמינים אותי במה שאני אומר שאין חמס בכפי. ואולם דברי עם הש"י שאם היה הענין כדבריכם רלוני שיהיה הש"י מבין את כל מעשה האדם היה הוא יודע האמת בזה ולזה תהיה טענה לשי"ת לבאר שלא היה משגיח באישי האדם בכמו האופן שאתם אומרים הוא עושה עמי עול וחמס. מי יתן שיוכל האדם להתווכח עם השם כמו הויכוח שיהיה בין אדם לרעהו. כי השנים הנשארים לי להיות יהיו באים עתה ואמות או תהיה רוחי נשחתה ונכרתים ימי שלא אשלימם ויהיו עתה קברים לי. אם אין רעי המליצים לי אנשים מהתלות עמי ולזה אברח מלהתווכח עמהם ובמה שאומרים להמרותי ולהעליבני רואה עיני ולנה שם ר"ל שאין הכעסים אשר הם מכעיסים אותי ומדברים כנגדי נעלמים ממני. אתה הש"י שים לבך די נשמיע דברי ולהשיב עליהם כי תשוקתי להתווכח עמך אם היה אפשר זה לדעתי שאתה לא תלך בהתווכחך עמי כי אם בדרך אמת לא בטענות כוזבות כמו שעושים אלו האנשים ואם היה אפשר תן לי ערב שאוכל לבטוח בו שתשלים ההתווכחות עמי הנה משתוקק מאד מי אמלא שיתקע לידי לקיים שיהיה ההתווכחות ביני ובינך אם היה אפשר וכל זה אמר איוב להורות שהאמת אתו ולמאסו בטענות הפחותות שטוענים לו רעיו. הנה לבם צפנת משכל ואין בהם תבונה ולא דעת כי היה ראוי שלא יעלם מהם כי על דברים כמו אלו התחבולות והמרמות לא תרומם. מי שהחליק אליך יגיד המחשבות העולות בלבו כדי שיגלה אותך שאינך עושה עול אבל תעניש ענישהו על מה שיהתל בך כהתל באנוש עד שעיני בניו תכלינה. והציגני הש"י להיות נמשל ונשנינה תחת שהייתי קודם זה להם לאדון ולשר. עד שכהתה עיני מהכעס אשר הם מכעיסים אותי בלעגם עלי ומחשבותי הם כלל ר"ל שלא אוכל להחזיק ולהתישב בהם מרוב דאגותי. ישומו ויתמהו ישרים על זאת הרעה הבאה על הצדיקים על לא חמס בכפיהם ונקי יתעורר על חנף ויתמה מדוע דרכו צלחה עם רוב עונותיו ופשעיו. ויאחז עם זה הצדיק דרכו הטובה ומי שהוא טהר ידים יוסיף אומץ ללכת בדרכי השי"ת ואף על פי שאין בזה גמול גופני אבל יעשו זה להושיע נפשם כי זה כל פרי האדם וזו תשובה על מה שאמר אליפז אף אתה תפר יראה וזה שהרשעים אינם יריאים השי"ת כלל והצדיקים לא יפרו יראת השי"ת מפני זה אבל יאחזו דרכם כדי שתגיע להם הצלחת הנפש ויוסיפו אומץ בדרכם הטובה לבזותם הבלי זה העולם מפני רוע הסדור הנופל בקניניו ובהצלחותיו וישימו מפני זה כל כוונתם בהצלחת הנפש. ואולם כולכם תשובו ובאו נא ולא אמצא בכם חכם ולזה שפטתם שאני מפר יראה. הנה מרוב מכאובי על לא חמס בכפי באתי עד קצי כאילו ימי עברו מחשבותי נתקו ממני אשר הם מורשי שכלי כי השכל כשירצה לחקור בדבר יירש תחלה מהמחשבה חלקי הסותר אשר הפול בהם והטענות המקיימות אותם והמבטלות אותם. הנה מחשבותי המבולבלות עתה ישימו הדברים אשר הם היו מבוארים לי ונגלים כאור היום חשוכים ונעלמים כלילה האור אשר היה קרוב אליו וחזק ההראות ישימוהו כלילה מפני חשך הצרות. על מה שאתם מנחמים אותי שאחריתי תשגא מאד הנה אשיבכם מילין אם אני בחוזק המכאוב עד שאקוה שיהיה ביתי שאול ואמות וארפד יצועי בחשך ואקרא לשחת אבי אתה אמי ואחותי לרימה לדעתי שאין לי המלט מהמות על זה הכאב האנוש. הנה איה איפה תקותי האם אקוה שאראה הטוב הגופיי אחר מותי או אמר זה כנגד מה שהיו אומרים שההבדל בין הרשעים והצדיקים כשיבאום צרות שהרשע לא יאמין שוב מני חשך ואולם הצדיק בוטח שהשם ית' יסיר המכאוב ההוא ממנו הנה לרבוי המכות האלו והמכאובים אשר חוליתי בהם אם ינוחו יחד על עפר תרדנה ותצלנה לבדם לירכתי שאול ר"ל למרכז הארץ כי לא תוכל הארץ להכיל ולשאת אותם ואיך אוכל אני לסובלם ולחיות אחרי נפלם בי ואמנם אמר זה על צד ההפלגה וגוזמא: והכלל העולה מהדברים הוא שאיוב יסתור דברי אליפז כמה שהביא ראיה מהחוש מהעונש הבא לרשעים וגזר מפני זה שכל הרעות הנופלות באישי האדם הם במשפט לפי מעשיהם ואמר שזאת הגזירה בלתי צודקת לפי שכבר נמצאו בו אלו הרעות הנפלאות אשר אין לו תקוה לחיות אחריהם על לא חמס בכפיו ואם יאמר אומר שזאת הטענה לא יודה בה אליפז ולזה אינה טענה עליו הנה תשובת איוב בזה כי דבריו הם עם הש"י אשר יודע שהאמת הוא כמו שאמר איוב אם היה שיהיה פוקד האדם על כל מעשיו כמו שאמרו רעי איוב ומה שגנה אותו אליפז שהוא היה מיפר יראה באמרו כמו אלו הדברים הנה כבר נתגלגל איוב וביאר שאינו צודק אבל הענין בהפך וזה שהרשעים אינם יראים השם ית' עד שיתכן שיאמר שהוא היה מיפר יראת הש"י מהם בכמו אלו הדברים והצדיקים לא יסורו מפני זה מלהחזיק בדרכי הש"י לפי שתכליתם אינו הגמול הגופיי אבל בשארית הנפש ולא די שלא יסורו מפני זה הדעת מדרכם הטובה אבל יוסיפו אומץ להחזיק בה ולהשתדל בשלמותם הנפשיי לבזותם הקניינים וההצלחות הגופיות לרוע הסדור הנופל בהם והיותם הכל: ביאור מלות המענה (א) ויען בלדד השוחי ויאמר: (ב) קנצי. כמו קצים ואמר זה לפי שאיוב היה אומר דברים רבים במענה אחד

מצודת ציון

מרבית העומק וכן בדי שופר (לקמן ל"ט): נחת. מלשון הנחה:
יח (ב) קנצי. הוא מל' קץ וסוף: (ג) נטמינו. מל' אטימות וכן

מצודת דוד

אל רוב עומק השאול לרוב הכובד והוא מלשון הפלגה ומליצה לומר שמאד רבו עד שאי אפשר לחיות עוד אחריהם (העולה מהמענה היא אשר יתרעם על חביריו שאינם מתנהגים עמו כדרך המנחמים ויאחזו דרכו לומר שלא חטא וכי המקום יודע האמת והוא לו לעד ואם כדבר שחשב אליפז אשר יחטא ואשם להכשיל הרבים במכשול עונו לחשוב שאין משגיח וא"כ שוא עבוד אלהים ישיב לומר לא כן הוא כי עוד יוסיפו אומץ לגדול מעושק כי ימאסו בקניני עולם הזה בראותם רוע הסדור וישימו תקותם בהצלחת הנפש):
יח (ב) עד אנה. עד מתי תאריכו אמרים: תשימון. סוף להדברים וזאת עשו תנו לב להבין מאמרי איוב ותוכן ויכוחו ואחר נדבר להשיב עליהם ולא נוסיף לדבר עוד דבר שאינו מענין הויכוח ומהר יתמו דברינו: (ג) מדוע. בעבור סכלות מה חשובים אנו בעיני

‘‘mem,’’ like טַמּוֹנוּן פְּלִשְׁתָּאֵי, which is the Aramaic translation of סִתְּמוּם פְּלִשְׁתִּים, ‘‘the Philistines stopped them up’’ (Gen. 26:15). Some explain

the grave shall descend, even together they rest on the dust."

18

1. Now Bildad the Shuhite answered and said, 2. "How long? Make an end to the words. Consider, and afterwards we will speak. 3. Why are we considered like an animal? and reputed dull

they rest on the dust—Heb. נָחַת, *will lodge, an expression of* (Num. 11:26), *"the spirit rested* (וַתָּנַח) *upon them."*—[*Rashi*] In the *Etz Chayim* ms., *Rashi's* comment is entirely different, reading:

The limbs shall descend to the grave—*The branches have descended to the grave.* אָנָף, *branch, is of the feminine gender.* [Hence the form תֵּרַדְנָה.] *He calls his children branches. I.e. his sons and daughters had already died. Now if he dies together with them in their compartment . . .* —[*Rashi*]

on the earth will be rest—*There will be rest for the people remaining on the earth, from the cries and the complaints with which I complain both day and night.*—[*Rashi*] *Mezudath David* renders: They would sink down into the grave if together they were laid on the ground. Job complains that his troubles are so heavy that they would sink down into the grave if they were placed on the ground. He expresses himself in this manner to indicate that he was suffering so intensely that he could never hope to recover from his illness.

Rabbenu Meyuchos explains this verse as a question: Will my hope and my desire descend into the boundaries of the grave? Or will they descend after me into the earth? *Isaiah da Trani* renders: The strength of the grave and its foundations will descend, if together on the earth I will find rest. I.e. if I think to find rest from my suffering when I descend into the grave, the grave will quake under me and sink into the deep so that I will not find rest, because it is my fate never to find rest.*

(Bildad's reply)

2. **"How long?"**—will you prolong the discussion?—[*Mezudath David*]

an end—Heb. קִנְצֵי, *an end.*—[*Rashi*] *Ibn Ezra* and *Mezudath Zion* derive this from קֵץ, *end.*

Consider—*Be silent to understand and to hear what we will speak.*—[*Rashi*]

3. **Why are we considered like an animal**—What foolishness have we that Job regards us as animals?—[*Mezudath David*]

and reputed dull in your sight—In your presence, he has the audacity to say that we are dull.—[*Mezudath David*] Heb. נִטְמִינוּ. *We are considered in your eyes as stopped up. The word has no radical but the "teth"*

בְּעֵינֵיכֶם: ד טֹרֵף נַפְשׁוֹ בְּאַפּוֹ הַלְמַעַנְךָ
תֵּעָזַב אָרֶץ וְיֶעְתַּק צוּר מִמְּקֹמוֹ: ה גַּם
אוֹר רְשָׁעִים יִדְעָךְ וְלֹא־יִגַּהּ שְׁבִיב
אִשּׁוֹ: ו אוֹר חָשַׁךְ בְּאָהֳלוֹ וְנֵרוֹ עָלָיו
יִדְעָךְ: ז יֵצְרוּ צַעֲדֵי אוֹנוֹ וְתַשְׁלִיכֵהוּ
עֲצָתוֹ: ח כִּי־שֻׁלַּח בְּרֶשֶׁת בְּרַגְלָיו וְעַל־
שְׂבָכָה יִתְהַלָּךְ: ט יֹאחֵז בְּעָקֵב פָּח

טַמְעָנָא בְּמֶחֱמֵיכוֹן : ד דִמְצַעַר נַפְשֵׁיהּ בְּרוּגְזֵיהּ אֶפְשַׁר דְאַמְטוּלָךְ תִּשְׁתְּבַק אַרְעָא וְטִינָר יִסְתַּלַּק מִן אַתְרֵיהּ : ת״א דְטָרִיד נַפְשֵׁיהּ לְגַרְמֵיהּ אֶפְשַׁר דְּמְטוּלְתָךְ תִּתְנְשֵׁי אַרְעָא מִן לְמִתַּב וְתַקִּיפָא יִסְתַּלַּק מִן אַתְרֵיהּ : ה לְחוּד נְהוֹר רַשִׁיעֵי יִטְפֵּי וְלָא יִנְהַר גִּיהָ נוּרֵיהּ : ו נְהוֹר חֲשַׁךְ בְּמַשְׁכְּנֵיהּ וּשְׁרָגֵיהּ אַמְטוּלְתֵיהּ יִטְפֵּי : ז יִתְעַיְקָן פְּסִיעַת תּוּקְפֵיהּ וְתִטְלוֹקִנֵּיהּ מִלְכְּתֵיהּ : ח מְטוּל דְאִשְׁתְּדַר בְּמְצַדְתָּא בְּרַגְלוֹי וְעַלֵּוֵי סְרַגְתָּא יְטַיֵּל: ט יֶאֱחוֹד בְּתִקְלָא דְפַחָא יִתְקוֹפוּ עלוי

ר״א טורף . ברכות ו : באהלו . סנהדרין כב :

רש״י

נחשבנו בעיניכם טמומין ואין יסוד בתיבה זו זולתי ט׳ מ׳ כמו טמונין פלשתאי[בראשי׳ כ״ו]תרגום של סתמום פלשתי׳ יש מפרשים לשון טמינה וטעות היא בידם שא״כ צריכה התיבה שתי נונין אחד ביסוד ואחד בשמוש של רבים: (ד) טורף נפשו. חוזר על איוב לך אני אומר הטורף ומחבל נפשו באפו ובכעסו: הלמענך. הלמען לדקתך תעזב הארץ ממשפט מדתה: ויעתק צור. היוצר: ממקומו. מדעתו וממדתו: (ה) גם. עתה לפי צעקתך זאת תנהג לדורות: אור רשעים ידעך. יקפץ ממקומו: שביב. אסטנצי״א: (ז) יצרו. יהיו קצרים: צעדי. פסיעות כחו: ותשליכהו. מעליו עצתו שיעץ אשר לא יתקיים: (ח) כי. סופו אשר: שולח ברשת. שולחו רגליו לצעוד על הרשת וליתפש: ועל שבכה יתהלך. היא רשת. כל שבכה עשויה כמו רשת והיא קייפ״א שבראשי הנשים: (ט) יאחז.

אבן עזרא

והנכון שאין לו דומה ועניינו רוב: (ח) כי שולח ברשת ברגליו. פי׳ כי רגלי שולחו ברשת: שבכה. בלשון קדר כמו רשת והוא כענין מסוכך: (ט) יאחז. הפח

מנחת שי

יח (ד) הלמענך. בנסחאות כ״י הה״א בגעיא וכן במכלול בשמוש הה״א דף נ״ח: תעזב הארץ. מלעיל ועי״ן הפעל בפתח עפ״ה ובדפוס באפולי בסגול וטעות הוא: ממקמו. בספרים מדוייקים חסר וא״ו וכן דינו כפי המסורת דריש עזרא: (ז) ותשליכהו.

רלב״ג

וכשיהשב ביכלה המאמר להיותו לתכלית אחד מדבריו יתחיל בטענה אחרת ולזה ישים תכליות רבות לדבריו כאלו אמר עד אי זה מקום מהויכוח תשתדלו ברבוי הדברים והטענות. וזה כי יתכן שבמאמר הראשון יזכרו כל טענותיהם ומהמאמר ההוא ואילך לא יצטרכו לזכור טענות הדשות לקיים דבריהם אך ישתדלו לבד להתיר הספיקות במה שטענו החולקים עמהם על דעתם: (ד) ויעתק צור. ויסתלק צור: (ה ידעך. יתכבה: (ז) יצרו. ענין צרות: צעדי אונו. פסיעות כחו: ותשליכהו. ותעזבהו: (ח) שבכה. רשת: (ט) צמים. פרין:

מצודת דוד

איוב כמו בהמה עד כי יאמר עלינו לכם לפנת משכל: נטמינו בעיניכם. בפניכם יעיז גומר שאטומים אנחנו מחכמה: (ד) טורף נפשו. אתה איוב הטורף את נפשו ומשחיתה בהראות כעסו מול המקום וכי למענך תעזב הארץ דלה גומר וכי על ידי צעקתך אשר תאמר לדיק אתה ומיוסר על לא חמס וכי בעבור זה נחליט לומר שהארץ עזובה ביד מערכת השמים והיוצר נעתק ממקום העולם ולא יבניח בו: (ה) גם אור. הנה לא כן היא כי כאשר אמרנו כן גם הוא אשר אור רשעים והצלחתם יוקפץ מהם ולא יזרח ניצולי אשו והוא משל על מרבית ההצלחה: (ו) אור חשך. האור אשר באהלו יחשך וכמו המאיר עליו יוקפץ השלהבת ממנו ר״ל יוסר הצלחתו ויהיה הלך לה בהשגחת ה׳: (ז) יצרו וגו׳. הפסיעות שפסע בכח בהרחבת מקום סופו יהיו צרים ודחוקים ועלת עצמו תשליכהו בשפל המלב כי המקום יסכל עצתו ויוכשל בה: (ח) כי שולח. בעלת עצמו יהיה נשלח ברגליו לבוא בתוך הרשת להיות נלכד שם: ועל שבכה. מעצמו יתהלך על הרשת העשויה מעשה שבכה וכפל הדבר במלות שונות: (ט) יאחז. הפח תאחזנו בעקב רגליו להיות נלכד

מצודת ציון

ונטמתם בם (ויקרא י״א): (ד) צור. היוצר: (ה) ידעך. יקפץ ויכתר כמו נדעכו ממקומם (לעיל ו׳): יגה. יאיר ויזרח כמו יגיה חשכי (תהלים י״ח): שביב. ניצון כמו שביבין די נור (דניאל ז׳): (ז) אונו. כחו כמו מצאתי און לי (הושע י״ב): (ח) שבכה. מלנפת ר״ל רשת הארוגה כמלנפת וכן בעד השבכה(מ״ב א׳): (ט) פח.

will be sent to step on a net and be caught.—[Rashi]

and he shall walk on the toils—Heb. שְׂבָכָה, that is a net. *Every* שְׂבָכָה *is made like a net, and that is the coif that is on the head of women.—[Rashi]*

9. **shall seize**—*A trap shall seize him by the heel.—* [*Rashi*]

He shall strengthen the thirsty ones

in your sight? 4. One who destroys his soul in his anger! Shall the earth be abandoned for your sake, and shall the Rock be removed from His place? 5. Yea, the light of the wicked shall be put out and the spark of his fire shall not light. 6. The light shall become dark in his tent, and his candle that is over him shall go out. 7. The steps of his strength shall be straitened, and his counsel shall cast him down. 8. For he shall be sent into a net with his feet, and he shall walk on the toils. 9. A trap shall seize him by the heel;

[this] *as an expression of hiding* (טְמִינָה), *but they are in error, because, were that the case, the word would require two "nun"s, one for the radical and one for the plural suffix.*— [*Rashi*] According to the commentators quoted by *Rashi*, Bildad alludes to Job's contention (above 17:3), "You have hidden their hearts from understanding." *Rashi* objects to this derivation because of the absence of the second "nun" yet his own derivation is not without fault. The "yud" in נְטְמִינוּ is the sign of the defective "hey." Hence the root would be טמה. *Meyuchos* and *R. Moshe Kimchi* do indeed establish the root as טמה, which they declare synonymous with טמא, *to be contaminated* or *unclean.* They interpret the clause: Why are we unclean in your eyes? Why do you say that we are hypocrites? *R. Joseph Kimchi* asserts that the "teth" is substituted for a "dalet." Hence the root is דמה, *to be silent.* Why are we silent in your eyes? Why do we not give adequate replies?

4. **One who destroys his soul**—*He*

turns to Job, "To you I say, the one who destroys his soul in his anger and in his wrath."—[Rashi]

for your sake—*For the sake of your innocence shall the earth be abandoned by its standard of justice?* —[*Rashi*]

and shall the Rock be removed— *The Creator.*—[*Rashi*]

from His place—*From His knowledge and from His nature.*— [*Rashi*]

5. **Yea**—*Even now, according to your cry, this will be in force for generations.*—[*Rashi*]

the light of the wicked shall be put out—*It shall spring from its place.*— [*Rashi*]

spark—*Étinceler in French.*— [*Rashi*]

7. **shall be straitened**—*They shall be short.*—[*Rashi*]

The steps of—*The steps of his strength.*—[*Rashi*]

shall cast him down—*His counsel that he advised, which will not be fulfilled* [*will cast him down*].—[*Rashi*]

8. **For**—*his end will be that . . .*— [*Rashi*]

he shall be sent into a net—*His feet*

יחזק עליו צמים: י טמון בארץ חבלו
ומלכדתו עלי נתיב: יא סביב בעתהו
בלהות והפיצהו לרגליו: יב יהי רעב
אנו ואיד נכון לצלעו: יג יאכל בדי עורו
יאכל בדיו בכור מות: יד ינתק מאהלו
מבטחו ותצעדהו למלך בלהות:
טו תשכון באהלו מבלי לו יזרה על
נוהו

תרגום

עלוי גבריא: י טמיע בארעא אשליה ואוחדתיה עלוי שבילא: יא חזור חזור ובעתוניה אתרגושין ומבדרין יתיה לרגלוי: יב יהי כפן ביר בוכריה וצערא מכון לאנתתיה: ת"א יהי כפן באנינותיה וצערא מזומן לסטריה: יג ייכול בוצנין דחפין למשביה יגמר בנוי מלאך מותא: ת"א ייכול בסרא תקוף משביה יגמר בנוהי שרוי מותא: יד יתגזר ממשכניה רוחציניה ותובליניה למלך רגושתא: טו תשרי אנתתיה במשכניה

רש"י

יאחזו בעקב פח: (י) טמון בארץ. תחת רגליו: חבלו. חבל מצודתו אשר ילכד בה: ומלכודתו. טמון עלי נתיבו. כשם שטומנין חבל מלכודת לעופות: (יא) בלהות. שדים: והפיצוהו לרגליו. (ינפצהו) יחבטוהו על הארץ: (יב) אונו. בנו: לצלעו. אשתו: (יג) יאכל בדי עורו. ויאכל כל אחר בדיו בניו ובנותיו: בכור מות. שר המות כמו [תהלים פ"ט] גם אני בכור אתנהו: (יד) ינתק מאהלו. מאשתו: מבטחו. שהיא בטוחה בו. (מבטחו) מבטחת שלו שהיא בוטחת עליו והיא תצעידהו ותשלחהו [מעליה] לקבר למלך השדים: (טו) תשכון. היא באהלו אלמנה: מבלי לו.

מנחת שי

הוא"ו בגעיא: (י) חבלו. החי"ת בפתח עפ"ה וטעות נפל בדפוס גאפולי שנקוד בסגול: (יא) והפיצהו. חילופים רבים נמצאו במלה זו בנקודות ובאותיות ובספרים מדוייקים הוא"ו בסגול והה"א בחטף סגול ומלא יו"ד אחר הפ"א וחסר וא"ו אחר לד"י: (טו) מבלי לו. במ"ס כתיב מבלילו בתיבה אחת ואולם בס"ס הם

אבן עזרא

בעקבו יתחזקו עליו הצמאים. והכהן נ"ע אמר הבתולות. ואחרים אומרים בלשון קדר אבנים הפך כי עם אבני השדה בריתך: (יב) יהי רעב אונו. כמו בן אוני והענין שישבע ממנו: לצלעו. כמו ולצלע המשכן: (יג) בדי עורו. סעיפי עורו על דרך משל: יאכל בדיו. הם בניו: בכור מות. הוזק או ראשית. והענין שיבכר המות באו: (יד) ותצעידהו. עלתו ותקותו: למלך בלהות. לגדול שבבלהות: (טו) תשכון באהלו. היא זרה: מבלי לו. מבלי שידור הוא שם: יזורה. יפורש וכן ואתכם אזרה

רלב"ג

(י) חבלו. החבל שיקשור בו רגליו וילכד בו: ומלכודתו. הוא הפח שילכד בו: (יב) אונו. זרעו כטעם ראשית אוני: (יג) בדי עורו. ענפי עורו ובדיו: יאכל בדיו בכור מות. יאכל איבריו הגדול שבחליים הממיתים: (יד) ינתק. יסתלק: למלך בלהות. אל המזק והקשה שבבלהות: (טו) מבלי לו. מבלי שלא סיה שלו אבל גזלו:

מצודת ציון

רשת: צמים. כמו לסטים: (י) טמון. נסתר: נתיב. דרך: (יא) בעתוהו. מלשון בעתה: בלהות. הוא הפוך מן בהלות וכן בלהות אתנך (יחזקאל כ"ז): והפיצוהו. יפזרו כמו והפיצך ה' (דברים כ"ח): (יב) אונו. בניו הבאים מכחו וכן וראשית אוני (בראשית מ"ט): ואיד. מקרה רע כמו הלא איד לעול (לקמן ל"א): לצלעו. לאשתו ע"ש שנאמר ויבן וגו' את הצלע וגו' לאשה (בראש' ב'): (יג) בדי. ענפי כמו ותעש בדים (יחזקאל י"ז) והוא מושאל על האיברים: בכור. ענין שר כמו גם אני בכור אתנהו (תהלים פ"ט): (יד) ינתק. ינתק: מאהלו. זו אשתו וכענין זה אמרו ז"ל על וישב מחוץ לאהלו (ויקרא י"ד): ותצעידהו. מל' צעדה והלוך: (טו) יזורה.

מצודת דוד

בה והמקום יחזק עליו את הצמאים ותשושי הכח: (י) טמון. חבל ספח אשר ילכד בה יהיה טמון בארץ לבל ירגיש בה להיות נשמר מלכד: ומלכודתו. הפח אשר ילכד בה תהיה פרוסה עלי נתיב מקום מהלכו ואמר במשל לבון הנופל בלכידת החיות: (יא) סביב בעתוהו. סביבות מהלכו בעתוהו שדים מבהילים ופזרו הפח אל רגליו לנפול בה מחרדת הבעתה: (יב) יהי רעב. בקעב יהיה על בניו ומקרה רע מוכן על אשתו: (יג) יאכל. ישחית ענפי עור גופו הם האיברים שהם כבדים אל האילן והוא ופירש אשר שר המות הוא ישחית את בדיו (וזכר העור ולא הבשר לפי שהעור כראה על שטח הגוף ממעל): (יד) ינתק. יסתלק מאשתו: מבטחו. ר"ל מבטח שלו מה שהיתה בוטחת עליו: ותצעידהו. היא תוליך אותו אל הקבר למסרו ביד גדול השדים: (טו) תשכון. והיא תשכון באהלו מבלי לו כי הוא מת ואיננו ובסוף הדבר נוהו כאלו פזרו

reason for the repetition is obscure.]

15. **She shall dwell**—*in his tent as a widow.*—[*Rashi*]

not being his—*(that she will not be his) because he is dead, and ultimately brimstone shall be scattered on his dwelling.*—[*Rashi*] *Mezudath David* explains that the tent will deteriorate gradually until finally it collapses into ruin, just as though brimstone had been strewn upon it.

He shall strengthen the thirsty ones over him. 10. A noose is
hidden for him in the ground, and a trap for him on the path.
11. All around, terrors frighten him, and beat him off his feet.
12. His son shall be hungry, and a misfortune shall be ready
for his wife. 13. He shall eat the branches of his body; the
prince of death shall devour his branches. 14. He shall be torn
away from his wife who trusted him, and she will send him to
the king of terrors. 15. She shall dwell in his tent, not being his;
brimstone shall be scattered

over him—God will give the thirsty
and the weak ones power over
him.—[Mezudath David] Ibn Ezra
renders: The thirsty ones shall over-
power him. Cf. above 5:5; there
Ohev Mishpat interprets it as "a
robber," who grows long hair and
confines it with a net. Ibn Ezra
quotes R. Moshe Hakohen's
interpretation: virgins, who wear a
net over their hair. He quotes others
who interpret צַמִּים as stones, after
the Arabic cognate. This verse is in
contrast to 5:23.

10. hidden . . . in the ground—
under his feet.— [Rashi]

A noose . . . for him—The rope of
his trap, with which he will be
caught.—[Rashi]

and a trap for him—is hidden on
the path just as they hide the noose of
the trap for birds.—[Rashi]

11. terrors—Demons.—[Rashi]
When he walks, frightful demons go
around him and frighten him, and
they spread a net at his feet so that
he should fall from his fright.—
[Mezudath David]

and beat him off his feet—They
knock him down to the ground.—
[Rashi]

12. His son—Heb. אֹנוֹ, [his
strength, an allusion to Deut.
21:17.]—[Rashi]

for his wife—Heb. לְצַלְעוֹ, [his rib,
alluding to Eve, who was formed
from Adam's rib.]—[Rashi]

13. He shall eat the branches of his
body—And he shall devour all the rest
of his branches, viz. his sons and
daughters.—[Rashi]

the prince of death—Heb. בְּכוֹר מָוֶת,
lit. the first born of death, which
means the prince of death, as (Ps.
89:28), "Also I will make him a
prince (בְּכוֹר)."—[Rashi]

14. He shall be torn away from his
wife—Heb. מֵאָהֳלוֹ, lit. from his tent,
which means his wife.—[Rashi, see
Sanh. 22a]

who trusted him—Heb. מִבְטַחוֹ, his
trust, who trusted him. (His trust),
that she trusted him, yet she will
cause him to walk and will send him
away (from her) to the grave, to the
king of the demons.— [Rashi] [The

נוהו גפרית: טז מתחת שרשיו יבשו
וממעל ימל קצירו: יז זכרו אבד מני
ארץ ולא שם לו על פני חוץ:
יח יהדפהו מאור אל חשך ומתבל
ינדהו: יט לא נין לו ולא נכד בעמו ואין
שריד במגוריו: כ על יומו נשמו
אחרנים וקדמנים אחזו שער: כא אך
אלה

ת"א לא נין. חגיגה טו:

במשכניה מדלית ליה
ויבדר על מדוריה
גופריתא: טו מארעא
בנוי ישתיצון ומשמיא
יתגזר אובדניה:
ת"א מלרע שרשוהי
יתיבשון ומן לעיל
יתמולל זאזיה:
יז דכרניה הובד מני
ארעא ולא שמא ליה
על אנפי אשקקו:
יח יהדפוניה מנהורא
לחשוכא ומתבל
יגלוניה: יט לא ביר ליה
ולא ביר ברא בעמיה
ולית משיזיב בותוביה: כ מטול יומיה אצטדיאו בתראי וקדמונאי אחדו עלעולא: כא ויימרון
לחוד

רש"י

[שלא תהא שלו] שהרי מת וסוף יזורה על נוהו גפרית: (יח) יהדפוהו. מן השמים: (יט) נכד. בן הבן: (כ) נשמו אחרונים. תמהו בשומעם על איד אשר בא לו: שער. לא יתכן להיות מגזרת שער שאין טעם שער [בשי"ן

אבן עזרא

בגוים: (יח) ינדוהו. ירחיקוהו כמו נדה: (יט) במגוריו. המקומות שהיה גר שם: (כ) נשמו אחרונים. רשעים

מנחת שי

שתי תיבות וכן נראה מהמפרשים: (יז) זכרו אבד. כ"כ ברוב הספרים עם מאריך בזיי"ן ובמקף בין שתי המלות: (כ) אחזו שער. ענין סערה ופחד בחילוף סמ"ך בשי"ן שמאלית ודין הוא חד מן ג' סער דכתיבין שי"ן וסימנהון במסרה רבתא אות סמ"ך:

רלב"ג

(טז) ימל קצירו. יכרתו ענפיו: (יח) ינידוהו. ישליכוהו: (כ) נשמו. תמהו: שער. סערה: ביאור דברי המענה ענה בלדד ואמר עד איזה מקום תעריכו דברים ותשימו קץ שם למילכם תבינו אותנו מה שנאמר ואחר נדבר ונענה אחר שאין אנו יודעים דבר לפי דבריך. מדוע נחשבנו כבהמה והיינו טמאים בעיניך ומרוחקים עד שממת אותנו שהותים כפתיות הכ"מ והולם אמר זה לפי שכבר אמר איוב עליהם שזכרונם משלי אפר ושלא ימלא בהם חכם ושהשם יתברך צפן לבם משכל. אתה האיש שמרוב כעסו טורף ומשחית נפשו האם בעבור העדות שאתה מעיד בעניניך נשפוט שהארץ נעזבת ויסור השם מהמקום אשר עיניו ולבו שם ר"ל האם נשפוט שהארץ נעזבת מפני העדר הסדור הנופל בעניניך לפי דבריך שאין הש"י משגיח באישי האדם אחר שהנחנו כמלאה זה הענין ההולך בשאר האנשים על הסדר שזכרנו רוצה לומר שהצדיקים שיבואם רע הוא בעבור טוב אחר יותר טוב מהטיב הקודם או שהרע ההוא הוא טוב בעצמו ואם לא נשער ולזה לא תמלא שיבא לצדיק רע מכלה אותו אבל הרע שיבא לרשעים הוא מכלה אותם ואם אתה אומר שאין הענין כן אין לנו להאמין אותך על זה אבל נאמין שכבר מצית בדרך שראוי לך זה העונש. או שאין הרע הבא אליך ממית אותך ואם תחשוב בו זה. והחל בלדד בספור הרעות הנופלות לרשעים לאמת דעתו שזה על צד המשפט. ואמר שלא די ברעות הגופיות הבאות לרשעים אבל גם אורם ידעך ויחשך רוצה לומר שאור מחשבתם וצלתם יחשך וילכו בחשך בכל הדברים שיבחרו אותם. לעדי כהו יהיו לריס עד שלא ימלא בעצמו יכולת ללכת באשר ירצה ועצתו תשליכהו ותעזבהו עד שלא תפול עצתו כי אם ביותר רע. כי

מצודת דוד

עליו גפרית בוערה: (טז) מתחת. השרשים אשר מתחת יתייבשו והענף אשר ממעל יכרת: (יז) זכרו. יפרש המקרא שלפניו לומר זכרו יהיה אבוד מן הארץ כי לא ישאר מי מבניו ובעבור זה לא יהיה לו שם על פני חוצות העולם כי מהר ישכח שמו: (יח) יהדפוהו. הגזרות הבאות עליו יהדפו אותו מאור העולם אל חשכת הקבר ומתבל. מן העולם ינידו אותו וכפל הדבר במלות שונות: (יט) לא נין. לא ישאר לו בתוך עמו לא נין ולא נכד ולא ישאר מי מהם במקום שהיה גר שם כי מהם ימותו ומהם ילכו שבי אל עם אחר: (כ) על יומו. על מקרה יומו יתמהו האחרונים הרואים מפלתו והקדמונים אשר ראו אותו עוד ברום הצלחתו הנה עתה יחרדו מאד ויאחזם רתת כמו מרוח סערה: (כא) אך אלה. ר"ל הנה לצדיק לא יקרה כזאת אך מקראות קשות כאלה באים על

מצודת ציון

(טז) ימל. יפוזר כמו זורה את גורן (רות ג'): נוהו. מדורו: (טז) ימל. יכרת כמו ימולל ויבש (תהלים צ'): קצירו. ענפו כמו ועשה קציר (לעיל י"ד): (יז) חוץ. ענין שוק כמו וחוצות תשים לך בדמשק (מ"א כ'): (יח) יהדפוהו. ענין דחיה וכתישה כמו אל ידפנו (לקמן ל"ב): ינדוהו. מל' נדידה: (יט) נין. זה הבן: נכד. זה בן הבן: שריד. שיור כמו שריד ופליט (ירמיה מ"ב): (כ) נשמו. תמהו כמו פנו אלי והשמו (לקמן כ"א): שער. כמו סער בסמ"ך:

downfall but not his prosperity; the earlier, those who saw the prosperity as well.

Meyuchos renders: In his days, the later people were destroyed, and the earlier people were seized with quaking. The later people are the son and the grandson, who are destroyed in his days. The earlier people are the fathers, who quake at the destruction of their offspring.

quaking—Heb. שַׂעַר, *tempest. This cannot be of the form of* שֵׂעָר, *hair, because the accent in* שַׂעַר *is not (on*

upon his dwelling. 16. From beneath, his roots shall dry up, and from above, his branch shall be cut off. 17. His remembrance shall be lost from the earth, and he has no name in the street. 18. They shall drive him from light into darkness and chase him from the world. 19. He shall have neither son nor grandson in his people, and there shall be no survivor in his dwelling places. 20. Concerning his day—the later people shall be astonished, and the earlier ones shall be seized by quaking.

16. **From beneath**—His roots, which are beneath him, shall dry up, and his branches, which are above, shall be cut off.—[*Mezudath David*]

17. **His remembrance shall be lost etc.**—This verse explains the preceding one: His remembrance shall be lost from the earth because none of his sons will survive. He will be nameless in the streets of the world because his name will soon be forgotten.—[*Mezudath David*] *Simchah Aryeh* explains that the roots beneath represent his capital, and the branches above represent his profit. Both his original capital and his accumulated profits will be lost, and the wealthy man, who had been famed for his riches, will no longer be known.

18. **They shall drive him**—*from heaven.*—[*Rashi*] *Mezudath David* explains that his troubles shall drive him from the light of the world to the darkness of the grave.

and chase him from the world—This is a repetition of the preceding clause.—[*Mezudath David*] *Simchah Aryeh* explains that the aforementioned terrors shall distance him from the world. This is a parabolic expression of the magnitude of his downfall.

19. **grandson**—Heb. נֶכֶד, *a son of the son.*—[*Rashi*] Among his people, no son or grandson shall remain in the place where he dwelt. Some of them will die and some of them will go into captivity to another nation.—[*Mezudath David*]

20. **Concerning his day**—Concerning the happening of his day.—[*Mezudath David*]

the later people—*They wondered when they heard of the misfortune that befell him.*—[*Rashi*] [*Rashi* apparently explains that the later people are those who did not witness the downfall of the wicked, but hear of the events that occurred before their time.] *Berechiah* explains it similarly: they see the ruins of his house. Those who hear of a past incident are, at most, astonished by it. The earlier people were those who lived at the time and actually witnessed the downfall of the wicked. These people are so frightened that they quake lest the same misfortune befall them too. *Mezudath David* identifies the later people as those who witnessed the wicked man's

אלה משכנות עול וזה מקום לא־ידע
אל: יט א ויען איוב ויאמר: ב עד־אנה
תוגיון נפשי ותדכאונני במלים: ג זה
עשר פעמים תכלימוני לא־תבשו
תהכרו־לי: ד ואף־אמנם שגיתי אתי
תלין משוגתי: ה אם־אמנם עלי תגדילו

תרגום

לחוד אלין משרית
עולא ודין אתר דמן
דלא ידע אלהא:
א ואתיב איוב ואמר:
ב עד אימת תנקטון
נפשי ותשפפונני
במליא: ג דנן עסר
זמנין תכספונני לא
תבהתון תשתמודעון
לי: ד וברם בקושטא
שליתי גבי תבית
שלותי: ה אין בקושטא
עלי

רש״י

אלא בציון] ואינו נהפך לקמץ באתנחתא וסוף פסוק. ל״ס : (כא) אלה משכנות עול. זה אחריתם : (מענה איוב) : יט (ב) תוגיון. לשון תוגה : (ג) עשר פעמים. עשר פרשיות יש עד כאן : תהכרו לי. תתנכרו לי : (ד) אתי תלין. אני הוא הלוקה מכות על משוגתי : (ה) אם אמנם. אתם מוספים עלי לצרתי : ותוכיחו עלי

מנחת שי

יט (ב) תגיון. במ״ס נמסר עליו לית ומלא : ותדכאונני במלים. קריאת הכ״ף בשורק והאל״ף נחה והוא חד מן מלין נסבין אל״ף באמצעות תיבותא ולא קריין :

אבן עזרא

כמוהו : וקדמונים. הם חבריו : (כא) וזה מקום לא ידע אל. עול ישרת עצמו ואחר עמו וכן הוא וזה מקום עול לא ידע אל:

יט (ב) עד אנה תוגיון. מן יגון : (ג) זה עשר פעמים. אמר הגאון רב סעדיה ז״ל בין בדברי איוב ותשובת חבריו הם עתה עשר פעמים. והנכון בעיני שהוא כמו ואשר עשר נשים בעבור היות חשבון עשרה סך חשבון : (ה) עלי

רלב״ג

שולח ברשת ברגליו עד שלא יוכל ללכת אנה ואנה ועל רשת יתהלך וילכד שם. הפח יאחזהו בעקבו עד שלא יוכל ללכת יחזק עליו איש תקיף ופריץ ויתקפהו. טמון בארץ החבל אשר ילכד בו ומלכודתו טמון עלי נתיב אשר ילך בו עד שלא יוכל לראותו ולהשמר ממנו אבל ילך להלכד בו והוא לא ישער. סביב מכל לצדיו בעתוהו בלהות חזקות והפילוהו ממקומו לברוח אנה ואנה ברגליו ולא יהיה לו בהמה לרכוב עליה. יהי רעב זרעו שלא יהיה לו דבר לתת להם לאכול ומכה נכונה לבוא לצלעו. יאכל זה הרע ענפי עורו ובדיו ר״ל שלא ישאר בחלקי עורו חלק שלם שלא יאכל איבריו הגדול שבחליים הממיתים. ישלק מאהלו מבטחו עד שלא יהיה בוטח בו ותצעידהו עלתו אל מקום אשר יהיה לו שם החזק בבלהות. תשכון הבהלה באהלו מפני שלא היה שלו אבל בגאו בעושק וגזל ולזה יזורה על נוהו גפרית לשרפו ויחרב. מתחת שרשיו יבשו וממעל יכרת קצירו עד שיכרת לגמרי ולא ישאר לו שורש ולא ענף. והרצון בו שכבר יכרת זרעו. זכרו אבד מני ארץ ולא שם לו על פני חוץ. יהדפוהו הצרות הבאות עליו מאור החיים אל החשך ומתבל יגידוהו וישליכוהו. לא ישאר לו נין ולא נכד ולא יהיה שריד בביתו. על יום העול והרשע בבוא עליו כל אלו הצרות יתמהו הבאים אחריו ותמהו הקודמים עד שאחזם שער בזה. הנה אלו משכנות איש העול וזה מקום האיש אשר לא ידע והשכיל השם וזה דבר נמצא ונמשך בהם לפי דעת בלדד. ואולם הרעות הבאות לצדיקים אינם מזה המין כי אינם מכלות אותם לגמרי עד שלא ישאר לו זכר; והכלל העולה מהדברים הוא שבלדד משיב על מה שכבר אמר אליו איוב שעונש הרשעים והטובים הוא אחד בעינו והוא אומרו אחת הוא על כן אמרתי תם ורשע הוא מכלה שאין הענין כן אבל נמצא בחוש עונש הרשעים מתחלף מאד לעונש הטובים והפליג מפני זה בזכירת הרעות שימצאו מגיעות לרשעים ולפי שכמו אלו הרעות הנפלאות תמצאנה מגיעות לפי מאמר בלדד לרשעים לבד הנה יראה שסבת הגעתם הוא הרשע ולזה לא יבטל מזה הצד מה שהניח בלדד להתיר הספק על מה שנראה אותו מרוע הסדור באלו הענינים ואמר שאע״פ שאיוב יטעון מצד מה שהגיע אליו שאין הענין כן. שאין ראוי לבטל זאת הגזירה המצאת לפי דעתו לודקת בחוש מפני מה שיטעון איוב מעצמו כי הנה אפשר שחטא איוב ואם לא עשה עול. מפני שלא השתדל בשידע השם כפי היכולת כי זה ג״כ חטא אצלו ולזה אמר וזה מקום לא ידע אל : ביאור מלות המענה (א) ויען איוב ויאמר : (ב) תוגיון. מענין יגון : (ג) תהכרו לי. תלעיגו בי. או יהיה מענין עזות פנים :

מצודת ציון

יט (ב) תוגיון. מלשון יגון : (ג) תהכרו. מלשון נכרי וזר : (ד) שגיתי. מל׳ משגה ושגגה : תלין. מל׳ לינת לילה ור״ל בהסתר : (ה) אם אמנם. אשר אמנם : ותוכיחו. מל׳ הוכחה

מצודת דוד

משכנות העול וכמו זה בעצמו בא על מקום איש אשר לא ידע אל ר״ל המקלקל בחכמה לדעת את האלהים (העולה מהמענה היא כי ישיב לאיוב לומר שלא יודה לדבריו שאין המקום משגיח בעולם אף כי ילעג לומר שהוא מיוסר על לא חמס והביא ראיה ממפלת הרשעים בעלת עלמם עד כי ישכח שמם ולא יקרה כן בצדיקים ואם בעבור הרעה הבאה על איוב הנה יתכן כי באה לו בעבור שקלר הוא בעבודת האל ומיעט בחכמה לפי הבנתו המרובה אשר ישוה לאיש העושה עול) :

יט (ב) עד אנה. עד מתי תלעבו את נפשי ותדכאו אותי באמרי קנתור : (ג) זה עשר פעמים. כי עד הנה ענה איוב חמשה מענות ורעיו השיבו למולם חמשה מענות בדברי קנתור ולזה אמר הלא הכלמתם אותי זה עשר פעמים כי גם מה שלא קבלו מאמריו לכלמה תחשב לו : לא תבושו. איך לא תבושו להעיז פנים למולי ותעשו את עצמיכם כאלו אתם נכרים וזרים ממני ולא ידעתם אותי : (ד) ואף אמנם וגו׳. אף אם אפשר שגיתי לעשות הרע הנה אתי לבד תלין משוגתי ר״ל הנה לא ראיתם ממני מאומה רע אולם יוכל להיות שעשיתי את הרע ביני לבין עצמי בהצנע ומה לכם עלי כי איך תוכלו לדעת מסתרי : (ה) אם אמנם. אשר האמת נגה

me and to make yourselves like strangers, as though you did not know me?

4. **stay with me**—*I am the one who receives blows for my error.*—[*Rashi*]

Even if I did possibly commit a sin, that sin is known only to me. Why then do you rebuke me? You cannot know my secrets.—[*Mezudath David*]

21. These are [fit] only [for] the dwellings of the unrighteous, and this [for] the place of him who did not know God."

19

1. Now Job answered and said, 2. "How long will you grieve my soul and crush me with words? 3. Already ten times you humiliate me; you are not ashamed to alienate yourselves from me. 4. And even if I have indeed erred, let my error stay with me. 5. If indeed, you are added to my [troubles],

the 'sin,' but on the "ayin,") and it is not converted to a "kamatz" when it is cantillated with an "ethnachta" or a "sof pasuk." I did not hear this.—[*Rashi*] [Apparently *Rashi* wishes to prove that the word שֵׂעָר is derived from שַׂעַר, or סַעַר, *a tempest*, meaning that a tempest will seize them, or that they will seize the tempest; i.e. they will be frightened. However, he considers the possibility that it is derived from שֵׂעָר, *hair*—their hair will stand on end. He proves that this cannot be, in two ways: 1) The accent is on the first syllable, indicating that it is derived from שַׂעַר, which is also accented on the first syllable. 2) The vowelization of שֵׂעָר does not change when the word appears at the end of a clause, cantillated with an *ethnachta* (which denotes a pause, equivalent to a semi-colon), or when it appears at the end of a verse, cantillated with a *sof pasuk* (equivalent to a period).]

21. **These are only the dwellings of the unrighteous**—*This is their fate.*—[*Rashi*] Such horrible experiences do not befall the righteous. They befall only the unrighteous, and such events come upon the place of him who does not know God. I.e. one who does not study wisdom in order to understand God.*

(Job's reply)

2. **will you grieve**—Heb. תֹּגְיוּן, *an expression of grief* (תּוּגָה).—[*Rashi*] *Ibn Ezra, too, derives it from* יָגוֹן. [According to *R. Yehudah ibn Chayug,* who is followed by the later grammarians, the root of this word is יגה, the "yud" and "hey" being defective. According to *Rashi* (Lam. 1:4), who follows *Menachem,* the root is the single letter "gimmel."]

3. **ten times**—*There are ten chapters until here.*—[*Rashi*] This means Job's five addresses and the five addresses of his companions: two each by Eliphaz and Bildad, and one by Zophar.—[*Saadia Gaon*] *Ibn Ezra* interprets the number ten as a round number.

you alienate yourselves from me—Heb. תַּהְכְּרוּ.—[*Rashi*] *Meyuchos* and *Ohev Mishpat:* you rebuke me. *Mezudath David:* How are you not ashamed to speak with audacity to

ותוכיחו עלי חרפתי: ו דעו אפו כי
אלוה עותני ומצודו עלי הקיף: ז הן
אצעק חמס ולא אענה אשוע ואין
משפט: ח ארחי גדר ולא אעבור ועל
נתיבותי חשך ישים: ט כבודי מעלי
הפשיט ויסר עטרת ראשי: י יתצני
סביב ואלך ויסע כעץ תקותי: יא ויחר
עלי אפו ויחשבני לו כצריו: יב יחד
יבאו גדודיו ויסלו עלי דרכם ויחנו
סביב לאהלי: יג אחי מעלי הרחיק

ויודעי

תרגום

עלי תהרברבון ותכסנון
עלי חסודי: ו ידעו
השתא ארום אלהא
תקפני וסריגיה עלי
אחזר: ז הא אקבל מן
קדם חטוף ולא אתותב
אצלי ולית דינא:
ח אכרתי חטר ולא
אעבר ועל שבילי חשוך
ישוי: ט איקרי מעלוי
אשלח ואעדי כלילי
דרישי: י יצדנני חזור
חזור ואיזיל ואטל היך
קסא סברי: יא ותקף
עלי רוגזיה ותחשבנני
ליה היך מעיקוהי:
יב כחדא ייתון
אוכלוסוהי וכבשו עלי
ארחתהון ושרון חזור
חזור למשכני: יג אחי

רש"י

חרפתי. מראים ומוכיחים הרפתי על פני: (ז) אצעק על חמס. ולא אענה: (י) ויסע. לשון עקירה: (יב) ויסולו.

אבן עזרא

תגדילו. נפשותיכם: (ו) ומצודו. ענינו מצודתו: (י) ויסע כעץ. כאשר יוסע העץ ממקומו: (יב) ויסולו.

מנחת שי

(ו) דעו. הדל"ת בגעיא: אפו. חד מן ד' דכתיבין בוא"ו ואיתן בסיפרא וכן מי יתן אפוא דלק' ועיין מ"ש בסי' ס':(יב) יחד יבאו. כך הם הטעמים בס"ם: (יג) אך זרו. מלעיל וכן

רלב"ג

(ו) ומצודו. רשתו: (ט) כבודי. הוני: (י) ויסע. מענין נסיעה: (יב) גדודיו. גדודי הצרות: ויסלו עלי דרכם. כאורח סדורה והסלולה

מצודת דוד

שאתם מגדילים עלי עון כי תוכיחו לבבר עלי חרפת עוני מרוב המכאוב הבאה ומזה תשפטו שיש בי עון רב: (ו) דעו. הנה לא כן הוא אך דעו איפה שה המתווכחים עמדי כי אלוה מעוות משפטי אף רשתו אשר סיבב עלי ללכדני היא בעוות לא בעבור עון מה:
(ז) הן אצעק. הנה אני צועק על החמס אשר נעשה לי ואין לי מענה: ואין משפט. אין לי משפט הגמול הראוי: (ח) ארחי גדר. עשה גדר בדרך מהלכי ולא אוכל לעבור אף שם את החושך במקום נתיבתי ר"ל לא אוכל להשליט חפצי בדבר מן הדברים: (ט) הפשיט. הסיר כבודי מעלי ואני לבוז בעיני הכל: עטרת ראשי. ר"ל ממשלתי: (י) יתצני. נתן אותי מסביב ואני הולך נתוץ ולא אוכל להרפא: ויסע. עקר ממני תקותי כמו המסיע לעקור את עץ אילן ממקומו אשר לא ישוב עוד למקומו לתקעו שוב כשהיה כן לא אקוה עוד לחזור אל קדמותי: (יא) ויחשבני. יחשב אותי כאלו הייתי מי מן צריו ועל ידי זה ירבה להכות בי: (יב) יחד. כל גדודי המכאובות באו כאחת וסלו בדרך סלולה וכבושה ולא נטה מי מהם בדרך מהלכו והמה חונים סביב לאהלי ולא הלכו לפנים ציד: (יג) אחי. גדודי המכאוב הרחיקו מעלי את קרובי כי בעבורם יחשבוני לרב פשע: ויודעי. אשר היו יודעי לפנים הנה

מצודת ציון

ובכור: (ו) ומצודו. כענין רשת וכן ונתפש במצודתי (יחזקאל י"ב): הקיף. מל' הקפה וסבוב: (ז) אשוע. אצעק: (יב) גדודיו. מחנות: ויסולו. מל' מסילה ודרך כבושה:

who perished.—[*Ohev Mishpat*]

10. **he has uprooted**—Heb. וַיַּסַּע, *an expression of uprooting.*—[*Rashi*]

12. **Together**—all the troops of His pains advance and go on a paved road, none of them turning off. Instead, they camped around my tent and did not leave immediately.—[*Mezudath David*]

they build their road—Heb. וַיָּסֹלּוּ, *an expression of a highway* (מְסִלָּה).—[*Rashi*] *Ibn Ezra* associates this word with סִלּוֹן מַמְאִיר, *a pricking briar.* They spread thorns on their way to me.

13. **He has distanced my brothers**—The troops of pains distanced my relatives from me because they considered me a sinner, as evidenced by those pains.—[*Mezudath David*]

and prove against me my reproach. 6. Know then that God has
perverted my cause, and He has encompassed me with His net.
7. Behold, I cry out [concerning] violence but I am not
answered; I cry aloud but there is no justice. 8. He has fenced
in my way so that I cannot pass, and He places darkness on my
paths. 9. He has stripped me of my honor, and removed the
crown from my head. 10. He has broken me down all around
and I have gone away; He has uprooted my hope like a tree.
11. He has kindled His wrath against me, and He has regarded
me as [one of] His enemies. 12. Together His troops advance;
they build their road against me, and camp around my tent.
13. He has distanced my brothers from me,

5. **If indeed**—*you are added upon
me to my trouble.*—[*Rashi*] *Targum*
and *Ibn Ezra:* magnify yourselves.
Mezudath David: magnify my sin.
Ramban: speak arrogantly.

**and prove against me my
reproach**—*You show and prove my
reproach to my face.*—[*Rashi*] You
wish to prove that I have sinned, as
evidenced by my sufferings.—
[*Mezudath David*]

6. **Know then**—Your contention
is untrue, but you who are debating
with me should know that God is
perverting my cause. Even the net
that He has spread around me to
trap me is unjust, and is not for any
sin I have committed.—[*Mezudath
David*]

7. **I cry out**—*concerning*

violence—*but I am not answered.*
—[*Rashi*] [It is difficult to fathom
what *Rashi* adds except the word
"concerning."]

8. **He has fenced in my way**—He
made a fence on the way I go which I
cannot cross. He also placed dark-
ness on my path. I.e. He stopped me
from accomplishing what I want to
do.—[*Mezudath David*] I am in such
trouble that I cannot extricate
myself from it, like someone who
cannot move out of his place, either
because he is fenced in or because it
is dark and he cannot see his
way.—[*Ohev Mishpat*]

9. **He has stripped etc.**—He has
stripped me of my honor, and I am
humiliated by all.—[*Mezudath
David*] Some interpret this to mean
that he lost his money; others, that
he was branded by his friends as a
sinner.—[*Ohev Mishpat*]

the crown from my head—I.e. my
ruling.—[*Mezudath David*] This
shows that Job was a great and
crowned prince.—[*Berechiah*] Some
take this as alluding to his children,

וְיֹדְעַי אַךְ־זָרוּ מִמֶּנִּי׃ יד חָדְלוּ קְרוֹבָי
וּמְיֻדָּעַי שְׁכֵחוּנִי׃ טו גָּרֵי בֵיתִי וְאַמְהֹתַי
לְזָר תַּחְשְׁבֻנִי נָכְרִי הָיִיתִי בְעֵינֵיהֶם׃
טז לְעַבְדִּי קָרָאתִי וְלֹא יַעֲנֶה בְּמוֹ־פִי
אֶתְחַנֶּן־לוֹ׃ יז רוּחִי זָרָה לְאִשְׁתִּי וְחַנֹּתִי
לִבְנֵי בִטְנִי׃ יח גַּם־עֲוִילִים מָאֲסוּ בִי
אָקוּמָה וַיְדַבְּרוּ־בִי׃ יט תִּעֲבוּנִי כָּל־מְתֵי
סוֹדִי וְזֶה־אָהַבְתִּי נֶהְפְּכוּ־בִי׃ כ בְּעוֹרִי
וּבִבְשָׂרִי דָּבְקָה עַצְמִי וָאֶתְמַלְּטָה

תרגום

מְעַלְוֵי אַרְחִיק וְיָדְעַי
אִתְעֲבִידוּ חִילוֹנָאֵי מִנִּי׃
יד פְּסַקוּ קְרִיבַי וּמְיַדְעַי
אַנְשְׁיוּנִי׃ טו דַּיָּרֵי בֵיתִי
וּלְחֵינָתִי לְחִילוֹנֵי
יַחְשְׁבוּנַנִי הֵיךְ בַּר
עַמְמִין הֲוֵיתִי
בְּמֶחְמֵיהוֹן׃ טז לְעַבְדִּי
קְרֵיתִי וְלָא יָתִיב בְּפוּמִי
אֶבְעֵא מִנֵּיהּ׃ יז רוּחִי
נוּכְרִיתָא לְאִנְתְּתִי
וְאִתְחַנְנִית לְבַר מְעַי׃
יח לְחוֹד יַנְקַיָא רַחֲקוּ
מֵימְרִי אֵקוּם וּמְמַלְלִין
מִנִּי׃ יט רַחֲקוּ יָתִי כָּל
אֱנָשֵׁי רָזֵיוָדֵי דִי רְחֵמִית
אִתְהַפְּכוּ בִי׃ כ בְּמַשְׁכִּי
וּבִבְסָרִי דִּבְקַת גַּרְמִי
וְאִשְׁתַּתְרִית

רש"י

לשון מסילה: (יג) אך זרו. לשון אכזר: (יז) לבני בטני. לאותן שגדלתי בביתי כאלו הם בני: (יח) עוילים מאסו בי. נבזה אני בעיני נערים וכ"ש בעיני שרים: (כ) דבקה עצמי. שאני כחוש מעובי בשרי: בעור שיני. כל בשרי

מנחת שי

במסורת ב' וסי' אך זרו ממנו. לא זרו מתאותם: (יד) חדלו. סמ"ך במאריך: ומידעי. הוא"ו במאריך בס"ס: (יז) זרה לאשתי. לית בטעם מלעיל וכן נמנה במסורת מס"ג בביטא חדא דלא חד וחד לית כוותיה מלעיל: וחנותי. ברוב המדוייקים מלרע וכן נמנה במסורת ב' ואידך ומנותי את אשר אמן: (יט) נהפכו.

אבן עזרא

מן סלון ממאיר כמו הנני עק את דרכך בסירים מן כמשוכת הדק. וכן דרכי סירר מן סירים: (יח) עוילים. נערים או רשעים בעלי עול: (יט) וזה אהבתי. זה שאהבתי כולם נהפכו בי: (כ) ואתמלטה בעור שיני. הענין

רלב"ג

ברוב הסליכה בה: (יג) זרו ממני. סרו מרים: (יז) וחנותי לבני בטני. הרצון בזה עם היותי חונן אותה מאד הוא בעבור בני בטני ר"ל כדי שתעמיד ממנה בנים. או יהיה חנותי מקור כמו השכח חנות אל והרצון בזה שהייתי חונן אותה בעבור שהעמיד ממנה בנים זר הוא לה ואינה מתרצת כלל לי. ואפשר שהיו לו עתה בנים כי לא ידענו הזמן אשר היה מעת אבדן בניו עד עת התוכחו עם רעיו ויהיה פירושו ומה שאני חונן בני הוא זר להם: (יח) עוילים. אנשי עול וחמס: (כ) ואתמלטה בעור שיני. רוצה לומר שלא נשאר לי עור שלם

מצודת ציון

(יג) זרו. מל' זר ונכרי: (יד) מיודעי. אוהבי ומכירי כמו ומודע לבינה תקרא (משלי ז'): (יז) רוחי. רצוני כמו הנני נותן בו רוח (ישעיה ל"ז): וחנותי. מל' תחנה: (יח) עוילים. נערים וכן ישלחו כצאן עויליהם (לקמן כ"א) והוא מל' עול ימים (ישעיה ס"ה): (יט) נהפכו בי. נהפכו עלי וכן הבהמה אשר אני רוכב בה (נחמיה ב') ומשפטו

מצודת דוד

עתה לא ידעוני והמה אך זרו ונתנכרו ממני: (יד) חדלו קרובי. לבוא אלי לבקרני: (טו) גרי. הדרים בביתי ושפחותי: לזר תחשבני. יחשבו אותי כאיש זר והייתי בעיניהם כאיש נכרי אשר לא ידעוהו מעולם: (טז) במו פי. אף כי אתחנן לו בפי ואדבר אליו רכות עכ"ז לא ישיב לי: (יז) רוחי. רצוני בדבר התשמיש זרה לאשתי ולא תאבה לשמוע ואף כי אני אחנן לה להעמיד פרי בטן והמה

בני מכל מקום היא אינה נשמעת לי: (יח) גם עוילים. אף הנערים מאסו בי וכאשר אקומה לפניהם לכבדם והמה ידברו בי דברי בוז ולא יחשבו כבודי למאומה: (יט) תעבוני. כל אנשי עצתי תעבו אותי: וזה. ר"ל מהעומדים פה לפני אשר אהבתי מעולם הנה נהפכו עלי לאויבים ויחרפו אותי: (כ) בעורי. לגודל הרזות דבקה עצמי בעורי ובשרי ועל כי נשאר מעט מן הבשר נדבק

and my friends became strange to me. 14. My relatives are gone, and my familiar friends have forgotten me. 15. Those who live in my house and my maidservants consider me a stranger; in their sight I am a foreigner. 16. I call my servant and he does not respond; with my mouth I appeal to him. 17. My breath is strange to my wife, and I appeal to the children of my body. 18. Even children despised me; I get up and they talk about me. 19. All my intimate friends abhor me; and those whom I loved turned against me. 20. My bones cleaved to my skin and to my flesh, and I escaped

and my friends—who knew me intimately before I was stricken do not know me. They have estranged themselves from me.—[*Mezudath David*]

became strange—Heb. אַךְ זָרוּ, *an expression of cruelty.*—[*Rashi*] *Rashi* and *Ohev Mishpat,* unlike *Targum* and most other exegetes, define אַךְ זָרוּ as though it were written as one word, אַכְזָרוּ, *they became cruel.*

14. **My relatives are gone**—They have ceased to visit me.—[*Mezudath David*] They do not even visit me once a week. It is as though they have ceased to exist.—[*Ohev Mishpat*]

16. **I appeal to him**—Although I appeal to him and beseech him to obey me, he does not respond.—[*Mezudath David*]

17. **My breath**—When a person is ill and beset with suffering, his wife, who is intimate with him, does not distance herself from him because she is as his own body. To my wife, however, my breath is strange. It is as though I were not her husband.—[*Ohev Mishpat*]

to the children of my body—*To those that I raised in my house as though they were my own children.*—[*Rashi*] The obvious difficulty was that Job's children had all died. *Ohev Mishpat* explains this phrase to mean Job's grandchildren. *Mezudath David* explains: My breath is strange to my wife when I wish to cohabit with her, although I appeal to her that I wish to beget children.

18. **children despised me**—*I was despised in the eyes of children, surely in the eyes of princes.*—[*Rashi*]

20. **My bones cleaved**—*because I am emaciated from thickness of flesh.*—[*Rashi*]

by the skin of my teeth—*All his flesh was afflicted with boils and worms except his gums.*—[*Rashi*] I.e. I escaped complete affliction only by the gums, which were left unaffected.—[*Mezudath David, Isaiah da Trani*] *Ramban* explains: I escaped total extinction by the skin of my

בעור שני: כא חנני חנני אתם רעי כי
יד-אלוה נגעה בי: כב למה תרדפני
כמו-אל ומבשרי לא תשבעו: כג מי-
יתן אפו ויכתבון מלי מי-יתן בספר
ויחקו: כד בעט-ברזל ועפרת לעד בצור
יחצבון: כה ואני ידעתי גאלי חי ואחרון
על-עפר יקום: כו ואחר עורי נקפו-זאת
ומבשרי אחזה אלוה: כז אשר אני

ואשתתרית במשך ככי:
כא חוסו עלי חוסו עלי
אתון חברי ארום מחתא
דיי קריבת בי: כב למא
תרדפונני דכמת אלהא
ומבסרי לא תסבעון:
כג מן יהב יתי ויתכתבון
מלי מן יהב בפתקא
ויתרשמון: כד בקולמוס
דפרזלא וכרכמישא
לעלמא בטינרא
יתפסלן: כה ואנא
ידעית דפריקי קים ומן
בתר כדין פורקניה על
עפרא יקום: כו ומן בתר
דאתפח משכי תהי דא
ומבסרי אחמי תוב אלהא: כז די אנא

ת"א חנוני. ב"ב קטז: מי יתן. ב"ב טו: נקפו. מדרש רבה פ' וירא זוכר לך:

רש"י

היה לקוי בשחין ובתולעים חוץ מהניכי שיניו: (כד) בעט ברזל. יחצבון בצור ואח"כ מעבירין את העופרת עליהם לתת לאותיות מראה שחרורית להכיר' וכן דרך חוקק אבן. ולא יתכן לפרש עט של עופרת שהרי רך הוא אצל האבן: (כה) ואני ידעתי גואלי חי. וא"ו זה חוזר למעלה אתם תרדפוני ואני ידעתי גואלי חי ליפרע והוא יתקיים ויעמוד: ואחרון על עפר יקום. לאחר שיכלו כל שוכני עפר הוא האחרון יעמוד: יקום. יתקיים: (כו) ואחר עורי נקפו זאת.

אבן עזרא

לא נמלטתי אלא כמו שני בעור: (כב) כמו אל. הוא הקדוש: (כד) לעד בצור יחצבון. היה מתאוה שיהלכו במקום שלא ימחו. והתאויתי שאדע בגואלי שידבר בשבילי עוד הוא היום בחיים או יהיה אחרון שיולד: (כו) ואחר עורי נקפו זאת. כמו ונקף סבכי היער. וענין

מנחת שי

בשוא הה"א ודגש הס"א מכלול דף ע"ב ושרשים: (כא) חנני חנני. שניהם בקמץ חטוף וחסר וא"ו אחר נו"ן וכן ל"ל במכלול דף קס"א: (כב) כמו אל. הגאון ר' סעדיה ורלב"ג פירשו אל נ' חזק כמו אלה והחכם אבן עזרא והרמב"ן ואחרים פירשו ל' קדש וא"כ אסור למוחקו: (כג) מי יתן אפו. ד' כתיבין כן כמו שכתבתי למעלה: (כה) גאלי חי. מסורת עליו לית ומלעיל:

רלב"ג

כי אם הדבק לשרש שיני: (כא) יד אלוה. מכת השם: (כג) ויחקו. ויוכתבו: (כד) יחצבון. יחקקו: (כו) נקפו. כמו נקבו

מצודת דוד

העלם גם בהעור: ואתמלטה. אין מתום בבשרי וכולו מוכה ונגוע ורק נמלטתי מן הנגעים הבשר הדבוק בשורש השינים הדומה לעור: (כא) חנוני. חוסו וחמלו עלי אתם רעי ולא תוסיפו להרעני כי מכת יד אלוה נגעה בי ודי לי בצער הזה: (כב) למה תרדפוני. ר"ל למה תצערו אותי בדברי חרוף כמו במצער אותי האל בהבאת המכאוב וכי עדיין אינכם שבעים מן המכאוב אשר בבשרי ולמה תוסיפו עוד להכאיב נפשי באמרי חרוף: (כג) מי יתן אפו. מי יתן לי איפו ואיה אם הטענות ויכתבון אמרי ומי יתן ויוחקו בספר והוא כפל ענין במלות שונות: (כד) בעט ברזל. ויהיו הקיקים בעט ברזל ויוחק עופרת בחללי החקיקות למען יהיה הכתב ניכר ומתקיים ואת הכתב עצמו יחצבון בצור למען יעמוד לעד ויבחנו דור אחרון הדין עם מי כי מאד הרעו רעי לומר אשר באו עלי היסורים בעבור קוצר השתדלותי לדעת את ה': (כה) ואני ידעתי. אבל לא כן הוא כי כן אני ידעתי שה' הגואל נפשי להגיע אליה הנצחיות הוא חי וקים לעד וכאשר תחרב כל העולם יתקיים הוא האחרון על העפר ואם כן יודע אני מה שאפשר לדעת: (כו) ואחר עורי. ועם כל זה רבו מכותי עד אחר שבלה עורי שברו גם את העולם הזאת עם כי הייתי רואה אלוה ומשיג אותו בדבר האפשר יותר ממה שאני רואה ומשיג בבשרי: (כז) אשר אני. כאומר הנה

מצודת ציון

עליה: (כא) חנוני. מל' חנינה וחמלה: (כג) בספר. במגלה וקרוי ספר ע"ש סופו: ויחקו. מל' חקיקה: (כד) בעט. בקולמס כמו עט סופר (תהלים מ"ה): יחצבון. החקיקה בסלע קרוי חציבה: (כו) נקפו. ענין שבירה כמו ונקף סבכי היער (ישעיה י'): אחזה.

You persecute me, but I know that my Redeemer lives to requite you, and He will endure and rise.—[Rashi]

and the last on the earth, He will endure—*After all earth dwellers will perish, He will endure last.—[Rashi]*

will endure—Heb. יָקוּם, *will endure.—[Rashi]*

26. **And after my skin, they have cut into this**—*Yet they do not pay heed to my Redeemer, but after the plague of my skin, they cut, strike, and pierce. This vexation and persecution that I mentioned, which is to me like one cutting into my skin, like* (Isa. 10:34): *"And the thickets of the forests shall be cut off* (וְנִקַּף)*."—[Rashi]*

by the skin of my teeth. 21. Have pity on me, have pity on me, you, my friends, for God's hand has touched me. 22. Why do you persecute me like God, and why are you not sated with my flesh? 23. Would then that my words be written; would that they were inscribed in a book! 24. With an iron pen and lead, forever on the rock they should be hewn. 25. But I know that my Redeemer lives, and the last on earth, He will endure. 26. And after my skin, they have cut into this, and from my flesh I see judgment. 27. That I

teeth with which I chew. He had no more teeth with which to chew, only the skin at the base of the teeth.

21. Have pity on me—you, my friends, and do not continue to disgrace me, because the hand of God has touched me, and that pain suffices.—[*Mezudath David*] Since everyone has turned against me, you, my friends, have pity on me, for you were my friends, and we shared common beliefs.— [*Ramban*] *Sforno* explains: Supplicate for me, my friends, who are closer to me than brothers.

22. Why do you persecute me like God—Why do you hurt me by disgracing me, as God hurts me with the pains He is inflicting on me? Are you not yet satisfied with the pain I am suffering in my flesh? Why do you add to it by deriding me?— [*Mezudath David*] This follows *Ibn Ezra* and *Ramban,* who define אֵל as God.

Ralbag and *Saadia Gaon* render: Why should you pursue me like these? I.e. why do you pursue me like these fools who deride me?

Simchah Aryeh explains that Job pointed to the sores on his face and said, "Why do you persecute me like these?" Your words pain me as these sores do.

23. Would—lit. who will give. Who will give me a man, and where is the one who will do it, so that my words will be written etc.—[*Mezudath David*]

24. With an iron pen—*they should be inscribed in the rock, and afterwards they run lead over them to give the letters a black appearance, to make them recognizable. This is the practice of those who inscribe on stone. It cannot be explained to mean a lead pen because lead is soft in comparison with stone.*—[*Rashi*] *Mezudath David* explains that they would melt lead and pour it into the grooves to preserve the script for posterity. Thus, future generations could judge who was right, for Job's friends did him great harm by continually accusing him of neglecting his study of God.

25. But I know that my Redeemer lives—*This "vav" refers to the above.*

אֶחֱזֶה־לִּי וְעֵינַי רָאוּ וְלֹא־זָר כָּלוּ כִלְיֹתַי בְּחֵקִי׃ כח כִּי תֹאמְרוּ מַה־נִּרְדָּף־לוֹ וְשֹׁרֶשׁ דָּבָר נִמְצָא־בִי׃ כט גּוּרוּ לָכֶם ׀ מִפְּנֵי־חֶרֶב כִּי־חֵמָה עֲוֺנוֹת חָרֶב לְמַעַן תֵּדְעוּן

ת"א גורו. זוהר מצורע:

אֲחַמֵּי לִי וְעֵינַי יֶחֱמוּן וְלָא חִילוֹנַי שְׁלִימוּ כָּלְיָתִי בְּעוּבִי׃ כח אֲרוּם תֵּימְרוּן מַה נִרְדַּף לֵיהּ וְעִקַּר מִלְּתָא נִשְׁכַּח בֵּיהּ׃ כט דְּחוּלוּ לְכוֹן מִן קֳדָם חַרְבָּא אֲרוּם בִּרְגְזֵיהּ אֱלָהָא עַל סוּרְחָנְוָתָא מַגְרֵי קָטוֹלִין דְּחַרְבָּא מִן בִּגְלַל דְּתִנְדְּעוּן דְּדִין קְשׁוֹט הוּא

רש"י

והם אינם נותנים לב לגואלי אלא אחר מכת עורי נקפו ונגפו ונקרו. הקניסה והרדיפה הזאת שאמרתי שהיא לי כנוקף וחותך בעורי כמו (ישעיה י') ונקף סבכי היער: ומבשרי. אני רואה משפטים: אלוה. לשון משפט ויסורין: (כח) כי תאמרו מה נרדף לו. כמו (דברים ז) כי תאמר בלבבך שהוא משמש לשון דלמא כלומר ושתהיו נותנים לבכם לחמול ולומר למה נרדפנו: ושרש דבר. הנמצא בו מה הוא לעולם לא תעלה בלבבכם הטובה הזאת שרש דבר על מה הוא עומד ביסורים: (כט) כי חמה. שאתם מגדילים עון המביא לידי חרב: למען תדעון. ותבינו שוד הפורענות הבא על הרשעים ויש אם למסורת שדין כתיב כמו שיש דין בעולם כמו (שופטים ה') שקמתי דבורה כן ראיתי בתנחומא:

מנחת שי

(כח) מה נרדף לו. בספרים מדוייקים אחרונים וקדמוני' בקמץ הדל"ת ובמקף בין שתי המלות ולכן כ' רד"ק במכלול דכ"ב ודף ר"כ שקריאתו בקמץ חטף ומה שיש לספק בזה אכתבנו בסי' ל"ה בעזרת העוזר והגוזר ית' ויתע': (כט) שדין. שדון קרי ונדרש בשמות רבה פ' ל"ז שיש דין בעולם וכן כתב רש"י בשם מדרש תנחומא ועיין עוד בזוהר פ' ושלח דף כ"ו וריש פ' מצורע ומדרש ילמדנו ריש פ' משפטים:

אבן עזרא

זאת עלמי ועורי ובשרי: אחזה אלוה. הנגעים שיחדש עלי: (כח) כי תאמרו. היש בכם שיאמר מה נרדף לו: ושרש דבר. רע: (כט) גורו. יש לכם לגור מפני חרב: כי חמה. בעבור עונות יבוא חרב: למען תדעון שדון. כמו דין. שיש דין:

רלב"ג

או נקפו ישברו: (כט) שדון. שיש דין והוא שם בשקל בוז והרצון בזה בעבור מה שאתם יודעים לפי דבריכם שיש דין ומשפט על כל מעשה האדם גורו לכם מהכעיסים אותי בכמו אלו החרפות אשר אתם מחרפים אותי ויהיה תדעון הווה ואם סוף לבון עתיד וכמוהו ימלאו רבים בלשונינו. או יהיה דון תואר בשקל שובי מלחמה ויהיה הרצון בזה בעבור מה שאתם יודעים לפי דבריכם שהאדם נידון על כל מעשיו אם טוב ואם רע ראוי לכם שתיראו מהכעיסים אותי בזה האופן כי הוא חטא נפלא: ביאור דברי המענה ענה איוב ואמר עד אנה תתנו יגון לנפשי ותדכאו אותי במליכם אלה שאתם מבזים אותי בהם ואין בהם טענה צודקת לאמת דעותיכם אבל הם מלים לבד. זה עשר פעמים דברנו אחד אל אחד ובכל מענה שהשיבותם לי תכלימוני בדבריכם. או אמר עשר על צד הרבוי כי לא דברו עמו כי אם חמשה פעמים ולא תבושו לומר לי כמו אלו הדברים ותעיזו פניכם לי. ואף אמנם אם יהיה כדבריכם ששגיתי מה לכם עלי תהיה שלי משוגתי והניחו אותי. ואם אמנם עלי תגדילו משובה ותוכיחו עלי חרפתי בעבור מה שאתם רואים כי המכות והפגעים להאמינכם כי הכל במשפט ותביאו ראיה מזה שאני הייתי חוטא. דעו באמת כי השם עוותני והקיף עלי רשתו ללכדני על לא חמס בכפי. הן אצעק חמס על נגעי וצרותי אשר באו בסבת מערכת הככבים בעת הלידה שלא כדין ואין עונה אותי אשוע ולא אמצא משפט. גדר השם המסדר זה הסדור ארחי עד שלא אוכל להשיג חפצי ועל הנתיבות שאני מכוין עליהם חשך ישים ולא אוכל ללכת שם. כבודי הוני מעלי הפשיט כמו שהשיגני מאבדן קניני ויסר זרעי שהיה עטרת ראשי כמו שאמר עטרת זקנים בני בנים. הרס אותי סביב במכותיו שבאו לאבד קניני ובני עד שאני נחשב כאילו הלכתי ויסע בזה הפועל כעץ תקותי ר"ל שאין לי תקוה כמו שאין תקוה לעץ כשנתלוהו סביב לעקרו מהשרש מן הארץ אשר היה משתרש שם כי הוא אלו יונח כן ימות בלא ספק וכן אני כשהוסרו ממני קניני אשר היה בהם חיי רוחי הנני נחשב למת. ויחר עלי אפו להכותי אחר זה באלו המכות הנפלאות, ויחשבני לו כאלו הייתי אחד מצריו לרדוף אותי בכל עת על לא חמס בכפי. יחד יבאו גדודי הצרות בי ויסולו עלי דרכם ר"ל שדרכם סלולה ודרוכה לבוא אלי מרוב ההתמדה ויחנו אלו הגדודים סביב לאהלי. הנה מרוב הצרות אשר לי נהפכו עלי אחי ויודעי וקרובי ומיודעי נזרים עד שרחקו ממני ושכחוני כי במוט רגלי האנשים ימצא הרבה שיעלימו עיניהם מהם אוהביהם וקרוביהם וישכחו אותם. ולא זה לבד אלא האנשים הגרים בביתי והם אוכלי לחמי ושפחותי חשבו אותי לזר נכרי הייתי בעיניהם. לעבדי קראתי ולא יענה ואף גם זאת שאתחנן לו בדברי למלאות שאלתי ולא אצוונו כדרך שיצוה האדם לעבדו הנה עם כל זה לא יענה. רוחי היא זרה לאשתי עם היותי חונן אותה מאד כדי שאעמיד ממנה בנים. גם האנשים הפחותים בעלי העול מאסו בי אקומה בפניהם ולא יבושו וע"ז מדבר בי חרפו' ובזויים. כל אנשי סודי תעבוני ואלה שעומדים

מצודת ציון

אראה כמו ואתה תחזה (שמות י"ח): (כז) בחקי. ר"ל בתוך מעי: (כח) מה נרדף. למה נרדף כמו מה יתאונן (איכה ג'): (כט) גורו. פחדו כמו ואשר יגורתי (לעיל ג'): שדון. אשר דון השי"ן היא במקום אשר כמו עד שקמתי דבורה (שופטים ה') ודון הוא מלשון דין ומשפט:

מצודת דוד

המכות האלה נגלים וידועים לכל ואשר אני אחזה לי לבדי ורק עיני ראו ולא זר הוא אשר כלו כליותי בחיקי כי בזה ארגיש אני לבד ולא נראה לזולת: (כח) כי תאמרו. כי כן ראוי אשר תאמרו למה נרדף אותו וכי עיקר דבר עון נמצא בי הלא כל דבריכם שבאו עלי ביסורים בעבור קוצר ההתבוננות דעת את ה' ואם אמנם ידעתי מה שאפשר לדעת א"כ מה לעשות עוד: (כט) גורו לכם. לזאת חדלו ממני ופחדו לנפשכם מפני חרב הפורעניות כי החמה אשר אתם כועסים עלי על חנם הוא מן העונות אשר החרב באה עליהם: למען תדעון. בעבור כי אתם תדעון אשר יש דין בעולם לשלם לאיש כגמולו כי הלא תחשבו שיש משגיח ושלם ישלם לזה גורו לכם וחדלו ממני (העולה מהמענה הזה אשר יתרעם על רעיו לומר מדוע תרשיעו אותי וכי מצאתם בידי מאומה רע. ואם בעבור מבואי ביסורים תחשבו שיש בי עון רב הנה לא כן הוא כי על חנם באו ואם בעבור קוצר ההתבוננות בידיעת ה' הנה ידעתי מה שאפשר לדעת ויגנה אותם על אשר יחרפו אותו בדברים כי יהיו מעותדים לפורעניות בעבור זה לפי אשר יחשבו הם שיש משגיח ומשלם גמול):

(In summation: Job berates his companions for condemning him as a sinner because of his suffering. He insists that his suffering is no indication of his wickedness, for he is unjustly afflicted. As for neglecting

see for myself, and my eyes have seen and not a stranger; my
kidneys are consumed within me. 28. Shall you say, 'Why
should we persecute him?' And what is the root of the matter
found in me? 29. Fear the sword, for the wrath of iniquities is
the sword, in order that you know

and from my flesh—*I see judgments.*—[*Rashi*]

judgment—Heb. אֱלוֹהַּ, *an expression of judgment and chastisements.*—[*Rashi*] *Mezudath David* renders: and more than my flesh, I would perceive God. After my flesh was consumed, they broke this bone although I perceived God more than I would perceive my own flesh.

27. **That I see for myself**—All these sores are plainly visible to all, but what I alone see is that my kidneys are consumed within me.—[*Mezudath David*]

Ramban explains verse 26 to mean that, after the pains had destroyed his skin, they cut through "this," his flesh or his bones, which he took into his hands and showed his companions. The intention is to tell them that he has no Redeemer other than God, Who alone knows of his plagues, for after his skin was pierced, his pains cut through his flesh and bones, which no one sees:

and from my flesh I perceive God—From the fact that my flesh is consumed and I am still alive, I perceive the power of God over His creatures, that He brings man to the point of being crushed. In verse 27, Job tells them that his pains are so severe that no one knows about

them except he himself, for they consume his kidneys within him. According to the Sages, his kidneys actually disintegrated. Perhaps he excreted them and thus realized the severity of his ailments.

28. **Shall you say, 'Why should we persecute him?'**—*Like* (Deut. 7:17), "*Will you say in your heart," in which* [כִּי] *is an expression of a question. That is to say, "Will you lay your heart to the matter to have pity and say, 'Why should we persecute him?' "*—[*Rashi*]

and the root of the matter—*that is found in him—what is it? This favor will never enter your mind* [to determine] *the root of the matter for which he suffers with pains.*—[*Rashi*]

29. **for the wrath**—*For you are committing much iniquity that will bring about the sword.*—[*Rashi*]

in order that you know—*and understand the secret of the retribution that will come upon the wicked. Also, the mesorah is authoritative and* שַׁדִּין *is written, as though it would say that there is justice* (שֶׁיֵּשׁ דִּין) *in the world, like* (Jud. 5:7), *"I, Deborah, arose* (שַׁקַּמְתִּי)," [like שֶׁקַּמְתִּי]. *I saw this in Tanchuma* (*Mishpatim* 3).—[*Rashi*] [This is the reading of the Warsaw ed., which makes more sense than ours.]

שדין: כ א ויען צופר הנעמתי ויאמר:
ב לכן שעפי ישיבוני ובעבור חושי בי:
ג מוסר כלמתי אשמע ורוח מבינתי
יענני: ד הזאת ידעת מני־עד מני שים
אדם עלי־ארץ: ה כי רננת רשעים
מקרוב ושמחת חנף עדי־רגע: ו אם־

שדון קרי — יעלה

הוא מרי דינא: א ואתיב צופר דמן נעמה ואמר: ב מטול דרעיוני מתיבן לי ומטול דרגישתי בי: ג מרדותא דכסופי אשמע והיך פוחא מן ביונתי יתיבנני: ד הדא ידעתא מן אולא מן עדן דאשתוי בר נש עלוי ארעא: ה ארום בועת רשיעי שציית בעגל וחדות דילטור עד שעתא: ו אין יסק לצית

רש"י

(מענה צופר): כ (ב) שעיפי ישיבוני. מחשבותי ישיבוני מענה לפי. ובעבור שאני חש ושותק ושמתי כי שתיקותי ישיבוני סעיפי לענות: חושי. שתיקותי כמו עת לחשות (קהלת ג'): (ג) מוסר כלימתי. אני שומע ממך יסורי כלימתי שאתה מכלימני. ועל כן דבר רוח יענני מבינתי להשיבך: (ד) הזאת. תימה היודע אתה וזה המהלכת על פני כל הדורות מני עד: (ה) כי רננת רשעים. כל ימי היותה מקרוב באה ולא לאורך ימים עומדת: ושמחת חנף עדי

אבן עזרא

כ (ב) לכן שעפי. חושי בי. מהירותי להשיבך. כי: (ג) מוסר. כלימה שמעתי ממך ורוח תבונתי תענני:

רלב"ג

עמי והם רעי אשר אהבתי נהפכו לי לשונאים ותרפוני חרפות רבות. הנה לרוב כחישותי דבקה עצמי יחד בעורי ובבשרי כאלו אין בי בשר כלל ולא נשאר בי עור שלם שלא נקבוהו העלמות רק סדבק לשורש השניים שהוא דומה לעור. חנוני חנוני אתם רעי כי מכת השם נגעה בי ללא פשע. למה תרדפוני כמו אלה האוילים המחרפים אותי. או ירצה אם השם רודף אותי בכמו אלו המכות למה תרדפוני כמוהו עד שלא תשבעו מבשרי לרוב שנאתכם אותי. מי יתן איפה ויכתבון מילי בדרך שיעמדו לנצח. ואולם אמר זה לשערו שדבריו לידקיב זאת"פ שרעיו היו מרחיקים אותו בטענותיהם הכוזבות ואין לאומר שיאמר שאני חטאתי בשלא השתדלתי לדעת השם כפי היכולת כמו שאמר בלדד על איוב באמרו וזה מקום לא ידע אל כי אני ידעתי כי מי שגואל נפשי ומגיע להצלחה אשר הוא חי וקיים לנצח. וידעתי האחרון אשר על עפר יקום והוא הש"י ר"ל שהאחרון מהפועלים הנלבים על הארץ הוא הש"י וקראו אחרון להיותו אחרון אלא חקירתנו כי אנחנו נתחיל מן המאוחר ונלך ממנו אל הקודם ואמנם הוא ראשון במציאות. ואפשר שיהיה אומרו ואחרון על עפר יקום מורה על הנצחות והקיום על דרך אמרו אני ראשון ואני אחרון ואמנם הביאור הראשון נכון יותר מצד הענין ומצד הלשון. ועם כל זה רבו מכותי עד שאחר שנקפו עורי שכבו את העצם ומבשרי אראה יד הש"י ומכתו. או ירצה בזה הנה כבר הפליגו מכותי עד שאחר שנקפו עורי שכבו עצמי עם היותי רואה השם ומשיג אותו יותר מבשרי. ואמר זה לפי שכבר היו מיחסים לו שחטא בשלא ידע הש"י כמו שקדם במענה הקודם הנה מה שקדם מסיפור הרעות היה דבר נגלה. ואולם הרע המשיג אותי אשר אני אחזה לי לבד הוא שאני מצטער כי מרוב חליי כלו כליותי תוך גופי. הנה היה ראוי לכם שתאמרו למה נרדוף אותו והנה נמצא בו שרש דבר ר"ל שראוי לי להתרעם על מה שאני מתרעם ולשפוט מפני זה שאין הש"י משגיח באישי האדם לדעתכם היותי לדיק וישר וראוי שיעשה בי ממה שיראה בו שרש בזאת החקירה. הנה בעבור מה שתדעו שיש דין ומשפט על כל מעשה האדם גורו לכם מהכעסים כדי שלא תפולו בחרב כי החמה אשר אתם מביאים לי בזה האופן הוא עון גדול שענשו הנפילה בחרב להיותו מהקשים שבעונות: והכלל העולה מהדברים הוא שמה שאמר בלדד שאין ראוי שיסתרו הגזרה הכוללת אשר עמהם מפני מה שיטעון איוב מעצמו הנה יאמר איוב שהטענין בהפך שהוא ראוי שיקחו ממה שדאו מגיע בו מהרעות שרש זה הדבר והתחלתו להתאמת אלא שהוא לדיק וישר יותר מן ההתאמתות אשר נהם באנשים אשר הגיעם רע שהביאו ראיה מהם. ועוד שהגזירה הכוללת בשלא תהיה לודקת באיש אחד הנה היא כוזבת ומה שטען בלדד כי איוב אולי חטא בשלא ידע הש"י כבר סתר איוב מאמרו וביאר שהוא ידע אותו כפי היכולת באמת שהוא ידע אותו והוא אומרו בו שהוא אחרון על עפר יקום כי זה האופן אשר יגיעו בו אל הידיעה בש"י ר"ל כשנחקור מסבות אלו הענינים המוחשים הפועלות אותם עד שנעלה אל הסבה האחרונה והנה גנה אותם איוב על שהם היו חושאים הטא נפלא בהכעיסם אותו בזה שאפן עם הודאתם שיש על כל המעשים גמול ומשפט: ביאור מלות המענה (א) ויען צופר הנעמתי ויאמר: (ב) שעפי. מחשבותי. חושי: הרגשי:

מצודת דוד

כ (ב) לכן. בעבור מרבית דבריך הנה מחשבותי יכריחו אותי להשיב לך ועל כי יש בי הרגשה מרובה לחוש ולהרגיש בדבר כלימה רלה לומר בעבור מרבית דבריך ובעבור מרבית הרגשתי השיב לך: (ג) מוסר כלימתי. על כי אשמע יסורי כלימה מה שאתה מכלים אותי ולזה הרלון מהבנת לבי יכריח אותי להשיב לך. (ד) הזאת. אם האמת הוא אשר זאת ידעת וגו' וכאומר הלא לא תוכל לכחש בה ודוגמתו הנגלה נגליתי וגו' (שמואל א' ב'): מני עד. דבר הנהוג מן עולם מן העת אשר שם אדם על הארץ: (ה) כי רננת. אשר שמחת הרשעים היא מזמן קרוב כי לא תתמיד לזמן רב עד שיאמרו הנה היא מזמן רחוק: עדי רגע. רלה לומר תתעכב זמן מועט וכפל הדבר במלות שונות: (ו) אם יעלה. אף

מצודת ציון

כ (ב) שעפי. מחשבותי כמו בשעפים מחזיונות (לעיל ד'): חושי. ענ' חוש והרגשה: (ד) הזאת. הה"א השאלה: (ו) שיאו.

the plunder."

20

1. Now Zophar the Naamathite answered and said, 2. "Therefore my thoughts will cause me to answer me, and because of my silence that is within me, 3. the chastisement of my disgrace I hear, and a spirit of my understanding will answer me. 4. Do you know this from time immemorial, since man was placed on the earth, 5. that the triumph of the wicked is short, and the joy of the flatterers is but a moment? 6. If

to learn more about God, that is no reason for his affliction, because he has indeed delved into this wisdom as best he could. He derides them, warning that ultimately, according to their belief in Divine Providence, they must pay for their sins.)

(Zophar's answer)

2. **my thoughts will cause me to answer**—*My thoughts will answer me with an answer in my mouth, and because I keep my peace and remain silent, and I put my silence within me, my thoughts will give me an answer to reply.*—[*Rashi*]

my silence—Heb. חוּשִׁי, *my silence, like* (Ecc. 3:7), *"a time to be silent* (לַחֲשׁוֹת)*."*—[*Rashi*] [Although the root of חוּשִׁי is חוש and the root of לַחֲשׁוֹת is חשה, *Rashi,* who usually follows *Menachem ben Saruk* in his grammatical theories, hold that the root of both of these words is חש.] *Ibn Ezra* renders: my haste; *Mezudath David*: my agitation. *Ramban* renders: my sense. Because of my senses of vision and hearing, I

answer that Job's assertions are incorrect.

3. **The chastisement of my disgrace**—*I hear from you the chastisement of my disgrace, that you disgrace me. Therefore, a word of spirit shall answer me out of my understanding, to reply to you.*—[*Rashi*] *Mezudath David* renders: Therefore, a desire arising from my understanding compels me to answer.

4. **Do . . . this**—Heb. הֲזֹאת. *This is a wonder.* [I.e. the "hey," vowelized with a "hattaf pattah" is the interrogative "hey" (*Mezudath Zion*). *Do you know the manner in which this has been conducted throughout all generations since time immemorial?* —[*Rashi*]

5. **that the triumph of the wicked** —*throughout all its duration, has come but recently and will not last for any length of time.*—[*Rashi*]

and the joy of the flatterers is but a moment—*In a short time, it will end.*—[*Rashi*]

יַעֲלֶה לַשָּׁמַיִם שִׂיאוֹ וְרֹאשׁוֹ לָעָב יַגִּיעַ׃
ז כְּגֶלְלוֹ לָנֶצַח יֹאבֵד רֹאָיו יֹאמְרוּ אַיּוֹ׃
ח כַּחֲלוֹם יָעוּף וְלֹא יִמְצָאוּהוּ וְיֻדַּד כְּחֶזְיוֹן
לָיְלָה׃ ט עַיִן שְׁזָפַתּוּ וְלֹא תוֹסִיף וְלֹא־עוֹד
תְּשׁוּרֶנּוּ מְקוֹמוֹ׃ י בָּנָיו יְרַצּוּ דַלִּים וְיָדָיו
תָּשֵׁבְנָה אוֹנוֹ׃ יא עַצְמוֹתָיו מָלְאוּ
עֲלוּמוֹ וְעִמּוֹ עַל־עָפָר תִּשְׁכָּב׃ יב אִם־
תַּמְתִּיק בְּפִיו רָעָה יַכְחִידֶנָּה תַּחַת
לשונו

עלומיו קרי

ת״א כילו. יומא פו סנהדרין ז׳:

שמיא זוקפיה ורישיה לעננא ימטי: ז היך רעיה לעלמא יהובד חמוי יימרון האן הוא: ח היך חלמא יטוס ולא ישכחוניה ויגלי היך חזותא דליליא: ט עינא סקרתיה ולא תוסיף ולא תוב תסכניה אתריה: י בנוי ירעעון מסכנין וידוי משלמן תקוף צעריה: יא גרמוי אתמליאו חיליה ובהדיה על עפרא תשכוב: יב אין מתבסמא בפומיה בישתא יכדבנה תחות לישניה

רש״י

רגע. בזמן מועט תכלה: (ו) שיאו. גובהו: (ז) כגללו. גלל של ריעי: (ח) ולא ימצאוהו. יודעיו: (ט) שזפתו. ראתהו: (י) בניו ירצו דלים. על אנשי סדום נא׳ מענה זו שהיו גזלנים ואכזריים על עניים: וידיו תשבנה. חמס כפיו: אונו. כח אונסו: (יא) עצמותיו מלאו עלומיו. כח נערותיו: ועמו על עפר תשכב. כי ימות פתאום עם כחו: (יב) אם תמתיק. כך ווסתו של רשע אם תמתיק בפיו רעה ואינו רואה לה עתה שעה שתחול:

מנחת שי

כ (ז) כגללו. הכ״ף בגעיא בספרי ספרד: (ח) וידד כחזיון לילה. ר׳ יהודה הביאו בסדר פעל הקל ודומה כי ספרו שלמד בו הכנהו במלא וידד היו״ד בחירק וא״כ היה מהקל אבל אחר שמלאנו בכל הספרים היו״ד בקבוץ שפתים הוא משלא נזכר פעלו בלי ספק. שרשים: (יא) עלומו. עלומיו קרי:

אבן עזרא

(ז) כגללו. מן כאשר יבער הגלל עד תמו: (ח) ויודד. כמו ירוחק: (ט) שזפתו. ראתהו כמו ששזפתני השמש: (י) בניו ירצו דלים. הפירוש נכון שהוא מן רצון וכמה יתרצה כי בניו יוצרכו לרצות הדלים שגזל ועוד שיתכן שבימיו תשבנה ידיו אונו כמו הונו כמו מצאתי און לי ואמון כמו המון: (יא) עצמותיו מלאו. חטאת עלומיו: (יב) יכחידנה.

רלב״ג

(ו) שיאו. רוממותו: (ז) כגללו. כלואתו: (ח) ויודד. מעניין נדודים: (ט) שזפתו. ראתהו: תשורנו. תראנו: מקומו. עין אנשי מקומו שהיו רואים אותו תמיד: (י) ירצו דלים. יעשו רצון דלים: אונו. גזלתו: (יא) עצמותיו מלאו עלומיו. ר״ל עצמותיו נמלאו מחטא נעוריו:

מצודת ציון

מל׳ התנשאות: (ז) כגללו. כצואה כמו גללי האדם (יחזקאל ד׳): (ח) כחזיון לילה. כמראות חלום הלילה: (ט) שזפתו. ראתהו כמו ולא שזפתו עין איה (לקמן כ״ח): תשורנו. תראנו כמו אשורנו ולא קרוב (במדבר כ״ד): (י) ירצו. מל׳ רצוי וכן ובמה יתרצה (ש״א כ״ט): אונו. הגזל אשר בכח וכן כלחם אונים (הושע ט׳): (יא) עלומיו. נעוריו כמו בן מי זה העלם (ש״א י״ז): (יב) יכחידנה.

מצודת דוד

אם יתגבר ויעלה גבהו עד השמים וראשו יגיע עד העבים והוא משל לגודל ההצלחה: (ז) כגללו. הנה חיש מהר יאבד לנצח כגללר האבודה מהר ועד עולם ואשר ראוהו בהצלחתו יאמרו איה הוא כי לא ישאר לו זכר מה: (ח) כחלום. והרי הוא כחלום אשר יעוף בעת היקיצה כן יעוף הוא מן העולם והדורשים אחריו לא ימצאוהו: ויודד. ינוד מן העולם כמראית הלילה והוא החלום וכפל הדבר במלות שונות: (ט) עין שזפתו. העין אשר ראתהו מאז לא תוסיף עוד לראותו ואנשי מקומו לא יראוהו עוד: (י) בניו ירצו דלים. בע״כ ירצו ויפייסו את הדלים על הגזל אשר גזל מהם אביהם: וידיו. אז בהייו יותב כחו ובע״כ ידיו עלמן תשבנה הגזלה אשר גזל בכח זרועו: (יא) עצמותיו. לפי שעצמותיו נמלאו מחטאת נעוריו ותשכב עמו על העפר רלה לומר לא שב מהם עד כי ימות ויקבר: (יב) אם תמתיק. כאשר מתקה בפיו עלת רעה והיתה כשלה

11. **His bones are full of his youth**—*The strength of his youth.*—[*Rashi*] Others render: The sins of his youth.—[*Ibn Ezra, Ralbag*]

and it will lie on the dust with him—*Because he will die suddenly with his strength.*—[*Rashi*]

12. **be sweet**—*So is the custom of a wicked man: if evil is sweet in his mouth and he does not see now the moment for it to take effect.*—[*Rashi*]

though he hide it under his tongue—*until the time comes when it will prosper.*—[*Rashi*]

his height ascends to the heavens and his head reaches the
clouds, 7. like his dung, he shall perish forever; those who see
him will say, 'Where is he?' 8. Like a dream, he will fly away
and they will not find him; and he will wander away like a
vision of the night. 9. The eye that glimpsed him will do so no
more, and his place will see him no longer. 10. His sons will
placate the poor, and his hands will return his plunder. 11. His
bones are full of his youth, and it will lie on the dust with him.
12. Though evil be sweet in his mouth, though he hide it under

6. **his height**—Heb. שִׂיאוֹ, *his
height.*—[*Rashi*] Even if he becomes
powerful and his height ascends to
the heavens, and his head reaches
the clouds. . . . This is an allegory,
representing great prosperity.—
[*Mezudath David*]

7. **his dung**—Heb. כְּגֶלְלוֹ, *dung of
excrement.*—[*Rashi, Targum, Ibn
Ezra* etc.] He will perish forever, like
his dung which quickly disappears,
and those who saw his prosperity
will say, "Where is he?" No trace
will remain of him.—[*Mezudath
David*] He will become very success-
ful, and then suddenly he will
become as repulsive as dung.—
[*Sforno*] Others derive כְּגֶלְלוֹ from
גלל, *to roll.* When he rolls over from
place to place, he will perish forever,
and no one will know what became
of him. His downfall will be very
sudden.—[*Ramban, R. Joseph Kim-
chi, Ohev Mishpat*]

8. **Like a dream, he will fly away**
He is like a dream, which flies away
when the person awakens. So will he
fly away from the world, and no one

will find him.—[*Mezudath David*]

and they will not find him—I.e. *his
friends.*—[*Rashi*]

9. **glimpsed him**—Heb. שְׁזָפַתּוּ, *saw
him.*—[*Rashi*]

10. **His sons will placate the
poor**—[*Malbim* ed. reads: *The poor
will crush his sons.*] *This reply was
stated in reference to the people of
Sodom, who were robbers and were
cruel to the poor.*—[*Rashi*] Perforce
they will placate the poor because of
what their father stole from them.
—[*Mezudath David*]

and his hands will return—*He will
return*—(*Shem Ephraim)*] *the plunder
of his hands.*—[*Rashi*]

his plunder—*The power of his
force.*—[*Rashi*] The plunder that he
took by force.—[*Mezudath Zion*]

Job lived in the time of Abraham
before the destruction of Sodom.
Zophar states that the people of
Sodom will be compelled to return
what they stole from their victims,
and later, he prophesies that the
cities will be destroyed by brimstone
and fire.—[*Shem Ephraim*]

לשונו: יג יחמל עליה ולא יעזבנה
וימנענה בתוך חכו: יד לחמו במעיו
נהפך מרורת פתנים בקרבו: טו חיל
בלע ויקאנו מבטנו ירשנו אל: טז ראש
פתנים יינק תהרגהו לשון אפעה:
יז אל ירא בפלגות נהרי נחלי דבש
וחמאה: יח משיב יגע ולא יבלע כחיל
תמורתו ולא יעלס: יט כי רצץ עזב
דלים

לישניה: יג יחוס עלה ולא ישבקנה ויכסנה במצע מוריגיה: יד מיכליה במעוי אתהפיך ארסא דחורמנין בגויה: טו נכסין דבלעם יפלט יתיה מכרסיה יתרכניה אלהא: טז רישי חורמניא יינק תקטליניה לישן חויא: יז לא יזכי למחמי בטפי נהרות נחליא דמן דובשא ולוי (ולואי): יח מתיב לאות חורנא ולא יגמר כדעתריה מתיהב שלחופיה ולא ידוץ: יט ארום רעע עסקא

ת"א ויקיאנו. סנהדרין זו:

רש"י

יכחידנה תחת לשונו. עד כא עתה שתלליה: (יד) לחמו במעיו. ביום אידו נהפך למרורות פתנים: (טו) חיל. ממון: (טז) אפעה. נחש שרף: (יז) בפלגות נהרי נחלי. גן עדן שמתוקין כדבש וחמאה: (יח) משיב יגע. הגזל שגזל: כחיל תמורתו. כאשר תהיה תמורתו לחיל נכסים גדולים אז יבואהו חסרון: ולא יעלוס. בו וכן יעלוז וכן יעלוץ שלשתן מתחלפות: (יט) כי רצץ עזב דלים. לאחר שרצץ את דלים עזב הדלים ונטרד מן העולם

אבן עזרא

שיעשה דבריו בסתר: (טז) ראש פתנים יינק. הפך נהרי נחלי דבש והמאה ושיאכל ע"ד משל כענין שורש פורה ראש ולענה ובסוף משיב כל מה שיגע בו כחיל תמורתו שבא לו הדבר הפוך: (יט) עזב דלים. כמותו:

רלב"ג

(טו) חיל בלע. הממון אשר בלע ואכל: (טז) ראש פתנים. מענין ראש ולענה ופתנים הם נחשים: (יח) יגע. שם והרצון שישיב יגיעו: ולא יעלוס. לא ישמח: (יט) כי רצץ עזב דלים. כאשר רצץ הדלים עזב אותם ר"ל שלא עזב אותם עד אשר רצץ אותם:

מצודת דוד

בעיניו לעשותה אז היה מונעה מלגלותה ומסתירה תחת לשונו לבל יודע למי עד אשר עשאה: (יג) יחמול. מרוב אהבתו לה כאלו יחמול עליה ולא יעזבנה ימנעה מלגלותה ומסתירה בתוך חכו: (יד) לחמו. והיה גמולו אשר מאכלו נהפך במעיו ללכת הפך המנהג כי תבוא ללאת דרך הפה בהקאה והיא בקרב בטנו כמרה של נחשים ובע"כ יקיאה דרך הפה כי אי אפשר לעכל אותה ור"ל בכל דרכיו הוא נכשל הפך המנהג: (טו) חיל בלע. עם כי בלע העושר לא יתקיים בידו כי יקיא אותו והמקום יגרש העושר מבטנו: (טז) ראש פתנים. יאמר לנפשו כאלו יינק ומלך אדם נחש שהוא בפיו שבראש ולשון אפעה תהרגהו באכסו: (יז) אל ירא. לא יראה למזון בפלגות של נהרי דבש והמאה כ"א אדם הנחש ימזון ר"ל לא יראה עוד בטובה כ"א את הרע יקבל: (יח) משיב יגע. בע"כ יהיה משיב יגיעו של חבירו מה שהוא גזל ממנו ולא יבלע אותה להחזיקו לעצמו: כחיל תמורתו. כשיעור העושר כן יהיה תמורתו ר"ל כן יהיה שיעור העוני: ולא יעלוס. לא ישמח עוד כי לא יחזור לקדמותו: (יט) כי רצץ עזב דלים. כאשר רצץ את הדלים אז עזבם ולא קודם הרצלה:

מצודת ציון

ענין מניעה והעלמה כמו ולא כחד ממנו (ש"א ג'): (יד) פתנים. מין נחש: (טו) חיל. עושר כמו כי רב חילי (לקמן ל"א): ירישנו. מל' הורשה וגירושין: (טז) אפעה. מין נחש: (יז) בפלגות. הנגרים לחלקים כמו פלגי מים (תהלים א'): נהרי. נחלי. כפל ענין במלות נרדפים כמו מספר מפקד (ש"ב כ"ד): (יח) תמורתו. מל' תמורה וחלוף: יעלוס. ישמח וכן יעלוץ ויעלוז כי זסשר"ץ מתחלפים: (יט) רצץ. שבר וכתת:

17. **the rivulets, the flowing rivers of**—*the Garden of Eden, which are as sweet as honey and cream.*—[*Rashi*] *Mezudath David* explains that he will not merit to suck from the rivers of honey and cream but only from the snake venom—he will receive only bad and not good. Similarly, *Ramban* explains that when good comes to the world, he will not benfit from it.

18. **He will return that which he labored for**—*The loot that he stole.*—[*Rashi*] *Mezudath David* explains that he will return what his fellow labored for, that he stole from him.

when his gain becomes vast wealth—*When his gain becomes vast*

his tongue; 13. Though he spare it and will not let it go, but keep it on the middle of his palate; 14. His food will turn into the venom of cobras within him. 15. He swallowed up wealth and vomited it out, and from his belly God will cast it. 16. He will suck the venom of cobras; the tongue of the carpet viper will kill him. 17. He will not see the rivulets, the flowing rivers of honey and cream. 18. He will return that which he labored for and he will not swallow it; when his gain becomes vast wealth, he will not rejoice. 19. When he oppressed, he abandoned

13. **Though he spare it**—Lit. יַחְמֹל, pity it. He loves it (i.e. the wickedness) so much, it is as though he pities it and will not let it go. He refrains from revealing it but conceals it in his palate.—[*Mezudath David*]

but keep it—from others.—[*Ramban*] This is the concealment, which he spoke of as his hidden sins that he did not want to reveal, either at the beginning or at the end.—[*Berechiah*]

14. **His food . . . within him**—*on the day of his misfortune will turn into the venom of cobras.*—[*Rashi*] [Note: The snakes are identified according to *Nature & Man in the Bible* by Yehuda Feliks.]

His punishment will be that his food will turn over in his innards and come out in an unusual way—by vomiting. It will be like snake venom in his stomach, and he will perforce vomit it up because it will be indigestible. The intention is that in all his undertakings, he will stumble in unusual ways.—[*Mezudath David*]

15. **wealth**—Heb. חַיִל, *money.*—[*Rashi*] Although he swallowed up the wealth, it will not remain in his possession; he will vomit it up and God will cast it out of his belly.—[*Mezudath David*] *Berechiah* explains that he will vomit up in public the wealth that he swallowed in secret. Thus God will reveal his hidden iniquities.

16. **the venom of cobras**—It will become bitter to him, as though he had sucked the venom of a snake. The venom is in the snake's mouth, situated in the head, hence the term ראש.—[*Mezudath David*]

carpet viper—Heb. אֶפְעֶה, *a fiery serpent.*—[*Rashi*] *Ramban* explains that the mother's milk he sucked in infancy will turn into snake venom and he will vomit it up. This represents the wealth that he accumulated in his youth from plunder and theft. It will become bitter to him, and he will lose it.

דלים בית גזל ולא יבנהו: כ כי ולא ידע
שלו בבטנו בחמודו לא ימלט: כא אין
שריד לאכלו על כן לא יחיל טובו:
כב במלאות ספקו יצר לו כל יד עמל
תבאנו: כג יהי למלא בטנו ישלח
בו חרון אפו וימטר עלימו בלחומו:
כד יברח מנשק ברזל תחלפהו קשת
נחושה

ת"א אין שריד, שם לב: ספקו. כותה ט' ערכין טו: מלא וא"ו ולמ"ש בשי"ן

תרגום

דמסכנין ביתא אנס ולא בנא יתיה: כ ארום לא ידע דיהי שליו בכרסיה בגושמיה לא ישתזב: כא לית מישזב למכליה מטול היכנא לא יוריך טוביה: כב תתמלי סאתיה יתפרע מניה כל אידא דלעי תיתניה: כג יהי למימלי כרסיה יגרי ביה תקוף רוגזיה ויהת עלוי מטרין בשלדיה: כד יערוק מן זיני פרזלא תשלחפניה קשתא דברבוטא

רש"י

והלך לו והם חוזרים וגוזלים ממנו גזלותיו. כי רצץ כמו (שמות י"ח) כי יהיה להם דבר בא אלי כשיהיה להם: (כ) כי לא ידע. את בטנו מעולם שליו בטנו אומר לו תמיד גזול והבא למלאני: על כן בחמודו. בבשר יופי חמדתו: לא ימלט. כי יהא פוחת והולך ודומה לו ותמס כעש חמודו (תהלים ל"ט): (כא) אין שריד לאכלו. לא שייר ממאכלו לחלק לעניים: על כן לא יחיל טובו. לא יצליח כמו (שם) יחילו דרכיו. ובאנשי סדום מדבר שהיה עיניהם צרה באורחים כי כן העיד (יחזקאל ט"ז) על סדום גאון שבעת לחם וגו' ויד עני ואביון לא החזיקו. ורבותינו פירשו אין שריד לאכלו לא השרה תלמידי חכמים על שולחנו כמו ובשרידים אשר ה' קורא: (כב) במלאות ספקו. בהתמלאות תאות לבו די. אז: יצר לו. תבא עליו צרה. ספקו לשון די כדמתרגמי' כד ספיקו גמליא. ומלא להם היספקין: כל יד עמל תבואנו. תחזק עליו ותבא יד עניים: (כג) יהי למלא בטנו ישלח בו חרון אפו. שליחות חרון אפו יהי למלא בטנו ואין זה לשון קללה אלא לשון נבואה ועתיד: וימטר עלימו. הקב"ה: בלחומו. בזעף מלחמתו פחים אש וגפרית כענין שנאמר (בראשית י"ט) וה' המטיר על סדום וגו': (כד) תחלפהו. הליס שתזרוק הקשת יחלפו

מנחת שי

(כב) במלאות. מלא אל"ף וא"ו: ספקו. בשי"ן כמו בסמ"ך כן הוא במדוייקים ובספרים שלם שפק וכ"כ ר' אברהם פריצול ושיבוש נפל בכמה דפוסים שכתבו ספקו בסמ"ך: (כג) ישלח בו. היו"ד בגעיא:

אבן עזרא

(כ) בחמודו. שחמד והתאוה הוא לא השאיר כלום: (כא) יחיל. יקוה: (כב) במלאת ספקו. כאשר יגיע לכל מה שיספיק לו אז יצר לו ויד העמלים תביאנו כענין כפרוח רשעי' וי"א בהגיע יום מפלתם וכמוהו תחת רשעים ספקם כמו ויספק את כפיו הכה: (כג) בלחומו. בבשרו ויתכן היות בלחומו כמשמעו כמו יהי למלא בטנו: (כד) תחליפהו. כמו כליל

רלב"ג

(כ) בחמודו לא ימלט. בחמודו ועשרו לא ימלט דבר שהכל יאכד: (כא) יחיל. יצליח: (כב) במלאת ספקו. בהיות לו די: יצר לו. מענין צרות דוחק: עמל. תואר והכלון בו איש עמל ואון: (כג) בלחומו. בבשרו: (כד) מנשק ברזל. כלי זיין של ברזל: תחלפהו. תכריתהו או ירצה בזה העבור בו ויהיה שב אל המקום אשר יורו מואת הקשת החזקה:

מצודת ציון

(כא) שריד. שיור: יחיל. יצליח וכמו יחילו דרכיו (תהלים י'): (כב) ספקו. די צרכו: עמל. עול וכן לא ראה עמל בישראל (במדבר כ"ג): (כג) בלחומו. מלשון מלחמה: (כד) מנשק. כלי זיין כמו והשיקו בנשק (יחזקאל ל"ט): תחלפהו. שעבור בו כמו

מצודת דוד

בית גזל. גזל מהם בית אשר לא בנהו ולא עמל בו: (כ) כי לא ידע. על כי לא ידע שלוה בבטנו כי בטנו היתה תמיד חסרה משביע' ועסק למלאותה לזה לא ימלט מה בכל חמדת עשרו כי הכל יאבד: (כא) אין שריד לאכלו. לא היה משאיר מאכלו על יום המחרת כי יבטח לעשוק די מחסורו על כן לא יצליח טובו ועשרו להתקיים בידו: (כב) במלאת ספקו. בעת ימלא די ספוקו כשיהיה בתכלית העושר אז יהיה צר לו וכאלו יפול מן השמים לארץ וכל יד איש עמל ואון תבוא עליו לעשקו ולחמסו כי יותם כחו: (כג) למלא בטנו. ירבה בו הצרות עד כי יהיו למלא בטנו לגודל הריבוי וה' ישלח בו חרון אפו ובשפע רב כמטר ישפוך עליו בעת הלחמו עמו להפרע ממנו: (כד) יברח. כאשר יברח מכלי זיין של ברזל אז קשת

upon him—*The hand of the poor shall overwhelm him and come upon him.*—[*Rashi*]

23. **It shall come to pass that to fill his belly, He shall send upon him His burning wrath**—*The sending of His burning wrath will be* [enough] *to fill his belly. This is not an expression of a curse but an expression of prophecy and of the future.*—[*Rashi*]

and rain upon them—*The Holy One, blessed be He.*—[*Rashi*]

with His battle—*With the fury of His battle, coals, fire, and brimstone,*

the poor; he stole a house, which he did not build. 20. For he did not know any rest in his stomach; with his beauty he will not save anything. 21. Nothing remains of his food; therefore his goods shall not prosper. 22. When his desire has been filled sufficiently, he will be in straits; the hand of every laborer will come upon him. 23. It shall come to pass that to fill his belly, He shall send upon him His burning wrath and rain upon them with His battle. 24. He shall flee from iron weapons; a copper bow shall pierce him.

wealth, then he will lose it.—[*Rashi*]

he will not rejoice—[Heb. יַעֲלֹס] *with it. Similarly,* יַעֲלֹד, *and so* יַעֲלֹץ; *the three of them are interchangeable.*—[*Rashi*]

19. **When he oppressed, he abandoned the poor**—*After he oppressed the poor, he abandoned the poor and was banished from the world and went his way, and they return and collect their stolen items from him.* [The expression] כִּי רָצַץ [means] *when he oppressed, like* (Exod. 18:16), *"Whenever* (כִּי) *they have a concern, they come to me," which means when they have.*—[*Rashi*]

20. **For he did not know**—[He] *never* [knew] *his stomach to be at rest. His stomach always says to him, "Rob and bring* [food] *to fill me up." Therefore . . .*—[*Rashi*]

with his beauty—*With the flesh of his coveted beauty.*—[*Rashi*]

he will not save anything—*because it will continuously diminish. Similar to this is* (Ps. 39:11): *"You make his beauty* (וַתֶּמֶס) *melt away like a moth."*—[*Rashi*]

21. **Nothing remains of his food**—*He left nothing over from his food to share with the poor.*—[*Rashi*]

therefore his goods shall not prosper—Heb. יָחִיל, *shall not prosper, as* in (Ps. 10:5), *"His ways prosper* (יָחִילוּ)." *He speaks of the people of Sodom, who were stingy with travellers, for so did Ezekiel testify* (16:49) *concerning Sodom: "proud with plenty of food etc. and yet, she did not strengthen the hand of the poor and needy." And our Sages explained* (*Sanh.* 92a) אֵין שָׂרִיד לְאָכְלוֹ *to mean that he did not allow Torah scholars to sit at his table, like* (Joel 3:5): *"and among the survivors whom the Lord calls."*—[*Rashi*]

22. **When his desire has been filled sufficiently**—Heb. בִּמְלֹאות סִפְקוֹ, *when the desire of his heart has been filled sufficiently, then . . .*—[*Rashi*]

he will be in straits—*Trouble will come upon him.* סִפְקוֹ *is an expression of sufficiency, as is translated into Aramaic* (Gen. 24:22): *"When the camels finished* (סַפִּיקוּ) *drinking";* (Num. 11:22): *"so that it may be enough for them* (הַיִסְפְּקוּן)."—[*Rashi*]

the hand of every laborer will come

נְחוּשָׁה: כה שָׁלַף וַיֵּצֵא מִגֵּוָה וּבָרָק
מִמְּרֹרָתוֹ יַהֲלֹךְ עָלָיו אֵמִים: כו כָּל־חֹשֶׁךְ
טָמוּן לִצְפּוּנָיו תְּאָכְלֵהוּ אֵשׁ לֹא־נֻפָּח
יֵרַע שָׂרִיד בְּאָהֳלוֹ: כז יְגַלּוּ שָׁמַיִם עֲוֹנוֹ
וְאֶרֶץ מִתְקוֹמָמָה לוֹ: כח יִגֶל יְבוּל בֵּיתוֹ

דְּבַרְכּוּמָא: כה שְׁלַף וּנְפַק מִתִּיקָה וּבַרְקָא מִמְּרִירְתֵּיהּ יְהָלוּךְ עֲלוֹי דְּחִילַיָּא: כו כָּל חֲשׁוֹכָא טְמִיעַ לְטַשְׁיוּתֵיהּ תְּגַמְרִנֵּיהּ נוּר דְּגֵהִנָּם דְּלָא נְפִיחַ יִשְׁרֵי מְשֵׁזַב בְּמַשְׁכְּנֵיהּ: כז יְפַרְסְמוּן אַנְגְּלֵי מְרוֹמָא סוּרְחָנֵיהּ וְדָיְרֵי אַרְעָא יְקוּמוּן לְמִבְאָשָׁא לֵיהּ: כח יְטַלְטֵל עִבּוּר בֵּיתֵיהּ

ת"א לצפוניו. סנהדרין לב זבחים לא חולין קלג:

רש"י

את גופו לעבור מעבר אל עבר. ל"א תהלפהו כמו תהליפהו [תקדמהו] קשת נחושה: (כה) שלף. השולף עליו את הנשק: ויצא. הנשק: מגוה. מתוך תערה: וברק. (פלנדור"ש בלע"ז) כמו למען היה לה ברק (יחזקאל כ"א) (פירכי"ר): ממרורתו. של נשק יהלוך ומשם יהיה אימים ופחד על הרשע: (כו) לצפוניו. לאורך מלפוני גנוזים הלפונים כו: אש לא נופח. אש של גיהנם: ירע שריד באהלו. תבא רעה לשריד שישאר באהלו. כל הפרשה כולה באנשי סדום. ירע שריד באהלו. אפילו לוט הנמלט מהם באה רעה לאהלו זו אשתו שהיתה נציב מלח. כן מצאתי במדרש רבי תנחומא: (כז) מתקוממה. לשון אויב הקם כנגדו: (כח) יגל. לשון גלות: נגרות. יהיו אוצרותיו

אבן עזרא

יחליף ויש אומרים כמו וחלפה רקתו: (כה) שלף. ישלוף החץ מהאשפה ויצא מתוכה וכמו ברק ירוץ כן יבואו אימים עליו פתע פתאום: (כו) תאכלהו אש לא נפח. כדי שיענה ולא תצא נפשו במהרה: (כח) יגל. יגלה ממקומו:

מנחת שי

(כה) ויצא מגוה. בנסחאות ישנות הבאות מספרד הה"א רפה ולפי התרגום ורבים מהמפרשים הה"א במפיק ורד"ק הביא שתי הדעות בשורש גו: (כו) ירע. מלעיל והרי"ש בפתח שרשים שרש רעה: (כז) מתקוממה לו. חלוקים הספרים אם הוא מלעיל או מלרע ובצ

יבול ביתו. כנהרות נגרות. ויתכן שיהסר עם ביתו או יביל אנשי ביתו ויאמרו בני אדם זה חלק אדם רשע:

רלב"ג

(כה) מגוה. מהתיק אשר לה או ירצה בזה מגוף הרשע: וברק. הוא להט החרב: ממרירתו. היא המרה אשר בה משכן האדומה: (כו) לצפוניו. בעבור ההטחיה אשר לפן: ירע. ישבר: (כז) מתקוממה לו. שונאה אותו: (כח) יגל. יגלה ממקומו וינוד: נגרות.

מצודת דוד

נחושה תעביר בו חליו מעבר אל עבר כדרך מהלכו ר"ל עם כי ינצל מלרה אחת תשיג אותה הלרה השניה: (כה) שלף וגו'. על כי נכון הוא לחרב נזה כאשר מי ישליף החרב מתיקה או להב החרב מגודל המרירה והאימה שיש בו יהלוך וישליך עליו פחדים כי יהיה לבו חלל בקרבו: (כו) כל חשך. כל מיני חשכת הצרות טמונים ושמורים לכלות מלפוני גנזיו: תאכלהו. תשרפהו אש אשר לא נופח במפוח להבעירה ביותר כי בהיות כן לא תצא נפשו מהר ויהיה מעונה זמן רב: ירע. ישבר וירוצץ את הנשאר באהלו והם אשתו ובניו: (כז) יגלו שמים. מרוב הצרות אשר יבואו עליו מן השמים יהיה נגלה ונודע לכל שהוא רב פשע: מתקוממה לו. תקום עליו לאויב להפרע ממנו כי שדהו לא תצמח וכדומה: (כח) יגל יבול ביתו. הבואת אנשי ביתו יגלה מהם וביום בוא עליו אף ה' כשימלא ספאו ישפוך עליו האף כמים המוגרים מגבי

מצודת ציון

חלף הלך לו (ש"ה ב'): (כה) שלף. ענין הוצאה כמו שלף איש נעלו (רות ד'): מגוה. ענין גוף כמו גוית שאול (ש"א ל"א) והושאל על תיק החרב שהוא כמו הגוף להנפש: וברק. הוא להב החרב כמו ברק חרבי (דברים ל"ב): ממרורתו. מפחדו המר: אימים. מל' אימה ופחד: (כו) ירע. ישבר וירוצץ כמו תרועם בשבט ברזל (תהלים ב'): (כח) יגל. מל' גלות: יבול. צמח האדמה כמו לא

became a pillar of salt. I found this in the midrash of Rabbi Tanchuma (Buber, *Vayera* 8).—[*Rashi*]

***Mezudath David* explains:**

All darkness—All sorts of dark troubles are hidden and laid away to destroy his treasures.

shall consume him—Fire that was not blown up with a bellows to enlarge it will consume him; he will not die immediately but will suffer for a long time.

it shall break—those remaining in his tent, viz. his wife and children.

27. **The heavens shall reveal his iniquity**—The many troubles that befall him from heaven reveal to all that he is guilty of great iniquity.—[*Mezudath David*]

shall rise up—[This is] *an expression of an enemy who rises up against him.*—[*Rashi*] E.g. his field will not produce any fruit.—[*Mezudath David*] *Targum* paraphrases: The angels of heaven will publicize his sin, and the inhabitants of the earth will rise up to harm him.

28. **shall go into exile**—Heb. יִגֶל,

25. One drew it and it emerged from its sheath and its glittering blade shall come forth from its bitterness, [bringing] terrors upon him. 26. All darkness is hidden for what awaits him; fire that was not blown shall consume him: harm shall befall the survivor in his tent. 27. The heavens shall reveal his iniquity and the earth shall rise up against him. 28. The produce of his house shall go into exile;

as the matter is stated (Gen. 19:24): "*And the Lord rained upon Sodom etc.*"—[*Rashi*]

24. **shall pierce him**—Heb. תַּחְלְפֵהוּ. *The arrows that the bow will shoot will pierce his body, going through from one side to the other. Another version:* תַּחְלְפֵהוּ *is like* תַּחְלִיפֵהוּ (sic), *a copper bow shall confront him.*—[*Rashi*] [The root חלף is synonymous with the root עבר, *to pass, cross, go ahead of.* Hence, *Rashi's* first interpretation, that the arrows will pass through or pierce the body of the wicked man. According to *Rashi's* second interpretation, the idea may be that the bow will shoot arrows which pass ahead of the wicked man despite his fleeing from the attackers. *Shem Ephraim* compares this word to Psalms 17:13, in which the word קַדְּמָה is used in the sense of confrontation. Accordingly, the root חלץ, which is synonymous to עבר in all its senses, is also synonymous to קדם in all its senses. See *Pesachim* 7b.]

25. **drew**—*The one who drew the weapon upon him.*—[*Rashi*]

and it emerged—[I.e.] *the weapon.*—[*Rashi*]

from its sheath—Heb. מִגֵּוָה, *from its sheath.*—[*Rashi*]

and its glittering blade—*Splendeur, or splendor* (?) *in French, like* (Ezek. 21:15), "*in order that it glitter* (בָּרָק)." *Fourbir in Old French, to polish.*— [*Rashi*]

from its bitterness—[From the bitterness] *of the weapon it shall come forth, and from there shall be terrors and fear upon the wicked.*—[*Rashi*] Because he is destined to the sword, whenever the sword is drawn from its sheath, the great bitterness and fear of its glittering blade—i.e. its ominous appearance—will emerge and terrify him.—[*Mezudath David*] *Ibn Ezra* explains: Just as an archer draws an arrow from his quiver and it flies like lightning, so will terrors suddenly befall him.

26. **for what awaits him**—*For the hidden things that lie in store for him.*—[*Rashi*]

fire that was not blown—*The fire of Gehinnom.*—[*Rashi* from *Chullin* 133a]

harm shall befall the survivor in his tent—*Harm will come upon the survivor who will remain in his tent. The entire portion deals with the people of Sodom. "Harm shall befall the survivor in his tent" means that even Lot who escaped from them—harm befell his tent, i.e. his wife, who*

נְגָרוֹת בְּיוֹם אַפּוֹ: כט זֶה ׀ וְחֵלֶק־אָדָם מְשָׁחְיָתוּ וַחֲמָרֵיהּ מִזְדַּלְפָן
רָשָׁע מֵאֱלֹהִים וְנַחֲלַת אִמְרוֹ מֵאֵל: בְּיוֹמָא דְרוּגְזֵהּ: כט דֵּין
חוּלָק בַּר נָשׁ רַשִּׁיעָא מִן קֳדָם יְיָ וְאַחְסָנַת מֵימְרֵיהּ מִן קֳדָם אֱלָהָא: וִיעֵן

רש"י

נִתּוּכוֹת לְמַשִּׂיסָה וְכֵן כְּמוֹ (מיכה א') כְּמַיִם הַמּוּגָּרִים אֶרְדָּלָה: זֵכֶר מִנְגֶּרֶת אַמְרֵי הָאֵזִינָה (תהלים ה') אָמְרָתוּ לְשׁוֹן נְקֵבָה
(כט) אִמְרוֹ מֵאֵל . הָאָמוּר עָלָיו מִלִּפְנֵי הַמָּקוֹם אָמְרֵי לָשׁוֹן מִנְגֶּרֶת אַמְרוֹת טְהוֹרוֹת:

מנחת שי

לֵית מֵן כֵּן כָּתַב בְּפֶרֶק י"א מַהֲשֵׁע הָרְבִיעִי כִּי הוּא מִלְּעֵיל וּבַקָּמָץ מָלֵא סְמִיכוּת מָלֵא סְגוּלְתָּא וְכ"ה רַב פְּעָלִים כַּבִּנְיָן הַתְפָּעֵל סִי"ן ג
מוֹרְכָב עִם הַמּוּרְכָב מִשְׁפָּט טו:

רלב"ג

(כט) וְנַחֲלַת אִמְרוֹ מֵאֵל . רָ"ל שֶׁזֶּה לוֹ לְנַחֲלָה בַּעֲבוּר מַה שֶּׁאָמַר מֵאֵל וְהִשְׁתִּים דְּבָרִים כְּנֶגְדּוֹ
[remainder of Ralbag commentary — dense multi-line text, largely illegible at this resolution]

מצודת ציון
מצודת דוד

הַסְפֵּק: (כט) זֶה חֵלֶק . גְּמוּל זֶה הוּא חֵלֶק שֶׁל אָדָם רָשָׁע שֶׁבַּר כָּנָיו
לוֹ מֵאֱלֹהִים וְהַנַּחֲלָה וְכוּ כְּפֶל הָעִנְיָן בְּמִלּוֹת שׁוֹנוֹת:

פָּתַן אֶת יְכוֹלָה (דברים י"א) נְגָרוֹת . עִנְיַן הֹזָלָה וּשְׁפִיכָה כְּמוֹ וְכָמַיִם
הַנְּגָרִים (שמואל ב' י"ד):

[his goods] shall flow away on the day of His wrath. 29. This is the lot of a wicked man, from God; and the inheritance appointed him by God."

an expression of exile.—[*Rashi*] His possessions will be plundered and carried off by the enemy to their land.—[*Ohev Mishpat*]

The produce of his house—I.e. the produce of the people of his house.—[*Ibn Ezra*]

shall flow—Heb. נִגָּרוֹת. *His treasures shall be given to plunder and despoiling, like* (Micah 1:4), *"like water that flows* (הַמֻּגָּרִים) *to the earth"* [sic].—[*Rashi*] [Note that in Micah, the verse reads: like water flowing down an incline.] *Mezudath David* explains: On the day that the measure of his sins has been filled, God will pour out His wrath upon him like water that flows incessantly.

29. **This is the lot**—This recompense is the lot of a wicked man, given to him by God.—[*Mezudath David*]

appointed him by God—Heb. אִמְרוֹ. *What was said about him from before the Omnipresent.* The word אִמְרוֹ *is in the masculine gender, from the form of* (Ps. 5:2), *"Give ear to my words* (אֲמָרַי).*" אִמְרָתוֹ appears* (ibid. 147:15) *in the feminine gender, from the form of* (ibid. 12:7) *"pure words* (אֲמָרוֹת).*"*—[*Rashi*] This recompense is the inheritance of the person about whom God speaks by decreeing this upon him; i.e. He declares him wicked by visiting retribution upon him.—[*Mezudath David*] *Zerachiah* explains: and the inheritance

of his matters from God. He also suggests: and the inheritance of his being spoken of by God, viz. that God disgraces him by punishing him, thereby indicating his iniquity. *Berechiah* suggests: for the sin of his tongue. *Simchah Aryeh* explains: What you see of the wicked man's triumph and the hypocrite's joy are undeserved; neither has been given by Hashem as a lot or an inheritance, but merely momentarily as a test or in exchange for the punishment due him in the Hereafter. However, these misfortunes that I have related to you are indeed the Divine lot of the wicked man, and this is the inheritance of his pride and haughtiness. *Ramban* suggests also that this is the inheritance that people predicted would come to him from God. He concludes that this is what was decreed upon Job by God.

Zophar's speech can be divided into two main themes. The first is his emphasis on the retribution that is exacted upon the wicked and their posterity, contradicting Job's assertion that the wicked live long and in tranquility. The second is that any calamity that befalls a person is an indication of his wickedness, as he concludes: This is the lot of a wicked man. [*Tochachath Chaim, Mezudath David*] His implication to Job is: this is your sin and such is the fruit thereof.—[*Berechiah*]

א וַאֲתֵיב אִיּוֹב וַאֲמַר:
ב שְׁמַעוּ וְקַבִּילוּ מִלְּתִי
וּתְהֵי דָא תַּנְחֲמָתְכוֹן:
ג סְבוּלוּ יָתִי וַאֲנָא אֲמַלֵּל
וּמִן בָּתַר דְּמַלֵּלִית
תִּדְחָךְ: ד אֶפְשַׁר דַּאֲנָא
לְבַר נָשׁ מִלְּתִי וְאִין מָדֵין
לָא תִתְעִיק רוּחִי:
ה אִתְפְּנוּ לְוָתִי וּשְׁתוּקוּ
וְשַׁווּן אִידָא עַל פּוּמָא:
ו וְאִין דְּכַרִית וְאִתְבְּהֵלִית
ואהד

כא א וַיַּעַן אִיּוֹב וַיֹּאמַר: ב שִׁמְעוּ שָׁמוֹעַ
מִלָּתִי וּתְהִי־זֹאת תַּנְחוּמֹתֵיכֶם:
ג שָׂאוּנִי וְאָנֹכִי אֲדַבֵּר וְאַחַר דַּבְּרִי
תַלְעִיג: ד הֶאָנֹכִי לְאָדָם שִׂיחִי וְאִם־
מַדּוּעַ לֹא־תִקְצַר רוּחִי: ה פְּנוּ־אֵלַי
וְהָשַׁמּוּ וְשִׂימוּ יָד עַל־פֶּה: ו וְאִם־זָכַרְתִּי
וְנִבְהָלְתִּי

רש"י

(מענה איוב): **כא** (ב) **ותהי זאת תנחומותיכם.** את אשר תהריבו ותשמעו אלי זאת תהי לי תנחום מאתכם: (ג) **שאוני.** סבלוני: (ד) **האנכי לאדם שיחי.** למה תעמדו על צעקתי וכי אני לאדם כמוני השיח שישמע קולי: **ואם מדוע לא תקצר רוחי.** לזעוק מצרה לי: (ה) **פנו אלי.** לשמוע: **והשמו.** התמהו לדברי: **ושימו יד על פה.** שלא תדעו להשיב: (ו) **ואם זכרתי.** דבר שאני רוצה לומר מדוע רשעים יחיו: **ונבהלתי.** שאני רואה רשעי

אבן עזרא

כא (ב) **שמעו שמוע:** (ג) **שאוני.** מעט:

מנחת שי

כא (ב) **תנחומתיכם.** כן הוא בספרי ספרד בשני מאריכין ובספרים אחרים אינם: (ד) ואם מדוע. בס"א מטוליטולא הוא"ו בגעיא: (ה) והשמו. יש מחלוקת בין המדקדקים מהם אמרו כי הוא נקרא בקמץ חטף תחת הה"א והשי"ן דגושה וזה דעת רבי יונה ומהם אמרו שהה"א בקמץ רחב ברפיון השי"ן וזו היא הקריאה הנכונה לדעת רד"ק במכלול דף קס"ג וכן בפי' איוב יען לא נודע שם המחבר מלאתי כתוב כלשון הזה והשמו לווי מהנוסף והה"א בקמץ ולא בקמץ חטף כאשר חשבו רבים והשי"ן רפה כראוי ע"כ וכן נמצא בספרים המדויקים בלגו ועיין בס' פתח דברי דף ס"ט ובספר הרכבה אות הוא"ו: (ו) ואם זכרתי.

רלב"ג

והבריק בלהטו וממרורתו ילא והוא המקום היותר מסוכן ואי אפשר למוכה בו שיחיה ובכלל הנה כל אחד מהאימים יהלך עליו ואפשר שנא' והוא יותר נכון שהרצון בזה שלרוב היות זה הרשע נכון לרע הנה תכף שישלוף האדם חרבו וילא מתיקו ויברק להט החרב ההוא הנה יהלוך על הרשע אימים ממרורתו בהכרת בזה החרב וילא בזה שתכף ביראה החרב יפלו עליו אימות מות. כל חשך וכל רע טמון לו בעבור לפוניו ר"ל החטאים אשר לפן והעלים תאכל אותו אש אשר לא נופח בנפוח ר"ל האש הנופלת מן השמים וישבר מי שהיה שריד לאהלו עד שלא יהיה לביתו שריד. השמים יגלו עונו כי נלחמו מן השמים עמו ויגלה בזה לכל כי הוא היה הרשע והארץ כאלו היא שונאה אותו לרוב המקרים הרעים אשר יגיעו לו ממנה. יגלה יבול ביתו ממקומו ביום אף השם ר"ל שיעשקוהו האנשים ממנו ויבירוהו בחוזק ובמהירות כמו הנהרות הנגרות אשר ילכי בחוזק ובמהירות. הנה זה הוא חלק אדם רשע מאלהים ונחלת מי שאמר מאל דבר שלא כהוגן ואולם אמר זה כנגד איוב שהיה מטיח דברים לפי מחשבתו כנגד הש"י והנה באו לאיוב כמו אלו הרעות שזכרם בסוף דבריו ר"ל שמן השמים נלחמו עמו והארץ מתקוממה לו כמו שזכר בראש זה הספר ללוני שקלה הרעות בא לו על לד המלחמה והוא מה שלקחו חיל שבא והכשדים וקלתם היו מן השמים והוא מה שהגיע לו מן הרע בסיבת האש והרוח: והכלל העולה מהדברים הוא כי לופר על מה שסתר בו איוב דבריו בעבור ההצלחה הנמלאת לרשעים והיותם נקיים עם זה מפחד והוא אמרו ישליו אוהלים לשודדים ישיב שהוא לא ירחיק שלא תמלא זאת ההצלחה זמן מועט לרשעים אבל האריכם לרע יאבד לא יהיה זה הרע בימיו כבר יהיה בימי בניו והוא אומרו בניו ירלו דלים ולזה ראוי שלא יקרא זה הצלחה אבל שתהיתה לרע ובזה חשב בלדד להמלט ממה שנראה אותו מההצלחה לרשעים והוסיף לאמת דבריו שהכל כמשפט מפני שמה שנראה אותו מהרעות לרשעים הוא מדה כנגד מדה והוסיף גם כן עתה לאמת שאיוב היה חוטא מפני שהיה אומר דברים לאל שלא כהוגן: באור מלות המענה (א) ויען איוב ויאמר: (ב) מלתי. מאמרי: (ג) שאוני. סבלוני לזה נומר כבלו דברי: (ה) והשמו. והתמהו:

מצודת דוד

כא (ב) **ותהי זאת.** השמיעה לדברי יחשב לי לתנחומין: (ג) **שאוני.** סבלו את אמרי ושתקו ואני אדבר ואחר אכלה דברי הלעיגו עליהם אם יהיה מה להלעיג בם: (ד) **האנכי.** וכי אנכי אדבר דברי אל אדם לשאהבו אין דעתו עליו להשיב אמרי בלא אל כ' אדבר: **ואם מדוע.** ר"ל וא"כ הוא שאל ה' אדבר והוא הינו משיב לי מדוע א"כ לא תקצר רוחי ואיך לא אצעק במר נפש: (ה) **פנו אלי.** לשמוע אמרי והן תתמהו ושימו יד על פה לסתמו כי לא תמצאו מענה להשיב: (ו) **ואם זכרתי.** וכאשר זכרתי

מצודת ציון

כא (ג) **שאוני.** מלשון משא וסבל: (ד) **שיחי.** אמרי: **תקצר רוחי.** היושב בצער קצרה נשימתו ולא יוכל להאריך בה: (ה) **והשמו.** התמהו כמו על יומו נשמו (לעיל י"ח): (ו) **פלצות.**

words and be astonished, for I myself, when I mention the matter, am astonished and confused.—[*Ramban*]

6. **Now when I remember**—*the thing I wish to say, "Why do the wicked live?"*—[*Rashi*]

21.

1. Now Job answered and said, 2. "Listen closely to my word, and this shall be your consolations. 3. Bear with me and I will speak, and after my speech you may mock. 4. Am I speaking to man? Why then should I not be short of breath? 5. Turn to me and be silent, and place your hand upon your mouth. 6. Now when I remember,

(Job's answer)

2. **Listen closely**—Listen to me intently.—[*Meyuchos*] Listen attentively and do not reply until I have finished.—[*Sforno*]

Job turns now to his friends to refute their proof that the troubles which befall the wicked indicate Divine intervention. He objects to this assertion, maintaining that the wicked, and even their offspring, do in fact enjoy tranquility. He no longer insists that he is righteous because he knows that they do not believe him.—[*Ramban*]

and this shall be your consolations—*The fact that you will keep your peace and listen to me—this will be my consolation from you.*—[*Rashi*] Rabbenu Meyuchos explains: Let my word be a refutation of your consolations.

3. **Bear with me**—Heb. שָׂאוּנִי, *endure me.*—[*Rashi*] Endure my words and keep your peace, and I will speak. After I have finished my speech, you may mock me if you have something to mock.—[*Mezudath David*]

4. **Am I speaking to man**—*Why should you make an issue of my complaint? Am I complaining to a man*

like me that he should listen to me?—[*Rashi*] Am I speaking to a man, that I could think he is not attending to my complaints to reply to me? I am speaking to God.—[*Mezudath David*]

Why then should I not be short of breath—*to cry out from my straits?*—[*Rashi*] If indeed I am speaking to God and He does not answer me, why shouldn't I be impatient? How can I not cry out in bitterness?—[*Mezudath David*] Why shouldn't it be difficult for me to control myself and not let out my breath when I know that I am right?—[*Simchah Aryeh*] Ohev Mishpat explains that Job wishes to justify himself for berating his companions. He claims that since he is debating with God Who knows he is righteous, they have no right to enter the debate. Let God answer him. Is that not a valid reason for losing patience with them?

5. **Turn to me**—*to listen.*—[*/Rashi*]

and be silent—*Be astonished at my words.*—[*Rashi*]

and place your hand upon your mouth—*because you will not know what to answer.*—[*Rashi*] Turn to my

וְנִבְהַלְתִּי וְאָחַז בְּשָׂרִי פַּלָּצוּת: ז מַדּוּעַ
רְשָׁעִים יִחְיוּ עָתְקוּ גַּם־גָּבְרוּ חָיִל:
ח זַרְעָם נָכוֹן לִפְנֵיהֶם עִמָּם וְצֶאֱצָאֵיהֶם
לְעֵינֵיהֶם: ט בָּתֵּיהֶם שָׁלוֹם מִפָּחַד וְלֹא־
שֵׁבֶט אֱלוֹהַּ עֲלֵיהֶם: י שׁוֹרוֹ עִבַּר וְלֹא
יַגְעִל תְּפַלֵּט פָּרָתוֹ וְלֹא תְשַׁכֵּל:
יא יְשַׁלְּחוּ כַצֹּאן עֲוִילֵיהֶם וְיַלְדֵיהֶם

תרגום

וַאֲחַד בִּסְרִי רְתִיתָא:
ז מָדֵין רַשִּׁיעַיָא יְחוֹן
אִתְקִיפוּ לְחוּד קְנוֹי
נִכְסִין: ח בְּנֵיהוֹן מְכַוְּנִין
קֳדָמֵיהוֹן עִמְּהוֹן וּבְנֵי
בְנֵיהוֹן לְמֶחֱמֵיהוֹן:
ט בָּתֵּיהוֹן שְׁלַם דְּלֵית
דְלוּחָא וְלֵית מְחַת אֱלָהָא
עֲלֵיהוֹן: י תּוֹרֵיה
מַבְטִין וְלָא יְפַלֵּט תְּשַׁגַּב
תּוֹרְתֵיהּ וְלָא תַתְכֵּל:
יא יְשַׁדְּרוּן הֵיךְ עָנָא
טַלְיֵיהוֹן וּרְבִיֵיהוֹן יְטַפְּזוּן:

ת״א בתיהם. סנהדרין קח יוחר תזריע: שורו עבר. סנהדרין קח:

רש״י

דיר המבול: (ז) עתקו גם גברו חיל: (ט) שלום מפחד. שלא היו מזיקין שולטין בהן: (י) שורו עבר. את הנקיבה: ולא יגעיל. לא יורה בה זרע פסולת שיהא חוזר ונפלט מגופה בלא הריון. כל ל׳ הגעלה פליטה היא וכן בל׳ משנה מגעילן ברותחין וכן כי שם נגעל מגן גבורים (שמואל ב׳ א׳) נפלט משיחתו והיה כאילו לא נמשח בשמן שהיו רגילין למשוח מגיני עור כדי שיהא חלק ומחליק את הרומח והחנית המכה בו והוא כמו שריס משחו מגן (ישעיה כ״א): תפלט פרתו. בעת תלד את וולדה: ולא תשכל. בלא עת: (יא) ישלחו כצאן עויליהם וגו׳. בעת לידתו היה הולך ומרקד מיד ואם פוגע במזיק נלחם בו והיתה אומרת לו אמו הבא לי מספריים ואחתוך טבורך בהגדת בראשית לך והדליק

מנחת שי

יש ספרים שכתוב אם בלא וא״ו ואמנם במסורה גדולה נמנה זה עם י״א הכתובים בוא״ו בראש פסוק והם ו׳ בספר איוב כמו שנמסר במסורה קטנה: ונבהלתי. בדפוס נאפולי ונבהלו וטעות הוא: (י) ולא יגעל. אין דגש בגימ״ל:

אבן עזרא

(ו) פלצות. כמו ועמודיה יתפלצון: (ז) עתקו. כמו שמנו עבו כמו יצא עתק מפיכם הין עתק: (י) עבר. לשון הריון: יגעיל. מלשון רבותינו ז״ל מגעילן ברותחין והענין שיקפא זרע הקרי: (יא) עויליהם. מן עול ימים:

רלב״ג

(ז) עתקו. הזקינו מענין עתיק יומין: (י) ולא יגעיל. ולא יוליא הזרע חוץ לרחם: תפלט פרתו. תלד בזמן הראוי והוא מענין והסג ולא הפליט: (יא) עויליהם. מענין עול ימים ר״ל בניהם הקטנים:

מצודת ציון

רעדה כמו ותאחזני פלצות (תהלים נ״ה): (ז) עתקו. הזקינו כמו ועתיק יומין (דניאל ז׳): (י) יגעיל. ענין השלכה אל החוץ ובדרז״ל נגעולי עכו״ם (נזיר ל״ז): תפלט. גם הוא ענין הוצאה אל החוץ ובדרז״ל פולטת שכבת זרע (שבת פ״ו) ומעניני אל יצא פליט מן העיר (מלכים ב׳ ט׳): תשכל. מי שבניו אבודים קרוי שכול כמו כאשר שכלתי שכלתי (בראשית מ״ג): (יא) עויליהם. עולליהם והוא מל׳

מצודת דוד

בהדברים האלה נבהלתי ורעדה אחז את בשרי כי רע עלי המעשה: (ז) מדוע. וזה אמר מדוע יחיו הרשעים ויזקינו גם חזקו בעושר: (ח) זרעם נכון. נכונים המה בטובה לפניהם ר״ל בחייהם והמה עמהם יחד במקום אחד וישמחו זה בזה: וצאצאיהם. כפל הדבר במלות שונות: (ט) מפחד. מהיות בהם פחד מדבר מה: ולא שבט. לא בא עליהם שבט פורעניות מאלוה: (י) שורו עבר. מעבר את נקבתו כי ישליך זרעו בעומק רחמה ולא יפליט לפי החוץ ופרתו תפלט העובר בזמנו ולא תשכל את הולד להפילו נפל: (יא) ישלחו. הם שולחים עולליהם לנפשם מבלי אומנים ומגדלים

birth to her young at the proper time.—[*Rashi*]

and does not abort—*before its time.*—[*Rashi*]

11. **They send forth their infants like sheep etc.**—*At the time of his birth, he would go and dance immediately, and if he would meet a demon, he would battle with him, and his mother would say to him, "Bring me a pair of scissors and I will cut your umbilical cord," in Haggadath Bereishith, "Go and light a candle for me," in Gen. Rabbah* (36:1).—[*Rashi*] In our editions, both statements are found in *Gen. Rabbah.* Neither is found in *Aggadath Bereishith.* The exact statement is: If she would give birth by day, she would say, "Go bring me a sharp stone and I will cut your umbilical cord." Should she give birth at night, she would say, "Go light a candle for me and I will cut your umbilical cord." *Mezudath David* explains that they would send their young children out by themselves without nurses or guides to care for

I become frightened, and my flesh is seized with shuddering.
7. Why do the wicked live on, grow strong and powerfully
rich? 8. Their children are well established in their sight with
them, and their children's children are before their eyes.
9. Their houses have peace from fear, and God's rod is not
upon them. 10. His bull impregnates and does not fail; his cow
bears young and does not abort. 11. They send forth their
infants like sheep, and their children

I become frightened—*for I see the wicked men of the Flood.*—[*Rashi*] When I remember these things, I become frightened, and quaking seizes my flesh because the deeds are displeasing to me.—[*Mezudath David*]

7. **Why do the wicked etc.**—This is the question: Why do the wicked live on etc.—[*Mezudath David*]

grow strong—Heb. עָתְקוּ. This translation follows *Targum*, and *Isaiah da Trani, Ibn Ezra, Saadia Gaon,* and others, including *Ohev Mishpat,* render: grow fat. *Ralbag* and *Mezudoth* render: grow old.

powerfully rich—Or powerful with riches.—[*Mezudath David*] increase in wealth; grow exceedingly strong.—[*Ohev Mishpat*]

8. **Their children are well established**—They are well established and prosperous while they live, when they are together with their parents in one place, and they rejoice with one another.—[*Mezudath David*]

and their children's children—Heb. וְצֶאֱצָאֵיהֶם, *Targum's* translation. *Mezudath David* considers it a synonym for זַרְעָם.

9. **peace from fear**—Demons had

no power over them.—[*Rashi* from *Gen. Rabbah* 36:1] They had no fear of anything.— [*Mezudath David*]

and God's rod is not upon them—They have never experienced any Divine retribution.—[*Mezudath David*]

10. **His bull impregnates**—*a female.*—[*Rashi*]

and does not fail—*He does not eject into her unfit sperm, which would be cast out of her body without impregnating her. Every expression of* גְּעִילָה *means casting out, and so it is in the language of the Mishnah (Avodah Zarah 75a) one must purge them* (מַגְעִילָן) *with boiling water. Similarly* (II Sam. 1:21), *"for there the shield of the mighty was rejected (נִגְעַל)." Its anointment was cast out, and it was as though it had not been anointed with oil, for they were accustomed to anointing the leather shields in order that it be smooth and cause the spear or javelin that strikes it to glide off. It is like* (Isa. 21:5), *"princes, anoint a shield."*—[*Rashi*] *Mezudath David* explains that the semen penetrates into the depths of the womb where it impregnates the cow, and is not cast out.

his cow bears young—*She gives*

יְרַקֵּדוּן׃ יב יִשְׂאוּ כְּתֹף וְכִנּוֹר וְיִשְׂמְחוּ לְקוֹל עוּגָב׃ יג יְבַלּוּ בַטּוֹב יְמֵיהֶם וּבְרֶגַע שְׁאוֹל יֵחָתּוּ׃ יד וַיֹּאמְרוּ לָאֵל סוּר מִמֶּנּוּ וְדַעַת דְּרָכֶיךָ לֹא חָפָצְנוּ׃ טו מַה־שַּׁדַּי כִּי־נַעַבְדֶנּוּ וּמַה־נּוֹעִיל כִּי נִפְגַּע־בּוֹ׃ טז הֵן לֹא בְיָדָם טוּבָם עֲצַת רְשָׁעִים רָחֲקָה מֶנִּי׃ יז כַּמָּה ׀ נֵר־רְשָׁעִים יִדְעָךְ

יבלו ק'

ת"א ויאמרו לאל. (שבת ח') : מה שדי. סנהדרין קח עקרים מ"ד פ"ח : קמץ בלי אס"ף ויבא

תרגום

יב יִטְּלוּן בְּתֻפִּין וְכִנָּרִין וְיֶחֱדוּן לְקָל אַבּוּבָא׃ יג יְגַמְרוּן בְּטָבָא יוֹמֵיהוֹן וּבְמַרְגוֹעָא לְבֵי קְבוּרְתָא נַחְתִּין׃ יד וְאָמְרוּ לֶאֱלָהָא זוּר מִנָּנָא וּלְמֶחְכַּם אוֹרְחָתָךְ לָא צְבֵינָא׃ טו מַה שַׁדַּי אֲרוּם נִפְלְחִנֵּיהּ וּמַה צְרוֹךְ אִית בֵּיהּ אֲרוּם נְצַלֵּי בְּמֵימְרֵיהּ׃ טז הָא לָא יִשְׁתַּהַר בִּידֵיהוֹן טוּבֵיהוֹן מִלְּכַת רַשִׁיעֵי רַחֲקַת מִנִּי׃ יז כְּמָא שְׁרָגָא דְרַשִׁיעֵי יִטְפֵי

רש"י

לי את הגר. בראשית רבה: (יב) ישאו. היו נושאין קול בשיר בתוף וכנור. עוגב אינו אלא ל' שחוק על שם העגבות (אשרימנ"ט בלע"ז). כ"ש: (יג) וברגע שאול יחתו. כשמגיע יום מותו היה מת לפי שעה בנחת בלא יסורין: יחתו. ירדו ובתרגום נחיתו: (טו) ומה נועיל. מה הנאה יש לנו כי נפגע בו אין אנו צריכין לו אפילו לטיפי גשמים כי אד יעלה מן הארץ (בראשית ב'): (טז) הן לא בידם טובם. בתמיה וכי אין כל טובם בידם: עצת רשעים רחקה מני. איוב היה משבח בעצמו שראה אותם ולא נמנה עמהם: (יז) כמה נר רשעים ידעך. למעלה הוא

אבן עזרא

(יב) ישאו. קול בתוף וכנור: (יג) וברגע. בלא ענויים: (טו) כי נפגע בו. כמו ואל תפגע בי לשון בקשה: (טז) הן לא בידם טובם. רק מהמקום ניתן להם אף על פי שעלתם

מנחת שי

(יב) ישאו כתף. במקצת מדוייקים בכ"ף ובמסורת לית כוותיה ר"ל בכ"ף דאלו בבי"ת איכא אחריני וכן משמע מפי' רד"ק שרש תפף ובפי' הרמב"ן ורלב"ג ור' אברהם פריצול והמאירי אבל רש"י פירש היו נושאים קול בשירה בתוף וכנור דומה שהוא היה קורא בתף בבי"ת וכן נראה מהראב"ע והתרגום. שוב מצאתי בפי' איוב לרבי יצחק כהן שנתעורר גם הוא מחילוף זה בין קצת מהמפרשים כמ"ש והנאני: (יג) יבלו. יכלו קרי והוא חד מן י"א מלין דכתיבין בי"ת וקריין כ"ף וסימן נמסר במסורה גדולה במערכת אות הבי"ת בריש הושע ובריש דברי הימים. ובפי' אוהב משפט להר"ש בר צמח כתוב בלשון הזה יכלו קרי בכ"ף וכתוב בבי"ת. ובמתנה ויוסף אליהוא סימן ל"ו יבלו קרי וכתיב בכ"ף ובפסוק יבלו בחירי (ישעיה ס"ה) במסורה לית כוותייהו בקריאה והוא זה שהוא כתוב בבי"ת וקרי בכ"ף ע"כ כך נראה לי להגיה לשונו ומה שכתוב שם ובמתנה ויוסף אליהוא יכלו קרי בבי"ת וכתיב בכ"ף טעות הוא בלי ספק וצריך למחוק מלת בבי"ת דאם לא כן קשיא דידיה אדידיה ומגירסת הספרים והמסורת: (טו) מה שדי. בדפוס ישן כתיב ומה בוא"ו וטעות הוא:

רלב"ג

(יב) ישאו בתוף וכנור. ישאו רנה כאלו היה לפניהם תוף וכנור מרוב השמחה: (יג) וברגע שאול יחתו. ובזמן קצר מאד ימותו וזה לא מרוב ההצלחה שלא יגיעם צער גדול בבא עליהם המות: (טו) נפגע בו. נתפלל אליו: (יז) ידעך. יכבה ויחשך: חבלים. צירים ומכאובות:

מצודת דוד

כצאן: כזה שאין מי מגדלם ועוסק בתקונם: ירקדון. בקטנותם מלאו כח לרקד כדרכם של הנערים: (יב) ישאו. היו נושאים ומרימים קול זמר בתוף וכנור והיו שמחים כאשר ישמעו קול עוגב כדרך המתעדן ומתענג: (יג) יבלו. הזקינו ימיהם בטובה וכאשר בא עתם ירדו אל הקבר ברגע מבלי אריכת המכאוב: (יד) ויאמרו. האנשים ההם אמרו לאל סור עצמך ממנו ולא תלוה לנו מאומה ולא נחפוץ לדעת את דרכיך: (טו) מה שדי. בזו את ה' ואמרו מה שדי כי נעבוד לו ומה תועלת יבוא לנו כאשר נתפלל אליו: (טז) הן וגו'. וכי באמת לא היה בידם כל טובם אשר שאלו פניהם בתמיה: עצה. כלומר אל תחשבו שגם אני אבחר דרכם כי לא כן הוא עצת הרשעים ההם רחקה ממני ולא אחפוץ בה: (יז) כמה. כלומר

מצודת ציון

עול ימים (ישעיה ס"ה): ירקדון. יקפצון: (יב) עוגב. שם כלי זמר: (יג) יבלו. ענין זקנה כמו אחרי בלותי (בראשית י"ח): יחתו. ירדו וכן שמה הנחת (יואל ד'): (טו) נפגע. נתפלל ונבקש כמו ואל תפגע בי (ירמיה ז'): (יז) ידעך. ענין ניתור וקפילה כמו

Him? We do not need Him for the drops of rain, because "a cloud would ascend from the earth" (Gen. 2:6).—[*Rashi*] See *Tosefta Sotah* 3:2.

16. **Behold, is not their prosperity in their hand**—*This is a question: Is not all their prosperity in their hand?*—[*Rashi*]

The counsel of the wicked has distanced itself from me—*Job was boasting that he saw them* [the wicked] *and was not counted with them.*—[*Rashi*]

17. **How long? May the lamp of the wicked be snuffed out**—*This refers back to the above, to* (verse 7) *"Why do the wicked live on?" How long will You lengthen this time* [the

dance. 12. They raise [their voice] with the tambourine and the harp, and they rejoice to the sound of the flute. 13. They end their days in prosperity, and in a moment they descend to the grave. 14. They said to God, 'Turn away from us; we do not wish to know Your ways. 15. What is the Almighty that we should serve Him, and what will it avail us that we should pray to Him?' 16. Behold, is not their prosperity in their hand? The counsel of the wicked has distanced itself from me. 17. How long? May the lamp of the wicked be snuffed out,

---

them, just as flocks of sheep are sent out, and they had strength to dance like normal children.

12. **They raise**—*They would raise their voice in song with the tambourine and the harp. The flute* (עוּגָב) *is only an expression of sensual laughter* (עֲגָבוֹת) (*aboyement in French, barking.*) *So I heard.—* [*Rashi*] *Ibn Ezra*, too, explains that they raise their voice with the tambourine and the harp. *Meyuchos* adds that the verse is elliptical. *Ramban* explains that they raise their voices with all types of musical instruments, *such as* the tambourine and the harp. *Redak (Shorashim)* and *Ralbag* explain that they raise their voices as though to the tune of the tambourine and the harp. *Minchath Shai* deduces that the final three commentators read כְּתֹף, rather than בְּתֹף, as in our editions.

13. **They end their days**—Heb. יְכַלּוּ. This is the "*keri*," the traditional reading. The "*kethib*," the masoretic text, reads: יִבְלוּ, *they live to old age.*—[*Minchath Shai*, quoting *Ohev Mishpat* and *Masorah*]

Targum apparently follows the "*keri.*" *Isaiah da Trani, Berechiah,* and *Mezudath David* explain the verse according to the "*kethib.*" Apparently, in their texts the "*keri*" did not differ from the "*kethib.*"

and in a moment they descend to the grave—*When his dying day arrived, he would die in a moment, easily, without suffering.—*[*Rashi*]

they descend—Heb. יֵחָתּוּ, *they descend, which is in Targum* נְחִיתוּ.— [*Rashi*] [Note that in our editions, the Aramaic for וַיֵּרְדוּ (Num. 16:33) is נְחָתוּ.]

14. **They said**—Those people said to God, "Turn away from us and do not give us any commandments. We do not wish to know Your ways."— [*Mezudath David*] The Rabbis (*Sanh.* 108a) explain that the people of the generation of the Flood refused God's assistance. They felt completely independent. They said, "All we need Him for is the drops of rain. We have rivers and springs which suffice for us."

15. **and what will it avail us**—*What benefit do we have if we pray to*

ויבא עלימו אידם חבלים יחלק באפו׃
יח יהיו כתבן לפני רוח וכמץ גנבתו
סופה׃ יט אלוה יצפן לבניו אונו ישלם
אליו וידע׃ כ יראו עינו כידו ומחמת
שדי ישתה׃ כא כי מה חפצו בביתו
אחריו ומספר חדשיו חצצו׃ כב הלאל
ילמד עיניו קרי

ויֵיתֵי עֲלֵיהוֹן תַּבְרֵיהוֹן
עִדָּבִין יְפַלֵּג בְּרוּגְזֵיהּ׃
יח יְהוֹן הֵיךְ תִּבְנָא קֳדָם
זַעְפָּא וּכְמוֹזָא
דִיטַלְטְלִנֵּיהּ עַלְעוֹלָא׃
יט אֱלָהָא יַטְשֵׁי לִבְנוֹי
צַעֲרֵיהּ יִפְרַע לְוָתֵיהּ
וְיִדַּע׃ כ יֶחְמוּן עֵינוֹי
תְּבִירֵיהּ וּמִן רוּגְזֵיהּ
דְשַׁדַּי יִשְׁתֵּי׃ כא אֲרוּם
מָה רְעוּתֵיהּ בְּבֵיתֵיהּ
בָּתְרוֹי וּמִנְיַן יַרְחוֹי
אִתְפְּלִיגוּ׃ כב הַאֶפְשַׁר

רש״י

חוזר למה רשעים יחיו כמה תאריך זמן זה וחוזר ומקלל נר רשעים ידעך וגו׳ : **חבלים**. גורל הראוי להם : **(יט) אלוה יצפון לבניו אונו**. בתמיה וכי מדה היא שכן זה הרשיע כל ימיו ויהא בשלום וימות בשלו׳ ואונו ורשעו יצפון הקב״ה לבניו ללקות להם : **ישלם אליו וידע**. שבח הוא להקב״ה שישלם לרשע עצמו גמולו ויבין שהרשיע לעצו׳: **(כ) יראו עיניו כידו**. שברו ואיני יכול למצוא לו דמיון בתורה כי אם לפי ענין הפסוק נראה שבר וכן הרב׳ לא מצאו לו דמיון : (כידו. לשון אידו א׳ מתחלף בכ״ף): **(כא) כי מה חפצו בביתו אחריו ומספר חדשיו חצצו**. כי מה הוא חושש (שקלירי״ר בלע״ז) וחפץ בביתו לאחר מותו לדאג בחייו בפורעניות העתידה לבא עליהם אחרי שמספר חדשיו נקצצו ויכלו לפני הרעה שהבטיח׳ המקום והיו ימיו מאה ועשרים שנה [בראשית ו׳] זאת היא שאמרתי לכם פנו אלי והשמו : **(כב) הלאל ילמד דעת**. היש א׳ מכם אשר הוא תחת האל שילמד דעת מה היא המדה הזאת : **והוא רמים**

מנחת שי

(כ) יראו עינו. עיניו קרי :

אבן עזרא

ודבריהם רחקו מני : **(יז) חבלים**. חבלי אף יחלק להם. הפך חבלים נפלו לי בנעימים. וי״א מן חבלי יולדה והראשון נכון : **(יט) אונו**. רשעו כמו מחשבות און כטעם פוקד עון אבות : **וידע**. כמו וידע אלמנותיו : **(כ) יראו עיניו**. כל אחד ואחד מבניו : **כידו**. כמו אידו. מן הענין ואין לו חבר : **(כא) כי מה חפצו**. מה יועיל לו כל מה שהשאיר אחריו : **חצצו**. כמו לא יחצו ימיהם. **(כב) הלאל ילמד דעת**.

רלב״ג

(יט) אונו. גזלתו : (כ) כידו. אידו : ומחמת שדי ישתה. ר״ל משפט חמתו. או יהיה חמת נאד ויהיה הרצון בזה ישתה מחמת השם יתברך וירעל ר״ל שישתה כוס התרעלה : (כא) חצצו. נחתכו ונגבלו. ויהיה חצץ ואלה שני שרשים בענין אחד :

מצודת ציון

דעכו כאש קוצים (תהלים קי״ח) ור״ל יוקפץ השלהבת וזה כנויה : **אידם**. ענין מקרה רע : **חבלים**. צירים ומכאובים כמו חבלי יולדה (הושע י״ג) : **(יח) וכמוץ**. היא פסולת התבואה : **(יט) אונו**. עון הגזל שעשק בכח ואון : **(כ) כידו**. ענינו כמו אידו או הוא מל׳ כידון ורומח : **(כא) חצצו**. נקצצו כמו ויצא חצץ כולו (משלי ל׳) :

מצודת דוד

הנה ראיתי רשעים רבים יבלו בטוב ימיהם ואם ימצאו רשעים מדוכאים כמה הם במספר וכי רבים המה אשר ראינו שיהיה נר רשעים כבויה ר״ל שיבוטל עשרם והצלחתם וכמה הם אשר יבוא עליהם האיד הראוי להם ואשר יחלק להם המקום צירים ומכאובים בחרון אפו : (יח) יהיו כתבן. מוסב על כמה שאמר במקרא שלפניו לומר כמה הם אשר יהיו נדים כתבן לפני רוח ואשר יהיו כמוץ שרוח סופה גונב אותו ממקומו ומנידו אנה ואנה הלא מעטים המה אשר יקבלו הגמולות האלה ואמר זה להשיב על דברי צופר שאמר מהפלגת פורעניות הרשעים תוכר ההשגחה ומשיב הוא לומר הלא מעטים המה אשר יקבלו מכאובות ורובם יבלו בטוב ימיהם : (יט) אלוה יצפון. ואם כמה שאלוה מטמין לבניו גמול עון הגזל שאנס בכחו הלא מהראוי היה אשר אליו בעצמו ישלם גמול הרעה וידע כי יש אלהים שופטים בארץ : (כ) יראו. מן הראוי שעיני הרשע עצמו יראו כידו ורעתו והוא עצמו ישתה מחמתו וכעסו של המקום : (כא) כי מה חפצו. מה רצונו בתקנת ביתו אחרי מותו ומה הוא חושש לזה שיועיל ומספר חדשיו אשר הוקבע לו הלא נקצצו אליו וקבל את שלו וכבר נשלמו : (כב) הלאל. היש מי אשר בעבור האל ילמד דעת להבין משפטו והלא הוא יתברך ישפוט משפטים

would state that clearly. Therefore, the latter reading is more likely. Although the mention of the rabbi is obscure, as *Rashi* does not give his name, we find a similar expression used by *Rashi* in 22:30.]

21. **For what does He care about his house after him since the number of his months has been cut off**—*For what does he care* (*saklirir in Old French*) *or desire in his house after his death, to worry in his lifetime about the retribution destined to befall them, since the number of his months has been cut off and they will end before the evil that the Omnipresent promised them,* viz. (Gen. 6:3) "*therefore his days shall be 120*

and may their ruin befall them; may He distribute lots in His anger. 18. they shall be like straw before the wind and like chaff that the tempest has stolen. 19. Should God lay away his pain for his sons? Let Him requite him so that he should know. 20. Let his eyes see his ruin, and let him drink of God's wrath. 21. For what does He care about his house after him since the number of his months has been cut off?

lifetime of the wicked]? *Then he continues and curses them, "May the lamp of the wicked be snuffed out etc."*—[Rashi] *Mezudath David* renders: How often has the lamp of the wicked been snuffed out etc.? Indeed, I have seen many wicked men live out their years in prosperity, and if some were crushed, how many are they? And how many are struck by ruin and to how many does God distribute pains and suffering in His anger?

lots—Heb. חֲבָלִים, *the lot that they deserve.*—[Rashi] Pains.—[Mezudoth, Ralbag] *Ibn Ezra quotes both definitions of* חֲבָלִים, agreeing with *Rashi and Targum.*

18. **They shall be like straw etc.**— The translation follows *Rashi* in the preceding verse. According to *Mezudath David,* we should render: Who will be like straw before the wind and like chaff which the tempest has stolen? How many are the wicked men who wander like straw before the wind and who are like chaff that the tempest has stolen? I.e. who are taken from their place and moved hither and thither. They are but few who receive their just deserts. With this, he refutes

Zophar's argument that the wicked all meet ruin.

19. **Should God lay away his violence for his sons**—*This is a question. Is this just, that this one should sin all his life and die in peace, and his violence and his wickedness the Holy One, blessed be He, should lay away for his sons, to punish them?*—[Rashi]

Let Him requite him so that he should know—*It is a praise to the Holy One, blessed be He, that He Himself requite the wicked man his recompense so that he understand that he dealt wickedly.*—[Rashi]

20. **Let his eyes see his ruin**—Heb. כִּידוֹ, *his ruin, but I cannot find a comparison in the Bible. However, according to the context of the verse, it appears to mean ruin, and so, many did not find a comparison to it.* [Other editions read: *and so, the rabbi did not find a comparison to it.*] (Heb. כִּידוֹ—*An expression of* אֵידוֹ, *his ruin. The "aleph" is substituted for by a "koff."*)—[Rashi] [Our reading in *Rashi* seems unlikely. If one exegete found a comparison, *Rashi* would not state that many did not find, but would quote that one comparison. If, to his knowledge, no one had found a comparison, *Rashi*

יְלַמֶּד־דָּעַת וְהוּא רָמִים יִשְׁפּוֹט: כג זֶה
יָמוּת בְּעֶצֶם תֻּמּוֹ כֻּלּוֹ שַׁלְאֲנַן וְשָׁלֵיו:
כד עֲטִינָיו מָלְאוּ חָלָב וּמֹחַ עַצְמוֹתָיו
יְשֻׁקֶּה: כה וְזֶה יָמוּת בְּנֶפֶשׁ מָרָה וְלֹא
אָכַל בַּטּוֹבָה: כו יַחַד עַל־עָפָר יִשְׁכָּבוּ
וְרִמָּה תְּכַסֶּה עֲלֵיהֶם: כז הֵן יָדַעְתִּי
מַחְשְׁבוֹתֵיכֶם וּמְזִמּוֹת עָלַי תַּחְמֹסוּ:
כח כִּי תֹאמְרוּ אַיֵּה בֵית־נָדִיב וְאַיֵּה

תרגום

דְלֶאֱלָהָא יַלֵּף מַנְדְּעָא
וְהוּא שְׁמֵי מְרוֹמָא דָאֵן:
כג דֵּין יְמוּת בְּתוֹקֵף
שְׁלֵימוּתֵיהּ כּוּלֵּיהּ שַׁדִּיךְ
וּשְׁלֵיו: כד בִּיזוֹי
אִתְמְלִיאוּ חֲלָבָא
וּמוֹקְרָא דְגַרְמוֹי פַּטִּים:
כה וְדֵין יְמוּת בְּנַפְשָׁא
מְרִירָא וְלָא אֲכַל
בְּטָבְתָא: כו כַּחֲדָא עַל
עַפְרָא שָׁכְבִין וְרִיחֲשָׁא
תַּחֲפֵי עֲלֵיהוֹן: כז הָא
גְלֵין קֳדָמַי מַחְשְׁבָתְכוֹן
וְזִמְיוֹנִין דַּעֲלַי תַּחְשְׁלוּן:
כח אֲרוּם תֵּימְרוּן הָאן
בֵּית אַרְכוֹנָא וְהָאן

רש"י

ישפוט. כגון אני והלדיקי' והחשובים הוא מייסר ודן ונפרע מהם כמו (לקמן כ"ד) ולא יפנה דרך כרמים האמור בנה ובמתושלח באגדת חלק. ל"א הלאל ילמד דעת כלומר האני צריך ללמדו דעת לשפוט אמת הוא עצמו יודע שכן אבל הוא ישפוט דינים רמים בגבהו ובגדלו ואינו חש לדקדק. זה שמעתי ולא הראשון: (כג) זה. הרשע: ימות. (נענש): **בעצם תומו**. במראה שלימתו לא הסר: **שלאנן**. כמו שאנן: **(כד) עטיניו מלאו חלב**. ל' משנה הוא (מנחות פ"ו) עוטנו בבית הבד שוברים הזיתים יחד ושומנן מתעגל ומתאסף לתוכו כדי שיהא מוכן כשעולרו בבית הבד ואותו כלי שלוברין אותו כדי להאסף שמנו לתוכו נקרא מעטן אף כאן הלבו ולחלוחו ושומנו נקרא עטיניו: **(כה) וזה ימות בנפש מרה**. הרמים והקדושים אליו יפרע מיד מהם: **(כו) יחד על עפר ישכבו**. ולאחר מותן אין ניכר לבריות מי הרע ומי הטוב כי כזה כן זה יחד על עפר ישכבו: **(כז) הן ידעתי מחשבותיכם ומזימות עלי תחמוסו**. תריעו לחשוב חמס: **(כח) כי וגו'**. בשביל הרעה אשר באה אתם אומרים ראו איה ביתו של זה שהיה נדיב והיה

אוהל

אבן עזרא

כאילו לא ידע המקום מה יעשה: **(כג) שלאנן**. הלמ"ד נוסף: **(כד) עטיניו**. בלשון ישמעאל המקום שיברכו עליו הגמלים על המים: **ישוקה**. כאילו ישוקה תמיד ממשקה על כן לא ייבש: **(כז) תחמסו**. מן המס: **(כח) בית**

רלב"ג

(כג) בעלם תומו. בתוקף שלמותו: (כד) עטיניו. הם השדים: ומוח עלמותיו ישוקה. ר"ל שכל אחד מעלמיו מלא מוח מרוב השומן והדשנות: (כז) תחמסו. מענין חמס:

מצודת דוד

למים אשר נכנו מתכונת האדם: **(כג) זה ימות**. הנה אף ברשעים שאחד ימות בתוקף שלמותו וכל ימי חייו ישב בהשקט ובשלוה: **(כד) עטיניו**. השדים שלו מלאו חלב ולא נתייבש מוח עלמותיו כאלו היו משקין אותו כדבר המלחלח כי כל ימיו התענג בתענוגים: **(כה) וזה ימות**. והאחד ימות בנפש מרה מן קושי המזל שלו ולא אכל מעולם בסעודה טובה ועגוגה: **(כו) יחד**. והמה שוכבים לאחר המיתה על העפר יחד זה כזה ורמה תכסה על שניהם דומה בדומה וכאומר מדוע יהיה כן הלא שניהם היו שוים בדבר הרשע ואף לאחר המיתה ישוו ומה זה שהאחד היה בחייו שקט ושאנן והאחד בנפש מרה: **(כז) הן ידעתי**. הנה ידעתי גם שאתם חושבים להשיב על אמרי: **ומזימות**. אבל מה מן המחשבות אשר המה מקבילות ומנגדות להם הנה אותם תסירו בעבורי ולא תאמרום כאומר הנה הדברים המסייעים להם תאמרו ולא את המקבילות: **(כח) כי תאמרו**. אשר תחשבו לומר איה בית נדיב וכאומר הלא לא ימלא לו בית הזק להתחזק בה כי יחסה בצל אהלו מבלי פחד

מצודת ציון

(כג) בעצם. בחוזק כמו וכעלמו נשברה הקרן (דניאל ח'): תומו. מלשון תמימות: **שלאנן**. היא מלה מורכבת מן שלוה ושאנן וכפל עוד לומר ושליו להפלגת הענין: **(כד) עטיניו**. הם השדיים והוא מושאל מדז"ל המעטן של זיתים (בבא מליעא ס"ד) והוא שם כלי עשויה לאלור בה הזיתים להתאסף שמנם: **(כז) תחמסו**. ענין הסרה כמו נחמסו עקביך (ירמיה י"ג): **(כח) נדיב**. ישר ובעל

lie—*After their death, it is not recognizable to the people who is good and who is bad, because this one is like that one; they lie on the earth together.*—[*Rashi*]

27. **Lo, I know your thoughts and the devices that you wrongfully think against me**—*You do wrong to think injustice.*—[*Rashi*] *Mezudath David* renders: Lo, I know your thoughts, but the devices you remove for my sake. I know what you have in mind to say to refute my arguments, but the reasoning that conflicts with these thoughts, you remove from your speech for my sake.

22. Can anyone teach knowledge for God? But He judges high-handedly. 23. This one dies in his full strength, completely tranquil and peaceful. 24. His pails are full of milk, and the marrow of his bones is moist. 25. And this one dies with a bitter spirit, having partaken of no good. 26. Together on the earth they lie, and the worms cover them. 27. Lo, I know your thoughts and the devices that you wrongfully think against me. 28. For you will say, 'Where is the house of the prince, and where

---

years." This is what I said to you (verse 5), "Turn to me and be silent."—[Rashi]

22. Can anyone teach knowledge for God—Heb. הֲלָאֵ־ל יְלַמֶּד־דָּעַת. *Is there anyone among you who is in the place of God, who can teach the knowledge of what this standard is [i.e. the standard of God's judgment]?*—[Rashi]

But He judges high-handedly—Heb. וְהוּא רָמִים יִשְׁפּוֹט. *[He punishes the exalted.] Those like me, and the righteous and the esteemed, he chastises, judges, and requites, like* (below 24:18), *"and he will not turn in the way of the vineyards," stated in regard to Noah and Methuselah in the Aggadah of [chapter] Chelek (Sanh. 108a). Another explanation: Can anyone teach God knowledge? I.e. do I have to teach Him knowledge to judge fairly? He Himself knows that it is so, but He passes high-handed judgments with His highness and His greatness, and He does not care to be exact. I heard this one but not the first one.*—[Rashi] [We,

therefore, follow the latter interpretation.]

23. This one—*The wicked man.*—[Rashi]

dies—*(Is punished.)*—[Rashi]

in his full strength—*In the appearance of his perfection, lacking nothing.*—[Rashi]

tranquil—Heb. שַׁלְאֲנָן, *like* שַׁאֲנָן.—[Rashi, Ibn Ezra]

24. His pails are full of milk—Heb. עֲטִינָיו. *This is the language of the Mishnah (Menahoth 86a): "He packs it* (עוֹטְנוֹ) *in the olive press." They gather the olives together, and their oil forms globules and gathers in its midst in order to be ready when he presses it in the press, and that vessel in which they gather it in order for its oil to gather within it is called "ma'atan." Here too, his milk and his moisture and fat are called "atinav."*—[Rashi]

25. And this one dies with a bitter spirit—*Those that are exalted and holy to Him—them He requites immediately.*—[Rashi]

26. Together on the earth they

אֹהֶל ׀ מִשְׁכְּנוֹת רְשָׁעִים׃ כט הֲלֹא
שְׁאֶלְתֶּם עוֹבְרֵי דָרֶךְ וְאֹתֹתָם לֹא
תְנַכֵּרוּ׃ ל כִּי לְיוֹם אֵיד יֵחָשֶׂךְ רָע לְיוֹם
עֲבָרוֹת יוּבָלוּ׃ לא מִי־יַגִּיד עַל־פָּנָיו דַּרְכּוֹ
וְהוּא־עָשָׂה מִי יְשַׁלֶּם־לוֹ׃ לב וְהוּא
לִקְבָרוֹת יוּבָל וְעַל־גָּדִישׁ יִשְׁקוֹד׃

תרגום

פְּרָסָא דְמַשְׁכְּנֵי
דְרַשִׁיעַיָא׃ כט הֲלָא
שְׁאֶלְתּוּן עָדֵי אוֹרְחָא
וְסִמָּנֵיהוֹן לָא
תִשְׁתְּמוֹדְעוּן׃ ל אֲרוּם
לְיוֹם תְּבִירָא יִתְמְנַע
בִּישׁ לְיוֹם רְגִיזְתָא
יִתָּעֲלוּן׃ לא מַן יְחַוֵּי
קֳדָמוֹי אוֹרְחֵיהּ וְהוּא
עֲבַד מַן יְשַׁלֵּם לֵיהּ׃
לב וְהוּא לְקִבּוּרָן יִתָּעֵל
וְעַל גְּדִישִׁין יְעִיר׃

רש"י

אוהל ומשכנות אשר רשעים כלומר כמוהו כמוהם ברשעו אבד ביתו (ולמה אתם בוטחים בשלותכם): (כט) **הלא שאלתם וגו'.** כל זה אתם מושלים עלי משלות: **ואותותם.** אשר הודיעו אתכם לא תנכרום לשום על לב כמו ויתנכר אליהם (בראשית מ"ב): (ל) כי. אמרו לכם אשר: **ליום איד יחשך רע.** הרשע מונע ונחשך מרעה ושמור ליום הקבוע לאידו כמו אשר חשכתי לעת צר (לקמן ל"ח) הגנזתים וחשכתים להודיעם עד יום קרב ומלחמה: (לא) **מי יגיד על פניו דרכו.** מי הוא המלך הגדול אשר יגיד על פניו דרכו ולא ירא ממנו כמה הוא נשגב זה הקב"ה שעשה: **מי ישלם לו.** וגמול רשעו מי ישלם לו: (לב) **והוא לקברות יובל.** סופו יובל לקבר: **ועל גדיש ישקוד.** כשהוא נקבר בשדות אצל הגדישים: (ועל גדיש ישקוד. ידונו אותו על שלא קיים המצות השייכים בשדה לקט שכחה

מנחת שי

(ל) עברות. הטעם בריש: (לב) ועל גדיש. הוא"ו בגעיא בספרי ספרד:

אבן עזרא

נדיב. בעל ממון ואיננו צדיק: (כט) **הנכרו.** כמו תכירו: (ל) **ליום איד.** ליום השך. וקרוב ממנו ואיד יעלה מן הארץ כענין יום ענן וערפל: (לא) **מי יגיד על פניו דרכו.** חוזר למקום והענין מי הגיד לו דרכו להיות כן והוא יעשה מה שירצה ואין מי ישל' לו. ויש אומרים שהוא דבק והענין על מחשבת הרשע שיעשה מה שירצה ואין מי ישלם לו: (לב) **ועל גדיש ישקוד.** אמר רב האי ז"ל שהיא הקובה שעל הקבר כמנהג ארץ ישמעאל. והקרוב שהוא עפר

רלב"ג

(ל) יחשך רע. ימנע האיש הרע שלא יגיע אליו האיד: עברות. מענין עברה: (לב) ועל גדיש ישקוד. ר"ל שהוא יהיה שוקד לעמוד על הקבר ונקרא הקבר גדיש להתקבץ עליו עפר ואבנים ויגבה על הארץ כצורת גדיש. ואפשר שיהיה גדיש כמשמעו ויהיה בזה שהוא יעמוד טמון בקבר אשר אצל הגדיש שהוא בשדה:

מצודת ציון

מתן: (ל) **איד.** מקרה רע: **יחשך.** ימנע: **עברות.** מל' עברה וזעם: **יובלו.** יובאו כמו יובל שי (ישעיה י"ח): (לב) **גדיש.** הוא כרי מאלומות התבואה: **ישקוד.** ימהר כמו כי שוקד אני (ירמיה

מצודת דוד

ומבלי מוכך ואיה אהל משכנות רשעים כי לא ימלא מי מהם שישכן באהל כי לרוב פחד לבבו יסתיר עצמו בבית החזק יותר מהאהל ותחשבו א"כ לומר שהפחד הזה הוא בעצמו יחשב להם לגמול ועונש: (כט) **הלא שאלתם.** כאומר והנה הסרתם בעבורי מה מהמחשבות כי הלא שאלתם לעוברי דרך היודעים הקורות המתהווים בעולם: **ואותותם.** האות והסימן אשר נתנו לספורם הלא לא תוכלו להתנכר אותו לומר שהסימן זר ונכרי ולא כן הוא: (ל) **כי ליום איד.** והנה הם ספרו אשר לעת בא איד בעולם הנה הרשע ורע יחשך ממנו ולא עליו תהיה: **ליום עברות יובלו.** מוסב על יחשך רע לומר שהרע נחשך לעת אשר יבואו עברות וכעסים וכפל הדבר במ"ש וכאומר הלא בעבור זה יאמן לבבו ולא יחת ולא יפחד והמה מנגדים לדבריכם ולא תאמרום: (לא) **מי יגיד.** ובעבור רוב הצלחתו מי א"כ יוכל להגיד דרכו לפניו ולהוכיחו ולהפחידו מן העונש כי הלא מאד ילעג למו: **והוא עשה.** ועם כי הוא עשה את הרע אשר חשב לעשות אין מי ישלם לו גמול: (לב) **והוא לקברות יובל.** כשיבוא יומו יזכה לקבורה כדרך כל הארץ: **ועל גדיש ישקוד.** ימהר לשכב על תל הקבר העשוי כגדיש כי לא יתמהמהו בקבורתו למען לא יתבזה אחר המיתה (וקראו **גדיש** ע"ש סופו כי אחר הקבורה נעשה תל וכן

and he will hasten to be beside the stacks of grain—*when he is buried in the fields beside the stacks of grain.*—[*Rashi*]

(and he hastens to be beside the stacks of grain—They will judge him for not having fulfilled the commandments apropos the field, viz. gleanings, forgotten sheaves, and the corner of the field [which are left for the poor], and other commandments related to the sheaf and the stack. Therefore, they hastened and brought retribution upon him quickly.)—[*Glosses of R. Obadiah*] This addendum was taken from the Amsterdam edition of 5459. It was one of many addenda, printed under the name "Agudath Shmuel," inserted into *Rashi's* commentary.

is the tent [and] the dwellings of the wicked? 29. Have you not asked the wayfarers? Then do not make their signs strange [to yourselves]. 30. That the wicked man is reserved for the day of calamity; they are brought for the day of wrath. 31. Who will tell His way to His face? He did, and who will requite Him? 32. But he will be borne to the grave and he will hasten to be beside the stacks of grain.

28. **For etc.**—*Because of the evil that has befallen me, you say, "Look, where is the house of this man who was a prince, and where is the tent and the dwellings of the other wicked men?" That is to say that he is like them. Because of his wickedness, his house was lost. (Now why do you rely on your tranquility?)*—[*Rashi*] [The parenthesis does not appear in the Furth edition of 1884.] *Ibn Ezra*, too, identifies the נָדִיב as a wealthy man, who is not righteous. *Mezudath David* renders: For you will say, "Where is the house of the generous man, and where is the tent of the dwellings of the wicked?" Where do we find a generous, charitable man living in a sturdy house? He feels safe and secure in the shelter of a flimsy tent. In contrast, where is the tent of the dwellings of the wicked? The wicked are always frightened and must seek the protection of sturdy houses. Hence, that fright is their punishment.

29. **Have you not asked etc.**—*All these parables you are composing about me.*—[*Rashi*]

and their signs—*which they made known to you, you shall not make strange to yourselves by not paying attention to them, like* (Gen. 42:7),

"But he made himself a stranger (וַיִּתְנַכֵּר) *to them."*—[*Rashi*]

30. **That**—*They told you that . . .*—[*Rashi*]

the wicked man is reserved for the day of calamity—*The wicked man is withheld and spared from evil and reserved for the day that is appointed for his calamity, like* (below 38:23), *"Which I reserved for the day of trouble," I laid them away and spared them to let them know until the day of battle and war.*—[*Rashi*]

31. **Who will tell His way to His face**—*Who is the great king who will tell His way to His face and will not fear Him? How exalted He is! That is the Holy One, blessed be He, Who did.*—[*Rashi*]

and who will requite Him—*Who will requite Him with the recompense for His wickedness?*—[*Rashi*] *Ibn Ezra* quotes commentators who interpret this verse as a reference to the wicked man who believes that he can do whatever he wishes, and that no one will requite him for his wickedness. *Berechiah, Ramban, Meyuchos,* and *Isaiah da Trani* accept this interpretation.

32. **But he will be borne to the grave**—*He will ultimately be borne to the grave.*—[*Rashi*]

לג מָתְקוּ־לוֹ רִגְבֵי נָחַל וְאַחֲרָיו כָּל־אָדָם יִמְשׁוֹךְ וּלְפָנָיו אֵין מִסְפָּר׃ לד וְאֵיךְ תְּנַחֲמוּנִי הָבֶל וּתְשׁוּבֹתֵיכֶם נִשְׁאַר־מָעַל׃

לג בְּסִיפָן לֵיהּ נַרְשְׁתָא דְנַחְלָא וּבָתְרוֹי כָּל בַּר נָשׁ יְנַגּוּד וְקֳדָמוֹי לֵית מִנְיָן׃ לד וְהֵיךְ תְּנַחֲמוּנַנִי לְמָאו וְתִיוּבְתְּכוֹן אִשְׁתְּאַר בְּהוֹן

רש"י

ופחה ושאר מלות הנוהגים בעומר ובגדים ולכן שקדו ויתהרו עליו הפורעניות הג"ה מר"ע) : (לג) רגבי. (בלשט"ז בלע"ז): ולפניו אין מספר. לנמשכים לאותו דרך כל אלה מזימות תחמסו עלי: (לד) ואיך תנחמוני הבל. מאחר שתשובותיכם נשאר מעל נשכחה ואבדה מכם תשובות החכמה ותשובותיכם לא נשארה בידכם אלא תשובת מעל:

אבן עזרא

והדומה לו ואין לו חבר: (לג) רגבי נחל. כל ישמעאל מקום הפירות הנחל והוא קרוב בעבור ורגבים ידובקו: ואחריו כל אדם ימשוך. שימותו אחריו. ואין מספר למתים שלפניו: (לד) ותשובותיכם. כן ענינו נשאר מעל בתשובותיכם מן ומעלה מעל:

מנחת שי

(לד) תנחמוני. התי"ו בשוא ופתח:

רלב"ג

(לג) רגבי נחל. בקעי המישור אשר הוא קבור שם: (לד) ותשובותיכם נשאר מעל. ר"ל תשובותיכם נשארו כוזבות ובטלות: ביאור דברי המענה ענה איוב ואמר לרעיו שמעו שמוע מלתי והחרישו ותהי זאת תנחומותיכם שתנחמוני בה רלה לומר אם תחרישו על דברי כי יותר טובה לי היא שתיקתכם מתשובתכם אחר שאתם מכעיסים אותי בה כעס נפלא. סבלו דברי ואנכי אדבר ואחר דברי מה שתשקיצו בו המיית לבבי תלעיג על דברי אם תרלה. והנה אמר זה כנגד צופר האם בימי לאדם שאוכל להשיבו מרלונו בהשתדלותי ומדוע לא תקצר רוחי אחר שדברי עם הש"י אשר לא אוכל להשיב אפו ממני. אתם רעי הביטו אלי ותמהו ושימו יד על פה מרוב התימה והוא שיהיה איש תם וישר כמוני מוכה בכמו אלו המכות הנפלאות על לא פשע ולא חטאת. אם באתי לזכור רוע הסדור הנופל באלו הענינים באישי האדם הנה נבהלתי ואחז בשרי פלצות ובעתה. איך אפשר שיהיה לרשעים מה שנמצא להם מטוב ההצלחה מדוע רשעים יחיו ויזקינו גם גברו בעושר וכבוד. ויהיה זרעם נכון עמם לפניהם ר"ל שישבו בשלום בהסכמה אחת והוא לפניהם ולאצאיהם הם לעיניהם עד שישמחו בהם תמיד. בתיהם ישלום שלא יגיע בהם פחד ואין מכת השם עליהם כלל ר"ל שלא יגיעם שום רע. שורו עבר זרתו ולא יגעיל ויוליא הזרע לחוץ פרתו תלד לזמן ראוי ולא תשכל אך יחיה העגל וזה משל על רבוי הצלחתם בקניניהם בכל עניניהם. ישלחו בניהם הקטנים וילכו כלאן שילכו תכף וילדיהן ירקדון מרוב השמחה. ישאו רנה מרוב שמחתם כאלו לפניהם תוף וכנור וישמחו כאלו יהיה לפניהם קול עוגב. יבלו בטוב ימיהם ר"ל שלא יראו רע כל ימיהם ויבא להם המות ברגע זולת לער וזה כלו מטוב ההצלחה. ואל תאמר מי היו אלו המצליחים בזה האופן תדע באמת כי הם היו הרעים שבאנשים עד שאמרו לאל סור ממנו ודעת דרכיך לא חפלנו ולזה הלכו תמיד בדרכי הרשע. ובזו הש"י ואמרו מה שדי כי נעבדנו ומה נועיל כי נתפלל אליו ונבקש ממנו לרכנו. הנה באמת עם כל זה לא אשבח הרשעים אבל רחקה ממני עלתם ואע"ם שנמלאו מצליחים זה האופן מההצלחה וזה כי זאת ההצלחה איננה דבוקה להם כמו הענין בהצלחת הנפש אבל היא חוץ מהם ולזה אמר שטובם אינו בידם ולזה לא ירד אחריהם כבודם במותם. כמה מהזמן ימלא שידעך נר הרשעים ויבא עליהם אידם ויחלק להם השם חבלים ומכאובות באפו ובקלפו עליהם. ויהיו כתבן לפני רוח וכמוץ גנבתו סופה להדהות מדעה אל רעה כמו שאתם מספרים מעניני הרשעים הלא זה ימלא מעט וזה בהגדתי מטוב הללחת הרשעים ימלא הרבה ולזה יהיה ההוש חולק על הרוב עם מאמריכם. ואין לך התנללות במה שאמרת שאם לא יבא העונש לרשע יבא לבניו וילפון להם השם חטא גזילתו וזה שבכר היו ראוי שישלם העונש אליו בעלמו. וידע כי תחת מרותו בשם השיגהו זה העונש יראו עיני המוטא אידו ורעתו וישתה מחמת השם וירגיל כי איזה עונש יהיה לו לרשע במה שיגיע לבניו אחרי מותו. והנה מספר חדשיו אשר היה לו להיות הוגבלו וכלו ובהם לבד יגיע לו הלער והבכאה אמנם אחר המות לא ירגיש בעניניו המלטערים והמהגים. הלאל ילמד האדם דעת להסתכל בהם איך ראוי שתהיה הנהגת הש"י בזה העולם השפל עד שיהיה הכל בלדק ובמשפט ואיך אפשר זה ר"ל שילמד האדם לאל דעת והנה הוא בחכמתו ישפוט הנמלאים העליונים כמו המלאכים והגרמים השמימיים וינהיגם בזאת ההנהגה הנפלאה אשר לא יושג אופן החכמה בה ראה מה הגיעך מהטעות בחפשך בדרכיו בזה האופן עד שאמרת שההללחה אשר תכליתה לרע היא רע הנה יתחייב מזה שלא יעשה השם רק רע ללדיקים ולרשעים. וזה שאמר ימות בעלם שלמותו והיה שלאנן ושלו כל ימיו עד שדדיו מלאו חלב מרוב הבומן וכל אחד מעלמיו ישיקה במוח ר"ל שהוא מלא מוח. וזה אשר ימות בנפש מרה ולא אכל בטובה כלל הנה תכליתם יחד אל מות ורמה תכסה עליהם ולפי שהמית שהיא תכליתם הוא רע הנה יקרה מזה שיהיה כל מה שקרה להם בחייהם רע היו אלו האנשים לדיקים או רשעים הנה בהרחיקך העול מהשם תיחסהו לו וזה בתכלית הבטול והגנות. הנה ידעתי מחשבותיכם והמזימות הרעות אשר אתם חומסים בעבירי בודאים מלבבכם ר"ל שאתם תשתדלו להשוב במחשבות חמס לטעון עלי ולעשוק האמת ממני. או יהיה הרלון באומרו ומזימות עלי תחמוסו שאתם בהיותכם חוקרים בזה הדרוש אשר הנחנו מתוכחים בו לא תקחו כל המחשבות המקבילות אשר תפולנה בזה הדרוש אבל תחמסו ותגזלו קלתם בעבורי ולא הפנו אל המחשבה אשר תפול לאמת דעתי ואמנם אמר זה לפי שמדרך החוקר בדבר חקירה שלימה שיקח כל חלקי הסותר אשר תפול עליהם המחשבה ואחר יברור הלודק מהבלתי לודק ואם לא יקחם כלם לא תבלם לו החקירה ולזה אמר איוב שרעיו היו לוקחים המחשבות החולקות עליו והיו חומסים המחשבות המסכימות לדעתו. והנה זה הפירוש הוא יותר נכון לפי מה שאחשוב. והנה זכר בכאן המחשבה אשר לקוחה לאמת דעתם וזכר אחר זה המחשבה אשר חמסו ואמר הנה ידעתי המחשבה אשר בניתם דעתכם בה במה שאמרתם שהרשע אינו נמלט מהפחד. כי תאמרו איה בית נדיב ואיה אהל משכנות רשעים ר"ל שהנדיב לנעדר ממנו הפחד לא ישתדל בבנינים

מצודת דוד / מצודת ציון

(ישעיה מ"ז) וסתני קמח): (לג) מתקו לו. לרוצות עפר הנחל אשר א'): (לג) רגבי. לרוצות עפר כמו ורגבים ידובקו (לקמן ל"ח):
יקבר בה הלא ימתק לו כי יקבר במקום המעולה והנבחר ואף
כבוד יעשו לו במותו כי אחר ארונו ימשך כל אדם ללוותו וגם לפניו ילכו בלי מספר להכין לרכי קבורתו וכדרך אשר עושים לגדולים והשרים: (לד) ואיך. כאומר ובהיות כן נראה א"כ שאין משגיח ואין גמול ואיך תנחמו אתם אותי באמרי הבל לומר כשאשוב ישגא אחריתי ומה יועיל תשובה אם אין משגיח: ותשובותיכם. מה שהשבתם לי מגמול הרשעים הנה הכזבתי אותם כי מעטים המה אשר יוגמלו רע ומרובים מהם יקבלו את הטוב ונשאר א"כ תשובתכם מעל ושקר (העולה מהמענה היא לסתור דברי צופר אשר יוכיח ההשגחה מהפלגת פורעניות הרשעים כי ישיב אמרים לומר הנה מעטים המה אשר יגיע להם הפורעניות ורובם יבלו בטוב ימיהם

33. The clods of the valley will be sweet to him, and all men
draw after him as there were innumerable ones before him
34. Now how do you comfort me with futility, and [only
betrayal remains of your replies."

When they later were discovered to
have no basis, they were deleted in
the edition of 5520. This addendum
is a remnant that was overlooked
and was printed in subsequent edi-
tions. See Introduction.

Ralbag, Ibn Ezra, and *Ramban* see
the "stack" as a mound of earth and
stones over the grave.

33. **clods**—Heb. רִגְבֵי, *balast in
French (which the sailors bring into
the holds of the ships in order to weigh
them down.)*—[*Rashi*] Parenthesis
appears in the Furth edition.

The clods of earth of the valley
wherein he is interred will be sweet
to him, for he is buried in a choice
spot amidst much honor and
pomp.—[*Mezudath David*] *Bere-
chiah* writes: So full of days is he,
that his only happiness is to
slumber, and the clods are sweet to
him at the time of his death.

**as there were innumerable ones
before him**—*Those who draw after
the same way. All these devices you
think against me.*—[*Rashi*] *Mezu-
dath David* explains that the wicked
will have a large funeral procession,
with many men following his coffin
and innumerable ones walking
before him.

34. **Now how do you comfort me
with futility**—*Since only betrayal
remains of your replies, the replies of
wisdom are forgotten and lost from
you, and of your replies, [those] left
in your hands are only replies of
betrayal.*—[*Rashi*] What you an-
swered me concerning the recom-
pense of the wicked I have refuted
because very few of them receive
their due; instead most of them
enjoy prosperity. Consequently,
your replies are replies of betrayal
and falsehood.

(In summation: Job refutes
Zophar's assertion that the punish-
ment of the wicked is evidence that
God supervises the world, with the
contention that very few of the
wicked receive their punishment,
but instead most of them enjoy a
long life of prosperity, and are not
concerned with what befalls their
posterity. Since they see that they
are prosperous even on days of
trouble, they have no fear, and they
are happy with the prosperity they
enjoy during their lifetime and with
the honor afforded them after their
death, when they are honored like
great men.)—[*Mezudath David*]

מעל׃ כב א ויען אליפז התמני ויאמר׃
ב הלאל יסכן־גבר כי־יסכן עלימו
משכיל׃ ג החפץ לשדי כי תצדק ואם־
בצע כי־תתם דרכיך׃ ד המיראתך
יכיחך יבוא עמך במשפט׃ ה הלא
רעתך

בהון שקר׃ א ואתיב
אליפז דמן תימן ואמר
ב אפשר דלאלהא יאלף
גבר וכד יליף אפשר
דעליהון משגח
ג העסקא אית לשדי
ארום תזכי ואין ממון
ארום תשלם אורחתך
ד המדחל מנך יכסנך
ייתי עמך בדינא
ה הלא על בישתך
דסגיעא

רש"י

מעל. שם דבר הוא לכך נקוד כולו קמץ וטעמו מלעיל. כ"ס: (מענה אליפז): כב (ב) הלאל יסכן גבר. הלצורך ולהנאת היוצר יועיל גבר ויהנה כאשר ילמד דעת על הבריות וחכמה. יסכן הראשון לשון הנייה כמו ותהי לו סוכנת (מלכים א' א') והשני לשון למוד כמו ההסכן הסכנתי (במדבר כ"ב) וגם הראשון יתכן להיות נפתר לשון למוד הלטובת היוצר ולצרכו ילמד גבר כאשר ילמד השכל (ג) החפץ לשדי. כמו כי מה חפצו בביתו אחריו (לעיל כ"א) ההנאה והשם לו אם תצדיק מעשיך בהתווכח לפני שיבא עמך להתווכח בדבריך: ואם בצע. ממון לו אם תתם דרכיך: (ד) המיראתך יוכיחך. או אם מיראה שיראה מפניך יבוא ויתווכח עמך: (ה) הלא. יודע הוא

מנחת שי

כב (ד) המיראתך. בספרי ספרד הה"א בגעיא בין שוא לפתח: יכיחך. חסר וא"ו ומלא יו"ד ועיין מה שכתבתי במשלי י"ט:

אבן עזרא

כב (ב) הלאל יסכן גבר. יועיל כמו הוכח בדבר לא יסכון וי"א ישען ועניינו הישען האדם במעשי

רלב"ג

שחזקים אבל יספיק לו האהל להיות לו למחסה ולמסתור מזרם וממטר ואולם הרשעים ילכדו הבניינים החזקים מרוב הפחד והנה הפחד הוא עונש הרשעים כמו שקדם מדבריכם אלא שכבר בארתי לכם מהחוש שאין זה צודק והנה תמסתם מחשבה אחרת צודקת היא הורסה דעתכם והוא מה שאמרתי שכבר ישליו אוהלים לשודדים. ועוד הלא שאלתם כל עוברי דרך שיודעים קורות הזמן והאותות והרשמים שיגידו מזה לפי המוחש ולא תכחישו. וזה שהם יספרו כי כבר יקרה פעמים רבות שליום איד ר"ל שביום בא איד בעיר או במדינה יחשך שאיש הרע משיגע אליו האיד וינצל מרוב הצלחתו מבין שאר האנשים ובעת שיובלו העברות באשר אשר הוא בה יחשך מהם וינצל וזה ממה שיוסיף לו בטחון ויסיר ממנו הפחד. ואחר שהרע לא יגיע אליו בימיו מי יגיד על פניו של אותו רשע דרכו להוכיחו ולומר שעל זה בא אליו זה העונש והוא שעשה הרע מי ישלם לו כמעשהו אחר מותו האם מחוק השופט הישר שיבא העונש על חטאת האב לבניו אשר לא עשו זה החטא כמו שאמרת. והוא לקברות יובל אחרי מותו ועל הקבר ישקוד תמיד עד הפסדו. הנה ערבו ומתקו לו רגבי המישור אשר הוא קבור בהם ר"ל שלא ירגיש בשום רע אחרי מותו ואחריו ימשוך המות כל אדם כי הוא סופם ולפניו מתך אנשים אין מספר ובהיות הענין כן הנה ימלא זה הרשע נקי מכל העונש. או אם תקרא המות עונש הנה אין נקי הצדיק מזה העונש וכבר התבאר שאין ראוי שיקרא עונש לו מה שיקרה לבניו אחריו כי לא יגיע לו מזה צער וזה דבר כבר התבאר בספר המדות רצוני שאין ראוי שיקרא בלתי מצליח מי שיבואו הרעות לאוהביו וקרוביו אחריו. ואיך תנחמוני הבל במה שאמרתם שאם אשוב אל האל ואשוב אליו יסיר מעלי המכות האלה והנה כל תשובותיכם נשארו כוזבות ובטלות: והכלל העולה מהדברים הוא שמה שאמר לומר שאין ראוי שיבטלו הגזירה הכוללת שהתאמתה מן החוש להם מפני מה שקרה לאיוב הוא בטל שכבר הביא איוב ראיה מהחוש מזולתו סותרת דבריהם והיא רוב ההצלחה הנמצאת להרבה מהרשעים עד שלא יראו ברע בחייהם ולא יפחדו פחד אבל כבר ינצלו מהרבה מהרעות הנופלות לאנשים אשר הם אצלם וביאר שזה יותר נמצא ממה שהיו הם מעידים מרעות הרשעים כי מה שהיו מעידים מזה אינו נמצא רק על המעט ובאר שמה שהיה טוען צופר בזה שהש"י אם לא יענוש הרשעים בעולמם כבר יגיעם העונש אחר מותם והוא שכבר יענשו בניהם ולזה ראוי שלא תקרא כמו זו ההצלחה אחר שתכליתה לרע הוא בתכלית הגנות לפי שמזה הצד יתחייב שלא יגיע לאחד מהאנשים רק רע אחר שתכלית כולם הוא אל המות ותכלית כל הקניינים אל ההפסד ויהיה אם כן הש"י עושה עול אחר שיענוש כל האנשים הצדיקים ורשעים עם שהוא מבואר בנפשו שאין עונש לרשע במה שיגיע לבניו אחריו כי הוא לא ירגיש בזה ויהיה עול ג"כ בחק השם יתברך שיענוש הבנים על עון אבותיהם ואבותיהם נקיים ואולם מה שנא' בתורה פוקד עון אבות על בנים הוא באופן אחר אין הנה מקום הביאור בו: ביאור מלות המענה (א) ויען אליפז התימני ויאמר: (ב) יסכון. יועיל: (ג) בצע. תועלת: תתם. מתקן תם וישר:

מצודת ציון

נחל. עמק וגיא: (לד) מעל. שקר כמו ומעלה מעל (ויקרא ה') תרגם אונקלוס וישקר שקר: כב (ב) יסכן. ענין תועלת והנאה כמו הוכח בדבר לא יסכון (לעיל ט"ו): (ג) החפץ. ענין צורך כמו אם כלי אין חפץ בו (ירמיה כ"ב): בצע. ענין הנאת ממון כמו מה בצע כי נהרוג

מצודת דוד

ולא יחושו במה שיהיה לבניהם אחריהם ובעבור כי יראו אשר ביום רעה המה בטובה לא יפחדו משום פחד והוא שמח בהצלחתו אשר לו בחייו ובהכבוד אשר יעשה לו במותו כדרך הגדולים): כב (ב) הלאל. וכי לאל יועיל ויהנה הגבר בצדקו אלא המשכיל יועיל ויהנה אל עצמו ובהיות כן מה לו להשגיח בכדי אשר תעמוד בצדקתך הלא מה לו בזה: (ג) החפץ. וכי מה צורך כו לשדי אם תהיה צדיק וכי בצע כסף בא לו אם תלך בדרך תם וכפל הדבר במ"ש: (ד) המיראתך. וכי בעבור יראתו אותך לבל תרשיע הוא יתווכח עמך ויבוא עמך במשפט הלא מה לו אם תרשיע: (ה) הלא וגו'. כאומר אבל אני אשיבך מלין בעבורו שהדין עמו

Will He come with you to judgment?—Will He come with you to judgment out of fear? What does He care if you are wicked?—[*Mezudath David*]

5. **Is not**—[Is it not so] *that He knows that your evil is great?*—[*Rashi*] I will answer you on behalf of the Almighty. He is justified in causing you to suffer, because your

22.

1. Now Eliphaz the Temanite answered and said, 2. "Does a man benefit God when he teaches them wisdom? 3. Does the Almighty care if you are righteous, or is there any gain if you perfect your ways? 4. Will He reason with you because He fears you? Will He come with you to judgment? 5. Is not

(Eliphaz's reply)

2. Does a man benefit God—Heb. יִסְכָּן. *Will a man avail and benefit for the need and the benefit of the Creator when he teaches the people knowledge and wisdom? The first* יִסְכָּן *is an expression of benefit [or pleasure], like* (I Kings 1:2), *"and she shall be to him a warmer* (סֹכֶנֶת).*" The second is an expression of teaching [or accustoming], like* (Num. 22:30), *"Have I ever been in the habit* (הַהַסְכֵּן הִסְכַּנְתִּי).*" The former may also be interpreted as an expression of teaching, thus: Does a man learn for the good of the Creator and for His need when he learns wisdom?*—[Rashi] *Mezudath David* renders: Does man benefit God? Rather, the intelligent man benefits himself. Consequently, God does not have to answer you in order that you remain righteous. *Rabbenu Meyuchos* explains: Shall a man teach God when they gain knowledge? When the people gain knowledge and learn what is good and what is bad, can a person teach God what is right and proper: that you scrutinize God's ways and wish to teach Him and impart intelligence to Him?

3. Does the Almighty care—*Like* (above 21:21), *"For what does He care* (חֶפְצוֹ) *about his house after him?" What pleasure or concern does He have if you are rightous in your deeds, that you reason with Him that He come with you to contest your words?*—[Rashi] *Mezudoth* renders: Does the Almighty require your righteousness? *Targum:* Is it the Almighty's business if you are righteous?

or ... any gain—I.e. *monetary gain for Him if you perfect your ways?*—[Rashi] *Meyuchos* renders: Does the Almighty desire or need you to be righteous? Does He derive any benefit from your ways? Is it not only to your benefit?

4. Will He reason with you because He fears you?—*Or, out of fear, that He fears you, will He come and reason with you?*—[Rashi] *Ramban* and *Ohev Mishpat* render: Does He castigate you because He fears you? Just as He gains nothing from your righteousness, neither does your wickedness harm Him. Therefore, He does not castigate you out of fear that you will break off His yoke, as a monarch of flesh and blood sometimes does, but only as punishment for your sins. In the subsequent verses Eliphaz proceeds to delineate Job's sins.

רָעָתְךָ רַבָּה וְאֵין־קֵץ לַעֲוֺנֹתֶיךָ׃ ו כִּי־
תַחְבֹּל אַחֶיךָ חִנָּם וּבִגְדֵי עֲרוּמִּים
תַּפְשִׁיט׃ ז לֹא־מַיִם עָיֵף תַּשְׁקֶה וּמֵרָעֵב
תִּמְנַע לָחֶם׃ ח וְאִישׁ זְרוֹעַ לוֹ הָאָרֶץ
וּנְשׂוּא פָנִים יֵשֶׁב בָּהּ׃ ט אַלְמָנוֹת
שִׁלַּחְתָּ רֵיקָם וּזְרֹעוֹת יְתֹמִים יְדֻכָּא׃
י עַל־כֵּן סְבִיבוֹתֶיךָ פַחִים וִיבַהֶלְךָ פַּחַד
פִּתְאֹם׃ יא אוֹ־חֹשֶׁךְ לֹא־תִרְאֶה וְשִׁפְעַת־
מַיִם תְּכַסֶּךָּ׃ יב הֲלֹא־אֱלוֹהַּ גֹּבַהּ שָׁמָיִם

תרגום

דסגיעא ולית סוף
לעויתך : ו ארום
תמשכן אחוך מגן
ולבושין דערטילאין
תשלח : ז לא מיא
למשלהי תשקי ומן כפן
תמנע לחמא : ח וגבר
נצחן ליה ארעא וסביר
אפין יתיב בה :
ט ארמלתא שדרתא
סריקתא ואדרעת יתומי
תשפך : י מטול היכנא
חזרנותך פוחין ויבהלנך
דלוחא בתכף : יא או
בחשוכא תשרי ולא
תחמי וסוגעת מיא
תחפנך : יב הלא אלהא
בגובהי שמיא וחמי

ת"א ואיש זרוע ; סנהדרין נח : דגש אחר שורק

רש"י

כי רעתך רבה : **(ח) ואיש זרוע לו הארץ**. בתמיה וכי נותנת שהיית גדול תירש את הארץ כלום הוא ראוי להתקיים : **ישב בה**. יאריך בה כמו ותשבו בקדש (דברי' א') : **(יא) או חושך לא תראה**. כלומר לא תתן עיניך ובטחונך בכך לאמר : **(יב) הלא אלוה גובה שמים**. ולא ישפיל לראות : **וראה ראש כוכבים כי רמו**. כמו

וראה

אבן עזרא

על המקום או ישען אדם משכיל על המקום ועל הגבר רק כפי מעשיו. והקרוב שהוא כמו יוכיח וקרוב ממנו הסכן לא עמו ישלם והענין הלאל יוכיח גבר או יוכיח בין שניהם משכיל : (ט) **וזרועות יתומים ידוכא**. כל אחד מהזרועו': (יא) **או חושך לא תראה**. חשבת שאתה בחשך לא תראה : **ושפעת מים**. פי' שפעת רוב וכמוהו שפעת

מנחת שי

(ה) לעונתיך. בספרים מוגהים חסר וא"ו אחר נו"ן וכן נראה ממסורת נחמיה ט' דנמסר התם ו' מלאים וא"ו בלישנא בקריא ואין זה בתוכם : (ו) ובגדי ערומים. נכתב בוא"ו עם הדגש ע"פ המסורה ועיין מ"ש בפ' בראשית אצל ויהיו שניהם ערומים : (י) סביבותיך פחים. הפ"א רפויה : (יא) ושפעת מים. הוא"ו בגעיא : (יב) הלא

רלב"ג

(ו) תחבול. תקח משכון : (ט) וזרועות יתומים ידוכא. כל אחד מזרועות היתומים :

מצודת דוד

בדבר היסורים הבאים עליך כי הלא רעתך רבה ר"ל לגדול כמותך יחשב כל דבר לרב כי הרבה ילמדו ממך וזה ואין קץ לעונותיך כי בכל בא ממך ותלוי בך : (ו) כי תחבול. אם דבר מי למולך תענוש אותו בכסף ותקח ממנו משכון ועם הוא בחנם כי לא לוה ממך מאומה : ובגדי ערומים תפשיט. ואף מן האנשים שאין להם כי אם מלבוש אחד ובהעדרו יהיו ערום הנה פשטת בגדיהם ונשארו ערומים. וקראם ערומים ע"ש סופם וכן אפיתי על גחליו לחם (ישעיה מ"ד) : (ז) לא מים. לא השקית מים לעיף ומנעת לחם מן הרעב כי כאשר חבשת את מי בבית האסורים היה נמנע ממנו לחם ומים : (ח) ואיש זרוע. כאומר הנה בעניי העם התאכזרת ועשית משפט חרוץ אבל מי שהיה אלם ובעל זרוע היה לו כל הארץ ועשה בה כל חפצו ולא מחית בידו עם כי היה לאל ידך : ונשוא פנים. מי שהיה נשוא פנים בעבור רוב העושר וכדומה היה ישב בכולה כאלו היתה שלו ולא מחית בו : (ט) אלמנות. אבל כאשר שמעת דבר עולה מאלמנות לא חסת עליהן כי גרשת אותן מן הארץ ריקם כי עוד לקחת כל אשר להן וכזה דכא א"כ חוזק היתומים בניהן כי כאשר גרשת אמותיהן ולקחת כל אשר להן אל מי יפנו היתומים לעזרה ולא חסת גם עליהם : (י) על כן. ובגמול כל אלה פרש סביבותיך פחים להלכד בהם ותבהיל אותך פחד פתאום לנפול בפח מחרדת הפחד : (יא) או חשך וגו'. או בא עליך חשך אשר לא תראה את הפח להשמר ממנה או מרבית המים כסו אותך ור"ל הנה בגמול הוכן לך מכאובים ובעבור הפחד השלוח עליך נתבלבל דעתך לבל תוכל להזהר. או המקום סכל דעתך והחשיך שכלך לבל תדע להזהר או שרבים מכאובים כמים הוכן לך עד שהיה מן הנמנע להשמר מהם : (יב) הלא אלוה. כאומר ואם אמנם כל אלה עשית ותכחש לומר צדקתי אין זאת כ"א תחשוב שלא אנוה ברום השמים

מצודת ציון

את אחינו (בראשית ל"ז) : (ו) תחבול. משכון כמו לא יחבול רחים (דברים כ"ד) : (ט) שלחת. ענין שילוח וגרושין : ידוכא. יכותת : (י) פחים. רשתות : (יא) ושפעת. הרבה כמו שפעת גמלים (ישעי'

a trap terrifies you.—[*Mezudath David*]

11. **Or darkness**—Or darkness comes upon you so that you cannot see to avoid the trap, or an abundance of water covers you. The intention is that as punishment, you were made to suffer; you became confused by the fear that was cast upon you and could not beware. Alternatively: God made you foolish and darkened your understanding so that you did not know how to beware; or, you were stricken by

your evil great, and are not your iniquities without end? 6. For you take a pledge from your brothers for nought, and you strip the naked of their clothes. 7. You gave the faint no water to drink, and you withheld bread from the hungry. 8. Does a strong man own the earth, and does a respected one remain therein? 9. You sent widows away empty-handed, and the arms of the orphans are crushed. 10. Therefore, around you are traps, and sudden fear terrifies you. 11. Or darkness so that you do not see; or an abundance of water covers you. 12. Is not God in the height of heaven,

---

evil is great. I.e. against a great man like you, every infraction of the law is accounted as a grave sin because many will learn from your example. Therefore, your iniquities are endless, because all their sins are the result of your actions and are attributed to you.—[*Mezudath David*]

6. **For you take a pledge**—If anyone spoke against you, you punish him with a monetary fine; by this, you take a pledge from him for nought, because he did not borrow money from you.—[*Mezudath David*].

and you strip the naked of their clothes—You take the shirts off people's backs, causing them to go naked. They are called naked because of this end: stripped of their clothes, they are left naked.—[*Mezudath David*]

7. **You gave the faint no water to drink, etc.**—When you imprisoned your debtors, they were left without food or drink.—[*Mezudath David*]

8. **Does a strong man own the**

earth—*This is a question. Because you were strong, should you inherit the earth?*—[*Rashi*]

remain therein—*Is he fit to remain in existence?*—[*Rashi*] *Mezudath David* explains: You dealt cruelly with the poor, imposing the full extent of the law, but a strong man had the whole earth, doing whatever he wished, and you did not protest although you had the power to do so.

and does a respected one—Does a man respected because of his wealth deserve to remain therein?—[*Mezudath David*]

9. **You sent widows away, etc.**—But when you heard of an injustice committed by a widow, you took all her belongings and banished her from the land, crushing the strength of her sons—now orphans, who had no one to whom to turn.—[*Mezudath David*]

10. **Therefore**—in payment for these sins, traps are set around you, and the fear of falling suddenly into

וראה ראש כוכבים כי רמו: יג ואמרת
מה ידע אל הבעד ערפל ישפוט:
יד עבים סתר לו ולא יראה וחוג שמים
יתהלך: טו הארח עולם תשמור אשר
דרכו מתי און: *טז אשר קמטו ולא עת
נהר יוצק יסודם: יז האמרים לאל סור
ממנו ומה יפעל שדי למו: יח והוא
מלא

ריש כוכביא ארום זקיפו: יג ותימר מה ידע אלהא האפשר דלהלא לאמיטתא ידין: יד ענניא טמיר ליה ולא יחמי ותקיף רומא דשמיא יטיל: טו האורחא דהוה מן עלמא תנטור די טיילו אנשי שקרא: טז דאתקטילו מן ארעא בלא עדנהון בארעית נהרא אתיך גופהון: יז דאמרין לאלהא זור מננא ומא יעבד שדי להון: יח והוא מלי

ת"א מה ידע. עקרים מ"ד פ"ח: וחוג. ברכות ב'. אשר קומטו. חגיגה יג:

חצי הספר בפסוקים

רש"י

ורואה עניי שבסוף מענה החמישי (לעיל י') כלומר ונותן אהה עין בראש כוכבים כי רמו ובשביל כך אמרת: (יג) מה ידע אל. במעשה החשך: הבעד ערפל ישפוט. הכנגד החשך הזה יראה וישפוט. הנה: (יד) עבים סתר. לפניו ולא יוכל לראות: וחוג שמים יתהלך. ולא ידע את אשר בארץ: חוג. עוגל מחוגת שמים כמו ובמחוגה יתארהו (ישעיה מ"ד)(קומפ"ש בלע"ז): (טו) האורח עולם. הדרך הראשונים אשר מאז: תשמור. שמרת בלבבך לזכור מה נהייתה בהם: (טז) קומטו ולא עת. נגזרו בלא עתם: נהר. ונהר של מבול או גפרית ואש של סדום הולך ביסודם:

מנחת שי

אלוה. הה"א בגעיא בספרי ספרד: (יג) ואמרת מה. הוא"ו בגעיא בספרי ספרד: הבעד. הבי"ת רפה במדוייקים וכן מגאו במכלול דף ס"א עם הרפים ובלא געיא: (טו) תשמור. בכל הספרים מלא וא"ו ועיין מה שכתבתי לעיל סימן י"ד: מתי און. במקף: (טז) אשר קמטו. חצי הספר:

אבן עזרא

גמלים כן חשבת: (יג) הבעד ערפל. מסתר ערפל: (יד) וחוג שמים. על חוג השמים יתהלך ולא ידע מה יעשה למטה בארץ: (טו) האורח עולם תשמור. אורח העולם הם האומרים כן היה העולם ואיננו קדש: (טז) קומטו. נכרתו בלא עתם: נהר יוצק יסודם. הם אנשי דור המבול שבב הארץ שהוא יסוד בני אדם כמו

רלב"ג

(יב) ראש ככבים. העליון שבגלגלים שימלאו בו כוכבים והוא הגלגל המזלות. או יקרא ראש ככבים המקום שיהיו בו הככבים הנכונים תמיד בתנועתם האמצעית כי המקום ההוא הוא בתכלית הרוממות וגובה כמו שביארנו בספר מלחמות ה' והנה גובה המקום הזה יעמידנו על אמתת מרחק הככבים מן הארץ בתכלית מה שאפשר מקוטן השיעור כמו שביארנו שם: (טז) קמטו. נכרתו מן העולם. ונהר יולך

מצודת ציון

ס'): (יג) ערפל. עב הענן: (יד) וחוג. ענין עגול כמו חוק חג על פני מים (לקמן כ"ו): (טו) דרכו. הלכו: (טז) קומטו. נתכווצו כמו ותקמטני לעד היה (לעיל ט"ז). ור"ל הזקינו כי דרך הזקנים

מצודת דוד

ורואה את ראש הכוכבים ותחלתם אשר רמו למעלה והאמר הלא ה' למעלה מכולם יש א"כ מרחק רב ממנו לארץ: (יג) ואמרת. ובעבור זה תאמר מה ידע אל ממעשה בנ"א הלא רב המרחק וכי דרך הערפל אשר סביבו ישפוט מעשה האדם וכאומר וכי הערפל אשר מפסיק יהיה עוד סיבה לבידע: (יד) עבים סתר לו. הלא העבים לו למסתר ולא יראה דרך בם כי הלא יתהלך על עגול השמים וא"כ העבים יפסיקו בינו לארץ: (טו) האורח. הכאם תשמור בלבך הדרך אשר טעו בו כל בני עולם וחזר ופירש אשר דרכו בו אנשי און הם אנשי דור המבול: (טז) אשר קומטו. אשר בעבור זה הזקינו ומלאו קמטים בלא עתם ר"ל נכרתו מן העולם קודם זמנם כי נהר מי המבול נשפך ביסודם רלונו לומר בארץ אשר עמדו עליה: (יז) האומרים. אשר אמרו על האל כנה הוא סר ממנו ומהו הדבר אשר יפעל שדי להם כלא סר השגחתו ומסר הכל ביד מערכת השמים: (יח) והוא מלא. ואף כי המקום ב"ה מלא את בתיהם מטוב ומה היה להם לכחש בהשגחתו. ובאמת עלת הרשעים ההם רחקו ממני ר"ל לא אוכל להבין מה ראו לשטות זה הלא לא היו

a river—*And the river of the Flood or the brimstone and fire of Sodom was poured into their foundation.*—[*Rashi*]

17. **Who say to God, etc.**—This translation follows *Ohev Mishpat. Mezudath David* renders: Who said of God, 'He has turned away from us, so what will the Almighty do to them?'

18. **Yet He filled their houses with good**—Although God filled their houses with good, they denied Divine Providence. Indeed, the counsel of those wicked people is beyond me. Why did they deny Divine Providence when God filled their houses with good?—[*Mezudath David*]

and [does He not] behold the topmost of the stars, which are
lofty? 13. And you say, 'What does God know? Does He judge
through the dark cloud? 14. Thick clouds are a concealment
for Him, and He does not see, and He walks on the circle of the
heavens.' 15. Will you keep the old way, upon which iniquitous
people trod? 16. Who were cut off when it was not their time,
when a river was poured into their foundation? 17. Who say to
God, 'Turn away from us,' and 'What will the Almighty do to
them?' 18. Yet He

many pains, like a flood of water, powerless to be careful of these traps.—[*Mezudath David*]

12. **Is not God in the height of heaven**—*and will not lower Himself to see.*—[*Rashi*]

and behold the topmost of the stars, which are lofty—Heb. וּרְאֵהת *like* (above 10:15), *"and seeing* (וּרְאֵה) *my affliction" at the end of the fifth reply. That is to say, 'And You gaze upon the topmost stars because they are lofty.' Therefore, you said, . . .*—[*Rashi*]

13. **'What does God know?'**—*of what occurs in the dark?*—[*Rashi*] What does God know of people's deeds? Is there not a tremendous distance between Him and the earth?—[*Mezudath David*]

Does He judge through the dark cloud?—*Does He see and judge facing this darkness? Behold . . .*—[*Rashi*]

14. **Thick clouds are a concealment**—*before Him, and He cannot see.*—[*Rashi*]

and He walks on the circle of the heavens—*and does not know what is on the earth.*—[*Rashi, Ibn Ezra*]

circle—Heb. חוּג, *the circle of the compass of the heavens, like* (Isa. 44:13), *"and with a compass* (וּבַמְּחוּגָה) *he rounds it," compas in French.*—[*Rashi*] Consequently, the clouds intervene between Him and the earth.—[*Mezudath David*] Walking denotes searching the heavens to perpetuate their existence and to maintain the earthly beings that depend upon the heavenly bodies.—[*Ramban*]

15. **the old way**—*The way of the ancients who were in days of yore.*—[*Rashi*]

Will you keep—*Have you kept in your heart to remember what happened to them?*—[*Rashi*] *Ibn Ezra* defines אֹרַח עוֹלָם, literally *the way of the world,* as referring to those who adhered to Aristotle's belief that the world was without beginning (i.e. it had not been created, but had always existed). *Mezudath David* explains it as the way in which all the inhabitants of the world erred, viz. the generation of the Flood.

16. **Who were cut off when it was not their time**—*They were cut off before their time.*—[*Rashi*]

מְלֵּא בָתֵּיהֶם טוֹב וַעֲצַת רְשָׁעִי
רָחֲקָה מֶנִּי׃ יט יִרְאוּ צַדִּיקִים וְיִשְׂמָח
וְנָקִי יִלְעַג־לָמוֹ׃ כ אִם־לֹא נִכְחַד קִימָנ
וְיִתְרָם אָכְלָה אֵשׁ׃ כא הַסְכֶּן־נָא עִמּ
וּשְׁלָם בָּהֶם תְּבוֹאַתְךָ טוֹבָה׃ כב קַח־
נָא מִפִּיו תּוֹרָה וְשִׂים אֲמָרָיו בִּלְבָבֶךָ׃
כג אִם־תָּשׁוּב עַד־שַׁדַּי תִּבָּנֶה תַּרְחִיק
עַוְלָה מֵאָהֳלֶךָ׃ כד וְשִׁית־עַל־עָפָר בָּצֶר

בָּתֵּיהוֹן טוּבָא וּמִלְכַּתְהוֹן
דְרַשִׁיעֵי רַחֲקַת מִנִּי׃
יט יֶחֱמוּן צַדִּיקַיָא וְיֶחְדוּן
וְזַכָּאָה יִדְחַךְ לְהוֹן׃ כ אִין
לָא אִתְמְנִיעוּ מִלְמֵקוּם
וּמוֹתַרְהוֹן גַמְרַת אֶשָּׁתָא׃
כא אֲלַף כְּדוּן עִמֵּיהּ
וְתִשְׁתְּלֵם בְּהוֹן עֲלַלְתָּךְ
טוּבָא׃ כב גְמַר כְּדוּן
מִפּוּמֵיהּ אוֹרַיְתָא וְשַׁוֵּי
מֵימְרוֹי בְּלִבְּבָךְ׃ כג אִין
תְּתוּב עַד שַׁדַּי תִּתְבְּנֵי
תַּרְחֵק עַוְלְתָא מִמַּשְׁכְּנָךְ׃
כד וְשַׁוֵּי עַל עַפְרָא כְּרַךְ
תַּקִּיף וְהֵיךְ טִינָרָא
דנחליא

רש"י

(כ) אם לא נכחד קימנו. התשמור וראית אם לא נכחד יקומם: קימנו. כמו קומתו של אותו הדור כמו (הושע י"ב) בית אל ימצאנו ושם ידבר עמנו כמו עמו: ויתרם. גאותם: אכלה אש. ברותחין כדונו. ר' תנחומא דרש שהיו בעלי קומה ולא מתו בתהומות ובאו עליהם רותחין מלמעלה וזה יתרם קומה יתרה שלהם. כ"ש: (כא) הסכן. למוד להיור עמו שלם: ושלם. ותהיה שלם ולא תחסר בהם בדברי' האלה תבואתך טובה. תבואך טובה: (כד) ושיה על עפר ובצור

אבן עזרא

נהר יוצק: (יט) יראו צדיקים. על נח ועל בניו: (כ) אם לא נכחד קימנו. רובי המפרשים אמרו שהוא קימנו בקמץ קטן שהוא ליר"י תחת המ"ם. והנכון שהוא חסר דגש והוא קיימנו וכמוהו ודינוס. אם לא נכחד הנקי הנזכר למעלה הוא קיימנו בעולם והענין כי אנחנו עדים שלא מת הנקי: ויתרם אכלה אש. אנשי סדום: (כא) הסכן. הרגל או התוכח: ושלם. תהיה בשלום: בהם. תהיה בין טובים או בין רעים תבוא לך טובה: (כד) בצר

מנחת שי

(כ) קימנו. בספרים שלנו המ"ם קמולה והראב"ע כתב רובי המפרשי' אמרו שהוא בקמץ קטן שהוא ליר"י תחת המ"ם. ורד"ק כתב שהוא בקמץ במקו' ליר"י: (כא) תבואתך. התי"ו בגעיא. ובקצת מדוייקים הא' בקמץ וס"א בפתח ודקדוק מלה זו כתבה רד"ק במכלול דף קמ"ט

רלב"ג

יסודם. ר"ל כיסודם ובמעמדם עד שטבעו תוך נהר רב והוא מי המבול: (כ) אם לא נכחד קימנו. באמת כאשר מת האיש אשר הקימנו והעמידנו והוא נח אש אכלה שארית בעלי הדעת ההיא והיא אנשי סדום: (כא) הסכן. הרגל כמו ההסכן הסכנתי: ושלם. והעמוד בשלום: (כג) תבנה. ר"ל תשוב להבנות אחר ההרסך באלו הפגעים הרעים אשר קרו בך. או יהיה תבנה מגזרת בנים ר"ל שיהיו לו בנים ומזה הענין ג"כ ואבנה גם אנכי ממנה: (כד) בצר. זהב: ובצור נחלים אופיר. ר"ל שבהוצאות הצור נחלים בשפע וכדומה כן ישפע הש"י לך

מצודת דוד

חסרים כלום ולמה זה כחשו בהשגחת המקום: (יט) יראו צדיקים. נח ובניו הצדיקים ראו במפלתם ושמחו על אשר מלאו אחרי ה' ולא נמשכו אחרי דעתם: ונקי. כל אחד מהם לעג עליהם בעבור סכול דעתם: (כ) אם לא. באמת האיש אשר קיים והעמיד אותנו והיא נח שממנו הושתת העולם הלא היא היה נמנע ונבדל מלהיות אבוד עם בני דורו והנותרים מאנשי הדעת הזרה ההיא הלא שרפם האש והם אנשי סדום וחברותיה וכאומר ואיך תחזיק בדעת הזרה ההיא הלא מגמול אנשי הדעת ההיא נראה ההשגחה כי כולם נאבדו ונח נצל וכל הנותרים מאנשי הדעת ההיא כלו מן העולם: (כא) הסכן נא. לזאת מעתה הרגל עצמך עם ה' להאמין בהשגחתו ותהא עמו בשלום ולא תהרס עוד לנוגו: בהם. בעבור הדברים האלה תבוא אליך טובה: (כב) קח נא. מעתה קח בלבך התורה הנתונה מפיו כדרך המאמין בהשגחה: (כג) אם תשוב. כאשר תשוב לה' תחזור ותבנה ממה שהיית נהרס: תרחיק. אך תרחיק מאהליך עולה שלא תהיה כטובל ושרץ בידו: (כד) ושית. ר"ל המקום ישים לך להוזק כאלו שמת לך מבצר בנוי על עפר הארץ החזקה יותר מהעשוי ממעל בגובה: ובצור וגו'.

מצודת ציון

נתקמט בפניהם: (כ) אם לא. באמת והוא כענין שבועה וכאומר אם לא היה כן יבא עלי כזאת וכזאת וגזם ולא אמר. וכן אם לא שויתי ודוממתי נפשי (תהלים קל"א): נכחד. נמנע: (כא) הסכן. ענין ההרגל וכן וכל דרכי הסכנת (שם קל"ט): (כד) בצר. מבצר.

Now take into your heart the Torah that was given from His mouth, as would one who believes in Divine Providence.

23. **you shall be built up**—from your present decrepit condition.—[*Mezudath David*]

you shall distance, etc.—However, you must distance yourself from your tents, lest you be like one who immerses himself while holding a dead reptile and so does not become purified.—[*Mezudath David*]

24. **Then you shall make a fortification on the earth**—*By returning to Him, you will establish on the earth*

filled their houses with good, but the counsel of the wicked was beyond me. 19. The righteous see and rejoice, and an innocent one mocks them. 20. Whether their substance was cut off, and their pride consumed by the fire. 21. Accustom yourself now to be with Him and you will be complete; with them good will come to you. 22. Now learn Torah from His mouth, and lay His words in your heart. 23. If you return to the Almighty, you shall be built up; you shall distance injustice from your tents. 24. Then you shall make a fortification on the earth,

19. The righteous see—Noah and his sons, who were righteous, saw their downfall and rejoiced, because they had followed God wholeheartedly and were not drawn after the erroneous belief of their wicked contemporaries.—[*Mezudath David*]

and an innocent one—Each innocent member of Noah's family mocks them because of their folly. —[*Mezudath David*]

20. Whether their substance was cut off—*Will you watch and see whether their substance was cut off.*—[*Rashi*]

their substance—Heb. קִימָנוּ, *like* קוֹמָתוֹ, *his substance; i.e. of that generation, like* (Hosea 12:5), "*in Bethel he shall find Him, and there He shall speak with him* (עִמָּנוּ)," *like* עִמּוֹ.—[*Rashi*]

and their pride—Heb. וְיִתְרָם.— [*Rashi*]

consumed by the fire—*They were judged with boiling water. Rabbi Tanchuma expounded that they were tall and did not die in the depths. Then boiling water fell upon them from above and this is the meaning of* יִתְרָם,

their unusually tall height. So I heard.—[*Rashi* from *Midrash Tanchuma, Noach 7, Buber* p. 36] [Note that in these two sources, the midrash states that they were consumed by fire that descended from above.]*

21. Accustom yourself—*Accustom yourself to be (wholehearted) with him.*—[*Rashi*] [Parenthesis does not appear in Etz Chayim ms., which seems more accurate.]

and you will be complete—*And you will be complete, lacking nothing.*— [*Rashi*]

with them—*With these things.*— [*Rashi*] [Headings follow *Malbim* ed.]

good will come to you—Heb. תְּבוֹאָתְךָ.—[*Rashi*] *Mezudath David* explains: Now accustom yourself to believe in God's Providence, and you will be at peace with Him. Because of these things, good will come upon you. *Ibn Ezra* explains: with them, i.e. whether you are among the good or among the evil, good will come upon you.

22. learn—*Targum's* translation. Lit. take. *Mezudath David* renders:

וּבְצ֖וּר נְחָלִ֣ים אוֹפִֽיר׃ כה וְהָיָ֣ה שַׁדַּ֣י
בְּצָרֶ֑יךָ וְכֶ֖סֶף תּוֹעָפ֣וֹת לָֽךְ׃ כו כִּי־אָ֭ז עַל־
שַׁדַּ֣י תִּתְעַנָּ֑ג וְתִשָּׂ֖א אֶל־אֱל֣וֹהַּ פָּנֶֽיךָ׃
כז תַּעְתִּ֣יר אֵ֭לָיו וְיִשְׁמָעֶ֑ךָּ וּנְדָרֶ֥יךָ
תְשַׁלֵּֽם׃ כח וְֽתִגְזַר־א֭וֹמֶר וְיָ֣קָם לָ֑ךְ וְעַל־
דְּ֝רָכֶ֗יךָ נָ֣גַהּ אֽוֹר׃ כט כִּֽי־הִ֭שְׁפִּילוּ

ת"א יה ה שדי, ברכות סג: ותגזר אומר. שבת נט תענית כג כתובות קג סוטה יב ב"מ ק"ו תענית כז: השפילו, תענית כ"ג:

תרגום

דְנַחֲלַיָא דַהֲבָא דְאוֹפִיר:
כה וִיהֵי שַׁדַי כְּרַךְ תּוּקְפָךְ
וּמַן כְּסַף תְּקוֹף רוּמָא
דִילָךְ: כו אֲרוּם הֵיכְדֵין
עַל שַׁדַי תִּתְפַּרְנֵק
וְתִזְקוֹף קֳדָם אֱלָהָא
אַפָּיךְ: כז תְּצַלֵי קֳדָמוֹי
וִיקַבֵּל מִנָךְ וְנִדְרָיךְ
תְּשַׁלֵם: כח וְתִגְזַר
מֵימְרָא וִיקוּם לָךְ וְעַל
אוֹרְחָתָךְ יַזְהַר נְהוֹרָא:
כט אֲרוּם דָרָא דְאַמְאֵךְ
יִתְעַבֵּד גֵיוְתָן וְיַשַּׁח

בסורחנא

רש"י

בצר. על אשר תשוב אליו תשית על הארץ חוסן ומבצרים: **ובצור נחלים.** בסלעים גבוהים שבנחלים עמוקים יהיה לך אוסף לבירת אופיר היא סגולת מלכים שהיו מסגלים ואוצרים זהב הבא מאופיר: **(כה) והיה שדי בצריך.** אם שדי זה קדש תמהתי על פתרונו שמשמעו קללה שימנה עם אויביו כמו ואת היית בעוכרי (שופטים יא) עם עוכרי וע"י צורך נדונו מן המקראות החסרי' [כמו והיה שדי שופט בצריך. ואם נוכל לאמרו הול לשון דיין והוסן זה פתרונו] והיה חוסן מבצריך. כמו ושית על עפר בצר כלומר הון עתק תהיה נבצר. ולפי הענין כן פתרונו שהרי סופו מוכיחו וכסף תועפות לך ל' הוסן כמו כתועפות ראם לו (במדבר כ"ג): **(כו) ותשא אל אלוה פניך.** לא תבא להרים פניך אלא לשאול צרכיך הימנו: **(כז) ונדריך תשלם.** מובטח אתה שירצו קרבנות תשלומי נדריך: **(כח) ויקם לך.** כמו ויקום לך: **(כט) כי השפילו והאמר גוה.** ואם רואה דורך שפל תאמר בהבטחה להגביהו ויגבה:

מנחת שי

ומדקדקים אחרים במלות הזרות והמורכבות: (כה) והיה שדי. הגאון רבינו סעדיה והרמב"ן ז"ל פירשוהו קדש וכן בתרגום וכן בדרש בפרק הרואה כל המשתף שם שמים בצערו כופלים לו פרנסתו שנאמר והיה שדי בצריך וכסף תועפות לך וכן מצאתי בשמות רבה סוף פרשה מ' שדרשוהו ע"ש הנכבד ע"כ טוב ליזהר שלא למוחקו ועיין רד"ק בפי' יחזקאל סימן א' על כקול שדי בלכתם ובשרש שדד: בצריך. כתב הר"ש בר צמח שהוא לשון יחיד לפי שאין בו יו"ד והצ"ש בסגול מפני האתנח וגם רד"ק כתב ויש ספרים מדוייקים אין בו יו"ד ע"כ. ובספרי דידן ביו"ד: תועפות. במקצת ספרים העי"ן בחטף פתח אבל במדוייקים בקמץ וכ"כ בעל הלשון בשרש יעף וז"ל וענין אחר ענין תוקף השם ע"מ תולדה. תועפה מן וכסף **תועפות** לך ובסמיכות **כתועפות** ראם לו: (כח) ותגזר אמר. הוא"ו בגעיא והזי"ן בפתח ובס"א כ"י בקמץ חטוף ויחיד הוא אבל רבים וכ"כ הר"ש בר צמח שהזי"ן בפתח: (כט) גוה. הה"א רפה:

אבן עזרא

כמו כסף: **ובצור נהלים.** זהב אופיר: **(כה) והיה שדי.** יהיה תקיף כמו כקול שדי: **בצריך.** כספך: **וכסף תועפות לך.** הענין כפול על המנהג. ותועפות אומץ ותוקף כמו ותועפות הרים לו. כתועפות ראם לו. וי"א והיה שדי בצריך כמשמעו כמו עמו אנכי בצרה. והראשון יותר נכון להדביקו בסוף הפסוק: **(כט) כי השפילו.** כי הנה

רלב"ג

זהב אופיר: (כה) והיה שדי בצריך. הרצון שיהיה לך זהבך על דרך כקול שדי שמורה על החוזק ועל ההפלגה: **תועפות.** לשון חוזק כדרך תועפות ראם לו. או יהיה מענין הכפל כדמתרגמינן וכפלת ותעוף: (כז) ונדריך תשלם. ר"ל שלא יבצר

מצודת ציון

(כז) תעתיר. תתפלל כמו ויעתר אל אלוה (לקמן ל"ג): (כח) נגה.

מצודת דוד

ר"ל יתקיים עושרך כאלו שמת זהב אופיר בצור חזק אשר במקום אשר יתקיים מפאת מקומו ומפאת עצמו כי זהב אופיר הוא החזק שבזהבים: (כה) והיה שדי בצריך. המקום יהיה מבצריך: וכסף. תהיה עפות ופורחות לך ר"ל יתרבו בכל עת: **(כו) כי אז.** כשתשוב אל ה' אז תתענג בטובה על משענת ה' ר"ל הוא יענג נפשך: ותשא. תוכל לישא פניך אל ה' לשאול צרכך כי תהיה בטוח שימלא שאלתך: (כז) תעתיר. אתה תעתיר אליו והוא ישמע לך: ונדריך תשלם. דרך השואלים לבקש מאת המקום לנדור נדרים על תנאי כמ"ש אם יהיה אלהים עמדי וגו' (בראשית כ"ח) ולזה אמר הנה תשלם נדריך כי ימלא משאלותיך: (כח) ותגזר אומר. ר"ל כשתחליט בדעתך לעשות דבר מה אז המקום יקיים לך את הדבר ההוא: נגה אור. תזריח אור ההצלחה: **(כט) כי השפילו.**

When you decide to do something, the Omnipresent will accomplish that thing for you.—[*Mezudath David*] Whatever you ask God by decree, He will give you, as a favorite child asks his father for nuts and is given them, or asks for pomegranates and is given them.—[*Rabbenu Meyuchos* from *Taanith* 23a] [This verse is the basis of the popular maxim: A righteous man decrees, and the Holy One, blessed be He, fulfills.]

and it will be accomplished for you—Heb. וְיָקָם, lit. and it will rise; *like* וְיָקוּם לָךְ.—[*Rashi*] [This form, in

and on the rocks of the valleys, [the gold of] Ophir. 25. And the Almighty shall be [the Judge] of your adversaries, and you shall have abundant silver. 26. For then you shall delight in the Almighty and lift your countenance to God. 27. Pray to Him and He will listen to you, and you will pay your vows. 28. You will make a decision, and it will be accomplished for you, and light will shine on all your ways. 29. If they are humble,

strength and fortifications.—[Rashi]

and on the rocks of the valleys—*On the lofty rocks in the deep valleys, you shall have a collection of an accumulation of Ophir. This is the treasure of the kings, for they would gather and store gold that came from Ophir.—[Rashi]* [For the location of Ophir, see Commentary Digest and Appendix to I Kings 9:28.] I.e. your wealth will endure like gold of Ophir that is placed on a strong rock in a valley, which endures for two reasons: its location and its strength. The gold of Ophir was very hard and strong.—[*Mezudath David*]

25. **And the Almighty shall be of your adversaries**—Heb. וְהָיָה שַׁ־דַּי בְּצָרֶךָ. *If this word is holy* [i.e. is a reference to the Almighty], *I am bewildered at its interpretation, because its meaning is a curse, that He will be counted with his enemies, as in* (Jud. 11:35), *"and you have become one of those who trouble me* (בְּעֹכְרָי)*," with those who trouble me. By necessity, we will adjudge it as one of the elliptical verses, [meaning: And the Almighty shall be the Judge over your adversaries. But if we can interpret it as profane, as an expression of a judge and of strength, the following is its interpretation:] And your fortifications* (בְּצָרֶיךָ) *shall be strong* (שַׁ־דַּי)*, like "Then you shall make a fortification* (בָּצֶר) *on the earth." I.e. powerful wealth will be fortified, and according to the context, that is indeed its interpretation, as evidenced by the end of the verse, "and you shall have abundant* (תּוֹעָפוֹת) *silver," an expression of strength, like* (Num. 23:22), *"his is like the power of* (כְּתוֹעֲפוֹת) *a wild ox."—[Rashi] Targum,* followed by *Mezudath David,* renders: And the Almighty shall be your fortress. *Ibn Ezra:* And your silver shall be mighty. *Ralbag:* And your gold shall be abundant.

26. **For then**—when you return to God, you will delight in His support, for He will bring delight to your soul.—[*Mezudath David*]

and lift your countenance to God—*You will not come to lift your face except to ask Him for your needs.—[Rashi]* Then you will be able to lift your countenance to God to make your request because you will be confident that He will fulfill your needs.—[*Mezudath David*]

27. **and you will pay your vows**—*You will be confident that your sacrifices, the payments of your vows, will be accepted.—[Rashi]**

28. **You will make a decision**—

בְּסוּרְחָנָא תִּפְרוֹק : ל יְשֵׁזֵיב גְּבַר דְּלֵיתוֹי

וַתֹּאמֶר גֵּוָה וְשַׁח עֵינַיִם יוֹשִׁעַ: ל יְמַלֵּט

רש"י

ושח עינים. בצרה הבאה [אליו] בעונו יושיע אלוה בידיך ובתפילתך: (ל) ימלט אי נקי. אין נקי. כמו אי כבוד (שמואל א' ד') אין כבוד. וכן ולרוזנים אי שכר (משלי ל"א) אין שכר אין נאה להם שכרות. שלשתן חברם מנחם במחלוקת אחת ואע"פ שהן שתי תיבות מפרשין כן ונמלט אותו אי נקי בבור כפיך. וכן שמעתי. ל' אחר שמעתי שהיו

אבן עזרא

אתה תורה כאשר שפלו הרשעים תאמר אתה גוה כמו גאה והענין כי הגאוה השפילה אותם כענין לפני שבר גאון: ושח עינים יושיע. המקום. גם: (ל) ימלט אי נקי. י"א שהוא חסר שי"ן ועניינו איש נקי וזה רחוק. לכן פירושו

רלב"ג

ממך דבר מהדברים אשר תשתדל בעשייתם: (כט) ותאמר גוה. ר"ל שתעמוד בגובה ותוקף ולא יגיעך רע: ושח עינים. שפל עינים: (ל) ימלט אי נקי. הנקי ימלט בזכותו אי גדול: ביאור דברי המענה ענה אליפז התימני ואמר האם האדם מועיל לש"י כאשר יועיל על עצמו המשכיל המייביל דרכיו אשר יענים הש"י הרשע תכף עשותו רשע מצד הרע שיעשה לש"י ויגמול טוב לצדיק תכף עשותו טוב מצד התועלת שהגיע לש"י הנה אין הענין כן כי מה שיעשה הש"י מזה אינו כי אם על צד החסד והחנינה להטיב אל האנשים וליסרם עד שיגיעו אל הצלחת הנפש אשר בעבורה נבראו לא לצורך עצמו ולזה יקרה שיאריך לרשע זמן ארוך לבלתי קבלו הפעולות ברע אשר יעשהו וכדי שיתן הרשע אל לבו לעזוב דרכו בזה הזמן הארוך וישוב אל השם ולא יאריך לצדיק כדי שלא יחזיק בדרך הרע אשר החל להתנהג בו ולזה אין פלא אם תמלא ההצלחה לרשע זמן ארוך והיא הטענה אשר חשבת לסתור בה דברינו. האפשר לשם יתברך כי תצדק להועיל לו ואם יגיע לו תועלת כי תתם דרכיך עד שיגמול טוב לצדיקים תכף עשותם הצדק והיושר כדי שיועילוהו. המיראתו ממך שתזיקהו בעשותך הרעות יוכיחך ויבא עמך במשפט הנה אין הענין כן אבל מה שיעשהו הש"י הוא להועיל לבני האדם ובהיות הענין כן הנה יאריך הש"י לרשע להועיל לו ואם לא ישוב תוך הזמן אשר יאריכהו יגיעהו העונש הראוי ובזה נתרו כל הספיקות שהיית מספק בהם על דברינו זולת מה שטענת שאתה תם וישר ובאו עליך אלו הרעות הרבות ולא במשפט. ולזה אשיבך כי באמת אין דרכיך צודקים וזה כי אני אומר כי באמת רעתך אשר הביא השם עליך היא רבה כמו שאתה אומר. אבל אין עול כי אין קץ לעונותיך עד שרעתך היא כשיעור עונותיך. או תהיה הכונה ברעתך ובעונותיך אחת בעינה. אתה היית לוקח משכון מאחיך חנם ובגדי האנשים מחוסרי בגדים תפשיט להיות לך למשכון עד שיוכרחו ללכת ערומים וימותו בקרה וזה עון פלילי. האיש העיף והצמא לא תשקהו אפילו מים להשיב רוחו אליו ומאחיך הרעב תמנע להמך עד שימותו בצמא וברעב. ואולם אתה היית מכבד האנשים התקיפים והאדונים אשר הם נשואי פנים להאכילם ולהשקותם כאלו היו אדונים בביתך. ואולם החלושים כמו אלמנות ויתומים לא השגחת בהם לתת להם דבר ולא להצילם מעושקיהם ואלו העונות הם חזקים לאין קץ. על כן סביבותיך פחים מכל צדיך ללכדך ולבהלך פחד הצרה הזאת פתאום. או יבהלך חשך המכאובים עד שלא תוכל לראות ושפעת מי הצרות הרבות תכסך ע"כ לא תתרעם אם יגיעוך כמו אלה הצרות הרבות כי עונותיך אשר זכרתי שלא היית נמלט מהם הטו אלה. באמת הש"י בגובה שמים כי שם נראית פעולתו יותר למעלת הנמצאים אשר שם וראה העליון שבגלגלים שבו כוכבים כי הם רמים מאד. ואולם אמר זה כי מצד הסתרתם קצתם מקצתם ידענו העליון מהם ומצד חלוף הכמות בתנועותיהם ידענו כמה יתחייב שיהיה מרחק זה הגרם השמימיי אשר היא ראשון לכל הגלגלים אשר בהם כוכבים לכל הפחות וכשהקפנו בזה מזה הצד מצאנו גובה אלו הכוכבים עצום מאד. או ירצה בראש כוכבים גובה גלגל תנועת האורך בכוכבי המבוכה אשר אצלנו ימצא תמיד הכוכב מפני תנועת האורך תמיד כי רמו מאד אלו הגבוהים כמו שביארנו בחמישי מספר מלחמות ה'. התחשוב כי בעבור זה המרחק העצום אשר בינינו ובין השמים אשר שם כבוד השם יתברך יעלם ממנו מה שיעשה בכאן ואמרת מה ידע אל ממעשה האדם הבעד ערפל שיבדיל בינו וביניהם יוכל לשפוט אותם ולראות מעשיהם. הלא העבים מבדילים בינינו ובינו ולא יראה מעשינו אבל יתהלך בחוג השמים ושם תהיה השגחתו. ולמה תאמר כמו אלו הדברים האם דרך אנשי העולם תשמור שדרכו בו אנשי העולם בימי המבול וקראו אורח עולם לפי שטעו אז כל אנשי העולם בזה זולת נח וביתו אשר נצול בצדקתו. אשר נכרתו בטרם יומם והיה ביסודם נהר יוצק עד שטבעו כולם. הלא הם טעו בזה החטא בעינו שהם היו אומרים לאל שהוא סר מהם ובלתי משגיח בהם ושלא יפעל להם הש"י דבר והוא מלא בתיהם טוב והצליחם הצלחה רבה ועם כל זה לא הודו לו על הטוב אשר השפיע להם הנה עצת אלו הרשעים ודרכם אשר דרכו בה היא רחוקה מאד ממני או יהיה אומרו עצת רשעים רחקה מני שב אל מה שאמר איוב. עצת רשעים רחקה מני הרצון בו איך תאמר שעצת רשעים רחקה ממך ואתה בוחר דרך אלו הרשעים ועצתם שהיו חושבים שהשם יתברך עזב את הארץ. הנה כשראו הצדיקים ענשם כן שמחו והם נח ובניו כי על כן לא סרו אלו האנשים מאחרי השם ונקי ילעג להם והוא נח. הנה באמת כאשר נכחד האיש אשר הקימנו והוא נח תכף אכלה אש שארית האנשים אשר היו על זה הדעת והם אנשי סדום ועמורה וזה כאלו ממה שיתאמת ממנו שאלו הרעות היו על צד העונש שאם היו מצד המערכת איך קרה שיהיה יחד ברבים כמו זה הרבוי ושיהיו כולם רשעים ואיך קרה שינצל נח ובניו והוא לבדו היה צדיק ביניהם. ובהיות הענין כן הנה איעצך שתרגיל עצמך על הש"י ר"ל שתלך בדרכיו ואז יהיה לך שלום הלא אם תלך בדרכיו תבואתך טובה. קח נא מפיו הנימוס הראוי שיתנהג בו האדם ההולך בדרכי השם ושים אמרי השם בלבבך ויהיו עיניך ולבך ללכת בהם כל הימים. אם תשוב עד שדי תבנה אחר שנתלך השם והרם אותך באלו הצרות אשר הביא עליך תרחיק עולה מאהליך אם לך דבר מאחר שלא כדין. ויהיה השם עושרך בעבור זה עד שתשים על עפר זהב מרוב העושר וכהוצאת הצור נחלים בחיל ורבוי כן ישפיע לך השם זהב אופיר. והיה זהבך רב וכבד וכסף יהיה לך כפול על מה שהיה לך מקדם. הנה אם היית מתנהג בזה המנהג היית מתענג על הש"י בסבת דבקותך בו וכאשר תשא אל אלוה פניך ותעתיר אליו ישמעך בכל מה שתשאל ממנו ותשלם נדריך ר"ל שלא יבצר ממך דבר מהדברים אשר תשתדל בהם. וזה גם כן אמרו ותגזור אומר ויקם לך השם ועל דרכיך נגה אור הפך מה שהיה איוב מתרעם ממנו באומרו ארחי גדר ולא אעבור ועל נתיבותי חשך ישים. אם היית נוהג כן תמצא שכאשר השפילו את האנשים ובאו בשפלות הצרות תאמר גוה ר"ל שתתעלה מהם ותתגדל וזה כי השם יושיע מי שהוא שח עינים כמוך. הנה יגיע מההצלחה לך עד שתמלט בבור כפיך אי גדול הראוי לבוא עונש גדול עליו וזה כי האיש הנקי ימלט בזכותו אי גדול: והכלל העולה בהדברים הוא שמה שהיה איוב טוען ממה שיראה לרשעים מהצלחה זמן ארוך אינו מחוייב שלא יהיה הכל מוגבל ומסודר מהשם יתברך וזה שאמנם היה מחוייב שיענש הרשע תכף עשותו הרשע אלו היה מגיע בזה היזק אל השם יתברך כדי שיציל עצמו מן ההיזק אבל למה שהוא מבואר שלא יגיע היזק כלל אל הש"י ברשע שיעשה הרשע הוא מבואר במה שיעשה השם יתברך מזה ר"ל לשפוט האדם על מעשיו אינו רק להועיל לבני האדם ובהיות הענין כן לא ימנע שלא תתמיד הצלחת הרשע זמן ארוך לפי שהש"י כבר האריך לו עונשו כדי שישוב אליו תוך הזמן ההוא ויעזוב דרכו הרעה ואולם שלא יגיע נזק לש"י ברשע שיעשהו הרשע הוא דבר ביארו אליפז מהפך זאת הגזירה ואם הוא מבואר בעצמו והוא שאם לא יגיע תועלת לש"י בצדק הצדיק הנה לא יגיע לו נזק ברשע הרשע לפי שהתועלת והנזק הם שני הפכים ונושאם אחד ואולם הוא מבואר שלא יגיע תועלת

מצודת דוד

אם תראה אנשים אשר הושפלו עד עפר תוכל לומר בהבטחה שיבוא להם גדולה ורוממות כי המקום ישלים מאמריך: ושח. מי שעיניו כפופות הם בעבור הצרות יושיע אותו המקום בתפלתך: (ל) ימלט אי נקי. המקום ימלט מהצרה את מי אשר אין נקי מעון והמלטתו תהיה בעבור נקיות כפיך כי זכותך תגין עליו (העולה מן המענה ההיא שישיב לאיוב לומר מה תתרעם על אשר לא ישיב לך כי הלא בין תצדק בין תרשיע מה לו בזה ולמה אם כן ישיב לך לגל תרשיע

מצודת ציון

תזרח כמו מנוגה נגדו (תהלים י"ח): (כט) גוה. כמו גאה בחלוף אל"ף בוא"ו ועניינו גדולה ורוממות כמו כיגאה גומא (לעיל ח'):

you will say, "Raise up!" and He will save a humble person.
30. He shall deliver

which the first radical is vowelized
with a "kamatz hatuf," a "short
kamatz," is never found in the
future tense, but only in the past
tense. It is created by prefixing the
future form with the "vav hame-
hapecheth."]

light will shine—The light of
success will shine.—[*Mezudath
David*] On all your deeds there will
be light and success, not darkness
and failure.—[*Meyuchos*] The light
of intellect will illuminate the ways
of your study and speculation.—
[*Sforno*]

29. **If they are humble**—*If you see
your generation humble, pledge that
it be uplifted, and it will be uplifted.*
—[*Rashi*] Because the Omnipresent
will fulfill your words.—[*Mezudath
David*]

a humble person—[One who is
humbled] *by the trouble that befalls
[him] because of his iniquity, God will
save through your hands and through
your prayer.*—[*Rashi*] Lit. one
whose eyes are lowered or cast
down.

30. **He shall deliver one who is not
innocent**—Heb. אִי נָקִי, *synonymous
with* אֵין נָקִי, *not innocent, like* (I Sam.
4:21), *"Ichabod* (אִיכָבוֹד)*," meaning,
there is no glory* (אֵין כָּבוֹד). *And so*
(Prov. 31:4), *"neither is drunkenness
for rulers* (אִי שֵׁכָר)*," there is no drunk-
enness* (אֵין שֵׁכָר). *It does not befit them
to become intoxicated. Menachem
joined the three into one group*
(*Machbereth Menachem* p. 22). *Al-
though they are two words (?), they*

*explain them thus. And that one who
is not innocent will be delivered
because of the purity of your hands.
So I heard. I heard another version
that was being said in the name of
Rabbi Jacob: this is an expression of
a man who lives in pain and sighing,
and the "yud" is superfluous in the
word, like* (Ps. 123:1), *"Who dwells
(הַיֹּשְׁבִי) in heaven." But I did not hear
this from the rabbi's mouth.*—[*Rashi*]

The former interpretation is
found also in *Targum*, and is fol-
lowed by *Mezudath David*. The
latter interpretation, attributed to
Rabbenu Yaakov bar Yaker, *Rashi*'s
mentor, presents the following diffi-
culties: If אִי denotes the sigh of a
person living in pain, it would apply
to Job but not Eliphaz. Moreover,
the superfluous "yud" is found as a
suffix, not as a prefix.

Meyuchos renders: He will deliver
the innocent from woe (אִי), and you
will be delivered by the purity of
your hands and with your merit. *Ibn
Ganah* renders: He shall deliver an
innocent man. *Ibn Ezra:* an innocent
island.

(In summation: Eliphaz replies to
Job that he should not complain
about God's failure to answer him,
because regardless of what he does,
whether he is righteous or wicked,
what does He care? Why should He
answer you so that you will not be
wicked? Also, Eliphaz justifies
God's judgment by enumerating
Job's sins, telling him that for a man
of his stature, any sin is accounted

אִי־נָקִי וְנִמְלַט בְּבֹר כַּפֶּיךָ׃ כג א וַיַּעַן אִיּוֹב וַיֹּאמַר׃ ב גַּם־הַיּוֹם מְרִי שִׂחִי יָדִי כָּבְדָה עַל־אַנְחָתִי׃ ג מִי־יִתֵּן יָדַעְתִּי וְאֶמְצָאֵהוּ אָבוֹא עַד־תְּכוּנָתוֹ׃ ד אֶעֶרְכָה לְפָנָיו מִשְׁפָּט וּפִי אֲמַלֵּא תוֹכָחוֹת׃ ה אֵדְעָה מִלִּים יַעֲנֵנִי וְאָבִינָה

תרגום

זַכַּאי בִּזְכוּתָךְ וְאִשְׁתְּזֵיב בְּבָרִירוּת יְדָךְ׃ א וַאֲתֵיב אִיּוֹב וַאֲמַר׃ ב לְחוֹד יוֹמָנָא מְרִיר מֵימְרִי מַחֲתִי תַּקְפַת עַל תּוּנְחָתִי׃ ג מַן יִגְזוֹר אֶנְדַע וְאַשְׁכְּחִינֵיהּ אֵיתֵי עַד מְדוֹר בֵּית מוּקְדָשֵׁיהּ׃ ד אֲסַדֵּר קֳדָמוֹי דִּין וּפוּמִי אֲמַלֵּיל מַכְסְנוּתָא׃ ה אֶנְדַּע מִלַּיָּא דִּיתִיבְנַנִי וְאֶתְבְּיַן

מה

רש"י

אומרי' מפי ר' יעקב שהוא לשון אדם השרוי בצער ובאנקה והיו"ד יתירה בתיבה כמו היושבי בשמים (תהלים קכ"ג) אבל לא שמעתי מפי הרב: (מענה איוב): כג (ב) גם היום. אחר כל תנחומין הללו: מרי שיחי. במקומו עומד כי אין תנחום בדבריכ': ידי כבדה. מכת נגעי תקיפה יותר מאנחתי שאיני קובל וצועק לפי מכתי: (ג) ואמצאהו. לשופטי: תכונתו. מכון כסאו: (ד) משפט. הוכחת דברים: (ה) אדעה

אבן עזרא

שהמקום יושיע שח עינים שהוא אדם אחד גם ימלט אי נקי כמו יושב האי הזה והפך ארץ כי תחטא לי: ונמלט בבור כפיך. ונמלט תהיה בבור כפיך: כג (ב) גם היום מרי שיחי. מורה הוא שיחי מכל השיחות כענין עני ישראל מורה מאד ועניינו משונה: ידי. מכתי כמו ידי לילה נגרה ולא תדמה והענין שמכתי יותר כבדה מאנחתי: (ג) ואמצאהו. על המקום: עד תכונתו. עד תכונת מקומו:

רלב"ג

לש"י בלדק הלדיק הנה אם כן הוא מבואר שלא יגיע לו יתברך היזק ברשע הרשע. והנה ביאר זה אליפז על זה האופן לפי שהיה מבואר אצלו שלא יגיע תועלת לשם יתברך בצדק הצדיק לפי שהוא מועיל לעצמו לבד ואולם ברשע הרשע היה אפשר לספק שיזיק באופן מה לשם יתברך לפי שהוא מפסיד ומשחית פעולות השם במה שהוא מזיק לשאר האנשים והפועל יצטער כשישחיתו פעולותיו לפי מה שיחשב ואפשר שנאמר שאליפז לא ביאר המשפט האחד מאלו השנים אבל הניח כל אחד מהם על שהוא מבואר בעצמו ואולם מה שהיה טוען איוב ממה שבאו עליו מהמכות והנגעים להפליא בלא פשע הנה אליפז ישיב על זה שבעבור חטא איוב חטאים נפלאים ואם לא הרגיש בזה מהם שבעבור היה לוקח למשכון בגד האנשים חסידי הבגדים ונשארו ערומים והיו מתים בקרה ולא היה נותן לעני הצמא מים לשתות ולרעב לחם לאכול והיו מתים ברעב ובצמא. ואולם העשירים והתקיפים היה מכבד אותם ומאכילם ומשקם וזה היה בתכלית הגנות וזה שאם לא היה נותן דבר מהונו לאיש מהאנשים היה לו התנצלות מה על מה שלא היה מטיב לעניים והוא כי אהבתו ממונו היתה הסבה המונעת לא שנאתו העניים והצדקה ואולם כשהיה מפזר ונותן לעשירים ובלתי נותן דבר לעניים היה מבואר כי משנאתו העניים והצדקה היה נמנע מזה. ומהם שלא היה חונן אלמנות במה שהיו מבקשות ממנו להצילן מיד עושקיהן והיה מניח היתומים ביד עושקיהם ולא היה עוזר אותם. ומהם שבעבור חטא במה שהיה אומר שהשם עזב את הארץ והוא עון פלילי כי בכמו זה הענין חטאו אנשי דור המבול ואנשי סדום ועמורה ועל זה הגיעם מהעונש מה שבעבור הגיע. והביא ראיה אליפז על שהשם פוקד האדם על מעשיו ממה שקרה לאנשי דור המבול שלא ניצל מהם כי אם נח וביחוד כי הוא לבדו היה צדיק בדור ההוא ומה שקרה לאנשי סדום ועמורה שאם היה הענין לפי המערכת היה בתכלית הזרות שיסכים במקרה בזה הרבוי הנפלא הרשע לרוע המערכת ולזה נתן עצה אליפז לאיוב שישוב אל השם יתברך ויטיבהו השם יתברך הטבה נפלאה לא ישערה: ביאור מלות המענה (א) ויען איוב ויאמר: (ב) מרי שיחי. הרצון בו שהמריתי והפלגתי בכעסי להתרעם על שברי תרעומות רב: ידי. מכתי: (ד) תוכחות. דברי תוכחות:

מצודת ציון

ושח. ענין כפיפה והשפלה כמו וישח אדם (ישעיה ב'): (ל) אי נקי. כמו אין נקי וכן אי כבוד (ש"א ד'): בבור. מל' ברור ונקי: כג (ב) מרי. ענין מרד וסרוב: שיחי. ספור תלאותי: ידי. מכתי ע"ש שהדרך להכות ביד: (ג) תכונתו. מלשון כן

מצודת דוד

אף ילדיק עליו דין המקום באמרו הנה כזאת וכזאת עשית ולאיש כמוך יחשב לרב כי הכל ילמדו ממך אף יתרעם עליו לומר אם אמנם כזאת עשית ותכחש לומר לדקתי כי תאחז בדעת אנשי דור המבול שכחשו בהשגחה והלא מגמול ענשם והצלת נח ומהפיכת סדום והכרותיה אשר אחז בדעת ההיא מהם יוכר ההשגחה ויחוה לו עלתו לשוב אל ה' להאמין בהשגחת ה' ולשתוק מן התרעומות ואז ישגא אחריתו): כג (ב) גם היום. ר"ל אף עתה אשר הרביתי להתרעם ולספר התלאות במרד וסרוב עכ"ז עוד מכתי כבדה על אנחתי כי אין הצעקה בערך הצער: (ג) ידעתי. לדעת מקום האל לאשר אמלא אותו אז הייתי בא עד מכון שבתו: (ד) אערכה. הייתי מסדר לפניו משפט להשפט עמו והייתי ממלא פי בדברי ויכוח: (ה) ארעה.

one who is not innocent, and he will be delivered because of the
purity of your hands."

23.

1. Now Job replied and said, 2. "Even today my speech is
bitter; my wound is heavier than my sigh. 3. Would that I knew
and I would find Him; I would come to the place prepared for
Him. 4. I would set out [my] case before Him, and I would fill
my mouth with arguments. 5. I would know the words that He
would answer me, and I would understand

grave because people will emulate
him. He rebukes him further, saying
that he is following the belief of the
generation of the Flood and of the
people of Sodom. The fact that both
groups were destroyed and that
Noah was saved should be sufficient
proof of the falsity of that belief. If
Job repents his heresy, he will be
rewarded in the end.)—[*Mezudath
David*]

(**Job's reply**)

2. **Even today**—*after all these con-
solations.*—[*Rashi*] *Mezudath David*
explains: Even today, after I have
given vent to my anger and have
complained to God to the utmost of
my ability. . . .

my speech is bitter—[lit. מְרִי שִׂחִי,
the bitterness of my speech] *remains
in its place, for there is no consolation
in your words.*—[*Rashi*] *Mezudath
David* renders: I related my troubles

with defiance and disobedience.

my wound is heavier—*The wound
of my plague is stronger than my sigh,
for I do not complain and cry about
my wound.*—[*Rashi*]

3. **Would that I knew**—God's
place so that I could find Him.—
[*Mezudath David*]

and I would find Him—*My Judge.*
—[*Rashi*]

the place prepared for Him—*The
place prepared for His throne.*—
[*Rashi*] The site of His Temple.—
[*Targum*]

4. **case**—[I.e. my] *argument.*—
[*Rashi*]

5. **I would know the words that He
would answer me**—*Even if He stops
me from speaking before Him, per-
haps He would speak with me and I
would know the words He would
answer me.*—[*Rashi* from *Tanchuma
Buber, Bereishith* p. 9]

מה־יאמר לי: ו הברב־כח יריב עמדי
לא אך־הוא ישם בי: ז שם ישר נוכח
עמו ואפלטה לנצח משפטי: ח הן
קדם אהלך ואיננו ואחור ולא־אבין
לו: ט שמאול בעשתו ולא־אחז יעטף

יתיר ואו מלעיל ימין

מה יימר לי: ו הבסוגעי חילא ינצי עמי לא ברם הוא ישוי תגרא בי: ז תמן תריצא ותקין עמי ואשתזיב לעלמא מדראין יתי: ח הא למדנחא אהלוך וליתוי ולמערבא ולא אתבין ליה: ט בצפונא במעבריה ולא אחמי

רש"י

מלים יענני. וגם אם יסתום אותי מלדבר לפניו שמא ידבר הוא עמי ואדעה מלים יענני (רבי תנחומא): (ו) הברב כח. דברים ותוכחות של חטאיו יריב עמדי: לא אך. מכה וכפיה לא ישים בי אכפו ואימתו (ועוד יפתר) לא אך הוא ישים בי כי לא ישים בי אך הריב של תוכחות פשעי ולא תשומות עלילות: (ז) שם. במקום ריבנו: ישר. כושר מפעלותי יהא נוכח ונגלה ונראה עמו לפניו: נוכח. מוכח ושם אפלטה לנצח כי לא ימצא בי עון: (ח) הן קדם. למעלה הוא חוזר למי יתן ידעתי וגו': קדם. מזרח שנאמר קדמה מזרחה (שמות כא): ואחור. מערב הואיל והמזרח קדמת עולם נמצא המערב אחוריו של עולם: (ט) שמאל. צפון: בעשותו. כשבראו לא עשה מקום כסאו שם שאראנו שם: אחז. תרגום של אראה ותדע שהטעם תחת האל"ף ואם לשון אחיזה הוא היה

אבן עזרא

(ו) לא אך הוא ישים בי. כמו וישימו ויסכילו אין משים בי אלא הוא: (ז) שם. יראה ישר נוכח: ואפלטה. נפשי לנצח ולא הייתי מתפחד לכן לא אוכל למצוא אותו: (ח) הן קדם אהלך. מזרח: ואחור. מערב. והוא ברא פאת שמאל ולא אוכל לחזותו שם: (ט) והוא יעטוף ימין ולא אראנו ולמה הייתי מפלט נפשי משופטי ממנו שהוא שופטי:

מנחת שי

כג (ה) מה יאמר. לית מלעיל: (ז) נוכח. לית מלרע: (ח) ולא אבין. הוא"ו בגעיא: (ט) שמאול בעשתו. כן כתוב מלא אל"ף וא"ו בכל ספרים מדוייקים והאל"ף קודם לוא"ו: ולא אחז. כתב הר"ש בר צמח שהוא לשון ראיה והראוי בתשלומו אחזה ולכן הוא מלעיל ואילו היה לשון אחיזה והאל"ף שרש היה מלרע ע"כ. וכן במכלול דף קנ"ד ובמסורת אחז ג' חד מלעיל וסימן אחז ישבי פלשת. והנה אחז בקרנות המזבח. שמאול בעשתו ולא אחז. בתרא מלעיל וכל שום גבר קמץ ומלרע. גם בסוף מסורה גדולה נמסר סימן מספא

רלב"ג

(ו) ישים בי. הרצון בזה ישים בי כח: (ז) נוכח עמו. מתווכח עמו: ואפלטה. עצמי ובשרי או נפשי: (ח) קדם. מזרח: ואחור. מערב: (ט) שמאל. צפון: ולא אחז. ולא אראה: יעטוף. יכסה ויעלים: ימין. דרום:

מצודת דוד

ידע הייתי מה ישיב לי כי אבין אמריו ועל הכל אחזור ואשיב לו: (ו) הברב כח. וכי יריב עמדי ברב כח בזולת שמירת המשפט הלא בודאי לא אך הוא ישים בי כפי הראוי בשמירת המשפט והוא מקרא קצר ויובן הדבר מאליו: (ז) שם וגו'. שם במקום המשפט יתווכח עמו יושר מפעלי והן ידעתי שאצא זכאי ואהיה נמלט לנצח מן השופט אותי ביסורים: (ח) הן קדם אהלוך. אבל לא ידעתי איה מקום כבודו אם אלך לבקשו בפאת המזרח ואיננו ר"ל לא אמצאהו ואם אלך לבקשו בפאת מערב ולא אבין בו אי הוא: (ט) שמאל

מצודת ציון

וכסים: (ח) קדם. הוא פאת המזרח כי יחשב פני האדם אל מול זריחת השמש וא"כ המערב היא מאחור והצפון משמאל והדרום מימין: (ט) אחז. אראה כמו ואתה תחזה (שמות י"ח): יעטף.

since He has no body and is unlike His creatures, who are governed by place, area, and happenings of the time. At the beginning, he said, "Oh that I knew where I might find Him," and afterwards he says that the more he ponders over Him, the more he is convinced that it is inconceivable that He should be found in any place.

9. **north**—Heb. שְׂמֹאול, lit. left, *north.*—[*Rashi*]

when He made it—*When He created it, He did not make the place of His throne there, that I should see it there.*—[*Rashi*] Although He created the northern corner, I do not see Him there.—[*Mezudath David*]

see—Heb. אָחַז, *the Aramaic translation of* אֶרְאֶה, *I will see. Proof of this is that the accent is under the "aleph." Now, if it were an expression of holding* (אֲחִיזָה), *the accent would be at the end of the word, under the "cheth."*—[*Rashi*]

He wraps up the south—*He covers*

what He would say to me. 6. Will He contend with me with much power? He will not place coercion upon me. 7. There [my] integrity will be proven with Him, and I will extricate [myself] forever from my Judge. 8. Behold, I go to the east and He is not here, and to the west and I perceive Him not. 9. In the north, when He made it I do not see; He wraps up

6. **with much power**—*of words and rebukes for His* (sic) *sins will He contend with me?*—[*Rashi*] Other editions read: *and rebukes for my sins etc.;* or: *and proofs of my sins etc.* See Furth ed. and *Etz Chayim* ms.

not . . . coercion—Heb. אַךְ, *smiting and coercion. He will not cast His coercion and His awe upon me. (It may also be interpreted:) Nothing but* [this] *will He cast on me, for He will not cast on me anything but the contest of the rebukes for my sins;* [that,] *but not false accusations.*—[*Rashi*] One version in the *Etz Chayim* ms. reads: אַךְ *denotes an iniquity in which there are false accusations.* Accordingly, we render: He will not cast false accusations upon me.

Rabbenu Meyuchos renders: Will He contend with me with much power? Do you think that He will contend with me with His great power and coerce me? He will only place judgment against me. *Mezudath David* interprets similarly. [*Rashi* explains that Job wishes to preclude the possibility that God will cast false accusations upon him. According to *Meyuchos* and *Mezudoth,* the unpleasant possibility is that God will overpower him.]

7. **There**—*in the place of our contest.*—[*Rashi*]

integrity—*The propriety of my deeds will be proven, revealed, and it will appear with Him, i.e. before Him.*—[*Rashi*]

proven—Heb. נוֹכָח, *proven, and there I will extricate* [myself] *forever because He will find no iniquity in me.*—[*Rashi*] *Mezudath David* renders: In the place of the judgment, the propriety of my deeds will contend with Him, [and I am confident that I will be exonerated. Therefore] I will extricate myself forever from my Judge, Who judges me with suffering.

8. **Behold . . . east**—*It refers to the above* (verse 3), *"Would that I knew etc."*—[*Rashi*]

east—Heb. קֵדְמָה, *east, as it is stated* (Exod. 27:13): *"on the east side* (קֵדְמָה), *eastward."*—[*Rashi*]

and to the west—Heb. וְאָחוֹר, *west. Since the east is the front of the world* (קֵדְמָה), *the west is found to be the back of the world* (אָחוֹר).—[*Rashi*] But, I do not know where the place of His glory is. If I go to seek Him in the eastern corner, He is not there; i.e. I do not find Him there. And if I go to seek Him in the western corner, I do not perceive His location.—[*Mezudath David*]

Zerachiah writes: The Creator has no place where He may be found,

יָמִין וְלֹא אֶרְאֶה: י כִּי־יָדַע דֶּרֶךְ עִמָּדִי
בְּחָנַנִי כַּזָּהָב אֵצֵא: יא בַּאֲשֻׁרוֹ אָחֲזָה
רַגְלִי דַּרְכּוֹ שָׁמַרְתִּי וְלֹא־אָט: יב מִצְוַת
שְׂפָתָיו וְלֹא אָמִישׁ מֵחֻקִּי צָפַנְתִּי אִמְרֵי־
פִיו: יג וְהוּא בְאֶחָד וּמִי יְשִׁיבֶנּוּ וְנַפְשׁוֹ
אִוְּתָה וַיָּעַשׂ: יד כִּי יַשְׁלִים חֻקִּי וְכָהֵנָּה

כַּד מְכַבֵּן דָּרוֹמָא וְלָא
אֶחְמֵי: י אֲרוּם גְּלֵי
קֳדָמוֹי אוֹרְחָא דְּעִמִּי
בְּחַן יָתִי הֵיךְ דַּהֲבָא
אַפִּיק: יא בְּאַחְתְּוָרֵיהּ
אַחֲדַת רַגְלַי אוֹרְחָתֵיהּ
נַטְרֵית וְלָא צְלֵית:
יב פּוּקְדָנָא דְסִפְוָתוֹי וְלָא
אֶעְדֵּי מִגְּזֵרָתִי אֲטִישִׁית
מֵימְרֵי פּוּמוֹי: יג וְאִין
הוּא יְחִידָאִי וּמַן
יְתִיבִנֵּיהּ וְנַפְשֵׁיהּ רְגַגַת
נַעֲבַדַת: יד אֲרוּם יַשְׁלֵם הֵיךְ בְּקַדְמֵיתָא גְּזֵרָתִי וְדִכְוָתְהוֹן סַגִּיעִין עִמֵּיהּ

רש"י

טעמו מלרע תחת החי"ת: יעטוף ימין. כיסה פני הדרום בפני למען לא אראנו: (י) כי ידע דרך אשר עמדי. מהו לפיכך אינו בא לריב עמדי: בחנני אשר כזהב אצא. אם יריב עמדי: (יא) באשורו. במעגלו כמו אם תטה אשורי (לקמן ל"א) כונן אשורי (תהלים מ'): ולא אט. אינו רגיל לנטות:

(יב) מחוקי צפנתי אמרי פיו. יותר מחוקי מזונותי הייתי זריז לצפון אמרי פיו כמו לחם חוקי מזונותי (משלי ל'): (יג) והוא. לפי שהוא יחיד בעולם ויודע דעתן ומחשבתן של בריות ומה יש להם לדבר לפניו לפיכך תשובו' מוכנות לפניו: ומי ישיבנו. לפיכך נפשו אותה ויעש: (יד) כי ישלים חוקי. ידעתי כי לא ישיב ידו עד אשר

מנחת שי

הדא דכל חד וחד מלעיל ולית דכוותיה וזה א' מהם: (יג) ונפשו. בס"א כ"י ונפשי כתיב ונפשו קרי ונמסר עליו ב' כתיב נפשי וקריין נפשו וסימנהון ונפשי אותה ויעש. פדה נפשי (איוב ל"ג). נפשו קרי ס"כ. ומסורה זו יחידאה היא ולא נקיטינן כוותה דכולהו ספרי פליגי עלה ולא אשכחנא במסורה רבתא בהדי מלין דכתיבין יו"ד בסוף תיבותא וקריה וא"ו רק פדה נפשי מעבר בשלה בלחוד ותו נמסר הכא במ"ג ונפשו ח' ודין חד מנהון וכולהון כתיבין כן וקריין ובתר הכי אשכחנא בנסחא עתיקא מאחוון זעירא וא"ו ונפשו אותה

אבן עזרא

(י) כי ידע דרך עמדי. הדרך שהיה עמדי ולא אטה ימין ושמאל: (יב) מצות שפתיו. עשיתי ולא אמיש והיה חוקי לצפון אמרי פיו. והענין שהיו צפונים בלבי ולא יזוזו משם: (יג) והוא באחד. יש אומרים שהבי"ת נוסף והאמת שאינו נוסף ולא אוכל לפרש כי יש בו סוד גדול: (יד) כי ישלים חוקי. ימלא החוק שגזר עלי:

רלב"ג

(יא) באשורו. בפסיעתו: ולא אט. ולא אטה: (יב) ולא אמיש. ולא אסור ממנה. והנה מצות שפתיו דבק עם ולא אט וכאלו ולא אטה מצות שפתיו ולא אמיש או יהיה ולא אט דבק עם דרכו שמרתי ועם מצות שפתיו יהיה דבק ולא אמיש ויהיה וא"ו ולא אמיש נוספת כמו וא"ו ואיה וענה: (יג) באחד. בענין אחד: ונפשו אותה. ורצונו נכספה: (יד) חקי. המצטרך אלי כי המצטרך לאדם יקרא חק כאמרו הטריפני לחם חקי:

מצודת ציון

מל' עטיפה וכסוי: (יא) באשורו. בצעדו כמו ואשרו בדרך בינה (משלי ט'): אט. מל' נטייה: (יב) אמיש. אסיר כמו לא ימיש (שמות י"ג): מחוקי. דבר קבוע ולצורך קרוי חוק: צפנתי. הסתרתי: (יג) ונפשו. ורצונו כמו אין נפשי אל העם הזה (ירמיה

מצודת דוד

בעשותו. עם כי הוא עשה וברא גם פאת הצפון עכ"ז לא אראני שם וכאלו עטף לכסות פאת הדרום ולא אראהו גם שם: (י) כי ידע. לזה הסתיר עצמו ממני כי יודע הוא הדרך אשר דרכתי בו והוא בחן את מעשי ויצאתי נקי כמו זהב מבלי סיג עון: (יא) באשורו. רגלי אחזה במצעדיו ודרכיו שמרתי ולא הייתי נוטה מהם: (יב) מצות שפתיו. מוסב על מלת שמרתי שאמר במקרא שלפניו וכאלו אמר מצות שפתיו שמרתי ולא אסיר אותם מלבי ויותר מלחם חוקי לצפני אמרי פיו ובעבור זה ימנע להתווכח עמדי: (יג) והוא באחד. ועם כי נגלה לפניו יושר דרכי עכ"ז הוא בדעה אחת ולא יאבה להסיר מעלי היסורים ומי יוכל להשיב אותו מחפצו וכאשר יתאוה נפשו כך יעשה בין במשפט בין בזולת המשפט: (יד) כי ישלים. הן ידעתי כי ישלים בי כל היסורים כפי החוק אשר גזר עלי ולא יסירם ממני בעבור יושר דרכי: וכהנה. כמו הדברים אשר עושה עמדי כן יש

thought: not to remove my sufferings. And who can cause Him to retract that desire? Whatever He wishes He does, whether it is just or unjust.

14. **For He will complete my sentence**—*I know that He will not draw back His hand until He completes the sentence of His decrees, the retribution that He has decreed against me.*—[*Rashi*]

and there are many such things with Him—*For He did many such things.*—[*Rashi*] Just as He did such things to me, He does many such things to others.—[*Mezudath David*] *Ramban* explains this verse as a reference to the good that God did

the south and I cannot see. 10. Because He knows the way that
is with me; He has tested me that I will emerge like gold.
11. My foot has held to His path; I have kept His way and do
not turn away. 12. [I kept] the commandment of His lips and I
do not remove [it]; more than my daily bread I kept the words
of His mouth. 13. But He is One, and who will answer Him?
[Therefore,] whatever His soul desires He does. 14. For He will
complete my sentence, and there are

*the face of the south before me in
order that I should not see Him.*—
[*Rashi*]

10. **Because He knows the way**—
that is

with me—*therefore, He does not
come to contend with me.*—[*Rashi*]

He has tested me—*that*

I will emerge like gold—*if He con-
tends with me.*—[*Rashi*]

11. **to His path**—Heb. בַּאֲשֻׁרוֹ, *to
His path, like* (below 31:7), *"If my
path* (אֲשֻׁרִי) *has turned";* (Ps. 40:3),
*"He has established my paths
(אֲשֻׁרָי)."*—[*Rashi*] *Mezudoth* renders:
My foot has held fast to His steps.

and do not turn away—*I am not
accustomed to turn away.*—[*Rashi*]
For the sins of which you accused
me, namely, that I was unkind to
those who owed me money, I am not
liable to punishment, because my
foot held fast to the way that He
commanded us in the Noahide laws.
I kept His way as regards laws of
immorality, and I did not turn away
from obeying the laws forbidding
bloodshed.—[*Sforno*]

12. **[I kept] the commandment**—
This refers to the preceding verse: I
kept his way.—[*Mezudath David*]

and I do not remove—the com-
mandment of His lips from my
heart.—[*Mezudath David*] *Ralbag*
renders: and I do not turn away
from it.

**more than my daily bread I kept
the words of His mouth**—*More than
my daily food I was eager to keep the
words of His mouth.* [The expression
חֻקִּי] *is like* (Prov. 30:8), *"my daily
bread* (לֶחֶם חֻקִּי),*" my food.*—[*Rashi*]
Sforno explains: The commandment
concerning forbidden foods, viz.
blood and limbs of a live animal, I
kept. I would not remove these com-
mandments from my daily bread. I
kept the words of His mouth in my
heart so as not to forget them.

13. **But He**—*Since He is One in
the world and knows the knowledge
and the thoughts of the creatures, and
what they have to reply to Him, there-
fore replies are prepared before
Him.*—[*Rashi*]

and who will answer Him—*There-
fore, what His soul desires, He
does.*—[*Rashi*] *Mezudath David* ren-
ders:

**But He has one thought and who
can cause Him to retract**—Although
He knows that I am just, He has one

רַבּוֹת עִמּוֹ: טו עַל־כֵּן מִפָּנָיו אֶבָּהֵל
אֶתְבּוֹנֵן וְאֶפְחַד מִמֶּנּוּ: טז וְאֵל הֵרַךְ לִבִּי
וְשַׁדַּי הִבְהִילָנִי: יז כִּי־לֹא נִצְמַתִּי מִפְּנֵי־
חֹשֶׁךְ וּמִפָּנַי כִּסָּה־אֹפֶל: כד א מַדּוּעַ
מִשַּׁדַּי לֹא־נִצְפְּנוּ עִתִּים וְיֹדְעָו לֹא־חָזוּ
יָמָיו: ב גְּבֻלוֹת יַשִּׂיגוּ עֵדֶר גָּזְלוּ וַיִּרְעוּ:

עִמֵּיהּ: טו מְטוּל דְהֵיכְנָא
מִן קֳדָמוֹי אֶתְבְּהַל
אֶתְבַּיַּן וְאֶדְחַל מִנֵּיהּ:
טז וֶאֱלָהָא רַכֵּךְ לִבִּי
וְשַׁדַּי בַּהֲלַנִי: יז אֲרוּם
לָא אִתְגַּמְרַת מִן קֳדָם
חֲשׁוֹךְ וּמִן קֳדָמַי טַמַּר
קְבָלָא: א מַדֵּין מִשַּׁדַּי
לָא אִתְטִישׁוּ עִדָּנַיָּא
וּדְחַכִּימִין יָתֵי לָא חָמִין
יוֹמוֹי: ב תְּחוּמַיָּא יַשְׁנוּן
עֶדְרָא אֲנַסוּן וּרְעוּן:

ת"א גבולות ישיגו. סנהדרין קט:

רש"י

וידעיו קרי — חמור

ישלים חוק גזירותיו פורענות אשר גזר עלי: וכהנה רבות עמו. כי כהנה רבות עשה: (טו) על כן. שאינו גומל לאדם כפי דרכיו: מפניו אבהל. וכשאתבונן בדרכיו אפחד ממנו: (יז) כי לא נצמתי מפני חשך. בזאת אני נבהל כי לא נצמתי להלוטין ולמיתות קבר מפני החשך הזה הבא עלי וכי לא כסה מפני את האופל הזה עד מותי: ומפני כסה אופל. על כי לא שבראש הפסוק חוזר: כד (א) מדוע משדי לא נצפנו עתים. קבלה הוא זה למה לא נצפנו עתי ימי האדם מן הקדוש ברוך הוא שלא ידע יום מות האדם שמא לא ימהר פורענות ויקדמנו יום המיתה: ויודעיו לא חזו ימיו. מיום האדם כמו חדש ימים (ומתרגמינן עידן שא"א) ומדוע יודעיו ואוהביו של הקב"ה אינן יכולין לראות סוף דרכיו ומדותיו. ימיו זו היא דרך שנהג בימיו כמו לא יחרף לבבי מימי (לקמן כ"ז) ומה הן המדות התמוהות: (ב) גבולות ישיגו. אותן שדרכן להשיג גבולות שהן קונין שדות

אבן עזרא

(יז) כי לא נצמתי. היה מתאוה שיכרת וימות כאשר היה בחושך קודם שילא לאויר העולם:

כד (א) מדוע משדי. רובי המפרשים יפרשו שדי במקום הזה שדד וכן פירושו למה לא נצפנו עתים משדי: ויודעיו. לא יראו הימים והענין אילו נצפנו עתים משדי לא הייתי מתרעם עליו כי יודעיו לא ידעו מה יהיה אלא הוא שידע העתים שיעשו בהם הרשעי' הרשע למה יחרים: (ב) גבולות

מנחת שי

וחדתא היא לי: (טז) הבהילני. בספרים מדוייקים מלא יו"ד: כד (א) וידעו. וידעיו קרי ובמ"ג וידעי קרי וכן מתורגם ודחכימין יתי אבל בכל הספרים המדוייקים וידעיו קרי ביו"ד וא"ו וכן פירשו כל המפרשים ואף במסורה גדולה נמנה עם מלין דחסרים יו"ד באמצע תיבותא וקריין וכולן וא"ו בסוף: לא חזו ימיו. מלעיל.

רלב"ג

(יז) נצמתי. נכרתי: מפני חשך. קודם בא חשך המקרים הרעים: ומפני כסה אופל. והיה מכסה ומעלים מפני אופל הצרות האלו ר"ל

מצודת דוד

עמו רבות ענינים כאלה אשר יעשה לבני אדם: (טו) על כן. בראותי שאינו חוזר מחוק גזרתו אבהל מפניו וכאשר אתבונן מעשיו אפחד ממנו והוא כפל ענין במ"ש: (טז) ואל הרך לבי. נוסף על היסורים הביא האל עוד מורך בלבי להיות מתפחד ביותר: ושדי הבהילני. כפל הדבר במלות שונות: (יז) כי לא נצמתי. והסיבה היא כי מעולם כשהיה חושך ואבדון בעולם לא נכרתי אני מפני החשך כי לא היתה עלי וכשהיה אופל בעולם היה ה' מכסה את האופל מפני ולא ראיתיו ועל כי לא הורגלתי בצער ולא ראיתיו מימי לזה עתה כבוא עלי צרות שונות בא בלבי מורך רב ובהלה רבה: כד (א) מדוע. עתה החל לקבול ולהתלונן על טובת הרשעים ועל כי שגה הוא בדעתו לומר שהכל תלוי במערכת השמים אשר שפטו בעת הסריון והלידה לזה אמר מדוע לא יהיו הוראות העתים ההם נלפנים ונסתרים ונכנעים לפני המקום כי מן הראוי היה שכולם יחד יתחבאו מפניו ולא ימרו פיו כי הלא כל יודעי המקום מן החכמי' והנביאים לא הגבילו לו זמן לומר שהוא מחודש עם העולם כי כולם פה אחד יאמרו שהוא קדוש לעולם מבלי תכלית והוא המסדר מערכת השמים ומדוע אם כן לא ימשול בהם להיות נלפנים מפניו ונכנעים לו לבל יהיה מה שמורים בהעתים ההם: (ב) גבולות ישיגו. והן ראינו אנשי רשע ישיגו גבולות רעיהם כי יכניסו גדרם אל גבול רעיהם

מצודת ציון

ס"ו): אותה. תשקה כמו הוה למושב לו (תהלים קל"ב): (טז) הרך. מל' מורך ופחד: (יז) נצמתי. נכרתי כמו ילמיתם ה' (שם ל"ד): אופל. אפלה:
כד (א) חזו. ענין גבול כמו מחוז חפלם (שם ק"ז): (ב) ישיגו.

see the end of His ways and His traits? This [word] יָמָיו, *His days, denotes the way He acted in His time, like* (below 27:6), *"my heart will not reproach me because of my days."* [See *Rashi* ad loc.] *Now what are the puzzling traits?—*[*Rashi*] [Note that the parenthesis does not appear in all editions, and that *Rashi's* commentary is translated according to the emendations of *Shem Ephraim* and his interpretation of *Rashi,* also found in *Malbim* edition.]

2. **[There are some who] remove the landmarks**—*Those who habitually remove the landmarks, who purchase fields adjoining the fields of others, and at night widen their* [own] *borders by placing their fences at night within the territory of their*

many such things with Him. 15. Therefore, I am startled by Him; I ponder and am frightened of Him. 16. Yea, God has made my heart faint, and the Almighty has startled me. 17. Because I was not cut off from before the darkness, and [because He did not] cover the thick darkness from before me.

24.

1. Why were the times not hidden from the Almighty? And He Who knows him should not see his days. 2. [There are some who] remove the landmarks; they violently take away a flock and pasture them.

for Job in his early years: Then, He gave me my full sustenance, and He has great favors like these with Him [to bestow upon man].

15. **Therefore**—*Since He does not requite man according to his ways.*—[*Rashi*]

I am startled by Him—*and when I ponder His ways, I am frightened of Him.*—[*Rashi*]*

16. **Yea, God has made my heart faint**—In addition to the pains and suffering, He has brought faintness to my heart, to frighten me exceedingly.—[*Mezudath David*] *Ohev Mishpat* explains: In contrast to my previous status of might and courage, God has made me faint-hearted and frightened.

17. **Because I was not cut off from before the darkness**—*Because of this I am startled; because I was not completely cut off and laid permanently in the grave before this darkness that has come upon me, and because He did not cover this thick darkness from*

before me until my death.—[*Rashi*]

and [because He did not] cover the thick darkness from before me—*This refers back to "because not" at the beginning of the verse.*—[*Rashi*] [Although the bracketed words do not appear in the text, they do appear in the beginning of the verse and refer to this clause as well.]*

1. **Why were the times not hidden from the Almighty?**—*This is a plaint. Why were the times of man's days not hidden from the Holy One, blessed be He, that He should not know the day of man's death? Perhaps He would not hasten the retribution, and the day of death would precede it.*—[*Rashi*]

And He Who knows him should not see his days—*Of the day of man, like* (Gen. 29:14), *"a month of days* (יָמִים)," *(which is translated into Aramaic as "from time to time.")* [Another explanation is:] *Why are those who are close and who love the Holy One, blessed be He, unable to*

ג חמור יתומים ינהגו יחבלו שור
אלמנה: ד יטו אבינים מדרך יחד
חבאו עניי־ארץ: ה הן פראים במדבר
יצאו בפעלם משחרי לטרף ערבה
לו לחם לנערים: ו בשדה בלילו יקצירו
וכרם רשע ילקשו: ז ערום ילינו מבלי

עניי קרי יקצורו קרי

תרגום

ג חמרא דיתמי ידברון
ימשכנון תור ארמלא:
ד יצלון חשיכי מן
אורחא כחדא אטמרו
מסכני ארעא: ה היך
דין כמרודיא במדברא
נפקו לעובדיהון בישיא
מקדמין לבזא במשרא
אנם ליה מזונא לטליה:
ו בחקלא מדלא דלהון
חצדין וכרמא דרשיעי
יכסחון: ז ערטלי יביתו

רש"י

כנגד שדות אחרים ובלילה הם מרבים גבוליהם שהיו עושים גדריהם בלילה בתוך תחום שכיניהם (וזהו משיג דמתרגמינן משגה שהיו משגים הגבול סא"א) ועדר גזלו וירעו לעצמן: (ג) חמור יתומים ינהגו. ועושין כל רעות האמורות בענין. סוף דבר ואלוה לא ישים תפלה להודיעם עונם ולהמציאם גמולם: (ד) יחד חובאו עניי ארץ. מפני שיראים מהם: (ה) ואומר הן פראים. שהם לימודי מדבר לארוב את העוברים: יצאו בפעלם. ילאו למלאכתן. ומה הוא הפעולה: משחרי לטרף. מבקשים לטרוף: ערבה לו לחם לנערים. למשרתיו ונעריו של רשע הערבה והמדבר היה לו לחם לגרכס שמשם הוא הוטף ואוכל וגוזל מה שהם אוכלים. לנערים הם ההולכים אתו לגזול כמו רק אשר אכלו הנערים (בראשית י"ד): (ו) בשדה. של אחרים: בלילו. יבולו: יקצורו. לגזול: וכרם רשע ילקשו. וכרמים של אחרים הרשעים האלו נוטלים פריים. ילקשו (אשפריימנ"ט) נוטלים לקש שלהם. לקש ל' צמח פרי כמו בתחילת עלות הלקש (עמוס ז') תירגם יונתן לימוח וכן יסד ר"א (בהושענא אדמה מארר) לקש מארבה (ד"א וכרם רשע ילקשו. ילקשו אותה מהשחית' כי את של העניים ויתומים הם אוכלים. ילקשו כמו ופיהם פערו למלקוש זמן אחרון וכמו לקושיא ללבן): (ז) ערום ילינו. הם מלינים את העניים: מבלי לבוש. שנטלו

מנחת שי

מכלול דף קנ"א: (ד) ענוי. עניי קרי: (ו) יקצירו. יקצורו קרי:

אבן עזרא

ישיגו. כמו לא תסיג גבול רעך: (ד) יחד חבאו. מפניהם: (ה) והם כמו פראים במדבר. מן הערבה יבקש לחם לנעריו לא מן הישוב: (ו) בלילו. שאיננו לו: ילקשו. ענינו יכרתו הלקש כמו מסעף פארה יכרית הסעיף: (ז) ערום ילינו. פועל יוצא יפשטו הערום עד

רלב"ג

שלא הייתי רואה אותם: (ג) יחבלו. יקחו למשכון: (ד) חובאו. ר"ל שנטו מהדרך להחבא מפני הרשעים פן יעשקום: (ה) הן פראים במדבר. הנה אלו הרשעים הם כמו פראים במדבר שהם חיות רעות ויעמדו שם לטרף כן אלו הרשעים מבקשים תמיד לטרוף האנשים: ערבה לו לחם לנערים. ר"ל מהמדבר יוציא הרשע לו לחם ולנעריו מן העושק אשר יעשוק האנשים הבאים שם: (ו) בלילו. תבואתו: ילקשו.

מצודת ציון

כמו יסיגו בסמ"ך וענינו הרחקה לאחור כמו לא תסיג גבול (דברים י"ט): (ד) חבאו. מלשון מחבואה: (ה) פראים. חמור הבר: משחרי. דורשים ומבקשים כמו ומשחרי ימצאונני (משלי ח'): ערבה. ענינו כמו מדבר: (ו) בלילו. מלשון יבולו ותבואה: ילקשו. ענין איחור כמו ופיהם פערו למלקוש (לקמן כ"ט): (ז) ילינו.

מצודת דוד

להרחיב גבולם וגוזלים מרעיהם שדיהם ועוד יגזלו עדר ורועים בהשדה הגזולה והנה עשו רעה כפולה: (ג) חמור. גוזלים חמור היתומים וינהגו לעצמן בפרסום רב ומן האלמנה ישכינו שורה כי יעלילו עליה לומר שהיא חייבת להם ולא כן הוא: (ד) יטו. מסים את האביונים מן הדרך כי יראים מהם לבל יפגעום ונוטים ללכת בתוהו לא דרך: יחד. כל העניים כאחד נחבאו במקום נסתר מיראתם מהם: (ה) הן פראים. הנה הם כמו הפראים אשר במדבר כי כ"כ ילאו המדברה בעבור פעלם אשר שמה משחרים שמה לטרוף טרף להרוג האנשים: ערבה לו. מוציא לעצמו מהערבה מאכל נעריו כי גוזל כל העובר בה וממנו פרנסת אנשי ביתו: (ו) בשדה. בכל שדה אשר ימלאו קוצרים יבולו ואם אינה שלהם אבל כרמו של רשע עם כי נוח יותר לפלוש פני כרם מלקצור יבול שדה מ"מ יאחרו מלקחת מה ממנו עד אשר לא ימצאו ממקום אחר כי אוהבים הם את הרשע ולא ימסרו לקחת את שלו: (ז) ערום ילינו. גוזלים המלבוש

they reap—*to steal it.*—[*Rashi*]

and the wicked gather the plants of the vineyard—Heb. יְלַקֵּשׁוּ. *And* [from] *the vineyards of others these wicked men take their fruit.* יְלַקֵּשׁוּ *is espreinment in Old French.* [This appears to be related to epreindre in Modern French, which means to squeeze out the juice.] *They take their* לֶקֶשׁ. לֶקֶשׁ *is an expression of a growth of produce, as* in (Amos 7:1), *"at the beginning of the shooting up of the grain, which Jonathan renders:* צִמּוּחַ*, growing.* [I.e. *Jonathan* renders צְמוּחַ as עֲלוֹת. Hence לֶקֶשׁ is a plant of some kind.] *And so did Rabbi Eleazar* [Hakalir] *establish (in the Hoshanah "Soil from curse"): pro-*

3. They lead away the orphan's donkey; they take the widow's
ox for a pledge. 4. They make the needy turn off the road; the
poor of the land hide together. 5. Behold, [as] wild donkeys in
the desert, they go out to their work, seeking prey; the wilder-
ness yields bread for his young men. 6. In the field, they reap
his produce, and the wicked gather the plants of the vineyard.
7. They make them lie all night naked without

---

neighbors. *(This is the meaning of
removing the landmarks, which is
translated into Aramaic as* מְשַׁנֵּה,
*changing, because they would change
the boundaries.) And they violently
take away a flock and pasture it.*—
[*Rashi*] [Note that the parenthesis
does not appear in certain editions;
also, the word מְשַׁנֵּה, *changing*, is
taken from *Malbim* and Vilna edi-
tions. In the Lublin and Warsaw
editions, the reading is מְשַׁנֶּה, which
is an obvious error. Cf. *Targum
Onkelos* to Deut. 27:17.]

3. **They lead away the orphan's
donkey**—*and commit all the evils
stated in the chapter. The end of the
matter is that "God does not impute it
for unseemliness" (verse 12), to let
them know their iniquity and to fur-
nish them with their recompense.*—
[*Rashi*]

they take etc.—They make false
claims against her and take her ox as
a pledge for the debt.—[*Mezudath
David*]

4. **They make the needy turn off
the road**—The needy fear them and
so turn off the road to avoid meeting
them.—[*Mezudath David*]

the poor of the land hide

together—*because they fear them.*—
[*Rashi*]

5. ***And he says:* Behold, [as] wild
donkeys in the desert**—*who are used
to the desert, to lie in wait for the
passersby.*—[*Rashi*]

they go out to their work—Heb.
לְפָעֳלָם, *to their work, and what is the
work? . . .*—[*Rashi*]

seeking prey—*They seek to
prey.*—[*Rashi*]

**the wilderness yields bread for his
young men**—For *the wicked man's
servants and young men, the wilder-
ness and the desert supply food for
their needs, for from there he seizes
and eats and steals what they eat.*—
[*Rashi*]

for . . . young men—*They are the
ones who go with him to rob, as* in
(Gen. 14:24), "*only what the young
men have eaten.*"—[*Rashi*]

6. **In the field**—*of others.*—
[*Rashi*]

his produce—Heb. בְּלִילוֹ, [like]
יְבוּלוֹ, *his produce.*—[*Rashi, Ralbag*]
Targum, followed by *Ibn Ezra*, takes
this as two words: בְּלִי לוֹ, *that is not
his. Menachem (Machbereth Mena-
chem* p. 45) defines it as provender,
as in Isaiah 30:24, Job 6:5.

דְלֵית כְּסוּתָא וּדְלֵית
לְהוֹן חוֹפָאָה בְּקוּרָא :
ח מִקְּלוּחַיָא דְטוּרַיָא
מְטַמְשִׁין וּמִדְלֵית מַשְׁרוּי
גַפְפוּ טִינָרָא : ט יְאַנְסוּן
מִבְּזַת יָתַם וְעַל עַנְיָא
מְמַשְׁכְּנִין : י עַרְטִלַּי
אוֹלִיכוּ מִדְלֵית כְּסוּ
וְכַפְנִין נְטַלוּ מִנְהוֹן
עוּמְרָא : יא בֵּינֵי
אֲשָׁוָתְהוֹן יַעַצְרוּן מְשַׁח
מְעַצְרָתָא עֲצַרוּ וּמָרֵיהוֹן
אַצְחִיאוּ : יב מִקַּרְתָּא בְנֵי

לְבוּשׁ וְאֵין כְּסוּת בַּקָּרָה: ח מִזֶּרֶם הָרִים
יִרְטָבוּ וּמִבְּלִי מַחְסֶה חִבְּקוּ־צוּר:
ט יִגְזְלוּ מִשֹּׁד יָתוֹם וְעַל־עָנִי יַחְבֹּלוּ:
י עָרוֹם הִלְּכוּ בְּלִי לְבוּשׁ וּרְעֵבִים נָשְׂאוּ
עֹמֶר: יא בֵּין שׁוּרֹתָם יַצְהִירוּ יְקָבִים
דָּרְכוּ וַיִּצְמָאוּ: יב מֵעִיר מְתִים ׀ יִנְאָקוּ

ת"א יצהירו . יבמות ז :

ונפש

רש"י

כסויין: (ח) מזרם. היורד מן ההרים ירטבו ויתלכלכו אותן הערומים לפי שמבלי כסוי אין מחסה להחסות בו: חבקו צור. נחבאים בנקיקי הסלעים וגם שם הזרם יורד ומקלח עליהם ורוטבם. רטוב. תרגום של לח וכל מי שאינו מנוגב קרוי לח (מוייסט"א): (ט) משוד יתום. יניקת היתום מקום מוצא מאכלו ומזונותיו כמו ושוד מלכים תינקי (ישעיה ס'): יחבלו. לשון אם חבול תחבול (שמות כ"ב) וכמו חבול לא חבל (יחזקאל י"ח): (י) הלכו. הם הלכוהו בלי לבוש: ורעבים נשאו עומר. ומרעבים נטלו העומרים של לקט. ועוד יפתר ורעבים אותם שהיו נושאים עומר לפי שאלו גוזלים אותם מהם והיו נשארים רעבים: (יא) בין שורותם יצהירו. ויעשו שמן בעלי הזתים: יקבים דרכו. בעלי כרמים: ויצמאו. לאחר זמן לפי שאלו הרשעים גוזלים אותם מהם. בין שורותם כמדומה לי שעושין הזתים שורות בבית הבד והיצהר זב ביניהם: (יב) מעיר מתים ינאקו. מתיה וטוביה של

אבן עזרא

שילין בלי לבוש: (ח) מזרם הרים. על הערומים ידבר שיחבקו הצור בשביל שאין להם מחסה וירטבו מהזרם היורד מן ההרים: (י) ורעבים. ומרעבים נשאו עומר: (יא) יצהירו. יעשו היצהר והוא שמן זית שיצהר כצהרים בעבור הנר: ויצמאו. אחרים והם בעליהם: (יב) מעיר

מנחת שי

(ט) ועל עני. הוא"ו בגעיה: (י) הלכו בלי. זה כתוב בלי ושלמעלי

רלב"ג

יאחזו: (ז) בקרה. בעת הקור: (ח) מזרם הרים ירטבו. מהמים הנשפכים מההרים יתלחלחו העניים אשר הפשיטום אלו הרשעים כי הם יעמדו מפני זה אצל ההרים להיות להם למחסה: ומבלי מחסה חבקו צור. מפני שאין להם מחסה חבקו הצורים להיות להם למגן: (ט) יגזלו משוד יתום. מרוב השוד אשר יעשו יגזלו היתום ולא ירחמו עליו: ועל עני יחבולו. ר"ל מה שעל העני והוא לבושו אשר יתכסה בה יקחו למשכון: (י) ערום הלכו בלי לבוש. הם סבבו שילכו העניים ערומים מבלי לבוש: ורעבים נשאו עומר. ושילכו רעבים האנשים אשר נשאו עומר. רצונו שלא יניחום לאכול ממנו: (יא) בין שורותם יצהירו. ר"ל האנשים העושים השמן בין שורות בית הבד ואשר דרכו היקבים לעשות היין יצמאו ולא יניחום הרשעים לשתות מהשמן והיין אבל יגזלו אותם מהם: (יב) מעיר מתים ינאקו. מן העיר ינאקו

מצודת דוד

והנגזל לרוב עניו יתמיד כן ערום מבלי לבוש ואין לו במה לכסות עצמו בעת הקור: (ח) מזרם הרים. על כי העשוקים ההם ילכו אל בין ההרים להסתר שם מפני הרוח נעשו שם רטובים מן זרם המים היורד מן ההרים: ומבלי מחסה. בעבור שאין להם לבוש לחסות בו מפני הצנה חבקו את הצור להגן עליהם מתוקף הקור: (ט) יגזלו משוד יתום. הוא כמו הפוך משוד יגזלו יתום. ר"ל מרוב השדידה אשר הורגלו בה יגזלו גם את היתום: ועל עני. המלבוש שעל העני יקחו למשכון כי מעלילים עליו לומר שהוא חייב להם ולא כן הוא: (י) ערום הלכו. גוזלים את המלבוש ועוזבים אותו ללכת ערום מבלי לבוש: ורעבים. מוסב על מלת הלכו לומר העניים נושאי עומר השכחה יעזבו ללכת רעבים כי יגזלו עומרם ואין להם מה לאכול: (יא) בין שורותם. עם כי נמשך היצהר בין שורות בית הבד ועם כי דרכו אנשים את הענבים להוציא היין לרדת ולזוב ביקבים עכ"ז המה צמאים כי הרשעי' ההם גזלו שמנם ויינם ואינם מוצאים לשתות: (יב) מעיר. מן העיר יאנחו אנשים מגודל החמס ובשדה תשוע כל

מצודת ציון

ענין התמד' כמו צדק ילין בה (ישעי' א'): (ח) מזרם. שטף הלוך המים: ירטבו. מלשון רטיבות ולחות: חבקו. ענין סבוב הידים בדבר מה: (י) עומר. אגודה של תבואה כמו ושכחת עומר בשדה (דברים כ"ד): (יא) שורותם. מלשון שורה וידוע הוא בדרז"ל. וכן עלו בשרותיה (ירמיה ה'): יצהירו. מלשון יצהר והוא השמן: יקבים. כן נקראו הבורות שהיין יורד וזב בהם כמו וגם יקב חצב בו (ישעיה ה'): (יב) מתים. אנשים כמו מתי מספר (בראשית ל"ד): ינאקו. ענין אנחה כמו ונאק נאקות חלל (יחזקאל ל'): תפלה.

because these wicked men rob them of them [the wine].—[*Rashi*]

Between their rows—*It seems to me that they pile up the olives in rows in the oilpress and the oil flows between them.*—[*Rashi*]

12. **From the city people groan**—*The people and the dignitaries of the city groan because of those robbers.*—[*Rashi*] From the city, the people groan because of the robbers, and from the field, the souls of the slain cry out.—[*Mezudath David*]

clothing and without a cover in the cold. 8. From the stream of the mountains they become wet, and without shelter they embrace the rocks. 9. They rob from the breast of the orphan, and they take a pledge from a poor man. 10. They made [him] go naked without clothing and [from] the hungry they carried off the sheaves. 11. Between their rows they make oil; they tread the winepresses but they are thirsty. 12. From the city people groan,

duce (לְקֶשׁ) *from locusts. (Another interpretation: and they delay the vineyard of the wicked. They delay it from destruction, because they eat up* [the vineyards] *of the poor and the orphans.* יְלַקֵּשׁוּ *is like* (below 29:23), *"and they opened their mouth* (לְמַלְקוֹשׁ) *for a long time," and like* (Gen. 30:42), *"and the late ones* (לַקִּישַׁיָּא) *were Laban's.")—[Rashi* quoting *Onkelos*]

7. **They make them lie all night naked**—*They make the poor lie all night.—[Rashi]*

without clothing and without a cover—*because they took their cover.—[Rashi* according to emendation of *Shem Ephraim*]

8. **From the stream**—*that flows from the mountains, these naked people became wet and damp because they have no cover. They have no refuge under which to shelter themselves.—[Rashi]*

they embrace the rocks—*They hide in the crevices in the rocks, and even there the stream flows down and sprays on them, soaking them.* רָטוֹב *is the Aramaic for* לַח, *wet, and whoever is not dried is called* לַח, *moist (moite in Old French).—[Rashi]*

9. **from the breast of the orphan**—*The sucking of the orphan, the source of his food and sustenance, as* in (Isa. 60:16), *"and the breast of kings you shall suck."—[Rashi]*

they take a pledge—Heb. יַחְבֹּלוּ, *an expression of* (Exod. 22:25), *"If you take a pledge* (חָבֹל תַּחְבֹּל)*"*; (Ezek. 18:16), *"he did not take a pledge* (חֲבֹל לֹא חָבָל)*."—[Rashi]*

10. **They made go**—*They made him go without clothing.—[Rashi]*

and [from] the hungry they carried off the sheaves—*And from the hungry they took the sheaves of gleaning* [which are left for the poor]. *It may also be interpreted thus: And those who were carrying the sheaves are hungry, because they were robbed of them and so they remain hungry.—[Rashi]*

11. **Between their rows they make oil**—*The owners of the olive trees make oil.—[Rashi]*

they tread the winepresses—*The owners of the vineyards.—[Rashi]*

but they are thirsty—*after a while*

וְנֶפֶשׁ־חֲלָלִים תְּשַׁוֵּעַ וֶאֱלוֹהַּ לֹא־יָשִׂים
תִּפְלָה׃ יג הֵמָּה ׀ הָיוּ בְּמֹרְדֵי־אוֹר לֹא־
הִכִּירוּ דְרָכָיו וְלֹא יָשְׁבוּ בִּנְתִיבֹתָיו׃
יד לָאוֹר ׀ יָקוּם רוֹצֵחַ יִקְטָל־עָנִי וְאֶבְיוֹן
וּבַלַּיְלָה יְהִי כַגַּנָּב׃ טו וְעֵין נֹאֵף ׀ שָׁמְרָה
נֶשֶׁף לֵאמֹר לֹא־תְשׁוּרֵנִי עָיִן וְסֵתֶר
פָּנִים יָשִׂים׃ טז חָתַר בַּחֹשֶׁךְ בָּתִּים יוֹמָם
חִתְּמוּ

נְשָׁא נָהֲקִין וְנַפְשַׁת קְטוּלִין בְּחַרְבָּא תַּצְלֵי וֶאֱלָהָא לָא יְשַׁוֵּי חוֹבָא׃ יג הִנּוּן הֲווֹ בְּמָרְדִין בְּאוֹרַיְתָא לָא אִשְׁתְּמוֹדְעוּן אוֹרְחָתֵיהּ וְלָא אִתְיַתַּבוּ בִּשְׁבִילוֹי׃ יד לְאוֹרְתָא יְקוּם קָטוֹלָא יִקְטוֹל עַנְיָא וְחַשִׁיכָא וּבְלֵילְיָא יְהֵי הֵיךְ גַּנָּבָא׃ טו וְעֵינָא דְנָיְפָא נָטְרַת נְשַׁף לֵילְיָא לְמֵימַר לָא תִסְכְּנַנִּי עֵינָא וְטָמוּר אַפַּיָּא יְשַׁוֵּי כְּלַפֵּי לְעֵיל׃ טז חָאֵק בַּחֲשׁוֹכָא בָּתַּיָּא

ת"א לאור. פסחים ב: נשף. סוטה י: חתר. סנהדרין קט (מעבר שני נו):

רש"י

עיר ינאקו מחמת אותן האונסין: **לא ישים תפלה.** להקפיד עליהם וליקח נקמה: **(יג) המה.** הרשעי' האלה הם דור המבול שמרדו באור. בשביל המטר שהיה עולה מן הארץ ולא היו צריכים לכלום: **(יד) לאור יקום.** אם הם עומדים ביום היו הורגים עוברי דרכים: **ובלילה יהי כגנב.** לחתור בתים: **(טו) ועין נאף.** והנואף שבהם היה שומר וממתין עד נשף לאמר וגו': **וסתר.** ובסתר ישים פניו לעבור עבירה שעל כל אלה היו הנדונין דור המבול על הגזל שנאמר ותמלא הארץ חמס (בראשית ו') ועל העריות שנאמר כי השחית כל בשר (שם): **(טז) יומם חתמו**

מנחת שי

ערום ילינו מבלי: (יג) במרדי. הספ"ת בגעיא: (יד) יקטל עני. בקמץ חטף וכ"א ועיין מ"ש במשלי ד' על ימנך דרכי: (טז) לא

אבן עזרא

מתים. הם בני אדם יצעקו מעיר: **ואלוה לא ישים תפלה.** לא יעשה זה חנם ושוא. תפלה כמו תפל: **(יג) במורדי אור.** השם שהוא אור המאורות: **(יד) לאור יקום רוצח.** בדרכים. ויש אומרים שהוא כמו השך ואמרו כי כמהו ולילה אור בעדני. ואיננו כי אם אור ממש. **ובלילה יהי כגנב.** יורה עליו. ודמה הגנב לנואף שיעשה דבריו ועבירותיו בסתר כאילו ישים סתר בפנים שלא יראו כאילו יחתמו היום שלא יראו בו. ומה שכרם

רלב"ג

האנשים מפני החמס הנעשה להם: חללים. הרוגים: תשוע. תצעק: תפלה. דבר בלא טעם: (יג) במורדי אור. שהיו מורדים בשי"ת שהוא אור העולם ואפשר שיהיה הרצון בזה אור היום והוא יותר נכון לפי מה שיספר מעניינם: (יד) לאור יקום רוצח. בעבור האור יקום הרוצח בבקר השכם קודם שגיע אור היום להרוג העניים והאביונים: כגנב. הכ"ף נוספת וכמוהו והוא כאיש אמת: (טו) שמרה נשף. המתינה הערב: תשורני. תראני: (טז) חתר. מעיין מחתרת: יומם חתמו למו. אבל התמו להם ביום:

מצודת ציון

ענינו דבר גרוע שאין בו טעם כמו ולא נתן תפלה (לעיל א'): (יד) כגנב. הכ"ף באה לאמתת הענין וכן יהי כרשע אויבי (לקמן כ"ז): (טו) שמרה. תלפה כמו ואביו שמר את הדבר (בראשית ל"ז): נשף. חשכת הלילה: תשורני. תראני: (טז) חתר. חפר

מצודת דוד

נפש מהחללים אשר רצחו: **ואלוה וגו'.** כלומר ואיך א"כ תאמרו כל מעשה אלוה המה במשפט ולא ישים דבר תפלה באין לו טעם ומדוע יהלך אף לרשע כזה אשר יאבד הרבה מן האנשים בחרב וברשע הלא מוטב לאבד נפש אחת להעמיד כל הנפשות האלה: (יג) המה. הרשעים האמה היו דין שהם המורדים באור ודומים להם והם האנשים אשר יתגבר בם חולי השחורה אשר ימאסו לשבת במקום האיר כ"א בחשך ישבו וכך הרשעים האלה ימאסו באור היום כי טוב להם חשכת הלילה כי אז יעשו מעשיהם ולא ירגישו מי: **לא הכירו דרכיו.** אינם מכירים דרכי האור ולא ישבו בנתיבותיו כי לא יכלו לעשות מאומה באור היום: (יד) לאור. בעבור אור היום המונע חפציו יקום הרוצח השכם עד לא יאיר ויקטול עני ואביון אשר ישכימו ללכת למלאכתן: ובלילה. בעלם הלילה יהיה גנב לגנוב בחשכת הלילה: (טו) ועין נואף. והרי הוא כעין נואף אשר גם הוא תמרוד באור היום כי תשמור ותלפה את הנשף כי תחשוב לומר אז לא תראני עין אדם כי חשכת הלילה ישים לי הסתר פנים לבל יראני מי: (טז) חתר. וכן הוא ילפה על הנשף כי בחשכת הלילה חותר הוא את הבתים לבוא בהן דרך המחתרת לגנוב מה שבבית

16. **In the dark, he digs under houses**—Likewise, he awaits evening because in the darkness of night he can dig under houses, enter through this tunnel, and burgle them.—[*Mezudath David*]

by day, they lock themselves in—*Those who are weaker than they, too weak to commit robbery by day, would dig under houses at night; by day they were sealed and closed up in their houses.*—[*Rashi*]

and the soul of the slain cries out; yet God does not impute it for unseemliness. 13. They were among those who rebelled because of rain; they did not recognize His ways, neither did they sit in His paths. 14. Should one rise in daylight, he would murder, he would slay the poor and the needy, and at night he would be like a thief. 15. And the eye of the adulterer awaits evening, saying, "No eye will see me," and he puts a mask on his face. 16. In the dark, he digs under houses; by day,

---

does not impute it for unseemliness—*to be strict with them and to take revenge.*—[*Rashi*] *Mezudath David* renders: and God will not perform any irrational act! How can you say that all God's deeds are performed with justice and that He will perform no irrational act? If so, why does He have patience with such a wicked man, who destroys many people with the sword or with hunger? Is it not better to destroy one soul and preserve the lives of all these people?

13. **They**—*These wicked people are the generation of the Flood, who rebelled because of* אוֹר, *because of the rain; because it would ascend from the earth, they needed nothing.*—[*Rashi*] [*Rashi* apparently defines אוֹר as rain, as below 36:30, 32; 37:3.] *Targum* paraphrases: those who rebelled against the Torah. *Ibn Ezra:* those who rebelled against God, the Light of lights. *Ralbag:* those who rebelled against the light of day, which they despise, desiring instead the darkness of night in which they can sin undetected; as related in the

following verses. So *Mezudath David.*

14. **Should one rise in daylight**—*If they would rise by day, they would slay the wayfarers.*—[*Rashi*]

and at night he would be like a thief—*to dig under houses.*—[*Rashi*] *Mezudath David* renders: Because of the light, the murderer rises early; he slays the poor and the needy who are on their way to work, and in the middle of the night, he is like a thief, burglarizing.

15. **And the eye of the adulterer**—*And the adulterer among them would wait until evening, saying . . .*—[*Rashi*]

a mask—*And he puts a mask on his face to commit a transgression, for the generation of the Flood was suspected of all these: of robbery, for it is stated* (Gen. 6:11): *"and the earth was filled with violence," and of immorality, for it is stated* (ibid. verse 12): *"for all flesh had corrupted* [its way on the earth].*"*—[*Rashi*]

he puts a mask on his face—The darkness of night serves as a mask so that no one will see him.—[*Mezudath David*]

חתמו-למו לא-ידעו אור: יז כי יחדו ׀
בקר למו צלמות כי יכיר בלהות
צלמות: יח קל-הוא ׀ על-פני-מים
תקלל חלקתם בארץ לא-יפנה דרך
כרמים: יט ציה גם-חם יגזלו מימי-שלג
שאול

ת״א קל הוא. סנהדרין קח: כרמים. יבמות ז: ציה. שבת לב:

ביממא מחתמין להון
בגנזיא לא ידעו נהורא:
יז ארום כחדא צפרא
דמי להון היך טולא
דמותא ארום אשתמודע
פורענות טולא דמותא:
יח קליל הוא למישט על
אפי מיא תהי ליט
אורחא שעיעתהון
בארעא לא יסבי שביל
כרמיא: יט צחיא ולחוד

רש״י

למו. אותם שהיו הלשים מהם מעשית לסטיות ביום היו חותרים בבתים בלילה וביום היו התומים ומסוגרים בבתיהם: **לא ידעו אור**. לא היו מכירין את האור ולא היה עת מהלכם: (יז) **כי יחדו בקר למו צלמות**. שביום היו נסגרים ובלילה היו הולכים למהתרתם ולא היו יראים מן המזיקים כלל: **כי יכיר בלהות צלמות**. מכיר היה כל אחד שדי׳ המבהילים ולא היה ירא מהם. ורבותינו פירשו יומם חתמו למו ביום היו עושים סימנים היכן מרתפו של בית והיכן גנזיו של עשיר. שהיו מפקידין אפרסמון אצל בעלי בתים עשירים ויודעים הם שיניחנו בבית גנזיו ובלילה מריחין והולכים שם וחותרים שם: (יח) **קל הוא על פני מים**. כשהיו הצדיקים נח ומתושלח מוכיחים אותם ואומרים להם שעתיד המבול לבא עליהם היו אומרים קלים אנו לשוט על המים ויש לנו גומא ודברים קלים לעשות מהם אניות ולשוט: **תקולל חלקתם בארץ לא יפנה דרך כרמים**. היו מקללים את חלקם בארץ לאמר לא יפנה דרך הטוב בדרכי הצדיקים הרמים ושוכנים ברומו של עולם. כרמים הם הצדיקים ופרנסי הדור כמו ונתתי לה את כרמיה משם (הושע ב׳) ת״י ית פרנסהא. היו מקללים את חלקם בארץ לאמר לא יפנו דרך הטוב נשבעים שלא יפנו את דרכם. ל״א תקולל חלקת׳ מתקלקלת היתה חלקתם שהיו משחיתים זרעם לבטלה כמו כי השחית כל בשר את דרכו (בראשית ו׳) תקולל ל׳ קלקול כמו בעון אשר ידע כי מקללים להם בניו (שמואל א׳ ג׳). ל״א תקולל הלקתם הדורות שאחריהם מקללים בהם מי שפרע מדור המבול. כ״ש. ל״א תקולל הלקתם לא יפנה דרך כרמים. לא היו מקבלים תוכחה מן הטובים. לשון אחר היו קלים לשוט בספינות להרוג ולחמוס ממון ודרך יישוב בני אדם ונטיעת כרמים אין חושש לילך: (יט) **ציה גם חום יגזלו**. מפני רעתם גרמו להם שנה אחת להשתנות עולם משבה סדריו זרע וקציר וקור וחום וקיץ וחורף: **מימי שלג**. כמו ומימי שלג גם אותם גזלו מן העולם לפי

אבן עזרא

שהמקום יביב להם הבקר כצלמות כי **יכיר** עליהם בלהות וישים אותם כדבר שהוא נף על פני מים כאשר ינוד הקנה:
(יח) **התקולל חלקתם**. ולא יפנה אחד מהם דרך כרמים ויאבדו מהעולם הם וחלקתם וכרמיהם כמימי השלג שיגזלו

מנחת שי

ידעו אור. במקצת מדוייקים יש מקף בין ידעו למלת אור: (יז) בלהות צלמות. הוקל הלמ״ד. שרשים:

רלב״ג

(יז) כי יכיר בלהות צלמות. בבא העת אשר יכיר איש את רעהו והוא כשיאיר היום הוא להם כמו בלהות צלמות: (יח) קל הוא על פני מים. קל הוא לגבור בבא הבקר על פני המים וגם יתחבא כדי שלא ימצא: (יט) יגזלו מימי שלג. ר״ל שהם ישחיתו אותם בקלות עד

מצודת דוד

וביומם סגרו א״ע לבל יהיו נראים לבני אדם למען לא יכירום מי ולא ידעו א״כ אור היום כי לא יראו השולה: (יז) כי יחדו. הגנב והנואף יחדיו זה כזה יחשב למו הבקר לצלמות ומאד יפחדו בו: כי יכיר. כאשר יאיר היום ויכיר איש את רעהו היא להם בלהות צלמות: (יח) קל הוא. כאשר יברח בהאיר היום הוא קל מאד לשוט ולשוט ע״פ המים כי ירא ללכת בארץ פן יפגעו בו הרודפים ולזה ישוט על פני המים מקום שאין אנשים הולכים בם: תקלל. החלקה אשר ילכו עליה בארץ היא מקוללת מאד לפי שלא ילכו במקום אשר יעבד ויזרע כ״א במקום ציה ושממה אשר אין אנשים מצויים שם אף לא יפנה ללכת דרך כרמים כי יפחד מן האנשים המצויים בהכרמים וכאומר והנה יפחדו מאנשים ולא יראו מה׳: (יט) ציה גם חם. והנה בבוא עת פקודתם ימותו במיתה קלה ומהר כמו שהיובש עם לרוף החום גוזלים ומאבדים בקלות ומהר

מצודת ציון

כמו אם במחתרת ימצא הגנב (שמות כ״ב): חתמו. סגרו כמו כי חתום הוא (ישעיה כ״ט): למו. להם: (יז) צלמות. חשכת הקבר: בלהות. הוא הפוך מן בהלות: (יח) חלקתם. כן נקרא השדה כמו ראו חלקת יואב (שמואל ב׳ י״ד): (יט) ציה. חורב ויובש:

generations will curse by them: He who requited the generation of the Flood. So I heard. (Gen. Rabbah 30:2). [The Rabbis allude to the Mishnaic curse: He who requited the people of the generation of the Flood . . . will requite one who does not abide by his spoken word (*Baba Mezia* 4:2). This curse was pronounced upon anyone who reneged on a sale or a purchase after the price had been paid.] *Another explanation:*

their portion is cursed; he does not turn by the way of the vineyards— *They would not accept reproof from*

they lock themselves in; they know no light. 17. For together morning is to them [as] the shadow of death, for he recognizes the terrors of the shadow of death. 18. He is light upon the face of the water; their portion in the earth is cursed; he does not turn by the way of the vineyards. 19. Dryness and heat they steal away, [also] snow water;

they know no light—*They did not recognize the light because it was not* [shining at] *the time of their prowling.*—[Rashi]

17. **For together morning is to them [as] the shadow of death**—*For by day they were locked in, and at night they would go to their tunnel, and they were not at all afraid of the demons.*—[Rashi]

for he recognizes the terrors of the shadow of death—*Everyone could recognize the terrifying demons, and he did not fear them. Our Sages, however, explained: By day, they would seal for themselves—By day they would chart the location of the cellar of the house and a rich man's treasurehouse, for they would deposit balsamum oil with wealthy householders, knowing that he* (sic) *would put it in his* (sic) *treasurehouse, and at night they would smell and go there and dig into there.*—[Rashi from Sanh. 109a] It is customary for the depositor to tie and seal [his deposit].—[Rashi ad loc.] [Hence the expression "they sealed for themselves."]

18. **He is light upon the face of the water**—*When the righteous men, Noah and Methuselah, would rebuke them, they would say, "We are light* [enough] *to swim on the water, and*

we have papyrus and light materials from which to make boats and to float."—[Rashi from unknown midrashic source]

their portion in the earth is cursed; he does not turn by the way of the vineyards—*They would curse their portion in the earth, saying that they would not turn by the way of the good, in the way of the righteous, who are lofty and dwell in the height of the world.* [Rashi apparently defines כְּרָמִים as derived from רָמִים, *lofty ones.*] *Vineyards represent the righteous men and the leaders of the generation, as* in (Hosea 2:17), *"And I will give her her vineyards from there,"* which Jonathan renders: her leaders. *They would curse their portion in the earth, saying that they would not turn in the way of the good; they would swear that they would not turn their way. Another explanation:* תְּקֻלַּל חֶלְקָתָם בָּאָרֶץ—*Their portion in the earth was spoiled, for they would destroy their seed in vain, as* in (Gen. 6:12), *"for all flesh had corrupted* (הִשְׁחִית) *its way."* תְּקֻלַּל *is an expression of spoiling* (קְלְקוּל), *as* in (I Sam. 3:13), *"for the iniquity* [of the matter] *that he knew that his sons were bringing disgrace* (מְקַלְלִים) *upon them." Another explanation: Their portion shall be cursed—the following*

שְׁאוֹל חָטָאוּ: כ יִשְׁכָּחֵהוּ רֶחֶם ׀ מְתָקוֹ
רִמָּה עוֹד לֹא־יִזָּכֵר וַתִּשָּׁבֵר כָּעֵץ עַוְלָה:
כא רֹעֶה עֲקָרָה לֹא תֵלֵד וְאַלְמָנָה לֹא
יְיֵטִיב: כב וּמָשַׁךְ אַבִּירִים בְּכֹחוֹ יָקוּם
וְלֹא־יַאֲמִין בַּחַיִּין: כג יִתֶּן־לוֹ לָבֶטַח

וישען

חוּמְתָא אָנְסִין מֵימֵי תַּלְגָא וְלֵיתֵיהוֹן הֵיכְדֵין לִשְׁיוֹל אִתְנְשִׁיאוּ דְאִתְחַיָּבוּ: ת״א הֵיךְ צִחוּתָא וְחוּמָא אָנְסִין מֵימֵי תַּלְגָא וְלֵיתֵיהוֹן הֵיכְדֵין לִשְׁיוֹל אִתְנְשִׁיאוּ דְאִתְחַיָּבוּ: כ אַבְזְיָאין דְנַשְׁיאוּ לְרַחֲמָא מִתְבַּסְּמִין אִתְבְּסִימוּ לְרַחְשָׁא תּוּב לָא יִדְּכַר וְאִתְּבַר הֵיךְ קִיסָא עִילָּתָא: ת״א מְטוּל דְבַטִּילוּ אַפְרָשׁוּתָא דְמַעֲשַׂר דְאִתְפַּקְדוּ בְּעִדָּן חוּמָא דְקַיְטָא אִתְמַנְּעוּ מִנְהוֹן מֵימֵי מִטְרָא וְתַלְגָא לְבֵית קְבוּרְתָּא אִתְחַיָּבוּ: כא דְמָרַע עֲקָרָא דְלָא תֵילַד וְאַרְמַלְתָּא לָא יוֹטִיב: כב וְנָגֵיד גִּבָּרַיָּא בְּחֵילֵיהּ יְקוּם וְלָא יְהֵימִין בְּחַיֵּי: כג יְהִיב לֵיהּ תְּיוּבְתָּא לְרַחֲצָן

ויסתמיך

רש"י

שאול חטאו יש תיבות חסירות ווי"ן כמו (ירמיה י"א) ואני ככבש אלוף והוא נפתר ככבש ואלוף עוד הרבה במחברת מנחם בן סרוק: **(כ) ישכחהו רחם**. אמו. דרש ר' תנחום שהיו דור המבול נוטלים את בניהם ונותנים תחתיהם לסתום ארובות התהום ואפי' אמו לא היתה מרחמת עליו: **מתקו רמה**. למות ולאכול רמה בשרם: **עוד לא יזכר**. בשנה אחת נעקרו ועל ארכא שניתן להם מתחילה היה איוב קובל שהרבה מתו ולא ראו בפורענות זה: **(כא) רועה עקרה לא תלד**. כך היה מנהגם נושא שתי נשים אחת לתשמיש ואחת לבנים שעומדת לתשמיש משקה כוס עיקרין כדי שלא תלד עולמית ומאכילה תפנוקי' ומרחילה ומקשטה כדי שתהא נאה וזו העומדת לבנים מלבישה בגדי אלמנות ומרעיבה וזהו שאומר העקרה שלא תלד היה רועה ומטיב ואת האלמנה שעומדת לבנים לא ייטיב: **(כב) ומשך**. הקב"ה אותן אבירים בכחו לפורענות ולמהייה מתוך ארכא שהאריך להם: **יקום**. יום אחד: **ולא יאמין בחיין**. כמו בחיים ביום הזה נבקעו כל וגו' (בראשית ז'): **(כג) יתן לו לבטח**. עד

מנחת שי

(כב) ולא יאמין. הוא"ו בגעיא: בחיין. בנו"ן על פי המסורת:

אבן עזרא

אותם ליה גם חום ולא ירחה השלג שהיה בעולם כן ירדו אל שאול והם חוטאים: **(כ) ישכחהו רחם**. אמו. ותמתק לו רמה יותר: (כא) **רועה עקרה**. מן תרועם בעבור שהיה רועה עקרה לא תלד וזכר העקרה בעבור שאין לה בנים שיעזרו אותה ואלמנה שאין לה בעל. ועוד שמשך אבירים בעלי כח בכחו והוא שידע כאשר יקום ממטתו שיתכן שימות: **(כג) יתן לו לבטח**. נתן לו המקום מה שרצה

רלב"ג

שירצה כאילו גזלום: שאול חטאו. וכן ישמית שאול בקלות האנשים אשר חטאו: (כ) רחם. אוהב תרגום אהב מרחם: מתקו רמה. רמה תאכלהו וימתק לה: (כא) רועה עקרה. משבר עקרה: (כב) יקום ולא יאמין בחיין. יקום כל א' מהאבירים ולא יאמין בחיין לירצתו מהרשע:

מצודת ציון

(כ) **עוד**. ענינו זמן רב וכן ויבך על צואריו עוד (בראשית מ"ו): **עולה**. איש עולה: (כא) **רועה**. משבר ומרצץ כמו תרועם בשבט ברזל (תהלים ב'): (כב) **אבירים**. חזקים: **בחיין**. הנו"ן במקום

מצודת דוד

את המים הנוזלים מהשלג כן השאול מאבד מהר את הרשעים אשר חטאו ולא ישבלו מכאוב החלי: (כ) **ישכחהו וגו'**. מעט יחלה וכמותו ישכחהו רחם אמו ר"ל אף אמו אשר נולד ברחמה תשכח בו הואיל ומעט חלה ולא הרבתה לבקרו ומעט נשאר בזכרונה: **מתקו רמה**. מתוק הוא לפי הרמה כי משמן בשרו לא ירזה כי ימות בריא ושמן וימתק בשרו לרמה: **עוד לא יזכר**. לא יהיה נזכר בפי הבריות לזמן מרובה כי הואיל ולא סבל מכאוב החלי אין מה לספר ממנו: **ותשבר כעץ עולה**. האיש עולה נשבר בקלות רב כמו שבירת סעף אשר תמהר להשבר מן הברזל וכדומה אשר ירבה להתעקם הנה והנה טרם ישבר: (כא) **רועה עקרה**. עם כי הרבה הוא להרשיע עד כי היה מרצץ גם את העקרה עם כי לא ילדה ואין לה מי מחזיק בידה ואף את האלמנה ירצץ עם כי אין לה מי ייטיב לה ונפשה מרה לה מאוד עכ"ז לא המל עליה והיה א"כ מן הראוי שיקבל גמולו משלם: (כב) **ומשך**. אבל לא כן היה כי המקום משך את כל אחד מן האבירים ההם אל הקבר בעודו בכחו כי לא נחלש במכאוב החולי: **יקום**. עודו קם על רגליו בריא וחזק ופתאום קרבה נפשו למות עד כי לא יאמין בעצמו שהוא ישאר חי ולא סבל כלל מכאובי החולי: (כג) **יתן לו לבטח**. וכל ימי חייו יתן לו המקו' לשבת בטח והוא נשען ממנו לבל ימוט ואלו ישגיח בעיניו על דרכי הרשעים ההם לבל ישכילו לאדם המשכיל בדרכי אוהבו ומזרזו

he would feed and adorn, but the "widow," who was intended for children, he would not adorn.—[*Rashi* from *Gen. Rabbah* 23:2]

22. **And He draws**—*The Holy One, blessed be He,* [draws] *those mighty men with His strength to retribution and to sustenance by the reprieve that He granted them.*—[*Rashi*]

he rises—*one day.*—[*Rashi*]

and does not believe in his life—Heb. בַּחַיִּין, *like* בַּחַיִּים; (Gen. 7:11) "*on that day all the fountains of the deep were torn apart etc.*"—[*Rashi*]

23. **He grants him safety**—*until*

[they descended to] the grave [because] they had sinned. 20. The womb forgets him; he is sweet to the worms; he will no longer be remembered. Injustice was broken like a tree. 21. He feeds the barren woman who will not bear, but he does not adorn the widow. 22. And He draws the mighty men with His strength; he rises and does not believe in his life. 23. He grants him safety

the good men. Another explanation: They were swift to sail in ships to kill and to plunder property, but in the way of the land that was inhabited by humans and planted with vineyards they did not care to go.—[Rashi]

19. **Dryness and heat they steal away**—*Because of their evil, they caused for themselves that the world should change for one year from its six seasons: sowing, reaping, heat, cold, summer, and winter.—[Rashi]*

snow water—*Like: and snow water. This too they stole from the world, because they sinned so that they descended to the grave. In some words, the "vavin" are missing, like (Jer. 11:19), "And I was like a lamb a bull," which is interpreted as, a lamb and a bull. There are many more in Machbereth Menachem ben Saruk (p. 26).—[Rashi] [In fact, according to Menachem, the "vav" is omitted only when it precedes the second of a series of three. This would not apply in our case. Rashi means that our verse is to be interpreted as though a "vav" is inserted, according to Rabbi Judah ben Karish, quoted by Menachem.]*

20. **The womb forgets him**—*[I.e. the womb of] his mother. Rabbi Tanchum expounded that the genera-*

tion of the Flood would take their children and put them under them in order to stop up the windows of the deep, and even his mother would have no pity on him.—[Rashi from Tanchuma, Noach 7, Buber p. 36, Aggadath- Bereishith ch. 4, none of which is introduced by "Rabbi Tanchum expounded."]

he is sweet to the worms—*to die and for the worms to eat their* (sic) *flesh.—[Rashi]*

he will no longer be remembered—*In one year they were [to be] uprooted, but Job was complaining about the reprieve that was given them [the wicked] from the start, for many died and did not see this retribution.—[Rashi]*

21. **He feeds the barren woman who will not bear**—*So was their custom: One would marry two wives, one for coitus and one for children. The one intended for coitus he would give a potion of roots to drink in order that she should never give birth, and he would feed her delicacies, bathe her, and adorn her, so that she should be beautiful. The one intended for children he would dress in widow's garments and starve. This is the meaning of his statement that the barren woman who will not give birth*

וַיִּשָּׁעֵן וְעֵינֵיהוּ עַל־דַּרְכֵיהֶם׃ כד רוֹמּוּ
מְּעַט׀ וְאֵינֶנּוּ וְהֻמְּכוּ כַּכֹּל יִקָּפְצוּן
וּכְרֹאשׁ שִׁבֹּלֶת יִמָּלוּ׃ כה וְאִם־לֹא אֵפוֹ
מִי יַכְזִיבֵנִי וְיָשֵׂם לְאַל מִלָּתִי׃ כה א וַיַּעַן
בִּלְדַּד

ת״א רומו. סוטה ה׳ דגוש אחר ת״ג

וִיסְתְּמִיךְ וְעֵינוֹי עַל
אוֹרְחֵיהוֹן׃ כד אוֹרִיכוּ
כִּזְעֵיר פּוֹן וְלֵיתוֹי רַשִׁיעָא
וְאִתְמְכִיאוּ כְּכָל מָה
יִתְקַטְעוּן וּכְרֵישׁ שִׁבּוֹלָא
יִתְקַטְפוּן׃ כה וְאִין לָא
קְשׁוֹט דְּכֵי אָן הוּא מַן
דִּיכַדְבְּנַנִי וִישַׁוֵּי כִּדְלָא
הֲוָת עִקַּר מִלְּתִי׃ א וַאֲתִיב בִּלְדַּד דְּמִן

רש״י

יום אידם וגזעני: (כד) רומו מעט. נסתלקו מן העולם כמעט רגע: והומכו. נדכאו ונתמסכנו: ככל יקפצון. כשאר כל הנקפצים ונמלטים בעת קציר ובציר ומסיק שנקפצים יחד כן תמו כרגע: (כה) ואם לא איפו. כאשר אמרתי יבא אחד מכם ויכזבני: וישם לאל מלתי. שאני מהרהר אחריו לדעת מדותיו שמאריך אף לרשעים. ואת אוהביו כמוני הוא מייסר ואינו ממיתן כמו שקובל למעלה (כ״ג) כי לא נצמתי מפני חושך ואילו שנגבולות

אבן עזרא

וישען כי יוכל להנקם ממנו ועיניהו על דרכיהם: (כד) רומו מעט. אמר אם התרוממו מעט כלם יאבדו: והמכו. מן וימכו בעונם: ככל. ככולם: (כה) לאל. ללא:

מנחת שי

(כד) ואיננו. הוא״ו בגעיא בספרי ספרד: והמכו. הוא״ו בגעיא: (כה) אפו. חד מן ד׳ דכתיבין בוא״ו בספרא כמו שכתבתי בסימן ט׳:

רלב״ג

(כד) רומו מעט. פועל עבר ועניינו כשסרו אלו האנשים והרחיקו מעט לא ימלא אז הרשע בעיר אבל יהיה עיניהו אל דרכיהם להרגם: והומכו. פועל עובר מבנין הופעל והשרש נמך ויהיה נמך ומכך שני שרשים בענין א׳ והוא מענין וימכו בעונם: ככל יקפצון: ככל א׳ מהאנשים אשר לא כרתו ברית עמהם יקפצו הרשעים פיהם שלא יצעקו ויהרגו אותם: ימלו. יכרתו: (כה) לאל. להבל ולדבר שאינו: ביאור דברי המענה ענה איוב ואמר גם היום בהמריתי והפלגתי בכעסי להתרעם תרעומת רב כבדה מכתי יותר מאנחתי ולזה אל תאשימני אם הגדלתי והוספתי להתרעם על מכאובי. מי יתן ידעתי איפה הש״י ואמצאהו ואבא עד תכונתו שאם היה אפשר זה הייתי עורך לפניו משפט והייתי מתווכח עמו בטענות הזקות ואז אדעה מה שיענני ואבינה מה יאמר לי ואדע האמת מזאת החקירה כי באמת לא יבא עמי בכמו אלו סכוכים אשר אתם באים עד שאהיה התעללת די שבבר חטאתי באלו החטאים אשר זכרת אשר אני נקי מהם לפי האמת האם נאות לש״י שיריב עמי ויתקפני ברוב כחו הנה אין זה ראוי אך הוא ישים די כח לעמוד לפניו ולהתווכח הנה בזה הצד היה הישר מתווכח עמו אם יגיעהו דבר ולא במשפט והייתי נצול לנצח משופטי כי הש״י כשישמע כי הדין עמי היה מטיב אפו ממני אבל מה אעשה שאני לא אוכל למצאו הש״י כבוא לי אלך במזרח לבקשו ואיננו ואלך במערב ולא אמצאהו ג״כ אלך בצפון אשר שם עושה מעשיו הנפלאים אשר בארץ לפי שהם הישוב עם כל זה לא אוכל לראותו שם שבשם דרום ממני כי אין שם יישוב והמים מקיפים בו ולא אוכל לראותו שם. הנה אם ידע השם הדרך אשר דרכתי בה ובחנני הייתי יוצא נקי בלא סיג כזהב לפי שבאשורו אחזה רגלי שמרתי דרכו ולא אטה ממנה ר״ל הנימוס האנושי אשר יתנהג בו כל שלם. ממצות שפתיו לא סרתי ושמרתי אמרי פיו יותר ממה שאני שומר ההנהגה אשר היא חקי לשמור חיי כמו המאכל והמשתה ההכרחי ומה שדומה להם כי ההכרחי לאדם בחייו יקרא חק כמו שזכרנו. והוא כאשר היה בענין אחד ומי ישיבנו ממנו והנה לא ישתנה רצונו ואין שם יותר הזק ממנו יכריחהו על זה אבל הוא שליט במה שירצהו עד שכל מה שאותה רצונו עשה. הנה הגיע מרוב יכלתו וחכמתו שהשלים חקי בבריאתי ר״ל שהמציא די כל האיברים והכלים אשר יצטרכו למלאותי וכמו אלו הנפלאות תמצאנה רבות עמו בשאר בריותיו על כן מפניו אבהל לעולם מפלתו ומליאותו אתבונן בנפלאותיו ואירא ממנו. וזה אמר איוב להשיב על אליפז

מצודת דוד

לנזכר: (כד) רומו מעט. כאומר אם אמנם שכן ראוי הוא שירומו במעלה ובכבוד למען יכפל לצער כאשר יפלו בשפל המצב אבל ראוי היה שירומו רק מעט מן הזמן וילך לו הכבוד ואיננו ומיד ישובו להיות שפלים ונכאים וכ״כ פעמים רבות וכמו כל דבר אשר ידלג ויקפץ שפעם הוא למעלה באויר ופעם למטה בארץ ומעט זמן יתעכב למעלה ויותר מזה יונח למטה בארץ: וכראש וגו׳. וכבוא עתו ראוי היה להיות מיוסר במכאוב זמן רב כמו זקן השבולת הנפרך מאליו מעט מעט עד כי נפרך הכל כן היה ראוי להאריך זמן חליו עד כי ימות מזגה ומיסב על ראשית אמדיו לומר כן היה ראוי אל הרשעים האלה אולם התמדת השלוה וקלות המיתה בא להם מלד מערכת השמים אשר שפטו כן בעת ההריון והלידה ומדוע משדי לא נצפנו העתים למה לא יבעל הוראתם אשר יורו בהעתים ההם בכדי שיקבלו גמולם משלם: (כה) ואם לא. ואם האמרו אין הדבר כן איה פה האיש ומי הוא זה אשר יכזב אותו לומר שלא נמלא מרבית טובה ושלוה לאנשים כאלה וישים את אמרי תלונתי לאין וכאומר הנה א״א לכחש דבר המפורסם והמלוי (העולה מהמענה היא כי יכחיש דברי אליפז לומר שאין האמת אתו כי אחז בדרכי המקום ובמשפט עשה מה שעשה אף יתרעם על מה יאריך המקום אפו ולא יאבד את הרשעים המאבדים נפשות הרבה היתכן שיחוס עליהן ולא על הנפשות הנאבדים על ידיהם והנה מלבד ההצלחה שיש לרשעים בחייהם לא נפרדה מהם במותם כי ימותו הם בקלות ומהר מבלי מכאוב חולי וכ״ז הוא בעבור כי כן שפט המערכה בעת ההריון והלידה ויתלונן אם כן מדוע לא יפדד המקום הוראת המערכה הלא הוא סדרס):

מצודת ציון

המ״ס: (כג) וישען. ויסעד: (כד) רומו. מלשון הרמה והגבהה: והומכו. ענין שפלות כמו ימיך המקרה (קהלת י׳): שבולת. היא קנה התבואה כמו שבע שבלים (בראשית מ״א): ימלו. יכרתו כמו ימולל ויבש (תהלים צ׳): (כה) לאל. ללא ואין:

remove the landmarks and commit all these [crimes] *were not smitten with suffering.*—[*Rashi*] *Mezudath David* explains: and who will make my complaints as nought by denying that the wicked enjoy tranquility and prosperity? That is, it is impossible to deny a generally known fact.

(In summation: Job refutes Eliphaz's assertion, contending that

and he relies [upon it], but His eyes are on their ways. 24. They are taken away in a second and he is no more, and they are crushed; like all they are gathered in, and like the tip of an ear of grain they will be cut off. 25. And if it is not so, then who will prove me a liar and make my words as nought?"

the day of their catastrophe and they rely [on it].—[Rashi]

24. **They are taken away in a second**—*They are taken away from the world in a fleeting second.*—[Rashi]

and they are crushed—*crushed and impoverished.*—[Rashi]

like all they are gathered in—*Like all things that are gathered in and taken away at the time of the harvest, vintage, and olive harvest, when they are gathered together, so were they destroyed instantly.*—[Rashi] *Mezudath David* explains: Let them be exalted for a little while. If indeed it is fitting that they be exalted to a prestigious position, in order to intensify the pain of their downfall (when they sink into their most humble state to become despised and humiliated), then it is proper that they experience their exaltation and honor only for a short time. Then it should leave them. This should happen many times, just as anything that jumps and skips, which is sometimes in the air and sometimes on earth, remains in the air but a short time and is on the earth for a much longer time. Note that *Mezudoth* renders: like all they should jump.

and like the tip of an ear of grain they will be cut off—When his time comes, he should be chastised with pain for a long time, like the hair of the ear of grain, which falls off by itself little by little until it has fallen off completely. So it befits the wicked to suffer until they die of their illness. This refers to the beginning of his words: this would be proper for the wicked. As they enjoy long periods of tranquility and die easily, surely their fortune must have been predestined for them by the constellations at the time of conception and birth. Now why were these times not hidden away by the Almighty? Why does He not abolish their power of predestination so that everyone would receive his due?

25. **And if it is not so, then**—[I.e. if it is not] *as I said, let one of you come and prove me a liar.*—[Rashi] If you claim that what I said is not so, where is the man who can prove that it is a lie, saying that such people do not enjoy great prosperity?—[Mezudath David]

and make my words as nought—[I.e. my words] *with which I criticize Him to know His standards, that He is slow to anger with the wicked, but He chastises those who love Him as I do, and He does not put them to death, as he complains above (23:17): "Because I was not cut off from before the darkness," but those who*

בִּלְדַּד הַשֻּׁחִי וַיֹּאמַר: ב הַמְשֵׁל וָפַחַד

שׁוּחַ וַאֲמַר: ב שׁוּלְטָנָא וּדְלוּחָא גַבֵּיהּ עָבֵד שְׁלָם בשמי

רש"י

ישיגו וכל אלה עשו לא הוכו בייסורין: (מענה בלדד): כה (ב) **המשל ופחד עמו.** כלפי שאמר איוב אערכה לפניו משפט אמר לו המשל ופחד עמו המשל זה מיכאל ופחד זה גבריאל כלום אתה יכול להשיב את

אבן עזרא

כה (ג) **המשל ופחד.** הממשלה והפחד עמו וממנו עושה שלום במרומיו שאין בהם מלחמה כי כולם טוב

רלב"ג

במה שייחס לו מהרעה אשר היה לאנשי דור המבול ולאנשי סדום כי חלילה לו מרשע אבל היה ירא מהש"י מצד התבוננתו במעשיו הנפלאים. ואל הרך לבי בתחלואיו אשר חלה בי ואירא תמיד מהיום הבא שלא אכאב בו כאב אנוש. ושדי הבהילני מפני שלא נצמתי קודם בא חשך הצרות והיה מכסה ממני אופל המכאובים מה שאני לא אירא מהמות באשר הוא סוף כל אדם אבל פחדתי אל אלו המכאובים אשר לא אוכל לשאת אותם. ואחר זה החל איוב לסתור דעת אליפז מן ההיקש ואמר מדוע לא יהיו נעלמים משדי העניינים הזמניים ויודעיו לא חזו לו ימים ר"ל שלא ראו לו יחס אל הזמן ולזה הוא מבואר שהש"י בלתי יודע באלו העניינים הזמניים. ואחר כן החל איוב לסתור דעת אליפז מן החוש במה שנגלל הש"י על ההצלחה הנמצאת לרשעים זמן ארוך במה שאמר כי מפני שאין זה התוכחת מהש"י כי אם להועיל לאנשי הארץ הנה יתכן שיאריך עונש הרשע זמן ארוך. והחל איוב לסתור דבריו מהחוש ואמר שאלו הרשעים אשר ספר בהצלחתם היו משיגים גבול וגוזלים העדר ורועים שם בקרקע הנגזל וזה חטא נפלא. והיו נוהגים חמור היתומים ולוקחים למשכון שור אלמנה אשר בהם היו חורשים ומשיגים די טרפם עד שיהיו סבת מותם ברעב העניים יטו מדרכם לפחדם מהם שלא יהרגום יחד הוכאו מפניהם עניי ארץ. הנה אלו הרשעים הם כמו חיות רעות במדבר לטרוף באשר ימלאו הם יוצאים למלאכתם לבקר לשחר לטרוף מן המדבר יוציא לחם כל אחד מאלו הרשעים לו ולנעריו כי יהרגו האנשים העוברים שם ויקחו אשר להם. בהיותם בשדה בלילו והבואתו יקצורו ואם אינו שלהם ולא די שהם יניחו שדה הרשע ולא יגעו בו אבל גם כרמו שהוא מוכן בקלות לאכול ממנו יאחרו וילקשו מלקחת ממנו לפי שהם אוהבים הרשע ולזה לא יגעו באשר לו אם לא כאשר לא ימצאו במקום אחר. ערום ילינו בני אדם בלילה מבלי לבוש ר"ל שיגזלו מהם כסות לילה ולא יהיה להם כסות להתכסות בו בקור. ואלו העשוקים ילכו להסתר מהרוח בין סלעי ההרים וירטבו שם מזרם ההרים והלחות הנמצא בהם. ומבלי מחסה חבקו צור להסתר בם. מרוב שדידות האנשים יגזלו היתום ויקחו למשכון הבגד אשר על העניים ובזה האופן יסבבו שילכו העניים מבלי לבוש לגזלם מהם כסות יום וסבבו שילכו רעבים האנשים אשר נשאו עומר כי יגזלו אותו מהם ולא יהיה להם לאכול. הנה האנשים אשר באולרות בית הבד יעשו שמנם והאשר יקבים דרכו לעשות יינם ימצאו כי אלו האנשים יגזלו שמנם ויינם ולא יניחום לשתות מהם. מן העיר ינאקו האנשים על החמסים אשר עשו להם ונפש ההרוגים חוץ לעיר תשוע אל אל ואיך תאמר שהשם לא ישים בכל אלה הדברים דבר בלתי טעם וזה שאחר שאלו הרשעים ממיתים רבים מן האנשים בחרב ובעילום יבלמו ומכלים אותם בכל עוז הנה היה ראוי בחוק הש"י אם היה פוקד האנשים להועיל להם שלא יאריך לכמו אלו האנשים הרשעים כדי שיציל מידם אלו האנשים אשר יהרגו אותם כי הרחמניות על אלו הרשעים הוא אכזריות בחק הטובים. הנה לא תוכל לנצל הש"י על זה בשום פנים ולדעת איוב ג"כ יהיה זה חסרון בחק הש"י בסדרו זה הסדור אשר מצד הכוכבים שימשך ממנו זה העול והחמס. הלא אלו האנשים היו במורדו אור ר"ל שימרדו באור היום המשמח האנשים והם ידאגו בבואו לא הכירו דרכיו ולא ישבו בנתיבותיו אבל התרחקו ממנו בכל עוז ועשו מעשיהם בלילה כדי שלא יראו אותם האנשים בעבור האור יקום הרוצח השכם קודם שיאור היום ויהרוג עני ואביון אשר ימצאום בדרך יוצאים למלאכתם ובעלם הלילה יהי גנב לגנוב מה שיוכל להסתרו אז מהאנשים. ועין נואף המתינה בא הערב לאמר אז לא תראני עין וישים לו חשך הלילה הסתר פנים. חתר האחד מהם בקירות הבתים אשר יומם שמו אותם בהם כדי שיחתרום בלילה ויגנבו הנמצא שם הנה כל אלו האנשים לא ידעו בטוב האור למאסם בו. כי יחדו יהיה להם הבקר כשיבא כמו צלמות וכאשר יבא אור הבקר אשר יוכל אז להכיר איש את רעהו ולראותו הוא להם כמו בלהות צלמות כי אז יבהלו וינוסו כדי שלא ימצאו. קל הוא לנוס בבוא היום על פני המים כדי שלא ימצאו החלקה אשר הם הולכים בה בארץ היא מקוללת מאד ר"ל שהם לא ילכו במקום שיעבד בו ויזרע ולא יפנה אחד מהם דרך כרמים כדי שלא ימצאום שם עובדי כרמים והשדות אבל ילכו במקומות החרבים להסתר מהאנשים. הנה אלה האנשים עם רוב מרים לא יגיעם שום עונש בחייהם אבל ימותו בקלות כי כמו שהציה והחום יגזלו מימי השלגים ויפסידום בקלות בדרך שלא ישאר מהם רושם כן ישחית שאול בקלות אלו האנשים אשר חטאו. ישכחהו כל אחד מאוהביו ותאכלהו רמה כאלו הוא דבר מתוק לה ועוד ולא יזכר שמו וישבר בקלות כעץ איש העולה ובלא צער. ובזה הוא מבואר שלא יתנהג השם כמה שאמרו אליפז. הנה זה האיש הגיעהו מן האכזריות עד שהיה משבר העקרה אשר לא תלד עם היותה מרת נפש והיה משבר גם כן האלמנה אשר לא ייטיב מט"ב לה עם מרירות נפשה לא היה חומל עליה. כאו היה רב עד שיהיה מושך התקיפים בכחו ויהרגם יקום כל אחד מהם ולא יאמין בחייו מיראתו ממנו והיה נותן לו מתנה לבטח והיה נשען שלא יזיקהו ועם כל זה לא היה נשמר הרשע מלהזיק להם אבל היה עיניהו על דרכיהם לרדוף אחריהם. או הרצון בזה שזה הרשע היה נותן לו ידו לבטח והיה כורת ברית עמו ועל זה היה נשען האחר שלא ירע לו ועם כל זה היה עיניהו על דרכיהם לרדוף אחריהם להזיק להם. התרחקו מעט אלו האנשים והנה אין הרשע בעיר והומכו אלו האבירים אשר רדף. אחריהם כשאר כל האנשים אשר לא כרתו ברית עמו יקחם הרשע ויקפוץ פיהם כדי שלא יזעקו ויהרגם בקלות כראש שבולת בתכרת במהרה ועם כל אלו הרעות לא נראה שיגיע לו עונש בחייו ולא במותו כאשר זכר ולזה הוא מבואר שאין התגלגלות לשם במה שאמרו אליפז שהוא יאריך לרשעים. ואמר איוב אם תרלה לחלוק על זה מי הוא אשר יכזיבני וישים מילתי לאל כי לא יוכל שום אדם לחלוק על דברי להיות החוש מעיד שהענין כדברי: **והכלל העולה** מהדברים הוא שאיוב ישיב לאליפז שמה שייחס לו מהעונות הוא שקר וכזב כי כבר אחזה רגלו תמיד בדרכי השם ושאין התגלגלות לשם במה שאמר אליפז כי מפני שאין השם מוכיח לרשעים כי אם להועיל לבני אדם יתכן שיעמידם בהצלחתם ויאריך להם העונש זמן ארוך אולי ישובו וזה שאנחנו נראה מהרשעים רבי ההצלחה שהם עושים חמסים גדולים גורמים להמית האנשים בסבת העירום והרעב והצמא והם גם ממיתים האנשים וגוזלים וגונבים בלילה מה שיוכלו ולא השה עינם על האלמנות והעקרות הנרדפות משחתם ושכבר יגיע מרוב רשעם ומרים שיכרתו ברית עם הגבים כדי שיבטחו ויבטחו בהם ואחר ימיתום ולמה יאריך השם לכמו אלו הלא היה ראוי שיכלה אותם תכף כדי שלא ימיתו שאר האנשי' הלא יותר טוב שימותו אלו כדי שינצלו האחרי' מידם. ועוד שאנחנו נראה בכמו אלו הרשעים שלא יגיעם עונש כלל בחייהם ובמותם ימותו מיתה קלה בלא צער והיה איפה העונש המגיע לאלו האנשי' על מרים. הלא זה כלו ממה שיורה שאין האל' נפקד על מעשיו מאת השם: ביאור מלות המענה (א) ויען בלדד השוחי ויאמר: (ב) המשל.

מצודת דוד

כה (ב) **המשל ופחד עמו.** גודל הממשלה ומרבית הפחד אשר עם ה' כל אחד מהם עושה שלום במערכת השמים לבלא יתנגדו זה לזה בפעולה עולם השפל ולבל ישנו את תפקידם ר"ל לא כשתאמר אתה שאין מערכת השמים נכנעים למקום כי הם יכנעו

25.

1. Now Bildad the Shuhite answered and said, 2. "Dominion
and fear

these statements are untrue, for he,
Job, defended the ways of God,
claiming that whatever He does is
just. Also, Job complains about
God's delayed anger at the wicked
who slay many innocent souls. Is it
possible that He should have com-
passion on the wicked rather than
on the innocent souls whom they
slay? Moreover, in addition to the
temporal success of the wicked, that
success continues until their death,
for they die quickly and easily with-
out suffering from pain or illness.
Surely this is because they are under
the power of the constellations at the
time of conception and birth. He
complains that since God set up the
constellations, He should strip them
of their power.)—[*Mezudath David*]
    Rabbenu Bechayah states that Job

does not introduce any new argu-
ments. He is merely incensed with
his companions for accusing him of
being evil in his relationships both
with God and with man. He does
not answer these accusations. He
simply states that he wishes to
debate with God to prove his own
innocence as well as the sins of the
wicked. These are the two questions
in his heart.
(**Bildad's reply**)
    2. **Dominion and fear**—*Directed
towards what Job said* (23:4), *"I
would set out my case before Him,"
he says to him, "Dominion and fear
are with Him." "Dominion" refers to
Michael, and "fear" refers to
Gabriel. Can you answer even one of
them?*—[*Rashi* from *Tanchuma
Buber, Bereishith* p. 10]

עמו עשה שלום במרומיו: ג היש
מספר לגדודיו ועל־מי לא־יקום
אורהו: ד ומה־יצדק אנוש עם־אל
ומה־יזכה ילוד אשה: ה הן עד־ירח
ולא יאהיל וכוכבים לא־זכו בעיניו:
ו אף כי־אנוש רמה ובן־אדם תולעה:

ת"א לגדודיו. חגיגה יג: תולעה. תמורה לא:

בשמי מרומא : ה״א מיכאל מן ימינא והוא דאשא וגבריאל מסמאליה והוא דמיא ובריתא קדישתא פתכין אשתא ומיא ובשלטנותיה ובדחלתיה עבד שלמא בשמי שמיא דיליה : ג האית סכום לאוכלוסוי ועל מן לא יקום נהוריה: ד ומה יזכי בר נש עם אלהא ומה יזכי יליד אנתתא : ה הא עד דפגמא סיהרא בסטר מדינחא לא ינהר שמשא וכוכביא לא אתברירו קדמוי : ו אף כל דכן בר נש דבחיו ריחשא ובר נש דבמותוי מורני

ויען ואתיב

רש"י

אחד מהם : עושה שלום במרומיו. כשהמזלות עולים כל אחד סובר אני עולה ראשון ולפי שאינו רואה מה שלפניו לפיכך אינו מתקנא. כ"ש. ל"א עושה שלום במרומיו אש ומים בלולין ואין מים מכבין את האש. ל"ש : (ד) ומה יצדק. ילוד אשה. שאמרת בהנני כזהב אצא (לעיל כ"ג): (ה) עד ירח. כמו ולא עדה עליו שחל (לקמן כ"ח) : ולא יאהיל. כמו לא יהלו אורם (ישעיה י"ג) והאל"ף זו באה כמו ולאדיב את נפשך (שמואל א' ב') אל"ף יתירה. ל"א לא יאהיל לא יהיה לך צל כשאינו מאיר אין לו צל והראשון נראה ושניהם שמעתי :

אבן עזרא

והרע הוא במטה לארץ ואלה הדברים צריכין פירוש : (ה) יאהיל. יש אומרים כי האל"ף נוסף מן לא יהלו אורם :

מנחת שי

כה (ה) ולא יאהיל. ראיתי בלבול בספרים ובמפרשים כי במקצתם כתוב לא יאהיל בלא וא"ו ובמקצתם בוא"ו והובא בשרשים שרש אהל ושרש הלל פעם בוא"ו ופעם בלא וא"ו וליכא לאכרועי מכתם מידי ובירורא דהך מילתא לא איתברר לי שפיר כרם אשכחנא בתר זימנא מסורה כתיבת יד דמסיר על הדין פסוקא ג' פסוק ולא לא :

רלב"ג

מענין ממשלה ושולטנות : ופחד. היראה כמו ופחד יצחק : (ג) יקום. יעמוד : אורהו. אורו : (ה) יאהיל. יאיר : ביאור דברי המענה ענה בלדד השוחי ואמר השולטנות והיראה אשר עם השם עושה שלום במערכות השמים עד שהם כלם נסמכים להתנועע תמיד התנועות המוגבלות להם עד שישלם מכללותם פעל השם בזה העולם השפל ולא ישנו את תפקידם ליראתם ממנו ולחוזק ממשלתו עליהם והנה זה ממה שיורה על גודל השם וגבורתו היש מספר לגדודי השם וחייליו ועל מי מהנמצאות לא יקום אורו וזהרו הנה הם כולם מושפעים מאתו לא נפקד איש. ואחר שהענין כן בהש"י בזה האופן מן השלימות איך יתכן שיצדק האדם עם אל ויזכה הנה זה בלתי אפשר כי לשלמות השם יחשב למרי מה שאינו מרי לפי מחשבת האדם. הן הירח ימלא חסר אצל השם עד שלפעמים יסור אורו כאלו תאמר בעת הנגוד כאשר היה הירח בראש התלי או בזנבו ויעדר אז הפעל הנמשך מאתו מצד אורו וכוכבים לא זכו בעיניו עד שפעמים יסתרו קצתם בעמוד ההתיהם קצת ויעדרו אז פעולותיהם בזה העולם השפל. ואם באלו עם שלמותם נמצא חסרון בחק הש"י כ"ש שיהיה חסר בחק השם האדם אשר הוא רמה ותולעה : והכלל העולה מהדברים הוא שאין ראוי בנחשוב שיעשה השם עם מה שיראה בו מהשלמות והגבורה דבר שלא כהוגן אנא ברוע הסדור נופל בדעות אשר תמצאנה לאישי האדם ביחשוב בהם שהם צדיקים ויגיעום רעות אשר לא יתכן שיאמר בהם שהם בעבור טוב להיותם מכלות ומביאות אל מות והוא מה שהיה מתרעם עליו איוב לפי דעת בלדד הוא מצד שהאדם

מצודת דוד

מפניו את מוראת הרוממו' את מפחד העונש: (ג) היש מספר לגדודיו. וכי יש מספר לגדודיו הם מלאכי מרום אשר יורה על גודל ממשלתו ולזה יכלו יראת הרוממות : ועל מי וגו'. על מי מן צבא מערכות השמים לא יעמוד אור השפעתו ולזה יפחדו לבל ימנע מהם השפעתו: (ד) ומה יצדק. כאומר ואם תשיב לומר א"כ מדוע לא ישדד המערכה לשלם גמול הצדיק כי מהו אדם להיות צדיק עם האל הלא לגודל שפלות האדם ורוממות האל אף המעט מן המרי תחשב לרב ואיה א"כ צדקתו : ומה יזכה וגו'. כפל הדבר במלות שונות: (ה) הן עד ירח. הנה העביר והסיר אור הירח לבל תאיר שמור התורה אשר שם בה כשברא והוא על אשר קנאה בשמש ואמרה א"א לשני מלכים וגו' ועם כי היה מעט מן המרי ומעלתה הלא גדלה מ"מ כמוה כאין מול המקום ואף המעט תחשב לרב : וכוכבים. כל הכוכבים כולם עם רוב זהרם אינם זכים בעיניו וכמוהם כאין נמוגו : (ו) אף כי. וכל שכן האדם אשר הרמה תאכלנו הבזוי מאד מול המקום איך לא יחשב ממנו מעט מן המרי לרב ואיה א"כ צדקתו : ובן אדם תולעה. כפל הדבר במ"ש (העולה מהמענה ההיא כי יאמר הן באמת יכנעו למקום מערכות השמים אם מיראת הרוממות אם מפחד העונש אבל אין לאדם גמול מה מול המקום כי לגודל רוממות המקום ושפלות האדם אף מעט מהמרי חשב לרב ואיה אם כן צדקתו) :

מצודת ציון

כה (ב) במרומיו. בשמי מרום : (ג) לגדודיו. למחנותיו : (ד) יזכה. מלשון זכות : (ה) עד. ענין הסרה כמו לא עדה עליו שחל (לקמן כ"ח) כי אשר עבר (בראשית ט"ו) ת"א דעדא : יאהיל. יאיר ויזרח כמו בהלו נרו (לקמן כ"ט) : זכו. מלשון זכות ובהירות :

(Isa. 13:10), *"shall not allow their light to illuminate* (יָהֵלּוּ)," *and this "alef" serves the same function as* (I Sam. 2:33), *"and to sadden* (וְלַאֲדִיב) *your heart," in which the "alef" is superfluous. Another explanation:* יַאֲהִיל, *you will not have shadow. When it does not shine, no shadows are cast.*

are with Him; He makes peace in His heights. 3. Have His
troops a number, and on whom does His light not shine?
4. How then can man be just with God, and how can one born
of woman be clean? 5. Behold, He removes the moon and it
will not shine, and the stars are not pure in His eyes. 6. How
much less, man, who is a worm, and the son of man, who is a
maggot!"

He makes peace in His heights—
*When the constellations ascend, each
one thinks, "I will ascend first," and
because he does not see what is before
him, he is not envious. So I heard.*
[*Tanchuma Buber* ad loc.] *Another
explanation: He makes peace in His
heights—Fire and water are mixed,
and the water does not extinguish the
fire. I did not hear this.*—[*Rashi*] [It
would appear that *Rashi* did not
hear this interpretation from his
mentors but originated it himself.
However, the idea that God makes
peace in the heavens between the
element of fire and the element of
water is found in many midrashim.
E.g. *Yerushalmi Rosh Hashanah* 2:4
states that the heavens are com-
posed of water and the stars of fire,
yet they live together and do not
damage each other; also, each angel
is composed of fire and water. We
find in *Targum:* Michael is from the
right, and he is of fire; Gabriel is
from His left, and he is of water, and
the Holy Chayoth are of fire and
water combined, and with His ruling
power and His fear, He makes peace
in His high heavens. *Rashi's* closing
statement is surprising.] *Mezudath
David* explains: The greatness of the
dominion and the extreme fear that

are with God—each one makes
peace in the heavenly constellations
so that they do not oppose one
another in the activities of the lower
world and change their missions. It
is not as you say, Job, that the con-
stellations are not subordinate to
God, for indeed they are; either out
of awe of His exaltation or fear of
His punishment.

3. **Have His troops a number—**Do
God's troops, the heavenly angels,
have a number? This demonstrates
the greatness of His ruling power.
Accordingly, they are awestruck by
His exaltation.—[*Mezudath David*]*

4. **How then can man be
just . . .**—*that you said* (23:10), *"He
has tested me that I will emerge like
gold."*—[*Rashi*]*

5. **He removes the moon—**Heb.
עַד, *like* (28:8), *"neither did a lion pass
(עָדָה) over it."*—[*Rashi*] *The meaning
is that even the moon will be removed
from its* [source of] *light in the future
and it will not shine, as it is written
(Isa. 24:23): "And the moon shall be
ashamed etc." And the stars will not
be pure in His eyes in the future. How
much less can man, who is a worm, be
just with God!*—[*Rashi in Etz
Chayim ms.*]

and will not shine—Heb. יַאֲהִיל, *like*

כו א ויען איוב ויאמר: ב מה-עזרת ללא-
כח הושעת זרוע לא-עז: ג מה-יעצת
ללא חכמה ותושיה לרב הודעת:
ד את-מי הגדת מלין ונשמת-מי
יצאה ממך: ה הרפאים יחוללו מתחת
מים ושכניהם: ו ערום שאול נגדו ואין

א ואתיב איוב ואמר:
ב מה סיעתא מדלית
חילא פרקתא באדרע
דלא עשין: ג מה
מלכתא מדלית
חוכמתא ודמי לך
דחוכמתא לסוגעא
אודעתא: ד ית מן
הויתא מליא ונשמתא
דמן נפקת מנך:
ה אפשר דגבריא
דמתמזמזין יתבריין
ואנון מלרע למיא ומשריתהון: ו ערטילא מפרסם שיול לקובליה ולית חופאה לבית

רש"י

(מענה איוב): כו (ד) ונשמת מי יצאה ממך. מי שם בך הרוח הזה שילא מפיך מי לא ידע זאת: (ה) הרפאים. גיהנם המרפה את הבריות: יחוללו. שבעה חללים שלו: מתחת מים ושוכניהם. בעמקי עמקים. וגם הוא: (ו) ערום שאול נגדו. לדעת ולראות את כל מה שבתוכו:

אבדנא

מנחת שי

כו (ג) ותושיה. במקצת ספרים חסר וא"ו אחר תי"ו וכן דינו מכח

אבן עזרא

כו (ג) מה עזרת ללא כח. התעזר מי שאין לו כח: (ד) ונשמת מי. הטעם ממי קבלת אלה הדברים שדברת: (ה) הרפאים. אפילו הרפאים שהם מתים המקום יחוללם מתחת מים ושוכני האדמה והענין על

רלב"ג

לחסרונו לא יגיע במה שיחטא שהוא מרי בחק השם מצד שלימותו כי האדם הוא חסר מאד בחק השם והוא מבואר שהוא בתכלית החולשה כי אין ראוי שיענש האדם על מרי לא ישוער בו לאדם במה שהוא אדם ולזה לא ענהו איוב על זה דבר אבל גינה דבריו. ואפשר שנאמר שבלדד בכאן שאין ראוי שייוחס לשם עם שלמותו מה שהוא עול וחסרון בחק האדם אשר הוא בתכלית החסרון בחק השי"ת ולזה ראוי שנאמין שהשם בלתי עוזב לאישי האדם להיותם בעלי שכל ושופט אותם על כל מעשיהם ומה שנמצאו בלתי שומר הסדור הראוי בטובות אישי האדם ורעתם נייחסהו אל סכלותנו לבלתי שערנו במקרים ההם הרבה מה שנחשוב במקרים שיהיו רעים ויהיו לטוב כמו שאמר בלדד במה שקדם ולא הוצרך איוב להשיב על דבריו לפי שאין בהם טענה נוספת על מה שקדם לו מהדברים וכבר קדמה תשובת איוב על כל הטענות בהם: ביאור מלות המענה (א) ויען איוב ויאמר: (ג) ותושיה. הקיום והסדור האלהי הנמצא בנמצאות: (ד) ונשמת מי יצאה ממך. ונפש מי יצאה ממך והרצון מה נמדת בני האדם במאמריך כי מי שילמד חבירו דבר דומה כאילו עושה נפשו בדבר המגיעה לנפש בלמוד ההוא כי הנפש השלם ועשה בלמוד המושכלות ותהיה היא והמושכלת אשר תשיגם דבר אחד ולזה אמר ואת הנפש אשר עשו בחרן והם האנשים אשר משכום אברהם ושרה לעבודת השם ולהשגת האמת: (ה) הרפאים. הם גרעיני הזרע וקראם רפאים להיותם קודם הצירוף כמתים וימצא להם כח נפשי כשנזרעו וזה פלא גדול ואמר זה בצמחים אשר יצמחו בקרקע הים והנהרות כמו האלמוג והדומה לו ממה שיצמח תחת המים וזה פלא שיגיע פועל השם באמצעות הגרמים השמימיים לכמו אלו המקומות ולא ימנעום המים והארץ אשר עליהם משיגים שם פועל הכוכבים או ירצה ברפאים הדוממיים והם המחצבים כמו המתכות ושאר הדברים ההווים בבטן הארץ מתחת המים ותחת שוכניהם מצד האידים אשר ימציאו שם הכוכבים כמו שהתבאר בטבעיות וקראם רפאים להיותם כמתים שאין בהם כח נפשי כלל והנה זה הביאור יותר נאות מצד הלשון כי לפי הביאור הראשון היה ראוי שיאמר הרפאים יצמחו: יחוללו. יבראו: ושוכניהם. ומתחת שוכניהם: (ו) שאול. הוא המטה במוחלט והוא מרכז הארץ ואמר זה על צד ההפלגה וגוזמא לרוני שאפילו במקום ההוא יגיע פועל הש"י

מצודת ציון

כו (ג) ותושיה. כן יקרא החכמה כי ישנה לעולם ולא תשוב לאין פיתר הדברים: (ד) את מי. אל מי: ונשמת. מלשון נשימה ונשיבת רוח כמו מנשמת אלוה יאבדו (לעיל ד') וענינו הדבור הבאה בנשימת רוח וכאשר יאמר ויפח לקץ (חבקוק ב'): (ה) הרפאים. כן יקראו המתים על שם שנרפו ונחלשו על ידי מ"ה: יחוללו. מלשון חלול ונקוב: (ו) שאול. הוא הגיהנם וכן אבדון:

מצודת דוד

כו (ב) מה עזרת. מהו העזר אשר נתת בדבריך למי שאין בו כח מעצמו להבין אמיתת ההשגחה: הושעת. מלת מה משמשת בשנים כאומר מה הושעת למי שאין בו עוז בזרועו להבין מאליו וכפל הדבר במ"ש: (ג) מה יעצת. מהו העצה שנתת למי שאין בו חכמה לדעת מבלנו: ותושיה. ומי הודעת חכמת אלהות בביאור מרובה ועל הדבר רבוי פעמים כדרך המתפלא ומלעיג: (ד) את מי. אל מי הגדת דברים כאלה וכאומר וכי ימצא מי שאינו יודעם מעצמו עד שיצטרך לדבריך: ונשמת מי. נשיבת הרוח של מי יצאה ממך ר"ל ממי שמעת הדברים האלה ובדרך לעג אמר: (ה) הרפאים. כאומר ואם באת לספר מן רוממות האל הנה יותר מזה ידעתי ואספר גם אני ואומר הנה הגיהנם מקום המתים אשר יש בה חללים רבים והם שבעה מדורי גיהנם והוא מתחת המים והשוכנים בהם כי פתח אחד יש לגיהנם בים: (ו) ערום וגו'.

26.

1. Then Job replied and said, 2. "How have you helped the powerless, saved the one who has no strength in his arm? 3. How have you advised the one without wisdom, and plentifully declared sound knowledge? 4. Whom did you tell these words, and whose breath emerged from you? 5. Gehinnom is hollow beneath the water and its denizens. 6. Sheol is naked before Him, and there is no

I prefer the former, but I heard both.—[*Rashi*]

6. **How much less etc.**—How much less man, who is destined to be devoured by worms; who is humble and lowly before the Almighty! Surely, man's disobedience to the Creator is considered a grave transgression.

(In summation: Bildad states that the constellations are indeed subordinate to the Almighty, either out of awe of His exaltation or out of fear of His punishment. Nevertheless, God does not subordinate the constellations in order to give reward to man, because man deserves no reward. In view of man's lowliness before God, any disobedience is accounted as rebellion.)—[*Mezudath David*]

(**Job's reply**)

2. **How have you helped etc.**—How have you helped with your words one who is himself powerless to comprehend Divine Providence? —[*Mezudath David*]

3. **How have you advised etc.**—What counsel have you given to the one who has no wisdom of his own

to understand the matter?—[*Mezudath David*]

4. **and whose breath emerged from you?**—*Who put into you this breath that emerged from your mouth? Who does not know this?*—[*Rashi*] This is sarcastic.—[*Mezudath David*]

5. **Gehinnom**—Heb. הָרְפָאִים, *Gehinnom, which weakens the creatures.*—[*Rashi*] If you wish to recite the greatness of God, I know more than you, and I too can recite. Behold the Gehinnom, the place of the dead etc.—[*Mezudath David*]

is hollow—*Its seven hollows.*—[*Rashi*] See *Tractate Gehinnom*, ch. 4; *Chesed L'Avraham*, seventh river, *Yalkut Haro'im* pp. 85f.

beneath the water and its denizens—*In the deepest of the depths, but that too . . .*—[*Rashi*]

6. **Sheol is naked before Him**—*to know and to see all that is within it.*—[*Rashi*] Job depicts the extent of Gehinnom; it is divided into seven compartments beneath the deepest depth of the sea, where there is an entrance to it (*Eruvin* 19a). Yet all is exposed before God.—[*Mezudath David*]

כסות לאבדון: ז נטה צפון על־תה
תלה ארץ על־בלימה: ח צרר מי
בעביו ולא־נבקע ענן תחתם: ט מאח
פני־כסה פרשז עליו עננו: י חק־חג על־
פני־מים עד־תכלית אור עם־חשך:
יא עמודי שמים ירופפו ויתמה

כסא ק׳

אבדנא: ז דמתח צפונא על למא זקף ארעא עלוי מיא מדלית מדעם דסמיך לה: ח דצרר מי מטרא בעננוי ולא אתבזע עננא תחותוי: ט מאחד באספקתא דמן כורסיה מן בגלל דלא יחמוניה מלאכיא פרס היך פרגודא עלוי עננא דיקריה: י גזר למשרי רקיע על אנפי מיא עד סוף נהורא עם חשוכא: יא עמודין דשמיא מזדעזעין ורתתין מן

ת"א בליה. חולין פט: מאחז. שבת פח סוכה ה: ירופפו. חגיגה יב:

רש"י

(ז) על בלימה. אין כלום ביסוד כי הם עומדים באויר על חוזק זרועיו של הקדוש ברוך הוא ודוגמ' פיר' בלימה מיסור כמו (תהלים ל"ב) במתג ורסן עדיו לבלום (כך ראיתי סא"א): (ח) ולא נבקע ענן. מעולם שיפלו מימיו ביחד: תחתם. תחת המים: (ט) מאחז. במחילות פני כסא הכבוד שלו כגון ישת חושך סתרו (שם י"ח): פרשז. על הכסא עננו ודמות על ראשי החיות רקיע (יחזקאל א'): (י) חוק חג. (קומפ"ס בלע"ז) לשו ובמחוגה יתארהו (ישעיה מ"ד) [סיבבה בחול להיות ל חול להוג סא"א] חוק גבול עולם לא יעבור הים אותו ח עד שיכלה אור והשך: (יא) ירופפו. כשבראם והקריש היו רופפים וגער בהם ועמדו ביובש ובחוזק: ויתמהו

אבן עזרא

גרגרי הזרע כי בשאול שהוא מקום סתר יעשה הפלו: (ז) הוא שנטה לפון שהוא מקום יישובו של עולם על תהו: תולה ארץ על בלימה. שתי מלות הענין כי הארץ תלויה באמצע הגלגלים: (ט) פני כסא. הוא השמים כענין ה' בשמים הכין כסאו: פרשז. אין לו חבר ועניינו פרש והדומה לו: (י) עד תכלית אור עם חושך. עד מקום שהוא תכלית האור שכל מה שיש למעלה הוא אור ולמט בהפך וי"א שעניינו עד שיכלה האור והחשך והראשון נכון בעיני: (יא) ירופפו. כמו ירפו ויש אומרים יתנועעו ובלש

מנחת שי

מסורת משלי ח' וישעיה סוף סימן כ"ח: (ח) לכל מים מתהלפים הספרים בטעמיהם יש מהם שהטעם בלד"י ומהם בב טעמים ומשמע דהכך בתרתי דייקי טפי וטעמא דמילתא דהשכח ליה בשיטה הדא מן מלין דכל חד וחד מלעיל ולית דכוותיה דו ותשכח בשילהי מסורה רבתא דילן בתר פלוגתא דמערבאי ומדנחאי

רלב"ג

כאלו היה ערום שלא יהיה למעלה ממנו גשם יכסהו וימנעהו מקבול פעל הגרמיים השמימיים וקרא המקום ההוא אבדון ג"כ להיות יותר רחוק מקבול פעל הגרמים השמימיים מכל מקומות הארץ ולזה היה נעדר השלמות יותר משאר חלקי הארץ כי המות והאבדון ייחס לנעדר הצורה והשלימות: (ז) על בלימה. על מה שאין לו מליאות בעצמותו והוא מרכז הארץ כי עליו נתלית הארץ כמו שהתבאר בטבעיות (ט) מאחז פני כסה. מאחז ומעבה האויר אשר על פני רקיע השמים אשר נקרא כסא כאמרו השמים כסאי: פרשז עליו עננו. ובזה האופן פרש עליו עננו ר"ל כי בהתעבות האויר ההוא יתהוה ממנו הענן כמו שהתבאר בספר האותות: (י) חג. הגביל וייחסו למחוגה לפי שהמחוגה מגבלת תכליות השטח העגול המתחדש בסבתה: (יא) ירופפו. יתנועעו ויזדעזעו:

מצודת דוד

ועם כי הוא בעומק הארץ מתחת למים עם כ"ז יודע המקום כל אשר בו כאלו היה ערום מבלי מכסה: (ז) נוטה צפון. ר"ל רקע הארץ על תוהו כי אין שום דבר מחזיקו ועל כי עיקר הישוב הוא בפאת הצפון נ"א נוטה לפון וגו': על בלימה. על דבר שאין בו ממש כי כל העמדת כדור הארץ לבל יתקרב לפאה מן הפאות הוא בעבור כי כל חלקי היסוד משתוקק ליסודו והרי כל כדור הארץ נשען על נקודת המרכז היא אמצעית הכדור נקודה שאינה מתחלקת (ח) צרר. קושר מי המטר בהעבים להיות אצור בו ולהוריד טפות טפות לבד ומעולם לא נבקע הענן תחת המים עד אשר ישפכו בבת אחת: (ט) מאחז פני כסה. השמים נקרא כסא כמ"ש השמים כסאי (ישעיה ס"ו) ואמר הנה האויר אשר ע"פ רקי השמים מעבה עד שיהיה ראוי לאחוז בו ובזה פורש על הרקיע את עננו כי בזה האופן יהיה הויות הענן כי יתעבה האויר: (י) חוק חג. עשה חוק הקפת החול על פני מי הים לבל יעברוהו עד אשר הכלה האור עם החשך ר"ל לעולם עד שתחרב כל העולם כלו: (יא) עמוד

מצודת ציון

(ז) תוהו. ענינו דבר שאין בו ממש: בלימה. הוא שתי תיבות בלי מה (ח) צורר. קושר כמו לצרור כספו (בראשי' מ"ב): (ט) כסה. כמו כסא באל"ף: פרשז. מל' פרישה והזיי"ן נוספת: (י) חג. ענין סבוב ועגול וכן וחוג שמים יתהלך (לעיל כ"ב): תכלית. מלשון כליון: (יא) ירופפו

erpetual boundary. The sea will not ross that circle until light and dark ome to an end.—[*Rashi*] *Ibn Ezra* refers the interpretation that Scripure refers to the horizon, above which is light and below, darkness.

11. **The pillars of the heavens**— The earth is known as the pillars of the heavens because it is in the center, and it is as though the earth supports the heavens.—[*Mezudath David*]

trembled—*when He created them, and He caused them to congeal. They*

cover for Abaddon. 7. He stretches out the north over chaos;
He suspends the earth on nothing. 8. He binds water in His
clouds, and the cloud does not split beneath it. 9. He closes in
the face of His throne; He spreads His cloud over it. 10. He
encircled a boundary on the face of the water, until the ending
of light with darkness. 11. The pillars of the heavens trembled
and are astonished

Sheol and *Abaddon* are synonyms
for Gehinnom.—[*Mezudath Zion*
from *Eruvin* 19a]

7. **He stretches out the north**—He
spreads the world over empty space,
with nothing to support it. The
world is referred to as "the north"
because the main civilization of the
world is in the northern hemi-
sphere.—[*Mezudath David, Ibn
Ezra*]

on nothing—Heb. בְּלִימָה. *There is
nothing in the foundation because
they stand in the air on the strength of
the arms of the Holy One, blessed be
He.* [*Rashi* apparently interprets
בְּלִימָה as two words: בְּלִי מָה, *without
anything,* as *Ibn Ezra.*] *Dunash,
however, explains* בְּלִימָה *as evenness,
like* (Ps. 32:9), *"with a bit and a
bridle as its adornment to guide it
evenly* (לִבְלוֹם).*" (So I saw.)*—[*Rashi*]
The parenthetic material does not
appear in all editions. *Rashi's* quota-
tion from *Dunash* does not appear in
our edition of *Teshuvoth Dunash,* but
it is in *Machbereth Menachem* p. 33.
However, on p. 45, *Menachem*
defines it as *Rashi* does in *Psalms:*
He regulates the earth.] According
to *Rashi's* latter definition, the verse
means that God suspends the world

by balancing it evenly. According to
the former, it means that He
suspends it in the center of the
spheres, with nothing to support it.

8. **and the cloud does not split**—*It
never* [split] *so that its water* [i.e.
rain] *should fall together.*—[*Rashi*]

beneath it—*Beneath the water.*—
[*Rashi*]

9. **He closes in**—*with walls the
face of His throne of glory, like* (Ps.
18:12), *"He made darkness His
secret place."*—[*Rashi*]

He spreads—*over the throne His
cloud* (Ezek. 1:22), *"And there was a
likeness over the heads of the living
creatures, of an expanse."*—[*Rashi*]
Ibn Ezra and *Ralbag* explain that the
throne represents the heavens, as in
Isaiah 66:1: "The heavens are My
throne." *Ralbag* explains further
that God thickens the atmosphere
that is over the expanse of the
heavens—"the throne"—and there-
by spreads His cloud over it.

10. **He encircled a boundary**—
(compas in French), an expression of
(Isa. 44:13), *"and with a compass
(וּבַמְּחוּגָה) he rounds it."* [*He sur-
rounded it with sand for the sand to be
a circle for it. Does not appear in all
editions.] The word* חֹק *denotes a*

מִגַּעֲרָתוֹ: יב בְּכֹחוֹ רָגַע הַיָּם וּבִתְוּבָנָתוֹ
מָחַץ רָהַב: יג בְּרוּחוֹ שָׁמַיִם שִׁפְרָה
חֹלְלָה יָדוֹ נָחָשׁ בָּרִחַ: יד הֶן־אֵלֶּה ׀
קְצוֹת דְּרָכוֹ וּמַה־שֵּׁמֶץ דָּבָר נִשְׁמַע־ בּוֹ

ת"א רגע הים. ב"ב פד: · ובתבונתו קרי דרכיו קרי

תרגום

מְזוּפִיתֵיהּ: יב בְּחֵילֵיהּ גְּזַר יַמָּא וּבְסוּכְלְתָנֵיהּ מְחָא גִּבָּרַיָּא: יג בְּרוּחַ פּוּמֵיהּ אַפֵּי שְׁמַיָּא אִשְׁתַּבְהָרוּ בְּרַת יְדֵיהּ לִוְיָתָן דְּמַתִיל לְחִוְיָא טָרִיק: יד הָא אִלֵּין סַיְפֵי אוֹרְחָתוֹי וּמַה דִּי אִתְמְצֵי מִן קְצַת מִלְּתֵיהּ

רש"י

(תוהה ועולה. סא"א כאדם תווה ועומד) במקום אחד: (יב) רגע הים. כמו עורי רגע (לעיל ז') נקמט קמטים קמטים נעשו (כך כשאמר יקוו המים נאספו מפשיטתן ונקמטו קמטים קמטים) עד שנקוו למקום אחד המוכן להם: מחץ רהב. מצריים קרויין רהבים: (יג) ברוחו שמים שפרה. בדבריו וברוח פיו איהל כמו ונטה את שפרירו (ירמיה מ"ג): חוללה ידו. את פרעה הנקרא נחש בריח (ישעיה כ"ו) לשון חיל וצרה וכן במקום אחר הלוא את היא המחצבת רהב מחוללת תנין (שם נ"א) ל"א יסדה ידו את לויתן כמו גבעות חוללתי (משלי ח'): (יד) קצות דרכיו. קלות ומועטות לפי שאר גדולות שבו: ומה שמץ דבר נשמע בו. מה רמז דבר אדם יכול להבין

מנחת שי

(יב) ובתובנתו. ובתבונתו קרי ונראה שכן צ"ל בחילופים למערבאי: (יד) דרכו. דרכיו קרי: גבורתו. גבורתיו קרי:

אבן עזרא

רבותינו ז"ל רפפות: (יב) רגע. ענינו בקע: (יג) שפרה. הה"א נוסף וענינו תקן מן שפר או מן שפרירו או הבי"ת במלת ברוחו נוסף ויחסר דגש מפ"א של שפרה: נחש בריח. התנין אשר בים ויש אומרים כי הוא התלי ונקרא נחש בעבור שהוא כמו מעות ובריח שהוא מבריח מן הקצה אל הקצה: (יד) שמץ דבר. כמו לשמצה:

רלב"ג

(יב) רגע. נח: מחן רהב. הכה מה שיגבה מהים על הארץ ר"ל שסבב שלא יגבה הים על חלק הנגלה מהארץ: (יג) ברוחו שמים שפרה. ברצון השם היו השמים בזה האופן מהיופי והשלימות אשר הם בו: חוללה. בראה: נחש בריח. הוא דמות הנחש הנראה סובב בגלגל המזלות והוא העגול החלבי: (יד) שמץ מנהו. מעט: ורעם גבורותיו. ורבוי גבורותיו: ביאור דברי המענה ענה איוב ואמר מה עזרת לדעתך בהשגחה לפי מחשבותיך באלו המאמרים אשר אמרת הנה אין להם כח לעזור לדעתך ולהתגלל מהספקות אשר ספקתי על דבריך ומה יעלת עם לבבך להשיב על הספיקות אשר ספקתי לך מאין חכמה ואיפה נימום השם בנפלאות וסדורו אשר הודעת לרוב ר"ל שמה שהגיד ממנו הוא מעט מזער. את מי הגדת אלו הדברים ומה למדת אותנו בזה הלא אני יודע יותר ויותר מנימום פעולו' השם וגבורותיו ונפלאותיו. הלא המחלבים יבראו השם ית' מתחת המים ותחת הדברים השוכנים בארץ וזה בתכלית הפלא ר"ל שיגיע שם בבטן הארץ בזה האופן מהעומק פעל הגרמים השמימיים השופע מהשם ית'. הנה המטה במוחלט והוא מרכז הארץ הוא לפני השם כאלו הוא ערום ואין לו כסות עם כסותו אותו הארץ עד שכבר יגיע פעל השם שם עם עומקו. הנה השם מטה הצפון אשר שם היישוב על תוהו כי הוא נשען על מרכז הארץ אשר איננו כי אם נקודה ותולה הארץ על בלימה ר"ל שהיא נשענת ונסמכ' על הנקודה שהיא מרכזה לא בדבר חוץ ממנה כמו שהתבאר בטבעיות וזה בתכלית הפלא. הנה הוא צורר מים בעבו ולא נבקע ענן תחתם כאשר יוליכום הרוחות עד הגיעם אל המקום אשר ירד שם המטר. הנה השם ית' סבה שיאחז האויר על פני השמים ויתעבה מצד הקרירות ואז פירש עליו עננו כי בזה האופן יהיו הויות הענן וספר זה לפי שנעלם מהמון האנשים. גזר חק על פני המים שלא יעלה גבולו בדרך שיראה לו החלק הנגלה מן הארץ בצד הצפוני תמיד ויתהוו בו אלו ההויות עד המקום שיכלה בו היות האור עם החושך בכל יום ר"ל שיהיה קצת כל יום מימי השנה אור וקצתו חשך וזה דבר ימשך עד מרחב ס"ו מעלות

מצודת ציון

ירעדו כי ועמודיה יתפלצון (לעיל ט') תרגומו מתרופפין: (יב) רגע. בקע כמו עורי רגע (לעיל ז'): מחץ. הכה והרג כמו מחץ ראש (תהלים ק"י): רהב. מצרים קרוים כן כמו שאמר קראתי לזאת רהב (ישעיה ל'): (יג) שפרה. ענין אוהל כמו ונטה את שפרירו (ירמיה מ"ג) ואוהל היפה נקרא כן מלשון אמרי שפר (בראשית מ"ט): חוללה. בראה כמו ותחולל ארץ (תהלים צ'): בריח. כענין מטה עשוי לגומו לרוחב השער לסגרו: (יד) דרכיו. מעשיו ופעולותיו שמץ. ענין משהו ומעט וכן ותקח אזני שמץ מנהו (לעיל ד'): ורעם. ענין רעש והמיה:

מצודת דוד

שמים. הארץ תקרא עמודי השמים כי היא מרכז להם וכאלו מעמידם והושאל מדבר גשמי אשר המרכז להם סעיקר ויסוד ואמר הנה לפעמים ירעדו מקומות הארץ וינועו ממקומם וכאשר יגער בהם המקום ינוחו במקומם כאדם המתמיה מגערת המאיים עליו ועומד על עמדו: (יב) בכחו. ברב כח בקע הים ובתבונתו הכה בו את מצרים כי סכל את דעתם ומשכם אל הים להכות אותם נפש: (יג) ברוחו. ברוח פיו איהל את השמים על הארץ וידו בראה את הלויתן אשר דומה לנחש ומבריח את הים מן הקצה אל הקצה: (יד) הן אלה. הדברים האלה המה מקצת דרכיו ומה מאוד דבר מעט אשר נשמע בו ר"ל הן לא ידענו ולא שמענו כ"א מעט מדרכיו לא כולם אף לא חלק גדול מהם: ורעם. אף גבורותיו הנשמעים לכל כקול רעש מי יוכל להתבונן לדעת מלפוני הנפלאות אשר בהם ואף כי הנעשים בשמים ממעל ומתחת לארץ אשר לא ידעם אנוש וכאומר הנה השמעתיך יותר מאשר קשמעת ועדיין לא הגעתי לחלק גדול מנפלאות ה'. (העולה מהמענה הזה כי ילעיג על בלדד שאמר דברים הידועים לכל ומיעט לספר מנפלאות ה' וסיפר הוא יותר ממנו ואמר שעכ"ז עדיין לא הגיע אף הוא לחלק גדול מנפלאות ה' ולא חש להשיב יותר כי במרבית הלעג-כאלו אמר לו מה בכך שלפי רוממות המקום ושפלות האדם יחשב המעט מן המרי לרב הלא כל שכן הוא במרבית המרי מן הרשע יחשב לרב ומה זה לא ישלם לו גמול):

dience is regarded as a grave sin, because, were that so, the wicked too should be punished severely for their sins.)—[*Mezudath David*]

from His rebuke. 12. With His strength, the sea wrinkled, and
with His understanding, He smote Rahab. 13. By His breath
He made the heavens a tent; His hand caused pain to the bar-
like serpent. 14. Behold these are the outskirts of His ways, and
what implication of any matter can be understood

were trembling, and He rebuked
them, and they stood dry and
strong.—[Rashi]

astonished—(wondering and
ascending. Other editions: wondering
and standing) in one place.—[Rashi]
Rashi to Genesis 1:6 explains that on
the first day of Creation the heavens
were wet, and on the second day
they solidified from God's rebuke,
like a man who stands bewildered
from the rebuke of someone who
frightens him. The source is Gen.
Rabbah 12:10.

12. the sea wrinkled—Like (above
7:5), "my skin wrinkled (רָגַע)." It
wrinkled. Many wrinkles were
formed. (So, when He said (Gen.
1:9), "Let the waters . . . gather,"
they were gathered from their
straightness and were wrinkled into
many wrinkles) until they gathered
into one place, which was prepared
for them.—[Rashi] Ibn Ezra and
Mezudoth, following Targum, ren-
der: split, connecting this clause
with the following clause.

He smote Rahab—The Egyptians,
who are called רַהַב, haughty.—[Rashi,
based on Isaiah 30:7, Mezudath
Zion]

13. By His breath He made the
heavens a tent—Heb. שִׁפְרָה. With His
words and with the breath of His
mouth, He made a tent, like (Jer.

43:10), "and he shall spread his royal
pavilion (שַׁפְרִירוֹ),."—[Rashi]

His hand caused pain—to Phar-
aoh, who was called the barlike ser-
pent (Isa. 26:1). חֹלְלָה is an expression
of pain (חִיל) and trouble. Likewise,
elsewhere (ibid. 51:9): "are you not
the one that hewed Rahab and slew
(מְחוֹלֶלֶת) the sea monster?" [Note that
Rashi to Isaiah renders: מְחוֹלֶלֶת, slew,
from חָלָל; here he renders: caused
pain. Cf. Commentary Digest ad
loc.] Another explanation: His hand
founded the leviathan, as in (Prov.
8:25), "before the hills I was created
(חוֹלָלְתִּי)."—[Rashi]

14. the outskirts of His ways—The
easiest and the smallest in com-
parison to His other qualities.—
[Rashi]

and what implications of any
matter can be understood—What hint
of anything can a man understand
from His deeds? Another explana-
tion: שֵׁמֶץ is like (Exod. 32:25), "to
the scandal (לְשִׁמְצָה)," uncomplimen-
tary.—[Rashi]

(In summation: Job castigates
Bildad for reciting facts already
known to all and neglecting to tell
the wonders of God. He proceeds to
recite some of God's wonders but
does not refute Bildad's argument
that, in respect to God's exaltation
and man's lowliness, any disobe-

בוֹ וְרַעַם גְּבוּרֹתָו מִי יִתְבּוֹנָן׃ כז א וַיֹּסֶף
אִיּוֹב שְׂאֵת מְשָׁלוֹ וַיֹּאמַר׃ ב חַי־אֵל
הֵסִיר מִשְׁפָּטִי וְשַׁדַּי הֵמַר נַפְשִׁי׃ ג כִּי־
כָל־עוֹד נִשְׁמָתִי בִי וְרוּחַ אֱלוֹהַּ בְּאַפִּי׃
ד אִם־תְּדַבֵּרְנָה שְׂפָתַי עַוְלָה וּלְשׁוֹנִי
אִם־יֶהְגֶּה רְמִיָּה׃ ה חָלִילָה לִּי אִם־
אַצְדִּיק אֶתְכֶם עַד־אֶגְוָע לֹא־אָסִיר
תֻּמָּתִי מִמֶּנִּי׃ ו בְּצִדְקָתִי הֶחֱזַקְתִּי וְלֹא

נִשְׁמְעָנָא מִנֵּיהּ וְרִכְפַּת
גְּבוּרָתוֹ מַן יִתְבְּיַן׃
א וְאוֹסִיף אִיּוֹב לְמִטַּל
מַתְלֵיהּ וַאֲמַר׃ ב קַיָּם
אֱלָהָא אַעְדִּי הִלְכַת דִּינִי
וְשַׁדַּי אַמְרַר נַפְשִׁי׃
ג אֲרוּם פְּסַק תּוּב
נִשְׁמְתִי בְּמֵימְרֵי וְרוּחָא
דֶּאֱלָהָא בִּנְחִירָי׃ ד אִין
מְמַלְּלָן סִפְוָתִי שִׁקְרָא
וְלִישָׁנִי אִין מְרַנֵּן נִכְלָא׃
ה חַס לִי אִין אֲזַכֵּי יָתְכוֹן
עַד דְּאֶתְנְגִּיד לָא אַעְדֵּי
שְׁלֵימוּתִי מִנִּי׃ ו בִּזְכוּתִי
תַּקִּיפִית וְלָא אֶשְׁבְּקִינָהּ

ת״א משפטי. סוטה כ: תומתי. סוטה כז:

גבורותיו קרי
ארפה

רש״י

מפעלותיו ד״א שמן כמו לשמלה לגנות:
כז (א) ויוסף. עמדו ריעיו מענות כאשר הוכיחם אליהוא כי עמדו ולא ענו עוד (לקמן ל״ב): (ב) חי אל. שבועה כי באמת הסיר את משפטי ומכאן דרש ר׳ יהושע שמאהבה עבד איוב את המקום אין אדם נודר בחיי המלך אלא א״כ אוהב את המלך: (ה) אם אצדיק אתכם. אם אומר הדין עמכם להייבני: לא אסיר תומתי. לא אודה לדבריכם לומר שאיני תם: (ו) בצדקתי החזקתי. לומר שאני לדיק: לא יחרף לבבי. אותי מימי מכל דרך ומדה שנהגתי בימי ועל

אבן עזרא

כז (ב) חי אל הסיר משפטי. נשבע חי אל שהסיר. מן סורר. או הסיר כמשמעו. כל הימים שאחיה: (ד) אם תדברנה

רלב״ג

וכ״ה דקים ועד שם נמשך הישוב לפי מה שספרו הקודמים ואולם שם יהיה יום אחד בשנה אין בו לילה ויום אחד כנגדו אין בו יום ומשם והלך יתוסף זה השיעור מעט מעט עד שיגיע אל מה שתחת הקוטב הלפוני ויהיה שם ששה חדשים בשנה אין בהם לילה והם ימות החמה וששה חדשים בשנה אין בהם יום והם ימות הגשמים. עמודי שמים ירופפו ויזדעזעו והם חלקי הארץ אשר ירעשו מגערת השם בבא הרעש אשר סבתו הרוח ההווה תחת הארץ בסבת האד העשני הנעלר שם וקראם עמודי שמים להיות השמים נסמך על הארץ כמו שהתבאר בספר השמע. בכח השם וגבורותיו נח הים ולא ירוץ על הארץ כדי שלא יטבעו ההווים שם ובתבונת השם הכה מה שיגבה מן הים על הארץ ויפסידהו. וזה כי להיות שאר המימות מתערבים במי הים והולכות בים היה ראוי שיגביהו מי הים על החלק הנראה מהארץ ויטביע אלא שהשם סבב בתבונתו שיכלה השמש ושאר הכוכבים בחומר מימי הים בשיעור מה שיבא אליו מהנהרות עד שלא יתוסף בזה הים כלל. ברלון השם וחכמתו היו השמים בזה האופן מן היופי והשלימות אשר הם בו בבריאתם עד שאי אפשר להיותם באופן אחר יותר שלם להגיע לזה המליאות השפל מה שילטרך אליו הגעתו מהם. בראה ידו ויולדה העגול החלבי אשר בגלגל הכוכבים הקיימים אשר בו מן הפלא והפעלם מה שכבר התבאר בספר האותות. והנה אנחנו אמרנו בכל זה קלת מאמר בחמישי מספר מלחמות ה׳. הנה אלו הדברים אשר ספרתי הם קלת דרכי השם ומה מעט הדבר שנשמע בו בזה הספור. ואולם תוקף גבורותיו ונפלאותיו לא ימלא מי שיבין אותם: והכלל העולה מהדברים הוא מבואר ולא רלה איוב להשיב על דברי בלדד יותר מזה השיעור לפי מה שזכרנו במענה הקודם ובכלל אם היה משיב אותו עליהם לא יהיה כי אם כפל דבריו לפי שכבר השיב על זאת הטענה במה שקדם וכחר אותה מהמום: ביאור מלות המענה (א) ויוסף איוב שאת משלו ויאמר:

מצודת דוד

כז (א) ויוסף איוב. כראותו כי אין מי יענה לו על אמריו הוסיף עוד להרים קול בדברי משל ואמר דבריו. והמשל הוא נתיב לא ידעו עיט וגו׳ וכדומה: (ב) חי אל. הריני נשבע חי אל אשר הסיר משפט גמול מעשי במה שמסר הכל ביד מערכת השמים: ושדי. מוסב על חי לומר חי שדי אשר המר לנפשי והוא כפל ענין במ״ש: (ג) כי כל עוד. אשר כל זמן שתהיה נשמתי בי ורוח החיים מאלוה יהיה באפי: (ד) אם תדברנה. מוסב למעלה לומר עונש שבועה יהיה עלי אשר כל ימי חיי אם תדברנה שפתי עולה להתלונן בהנם או אם לשוני ידבר רמיה להלדיק עלי את הדין מן השפה ולחוץ עם כי לבי לא כן יחשוב כאומר לא אלעק בחנם ולא אודה ברמיה: (ה) חלילה לי. חולין וגנאי הוא לי אם אני אומר ברמיה שאתם לדיקים בדבריכם והדין עמכם כי הן הרשעתי כי

מצודת ציון

כז (ב) חי אל. ר״ל כמו שהאל הוא חי וכן חי ה׳ (מלכים א׳ י״ז): המר. מלשון מרירות: (ד) יהגה. ידבר כמו ולשוני תהגה (תהלים ל״ה): (ה) תומתי. מלשון תמימות: (ו) יחרף. ענין נטיה

since I do not believe it in my heart. Until I die, I will not give up my innocence by speaking deceitfully.

6. **I have maintained my righteousness**—*To say that I am righteous.*—[*Rashi*] *Mezudath David* explains: The righteousness that I practiced was always steady, never incidental.

therein, and who understands the thunder of His mighty deeds?"

27.

1. Then Job again took up his parable and said, 2. "As God lives, Who has taken away my right, and the Almighty has embittered my soul. 3. For as long as my soul is within me and the spirit of God is in my nostrils, 4. my lips will speak no injustice and my tongue will utter no deceit. 5. Far be it from me that I should justify you; until I die, I will not give up my innocence. 6. I have maintained my righteousness, and I will not

1. **Then Job again**—*His friends refrained from answering as Elihu reprimanded them, for they stood and replied no more (32:3).*—[*Rashi*] When he saw that no one responded to refute his statements, he resumed his address and raised his voice with a parable composed of such statements as (28:7): "A path unknown to brigands etc."—[*Mezudath David*]

2. **As God lives**—*I swear that indeed He took away my right. From here Rabbi Joshua derived that Job served the Omnipresent out of love. No one swears by the king's life unless he loves the king.*—[*Rashi* from *Tosefta Sotah* 6:1]

Who has taken away my right—to receive reward for my good deeds by giving dominion to the constellations.—[*Mezudath David*] *Ibn Ezra* suggests: has perverted my right.

3. **For as long as my soul etc.**—As long as my soul is still in my body

and the spirit of life that God granted me is still in my nostrils.—[*Mezudath David*]

4. **my lips will speak no injustice** —Lit. if my lips will speak injustice etc. The punishment for swearing falsely should come upon me if my lips speak injustice or my tongue utter deceit. Job swears that he is not being unjust when he complains of his lot and that he will never be a hypocrite by rationalizing God's judgment upon him.—[*Mezudath David*]

5. **that I should justify you**—*That I should say that you are right in condemning me.*—[*Rashi*]

I will not give up my innocence—*I will not concede to your words and say that I am not innocent.*—[*Rashi*] *Mezudath David* connects this verse to the preceding one: It would be disgraceful for me to speak hypocritically and admit that you are right and that I have dealt wickedly,

אַרפה לא־יחרף לבבי מימי: ז יהי
כרשע איבי ומתקוממי כעול: ח כי
מה־תקות חנף כי יבצע כי ישל אלוה
נפשו: ט הצעקתו ישמע ׀ אל כי־תבוא
עליו צרה: י אם־על־שדי יתענג יקרא
אלוה בכל־עת: יא אורה אתכם ביד־
אל

ת"א יגלע . ב"ק קיב :

תרגום

לא יחסד לבבי מן יומי: ז יהא היך חיבא בעל דבבי ודקאם עלי היך רשיעא: ח ארום מן סבר דילטור ארום יכנוש ממון דשקר ארום ינתר אלהא נפשיה: ט אפשר דקבלתיה יקבל אלהא ארום תיתי עלוי עקא: י אין על שדי יתפרנק יהוי קרי אלהא בכל עדן: יא אליף יתכון

רש"י

כרחו יהי כרשע אויבי: (ח) כי מה תקות חנף. כי למה אהיה רשע וגזלן מה סופו של רשע הגוזל ממון: כי ישל. כי ישליך המקום את נפשו מעליו לשון של נעליך (שמות ג') ונשל הברזל (דברים י"ט): (י) אם על שדי יתענג. כפל התמיהה היא ככל התמיהות הכפולות שכן דרך הראשונה בה"א והשניה באם כמו הירוצון בסלע סוסים אם יחרוש בבקרים (עמוס ו'). היש בלשוני עולה אם חכי לא יבין הוות (לעיל ו') אף כאן הצעקתו ישמע אל. אם על שדי יתענג. שמא או מי שהוא רשע חנף יכול הוא להתענג ולסמוך על ישועות הקב"ה ולקרא אליו בעת צרתו בתמיה: (יא) אורה אתכם. מה המדה שביד אל. ודרך: אשר עם שדי לא אכחד. כמו כי ידע

מנחת שי

כז (ט) הצעקתו. בספרי ספרד יש געיא בה"א בין שוא לפתח :

אבן עזרא

שפתי עולה: (ו) לא יחרף. לא יקטן לבי כאדם שיש לו חרפה: (ח) ישל. יש אומרים מן שלל והקרוב אלי שהוא מן של נעליך. כי ישל הנפש מעל הגוף :

רלב"ג

(ו) יחרף. יפה ומזה הענין שפחה נחרפת לאיש ר"ל שהיא נוטה מצד עבדות לצד חירות כמו שזכר הרב מורה לדק: (ח) יבלע. יגזול: ישל. יעמוד בשלום: (יא) אורה. אלמוד:

מצודת ציון

וכן שפחה נחרפת (ויקרא י"ט) שר"ל שנטה מן העבדות לחירות: (ז) כרשע. כעול. הכפי"ן באו לאמתת הדבר וכן ובלילה יהיה כגנב (לעיל כ"ד): (ח) חנף. רשע המחניף ליצרו לעשות תאויו: יבצע. יגזול כמו בולע בלע (חבקוק ב'): ישל. ענין הסרה ושליפה כמו של נעליך (שמות ג'): (יא) אורה. אלמד כמו יורה דעה (ישעי'

מצודת דוד

הואיל ולבבי לא כן יחשוב לא אדבר רמיה כי עד אמות לא אסיר תומתי ממני לדבר רמיה בפה ולא בלב: (ו) בצדקתי. כי הנה הלדק אשר עשיתי מעולם לא עשיתיו אותו בדרך עראי כי החזקתי בה לחזוק רב ולא נתתי לה רפיון ומימי לא נטה לבבי ממנה: (ז) יהי כרשע. מדת הרשע והעול רעים המה בעיני עד שאני מקלל אויבי וקם עלי לרעה שהוא יהיה רשע ועול כי כ"כ הדבר רע בעיני עד שתחשב לקללה: (ח) כי מה תקות. כאומר אף לדעתי שהכל מסור ביד מערכת השמים והיה הלדיק כרשע עם כ"ז אין לבחור ברשע כי מה יהיה תקות רשע אשר יגזול אנשים כאשר יסיר אלוה את נפשו ממנו כי הלדיק יקוה לתענוג הנפשי אבל הרשע אל מה יקוה: (ט) הצעקתו. ואם לתקות תענוגי הגוף וכי כשיבא עליו לרה ישמע אל לעקתו למלטו ממנה כאומר וכי בעבור רשעו ישדד ה' את המערכה אשר לא יעשה אף בעבור הלדיק ונקי: (י) אם על שדי יתענג. וכי ישען על ה' לענגו בטובה וכי יבטח נקרוא לה' בעת הלורך כאומר הלא אף תפלת הלדיק אינה נשמעת אף כי רשע וחוטא: (יא) אורה אתכם. כאומר אין דרכי להסית אנשים לבחור ברשע רק אני מלמד אתכם ההנהגה אשר היא ביד האל ולא אחדל מלדבר מה אשר עם שדי לבל יתלו העול במקום

perhaps be able to delight and rely on the salvations of the Holy One, blessed be He, and call to Him in time of trouble? This is a question.—[*Rashi* according to Furth edition] *Etz Chayim* ms. reads: *Or will one who is a flattering wicked man perhaps be able etc.* Lublin edition is definitely erroneous. *Mezudath David* explains: Will he rely on God to allow him to delight with prosperity, or can he trust God to answer him when he calls to Him in time of trouble? God does not hearken even to the prayer of the righteous, how much less to the prayer of the wicked!

11. **I will instruct you**—*what the standard is that is in God's hand, and the way . . .*—[*Rashi*]

let it go; my heart will not reproach [me] because of my days.
7. My enemy shall be like a wicked man and he who rises up
against me like an unjust one. 8. For what is the hope of a
flatterer who robs, when God casts off his soul? 9. Will God
hearken to his cry when trouble befalls him? 10. Or will he
delight with the Almighty? Will he call God at all times? 11. I
will instruct you [what is] in God's hand;

I clung tenaciously to it without slackening, and my heart never deviated therefrom.

my heart will not reproach—*me because of my days, i.e. because of any manner or trait with which I deported myself in my days. Therefore, perforce, my enemy shall be like a wicked man.*—[*Rashi*]

7. **My enemy shall be like a wicked man**—So much do I despise the traits of the wicked and the unjust that I curse my enemies and those who rise up against me that they be wicked and unjust; that trait is so despised in my eyes that it is deemed a curse.—[*Mezudath David*]

8. **For what is the hope of a flatterer**—*For why should I be a wicked man and a robber? What is the end of a wicked man who takes money by force?*—[*Rashi*]

when God casts off—Heb. יֵשֶׁל. *When the Omnipresent casts his soul off him. This is an expression of* (Exod. 3:5), *"Take your shoes off* (שַׁל)*"; (Deut. 19:5), "and the iron [head] slips off* (וְנָשַׁל)*."*—[*Rashi*] It is as if he says that even though he believes that there is no Divine Providence, but instead the constellations dominate the world so that

the fate of the righteous is the same as that of the wicked, it is still unwise to choose the way of wickedness, because the wicked have no hope in the hereafter, when God takes away their soul. The righteous man hopes for spiritual delight, but for what can the wicked man hope?—[*Mezudath David*]

9. **Will God hearken to his cry**— And if he hopes for physical pleasure, will God hearken to his cry when trouble befalls him, to extricate him from it? Will God render the constellations powerless for a wicked man if He does not do so for a righteous man?—[*Mezudath David*]

10. **Or will he delight with the Almighty**—*The double interrogative is like all double interrogatives: the first one is customarily prefixed by a "hey" and the second one by* אִם. *E.g.* (Amos 6:12), *"Will horses run* (הַיְרֻצוּן) *on the rock, or* (אִם) *will one plow with cattle?"* (Job 6:30), *"Is there* (הֲיֵשׁ) *injustice in my tongue, or* (אִם) *will my palate not understand wickedness?" Here, too, will God hearken to his cry . . . or will he delight with the Almighty? Will one who is a wicked man or a flatterer*

אֶל אֲשֶׁר עִם־שַׁדַּי לֹא אֲכַחֵד: יב הֵן־
אַתֶּם כֻּלְּכֶם חֲזִיתֶם וְלָמָּה זֶּה הֶבֶל
תֶּהְבָּלוּ: יג זֶה ׀ חֵלֶק־אָדָם רָשָׁע ׀ עִם־אֵל
וְנַחֲלַת עָרִיצִים מִשַּׁדַּי יִקָּחוּ: יד אִם־
יִרְבּוּ בָנָיו לְמוֹ־חָרֶב וְצֶאֱצָאָיו לֹא
יִשְׂבְּעוּ־לָחֶם: טו שְׂרִידָיו בַּמָּוֶת יִקָּבֵרוּ
וְאַלְמְנֹתָיו לֹא תִבְכֶּינָה: טז אִם־יִצְבֹּר
כֶּעָפָר כָּסֶף וְכַחֹמֶר יָכִין מַלְבּוּשׁ: יז יָכִין

בִּנְבוּאַת אֱלָהָא דִּי עִם
שַׁדַּי לָא אֲכַסֵּי: יב הָא
אַתּוּן כּוּלְכוֹן חֲמֵיתוּן
וּלְמָא דֵּין הֶבְלָא
תְּהַבְּלוּן: יג דֵּין חוּלָק
בַּר נָשׁ חַיָּבָא מִלְוַת
אֱלָהָא וְעֶדֶב תַּקִּיפִין
מִשַּׁדַּי יְקַבְּלוּן
פּוּרְעָנוּתְהוֹן: יד אִין
יִסְגְּעוּן בְּנוֹי מְטוּל
דְּקַטְלִין בְּחַרְבָּא וּבְנֵי
בְּנוֹי לָא יִסְבְּעוּן לַחְמָא:
טו מְשֵׁיזְבוֹי בְּמוֹתָא יְהוֹן
קְבִירִין וְאַרְמְלָתוֹי לָא
תִבְכְּיָן: טז אִין יִכְנוֹשׁ
הֵיךְ עַפְרָא סִימָא וְהֵיךְ
טִינָא יַתְקֵין לְבוּשָׁא: יז יַתְקֵין וְצַדִּיקָא יְהֵי

ת"א כלכם חזיתם . ב"ב טו סוטה כ' : יכין . פסחים מט ב"ק קיט ב"מ סא •

רש"י

דרך עמדי (לעיל כ"ג) : (יב) כולכם חזיתם . שזה חלק אדם רשע : ולמה זה הבל תהבלו . להיות רשעים וחניפים: (יד) אם ירבו בניו. למו חרב ירבו: (טו) במות. וימותו ביסורים ותחלואים עד כי ישמחו אלמנותיו

אבן עזרא

(טו) שרידיו . הבנים הנשארים מהחרב:

מנחת שי

(יג) אדם רשע עם אל . בס"ם יש פסיק אחר רשע כי רחוק ה' מרשעים : ונחלת עריצים . הוא"ו בגעיא בס"ם : (יד) וצאצאיו . האל"ף בחטף סגול : (טו) שרידיו . בכמה ספרים שרידו כתיב שרידיו קרי אבל במסורת הגדולה לא נמנה עם החסרים יו"ד במלעות

רלב"ג

(יג) עריצים . הם התקיפים החומסים שאר אנשים להשענם על תקפם וגבורתם : (טו) שרידיו . הם בניו כי הם השרידים הנשארים מן

מצודת דוד

בגמול הצדיק והרשע כי הכל בא מצד המערכה אבל עם כ"ז מהראוי לחקור בצדק בעבור תענוג הנפשי : (יב) הן אתם וגו' . כאומר הלא גם אבדן הרשעים הוא מפורסם ומצוי עד שאתם כולכם ראיתם ובודאי לא תכחישו המוחש ולמה זה א"כ תדברו הבל בחנם לחשוב שבוחר אני ברשע : (יג) זה חלק . ר"ל זה חלק הרשע האמור למטה אשר ראיתם הלא גם היא שמורה עם אל להביא עליו במזלות המערכה כאשר שמורה להביא על הצדיק ועם כי הרשע מעותד אל אבדן הנפש בעולם הנצחי עכ"ז עודו בחיים מקרה אחד לו ולצדיק כי לא ינצל גם הוא מסבות המערכה : ונחלת . וזהו האמור למטה היא נחלת עריצים המתחזקים לקחת לא כמו אשר יקחו הם מצדי במזלות המערכה כאשר יקחו הצדיקים והוא כפל ענין במ"ש : (יד) אם ירבו . אף אם ירבו בני הרשע לפעמים לא ישמח בהם כי יהיו נתונים אל החרב ואף אם יתרבו צאצאיו הם בני בנים הנה לפעמים לא ישבעו לחם : (טו) שרידיו . הנשארים מהחרב הנה לפעמים יקברו גם הם בעת הוא עליו המות ולזה לא תבכינה אלמנותיו עליהם לבל ישבר לבו וכמ"ש רז"ל חולה שמת לו מת אין בוכין לפניו שלא ישבר את לבו : (טז) אם יצבר . אף אם יצבור כסף רב כעפר ויכין מלבוש מרובה כחומר : (יז) יכין .

מצודת ציון

כ"ח) : אכחד . אמנע : (יב) חזיתם . ראיתם : (יג) עריצים . חזקים : (יד) למו חרב . אל חרב וכן למו פי (לקמן מ') : (טו) שרידיו . הנשארים מהם : (טז) יצבור . ענין כרי וגל כמו ויצבור עפר (חבקוק

himself is dying. Then their widows will not weep for them lest his heart break, for the Sages say if a sick person loses a family member, women are not permitted to weep in his presence lest that they break his heart.—[*Mezudath David* from *Moed Katan* 26b]

Rashi explains:

in death—*They will die amidst suffering and sicknesses, until his widows will be happy at their death and will not weep.*

16. **If he gathers**—Even if he gathers money copiously as dust and prepares garments plentifully as clay.—[*Mezudath David*]

17. **he will prepare etc.**—Sometimes he himself prepares the clothing, but ultimately everything falls into the hands of a righteous man, who wears it.—[*Mezudath David*]

what is with the Almighty I will not conceal. 12. Behold all of
you have seen; now why do you become altogether vain?
13. This is the portion of a wicked man with God, and the
inheritance of the powerful, which they receive from the
Almighty. 14. If his sons increase, they will be for the sword,
and his grandchildren will not be sated with bread. 15. His
survivors will be buried in death, and his widows will not weep.
16. If he gathers money like dust and prepares clothing like
clay, 17. he will prepare,

what is with the Almighty I will not
conceal—*Like* (above 23:10), *"Be-
cause He knows the way that is with
me."*—[*Rashi*] *Berechiah* explains: I
will instruct you concerning the
hand of God. *Ramban* explains: I
will instruct you to worship God
and to tell the truth. *Zerachiah:* I
will teach you a way that will be
beneficial to all of us. Let us place
our dispute in God's hand, and He
will decide who is right. Then you
will know that I do not conceal any-
thing that is with the Almighty.
Rabbi Joseph Kimchi: I will cast you
into God's hand to avenge myself of
you. Then you will know that I am
not concealing what the Almighty
knows: that I am as righteous as I
profess to be and am not concealing
any wickedness.

12. **all of you have seen**—*that this
is the portion of a wicked man.*—
[*Rashi*]

**now why do you become altogether
vain?**—*To be wicked and hypocri-
tical.*—[*Rashi*] *Mezudath David* ex-
plains: Behold all of you have seen
the ruin of the wicked. Why then do

you speak nonsense, that I choose
wickedness?

13. **This is the portion of a wicked
man with God**—The following is the
portion of a wicked man with God,
as you have seen it. This too is laid
up with God to bring upon the
wicked through the medium of the
constellations, just as He brings
upon the righteous.—[*Mezudath
David*]

**and the inheritance of the power-
ful**—The following is the inheritance
of the powerful, who forcibly take
what is not theirs. They too will
suffer from the constellations, just as
the righteous do.—[*Mezudath
David*]

14. **If his sons increase**—*they will
increase for the sword.*—[*Rashi*]
Even if some wicked man has many
children, he will not enjoy them
because they will fall by the sword.
Even if he has many grandchildren,
at times they will not have enough
bread to sate themselves.—[*Mezu-
dath David*]

15. **His survivors**—Those who
survive the sword may die while he

וְצַדִּיק יִלְבָּשׁ וְכֶסֶף נָקִי יַחֲלֹק׃ יח בָּנָה
כָעָשׁ בֵּיתוֹ וּכְסֻכָּה עָשָׂה נֹצֵר׃ יט עָשִׁיר
יִשְׁכַּב וְלֹא יֵאָסֵף עֵינָיו פָּקַח וְאֵינֶנּוּ׃
כ תַּשִּׂיגֵהוּ כַמַּיִם בַּלָּהוֹת לַיְלָה גְּנָבַתּוּ
סוּפָה׃ כא יִשָּׂאֵהוּ קָדִים וְיֵלַךְ וִישָׂעֲרֵהוּ
מִמְּקֹמוֹ׃ כב וְיַשְׁלֵךְ עָלָיו וְלֹא יַחְמֹל
מִיָּדוֹ בָּרוֹחַ יִבְרָח׃ כג יִשְׂפֹּק עָלֵימוֹ

תרגום

לְבִישׁ וְסִימָא זַכְּי יְפַלֵּיג׃
יח בְּנָא הֵיךְ רַקְבוּבִיתָא
בֵּיתֵיהּ וְהֵיךְ מְטַלַּלְתָּא
דַעֲבֵיד נָטַר פֵּירֵי׃
יט עַתִּיר יִדְמוּךְ וְלָא
יִתְכְּנֵשׁ עֵינוֹי פְּקַח
וְלֵיתוֹי׃ כ תִּדְבְּקִנֵּיהּ
הֵיךְ מַיָּא רִגְשְׁתָא לֵילְיָא
טַלְטְלַנֵּיהּ זִיקָא׃
כא יַטְלְנֵיהּ רוּחַ קִדּוּמָא
וְיֵיזֵל וִיעַלְעֲלִנֵּיהּ מִן
אַתְרֵיהּ׃ כב וְיִטְלוֹק עֲלוֹי
וְלָא יְחוּס מִן יְדֵיהּ
מֶעֱרַק יְעָרוֹק׃ כג יִשְׁפּוֹק

ת"א וישלך. מגלה ז׳

רש"י

במיתתן ולא תבכינה: (יז) וכסף נקי. כספו של רשע לנקי יחלקנו הקב"ה: (יח) בנה כעש. כתולע הבונה חור שאינו מתקיים וכסוכה שעשה נוצר כתאנה והכרם שאינה של קיימא (ס"א נוצר הכרם שאינה שומרה בכל עת זה שמעתי ס"א): (יט) עשיר ישכב. ימות בעשרו ופעמים שלא יאסף לקבורה: (כ) בלהות. שדים: גנבתו סופה. ותשליכהו לדראונים: (כב) וישלך עליו. המשליך עליו רעה ולא יחמול: מידו. של רשע ומכחו ממקומו: ברוח יברח. בן עצתו שהיה מסייעתו מתחלה יברח מעזור ידו בשעת כשלונו כמו שעשה חרבונה להמן (מגלה ז׳): (כג) ישפוק עלימו כפימו. היודעים [אותו] לפנים ועתה רואים בשברו:

מנחת שי

סיבותא: (כא) ממקמו. במקצת ספרים חסר וא"ו וכן ראוי כפי המסורת דריש עזרא: (כג) ישפק. בשי"ן שמאלית וחסר וא"ו על פי המסורת דמלכים א׳ כ׳ ועיין עוד בסימן ל"ד: עליו ממקמו. חסר וא"ו במקצת ספרים וכן נכון כפי המסורת דריש עזרא:

אבן עזרא

(יח) בנה כעש ביתו. שהעמוד כעש מן עושה עש ועש נוצר על ביתו כמו חומה שישמרנו בלילה: (יט) עשיר ישכב ולא יאסף. אף על פי שלא ימות: (כ) כמים. בפתע פתאום כי כן דרך הנהרות: (כא) קדים. רוח קדים: (כב) מידו ברוח יברח. הענין יברח הוא מידו: (כג) ישפוק. בני אדם עליו ועל ביתו כפימו:

רלב"ג

האדם: (יז) וכסף נקי יחלוק. האיש הנקי יחלוק כספו ויפזרהו תחת אשר קבץ אותו הרשע והרצון בזה כי הנקי ימשול על אשר לו: (כ) תשיגהו כמים בלהות. תשיגהו בלהה אחרי בלהה בלי הפסק כמו שיגרו המים בשטף בלי הפסק: (כא) קדים. רוח קדים: וישערהו. מענין רוח סערה: (כב) מידו. ממכתו: (כג) עלימו כפימו. עליו כפיו:

מצודת ציון

א׳): (יח) כעש. מין תולעת: נוצר. שומר: (יט) יאסף. ימות כמו יאסף אהרן (במדבר כ׳): פקח. פתח כמו פוקח עורים (תהלים קמ"ו): (כ) בלהות. בהלות: (כא) וישערהו. רוח סערה יעקרו וכן כמוץ יסוער מגורן (הושע י"ג): (כג) ישפוק. כמו יספוק בסמ"ך והוא ענין הכאה כמו ויספק את כפיו (במדבר כ"ד): עלימו כפימו.

מצודת דוד

לפעמים שהוא לצד המכין אבל הכל בא ליד הצדיק וילבש הוא וכספו בא ליד הנקי ויחלק לאשר ישר בעיניו וכאומר הואיל ופעם יקרה שהצדיק יצליח יותר מהרשע אם כן למה יבחר מי בדרך הרשע: (יח) בנה כעש ביתו. ר"ל פעמים יהרס ביתו בקלות כמו בית העש וכסוכה אשר עשה שומר הכרם לשבת בו: (יט) עשיר ישכב. לפעמים כאשר ישכב חולה על מטתו יהיה עדיין עשיר ולא ימות בעשרו עוד עיניו פקוחים ולא מת לשחת ואבד העושר ואין לו כי מעת נפל למטה נשבר חזקו ויבוזו את כל אשר לו: (כ) תשיגהו. לפעמים תשיג אותו בהלות רכופות זה אחר זה כשטף מים אשר לא יפסק: לילה. מרוב הבהלה לא ישב בביתו עד אור היום כי בעוד לילה יקום לנפשו כאלו רוח סופה גנבו בלילה מן תוך הבית: (כא) ישאהו. וכאלו רוח הקדים ישאהו למרחוק והולך הוא במקום שהוא שם ולא ישוב עוד אל ביתו: וישערהו. כאלו רוח סערה עקרו אותו ממקומו ונפל הדבר במ"ש: (כב) וישלך. זה שבידו להשליך הוא ישלך עליו הרבה מן הצרות ולא יחמול עליו וכל עשרו וטובו יברח מידו: (כג) ישפק. מי אשר ידעו לפנים יכה כפיו זה

and from his strength, from his place.—[*Rashi*]

he will flee—*His counselor, who assisted him from the start, will flee from assisting him at the time of his downfall, as Charbonah did to Haman* (Esther 7:9).—[*Rashi*]

23. **They clap their hands over them**—*Those who knew [him] long ago and now see his ruin.*—[Rashi]

and a righteous man will wear [them], and He will distribute [his] money to the innocent. 18. He builds his house as a moth, and as a booth that a watchman made. 19. He dies rich and will not be gathered in; he opened his eyes and he is not here. 20. Terrors shall overtake him like water; at night a tempest snatches him away. 21. The east wind carries him off and he goes away, and it sweeps him out of his place. 22. And he will cast upon him and not have compassion; from his hand he will flee. 23. They clap their hands over them,

and He will distribute [his] money to the innocent—*The Holy One, blessed be He, will distribute the wicked man's money to an innocent one.*—[*Rashi*] *Mezudath David* renders: the innocent will distribute. It will fall into the hands of an innocent person, who will distribute it to whomever he chooses. As the righteous sometimes prosper more than the wicked, there is no reason for me to choose the way of the wicked.—[*Mezudath David*]

18. **He builds . . . as a moth**—*As a moth, who builds his hole which does not endure, and like a booth that the watchman of the figtree and the vineyard makes, which is not permanent. (Another explanation: that the watchman of the vineyard, who does not watch it at all times, made. I heard this. Absent in certain editions.)*—[*Rashi*] At times his house will easily be destroyed like these weak, temporary structures.—[*Mezudath David*]

19. **He dies rich**—*He will die with his riches, but sometimes he will not be gathered in to burial.*—[*Rashi*]

Mezudath David renders: He lies down rich but does not die; his eyes are open and it is not here. I.e. sometimes a wicked man lies ill as a rich man, but he does not die a rich man. While his eyes are still open, his riches disappear, because as soon as he falls ill he loses his control and his wealth is plundered.

20. **Terrors**—*Demons.*—[*Rashi*] *Etz Chayim* ms. adds: *which will terrify him.*

a tempest snatches him away—*and casts him away in disgrace.*—[*Rashi*]

21. **carries him off**—It is as though the east wind carries him off to a faraway place, and he wanders there, never to return home.—[*Mezudath David*]

and it sweeps him—It is as though a storm wind uproots him from his place. This is synonymous with the preceding clause.—[*Mezudath David*]

22. **And he will cast upon him**—*I.e. the one who casts evil upon him will show no compassion.*—[*Rashi*]

from his hand—*of the wicked man,*

כַּפֵּימוֹ וְיִשְׁרֹק עָלָיו מִמְּקֹמוֹ׃ כח א כִּי יֵשׁ
לַכֶּסֶף מוֹצָא וּמָקוֹם לַזָּהָב יָזֹקּוּ׃ ב בַּרְזֶל
מֵעָפָר יֻקָּח וְאֶבֶן יָצוּק נְחוּשָׁה׃ ג קֵץ ׀
שָׂם לַחֹשֶׁךְ וּלְכָל־תַּכְלִית הוּא חוֹקֵר
אֶבֶן אֹפֶל וְצַלְמָוֶת׃ ד פָּרַץ נַחַל ׀ מֵעִם־
גָּר הַנִּשְׁכָּחִים מִנִּי־רָגֶל דַּלּוּ מֵאֱנוֹשׁ

עֲלֵיהוֹן יְדֵיהוֹן וְיִשְׁרוֹק
עֲלוֹי מִן אַתְרֵיהּ׃
א אֲרוּם אִית לְסִימָא
מַפְקְנָא וַאֲתַר לְדַהֲבָא
מְסַנְנִין׃ ב פַּרְזְלָא
מֵעַפְרָא יִתְנְסִיב וְאַבְנָא
יְתִיךְ כַּרְכּוּמָא׃ ג סוֹף
שַׁוִּי לַחֲשׁוֹכָא וּלְכָל סוֹפָא
הוּא מְפַשְׁפֵּשׁ אַבְנִין
מְפוּלָמָן דְּמִתַּמָּן נְפַק
חֲשׁוֹךְ וְטוּלֵי מוֹתָא׃
ד תַּקִּיף נַחְלָא מִן אַתְרָא
דִּי מִזְדְּלַח מַרְזְבַיָּא דְּמִתְנַשְׁיָן מִן לְמֶעְבַּר

ת"א לכסף מולא ברכות ה׳. הוריות מח: קן. זוהר מ זז: פרץ. סנהדרין קט
זוהר וירא:

רש"י

כח (א) כי יש לכסף מוצא. גם זה טעם אחר לדברו הראשון שאמר בלדקתי החזקתי כי למה אהיה רשע אם בשביל כסף וזהב לכל יש מולא וסוף אבל החכמה מאין תבוא זה סוף הפרשה היא יקרה מכל. על כן כל ימי נתתי לבי עליה ללמוד: ומקום. יש לזהב שמשם יזוקו ויתכו אותו: (ב) ואבן יצוק נחושה. מן ההר ילק האומן את הנחושת הרי תחילה וסוף יש לכל דבר שכל העולם יכלה וכל אשר בו: (ג) קץ שם. המקום. מתי תהיה החושך שהשמים נמלחו והארץ תבלה ולכל הכלית דבר הוא חוקר לו: אבן. אשר משם יצא לו חושך וצלמות. אבן מקום מוצא פורעניות לכן נקרא אבן מקום פורעניות כאדם הנוגף את רגליו באבן שיש לו צער. כ"ש. כמו קו תוהו ואבני בוהו (ישעיה ל"ד) דמן טורא אתגזרת אבן וגו׳ (דניאל ד׳): (ד) פרץ נחל. על סדום ועמורה נחלי אש וגפרית: מעם גר. ממקום שהוא נובע ונוגר: הנשכחים מני רגל. אלו אנשי סדום

מנחת שי

כח (ד) מעם גר. המ"ם במאריך ובמקף בין שתי המלות: דלו מאנוש. בעל פתח דברי כתבו בדף ס"ו עם אותם שהם

אבן עזרא

כח (א) יזוקו. כמו יזקקו והענין כי הכל תלוי במזל בני אדם גם המקומות: (ב) ואבן יצוק נחושה. יהיה ראוי להיותו נחוש: (ג) אבן אופל. הוא הארץ שהיא עיקר האופל גם היא עיקר קדרות הלבנה בשעה שתכדר בחצי החדש בהיותה עם ראש התלי או הזנב: (ד) גם יפרוץ המקום נחל שהוא גר והענין מוגר כמים המוגרים עד שנשכח

רלב"ג

(א) ומקום לזהב יזוקו. ויש מקום בארץ אשר יזוקו הזהב ויוליאוהו משם: (ב) ואבן ילוק נחושה. ר"ל שמהאבן יוליאו ויתיכו בעת מס נחושה והוא הברזל החזק אליי"ר בלעז. או יהיה אבן ילוק אבן הזק מגזרת והיית מולק והרלון בו שמהאבן חזק יקח נחושה: (ד) פרץ נחל. גדל: מעם גר. מהמקום שהיה גר בו האדם: דלו. גבהו וכמוהו דלו עיני למרום:

מצודת דוד

בזה על תפלתו כדרך הרואה באבדן דבר גדול: וישרק. על שברו ישרוק כל אחד מאנשי מקומו אשר ראו בכלחתו וגם השריקה היא מדרך הרואה באבדן דבר חשוב וחוזר הוא על ראשית אמריו לומר אם המנס שגם הרשע מעותד אל מקרי הזמן כמו הלדיק למה יבחר מי ברשע הלא נוסף עליו הלדיק כי יתענג בתענוג הנפשי ולא כן הרשע: כח (א) כי יש לכסף מוצא. הוסיף לאמת דבריו שאף אם מקרה אחד ללדיק ולרשע עכ"ז יש לאחוז בלדק כי הנה לכסף יש מקום מולא וכ"כ יש מקום לזהב אשר הוא נלוק משם והמה מקומות מן האדמה: (ב) ברזל. אף הברזל יש לו מקום מולא מן העפר אשר יוקח משם ויש אבן אשר יולק נחשת ה"כ נראה לעין מקום מולאם וחוזר ונראה עת יפסקו כי יש תכלית להם כי לא לעולם ימלאו הכסף והזהב וגו׳ במקום אחד: (ג) קץ שם להשך. אף לחשך שם קץ מתי תכלה כי בהאיר היום תכלה החשך ור"ל לכל דבר יש תכלית בין לטוב בין לרע: ולכל התכלית. המקום ב"ה חוקר לדעת תכלית כל דבר מתי יהיה עם כי אנחנו לא נדע עת תכלית כל דבר: אבן אפל. וכן חוקר לדעת מתי תכלה יסוד האופל וצלמות והוא כדור הארלי: (ד) פרץ נחל. הנה לפעמים יפרץ הנחל גדרו לנטות ממס המקום אשר היה נגר ונספך: הנשכחים. אשר נשכחים שמה מעתה מן רגלי האנשים אשר היו

מצודת ציון

עליו כפיו: וישרוק. הוא השמעת קול לקבוץ השספים וכן ישוס וישרוק (ירמיה י"ט):
כח (א) יזוקו. ענין יליקה כמו יזוקו מטר לאידו (לק׳ ל"ו): (ג) אבן. ר"ל יסוד ועיקר: (ד) גר. ענין הזלה ושפיכה כמו מים

4. **A stream burst forth**—*on Sodom and Gemorrah, streams of fire and brimstone.—[Rashi]*

from the place of its flow—Heb. מֵעִם גָּר, *from the place from which it gushes and flows* (נוֹגֵר).—[*Rashi*]

those who cause the foot to be forgotten—*These are the people of Sodom, who caused the feet of wayfarers to be forgotten from their land, for they would lay the wayfarer in a bed. If he was too long, they would cut off his feet, and if he was too short, they would stretch him. In this manner it is explained in the Aggadah.*—[*Rashi* from *Sanh.* 109b]

and those of his place hiss over him.

28.

1. For silver has a mine, and gold has a place where it is refined. 2. Iron is taken from earth and copper is smelted from stone. 3. He made an end to darkness, and every end He fathoms—a stone of darkness and the shadow of death. 4. A stream burst forth from the place of its flow; those who cause the foot to be forgotten are removed, yea, from man

---

hiss—Everyone from his place, who saw him during his prosperity, will hiss upon seeing his ruin. It is customary to clap hands and hiss, or whistle, when witnessing the destruction of something outstanding. He refers back to the beginning of his address, saying that although both righteous and wicked are subject to the happenings of the time, he would still not choose to be wicked, because the righteous enjoy the hereafter as well as the present world.—[*Mezudath David*]

1. **For silver has a mine**—*This, too, is another reason for his first statement that he said (27:6), "I have maintained my righteousness," for why should I be wicked? If for silver or gold, each one has a source and an end, but from where does wisdom come? This is the end of the chapter; that is the most precious of all. Therefore, all my life, I set my heart on studying it.*—[*Rashi*]

and ... a place—*Gold has* [a place] *whence they refine and smelt it.*—[*Rashi*]

2. **and copper is smelted from stone**—*From the mountain the smith smelts the copper. Hence, everything has a beginning and an end, for the whole world will end with all that is therein.*—[*Rashi*] Hence, the place of their origin and the time of their depletion are visible, for these metals will not always be found in these places.—[*Mezudath David*]

3. **He made an end**—*The Omnipresent* [made an end] *when there will be darkness, for the heavens shall vanish and the earth shall rot away, and He fathoms the end of everything.*—[*Rashi*]

a stone—*A stone whence darkness and the shadow of death emanate. A stone is the place of the source of trouble. For this reason, a place of trouble is called a stone, like a man who dashes his foot against a stone, who suffers pain. So I heard. This is like (Isa. 34:11), "a line of waste and stones of destruction"; (Dan. 2:45), "that from the mountain a stone was cut."*—[*Rashi*] [The analogy to these two quotations is obscure.]

נָעוּ: ה אֶרֶץ מִמֶּנָּה יֵצֵא־לָחֶם וְתַחְתֶּיהָ
נֶהְפַּךְ כְּמוֹ־אֵשׁ: ו מְקוֹם־סַפִּיר אֲבָנֶיהָ
וְעַפְרֹת זָהָב לוֹ: ז נָתִיב לֹא־יְדָעוֹ עָיִט
וְלֹא שְׁזָפַתּוּ עֵין אַיָּה: ח לֹא־הִדְרִיכוּהוּ
בְנֵי־שָׁחַץ לֹא־עָדָה עָלָיו שָׁחַל:
ט בַּחַלָּמִישׁ שָׁלַח יָדוֹ הָפַךְ מִשֹּׁרֶשׁ

רגלא אזדקפו מבני נשא אטלטלו: ה ארעא דמנה נפק מזונא ולרע מנה גהנם דצנת תלגיה מתהפכא דכמת אשתא: ו וגינתא דעדן די אתר דשבזיזא אבנהא ועפרורין דדהבא ליה: ז אורחא דלא חכמיה עופא ולא סקרתיה עין טרפיתא: ת"א שביל אילן חיי דלא חכמיה סמאל דפרח היך עופא ולא סקרתיה עינא דחוה: ח לא טיילו בה בני אריון לא זיאר עלוי ליתא: ת"א לא הליכו בה בני אדם ולא סטא עלוהי חויא: ט בשמיר אושיט ידיה הפך מן עקריהון טוריא:

ת"א ילא לחם. סנהדרין קט; ספיר. שם; ועפרות. חולין פח; נתיב. סנהדרין קח זוהר וירא; שזפתו. חולין סג; הדריכהו. סנהדרין קט:

רש"י

שכיחו תורת רגלי אורחים מארצם שהיו משכיבים האורח במטה אם היה ארוך יותר מקטעין רגלו ואם היה קצר מאריכין אותו כך מפורש באגדה: דלו. ע"י פרילת נחל זה ומאנוש נעו: (ה) ארץ. אשר ממנה יצא לחם. נהפך מקומה כמו אש: (ו) מקום ספיר. היו אבניה: (ז) לא ידעו עיט. לא עבר עליהן חיל של לסטין: ולא שזפתו עין איה. לפי שהוא רואה יותר משאר עופות ולכך נקראת ראה שהיא עומדת בבבל ורואה נבלות בארץ ישראל כך מפורש באגדת חולין (ס"ג) כלומר לא חפרוה מרגלים: (ח) לא עדה עליו. עבר כדמתרגמינן אשר עבר בין הבתרים (בראשית ט"ו) (נ"ל הגזרים וע' בתרגום) דעדא: שחץ. ושחל. משבעה שמות האריה הם (בסנהדרין צ"ה שבעה שמות יש לארי). והקב"ה מה עשה: (ט) בחלמיש שלח ידו. והפך שרשי ההרים מלמעלה למטה:

מנחת שי

מלעיל וכ"כ הראב"ע בספר צחות דף קמ"ז וכן במסרת דלו כ' א' מלעיל ואחד מלרע וסימן דלו מאנוש נעו. דלו עיני למרום (ישעיה ל"ח) קדמאה מלעיל: (ה) ילא לחם. היו"ד במאריך: (ח) לא הדריכוהו. במסורה כ"י ב' חד חסר וחד מלא וסימנם כתרו את בנימין (שופטי' כ') בני שחץ ע"כ. ולא מסיימי הי ניהו חסר והי ניהו מלא ואולם בספרים מוגהים הוא דשופטים חסר דאיוב מלא והכי נמסר בהדיא במסורה דדפוסא הכא והתם: לא עדה. בדפוסים ישנים כתוב ולא עדה בוא"ו אבל בספרים מדוייקים כ"י בלא וא"ו וכן הוא בשרשים שרש עדה ובפירושי המפרשים:

אבן עזרא

מרוב שדרכו בני אדם: דלו. כמו דללו וחרבו. מאנוש נעו שהם הולכים ונעים: (ה) ותחתיה. ויש ארץ שתחתיה נהפך כמו אש כארץ גפרית והרי האש: (ו) ויש ארץ מקום ספיר אבניה. גם יש מקום לא נדע מה יש שם: (ז) גם לא ידעו עיט. הוא העוף: (ח) לא עדה. עבר תרגום אשר עבר בין הגזרים האלה וכמוהו מעדה בגד ביום קרה: (ט) בחלמיש שלח ידו. המקום. ויהפוך ההרים משרשיהם

רלב"ג

(ז) עיט. עוף: שזפתו. ראתהו: איה. הוא מין אחד מהעוף: (ח) הדריכוהו. דרכו בו: בני שחץ. בני גאוה ותוקף והם פראי החיות: שחל. אריה: (ט) בחלמיש. בצור החזק:

מצודת ציון

מוגרים (מיכה א'): הנשכחים. אשר נשכחים וכן השלכו אתו (יהושע י'): דלו. הורמו והוגבהו כמו דלו עיני למרום (ישעיה ל"ח): (ה) ותחתיה. מקומה: (ז) נתיב. שביל ודרך: עיט. שם עוף מדברי וכן איה: שזפתו. ראתהו כמו עין שזפתו (לעיל כ'): (ח) הדריכוהו. ענין לעדה והלוך והוא מלשון דרך: שחץ. ענין גאוה וכן מלך על כל בני שחץ (לקמן מ"א) ובדרז"ל אנשי ירושלים אנשי שחץ הן (שבת ס"ב): עדה. עבר וכן עד ירח (לעיל כ"ה): (ט) בחלמיש. בצור חזק ולפי שלא יפול לשון חלמיש אלא על הצור

מצודת דוד

רגילים לשאוב מן מימיו כי מעתה לא ילכו עוד אל המקום ההוא כי המים דלו וסורמו מאנשיו ונעו ללכת מהם ובאו א"כ המים ההם עד תכליתם כי נאבדו מן המקום ההוא: (ה) ארץ. הנה ארץ שמנה אשר יצא ממנה לחם רב בבוא עת תכליתה נהפך מקומה ותהיה יבשה כמו שרופה באש: (ו) מקום. הנה המקום אשר אבניה הגדולים בה המה ספירים ושם העפרות אשר יוקח מהם הזהב: (ז) נתיב. בבוא עתה תהיה שממה להיות נתיב אשר לא ידעו עיט ולא ראתהו עין איה כי לא יבוא שמה מגודל השממון והוא מדרך גוזמא והפלגה: (ח) לא הדריכהו. לא עברו דרך בו בני גאוה הם פראי החיות אף לא עבר עליו שחל לגודל השממון: (ט) בחלמיש. כבוא קץ הסלעים החזקים הגדולים בהרים אז

are listed. The maxim attributing seven names to the lion appears in *Avoth d'Rabbi Nathan,* end of ch. 43, second version.]

9. **upon the flinty rock**—*and turned over the roots of the mountains from top to bottom.*—[*Rashi*] [As above, *Rashi* interprets the entire section from verse 4 to verse 9 as referring to Sodom and Gemorrah and their destruction. *Mezudath David* explains it as a general description of various things in the world, each having its beginning and

they are lifted up. 5. A land from which bread emerged, and its place was as though turned into fire. 6. Its stones [were] a place of sapphire, and it had gold dust. 7. A path unknown to brigands and which the eye of a vulture did not see. 8. Proud beasts did not tread it, neither did a lion pass by it. 9. He stretched His hand upon the flinty rock; He turned it over from the root of

they are lifted up—*through the bursting forth of the stream, and they are moved away from man.*—[*Rashi*] *Mezudath David* explains that sometimes a stream bursts forth from its boundaries to be diverted from its course.

which are forgotten by the foot—From now on, the water is forgotten by the feet of those who used to draw water from that stream, because they will no longer go there—the water has been lifted up and removed from the community; it was turned away from them. Consequently, that water has come to its end because it is lost from the place of its original course.—[*Mezudath David*]

5. **A land—*that* from [it] bread emerged**—*its place was as though turned into fire.*—[*Rashi*] *Mezudath David* explains that a barren land which was once the source of bread became as desolate, and its place as arid, as if it had been burnt with fire. That is its end.

6. **a place of sapphire**—*its stones were.*—[*Rashi*] [The word for "were" does not appear in the text.]

7. **A path unknown to brigands**—Heb. עָיִט. *A band of robbers never passed by them.*—[*Rashi*] [*Rashi* renders עָיִט as robber bands, that swoop down on their quarry like a bird of prey, as in (I Sam. 15:19), "and you flew (וַתַּעַט) upon the spoil."] *Mezudath Zion* defines it as a species of desert bird. *Targum:* a bird. [See Genesis 15:11, Jer. 12:9; Isaiah 18:6, Commentary Digest.]

and which the eye of a vulture did not see—*Since it sees more than other birds, and is therefore called* רָאָה, *because it stands in Babylon and sees a carcass in Eretz Israel. That is how it is explained in the Aggadah of Hullin* (632). *I.e. spies never discerned it.*—[*Rashi*] *Mezudath David* explains that when the end comes to the place from which sapphires are mined, it becomes totally desolate, so that even the desert birds do not frequent it.

8. **neither did . . . pass by it**—Heb. עָדָה, *passed, as we translate* (Gen. 15:17), *"which passed between these parts,"* דְעָדָא.—[*Rashi*]

Proud beasts—(שַׁחַץ) *and lion* (שַׁחַל) *are some of the seven names of the lion (Sanh.* 95a: *The lion has seven names.) Now what did the Holy One, blessed be He, do? . . .*—[*Rashi*] [Note that in *Sanhedrin* six names

הרים: י בצורות יארים בקע וכל־יקר
ראתה עינו: יא מבכי נהרות חבש
ותעלמה יצא אור: יב והחכמה מאין
תמצא ואי זה מקום בינה: יג לא־ידע
אנוש ערכה ולא תמצא בארץ החיים:

י בטינרין נהרין בזע
וכל איקרא חמת
עיניה: יא מן קלילי
נהריא זרה ומחרבא
דתעלומא יפיק נהורא:
יב וחוכמתא מאן האן
תשתכח והאן דין אתר
ביונתא: יג לא ידע בר
נש עלויה ולא תשכח
בארעא זדגין דמחטין

ת״א והחכמה. סוטה יג כא עקידה שער לט עקרים מ״ג פ״ב זוהר אדרת האזינו ברכות ה׳ הוריות ו׳ מח: ערכה. שבועות ה׳: החיים. סנהדרין קיא:

רש״י

(י) בצורות יאורים בקע. חוזר לתחלת ענינו שאמר כי לכל דבר יש מוצא ובצורות בקע למוצא היאורים וכן כל יקר ראתה עינו. מהיכן יצא לבריות [כמו שעשה לישראל הך סלע ויזובו מימיו]: (יא) מבכי נהרות חבש. בבריאת העולם כשבכו מים התחתונים: מבכי. כמו נבכי ים (איוב ל״ט): חבש. כמו ויחבש את חמורו (בראשית כ״ב). ל״ש. (ס״א מבכי וגו׳ מפני בכייתן של ישראל שהיו בוכין לאמר מה נשתה חבש ותיקן להם נהרי מים מן הסלע. ויחבש להם מתרגם ואתקין): ותעלומה יוציא אור. חלון יש ברקיע ושמו תעלומה משם תולדות השמש לתקופתו [בפרקי ר׳ אליעזר] כלומר לכל דבר יש מוצא וסוף רק לחכמה לא מוצא לה אלא מפיו ולא סוף עולמית: (יב) והחכמה. תורה: (יג) ולא תמצא בארץ החיים. במי שמחיה אלא במי שממית עצמו עליה ביגיעה ורעבון:

אבן עזרא

ויבקע יאורים בצורים ובאלמים: (י) וכל יקר. הם המים שיוציא מהצורים. והפך זה שייבש הנהרות: (יא) ופירוש מבכי מרוץ וכמוהו נבכי ים: חבש. יעצור כמו לא חובשו לא אהיה חובש: ותעלומה יוציא אור. מה שהי׳ בתעלומו׳ הנהרות יראו כאשר ייבשו המים וענין אלה הדברי׳ שהמקום יעשה הדבר והפך הדבר יתן טוב לרשע גם ישלם לו רע אפי׳ מקומות הארץ משתנים ארץ תלמיה והארץ לא יעלה בה כל עשב ולדעת עיקר אלה הענינ׳ למה זה לא יוכל האדם לדעת תהום אמר אילו היה האדם יכול לרדת אל תהום לא ימצא

מנחת שי

(יא) ותעלמה. לית וחסר ומפיק ה״א ובפרקי רבי אליעזר חלון יש ברקיע ושמו תעלומה ומשם תולדות השמש בתקופתו ולכן מפיק ה״א לתפארת לא לכנוי וכ״כ רד״ק במכלול דף ל״ב ודף רכ״ח ובשרשים וכ״כ הר״ש בר למה ועיין מה שכתבתי (ביחזקאל כ״ב): (יב) והחכמה מאין תמצא. הוא״ו בגעיא בס״ם: ואי זה. במקצת ספרים שתי מלות ובלא מקף ובמקצת ספרים במקף וכן במסורה ד׳ דסמיכי סי׳ ואי זה מקום מנוחתי. ואי זה אשר מלאו לבו דמגלה. והחכמה מאין תמצא. והחכמה מאין תבוא דלקמן בהאי סימן:

רלב״ג

(י) בצירות. סהרים: (יא) מבכי נהרות. מהזלות הנהרות והגרתם: חבש. עצר וסתם:

מצודת דוד

ישלח המקום את ידו בהם ומהפך את ההרים מן השורש בסבת סבוה הנסגר בבטן הארץ: (י) בצורות. בבוא סוף הצורים בקע במקומם יאורים עד כי יכסו הצורים: וכל יקר. כל הדברים היקרים אשר בעולם הנה עין המקום ראתה מהיכן יצאו ומתי יכלו כאומר עם כי אנחנו לא נדע הכל אבל ידועים הם למקום: (יא) מבכי נהרות. בעת בוא תכלית הנהרות יסגור ויכלה עומק מימיהם לבל יהיו נובעים ומושכים כמאז ובבוא קץ הארץ שיבשם אז יוציא לאור המעין הנעלם מעין האדם וירבה מימיו עד כי יכסה פני האדם וכאומר הואיל ויש קץ ותכלית לכל הדברים הגופניים לא יחשבו אם כן הצלחתם למאומה: (יב) והחכמה. אבל הצלחת החכמה לא כן הוא כי מאיזה מקום היא נמצאת הלא אין לה מקום גופני המוליא אותה עד בנחשוב כאשר יכלה הדבר ההוא תכלה גם החכמה: ואי זה. איה זה המקום שמוליא הבינה וכפל הדבר במ״ש: (יג) לא ידע. ובזה אין לדעת ולהעריך את ערכה כי כל הפלים לא ישוו בה הואיל והיא דבר המתקיימת לעד: ולא תמצא. אינם

מצודת ציון

אמר אלמים מבלי זכר צור וכן אלמים למעינו מים (תהלים קי״ד): (י) בצורות. מלשון צור וסלע: יאורים. נחלי מים: יקר. ענין חשיבות: (יא) מבכי. ענין עומק המים וכן נבכי ים (לקמן ל״ח): חבש. ענין סגירה וכליאה כמו חבוש בטמון (לקמן מ׳): (יג) ערכה.

out light—*There is a window in the firmament, named Taalumah, from which the sun develops in its orbit [in Pirke d'Rabbi Eliezer]* (ch. 6). *That is to say that everything has a source and an end; only wisdom has no source except from His mouth, and never an end.*—[*Rashi*] *Mezudath David* explains that, when it comes time for the rivers to end, God binds them up in their depths; i.e. He stops them up. When the earth will come to an end, He will bring out His hidden spring into the light, and its waters shall increase and cover the face of the earth. As it is true that all physical things must come to an end, physical success is of no value.

12. **But wisdom**—I.e. *Torah.*—[*Rashi* from *Sotah* 21b]

13. **and it will not be found in the land of the living**—*with one who enlivens himself, but with one who "puts himself to death" with toil and hun-*

the mountains. 10. In the rocks, He split rivers, and His eye saw all precious things. 11. He bound up the depths of the rivers, and [from] Taalumah He brings out light. 12. But wisdom—whence will it be found, and where is the place of understanding? 13. No mortal knows its value, and it will not be found in the land of the living.

its end, which Job will ultimately contrast with wisdom, which has neither beginning nor end. In verse 9, he depicts the final destruction of the flinty rocks. God stretches forth His hand and overturns them from the root by means of the wind, which is locked up in the bowels of the earth.

10. In the rocks, He split rivers— *He refers back to the beginning of his topic, that he said that everything has a source. He split the rocks for the source of the rivers, and so, "His eye saw every precious thing," whence it would emerge for the creatures, [as He did for Israel; He struck a rock and its water flowed.]*—[*Rashi*] [The allusion is apparently to Ps. 78:20: "Behold He struck a rock and water flowed." In Rephidim, Moses struck the rock as he was commanded by God, and water flowed. Hence, it is considered as though God Himself split the rock and brought out the water. See Ps. 78:15. Why *Rashi* uses the term סֶלַע, rather than צוּר, is obscure. He cannot mean that God struck the rock in Kadesh (Num. 20:1-13), which is referred to as סֶלַע, because Moses did not comply with God's wishes when he struck the rock instead of talking to it. That act could therefore not be attributed to God. Moreover, the context proves

that it cannot be the rock referred to in Psalms.]

11. He bound up the depths of the rivers—Heb. מִבְּכִי. *In the Creation of the world, when the lower waters wept* (בָּכוּ).—[*Rashi* from *Gen. Rabbah* 5:4] The Midrash states: Said Rabbi Berechiah: The lower waters did not separate from the upper waters except with weeping. This is what is written: The weeping of the rivers he bound up.

the depths—Heb. מִבְּכִי, *like* (below 38:16), *"the depths of* (נִבְכֵי) *the sea."*—[*Rashi*] [Note that the word נִבְכֵי in that verse is rendered as "depths" or "locks," whereas *Rashi* renders it in our verse as "weeping." Because of this difficulty, we have rendered it here as "depths."]

bound up—Heb. חִבֵּשׁ, *like* (Gen. 22:3), *"and saddled* (וַיַּחֲבֹשׁ) *his donkey." I did not hear this. (Other editions:*
Because of the weeping etc.— *Because of the weeping of Israel, who were weeping, saying, "What will we drink," He bound up and fixed for them water from the rock. (Lev. 8:13), "And he fixed* (וַיַּחֲבֹשׁ) *hats for them," is translated into Aramaic as* וְאַתְקִין).—[*Rashi*] [Accordingly, we render: Because of weeping, He fixed rivers.]

and [from] Taalumah He brings

יד תהום אמר לא בי־היא וים אמר
אין עמדי: טו לא־יתן סגור תחתיה ולא
ישקל כסף מחירה: טז לא תסלה
בכתם אופיר בשהם יקר וספיר: יז לא־
יערכנה זהב וזכוכית ותמורתה כלי־
פז: יח ראמות וגביש לא יזכר ומשך

תרגום

בחייהון: יד תהומא אמר לא גבי היא וימא אמר לית בהדי: טו לא יתיהב דהב סנין חלופהא ולא יתקל סימא פרונה: טז לא תשתלחף בפטלון דמן אופיר בבירולין יקר ושבזיזא: יז לא יעלינה דהבא אספקלרא ופרונה מאני אובריזין: ת"א לא יסדרנה גבר עתיר בדהב וזכוכיתא לא יהב חלופה מאני דדהבא סנינא: יח סנדלכין ובירולין לא ידכר ונגדא דחוכמתא מן מרגלין: ת"א לית אפשר דתשתכח בקילותא אלהין ביוקרא היך דהבא ומן דלא ינטרונה אזלא ומתברא היך זגוגיתא ופרוג אגרה לעלמא דאתי מני פזוזיא:

ת"א תהום. שבת פט:

רש"י

(יד) תהום אמר לא בי הוא. אם תשאלנה ליורדי תהום העוסקים במולא מרגליות ובמולא זהב וכסף ממקו' תהומות הארץ יאמרו לך לא בי היא איני בקי בהוראה(שבת פט. ע"ש היטב ול"ע): וים אמר. ויורדי הים לסחורה יאמרו לך לא עמדי חכמה למה לפי שאינם יכולים לקנותה כשאר פרקמטיא לתת מעושרם בדמיה. ובאגדה הוא אומר שבשעת מתן תורה בא השטן לפני הקב"ה ואמר לו היכן תורה א"ל אצל בן עמרם. בא לו אצל משה אמר לו היכן תורה אצל ים בא לו אצל ים אמר לו היכן תורה לא בי היא לך אצל בן עמרס בא לו אצל בן עמרם אמר לו היכן תורה אצל תהום בא לו אצל תהום אמר לו היכן תורה א"ל אין עמדי לך אצל בן עמרם בא לו אצל בן עמרם אמר ליה היכן תורה אצל הקב"ה וזהו שאמר תהום אמר לא בי היא וים אמר אין עמדי: (טו) לא יותן סגור. זהב סגור זהו זהב טוב שבשעה שנפתח כל החנויות של זהב נסגרות: (טז) לא תסולה. לא תשתבח. לשון סולו לרוכב בערבות [תהלים ס"ח] המשבחה לומר השובה היא ככתם אופיר וכשוהם יקר לא שבח הוא לה וכן המסולאים בפז [איכה ד']: (יז) זהב. טהור מזהיר כמרגלית: ותמורתה וגו'. לא בכלי פז: (יח) ראמות וגביש. שמות אבנים טובות לא

אבן עזרא

זאת החכמה או למעמקי הים: (טז) הסולה. תערך וכמוהו המסולאים בפז: בכתם אופיר. הוא הזהב: (יז) וזכוכית.

רלב"ג

(טו) סגור. זהב: (טז) תסולה. תערך: בכתם אופיר. בזהב אופיר: (יח) ראמות וגביש. הם מרגליות יקרות: ומשך חכמה מפנינים. ומשיכת

מצודת ציון

ענין השווי והשומא: (טו) סגור. זהב טוב, הנסגר בכור הצורף להסיר הסיג: מחירה. ענינו דבר הנתון בערך שויה כמו יקחו מקום במחיר (מלכים א' י'): (טז) תסולה. תשובח כמו המסולאים בפז (איכה ד'): בכתם אופיר. מין זהב יקר הבא מאופיר: בשוהם. וספיר. שמות אבני יקר: (יז) וזכוכית, הוא זכוכית לבנה היקרה מזהב כמ"ש רז"ל בזוגיתא חיורתא (חולין פ"ד): פז. זהב מזוקק: (יח) ראמות וגביש. שמות אבני יקר: מפנינים. הם המרגליות:

מצודת דוד

כמלאת לקנותה בחלק מן הארץ אשר שם בעלי החיים והוא החלק הנגלה מן המים: (יד) תהום. אלו היה ביכולת האדם לרדת אל התהום לקנות שם החכמה היה התהום מגיב לומר לא בי היא החכמה ואם יפרוש מי אל הים הסובב את הישוב לקנותה שמה ישיב לאמר לא עמדי היא והוא מדרך הפלגה ומליצה לומר שאין להשיג עומק החכמה אף אם ישתדל הרבה לחזור אחריה אם לא יקנה מתחלה יראת ה' וכאשר יאמר למטה: (טו) לא יתן. אין מי יתן במחירה ובמקומה זהב סגור כי א"א לקנותה בזהב: ולא ישקל. כפל הדבר במ"ש: (טז) לא תסלה. לא תשובח החכמה בכתם אופיר אף לא בשוהם יקר והשוב אף לא בספיר ר"ל אין שבח להחכמה לומר עליה שהיא משובחת כאלה כי באמת חשובה עוד יותר ויותר: (יז) לא יערכנה. לא יהיה נערך אליה זהב וזכוכית: ותמורתה. מלת לא משמשת בשנים כאומר לא תהיה תמורתה וחלופה כלי פז כי רחוק שווים משויה: (יח) לא יזכר. חשיבות האבנים ההם לא יזכר מול חשיבות החכמה כי כמוהם כאין מול החכמה: ומשך חכמה. משיכת החכמה ר"ל ההשתדלות

Who rides in Aravoth." He who praises it saying, "*It is as esteemed as the gold of Ophir and as precious onyx,*"—*this is no praise for it. Similar to this is* (Lam. 4:2), "*praised* (הַמְסֻלָּאִים) *with fine gold.*"—[*Rashi*]

17. **gold**—*Pure gold that shines like pearls.*—[*Rashi*]

its exchange—*is not a pure golden vessel.*—[*Rashi*] [I.e. the first **לא** in the verse applies also to the second clause.]

18. **Coral and crystal**—*They are names of precious stones in the sea.*—[*Rashi*]

cannot be mentioned—*in comparison to it.*—[*Rashi*]

14. The deep says, "It is not in me," and the sea says, "It is not with me." 15. Fine gold cannot be given in its place, neither can silver be weighed out as its price. 16. It cannot be praised with jewelry of Ophir, with precious onyx and sapphire. 17. Neither gold nor glass can equal it, nor is a pure golden vessel its exchange. 18. Coral and crystal cannot be mentioned, and the striving for

ger.—[*Rashi* from *Sanh.* 111b] *Mezudath David* explains that, as wisdom has no physical source, we may say that when that source is destroyed, the wisdom will likewise be destroyed; no one knows its value, and it is not found in the part of the world inhabited by living creatures—viz. the part not submerged under the water.

14. **The deep says, "It is not in me,"**—*If you ask those who dive into the deep, who deal with pearls, with the source of pearls and with gold and silver mines from the place of the depths of the earth, they will tell you, "It is not in me." I am not well-versed in halachic instruction.*—[*Rashi* from unknown midrashic source]

and the sea says—*And those who go down to the sea for business will say to you, "Wisdom is not with me." Why? Because they cannot purchase it like other merchandise, to give of their wealth for its price. And in the Aggadah* (see *Shabbath* 89a), *it is stated that at the time of the giving of the Torah, Satan came before the Holy One, blessed be He, and said to Him, "Where is the Torah?" He replied, "With the son of Amram." He came to Moses, and said to him, "Where is the Torah?" "With the sea." He came to the sea and asked it, "Where is the Torah?" "It is not in me. Go to the son of Amram." He came to the son of Amram and said to him, "Where is the Torah?" "With the deep." He came to the deep and asked, " Where is the Torah?" It replied, "It is not with me. Go to the son of Amram." He came to the son of Amram and asked, "Where is the Torah?" "With the Holy One, blessed be He." This is what the deep says, "It is not in me," and the sea says, "It is not with me."*—[*Rashi*]

15. **Fine gold cannot be given**—Heb. סְגוֹר. This is synonymous with זָהָב סָגוּר. lit. *closed gold. This is fine gold, for when it is open, all gold establishments close.*—[*Rashi* from *Yoma* 45a] [When one gold establishment begins to sell this type of gold, all other establishments close because they cannot match its quality.] *Mezudath Zion* explains that it is gold that is closed up in a smelting-pot to be purified. See *Rashi* to I Kings 6:20.]

16. **It cannot be praised**—Heb. תְסֻלֶּה, *it cannot be praised, an expression of* (Ps. 68:5), *"Extol* (סלו) *Him*

147 תרגום

חָכְמָה מִפְּנִינִים: יט לֹא־יַעַרְכֶנָּה
פִּטְדַת־כּוּשׁ בְּכֶתֶם טָהוֹר לֹא תְסֻלֶּה:
כ וְהַחָכְמָה מֵאַיִן תָּבוֹא וְאֵי זֶה מְקוֹם
בִּינָה: כא וְנֶעֶלְמָה מֵעֵינֵי כָל־חָי וּמֵעוֹף
הַשָּׁמַיִם נִסְתָּרָה: כב אֲבַדּוֹן וָמָוֶת אָמְרוּ
בְּאָזְנֵינוּ שָׁמַעְנוּ שִׁמְעָהּ: כג אֱלֹהִים הֵבִין
דַּרְכָּהּ וְהוּא יָדַע אֶת־מְקוֹמָהּ: כד כִּי־

יט לָא יַעֲלִינָהּ מַרְגָלָא
יַרְקָא דְאָתֵי מִן כּוּשׁ
בְּפִטְלְוָן דְּכֵי לָא
תִשְׁתַּלְחֵף: כ וְחוּכְמְתָא
מִן הָאן תֵּיתֵי וְהָאן דֵּין
אֲתַר בְּיוּנְתָא: כא וְכַסְיָא
מִמְּחֲמֵיהוֹן דְּכָל חַי
וּמֵעוֹפָא דִשְׁמַיָּא
מְטַמְרָא: כב בֵּי אַבְדָנָא
וּמַלְאַךְ מוֹתָא אֲמַרוּ
בְּאַתִיהֲבָא לְיִשְׂרָאֵל
בְּכִשְׁמַעְנָה שְׁמַעְנָה
שְׁמוּעֲתָא: כג אֱלָהָא
אִתְבְּיַן אוֹרְחָהּ וְהוּא יָדַע
יָת אַתְרָהּ: כד אֲרוּם

ת"א יערכנה. חגיגה טו: ונעלמה. שבועות ה': אבדון. שבת פט: הבין. שם. פסחים פו. גטין יח זוהר בראשית ואדרא האזינו:

רש"י

שבים הם: לא יזכר. אגלה: (יט) פטדת כוש. אבן טובה היא כמו אודם פטדה: בכתם. היא קבולת עדי לתכשיטי נשים ונקראת הקבולה כתם בלשון עברי ובלשון ערבי אלחלו והוא נזם זהב וחלי כתם [משלי כ"ה] זכן ותעד נזמה וחלייתה [הושע ב']. ויש פותרים כתם כתר ולא נכון כי לא מצינו פעולה בלשון זה כאשר מצינו בל' כתר מכתיר כותרות: (כא) ומעוף השמים. מלאכי המעופפי': (כב) אבדון ומות אמרו. המאבדין וממיתין עצמן עליה אמרו באזנינו שמענו שמעה שהיגע בה מתקיימת בו. וי"א כאשר באגדה אשר פירשתי למעלה שבא השטן לפני המקום אמר לו היכן תורה א"ל וכו' והיינו דכתיב אבדון ומות אמרו באזנינו שמענו שמעה כשנתנה לישראל. אבל: (כג) אלהים הבין דרכה והוא ידע את מקומה. שיודע הוא היכן שורה וגם ישבחוה ויאמרו לה כי אלהים הבין דרכה נסתכל בה וברא את העולם באותיותיה כסדרן ומשקלן יצר כל היצורים כאשר כתוב בסוד ספר יצירה: (כד) כי הוא לקצות הארץ יביט. בה. היאך יבנם ויבראם ותחת כל השמים צרכי ברייתן ראה בה:

אבן עזרא

היא אבן יקרה זכה. או הדבר הידוע: ותמורתה. ולא תמורתה: (יט) בכתם טהור. בעבור שאמר טהור יורה שהוא זהב כי אילו היה אבן יקרה מה ענין טהור והנה הוא כמו זהב טהור: (כב) אבדון ומות. הם המתים הקדמונים אמרו לנו כי גם הם שמעו מאחרים כי לא יוכל האדם לדעת אלה הענינים וכי אם הבורא לבדו שברא הארבעה המוסדות והם הארץ השמים והרוח והמים והם נזכרים בשני הפסוקים והוא יראה פלאים חדשים בדבר

מנחת שי

(כ) והחכמה מאין תבוא. הוא"ו בגעיא בספרי ספרד: ואי זה מקום בינה. עיין מה שכתבתי למעלה: (כא) ונעלמה. הוא"ו בגעיא

רלב"ג

החכמה וההשתדלות בהשגחה יותר נכבד מפנינים: (יט) פטדת כוש. היא פטדה הנמצאת בארץ כוש והיא אבן יקרה: בכתם טהור. בזהב צרוף ונקי: תסלה. תערך:

מצודת דוד

בה והעיון להוציאה מהכח אל הפועל יקרה היא מפנינים: (יט) לא יערכנה. לא יהיה נערך אליה אבן פטדה אשר בא מארץ כוש: לא תסלה. אין שנח לה לומר שהיא ככתם מזהב טהור וכפל הדבר פעמים רבות כדרך המליצה ולגודל החשיבות: (כ) והחכמה. כאומר הואיל והחכמה חשובה כ"כ נחקור נא לדעת איזה דבר יהיה התחלה והלאה אל הגעת החכמה ואי זה המקום אשר תגיע לנו הבינה ממנו: (כא) ונעלמה. אבל היא נעלמה מעיני כל חי ונסתרה היא מעוף השמים עם כי הם יגביהו לעוף אל השמים מקור החכמה. והוא ענין מליצה: (כב) אבדון ומות. ר"ל הקדמונים אנשי אבדון ומות ר"ל המתים שכבר מתו הם אמרו הנה באזנינו שמענו גודל שמעה ופרסום שבחה ואין להשיג נתיבות ביתה ליוקר מציאותה: (כג) אלהים. אך אלהים הוא הבין את הדרך ההולך אליה והוא יודע את מקום תכונתה: (כד) כי הוא וגו'. כי המקום יביט אל קצות הארץ ורואה כל מה אשר

מצודת ציון

(יט) פטדת. שם אבן יקר:

23. **God understood its way, and He knew its place**—*For He knows where it is situated, and they will also praise it and say of it that God understood its way; He looked at it and created the world with its letters in their order and according to their weight. He created all creatures as it is written in the secret of Sefer Yetzirah.*—[*Rashi*]

24. **For He looks to the ends of the earth**—*how He should build them and create them, and under all the heavens He saw in it the needs of their creation.*—[*Rashi*]

The *Zohar* (*Vayera* 107a) presents

wisdom [is more precious] than pearls.
19. The topaz of Kush cannot equal it; it cannot be praised with jewelry of pure gold.
20. Now whence does wisdom come, and where is the place of understanding?
21. It is hidden from the eyes of all living, and it is concealed from the winged creatures of the heavens.
22. Destruction and death said, "With our ears we heard its report."
23. God understood its way,and He knew its place.
24. For

19. **The topaz of Kush**—*It is a precious stone, as* in (Exod. 28:17), "*ruby, topaz* (אֹדֶם פִּטְדָה)."—[*Rashi*]

with . . . jewelry—Heb. בְּכֶתֶם. *That is a collection of jewelry for women's adornments, and this collection is called* כֶּתֶם *in Hebrew, and "al hallu" in Arabic. That is* (Prov. 25:12), "*Like a golden earring and jewelry of the finest gold* (וַחֲלִי כֶתֶם)," *and similarly* (Hosea 2:15), "*and adorned herself with her earrings and her jewelry* (וְחֶלְיָתָהּ)." *Others interpret* כֶּתֶם *like* כֶּתֶר, *a crown, but it is incorrect because we do not find a verb with this root, as we find with* כֶּתֶר. מַכְתִּיר, *to crown or surround,* כּוֹתָרוֹת, *capitals.*—[*Rashi*]

20. **Now whence does wisdom come**—Since wisdom is so precious, let us search, to know what is the beginning of understanding wisdom and from what place we can obtain understanding.—[*Mezudath David*]

21. **It is hidden, etc.**—But this source is hidden from the eyes of all living and even from the fowl of the heavens, who approach the place whence wisdom emanates. This is poetic.—[*Mezudath David*]

and from the winged creatures of the heavens—*The angels who fly.*—[*Rashi*]

22. **Destruction and death said**—*Those who destroy themselves and kill themselves over it said, "With our ears we heard its report that if one toils with it, it endures with him." And others say as in the Aggadah that I explained above, that Satan came before the Omnipresent and asked Him, "Where is the Torah?" He said to him etc. That is what is written, "Destruction and death said, 'With our ears we heard its report that it was given to Israel.' But . . ."*—[*Rashi*] *Ibn Ezra* and *Mezudath David* explain that the destruction and death are those who have died long ago, who say that they heard the praise of wisdom from others: that no one can achieve it because of its preciousness. Only God knows its location and how to reach it. *Ibn Ezra* states that only God, Who created the earth, the heavens, the wind, and the water—the four foundations of the world alluded to in the two following verses—knows the way to wisdom.

הוּא לִקְצוֹת־הָאָרֶץ יַבִּיט תַּחַת כָּל־
הַשָּׁמַיִם יִרְאֶה׃ כה לַעֲשׂוֹת לָרוּחַ
מִשְׁקָל וּמַיִם תִּכֵּן בְּמִדָּה׃ כו בַּעֲשׂתוֹ
לַמָּטָר חֹק וְדֶרֶךְ לַחֲזִיז קֹלוֹת׃ כז אָז
רָאָהּ וַיְסַפְּרָהּ הֱכִינָהּ וְגַם־חֲקָרָהּ׃
ת״א לקלות. זוהר ויקה׃

הוּא לְסִיָפֵי אַרְעָא
יִסְתַּכֵּל תְּחוֹת כָּל שְׁמַיָא
יֶחֱמֵי׃ כה לְמֶעְבַּד
לְרוּחָא מַתְקְלָא וּמַיָא
אַתְקִין בִּמְשַׁחְתָּא׃
כו בְּמֶעְבְּדֵיהּ לְמִטְרָא
קְיָמָא גְּזֵרְתָא וּמַהֲלַךְ
לְחֶזְיֵי דְּרָהֲטִין בְּקָלַיָא׃
כז הֵידֵין חַמְיָהּ וְאִשְׁתַּעְיָהּ
עִם מַלְאֲכֵי שֵׁירוּתָא
אַתְקְנָהּ לְחוּד פִּשְׁפֵּשׁ
ויאמר יתה

רש״י

(כה) לעשות. בה משקל לרוח. לכל ארץ לפי כחה וכן המים לפי המדה לפי מה שהיתה ארץ צריכה להשקותה יש ארץ נגובה וצריכה הרבה גשמים ויש ארץ שאינה צריכה כל כך: (כו) חוק. גזירה קצובה לפי כל ארצות ומעיין ופלג להשקות כל ארץ וארץ בעשותו דרך לכל החזיזים שלא יצאו שני קולות דרך נקב אחד פן יחריב את העולם: (כז) אז ראה. ראה אותה נסתכל בה ובעצתה עשה הכל: ויספרה. ספר אותיותיה כפולות ופשוטות

מנחת שי

בספרי ספרד: (כו) בעשתו. בספרים מדוייקים חסר וא״ו וכן במסורת ב׳ חסר וסימן במאזן בעשתו לעיל סימן כ״ג. בעשתו למטר חק: לחזיז קלות. בספרי ספרד כן כתיב חסר וא״ו קדמאה וכן נמנה במסורת תהלים כ״ג עם ו׳ מלין דכתיבין כן: (כז) ראה. מפיק ה״א וכן במסורת ג׳ פסוקים דכל מליהון מפקין ה״א וסימן מזוגי דשבת בהכנה. (וביאורם) שארה כסותה ועונתה. כל משושה

אבן עזרא

המספר על כן אמר בעשותו למטר חק: (כו) לחזיז. אומן ותוקף הוא וכמוהו ה׳ עושה חזיזים: (כז) אז ראה ויספרה. אין ויספרה מן ויספר משה כי אם ממספר או מן וללמדם ספר. והענין היא כתובה אצלו. וכמוהו יספר שחקים בחכמה:

רלב״ג

(כו) ודרך. ומנהג מוגבל ומסודר: לחזיז קולות. לברק אשר הוא סבה לקולות והרעמים. או יהיה לחזיז קולות חסר וי״ו והרצון לחזיז וקולות: (כז) ויספרה. שמה בספר וכתב אותה ר״ל שׂשם אותה לחק ולנמוס: ביאור דברי הבענה כאשר ראה איוב שאין אחד מרעיו עונה אליו דבר הוסיף נשאת משלו על ענינו ואמר חי השם אשר הסיר משפטי בסדרו טובות האדם ורעתם בזה האופן אשר סדרם ר״ל מצד הגרמים השמימיים. או אמר חי השם אשר הסיר משפטי אם הענין כדבריכם שיבאו מאתו הטובות והרעות לבני האדם במשפט לפי מעשיהם וחי שדי אשר המר נפשי כי כל עוד בחיים חייתי לא תדברנה שפתי עול ומרמה להודות לדבריכם. חלילה לי אם אצדיק אתכם כומר שהאמת אתכם כמה שאתם אומרים עלי שבעבור חטאתי עד אמות לא אסיר תומתי ממני לומר שאני רשע וחוטא כמו שאתם אומרים עלי. בצדקתי החזקתי לומר שאני צדיק לא ארפה ולא יטה לבבי מימי מזה הדעת אשר אני בו ומה שאתם אומרים עלי שאני אסכים לרשעים במה שאני אומר שהשם עזב את הארץ כי לפ״ז הדעת לא יועיל הצדק על הרשע וזה ממה שיורה שאני לא נשמתי מלחטא. חלילה לי מזה. יהי כרשע אויבי ומתקוממי כעול. ואפשר שהרצון גם כן במה שקדם לו מהדברים זאת הכוונה בעינה והיא כי

מצודת ציון

(כו) לחזיז. כן יקרא הענן וכן ה׳ עושה חזיזים (זכריה י׳): קולות. כמו וקולות ותחסר הוי״ו וכמוהו רבים: (כז) ויספרה. מל׳ ספר:

מצודת דוד

תחת השמים להשפיע על כולם בכלל בהמלאות מערכות השמים: (כה) לעשות לרוח משקל. לשלוח את הרוח במשקל לכל מקום כפי הצורך: תכן במדה. נתן בכל מקום לפי רוב ההרים ויבשות האדמה: (כו) בעשותו. בעת הבריאה כשעשה למטר חק קבוע מתי ירד ואיך ירד ע״פ האדמה וכשעשה דרך לענן וקולות הרעמים באיזה דרך יהלכו: (כז) אז. בעת עשותו כל אלה אז ראה את החכמה והשתמש בה ושם אותה בספר למען התקיים לעד והכינה

middle one (מ), *and the final one* (ת). אֱמֶת *is the seal of the Holy One, blessed be He. And so with the remaining orders He created everything with these letters. Everything is explained in the secret of Sefer Yetzirah.*—[*Rashi* from *Sefer Yetzirah* 4:1, 5:1] *Rashi* apparently renders וַיְסַפְּרָהּ, *He counted it. Ibn Ezra* too mentions this interpretation, but suggests also: He put it into a book; He used it and then put it into a book to preserve it. *Ralbag*, followed by *Mezudoth*, agrees. *Targum* renders: He declared it.

prepared it—*He prepared it* [wisdom] *for the Creation.*—[*Rashi*] *Mezudath David* explains: He arranged it in the best possible order and then searched it out to know all its secrets. This is an anthropomorphism, expressing the idea that God understood its way because He had used it in days of yore.

He looks to the ends of the earth, and He sees under all the heavens. 25. To make a weight for the wind, and He meted out the water with a measure, 26. when He made a decree for the rain and a way for the clouds [and] the thunders. 27. Then He saw and counted it, prepared it, yea, searched it out.

two explanations: 1) God looks to the ends of the earth at all the inhabitants of the world, to supply them with food and all their other needs; 2) He looks to the ends of the earth to survey the works of each man and to examine all that people do in the world.

25. **To make**—*with it a weight for the wind, for each land according to its strength, and so the water according to its measure, according to what each land required to water it. There is an arid land which requires much rain, and there is a land that does not require so much.*—[*Rashi*] God is so great in His deeds that He dealt wondrously in weighting the wind, sometimes making a very strong wind and sometimes a mild one, to teach you that He brings it forth with a weight according to the requirements of the world.—[*Rabbenu Meyuchos*] *Berechiah* suggests that making a weight for the wind and meting out the water with a measure may refer to God's judgment of the world: He causes heavy winds to blow and heavy rains to fall if its inhabitants deserve punishment, and if they deserve kindness, He causes light winds to blow and light rain to fall, allowing the crops to grow.

26. **a decree**—*A set decree according to all the lands, and a spring and rivulet to water each land by His making a way for all the clouds, so that two thunders do not emerge through one hole, lest it destroy the world.*—[*Rashi*]

for the clouds [and] the thunders—Heb. לַחֲזִיז קֹלוֹת. This translation follows *Isaiah da Trani* and *Mezudath Zion. Redak (Shorashim)* and *Rabbi Moshe Kimchi* quote the midrashic interpretation of חֲזִיז as one of the five names for a cloud (see *Genesis Rabbah* 13:12). It is called חֲזִיז because through it prophets achieve their visions, חִזָּיוֹן in Hebrew. The Talmud (*Ta'anith* 9b) defines it as a thin cloud beneath a thick one. *Redak (Shorashim)* suggests that it means lightning, so *Ralbag. Ibn Ezra* defines it as strength.

27. **Then He saw**—*He saw it, looked at it, and with its counsel made everything.*—[*Rashi*] This interpretation, as well as that on verse 23, is based on *Genesis Rabbah* 1:2, which depicts the Torah as the blueprint of the Creation. However, *Rashi's* wording coincides more closely with that of *Zohar Terumah* 16b.

and counted it—Heb. וַיְסַפְּרָהּ. *He counted its letters, the double ones* (בבגגדדככפפררתת) *and the simple ones,* (הוזחטילנסעצק), *the first one* (א),

יְהָה: כח וַאֲמַר לְבַר נָשׁ הָא דְחַלְתָּא דַיְיָ הִיא חוּכְמְתָא וּלְמֶעְדֵי מִן

כח וַיֹּאמֶר ׀ לָאָדָם הֵן יִרְאַת אֲדֹנָי הִיא חכמה

ת״א יראת ה׳. שבת לא יומא עב עקרים מ״ג כ״ג:

רש״י

ראשונות ואמצעית ואחרונות. אמת הוא חותמו של באותיות הללו והכל מפורש בסוד ספר יצירה: הבינה. הקדוש ברוך הוא וכן בשאר סדרים ברא כל דבר ודבר זימנה ליצירה: (כח) הן יראת ה׳ היא חכמה.

מנחת שי

מהשה ובכתה וכל מועדה (סוטה ב׳). אז ראה ויספרה וגו׳: (כה) הן יראת אדני. בכמה ספרים כ״י מצאתי שבתחלה נכתב בשם ההויה

רלב״ג

הוא יאמר כי חי השם עם האמיני שהאדם אינו נענש לפי מעשיו לא אחטא בשפתי לומר דבר עול ורמיה חלילה אם אצדיק אתכם באמרכם גם עתה שהגיע לי מהרעות ללא משפט כי אז יראה לכל שצדקתם במה שאמרתם עלי שאני רשע הנה עד יום מותי לא אסיר תומתי וצדקתי ממני ולא ישה לבבי מהדרך הטוב אשר החזקתי בו מימי. יהי אויבי ומתקוממי כעול וכרשע ואולם אמר זה לגנאתי העול והרשע הא כי למה ישובח מפני זה הדעת אשר אני בו העול והרשע. מה תקות חנף כי יגזול ויעשה החמס ואם היה שיניח השם ית׳ בשלום אותו ולא ישיגהו היכעס שבבא אליו הצרות יצילהו השם ממנה בצעקו אליו הלא זה בלתי אפשר לפי זה הדעת ולא לפי דעתכם כי אינו מתענג על השם ודבק בו עד שיוכל להתפלל אל השם בכל עת שירצה ותשמע תפלתו כאמרו אז תתענג על השם ויתן לך משאלות לבך ובהיות הענין כן ראו איך ראוי לכם לשפוט שאני משבח הרשע והעול הלא הרשע והעול מוכן לפי דעתי לרעות כמו הצדיק ואין לו תכלית אחר זולת ההצלחה המדומה אשר הוא עתיד אז מזומן שתאבד ממנה בבוא יום אידו ולא יהיה לו אז המלט מזה בשום פנים ואולם הצדיק בבא יום אידו תאבד הצלחתו המדומה ותשאר הצלחתו האמתית והוא הצלחת הנפש. ואפשר שנאמר שהרצון באמרו אם על שדי יתענג וגו׳ הוא שהוא אומר האם יתענג זה הרשע על השם בהשתדבק בו תמיד נפשו במה שישכיל ממנו ויקרא אל אלוה בכל עת להשכיל ולדעת אותו להיות עמו תמיד עד שתגיע לו הצלחת הנפש הוא מבואר שזה בלתי אפשר כי לא תגיע הצלחת הנפש עם המדות הפחותות כמו שהתפרסם ונתבאר במה שאין ספק בו. הנני מלמד אתכם מה שביד אל אשר עם שדי איני מעלים מכם כי באמת עוזב אישי האדם אל הסידור המוגבל מצד המערכת. הנה איך תאמינו מפני זה שאני משבח את הרשע והנה אתם כלכם חזיתם וספרתם שבבר הגיע לכם מהחוש שזה חלק אדם רשע עם אל. ונחלת התקיפים הרשעים אשר יקחו משדי ר״ל שבבר יגיעו להם רעות נפלאות כמו שספר אחד זה ואתם ידעתם שכל ראיותי על דעתי אני לוקח מהחוש. וכאשר היה זה כן בלבי המוחש יראה שבבר הגיעו מן הרעות הנפלאות לרשעים אבל שאני חלקתי עמכם במה שאמרתם שלא ימלט רשע שלא יקרה לו כך וטענתי שבבר יראה מהחוש שיגיע לקצת הרשעים הצלחה ולא יגיע שום פוגע עד יום מותם איך תאמינו שאני משבח הרשע ולמה זה הבל תהבלו לומר שאני בוחר אורח הרשעים אשר היו בדור המבול ואנשי סדום ועמורה. הנה כמו שספרתם יקרה הרבה שאם ירבו בני הרשע יהיה תכליתם למות בחרב וצאצאיו לא ישבעו לחם והשרידים הנשארים ממנו והם בניו יקברו במיתם שלא יעזבום עד שתהא נפשם לגמרי ולא תבכינה על מותו ומות בניו לרשעתו אפילו אלמנותיו. אם יצביר כעפר כסף ויכין מלבוש ללבוש עד שימצא לו בשפע כמו החומר. הנה יכין הלבוש ואיש צדיק ילבשנו והכסף אשר קבץ יהיה לנקי ויחלקהו ויפזרהו כאשר ירצה. בנה ביתו כעש ר״ל שביתו יהרס בקלות כבית העש וכסוכה אשר עשה נוטר הכרמים שאין לה קיום. עשיר ימות ולא יאסף לקבורה אך יסחב סחוב והשלך לקבורת חמור כל כך ימות ויכלה במעט זמן עד שבזמן אשר יוכל האדם לפקוח בו עיניו יאסף מיד ואיננו. השיגהו כמים בלהות ר״ל שיבאו אליו בשטף ובמהירות ובלילה תגנבהו סופה ורוח קדים ותניעהו ממקומו לשחדו מהצרות הבאות עליו ולא יוכל להמתין עד אור הבקר אבל יגוע בלילה. ישלך עליו השם מכותיו ומכאוביו ולא יחמול ממכתו כרוח קדים יברח ויחפוץ להמלט. יספוק על שבירי כפיו כל איש וישרוק עליו ממקומו לרוב התימה על מה שיקרהו מהרע הנה זה הוא מה שספרתם שבבר ימצאו הרבה שיקרה לרשעים אלו הרעות ואני לא חלקתי עמכם בזה אבל באמרתי בחוש שזה לא ימצא בכל הרשעים אבל כבר ימצאו בהם מצליחים ולא ישיגם שום פוגע ואמנם היתה אצלי הסבה ברע שיקרה לרשעים וצדיקים כי לכל אלו הענינים הנמצאים בזה העולם השפל ימצא קץ וגבול וזה שבבר ימצא בקצת העתים במקום מה מהארץ שיצא ממנו הכסף להתחדשו אז שם וכן ימצא בארץ מקום אשר יזוקו ממנו הזהב ויוציאוהו משם וכן ימצא במקום מה מהארץ שיוציאו ממנה הברזל להתחדשו שם אז ויוצק האבן נחשת והוא הברזל החזק ר״ל שבבר הוציאוהו משם בעת מה לפי שהשם שם קץ להעדר ההויה אשר במקומות מהארץ וכאשר יבא קצם יעשו שם כנגו אלו ההויות. ושם גם כן קץ לכל תכלית אשר הוא חוקר ומבקש במה שיורוהו אבן אפל וצלמות ר״ל החומר הראשון אשר עמו ההעדרים כונס והוא סוף כל הדברים ההווים. או קרא אבן אופל וצלמות היסוד הארצי כי הוא בתכלית מההעדר ביחס אל שאר הנמצאות המוחשות. בקצת העתים יפרוץ נחל ויגדל מהצל המקום שהיה האדם גר שם קודם זה להיותו יבשה לפי שצויבש המקום ההוא קץ וגבול וימצא ג״כ הפך זה והוא שהמים החזקים הנשכחים מני רגל וגבהו מאנוש עד שלא עבר אדם שם לרוב עמקם יגועו וילכו ויבש יובש במקום ההוא אשר היה בו הנהר ההוא. כבר תמצא ארץ שיצא ממנה לחם להיותה טובה לזריעה ובבא קצה יהפך תחתיה כמו אש שייבשה וישרפה עד אשר לא יעבד בה ולא יזרע. כבר ימצא מקום אשר אבניו הם ספיר ובו ימצאו עפרות זהב ויבאו שם האנשים תמיד לקחת הספירים או הזהב ובבא קצו יהיה חרב עד שאפילו העופות והחיות לא יבאו שם. בבא קץ ההרים החזקים ישלח השם ידו ויהפכם משרש בסבת הרוח הנסגר בבטן הארץ. בצורים החזקים בקע יאורות בקצת העתים בבא קצם וקודם זה לא היו העין כל יקר אשר בהם להיות יבשה. והפך זה כי בקצת העתים עצר השם זוזלת הנהרות ומה שיהיה נעלם בקרקעם יוציא לאור ותראהו העין ובהיות הענין כן רצוני שיש קץ ותכלית לכל אלו הדברים החומריים הוא מבואר שאין ראוי שתקרא ההצלחה באלו הקניינים החומריים לפי שכלם יאבדו בבא קצם ובזה הענין שוים הרשעים והצדיקים ואחר שלצדיקים הצלחה אמתית ויהיה הצלחת הנפש מה שאינו לרשעים והם שוים בהצלחה האחרת לרשעים הוא מבואר שאני משבח הצדיק על הרשע. והנה איוב החל לספר מעלות החכמה והבינה וקושי המצאם ושלא יגיעו בם כי אם ביראת השם וסור מרע ולזה הוא מבואר ג״כ שבבר יגונה הרשע וישובח הצדק מזה הצד והחל ואמר והחכמה מאין תמצא ואי זה מקום

מצודת דוד

בסדר היותר נכון וגם חקרה לדעת את כל מצפוניה וה״א ענין מליצה וחוזר למעלה לומר לזה הבין אלהים דרכה כי השתמש בה מאז: (כח) ויאמר לאדם. ר״ל הואיל וכן חכמת האדם מספיק להשיג עומק מסתרי החכמה הרי הוא כאלו אמר ה׳ אל האדם הנה יראת ה׳ היא המבוא אל החכמה והסרת מן הרע היא הגעה אל הבינה ר״ל על ידי יראת ה׳ תשיג דברים נעלמים אשר אין להשיג על פי הטבע כי אז יתן ה׳ חכמה בלבו וכ״ז חוזר על ראשית אמריו שאמר כי יש לכסף מוצא וגו׳ לומר הנה החכמה טובה מכל החפצים וא״א לקנותה מבלי יראת ה׳ ולזה אף אם תקרה אחת לצדיק ולרשע יש לאחוז בצדק וביראת ה׳ להשיג מצפוני החכמה החשובה ביותר (העולה מהדברים ההמה כי ירבה אמרים לומר בלא יודע להכיריו שחטא כי לא ידבר רמיה הואיל ויודע בעצמו שלא כן הוא ואף כי יחשוב שמקרה אחד לצדיק ולרשע עכ״ז אין לבחור ברשע כי הלא גם הרשע מעותד הוא למקרי הזמן ויתרון לצדיק ממנו כי יתענג בתענוג הנפשי. ויוסיף לאמת דבריו באמרו הלא כל קנייני העולם סופם כלים ואינם וקנין החכמה עומדת לעד א״כ טובה היא מכל הקניינים ואין להשיגה מבלי יראת המקום וא״כ מי יבחר ברשע לאבד החכמה היפה):

28. And He said to man, 'Behold, the fear of the Lord is

28. **Behold, the fear of the Lord is wisdom**—*One requires the other, and wisdom is unseemly without* [the] *fear* [of the Lord].—[*Rashi*] *Mezudath David* explains: Because human intelligence cannot fathom the depths of wisdom, it is as though God said to man that fear of the Lord is the introduction to wisdom, and shunning evil is the introduction to understanding; i.e. through fear of God one can achieve the knowledge of hidden matters, naturally unattainable, for then God will bestow wisdom upon him. All this refers back to the beginning of the chapter: "For silver has a mine and gold has a place where it is refined." That is to say that wisdom is superior to everything in the world, and it cannot be attained except through fear of God. Thus even if the same incident befalls a righteous man and a wicked one, it is worth being righteous in order to attain the mysteries of wisdom.

(In summation: Job delivers a lengthy address, telling his companions that under no circumstances will he concur that he has sinned, for he knows that this is not so and he will not be hypocritical. Even though he believes that both the righteous and the wicked may be stricken by the same incidents, he will not turn to wickedness, because the wicked man too is subject to accidents of time, whereas the righteous will enjoy spiritual benefits in the hereafter. He reinforces his statement by illustrating that everything in the world must end, but the acquisition of wisdom endures eternally. It is superior to all acquisitions, yet it cannot be acquired without fear of God. Who would be so foolish as to choose to be wicked and lose such beautiful wisdom?)—[*Mezudath David*]

Ohev Mishpat explains that since, as Job said, wisdom and understanding are hidden and unattainable by man, he concludes his address by stating that God commanded man to fear Him and to shun evil; this is his wisdom and his understanding. Man should not delve into what is hidden from him nor attempt to fathom what is concealed, but should spend the entire day pondering the fear of God. . . . This is Job's intention, as he was "sincere and upright, God-fearing and shunning evil," and not, as Eliphaz said (4:6), "Surely your fear was your foolishness." Although Job complains about God's judgment in this world, he has not abandoned His fear, because he believes in the reward in the world of the souls.

חָכְמָה וְסוּר מֵרָע בִּינָה׃ כט א וַיֹּסֶף
אִיּוֹב שְׂאֵת מְשָׁלוֹ וַיֹּאמַר׃ ב מִי־יִתְּנֵנִי
כְיַרְחֵי־קֶדֶם כִּימֵי אֱלוֹהַּ יִשְׁמְרֵנִי׃
ג בְּהִלּוֹ נֵרוֹ עֲלֵי רֹאשִׁי לְאוֹרוֹ אֵלֶךְ
חֹשֶׁךְ׃ ד כַּאֲשֶׁר הָיִיתִי בִּימֵי חָרְפִּי

תרגום

בְּשְׁתָא הִיא בְּוּנְתָא׃
א וְאוֹסִיף אִיּוֹב לְמִטַּל
מַתְלֵיהּ וַאֲמַר׃ ב מַן
יְסַדְרִנַנִי הֵיךְ יַרְחִין
דְקַדְמִין יוֹמַיָא דִי אֱלָהָא
יִטְרְנַנִי׃ ג בְּאַנְהָרוּתֵיהּ
שְׁרָגֵיהּ עֲלֵי רֵישִׁי
לִנְהוֹרֵיהּ אֵיזֵל חֲשׁוֹכָא׃
ד הֵיכְמָא דַהֲוֵיתִי בְּיוֹמֵי
חֲרִיפוּתִי בִּזְמַן דְרָז
אלהא

ת"א כירחי. נדה ל':

רש"י

זו צריכה לזו ואין חכמה יפה בלא יראה: (מענה איוב): כט (ב) מי יתנני כירחי קדם. כימים קדמונים שהייתי בגדולתי: (ג) בהלו נרו. לשון אור ושמחה: לאורו. הייתי הולך בכל חשך וצרה שהיתה באה לעולם לי היה אור: (ד) בימי חרפי. בימי קדמותי לשון ארמי הוא חרפי ואפלי: בסוד אלוה עלי אהלי.

מנחת שי

וסחר כך סגיהו בשם של אדנות וכן כתיב בספר היכל ה' דף ע"ב השם הזה כתוב באל"ף דל"ת וכן מלאתיו בספרים מדוייקים ע"כ גם במסורה גדולה נמנה במנין קל"ד וזהו האחרון שבהם:
כט (ב) כירחי קדם. הכ"ף רפה במדוייקים:

אבן עזרא

כט (ג) לאורו אלך. כהפך: (ד) חרפי. גדולתי כלי דומה כי אם לפי הענין ויש אומרים שהוא מן בחרפס בפלשתים שערכו מלחמה ויש אומרים שהוא מן

רלב"ג

בינה שיקח האדם אותה משם הנה היא נעלמות מהאדם עד שלא ידע ערכה ולא תמצא בחלק מהארץ אשר שם החיים והוא החלק הנגלה מהארץ ולא בתהום ולא בים אשר הוא מקיף בשאר חלקי הארץ. ואולם אמר זה שלא יחשוב חושב שיהיה במוחשות די בהקנאת החכמה כי כבר התבאר בספר הנפש שאין בהם די בקנין המושכלות שהוא שצריך שיהיה בכאן שכל פועל בנו אלו המשכלות ומקנה אותם לנו. ועם זה כבר נתבאר בס' מלחמות ה' שאין כח בנו להשיג זה הנימוס והסידור אשר לנמצאות כפי מה שהוא עליו והוא הענין אשר היה בו זה הנימוס והסדור אחד ושזאת המדרגה לא תמצא בשלמות כי הם להש"י לבדו ולזה לא ידע ערך החכמה בשלמות כי אם הש"י. ואולם יתחלפו מדרגת האנשים בחכמה לפי התקרבם אל זה הנימוס במושכל אשר בנפש הש"י ורחקם ממנו. ואמר שלרוב מעלת החכמה לא יותן זהב תחתיה ולא ישקל כסף מחירה ולא תערך בזהב אופיר ולא בשוהם יקר וספיר לא ישוה לה זהב וזכוכית לגנה ולא תמירנה כלי פז ראמות וגביש אשר הם אבנים יקרים מאד לא יזכר אחד מהם לפני החכמה ומשיכת החכמה והשתדלות בקניינה יותר ערב ויותר יקר מפניינים. לא ישוה לחכמה פטדה הנמצאת בכוש שהיא יקרה מאד ובזהב טהור לא תערך. ואולם אמר זה להורות כי קנין החכמה יותר מכל הקניינים האחרים ולזה לא יעזוב המשכיל הדרישה בחכמה מפני ההשתדלות בקנין אלו ההצלחות המדומות והוא ג"כ יותר ערב לפי שאין יחס הערבות המגיע לנו בקניינים המדומים עם הערבות המגיע לנו בהשתדלותנו בחכמה. והחכמה מאין תבא ר"ל איזה דבר יהיה התחלה והלעה אל הגעת החכמה לנו ואיזה מקום שתגיע לנו העיקר ממנו. והנה היא נעלמת מעיני כל חי ומעוף השמים נסתרה עם הגביהו לעוף ויתכן שיהיה מרחוק. אבדון ומות אמר באזנינו שמענו שמע החכמה ר"ל כי מלך ההעדר והמות הנמצא לאלו ההוים ובכלל מלך החסרון הנמצא בחומר הראשון אשר להם נשפוט שבכאן סבה היא שכל תקנה לו אלו הלורות. והאריך מפני זה אל החקירה בטבע המושכל אשר לנמצא נמצא מאלו הנמצאים השפלים אשר היא החכמה ואז נדע כי הש"י הוא לבדו אשר אלו הידיעה בשלמות בזה הנימוס אשר לנמצאות כי הוא יעשה כל הנמצא ויביט לקצות הארץ לעשות גם מעשהו ותחת כל השמים יראה. לעשות לרוח משקל ומים תכן במדה ר"ל שהוא ישתדל שיהיה שווי בין היסודות שיהיה האויר והמים כשיעור הראוי וכן הענין בשאר היסודות כי זה השווי אמנם יהיה בהם מפני שני דברים מפני השווי אשר ביניהם בעצמם בכמות ובאיכות ומפני השווי אשר בסבות הפועלות אותם בשובם בסיבוב כי בזה ישמר השווי אשר בין היסודות והוא ענין בתכלית הפלא והחכמה בעשותו למטר חק ונימוס עד שלא יהיה ביותר מהראוי כדי שלא יגבר היסוד המימי יותר מהראוי. ובעשותו דרך ומנהג לחזיזים ולרעמים עד שלא יגבר האש והרוח יותר מהראוי. הנה ביסדו העולם על המנהג והחק ראה החכמה וכתב אותה ר"ל ששם אותה לחק ולנימוס והכינה וגם חקרה עד שיסדור אותה באופן היותר שלם. ואמר לאדם הן יראת ה' היא הדרך אל שיגיע החכמה לו וסור מרע היא הלעה אל הגעת הבינה לפי שאי אפשר שיגיע שלמות הנפש עם הטרדה בתאוות הגופניות וזה מבואר בנפשו ולזה הוא מבואר שלא ישובח העול והרשע לפי דעת איוב כי הוא מונע הגעת הצלחת הנפש אשר היא ההצלחה האנושית: והכלל העולה מהדברים הוא שאיוב התגלגל במה שאמרו לו שכבר יראה מדעתו בענין ההשגחה שהוא משבח הרשע ומתהלל בו אחר שאינו מאמין שיגיע הפוגע לרשעים בסיבת רשעם וזהו מה שהגיע הרשעים הקודמים אל שיתנהגו בתכונת הרשע ר"ל האמנה שהש"י עזב את הארץ והוא שיאמר בתשובה בזה שחלילה לו מרשע שיבחר מפני זה הדעת הרשע והעול וזה שאע"פ שנודה שלכל יקרה שתהיה לרשע הצלחה מה אין לראוי מפני זה שיתשוק ענינו כי הוא מוכן למקרי הזמן אין לו המלט מהם בשום פנים כמו שהענין בצדיק וזה שאיוב היה מאמין שהענין אחד בצדיק וברשע בטובות המדומות בבכלל ימלאו רשעים רבים יגיעו להם רעות נפלאות עד שמטבע אלו ההצלחות שיעמדו בסוף בהכרח לסיותם חמריות ובהיות הענין כן ר"ל שהצדיקים והרשעים הם שוים בענין זאת ההצלחה המדומה והיתה לצדיקים הצלחה נצחית ערבה ויקרה מאד והיא החכמה והבינה אשר הוא הצלחת הנפש אשר לא תגיע אלא בילאת השם ובהשמר מהרשע והעול הוא מבואר שיותר נבחר מאד לפי דעת איוב הצדק מהרשע: ביאור מלות המענה (א) ויוסף איוב שאת משלו ויאמר: (ג) בהלו נרו. כאשר היה מאיר נרו: (ד) חרפי. נערותי והוא מענין חורף כי אז יחל זמן הזריעה:

מצודת ציון

כט (ג) בהלו. ענין הארה וזריחה כמו עד ירח ולא יאהיל (לעיל כ"ה): (ד) חרפי. קדמותי ובדז"ל חרפי ואפלי (נדה ס"ה):

מצודת דוד

כט (א) ויסף. כראותו כי עד כה אין מי יענה לו הוסיף עוד להרים קול בדברי משל ואמר דבריו והמשל הוא בהלו נרו וגו' ורבים כמוהו: (ב) מי יתנני. מי יתן אותי להיות עתה כמו שהייתי בהחדשים הקודמים כמו הימים אשר שמרני אלוה: (ג) בהלו נרו. כשזרחה אור השפעתו על ראשי וכשהיה החשך בעולם הלכתי אני לאור השפעת עלי מאת המקום: (ד) כאשר. מוסב על מי יתנני לומר מי יתן אותי להיות כאשר הייתי בימי

wisdom and shunning evil is understanding.' "

29.

1. Then Job again took up his parable and said, 2. "Would that I were as [in] my early months, as [in] the days that God watched over me, 3. when He lit His candle over my head; by His light I would go through the darkness. 4. As I was in my early days,

---

1. **again**—When he saw that no one would answer him, he again raised his voice in a parable, as in verse 3.—[*Mezudath David*]

2. **Would that I were as [in] my early months**—*Like the early days, when I was in my greatness.*—[*Rashi*] The Talmud (*Niddah* 30b) explains that Job longed for his pre-natal days in his mother's womb, a period of months but not years. That is the best time of a person's life.

3. **when He lit His candle**—[This is] *an expression of light and joy.*—[*Rashi*] When the light of His bestowal of plenty shone upon my head.—[*Mezudath David*]

by His light—*I would go. In every occasion of darkness and trouble that came to the world, I had light.*—[*Rashi*] The Talmud (ad loc.) depicts the unborn fetus as having a lighted candle on his head, by which he can see from one end of the world to the other.

4. **in my early days**—Heb. חָרְפִּי, *in*

my early days. This is an Aramaism, early crops and late crops (חָרְפֵּי וְאָפְלֵי).—[*Rashi, Mezudath Zion, Meyuchos* from *Niddah* 65b] *Ibn Ezra* and *Ralbag* derive it from חֹרֶף, winter, when the time of sowing commences, i.e. in his youth. *Ibn Ezra* renders: in the days of my greatness, judging from the context. He suggests also, in the days of my fame, based on (II Sam. 23:9), "when they exposed themselves (בְּחָרְפָם) against the Philistines." Here, too, when I was revealed to all, when I was famous. *Isaiah da Trani*, basing his theory on the same verse, renders: in the days of my strength. *Saadia Gaon:* in the days of my prosperity. *Berechiah*, too, as *Ralbag* and *Ibn Ezra*, renders: As I was in the days of my winter; because the wintertime is called a fit time for irrigation and moisture, he designates thus the days of his youth.

בסוד אלוה עלי אהלי: ה בעוד שדי
עמדי סביבותי נערי: ו ברחץ הליכי
בחמה וצור יצוק עמדי פלגי־שמן:
ז בצאתי שער עלי־קרת ברחוב אכין
מושבי: ח ראוני נערים ונחבאו
וישישים קמו עמדו: ט שרים עצרו
במלים וכף ישימו לפיהם: י קול־נגידים

אלהא עלי משכני:
ה בעוד כדון דהוה
מימר שדי בסעדי חזור
חזור דילי עולימי:
ו במשזוג אסתורי בלואי
ושיגרא יזלף עמי טיפי
משח: ז במפקי הרעא
על קרתא בפתאה
אתקין מותבי: ח חמו
יתי עולימיא ואטמרו
וקשישיא יקומון זקפו:
ט נגידיא כנישו במליא
ואידא ישוון לפומהון:
י קל ארכונין אטמרו

ת"א ונחבאו. מ"ק פ"ג:

נחבאו

רש"י

כשהיו כשירי הדור באים לאהלי להוסד בדברי הקב"ה בתורה ונגדר סייג לשעה: (ה) נערי. משרתי: (ו) הליכי. רגלי: בחמה. כמו בחמאה: וצור יצוק עמדי פלגי שמן. כלומר נחת רוח וכל תאות לב הנוחים כנחלי שמן: יצוק. כמו ויצקת: (ז) קרת. תקרה גבוה מוכנת לכסא לשבת לזקני העיר. וכאשר ברחוב הייתי מכין מושבי: (ח) ראוני נערים. רואים אותי ונחבאים. וישישים עומדים בפני: (ט) שרים עצרו

אבן עזרא

חורף שאם יחל הזרע: (ו) בחמה. חסר אל"ף והוא בחמאה כמו בית שן ובמקום אחר בית שאן וזה על ד"מ: (ז) עלי קרת. שער הקריה:

מנחת שי

(ז) בצאתי. לית כוותיה מלעיל:

רלב"ג

(ו) בחמה. בחמאה: יצוק. יהיו נובעים ממנו: (ז) שער עלי קרת. בשער העיר על הקריה ר"ל על העיר: (י) קול נגידים נחבאו. גם הנגידים שתקו לבושתם ממני:

מצודת דוד

קדמותי בעת שהאלוה כונן אל אהלי להמתיק סוד בדבר מלות אלוה: (ה) בעוד. בעת היה עוד שדי עמדי להטיב לי ונערי היו סביבותי לשמש אותי: (ו) ברחץ. בעת רחצו מקומות מהלכי בחמאה והוא מדרך גוזמא והפלגה ולומר כ"כ גדלה השפע עד כי היה שחמאה נשפך בארץ ואין מי מאסף כי כבר ירוו לו מרוב כל: וצור. הצור אשר היה עמדי היה יוצק ושופך נחלי שמן והוא משל על מרבית השפע וגודל ההצלחה: (ז) בצאתי. בעת יציאתי אל השער אל העיר לשבת במושב הזקנים שדרכם לשבת בשער העיר כמ"ש אל זקני העיר השערה (דברים כ"ב): ברחוב. בעת הכינותי מושבי ברחוב העיר: (ח) ראוני. כאשר ראו אותי הנערים אז נחבאו לבושתם להתראות לפני: קמו עמדו. קמו מפני ונשארו עומדים ולא מנחו נכח לשבת עמדי: (ט) עצרו. מנעו בדברים ולא השלימו אמריהם בעבור בואי ושמו פיהם בכפם ולא דברו

מצודת ציון

בסוד. ענין עצה על כי נעשה בסוד. או שהעצה למעשה היא כיסוד לבנין: עלי אהלי. אל אהלי: (ו) בחמה. כמו בחמאה והוא שומן החלב: (ז) עלי קרת. אלי הקריה והעיר: (ח) ונחבאו. הסתירו עצמם: (ט) עצרו. מנעו כמו ועצור במלין (לעיל ד'): וכף. כף

not expected to materialize. The rivulets of oil pouring forth from the rock represent such success.

7. **the ceiling**—Heb. קֶרֶת, *a high ceiling, prepared for a chair for the elders of the city to sit on, and when I was in the square, I would prepare my seat.*—[*Rashi*] *Mezudath David* renders: When I would go out to the gate beside the city. This was the place where the elders would sit, as in Deuteronomy 22:15.

This is the description of Job's honor in his early days, which is the fifth of the various facets of his success.—[*Malbim*]

8. **Youths saw me**—*They would see me and hide, and old men would stand in my presence.*—[*Rashi*] When young men would see me, they would hide because they were ashamed to appear before me.—[*Mezudath David*]*

9. **Princes refrained from talking**—*and would wait until I started the conversation.*—[*Rashi*] *Mezudath David* explains that the princes would stop talking when Job

when God's counsel was upon my tent. 5. When the Almighty
was still with me, [and] my young men were around me;
6. When I washed my feet with cream, and the rock that was
with me would pour forth rivulets of oil; 7. When I would go
out to the gate upon the ceiling; in the square I would prepare
my seat. 8. Youths saw me and hid, and old men rose and
stood. 9. Princes refrained from talking and laid [their] hand
on their mouth. 10. The voice of nobles

**when God's counsel was upon my
tent**—*When the righteous of the
generation would come to my tent, to
take counsel in the words of the Holy
One, blessed be He, in the Torah and
in enacting temporary safeguards.*—
[*Rashi*]

According to *Malbim*, Job depicts
the various types of success that he
enjoyed in his early years. First, he
tells of his spiritual success, which he
compares to a candle lit over his
head. This represents the wisdom
and knowledge that God bestowed
upon him, such that he could walk
in the darkness. This light had no
effect on his senses, it only enlight-
ened his soul, as (Prov. 20:27),
"Man's soul is the Lord's lamp,
which searches out all the innermost
parts." Then he tells of his physical
health, which he describes as "my
early days, when God's counsel was
upon my tent." I.e. when his natural
powers, which are guided by God's
counsel and Providence and the
combination of the powers that God
bestowed upon him, were active in
the tent of his body until he became
very healthy and strong.

5. **my   young   men**—*My*

servants.—[*Rashi*] I.e. when the
Almighty was still with me, to bene-
fit me, and my young men were
around me, to serve me.—[*Mezu-
dath David*] *Malbim* identifies this
verse with Job's success with his
children; God had blessed him with
sons, who stood around him.

6. **my feet**—Heb. הֲלִיכַי, *my feet.*
—[*Rashi*]

with cream—Heb. בְּחֵמָה, like
בְּחֶמְאָה.—[*Rashi*] *Mezudath David*
explains it to mean that the places he
walked he washed with cream;
cream was so plentiful that if it
spilled on the ground, no one would
bother to gather it. This is hyper-
bolic.

**and the rock that was with me
would pour forth rivulets of oil**—*I.e.
all the desires of my heart, which are
as pleasing as rivulets of oil.*—[*Rashi*]

would pour—Heb. יָצוּק, *as* in (Lev.
2:6), *"and you shall pour (וְיָצַקְתָּ)."*—
[*Rashi*] This is a parable, indicating
Job's vast wealth and prosperity.
Malbim explains this as an example
of Job's wealth, denoting that he
became wealthy even from things
from which people usually do not
profit, such as investments that are

נֶחְבָּאוּ וּלְשׁוֹנָם לְחִכָּם דָּבֵקָה: יא כִּי
אֹזֶן שָׁמְעָה וַתְּאַשְּׁרֵנִי וְעַיִן רָאֲתָה
וַתְּעִידֵנִי: יב כִּי־אֲמַלֵּט עָנִי מְשַׁוֵּעַ וְיָתוֹם
וְלֹא־עֹזֵר לוֹ: יג בִּרְכַּת אוֹבֵד עָלַי תָּבֹא
וְלֵב אַלְמָנָה ארנין: יד צֶדֶק לָבַשְׁתִּי
וַיִּלְבָּשֵׁנִי כִמְעִיל וְצָנִיף מִשְׁפָּטִי: טו עֵינַיִם
הָיִיתִי לַעִוֵּר וְרַגְלַיִם לַפִּסֵּחַ אָנִי: טז אָב
אָנֹכִי לָאֶבְיוֹנִים וְרִב לֹא־יָדַעְתִּי

וְלִישָׁנְהוֹן לְמוֹרִיגֵיהוֹן
אַדְבֶּקַת : יא אֲרוּם
אוּדְנָא שָׁמְעָה אֲמַרָה
טָב לִי וְעֵינָא דַחֲמָה
וְאַסְהֲדַת עֲלַי : יב אֲרוּם
אֲשֵׁיזֵב עַנְיָא דְבָעֵי וְיָתֵב
וְלָא סָעִיד לֵיהּ :
יג בִּרְכְּתָא דְאוֹבְדָא עֲלַי
תֵּיתֵי וְלִבָּא דְאַרְמַלְתָּא
אֲמַלֵּי תוּשְׁבַּחְתָּא :
יד זְכוּתָא לְבִישִׁית
וְאַלְבְּשַׁנְנִי הֵיךְ מְעִילָא
וּמִצְנֶפְתָּא דִינִי : טו נְהוֹר
עַיְינִין הֲוֵיתִי לְסַמְיָא
וְטִיוּל לַחֲגִירָא אֲנָא :
ת"א תְּיָר הֲוֵיתִי לְמִסְכְּנָא
דְדָמֵי לְסַמְיָא וְטַיֵּיל לְקָצוּר צַרְסָא דְמַתִיל לְחַגְרָא אֲנָא : טז אֲבָא אֲנָא לַחֲשִׁיכַיָּא וְתִגְרָא

ת"א ארנין. ב"ב טו: צדק. עקידה שער נא :

רש"י

במלים. ומצפים שאפתח אני תחלה: (יא) כי אזן. אשר שמעה מלתי ותאשרני: ועין ראתה. בכל מקום בגודלי וכושר מידתי: (יג) ברכת אובד. אדם מת בעונו ונטרד: עלי תבא. כי הייתי זן את בניו ואת אשתו. ורבותינו אמרו שהיה גוזל שדה יתומים ומשביחה ומחזירה להם ופשטיה דקרא אינו נראה כך שאין קרוי אובד אלא דבר שהוא עצמו אובד כמו ככלי אובד [תהלים ל"א] וכן תעיתי כשה אובד [שם קי"ט] צאן אובדות [ירמיה כ'] : ולב אלמנה ארנין. שהיה מטיל שמו על אלמנות לאמר קרובתי היא או אני אשיאנה כדי שיקפצו עליה תובעים: (יד) צדק לבשתי וילבשני. רדפתי אחרי הצדק והוא נמצא לי כמעיל וצניף שהם תכשיטים

מנחת שי

(יב) ולא עזר לו. הוא"ו בגעיא בספרי ספרד ובס"א כתיב ואין ושיבוש הוא :

אבן עזרא

(יד) כמעיל. שהוא על הבגדים נראה לעין וכן הצניף כן היה משפטי :

רלב"ג

(יא) ועין ראתה ותעידני. העין אשר ראתה היתה מגדלת ומנשאת אותי ויהיה ותעידני מענין עד לאמים או יהיה פירוש שהעין אשר ראתה אותי העידה על צדקתי ותם לבבי : (יג) ארנין. אשמיח בשמחה וברננה :

מצודת ציון

(י) לחכם. מלשון חיך : (יא) ותאשרני. ענין שבח והלול כמו אשרי האיש (תהלים א') : (טו) לפסח. חגר ברגליו :

מצודת דוד

עוד : נחבאו. נסתרה קולם ולא היה נשמע וכאלו דבקה לשונם אל חכם לבל יוכלו לדבר : (יא) כי אזן. וכ"ז בא לי בעבור יושר דרכי כי האוזן אשר שמעה כשרון מפעלי היתה משבחת אותי והעין אשר ראתה מיטב דרכי היתה מעידה על צדקתי : (יב) כי אמלט. כי דרכי היה אשר אמלט בכל עת העני מצעקתו אשר יצעק מפני נוגשיו ואף את היתום ואף את כל מי שאין לו עוזר שחלפה עזרתו מקושי המזל את כולם הייתי ממלט : (יג) ברכת אובד. באה עלי ברכת האיש האובד בעניו כי הכנתיו והוא ברך אותי : ארנין. העמדתי ברנה ושמחה כי הטבתי חסדי עמם : (יד) צדק לבשתי. מרבה הייתי בצדק עד כי הייתי מעוטף בה : וילבשני. הצדק עצמה בזה אני להכנים אותי ר"ל כ"כ הייתי רגיל בצדק עד שבכל עת באו אלי עניים מרודים להכנס כי כן דרך העניים לחלות פני איש מתן : כמעיל. כמו המעיל שהוא לבוש העליון וכמו המצנפת הנתונה על הראש ממעל אשר בעבור זה מדרכה להיות זכה ונקייה כן היתה משפטי זכה ונקייה מבלי הטיה מה : (טו) עינים וגו'. ר"ל מי שהיה עור או פסח ולא היה יכול לעשות צרכו בעבור זה אני הייתי עושה לו והרי הוא כאלו הייתי לו לעינים ורגלים : (טז) אב אנכי. הייתי לאביונים כאב להושיעם מכף חומסיהם : וריב וגו'. כאשר לא ידעתי אמיתת דבר הריב

ments; so was my judgment beautiful and pure.—[*Rashi*] *Ibn Ezra* explains the analogy in a slightly different manner: Just as the coat and turban are worn on the outside and are visible to all, so was my judgment. *Mezudath David* combines both, explaining that because these garments are worn on the outside, they are always kept clean. So was my judgment pure and clean, without any deviation from justice.

15. **I was eyes etc.**—I helped the blind and the lame do what they must yet were unable to do by themselves. It was as though I was their eyes and feet.—[*Mezudath David*]

16. **I was a father to the needy**—to save them from the hands of their oppressors.—[*Mezudath David*]

was hushed, and their tongues stuck to their palates. 11. For
the ear [that] heard praised me, and the eye [that] saw bore
witness for me. 12. For I would deliver the poor who cried out,
and the orphan,. and one who had no one to help him. 13. The
blessing of the lost one would come upon me, and I would
make the widow's heart sing for joy. 14. I put on righteousness
and it clothed me; like a coat and a turban was my judgment.
15. I was eyes for the blind, and I was feet for the lame. 16. I
was a father to the needy, and a cause that I did not know,

entered the room and put their hand
over their mouth to prevent them-
selves from talking further. *Malbim*
explains that the princes, who cus-
tomarily speak and give orders,
would remain silent and let Job give
all the orders.

10. **was hushed**—It was as though
their voices were hidden since they
were not heard, and as though their
tongues were stuck to their
palates.—[*Mezudath David*]

11. **For the ear**—*that heard my
word praised me.*—[*Rashi*]

and the eye [that] saw—*my great-
ness and the propriety of my traits in
all places.*—[*Rashi*] All this came to
me because of the uprightness of my
ways, for the ear that heard of the
propriety of my act would praise me,
and the eye that saw the goodness of
my ways would bear witness for
me.—[*Mezudath David*]

12. **For I would deliver**—My cus-
tom was that at all times I would
deliver the poor man who would cry
out to me because of his oppressors,
and also the orphan and the one
who had no one to help him because
of his bad luck.—[*Mezudath David*]

13. **The blessing of the lost**— *who
died because of his iniquity and was
banished.*—[*Rashi*]

would come upon me—*because I
would sustain his children and his
wife. Our Sages said, however, that he
[Job] would rob the orphans of their
field and improve it and* [then] *return
it to them* (*Baba Bathra* 16a). *But the
simple meaning of the verse does not
appear to be so, for no one is called*
אוֹבֵד *but a thing that is itself lost, like*
(Ps. 31:13), *"like a lost vessel"; and
so* (ibid. 119:176), *"I have gone
astray like a lost sheep";* (Jer. 50:6),
"lost sheep."—[*Rashi*]

**and I would make the widow's
heart sing for joy**—*for he would
attach his name to widows, saying,
"She is my kinswoman," or "I will
marry her,"* in order that men should
be anxious to marry her.—[*Rashi*
from *Baba Bathra* 16a] *Midrash Iyov*
explains that Job would protect
them in court, ensuring that they
receive just litigation.

14. **I put on righteousness and it
clothed me**—*I pursued righteousness
and it is present with me as a coat and
a turban, which are beautiful orna-*

דְלָא יָדְעֵית אֲפַשְׁפְּשֵׂנְהִי:

י אֲהֶקְרֵהוּ: יי וָאֲשַׁבְּרָה מְתַלְּעוֹת עַוָּל
יוּתְבְרֵית נִיבֵי מְקַלְּקֵל
וּמִשִּׁנָּיו אַשְׁלִיךְ טָרֶף: יח וָאֹמַר עִם
וּסְבָכוּ רְמֵיתֵי עַדְאָה:
יח וַאֲמָרֵית עִם תּוּקְפִּי
קַנִּי אֶגְוָע וְכַחוֹל אַרְבֶּה יָמִים: יט שָׁרְשִׁי
בְּשַׁרְפֵּי אֶתְנַגִּיד וְהֵיהֵי
חֲלָא אַסְנִי יוֹמַיָא
פָּתוּחַ אֱלֵי מָיִם וְטַל יָלִין בִּקְצִירִי:
יט עִקָּרִי פְּתִיחַ לְמַבּוּעֵי
מַיָא וְטַלָּא יְבִית בַּחֲצָדִי:
כ כְּבוֹדִי חָדָשׁ עִמָּדִי וְקַשְׁתִּי בְּיָדִי
כ יְקָרִי חֲדַת גַּבִּי וְקַשְׁתִּי
בִּידִי מִשְׁתַּלְחֲפָא:
תַחֲלִיף: כא לִי שָׁמְעוּ וְיִחֵלּוּ וְיִדְּמוּ לְמוֹ
כא מֶנִי קַבִּילוּ וְאוֹרִיכוּ
וְאִשְׁתִּיקוּ לְמִלְכָּתִי:
עֲצָתִי: כב אַחֲרֵי דְבָרִי לֹא יִשְׁנוּ וְעָלֵימוֹ
כב בָּתַר פִּתְגָּמַי לָא
יָתְנוּן וַעֲלֵיהוֹן תִּשְׁפָּר:

רש"י

ימות קליריו כמו ועשה קליר [לעיל י"ד] והן יונקת ענפים רכים של אילן ואמרתי שבכבודי יתחדש : (כ) עמדי . תמיד . וקשתי . ואיתהי תהלים תמיד לטובה : (כא) לי שמעו ויחלו . השומעים דברי היו מיחלים שיתקיימו והיו מתקיימות כי מסורת חכמה היה בידי : (כב) תטוף מלתי . לשון נביאה וכן לא תטיף על בית יסחק (עמוס ז')

אבן עזרא

(יט) בקצירי . סעיפי כמו תשלח קליריה עד ים (כ) וקשתי בידי תחליף . יש אומרים כי אם אפנה מיד אל ולא תסור ממני ויש אומרים תחליף כמו כח חלוף שהייתי מורה בה חלי ולא אחטיא ואחרים אומרים כי אני בידי הייתי מחליף הקשת ולא הוצרכתי לאחר ויש אומרים תחליף ולא תסור תמיד ברכה בכה ידי : (כב) לא ישנו . מן פעם

מנחת שי

(יח) וכחול . ראיתי בספר מדוייק ירושלמי וכחול ארבה ימים בשורק לגרמיי וכחול וכו' מלאפום . ועוד בשורק שהוא מלאפום בדפוס כ"ק ובנביאים אחרונים עם תרגום כ"ק ובגבורי אחר דור בשורק רבה פרטים י"ט . (יט) בקצירי . וכן לא תטיף בקצירי . וכחול ארבה ימים . מד"ן חול ומד רבה הסוף ולית ולו בלכותו . (כא) וימלו . כדנא וכחול ומד ארבה ימים . מד"ן חול ומד רבה הסוף ולית וליו בלכותו . וכן לבושו

רלב"ג

(יז) מתלעות . הם השינים אשר יטרפו בהם בעלי חיים בעלי המתלעות והנה אמר זה דרך משל להורות כי הוא היה מכניע הרשעים ומבטלם לבשע מה שהיה חומס . (כא) בקצירי . בענפי : (כ) וקשתי . (כ) כבודי . וקמי וגבורתי : תחליף . תתחדש . תחליף . (כא) ויחלו . וימתינו ויקוו, ידידמו לבשע מה שהיה חומם (כב) לא ישנו . לא ישחדלו

מצודת דוד

(יז) ואשברה . שברתי שיני העול אשר אכל בהם את האביונים והולאתי את הטרף מבין שניו ר"ל הכפתחי . (יח) ואומר . אמרתי עם קני אגוע . בשביל כושר מדתי הייתי אומר בלבי כשאמות חמם ושדו חול ולא נקנסה עליו מיתה עם קני ר"ל לא תחסר ביתי (יט) שרשי פתוח וגו' . כל זה הייתי אומר בלבי שלא יבא יבא שרשי ולא

מצודת ציון

(יז) מתלעות . הוא הפה מן מלתעות כפירים (תהל' כ"ח) והם השינים הגדולים : (יח) קני . מדורי והוא מושאל מלשון קן לצפור (דברים כ"ב) : (יט) בקצירי . בקצירי

מצודת דוד

(יז) מתלעות . הם השינים אשר יטרפו בהם בעלי חיים ומכל ר"ל הכפתחי . יהיה קני וביתי כלום עמי . וכחול ארבה ימים . ושמו חול ולא ולא ולבסוף אלף שנה מתחדש וחוזר לנערותו : (יט) שרשי פתוח וגו' . כל זה הייתי אומר בלבי שלא יבא יבא שרשי ולא

---

waited—*Those who listened to my words would wait until they would be realized, and they would be realized because the tradition of wisdom was in my hand.*—[Rashi] *Mezudath David explains:* So great was my

power over them that they would listen to everything I said, and before I spoke, they would eagerly await my speech.

22. After my word—After I spoke my words, they did not try to get a

I would investigate. 17. I broke the fangs of the unjust, and plucked the prey out of his teeth. 18. And I said, I will perish with my nest, and I will multiply days as the phoenix. 19. My root will be open to water, and dew will lodge in my branches. 20. My honor which is with me will be renewed, and my bow will become stronger in my hand. 21. They listened to me waited, and kept silence for my counsel. 22. After my word, they would not ask again, and my speech

and a cause—If I did not know the truth of the claim, I would investigate it.—[*Mezudath David*]

17. **I broke the fangs of the unjust**—Thereby I broke the teeth of the unjust who devour the needy, and I plucked his prey from his teeth. I.e. I weakened them and took away what they had stolen.—[*Mezudath David*] The word מְתַלְּעוֹת is synonymous with מַלְתָּעוֹת, appearing in Psalms 58:7. Both are translated as נִיבֵי by *Targum*. According to *Aruch*, these are fangs, the large teeth that protrude from the mouth of a dog [or any other carnivore]. *Ralbag*, too, defines the word in this manner. It represents the unjust taking the property of the poor by force. *Redak (Shorashim), Rabbenu Meyuchos, Mezudath Zion*, and *Rashi* to Psalms identify them with molars, thus representing the unjust consuming the property of the poor.

18. **And I said, I will perish with my nest**—*Because of the propriety of my traits, I would think to myself that when I die, I would have my nest and my house established with me.*—[*Rashi*] I.e. my house would not be

destroyed until after my death.—[*Mezudath David*]

and I will multiply days as the phoenix—Heb. וְכַחוֹל. *This is a bird named* חוֹל, *phoenix, upon which the punishment of death was not decreed because it did not taste of the Tree of Knowledge, and at the end of one thousand years, it renews itself and returns to its youth.*—[*Rashi, from Gen. Rabbah 19:9*] *Mezudath David* renders: I will multiply days as numerous as the sand. I.e. the days of my life will be as numerous as the sand. This is hyperbolic.

19. **My root will be open etc.**—*All this I was saying to myself, that my root would not dry up, and my branches would not die, like (above 14:9), "and it will produce a branch (קָצִיר)." They are* יוֹנְקוֹת, *tender branches of a tree. And I thought that my honor would be renewed.*—[*Rashi*]

20. **which is with me**—*constantly.*—[*Rashi*]

and my bow—*And my strength will constantly change for the better.*—[*Rashi*]

21. **They listened to me and**

תִּטֹּף מִלָּתִי: כג וְיִחֲלוּ כַמָּטָר לִי וּפִיהֶם
פָּעֲרוּ לְמַלְקוֹשׁ: כד אֶשְׂחַק אֲלֵהֶם לֹא
יַאֲמִינוּ וְאוֹר פָּנַי לֹא יַפִּילוּן: כה אֶבְחַר
דַּרְכָּם וְאֵשֵׁב רֹאשׁ וְאֶשְׁכּוֹן כְּמֶלֶךְ
בַּגְּדוּד כַּאֲשֶׁר אֲבֵלִים יְנַחֵם: ל א וְעַתָּה
שָׂחֲקוּ עָלַי צְעִירִים מִמֶּנִּי לְיָמִים אֲשֶׁר
מָאַסְתִּי אֲבוֹתָם לָשִׁית עִם־כַּלְבֵי צֹאנִי:
ב גַּם־כֹּחַ יְדֵיהֶם לָמָּה לִּי עָלֵימוֹ אָבַד
כלח

ת"א אבחר. מ"ק כח כתובות סט:

מִלָּתִי: כג וְאוֹרִיכוּ הֵיךְ מִטְרָא לְוָתִי וְהֵיךְ אֲרִיסָיָא דְפוּמְהוֹן פְּתַחוּ לְמַלְקוּשָׁא: כד אֶגְחַךְ אַמְטוּלְהוֹן וְלָא יְהֵימְנוּן וּקְלַסְתּוֹר אַפַּי לָא אִסְתַּכְּלוּן: כה אֶבְחַר אוֹרְחֵהוֹן וְאֵתִיב בְּרֵישֵׁיהוֹן הֵיךְ חַתְנָא וְאֵשְׁרֵי כְּמַלְכָּא בְּחֵילָא הֵיךְ כְּמַן דַּאֲבֵילִין מְנַחֵם: א וּכְדוֹן מְגַחֲכִין עֲלַי דַּעְדְקִין מִנִי לְיוֹמִין דִּי רְחֵיקִית אֲבָהָתְהוֹן לְשַׁוָּאָה עִם כַּלְבַיָא נָטְרֵי עָנִי: ב אוּף חֵיל יְדֵיהוֹן לְמָה לִי עֲלֵוֵיהוֹן אִתְגְּזַר לְהוֹן לְהוֹבָדָא

הוביד כוף: ת"א לְחוֹד חֵיל יְדֵיהוֹן לְמָה לִי לְקַבְלוּתֵיהּ שׁוּחְדָא אִין אִתְגְּזַר לְהוֹן לְהוֹבָדָא

רש"י

כלומר כנבואה היה דברי: (כג) למלקוש. לזמן אחרון היו מדברים כי רוב שעותיהם שתיקה שהיו תאיבים לשמוע דברי: (כד) לא יאמינו. שאני משחק עמהם מפני חשיבותי: ואור פני לא יפילון. היו יראים להתקרב אלי ולהגים לבם בי: (כה) אבחר דרכם. כל דרכיהם ועצתם אני הייתי בוחר להם שהיו שואלים לי איזה דרך נלך ומה נעשה: ואשב ראש. אם היו מסובים אני הייתי מסב בראש המסובים:

ל (ב) גם כח ידיהם למה [היה] לי. באותן הימים רשעים היו ולא תועלת בהם כי פורענות באה על

מנחת שי

בפסוק ויחלו ומבמון כ"ג ויחלו: (כה) כאשר אבלים ינחם. שילהי מסכת מ"ק אמר רבי אבהו מנין לאבל שמסב בראש שנאמר אבחר דרכם וגו' כאשר אבלים ינחם ופרכינן ינחם אחרים משמע אמר ר' נחמן בר יצחק ינחם כתיב כלומר קרי ביה ינחם בחירק היו"ד דיש אם למסורת והאבל הוא מתנחם כן פירש נימוקי יוסף ועיין לשון רש"י והתוספות והריטב"א סוף פרק מציאת האשה בע"י. וכיבעיה סימן מ"ב על שלחתי בכלה האכלתי בענין זה עיין שם:

אבן עזרא

שנית: ועלימו תטוף. תזל כטל: (כג) ויחלו. מן יחל ישראל: (כד) ואור פני לא יפילון. ידוע כי השחוק יסיר אור פני המושל ואני הייתי משחק ומרוב פחדם לא היו מאמינים כי אשחק ולא יפילו אור פני: (כה) אבחר דרכם. למעלה מדרכם כחכם שינחם אבלים. ולמה יראו לי עתה כח ידיהם והם חסרי כח:

רלב"ג

(כג) ופיהם פערו למלקוש. ופיהם פתחו לשאול עצתי כמו שיקוה אדם למלקוש ויבקשנו: (כד) לא יפילון. לא יחסרו אור פני ר"ל שלא יקלו

מצודת ציון

שנוי: תטוף. ענין הזלה והוא מושאל לדבור וכן אל תטיפו יטיפון (מיכה ב'): (כג) פערו. פתחו כמו פערו עלי בפיהם (לעיל ט"ז): למלקוש. ענין איחור וכן וכרם רשע ילקשו (לעיל כ"ד) וכן יקרא גשם המאוחר מלקוש: (כד) יפילון. ענין גרעון ופחיתות כמו לא נופל אנכי מכם (לעיל י"ב):

ל (א) שחקו. לעגו: צעירים. ענין מיעוט כמו ולא יצערו (ירמי'

מצודת דוד

על הדבר ההוא: ועלימו. אמרי פי היה מדובר ביניהם כי יספרום זה לזה על כי למאד יחבבו אמרי: (כג) ויחלו. היו מייחלים ומקוים לשמוע אמרי כאשר יקוו אנשים למטר השמים ולאחר זמן באיחור רב פתחו פיהם לדבר דבריהם כי המתינו עד אשר אדבר אני כל דברי תחלה: (כד) אשחק. כאשר הייתי משחק אליהם לא האמינו בעצמם שאני שוחק אליהם כי היה הדבר זר להם לגודל חשיבותי: ואור פני. ועם כי שחקתי אליהם עכ"ז לא היו מגרעין ומחסרין זוהר פני להגים דעתם עמדי להקל בכבודי להכהות מאור פני: (כה) אבחר. אני הייתי בוחר דרכם אשר ילכו בה וישבתי בראש כלם ושכנתי ביניהם במקום המעולה כאשר ישכון המלך בתוך הגדוד: כאשר אבלים ינחם. הייתי להם כאיש אשר ינחם את האבלים ר"ל כמו שכולם יתנו לב לשמוע דברי המנחם להסיר מעליהם את היגון כן כולם נתנו לב לשמוע אמרי וחוזר לראשית אמריו לומר בעבור גודל חזקת היד כזה הבאה מיוצר לנו ומחיבה יתירה הנה חשבתי שבית תחליף כבודי לתת לי כבוד חדש בכל פעם:

ל (א) ועתה. כאומר אבל לא כן היא כי עתה נהפך עוד הדבר כי שחקו עלי אף אנשים צעירים ממני לימים ומבוזי משפחות אשר מאסתי את אבותם לשום אותם עם הכלבים שומרי צאני להיות גם הם לשומרים עם הכלבים: (ב) גם כח ידיהם. לא בלבד על

lies whose fathers I despised so much that I made them sheep-watchers together with the sheep dogs.—[*Mezudath David*]

2. **Moreover, why did I need the strength of their hands**—*In those days they were wicked, and they were useless, for trouble came because of them.*—[*Rashi*] *Mezudath David* explains: I despised them, not only

would drip upon them. 23. And they waited for me as for rain,
and they opened their mouth after a long time. 24. If I would
jest with them, they would not believe it, and they would not
cast down the light of my countenance. 25. I would choose
their way and sit at the head, and I would dwell as a king in the
troop, as one consoles mourners.

30.

1. But now, those younger in days than I laugh at me; those
whose fathers I despised, to put them with the sheep dogs.
2. Moreover, why did I need the strength of their hands; old
age was wasted on them.

second opinion on the matter.—[*Mezudath David*]

my speech would drip—Heb. תִּטֹּף. *This is an expression of prophecy. Similarly* (Amos 7:16), *"and do not prophesy* (תַּטִּיף) *concerning the house of Isaac." That is to say that my word was like prophecy.*—[*Rashi*] The figure is that of the dripping dew: My words were as beloved and pleasant to them as dew, so much so that they would ask each other, "What did Job say today?"—[*Ralbag, Mezudath David*]

23. **And they waited**—They would wait, hoping to hear my words as people hope for rain.—[*Mezudath David*]

after a long time—*After a long time they would speak, because most of their time was spent in silence, for they were anxiously waiting to hear my words.*—[*Rashi*]

24. **they would not believe it**—*that I was jesting with them, because of my esteem*[ed position].—[*Rashi*]

and they would not cast down the light of my countenance—*They were afraid to get near me and to become familiar with me.*—[*Rashi*] They did not become familiar with me to lower my stature.—[*Mezudath David*] *Targum* renders: They did not look at the features of my countenance.

25. **I would choose their way**—*All their ways and their counsel I would choose for them, for they would ask me, "Which way shall we go and what shall we do?"*—[*Rashi*]

and sit at the head—*If they were reclining at a banquet, I would recline at the head of the diners.*—[*Rashi*]*

1. **But now**—On the contrary, it did not come about as I had expected, but just the opposite occurred: even men younger than I laugh at me; even those of low fami-

כָּלַח׃ ג בְּחֶסֶר וּבְכָפָן גַּלְמוּד הַעֹרְקִים צִיָּה אֶמֶשׁ שׁוֹאָה וּמְשֹׁאָה׃ ד הַקֹּטְפִים מַלּוּחַ עֲלֵי־שִׂיחַ וְשֹׁרֶשׁ רְתָמִים לַחְמָם׃
ה מִן־גֵּו יְגֹרָשׁוּ יָרִיעוּ עָלֵימוֹ כַּגַּנָּב׃
ו בַּעֲרוּץ נְחָלִים לִשְׁכֹּן חֹרֵי עָפָר וְכֵפִים׃

ת״א בחסר. (תענית כד) : הקוטפים. חגיגה יח ע״ב ג׳ :

בְּכוּךְ קְבוּרְתָּא׃ ג בְּחוּסְרָנָא וּבְאוּלְצָנָא דְּלָא וְלַד הֲוָן עָרְקִין רַשִׁיעַיָּא בְּאַרְעָא צְחִיָא חֲשׁוֹכָא הֵיךְ רוּמְשָׁא אֲתַר שׁוֹחָא וּרְגוּשְׁתָּא׃ ד דְתָלְשִׁין חוּבֵי חוּלַף עִסְבֵּי מֵיכְלָא וְעַקְרִין רְתִימִין מְזוֹנֵיהוֹן׃ ת״א דְשָׁבְקִין פִּתְגָמֵי אוֹרַיְתָא מִן לוּחַ לִבְּהוֹן מְטוּל מִלֵּי דְעָלְמָא עָקְרֵי רוּת מַיָא מִתּוֹקְדִין וּמִתְעַבְדִין גוּמְרִין לִמְזוֹנֵיהוֹן׃ ה מִן שַׁלְהַיָא מִתָרְכִין מִיַבְּבִין עֲלֵיהוֹן הֵיךְ גַנָבָא׃ ו בְּתָקוֹף פַּצִידֵי נַחְלַיָא לְמִשְׁרֵי בִּנְקִירָתָא דְעַפְרָא ואבניא בין

רש״י

ידם: עלימו אבד כלח. זקנה: (ג) בחסר ובכפן. היו גלמוד: הערקים ציה. שמבריחין אותן בימיו מקרב בני אדם לילך בחושך: אמש שואה ומשואה. (ברואי״א בלע״ז): (ד) הקוטפים מלוח עלי שיח. בהיותם במדברות היו קוטפים להם מלוחים על אילנות היערים ואוכלים. מלוח. שם עשב הוא ובלשון ארמי נקרא (קקולי״ן) ובלשון משנה מלוחים (מלוס בלע״ז) כאותה ששנינו (קדושין ס״ו) העלו מלוחים על שלחנות של זהב: שיח. אילן כמו אחד השיחים (בראשית כ״א): (ה) מן גו. מן קרב עיר היו נגרשין: (ו) בערוץ נחלים. יש ארץ מלוחה מתבקעת ששם היו שוכבים בחורי העפר וחורי נקיקי הסלעים: וכפים. תרגום של סלעים. (ד״א בערוץ נחלים. הוא הנקיק

אבן עזרא

ל (ב) כלח. ימי הזקנה. והענין שהיו בתחילה בנער עד שנים ליחס ולא יודע מתי יזקנו: (ג) בחסר ובכפן. תרגום רעב: גלמוד. מקום בלא יישוב: הערקים. הגאים אל ציה תרגום ויגס וערק ובלילה הם במקום שואה: (ד) הקוטפים. מן וקטפת מלילות: מלוח. מן לחים: עלי שיח. אפילו עלי השיח שהוא האילן. וכמוהו לשוח בשדה ללכת בין שיחי השדה: (ה) מן גו. תרגום תוך וענינו מתוך בני אדם יגורשו ויריעו בני אדם עלימו כמו לגנב: (ו) בערוץ. במקום שיפחד

מנחת שי

ל (ו) בערוץ נחלים. עלה עשן באפו ואש מפיו תאכל על בערו גחלים שהדפים המדפים בעשרים וארבע קטן מוויניציאה שנת שע״ט במקום בערון נחלים ומכותלי ביתו ניכר כי פתחי סוא. ויש ספרים שהרי״ש בחולם וטעות הוא כי הוא בשורק וכ״כ רד״ק בשרשו שהוא שם בשקל גבול זבול: חרי. במדוייקים חסר וא״ו:

רלב״ג

כי מפני שחקי אליהם ולא תשוב ילאתי מעל פניהם: (ב) כלח. זמן: (ג) בחסר ובכפן גלמוד. בסבת חסרונם והרעב אשר הם יהיו יחידים בלי חברה: העורקים ליה אמש שואה ומשואה. הבורחים ארץ ליה ובאים אליה ורודפים מקום החשך והוא שקראו אמש ורודפים המקומות השוממים ר״ל מקום והם שקראם שואה ומשואה: (ד) הקוטפים מלוח עלי שיח. מרוב חסרונם הם לורתים עשב נקרא שמו מלוח על האילן לאכול העשב ההוא אע״פ שאין העשב ההוא נאות לאכילה: ושרש רתמים לחמם. הוא מזונם ולחמם להעדר המזון שם מה מהם והנה הרתמים הוא עשב נקרא כך. או יהיה לחמם מקור ותהיה הלמ״ד משמשת ויהיה ענינו לחמם עלמם כי ילטרך להם מה שיחממם בעבור עמדם במקומות הקרים באין מחסה: (ה) מן גו יגורשו. מתוך העיר יגורשו: (ו) בערון נחלים. הוא הנקיק שעושה הנחל סביבותיו:

מצודת דוד

שהיו פחותים במעלה מאשתים כי גם בעבור כי אמרתי למה לי כח ידיהם כי הלא מעט היא ואין בו די להציל האדן מהכאה לטרפה: עלימו אבד כלח. הזקנה שהיתה בהם היא היתה אבודה כי מה תועלת היה בהזדקנם הואיל והיו פחותים במעלה וחלושי הכח: (ג) בחסר. בסבת חסרון העושר ובסבת הרעב ישבו גלמוד מבלי חברת אנשים כי נכלמו הם לשבת בין אנשים: הערקים. היו נסים לארץ ליה ושממה: אמש וגו׳. מקום שאין אנשי׳ מצויים להסתיר קלונם: (ד) הקטפים. היו תולשים למאכלם עשב מלוח ועלי אילן ושרש רתמים היה לחמם ומזונם עם כי הדברים האלה אינם נאותים למזון האדם: (ה) מן גו. מתוך העיר היו נגרשים והבריות היו מריעים עליהם בקול לאמר גרשו גרשו כאשר יריעו על הגנב בעת יגורש: (ו) בערוץ. למען ירוחקו מבנ״א לשכון

מצודת ציון

ל׳) : (ב) כלח. זקנה כמו תבוא בכלח אלי קבר (לעיל ה׳): (ג) ובכפן. ענין רעבון כמו לשוד ולכפן (שם): גלמוד. יחידי כמו הלילה ההוא יהי גלמוד (לעיל ג׳): הערקים. הבורחים וכן אנכי בורחת (בראשית ט״ז) ת״א ערקת: אמש. ר״ל חושך בחשכת הלילה כמו ויוכח אמש (שם ל״א): שואה ומשואה. ענין חשך ושממון כמו יום שואה ומשואה (צפניה א׳) וכפל הדבר לרוב השממון: (ד) הקוטפים. ענין תלישה כמו וקטפת מלילות (דברים כ״ג): מלוח. שם עשב מה ובדרז״ל אבותינו היו אוכלין מלוחין וכו׳ (קדושין ס״ו): עלי שיח. עלי אילן כמו תחת אחד השיחים (בראשית כ״א): רתמים. שם אילן מה כמו תחת רותם אחד (מלכים א׳ י״ט): (ה) גו. הוא התרגום של תוך: יריעו. ענין הרמת קול: (ו) בערוץ. ענין שבר וחרין והוא מלשון לערון הארץ (ישעיה ב׳): חורי. נקבים כמו חור

and rocks—Heb. וְכֵפִים, *the Aramaic translation of* סְלָעִים, *rocks. (Another explanation:)*

in the crevice of the streams—*That is the crevice that the stream makes around itself.*—[*Rashi*] The latter explanation is found also in *Ralbag's* commentary.

3. Because of want and because of hunger, they sat in solitude; they would flee to desolation, to the darkness of waste and desolation. 4. They pluck salt-wort on shrubs, and the roots of juniper bushes were their fare. 5. They are driven forth from the midst [of the city], they shout at them as [at] a thief. 6. To dwell in the crevices of the valleys, in holes of earth and rocks.

because they were low people with no redeeming qualities, but also because, as I said, their strength was of no value. It was scant, and not enough to save the sheep from predators.

old age—Heb. כָּלַח, *old age.*—[*Rashi, Ibn Ezra*]

old age was wasted on them—Lit. was lost on them. Their old age was lost, or wasted on them, because it was of no avail, as they had no qualities of strength or character.—[*Mezudath David*] *Ibn Ezra* explains that they aged prematurely, making it impossible to know their true age.

3. **Because of want and because of hunger**—*they were in solitude.*—[*Rashi*] Because of their poverty and because of their hunger, they were ashamed to mingle in people's company and so dwelt in solitude.—[*Mezudath David*]

they would flee to desolation—*For in his days, they would drive them from among men to go in darkness.*—[*Rashi*]

darkness of waste and desolation—*broine in Old French,* obscurity.—[*Rashi*]

4. **They pluck salt-wort on shrubs**—*When they were in the deserts, they would pluck for themselves salt-wort* [that grew] *on the trees of the forests and eat.*—[*Rashi*]

salt-wort—Heb. מַלּוּחַ. *It is the name of an herb. In Aramaic* (Pes. 114a), *it is called* קְקוּלִין *and in the language of the Mishnah* מַלּוּחִים *(malves in French), mallows, as we learned in* (*Kiddushin* 66a): *"They brought up mallows on golden tables."*—[*Rashi*]

shrubs—Heb. שִׂיחַ, *a tree, like* (Gen. 21:15), *"under one of the shrubs* (הַשִּׂיחִים)*."*—[*Rashi*]

and the roots of juniper bushes were their fare—They ate these foods even though they are not suitable for human consumption.—[*Mezudath David*] *Ralbag* suggests: were their fuel, with which they warmed themselves.

5. **from the midst**—*From the midst of the city they were driven.*—[*Rashi*]

they shout at them as [at] a thief—When they drove them out of the city, the people shouted at them as they shout at a thief who is being banished from a city.—[*Mezudath David*]

6. **in the crevices of the valleys**—*There is a salty land that splits, where they would lie in the holes in the earth and the holes in the crevices of the rocks.*—[*Rashi*]

ז בֵּין־שִׂיחִים יִנְהָקוּ תַּחַת חָרוּל יְסֻפָּחוּ׃
ח בְּנֵי־נָבָל גַּם־בְּנֵי בְלִי־שֵׁם נִכְּאוּ מִן־
הָאָרֶץ׃ ט וְעַתָּה נְגִינָתָם הָיִיתִי וָאֱהִי
לָהֶם לְמִלָּה׃ י תִּעֲבוּנִי רָחֲקוּ מֶנִּי וּמִפָּנַי
לֹא־חָשְׂכוּ רֹק׃ יא כִּי־יתרו פִּתַּח וַיְעַנֵּנִי
וְרֶסֶן מִפָּנַי שִׁלֵּחוּ׃ יב עַל־יָמִין פִּרְחַח
יָקוּמוּ רַגְלַי שִׁלֵּחוּ וַיָּסֹלּוּ עָלַי אָרְחוֹת

יתרי קרי
אידם

וְאַבְנַיָא : ז בֵּינֵי אִילָנַיָא
נָהֲקִין תְּחוֹת הֵיגֵי
מִתְחַבְּרִין : ח בְּנַיָא
דְנָבָל עִם בְּנֵי הֶדְיוֹטִין
יִשְׁתַּפְּפוּן מִן אַרְעָא :
ט וּכְדוֹן זְמַרְהוֹן הֲוֵיתִי
וַהֲוֵיתִי לְהוֹן לְשׁוּתָא :
י רַחֲקוּנַנִי רְחִיקוּ מִנִּי
וּמִן קֳדָמַי לָא מְנַעוּ
רוּקָא : יא אֲרוּם שׁוּשַׁלְתִּי
וְנִימֵי אַטּוּנֵי שְׁרָא
וְסַנְפְּנֵי וּזְמָמָא מִן קֳדָמַי
פַּטְרוּ : יב עַל יְמִינָא
בְּחוּצְפָּא בְּנֵיהוֹן קָיְמִין
רִגְלַי שַׁדַּרוּ וְכַבְּשׁוּ עֲלַי
אסרטי

רש"י

שעושה הנחל סביבותיו) : **(ז) חרול יסופחו**. (אורטיא"ש בלע"ז) היו נאספים כמו ונספחו על בית יעקב (ישעיה י"ד) : **(ח) נכאו** (דימי) **מן הארץ**. שהייתי משפילם לשון נכה רוח : **(יא) כי יתרי פתח**. יתר קשתי פתח (שאמרתי למעלה וקשתי החליף) כלומר כחי התיש מי שבידו לעשות : **ורסן מפני שלחו**. רסני שהיו מרוסנים בו שלחוהו מפני כי אינם יראים מעתה ממני : **(יב) על ימין**. על ימיני עומדים פרחים קטנים כשאר הדיוטים שאיני חשוב בעיניהם להכנע מפני : **רגלי שלחו**. אם המקום צר להם דוחפים אותי הלאה : **ויסולו עלי ארחות**

מנחת שי

(ח) בני נבל. הבי"ת בגעיא : (יא) יתרו. יתרי קרי :

אבן עזרא

אדם לרדת אליו : (ז) **שיחים**. אילנים : **ינהקו**. כמו הפראים : **חרול**. מן כסו פניו חרולים והוא רוה: **יסופחו**. מן ונספחו על בית יעקב. יתקבצו ויאספו : **(ח) נכאו**. יותר נכאים ושפלים מן הארץ או מאנשי הארץ כמו וכל הארץ באו מצרימה : (יא) **כי יתרי פתח**. הפך קשתי בידי : **ורסן מפני שלחו**. בתחלה היה רסן להם כמו לבהמות מפני פחדי ועתה שלחו רסן מפני. ויש אומרים כי הסוס הזקן יסירו הרסן ממנו ויעזביהו וישחקו בני אדם והנערים ממנו. וכן ורסן מפני שלחו. והוא רחוק : (יב) **פרחח**. קטנים כאשר הם פורחים: **רגלי שלחו**. הם נתנו הוחים בדרך : **ויסולו**. מן סלון ממאיר :

רלב"ג

חורי עפר וכיפים. מחילות עפר ונקרות הסלעים : (ז) בין שיחים ינהקו. בין האילנות יצעקו : תחת חרול יסופחו. תחת הקוצים יתכנסו ויתנגפו להכנס הקוצים בבשרם ויהיה יספחו מענין ספחת. או יהיה ביאור יסופחו יתאספו ויתחברו מגזרת ספחני נא : (ח) נכאו. הוא מענין נכה רוח ומבוין נפעל והרצון שהם שפלים ונכנעים יותר מהארץ : (ט) נגינתם הייתי. ללעג הייתי להם כמו אני מנגינתם : למלה. שלא ידברו כי אם בי : (י) לא חשכו רוק. לא נמנעו לרוק כשראו אותי מרוב בזותם אותי : (יא) כי יתרי. מענין מתריהם : פתח. התיר : ורסן מפני שלחו. רסן היראה אשר היה להם ממני קודם שקרוני אלה הצרות שלחו והסירו מפני : (יב) על ימין פרחח יקומו. על ימיני יקומו הילדים. והנה נקראים הילדים כן להמלא הפרח בתחלת הוויית הפרי וכזה אמרו ז"ל פרחי כהונה : שלחו.

מצודת ציון

פתן (יש' י"א) : **וכפים**. תרגם של סלע הוא כיפא וכן ובכפים עלו (ירמיה ד') : (ז) **ינהקו**. הוא מושאל מצעקת הפרא כמ"ש הינהק פרא (לעיל ו') : **חרול**. מין קוצים וכן ממשק חרול (צפניה ב') : **יסופחו**. יתחברו ויתאספו כמו ספחני נא (ש"א ב') : (ח) **נבל**. כן יקרא אדם פחות ונבזה : **נכאו**. נדכאו ונשברו כמו תהגו אך נכאים (ישעיה ט"ז) : (יא) **יתרי**. הוא חבל הקשת כמו כוננו חצם על יתר (תהלים י"א) : **פתח**. ענין ההתרה כמו פותחת למוסרי (שם קט"ז) : **ורסן**. הוא הכופס בפי הסוס להטותו בו אל הדרך כמו במתג ורסן (שם ל"ב) : (יב) **פרחח**. ענינו מי שהתחיל לצמוח

מצודת דוד

בחרילי העמקים ובנקבי העפר והסלעים : (ז) **בין שיחים**. בין האילנות יצעקו ויהמו כמו פראים בעבור הרעב ותחת עלי הקוצים יתקבצו ויתאספו: (ח) **בני נבל**. והנה בניהם אשר שוחקים עלי אשר יקראו בני נבל גם בני בלי שם על כי לא היה לאביהם שם על פני חוץ הנה מאז נשברו ונדכאו גם המה מהארץ כי בעבור פחיתת אביהם לא מלאו מי יהננס : (ט) **ועתה**. והנה עתה יתגדלו עלי ואני להם לנגון כי הם ינגנו בדברי המקרים אשר באו עלי ואני אהיה להם למלה כי כל ספורי שיחתם המה בי : (י) **תעבוני**. מאסו אותי ורחקו עצמם ממני ולא מנעו מלרוק לפני ודבר בזיון הוא לרוק בפני האדם : (יא) **כי יתרי פתח**. מי שבידו לפתוח פתח יתר קשתי לבל אוכל לירות עוד מעתה ובזה עינה כחי כי הנני מסור בידם ולא אוכל להלחם למולם ור"ל המקום התיש כחי : **ורסן**. החוזק שהיה לי עליהם להטותם לכל אשר אחפוץ כאדם האוחז ברסן הסוס להטותו הדרך הנה עתה שלחו וגרשו מפני את הרסן ר"ל פרקו מה העול ויצאו מתחת ידי : (יב) **על ימין**. ערכה לב הנערים נגשת לעמוד על ימיני וכאשר להם המקום שלחו

they] *subordinate themselves before me*.—[*Rashi*]

they push away my feet—*If the place is crowded, they push me away.*—[*Rashi*]

and they cast up against me their

7. Among the shrubs they bray; under the nettles they gather.
8. Sons of churls, sons of ignoble men were broken from the
land. 9. But now I have become their song, and I have become
their conversation piece. 10. They abhor me, they have dis-
tanced themselves from me, and from my face they have spared
no spittle. 11. For He untied my bowstring and afflicted me,
and they have cast off the bridle before me. 12. On my right,
"little sprouts" stand; they push away my feet and they cast up
against me their ways of

7. **they bray**—like wild donkeys.
—[*Ibn Ezra*] They cry out because of
their hunger.—[*Mezudath David*]

under the nettles they gather—
(*Orties in French*), *nettles. They
would gather, as* in (Isa. 14:1), "*and
join* (וְנִסְפְּחוּ) *the house of Jacob.*"—
[*Rashi*] *Berechiah* explains: They are
gathered, one close to the other, so
as to conceal themselves. *Isaiah da
Trani* explains: to shelter themselves.
Ralbag renders: They are bruised by
the sharp nettles.

8. **sons of ignoble men**—Lit. בְּנֵי
בְלִי־שֵׁם nameless men, sons of lowly
men.—[*Targum*]

**were broken (*in my days*) from the
land**—*for I would humble them.* [נִכְאוּ
is] *an expression of* (Isa. 66:2), "*of
crushed spirit* (נְכֵה רוּחַ)."—[*Rashi*] I.e.
since their fathers had no name in
the city, the sons too are broken and
crushed from the land. Because of
their fathers' reputation, they find
no one to show them compassion.
—[*Mezudath David*] *Ibn Ezra* ren-
ders: They were crushed and hum-
bled more than the earth, or more
than the people of the earth.

9. **But now**—they consider them-
selves greater than I, and I have
become their song, for they sing
about the troubles that have befallen
me, and all their conversations are
about me.—[*Mezudath David*] *Ral-
bag* explains: They ridicule me as
though I were their song.

10. **They abhor me**—They abhor
me so much that when they see me,
they spit.—[*Ohev Mishpat*] *Simchah
Aryeh* explains that, although they
abhor me, when they have to spit,
they approach me to spit before me.

11. **For He untied my bowstring**
—*He untied the string of my bow
(that I said above that my bow would
become stronger); i.e. He weakened
my strength, He Who has the power
to do so.*—[*Rashi*]

and they have cast off the bridle—
*My bridle, with which they were
bridled to me—they cast it off before
me because they no longer fear
me.*—[*Rashi*]

12. **On my right**—*On my right,
stand "little sprouts" as* [with] *any
other simple person, because I am no
longer so esteemed in their sight* [that

אָסְרֵמֵי תְּבַרְהוֹן : יג צַדִּיאוּ שְׁבִילֵי

לְפוּרְעָנוּתִי מְהַנְיָן לֵית דְּסָעֵיד לְהוֹן : יד בְּתִקּוּף

פַּלְטְמִית גַּלְּיָן יָמָא אָתָן תְּחוֹת רְגוּשָׁא

מִתְגַּלְגְּלִין : טו אִתְהַפַּךְ עֲלֵי רְגוּשְׁתָא תִּרְדּוֹף

כְּזַעְפָּא רַבְּנוּתִי וְהֵיךְ עֲנָנָא עָבְרַת פּוּרְקָנִי :

טז וּכְדוּן עֲלֵי מִצְטָעֲרָא נַפְשִׁי יִתְחֲרוּנְנַנִי יְמֵי

עִנְיוּתָא : יז לֵילְיָא גַרְמַי

פסוקים

יג נָתְסוּ נְתִיבָתִי לְהַוָּתִי יָעִילוּ לֹא עֹזֵר לָמוֹ : יד כְּפֶרֶץ רָחָב יֶאֱתָיוּ תַּחַת שֹׁאָה הִתְגַּלְגָּלוּ : טו הָהְפַּךְ עָלַי בַּלָּהוֹת תִּרְדֹּף כָּרוּחַ נְדִבָתִי וּכְעָב עָבְרָה יְשֻׁעָתִי : טז וְעַתָּה עָלַי תִּשְׁתַּפֵּךְ נַפְשִׁי יֹאחֲזוּנִי יְמֵי־עֹנִי : יז לַיְלָה עֲצָמַי

נקר

קרי להַוָּתִי

רש"י

אידם . כל דרך נבלה שים להם לעשות עושים מסילתן
לפני . ואלולי ולא יראו—הטובה ואין
מושעין לה . נתסו כמו נתכו מתחלפות בלדי"ק :
להיתי יועילו. להקניטני מוסיפין : (יד) כפרץ רחב.
כאילו היו להם אגם של מים ובאים וצוברים שם כן יאתיו יחד עלי

להכלימני : תחת שואה התגלגלו . כלומר מתגלגלים
מהם : (טו) ההפך עלי . ונהפך עלי להקניטני כדי שלא אשמוע
תרדוף כרוח . רעה : נדיבתי . רוח נדיבה שהיה
שורה עלי מתחלה : (טז) ועתה . אל הצרה הזאת תשתפך

אבן עזרא

(יד) כפרץ רחב יאתיו . התלאות והם ארחות אידם
והתגלגלו עלי כמקרי שואה . והעניין שאין עוזר לי : (טו) ההפך
עלי . יש אומרים כי בימים הקדמונים . ועניינו מזלי תרדף נדיבתי
ותרדפס ותעבור ישועתי לבוא אלי כעב במהירות : (טז) ועתה עלי תשתפך נפשי

מנחת שי

(יג) נתיבתי . סנ"ן בגעיא : להיתי . לבותי קרי : (טו) ההפך .
מהפעל הכופם .

רלב"ג

דמו וימולו . וידביקו : (יד) כפרץ רחב יאתיו . לשברי
נדיבתי : נפשי . וכן ישועתי וקרא הנפש נדיבה כי יגיע
מושיעים הגוף ושומרת אותו מדת ימיו כמו שהתבאר בטבעיות :

מצודת דוד

ונתרו רגלי לדהפס לסלאה וכול דרך ציון : (יג) נתסו . הדרכים אשר
ילכו בהם לנפור ולשבר אותי עשו אותם עלי מסילות ודרך כבושה

מצודת ציון

ולהפרים שער זקנו . : (יג) נתסו . מלשון נתיצה ורום :
(טו) בלהות . (יז) נקר . ענין נקירה מן חרים

turned upon me; it pursued my soul
like the wind etc. It pursued me like
the wind that drives the chaff of the
mountains, and the salvation that
usually would come to me passed
swiftly away, as a cloud moving
from place to place. *Ibn Ezra*, while
preferring this interpretation, quotes
others who explain the verse as
referring to Job's early days, when
he enjoyed prosperity. They render

thus: When terrors turned upon me,
my luck would pursue them as a
wind, and as a cloud, my salvation
would swiftly pass to me. But
now . . .

16. And now—*to this trouble my
soul pours out like a man whose spirit
is troubled, because*—[Rashi]

days of affliction—*in which I am*
[now] *seize me and coerce me to pour
out my soul.*—[Rashi] [Note that, for

destruction. 13. They break up my path; they serve to increase
my calamity, although they derive no help therefrom. 14. As
[through] a wide breach they come; under [cover of] darkness
they roll upon [me]. 15. Terrors turned upon me; they pursue
my nobility as a spirit, and my salvation passed by like a cloud.
16. And now, my soul pours out upon me; days of affliction
seize me. 17. At night, my bones

ways of destruction—*Any shameful
way* [i.e. *act*] *that they have to do,
they make their way before me or
beside me* [to perform it] *and they
have no fear.*—[*Rashi*]

13. **They break up my path**—Heb.
נָתְסוּ. [*My*] *good* [path] *and do not
care for it.* נָתְסוּ *is like* נָתְצוּ, *the
"sammech" replacing the "zaddi."*
—[*Rashi*] The "zaddi" and the
"sammech" are both dental letters,
belonging to the group of זסשרץ
"zayin," "sammech," "shin,"
"resh," and "zaddi," which are
interchangeable.—[*Mezudath Zion*]
(The grouping originates in *Sefer
Yetzirah* 2:3.) The intention is that
they prevented me from doing what
I wished.—[*Mezudath David*]

they serve to increase my calamity
—*They continue to provoke me.*—
[*Rashi*] [*Rashi's* intention is obscure.
Our translation follows the ren-
dering of *Targum, Ralbag, Mezu-
doth, Malbim,* and many other
commentators.]

**although they derive no help there-
from**—They serve to increase my
calamity although they derive no
benefit therefrom. They do it out of
their hatred for me.—[*Mezudath
David, Rabbenu Meyuchos*] *Ohev
Mishpat* quotes three interpreta-
tions: 1) I am helpless against them;
2) although they are such people
who never had any helpers because
of their low social status; 3) they
persecute me even though they get
no support [for it] since all are my
friends.

14. **As [through] a wide breach**—
*in a fence, through which everyone
comes and passes through, so they
come together against me to embar-
rass me.*—[*Rashi*]

under darkness they roll—*I.e. they
come rolling along in secret until they
reach me, to provoke me, so that I
should not be able to escape from
them.*—[*Rashi*] *Mezudath David* ex-
plains the figure as a breach in a
dam, through which the water flows
in torrents. So did these base men
gather in multitudes to attack Job.
They would travel in the dark until
they reached him so that he would
not notice them.

15. **turned upon me**—Heb. הָהְפַּךְ,
[equivalent to] נֶהְפַּךְ.—[*Rashi*]

Terrors—*demons.*—[*Rashi*]

as a spirit—*An evil* [spirit].—
[*Rashi*]

my nobility—*The noble spirit that
rested upon me from the beginning.*
—[*Rashi*] *Ibn Ezra* and *Mezudath
David* render: [A group of] terrors

נִקַּר מֵעָלָי וְעֹרְקַי לֹא יִשְׁכָּבוּן: יח בְּרָב־
כֹּחַ יִתְחַפֵּשׂ לְבוּשִׁי כְּפִי כֻתָּנְתִּי יַאַזְרֵנִי:
יט הֹרָנִי לַחֹמֶר וָאֶתְמַשֵּׁל כֶּעָפָר וָאֵפֶר:
כ אֲשַׁוַּע אֵלֶיךָ וְלֹא תַעֲנֵנִי עָמַדְתִּי
וַתִּתְבֹּנֶן בִּי: כא תֵּהָפֵךְ לְאַכְזָר לִי בְּעֹצֶם
יָדְךָ תִשְׂטְמֵנִי: כב תִּשָּׂאֵנִי אֶל־רוּחַ
תרכיבני

תרגום

מִתְפַּקְפְּקִין מִנִּי וְדִמְעַסָן
יָתִי לָא שָׁכְבִין:
יח בְּסוּגְעֵי חֵילָא יִתְבְּלַשׁ
לְבוּשִׁי אֲנַב כְּתוּנִי
יַזְרְזִנַנִי: יט אֲשַׁווּ יָתִי
לְטִינָא וְאִתְמְתִיל
כְּעַפְרָא וְקִטָם:
כ אַקְשׁוּ יָתִי לְאָדָם
דְאִתְבְּרָא מִן טִינָא
וְאִמְתִיל לְאַבְרָהָם
דְאִדְמֵי לַעֲפַר וְקִטָם:
כ אֶבְעֵי מִנָּךְ וְלָא תַעֲנֵי
יָתִי קָמֵת וְתִתְבְּיַן
בְּמֵימְרֵי: כא תִּתְהַפֵּךְ לְאַכְזְרָאָה לִי בְּאַלִּימוּת אִידָךְ תִּנְזְמִנַנִי: כב תִּטְלְנַנִי לְפוּחָא
תרכבנני

רש"י

נפשי כאדם שתתפעם רוחו כי יאחזוני וכופין אותי להשתפך נפשי: ימי עוני. שאני בהם: (יז) ניקר. כמו העיני האנשים ההם תנקר (במדבר טז) (פוריי"ר בלע"ז) התולעים מנקרין בשרי מעל עצמי: ועורקי. גידי אין להם מנוחה גיד בלשון ערבי עורק כך פי' דונש. לשון אחר עורקי רודפי המבריחין אותי: (יח) יתחפש לבושי. משתנה לבושי גלד אחר גלד כשאדם פושט את בגדיו ולובש בגדים אחרים משונים מראשונים קורא אותם בגדי חופש כמו (מלכים א' כ"ב) התחפש ובוא במלחמה ומתורגם אישתני: כפי כתנתי יאזרני. שאזור ומעניק צוארי כן יאזרני אותי לבושי כל סביבי: (יט) הורני לחומר. הורני ולמדני השחין הזה לישב בחומר כמו שאמרנו למעלה (ב) והוא יושב בתוך האפר. ד"א הורני לחומר פי' השליכני לשון ירה בים (שמות ט"ו): ואתמשל. נדמיתי. ובמדרש רבי תנחומא אמר ר' ברכיה סרס את המקרא אני נמשלתי לאברהם בצדקתי שקרא עצמו עפר ואפר (בראשית י"ח) והוא דנני כרשעי דור הפלגה (שמרדו בו בבנין המגדל) שכתוב בהם והחמר היה להם לחומר (שם י"א): (כ) עמדתי. לראות לשתוק ולהבין כמו ובפתחו עמדו כל העם ולא ענו עוד (נחמיה ח'): ותתבונן בי. תחשב עלי לשנות את נגעי: (כב) תשאני אל רוח. שדים: תרכיבני ותמוגגני תושיה. הלשות ותשות כח היה ממוגגני: ותמוגגני

אבן עזרא

קדר גידי: (יח) ברב כח. הטעני והכאב: יתחפש לבושי. כלו' שלא אזכירנו בעבור שילך עלי: (יט) הורני לחומר. השליכני ונמשלתי לעפר ואפר: (כב) תשאני אל רוח. במחשבות כל הלילה תרכיב בנפשי דברים והתושיה שהיא כענין החכמה תמוגגני כמו והגבעות תמוגגנה. ופ"א אתה נשאתני ברוח והרכבתני ואדע באמת כי תמוגגני הפך

רלב"ג

ועורקי הדופקים לא ינוחו ר"ל שלא תשקוט תנועתם כלל עם השינה לחוזק המכאוב ורוב החום הנכרי אשר בי: (יח) יתחפש. ישתנה: כפי כתנתי יאזרני. כמו שיסוב פי הכתונת את הצואר כן יסובבני חליי: (יט) הורני לחומר. השליכני אל הטיט ואל העפר: (כ) עמדתי. שתקתי: ותתבונן בי. ולא תתבונן בי: (כא) בעוצם ידך תשטמני. בתוקף כחך תשנאני: (כב) ותמוגגני תושיה. אתה תמוג ותסיר

מצודת ציון

ושבירה כמו יקרוה עורבי נחל (משלי ל'): ועורקי. כן יקראו הגידים בלשון ערבי: (יח) יתחפש. ענינו חליפות והשתנות הכסות באחרת כמו התחפש ובוא במלחמה (מלכים א' כ"ב): כפי. כשיעור כמו איש כפי אכלו (שמות ט"ז): יאזרני. יחגור אותי כמו אזור מתניו (ישעיה י"א): (יט) הורני. השליך אותי כמו ירה בים (שמות ט"ו): (כ) עמדתי. ענין שתיקה כמו עמדו לא ענו עוד (לקמן ל"ב): (כא) תשטמני. ענין נטירת האיבה כמו לו ישטמנו (בראשית נ'):

מצודת דוד

סנכרי אשר בהם מרוב החלי: (יח) ברב כח. בעבור רוב כח החלי ישתנה לבושי בכל עת כי מסבת לכלוך הזיעה והליחה המעופשת הזולה מן השחין יחטנף המלבוש ובע"כ יחליפנה באחרת: כפי כתנתי. כשעור כתנתי המסבבת כל גופי מסביב כן יאזרני החלי בכל סביבי: (יט) הרני לחומר. החלי הזה השליך אותי אל הטיט לנקר בה חום השחין ואני נמשל ודומה כעפר ואפר להיות מושלך אלה כמוהם: (כ) אשוע. הן אם אצעק אליך ולא תענה לי או אם עמדתי ושתקתי ולא תתבונן בי להציל אותי מן הרעה ומלא לא משמשת בשנים וכאלו אמר ולא תתבונן בי. או כרונו לומר תתבונן בי להחליף נגעי המכאוב: (כא) תהפך. הלא אתה רחום ותהפך להיות עלי לאכזר: בעוצם. בחוזק ידך תראה בי נטירת איבה: (כב) תשאני. נשאת אותי למעלה אל מקום אשר ישלום

Tanchuma (Buber, *Vayishlach* 8): *Said Rabbi Berechiah, "Transpose the verse." I was compared to Abraham in my righteousness, who called himself dust and ashes* (Gen.18:27), *and He judges me like the wicked of the generation of the separation (who rebelled against Him by building the tower), concerning whom it is written* (Gen. 11:3): *"and the mortar served them as clay."*—[*Rashi*]

20. **I stood**—*to see, to remain silent, and to understand, as* in (Neh.

are picked off me and my sinews have no rest. 18. By great force is my garment changed; like the opening of my shirt it girds me. 19. It directed me to the mud, and I was compared to dust and ashes. 20. I cry out to You but You do not answer me; I stood, and You ponder me. 21. You became cruel to me; with the strength of Your hand You manifest hatred to me. 22. You lift me up to the spirit,

the sake of clarity, *Rashi's* commentary has been transposed in translation.]

17. **are picked off**—Heb. נֻקַּר, *like* (Num. 16:14), *"will you put out* (תְּנַקֵּר) *the eyes of those people?" (forer in French, to bore). The worms pick my flesh off my bones.*—[*Rashi*] *Ibn Ezra* renders נִקַּר in the active voice: My affliction picked off my bones. *Mezudath David:* My bones pierce and break off me.

my sinews—Heb. עֹרְקַי. *My sinews have no rest. Sinew in Arabic is "orek." So did Dunash explain it* (*Teshuvoth Dunash* p.85). *Another explanation:* עֹרְקַי, *my pursuers who cause me to flee.* (*Machbereth Menachem* p. 139)—[*Rashi*]

Ralbag and *Mezudath David* define עֹרְקַי as "my arteries," which beat incessantly from his fever. However, *Ramban* and *Redak (Shorashim)* cite *Targum Jonathan's* use (on Ezekiel 27:19), of the expression עַרְקִין דְּבַרְזֶל, which can only mean "iron sinews"; there would be no point in "iron arteries."

18. **By great force**—by the great force of my illness.—[*Mezudath David*]

is my garment changed—*My "garment" changes, layer after layer. When a person removes his garments and puts on other garments different from the first ones, he calls these* בִּגְדֵי חֹפֶשׁ, *like* (I Kings 22:30), *"I will disguise myself* (הִתְחַפֵּשׂ) *and go into battle." This is translated into Aramaic by the word* אֶשְׁתַּנֵּי, *I will change.*—[*Rashi*] Job states that the pus oozing from his boils forces him to change his clothes repeatedly.—[*Mezudath David*]

like the opening of my shirt it girds me—*Like the opening of my shirt, which girds and encompasses my neck, so do my garments gird me all around.*—[*Rashi*] *Mezudath David* renders: According to my shirt, i.e. corresponding to the size of my shirt which encompasses me, so does my illness encompass my body completely.

19. **It directed me to the mud**—*These boils directed me and taught me to sit in the mud, as we said above (2:8): "and he sat down in the ashes." Another explanation:* הוֹרַנִי *means: it cast me, an expression of* (Exod. 15:4), *"He cast* (יָרָה) *into the sea."*—[*Rashi*]

and I was compared—*Was likened. And in the Midrash of Rabbi*

תַּרְכִּיבֵנִי וּתְמֹגְגֵנִי תְּשֻׁוָּה*: כג כִּי־יָדַעְתִּי
מָוֶת תְּשִׁיבֵנִי וּבֵית מוֹעֵד לְכָל־חָי:
כד אַךְ לֹא־בְעִי יִשְׁלַח־יָד אִם־בְּפִידוֹ
לָהֶן שׁוּעַ: כה אִם־לֹא בָכִיתִי לִקְשֵׁה־יוֹם
עָגְמָה נַפְשִׁי לָאֶבְיוֹן: כו כִּי טוֹב קִוִּיתִי
וַיָּבֹא רָע וַאֲיַחֲלָה לְאוֹר וַיָּבֹא אֹפֶל:
כז מֵעַי רֻתְּחוּ וְלֹא־דָמּוּ קִדְּמֻנִי יְמֵי־עֹנִי:

תרגום: תרכבנני ותמסנני בתשיתא: כג ארום גלי קדמי דלמותא תתיבנני ובית קבורתא מזמן לכל דחי: כד לחוד לא ברתחא ישדר מחתיה אין בעדן צעריה יקבל צלותהון: ת"א ברם לא לגרמיה יגרג מחתיה אין בחטטי ישוי להון אספליתא: כה אין לא בכית לקשי יומא עגמת נפשי לחשיכא: כו ארום טב סברית ואתא ביש ואוריכית לנהורא ואתא קבלא: כז מעי חמרו ולית בהון חיז דמא אקדימו יתי יומי עניותא

ת"א בעי . ג"ג ד' :

רש"י

תושיה. ל' נקבה. ועל תושיה עומד ואין תי"ו זו כתי"ו של תשאני: (כג) כי ידעתי. כי יודע הייתי אשר למות תשיבני. מקום שהוא מועד לכל חי בקבר: (כד) אך לא בעי. ובהשחתה היה רגיל השופט לשלוח יד כמו לעי השדה: אם בפידו. אם היה שולח פיד שהוא שבר על בריותיו: להן שוע. היה משעשען תנחומים במקצת וכן פירשו רבותינו אין הקב"ה מכה אומה ומושיבה לדו אלא מביא פיד לזו ומשעשעה בחברתה שלקתה כבר ומתנחמת בה הביא פיד לאשור ושעשע במצרים שנאמר התיטבי מנא אמון (נחום ג') הביא פיד למצרים ושעשע באשור שנא' הנה אשור בלבנון (יחזקאל ל"א). ועוד יפתר להן שוע תפלה ותחינה מועלת בהם: (כה) אם לא בכיתי לקשה יום. יודע ומכיר אם לא הייתי רחמני ובוכה על עניים קשי יום ועגמה נפשי לאביונים כי על כל אלה באתני זאת: (כו) כי טוב קויתי וגו'. כלומר כי הגמול הזה ראוי לי: (כז) ולא דמו. אין יכולים לידום ולהחריש:

אבן עזרא

תרכיבני: (כג) כי ידעתי מות תשיבני ובית מועד. בית מזומן: (כד) בעי. כמו מעי מפלה והוא הקבר. והענין כי אין מי ישלח ידו לעזרו בקבר. ובשעת הפיד הוא השבר לא יועיל השוע לנפשות והיא הנדיבות והענין הממון. ובעל השוע יקרא שוע בחולם כמו לא נכר שוע: (כה) לקשה יום. מי שהיה יומו קשה עליו:

מנחת שי

(כב) תשוה. תשיה קרי: (כה) עגמה. במקצת ספרים הטי"ן במאריך: (כו) ויבא אפל. ברוב ספרים הטעם ביו"ד: (כז) ולא דמו. בס"א

רלב"ג

ממני התושיה והקיום אשר הייתי מתנהג בו: (כג) ובית מועד לכל חי. הבית אשר הוא נועד לכל חי והוא הקבר: (כד) בעי. שרשו בעה ובא בשקל מרי ועניינו תפלה. או תהיה הבי"ת משמשת ועניינו כשממון: בפידו. באידו: שוע. צעקה ותפלה. או יהיה מענין נדיבות: (כה) עגמה. דאגה: (כז) רתחו. מענין רתיחה: ולא דמו. לא נחו מהרתיחה:

מצודת דוד

עם חוזק הרוח ושמה הרכבתני שיניעני הנעות חזקות וכזה תמוגג אותי בתשות כח והוא למשל על פלאי היסורים: (כג) כי ידעתי. אשר לפי גודל התשות ידעתי כי חיש מהר תשיבני אל המות לבוא אל הקבר מקום מיועד לכל חי: (כד) אך לא בעי. אך נחמתי כי לא ישלח מכה יד בקבר אשר בשכרון של הקבר תהיה ישועה ליסורין כי אז ילכו להם אבל לא אקוה עוד לחזור לקדמותי: (כה) אם לא בכיתי. האם לא בכיתי בעבור צרות מי שיומו קשה עליו שיש לו קושי המזל האם לא עגמה נפשי בעבור עוני האביון להיות מיצר בצרתו: (כו) כי טוב קויתי. כי בא עלי עונש מר אשר קויתי לטוב ויבוא רע וגו' כאלו היה בידי עון זה: (כז) מעי רותחו. שלא מעי רתחו כי שמו מעי לו לחמול עליו ולא שתקו מן

מצודת ציון

(כב) ותמוגגני. מלשון המגה והמסה: (כג) מועד. מיועד ומזומן: (כד) בעי. בקבר העשוי כתל וגדור והוא מלשון לעי השדה (מיכה א'): בפידו. ענין שבר כמו ופיד שניהם (משלי כ"ד): שוע. מל' ישועה ונפלה היו"ד וכאשר יאמר בול הרים (לקמן מ') מן יבול: (כה) עגמה. דאגה וכדרז"ל עגמת נפש (מגילה כ"ח): (כו) ואיחלה. מל' תוחלת: (כז) רותחו. נתחממו כמו רתח רתחיה (יחזקאל כ"ד) והוא מענין חמום וכאשר יאמר נכמרו רחמיו (בראשית מ"ג) אשר גם הוא ענין חמום כמו כתנור נכמרו (איכה ה'): דמו. שתקו כמו

words לָהֶן שׁוּעַ *may also be interpreted as: Prayer and supplication avail them.—[Rashi]* [Note that *Rashi's* latter interpretation coincides with *Targum.*]

25. **. . . whether I did not weep for one who had a difficult time**—*[You] know and recognize whether I was not compassionate and* [did not] *weep for the poor, who had difficult times, and* [whether] *my soul* [did not] *grieve for the needy, that this befell me because of all these.—[Rashi]*

26. **For I hoped for good etc.**—*That is to say that this reward was fit for me.—[Rashi]* As such a bitter

You cause me to ride [on it], and weakness melts me away. 23. For I knew that You would return me to death and to the meeting place of all living. 24. But not with destruction does He stretch forth his hand; if with His misfortune, He would dandle them. 25. . . . whether I did not weep for one who had a difficult time, or whether my soul was [not] grieved for the needy. 26. For I hoped for good and evil came, and I looked forward to light and pitch darkness came. 27. My innards seethed and did not become silent; days of affliction came before me.

8:5), *"And when he opened [it], all the people stood," and no longer replied.*—[*Rashi*]

and You ponder me—*You think about me to change my plagues.*—[*Rashi*]

22. **You lift me up to the spirit**—*of the demons.*—[*Rashi*]

You cause me to ride [on it], and weakness melts me away—*Weakness and feebleness of strength melted me away.*—[*Rashi*]

and weakness melts me away—Heb. וּתְמֹגְגֵנִי, *a feminine form, the subject of which is* תֻּשִׁיָּה, *and this "tav" is not like the "tav" of "You lift me up"* (תִּשָּׂאֵנִי).*"*—[*Rashi*] [The "tav" of תִּשָּׂאֵנִי represents the second person masculine, whereas the "tav" of וּתְמֹגְגֵנִי represents the third person feminine.] *Mezudath David* renders: You lift me up to the wind; You cause me to ride on it and thereby You melt me with weakness. This symbolizes the pains he suffered.

23. **For I knew**—*For I knew that You would return me to death, a place*

which is a meeting place for all living, namely the grave.—[*Rashi*]

24. **But not with destruction**—*was the Judge accustomed to stretch forth His hand; with destruction, like* (Micah 1:6), *"into a heap* (לְעִי) *in the field."*—[*Rashi*]

if with His misfortune—*If He would send a misfortune, which is a breach upon His creatures.*—[*Rashi*]

He would dandle them—*He would dandle them with partial consolations. And so did our Sages* (*Pesikta d'Rav Kahana* p. 127a) *explain it: The Holy One, blessed be He, does not smite a nation and leave it desolate, but He brings misfortune to one and dandles it with its fellow that suffered already, and it is consoled thereby. He brought misfortune upon Assyria and dandled it with Egypt, as it is said* (Nahum 3:8): *"Are you better than the great No-Amon?" He brought misfortune upon Egypt and dandled them with Assyria, as it is said* (Ezek. 31:3): *"Behold Assyria was* [a cedar] *in the Lebanon." The*

כח קֹדֵר הִלַּכְתִּי בְּלֹא חַמָּה קַמְתִּי
בַקָּהָל אֲשַׁוֵּעַ: כט אָח הָיִיתִי לְתַנִּים
וְרֵעַ לִבְנוֹת יַעֲנָה: ל עוֹרִי שָׁחַר מֵעָלָי
וְעַצְמִי־חָרָה מִנִּי־חֹרֶב: לא וַיְהִי לְאֵבֶל
כִּנֹּרִי וְעֻגָבִי לְקוֹל בֹּכִים: לא א בְּרִית
כָּרַתִּי לְעֵינָי וּמָה אֶתְבּוֹנֵן עַל־בְּתוּלָה:
ב וּמֶה ׀ חֵלֶק אֱלוֹהַּ מִמָּעַל וְנַחֲלַת שַׁדַּי

עֲנִיוּתָא: כח אוּכָם אֲזֵילִית מִדְלֵית שִׁמְשָׁא קָמֵת בִּקְהָלָא אֲבְעֵי: כט אֲחָא הֲוֵיתִי לִירוֹדִין וְחַבְרָא לִבְרַת נַעֲמִיתָא: ל מַשְׁכִּי שְׁחַם מֵעֲלַוַי וְגַרְמֵי חֲרַךְ מִן נוּגְבָּא: לא וַהֲוָה לְאֶבְלָא כִּנָּרִי וְאַבּוּבִי אִמְתִּיל לְקָל בָּכְיָן: א קְיָם גְּזָרִית לְעֵינַי וּמָה אֶסְתַּכַּל עַל בְּתוּלְתָּא: ב וּמָה חוּלָק טַב יְהִיב אֱלָהָא מִלְעֵלָּא וְאַחְסָנַת שַׁדַּי מִשְּׁמֵי מְרוֹמָא:

ממרומים

ת"א קדר. תענית כו: ברית. ב"ב טז:

רש"י

(כח) בלא חמה. לא שזפתני השמש והנני קודר: (כט) אח הייתי לתנים וגו'. תנים ובנות יענה עסוקים בבכי כל ימיהם: (ל) חרה. לשון דבר הנחרה ומתייבש מפני חום האש כמו נחר מפוח (ירמיה ו') ותוכו נחר (יחזקאל ט"ו): לא (א) ברית כרתי לעיני. שלא להסתכל באשת איש: ומה אתבונן על בתולה. מה לי להתבונן בה כך היתה חסידותי שלא לתת עין אפי' בפנויה שמא לאחר ימים תנשא ונמצאתי כרוך אחריה. כך מפורש באבות דרבי נתן: (ב) ומה חלק וגו'. שגמלני כך:

מנחת שי

מטוליטולא הוא"ו בגעיא: (כח) קמתי בקהל. עמ"ש בפתיחת כתובים שהבי"ת רפויה ומ"ש בסוף סדר שופטים ובאלפ"א בית"א קדמאה דאיכה ד', דגשין. על הקוף נאמר: (ל) שחר מעלי. לית מלרע: ועצמי חרה. לית מלעיל: (לא) ועגבי. חסר וא"ו אחר עי"ן והגימ"ל רפויה. ועיין מכלל יופי: לא (ב) ונחלת שדי. בספרי ספרד הוא"ו בגעיא: ממרמים. במקצת ספרים כ"י חסר וא"ו וכ"כ ממסורת איוב ע"ז:

אבן עזרא

עגמה. דאגה כפי הענין ואין לו חבר: (כט) אח הייתי לתנים. כענין אעשה מספד כתנים והם היות יש להם קול משומם: (ל) שחר. מן שחור: לא (א) ברית כרתי. כאלו כרתי ברית עם עיני שלא יסתכלו מה שאין לי צורך ואחר שלא אביט מה אתבונן על בתולה. והמסתכלים מה חלק יבא להם ממעל

רלב"ג

(כח) בלא חמה. בלא שמש. והרצון שאין הייתי קודר מפני ששזפתני השמש: (כט) לתנים. שהולם קול נהי וכן קול בנות יענה: (ל) שחר. מענין שחרות: חרה. נתיבשה:

מצודת ציון

וידמו למו עלתי (לעיל כ"ט): קדמוני. באו לפני וכן מדוע קדמוני ברכים (לעיל ג'): (כח) קודר. ענין שחרות כמו שמש וירח קדרו (יואל ב'): (כט) לתנים. מין נחש: ורע. וחבר: לבנות יענה. מין עוף: (ל) חרה. ענין יובש כמו נחר מפוח (ירמיה ו'): חורב. ענין חמימות כמו ביום אכלני חורב (בראשית ל"ד): (לא) כנורי ועוגבי. שמות כלי נגון: לא (א) אתבונן. ענין הסתכלות יתירה. וכן ואתבונן אליו בבקר

מצודת דוד

סביבותיה ועכ"ז קדמוני ימי עוני: (כח) קדר וגו'. ר"ל כמו הנשחר מעצמו ולא ששזפתו השמש שאז הולך הוא בשחרותו כי לא תלך השחרות בעמדו בצל כדרך השחרות הבאה מן השמש כן לא אקוה שילכו היסורים ממני כי באו עלי בלא עון ופשע לשאחשב שימרקו העון וילכו להם ולכן קמתי בקהל רב ואצעק הואיל ובין כך ובין כך לא ילכו היסורים: (כט) אח הייתי. אני דומה לתנים ובנות יענה כי המה ישועו ויצעקו תמיד מבלי הפסק וכ"כ גם אני: (ל) עורי שחר מעלי. היה נשחר עורי אשר ממעל ועצמי נתייבש מן חום החלי: (לא) ויהי לאבל כנורי. אם שהורגלתי מאז לשמוע את קול כנור ועוגב נהפך עתה לעסוק באבל וקול בוכים: לא (א) ברית כרתי וגו'. כלומר מדוע קראני כל אלה הלא כרתי ברית לעיני לבל יסתכלו בדבר האסור ומה היא הזמן אשר אתבונן על בתולה הלא לא הסתכלתי בה כ"א זמן מועט בעת אחשב אולי אקחנה אני או בני אבל לא הרביתי להתבונן בה יותר משיעור הצורך: (ב) ומה חלק. קובל ומתרעם לומר ראו נא מהו החלק הניתן לי מן אלוה ממעל לתשלום גמול מעשי: ונחלת וגו'.

and why should I gaze upon a virgin?—*Why should I gaze upon her? Such was Job's piety, not to lay an eye even on an unmarried woman.* [He would say,] "*Perhaps, after a time, she will be married, and I will find myself attracted to her.*" *So is* [this verse] *explained in Avoth D'Rabbi Nathan* (2:5).—[*Rashi*]

Job complains that he did not deserve his suffering. He says, "Didn't I make a covenant not to look at anything forbidden? And when have I ever gazed upon a virgin? I never looked at one unless I contemplated marrying her or taking her for my son. Even then, I would not gaze upon her more than

28. I went blackened without the sun; I rose in the congregation and I would cry out. 29. I was a brother to jackals and a companion to ostriches. 30. My skin, which was upon me, was blackened, and my bones dried out from the heat. 31. And my harp became mournful, and my flute [turned] into the voice of weepers.

31.

1. I made a covenant with my eyes, and why should I gaze upon a virgin? 2. Now what is the portion of God from above and the heritage of the Almighty

punishment befell me while I had hoped for good, it is as though I were guilty of this sin.—[*Mezudath David*]

27. and did not become silent— *They cannot be silent.*—[*Rashi*]

28. without the sun—*The sun did not gaze upon me, yet I am blackened.*—[*Rashi*] *Mezudath David* explains that Job compares himself to one whose skin is naturally black. Just as that blackness will not fade away, no matter how long he stays in the shade (unlike one whose skin is black from sunburn), neither will Job's pains leave him for the rest of his life. As they did not come as a punishment there is no hope that they will expiate his sin and go away. "Therefore," he declares, "I rose in a large congregation and cried out, since, in any case, they will not leave me."

29. I was a brother to jackals etc.—*Jackals and ostriches spend all their days in wailing.*—[*Rashi*] The

generally accepted translation is "jackals and ostriches." *Targum* renders: dragons and ostriches. However, modern scholars believe that these are two species of owl, which make their plaintive hoots at night. See *Daath Mikra; Nature and Man in the Bible,* by Yehuda Feliks, pp 100f.

30. My skin, which was etc.—My skin, which is my external covering, was blackened.—[*Mezudath David*]

dried out—Heb. חָרָה, *an expression of a thing that is burned and dried through the heat of the fire, like* (Jer. 6:29), *"The bellows is heated* (נָחַר)*"*; (Ezek. 15:4), *"and the middle of it is burned* (נָחָר)*."*—[*Rashi*]

31. And my harp became mournful—Instead of listening to the harp and the flute, as I was accustomed to doing, I now engage in mourning and weeping.—[*Mezudath David*]

1. I made a covenant with my eyes—*not to gaze upon a married woman.*—[*Rashi*]

מִמְּרֹמִים: ג הֲלֹא־אֵיד לְעַוָּל וְנֵכֶר לְפֹעֲלֵי אָוֶן: ד הֲלֹא־הוּא יִרְאֶה דְרָכָי וְכָל־צְעָדַי יִסְפּוֹר: ה אִם־הָלַכְתִּי עִם־שָׁוְא וַתַּחַשׁ עַל־מִרְמָה רַגְלִי: ו יִשְׁקְלֵנִי בְמֹאזְנֵי־צֶדֶק וְיֵדַע אֱלוֹהַּ תֻּמָּתִי: ז אִם תִּטֶּה אַשֻּׁרִי מִנִּי הַדָּרֶךְ וְאַחַר עֵינַי הָלַךְ לִבִּי וּבְכַפַּי דָּבַק מאוּם: ח אֶזְרְעָה וְאַחֵר

ג הֲלָא צַעֲרָא לְזֵידוּנָא וְתַבִירָא לְעָבְדֵי שְׁקָר: ד הֲלָא הוּא יֶחְמֵי אוֹרְחָתִי וְכָל פְּסִיעָתִי יִמְנֵה: ה אִין הַלְכִית עִם שִׁקְרָא וּזְרִיזַת עַל נְכִילוּת רַגְלָי: ו יִתְקְלִנַנִי בְּמַשְׁחֲתָא דְצִדְקָא וְיִדַע אֱלָהָא שְׁלִימוּתִי: ז אִין תַּצְלֵי אִסְתְּוָרִי מִן אוֹרְחָא וּבָתַר עֵינַי הֲלַךְ לִבִּי וּבִידַי אַדְבֵּיק מַדַּעַם חִבּוּלָא: ח אֶזְרַע וְחוֹרָן יֵיכוּל וְלִבְלָבַי נִצְרֵי

א׳ נחה

רש״י

(ג) הלא איד לעול. לו ראוי ולא לי: ונכר. דוגמת אל תרא ביום אחיך ביום נכרו (עובדיה א׳): (ד) וכל צעדי יספור. ורואה אם הלכתי עם שוא: (ה) ותחש. ותמהר כמו אחישנה (ישעיה ס׳) כי גז חיש (תהלים צ׳): (ז) מאום. הוא מום דבר שמץ. ואלף זו כתובה ולא קריא במסורת הגדולה והוא מגזרת לא תאסיפון אם זו עשיתי הייתי ראוי לבא עלי קללה זו: (ח) אזרעה ואחר יאכל וצאצאי ישורשו. יעקרו השרשין:

אבן עזרא

ונהלה שיתן להם שדי: (ג) הלא איד לעול ונכר. כמו ביום נכרו. וענינו מן נכר והוא רע שלא הורגלו בו: (ה) ותחש. מן חושה: (ז) מאום. כמו מאומה:

מנחת שי

(ד) וכל צעדי. הוא״ו בגעיא: (ה) ותחש. בספרים שלנו התי״ו פתוחה ובפי׳ איוב כ״י מלאתי לשון הזה ומלת ותחש מלאנו בספרי׳ התי״ו קמץ שהוא מנחי העי״ן והוא ע״מ ותלד שרשו חוש. ובמקלת ספרי׳ התי״ו פתוחה ויהיה מנחי הלמ״ד ע״כ. ובמכלול דף קל״ב הובא עם נחי העי״ן וכתב וכלם קמולים האותיות הנוספות. אבל ותחש על מרמה רגלי פתח אולי הוא מנחי הלמ״ד אף על פי שאין הענין *) מורה עליו יהיה שני שרשים בענין אחד ובדף ר״ג כתב התי״ו פתוחה ומשפטה להיות קמולה: (ז) דבק מאום. האל״ף כתובה ולא קריא וכבר הארכתי בענין זה במלכים ב׳ ס׳: (ח) ולאלאי.

*) כוונת המחבר הוא שכפי הוראות הענין יהיה מנחי העי״ן שמורה על ענין מהירות או חשש כמו שפירשו המפרשים בזה הפסוק ותחש על מרמה. ומצאנו לו דמיון מזה השורש מי יחוש חוץ ממני (קהלת ב׳). אבל השרשים שמצאנו בנחי הלמ״ד הוראתם לשון שתיקה ה א כמו לא אחשה (ישעיה ס״ב). ובוודאי הפסוק ותחש על מרמה לא נוכל לפרש על זה הענין לכן צ״ל שהם שני שרשים בענין אחד כמו לעיל בשרש יבש. עכ״ל המפרש במכלול:

רלב״ג

(ג) ונכר. איד זר ונכרי: (ה) ותחש. ותמהר: (ז) מאום. כמו מום בלא אל״ף. או יהיה כמו מאומה והרצון בזה אם דבק בכפי דבר מגזל והמס: (ח) ולאלאי ישורשו. והצמחים אשר לי בקרקעות יעקרו משורש. או ירצה בזה והבנים אשר אני עתיד להוליד ימותו ויעקרו מן העולם. והביאור הראשון יותר נכון:

מצודת דוד

כפל הדבר במ״ש: (ג) הלא איד לעול. הלא לאיש עול ראוי איד: ונכר. ר״ל איד זר ונכרי אשר לא נהייתה מעולם ראוי הוא לפועלי און ולא על איש כמוני: (ד) הלא הוא. אמר כן לדעת רעיו לומר אם משגיח הוא כדבריכם הלא רואה הוא דרכי וגו׳: (ה) אם הלכתי. מוסב על מקרא שלפניו לומר הלא יראה אם הלכתי עם אנשי שוא להדמות להם ואם רגלי מהרו ללכת על דרך מרמה: (ו) ישקלני. מי יתן אשר ישקלני במאזני לדק לשום זכיותי לעומת עונותי אז ידע אלוה את תומתי כי הזכיות יכריעו: (ז) אם תטה. אם נטתה רגלי מהדרך הראוי והנכון ואם לבי הלך אחרי מראית עיני ואם בכפי נדבק מום ממומי העבירה: (ח) אזרעה. אז יהיה הגמול אשר אזרע אני את שדי ואחר יאכל תבואתי: וצאצאי. או

מצודת ציון

(מלכים א׳ ג׳): (ד) צעדי. פסיעותי: (ה) ותחש. ותמהר כמו חשתי ולא התמהמהתי (תהלים קי״ט): (ו) ישקלני. מלשון משקל: במאזני. בכף המאזנים: (ז) אשורי. רגלי שאני פוסע בה כמו תמוך אשורי (שם י״ז): מאום. כמו מום או הוא מלשון מאומה

6. **May He weigh me with a just scale**—Would that He weigh me with a just scale to balance my merits against my iniquities. Then God will know my innocence because the merits will outweigh the iniquities.—[*Mezudath David*]

7. **If my foot has turned away from the road**—If my foot has turned away from the proper road or my heart has followed the vision of my eyes.—[*Mezudath David*] *Sforno* explains: If I have strayed in my philosophic speculation or whether my heart strayed after my eyes by unchaste imagination.

wrong—Heb. מאום. *That is a blemish, a shameful thing. This "alef" is written but not read, in the Great Masorah, and it is of the form*

from on high? 3. Is not misfortune for the unjust and deliverance for workers of iniquity? 4. Will He not see my ways and count all my steps? 5. Whether I went with falsehood, and my foot hastened upon deceit. 6. May He weigh me with a just scale and may God know my innocence! 7. If my foot has turned away from the road and my heart has gone after my eyes and any wrong has clung to my hands, 8. may I sow and another

was necessary to recognize her."— [*Mezudath David*] It is as though I made a covenant with my eyes not to gaze at anything unnecessary. Consequently, how can I gaze at a virgin?—[*Ibn Ezra*]

2. **Now what is the portion etc.**— *that He recompensed me so?*— [*Rashi*] Behold the portion that God gave me from heaven as the reward for my deeds.—[*Mezudath David*] *Ibn Ezra* explains: And those who do gaze—what portion do they receive from on high, and what is the inheritance that the Almighty gives them?

3. **Is not misfortune, for the unjust** —*He deserves it, not I.*—[*Rashi*]

and deliverance—Heb. וְנֵכֶר, *after the pattern of* (Obadiah 1:12) *"[And] you should not have looked on the day of your brother on the day of his being delivered* (נְכְרוֹ).*"*—[*Rashi*] [Our translation follows *Rashi* to Obadiah, who, in turn, follows *Menachem (Machbereth Menachem* p. 123), who compares these two verses to (I Sam. 23:7) "God has delivered (נִכַּר) him into my hand." Cf. *Rashi* ad loc.] *Ibn Ezra* and *Ralbag*, followed by *Mezudoth*,

render: a strange disaster, to which they are unaccustomed. A strange disaster that never happened before is fit for workers of iniquity, not for a man like me.

4. **Will He not see etc.**—Job says this according to his companions who believe in Divine Providence: If, as they claim, God guides the happenings of the world, He surely sees my ways.—[*Mezudath David*]

and count all my steps—*and see whether I went with falsehood.*— [*Rashi*] *Rabbenu Meyuchos* explains that Job is trying to prove that he is not wicked. He claims that he knows very well that God visits misfortune and disaster upon the wicked, sees their ways, and counts their steps. Why, then, should he choose the way of the wicked?

5. **Whether I went with falsehood** —He will see whether I went with men of falsehood to learn their ways and to be like them, and whether my feet went in the way of deceit.— [*Mezudath David*]

hastened—Heb. וַתַּחַשׁ, *and hurried, like* (Isa. 60:22), *"I will hasten it* (אֲחִישֶׁנָּה)*"; *(Ps. 90:10) *"for it is soon* (חִישׁ) *cut off."*—[*Rashi*]

יאכל וצאצאי ישרשו: ט אם־נפתה
לבי על־אשה ועל־פתח רעי ארבתי:
י תטחן לאחר אשתי ועליה יכרעון
אחרין: יא כי־הוא זמה והיא עון
פלילים: יב כי אש היא עד־אבדון
תאכל ובכל־תבואתי תשרש: יג אם־
אמאס משפט עבדי ואמתי ברבם
עמדי: יד ומה אעשה כי־יקום אל וכי־

היא קרי והוא קרי

תרגום

יתלשון: ט אין אשתרגג לבבי על אתת גבר ועל תרע חברי כמנית: י תשמש עם חורן אנתתי ועלה יחמטון חורנין: יא ארום היא זנו והוא סורחן פריש: יב ארום אשא היא עד בי אבדנא תגמר ובכל אנבי תלשא: יג אין רחקית דין עבדי ואמהתי כד אית להון תגרא בהדי: יד ומה אעבד כד יקום אלהא ואורום יסער מה

ת״א נפתה. סוטה י׳:

רש״י

(ט) ועל פתח רעי ארבתי. לאשתו. ישיב לי גמולי: (י) הטחן לאחר אשתי. רבותינו פרשוהו לשון תשמיש כמו ויהי טוחן בבית האסורים (סוטה ט״ו): (יא) כי היא זמה. ויראה הייתי אם עשיתי. שהוא: עון פלילים. עון במשפט יסורין ראויין לבא על ידו: (יב) ובכל תבואתי תשרש. האש הזאת לכן נמנעתי מעשות, כשהוא מדבר בלשון עיקור אומר תשרש. ובל׳ שורש אומר תשרש. וכן ישורשו ל׳ עיקור ישרשו לשון שרש: (יד) ומה אעשה וגו׳. זאת

אבן עזרא

(ח) ישורשו. יכרת שרשם כמו ושרשך: (י) תטחן. דמה המשכב לשני טוחנות: אחרין. נו״ן במקום מ״ם כמו לקץ הימין. קח לך הטין: (יא) פלילים. כמו ונתן בפלילים שיוקח הדין ממני: (יב) השרש. כמו שורשו:

מנחת שי

הוא״ו בגעיא בספרי ספרד: (י) אחרין. לית נו״ן אחרין ובמסורה חשיב ליה באלפ״א בית״א נו״ן אריכא בסוף תיבותא: (יא) כי הוא זמה. היא קרי: והיא. והוא קרי: עון פלילים. בספרים שכתוב בהם פלילי מחוברים ויש להפלא מאד מהם כי לא מלאנו כן רק גם הוא עון פלילי שלמטה בפרשה ונמסר עליו לית. ולענין מילוי והיסור היוד״ן ראיתי בלבול במסורת כי בפרשת משפטים נמסר על זה שהוא חסר דחסר ואין מסורה היא שוה עם שום אחת מהמסורות שכתבתי בפרשת האזינו בשם הרמ״ה ז״ל. ובספרים מדוייקים פלילים זה מלא דמלא וזהו ג״כ דעת רד״ק ושיטתו שכתב והקבוץ בנפול יו״ד היחס והוא עון פלילים כלומר שמשפטו היה פליליים בשני יודי״ן בתר נמ״ד תניינא א׳ ליהם וא׳ לסימן הרבים כמו עבריים מצריים ודומיהם וכאן נפל יו״ד היחס ונשארה יו״ד הריבוי: (יד) כי יקום. מלרע:

רלב״ג

(י) תטחן לאחר אשתי. הוא מענין טחינה ברחים: (יא) זמה. דבר כיעור: פלילים. משפט בעצמו לחוזק העון: (יב) תשרש. תעקר:

מצודת ציון

ור״ל דבר מה מפון: (ח) ישורשו. יעקרו השרשים וכן משעף פארה (ישעיה י׳) ומשפטו יסיר הסעיפים: (י) יכרעון. מל׳ כריעה ועניני השכיבה לזנות: אחרין. כמו אחרים במ״ם: (יא) זמה. מחשבה רעה כמו זמה היא (ויקרא י״ח): פלילים. ענין משפט

מצודת דוד

הלמחים היוצאים יעקרו עם השורש: (ט) אם נפתה. אם היה לבי נפתה מן היצר הרע על אהבת אשה ואם ארבתי על פתח רעי לחזור אחר אהבת אשתו לזנות עמה: (י) תטחן. יהי הגמול שבעבור גודל העוני תטחן אשתי תבואה ברחיים של יד ללורך אחר להיותה נפשה ויהיה זה סיבה אשר יכרעון עליה אחרים זולתי כי בהיותה דרושה אחר, פרנסתה ימצאו לה מתגסים ומפתים לזנות: (יא) כי היא זמה. כי מחשבת הזנות היא מחשבה רעה והוא עון הראוי להשפט עליו: (יב) כי אש היא. מחשבת הזנות דומה היא לאש ההולכת ושורפת עד אשר תאכל הכל כן מחשבת הזנית תבער כאש ולא תשקוט עד יבלע מעשהו וכ״כ ראוי להיות הגמול בהעון עצמו תאכל הכל ולא תשקוט עד תשרש בכל תבואתי לעקור הכל עם השורש: (יג) אם אמאס. האם מאסתי משפט עבדי ואמתי בעת היה להם ריב ודין עמדי וכי לא קרבתי עמהם למשפט אף כי ידי משלה עליהם: (יד) ומה אעשה. כי אמרתי אם אין בהם הכח לעמוד נגדי אבל מה אעשה כאשר יקום האל לנגדי וכאשר יפקוד עלי

committing [this sin]. *When he speaks with an expression of uprooting, he says* תְּשָׁרֵשׁ, *and with an expression of roots, he says* תְּשָׁרֵשׁ. *Similarly,* יְשֹׁרָשׁוּ *is an expression of uprooting and* יְשָׁרְשׁוּ *is an expression of a root.—[Rashi]*

Malbim explains that the sin of immorality will consume the body of the sinner as well as his children and his possessions. *Rabbenu Meyuchos* explains that the sinner will fall into the fire of Gehinnom and his children will perish.

13. **If I rejected**—Did I ever reject the judgment of my slave or bondwoman if they had a case against me? Did I not go to the

eat, and produce be uprooted. 9. If my heart was enticed to a woman, and if I lurked at my neighbor's doorway, 10. may my wife grind for someone else, and may others kneel over her. 11. For that is lewdness, and it is iniquity deserving punishment. 12. For it is fire; it consumes to destruction, and it uproots all my grain. 13. If I rejected the judgment of my slave or my bondwoman in their cause with me, 14. then what will I do when God arises and when

of (Exod. 5:7), *"You shall not continue* (תֹאסִפוּן)*." If I did this, I would deserve that this curse come upon me.*—[*Rashi*] *Ibn Ezra* explains מאום as מְאוּמָה, *anything*. This meaning is also suggested by *Ralbag*, to mean any stolen article.

8. **may I sow and another eat, and my produce be uprooted**—Heb. יְשֹׁרָשׁוּ, *their roots should be torn up.*—[*Rashi*] (See *Rashi* to verse 12.) As in the preceding verse, *Rashi* understands this as a curse. However, *Ramban* explains Job's declaration: He was thinking that, if he has committed all these sins, he deserves the following punishment.

9. **If my heart was enticed to a woman**—If my heart was enticed by my evil inclination to become enamored of a woman.—[*Mezudath David*]

and if I lurked at my neighbor's doorway—*for his wife, He should requite me . . .*—[*Rashi*]

10. **may my wife grind for someone else**—*Our Sages explained this as an expression of sexual intercourse, as* in (Jud. 16:21), *"and he did grind in the prison house."*—[*Rashi* from *Sotah* 10a] *Targum,* too, explains it in this manner. *Ibn Ezra, Ramban,* and *Rabbenu Meyuchos* explain that the two millstones represent the two participants. Hence it is used as a euphemism for this act.*Mezudath David* explains: The punishment shall be that because of my dire poverty, my wife will be compelled to grind grain for strangers. This will result in others kneeling over her, for her desperate need to earn a living will make her prey to seduction or rape.

11. **For that is lewdness**—*and I feared that if I committed it, that*

it is iniquity deserving punishment—*Iniquity for which judgment of suffering is fit to come.*—[*Rashi*]

12. **For it is fire**—Erotic thoughts are like fire, which progressively consumes everything until it destroys it all; so do erotic thoughts consume [a person] like fire and do not rest until they execute their deeds. So should the punishment be: the sin itself should destroy everything and not rest until it uproots the entire produce with the roots.—[*Mezudath David*]

and it uproots all my grain—*I.e. this fire. Therefore, I refrained from*

יִפְקֹד מָה אֲשִׁיבֶנּוּ: טו הֲלֹא־בַבֶּטֶן עֹשֵׂנִי
עָשָׂהוּ וַיְכֻנֶנּוּ בָּרֶחֶם אֶחָד: טז אִם־
אֶמְנַע מֵחֵפֶץ דַּלִּים וְעֵינֵי אַלְמָנָה
אֲכַלֶּה: יז וְאֹכַל פִּתִּי לְבַדִּי וְלֹא־אָכַל
יָתוֹם מִמֶּנָּה: יח כִּי מִנְּעוּרַי גְּדֵלַנִי כְאָב
וּמִבֶּטֶן אִמִּי אַנְחֶנָּה: יט אִם־אֶרְאֶה
אוֹבֵד מִבְּלִי לְבוּשׁ וְאֵין כְּסוּת לָאֶבְיוֹן:
כ אִם־לֹא בֵרְכוּנִי חֲלָצָו וּמִגֵּז כְּבָשַׂי

אֲתִיבִנֵּהּ: טו הֲלָא
בִּכְרֵיסָא עַבְדַנִי מַן
דַעֲבְדֵיהּ וְאַתְקֵן יָתָנָא
בִּמְעַיָּא חָד: טז אִין
אִתְמְנַע מִלְּשַׁלָּמָא
צְבָאוּת מִסְכֵּינָא וְעֵינֵי
אַרְמַלְתָּא אֲשֵׁיצֵי:
יז וַאֲכָלִית טוּלְמֵי בִלְחוֹדִי
וְלָא אֲכַל יַתַּם מִנֵּהּ:
יח מְטוּל דְמִטַּלְיוּתִי
אַסְגִיעָנִי הֵיךְ כְּאַבָּא
וּמִכְּרֵיסָא דְאִמִּי דַבְּרָנִי
בְּנִיחוּתָא: יט אִין אֶחְמֵי
עַרְטִילַי מְדַלֵּית כְּסוּתָא
וְלֵית חוּפָאָה לַחֲשִׁיכָא:
כ אִין לָא בְרִיכוּ יָתִי
חַרְצוֹי וּמִגִּזְתָּא דְאִמְּרֵי

ת"א בבטן כתובות קד: ומגז. חולין קלה בכורים טו: חלציו קרי יתחמם

רש"י

נתתי אל לבי וכי יפקוד את דרכי מה אשיבנו: (טו) ויכוננו ברחם. אני בבטן אמי והוא בבטן אמו הכיננו יוצר אחד: (טז) אכלה. שלא מלאתי תאותה שהוא כליון עינים. המתאוה ואינו מגיע קרוי כליון עינים: (יח) כי מנעורי גדלני.

אבן עזרא

(טו) ויכוננו ברחם. אל אחד: (טז) ועיני אלמנה אכלה. שגזלתיה ויכלו עיניה לאותו שגזלתי: (יח) מנעורי גדלני כאב. גדל היתום עמי. ואנחנה שב אל האלמנה. וי"א כן מנעורי גדל עמי היתום ומבטן אמי אנחנה לצדקתי. והראשון יותר נכון בעבור שהוא דבק עם הפסוקים למעלה ולמטה:

מנחת שי

(טו) הלא בבטן. בספרי ספרד הה"א בגעיא: ויכוננו. נו"ן ראשונה רפה והשניה דגושה והוא כנוי ליחיד נסתר על משקל ישורנו ילודנו והתימה מהרלב"ג שפירש ויכונן אותנו כ"כ בעל מכלל יופי ונראה שלמד זה מהמכלול שכתב בדף קמ"ה ישום. ישומנו. ילודנו למדחפות (תהלים ק"מ). ויכוננו ברחם אחד. ועד שיתמה רלב"ג יש לתמוה על עצמו שלא רלב"ג בלבד פירש כן אלא אף התרגום ורש"י ושאר מפרשים פירשוהו לשון רבים למדברים בעדם כי הדגש שבנו"ן השניה מורה על חסרון נו"ן אחרת שהראוי ויכוננונו בג' נוני"ן ודוגמתו תרננה שפתי כמ"ש הראב"ע שם וכן בגמרת ארץ ישראל פרק אף על פי רבי יוחנן מכל מה דהוה אכיל יהיב לעבדיה והוה קרי עליה הלא בבטן עשני עשהו ויכוננו ברחם אחד. שוב מצאתי אחר זמן בספר הרקמה מהחכם רבי יונה המדקדק שכתב כלשון הזה ויכוננו ברחם אחד עיקרו ויכוננונו בשתי נוני"ן הראשונו' מהשורש כמו אלהים יכוננה עד עולם סלה ונבלעה הנו"ן הכפולה בנו"ן אשר היא כינוי הרבים המדברים בעדם עכ"ל מסכים למה שאמרנו: ברחם אחד. הראב"ע פירש ויכוננו ברחם אל אחד וכן פירש רש"י הכיננו יוצר אחד. ואין פשט זה על סדר הטעמים. אבל קמצות הבי"ת מוכיח כמותם שאם היתה מלת אחד סמוכה למלת ברחם היתה ראויה לינקד הבי"ת בשו"א: (כ) חלצו. חלציו קרי:

רלב"ג

(טו) ויכוננו ברחם אחד. ר"ל שפועל אחד כונן אותנו ברחם אשר נולדנו בו: (טז) ועיני אלמנה אכלה. שאמנע ממנה משאלות לבה: (יח) גדלני.

מצודת דוד

המון הזה מה אשיב לו: (טו) הלא בבטן. וכי הוא נופל וגרוע ממני הלא מי שעשה אותי בבטן אמי הוא עשה אותו בבטן אמו ואם כוננו הכין ברחם אחד היא רחם חוה אשר היתה אם כל חי ואם כן אנשים אחים אנחנו: (טז) אם אמנע. האם מנעתי מלתת חפץ הדלים האם כליתי עיני אלמנה מבלי למלאות שאלתה: (יז) ואכל. וכי אכלתי את פתי לבדי וגו': (יח) כי מנעורי. כמו שאב המגדל בנו מימי נעוריו כן מדת הצדקה גדלה אותי מנעורי ולא זזה ממני ומעת לאתי מבטן אמי אנהג המדה ההיא ולא זזתי ממנה ואמר דרך הפלגה ור"ל מאד דבקתי בה כאילו היא אחזה אותי ואני אותה: (יט) אם אראה. אם ראיתי איש אובד וכלה מבלי לבוש או אם ראיתי שאין כסות לאביון: (כ) אם לא. האם לא ברכו אותי חלצי האיש ההוא כי הלא הלבשתיו ובאמת ברכו אותי חלציו

מצודת ציון

כמו אשר פללת לאחותך (יחזקאל ט"ז): (יד) יפקד. ענין זכרון והשגחה: (טז) אכלה. המתאוה לדבר ואינו משיגה קרוי כליון עינים: (יח) אנחנה. נהגתי אותה כמו ולא נחם (שמות י"ג): (כ) חלציו.

resists this trait somewhat, constant practice from my youth implanted it into my very nature.—[*Simchah Aryeh*]

19. **Did I see etc.**—Even before I was asked, I would give him what he lacked.—[*Simchah Aryeh*]

20. **Did not his loins etc.**—Did not that man's loins bless me because I dressed him? Indeed they blessed me. This is figurative of the poor man's gratitude.—[*Mezudath David*]

and with the fleece—Indeed, I made him a garment from the fleece of my lambs.—[*Mezudath David*]

He visits what will I answer Him? 15. Did not my Maker make
him in the womb, and [did not] One form us both in the womb?
16. Did I refrain from the desire of the poor, or did I cause the
eyes of a widow to fail? 17. Did I eat my morsel alone and did
no orphan eat therefrom? 18. For, from my youth it raised me
like a father, and from my mother's womb I led it. 19. Did I see
a person perishing without a garment or that a needy person
had no covering? 20. Did not his loins bless me, and with the
fleece of my lambs

court of litigation even though I
had power over them?—[*Mezudath
David*]

14. **then what will I do etc.**—*I took
this to heart, and when He visits, what
will I answer Him?*—[*Rashi*] For I
said to myself, If they have no power
to stand up against me, what will I
do when God rises up against me,
and when He visits this iniquity
upon me?—[*Mezudath David*]

15. **Did not my Maker make him
etc.**—Is he lower than I? Did not the
One Who made me in my mother's
womb also make him in his mother's
womb?—[*Mezudath David*]

and form us both in the womb?—*I
in my mother's womb and he in his
mother's womb—did not One creator
form us?*—[*Rashi*] Mezudath David
renders: and formed us in one
womb, in the womb of Eve, the
mother of all living. So, we are
brothers.

16. **Did I refrain from the desire
etc.**—Did I refrain from giving the
poor what they desired?—[*Mezu-
dath David*] Rabbenu Meyuchos ex-
plains this clause in regard to per-

forming justice. Did I refrain from
executing justice on their behalf?

I cause . . . to fail—*in that I did not
fulfill her desire, which is "failure of
the eyes." One who desires and does
not achieve is called "failure of the
eyes."*—[*Rashi*] Did I fail to sustain
them, when all were looking at me
to do so? This is called "failure of
the eyes" because I did not show her
the goal that she had hoped for.—
[*Rabbenu Meyuchos*]

17. **Did I eat my morsel alone**—
Simchah Aryeh remarks: How com-
mendable is this trait, which the
author puts into Job's mouth, that
he never sat down at his table with-
out the company of some poor,
unfortunate person!

18. **For, from my youth it raised
me**—*This virtue* [raised me] *as a
father who raises me and teaches me.
So did the uprightness of my heart
teach me from my youth.*—[*Rashi*]

**and from my mother's womb I led
it**—*This trait.*—[*Rashi*]I was very
much attached to this trait. It was as
though we held each other.—[*Mezu-
dath David*] Although human nature

יִתְחַמָּם: כא אִם־הֲנִיפוֹתִי עַל־יָתוֹם יָדִי
כִּי־אֶרְאֶה בַשַּׁעַר עֶזְרָתִי: כב כְּתֵפִי
מִשִּׁכְמָה תִפּוֹל וְאֶזְרֹעִי מִקָּנָה תִשָּׁבֵר:
כג כִּי־פַחַד אֵלַי אֵיד אֵל וּמִשְּׂאֵתוֹ לֹא
אוּכָל: כד אִם־שַׂמְתִּי זָהָב כִּסְלִי וְלַכֶּתֶם
אָמַרְתִּי מִבְטַחִי: כה אִם־אֶשְׂמַח כִּי־רַב
חֵילִי וְכִי־כַבִּיר מָצְאָה יָדִי: כו אִם־
אֶרְאֶה אוֹר כִּי יָהֵל וְיָרֵחַ יָקָר הֹלֵךְ:

בלא מפיק ה׳ בלא מפיק ה׳

תרגום

יִשְׁתָּחַן: כא אִין אֲרֵימִית עַל יַתַּם יְדִי אֲרוּם אֶחְמֵי בְּתַרְעָא סִיוּעִי: כב כַּתְפִּי מִן שִׁכְמָה תִפּוֹל וְאֶדְרְעִי מִן קָנָה תִתְּבַר: כג אֲרוּם דְּלִיחַ לְוָתִי תְּבַר אֱלָהָא וּמִן מִסְפְּיֵיהּ לָא אֱסוֹבַר: כד אִין שַׁוִּיתִי עַל דְּהַב סִכּוּיִי וּלְפִטְלָן אֲמָרִית רוּחְצָנִי: כה אִין אֶחְדֵי אֲרוּם סְגָא עָתְרִי וַאֲרוּם בְּסוּגְעָא אַשְׁכַּחַת יְדִי: כו אִין אֶחְמֵי אִסְתְּהַר אֲרוּם יְנַהַר וְסִהֲרָא זִיוְתָן מהלך

ת״א פחד. עקרים מ״ג פל״ב:

רש״י

הכשרון הזה כאב המגדלני והמלמדני כן למדני יושר לבי מנעורי: ומבטן אמי אנחנה. למדה זו: (כב) משכמה. הוא רחב הכתף: מקנה. הוא עצם העליון העגול כקנה ועל שהוא עגול כקנה קורא אותו כן: (כג) כי פחד אלי. פחד היה בעיני אידו שהוא מביא על הרשעים ולכן חדלתי מעשות: ומשאתו. ומכובדו: (כד) כסלי. כמו אשר יקוט כסלו [לעיל ח׳] תקותי ומחשבתי וע״י שהכליות על הכסלים הם והכליות יועצות נקראת המחשבה כסל: ולכתם. קבוצות זהב ואוצרות: אמרתי מבטחי. להתחזק בהם על העניים: (כה) אם אשמח כי רב חילי. לא הייתי נוהג שמחה בפני העניים בעשרי שלא להקניאם כי: (כו) אם אראה אור כי יהל. חמה בתקופת גבורתה והילה: וירח יקר

מנחת שי

(כב) משכמה. הס״א נחה ומשפטה במפיק מסורת ומכלול דל״ב ושרשים ולכן תי״ו תפול רפויה: מקנה. הס״א נחה ומשפטה במפיק מכלול שם ושרשים ולכן תי״ו תשבר רפויה:

אבן עזרא

(כד) כסלי. משעני כמו כי ה׳ יהיה בכסלך: (כו) אם אראה אור. הוא השמש: וירח יקר. בחצי החדש:

רלב״ג

גדל עמי: (כג) ומשאתו. ומרוממותו: (כד) כסלי. מבטחי: ולכתם. ולזהב: (כו) אור כי יהל. שמש כי יאיר וכמוהו לך ואור חשך בעריפיה:

מצודת ציון

מתניו: (כא) הניפותי. הרימותי כמו לא תניף עליהם ברזל (דברים כ״ז): (כב) ואזרועי. האל״ף נוספת: (כד) כסלי. ענין בטחון כמו הלא יראתך כסלתך (לעיל ד׳): ולכתם. הוא הזהב הטוב: (כה) כביר. הרבה כמו מזער לא כביר (ישעיה ט״ז): (כו) יהל. יאיר ויזרח כמו בהלו נרו (לעיל כ״ט): יקר. ענין האורה והבהירות

מצודת דוד

בעבור זה והוא ענין מליצה: וסגז. האם לא יתחמם בשרו מגיזת כבשי הלא באמת עשיתי לו מלבוש מן הגזה: (כא) אם הניפותי. אם על היתום הנפתי יד להכותו בבטחון כי אראה לי עזרה בשער המשפט ועזרת היתום חלשה: (כב) כתפי. גמול עונשי יהיה אשר כתפי הוא נופל מיד תפול משכמה הוא רוחב הכתף או זרועי תשבר מן העצם העליון העגול כקנה: (כג) כי פחד אלי. נמנעתי להניף יד כי היה אלי פחד תמיד אל הבא לשלם גמול אף לא אוכל לעשות כזאת מרוממות האל ר״ל מלבד יראת העונש שהיה לי מאז היה בי עוד יראת הרוממות: (כד) אם שמתי. האם שמתי אני במחוני בזהב האם אמרתי על הכתם כי הוא מבטחי וחדלתי מלבטוח בה׳: (כה) אם אשמח. האם שמחתי אשר היה רב עשרי ואשר מצאה ידי מרבית הון וכאומר הלא קניני עולם הזה לא היו נחשבים בעיני למאומה לשמוח בהם: (כו) אם אראה. האם כאשר ראיתי אור השמש אשר יזהיר ביותר וסירת המאיר והולך ומוסיף אורה:

[did he not] warm himself? 21. If I raised my hand against an orphan because I saw my help in the gate, 22. may my shoulder fall from its shoulder-blade and may my arm be broken from its bone. 23. For the misfortune from God is fear to me, and I cannot bear its weight. 24. If I put my hope in gold, and to jewelry I said, 'My confidence,' 25. If I rejoiced because my wealth was great and because my hand found much; 26. If I saw light shining and the moon becoming brighter,

21. **If I raised my hand etc.**—If I raised my hand against an orphan to strike him, confident that I would find help from the judges in the gate, who would exonerate me.—[*Mezudath David*]

22. **from its shoulder-blade**—*That is the width of the shoulder.*—[*Rashi*]

from its bone—*That is the upper bone, which is round as a reed* (קָנֶה), *and because it is round as a reed, it is called so.*—[*Rashi*] [I.e. the humerus.] Note that the two words, שִׁכְמָה and קָנָה, are exceptional; normally they should end with a "mappik hey" (a sounded "hey," indicated by a dot within the letter.) Even though the *mappik* is missing, we translate them as the feminine possessive.—[*Minchath Shai* from *Redak (Machlul, Shorashim)*] *Rabbenu Meyuchos* considers the 'hey' superfluous in both cases, thus rendering: from the shoulder-blade, and from the bone. *Berechiah:* The imprecation follows the principle of measure for measure. If his hand had been guilty of oppression, may he be deprived of his arm.

23. **fear to me**—*His misfortune, which He brought upon the wicked, was fear in my eyes; therefore, I refrained from doing it.*—[*Rashi*]

its weight—Heb. מִשְּׂאֵתוֹ.—[*Rashi*] *Rabbenu Meyuchos* and *Mezudath David* render: and by reason of His majesty, I could do nothing.

24. **my hope**—Heb. כִּסְלִי, *like* (8:14), *"whose confidence* (כִּסְלוֹ) *shall be cut off." My hope and my thought, and because the kidneys are on the flanks* (כְּסָלִים), *and the kidneys advise, the thought is called* כֶּסֶל.—[*Rashi*]

and to jewelry—*A gathering of gold and treasures.*—[*Rashi*]

I said, 'My confidence.'—*therewith to strengthen myself over the poor.*—[*Rashi*]

25. **If I rejoiced because my wealth**—*I did not behave with joy in the presence of the poor so as not to make them envious of me.*—[*Rashi*]

26. **If I saw light shining**—*The sun in the orbit of its might, and its brightness.*—[*Rashi*]

and the moon becoming brighter—Heb. יָקָר. *Progressively brighter, like* (Zech. 14:6), *"bright* (יְקָרוֹת) *light";* (Ps. 37:20), *"like the glory* (כִּיקַר) *of the meadows."*—[*Rashi*] Cf. *Rashi* to Zechariah ad loc.

מְהַלֵּךְ : כז וּשְׂרַגַג
בְּטוֹמְרָא לִבִּי וּנְשַׁקַת
יְדַי לְפוּמִי : כח לְחוֹד
הוּא סוּרְחָן פְּרִישׁ אֲרוּם
כַּדְבֵית לֶאֱלָהָא מִלְעֵלָא :
כט אִין אַחְדֵי בְּצַעֲרָא
דְסָנְאַי וְיַבְבֵית אֲרוּם
אַרְעֵיהּ בִּישׁ : ל וְלָא
שְׁבָקִית לְמֶחְטֵי מוֹרִיגֵי
לְמִשְׁיַל בְּמוֹמָתָא
נַפְשֵׁיהּ : לא אִין לָא
אֲמַרוּ אֱנָשֵׁי מַשְׁכְּנִי מַן
יְגַזּוֹר מִבִּסְרֵיהּ לָא
נִסְבַּע : לב בְּשׁוּקָא לָא
יְבִית גִּיּוֹרָא דְשֵׁי

כז וַיִּפְתְּ בַּסֵּתֶר לִבִּי וַתִּשַּׁק יָדִי לְפִי׃
כח גַּם־הוּא עָוֺן פְּלִילִי כִּי־כִחַשְׁתִּי לָאֵל
מִמָּעַל׃ כט אִם־אֶשְׂמַח בְּפִיד מְשַׂנְאִי
וְהִתְעֹרַרְתִּי כִּי־מְצָאוֹ רָע׃ ל וְלֹא־נָתַתִּי
לַחֲטֹא חִכִּי לִשְׁאֹל בְּאָלָה נַפְשׁוֹ׃ לא אִם־
לֹא אָמְרוּ מְתֵי אָהֳלִי מִי־יִתֵּן מִבְּשָׂרוֹ
לֹא נִשְׂבָּע׃ לב בַּחוּץ לֹא־יָלִין גֵּר דְּלָתַי
לארח

רש"י

הולך. מניה והולך כמו אור יקרות [זכריה י"ד] כיקר כרים [תהלים ל"ז]: (כז) ויפת בסתר לבי. לשמש ולירח לאמר אלוהות הם כקלת עכו"ז הכדהים (ועובדים) לכל צבא השמים: (ל) ולא נתתי לחטוא חכי. להקניט שונאי ולתובעו ממון שאין לי עליו כדי להשביעו ולשאול באלה נפשו של שונאי: (לא) לא נשבע. מתוך שנאה שהיו שונאי'

אבן עזרא

(כז) ויפת בסתר. כמו פן יפתה לבבכם: ותשק ידי לפי. מין ממיני עכו"ם כי רובי הקדמונים טרם באו הנביאים היו עובדים שני המאורות ע"כ אמר גם הוא עון פלילי כי כחשתי לאל ממעל והענין שהוא למעלה מהמאורות: (כט) והתעוררתי. לשמוח: (ל) לשאול באלה נפשו. לקלל אותו: (לא) מי יתן מבשרו לא נשבע. בעבור שלא היה גר לן בחוץ כי אם באהלי:

מנחת שי

(כז) ויפת בסתר לבי. בשני גלגלים במדוייקים. ויפת בסתר. כס"א מדוייק מלאתי ב' בסתר רפויה ורד"ק כתב במכלול דף ק"ג שמלא בספרים מדוייקים בי"ת בסתר דגושה וכן וילדת בן שופטים י"ג בי"ת בן דגושה וכן וישב | ממנו שבי בפסיק וא"כ אינו נקשר ויפת עם בסתר ולא וילדת עם בן ולא וישב עם ממנו אלא נקרא בפלמו ויפת בשני השואים נחים וכן וילדת וכן וישב כמו ויפת שאם היו נקשרים ויפת וילדת היה בי"ת בסתר ובי"ת בן רפים וכן וישב | ממנו שיש פסיק בין וישב ובין ממנו אם היה נקשר לא היה בו פסיק א"כ אינם נקשרים כלם שהם בסוף המלה אלא נקראים בעלמן בשני השואים נחים כמו שהם בכל מלות ההפסק. ועיין עוד מ"ש בפרשת נח אלל וישת מן היין: (ל) לשאל באלה נפשו. ג' מטעין בהון. מסורת הושע ד':

רלב"ג

(כז) ויפת. מענין פיתוי והסתה: (כט) בפיד. באיד: והתעוררתי. ושמחתי והרלון האם נתעוררתי להתנועע תנועת הגיל והשמחה: (ל) באלה. בקללה: (לא) מתי אהלי. אנשי אהלי: (לב) לארח. לדרך כדי שארחה האורחים בבואם לאספם סביתה:

מצודת דוד

(כז) ויפת. וכי בעבור אורם הרב היה נפתה לבי בסתר המחשבה לומר שיש בהם אלהות ואף שמתי את ידי לפי לסותמו לבלי הוליא הדבר הרע הזה מן השפה. ולחון ור"ל וכי כן היה בתמיה כלא כמו שלא דברתי בפי מאומה רע כן לא היה לבי נפתה במחשבה: (כח) גם הוא עון פלילי. כי אמרתי גם המחשבה לבדה היה עון הראוי להשפט עליו כי בזה הייתי מכחיש בהאל היושב ממעל לחלות האלהות במעשה ידיו: (כט) אם אשמח. האם שמחתי בעבור פיד שונאי וכי התעוררתי לקום עליו לשלם לו גמול כאשר מלאו רע בחושבי כאשר החל לנפול לא יוסיף לקום: (ל) ולא נתתי. ר"ל לא סוף הדבר שלא שלמתי לו אז גמול אלא אפילו אם היה לי עליו מה מתביעת ממון לא עזבתי אז את חכי לחטוא בו לשאול נפשו בשבועת האלה למען ישבע לשקר ויחטיא נפשו: (לא) אם לא. האם לא אמרו עלי אנשי אהלי ונערי מי יתן לנו לאכול מבשרו ולאכל ולא נשבע כי כ"כ נאכל לתאוה עד כי נתבוק לאכול עוד כי לאויבים היו לי: (לב) בחוץ. והסבה היה כי במקומי לא לן מעולם בחוץ הגר הבא מארץ נכריה ובפלתי

מצודת ציון

וכן אור יקרות (זכריה י"ד): (כז) ותשק. ענין חבור ודבוק והוא מושאל מלשון נשיקה שהוא דבוק השפתים: (כח) לאל. באל ובאם הלמ"ד במקום הבי"ת וכן בוחר אתה לבן ישי (ש"א כ') ומשפטו בבן ישי: (כט) בפיד. ענינו כמו איד וכן אם בפידו להן שוע (לעיל ל') וענינו שבר ומקרה רעה: והתעוררתי. מל' הערה והתגברות: (ל) ולא נתתי. לא עזבתי כמו ולא נתן סיחון (במדבר כ"א):

side—They hated me, because a stranger coming from a foreign country never had to lodge outside my residence.—[*Mezudath David*]

27. And my heart was secretly enticed, and my mouth kissed my hand, 28. this too is iniquity that bears punishment, for I would have denied God above. 29. If I rejoiced with the misfortune of my enemy, and was aroused because harm had befallen him, 30. but I did not allow my palate to sin, to ask his soul through an oath. 31. If the people of my tent did not say, 'Who will give [us] of his flesh? We will not be sated.' 32. A stranger did not lodge outside; my doors

27. And my heart was secretly enticed—*to the sun and the moon, saying that they are gods, like some heathens, who have gone astray (and worship) all the host of heaven.*— [*Rashi*] Was my heart secretly enticed to believe that they are gods because of their great light, and did I place my hand on my mouth so as not to reveal my thoughts? Indeed, just as I did not state these beliefs verbally, I did not think about them.—[*Mezudath David*] *Ibn Ezra* explains that kissing the hand was a type of idolatry. Job denies that he ever did so in homage to the sun and moon. Before the prophets came, worship of the sun and the moon was widespread in the East.

28. this too is iniquity that bears punishment—for I said that the thought alone is a sin that bears punishment.—[*Mezudath David*] *Rabbenu Meyuchos* attributes this expression to a sin that bears capital punishment.

for I would have denied God above —for I surely would have denied the Creator Who created them.—[*Rabbenu Meyuchos*]

29. If I rejoiced—Did I rejoice

because of the misfortune of my friend, and did I become aroused to rise up against him to recompense him when evil befell him, thinking that, just as he had commenced to fall, he would continue to do so.— [*Mezudath David*] *Ibn Ezra* explains: and was aroused to rejoice. *Ramban* suggests both these explanations.

30. but I did not allow my palate to sin—*to provoke my enemy and to sue him for money that he does not owe me, in order to adjure him and to ask for the soul of my enemy with an oath.*—[*Rashi*] *Mezudath David* explains: Not only did I not recompense him then, but even if he owed me money, I did not allow my palate to sin therewith, to ask for his soul by causing him to swear falsely so that he lose it. *Ibn Ezra* and *Ralbag* explain that he did not allow his palate to sin by cursing his enemy.

31. If the people of my tent—My household members and my servants.—[*Mezudath David*]

We will not be sated—*Because of the hatred that they bore against me for burdening them with hospitality toward guests.*—[*Rashi*]

32. A stranger did not lodge out-

לָאֹרַח אֶפְתָּֽח׃ לג אִם־כִּסִּיתִי כְאָדָם
פְּשָׁעָי לִטְמוֹן בְּחֻבִּי עֲוֺנִֽי׃ לד כִּי אֶֽעֱרוֹץ ׀
הָמוֹן רַבָּה וּֽבוּז־מִשְׁפָּחוֹת יְחִתֵּנִי וָאֶדֹּם
לֹא־אֵצֵא פָֽתַח׃ לה מִי יִתֶּן־לִי ׀ שֹׁמֵעַֽ לִי
הֶן־תָּוִי שַׁדַּי יַעֲנֵנִי וְסֵפֶר כָּתַב אִישׁ
רִיבִֽי׃ לו אִם־לֹא עַל־שִׁכְמִי אֶשָּׂאֶנּוּ

ת״א כסיתי. עקרים מ״ד פכ״ו:

תרגום

לְאַכְסַנְיָא פְּתָחֵית׃ לג אִין חֲפֵית כְּאָדָם קַדְמוֹ מְרָדַי לְמִטְמַע בְּעִטְפֵי סוּרְחָנִי׃ לד אֲרוּם אֶתְגַבַּר רִכְפַּת גֵיוְתָנָיָא וּבְסִיר גְנִיסְתָא יְתַבְרְנַנִי וּשְׁתְקֵית לָא אֶפּוּק מַעֲלָנָא׃ לה מַן יִגְזוֹר עֲלַי דִיקַבֵּל מִנִי דָא רְגוּגֵי דְשַׁדַּי עָנֵי יָתִי וּפִטְקָא דִכְתַב אֱנָשׁ תִּגְרִי׃ לו אִין לָא עַל כַּתְפִּי

רש״י

אותי על שהייתי מטריחם בהכנסת אורחים: (לב) לאורח. לא היה דלתות ביתי פנימיים ותוקפין בית שער מבחוץ או מוסכין בקרני זוית להשבית את האורחים מלבוא אלא פתוחין לאם הדרך לבוא כל הבא: (לג) בחובי. במחבואי: (לד) כי אערוץ. מתחלה הייתי מכניע המון רבה של רשעים ועתה אף בין כשדיים זה העם לא היה [ישעיה כ״ג]: יחתני. מיראני: (לה) הן תוי שדי יענני. ולואי שיעיד עלי המקום בדין כמ״ש עלי כי אין כמוהו בארץ תם וישר וירא אלהים [לעיל א׳] גם משה שכתב ספרו וספרי יעיד עלי. (ד״א) כן היה איוב אומר תנה לתוות אותי ואת כושרי: שדי יענני. לבקשה זאת: וספר כתב איש ריבי. יכתוב גם הוא ספרו להתווכח עמי: (לו) אשאנו. לכותב את ספרי: אענדנו. אקשרנו לספר עטרות לי:

מנחת שי

(לג) אם כסיתי כאדם פשעי. בדפוס וויניציאה שנת רפ״ח כתוב פְּשָׁעִי ואין לכסות פשע זה מלפני הטעמים כי בכל הספרים כתוב פְּשָׁעָי: (לד) לא אלא פתח. כ״כ לא בלא וא״ו בתחלת המלה: (לה) הן תוי. המסורת ה׳ הן בסגול וסי׳ נמסר הכא כמ״ג ובדוכתי אחריני ודין חד מינייהו בלא פלוגתא ברס בסיפרא עתיקא מדקדקא אשכחנא הך מסרה בלישנא אחרינא הֶן ה׳ פתח וסימן הן עם לבדד ישכן. הן עם כלביא יקום. הן הוא משום דרכו (לעיל מ׳) הן אני כפיך (לקמן ל״ג). הן זאת לא לדקת אמנך (שם). וחד פלוגתא הן תוי שדי יענני עד כאן. ובמסרה דילן הן אני כפיך ליתיה בהאי מניינא דהוא בציר״י: תוי. לית

אבן עזרא

(לג) אם כסיתי כאדם פשעי. כדרך בני אדם לכסות פשעם מבני אדם: בחבי. כמו חבי כמעט רגע: (לד) כי אערוץ. אפחד: ובוז משפחות יחתני. והנבזה במשפחות יחתני ויפחידני, כי יחתני כמו חתת אלהים: (לה) הן תוי. יש אומרים שהוא חסר אל״ף והענין כי אתאוה שיענני שדי. והנכון שהוא כמו והתוית תיו והענין

רלב״ג

(לג) כחבי. בסתרי: (לד) אערוץ המון רבה. הייתי יכול לשמור המון רבה מהאנשים: ובוז משפחות יחיתני. האיש הנבזה שבמשפחות יכניעני ויבזני. או ירצה בזה האיש שהוא מהמשפחות היותר נבזות: (לה) תוי. סימני, ותוי מגז׳ והתוית היו: יענני. יעיד לי

מצודת ציון

(לב) לאורח. הוא שם משותף להאיש הבא מהדרך ולהדרך עצמו: (לג) בחבי. כמו בחבאי באל״ף והוא מלשון מחבואים: (לד) אערוץ. אשבור כמו בערוץ נחלים (לעיל ל׳): המון. עם רב ולתוספת ביאור אמר רבה: יחתני. מלשון חתת ושבר: ואדום. ואשתוק כמו וידום אהרן (ויקרא י׳): (לה) תוי. כמו תאוי והוא מלשון תאוה ותחסר האל״ף וכן תרגם יונתן רגוגי וכ״כ ולא תתאוה (דברים ה׳) ת״א ולא תירוג: יענני. מלשון עניה ותשובה: וספר. הוא״ו היא במקום או: (לו) אם לא. הוא ענין שבועה כמו אם לא שויתי

מצודת דוד

פתחתי דלתי ביתי להאורח הבא כי לא האמנתי למתי אהלי שהם יכניסו לבית את כל הבא. או ר״ל פתחתי הדלתות אל מול הדרך להעיר לב אנשים לבוא אל ביתי ובעבור זה רבו כמו רבו אנשים הולכי אורח והיה להם למורח להתעסק ולזה היו לי לאויבים: (לג) אם כסיתי. האם כסיתי פשעי כדרך שאר בני אדם אשר יכסו את פשעם ויכחשו בהם כי הלא אם קרה לי מה מדבר פשע לא כחשתי בה: לטמון. מוסב על אם לומר האם היה דרכי לטמון עוני במחבואי לבל יודע למי והוא כפל ענין במ״ש: (לד) כי אערוץ. ר״ל וכי עשיתי כזאת עד שיבוא עלי הדבר הזה אשר מאז היה הכח בידי לערוץ ולשבר המון רב מן האנשים ועתה הבזוי מן המשפחות משבר ומפחיד אותי ובע״כ אשתוק ואסבול ולא אלא מן פתח ביתי ליראתי ממנו: (לה) מי יתן וגו׳. מי יתן לי איש אשר ישמע אלי למלאות תשוקתי כי הן תאותי אשר שדי יענה לי לומר מה פשעי וכמ״ש למעלה אדבר והשיבני כמה לי עונות וגו׳ או שאיש ריבי המתווכח עמדי יכתב בספר כל דברי ויכוחו למען יעמדו ימים רבים ויבחנו דור אחרון הדין עם מי וכמ״ש למעלה מי יתן בספר ויוחקו: (לו) אם לא. אם ימלא איש אשר ימלא תשוקתי באמת משאי אלה הנה באמת

Book, will bear witness concerning me. (Another explanation:) This is what Job says, "Give it to inscribe me and my virtue."—[*Rashi*] See *Tanchuma Va'ethchanan* 5 for reference to Moses as Job's opponent. See *Baba Bathra* 14b for Moses' authorship of the Book of Job.

may the Almighty answer me—*for this request.*—[*Rashi*]

and may my opponent write a book—*May he too write a book to contend with me.*—[*Rashi*] [Note that some editions omit the parenthetic explanation, considering *Rashi's* entire interpretation as one.

I would open to the road. 33. Did I, like men, cover my transgressions, to conceal my iniquity in my hiding place? 34. For I would subdue a great multitude, and the most contemptible of families frighten me; yet I remain silent and do not go outside the doorway. 35. Would that I were given one who will listen to me; behold my inscription; may the Almighty bear witness for me and may my opponent write a book. 36. Would I not carry him on my shoulder,

---

to the road—*The doors of my house were not inside and enclosed by a gatehouse outside, or surrounded by corners to stop the wayfarers from coming, but open to the crossroads so that whoever wishes to come may come.*—[*Rashi*] The Talmud (*Baba Bathra* 7b) describes the gatehouses in use in Job's time: a structure situated at the entrance to a court, wherein a watchman would sit and make sure that passersby did not look into the courtyard. Gatehouses were halachically permissible only if they did not obstruct the cries of the poor people who sought entry to the courtyard to beg alms. Job left the door to his courtyard open so that the poor could enter. *Mezudath David* explains that Job himself would open the door for the wayfarers, rather than rely on the members of his household to do so.

33. **Did I, like men**—Did I cover my transgressions as other men do, and deny them? Indeed, I always admitted my sins.—[*Ibn Ezra, Mezudath David*]

in my hiding place—Heb. בְּחֻבִּי, like בְּמַחֲבוֹאִי.—[*Rashi*] The final "alef" of the radical has been omitted.—

[*Mezudath Zion*] *Targum* renders: in my bosom.

34. **For I would subdue**—*Originally I would subdue a great multitude of wicked men, but now, even among the Chaldeans*—"*This people has never been*" (Isa. 23:13).—[*Rashi*]

frighten me—Heb. יְחִתֵּנִי.—[*Rashi*] *Targum* renders: shatters me. *Mezudoth* combines them: Do I deserve such a punishment that, whereas once I subdued a great multitude, now even a man of the most contemptible of families shatters and frightens me; yet I must keep my peace and refrain from leaving my doorway for fear of him?—[*Mezudath David*]

35. **Would that I were given one who will listen to me**—Would that I were given a man who will listen to me to fill my desire.—[*Mezudath David*]

behold my inscription; may the Almighty bear witness for me—*Would that the Omnipresent bear witness for me in judgment, as He wrote concerning me* (1:8): "*For there is none like him on earth, a sincere and upright man, God-fearing.*" *Also Moses, who wrote his Book and my*

אענדנו עטרות לי: לז מספר צעדי
אגידנו כמו נגיד אקרבנו: לח אם־עלי
אדמתי תזעק ויחד תלמיה יבכיון:
לט אם־כחה אכלתי בלי־כסף ונפש
בעליה הפחתי: מ תחת חטה יצא חוח
ותחת־שערה באשה תמו דברי

כתפי אסוברגיה
ארכבניה כלילן לי:
לז מנין פסיעתי אחוניה
דכמת ארכונא
אקרבניה: לח אין עלי
ארעא תקבול וכחדא
תלמיהא בכין: לט אין
חילה גמירית בלא כסף
ונפש דמרהא אפחית:
מ חלף חנטיא יפקון
סלוי וחלף סערתא הזמי
שלימו פתגמי איוב:

רש"י

(לז) מספר צעדי אגידנו. לאותו האיש: (לח) אם עלי אדמתי תזעק. על לקט שכחה ופאה ומעשרו' שלא הוצאתי מעשרות כראוי: ויחד תלמיה יבכיון. שחרשתי בשור ובחמור יחדיו: (לט) בלי כסף. לשכור שכירים ולעשקם ד"א זה מעשר שני דכתיב וצרת הכסף בידך [דברים י"ד]: ונפש בעליה. אריס העובד בה: (מ) באשה. (דבר מבאיש) כמו באושים [ישעיה ה'] ואם לא עשיתי כן תחת חטה יצא חוח (תנא רבי אושעיא

אבן עזרא

כל מה שרשתי שדי הוא שיענני: איש ריבי. שיריב בשבילי: (לו) אענדנו. כמו ענדם ועניינו כמו אשים: (לז) מספר צעדי אגידנו. כל דרכי הייתי מגיד לו לפנים: (לט) ונפש בעליה הפחתי. כמו מפח נפש: (מ) באשה. מין מימיני החוח כמו ויעש באושים:

מנחת שי

מלרע: (לז) אקרבנו. יש ספרים בפתח הקו"ף וברוב בקמץ: (לט) אם כחה אכלתי בלי כסף. כן כתוב והבי"ת רפויה: (מ) באשה. שם בפלס מחרת והתי"ו מקום ה"א עלמה חכמה שהוא ממשקלם ומפני הה"ת שהוא גרונית הוסב הקמץ חטוף תחתיה וזה הטי"ן שלו גרונית ולא הוסב הקמץ תחתיה והאל"ף נחה בשוא. מכלול דף רט"ז ושרשים:

רלב"ג

או יהיה הרצון בתוי תאותי ויהיה חסר אל"ף ויהיה ביאור יענני יענה אותי בהתווכחי עמו על טענותי כי כבר חשק איוב זה כמו שזכר במה שקדם: (לו) אענדנו. אקשרנו: (לט) הפחתי. הדאבתי: (מ) באשה. הוא מין ממיני החוח מגזרת ויעש באושים והרצון בזה

מצודת דוד

אשא אותו על שכמי ולא יהיה עלי למשא ואקשור אותו על ראשי להיות לי לעטרות כי מאד אשבחנו ואתפאר בו: (לז) מספר. אגיד לו מספר פסיעותי ר"ל אגלה לו מצפוני לבי ואקרב אותו כמו שמקרבין את השר: (לה) אם עלי. חוזר לדבריו הראשונים לאמר אם אדמת שדי תזעק עלי להעיד שהיא אצלי בגזל ואם תלמים כולם יחד יבכיון להתאונן על שכבוש תחת ידי שכר הפועלים עובדי אדמה והוא ענין מליצה: (לט) אם כחה. עתה חוזר ופירש אמריו לומר אם אכלתי את כח השדה ותבואתה בלי כסף מחירה אל עובדי האדמה ואם צערתי והדאבתי נפש בעליה הראשונים לעשוק שדהו מבלי כסף שכרו: (מ) תחת חטה. אזי יהיה גמול העונש שבמקום החטה הזרועה יצא חוח ובמקום השעורה תצמח באשה: תמו דברי איוב. גם אלה דברי איוב שאמר הנה נשלמו אמרי לא אדבר עוד מעתה וכאומר הנה

מצודת ציון

ודוממתי (תהלים קל"א): אענדנו. ענין עניבה וקשירה וכן ענדם על גרגרותיך (משלי ו'): (לח) תלמיה. הערוגות כמו תלמי שדי (הושע י'): (לט) הפחתי. הדאבתי כמו מפח נפש (לעיל י"א): (מ) חוח. מין קוץ: באשה. דומה הוא לשעורה וגרועה ממנה וכן ויעש באושים (ישעיה ה') שהוא מין דומה לענבים וגרועה מהם:

that I plowed with an ox and with a donkey together.—[*Rashi* from unknown Midrashic source] [The aforementioned sources do not mention the gleanings, the forgotten sheaves, or the end of the field that is to be left for the poor. Also, they attribute the furrows' weeping not to plowing with an ox and a donkey together, but to sowing mingled species. See below.]

Mezudath David explains: If the soil of my field complains about me, testifying that I am occupying it unlawfully, and if all the furrows weep together, complaining that I have withheld the wages of the farm workers. This is figurative.

39. **without money**—*to hire workers and to oppress them* [by not paying them]. *Another explanation: This refers to the second tithe, concerning which it is written* (Deut. 14:25): *"And you shall tie the money in your hand."*—[*Rashi* from aforementioned Midrashic sources]

and I caused pain to its owner—*The sharecropper who tills it.*—

bind it to me as crowns? 37. I will tell him the number of my steps; I will draw him near, as a prince. 38. If my soil complains about me, and its furrows weep together, 39. if I consumed its strength without money, and I caused pain to its owner, 40. instead of wheat, thistles shall emerge, and instead of barley, noisome weeds. Job's words are ended."

Those who include it contend that the former interpretation assumes that Job's record is already inscribed, for Job entreats God to *bear witness* thereto. According to the latter, he entreats God to inscribe it and *answer* his request. *Ibn Ezra* quotes exegetes who render: Behold my desire is that the Almighty should answer me. He himself prefers: Behold all that I have inscribed, may the Almighty answer me.

my opponent—*Berechiah* renders: Lo, here is my mark, תָּוִי. Cf. (Ezek. 4:4), "and set a mark," i.e. some little writing, as a sign. He (Job) means: Lo, upon the mark of my little writing which I wrote about my merits; and upon the book—a large writing—which one (my adversary and opposite party) has written about me in accusation of me;—let the Almighty answer; whether there is truth in my writing, which is little, or in his book, which is a large writing. *Ibn Ezra* renders conversely:

man of my contentions—who will contend on my behalf.

36. **Would I not carry him**—*The writer of the book.*—[*Rashi*]

bind it—Heb. אֶעֶנְדֶנּוּ. *I will bind the book to me as crowns.*—[*Rashi*] *Mezudath David* explains: I will bind *him* to my head to be crowns for me—I will love him and boast about him.

Berechiah explains: Job says, "Upon my shoulder I would carry him to honor him," about whom he said, "O that I had one to hear me. I would bind him," as in (Prov. 6:21), "Tie them about the neck;" it is an expression of a bow.

37. **I will tell him the number of my steps**—*to that man.*—[*Rashi*] I.e. I will tell him all the secrets of my heart.—[*Mezudath David*]

I will draw him near etc.—I will draw him near to me as one draws a prince near to himself.—[*Mezudath David*] *Berechiah* relates this verse to verses 4f: "Will He not see my ways and count all my steps? Whether I went with falsehood, and my foot hastened upon deceit." I would bring him before God as a prince, to declare my words for me.

38. **If my soil complains about me**—*concerning the gleanings, the forgotten sheaves, and the end* [of the field], *as well as tithes,* [claiming] *that I did not extract tithes properly.*—[*Rashi* from *Pesikta d'Rav Kahana* p. 98b, *Midrash Tanchuma, R'eh* 15]

and its furrows weep together—

שכאשר יזרע בארצו לא תוציא לצמח אבל יצמחו בה קוצים וחרולים: ביאור דברי המענה הוסיף איוב שאת משלו מתגלגל שלא חטא ומתרעם על רעיו המיחסים לו עול ורשע ואמר מי יתן אותי והייתי על האופן שהייתי בימים הקודמים אשר היה השם שומר אותי ר"ל שהייתי מצליח כאשר היה נרו מאיר על ראשי עד שלאורו הייתי הולך בחושך ואור לי. כאשר הייתי בנערותי בחברת השם עלי אהלי ר"ל שלרוב הצלחתי הייתי נעזר בכל מה שארצהו. בעוד שהיה השם עמי היו סביבותי נערי לשמש אותי. ברחוץ דרכי בחמאה מרוב ההצלחה הבאה אלי והוציא לי הש"י שמן מצור. הנה אז כאשר יצאתי בשער על הקריה והכנתי מושבי ברחוב ראוני נערים ונחבאו לבשתם ממני וישישים קמו עמדו לכבודי. השרים והנגידים אשר היו מדברים מנעו דבריהם בבואי מיראתם ממני וכ"ש שאר האנשים. לפי שהאוזן אשר שמעה פעולתי וצדקתי היתה מאשרת אותי והעין אשר ראתה מעידה על צדקתי ותם לבבי. וזה שכבר הייתי ממלט העני כשהיה משוע מהחמס הנעשה לו והיתום אשר לא היה עוזר לו. האיש האובד ממרירותו היתה באה ברכתו עלי רצה לומר שהוא היה מברך אותי במה שהייתי חוננו והאלמנה המרת נפש הייתי מעמיד שמחה מרוב הטבתי לה. צדק לבשתי ומרוב שקדי בו וילבשני ר"ל שהוא בא אלי שאלבשהו וזה כי כשתתחזק זאת התכונה בלב האדם יבאו העניים והמרודים אליו ויהיה זה סבה אל שיחזיק יותר בזאת התכונה ובזה לבשתי משפט ויושר כמעיל וצניף שיסובבו האדם ויקיפו אותו. עינים הייתי לעור ורגלים לפסח ר"ל שהייתי עוזר אותם ומשלים חסרונם כפי היכולת. הנה הייתי לאביונים כאב להושיע אותם מחומסיהם וכאשר לא ידעתי הריב אחקרהו לאמתו. וכאשר מצאתי האמת הייתי מכריח העול בחזקת היד להשיב אל העשוק מה שהיה חומסו. ומפני היות מעשי בזה האופן מהיושר והצדק הייתי בוטח שאמות עם היותי בקיני רוצה לומר שלא ימותו בני בחיי ולא יחרב ביתי והייתי בוטח שיארכו ימי עד שיהיה מספר ימי חיי כחול אשר על שפת הים לרוב. ואומר כי בזכותי זה יהיה שרשי פתוח אלי מים וטל ילין בקצירי רוצה לומר שלא יחסר לי ההון אשר הייתי ניזון ממנו ותבא לי התבואה מכל צדדי ותצמח תמיד ותגדל בקציני כצומח האילן אשר יבא לו המזון מלמעלה ומלמטה. והייתי בוטח שיהיה כבודי מתחדש עמי תמיד ר"ל שלא די שיתקיים בי כבודי אבל יתוסף תמיד לטוב פעולתי וכחי וגבורתי יתחזק תמיד. הנה הנגידים והשרים שמעו אלי כשהייתי מדבר לעשות כדברי והם היו מיחלים ומקוים לדברי קודם דברי וימתינו עד שתבא עצתי ובבא עצתי לא ישנו לקחת עצה אחרת אבל יקבלוה ויתקיימו עליהם תטוף מלתי שיאמר אחד לאחד מה שאמרתי אני והנה היו מיחלים לעצתי כמו שייחל האדם למטר ופיהם יפתחו לשאול עצתי כמו שישאלו האנשים המלקוש מאת הש"י. הנה כאשר אשחק ואלעג עליהם היו כאילו הם בלתי מאמינים שאני משחק ולא היו מפילים ומחסרים אור פני מפני יראתי אשר היתה על פניהם לשחוק עלי ולהתל בי. כאשר רציתי לבחור דרכם וללכת עמהם הייתי יושב בראש והייתי שוכן ביניהם כמלך בגדוד שהוא נורא וכאיש המנחם אבלים שהם נותנים לב לשומע דבריו להסיר מעליהם יגונם. או יהיה ביאור אבחר דרכם אני הייתי בוחר להם הדרך אשר ילכו בה בדבר דבר ממה שיעשוהו כי הם יבקשו עצה ממני והייתי יושב בראש כאשר הייתי יושב ביניהם ועתה התהפך הזמן עד שילעגו עלי צעירים ממני לימים אשר אבותם היו פחותים כל כך עד שהייתי מואס לשית אותם על כלבי צאני לשמור אותם כי היו פחותים בכל דבר. גם בכח וגבורה לא היו שוים כלל עד שלפחיתותם אבד הזמן עליהם כי אין בהם תועלת כלל כל כך הם פחותים עד שהיו גלמוד מאין חברה בסבת החסרון והכפן אשר היה להם תמיד ולזה היו רודפים למקום ציה וחשך ואפלה להסתר שם לכסות קלונם. מרוב החסרון והרעב היו קוטפים מלוח על האילן לאכלו ושרש רתמים היה לחמם ומזונם עם היות אלו הדברים בלתי נאותים להיות מזון לאדם מתוך העיר יגורשו מרוב ביישם אותם יריעו עלימו בהכנסם שם כמו שיריעו על הגנב ולזה היו הולכים בנקיק הנחל להסתר שם מהרוח ובחורי העפר ובחורי הסלעים בין האילנות יצעקו מהרעב והעירום ותחת הקוצים והחרולים יתנגפו ויתנגפו להכות בקצות הקוצים בבשרם להיותם ערומים. הנה אלו האנשים אשר שחקו עליהם בני אנשים נבלים ובני אנשים בלי שם רוצה לומר שלא נשאר להם שם לפחיתותם אשר נכאו ושפלו יותר מן הארץ. והנה אמר זה לפי מה שאחשב כנגד צופר שהיה צעיר ממנו לימים וחרף אותו ובזהו מאד או אמר זה כנגד בלדד וצופר כמו שזכרנו במה שקדם. ועתה נגינתם הייתי ללעג ושחוק עלי כל היום ואהי להם למלה כי לא היו מדברים כי אם בבזיונותי עם היותם צעירים ממני לימים. והיותם בני פחותים זה האופן מן הפחיתות יתעבו אותי ורחקו ממני והקלו בי כל כך עד שבהביטם בי היו רוקקים למאסם אותי. והסבה בזה כי הש"י פתח יתרי אשר היו נקשרים בו האנשים קודם זה ליראתם ממני ויענני מפני זה כל אחד מהם ורסן היראה אשר היתה להם שלחו והסירו מפני. על ימיני יקומו ילדים ודחו רגלי להפיל אותי וידריכו עלי אורחות אידם מרוב התמדתם להזיק לי. היתה הדרך ההיא אשר דרכו בה להזיקני סלולה ודרוכה כמו הדרך שידרכו בה רבים. כאשר רציתי להשתדל בדבר מה נתסו נתיבתי עד שיבלע ממני אשר יזמתי. הנה הם עוזרים לשברי רוצה לומר להוסיף שבר על שברי ואלו האנשים אשר היו בני נבל לא היה עוזר להם מקדם לפחיתותם. או יהיה ביאור אמרו להוותי יועילו כאילו הגיעם תועלת בשברי ולזה ירצו להזיקני. כפרץ רחב שיעברו בו המים בשטף ובמהירות כן יבאו אלי אלה הפחותים להכאיבני תחת השואה הבאה עלי התגלגלו לבא עלי בכאב להוסיף מכאוב על מכאובי. נהפכו עלי בלהות תרדוף כל אחת מהם ברוח נפשי ותרדוף נפשי כמו העב שתעבור בקלות. ועתה הגיעני מחוזק המכאובות עד שכאלו נשפכו חיי אלי ונשלכו ויאחזו אותו ימי עוני הפך מה שהייתי חושב שיתמיד אתי השם הצלחתי ויאריך ימי לטוב מעשי. לילה נקר החולי עצמי מעלי ועורקי לא תנוח תנועתם כלל עם השינה מחוזק המכאוב והחום הנכרי אשר בתוך גופי. ואמנם אמר זה לפי שדפק האיש הישן אינו דופק בחוזק כמו דפק האיש הניעור מפני הכנס החום הטבעי בעת השינה בפנימי הגוף כמו שהתבאר בטבעיות. ברוב כח החולי יתחפש לבושי מצד הליחה הסרוחה היוצאת מכל גופי ומטנפת תמיד בגדי כפי כתנתי שיסובב צוארי וכן יאזרני חליי סביב גופי. השליכני החולי לחומר ונמשלתי כעפר ואפר כאילו אין בי חיים. ועל זה החמס הנעשה לי אצעק אליך ולא תענה אותי או אם עמדתי ושתקתי מלזעוק אליך לא תתבונן בי להשגיח עלי ולהציל אותי. תהפך לאכזר לי עד שתכני באלה המכות האכזריות ותשנא אותי בתכלית השנאה להכות אותי בכחך מכת אויב תגביה אותי ותרכיבני על הרוח שיבלבלני ויניעני הנעות חזקות ותסיר ממני התושיה אשר הייתי מתנהג בה מרוב הבלבול והערבוב אשר ערבב שכלי זה המכאוב. הנה ידעתי כי אל מות תשיבני ולבית אשר נועד לכל חי והוא הקבר ואע"פ שאלו האנשים מנחמים אותי תנחומי הבל. אך לא ישלח יד לעזור מהמות הבעי והדרישה אשר ידרוש האדם מהש"י ואע"פ שבעת המות ימלא לאנשים לצעקה אל השם עד שהוא כמו מפורסם לכלם שהצעקה אל השם תועיל הנה אין כח בזה המפורסם שיסתור דעתו אשר יחייבהו החוש וההקש כמו שקדם רצונו באין התפלה מועילה בזה. ואפשר שיאמר שהרצון בזה כי אע"פ שאני מיחס לש"ת בהשתלשלות הסבות שהוא יביאני אל מות הנה באמת הוא לא ישלח יד בעי ובשממון הבא לאלו הנמצאות השפלות ואע"פ שבפידו הבא עליהם ימצא לנמצאות נדיבות רוצה לומר שבזה האופן יגיע נדיבות הפועל להויות בזה העולם השפל כי ההויה לא תהיה לדבר כי אם בהפסד לדבר הנה לא נשפוט מפני זה שההפסד מכוון לעצמו אבל הוא בלתי מכוון וההויה מכוונת ואילו היה אפשר לצורות האלו שתעמודנה בחמריהם לנצח לא היה מונעם מזה הש"י אבל ישים בהם כלים לשמור מציאותם כפי מה שאפשר. האם לא בכיתי לקשה יום ועגמה נפשי לאביון להיותי מצר בצרתם כי יבא עלי העונש שבכל העניינים אשר קויתי שיבא טוב בא רע וכאשר הייתי מייחל לאור ויבא עלי אופל הצרות. מעי רותחו בחום השחין ולא דמו ולא נחו מהרתיחה ובאוני ימי עניי. מרוב הצרות הלכתי קודר בלא חמה שנשזפתי מרוב צרותי לא אבוש לזעוק בקהל. אח הייתי לתנין ורע לבנות יענה לקונן תמיד ולצורך נסי. עורי נשחר מעלי מעוצם החום ועצמי נתייבשה מרוב היובש. והפך לאבל כנורי ועוגבי לקול בוכים הלא באמת אם לא הייתי מצר בצרת הקשי יום והאביונים והייתי שמח לאידם היה ראוי שיבאו עלי אלו הפורענים אכן הייתי מצר בצרתם ולמה באוני הצרות האלו. הנה כרתי ברית לעיני שלא להסתכל על בתולה להשתדל לשכב עמה ליראתי מעונש השם כי מה חלק אלוה ממעל ונחלת שדי ממרומים למי שיעשה כמו זה הפועל. הלא לעול ראוי שימצא איד ואיד זר ונכרי לפועלי און ולמה בא אלי זה האיד הנכרי. הלא הש"י יראה דרכי ויראה אם הלכתי בדרכי שקרות ואם מיהרה רגלי ללכת על דבר מרמה כאשר ישקלני השם במאזני צדק אז ידע תומתי ולזה הוא מבואר שלא הייתי ראוי אל שיגיע השם אלי זה העונש. אם נטתה אשורי מני הדרך הישרה והלך לבי אחר עיני לחשוק ולחמוד מה שאינו לי ובכפי דבק דבר מגזל תבואני זאת הקללה והיא שאזרע בקרקעותי יאכל אחר והצאצאים אשר לי בקרקעותי ישורשו ויעקרו. אם נפתה לבי על אשה בעולת בעל ועל פתח רעי ארבתי לבא אליה תבואני זאת הקללה והוא שתטחן לאחר אשתי וישכבו עמה אנשים אחרים ואולם זכר הטחינה כי היא היתה אז מהעבודות המיוחדות אשר תעבוד בהם האשה את בעלה והוא מבואר שלא יהיה מהאשה לזולת בעלה כמו אלו העבודות אם לא בסיבת העוני המופלג או בסיבת הניאוף. והנה זה המנהג היה נמשך עד זמן רבותינו ז"ל ולזה זכרו הטחינה בעבודות שהאשה עושה לבעלה. ואפשר שתהיה זאת הקללה שימות ותהיה אשתו לאחר לאשה ולזה אמר שתטחן לאחר זאת העבודה שלא היתה בזמן ההוא כי אם מהאשה לבעלה ויהיה לה איש אחר זולתו וישגלנה ולזה אמר ועליה יכרעון אחרין. כי היא זמה והוא עון פלילי אם הייתי משתדל לנאוף את אשת רעי. כי אש היא עד אבדון תאכל

[*Rashi*] According to the aforementioned midrashim, "it" refers to the tithe of the poor. *Mezudath David* explains: Now he elaborates on his previous statement, saying, "If I consumed the strength of the field, that is its produce, without paying the price to the farm workers, and if I caused pain to the original owners by robbing them of their field without paying for it."

Berechiah explains: He never enjoyed anything of the land until he had paid the wages. And also [Job said], if I have caused the owners thereof who sold it to me to breathe out their soul, i.e. to grieve—for he who puts off his neighbor to whom he is in debt by letting him go backwards and forwards, causes him grief;—although there is no secret sin in this, all the more I should not have robbed him of it. Even thus it would have been right to weigh me with an even balance.

40. **instead of wheat**—Then my punishment should be that instead of wheat that is sown, thistles should emerge, and instead of the barley, noisome weeds should grow.—[*Mezudath David*]

noisome weeds—Heb. בָאְשָׁה, *(a malodorous plant) like* בְּאֻשִׁים (Isa. 5:2). [See Commentary Digest ad loc. *Ralbag* defines it as a species of thorns, following *Targum. Mezudath Zion:* a species that resembles barley but is inferior to it.] *And if I did not do so, may thistles emerge instead of wheat. (Rabbi Oshia taught: The Torah teaches you practical advice* (lit. the way of the earth), *that in a field beset with thistles it is advisable to sow wheat, and in a field beset with weeds, it is advisable to sow barley. This is the reading of Yalkut.) Now what is the reason? "Instead of wheat, thistles shall emerge." Until this point, he repeatedly prophesies many prophecies, and you say: Job's words are ended? Rather, Job says as follows, "If I have not done so, may Job's words be ended, and may he have no pretext for saying before You* (Deut. 26:13), *'I have cleared away what is holy.'"* [I.e. I will not be able to recite the confession for the tithes, customarily recited before Passover of the third and sixth years of the *shemitah*. If the tithes have not been separated and distributed according to the proper procedure, one may not recite the confession.] *I saw this in the Pesikta of the portion* עַשֵּׂר תְּעַשֵּׂר (ibid. 14), *explained in this manner from these verses.*—[*Rashi* from *Pesikta D'Rav Kahana*, p. 98b] [As noted above, the entire midrashic interpretation of the final verses of this chapter appears also in *Tanchuma, R'eh* 15, but both sources differ somewhat from *Rashi's* quotations.]

Job's words are ended—This sentence is also part of the quotation. Job declares that his case is complete; he has no more to say. It is as though he is saying that he has

ותכלה ותשרש ותעקר כל תבואתי אם הייתי חומד אשר לרעי והיה דבק בכפי דבר מחברי שלא כדין רוצה לומר שכבר היה נשמר מאלו
הרעות ליראתו מהש"י מהעונש אשר היה חושב שיגיע לגי שהיה עושה אותם . האם הייתי מואס משפט עבדי ואמתי בהתווכחם עמי
מלד שפטתם ועולם ידי הלא באמת הייתי נשמר מזה ליראתי שיגיעני עונש מהשם. כי מה אעשה כי יקום אל לשפוט אותי וכי יפקוד ויבדוק
ענייני ויבחנם מה אשיבנו ואף זה שתגלגלות יהיה לי . הלא מי שעשני בבטן הוא ג"כ עשהו ופועל אחד בעינו והוא הש"י כונן אותנו ברחם
אמנו אחד ולזה אין ראוי שאתגאה עליו עד שאמאס משפטו בריבו עמי . האם הייתי מונע מחפץ דלים ועיני אלמנה אכלה שאמנע ממנה
משאלות

א ופסקו תְּלָתָא גֻבְרַיָא הָאִלֵּין מִלְּאָתָבָא יַת אִיוֹב מְטוּל דְּהוּא זַכַּי בְעֵינוֹי

איוב: לב א וַיִּשְׁבְּתוּ שְׁלֹשֶׁת הָאֲנָשִׁים הָאֵלֶּה מֵעֲנוֹת אֶת־אִיּוֹב כִּי הוּא צַדִּיק

רש"י

למדתך תורה דרך ארץ שדה שמעלה חוחים יפה לזורעה חטים שדה שמעלה באושים יפה לזורעה שעורים. כ"ה בילקוט) ומה טעם תחת חטה יצא חוח עד כאן הוא חוזר ומתנבא כמה נבואות ואת אומר תמו דברי איוב אלא כך אומר איוב אם לא עשיתי כן יתמו דברי איוב ואל יהי פתחון פה לומר לפניך בערתי הקודש [דברים כ"ו] כך ראיתי בפסיקתא בפרשת עשר תעשר [שם י"ד] מפורש כן מן הפסוקים האלו:

רלב"ג

משאלות לבה. והייתי אוכל פתי לבדי מזולת שאאכיל ממני ליתום. הנה אין הענין כן כי מנעורי הייתי בזאת התכונה שנתגדל עמי היתום כאילו הייתי אב לו ומעת צאתי מבטן אמי הייתי מנחם האלמנה ומדריך אותה אל מה שיאות לפי כחי. וכאשר ראיתי מי שהוא אובד מחסרון הלבוש ואביון שאין לו לבוש באמת ברכוני חלציו כי כסיתיו מערומו ומגז כבשי היה מתחמם כי הייתי מלביש אותו. האם הייתי מניף על יתום ידי להכותו להושיעני כי אראה בשער אנשים עוזרים לי ולזה לא אירא ממנו הנה אם הייתי עושה כן תבואני זאת הקללה ר"ל שתפול כתפי משכמה ואזרועי תשבר מקנה שלה. הנה מכל זה הייתי נשמר לפחדי שיגיעני השם אידו ומרוממותו לא אוכל להמלט ממנו. האם שמתי זהב תקותי ונתתי שמחה בלבי כי רב חילי וכי מלאה ידי הרבה מהעושר וההון עד שאשכח הש"י מעושרי. אם הייתי רואה השמש כאשר יאיר והירח שהולך ממנו היקר והאור הבא לו מהשמש והיה נפתה לבי על זאת אפילו בסתר להאמין כי השמש הוא האלוה להאלילו על הירח זה האור ולהגלות פעולותיו בזה העולם השפל והיתה נושקת ידי לפי כדי שלא אוציא מפי מה שהרהרתי בלבי הלא באמת הייתי נשמר מזה ר"ל שלא להרהר בלבי בזה הדבר כלל לפי שהוא עון פלילי כי הייתי מכחש לאל ממעל אם עשיתי כן אין לאדם שיתיר לעצמו לספק בכמו זה הענין כי אולי לקוצר דעתו יעלם ממנו האמת ויבא להכחיש שיהיה האלוה נמצא. האם הייתי שמח באיד משנאי והתעוררתי לגיל ולשמוח כי מצאו רע הנה לא נתתי לחטוא חכי לזכור אותו לרע ולקללו כ"ש שאהיה שמח לאידו. או יהיה הרצון באמרו והתעוררתי כי מצאו רע שכבר השיגני הפעלות וצער כי מצאו רע להיותי מצר בצרתו ואע"פ שהיה משנאי באמת היו שונאים אותי אנשי אהלי עד שמרוב שנאתם אותי אמרו מי יתן מבשרו לנו ונאכל ולא נוכל להיות שבעים מרוב תשוקתנו לאכלו ולכלותו וזאת השנאה היתה מצד הטרחתי אותם בעבודת האורחים כי בחוץ לא היה לן גר והייתי פותח דלתי על אם הדרך כדי שיכנסו העוברים והשבים בביתי האם כסיתי כשאר האנשים פשעי לטמון בהסתרתי עוני עד שלא יחשב לי עון כמה שהיה לי עון הלא באמת לא עשיתי זה כי לא חטאתי כלל שאצטרך אל זה. או יהיה פירושו שאם קרה שפשעתי כנגד איזה שיהיה לא כסיתי פשעי להתגלל בדברי שקר אך הודיתי האמת כי הייתי בחוסן מהגבורה והכח עד שאוכל לערוץ המון רבה. הנה אז כשהיה מריב עמי איש שפל ונבזה מבוז המשפחות שתקתי ולא אענה לו דבר ולא אצא מפתח ביתי לריב עמו להתרחקי מן המחלוקת מי שיתן שומע לי על זה החמס הנעשה לי להגיע אלי אלו המכאובות שלא כדין. או יהיה פירוש כי אערוץ המון רבה וגו' תחת אשר היה לי מקדם כח לערוץ המון רבה הנה עתה נהפך עלי הזמן עד שמי שהוא מבוז המשפחות יחתני ואמר זה כנגד רעיו שהיו מבזים אותו אשר סופר עליהם שהם בני נבל גם בני בלי שם. והנה מרוב בזותם אותי שתקתי ולא אוכל לצאת פתח כדי שאמלט מבזיונם מי יתן לי שומע שישמור ויחקור את הענין כמו שהם אומרים אלי חטאתי ועל רוב פשעי וחטאי באה אלי הצרה. הנה הסימן והאות אשר לי על צדקי הוא ששדי יהיה עדי שלא חטאתי אם היה משגיח בזה כמו שאמר הנה בשמים עדי והספר שכתב איש ריבי השוטן על דברי הוא ג"כ לי לעד מצד המום והטעות אשר טענותיו. ולזה אאהב מאוד אותו הספר עד שעל שכמי אשא אותו ואקשור אותו עטרות לי הנה אם היה שומע לי אגידנו ומספר צעדי לא אעלים כדי שיראה האמת וישפוט כפי מה שראוי ואקרבנו כמו שיקרב האדם האדון והנגיד לפי שהוא עדות על צדקתי ותום לבבי מצד הראות מומיו והגלותם ויש מי שפירש תוי מגזרת תאוה ויהיה חסר אל"ף ואם היה כן יהיה הביאור הנה תאותי שיענני השם על ריבי עמו גם תאותי שיכתוב בספר איש ריבי כל טענותיו וטענותי כי כבר השתוקק איוב ואמר מי יתן איפה ויכתבון מלי אם לא על שכמי הייתי נושא זה הספר ואקשרנו לעטרות לי לאהבתי אותו. ואפשר שנאמר שיהיה הרצון באמרו מספר צעדי אגידנו וגו' מספר צעדי אגיד לאיש ריבי כדי שיכתוב בספר ואקרבנו כאילו היה אדון לי ואע"פ שהוא איש ריבי. אם היתה צועקת עלי אדמתי ר"ל להיותה נגזלת והייתי מפיח נפש בעליה ואם תלמיה עלי יבכיון לעשוק שכירות החורש אותה ולאכול כחה בלי כסף תבא עלי זאת הקללה והיא שיצא תחת זרע הנזרע בה קוץ ודרדר: והכלל העולה מהדברים הוא שהוא אמר שלא חטא כלל גם לא היה בוטח שיהיה האדם בלתי נפקד על מעשיו טרם הגיעו זה העונש אבל היה ירא מהשם שיפקדהו על מעשיו כמשפט כל מאמין בגמול ועונש ולזה לא יתכן שיאמרו שיהיה זה עונש בא אליו על החטא אשר לו בהאמינו שהשם עוזב אנשי הארץ ולא יבין אל כל מעשיהם ולזה התרעם על השם שהפך זמנו מתכלית הטוב אל תכלית הרע על לא חמס בכפיו: (א) וישבתו שלשת האנשים האלה מענות את איוב כי הוא צדיק בעיניו. ביאור דברי זאת הפרשה ויניחו שלשת רעי איוב מתשובתו לפי שהוא היה צדיק בעיניו ולא מצאו לו שום טענה יוכלו בה לקיים שכבר הוכח במשפט. ויחר אף אליהוא בן ברכאל הבוזי שהיה מבני בוז בן אחי אברהם כאמרו הנה ילדה מלכה גם הוא בנים לנחור אחיך את עוץ בכורו ואת בוז אחיו והיה ממשפחת איש אחד מזרע בוז שהיה שמו רם. באיוב וברעיו חרה אפו. באיוב על אשר הצדיק עצמו יותר מהש"י. ובשלשת רעיו חרה אפו על אשר לא מצאו מענה לענות לאיוב על טענותיו והיה זה סבה שהרשיעו את איוב להטיח דברים כנגד השם. או יהיה ביאור אמרו וירשיעו את איוב כי הוא כעס עליהם על אשר הרשיעו את איוב וייחסו אליו חטאים רבים עם דעתם בו שהוא היה צדיק וישר כי זאת הטענה היתה סבה שלא מצאו מענה שטען איוב על עצמו שהוא היה צדיק. ואליהוא המתין את איוב בדברים ולא ענה תכף שמעו דבריו אבל המתין אם יענוהו חבריו ובראותו כי אין עונה אליו ויחר אפו:

מצודת דוד

ככר ספרתי כושר דרכי ורוב המכאוב הבאים אלי אחר מרבית הגדולה והצלחה שהיה לי מאז ואין לי מענה על דברי ומה א"כ אוסיף לדבר עוד (העולה מהדברים האלה כי יספר מרבית גדולתו וגודל הצלחתו שהיה לו מאז וכשרון מעשיו אשר בעבורם בא לו הגדולה והכבוד ואיך נהפך הדבר מן הקצה אל הקצה כי אף הצעירים והבזוי משפחות יבזוהו ואף הוא יסבול מכאובות שונות ולא בעבור עון מה כי מאד היה נזהר בכל הדברים שיש לו להזהר בהם והוא ירבה לספר מרבית צדקתו ויושר הנהגתו וישפוט על עצמו גמול עונש אם חטא בדבר מה):

לב (א) וישבתו. שלשת הרעים הנזכרים פסקו מלהשיב לאיוב כי הוא החזיק את עצמו לצדיק ונעשה לא מצאו מענה בדבר

מצודת ציון

לב (א) וישבתו. נחו ופסקו כמו שבת נוגש (ישעי' י"ד):

32.

1. Now these three men ceased to answer Job because he considered himself righteous.

already recounted the virtue of his ways and the unbearable pain that befell him after the loss of the great honor and prosperity that he had previously enjoyed. He implies that, since he sees no refutation of his arguments, he has no more to say.—[*Mezudath David*] *Berechiah* points out that the words of Job to his friends are ended; now he will speak only to God, as it is said at the end (ch. 42). Cf. (Ps. 72:20), "The prayers of David the son of Jesse are ended"; i.e. in regard to his son Solomon, as it is mentioned at the beginning of the psalm: "For Solomon"; for there are many more prayers after that psalm.

(In summation: Job relates the magnitude of his former glory and prosperity, and how his condition went from one extreme to the other, for now, in addition to the severe pains from which he suffers, even the urchins and the riffraff of the most contemptible families humiliate him. He deserves none of this, because he was very meticulous in his observance of all the rules of morality and decency. He proceeds to recount his righteous behavior and his honesty, and he invokes upon himself the appropriate punishment if he is, in fact, guilty of any infractions of the moral law.)—[*Mezudath David*]

1. **Now the three men ceased**—

Job's three friends ceased to answer him because he regarded himself as a righteous man. Consequently, they found no way of accounting for his sufferings.—[*Mezudath David*]

Berechiah explains: Job's friends saw that he considered himself righteous, and they realized that their answers were simply condemnations: "Truly, your wickedness is great." His protestations that he had not sinned even in minor matters silenced them, for they did not know his deeds. They responded only by stating that, since his lot was that of a wicked man, they would always condemn him; therefore, it was proper that they desist from arguing and humiliating him.

Elihu, though, came not to condemn Job, but to answer his words, that he justified himself rather than God: Even if Job were so perfectly righteous as he said, he ought not to have said that God should "weigh him with an even balance" (verse 6); that "He had turned to be cruel to him" (30:21) and that He should come in judgment with him, because that is not God's way of judging man. God remembers and sees many of man's deeds, those about which even the righteous have not been careful. He reminds man of them and reveals them to him for reproof.

בְּעֵינָיו: ב וַיִּחַר אַף אֱלִיהוּא בֶן־בַּרַכְאֵל
הַבּוּזִי מִמִּשְׁפַּחַת רָם בְּאִיּוֹב חָרָה אַפּוֹ
עַל־צַדְּקוֹ נַפְשׁוֹ מֵאֱלֹהִים: ג וּבִשְׁלֹשֶׁת
רֵעָיו חָרָה אַפּוֹ עַל אֲשֶׁר לֹא־מָצְאוּ
מַעֲנֶה וַיַּרְשִׁיעוּ אֶת־אִיּוֹב: ד וֶאֱלִיהוּ
חִכָּה אֶת־אִיּוֹב בִּדְבָרִים כִּי זְקֵנִים־
הֵמָּה מִמֶּנּוּ לְיָמִים: ה וַיַּרְא אֱלִיהוּא כִּי

תרגום

בְּעֵינוֹי: ב וּתְקֵף רוּגְזָא
דֶאֱלִיהוּא בַּר בְּרַכְאֵל
בּוּזָאָה מִן גְּנִיסַת
אַבְרָהָם בְּאִיּוֹב תְּקִיף
רוּגְזֵיהּ מְטוּל זַכָּאוּתֵיהּ
נַפְשֵׁיהּ מִן אֱלָהָא:
ג וּבִתְלָת חַבְרוֹי תְּקֵף
רוּגְזֵיהּ מְטוּל דְּלָא
אַשְׁכַּחוּ תְּיוּבְתָּא וְחַיִּיבוּ
יַת אִיּוֹב: ד וֶאֱלִיהוּא
מְתִין יַת אִיּוֹב בְּמִלַּיָּא
אֲרוּם סָבִין הִנּוּן מִנֵּיהּ
לְיוֹמַיָּא: ה וַחֲמָא אֱלִיהוּ
אֲרוּם לֵית תְּיוּבְתָּא

רש"י

[מענה אליהוא]: **לב** (ב) **ממשפחת רם**. אברהם שנאמר האדם הגדול בענקים [יהושע י"ד] זה אברהם: **מאלהים**. יותר מן המקום: (ג) **וירשיעו את איוב**. זה אחד מן המקראות שתקנו סופרים את לשון הכתוב וירשיעו כלפי המקום בשתיקותם היה לו לכתוב אלא שכינה הכתוב וכן ואל אראה ברעתי (במדבר י"א) ברעתם היה לו לכתוב אלא שכינה הכתוב וכן הרבה מקומות בספרי ובמסורת הגדולה: (ד) **חכה**. המתין: **כי זקנים המה**

מנחת שי

לב (ג) וירשיעו את איוב. זה אחד מן י"ח מקראות שאמרו תקון סופרים הוא זה את האלהים היה לו לומר אלא שכינה הכתוב רש"י והראב"ע והר"ש בר צמח ומאיר איוב ומדרש ילמדנו פרשת בשלח ומסורת וסדרתי כל הסימן בזכריה ב' ושם הארכתי בפי' תקון סופרים: (ד) כי זקנים. בגעיא הזיי"ן בס"ס:

אבן עזרא

לב (ב) **הבוזי**. מבני נחור אחי אברהם ואת בוז אחיו ויתכן היותו בן ממשפחת האם כמו יאיר בן מנשה שהוא מבני יהודה כאשר מפורש בדברי הימי': **ממשפחת רם**. והקרוב שהוא אבי עמינדב והוא מבני ישראל: **חרה אפו**. על איוב. על שצדק נפשו יותר מאלהים והרשיע המקום בדבריו ברוב לערו: (ג) **ובשלשת רעיו חרה אפו**. על שהרשיעו איוב וכן אמרו לו הלא רעתך רבה ירשיעך פיך ולא אני. האורח עולם תשמור. וכתיב כי הוא מתקון סופרים. האומרים כן ידעו מה שנעלם ממני: (ד) **חכה את איוב**. כמו לכן חכו לי:

מצודת ציון

(ד) חכה. המתין כמו לכן חכו לי (צפניה ג'):

מצודת דוד

היסורים אשר באו עליו: (ב) הבוזי. מן בני נחור אחי אברהם כמ"ש את עוץ בכורו ואת בוז אחיו (בראשית כ"ב): ממשפחת רם. כי רם היה מזרע בוז: באיוב. על איוב חרה על שהצדיק את עצמו יותר מן האל כי אמר שהוא עשה משפט וצדקה וראוי הוא לגמול טוב והמקום מסר הכל ביד המערכה ונעתק ממנו גמול צדקו: (ג) רעיו. של איוב: לא מצאו. לא הבינו למצוא מענה על דברי איוב: וירשיעו את איוב. הוא תיקון סופרים והוא כנוי אל המקום ור"ל במה שהם לא מצאו מענה הרשיעו דין שמים. וכלא תקון יאמר שבמה שלא השיבו גרמו לאיוב שירשע עוד יותר להרבות בתלונה כי יחשוב שרעיו הודו לו: (ד) ואליהו חכה. עד כה המתין מלהשיב את איוב בדברים המצוירים בלבו מאז החל הוא להתלונן והוא לפי שהשלשת הרעים ההם היו זקנים ממנו למספר ימים ולא רצה להשיב אמרים לפניהם וכאשר יאמר למטה: (ה) וירא. כאשר ראה אשר אין מענה בפיהם אז חרה אפו גם עליהם ולא המתין עוד:

waited until now, having refrained from answering Job with the words he had ready in his mind since Job had begun to complain.—[*Mezudath David*]

because they were older than he in days—[I.e.] *the others* [were older than he]. *Therefore, he refrained until they were still.*—[*Rashi*] Because of their age, he allowed them to speak first, although his intellect was superior to theirs.—[*Malbim*]

5. **Then Elihu saw**—When he saw that they had no answer, he became angry at them too and no longer waited.—[*Mezudath David*]

Berechiah explains:

[3] **because they had found no answer**—although Job had justified himself. They should have answered him for justifying himself in the way he did.

and they condemned—all their replies were only condemnations, therefore he defeated them.

2. Then Elihu the son of Barachel the Buzite of the family of Ram became angry; he became angry with Job because he thought himself [more] righteous than God. 3. He became angry with his three friends because they found no answer and condemned Job. 4. Now Elihu waited [to reply] to Job with words because they were older than he in days. 5. Then Elihu saw that

(Elihu's address)

2. of the family of Ram—*Abraham, as it is stated* (Josh. 14:15): *"the greatest man among the 'Anakim." This is Abraham.*—[*Rashi* from unknown midrashic source] Elihu's identification as a descendent of Abraham is found in *Targum* and *Yerushalmi Sotah* 5:6 and is alluded to in *Baba Bathra* 15b; the identification of Abraham as "the greatest man among the 'Anakim" is found in many midrashim, including *Sifra* to Lev. 18:3, Tractate *Soferim* chs. 16 and 21, and *Gen. Rabbah* 14:6. However, the combination of the two does not appear in any known Rabbinic work. *Ramban* explains that "Ram" is an abbreviation of "Abram," Abraham's original name, and that Job and his friends were all descended from Abraham, the root of the faith, and followers of his way. Scripture mentions too that Elihu was of this family, adhering to this faith.

Yerushalmi Sotah 5:6 identifies Elihu as Isaac. The epithet "son of Barachel" means a son whom God had blessed. He was called the Buzite, the degrader, because he degraded all pagan temples. *Ibn Ezra* conjectures that Elihu was

descended from Buz, the son of Abraham's brother Nahor, on his mother's side, and from Ram, the father of Amminadab of the tribe of Judah on his father's.

than God—*More than the Omnipresent.*—[*Rashi, Ibn Ezra*]

3. **and condemned Job**—*This is one of the verses wherein the Scribes rectfied the language of the Scripture. "And they condemned," as directed against the Omnipresent, by remaining silent, should have been written, but Scripture euphemized. Similarly* (Num. 11:15), *"and do not let me see my misfortune." It should have been written: "and do not let me see their misfortune," but Scripture euphemized, and so many* [other] *instances, in Sifre* (ad loc.) *and in the Great Masorah.*—[*Rashi*] I.e. the Sages, or Scribes, determined that the verse is euphemistic and is not to be taken literally. (See *Minchath Shai* to Zechariah 2:12, Commentary Digest to Malachi 1:13.) The intention here is that, by remaining silent, Job's friends support his claims of being more righteous than God.—[*Ohev Mishpat*] *Ibn Ezra* explains simply that they accused Job of being wicked.

4. **waited**—Heb. חִכָּה.—[*Rashi*] He

אֵין מַעֲנֶה בְּפִי שְׁלֹשֶׁת הָאֲנָשִׁים וַיִּחַר
אַפּוֹ׃ ו וַיַּעַן ׀ אֱלִיהוּא בֶן־בַּרַכְאֵל הַבּוּזִי
וַיֹּאמַר צָעִיר אֲנִי לְיָמִים וְאַתֶּם יְשִׁישִׁים
עַל־כֵּן זָחַלְתִּי וָאִירָא ׀ מֵחַוֺּת דֵּעִי אֶתְכֶם׃
ז אָמַרְתִּי יָמִים יְדַבֵּרוּ וְרֹב שָׁנִים יֹדִיעוּ
חָכְמָה׃ ח אָכֵן רוּחַ־הִיא בֶאֱנוֹשׁ וְנִשְׁמַת
שַׁדַּי תְּבִינֵם׃ ט לֹא־רַבִּים יֶחְכָּמוּ וּזְקֵנִים
יָבִינוּ מִשְׁפָּט׃ י לָכֵן אָמַרְתִּי שִׁמְעָה־
לִּי אֲחַוֶּה דֵעִי אַף־אָנִי׃ יא הֵן הוֹחַלְתִּי ׀
לְדִבְרֵיכֶם אָזִין עַד־תְּבוּנֹתֵיכֶם עַד־

בפום תלת גובריא
ותקיף רוגזיה: ו ואתיב
אליהו בר ברכאל
בוזאה ואמר זוטר אנא
ליומיא ואתון קשישין
מטול היכנא אסתפיתי
ודחילית מלחואה
מנדעא יתכון: ז אמרית
יומיא ימללון וסגיעי
שניא יודיעון חוכמתא:
ח בקושטא רוח נבואתא
היא בבר נש ומימר
שדי תבינינון: ט לא
רברבני חכימין וסביא
יבינון דינא: י בגין כן
אמרית קבל מני אחוי
מנדעי ברם אנא: יא הא
אוריכית לפתגמיכון
אצית עד ביונתכון עד
דפשפשון מליא:

ת"א מענה. עקרים מ"ד פ"ו: אליהוא. עירובין כג: צעיר. שם זוהר תרומה:

רש"י

ממנו לימים. האחרים לכן הדל לו עד ששתקו הם: (ו) זחלתי. יראתי: (ח) אכן רוח היא

אבן עזרא

(ו) זחלתי. פחדתי וממנו זוחלי עפר בעבור שיפחדו ב"א מהם כענין האימים לפנים. ויש אומרים כי פי' זחלתי שבתי לאחור וכן בלשון קדר. וזוחלי עפר נקראין כן בעבור הפוך הלוכם מבני אדם: (ט) לא רבים יחכמו. ישמש לו ולאחר וכן הוא ולא זקנים יבינו: (יא) אזין. כמו אאזין:

מנחת שי

(ז) ידיעו. לית חסר וא"ו: (י) אחוה דעי. הדל"ת רפה: (יא) לדבריכם. בגעיא הלמ"ד בספרי ספרד: תבונתיכם. ברוב המדוייקים כ"י שלפני מלא וא"ו קדמאה וחסר וא"ו תניינא ונמסר עליו לית וכתיב

רלב"ג

ביאור מלות המענה (ו) ויען אליהו בן ברכאל הבוזי ויאמר: מחוות דעי. מהגיד דעתי: (יא) הוחלתי. המתנתי: אזין. כמו אאזין:

מצודת דוד

(ו) צעיר אני. כאומר דעו מה ששתקתי עד הנה לא היה בעבור כי לא ידעתי מה להשיב ועתה למדתי מה מדבריכם לא כן הוא כי התשובה נכונה בפי מאז אבל על כי אני צעיר לימים ואתם זקנים ע"כ יראתי מלהגיד דעתי לכם: (ז) אמרתי. כי אמרתי כמו שמרבית הימים ילמדו הדבור להילד היולד כן רוב השנים יודיעו חכמה לבעליהן כי לפי רוב השנים ירבו בחקירה והשתדלות העיון ולזה אמרתי מה ידעתי אשר לא ידעו המה ובעבור זה חדלתי את אמרי כי יראתי פן אהיה לבוז: (ח) אכן. באמת רואה אני עתה כי רוח השכלי אשר היא באנוש הוא המלמדת חכמה אם כנער יהיה או זקן: ונשמת. הנשמה הבאה משדי היא המבינה את כולם כנער כזקן והוא כפל ענין במ"ש: (ט) לא רבים. ולכן לא ימלאו בעולם חכמים רבים אף כי רבים המה אשר שוקדים בעיון החכמה והשתדלות החקירה כי אין הדבר תלוי כי אם ברוח השכלי ומעט המה אשר קנו אותה: וזקנים. מלת לא משמשת בשנים לומר לא זקנים יבינו משפט החכמה עם כי יאריכו ימי השתדלותם והשקדת חקירותם: (י) לכן. הואיל והחכמה תלויה ברוח האדם לכן אמרתי אל איוב שמעה לי אגיד דעתי אף אני עם כי אני צעיר לימים כי אולי הוכנה רוחי ביותר: (יא) הן הוחלתי. הנה כבר שמרתי דרכי המוסר כי הוחלתי עד אשמע את דבריכם

מצודת ציון

(ו) זחלתי. ענין אימה ופחד והוא מלשון דחלתי בחלוף הזיי"ן בדל"ת וכן ימי נזעכו (לעיל י"ז) שהוא מלשון נדעכו בדל"ת: מחות. מלהגיד כמו ואחותי באזניכם (לעיל י"ג): (יא) הוחלתי. ענין המתנה כמו

by patiently waiting for you to finish your speech and by listening attentively to your reasons until you searched out the matters.—[*Mezudath David*]

there was no answer in the mouth of the three men, and he became angry. 6. Then Elihu the son of Barachel the Buzite raised his voice and said, "I am young in days and you are very old; therefore, I was awestricken, and I feared to declare my opinion to you. 7. I said, 'Days speak, and many years impart wisdom.' 8. Indeed, it is a spirit in man, and the breath of the Almighty permits them to understand. 9. Neither do great men gain wisdom, nor do elders understand judgment. 10. Therefore, I said, 'Listen to me; I will express my opinion, yea I too.' 11. Behold I have awaited your words; I have hearkened for your reasons, until

[4] **had waited for Job with words**—Elihu did not respond immediately after Job had answered Bildad, and he allowed him to take up his parable twice, for he thought: 'They will reply, for they are older in days than I am.' But when he saw that Job continued to speak until they were silenced and ceased answering him, then—

his wrath was kindled . . .

6. **I was awestricken**—Heb. זָחַלְתִּי. —[Rashi] Ibn Ezra suggests: I hesitated, based on the Arabic cognate.

I have refrained from answering until now; not because I did not know what to answer and [hoped to] learn something from your addresses—for indeed I had my answer prepared from the beginning—but because I am young and you are older, and so I was afraid to answer until now.—[Mezudath David]

7. **I said, 'Days speak,'**—For I said, 'Just as days teach an infant to

speak, so do many years impart wisdom to those who live through them, for in those many years they engage in intense study and speculation. Therefore, I thought, 'What do I know that they do not know?' Consequently, I remained silent lest I invite ridicule.—[Mezudath David]

8. **Indeed, it is a spirit in man**— Wisdom [is a spirit in man] and [comes] not through days or old age, but it is the spirit of the Omnipresent.—[Rashi]

9. **great men**—Heb. רַבִּים. This translation follows Targum. Mezudath David renders: Not many gain wisdom.

10. **Therefore**—Since wisdom depends on man's spirit, I said to Job, 'Listen to me; I, too, will express my opinion,' although I am younger, because perhaps my spirit is more receptive to wisdom.— [Mezudath David]

11. **Behold I have awaited**—I have duly observed the rules of etiquette

תַּחְקְרוּן מִלִּין׃ יב וְעָדֵיכֶם אֶתְבּוֹנָן
וְהִנֵּה אֵין לְאִיּוֹב מוֹכִיחַ עוֹנֶה אֲמָרָיו
מִכֶּם׃ יג פֶּן־תֹּאמְרוּ מָצָאנוּ חָכְמָה אֵל
יִדְּפֶנּוּ לֹא־אִישׁ׃ יד וְלֹא־עָרַךְ אֵלַי מִלִּין
וּבְאִמְרֵיכֶם לֹא אֲשִׁיבֶנּוּ׃ טו חַתּוּ לֹא־
עָנוּ עוֹד הֶעְתִּיקוּ מֵהֶם מִלִּים׃
טז וְהוֹחַלְתִּי כִּי־לֹא יְדַבֵּרוּ כִּי עָמְדוּ לֹא־
עָנוּ עוֹד׃ יז אַעֲנֶה אַף־אֲנִי חֶלְקִי אֲחַוֶּה

ת״א והוחלתי. סוטה ל״ט: דעי

תרגום

יב וְגַבֵּיכוֹן אֶתְבְּיַן וְהָא
לֵית לְאִיּוֹב מְכַסָּן מְתִיב
מֵימְרוֹי מִנְכוֹן׃ יג דִּלְמָא
תֵימְרוּן אַשְׁכַּחְנָא
חוּכְמָתָא אֱלָהָא
יְשַׁקְפִנֵּיהּ לָא גְבַר׃
יד וְלָא סַדַּר לְוָתִי מִלִּין
וּבְמֵימְרֵיכוֹן לָא
אֲתִיבְנֵיהּ׃ טו אִתְבַּרוּ
לָא אֲתִיבוּ תוּב אִסְתַּלְּקוּ
מִנְהוֹן מִלַּיָּא׃
טז וְאוֹרִיכֵית אֲרוּם לָא
יְמַלְּלוּן שְׁתַקוּ וְלָא
אֲתִיבוּ תוּב׃ יז אֲתִיב
לְחוּד אֲנָא הוּלָקִי אֲחַוֵּי
מנדעי

רש״י

באנוש. החכמה ולא ע״י ימים וזקנה אלא רוח המקום הוא: (יב) **ועדיכם אתבונן**. התבוננתי בכם וראיתי כי אין מוכיח לאיוב: (יג) **פן תאמרו**. אל תאמרו: **מצאנו חכמה**. בשתיקתינו שלא להקניטו עוד: **כי אל ידפנו ולא איש**. לא היה לכם למעט כבוד המקום בכך: (יד) **ולא ערך אלי מלין**. קבלה היא או שלא ערך אלי מלין: **ובאמריכם לא אשיבנו**. לא באותן אמרים שהשיבות׳ לו הייתי משיבו: (טו) **העתיקו**. כרו מהם

מנחת שי

כן: (טו) חתו. מלרע מכלול דף קע״ה אבל בספר פתח דברי דף ס״ו נמנה עם אחרים שהם מלעיל: העתיקו מהם מלים. בדפוס ישן תם בקדמון כ״י כתוב מלין בנו״ן ואולם במסורת איוב ריש סימן ט״ז נחשב עם י׳ בליטנא מ״ם: (טז) והוחלתי. כפי הנראה בחילופים הוא״ו בגעיא לבן אשר ולא מצאתי כן בספרים: (יז) אחוה

אבן עזרא

(יד) **ולא ערך אלי מלין**. אע״פ שלא ערך אלי מלין. תמה איך חתו ולא ענו עוד. על חברי איוב: (טו) **העתיקו**. י״א ולא העתיקו מהם והענין שלא דברו עד שיעתיק אדם דבריהם. או יהיה פי׳ העתיקו מן עתקו שהמלים עתקו מהם:

רלב״ג

(טו) העתיקו מהם מלים. הסירו מהם הדבור ונבארו כמו אלמים: (טז) עמדו. שתקו:

מצודת ציון

ויחל עוד (בראשית ח׳): **אזין**. אקשיב באזני: (יב) **ועדיכם**. ואליכם כמו תגע עדיך (לעיל ד׳): (יג) **ידפנו**. ענין כתישה ודחיה כמו עלה נדף (ויקרא כ״ו): (יד) **ערך**. סדר: (טז) **עמדו**. שתקו וכן עמדתי

מצודת דוד

והייתי מאזין אמרים עד תתמו דברי תבונותיכם עד תשלימו לחקור אמרים והוא כפל ענין במ״ש: (יב) **ועדיכם**. ואל דבריכם הייתי מתבונן והנה אין מי בכם מברר אמרים לאיוב אין אחד מכם עונה אמרים ראוים לו כאומר הנה לא שמעתי זולתי קול אמרים אבל אין בהם ממש: (יג) **פן תאמרו**. פן תחשבו לומר הנה מצאנו תשובה מושכלת ומחוכמת לומר לו שיש בידו עון רב אחר שבאו היו בעוכריו והוא ידפנו ולא איש כמוני ולא חסיד קב״ה דעביד דינא בלא דינא וכאומר הנה באמת לא בחכמה דברתם כי אין זה תשובה הראויה לו להשתיק את המיית לבבו הואיל והוא יודע בעצמו אשר אין בידו עון רב והנה קלר בדבר המוכן מאליו: (יד) **ולא ערך אלי מלין**. כאומר עכ״ז לא יחשוב איוב שהדין עמדו כי כל הטענות אשר ערך למול דבריכם מסיפור יושר דרכו וכשרון הנהגתו הנה כל אלה לא ערך אלי ר״ל אין מה בהם לדחות אמרי כי לא אשיב לו כאמריכם לומר שבא לו בעבור מרבית פשעו שיוכל לדחותם בסיפור יושר דרכו: (טו) **חתו**. בעבור סכלות התשובה נשברו כי איוב סתר דבריהם ולא מצאו עוד מענה וסרו הדברים מפיהם ולא ידברו עוד: (טז) **והוחלתי**. כאומר הנה מתחלה הוחלתי כי חשבתי שבמה ישיבו בהשכל ואף בראותי כי לא מצאו חכמה הוחלתי עוד עד כי לא ידברו כלל עד כי הם שתקו ולא ענו כלל והמו דבריהם מכל וכל: (יז) **אענה**. עתה אענה אף אני את חלקי כפי החלק שמנו הם ואף

when I saw that they had not found wisdom, I still waited, until they were completely silent and no longer made any response.—[*Mezudath David*]

you search out the words. 12. Yea, I attended to you, and behold, there is no one of you to convince Job, to answer words appropriate for him. 13. Lest you say, 'We have found wisdom: God will crush him, and not a man.' 14. He did not set up words against me; I would not reply to him with your sayings. 15. They were dismayed; they answered no more. Words have removed themselves from them. 16. And I waited for they did not speak, for they remained silent; they no longer answered. 17. I, too, will answer my share; I, too, will express

12. **Yea, I attended to you**—*I attended to you, and I saw that there is no one to convince Job.*—[*Rashi*] There is no one who can clarify these matters to him. I have heard no one reply with words appropriate for him. True, I have heard many speeches, but they all consist of empty words.—[*Mezudath David*]

13. **Lest you say**—*You shall not say.*—[*Rashi*]

'We have found wisdom—*by remaining silent in order not to provoke him anymore.*—[*Rashi*]

for God will crush him and not a man—*You should not have belittled the honor of the Omnipresent thereby.*—[*Rashi*] Mezudath David explains: Lest you think that you have found wisdom, i.e. a wise answer, namely that God is smiting him, not a man, and God cannot be suspected of punishing without cause—you should know that this answer will not suit to assuage his troubled heart.

14. **He did not set up words against me**—*This is a plaint: Woe*

that he did not set up words against me.—[*Rashi*]

I would not reply to him with your sayings—*I would not reply to him with those sayings with which you replied to him.*—[*Rashi*] Mezudath David explains: Nevertheless, do not let Job feel that he is right, because he did not present to me any of the arguments with which he refuted your words; i.e. his arguments concerning his integrity and his piety cannot refute that which I intend to say, because I will not answer him as you have and say that his grave sins have brought suffering upon him.

15. **They were dismayed**—The foolishness of their answers caused them dismay, because Job refuted their arguments and they could find no answer for him.—[*Mezudath David*]

have removed themselves—*Words have turned away from them.*—[*Rashi*]

16. **And I waited**—At first, I waited because I expected them to reply with wisdom and acuity. Even

דֵּעִי אַף־אָנִי׃ יח כִּי מָלֵתִי מִלִּים
הֱצִיקַתְנִי רוּחַ בִּטְנִי׃ יט הִנֵּה בִטְנִי כְּיַיִן
לֹא יִפָּתֵחַ כְּאֹבוֹת חֲדָשִׁים יִבָּקֵעַ׃
כ אֲדַבְּרָה וְיִרְוַח־לִי אֶפְתַּח שְׂפָתַי
וְאֶעֱנֶה׃ כא אַל־נָא אֶשָּׂא פְנֵי־אִישׁ וְאֶל־
אָדָם לֹא אֲכַנֶּה׃ כב כִּי לֹא יָדַעְתִּי אֲכַנֶּה
כִּמְעַט יִשָּׂאֵנִי עֹשֵׂנִי׃ לג א וְאוּלָם שְׁמַע־

מַנְדְעִי אוּף אֲנָא׃
יח אֲרוּם מְלֵיתִי מִלַּיָא
עֲקַתְנִי רוּחַ דִכְרֵיסִי׃
יט הָא כְרֵיסִי הֵיךְ חֲמַר
חֲדַת דְלָא יִתְפַּתַּח לָגִינַן
חַדְתִּין יִתְבְּזָע׃ כ אֲמַלֵּיל
וְיִרְוַח לְגַרְמִי אֶפְתַּח
סִפְוָתִי וַאֲתֵיב׃ כא לָא
כְדוּן אֶסַב אַפֵּי גְבַר
וּלְבַר נָשׁ לָא אִשְׁתְּמוֹדַע׃
כב אֲרוּם לָא יְדַעִית
לְאִשְׁתְּמוֹדָעָא בִּזְעֵיר פּוּן
יְסוֹבַר לִי אַפִּין דַעֲבִיד
יָתִי׃ א וּבְרַם שְׁמַע כְּדוּן

חסר א׳

רש״י

נא

מילין: (יט) הנה בטני. מלא רוח. דברים להשיב בתאוה: כיין לא יפתח. כיין הדש שאינו נפתח והוא נופח ואף בתוך אובות חדשים ומבקעם: כאובות. נודות עשויין כקומת אדם נבוהים: (כא) לא אכנה. לא אשנה דברי להחליפו לכבודו כמו שאמרתי למעלה וירשיעו את איוב זהו כינוי שמשנה את הדיבור בשביל כבודו ואף זאת לא אעשה כי בפה מלא אוכיחנו: (כב) כמעט ישאני. יסלקני מן העולם. ויש פותרים ישאני כמו ותשא הארץ

מנחת שי

דעי. הדל״ת רפה: (כ) וירוח לי. בספרי ספרד היו״ד במאריך: ואענה. העי״ן בחטף סגול:
לג (א) ואולם. בגעיא: שמע נא. בגעיא: וכל דברי. בגעיא:

אבן עזרא

(יט) הנה בטני. על דרך משל כענין בטנך תאכל ומעיך תמלא: כאובות חדשים. יש אומרים שהוא כדברי רז״ל לא יכניס אדם ראשו תחת אובו. ורובי המפרשים אמרו שהם נאדות וזה נכון. כי אל תפנו אל האובות עיקר אמונתם כנאדות היא: (כב) כמעט ישאני. ישרפני כמו וישאם

רלב״ג

(יח) הציקתני. מגזר׳ מצוק ר״ל שהיה לו רוחי בקרבי לרוב תאותי להשיב על דבריו: (יט) כיין. כאוב יין: כאובות חדשים יבקע. ויבקע בקלות כמו הנודות החדשים שיבקעו בקלות כשישימו בהם היין: (כ) וירוח לי. כמו ורוח לשאול: (כא) לא אכנה. לא אעלים שמו לכנותו בכינוי אחר כדי שלא אומר בביאור דבר כנגדו אבל אקראהו בשמו ואומר עליו בביאור מה שיתבאר לי מהמום בדעותיו ובדבריו: (כב) ישאני. ישרפני כמו וישאם דוד ואנשיו:

מצודת דוד

אני אגיד דעתי: (יח) כי מלאתי מלים. ר״ל א״א לי להתאפק כי אני מלא מן אמרים ואויל אלא בטני דחוקה ולרה לי בעבור מרבית האמרים אשר בה והוא מלשון מלילה והפלגה: (יט) כיין. כנאד יין אשר לא נפתח ולא סג טעמו ולזה הוא חזק ביותר עד אשר יבקע את הנאד וילא וכמו נאדות חדשים אשר יתבקעו מהר מחוזק היין אשר בהם ויולא א״כ היין מאליו כן הדברים השמורים בבטני כאלו יבקעו הבטן וילאו מאליהם: (כ) אדברה. לזאת אדבר דברי ואוליא מלין ויהיה לי בבטני הרוחה מן המילוי: אפתח. רק אפתח שפתי ובזה אענה כי הדברים ילאו מעלמם לגודל הרבוי וגם זה ענין מלילה: (כא) אל נא אשא. הנה עתה לא אשא פני איש להחניף למי נכשת על קלונו אף לא אדבר אל אדם בכנויים כאלו אין דברי עליו אלא בפה מלא אייחד עליו את הדבור ולא ברמז. (כב) כי לא ידעתי. כאומר אף אם ארלה לכנות לא אוכל כי כ״כ הדבר זר אצלי כאלו לא ידעתי לעשותו: כמעט. כי בעיני קרוב הדבר אשר ישרפני ה׳ אשר עשני בעבור עון חנופת הכנוי. (העולה מן המענה היא אשר אליהוא יתן טעם אשר שתק עד הנה כי בעבור אשר רעי איוב היו זקנים ממנו לימים לא ערב לבו לגשת לדבר אמריו כי חשב אשר ברוב השתדלות יושג החכמה והמה השתדלו בה הרבה מן הימים אבל אחר שראה שלא השכילו במענם ובסוף עמדו ולא ענו עוד ע״כ לא היה לו עוד מהאפשר להתאפק לחשוך אמריו ואמר אשר מעתה ישיב אמרים בפה מלא ולא יחניף אף לא יכנה): לג (א) ואולם שמע נא. ר״ל אל תחשוב הואיל ומרובים הם אמרי

מצודת ציון

ותתבונן בי (לעיל ל׳): (יח) מלתי. כמו מלאתי באל״ף: הציקתני. ענין לר ודחוק כמו לא מולק תחתיה (לקמן ל״ו): רוח בטני. אל בטני ואוירו: (יט) כאובות. כנאדות ואין לו דומה במקרא: (כ) וירוח. מלשון הרוחה והוא הפך הדחק: (כא) אכנה. מלשון כנוי שאינו שם העלמי וכן ובשם ישראל יכנה (ישעיה מ״ד) והדרך הוא שהרוצה להעלים שם מי מפני הכבוד וכדומה אז מזכירו בכנוי כאלו הכוונה על אחר: (כב) כמעט. ר״ל קרוב הדבר ומעט המרחק והכ״ף בא לאמתת הדבר: ישאני. ענין הבערה ושריפה כמו ותשא הארץ מפניו (נחום א׳):

the world. Others interpret יִשָּׂאֵנִי *like* (Nahum 1:5), *"and the land raised up* (וַתִּשָּׂא) *from before me* [*a pillar* of smoke]."—[*Rashi*] I.e. He will burn me.—[*Ibn Ezra*]

(In summation: Elihu gives reasons for waiting until now to present his answer to Job. He did not dare to present his argument because they were older than he; he was certain that throughout their years of study, they had developed their intellect and would undoubtedly answer Job properly. However, when he saw that they had not answered him and that they were

my opinion. 18. For I am full of words; the wind of my stomach distresses me. 19. Behold my belly is like wine that is not opened, like new wineskins, which will burst. 20. Let me speak so that I will be relieved; let me open my lips and reply. 21. I pray you, let me not respect any man's person, neither will I euphemize toward any man. 22. For I do not know how to euphemize; or else my Maker would carry me away.

33.

1. But listen

18. **For I am full of words**—I cannot restrain myself because I am full of words, and the space in my belly is cramped because of all the statements in it. This is a figurative expression.—[*Mezudath David*]

19. **Behold my belly**—*is full of wind, words to answer eagerly.*—[*Rashi*]

like wine that is not opened—*Like new wine that is not opened, and which blows up, and even* [if it is] *within new wineskins, it bursts them.*—[*Rashi*]

like . . . wineskins—*Wineskins made as tall as a man's height.*—[*Rashi*] He compares the arguments that he has stored in his mind to fermenting wine, which needs a vent or it will burst the wineskin. So will his words burst his belly if he does not express them.—[*Mezudath David*]

20. **Let me speak**—Therefore, I must speak my piece, in order to relieve my belly by letting out my words.—[*Mezudath David*]

let me open etc.—I need but open

my lips and the words will emerge spontaneously because of their large quantity. This, too, is figurative.—[*Mezudath David*]

21. **neither will I euphemize**—*I will not change my words to replace them* [with milder expressions] *in deference to his* [Job's] *honor, as I said above, "And they condemned Job." This is a euphemism, which changes the expression because of His honor. I will not even do this, but I will reprove him explicitly.*—[*Rashi*] *Mezudath David* explains: I will not call anyone by a nickname to avoid mentioning his name explicitly. *Berechiah* renders: Nor will I give him a title, this one or that one who may be said to have given Job a proper answer. *Malbim* renders: For I know not to give flattering titles. Concerned solely with the argument, he intends to be candid and sincere, and not be betrayed into hypocrisy by deference to anyone's rank or titles.

22. **or else . . . would carry me away**—*He would take me away from*

נָא אִיּוֹב מִלָּי וְכָל־דְּבָרַי הַאֲזִינָה׃
ב הִנֵּה־נָא פָּתַחְתִּי פִי דִּבְּרָה לְשׁוֹנִי
בְחִכִּי׃ ג יֹשֶׁר־לִבִּי אֲמָרָי וְדַעַת שְׂפָתַי
בָּרוּר מִלֵּלוּ׃ ד רוּחַ־אֵל עָשָׂתְנִי וְנִשְׁמַת
שַׁדַּי תְּחַיֵּנִי׃ ה אִם־תּוּכַל הֲשִׁיבֵנִי
עֶרְכָה לְפָנַי הִתְיַצָּבָה׃ ו הֵן־אֲנִי כְפִיךָ
לָאֵל מֵחֹמֶר קֹרַצְתִּי גַם־אָנִי׃ ז הִנֵּה
אֵימָתִי לֹא תְבַעֲתֶךָּ וְאַכְפִּי עָלֶיךָ לֹא־
יִכְבָּד׃ ח אַךְ אָמַרְתָּ בְאָזְנָי וְקוֹל מִלִּין

ת״א ודעת. זסחים ג׳:

תרגום

אִיוֹב מִלַי וְכָל פִּתְגָמַי אֲצֵית׃ ב הָא כְדוּן פְּתַחִית פּוּמִי מַלִילַת לִישָׁנִי בְמוּרִיגִי׃ ג תְּרִיצוּת לִבְבִי מֵימְרִי וּמַנְדַע סִפְוָתַי בְּרִיר מַלִילוּ׃ ד רוּחַ דֶאֱלָהָא עַבְדַת יָתִי וּמֵימַר שַׁדַי תְּקַיְמִנַנִי׃ ה אִין תּוּכַל הֲתִיבְנַנִי סַדֵר קֳדָמַי אִתְעַתַּד׃ ו הָא אֲנָא דִכְמָתָךְ לֶאֱלָהָא מִן טִינָא אִתַּלְשֵׁית לְחוּד אֲנָא׃ ז הָא אֵימְתִי לָא תְבַעֲתִינָךְ וְטוּנִי עֲלָךְ לָא יֵיקַר׃ ח בְּרַם אֲמַרְתְּ בְּאוּדְנַי וְקָל מִלַיָא

רש״י

מפניו [נחום א׳]: לג (ד) רוח אל עשתני. ואיני חזק יותר ממך: (ו) הן אני כפיך לאל. כמו שאל פיך להתווכח למי שלא יבעתך הן אני במקומו של הקדוש ברוך הוא ובשבילו לדבר דבריו: (ז) ואכפי. כפייתי. כמו אכף

מנחת שי

(ג) ישר לבי. כ״כ בגעיא ובמקף: (ה) ערכה. חד מן י״א זוגין חד מפיק ה״א וחד לא מפיק: (ו) הן אני כפיך. הכ״ף רפויה

אבן עזרא

דוד והענין אם נשאתי פני איש המקום לא ישמרני: לג (ג) ברור מללו. דבר ברור: (ו) הן אני כפיך. כדבריך ומהשבותיך עם האל. והענין כפי איש ואיש. לפי מהללו. כאילו אמר אני כמוך: קורצתי. נחתכתי. מן קרן מלפון: (ז) ואכפי. יש אומרים כי פירושו דבר קשה. וכמוהו כי אכף עליו פיהו. ויש אומרים שהם שתי מלות

רלב״ג

(ה) ערכה. ערוך דבריך: (ו) קורצתי. נבראתי ונוצרתי: (ז) ואכפי. כמו וכפי והרצון בו כמו ידי ומכתי והוא כנגד מה שאמר איוב כפך מעלי הרחק ואימתך אל תבעתני:

מצודת ציון

לג (ד) רוח. רצון כמו הנני נותן בו רוח (ישעיה ל״ז): ונשמת. מל׳ נשימה ונשיבה והוא ענין מאמר הבא בהפחת הרוח: (ו) קורצתי. נחתך ונחטב ללמי והוא מלשון קרן מלפון (ירמיה מ״ו): (ח) תבעתך. מלשון בעתה ורעדה: ואכפי. מלשון כפיה ונגישה

מצודת דוד

לא בדעת אדבר ומה לי בהם יותר משל שלשת הרעים כי אולם שמע עתה מלי ואת כולם האזינה ואל תקון בהם לרבויים כי לא דברי ריק המה: (ב) הנה נא. עתה אפתח פי ומעלמה תדבר לשוני בנגיעתה בחיך כדרך המדבר וכאומר הנה כבר ערכתי אמרים ותמהר לשוני לדבר לחות מבלי המתנה ועכוב: (ג) ישר לבי אמרי. הנה אמרי המה ביושר הלב לא בדבר בפתים להטעות ולרמות: ודעת שפתי ברור מללו. הוא הפוך כמו ודעת ברור שפתי מללו ר״ל שפתי יאמרו דעת ברור ונקי מבלי הטעאה וכפל הדבר במ״ש: (ד) רוח אל. רצון האל ברא אותי ומאמר פיו תחייני ומוטל א״כ עלי לטעון עבורו ולהצדיקו: (ה) אם תוכל. אם תמלא ידך די השיב על מאמרי השיבני: ערכה. ערוך טענותיך לפני והתילב למולי ר״ל כל מה שתוכל להשיב אמור: (ו) הן אני כפיך לאל. הנה אני נשפט עמך בעבור האל כמאמר פיך שאמרת לא איש כמוני אענו נבוא יחדו במשפט (לעיל ט) עתה הנני איש כמוך כי מחומר קורלתי גם אני כמו אתה: (ז) הנה אימתי. לא תהיה אתה נבעד מפחדי להפתם טענותיך: ואכפי. הכפייה והנגישה ממני לא יכבד עליך ר״ל אין לי חוזק עליך כי כמוני כמוך: (ח) אך אמרת באזני. כאומר

to my words, Job, I pray you, and hearken to all my speech. 2. Behold now I have opened my mouth; my tongue has spoken with my palate. 3. My words are [with] the uprightness of my heart, and with knowledge my lips speak clear [words]. 4. The spirit of God made me, and the breath of the Almighty keeps me alive. 5. If you can, answer me; set up before me and stand. 6. Behold I am like your mouth to God; I was also formed out of clay. 7. Behold my awe will not terrify you, and my coercion will not weigh heavily upon you. 8. You spoke but in my hearing, and the voice of [your] words

silent, unable to refute Job's contentions, he could no longer restrain himself and volunteered his argument.)—[*Mezudath David*]

1. **But listen etc.**—Do not think that because my words are many, I speak without sense, and that they are of no more value than those of your three friends. Instead, listen to me now and hearken to all my speech, because it is not empty words.—[*Mezudath David*]

2. **Behold now etc.**—Now I will open my mouth, and my tongue will speak by itself as soon as it touches my palate, as one normally speaks. Do not think that I will delay my address any longer. It is already prepared with poetic style.—[*Mezudath David*]

4. **The spirit of God made me**—and I am no stronger than you.—[*Rashi*] The will of God made me,

the word of His mouth keeps me alive. Therefore, I am obliged to justify Him.—[*Mezudath David*]

5. **set up**—your arguments against me. I.e. whatever you can answer against my arguments, answer.—[*Mezudath David*]

6. **Behold I am like your mouth to God**—*As your mouth asked to debate with one who would not terrify you, behold I am instead of the Holy One, blessed be He, and on His behalf, to speak His words.*—[*Rashi*]

7. **Behold my awe**—You will not be terrified by me, so your arguments will not be hindered.—[*Mezudath David*]

and my coercion—Heb. אַכְפִּי, *my coercion, like* (Prov. 16:26), *"his mouth forces* (אָכַף).*"*—[*Rashi*] Targum renders: my burden. *Ibn Ezra:* but my mouth.

8. **You spoke etc.**—You did not

אֶשְׁמָע: ט זַךְ אֲנִי בְּלִי־פָשַׁע חַף אָנֹכִי
וְלֹא עָוֹן לִי: י הֵן תְּנוּאוֹת עָלַי יִמְצָא
יַחְשְׁבֵנִי לְאוֹיֵב לוֹ: יא יָשֵׂם בַּסַּד רַגְלָי
יִשְׁמֹר כָּל־אָרְחֹתָי: יב הֶן־זֹאת לֹא־
צָדַקְתָּ אֶעֱנֶךָּ כִּי־יִרְבֶּה אֱלוֹהַּ מֵאֱנוֹשׁ:
יג מַדּוּעַ אֵלָיו רִיבוֹתָ כִּי כָל־דְּבָרָיו לֹא
יַעֲנֶה: יד כִּי־בְאַחַת יְדַבֶּר־אֵל וּבִשְׁתַּיִם
לֹא יְשׁוּרֶנָּה: טו בַּחֲלוֹם ׀ חֶזְיוֹן לַיְלָה

אֲשְׁמַע : ט זַכַּי אֲנָא
מִדְּלֵית מְרַד שְׁזִיג אֲנָא
וְלָא סוּרְחָנָא לִי : י הָא
תַרְעוּמְתָא עֲלַי יִשְׁכַּח
יַחְשְׁבִנַנִי לִבְעֵל דְּבָבָא
לֵיהּ : יא יְשַׁוֵּי בְּשִׁיעַ
רִגְלַי יִנְטַר כָּל שְׁבִילַי :
יב הָא דָא לָא זְכֵיתָא
אֲתִיבִנָךְ אֲרוּם יִתְרַבְרַב
אֱלָהָא מִן בַּר נָשׁ : יג מָא
דֵין לְוָתֵיהּ נְצִיתָא אֲרוּם
כָּל פִּתְגָמוֹי לָא יָתִיב :
יד אֲרוּם בְּחָדָא שׁוּתָא
יְמַלֵּל אֱלָהָא וּבִתְנְיָתָא
לָא אַצְטְרִיךְ לְמִסְכְּיֵהּ :
טו בְּחֶלְמָא מִן חֶזְוָנָא

ת"א באחת. עקידה שער מד : בחלום. עקידה שער סט : ח' זעירא בנפל

רש"י

עליו פיהו [משלי ט"ז]: (ט) חף. טהור ומשופשף כמו נזיר לא יחוף את ראשו. וכמו בכל חפין את הכלים: (י) תנואות. עלילות לשוב מן המקום ל' כי תואנה הוא מבקש [שופטים י"ד]: (יב) כי ירבה אלוה מאנוש. אין המקום צריך

אבן עזרא

כמו אכזר ואלכאים: (ט) חף אנכי. יש אומרים שהוא כמו כסוי חטאה והוא קרוב. ואחרים אומרים שהוא חפוף בצדק כענין צדק לבשתי וילבשני. ורובי המפרשים פירשוהו לפי הענין כמו זך: (י) הן תנואות. כמו וידעתם את תנואתי: ימצא. המקום: (יא) בסד. כמו ושדת אותם בשיד: (יב) ירבה. יגדל. והענין כי תאמר כי גדול האל מאנוש. ועניינו בעבור שלא צדקת אענך שאראה לך גדולת המקום: (יד) לא

מנחת שי

כמ"ש בתהלים קמ"ז: (ט) זך. במקצת ספרים כ"י בקמץ. ורד"ק כתב שהוא בפתח: בלי פשע. בגעיא: חף אנכי. במסורה גדולה מהדפוס וגם במסורת כ"י באלפ"א בית"א מאותיות קטנות חי"ת חף אנכי קטנה וגם בספר ישן מטוליטולא מסור עליו לית חי"ת זעירא ועיין מ"ש בזה החכם אלקבץ בספר מנות הלוי דף ל"ג ע"א אבל חור כרפס: אנכי. א' בטעם מלעיל וכל איוב ואתנח וסוף פ' וזקף דכוותיה בר מן א' מלרע באתנח והוא זה. מסורת פ' בראשית ומכלול דף רס"ב: (יב) לא צדקת. בלא מאריך בלמ"ד:

רלב"ג

(ט) זך. נקי וכן חף והוא מענין מה שאמרו חז"ל נזיר לא יחוף את ראשו: (י) תנואות. עלילות והסרות ממצותיו ר"ל שלא יעליל אותי שסרתי ממצותיו. או ירצה בזה שהוא ימצא בעבורי מה שיסיר אותי ממבוקשיו עד שלא אוכל לעשות אחד מהם: (יא) בסד. הוא מאסר ישמו בו רגלי הנאסר: (יב) ירבה אלוה מאנוש. מגזרת רבים ונכבדים. הרצון שהש"י יותר נכבד מאד מהאדם: (יד) ישורנה. יראנה:

מצודת דוד

אם לא דברת אלי כ"א לרעיך אך באזני באה ושמעתי גם אני קול מלין. קול דברים בעלמא מבלי השכל: (ט) חף אנכי. מנוקה מעון והוא כפול כמ"ש: (י) הן תנואות. הנה מלא עלי עלילות דברים וחושב אותי לו לאויב וכאלו ינקום בי: (יא) ישם בסד. שם רגלי בכבלי עץ סגורים ועוד הוסיף לשמור כל ארחותי לבל אברח עם כי רגלי סגורים וא"א לי ללכת ור"ל הרבה עלי מכאובים עד בלי די וכנה הדברים האלה שמעתי אותך מדבר: (יב) הן זאת וגו'. ר"ל הנה זאת אשר אענך אשר לא צדקת בתרעומותיך הוא על כי ירבה אלוה במעלה מן האנוש ואם האיש השלם אינו מבקש עלילות כל שכן המקום ב"ה אשר יגדל מאד ממעלת האנוש וכאומר לא אשיב לך כמו שהשיבו רעיך שלא תצדק בעבור כי אתה מלא עון כי יתכן שאתה צדיק ועכ"ז לא תתרעם בצדק כי בודאי הדין עם המקום וכאשר יפרש אמריו למטה במענה. הזאת חשבת למשפט וגו': (יג) מדוע אליו ריבות. מדוע טענת לומר על אשר לא יענה לאדם על דבריו ר"ל לא יגלה אוזן האדם במה חטא ואם למען יחדל מהם וימהר לשוב וזהו מה שאמר פשעי וחטאתי הודיעני (לעיל יג): (יד) כי באחת. הנה לא כן הוא כי האל ידבר בענין אחת ועוד בענין שני למי אשר לא יראנה את הראשונה ולא יבין בה: (טו) בחלום. האחת הוא

מצודת ציון

כמו כי אכף עליו פיהו (משלי ט"ז): (ט) זך. מל' זכות ובהירות: חף. נגרד ומנוקה וכד' רבותינו ז"ל למסמך לחפיפה טבילה (נדה ס"ו): (י) תנואות. עלילות ודברים המבוטלים וכן וידעתם את תנואתי (במדבר י"ד) ויתכן שהוא הפוך מן תואנה הוא מבקש (שופטי' י"ד): (יא) בסד. הם כבלי עצים לסגור בהם רגלי התפוש וכן ותשם בסד (לעיל י"ג): (יב) ירבה. יגדל כמו ורבי המלך (ירמיה מ"א): (יד) ישורנה. יראנה כמו אשורנו ולא קרוב (במדבר כ"ד):

transgressions—[for that revelation would make] him stop sinning and immediately repent. That is what Job said (13:23), "Let me know my transgression and my sin."—[*Mezudath David*]

14. **For God answers etc.**—It is not so: for God does answer man, in one way and in yet another way to him who does not see or understand the first one.—[*Mezudath David*]

15. **In a dream**—One way that God reveals a person's sins is in a dream, for a dream is the vision of the night; either when man is sound asleep or when he is slumbering on

I have heard. 9. 'I am innocent without transgression; I am clean, and I have no iniquity. 10. Behold He finds pretenses against me; He considers me His enemy. 11. He puts my feet into the stocks; He watches all my ways.' 12. Behold this. 'You are not right,' I will answer you, for God exceeds man. 13. Why do you contend with Him because He does not answer any of his matters? 14. For God answers in one way and in two, to one who does not see it. 15. In a dream, a vision of the night,

speak directly to me, but to your friends. However, I overheard your speech.—[*Mezudath David*]

9. **I am clean**—Heb. חַף, *pure and cleansed, like* (*Bezah* 35b), *"A nazirite may not cleanse* (יָחֹף) *his head . . ."* and like (*Shabbath* 50a), *"We may cleanse* (חָפִין) *vessels with anything."*—[*Rashi*] *Ibn Ezra* quotes commentators who render: covered. It is as though my sin is covered, or: I am covered with righteousness. He concludes that the majority explain as *Rashi* does.

10. **pretenses**—Heb. תְּנוּאוֹת, *pretenses to turn away from the Omnipresent, an expression of* (Jud. 14:4), *"that he sought a pretense* (תֹאֲנָה)*."*—[*Rashi*] He has devised false pretenses against me and accuses me of being His enemy.—[*Mezudath David*]

11. **He puts my feet into the stocks**—He puts my feet into the stocks to prevent me from moving, and in addition to this, He guards me so that I should be unable to flee, although I already am unable to move. I.e. he has plagued me ex-

cessively with pains. This is what I overheard you saying.—[*Mezudath David*]

12. **Behold this etc.**—Behold this is what I will answer you, 'You are not right in your complaints against God.'—[*Mezudath David*]

for God exceeds man—*God does not have to be so exact with man because the Holy One, blessed be He, has more virtues than man.*—[*Rashi*] A virtuous man will not seek pretexts with which to accuse his fellow man, and as God is more virtuous than any man, surely He does not resort to such tactics. I will not answer you as your friends did, viz. that you are wrong because you are a grave sinner. Perhaps you are righteous, but nevertheless you may not complain about God because He is always right (as Elihu explains further in chapter 35).—[*Mezudath David*]

13. **Why do you contend with Him etc.**—Why do you argue with Him when He does not answer man concerning his matters? I.e. when He does not show man his sins and

בִּנְפֹל תַּרְדֵּמָה עַל־אֲנָשִׁים בִּתְנוּמוֹת
עֲלֵי מִשְׁכָּב׃ טז אָז יִגְלֶה אֹזֶן אֲנָשִׁים
וּבְמֹסָרָם יַחְתֹּם׃ יז לְהָסִיר אָדָם מַעֲשֶׂה
וְגֵוָה מִגֶּבֶר יְכַסֶּה׃ יח יַחְשֹׂךְ נַפְשׁוֹ מִנִּי־
שָׁחַת וְחַיָּתוֹ מֵעֲבֹר בַּשָּׁלַח׃ יט וְהוּכַח
בְּמַכְאוֹב עַל־מִשְׁכָּבוֹ וְרִיב עֲצָמָיו
אֵתָן׃ כ וְזִהֲמַתּוּ חַיָּתוֹ לָחֶם וְנַפְשׁוֹ מַאֲכַל

ת"א יגלה. עקידה שער כט עקרים מ"ד פ"ו פי"א: ורוב קרי תאוה

דְלֵילְיָא כַּד נָפְלַת שֵׁינְתָא עֲמִקְתָּא עַל בְּנֵי נָשָׁא בְּנִיוּמְתָא עַל בֵּי מַדְמְכָא: טז הֵיכְדֵין יְגַלֵּי אוּדְנָא בְּנֵי נָשָׁא וּבְמַרְדּוּתְהוֹן יַחְתּוֹם: יז לְאַעְדָאָה בַּר נָשׁ מִן עוֹבָדָא בִישָׁא וְגֵיוְתָנוּתָא מִגַּבְרָא יְכַסֵּי: יח יִמְנַע נַפְשֵׁיהּ מִן שׁוּחֲתָא וְחַיוּ מִן לְמֶעְבַּר בְּשַׁלְחָא: יט וּמִתְמַכְסִין בְּכֵיבָא עַל בֵּי מַדְמְכֵיהּ וְסוּגְעֵי אֵיבְרוֹי תַּקִּיפִין:
כ וּמִתּוּנְבָא דְנָקִיט לֵיהּ מַרְחִיקָא נַפְשֵׁיהּ מְזוֹנָא וְנַפְשֵׁיהּ מֵיכְלָא רְגִיגָא:

רש"י

כל כך לדקדק אחר האדם כי הרבה יש להקדוש ברוך הוא לדקות יותר מאלום: (טז) **אז יגלה אוזן אנשים**. כמו שעשה לאבימלך בחלום הלילה: **ובמוסרם יחתום**. חותמן ואוסרן ביסורין על עונם: (יז) **להסיר אדם**. כחליו: **מעשה**. שהיה בדעתו לעשות: **וגוה מגבר יכסה**. ביסוריו למען הכניעו ולהשפילו לשוב כדי שיחשך נפשו ממיתה גמורה: **גוה**. כמו גאוה: (יח) **וחיתו מעבור בשלח**. בשלחו וחרבו של מלאך המות כלומר לטובתך הביא עליך יסורין: **בשלח**. כלי זיין וכן [בעזרא] [נחמי' ד'] ואחת מחזקת השלח: (יט) **והוכח**. לשון תוכחה שישוב מעונו. ורוב עצמותיו שהוא איתן מוכיחן במכאוב: (כ) **וזהמתו חיתו לחם**. ממאסתו נפשו וחייתו של חולה

מנחת שי

(טז) ובמסרם. בחולם תחת שורק וחסר: (יז) וגוה מגבר. הה"א נחה: (יט) והוכח. בשורק. שרשים: וריב. ורוב קרי:

אבן עזרא

ישורנה. על הנפש: (טז) וענין ובמוסרם יחתום. אחר שייסרם יחתום גזר דינם: (יז) **וגוה**. כמו ותאמר גוה והוא כמו גאה. ויכסה הפך יראה כי עיקר הגאוה ראיית העין: (יח) **וחיתו**. הנפש החיה: **בשלח**. נשק כמו ואין משלחת במלחמה: (יט) ורוב **עצמיו**. במכאוב איתן כי הראשון ישמש עצמו ואחר עמו והענין כפול כמנהג: (כ) **וזהמתו**. כענין יתעב ויבאש לו וכן הוא בלשון קדר ואין לו חבר במקרא:

רלב"ג

(טז) ובמוסרם. במאסרם ויסוריהם: (יז) וגוה. וגוף. או ירצה בו וגאוה: (יט) ורוב עצמיו איתן. וברוב עצמיו מכאוב איתן. והרצון בו וברוב איבריו מכאוב חזק: (כ) וזהמתו. מענין מיאום. והרצון שנפשו תביאהו למאום בלחם:

מצודת ציון

(טז) ובמוסרם. מוסר יסורים: יחתום. ענין גמר והשלמה וכן ועל החתום (נחמיה י') ובד' רבותינו ז"ל כל חותמי ברכות (ברכות ס"ג): (יז) וגוה. כמו וגאוה: (יח) בשלח. בחרב כמו ויעש שלח לרוב (דברי הימים ב' ל"ב): (יט) והוכח. ענין גמול עונש וכן והוכחתיו בשבט אנשים (שמואל ב' ז'): איתן. חזק כמו איתן מושבך (במדבר כ"ד): (כ) וזהמתו. ענין מיאום ותעוב ובד' רבותינו ז"ל

מצודת דוד

כי בחלום מראות הלילה או בעת נופלת תרדמה על אנשים והיא שינה עמוקה או בעת יתנמנם על המשכב והיא שינה קלה וכ"א לפי הכנתו: (טז) אז יגלה. בחלום יגלה אוזן אנשים כי מראה לו בחלום דבר ידמה לאשר נגזר עליו שהיא מדה כמדה לדבר אשר חטא ואשם: ובמסרם יחתם. ואם לא ישכילו לדעת ע"י החלום ולא ישובו לה' אז יגמור ההודעה במה שישלח עליהם יסורים הראוים להם אשר דומים אל פשעיהם להשכיל מהם ולשוב אל ה' ואלה הם האמירה לגבוה וכמ"ש תשב אנוש עד דכא ותאמר שובו בני אדם (תהלים צ'): (יז) להסיר. ר"ל מתחילה יגלה אוזן בחלום להסיר את האדם מן מעשה הגזירה כאשר ישוב לה' ולמען יהיה נכסה הגאות מן האדם לבל יוסיף להתגאות עוד ולמרוד בה': (יח) יחשך נפשו. ובזה ימנע נפשו מן הקבר וגם חייו ינצל מעבור בחרב ר"ל גם בימי חייו ינצל מן היסורים: (יט) והוכח במכאוב. וכאשר הוכה במכאוב על כי לא השכיל בהודעת החלום ולא שב לה' ובא לו ההודעה השניה שהוא נתייסר במכאוב לשכוב חולה על משכבו הנה מתחילה עדיין רוב עצמיו איתן וחזק כי אולי ישכיל במעט מן המכאוב: (כ) וזהמתו. ואם עדיין לא השכיל אז תכבד החולי עד

of the sick person cause him to abhor all food.—[*Rashi*]

and his soul—*abhors all tasty food.*—[*Rashi*] It abhors even choice

when sound sleep falls upon men, in the slumbers on the bed.
16. Then He opens the ear of men, and with their chastisement
He seals [them]. 17. To restrain man from a deed; and He
covers haughtiness from man. 18. He withholds his soul from
the pit, and his life from perishing by the sword. 19. And he is
chastised with pain on his bed, and most of his bones, [since he
is] strong. 20. And his living spirit causes him to abhor food,
and his soul choice morsels.

his bed, each one according to his preparation for prophecy.—[Mezudath David]

16. Then He opens the ear of men—as He did to Abimelech in the dream of the night.—[Rashi] [Rashi refers to the incident recounted in Genesis 20 of Abimelech, king of Gerar, who took Sarah and was warned in a dream by God to return her to Abraham.]

and with their chastisement He seals [them]—He seals them and binds them with suffering because of their iniquity.—[Rashi] If they do not comprehend the message of the dream and do not repent of their sins, God carries out His notice to them by bringing appropriate sufferings upon them, i.e. sufferings that resemble their transgressions, so that they take the hint and repent of their sins. In the words of the Psalmist (90:3): "You turn man back to be crushed, and you say, 'Return, O sons of man.' "—[Mezudath David]

17. To restrain man—in his illness.—[Rashi]

a deed—that he had intended to do.—[Rashi]

and He covers haughtiness from man—with his suffering, in order to vanquish him and humble him to repent, so that he withhold his soul from utter death.—[Rashi]

haughtiness—Heb. וְגֵוָה, like גַּאֲוָה.— [Rashi]

18. and his life from perishing by the sword—by the weapon and the sword of the Angel of Death; that is to say, He brought suffering upon you for your good.—[Rashi]

by the sword—Heb. בַּשֶּׁלַח, a weapon, and so in Ezra (Neh. 4:11): "and one was holding the weapon (הַשֶּׁלַח)."—[Rashi] [Note that according to the Talmud (Baba Bathra 15a, Sanh. 93b), the Book of Nehemiah is part of the Book of Ezra.]

19. And he is chastised—Heb. וְהוּכַח, an expression of reproof that he repent of his iniquity, and most of his bones, which are strong, He chastises with pain.—[Rashi]

20. And his living spirit causes him to abhor food—The soul and the life

177 תרגום

תאוה: כא יִכֶל בְּשָׂרוֹ מֵרֹאִי וְשֻׁפּוּ
עַצְמוֹתָיו לֹא רֻאּוּ: כב וַתִּקְרַב לַשַּׁחַת
נַפְשׁוֹ וְחַיָּתוֹ לַמְמִתִים: כג אִם־יֵשׁ עָלָיו
מַלְאָךְ מֵלִיץ אֶחָד מִנִּי־אָלֶף לְהַגִּיד
לְאָדָם יָשְׁרוֹ: כד וַיְחֻנֶּנּוּ וַיֹּאמֶר פְּדָעֵהוּ
מֵרֶדֶת שָׁחַת מָצָאתִי כֹפֶר: כה רֻטֲפַשׁ

כא יִשְׁתְּצֵי בִסְרֵיהּ מִן רֵוו
וְשַׁפְיָן גַרְמוֹי לָא
אִתְחַמוּ: כב וּקְרִיבַת
לְשׁוּחֲתָא נַפְשֵׁיהּ
וְנִשְׁמְתֵיהּ לִמְמִיתוּתָא:
כג אִין אִית עֲלוֹי זְכוּתָא
מִזְדַמַּן מַלְאֲכָא חֲדָא
פְּרַקְלִיטָא מִן בְּנֵי אֲלֵף
קַטֵיגוֹרַיָא לְחַוָּאָה לִבְנֵי
נָשׁ תְּרִיצוּתֵיהּ: כד וְחַס
עֲלוֹי וַאֲמַר פְּרוֹק יְהֵיהּ
מִלְמֵחַת בְּשׁוּחֲתָא
אַשְׁכְּחִית פּוּרְקָנָא: כה
אִתְחֲלִישׁ בִּסְרֵיהּ ת"א

וספו, זוהר בלק: מליץ, בכת לג זוהר נשא קדושין סא: רטפש, נדרים פא:

רש"י

כל מאכל: ונפשו. מזהמת כל מאכל תאוה: (כא) יכל בשרו מרואי. יאסף בשרו ממראה כמו כלו בדמעות עיני [איכה ב']. מכלות עינים [ויקרא כ"ו]: ושופו עצמותיו. מתנתקין ממקומו. ושופו כמו דשף מדוכתיה [חולין מ"ב]: לא רואו. אין להם מראה ותואר: (כג) אחד מני אלף. במגידי פשעו והוא ילין יושרו: (כד) ויחוננו. המקום: פדעהו. כמו פדאהו אל"ף מתחלפה בעי"ן והענין מוכיח מלאתי כופר והוא פדיון: (כה) רטפש בשרו מנוער. רוטפש [אסקוס"א בלע"ז]: מנוער. נתעורר בשרו מן הנוער שהוא מנוער ומנושק

אבן עזרא

(כא) יכל. כמו יכלה: מראי. עד שלא יראה: ושפו. כמו ואכות אותו טחון תרגום ושפית יתיה: (כב) לממיתים. למלאכים הממיתים: (כג) אם יש עליו מלאך וגו' להגיד לאדם. בעד אדם כמו אמרי לי אחי הוא. מזה הפסוק הלמוד כי המלאכי' הממיתי' המבקשים נפש האדם רבים ומלאך אחד הוא פקיד עליו לשמרו והמבין סוד מערכות הגבהות יודה כן: (כד) ויחוננו. המקום, ויאמר אל המליץ: פדעהו, כמו פדאהו בענין ואין לו חבר במקרא: (כה) וכן רטפש. וענינו

מנחת שי

(כא) ושפי. ושפו קרי: לאו. זה אחד מארבע מקומות שנדגשה האל"ף וסימן מסרתי בפ' מקץ סימן מ"ג ואין דגש ברי"ש: (כב) לממתים. בספרי ספרד המ"ס רפה והמ"ד מוטעמת בגעיא וכן במכלול דף כ"א: (כד) פדעהו. בדל"ת כמ"ש במשלי ד': (כה) רטפש. במכלול דף קפ"ז ועם אות גרונית תאריך התנועה הקטנה וישתתף פתח עם השוא. כמו ומכחכם שחדו בעדי איוב ו'. ופעמים גם כנא גרונית תאריך התנועה הקטנה וישתתף פתח עם השוא כמו רטפש בשרו. עוד כתב בדף קפ"ת ואם ישתתף פתח עם השוא תאריך קריאת

רלב"ג

(כא) מרואי. ממראה: ושפו. יגובהו: ראו. נראו: (כד) פדעהו. מענין פדיון: (כה) רטפש. התלחלח ונרטב: עלומיו. נעוריו:

מצודת דוד

כי נפשו היוני המאס את הלחם: מאכל תאוה. תמאס אף מאכל ערב אשר כל אדם תאב לו: (כא) יכל בשרו. אז משמן בשרו יזה ויכלה מן הראיה ר"ל תמהר נכלות כאלו יראה לעין כליון הבשר ואף עצמותיו יכותתו עם כי לא רואו לעין האדם כי מכפנים המה מ"מ כן היא באמת: (כב) ותקרב. וכאשר עדיין לא השכיל קרבה נפשו לבוא אל הקבר כי יסתכן מאוד: וחיתו. נפשו היונית קרבה לבוא ע"י בלוהי מ"ה הממיתים את האדם: (כג) אם יש עליו. כאשר יהיה נדון אז בב"ד של מעלה אם ימלא עליו מלאך מלמד זכות ומליץ טוב להגיד על האדם יושר מה אשר עשה ואף אם המלאך הזה הוא אחד מן אלף כי התקל"ט מלמדים עליו חובה והוא לבדו מלמד זכות: (כד) ויחננו. עכ"ז יחנן אותו המקום ויאמר להמלאך המליץ פדה אותו מרדת שחת כי בהזכות והיושר ההיא מצאתי די פדיון נפשו עם כי רבו מלמדי החוב כי היושר ההוא לגודל ורב יחשב ויכריע את הכל: (כה) רטפש. ואז ירוטב בשומן ויתרבה בשרו יותר מימי

מצודת ציון

ואין מעבירין הזוהמא (חולין ק"ס) ור"ל המאום והגלגוך: (כא) ושפו. ענין כתיתה כמו הוא ישופך ראש (בראשית ג'): (כד) פדעהו. כמו פדהו: (כה) רטפש. היא מלה מורכבת מן רטוב ומן פש שהוא

I have found ransom—This one merit suffices to save his soul even though the angels who testify to his

—[*Rashi*] *Ibn Ezra* explains that this angel is the one appointed as his guardian.

21. His flesh is consumed from sight, and his bones are dislocated to unsightliness. 22. And his soul approaches the pit, and his life to the destroyers. 23. If there is an angel over him, an intercessor, one out of a thousand, to declare for a man his uprightness, 24. He is gracious to him, and He says, 'Redeem him from descending to the pit. I have found ransom.'

morsels, which everyone craves.—[*Mezudath David*]

21. **His flesh is consumed from sight**—Heb. מֵרֹאִי. *His flesh is withdrawn from sight, like* (Lam 2:11): *"My eyes are spent* (כָּלוּ) *with tears";* (Lev. 26:16), *"that cause the eyes to pine way* (מְכַלּוֹת)*."*—[*Rashi*] *Mezudath David* explains: Then the fat of his flesh will become emaciated and will be withdrawn from sight; i.e. it will be consumed so quickly that the consumption of the flesh will virtually be visible. *Ibn Ezra* explains: His flesh will be consumed until it will no longer be visible.

and his bones are dislocated—Heb. וְשֻׁפּוּ. *They are dislocated from their place.* [The word] שֻׁפּוּ *is like* (*Hullin* 42b), *"that sprung* (שָׁף) *from its place."*—[*Rashi*]

to unsightliness—*They have neither appearance nor form.*—[*Rashi*] *Ibn Ezra* and *Mezudoth* render: are crushed. *Mezudath David* explains that although unseen, the bones are crushed. The inside of the bones, which is invisible but nevertheless real, disintegrates.

22. **And his soul approaches the pit**—If he still does not understand the message, he is stricken with severe illness until he becomes critically ill.—[*Mezudath David*]

and his life to the destroyers—To the angels who put to death, the agents of the Angel of Death.—[*Ibn Ezra, Mezudath David*]

23. **If there is an angel over him**—When he is judged in the Heavenly Tribunal.—[*Mezudath David*]

one out of a thousand—*of those who testify to his guilt, and he intercedes with his uprightness.*—[*Rashi*] I.e. even if 999 angels testify to his guilt and only one testifies to his innocence.—[*Mezudath David*] The Rabbis (*Shabbath* 32a) disagree on the meaning of this verse: The first *tanna* interprets it simply, as *Mezudath David.* Rabbi Eliezer the son of Rabbi Jose the Galilean explains that even if this one angel testifies against him, bringing up 999 points of guilt but one point of merit, he will be saved.

24. **He is gracious to him**—*I.e. the Omnipresent.*—[*Rashi*]

Redeem him—Heb. פְּדָעֵהוּ, *like* פְּדָאֵהוּ. *The "alef" is replaced by an "ayin." The context proves it: "I found ransom," which is redemption.*

בשרו מנער ישוב לימי עלומיו:
כו יעתר אל־אלוה וירצהו וירא פניו
בתרועה וישב לאנוש צדקתו: כז ישר
על־אנשים ויאמר חטאתי וישר
העויתי ולא־שוה לי: כח פדה נפשו*
מעבר בשחת וחיתו* באור תראה:

יתיר מן רבותא יתוב
ליומי טליותיה: כו וצלי
קדם אלהא ורעניה
וחמא אפוי ברעוא
ויתיב לאנש כצדקתיה:
כז יתריץ לבני נשא
ויימר חבית ותריץ
קלקלית ולא הוה שוי
לי: כח פרוק נפשיה
מלמעבר בשוחתא
ונשמתיה בנהורא
מעליא

ת"א ישור. יומא פו: (יומא מח): נפשו קרי וחיתו קרי

רש"י

[בייסורי] הליו. ואין לתיבה זו דמיון במקרא. ולפי הענין הוצרכנו לפרשו כמשמעות הענין והפותרו בלשון רפש ואומר הטי"ת נתוספת בו כמו [בראשית מ"ד] נצטדק טועה הוא מאוד כי אין טי"ת מתוספת בתיבה כי אם בלשון מתפעל או נתפעל ובתיבה שיסודה צדי"ק ולא בשאר תיבות כמו צדק ונצטדק וכמו צרוע [ויקרא י"ג] נצטרע. ציר נאמן. וילכו ויצטיירו. צידה. הצטיידנו אותו [יהושע ט']: ישוב. בכחו וברפואה לימי בחרותו: (כו) בתרועה. בתפילה: (כז) ישור על אנשים. יעשה שורות של אנשים כשניצול מחליו ויתודה ליוצרו: ולא שוה לי. לא נהיה לי

מנחת שי

סקבון כמו רטפש בשרו. ועיין מ"ש בשופטים ה': (כח) פדה נפשי. נפשו קרי. ועיין מה שכתבתי לעיל סי' כ"ג ובתהלים

אבן עזרא

רך: (כו) וירא פניו בתרועה. כמו בשמחה: (כז) ישור. ישוב כמו ישור כשך יקושים על כן נקראת החומה שור כמו בנות צעדה עלי שור בעבור שהם סובבות המדינה: ולא שוה לי. ולא עשיתי השוה. והענין שיתודה נגד אנשים בפרהסיא:

רלב"ג

(כו) בתרועה. בשמחה או בתפלה וצעקה: (כז) ישור. הוא מענין הבטה והשגחה:

מצודת ציון

ענין רבוי כמו פשה תפשה (ויקרא י"ג): עלומיו. נעוריו כמו בן מי זה העלם (שמואל א' י"ז): (כו) יעתר. ענין מרבית התפלה כמו ויעתר יצחק (בראשית כ"ה): (כז) ישור. יצעד וילך כמו ואשרו בדרך בינה (משלי ט'): העויתי. העקמתי והוא מלשון עון ועיות:

מצודת דוד

נעוריו כי דרך האדם להיות אז רטוב וממולא בבשר: ישוב לימי עלומיו. בחוזק ובבריאות: (כו) יעתר. וכאשר יעתר אל אלוה וירצה אותו בתפלה ויראה פניו להודות לפניו בתרועה על שגאל נפשו מן המות: וישב. ואז עוד ישיב לו המקום גמול צדקתו ולא ינכה לו בעבור מה אשר גאל נפשו מן המיתה: (כז) ישר. וכאשר יצעד וילך אצל מרבית אנשים ויתודה ברבים ויאמר הנה חטאתי ועויתי את דרך הישר ולא אחזתי דרך השוה והישר ובעבור זה באה עלי המכאוב ולא על חנם: (כח) פדה נפשו. בהודוי הזה פדה את נפשו מעבור בשחת הקבר ונפשו החיוני תראה באור החיים ר"ל הצלת המות יחשב על מעשה הוידוי אבל לא ינכה מה מן צדקתו:

person sees God's countenance, so to speak.—[*Ohev Mishpat*]

in prayer—Heb. בִּתְרוּעָה.—[*Rashi*] *Ibn Ezra* explains: and he sees His countenance in joy. I. e. man sees God's countenance to thank Him joyfully for redeeming him from death.—[*Mezudath David*]

and He requites—Then God pays man for his righteous deeds and does not deduct that redemption from the payment.—[*Mezudath David*]

27. **He makes a row of men**—*He makes a row of men when he is saved from his illness and confesses* [before them] *to his Creator.*—[*Rashi* from *Yoma* 87a]

but I did not profit—*I had no profit in its matters.*—[*Rashi*]

28. **He redeemed his soul**—With this confession, he redeemed his soul from perishing in the pit of the grave, and his living spirit will see the light of life. I.e. the saving from death is due to the confession, and

25. His flesh is more tender than in childhood; he will be restored to the days of his youth. 26. He entreats God and placates Him, and he sees His countenance in prayer, and He requites man [according to] his righteousness. 27. He makes a row of men and says, 'I sinned, and I perverted what was straight, but I did not profit.' 28. He redeemed his soul from perishing in the pit, and his living spirit shall see the light.

guilt greatly outnumber the one who testifies to his merit.

25. **His flesh is more tender than in childhood**—This is *Ibn Ezra's* definition of רֻטֲפַשׁ, a definition shared by *Menachem* and *Isaiah da Trani*. *Ralbag* explains: His flesh is moister than in childhood. Other commentators explain it as a portmanteau word, combined of רָטֹב, *moist*, and פַּשׁ, *increasing*. His flesh will become moist, and fatter than it was in his childhood. [*Berechiah, Mezudoth,* and *Rashi, Etz Hayim* ms.] *Rashi's* primary definition, found in all editions, has been left for the end because of its abstrusity. It reads:

His flesh is agitated from shaking —רֻטֲפַשׁ means *escos* in French, *shaken*.

from shaking—*His flesh was agitated from the shaking, that it was shaken* (מְנֹעָר וּמְשֻׁנָּק, *two synonyms) [by the suffering of] his illness.* [We follow here the reading in the *Etz Chayim* ms., which appears more accurate than the extant editions' וּמְנֻשָּׁק.] *This word has no similarity in Scripture, and according to the context, we found it necessary to explain according to the meaning of the topic. But the one who interprets it as an* expression of mire (רֶפֶשׁ) *and claims that the "teth" is added to it, as in* (Gen. 44:16), *"How can we clear ourselves* (נִצְטַדָּק)?" *is in great error, because the "teth" is added to a word only in the reflexive voice, and to a word in which there is a radical "zaddi," but not in other words. E.g.* צֶדֶק *and* נִצְטַדָּק, *and like* (Lev. 13:44) צָרוּעַ, *stricken with "zaraath," and* נִצְטָרַע, *was stricken with "zaraath."* (Prov. 25:13), *"an emissary* (צִיר) *faithful," and* (Josh. 9:4), *"and they went and disguised as ambassadors* (וַיִּצְטַיָּרוּ)"; (Gen. 45:21) *"*צֵדָה, *provision," and* (Josh. 9:12) *"*הִצְטַיַּדְנוּ, *we took . . . for our provision."*—[*Rashi*] [We have followed the translation of the French in *Targum Halaaz* by Dayan I. Gukovitzki, which accords with *Ohev Mishpat*. We have followed *Ibn Ezra* in the translation of the verse rather than *Rashi* because *Rashi* is the only exegete to propose this difficult meaning.]

he will be restored—*with his strength and with healing to the days of his youth.*—[*Rashi*]

26. **He entreats God**—When he entreats God and placates Him in prayer.—[*Mezudath David*]

and he sees His countenance—The

כט הֶן־כָּל־אֵלֶּה יִפְעַל־אֵל פַּעֲמַיִם שָׁלוֹשׁ עִם־גָּבֶר: ל לְהָשִׁיב נַפְשׁוֹ מִנִּי־שָׁחַת לֵאוֹר בְּאוֹר הַחַיִּים: לא הַקְשֵׁב אִיּוֹב שְׁמַע־לִי הַחֲרֵשׁ וְאָנֹכִי אֲדַבֵּר: לב אִם־יֵשׁ־מִלִּין הֲשִׁיבֵנִי דַּבֵּר כִּי־חָפַצְתִּי צַדְּקֶךָּ: לג אִם־אַיִן אַתָּה שְׁמַע־לִי

כח הָא : מַעֲלְיָא תְחַמֵּי
כל אִלֵּין יַעְבֵּד אֱלָהָא
תְּרֵי זִמְנִין וּתְלַת עִם בַּר
נָשׁ : ל מְטוּל לַאֲתָבָא
נַפְשֵׁהּ מִן שׁוּחֲתָא לְאַנְהָרָא
בִּנְהוֹר חַיָּיא : לא אֲצִית
אִיּוֹב קַבֵּל מִנִּי שְׁתִיק
וַאֲנָא אֲמַלֵּל : לב אִין
אִית מִלִּין אֲתֵיב יָתִי
מַלֵּל אֲרוּם צְבֵיתִי
לְזַכָּאוּתָךְ : לג אִין לָא
אַתְּ קַבֵּל מִנִּי שְׁתִיק

ת"א יִפְעַל . יוֹמַת פּוֹ : לְהָשִׁיב . פִּקּוּדָה סֵפֶר פּ' :   מלא ו'   החרש

רש"י

שָׂכָר כִּדְבָרָיו: (כט) פְּעָמִים שָׁלֹשׁ . בְּחַלּוֹ עַל עֲוֹנוֹתָיו . מְיַסְּרוֹ עַל שֶׁלֹּא לְהַשְׁחִיתוֹ וְאִם יוֹתֵר יַרְכְּעִים לְפָנָיו יַדְחֶנּוּ מִן גֵּיהִנֹּם

מנחת שי

מִזְמוֹר כ"ד : וֹמִיךְ . וֹמִיכָן קְרֵי : (כט) פְּעָמִים שָׁלֹשׁ : בַּמִּקְרָא . ה' מְלֵאִים וְכֹל כְּתוּבִים דִּכְוָתֵיהּ מְלֵאִים : (לא) אִיּוֹב שְׁמַע לִי . בַּגַּרְיָא: מְדוּיָּקִים מְלֵא וְאֵ"ו . וְכֵן בְּמַסּוֹרָה פ' בָּלָק וַיֹּחַמְאֵל מ"ד שָׁלֹשׁ : (לג) דַּבֵּר . בְּכָל מְדוּיָּקִים הַכָּ"ף דְּגוּשָׁה : (לג) אַתָּה שְׁמַע לִי . בַּגַּרְיָא

רלב"ג

(לב) וְאֵלַמֵּדְךָ . וַאֲלַמֶּדְךָ בֶּן אֱלִיהוּא עָנָה אֱלִיהוּא בֶּן בַּרַכְאֵל הַבּוּזִי עַל קְצַת הַדְּבָרִים זֵכֶר כָּזֶה הַמַּעֲנֶה שֶׁאֲמָרָהּ אֱלִיהוּא ...

[remainder of commentary text]

מצודת ציון

(לג) וְאֵלַמֵּדְךָ . אֲלַמֶּדְךָ וְחָמַסֵ עַד שָׁלֹשׁ פְּעָמִים יַמְרֵךְ לְבוֹ לְהַשְׁחִית בְּמוֹלוֹ

מצודת דוד

(כט) הֶן כָּל אֵלֶּה . כַּדְּבָרִים יִפְעַל אֵל אֵלֶּה פְּעָמִים שָׁלֹשׁ עִם הָאָדָם...

---

round, so that they cannot return; and so in Isaiah (6:9, 10): "Hear ye continually, and understand not, and see you continually, etc. Make

the heart of this people fat." [This agrees with *Rambam*, Laws of Repentance 6:3, that "it is possible that a person should commit a grave

29. Behold God does all these, twice or thrice with man.
30. To bring back his soul from the pit to be enlightened with
the light of life. 31. Mark well, Job; listen to me. Be still and I
will speak. 32. If you have words, answer me; speak, because I
wish to justify you. 33. If not, you listen to me;

none of his good deeds are deducted because of this rescue.—[*Mezudath David*]

29. Behold ... all these—God does all these things twice or thrice with man; i.e. after a man repeats a sin up to three times, He will awaken his heart to repent—first with a dream, and then if he does not heed, with illness.—[*Mezudath David*]

twice or thrice—*He chastises him for his iniquities with his illness in order not to destroy him, but if he provokes Him further, he should be concerned with Gehinnom.*—[*Rashi* from *Yoma* 86b] The *Gemara* (ad loc.) states: If a person commits a transgression once, God forgives him; a second time, God forgives him; a third time, God forgives him. The fourth time, however, God does not forgive him.

Zohar Hadash, Ki Thetze 59a, presents an interesting interpretation of this verse as the basis of the doctrine of גִּלְגּוּל, *reincarnation.* The Rabbis state: For he who leaves this world without children, who comes again to this world, etc. And moreover, there are sinners who hover in the air until their sins are expiated and then enter a body a second time in order to purify it; if he is righteous, he will not enter again, but if

not, [he will enter] a third time etc., and if, God forbid, he is not righteous these three times, he has no more chance of rectification.

Berechiah states: In my opinion, *twice, thrice* must be taken literally; this is proved by (Amos 2:6): "For three transgressions of Israel and for four I shall not turn him away empty," without punishment: but He forgives and pardons the three sins. Further proof is that the passage in Amos, "For three transgressions" occurs six (?) times; but the three are not mentioned, only the fourth which He does not pardon. Regarding this, it is said in Isaiah (57:18): "I have seen his ways and will heal him," when he repents after the three; but He does not heal after more, as it is said (II Chron. 36:16): "They mocked the messengers of God ... till there was no remedy"; i.e. they sinned of their own will and transgressed greatly, until He was compelled to withold from them repentance, which is healing. As it says (Isa. 6:10): "and he return and be healed." We find the same about the sons of Eli (I Sam. 2:25): "They hearkened not unto the voice of their father, because the Lord would slay them." For when God sees that they continue to refuse, He fences them

ויהטבני לגאוב לו למנוע ממני מבוקשי כמו שישתדל האדם למנוע מאויבי מבוקשו. ישים בסד רגלי וישמור כל אורחותי לבלתי אלך להשיג אחד מהדברים אשר אשתוקק אליהם ועל זה נתעצמה מהש"י ... בסדרו מליצות בזה התוכח כי כבר הדרך בזה האופן מר לאשתי עד שאמרת זה שיותר טוב היה לי אחד משני אופני מזולת רעות שאפשר מלבא יום מלאכם ויתמם זה לפי לקיצור אלה לגויהם הן זאת הטענתם לא לדקת מה כפי מה שראיתי אוהב זה רעות ... נכבד מאד מאד זה מהללים ולזה שכתבתי בזה ולא נפלה בתחלת המכתבות שגגת ... על מה שכור כי בזה מהלקוחות והשלמות והשלמים בשמירתם מלא זה לומה זה שיש מה האופן ... ויותר טוב שבו תהיו מבמקרה הזה הרע או לית שתהיו ... שגם היוצא כנראהם ואם זו יקרב מזה דע על במקרה אלא זה שדעת ... החכמים בעניני הבשרים ... המעשק ... ותשובו תחיל בהבתארה אשר תהיה מ ...

sin, or many sins, until the True Judge renders the judgment that the retribution to be imposed upon this sinner for these sins that he committed willingly and knowingly is that repentance will be denied to him; he shall not be permitted to repent of his wickedness, in order that he perish for the sin that he will commit." *Rambam* then quotes these verses, explaining them similarly.]

30. **To bring back**—In order to retrieve his soul from the grave and enable it to become enlightened in the light of eternal life in the World to Come.—[*Mezudath David*] *Rabbenu Meyuchos* explains the entire verse as referring to the life in this world. *Berechiah* draws an analogy to Hezekiah's miraculous recovery.

31. **Mark well, Job**—I have answered your question as to why God does not answer people, namely that it is not so, for the dream and the pain are God's words. Now hearken yet and listen to me, remaining silent until I answer your other questions.—[*Mezudath David*]

32. **If you have words**—If you have words to refute what I said originally, speak up and tell me whatever is on your mind, because my sole intention is to justify you. Thus it is to your benefit to speak your mind, and I will try to set you straight on the path of truth and righteousness. If you remain silent, however, and keep the words in your belly, you will remain with your false ideas, and you will not be justified.—[*Mezudath David*]

33. **If not**—If you have nothing to answer me, you listen to me and be silent while I teach you wisdom concerning the other questions.—[*Mezudath David*]

Sforno explains:

[31] **Mark well, Job etc.**—Listen to what I have to say and do not interrupt me.

[32] **If you have words**—to refute my arguments.

speak—after you hear what I have to say.

because I wish to justify you—If you give me a valid answer, I will not dismiss it with a "straw" [i.e. flimsy argument].

[33] **and I will teach you wisdom**—The wisdom of Divine Providence.

Berechiah points out that Elihu emphasizes that he wishes to justify Job, not to condemn him as his friends had done.

(In summation: Elihu tells Job that he is a man like him, as requested (31:35), and that he will answer him instead of God. Now, regarding his question of why God does not inform a person of his sins, Elihu replies that indeed He does inform man, either through a dream or through suffering and illness. He proceeds to relate other kindnesses

וראוי שתדע אתה המעיין שבכמו זה האופן יותר הספק הזה במה שזכרה תורה בהגעת הרעות לנו בשלא נלך בדרכי השם ובהגעת הטובות בשנלך בהם כמו שזכר בברכות וקללות וזה שכלל האומה יהיה מושגח כשילך בדרכי הש"י וכאשר יחל ללכת מהדרך הטוב אז יהיה נכון לבא עליו רע מלך המערכת תגיע ההודעה לכללה ההוא באחד משני אלו הדרכים אשר זכר וזה שאם היה ביניהם נביא תגיע אליו ההודעה והוא יגיעה לכלל האומ' ואם לא הנה יביא על הכלל ההוא יסורין מה ומכאובות אם להצילם מהרע הגופיי הנכון לבא עליהם אם להצילם מן הפחיתות הנפשיי אשר החלו להסתבך בו ולזה ביארה התורה שבשיבאו על הכלל כמו אלו הרעות לא ייחסוה אל הקרי אבל יאמינו שהכל בא מהש"י להוכיחם ולהעתיקם מהרע אמר אם תלכו עמי קרי וגו' בזה האופן התקיים בוא הטובות לנו כאשר נלך בדרכי הש"י ונדבק

181 תרגום

הַחֲרֵשׁ וַאֲאַלֶּפְךָ חָכְמָה׃ לד א וַיַּעַן
אֱלִיהוּא וַיֹּאמַר׃ ב שִׁמְעוּ חֲכָמִים מִלָּי
וְיֹדְעִים הַאֲזִינוּ לִי׃ ג כִּי־אֹזֶן מִלִּין תִּבְחָן
וְחֵךְ יִטְעַם לֶאֱכֹל׃ ד מִשְׁפָּט נִבְחֲרָה־
לָּנוּ נֵדְעָה בֵינֵינוּ מַה־טּוֹב׃ ה כִּי־אָמַר
אִיּוֹב צָדַקְתִּי וְאֵל הֵסִיר מִשְׁפָּטִי׃ ו עַל־
מִשְׁפָּטִי אֲכַזֵּב אָנוּשׁ חִצִּי בְלִי־פָשַׁע׃
ז מִי־גֶבֶר כְּאִיּוֹב יִשְׁתֶּה־לַּעַג כַּמָּיִם׃
ח וְאָרַח לְחֶבְרָה עִם־פֹּעֲלֵי אָוֶן וְלָלֶכֶת

עם

וְאַלְפִינָךְ חוּכְמְתָא׃
א וַאֲתֵיב אֱלִיהוּא וַאֲמַר׃
ב שְׁמָעוּ חַכִּימַיָא מִלַּי
וְיָדְעַיָא אֲצִיתוּ לְמֵימְרִי׃
ג אֲרוּם אוּדְנָא מִלַּיָא
בָּחֲנָא וּכוּרִינָא טַעֲמָא
לְמֵיכַל׃ ד דִין נִתְרְעֵי
לָנָא נִדַע בֵּינָנָא מָה
טָב׃ ה אֲרוּם אֲמַר אִיוֹב
זַכָּאִית וֶאֱלָהָא אַעְדִי
דִינִי׃ ו עַל דִינִי אֲכַדֵב
בַּר נָשׁ דְשָׁדֵי גִירֵי
כְּדָלִית סוּרְחָנָא׃ ז מַן
גַּבְרָא הֵיךְ אִיוֹב דְשָׁתֵי
דוּחְכָא הֵיךְ מַיָא׃
ח וַאֲזַל לְאִתְחַבְרָא עִם
עָבְדֵי שְׁקַר וּלְהַלָּכָא עִם
אנשי

פתח באתנח

רש"י

ומן המיתה שנאמר ועל ארבעה לא אשיבנו [עמוס א'] : (מענה אליהוא) : לד (ג) כי אוזן מלין תבחן. כאשר החיך יטעם האוכל : (ה) משפטי. הוכחת דברים : (ו) אכזב. הכזיב שופטי שלא דנני אמת : אנוש. חולה

מנחת שי

לד (ו) חצי בלי. הבי"ת רפה :

אבן עזרא

לד (ו) על משפטי. בעבור שאבקש משפט יאמרו כי אכזב : אנוש חצי. פירוש מחלי כענין אנושה מכתך : בלי פשע. בלי עון. או הוא חצי אע"פ שלא יפשע כענין אל השערה ולא יחטיא. והוא דרך משל : (ז) מי גבר כאיוב. מי שהוא כאיוב ראוי שישתה לעג כמים. דרך

רלב"ג

ונדבק בו על דרך ההשגחה לא מצד מערכת לבד וכבוא הרעות לנו כאשר נסור מהם וכבר ביארה התורה שבסוף הענין יהיה העונש בהסתר פנים ר"ל בסור ההשגחה האלהית אבל שיגיע אלינו רע אז אם לא הרע הנכון לבא מצד המערכת אמר והסתרתי פני מהם וזה בהגעת הרעות על דרך ההשגחה להוכיח האנשים לא יהיה תמיד כמו שזכר אליהוא בזה המענה : ביאור מלות המענה (א) ויען אליהוא ויאמר : (ו) אנוש חצי. אנושה מכתי :

מצודת דוד

ידבר בו ויוכיחו במכאוב וזו היא התמורה לגבוה ויספר עוד חסדי המקום ואף יבטיחו להשיב עוד על יתר דבריו) :

לד (א) ויען. לפי שבמענה הראשונה השיב לו בדבר הגלות הפשע אל האדם ועתה בא להשיב בדבר גמול השכר והעונש לזה נתן ריוח בין ענין לענין להתבונן יפה בכל דבר והפסיק מהראשונה והתחיל בשניה : (ב) שמעו חכמים. הזר פניו כלפי הריעים ואמר אתם חכמים שמעו מלי ואתם יודעים האזינו אמרי כי עמכם הבינה להבין אמרי : (ג) כי אזן. כמו שהאזן תבחן קולות הדברים של מי המה וכמו שהחיך יטעם הראוי לאכול לדעת המר הוא או מתוק כן בעלי חכמה יבינו אמרי אמת וצדק : (ד) משפט נבחרה. אני ואתם נבחרה לנו משפט לברר ברור האמת ונדע בינינו מה טוב להפריש הבלתי צודק מהצודק : (ה) צדקתי. אני צדיק וזכאי : הסיר משפטי. הסיר ממני משפט הגמול הראוי : (ו) על משפטי אכזב. מלבד משפט גמולי אשר אני אומר שנפסקה ממני הנה עוד אנוש חצי בלי פשע ר"ל לא די במה שמנע גמולי עד שהביאו מייסרי עוד בחנם : (ז) מי גבר כאיוב. הנמצא אדם חשוב בחכמה כאיוב אשר ירבה כ"כ בדברי לעג כמו השותה מים אשר ירבה לשתות די ספוקו כולו ואין צריך לתת בעדו מחיר : (ח) וארח. וילך אורח להתחבר עם פועלי און : וללכת וגו'. כפל הדבר במ"ש :

מצודת ציון

לד (ב) ויודעים. בעלי דעה : (ו) אכזב. ענין הפסקה כמו אשר לא יכזבו מימיו (ישעיה נ"ח) : אנוש. כאיב ביותר כמו

you and me decide judgment to clarify the truth, and let us know between ourselves what arguments are valid and which are invalid.—[*Mezudath David*] *Rashi* explains מִשְׁפָּט as *the proof of the matters.* [Note that we follow the Furth and *Malbim* editions, which appear more correct than the Lublin edition.]

5. **my right**—The right to my reward.—[*Mezudath David*]

6. **I call a liar**—*I accuse my Judge of being a liar, because He did not judge me fairly.*—[*Rashi*]

incurable—Heb. אָנוּשׁ. *My wound is sore, like* (II Sam. 12:15), "*and it became mortally ill* (וַיֵּאָנַשׁ)."—[*Rashi*]

my wound—Heb. חִצִּי, *my wound* [lit. my arrow].—[*Rashi*]

be silent and I will teach you wisdom.' "

34.

1. Now Elihu raised his voice and said, 2. "You wise men,
hearken to my words, and you knowledgeable ones, give ear to
me. 3. For the ear tests words, as the palate tastes food. 4. Let
us choose judgment for ourselves; let us know among ourselves
what is good. 5. For Job said, 'I am righteous, and G-d has
deprived me of my right. 6. Because of my sentence, I call
[Him] a liar. My wound is incurable without transgression.'
7. Who is a man like Job, who drinks derision like water? 8.
[Who] went on the road to accompany workers of iniquity, and
to go

of God and promises to answer Job
on his other arguments.)—[*Mezu-dath David*]

(Elihu's Address)

1. **raised his voice**—In the pre-
ceding chapter, Elihu explained the
manner in which God informs a
person of his sins. In this chapter, he
will clarify the matter of reward and
punishment. Therefore, he paused
between the two to allow Job to
study the first address before hear-
ing the second one.—[*Mezudath
David*]

2. **You wise men, hearken etc.**—
He turns to Job's friends and
addresses them, saying, "You wise
men, hearken to my words, and you
knowledgeable ones, give ear to
me," because you have the acuity to
comprehend my statements.—
[*Mezudath David*] Alshich explains
that, in addition to Job's wise

friends, other knowledgeable people
came to visit and were Elihu's
audience. He addresses the wise
men, urging them to listen to his
words, because even though these
men are many years his senior and
do not regard him as their equal, his
words deserve their attention. He
then addresses the knowledgeable
audience, urging them to lend him
their ears. I.e. they may pay atten-
tion to him personally, since they
are not his superiors. Also, the wise
men, who are familiar with the
material that he will discuss, need
only hearken somewhat to his
words, whereas the knowledgeable
ones, who are not yet familiar with
his philosophic ideas, should listen
intently.

3. **For the ear tests words**—*as the
palate tastes food.*—[*Rashi*]

4. **Let us choose judgment**—Let

עִם־אַנְשֵׁי־רֶשַׁע׃ ט כִּי־אָמַר לֹא יִסְכָּן־
גָּבֶר בִּרְצֹתוֹ עִם־אֱלֹהִים׃ י לָכֵן ׀ אַנְשֵׁי
לֵבָב שִׁמְעוּ־לִי חָלִלָה לָאֵל מֵרֶשַׁע
וְשַׁדַּי מֵעָוֶל׃ יא כִּי פֹעַל אָדָם יְשַׁלֶּם־לוֹ
וּכְאֹרַח אִישׁ יַמְצִאֶנּוּ׃ יב אַף־אָמְנָם אֵל
לֹא־יַרְשִׁיעַ וְשַׁדַּי לֹא־יְעַוֵּת מִשְׁפָּט׃
יג מִי־פָקַד עָלָיו אַרְצָה וּמִי שָׂם תֵּבֵל
כֻּלָּהּ׃ יד אִם־יָשִׂים אֵלָיו לִבּוֹ רוּחוֹ

תרגום

אֱנָשֵׁי רִשְׁעָא: ט אֲרוּם אֲמַר לָא יְאַלֵּף גַּבְרָא בְּמִצְבְיֵהּ עִם אֱלָהָא: ת"א אֲרוּם אֲמַר לָא יִסְתַּכַּן בַּר נָשׁ בְּמִרְהֲטֵיהּ עִם אֱלָהָא: י בְּגִין כֵּן אֱנָשֵׁי חַכִּימֵי קַבִּילוּ מִנִּי חַס לֶאֱלָהָא מִן רִשְׁעָא וְשַׁדַּי מִן שִׁקְרָא: יא אֲרוּם עוֹבָדֵי בַּר נָשׁ יְשַׁלֵּם לֵיהּ וּכְאוֹרְחָא דְגַבְרָא יְעַרְעִנֵּיהּ: יב בְּרַם בְּקוּשְׁטָא אֱלָהָא לָא יְחַיֵּיב וְשַׁדַּי לָא יְקַלְקֵל דִּינָא: יג מַן פַּקֵּד עֲלוֹי לְמֶעְבַּד אַרְעָא וּמַן שַׁוֵּי תֵּבֵל כּוּלָּהּ: יד אִין יְשַׁוֵּי

ת"א אנשי לבב. מקרים מ"ד פ"י רוב הפסל' זוהר שלח כל ד' פסוקים הנמשכים: חלילה. מקידס מ"ד פ"ו: עיין מ"ש

רש"י

מכתי כמו ויאנש [שמואל ב' י"ב]: חצי. נגעי: (ט) לא יסכן גבר. לא יהנה אדם אם מתמים דרכיו: (יג) מי פקד עליו ארצה. מי מושל בו לאמר למה כן עשית ולא צויתיך כן כי מי צוהו בממשלתו ולמה ימלא תואנות לבריותיו

עלוי

אינו צריך להשיב דבר למושל בו לאמר בשביל זאת הרעות לו: (יד) אם ישים. לבו על אדם להשחיתו למה יצר בעלילה עליו הרי מיד יאסוף אליו: רוחו ונשמתו. רוח ונשמה שלו שהוא נפחה בו ואין מוחה בידו ויגוע כ

מנחת שי

(י) אנשי לבב. כן הוא בס"ם בשני ספרי' וכב"א. ולב"ע אנשי בטעם אחד לבב בשי"ן קן מצאתי באור היטב באחד מס"ם וכן צריך להגיה בחילופים: (יד) אם ישים אליו לבו. בחילופים שלנו מהדפוס בין מערבאי למדינחאי יש במקום הזה בלבול. ואולם במקרא ישנה כ"י מצאתי כתוב באור היטב על פסוק זה דלמערבאי ישים אליו כתיב ולמדינחאי ישיב כתיב ישים קרי:

אבן עזרא

משל בעבור שארח לחברה כאילו הוא עם חברת הרשעי[ם] כדברו: (ט) לא יסכן גבר. לא יועיל כמו הוכח בדבר לא יסכון: ברצותו. כאשר יעשה רצון אלהים: (יג) מי הוא פקד עליו בארץ. או מי ברא תבל כולה: (יד) אם ישים. המקום אל בני אדם לבו כענין וכי תשית אלי

רלב"ג

(ט) יסכן. יועיל: (יג) מי פקד עליו ארצה. מי שעליו גזר וסידר אלו הענינים הנמצאים בארץ אשר ביצירתם מן השלמות והפלגת החכמ

מצודת ציון

אנושה מכותיה (מיכה א'): (ט) יסכן. ענין הנאה ותועלת כמו הלאל יסכן גבר (לעיל כ"ב): ברצותו. מלשון רצוי ורצון: (י) חלילה. חולין וגנאי: (יא) ימציאנו. ענין הזמנה והושטה כמו וימציאו בני אהרן (ויקרא ט'): (יג) פקד. צוה כמו והוא פקד עלי (עזרא א'):

מצודת דוד

(ט) כי אמר. מוסב למעלה שאומר מי גבר וגו' שיאמר כדברי איו[ב] שאמר לא יסכן וגו' ר"ל אין הנאה ותועלת בא לאדם במה שירצה לל[כת] עם האלהי' בדרכיו ובפקודיו: (י) אנשי לבב. ר"ל אנשי לבב חכמה חלילה לאל מרשע. לעשות גמול הראוי: ושדי מעול. לגמול טו[ב] לרשע ורע לצדיק: (יא) כי פעל אדם. כפי פועל האדם כן ישלם לו אם טוב ואם רע וכפי אורח איש כן יזמין לו וכפל הדבר במ"ש: (יב) אף אמנם. תחסר מלת כי וכאלו אמר אף כי ור"ל כי שהאמת הוא אשר אל לא ירשיע ר"ל לא ישלם למי אשר לא הרשיע והוא מקרא קצר ומובן מאליו: לא יעות משפט. אפי' במשפט לא יעות לעשות גמול שכרו: (יג) מי פקד. וכי מי צוה עליו לברוא את הארץ או מי ברא אותה מבלעדו והלא הוא ברא[ה] ומבלעדו בראם וא"כ כל קיומם בא ממנו והכל בידו: (יד) אם ישים. אם היה משים לבו על העולם להפך הכל מיד כאין הלא יוכל הו

lesh will perish together.—[*Rashi*] *Mezudath David* explains: If He wished to convert the entire world into nothingness, He could with-

with men of wickedness? 9. For he said, 'A man derives no benefit when he desires [to go] with God.' 10. Therefore, men of understanding, hearken to me; far be it for God [to commit] wickedness or for the Almighty to [commit] injustice. 11. For He recompenses man for his deed, and according to man's way He causes him to find. 12. Surely God does not condemn and the Almighty does not pervert justice. 13. Who gave Him a charge over the earth, and who disposed the entire world? 14. If He puts His heart to it, His spirit

7. **Who is a man like Job**—Can there be found a man as wise as Job, who increases words of derision as one drinks water. Since water costs no money, one is inclined to drink his fill.—[*Mezudath David*]

9. **For he said**—This refers above: Is there any man like Job, who said, 'A man derives etc.'?—[*Mezudath David*]

A man derives no benefit—*A man derives no benefit if he perfects his ways.*—[*Rashi*]

10. **men of understanding**—Lit. men of heart, i.e. men of an understanding heart.—[*Mezudath David* after *Targum*]

far be it for God [to commit] wickedness—To withhold the reward of one who deserves it.—[*Mezudath David*]

or for the Almighty [to commit] injustice—I.e. to pay good to the wicked and evil to the righteous.—[*Mezudath David*]

12. **Surely God does not condemn**—the righteous, to repay one who did no evil with the punishment due the wicked.—[*Mezudath David*]

does not pervert justice—by withholding one's rightful reward.—[*Mezudath David*]

13. **Who gave Him a charge over the earth**—*Who rules over Him, saying, 'Why did You do so?' or 'I did not command You so'? For who gave Him a charge over His dominion, and why should He find pretexts for His creatures? He need not answer one who rules over Him by saying 'Because of this I harmed him.'*—[*Rashi*]

Mezudath David, following *Targum*, explains: Who commanded Him to create the earth, or who, outside of Him, created it? Did He not create it of His own will? Consequently, its entire existence depends on Him and is in His hands.—[*Mezudath David*]

14. **If He puts**—*His heart on man to destroy him, why should He come upon him with a pretext? He can immediately gather in to Himself . . .*—[*Rashi*]

His spirit and His soul—*His spirit and His soul that He blew into him, and no one will stop Him. Thus, all*

183 תרגום

ונשמתו אליו יאסף: טו יגוע כל־בשר
יחד ואדם על־עפר ישוב: טז ואם־בינה
שמעה־זאת האזינה לקול מלי: יז האף
שונא משפט יחבוש ואם־צדיק כביר
תרשיע: יח האמר למלך בליעל רשע
אל־נדיבים: יט אשר לא־נשא | פני
שרים ולא נכר־שוע לפני־דל כי־

עלוי לביה רוחיה
ונשמתיה לנביה יכנוש:
טו יתנגיד כל בסרא
כחדא וגבר נש על
עפרא יתוב: טז ואין
תתבין שמע דא אציית
לקל מלי: יז הברם סני
דינא יסתכר ואין צדיק
זכי יחיב: יח הכשר
למימר למלכא רשיעא
חיבא לארכונין: יט דלא
נסיב אפין לרברבנן
ולא אשתמודע שועא
קדם מסכנא ארום

רש"י

בשר יחד: (טז) ואם בינה. ואם אתה רוצה להבין: שמעה זאת. בינה זו אינה שם דבר אלא ל' צווי כמו בינה הגיגי (תהלים ה') לפיכך שתים אלו טעמן למעלה בבי"ת וכל שאר בינה טעמן למטה בנו"ן: (יז) האף שונא משפט. אם שופט צדק יחבוש המקום וה"ת אינו משפט כי לא כדין עשה אפשר זאת מי שהוא צדיק מאד תרשיע: כביר. לשון מאד: (יח) האמור למלך בליעל. וכי הגון וראוי לאמר למלך בליעל ולאמר רשע אל נדיבים: (יט) אשר לא נשא פני שרים. כלומר למלך עולם אשר אין משוא פנים לפניו: שוע. שר כמו ולכילי לא

מעשה

אבן עזרא

לכך מיד יאסוף רוחו אליו כענין והרוח תשוב: (טו) ויגוע הבשר. שהוא הגוף והאדם הנראה על עפר ישוב ויש אומרים אם ישים האדם אל המקום לבו והוא רחוק: (יז) יחבוש. ימשול כדרך יעצור יורש עצר וכן לא אהיה חובש: (יח) האמור. הדרך מוסר הוא לומר למלך בליעל ולומר רשע אל אחד הנדיבים: (יט) ואף כי אשר לא נשא

מנחת שי

(יט) ולא נכר שוע. במסורה שלא נכר ב' א' מלעיל וסימן כי נכר אתו אלהים (שמואל א' כ"ג). ולא נכר שוע לפני דל ע"כ. וכן במקצת דפוסים ישנים יש טעם בנו"ן נכר־שוע אבל בספרים כ"י אין טעם בנו"ן ובמסורה שלהם לא נזכר כלום

רלב"ג

מה שלא ישוער: ומי שם תבל כולה. ומי סדר אלו הענינים בכללם אשר בארץ: (יז) יחבוש. ימשול: (יט) שוע. נדיב ועשיר:

מצודת דוד

לאסוף אליו מהעולם הרוח והנשמה הנתון בו ממנו ר"ל היה מונע מן העולם את ההשפעה הבאה ממנו והיתה שבה לאין: (טו) יגוע. ואז היה גוע כל בשר כולם כאחד ואף מין האדם היה שב אל העפר אשר לוקח ממנה וכאומר אם לא היו מעשיו במשפט כ"א מולה הנואות וחושב לאויב והפלו לאבד כמתנקם מה לו להרבות במיני היסורים הלא בידו לכלותו מהר מעל פני האדמה ואף את כל בשר יחד כי הכל שלו ומי א"כ ימחה בידו: (טז) ואם בינה. אם יש לך בינה שמע זאת והבן אותם והאזינה לקול מלי מה שאדבר עוד: (יז) האף. וכי אף גם זאת תאמר בהשיגא המשפט הוא המושל כי תאמר אשר הממשלה נתונה ביד מערכות השמים ומקרה אחד לצדיק ולרשע באין משפט וכי נכון אשר בדברים כוזבים כאלה תרשיע את המקום אשר הוא באמת צדיק כביר ולא יעוות משפט סגמול למסור את הכל ביד המערכה: (יח) האמר. וכי ראוי לומר על המלך שהוא בליעל או לומר רשע על אחד מהנדיבים ומכ"ש לחשוב כזאת על המקום: (יט) אשר לא נשא. הלא הוא אשר לא נשא פני שרים לוותר להם על מעלם ולא ניכר לפניו מי הוא השוע ומי

מצודת ציון

(יד) יאסוף. יכנים: (יז) יחבוש. ענין ממשלה על שם שהוא חובש במאסר את המחוייב וכן לא אהיה חובש (ישעיה ג'): כביר. חזק: (יח) שוע. נדיב כמו ולכילי לא יאמר שוע (שם ל"ב):

say of a king, 'scoundrel,' or 'wicked' of nobles?—[*Rashi*] It is surely not proper to accuse the King of the world of being wicked.—[*Mezudath David*]

19. **Who did not respect princes**—*That is to say the King of the world, before Whom there is no favoritism.*—[*Rashi*] Is He not the One before Whom princes beg pardon for their betrayal and are not recognized?—[*Mezudath David*]

a prince—Heb. שׁוֹעַ, *a prince, as* in (Isa. 32:5), *"nor shall a deceitful person be said to be noble* (שׁוֹעַ)."—[*Rashi*] See Commentary Digest ad loc.

and a prince was not recognized before a poor man—to receive preferential treatment in judgment, for they are all the work of His hands, and there is no difference between them in the eyes of God.—[*Mezudath David*]

and His soul He would gather in to Himself. 15. All flesh would perish together, and man would return to the dust. 16. And if you wish, understand: hearken to this, lend your ears to the sound of my words. 17. Will He heal even one who hates judgment? Will you accuse even a very righteous One? 18. Is it proper to say of a king, 'scoundrel'; 'wicked,' of nobles? 19. Who did not respect princes, and a prince was not recognized before a poor man, for

draw the influence He exerts upon the world and thereby reduce it to nothingness.

15. **All flesh would perish together**—Then all flesh, including the human race, would perish together, and man would return to the dust whence he was taken. Elihu reasons that if God's actions are not performed with justice but instead, He finds pretexts and plans to be an enemy, vengefully desiring to destroy, why should He inflict all kinds of suffering upon anyone? He could easily wipe him off the face of the earth. In fact, He could destroy the entire Creation together because it is all His, and no one could stop Him.—[*Mezudath David*]

16. **And if you wish, understand**—Heb. בִּינָה. *And if you wish, understand; hearken to this. This* בִּינָה *is not a noun but an imperative expression, like* (Ps. 5:2), "consider (בִּינָה) *my meditation." Therefore, these two are accented on the first syllable, on the "beth," whereas all the others are accented on the final syllable, on the "nun."*—[*Rashi*] This follows *Rabbenu Meyuchos and Isaiah da Trani.*

Ohev Mishpat renders: And if you wish to understand, hearken to this.

17. **Will ... even one who hates judgment**—*Will the Omnipresent heal* [even the one who hates the judgment] *of the just Judge? If you say that* [to do so] *is not judgment, for He acted not in accordance with the law, is it possible that you should condemn One Who is very righteous?* —[*Rashi*]

very—Heb. כַּבִּיר, *an expression meaning "very."*—[*Rashi*] Most commentators render: Will you even say that one who hates justice rules, or will you accuse One Who is very righteous? Do you assert that God has given over the dominion of the world to the constellations, who have no regard for justice, but who treat the righteous and wicked indiscriminately? Is it proper to accuse with such false statements a very righteous God of such a wicked act?—[*Mezudath David*] *Ohev Mishpat* and *Isaiah da Trani* explain that Job has accused God of judging him unjustly.

18. **Is it proper to say of a king, 'scoundrel'**—*Is it fit and proper to*

מעשה ידיו כלם: כ רגע ימתו וחצות
לילה יגעשו עם ויעברו ויסירו אביר
לא ביד: כא כי־עיניו על־דרכי־איש
וכל־צעדיו יראה: כב אין־חשך ואין
צלמות להסתר שם פעלי און: כג כי לא
על־איש ישים עוד להלך אל־אל
במשפט: כד ירע כבירים לא־חקר
ויעמד אחרים תחתם: כה לכן יכיר

תרגום

עובדי אידוי כולהון: כ בשעתא ימותון סדומאי ופלגות ליליא מתרגפין מצראי ויעברון ויעדון דורבני לא בחיל ידא: כא מטול דעינוי על אורחי בני נשא וכולהון פסעתי יחמי: כב לית חשוך ולית טולא דמותא לאטמרא תמן עבדי שקר: כג ארום לא על גבר ישוי עוד למיזל לות אלהא בדינא: כד יתבר גללי ימא דסגיעין בגו כיא ואקים חורונין בתריהון: כה בגין כן הודע מעבדהון

רש״י

יאמר שוע [ישעיה ל״ב]: (כ) רגע ימותו. כשירצה: וחצות לילה. כשעשה למצרים יגועשו עם [כולם] ברגע ויעבורו: ויסורו אביר. כח שלהם: לא ביד. לא ישמו בידם ואין להם כח: (כג) כי לא על איש ישים עוד. כלומר אמרת לא אך הוא ישים בי [לעיל כ״ג] רק חטאי לבדי ואני משיבך לא ישים הקב״ה על בריותיו עלילות תוספת על פשעם. עוד ל׳ תוספת: להלוך אל אל במשפט. כשהוא בא על בריותיו להתווכח עמהם: (כד) ירוע. ירוצץ כמו רועה התרועעה [ישעי׳ כ״ד]: ויעמד אחרים. במקומם: (כה) לכן יכיר מעבדיהם. לפי שהוא מכיר

מנחת שי

ממלעיל ומלרע: (כא) וכל צעדיו. בגעיא: (כג) להלך אל אל במשפט. הראשון חול והשני קדש מסכת סופרים פ״ד: (כד) ירע כבירים.

אבן עזרא

פני שרים: ולא נכר. כמו יכיר: (כ) רגע ימותו וחצות לילה. בעת המנוחה: יגועשו. יזדעזעו כמו ויתגעשו כי חרה לו: ויעבורו. וימותו כענין חלף הלך לו כי הנולד בא והמת הולך ועובר: ויסירו. וימותו האביר: לא ביד. לא בכח ולא בחיל: (כא) כי עיניו. על כן אין לאיש לשום עוד על לבו ופירוש עוד לעולם להלוך אל אל במשפט: (כד) ירוע. ישבר כמו תרועם בשבט ברזל: (כה) מעבדיהם. מעשיהם כמו ועבדיהם ביד האלהים:

רלב״ג

(כ) יגועשו. יתגודדו ויתנועעו: ויעבורו. ויעברו מן העולם: אביר. תקיף: (כג) ישים עוד. יסדר ויגזור מה שיעשה בעתיד: (כד) ירוע כבירים. ישבור תקיפים:

מצודת ציון

(כ) יגועשו. ענין התנודה והתנועה החזקה כמו ובנהרות יתגעשו (ירמיה מ״ו): אביר. כח ואומץ: (כג) עוד. ענין תוספת ורבוי וכן ויבך על צואריו עוד (בראשית מ״ו): (כד) ירוע. ירוצץ כמו תרועם בשבט ברזל

מצודת דוד

הוא סבל להיות חלוקים בדבר משפט הגמול כי כולם מעשה ידיו המה ואין הפרש ביניהם מול המקום: (כ) רגע ימותו. כאשר תבוא מיתה פתאומית כדבר וכיולא בעבור גמול עונש הנה שניהם ימותו ברגע אחת זה כזה אם דל ואם שוע: וחצות לילה. לפעמים פתאום בחצות הלילה יגועו וינודו העם ויעברו מן העולם על כי חטאו לו והם עצמם הסירו את החוזק אשר בהם לא ביד זולת כ״א מהם ובהם: (כא) כי עיניו. כי המקום משגיח על כל דרכי איש וגו׳ וכאשר יחטא לו עד מהרה ישלח דברו לאבדם מן העולם אם דל ואם שוע ואם רבים המה אף מבלי סבה קודמת: (כב) אין חושך. אין החושך יחשיך ממנו להיות למסתור לפועלי און לבל יראה מעשיהם אל מול פני ה׳: (כג) כי לא וגו׳. כי אין דרכו להשים על איש עונש נוסף על הראוי עד אשר יאמר האיש אהלך אל אל במשפט כי הרבה שעונש על הפשע ובעבור זה ישגיח על פרטי מעשה האדם לשלם גמול כערך המעשה: (כד) ירוע. הנה ירוצץ חזקים אין חקר להם ומעמיד אחרים במקומם על ממשלתם: (כה) לכן יכיר. בעבור אשר יכיר מעשיהם ולזה הסך בלילה אחת

ירוצץ, *He shatters, like* (Isa. 24:19), *"has broken* (התרעעה)*."—*[*Rashi*]

and He stands others—*in their stead.—*[*Rashi*]

25. **Because He recognizes their deeds**—*Because He recognizes their deeds, whether good or evil, He does not need to debate.—*[*Rashi*]

they are all the work of His hands. 20. In a moment, they die
and at midnight a nation quakes and passes away; they remov
their strength—it is not in their hands. 21. For His eyes ar
upon man's ways, and He sees all his steps. 22. There is neithe
darkness nor the shadow of death wherein workers of iniquit
may hide 23. For He will not place additional [guilt] on a ma
to go to God in judgment. 24. He shatters the mighty withou
number and He stands others in their stead. 25. Because H
recognizes

20. **In a moment, they die**—*when He wishes.*—[*Rashi*] They die in a moment when a sudden death, such as pestilence, comes upon them as punishment for their sins. Then both die in one moment, the prince like the poor man.—[*Mezudath David*]

and at midnight—*as He did to the Egyptians, an [entire] people quakes in a moment and passes away.*—[*Rashi*] Sometimes, suddenly at midnight a people quakes, shivers, and passes from the world because it has sinned against Him.—[*Mezudath David*]

they remove their strength—Heb. אַבִּיר, *their strength.*—[*Rashi*]

it is not in their hands—*It is not in their hands, and they have no strength.*—[*Rashi*] *Mezudath David* explains that they themselves remove their own strength; it is not removed by anyone else. *Targum* explains this verse as an allusion to the destruction of Sodom, which took place in one moment, and the destruction of the Egyptians, which occurred at midnight.

21. **For His eyes**—For the Omni present observes all man's ways and when he sins against Him, H immediately sends His word t eradicate him from the world; ric or poor, few or many, without prior [natural] cause [to which t attribute the death].—[*Mezudat David*]

22. **There is neither darkness**—N darkness is dark enough to shelte the workers of iniquity, to hid therein from God's sight.—[*Mezudath David*]

23. **For He will not place addition al [guilt] on a man**—*That is to say You said* (23:6), *'He will not plac upon me anything but my sins,' onl my sins alone, and I reply to you tha the Holy One, blessed be He, will no place on His creatures addition accusations over their transgression* [The word] עוֹד *is an expression o addition.*—[*Rashi*]

to go to God in judgment—*Whe He comes upon His creatures t debate with them.*—[*Rashi*]

24. **He shatters**—Heb. יָרֹעַ, [like

מַעְבָּדֵיהֶם וְהָפַךְ לַיְלָה וְיִדַּכָּאוּ׃ כו תַּחַת־
רְשָׁעִים סְפָקָם בִּמְקוֹם רֹאִים׃ כז אֲשֶׁר
עַל־כֵּן סָרוּ מֵאַחֲרָיו וְכָל־דְּרָכָיו לֹא
הִשְׂכִּילוּ׃ כח לְהָבִיא עָלָיו צַעֲקַת־דָּל
וְצַעֲקַת עֲנִיִּים יִשְׁמָע׃ כט וְהוּא יַשְׁקִט
וּמִי יַרְשִׁעַ וְיַסְתֵּר פָּנִים וּמִי יְשׁוּרֶנּוּ וְעַל־
גּוֹי וְעַל־אָדָם יָחַד׃ ל מִמְּלֹךְ אָדָם חָנֵף
ממקשי

מַעְבָּדֵיהוֹן וַהֲפַךְ לֵילְיָא
וּמִדַּכְּכִין׃ כו חֲלַף רַשִׁיעֵי
סַפְקִנוּן בְּאַתַר דְּחָמְיָן׃
ת״א בְּאַתַר רַשִׁיעַיָּא
פּוּרְעָנוּתְהוֹן בָּתַר
דְּיֶחֱמוּן צַדִּיקַיָּא וְיִזְכּוּן
בְּדִינָא׃ כז דִּמְטוּל
הֵיכְנָא זָרוּ מִבָּתְרוֹהִי
וְכָל אוֹרְחָתֵיהּ לָא
אִשְׂכִּילוּ׃ כח לְאַיְתָאָה
עֲלוֹי קְבַלְתָּא דְּמִסְכְּנָא
וְצַעֲקַתְהוֹן דַּעֲנִיֵּי
יִשְׁמַע׃ כט וְהוּא יַשְׁדִּיךְ
וּמַן יְחַיֵּב וִיסַלֵּק שְׁכִנְתָּא
וּמַן יִסְכְּנֵיהּ וּמַסְעַר ת״א ישקיט. זוהר שמיני׃
חוֹבָא עַל עַמָּא וְעַל בַּר נָשׁ כְּחֲדָא׃ ל מִמַּנֵּי מַלְכָּא בַּר נָשׁ דִּילָטוּר מְטוּל תַּקְלַיָּא דִּי בְעַמָּא׃

רש״י

מעבדיהם הטוב והרע ואין צורך לו להתוודה: והפך לילה. עת הפך וצרה להם וידכאו: (כו) תחת רשעים. במקומם: ספקם. לאנשי סדום: במקום רואים. לעין כל: (כז) אשר על כן סרו מאחריו. כמו (במדבר י׳) על כן ידעת הנותינו במדבר כמו מפני אשר סרו מאחריו והביאו לפניו ועליו צעקת דלים: (כט) והוא ישקיט. משקיט את הדלים מאותן העושקים ומי ירשיע עוד ובעוד שהסתיר פנים מי ישורנו: ועל גוי ועל אדם יחד. כיחידים כמרובים שוה לפניו להשקיט ולהסתיר פנים: (ל) וישקיט ממלוך אדם חנף ממוקשי עם. על ארום

אבן עזרא

והפך לילה. יהפוך אורם ללילה: (כו) תחת. במקום הרשעים ההם: ספקם. כמו ויספק את כפיו: במקום רואים. כדי שיתיסרו אחרים: (כח) להביא עליו צעקת דל. שגזלו אותם הרשעים: (כט) והוא ישקיט ומי ירשיע. יניע. כענין נלוה וכמוהו ובכל אשר יפנה ירשיע. והענין הפך ישקיט כי בשעת הגלות יתנועעו בני אדם הלא תראה יאמר והרשעים כים נגרש כי השקט לא יוכל: ויסתר פנים. הפך ישקיט אז יתעוררו כל המלחמו׳:

מנחת שי

מלא דמלא בכל מדוייקים: (כט) ומי ירשע. חסר יו״ד ועיין מ״ש במשלי סימן י״ב: (ל) ממלך. בדגש המ״ם שנייה וכן במסורת ד׳

רלב״ג

(כה) מעבדיהם. מעשיהם: (כו) ספקם. הכה אותם:

מצודת דוד

להעמיד אחרים במקומם והמה נדכאו מן הארץ: (כו) תחת רשעים. בעבור היותם רשעי׳ לזה הוכם ורצלם במקום ימלא שם רואים למען יקחו מוסר: (כז) אשר על כן. אשר נאבדו על אשר סרו מאחרי ה׳: וכל דרכיו. אף אחת מכל דרכיו לא השכילו וכן על כל דבר פשע (שמות כ״ב) ומשפטו על אחת מכל דבר פשע: (כח) להביא עליו. לזה האבידם מן העולם להביא על כל אחד מהם גמול לעקת הדל אשר עשקו וגמול לעקת העניים הרבים אשר ישמע כי עשק ליחיד ולרבים ובא לעקתם לפני המקום: (כט) והוא ישקיט. כאשר יגזור המקום על מי לשבת שוקט ובוטח ומי הוא יחריד ויבלבל אותו וכאשר יסתיר פנים ממי לבל ישגיח בו לתת לו די מחסורו ומי א״כ יראנו ר״ל מי ישגיח בו למלאות מחסורו כי הכל מיד ה׳ ואין כח במערכת השמים לא לרחק ולא לקרב: ועל גוי. בין על אומה שלימה בין על אדם יחידי כי יכול הוא אף בכולל׳ ומשגיח אף בפרטים: (ל) ממלך.

מצודת ציון

(תהלים ב׳): (כה) מעבדיהם. מעשיהם כי תרגום של מעשה הוא עובדא: וידכאו. נשברו ונכתתו: (כו) תחת. במקום כמו עין תחת עין (שמות כ״א): ספקם. ענין הכאה כמו ויספוק את כפיו (במדבר כ״ד): (כט) ירשיע. יחריד ויבלבל וכן ובכל אשר יפנה ירשיע (שמואל א׳ י״ד): ישורנו. יראנו כמו אשורנו ולא קרוב (במדבר כ״ד): (ל) חנף. רשע המחניף ליצרו ועושה פתויו:

such a God, you should not have said, 'scoundrel,' and 'wicked.'—[Rashi] *Etz Chayim* ms. reads:

And He shall quiet—*the poor.*

so that a flattering man should not reign—*over the people of the poor, who reigned . . .—[Rashi]*

because of the snares of the people—*Because of the iniquity of the people he reigned. Now to such a God etc.—[Rashi]*

a flattering man—A wicked man who flatters his evil inclination and is enticed by it.—[*Mezudath Zion*] *Mezudath David* explains that God removes the flattering man from reigning over the people so that he should not set snares for them.

their deeds; He turns night [upon them] and they are crushed. 26. In the place of the wicked He smote them, in the place of viewers— 27. Because they turned away from following Him, and they did not understand any of His ways— 28. To bring upon Him the cry of the poor, and He hears the cry of the afflicted. 29. When He quiets [them], who will deal wickedly? When He hides His face, who will see Him?—whether [it be done] to a nation or to a man, alike. 30. That a flattering man shall not reign,

He turns night—*A time of darkness and trouble for them, and they are crushed.*—[*Rashi*] *Ibn Ezra* explains: He turns their light into night. *Mezudath David* explains: Because He recognizes their deeds, He overturns them in one night, to stand others in their place; and they are crushed from the earth.

26. **In the place of the wicked**—Heb. תַּחַת, *in their location.*—[*Rashi*]

He smote them—*The people of Sodom.*—[URashi]

in the place of viewers—*Before everyone's eyes.*—[*Rashi*] Because they were wicked, the Omnipresent smote and shattered them where all could see, so that everyone would learn a lesson from their downfall. —[*Mezudath David*]

27. **Because they turned away from following Him**—Heb. אֲשֶׁר עַל־כֵּן, *as* in (Num. 10:31), *"because* (עַל־כֵּן) *you knew our camping in the desert."* [This is] *like: because* (מִפְּנֵי אֲשֶׁר) *they turned away from following Him, and they brought before Him and upon Him the cry of the poor.*—[*Rashi*] The people were destroyed because they turned away from following God, and they did not understand even one of His ways.—[*Mezudath David*]

28. **To bring upon Him**—[According to *Rashi,* the antecedent is God.] *Mezudath David* explains that God destroyed the wicked in order to bring upon each one of them the punishment due him because of the cry of the poor whom he had oppressed.

29. **When He quiets**—*He gives the poor* [some peace and] *quiet from those who oppress* [them]. *Now who will deal wickedly anymore? And as long as He hid His face, who will see Him?*—[*Rashi*]

whether [it be done] to a nation or to a man, alike—*As for individuals,* [or] *as for a multitude—it is the same to Him to quiet* [them] *and to hide His face.*—[*Rashi*]

30. ***And it shall be quiet*, that a flattering man shall not reign because of the snares of the people**—*Over the poor, who reigned because of the snares of the people* [who were guilty] *of iniquity, and concerning*

מִמֹּקְשֵׁי עָם: לא כִּי אֶל־אֵל הֶאָמַר
נָשָׂאתִי לֹא אֶחְבֹּל: לב בִּלְעֲדֵי אֶחֱזֶה
אַתָּה הֹרֵנִי אִם־עָוֶל פָּעַלְתִּי לֹא אֹסִיף:
לג הֲמֵעִמְּךָ יְשַׁלְּמֶנָּה ׀ כִּי־מָאַסְתָּ כִּי־
אַתָּה תִבְחַר וְלֹא־אָנִי וּמַה־יָּדַעְתָּ דַבֵּר:
לד אַנְשֵׁי לֵבָב יֹאמְרוּ לִי וְגֶבֶר חָכָם
שֹׁמֵעַ לִי: לה אִיּוֹב לֹא־בְדַעַת יְדַבֵּר

ודבריו

תרגום

לא אֲרוּם לֶאֱלָהָא אֶפְשַׁר דְאִתְאֲמַר סוֹבַרְיַית לָא אֶחְבּוֹל: לב בַּר מִמָּה דְאֶחְמֵיהּ אַנְתְּ אַלְפִנַנִי אִין שִׁקְרָא עֲבַדִית לָא אוֹסִיף: לג אֶפְשַׁר דִי מֵעִמָּךְ יְשַׁלְמִנָהּ אֲרוּם רַחֵקְתָּ אֲרוּם אַנְתְּ תִּתְרְעֵי וְלָא אֲנָא וּמָה דִידַעְתָּ מַלֵּל: לד אֱנָשֵׁי חַכִּימֵי לִבָּא יֵימְרוּן לִי וְגַבְרָא חַכִּימָא יְקַבֵּל מִנִי: לה אִיּוֹב לָא בְּמַנְדְעָא יְמַלֵּל וּפִתְגָמוֹי

רש"י

דלים שמלך ממוקשי עם עון. ולאלוה כזה לא היה לומר לך בליעל ורשע: **(לא) כי אל אל האמר**. להאמר אליו נכון וראוי מאת כל סובלי יסורים להאמר נשאתי ומקבל וסובל אני משפטיך ולא אחבול בעצמי. ועוד צריך הנידון לומר: **(לב) בלעדי אחזה**. לבד מה שאני יודע לראות ולהבין בדרכיך אתה הורני ואם און פעלתי לא אוסיף: **(לג) המעמך ישלמנה כי מאסת וגו'**. כך אמר אליהו לאיוב המעמך היה לו להקב"ה להימלך בפרעון תשלומין ממך: **כי מאסת**. לאמר מאסתי לא לעולם אחיה (לעיל ז') יתר ידו ויבלעני [לעיל ו'] סבור אתה שיגבה ממך לפי דעתך ורצונך ואתה תבחר התשלומין ולא אני. במקו' הקב"ה דבר אליהו בתמיה: **(לד) אנשי לבב יאמרו לי**. כי

מנחת שי

בקריאה ומספרים וסימן שמואל. שמואל. אדם. פרעה. וביאורם במ"ג: (לא) כי אל אל האמר נשאתי. אל הראשון חול והשני קדש מסכת סופרים פרק ד' ועיין מה שכתבתי לעיל ט"ו: (לב) בלעדי אחזה. החי"ת בחטף סגול וכן במסורת אחזה ד' וה' ואחזה וסימן נמסר בהאי פיסקא סימן י"ט במ"ג: (לג) המעמך. הה"א בגעיא:

אבן עזרא

ועל גוי. על אומה גם על אדם לבדו. ולא ימליך אדם חנף אלא ממוקשי עם כדי להנקם מהם: **(לא) כי אל אל**. היוכל אדם לומר נשאתי אלו האלהים לא אחבול. עוד לא אשחת כמו וחבל את מעשה ידיך. והענין היוכל אדם לומר די לי לא ארצה יותר: **(לב) בלעדי**. אשר אחזה: **אם עול פעלתי**. בדבורי: **(לג) המעמך ישלמנה**. רובי המפרשים השתבשו בפסוק זה. יש אומרים המעמך ישלם חסרון דעתי כי מאסת דברי. ויש אומרים המעמך היש כח עמך להשלים עמך הרעה לעשות שלום כי אתה תבחר דברי אם אומר אמת. והנכון בעיני שהוא כן המעמך ישלם הרעה או הטובה: **כי מאסת**. והענין יש אנשים שיאמרו לא ארצה לסבול הרעה בעבור טובה גדולה שיהיה שכרה כענין לא הם ולא שכרם: **כי אתה תבחר ולא אני**. ולמה תבחר אתה שמא אני ארצה לסבול מעט רע בזמן קצון בעבור

רלב"ג

(לא) נשאתי לא אחבול. סלחתי לא אשחית: (לג) ישלמנה. ישלימנה לעשות:

מצודת ציון

(לא) נשאתי. אשא ואסבול: אחבול. אשחית: (לב) בלעדי. הוא כמו מלבד וכן בלעדי רק אשר אכלו הנערים (בראשית י"ד): אחזה. אראה כמו ואתה תחזה (שמות י"ח): הורני. למדני:

מצודת דוד

הוא המסיר ממלוכה אדם חנף מבלי היות מוקשי עם ר"ל לומר למען לא יהיה מוקשים על העם: (לא) כי אל אל האמר. ר"ל על כי נראה שמעשיו בדין נכון הוא נאמר אל האל הנה אשא ואסבול המכאוב ולא אשחית מעשי מעתה: (לב) בלעדי אחזה. ומלבד מה שאראה אני בעצמי להשכיל בדרכיך למדני אתה את המעשה אשר אעשה ואם פעלתי און מחסרון הידיעה לא אוסיף עוד לעשות כזאת כאשר תלמדני לדעת דרך זו אלך וכאומר הנה דרך הנכון לומר כן ולא להחזיק עצמו לצדיק ולבעט ביסורים: (לג) המעמך. וכי מעמך בלבד ישלם החקירה בדבר הנהגת משפט ה' וכי אתה לבדך תכריע כי מאסת אמרי הזולת וכפל עוד דברו ואמר וכי אתה תבחר אמיתת הדבר ולא אני הלא גם לי לבב כמוך ומה ידעת מן הסיקה והויכוח דבר ושימת לב לבחון הבנים המה: (לד) אנשי לבב. הן ידעתי שאנשי לבב יאמרו לי ר"ל יודו למאמרי וכל גבר חכם יהיה שומע אל דברי ומהם לא יסור: (לה) איוב. אבל איוב לא בדעת ידבר

because of the snares of the people. 31. For to God should be said, 'I will bear it; I will not destroy [myself]. 32. Besides what I see, *You* instruct me; if I have committed injustice, I will not continue.' 33. From you[r counsel] should He pay it, for you despised [your life]? Should you choose and not I? And what you know, speak? 34. Men of understanding will say to me, and a wise man will listen to me, 35. Job does not speak with knowledge,

31. **For to God should be said**—*To be said to Him. It is fitting and proper for all those who suffer pains to say, 'I bear, accept, and tolerate Your judgments, and I will not destroy myself.' Further, the one who is judged must say . . .*—[*Rashi*]

32. **Besides what I see**—*Besides what I know to perceive in Your words, You instruct me, and if I have committed injustice, I will not continue.*—[*Rashi*]

33. **From you should He pay it, for you despised etc.**—*So did Elihu say to Job, "Should the Holy One, blessed be He, have taken counsel from you about repaying you?"*—[*Rashi*]

for you despised—*saying (above 7:16), "I despised [my life]; I will not live forever"; (above 6:9) "enlarge His hand and finish me off." Do you think that He would collect from you according to your thoughts and your desire, and you would choose the payment—not I? Elihu spoke instead of the Holy One, blessed be He, with a question.*—[*Rashi*] *Mezudath David* explains: Should the speculation concerning God's judgment end

with you? Should you alone decide, because you despise everyone else's opinion? Will you choose the truth of the matter and not I? I, too, have understanding equal to yours. Now what do you know of philosophic theories, to ascertain whether they are correct?

34. **Men of understanding will say to me**—*that Job does not speak with knowledge.*—[*Rashi*] *Mezudath David* explains: I know that men of understanding will say to me (i.e. they will agree with all that I say), and every wise man will listen to my words and not deviate from them.

35. **Job does not speak etc.**—But Job does not speak with knowledge. These severe pains have clouded his mind and deprived his words of sense, because otherwise he too would agree with me.—[*Mezudath David*]

According to the Talmud (*Baba Bathra* 16b), Elihu means to exonerate Job for speaking harshly against God. This is the basis of the maxim: A person is not accountable for the outpourings of his distress. *Malbim* explains that Job's words do not

ודבריו לא בהשכיל: לו אבי יבחן איוב
עד־נצח על־תשבת באנשי־און:
לז כי יסיף על־חטאתו פשע בינינו
יספוק וירב אמריו לאל: לה א ויען

תרגום

דָא בְּשִׂכְלָא: לו צָבֵינָא דְיִתְבְּחַר אִיּוֹב עַד עַלְמִין מְטוּל תְּיוּבְתָּא בְּאֶנָשֵׁי שִׁקְרָא: לז אֲרוּם יוֹסִיף עַל סוּרְחָנֵיהּ מְרַד בֵּינָנָא מְסַפֵּק וּמַסְגֵּי מֵימְרוֹי קֳדָם אֱלָהָא: א וַאֲתִיב אֱלִיהוּ וַאֲמַר:

רש"י

איוב לא בדעת ידבר: (לו) אבי יבחן. אבי אתה הקב"ה אב לכל הלואי יבחן איוב עד נלח למען תהיה תשובה לאנשי און ואף לבני אדם דבר הכ' כן אבי דבר גדול וגו' (מלכים ב' ה') ד"א אבי כמו ותפר האביונה [קהלת י"ב] לשון רצון כך חברו מנחם וכן פתרונו אבי יבחן איוב עד נלח רצוני ומאויי שיבחן איוב עד נלח (סא"א): (לז) יספוק. ל' רוב דברי' והרמת קול: בינינו יספוק. הוא אומר מה לנו ולדבריו אף אמנם שגיתי אתי תלין (לעיל י"ט) ואינו יודע שאנו נענשי' ומספיק

אבן עזרא

טוב רב בימים אין קץ להם: (לו) אבי. יש אומרים שהוא כמו אבה כמו רצוני והקרוב אלי שיאמר אבי למקום ויחסר סי' הקריאה אם יבחן איוב לעולם באמת יבחן בעבור שתשובותיו באנשי און: (לז) כי. כל עת יוסיף על חטאתו פשע: בינינו יספוק. יותר מדאי כמו אם יספיק עפר שומרון והענין מה שהוא די בינינו וכנגד המקום ירבה דברים:

מנחת שי

(לו) תשבת. מתחלפים הספרים בחסר ויתיר: (לז) בינינו יספוק. המסרות מתחלפות בסדר בלק ומלכים א' כ' וכאן ובכל ספרים שלפני זהו בסמ"ך ומלא וכ"כ רד"ק בשרש ספק שהוא כתוב בסמ"ך ואחר כך אמר ובמקצת הספרים ראיתיו בשי"ן אבל במסורת על אם ישפק עפר שמרן ישפוק ג' ב' חסרין וכתובים בשי"ן ישפק עפר שמרן. ישפק עלימו איוב כ"ז. וחד מלא וכתוב סמ"ך בינינו יספוק ע"כ. ומסורה זו היא הנמצאת בספרים שלנו במלכים א' כ' וכן פירשו כל המפרשים בסמ"ך וכן נדרש בויקרא רבה פרשה ד' אתה מספיק בינינו את עונותיך עיין בפי' רש"י ובפירוש אבן:

רלב"ג

(לו) אבי. מגז' אבה והרצון בו רצוני או יהיה קריאה אל השם: על תשובות באנשי און. על שהוא משיב להם תשובות בענין אנשי און: (לז) יספוק. יספוק כפיו ויתרעם מהש"י: ביאור דברי המענה השיב אליהוא על קצת דברים זכר שאמרם איוב ואמר שמעו חכמים מילי ויודעים האזינו לי כי אוזן מלים תבחן כמו החיך יטעם האוכל או רצה בזה שהוא יטעון על איוב מהדברים המוחשים לא שיסתיר המוחש כמו שהיו עושים ריעי איוב נבחרה לנו המשפט והאמת לא נבחר דעת אחד על אחד אם לא מצד הטיון והחוש או מצד אחר מהם אבל נשתדל לדעת אי זה מהדעות הוא יותר טוב. כי אמר איוב צדקתי ואל הסיר משפטי על משפטי שישפטני השם באלו המכאובות האם אכזב באמרי שצדקתי הנה על דרך האמת אנושה מכתי מבלי פשע מי גבר כאיוב ושלם כאיוב יאמר דברי לעג כאלו. והנה בזה המאמר כאילו הלך להתחבר עם פועלי האון ואנשי רשע כי יאמר שלא יועיל לאדם ברצותו הדרך שהוא עם אלהים והוא הדרך הישר. ואולם אמר זה כי מי שילך בדרך הישרה יאמרו בו שהלך עם האלהים כאומרו את האלהים התהלך נח. לכן אנשי לבב שמעו לי חלילה לאל מעשות רשע ועול כי הוא ישלם לאדם פעלו ר"ל גמול פעלו על דרך וכשכיר יקוה פעלו וימציא לאדם כדרכיו ר"ל שישגיח בטובים וישמרם והרשעים יהיו נעזבים למקרה הזמן הרעים הנכונים לבא עליהם מצד המערכת. אמנם שהש"י לא יעשה רשע ולא יעות משפט הוא מבואר ממה שאומר מי הוא עליו שגזר וסדר כל אלו הנמלאות הנפלאות אשר בארץ בזה הסידור הנפלא מהיושר והחכמה מה שלא יתכן לאדם שישיג ממנו כי אם מעט ומי שסדר זולתו זה העולם כלו הלא באמת הוא לבדו ובכחו עומד ונשאר תמיד. ואם היה חפץ רשע להביא רע בזה העולם שלא כדין היה אפשר שיאסוף אליו חיי זה העולם יחד ויפסידהו ויגוע יחד כל חי והאדם על עפר ישוב ואולם זה אינו אבל נמצא הש"י משגיח בו השגחה נפלאה להעמידו תמיד על מתכונתו ולזה יתחייב שלא ייוחס לש"י הרשע והעול ואם תרצה להבין שמע אמרי. הגם שונא משפט ימשול בזה העולם הנמצא בו המשפט והחסד בתכלית מה שאפשר בבריאות הנמצאות אשר בו ובפרט בנמצאים ובעלי חיים ואין ראוי ליחס רשע אל מי שהוא חזק הצדק אשר בהנהגתו זאת אשר סידר באנשי העולם מן היושר עד שלא ניכר בה שרים ולא ניכר בה בין נדיב ודל לפי שהם כולם מעשה ידיו. ולזה תמצא שבבא יומם ימותו ברגע ובכמו שיעור העתה אשר יחלק הלילה לשני חליין שאינו בזמן אלא כמו שהנקודה בקו ימלא שיתגועשו עם אחר ויעברו מן העולם ויאבדו בבא יומם ויסורו אלו המקרים אשר ימיתום האביר אשר ימשול בזה העם עמהם וכל אלו ימותו יחד מזולת שיחולו עליהם ידים אבל בצלון השם וגזרתו זה הרע בא להם מצד רשעם להעדר ההשגחה האלהית מפני זה מהם ובהסתירו השם פניו מהם יהיו מטרה למקרה הזמן כמו שאמר אחר זה ויסתר פנים ומי ישורנה ועל גוי ועל אדם יחד וכל זה הוא לפי שעיני השם על דרכי איש והוא רואה כל צעדיו ושיתכן

מצודת דוד

ר"ל מקושי המכאוב אין דעתו שלימה ולזה דבריו המה לא בהשכל ולולי זאת היה גם הוא מודה לדברי: (לו) אבי. הנה חפצי שעד עולם יהיה איוב בחון ביסורים לראות אם יחזור מדבריו ועם כל צערו לא יחדלו ממנו עד אשר ישוב לה': על תשבות. בעבור שימלאו תשובות באנשי און בראותם שלא הלכו ממנו היסורים כי אם בתשובה: (לז) כי יוסיף. כי על החטא אשר יחטא בלבו לכחש בהשגחה עוד יוסיף פשע אשר בינינו בפרסום רב יתלונן די ספוקו וירבה אמריו על האל ואם על"ז ילכו להם היסורים יגעול דלת לפני אנשי און ולא ישובו אל ה' כי יאמרו הכל בא במקרה וכאשר באו כן הלכו. והעולה מהמענה הזאת אשר השיב לומר שהמקום משלם לכ"א כגמולו ואינו מולא תנואות לאבל מעשה ידיו מבגאתו גם כי אם היה כן מה לו להרבות בתחבולות הלא הכל שלו ובידו לאבד הכל בקלות ואין מי ימחה בידו אבל עם הכל יעשה במשפט הדל יהיה או שוע המעט אם רב ואין כח במערכת השמים לבטל גזירת המקום לזאת מהראוי לשוב לה' ולא לבעט ביסורים אף יתאוה לבל ילכו היסורים מאיוב עד כי ישוב למען הודות תשובה):

מצודת ציון

(לו) אבי. ענין תאוה ורצון כמו לא אבה יבמי (דברים כ"ה): (לז) יספוק. די הספוק ור"ל הרבה מאד כמו במלאות ספקו (לעיל כ'):

לה (א) ויען. לפי שבמענה השניה השיב בדבר גמול השכר והעונש ועתה בא להשיב בדבר היסורים הבא לאיוב עלמו

and his words are without sense. 36. My Father! May Job be
tried to eternity, so that there be repentances among men of
iniquity. 37. For he adds transgression to his sin; among us he
speaks loquaciously and multiplies his words to God."

accord either with experiential
knowledge or with philosophic
thought.

**36. My Father! May [Job] be
tried**—*You are my Father. The Holy
One, blessed be He, is the Father of
all. Would that Job be tried to eter-
nity, in order that there be repentance
among men of iniquity. And also to
men Scripture speaks in this manner
(II Kings 5:13): " 'Master (אָבִי), if
the prophet spoke to you to do a diffi-
cult thing etc.' " Another explana-
tion:* אָבִי *is like (Ecc. 12:5), "and the
sexual desire (הָאֲבִיּוֹנָה) will fail," an
expression of desire. Menachem
(Machbereth p. 11) associated it in
this manner, and this is its interpreta-
tion:* אָבִי יִבָּחֵן אִיּוֹב עַד נֶצַח, *my wish and
my desire are that Job should be tried
to eternity (omitted in some edi-
tions).*—[*Rashi*]

Mezudath David follows *Rashi's*
latter interpretation, explaining: It is
my desire that Job should be tried
with suffering to eternity, to see
whether he will retract his words;
despite all his cries, his suffering will
not stop until he returns to God.

**that there be repentances among
men of iniquity**—So that repentances
shall be found among men of ini-
quity, when they see that the suffer-
ings did not leave him until he
repented.—[*Mezudath David*] *Ram-
ban* renders: because of the replies of

men of iniquity. Job should be tried
with suffering forever because his
replies are the replies of iniquitous
men. *Isaiah da Trani, Ralbag,* and
Berechiah also offer this interpreta-
tion. *Rabbi Joseph Kimchi* explains:
in order that we should have
answers for men of iniquity. I.e. so
that we can reply that there is indeed
punishment for sins. *Berechiah*
quotes *Ibn Kimchi* as saying: so that
there should be no answers among
men of iniquity, i.e. they should
have no answer when they see the
severe punishment Job's sins elicit.
Simcha Aryeh explains: because of
his returning among men of iniquity.
Because of his association with men
of iniquity, he adopted their doc-
trine, viz. that the world is con-
trolled by the constellations, not by
Divine Providence.

37. he speaks loquaciously—Heb.
יַסְפּוֹק, *an expression of many words
and raising the voice.*—[*Rashi*]

among us he speaks loquaciously
—*He asks, Why should we be con-
cerned with his words (above 19:4),
'And even if I have indeed erred, let
my error stay with me,' and he does
not know that we are punished, and he
increases iniquities for us because we
are listening. So it is explained in
Leviticus Rabbah (4:6).*—[*Rashi*]
This midrash is the source of a well-
known allegory: A passenger aboard

[Hebrew commentary text — Ralbag on Iyov (Job), chapter 35. Dense Rashi-script body text.]

ship drilled a hole in his private cabin, claiming that this would affect only his own stateroom. His fellow passengers, alarmed, tried to explain that his actions endangered everyone aboard, for if his cabin were to fill with water, the entire ship could sink. Similarly, to Job's claim that his harsh speech toward the Almighty harmed no one, Elihu retorts that there is communal responsibility for his irreverent statements.

Mezudath David explains that Job adds transgression to his sin: in addition to denying Divine Providence, he continues to complain publicly to God. Should his suffering cease without his having repented of his sins, sinful men would decide against repenting because, they would say, his suffering both came and went by chance. Just as it came by chance, so did it go away by chance, since he did not repent to merit his recovery.

Ralbag, Rabbenu Meyuchos, and *Isaiah da Trani* explain that he *claps his hands among us,* complaining to God. *Zerachiah's* commentary differs slightly. He explains that Job adds to his sins by refusing to repent of his heretical beliefs, by clapping his hands in anger against his friends, who do not agree with him, and by making many claims against God. *Ramban* derives יִסְפּוֹק from סָפֵק, *doubt*. Job casts doubts among us, weakening our faith in God.

(In summation: Elihu answers Job that God recompenses everyone according to his deeds. He does not seek to accuse falsely, to destroy the work of His hands out of hatred, for were that so, God would not require devices to execute His plot. He could easily destroy all mankind; no one can prevent Him from doing so. But the truth is that all God's deeds are just: He treats all men alike, whether they are rich or poor, great or small, and the constellations have no power to nullify His decrees. Therefore, Job should repent so that his suffering will cease. Elihu even expresses his wish that Job's suffering should not cease until he repents, in order to encourage repentance.)—[*Mezudath David*]

ודעתם דאוי בנחקור איך אפשר אם מזלות שנייהם נגד רשע ועול ואם לא יוכל להשיג זה ראוי שנייחסהו אל קלונו לא שנחליט המאמר מפני רוע הסידור הנמצא לפי מה שנחשוב בטובות אישי האדם ודעתם שהש״י סידר זה הענין באופן חסר כמו שהיה אומר איוב ואם אמר אומר שאיוב לא ייחס זה הענין אשר היה מהרעם עליו לש״י לרשע ועול אבל ייחסהו לגלות וקילור וזה לא יבטל מזה הלך הנה אליהו בטל ג״כ זה המאמר בכה שטענהו זאת ואמר אמנם שהש״י לא ירשיע ולא יעות משפט מלך קלור ולאותו מהמליא זה הסידור הנמצא בטובות אישי האדם ודעתם באופן יותר שלם זה מבואר לפי שהוא לבדו המליא זה המציאות בכללו וסידר אותו בזה הסידור הנפלא אשר הוא מורה על תכלית השלם והחכמה נמצא לפעולו ואם לא השיגנו קילור וגלות מהמליא מה שהמליא מסדרים הנפלאים תכלית הפלא בנמצא נמלה

189 תרגום

אֱלִיהוּ וַיֹּאמַר: ב הֲזֹאת חָשַׁבְתָּ
לְמִשְׁפָּט אָמַרְתָּ צִדְקִי מֵאֵל: ג כִּי־
תֹאמַר מַה־יִּסְכָּן־לָךְ מָה אֹעִיל
מֵחַטָּאתִי: ד אֲנִי אֲשִׁיבְךָ מִלִּין וְאֶת־
רֵעֶיךָ עִמָּךְ: ה הַבֵּט שָׁמַיִם וּרְאֵה וְשׁוּר

ב הֲדָא חֲשַׁבְתָּא לְדִינָא
מַלֶּלְתָּא דְכָיֵית מִן
אֱלָהָא: ג אֲרוּם תֵּימַר
מָה יַהֲנֵי לָךְ מָה צְרוֹךְ
אִית מִן סוּרְחָנִי: ד אֲנָא
אֲתֵיבִינָךְ מִלַּיָּא וְיַת
חַבְרָיךְ עִמָּךְ: ה אִסְתַּכֵּל
לִשְׁמַיָּא וַחֲמֵי וְאִסְתְּכֵי
שחקיא

רש"י

לנו עונות על שאנו שומעים כך מפורש בויקרא רבה : (מענה אליהוא) : לה (ב) הזאת חשבת למשפט. שהוא משפט הבריות כנגד יוצרם אשר אמרת צדקי מאל הבורא : (ג) כי תאמר מה יסכן לך. דרכי יושר ומה אועיל בצדקתי יותר מחטאתי : (ד) ואת רעיך עמך. ששתקו על דבריך : (ה) הבט שמים. ואחרי שהוא גבוה

אבן עזרא

לה (ב) הזאת חשבת למשפט אמרת. יותר הוא צדקי מצדק אל : (ג) מה יסכן לך. כמו מה יועיל כמו הוכח בדבר לא יסכון : (ה) ושור. ראה כמו

מנחת שי

לה (ד) ואת רעיך. בגעיא :

רלב"ג

נמצא כ"ש שלא ישיגהו ליאות וקילור במה שהוא למטה מזה והוא הבאת הטוב לטובים והבאת הרע לרעים וכ"ש שלא ילאה להמנע מברוא האנשים הקשי יום ולא יקצר מהשיג אם המות הוא נבחר מהחיים לכמו אלו האנשים אם לא. והנה יבאר אליהו באופן שני שאין הש"י חפץ ברשע והעול והוא יליח תחלה בכח דבריו כאילו הוא מבואר בנפשו שאין הבאת הטוב בלא משפט עול כאילו תאמר שבאת הטוב לרשעים המסודר להם מצד המערכת לפי שהוא יראה שאין בזה עול כי זה הטוב יבא להם על צד ההשגחה הכוללת אשר הש"י משגיח באדם רלוני לומר מצד הסידור אשר מהגרמים השמימיים וזה יהיה להם מאשר שאדם נולד בעת אשר היה בו מצד הכוכבים זה המצב לא מצד מה שהם אלו האנשים והוא מבואר שאין ראוי שימנע השם מהשגיח במין האנושי זה האופן מן ההשגחה מפני הרשעים אשר אפשר שיהיו בו. ואולם היה עול ורשע אם היה מגיע להם טוב מצד מה שהם רשעים או מפני הטבע האישיי. ואחר שהתיישב זה הנה נבאר מדברי אליהוא שאין הש"י חפץ רשע וזה שאם היה חפץ רשע הנה יחוייב לפי דעת איוב שיהיה השתדלותו להביא רע בלא משפט לאלו הנמלאות השפלים באמלעות המערכ' וזה כי הבאת הטוב בלא משפט בזה האופן איננו רשע ועול כמו שקדם והנה אם היה חפץ בהבאת הרע היה משחית זה המליאות השפל ברגע לפי מה שנמלא לש"י מעלם הכח והיכולת. ועוד שעמידת זה הנמלא קיומו הוא בש"י וכאשר לא ישכב הש"י בשמירתו יפסד תכף ואחר זה נשנה מקביל הנמשך ונאמר אבל זה המליאות השפל נפסד ונשחת יחד ויחוייב מזה מקביל הקודם והוא שאין הש"י חפץ בהשחתה והרעה והוא מקביל הנמשך מהסיקם התנאי הקודם ויחוייב ממנו מקביל הקוד' והוא שאין הש"י חפץ רשע וזה המופת רמז אליו אליהו באמרו אם ישיב אליו לבו רוחו ונשמתו אליו יאסוף לבאר מה שהקדים ואמר אף אמנם אל לא ירשיע. ואמר ואדם על עפר ישוב שאם היה דעת איוב שזה הטול איננו נמלא רק באדם ולא יחוייב שיהיה חפץ להביא רע בלא משפט כי אם לאדם הוא מבואר שאם היה חפץ הש"י בהבאת הרע לאדם היה מפסיד המין האנושי ברגע ולפי שלא ביאר אליהוא בביאור שהבאת הטוב בלא משפט לרשעים מצד המערכת איננו עול נשאר זה הספק לאיוב אחר דברי אליהוא ר"ל מדוע נמלאות הקללה לרשעים כמו שנבאר בבאורנו דעת איוב עם הש"י. והנה הרע אשר יגיע אל הנמלאים השפלים במקרה מהגרמים השמימיים כבר יאמר אליהוא שאין ראוי שייוחס לש"י לרשע ועול לפי שבו תועלת לענוש לרשעים על רשעם ויקבלו בזה תוכחת שאר האנשים וימלטו ג"כ הטובים מיד הרעים באבדם וזכר עם זה אליהוא שכבר יביא השם רע לרשעים לזאת הסבה לבד ואם לא היה מחוייב מצד המערכת להציל הצדיקים להם מאדם וזה כולו לדק ויושר : ביאור מלות המענה : (ב) לדקי מאל. שאני לדיק יותר מאל : (ג) יסכן. יועיל : (ד) ושור. וראה :

מצודת דוד

לזה נתן ריוח בין ענין לענין להתבונן יפה בכל דבר. והפסיק מהשניה והתחיל בשלישית : (ב) הזאת. וכי המענה הזאת חשבת למשפט לודק שאמרת לדיק אני יותר מהאל כי אני עשיתי הלדק והוא יעשוק הגמול במה שמסר הכל ביד המערכה : (ג) מה יסכן לך. אם הכל בא מצד המערכה מה הנאה באה לך מעבודת האל או מה אועיל עם ההמנע מחטאתי ר"ל מן החטא המוטבע באדם אשר כמעט טבעו כופהו עליו וקשה לפרוש הימנה : (ד) ואת רעיך עמך. ר"ל כמו שאני חולק עמך כן אני חולק עם רעיך כי הם שפטו בסיסורים באו עליך בעבור מרבית העון ולבבי לא כן יחשוב : (ה) וראה. שלא תבניתו שאין לו ערך ויחס עמך : גבהו ממך.

מצודת ציון

לה (ג) יסכן. ענין הנאה ותועלת כמו הלאל יסכן גבר (לעיל כ"ב) : (ה) ושור. וראה כמו אשורנו ולא קרוב (במדבר כ"ד) :

sinned; what shall I do for You" so that You should expiate my sin?

4. **and your companions with you**—*who remained silent at your words.*—[*Rashi*] *Mezudath David* explains: Just as I differ with you so do I differ with your companions, because they judged that your suffering came because of your many sins, and I do not believe that.

5. **Gaze at the heavens**—*And since He is high and you are low, and He has no benefit from your wickedness and righteousness, why do you boast to Him about your righteousness?*—[*Rashi*] See how high the heavens are above you, and surely [how high is] He Who dwells there.—[*Ohev Mishpat*]

Sforno explains that the beginning

35.

1. Then Elihu raised his voice and said, 2. "Do you consider this to be customary, what you said,—'My righteousness is greater than [that of] God'? 3. That you say, 'What will it benefit you? What profit will I have more than if I had sinned?' 4. I will give you a reply, and your companions with you. 5. Gaze at the heavens and see, and view

(Elihu's Address)

1. **Then Elihu raised his voice**— Since he expounded on the matter of reward and punishment in the second address, and now wishes to expound on Job's suffering, Elihu pauses between these two topics to give Job a chance to ponder the previous matter before he commences the following one.—[*Mezudath David*]

2. **Do you consider this to be customary**—*that this is the custom of the creatures toward their Creator, what you said—'My righteousness is greater than that of the Creator'?*— [*Rashi*] *Mezudath David* renders: Do you consider your answer a true judgment, your statement, 'I am more righteous than God, for I have performed righteousness, and He deprives me of my just reward by delivering the control of the world to the constellations'?

Ramban asserts that Job vacillates between the idea that God gave control of the world to the constellations, and the idea that God is his enemy and wishes to do him injustice. *Ohev Mishpat* denies completely that Job did not believe in Divine Providence. He takes this verse as an

indication of Job's belief that God was treating him unjustly by punishing him for no reason.

3. **That you say, 'What will it benefit you**—*ways of uprightness, and what profit will I have more than if I had sinned?'*—[*Rashi*] *Mezudath David* explains: If all happenings originate from the power of the constellations, what benefit do you derive from worshipping God, or what profit will I have from abstaining from my sin? I.e. from the sin that is innate in man, which his nature forces him to commit, and from which it is very difficult to abstain.

Ohev Mishpat explains that Job was addressing the Almighty when he made the alleged statement. Job reasoned that his suffering was surely not the result of his sins, for if it had been, God would have accepted ransom to redeem him from it. Since He does not accept ransom, He definitely means the suffering as a sign of His hatred toward him. Thus the verse is rendered: That you say, 'How will I benefit you?' or 'How will my troubles help to expiate my sin?' The reference is to Job 7:20: "I have

שְׁחָקִים גָּבְהוּ מִמֶּךָּ׃ ו אִם־חָטָאתָ מַה־
תִּפְעָל־בּוֹ וְרַבּוּ פְשָׁעֶיךָ מַה־תַּעֲשֶׂה־
לּוֹ׃ ז אִם־צָדַקְתָּ מַה־תִּתֶּן־לוֹ אוֹ־מַה־
מִיָּדְךָ יִקָּח׃ ח לְאִישׁ־כָּמוֹךָ רִשְׁעֶךָ
וּלְבֶן־אָדָם צִדְקָתֶךָ׃ ט מֵרֹב עֲשׁוּקִים
יַזְעִיקוּ יְשַׁוְּעוּ מִזְּרוֹעַ רַבִּים׃ י וְלֹא־אָמַר

איה

שְׁחָקַיָּא דְאִתְגַּבַּרוּ מִנָּךְ׃
ו אִין חַבְתָּא מָה תַעֲבֵיד
בֵּיהּ וּסְגִיעֵי מְרוֹדָךְ מָה
תַעֲבֵיד לֵיהּ׃ ז אִין זְכֵיתָ
מָה תֵיהַב לֵיהּ אוֹ מָה
מִן אִידָךְ יְקַבֵּל׃ ח לִגְבַר
דְּרַשִׁיעָא דִכְמָךְ חִיוּבָךְ
וְלִבַר נָשׁ דַּכְיָא צִדְקָתָךְ׃
ט מִסּוֹגְעֵי טְלוֹמֵי
מְקַבְּלִין יִבְעוֹן מִתְּקוֹף
אֶדְרַע דוּרְבְנַיָּא׃ י וְלָא
אֲמַר הָאן אֱלָהָא

ת"א אם חטאת. עקידה שער מ"ד:

רש"י

ואתה כמוך ואין לו תועלת ברשעך וצדקך למה תתפאר אליו בצדקך: (ח) לאיש אשר כמוך. יוכל ויועיל רשעך וצדקתך. ראה רשעים רבים. אשר: (ט) מרוב עשוקים. שהם עושקים יזעיקו את הבריות לפניו וישועו עניים מזרוע רבים העושקים אותם: (י) ולא אמר. הרשע איה אלו[ה] עושי לירא מפניו: נותן זמירות. כמו כרמך לא תז[מור]

מנחת שי

(ו) מה תפעל בו. י"ס שהעי"ן בפתח וכס"ס בקמץ חטוף ואף רד"ק כתב בשרשים ובמכלול דף כ' כ"ב ר"ל שהוא בקמץ חטף מקום החולם מפני המקף. והאפודי בפרק ט"ז כתב שטעה רד"ק לשום בכלל דומיה. והחולם שדרכו לשוב קמץ חטף במקף מה תִּפְעָל־בּוֹ כי הגזרה הזאת באה על דמיון אֶפְעַל בפתח וכן טעה במה נרדף לו (לעיל י"ט) כי הוא פתוח. וכן העיד בעל המסורה נרדף ב' חד קמץ וחד פתח יבקש את נרדף קהלת ג' קמץ. מה נרדף לו פתח. ובעל מגן דוד סי' ל"ד השיב עליו שלא אמר כלום כי לפי הספרים המדוייקי[ם] שבזמן רד"ק וכן בזמן הזה מלת תפעל הוא בקמץ חטוף ורד"ק הכריע מהמאוחר אל הקודם כי מאחר שכל הגזרות שהן על דמיון אפעל ל[א] תבאנה בקמץ חטף כי עם אותן שהם בחולם א"כ מה תפעל בו שהיא בקמץ חטף אינה מן אפעל רק מן אפעול ואף שעי"ן הפעל היא גרוני[ת] הנה כמוהו ומה אזעום. ויגהום עליו. ועל טענתו על פסוק מה נרדף לו ממסורת שהביא. אפשר לו' כי רד"ק לא ראה זאת המסורה אבל ר[אה] מסורה אחרת שאומרת מה נרדף לו בקמץ וידוע שרד"ק שקד הרבה בספרי המקרא וה"ה שלא ראה מאותם הספרים שהיתה מלת נרדף [לו] בפתח ועכ"ז אמר באמירה מוחלטת שהיא בקמץ כנראה שראה מסורת שאומרת כן. והספרים שהיתה בהם מלת נרדף לו בפתח הש[יב] שהם בטעות עכ"ל. גם בספר פתח דברי דס"א כ' לשון הזה והסמכו במקף ישוב החולם לקמץ חטוף. מה תפעל בו. איזה הדרך ישכון אור: (י) ול[א]

אבן עזרא

אחורנו: (ט) מרוב עשוקים. אמר אליהוא עשה [מה] שתרצה ולא יועיל ולא יזיק למקום רק המקום ישמע זעק[ת] העשוקים. מרוב. כמו מגדולה. או כמשמעו. והראשון יות[ר] נכון בעבור שיש אחר ישועו מזרוע רבים: (י) נותן זמירות בלילה. יש אומרים שעל המקום ידבר כענין מוראי בק[...]

רלב"ג

(ט) מרוב עשוקים יזעיקו. מה שטענת שימצאו רוב עשוקים יזעיקו אותם עושקיהם. או יהיה מרוב ענין ריב. והרצון בו מאה שיריב בו עשקים אשר יזעיקו אותם עושקיהם: ישועו מזרוע רבים. יזעקו מגבורת רבים ותוקפים אשר יעשקום:

מצודת ציון

(ט) ישועו. יצעקו: (י) נותן. אומר כמו ולא נתן תפלה (לעיל א'):

מצודת דוד

אשר גבהו ממך מאד ומרחק רב ממך אליהם: (ו) אם חטאת ר"ל ומן השמים השפוט על היושב ממעל לו אשר אם חטאת מה הדבר אשר תוכל לפעול בו: ורבו. ואם רבו וגו' וכפל הדבר במ"ש: (ז) אם צדקת. וכן אם תצדק מהו הדבר אשר תתן לו בזה או מ[ה] הדבר אשר יקח הוא מעצמו מידך: (ח) לאיש כמוך. אשר יש לו ערך עמך בעולם ועמך ישב בקרבך לו יזיק רשעך אשר תעשה לו ו[כן] לו יועיל הצדקה אשר תעשה עמדו אבל לא לה' וכאומר והנה בהיות כן אין על המקום לשלם גמול לאדם לא בעבור המנעו מן החט[א] ולא בעבור עשות הצדק אולם הגמול הבא לאדם הוא בטובו הגדול ובחסדו הרב: (ט) מרוב עשוקים. ולזה כאשר ירבה זעק[ת] עשוקים אשר יזעיקו אותם עושקיהם ובועתם אשר ישועו מזרוע רבים אשר יאנסם בכח הזרוע והוא כפל ענין במ"ש: (י) ולא אמר וגו'

ou; your wickedness hurts him and our righteousness benefits him, but not God. Consequently, God is not obligated to requite man either for abstaining from sin or for performing good deeds. He requites him only out of His infinite loving-kindness.

10. **And he did not say**—[I.e.] *the wicked man* [did not say] *'Where is God, my Maker?' to fear Him.*—[*Rashi*]

the skies, which are higher than you. 6. If you sinned, what do you do to Him, and if your transgressions are many, what do you do to Him? 7. If you are righteous, what do you give Him? Or what does He take from your hand? 8. Your wickedness [affects] a man like yourself, and your righteousness a son of man. 9. Because of the many oppressed ones, they cause [people] to cry out; they cry for help from the arm of the mighty. 10. And he did not say,

of the verse refers to the heavens that were created on the second day of the Creation, and the conclusion of the verse refers to the upper celestial heavens.

6. **If you sinned**—[Seeing] the height of the heavens, you can judge the distance from you to God, Who dwells there. Consequently, if you sin, what can you do to Him?—[*Mezudath David*] Simchah Aryeh explains that Elihu says to Job, 'How can you say that you deserve reward for your righteousness or punishment for your sins? As though your righteousness benefitted God or your sins harmed Him, and therefore you deserve recompense for what you did to Him, either good or bad? Gaze at the heavens, etc. which are higher than you.' This is not to be taken literally, but as a method of impressing upon Job the idea that God's infinite superiority makes it inconceivable that man's righteousness or sins should affect Him.

7. **If you are righteous**—Similarly, if you are righteous, what do you give God or what does He take from

you of His own accord?—[*Mezudath David*] By believing that you give something to God by being righteous, you are attributing imperfection to the Deity.—[*Simchah Aryeh*] God did not choose righteousness and reject wickedness for His own good but for man's good, as will be explained in the following verse. For their good, He chooses, commands, admonishes, and punishes infractions of that code. He surely does not pervert man's judgment or remove His Providence from him.—[*Ramban*]

8. **a man like yourself**—*your wickedness or your righteousness can and will benefit. Observe* [that there are] *many wicked men, who, . . .*—[*Rashi*]

9. **Because of the many oppressed ones**—*whom they oppress, they* [the wicked] *cause the creatures to cry out before Him, and the poor cry for help from the arm of those who oppress them.*—[*Rashi*]

Mezudath David explains:

[8] **Your wickedness [affects] a man like you**—one who is comparable to you and who dwells with

אַיֵּה אֱלוֹהַּ עֹשָׂי נֹתֵן זְמִרוֹת בַּלָּיְלָה׃
יא מַלְּפֵנוּ מִבַּהֲמוֹת אָרֶץ וּמֵעוֹף הַשָּׁמַיִם
יְחַכְּמֵנוּ׃ יב שָׁם יִצְעֲקוּ וְלֹא יַעֲנֶה מִפְּנֵי
גְּאוֹן רָעִים׃ יג אַךְ שָׁוְא לֹא־יִשְׁמַע ׀ אֵל
וְשַׁדַּי לֹא יְשׁוּרֶנָּה׃ יד אַף כִּי־תֹאמַר
לֹא תְשׁוּרֶנּוּ דִּין לְפָנָיו וּתְחוֹלֵל לוֹ׃

ת״א נותן זמירות. עירובין יח זוהר תרומה ויקרא: מלפנו. עירובין ק׳ עקרים ח״ג פ״א:

דְעִבְדֵנִי דִמְסַדְרִין אַנְגְלֵי
מְרוֹמָא קֳדָמוֹי תּוּשְׁבְּחָן
בְּלֵילְיָא: יא דִמְאַלֵּף
יָתָנָא מִבְּעִירֵי אַרְעָא
וּמֵעוֹפָא דִשְׁמַיָא
יְחַכְּמִנָּנָא: יב תַּמָּן
יְקַבְּלוּן וְלָא אָעֲנֵי מִן
קֳדָם גֵּיוְתָנוּתָא
דְבִישַׁיָא: יג בְּרַם שִׁקְרָא
לָא יִשְׁמַע אֱלָהָא וְשַׁדַּי
לָא יִסְכְּנַהּ: יד לְחוֹד
אֲרוּם תֵּימַר לָא יִסְכְּנַהּ
אִדִּין קֳדָמוֹי וְתוֹרִיךְ

רש״י

[ויקרא כ״ה] שמכרית את הרשעי׳ בליל׳ כגון אמרפל והביריו ומצרים וסנחריב: (יא) מלפנו. מלמדנו חכמה יותר מבהמות כלומר חשבנו וגדלנו מבהמות ומעוף: (יב) שם יצעקו. וראה אשר שם זועקים העניים מפני גאון העושקים אותם והוא אינו עונה. כי: (יג) אך שוא לא ישמע. מיד: ושדי לא ישורנה. להנקם מיד אלא מאריך אפו: (יד) אף כי תאמר. כ״ש אתה שאין צעקתך באה כי אם על ידו ואתה תאמר ותזעק על אשר לא תשורנה להתווכח עמו כלומר אותם הקובלים וצועקים אינו ממהר לענותם ואתה תצעק שלא תשורנו: דין לפניו. (דבריך שא״א) בכל מקום שהוא:

אבן עזרא

וערב תרגין וכענין כי אראה שמיך מעשה אצבעותיך ירח וכוכבים. ורובי המפרשים אמרו שמלת לא תשמש שלמה ואחרת עמה וכן הוא ולא אמר איה אלוה עושי ולא היה נותן זמירות בלילה: (יא) מלפנו. חסר אל״ף והוא מן ואאלפך חכמה: (יב) שם יצעקו. ישוב על רבי׳ העושקים גם הם יביא המקום עליהם צרות ויצעקו: ולא יענה מפני גאון רעים. אחרים: (יג) אך שוא. כי שוא לא ישמע אל כי צעקתם הוא שוא כי המקום ישלם להם גמולם: ישורנה. דברת השוא: (יד) לא תשורנו. אע״פ שאין לך יכולת לראות המקום: דין לפניו ותחולל לו.

רלב״ג

(י) זמירות. דברי שבח: (יא) מלפנו. כמו מאלפנו והרצון בו מלמדנו: (יד) ותחולל גו. מענין תוחלת:

מצודת דוד

ר״ל הצדיק אשר בהם הנותן בפיו זמירות לה׳ בלילה בהסתר ויחידי לא אמר לזולת איה אלוה העושה אותי ר״ל מדוע שכחת בה׳ ולא תשמור מצותיו ותעשוק ריעיך: (יא) מלפנו. הלא המקום למד אותנו דעת יותר מבהמות הארץ ויותר מעוף השמים יחכמנו ואם בהם אין מי יעשוק משל רעהו כ״ש האדם שחננו ה׳ דעת שאין ראוי לו לעשוק משל רעהו: (יב) שם יצעקו. ר״ל ואף כי הצדיק המשכיל ידום בעת ההיא ולא מיחה ברשעי הדור לדבר בם כדברים האלה לכן שם במקום הרשעים האלה יצעקו גם הצדיקים על מכאובם ולא יענה להם המקום כי יסתיר פניו מפני גאון וגאות הרעים העושקים כי כל הגמול בא מצד החסד אבל כשירבו רשעים והצדיק לא ימחה בידם אז מסתיר פניו מכולם יחד ולא יעשה עוד חסד אף לצדיק וכאלו יאמר לאיוב שבכל בא לו על שלא מיחה כראוי ברשעי הדור: (יג) אך שוא. ר״ל עם כי המקום מסתיר פניו לפעמים זהו כשירבו הפושעים והצדיק לא מיחה בהם אך שוא דברי שאומר אשר בכל זמן לא ישמע אל ושדי לא יראה את המעשה אשר יעשה כי באמת משגיח הוא בכל: (יד) אף כי תאמר. אף שתאמר אתה מול המקום לא תראה את האדם להשגיח בו כמ״ש מה אנוש וגו׳ ותפקדנו וגו׳ (לעיל ז׳) וכמשך מזה שאין דין למעלה ואין מקום לתפלה הנה לא כן הוא כי יש דין למעלה ולזה התפלל לו כי התפלה מועלת כי הואיל והוא משגיח ממילא יש דין ויש מקום לתפלה:

מצודת ציון

זמירות. מלשון זמר ורננה: (יא) מלפנו. כמו מאלפנו באל״ף והוא ענין למוד כמו ואאלפך חכמה (לעיל ל״ג): (יג) ישורנה. יראנה: (יד) ותחולל. ענין תפלה כמו ויחל משה (שמות ל״ב):

oppresses his fellow, how much more should man, who is endowed with superior intelligence, refrain from such evils? [*Ramban* explains that, on the contrary, the beasts and the birds do prey on each other. Yet man with his superior intelligence should know better than to prey on his fellow.]

[12] **There they cry out and He does not answer**—Because the wise, righteous man is silent at the time [of the oppression] and does not prevent the wicked from committing violence by reproving them with this reasoning, the righteous, too, will ultimately cry out about their pains. The Omnipresent does not answer them; He hides His countenance because of the pride of the wicked, who oppress their fellow men. As stated above, God's reward comes from His kindness, and when there are many wicked men, and the righ-

'Where is God, my Maker, Who deals destruction at night, 11. Who teaches us [more] than the beasts of the earth, and Who makes us wiser than the birds of the skies?' 12. There they cry out and He does not answer, because of the pride of the wicked. 13. Indeed, God will not hear vanity, neither will the Almighty see it. 14. Surely you who say [that] you do not see Him should present your case before Him and wait for Him.

Who deals destruction—Heb. זְמִרוֹת, like (Lev. 25:4), "nor prune (תִזְמֹר) your vineyard," for He cuts off the wicked at night, e.g. Amraphel and his allies, Egypt, and Sennacherib.—[Rashi]

11. **Who teaches us**—He teaches us more wisdom than [He does] the beasts; i.e. He esteemed us and made us greater than the beasts and the birds.—[Rashi]

12. **There they cry out**—And see that there the poor cry out because of the pride of those who oppress them, and He does not answer, for . . .—[Rashi]

13. **Indeed, God will not hear vanity**—immediately.—[Rashi]

neither will the Almighty see it—to avenge it immediately, but He is long-suffering.—[Rashi]

14. **Surely you who say**—Surely you, whose cry comes only because of Him, and you say and cry that you do not see Him to debate with Him. That is to say that those who complain and cry, He does not hasten to answer, yet you cry that you do not see Him?—[Rashi]

present your case before Him—(Your arguments—absent in some editions) wherever He is.—[Rashi]

and wait—And hope for consolations.—[Rashi] Elihu alludes to Job's request (23:4), "I would set out my case before Him."—[Rabbenu Meyuchos]

Rabbenu Meyuchos's interpretation of verses 2-9 is similar to Rashi's; it differs at verses 10 and 11:

[10] **Who gives voices at night**—This alludes to Eliphaz's statement (4:16): "I heard a faint voice."

[11] **He teaches us from the beasts of the earth**—He teaches us discipline from the traits of the various beasts of the earth that do not rob each other, and marital fidelity from the dove, which does not consort with anyone but her mate.

Mezudath David renders:

[10] **And he did not say**—The righteous man among them, who gives forth songs of praise to God at night in seclusion, did not say to anyone, 'Where is God, Who created me?' Why did you forget God and forsake His commandments, to oppress your fellows?

[11] **Who teaches us**—Did not the Omnipresent teach us more knowledge than the beasts of the earth and make us wiser than the birds of the skies? If no one among them robs or

טו וְעַתָּה כִּי־אַיִן פָּקַד אַפּוֹ וְלֹא־יָדַע בַּפַּשׁ מְאֹד: טז וְאִיּוֹב הֶבֶל יִפְצֶה־פִּיהוּ בִּבְלִי־דַעַת מִלִּין יַכְבִּר: לו א וַיֹּסֶף אֱלִיהוּא

ליה: טו וּכְדוֹן אֲרוּם כְּאִלּוּ לָא הֲוָה אַסְעַר רוּגְזֵיהּ וְלָא יְדַע לְאַפּוּשֵׁי לַחֲדָא: טז וְאִיוֹב לְמָה פָּצֵי פּוּמֵיהּ מִדְּלֵית מַנְדְּעָא מִלַּיָּא יִסְגֵּי: א וְאוֹסִיף אֱלִיהוּא וַאֲמַר:

רש"י

והתחולל. וקוה לתנחומין: (טו) ועתה. דע לך כי אין היא פקידת [אפו] זאת עליך איגה כלום לפי רוב עונותיך: ולא ידע בפש מאד. ברוב חטאך התנהג הבורא כאילו לא ידעם: בפש. לשון רוב כמו ופשתם [מלכים ג'] וכמו כי תפושו וגו' [ירמיה כ'] כי פשה הנגע (ויקרא י"ג): (טז) יכביר. לשון מאד:

מנחת שי

אמר. בגעיא: (טו) בפש. בספרים מדוייקים הפ"א בפתח וכן כתב רד"ק בשרש פש:

אבן עזרא

כמו קוה. ויש אומרי' שהוא מן חיל. והענין סבול החיל בשבילו כענין דום לה' והתחולל לו: (טו) ועתה כי אין. יש אומרי' כי בפש לשון מנוחה והוא חסר נו"ן מן וינפש. והענין בשביל שאין לו דעת לאיוב פקד אפו ולא ידע כי מנוחת שכרו רבה. ויש אומרים בעבור שלא התחוללת לו פקד אפו עליך. ולא ידע בפש פירשוהו שהוא מלשון פרה ורבה פושו ופשו. וכמוהו וילאתם ופשתם. והענין שהרשיע ולא פקד אפו בדין וכאילו לא ידע בריבוי דבריך:

רלב"ג

(טו) בפש. ברבוי: (טז) יפצה פיהו. יפתח פיהו: יכביר. ירבה: ביאור דברי המענה ענה אליהוא על קצת דברים זכר שאמרם איוב ואמר האם חשבת שיהיה מאמר נכון אמרך שאתה יותר צדיק מהש"י במה שהביא עליך מהמכות והנגעים כי הוא הביאם לך על לא חמס כי תאמר מה יועיל לך כי תחטא דרכיך ומה תועיל במעשיך כי אמרת תם ורשע הוא מכלה והבאת ראיה מסחוש במה שימלא מהרשעים שישחיתו זולתם ואין מוחה בידם וספרת בזה הסיפור הארוך אשר במענה גם היום מרי שיחי. אני אשיבך מלים על זאת הטענה ואת רעיך עמך שלא מלאו מענה להתיר הספק הזה. ואולם אמר זה לפי שאליפז החל להתיר הספק באמר שאין רשע הרשע מזיק לש"י ולא צדק הצדיק מועיל לו. ולזה יתכן שיאריך לרשע כמו שקדם במענה הלאל יסכן גבר וכאשר טען איוב על זאת ההנחה מה שטען במענה גם היום מרי שיחי לא מלא מענה אחד מהם על דברו כי מה שהשיב בלדד לא יותר בו הספק כלל ולא השיב אחר זה אחד מרעיו על דבריו אלה. הבט שמים וראה איך גבה ממך במקום ובמדרגה אף כי הש"י רחוק מאד ממדרגתנו ובהיות הענין כן מה יזיקו לו חטאינו ופשעינו ומה יועיל לו צדקנו. הלא רשעינו וצדקתנו היא לנו לבד ולנו התועלת והנזק בהם והנה תועלת הצדק הוא ההגעה אל השארות הנפש בעצמות והשמירה מהרעות הגופיות בבחינת מצד ההשגחה האלהית ועונש הרשע הוא בעצמות אבדן הנפש וההמסר אל הרעות הגופיות במקרה מצד העדר ההשגחה האלהית. ואולם מה שיחשב מרוע הסידור מפני המצא רוב עשוקים יזעיקו אותם עושקיהם וישועו העשוקים מכח העושקים אשר הם רבים. והוא מה שטענת במענה גם היום מרי שיחי על זה המאמר אשר זכרתי כאשר אמרו אליפז תדע באמת כי הסבה בזה העדר ההשגחה האלהית מהעשוקים לפי שלא השתדל לדבקה בו. ולא אמר אחד מהם איה אלוה עושהו לחקור בו ולהשכיל ולדעת אותו אשר הוא נותן אלו השבחים הנפלאים בזה העולם השפל החשוך ר"ל בממליא בהם ענינים נפלאים יזכר וישובח בהם. הוא מלמדנו חכמה ובינה וזה הלימוד וההבנה הוא לנו יתרון על בשר בעלי חיים ולא נתנו אל לבם להוציא הבנתם זאת אל הפועל עד שישיגו הש"י כפי היכולת. הנה זה סבה שיזעקו העשוקים אל השם יתברך מפני גאון הרעים העושקים אותם ולא יענם הש"י. לא שהש"י ישמע זה השוא והחמס ויראה אותו ויהיה מסודר ממנו כי איננו משגיח באלו הדברים הפרטיים מצד מה שהם פרטיים. ואולם ידע אותם כלם אים לא נעדר באופן אחר כמו שביארנו בספר מלחמות ה' ובביאורנו לספר החוש והמוחש אבל אנהנו סבת זה החמס כשנסור מדרכי הש"י ולא נשתדל ללכת בדרכיו ולהשכיל אותו בדרך שתהיה ההשגחה האלהית בנו. אף כי תאמר לא תוכל לראות את השם באמרך שמאל בעשותו ולא אחז וגו' הישר מעשיך בדין לפניו ותקוה לו שייטיב אחריתך. ועתה הנה אין מה שפקד אפו ולא ידע איוב ברבוי הרע כי כבר אפשר שהיה רע יותר מהרע שהגיע לו לאין שיעור ולזה היה לו ניאה שיוסיף לו רע על רעתו. אבל איוב להבל יפתח פיו לדבר כנגד השם ובבלי דעת ידבר דברים כנגדו. או יהיה הביאור באומרו ועתה כי אין פקד אפו ועתה מה שתטעון מהחמסים הנראה לפי המוחש שנעשים תחת השמש הנה עם שאינם חמסים כמו שנזכר כי אנחנו סבתם הנה זה מעט מאד ולא ימלא מזה רבוי ולזה הוא מבואר שלא היה לך לשפוט מפני זה הענין שימלא על המעט כיחס אל הטוב הנמלא בזה העולם השפל שיהיה הש"י עושה עול ושלא יועיל לאדם מאלו הרעות כי יתום דרכיו אבל אתה תדבר מה שתדבר ותטעון כנגד השם בבלי דעת: והכלל העולה מהדברים הוא שאליהוא ישיב על מה שהיה טוען איוב מההצלחה הנמצאת לרשעים זמן ארוך עם הכאיבם שאר האנשים בכל מיני הסכאבה וההיזק שהרשע לא יזיק לש"י בעשותו הרשע ולזה לא יהוייב שיפגשהו תכף מרותו ואם אמר אומר שש"י לא ימלט מהפעול בהאריכו לרשע עד בא העת אשר תמוט רגליו לפי המערכת מפני שהוא מזיק לאנשים רבים תוך זה הזמן כמו שטען איוב הנה ישיב אליהוא כי אלו האנשים לא יוזקו על יד הרשע אלא מפני שלא השתדלו לדבקה בש"י כפי היכולת כמו שקדם ויביא להם על ידם את הרע המסודר להם מצד המערכת או הרע הבא להם על צד ההשגחה לא זולת זה וזאת היא הסבה שלא יבא לאנשים רע מהרשעים כי אם על המעט עם היות כוונתם להרע והם משתדלים בזה בכל אופני ההשתדלות ולזה הוא מבואר שהם

מצודת ציון

(טו) פקד. חסר כמו ויפקד מקום דוד (שמואל א' כ'): אפו. פניו כמו בזעת אפך (בראשית ג'): בפש. ענין רבוי כמו פשה תפשה (ויקרא י"ג): (טז) יפצה. יפתח כמו פציתי פי (שופטים י"א): יכביר. ירבה כמו לא כביר (ישעיה ט"ז):

מצודת דוד

(טו) ועתה. ואף כי הוא משגיח אבל עתה כאשר ירבו רשעים ואין מי יאמר איה אלוה עושי וגו' לזה הסיר פניו והסתירו ועשה עלמו כאלו לא ידע ולא ישגיח באנשי הדור ההוא בעבור כי נתרבה מאד הרשע באין מכלים ואף הצדיק לא יקבל כחסד על כי לא מיחה: (טז) ואיוב. אבל איוב יפתח פיו בדברי הבל לומר שאינו משגים בשפלים בכל זמן: בבלי דעת. בעבור שאין דעתו שלימה מגודל מכאוב היסורים לזה ירבה אמרים בעלמא ולא בהשכל. (הטולה ממאמר ההיא להשיב על תלונות איוב אשר יתרעם על מכאוביו עם כי עשה את הטוב כי ישיב אמרים לומר שלא אין על המקום לשלם גמול לאדם כי מה יועיל לו בלדקו ומה יזיק לו ברשעו אולם מלד החסד בא הגמול ולזה כאשר ירבו הפושעים והלדיק לא ימחה בידם לא יקבל עוד החסד ובעבור זה לא יקבל איוב גמול מעשה הטוב כי לא מיחה כראוי ברשעי הדור):

לו (א) ויסף. על כי כבר השיב על כל אשר התלונן איוב אמר ויוסף כי לא בא עתה רק להוסיף דברים לחזק מאמריו

telling him that God is not obligated to reward man for righteous behavior. He rewards him out of kindness, but when there are many

15. And now, what He visited [of] His wrath is nothing, and He did not know because of the great multiplicity. 16. As for Job, he opens his mouth with vanity; he increases words without knowledge."

teous do not protest their violent acts, God withholds His kindness even from the righteous.

[13] **But it is untrue that God does not hear and the Almighty does not see it**—But what some say, that God neither hears nor sees what the wicked do, is false, for actually He is aware of everything.

[14] **Surely that you should say, 'You do not see him.' There is judgment before him; therefore, pray to him**—Surely it is untrue, your statement to the Omnipresent—'You do not see man to bestow Your Providence upon him,' as above (7:17f.): "What is man that You should give him importance . . . That you should visit him every morning . . .?" This statement leads one to believe that there is no judgment and that prayer has no efficacy. This is not so, for there *is* judgment before Him; therefore pray to Him.

15. **And now**—*you should know that this visitation [of His wrath] upon you is nothing according* [compared] *to your many iniquities.*—[*Rashi*]

and He did not know because of the great multiplicity—*Because of your many sins, the Creator acted as though He did not know them.*—[*Rashi*]

of the . . . multiplicity—Heb. בַּפַּשׁ, *an expression of multiplicity, like* (Malachi 3:20), *"and be fat* (וּפִשְׁתֶּם)*," and like* (Jer. 50:11), *"as you become fat* (תָפוּשׁוּ)*";* (Lev. 13:51), *"that the mark has spread* (פָּשָׂה)*."*—[*Rashi*]

Mezudath David, following his interpretation of the preceding verses, proceeds:

But now—Although He bestows His Providence upon the world, now that the wicked are many and no one says, 'Where is God etc.,' He turns away His countenance, giving the impression that He did not know the people of the generation and did not bestow His Providence upon them, because wickedness had increased greatly with no one scorning the wicked. Even the righteous man does not receive His kindness because he did not protest. Accordingly, we render: But now that there are none [to scorn the wicked], He turns away His countenance, and He does not know [the people of the generation] because of the great multiplicity.

16. **As for Job**—He opens his mouth with vain words, saying that God does not supervise the world at all times.—[*Mezudath David*]

without knowledge—Because of his severe pains, he says many things that do not make sense.—[*Mezudath David*]

he increases—Heb. יַכְבִּר, *an expression of "very."*—[*Rashi*]

(In summation: Elihu answers Job's complaint about his pains by

אֱלִיהוּא וַיֹּאמַר׃ ב כַּתַּר־לִי זְעֵיר וַאֲחַוֶּךָּ
כִּי־עוֹד לֶאֱלוֹהַּ מִלִּים׃ ג אֶשָּׂא דֵעִי
לְמֵרָחוֹק וּלְפֹעֲלִי אֶתֵּן־צֶדֶק׃ ד כִּי־אָמְנָם
לֹא־שֶׁקֶר מִלָּי תְּמִים דֵּעוֹת עִמָּךְ׃ ה הֶן־
אֵל כַּבִּיר וְלֹא יִמְאָס כַּבִּיר כֹּחַ לֵב׃
ו לֹא־יְחַיֶּה רָשָׁע וּמִשְׁפַּט עֲנִיִּים יִתֵּן׃
לא

ב אַמְתֵּן לִי צִבְחַר
וַאֲחַוֶּנָּךְ אֲרוּם תּוּב
לֶאֱלָהָא מִלַּיָּא׃ ג אֶטּוֹל
מַנְדְּעִי מִן רָחִיק וּלְעָבֵד
יָתִי אֶתֵּן צִדְקְתָא׃
ד אֲרוּם בְּקוּשְׁטָא לָא
שִׁקְרָא מִלֵּי שְׁלִים
מַנְדַּעְתָּא עִמָּךְ׃ ה הָא
אֱלָהָא רַבָּא לָא יְרַחֵק
צַדִּיקָא מְטוּל דְּהוּא רַב
חֵילָא וְחַכִּים לִבָּא׃
ו לָא יְחַיֵּי חַיָּבָא וְדִין

ת״א כביר . ברכות ח׳ עקרים מ״ד פ״י כל המענה דרך כלל:

רש״י

לו (א) ויוסף אליהוא. ראיתי בטעמי רבי משה הדרשן שלפיכך אמר ג׳ מענות כנגד ג׳ ריעי איוב וזה רביעי. לפיכך נקרא תוספת: (ב) כתר לי זעיר ואחוך. כולו ל׳ ארמי הוא הוחל לי מעט ואגידך. כתר ל׳ הוחל כאשר תירגם יונתן ולתורתו איים ייחלו (ישעיה מ״ב) יכתרון: לאלוה. לבאים במקומו: (ד) תמים דעות עמך. הנה אתחיל עתה לדבר עמך שאתה סבור שדעתך שלימה: (ה) הן אל כביר. בחכמה וברחמים: ולא

אבן עזרא

לו (ב) כתר לי. רובי המפרשים פירשו בו המתן לי מעט ואומרים. כי כמוהו כתרו את בנימין ויתכן היות כתרו סבבו כי כתר ועטרה קרובים בענין כמו עוטרי׳ אל דוד. וכן מכתיר את הצדיק.וכן כי יכתירו לצדיק׳.ויהיה פי׳ כתר לי שים לי כבוד מעט: (ג) למרחוק. הוא המקום שהוא העילה הרחוקה כי העילות הרחוקות רבות כענין האלהי מקרוב אני ולא אלהי מרחוק. ויש אומרים שהוא כמשמעו שישא דעו וישמע למרחוק: (ד) תמים דעות עמך. הוא המקום. כענין מפלאות תמים דעים.והענין הוא יעיד: (ה) ולא ימאס. חנם: (ו) לא יחיה רשע. כענין

מנחת שי

לו (ג) אתן צדק. לפי הנראה בחילופים לב״א הצי״ו בסגול ולב״נ בציר״י. וכן ראיתי בדפוסים ישנים ובמקצת ספרים כ״י בסגול כב״א: (ה) ולא ימאס. בוא״ו ובפרק קמא דברכות מנין שאין הקדוש ברוך הוא מואס תפלתן של רבים שנאמר הן אל כביר לא ימאס וכתב הרמ״ע ז״ל במאמר שברי לוחות כי זהו דרך הגמרא כי הכא דהא כביר קמא דקרא שבחו של מקום הוא והדר כתיב ולא ימאס כביר כח לב הרי שיש וא״ו במלת ולא ובגמרא לא כן וכביר בתרא הוא שבחן של צבור בשעה שהן באגודה אחת בכח לב שהיא התפלה והגמרא לקצר נקיט כביר חדא זמנא בלחוד והשמיט הוא״ו שלא להפסיק הענין כאילו יאמר הן אל את הכביר לא ימאס ופשוט הוא. והנה כפל כביר בכתוב הוא ככפל מלת יברכך שבפ׳ ה׳ זכרנו.זה וזה בגימטריא ע״ב ס״ג מ״ה ב״ן כי בזמן שישראל אגודה אחת הן הן שמו של הקב״ה.ועמ״ש במזמור פ״ג

רלב״ג

בעלמם הם סבת הגעת הרע להם לא ההשגחה שיאריך הש״י לרשע ובזה הותר הספק בזאת הטענה והנה מה שטען איוב על רעיו במה שהם אומרים שהש״י פוקד האדם על מעשיו ויודע אותו וביאר שזה בלתי אפשר מצד ההוש והעיון כמו שקדם הוא מבואר שכבר הותר הספק כמו שהניח אליהוא בזה הדרוש וזהו שהוא לא יניח שהשם ית׳ ידע אלה הדברים הפרטיים מצד מה שהם פרטיים ולזה אמר אך שוא לא ישמע אל ושדי לא ישורנה וזה כבר ביארנו באופן שלם בספר מלחמות ה׳ וזאת הידיעה אשר לו בהם תגיע ממנו לנביאים באמצעות המדמה הידיעה באלו הענינים הפרטיים טרם בואם והוסיף אליהו להוכיח איוב מפני שהוא עשה גזירה כוללת שהש״י עוזב אישי האדם ושוכחם מפני מה שנמצא מהרעות במין האנושי אשר הוא מעט מאד ביחס אל הטובות הנמצאות בו ולזה אין ראוי שנחליט המאמר מפני הענין הנמצא באדם על המעט שהש״י עוזב אישי האדם ושוכחם אבל ראוי שנחקור בזה הענין המעט הנמצא לאיזה דבר נוכל ליחס אותו מזולת שנבטל מה שיראה מהשגחת השם הנפלאה באישי האדם מפני הטובות הנמצאות בהם על הרוב: ביאור מלות המענה: (ב) כתר לי זעיר. המתן לי מעט: ואחוך. ואגידך: (ה) כביר. רב ההשגחה: כביר כח לב. רב הכנת השכל להשיג

מצודת דוד

הנאשמים: (ב) כתר לי. לבל יחשוב איוב שכבר השלים כל מאמריו ויבוא הוא להשיב מה לזה אמר עוד המתן לי מעט זמן ואגיד לך אמרים כי יש עוד עמדי מלים בעבור אלוה ובמקומו: (ג) אשא דעי. אשא קול להשמיע דעתי למרחוק למען ישמעו רבים וכאומר כל הרוצה להשיב יבוא וישיב: ולפעלי אתן צדק. אדבר לדק בעבור פועלי ויוצרי: (ד) כי אמנם. כי באמת אין דברי אמרי שקר ולמען הקניטך כי הדעות המה תמימים ושלמים עמך כאומר הלא אוהבים אנחנו ומה לי להקניטך באמרי שקר אבל האמת אגיד ולזה אשא דעי למרחוק ולא אירא ממי כי לא ימלא מי יכזב אמרי: (ה) הן אל כביר. הנה עם כי האל חזק מאד ואין לו יחוס וערך עם מי מ״מ משגיח בשפלים ולא ימאס את התם אם הוא חזק בכח הלב לעמוד מול יצר הרע: (ו) לא יחיה רשע. ר״ל אינו משגיח דרך כלל אבל

מצודת ציון

לו (ב) כתר.ענין המתנה כי ולתורתו איים ייחלו (ישעי׳ מ״ב) ת״י יכתרון: זעיר. מעט כמו זעיר שם (שם כ״ח): ואחוך. ואגיד לך כמו אחוך שמע לי (לעיל ט״ו): (ו) ומשפט. ענינו דבר

6. **He does not preserve the life of the wicked**—As a rule, He does not supervise the wicked, but when He gives the humble poor their sustenance, He separates the wicked from them and does not sustain him with them.—[*Mezudath David*]

36.

1. Then Elihu continued and said, 2. "Wait awhile for me and I will tell you, for God has more words. 3. I will take up my knowledge from afar, and to my Maker I will ascribe righteousness. 4. For indeed, my words are not false; you have perfect knowledge. 5. Behold God is great and will not despise; He is great in strength of heart. 6. He does not preserve the life of the wicked, but He gives the poor their right.

wicked men in the world and the righteous do not protest their evil, He does not bestow kindness upon them.)—[*Mezudath David*]

1. **Then Elihu continued**—*I saw in the reasons of Rabbi Moshe Hadarshan* (the preacher), *that he delivered three addresses corresponding to Job's three companions, and this is the fourth one. Therefore it is called an addition.*—[*Rashi*]

2. **Wait awhile for me and I will tell you**—*This is completely Aramaic: Wait for me a little and I will tell you.* [The word] כַּתַּר *is an expression of waiting, as Jonathan rendered* (Isa. 42:4): *"and for his instruction, islands shall long* (יְכַתְּרוּן)."—[*Rashi*] Lest Job think that Elihu had already completed all he had to say and attempt to answer him, Elihu asks Job to wait awhile, until he delivers the rest of his address, because he has more words to say in God's stead.—[*Mezudath David*]

God has—*Those representing Him have.*—[*Rashi*]

3. **from afar**—I will raise my voice to let my knowledge be heard from

afar, so that many will hear it and whoever wishes to refute it may do so.—[*Mezudath David*]

4. **you have perfect knowledge**—*Behold, I will now begin to speak with you since you think that your knowledge is perfect.*—[*Rashi*] Ibn Ezra renders: He Who is perfect in knowledge, viz. God, is with you to testify. Berechiah renders similarly: He Who is perfect in knowledge is with you, and He will not despise the work of His hands. Cf. the following verse.

5. **Behold God is great**—*in wisdom and in mercy.*—[*Rashi*]

and will not despise—*the poor man.*—[*Rashi*]

He is great in strength of heart—*to take revenge. Therefore, He will not allow a wicked man to live.*—[*Rashi*] *Mezudath David* renders: Behold, God is mighty, and He does not despise those [men] mighty with strength of heart. Although God is mighty, and no one can compare to Him, He supervises the earthlings, and does not despise the innocent if he possesses the strength of heart to withstand temptation.

ז לא־יגרע מצדיק עיניו ואת־מלכים
לכסא וישיבם לנצח ויגבהו: ח ואם־
אסורים בזקים ילכדון בחבלי־עני:
ט ויגד להם פעלם ופשעיהם כי
יתגברו: י ויגל אזנם למוסר ויאמר כי־
ישובון מאון: יא אם־ישמעו ויעבדו
יכלו ימיהם בטוב ושניהם בנעימים:
יב ואם־לא ישמעו בשלח יעברו ויגועו

ת"א לא יגרע. מגלה יג זבחים קב זוהר ויצא: אסורים. זבחים קב עקרים מ"ד פי"א עד יחלץ עני:

תרגום

עַנְוֵי יְהַב: ז לָא יִמְנַע מִצַדִיקַיָא עֵינֵיהּ וְעִם מַלְכַיָא תַקְנַיָא לְמֵיתַב עַל כּוּרְסֵי מַלְכוּתָא וְיוֹתִיבְנוּן לְעַלְמָא וּמִתְגַבְּהִין: ח וְאִין אֲסִירִין רַשִׁיעַיָא בְּשׁוֹשְׁלָן מִתְאַחֲדָן בְּאַשְׁלֵי סִגוּפָא: ט וִיחַוֵי לְהוֹן עוּבָדֵיהוֹן וּמַרְדֵיהוֹן אֲרוּם אִתְגַבָּרוּ: י וּגְלֵי מַשְׁמַעְהוֹן לְמַרְדוּתָא וַאֲמַר דִיתוּבוּן מִן עוּבָדֵיהוֹן בִּישַׁיָא דְדָמִין לְלַמָא: יא אִין יִשְׁמְעוּן וּפַלְחִין לֵיהּ יְשַׁלְמוּן יוֹמֵיהוֹן בְּטָב וּשְׁנֵיהוֹן בְּמַזְמוּטִין: יב וְאִין לָא שָׁמְעִין בְּזַיְנֵי קְרָבָא יֶעְבְּרוּן וְיִתְנַגְדוּן מִדְלֵית מַנְדְעָא

רש"י

ימאס. עני: כביר כח לב. הוא להתנקם לפיכך לא יחיה רשע: (ז) **לא יגרע מצדיק עיניו.** עד אשר עם מלכים יושיבם: (ח) **ואם.** תראה צדיקים שיהיו אסורים בזיקים של ייסורין וחליים. או ילכדו בחבלי עוני. בל' גורל ומיתרי' נקרא חבלי' ובלשון דאגה נקרא חבלי יולדה: **בחבלי עוני.** (קידר"ש בלע"ז) אינו אלא שחטאו לפניו ובא ליפרע מהם לטובותם לנקותם ולהזהירם לשוב אליו: (ט) **ויגד להם פעלם.** בייסורין הללו מודיעם שחטאו לפניו וכל דברי אליהוא תנחומין שלימים היו ולא קינתורין כלומר אל תדאג על יסורין אם צדקת כי לטובה הן לך ויאמר כי בייסורין ישובון מאון: (יא) **אם ישמעו.** ויעבדוהו:

מנחת שי

ס"ד: (ז) לא יגרע מצדיק עיניו. בדפוס ויניציאה שנת רפ"ח כתוב עינו ונכתב מבחוץ עיניו. וגם בפ"ק דמגילה ובזבחים פ' טבול יום כתיב עינו והכי איתא בזוהר סוף פ' ויצא דף קס"ד וב"ר פרשה ע"א ובילקוט רמז תתק"כ אבל בכל שאר ספרים הדפים גם ישנים כתוב עיניו גם לא נמנה במסורת עם מנין דחסרין יו"ד באמצע תיבותא וקריין וכן הוא במ"כ פ' מטות וכן נדרש בהדיא ברש פ' נשא אין עיניו אלא תחתיו כמה דתימא והנה הנגע עמד בעיניו: (יא) ויעבדו. הוא"ו בגעיא בס"ם: יכלו ימיהם. בכ"ף ועמ"ש באיוב כ"א: (יב) יעברו.

אבן עזרא

שנות רשעים תקצרנה: (ז) **לא יגרע מצדיק.** כענין הנה עין ה' אל יראיו: **ואת מלכים לכסא.** הוא יקים מלכים לכסא ואם יגבהו ישיבם: (ח) **ואם אסורים בזיקים.** או: (יא) **ישמעו ויעבדו.** השם: (יב) **בשלח יעבורו.**

רלב"ג

המושכלות: (ז) יגרע. ימנע: (יא) ויעבדו. הש"י: (יב) בשלח יעבורו. בחרב יכרתו:

מצודת ציון

הראוי והלוך וכן וזה יהיה משפט הכהנים (דברים י"ח): (ז) יגרע. מלשון גרעון: לכסא. כמו בכסא למ"ד במקום הבי"ת וכן ישבת לכסא (תהלים ט'): (ח) בזיקים. בשלשלאות כמו בזקים יעבורו (ישעיה מ"ה): בחבלי. מלשון חבל ויתר: עוני. מלשון עינוי ויסורין: (יא) בנעימים. ענין המתיקות והיופי: (יב) בשלח. בחרב

מצודת דוד

אם בעת יתן די לורך עניים שפלי הרוח אז יבדיל את הרשע מהם ולא יחיה אותו עמהם: (ז) לא יגרע. ואף כאשר יעלים עין ממון רשעי הדור יבדיל מהם את הצדיק המוחה בידם ולא יגרע עיניו ממנו עד ירים אותו לשבת עם מלכים בכסא: וישיבם. ועד עולם מושיב אותם בכסא ויגבהו עד למעלה: (ח) **ואם אסורים.** ואם לפעמים יקרה אשר הצדיקים קשורים בשלשלאות היסורים ונלכדין בחבלי עוני: (ט) **ויגד.** ר"ל לא קרה להם כזאת בעבור שאין המקום משגיח בכל עת אבל גם זה בהשגחה באה כי סרו מעט מדרך הישר ויביא עליהם יסורין ובזה כאלו מגיד להם רוע פעלם ופשעיהם אשר הדרך שהמה מתגברים והולכים אף אם ינטה אליהם כמעט קט: (י) ויגל. בזה יגלה אזנם לקבל מוסר וכאלו יאמר להם אשר ישובון מן האון אשר התחילו לאחוז בו ולטובה א"כ יחשב להם: (יא) אם ישמעו. אם יבינו ע"י היסורים אשר לא טוב עשו וישובו לעבוד את ה' כמאז: יכלו. אז ישלימו יתר ימיהם בטוב ושנותם בנעימים כי ישגא אחריתם: (יב) בשלח יעברו. יעברו מן העולם בחרב וימותו על כי לא היה בהם דעת להבין תוכחת היסורים

7. He does not withdraw His eyes from the righteous, and with
kings on the throne He seats them to eternity and they are
exalted. 8. And if they are bound with chains, are caught with
ropes of poverty, 9. He tells them their deed and their trans-
gressions, for they increase. 10. He opens their ears to disci-
pline and commands that they repent of iniquity. 11. If they
understand and worship [Him], they will complete their days
with goodness and their years with pleasantness. 12. And if
they do not take heed, they will pass away by the sword and
perish

7. **He does not withdraw His eyes
from the righteous**—*until He seats
him with kings.*—[*Rashi*] Even when
He turns His eyes away from the
generation because of the sins of the
wicked, He separates the righteous
one who protests their sins and does
not withdraw His eyes from him
until He seats him on the throne
with kings.—[*Mezudath David*]

8. **And if**—*you see righteous men
who are bound with chains of suffer-
ing and ailments, or caught with ropes
of poverty. In an expression of lots or
ropes, they are called* חֲבָלִים; *in an
expression of worry, they are called*
חֶבְלֵי יוֹלֵדָה, *pangs of a childbearing
woman.*—[*Rashi*]

with ropes of poverty—Heb. בְּחַבְלֵי,
*cordes in French. It is only because
they sinned before Him, and He
comes to requite them for their own
good, to cleanse them and to ad-*

monish them to return to Him.—
[*Rashi*]

9. **He tells them their deed**—*With
these sufferings, He lets them know
that they sinned before Him. All the
words of Elihu were complete con-
solations and not chidings; i.e. do not
worry about the sufferings if you are
righteous, because they are for your
good, and He says that with suffer-
ings, they will repent of iniquity.*—
[*Rashi*]

for they increase—Sins usually
increase if one turns to them for
even a very short while.—[*Mezudath
David*]

11. **If they understand**—*and wor-
ship Him.*—[*Rashi, Ibn Ezra*]

12. **they will pass away by the
sword**—They will pass away from
the world by the sword, and die
because they lack the knowledge to
understand the message of the suf-

בִּבְלִי דָעַת׃ יג וְֽחַנְפֵי־לֵב יָשִׂימוּ אָף
לֹא יְשַׁוְּעוּ כִּי אֲסָרָם׃ יד תָּמֹת בַּנֹּעַר
נַפְשָׁם וְחַיָּתָם בַּקְּדֵשִׁים׃ טו יְחַלֵּץ עָנִי
בְעָנְיוֹ וְיִגֶל בַּלַּחַץ אָזְנָם׃ טז וְאַף הֲסִיתְךָ
מִפִּי־צָר רַחַב לֹא־מוּצָק תַּחְתֶּיהָ וְנַחַת
שֻׁלְחָנְךָ מָלֵא דָשֶׁן׃ יז וְדִין־רָשָׁע מָלֵאתָ
דין

ת"א וחנפי. סוטה מא: בלחץ. יבמות ט"ז:

בְּמַנְדְּעָא׃ יג וְזֵהוֹדֵי לִבָּא
יְשַׁוּוֹן רוּגְזָא לָא יִבְעוֹן
רַחֲמֵיהּ אֲרוּם כַּפְּתִנּוּן׃
יד תְּמוּת בְּטַלְיוּת
נַפְשְׁהוֹן וְחַיָּתְהוֹן הֵיךְ
מָרֵי זְנוּ׃ טו יִפְצֵי עַנְיָא
בְּסִגּוּפֵיהּ וּמְפַרְסֵם
בְּדוּחְקָא מַשְׁמַעְהוֹן׃
טז וְאַף פַּצְעָנָךְ מִפּוּם
מְעִיקָא אַפְתֵּי דְּלָא
יִתְעַק בְּאַתְרָהּ וּבְנִיחַ
פְּתוֹרָךְ מְלָא דִּיהֲנָא׃
יז וְדִין דְּחַיָּבָא אַשְׁלֵמְתָּא

רש"י

(יג) **וחנפי לב**. שהם רשעים הם ישימו אף כבא ייסורין עליהם מחרפים ומגדפים. ולא ישועו לפניו בתחנה כשהוא אוסרן בייסורין לפיכך לא ירפאם: (יד) **תמות בנוער**. כתינוק שעליהם נפשם. ואת העני השם עצמו רש בדבר התהוניס: (טו) **יחלץ**. מגיהנם בשביל עניו שהביא עליו: **ויגל בלחץ אזנם**. בלחץ שהביא עליו מגלה את אזנו לאמר שוב אלי: (טז) **ואף**. זאת עוד טובה גדולה עשה לך ביסורין הללו הסיתך והדיחך מגיהנם שפיה צר ותחתיה רחב: **לא מוצק**. כדי שיהא עשנה צבור לתוכה ולא עוד אלא שתזכה לעולם הבא ונחת שלחנך מלא דשן: (יז) **ודין רשע מלאת**. ואם נתמלאת ביסורי הרשעי' הדין והמשפט הם הייסורין הם יתמכו לך לעתיד מגיהנם ויש לך לקבלם

אבן עזרא

בנשק המות ימותו כמו יגועשו עם ויעבורו: (יג) **ישימו אף**. כמו יוסיפו אף והוא מן ישים: (יד) **בקדשים**.

מנחת שי

הטי"ן בחטף פתח: (יג) וחנפי לב. הוא"ו בגעיא בס"ס:

מענין הכפל תתברר זאת המלה: (טז) **ואף הסיתך**. כמו הסירך כמו ויסיתם אלהים ממנו: **צר**. כמו לר ומצוק: **רחב**. אל רחב שאין מוצק תחתיה שאין בו מוצק והוא דרך משל כי רחב הוא הקו הסובב העגולה ומוצק הוא הנקודה: **ונחת שלחנך**. ומה שתניח בשולחנך וזה עשה לך המקום: (יז) **ודין רשע מלאת**. ותדע כי דין ומשפט

רלב"ג

(יג) לא ישועו. לא יתפללו: (יד) וחיתם בקדשים. ונפשם בהיותם נערים שאז ראוים להיותם קדשים מפני רתיחת הטבע אז: (טו) יחלץ. יציל: (טז) הסיתך. הסירך ומזה הענין ויסיתם אלהים ממנו: מפי צר. מפיו הצר והמצוק ר"ל שלא תהיה בפיו למאכל: מוצק. הוא מענין מצוק: ונחת שולחנך. ומה שיורד בשולחנך: (יז) מלאת. פעל יוצא אע"פ שהוא מבנין הקל וכמוהו ומלאו את המקום הזה דם נקיים:

מצודת דוד

ולשוב מאון: (יג) **וחנפי לב**. אבל הרשעים המחניפים ליצרם למלאות שאלתו ופתויו המה מעלים אף וחמה ולא יצעקו אל ה' כאשר אסרם ביסורים כי תולים הכל במערכת השמים וכועסים על רוע הסדור וחושבים שאין מקום לתפלה: (יד) **תמות בנער**. ולכן תמות נפשם בימי נערותם: **וחיתם**. נפשם החיוני תלא מהם כין הקדשים ר"ל במיתה-מגולת כמותם ושוה להם: (טו) **יחלץ**. הנה באמת עוני היסורים לטובה תחשב כי המעונה ביסורים הנה בעבור עוני יחלצו המקום מדין גיהנם הקשה יותר ועוד כי בלחץ היסורים יגלה אזנם לקבל מוסר למען ישובו ולא יחטאו עוד: (טז) ואף הסיתך. אל מול איוב יאמר דע שאף אותך הסיתו היסורים לשוב לה' להצילך מדין גיהנם אשר פיה צר ודחוק לשמור חומה ותחתיתה רחב לא צר ודחוק להכביר עשנה בה לצער הרבה: ונחת. מה שיהיה מונח על שלחנך יהיה מלא דשן ושומן ור"ל ועוד תתענג בתענוג הנפשי בעוה"ב: (יז) ודין רשע. ואף אם נתמלאת מדין יסורים הראוי לרשע מה בכך הלא לטובה תחשב כי הדין

מצודת ציון

כמו מעבור בשלח (לעיל ל"ג): (יד) **בקדשים**. הם המזומנים למשכב הזנות כמו ולא יהיה קדש (דברים כ"ג): (טו) **יחלץ**. יוציא ויציל כמו חלון הנעל (שם כ"ה): **בלחץ**. ענין הדחק כמו ולחצו אתכם (עמוס ו'): (טז) **הסיתך**. מלשון הסתה ופתוי: **מוצק**. לר ודוחק

of the wicked, the judgment and the sentence—which are [represented by] *the sufferings—will support you in the future from Gehinnom, and you must accept them lovingly.*—[*Rashi*]

because of lack of knowledge. 13. But the wicked of heart bring about wrath; they do not beg mercy when He binds them. 14. Their soul shall die by strangulation, and their living spirit among the profligate. 15. He extricates a poor man in his poverty and opens their ear through oppression. 16. Moreover, it allured you from the narrow mouth, that is wide, not cramped below; and the bedecking of your table shall be full of fatness. 17. And if you have had your fill of the sentence of the wicked,

ferings and to repent of their iniquity.—[*Mezudath David*]

13. **But the wicked of heart**—*who are wicked—they bring about wrath; when suffering comes upon them, they curse and blaspheme, and they do not beg mercy with supplication when He binds them with sufferings; therefore He does not heal them.*—[*Rashi*] *Mezudath David* explains that the wicked, who flatter their evil inclination, to satisfy its desire and surrender to its enticement, bring about wrath because they attribute all their troubles to the constellations. They then become incensed at the lack of order, thinking that prayer is of no value.

14. **shall die by strangulation**—*Their soul* [shall die] *by the strangulation that is upon them, but the poor man, who makes himself poor in the matter of supplications . . .*—[*Rashi*]

15. **He extricates**—*from Gehinnom because of his poverty, which He brought upon him.*—[*Rashi*]

and opens their ear through oppression—*Through the oppression that He brought upon him, He opens*

his ear to say, "Return to Me."—[*Rashi*]

Mezudath David, following *Targum* and *Ralbag*, renders:

[14] **Their soul shall die in youth**—Therefore their soul shall die when they are yet young.

and their living spirit—shall leave them among the profligate, i.e. with a disfiguring death, such as the immoral and profligate are fated with. *Ralbag* explains that in their youth they fall prey to immorality.

16. **Moreover**—*This is yet another great benefit that He did for you with these sufferings: He allured you and enticed you out of Gehinnom, whose mouth is narrow and whose base is wide.*—[*Rashi*]

not cramped—*so that its smoke should be gathered into its midst, and furthermore, that you should merit the world to come; and the bedecking of your table shall be full of fatness.*—[*Rashi*] This verse is addressed directly to Job.—[*Mezudath David*]

17. **And if you have had your fill of the sentence of the wicked**—*And if you have had your fill of the sufferings*

דין ומשפט יתמכו: יח כי־חמה פן
יסיתך בשפק ורב־כפר אל־יטך:
יט היערך שועך לא בצר וכל מאמצי־
כח: כ אל־תשאף הלילה לעלות עמים
תחתם: כא השמר אל־תפן אל־און כי
על

ת״א היפרוך. סנהדרין פ״ד (תענית כו): השמר. ב״ב קט״ז:

דין והלכתא סעדין: יח ארום רגז דלמא אטעינך במסת מזלא וסגי פורקנא דעתרא לא יצלנך: יט האפשר דמסתדר בעותך וכל דמתאלמין משכחין חילא: ת״א האפשר דמסדר צלותך לא בעקתא וכל מה דמתקפין כח מדבקין חילא: כ לא תדחוק בליליא לאסקא עממיא באתריהון: ת״א לא תהני את חברך בליליא לסלקא עממיא חלופיהון: כא אסתמר לא תתפני לשקרא ארום על דא בחרתא

רש״י

מההכה: (יח) כי חמה. גדולה תהיה: פן יסיתך. ילרך דברים: בשפק. זה אשר תשפק ותרב אמריך לאל ומאהר שתעלה החימה רב כופר רב ממון אל יטך ממנה: (יט) היערוך שועך לא בצר. וכי באתה לערוך צעקה שלא תבואך שום צרה ושום מאמצי כח להוסף אם כן כמה ינכה את הוכו: (כ) אל השאף הלילה. כלומר ואין לך לבחור בייסורים אחרים אל תשאף ותתאוה הלילה שבא לאמרפל למצרים ולסנהריב לסלק עמים מן העולם כשהם תחתם במקומם בבלוה כי הם אבדו בעולם הזה ובעולם הבא: לעלות. כמו אל תעלני בחצי ימי (תהלים ק״ב) כעלות גדיש בעתו (לעיל ה׳): (כא) השמר אל הפן אל און. לדין ולומר היה לו לשפטני ביסורי עניות: כי על. הייסורין הללו יש לבחור יותר מעניות אדם שנהגו בו כבוד ולמוד בעושר כל ימיו ויעמוד על המקח ואין לו דמים ובוש ושב לביתו בפחי נפש וא״ת איוב עני היה עם הייסורין לא מצינו שאיבד אלא בהמותיו אבל לא כסף וזהב ואפי׳ איבד בהמותיו עם כסף וזהב טוב לו להיות עני וחולה מהיות תמים והולך בשווקים ואין בידו כלום וכן מפורש

מנחת שי

(יח) בשפק. המסורת עליו לית וכתיב שי״ן ובמדרש ילמדנו נראה שהוא בסמ״ך ובברש ספק כתב והוא כתוב בשי״ן וכן כתב ר׳ יונה אבל ראיתיו במקצת הספרים בסמ״ך ע״כ ועיין במסורת איוב ל״ד: ורב כפר. בקמץ חטף: (יט) שועך לא בצר. בסוק ויש בו דרש בסנהדרין פרק נגמר הדין ובירושלמי פרק ג׳ דתענית ובשמות רבה פ׳ כ״א: (כ) לעלות עמים תחתם. עיין מה שכתבתי בשמואל א׳ כ׳:

אבן עזרא

יתמכו הכל: (יח) כי. יש לך שתפחד מחמה פן יסירך בהכות. והכופר אם היה רב אל יטך: (יט) היערוך שועך. הוא ההון ובעל ההון קרא שוע כמו אם כפידו להם שוע והענין היועיל שועך: לא בצר. הענין בצר לא יערוך לא השוע ולא כל מאמצי כח: (כ) והלא תראה כי לא תשאף לילה והתי״ו לשון נקבה כמו שמלאנו מקום במקום אחד לשון נקבה עד שיוריד מאמצי כח ויעלה עמים תחתם: (כא) השמר אל תפן אל און כי על זה. שהאמר

רלב״ג

(יח) פן יסיתך בשפק. פן יסירך מן העולם בספק ובהכאה: (יט) שועך. עושרך והוא מענין ולא נכר שוע לפני דל: בצר. זהו מגזרת והיה שדי בצריך: (כ) תשאף. תאוה ותשתדל: לעלות. לכרות ומזה הענין כעלות גדיש בעתו: תחתם. במקומם:

מצודת ציון

כמו ורוחב מים במוצק (לקמן ל״ז): (יח) בשפק. כמו בספק בסמ״ך ועניינו די הספוק והצורך: כופר. פדיון כמו אם כופר יושת עליו (שמות כ״א): (יט) שועך. מלשון שוע ונדיב ושררה: מאמצי. מלשון אומן וחוזק: (כ) תשאף. ענין תאוה וחשק כמו כעבד ישאף צל (לעיל ז׳): לעלות. ענין סלוק כמו כעלות גדיש בעתו

מצודת דוד

והמשפט הבאים עליך הם יסעדו אותך להגלל מדין גיהנם ולהטעג בעוה״ב: (יח) כי רוכה. כי חמת ה׳ הלה עליך ליסרך לבמרך כי פן יסיתך ילרך לבעט במקום בעבור די ספיק לרכך כענין שנאמר וישמן ישורון ויבעט (דברים ל״ב) וכשתהיה ניסת לו ותהיה נשרש בחטא אז אף רב כופר לא יטך מדין גיהנם ר״ל אף בהרבה יסורים לא יהיה פדיון להנצל מדין גיהנם וא״כ מאד טוב לך היסורים כי מהם תהיה נשמר מן גיה״ר: (יט) היערך. וכי יהיה שרכתך ערוך ומתוקן מבלי תקדים לך לרה וכל אמיץ כח יתוקף יסורים כי הלא אם תתמיד הטובה תבעט במקום מרוב כל ותאבד עדי עד: (כ) אל תשאף. אל תתאוה לרה חשיכה כלילה אשר באה על העמים להסתלק מן העולם במקומם אשר ישבו בהן והם דור המבול וסדום וחברותיה שבעטו במקום מרוב טובה ונאבדו במקומם ור״ל אל תתאוה לשבת בשלוה בהתמדה מבלי שבט אלוה כי פן תאבד כמו העמים האלה: (כא) השמר. לזאת השער מניחה ואל תפנה אל און להרשיע דין שמים כי עד הנה בחרת על זה האון יותר מן ההכנעה לנול המקום לומר שהדין עמו מעתה אל תוסיף לעשות

tion to his sufferings, we do not find that he lost anything except his livestock, but not silver or gold. And even if he lost his cattle with silver and gold, it is better for him to be a poor sick man than to be healthy and go in the marketplaces emptyhanded [and be embarrassed as well]. *In this manner, it is explained in the midrash of Rabbi Tanchuma* (*Mishpatim* 11) *from this verse, that Job's sufferings are preferable to the sufferings of poverty, and so in the Aggadoth of the Talmud* (*Baba Bathra*

the judgment and the sentence will support [you]. 18. For
[there shall be] wrath, lest it entice you to multiply [words], and
great ransom will not turn you away. 19. Will you set up your
prayer so that no trouble [befall you], nor any forces of
strength? 20. Do not yearn for the night when peoples are
taken away [as they stand] in their place. 21. Beware, do not
turn to iniquity, for

18. **For wrath**—[There] *shall be
great* [wrath].—[*Rashi*]

lest it entice you—[Lest] *your evil
inclination* [entice you to speak]
words.—[*Rashi*]

to multiply—Heb. בְּשֶׁפֶק, lit. with
multiplicity; [i.e. with] *this* [multi-
plicity] *with which you multiply and
increase your words toward God; and
after you have raised His wrath, much
ransom*, [i.e.] *much money will not
turn you away* [rescue you] *from
it*.—[*Rashi*] I.e. from the punish-
ment of Gehinnom.—[*Mezudath
David*]

19. **Will you set up your prayer so
that no trouble**—*Have you come to
set up a cry that no trouble befall you,
or any forces of strength to rob you?
If so, with what will He collect His
debt?*—[*Rashi*]

20. **Do not yearn for the night**—
*That is to say that you should not
choose other sufferings. Do not yearn
for or desire the night that came to
Amraphel, to Egypt, and to Senna-
cherib, to take away peoples from the
world when they are in their place in
tranquility, for they perished both
from this world and from the world to
come.*—[*Rashi*] *Mezudath David*
explains: Do not yearn for troubles,

dark as night, which came to the
peoples who were to be taken from
the world, from the place where they
dwelt [i.e. suddenly]. This refers to
the generation of the Flood and the
people of Sodom and Gemorrah,
who rebelled against the Omni-
present because of the plenty that
He had lavished upon them, and
they were destroyed in their place.
I.e. do not strive to live in tran-
quility without being subject to
God's rod, lest you perish like these
peoples. [In effect, you would be
yearning for their troubles.]

are taken away—Heb. לַעֲלוֹת, *like*
(Ps. 102:25), *"do not take me away
(תַּעֲלֵנִי) in the midst of my days."*—
[*Rashi*]

21. **Beware, do not turn to ini-
quity**—*to contend and to say, "He
should have judged me with the suffer-
ings of poverty."*—[*Rashi*]

for . . . this—*These sufferings are
to be chosen above poverty. A man to
whom people behaved with respect
and who has been accustomed to
wealth all his life, will now stand and
bargain, and having no money* [to pay
with], *will be embarrassed and return
home in disappointment. Now if you
say that Job was a poor man in addi-*

עַל־זֶה בָּחַרְתָּ מֵעֹנִי: כב הֶן־אֵל יַשְׂגִּיב
בְּכֹחוֹ מִי כָמֹהוּ מוֹרֶה: כג מִי־פָקַד עָלָיו
דַּרְכּוֹ וּמִי־אָמַר פָּעַלְתָּ עַוְלָה: כד זְכֹר כִּי־
תַשְׂגִּיא פָעֳלוֹ אֲשֶׁר שֹׁרְרוּ אֲנָשִׁים:
כה כָּל־אָדָם חָזוּ־בוֹ אֱנוֹשׁ יַבִּיט מֵרָחוֹק:
כו הֶן־אֵל שַׂגִּיא וְלֹא נֵדָע מִסְפַּר שָׁנָיו
וְלֹא־חֵקֶר: כז כִּי יְגָרַע נִטְפֵי־מָיִם יָזֹקּוּ
מטר

ת"א שגיא. ברכות נח (ברכות יג): יזוקו. תענית כ':

כִּסְנוּפָא: כב הָא בִּלְחוֹדוֹי אֱלָהָא תַּקִּיף בְּחֵילֵיהּ מַן דִּכְוָתֵיהּ מַלֵּף תְּרִיצוּתָא: כג מַן יִסְעַר עֲלוֹי אוֹרְחָתֵיהּ וּמַן יֵימַר עֲבַדְתָּא עֵילִיתָא: כד אִדְכַּר אֲרוּם תְּפִישׁ עוֹבָדוֹהִי דִּי שַׁבְּחוּ גוּבְרִין צַדִּיקִין: כה כָּל בְּנֵי נָשָׁא חֲמוֹן בֵּיהּ אֱנָשׁ אִסְתַּכַּל מְרַחִיק: כו הָא אֱלָהָא סַגִּיא וְלָא נֵדַע סְכוּם שְׁנוֹי וְלֵית סוֹף: כז אֲרוּם יְמַנַּע טִיּוּפֵי מַיָּא יְזַלְּפוּן

רש"י

במדרש רבי תנחומא מן המקרא הזה כי נוחין היו יסורי איוב מיסורי עניות וכן באגדות הגמרא: (כב) **הן אל ישגיב בכחו.** מתוך שכחו גדול ואין להנצל מפניו. לפיכך: **מי כמוהו מורה.** כשמורה לחוטא לשוב אליו מתרה קודם מכה לפי שהוא יודע שאין יכול להשמר ממכתו כמו שהיה מתרה בפרעה על כל מכה ומכה הנני משליח בך וגו' את הערוב [שמות ח'] והנני מביא מחר ארבה (שמות י') וכן כולם. ומלך ב"ו כשרוצה להנקם מאויביו בא עליו פתאום שאם יתרה בו יחזור וינצל ממנו: (כג) **מי פקד עליו דרכו.** ילוה עליו מעולם את הדרך הזה תלך: (כד) **זכור.** דרכיו ובהזכירך תשגיא מאליך שבח פועל מדותיו: **אשר שוררו אנשים.** אשר ראו אנשים כמו [במדבר כ"ד] אשורנו ולא קרוב: (כה) **חזו בו.** בפעלו: **מרחוק.** מיצירת עולם עד עכשיו: (כו) **מספר שניו ולא חקר.** לפיכך צריך לאנוש להביט מרחוק לשאול מה שאירע בראשונים וילמד מהם: (כז) **כי יגרע.** כי ירבה כמו ותגרע שיחה (לעיל

אבן עזרא

יותר טוב לך שתבחר אותו בימי העוני. והמקום ישגיב אותך: (כב) **מורה.** כמו אשכילך ואורך ויש אומרים מי יוכל למרות כמוהו ואיננו נכון בעיני: (כד) **זכור.** כל מה שתזכור ותשוב בפעלו יותר תראה גדולתו. ופי' תשגיא מן שגיא: **שוררו.** ראו כמו אשורנו: (כה) **כל אדם.** מי שיש בו דעת יחזה בפעלו: **אנוש יביט מרחוק.** על דרך החכמה: (כו) ואין חקר לשניו. דברו הקדמוני' על לשון בני אדם: (כז) **כי יגרע.** פעם יגרע נטפי

רלב"ג

(כד) שוררו. הביטו והשיגו: (כו) שגיא. שגיא כח. או יהיה שגיא ונפלא במלאותו: (כז) יגרע. ימנע: נטפי מים. הגרת המים וזה

מצודת דוד

כזאת: (כב) **הן אל וגו'.** מדוע לא תכניע עצמך למולו הלא בכחו הרב יתחזק וירומם את אשר ישר בעיניו אף אין מי כמוהו מבליך בשפל המלך את מי שירצה והכל בידו להרע או להטיב: (כג) **מי פקד.** מי צוה עליו דרכו ללמדו מה יעשה ומי אמר לו פעלת עולה לא כמלך בשר ודם שיש לו יועצים ללמדו מה יעשה וכשעושה מה מלבו יקרה לפעמים אשר יאמרו לו פעלת עולה וא"כ הואיל ואין לו ערך ודמיון מה זה לא תכניע למולו: (כד) **זכור.** תן דעתך לזכור מעשיו כי בעצמך תגדיל פעלו אשר ראו אנשים ר"ל הידועות והנגלות לכל מגודל השגחתו מלבד הנעלמות והנסתרות אשר לא נדע: (כה) **כל אדם חזו בו.** הנה כל בני אדם רואים המה השגחתו כי הוא יוצר עין כל אדם והכל כאנוש לפי ערכו יביט מרחוק ואיך תחשוב שהמקום לא יראה מה שנעשה בארץ וכענין שנאמר היוצר עין הלא יביט (תהלים צ"ד): (כו) **הן אל שגיא.** הנה האל גדול מאד ולא נדע לשער גדלו ומספר שניו רבו ואין חקר להם כי אין להם תחלה ותכלה ולא יושג א"כ מהותו לא מעצמותו ולא ממספר שניו: (כז) **כי יגרע.** אולם מעט יושג מצד פעולותיו כי

מצודת ציון

ולעיל ה'): (כא) בעוני. ענין הכנעה כמו מאנת לענות מפני (שמות י'): (כב) מורה. משליך כמו ירה בים (שם ט"ו): (כג) דרכו. הנהגתו: (כד) תשגיא. תגדיל כמו כארז בלבנון ישגה (תהלים צ"ב): שוררו. ראו כמו ושור שחקים (לעיל ל"ה): (כה) חזו. ראו כמו בלעדי אחזה (לעיל ל"ד): (כז) יגרע. מל' גרעון וחסרון:

that they cannot be fathomed because they have no beginning. Hence, we cannot conceive His essence or His years.—[*Mezudath David*]

27. **For He increases**—Heb. יְגָרַע, *for He increases, like* (above 15:4), *"and increase* (וְתִגְרַע) *speech." Others interpret: He withdraws them from the heavens to bring them down to earth.*—[*Rashi*]

they pour—*The firmaments* [pour] *the rain.*—[*Rashi*]

you chose this over poverty. 22. Behold God deals loftily in His power; who is a teacher like Him? 23. Who charged Him with His way, and who said, 'You have performed an injustice'? 24. Mention [this] for you will magnify His work, which men have seen. 25. All men have seen it; mortal man looks from afar. 26. Behold God is great and we do not know; the number of His years is unfathomable. 27. For He increases drops of water; they pour

116a).—[*Rashi*] *Mezudath David* explains: Therefore, beware from now on: Do not turn to iniquity by accusing the law of Heaven of being unjust, for until now you have chosen this iniquity over submitting to the Omnipresent, not conceding that He is right. From now on, cease this behavior.

22. Behold God deals loftily in His power—*Because His power is great, and one cannot be saved from before Him. Therefore . . .*—[*Rashi*]

who is a teacher like Him?—*When He teaches a sinner to return to Him, He warns Him before the plague because He knows that he cannot beware of His plague, as He would warn Pharaoh concerning each plague* (Ex. 8:17), "*I shall let loose the beast[s] of the wilderness upon you etc.*"; (ibid. 10:4), "*I will bring locusts . . . tomorrow,*" *and so all of them.* [In contrast,] *when a flesh and blood king wishes to wreak vengeance upon his enemies, he comes upon him suddenly, for, if he warns him, he will repent and be saved from him.*—[*Rashi* from *Ex. Rabbah* 9:9]

23. Who charged Him with His

way—[Who] *commanded Him from time immemorial, "You shall follow this way"?*—[*Rashi*]

24. Mention—*His ways, and when you mention* [them], *you will automatically magnify the praise of the works of His attributes.*—[*Rashi*]

which men have seen—Heb. שְׁרָרוּ , *which men have seen, like* (Num. 24:17), "*I behold it* (אֲשׁוּרֶנּוּ), *but it is not near.*"—[*Rashi*] *Mezudath David* explains: Keep in mind to remember His works, because by yourself you will magnify His work, which men saw, i.e. those deeds that are known and which revealed to all the greatness of His Providence, in addition to those works that are unknown to us.

25. have seen it—*His work.*—[*Rashi*]

from afar—*from the Creation of the world until now.*—[*Rashi*]

26. the number of His years is unfathomable—*Therefore man must look from afar to ask what happened to the first people, and he will learn from them.*—[*Rashi*] We have no concept of His greatness, and the number of His years are so many

מָטָר לְאֵדוֹ׃ כח אֲשֶׁר־יִזְּלוּ שְׁחָקִים
יִרְעֲפוּ עֲלֵי אָדָם רָב׃ כט אַף אִם־יָבִין
מִפְרְשֵׂי־עָב תְּשֻׁאוֹת סֻכָּתוֹ׃ ל הֵן־פָּרַשׂ
עָלָיו אוֹרוֹ וְשָׁרְשֵׁי הַיָּם כִּסָּה׃ לא כִּי־בָם
יָדִין עַמִּים יִתֶּן־אֹכֶל לְמַכְבִּיר׃ לב עַל־
כפים

ת"א יזלו . עקרים מ"ד פ"ח :

תרגום

מִטְרָא לְעַנְנֵיהּ
כח דְזָלְחִין שְׁחָקַיָא דְאָה
מְטוּל צְלוֹתָא דְבַר נָ
רַב : כט לְחוּד אִ
אֶתְבְּנַן פְּרִישׁוּתָא דְעֵיבָ
רִכְפַּת עֲנָנֵיהּ טְלָלֵיהּ
ל הָא פְּרַס עֲלוֹי מִטְרָ
וְעִקְרֵי יַמָּא חֲפָא
לא אֲרוּם בְּהוֹן דָאֵ
עַמְמַיָא יְהַב מֵיכְלָ
לְסוּגְעָא: לב מְטוּל חֲטוֹ

רש"י

ט"ו) ויש פיהרים יגרעם מן השמים להורידם ארץ: **יזוקו** . הרקיעים את המטר : **לארו** . לענגו: (כט) **אף אם יבין**. או אם יבין אדם מה יש במפרשי עב. בתמיה: **תשואות**. לשון ערפל סוכתו : (ל) **הן פרש** . (על העב את אורו) ושרשי הים כסה בו : (לא) **כי בם**. בעבים ידין עמים ייסרם בעצירת גשמים ברעב וכל מכה חטאו דור המבול וארובות השמים נפתחו (בראשית ז') אנשי סדום גפרית ומלח שריפה כל ארצה [דברים כ"ט] סיסרא מן השמים נלחמו עם סיסרא [שופטים ה'] : **יתן אוכל למכביר** משם באים מזונות הנני ממטיר לכם להם מן השמים (שמ ט"ז) משל לנחתום העומד לפני הכבשן נכנס שואב חות גחלים וזורק בו נכנס אוהבו מוציא פת חמה נותן לו למכביר . למי שטפליו מרובים וכבירים למכביר טפלי וצריך למזונות: (לב) **על כפים**. על העננים וכן גם לבבינו אל כפים [איכה ג'] על שם עב קטנה ככף אי [מלכים א' י"ח] ורבותינו אמרו על (חמס) עון כפים

אבן עזרא

מים : **יזוקו מטר** . כאילו יזקק המטר מן האד העולה שהוא סבת המטר כמו ואד יעלה מן הארץ : (כט) ופעם יבין מפרשי עב . וכאילו ישים בינה למפרשי עב כמו הבן להלן את המראה והענין מפרשי בעבור שהם נפרשים : **השואות סוכתו** . הענין כפול וענין סוכתו כמו ישת חשך סתרו סביבותיו סכתו : (ל) **הן פרש עליו אורו** . על העב מטרו ויש אומרים כי נקרא המטר אור בעבור המאור הקטן כי בתנועותיו יהיה המטר בגווי הבורא והנכון בעיני כי הן פרש עליו אורו כי הוא כמשמעו כי יפרוש על הע האור : **ושרשי הים כסה**. כי בם ידין עמים בא ובמטר : (לא) **יתן אוכל למכביר**. מן כביר שיתי או למכביר מן ככברה. ורבי משה הכהן אמר כי זה הפסו דבק עם על כפים וזה איננו נכון כלל כאשר הזכרתי בספ מאזני הלשון : (לב) **על כפים כסה אור** . הפך הן פר עליו אורו כאילו בכפים כסה אור והכפים הן העננים כ ושכותי כפי עליך : **ויצו עליו** . על השמש : **במפגיע**

רלב"ג

בסבת היובש: יזוקו מטר לאדו. יזלו מהם לחיות בהם בכח מטר ר"ל שיעשהו מהם אד לך אשר הוא מוכן להיות ממנו מטר: (כט) מפר עב . מיני הפרשיות אשר לעב והרצון בו כי כבר יתחדשו עבים מתחלפים זה מזה עד שמקצתם יהיה מטר ומקצתם יהיה רוח ומקצת ענינים אחרים כמו שזכר אחר זה : תשואות סוכתו . הרצון בסוכת עננו והרצון בזה המיית עננו והוא הרעם : (ל) אורו . שמשו ומ
לר ואור : (לא) למכביר . לרוב :

מצודת ציון

בטפי . מלשון טיפין : יזוקו . ענין יליקה כמו ומקום לזהב יזוקו (לעיל כ"ח) : לאדו . לענגו כמו ואד יעלה מן הארץ (בראשית ב') : (כח) יזלו . יטיפו כמו תזל כטל אמרתי (דברים ל"ב) : ירעפו . גם הוא ענין נטיפה כמו יערוף כמטר לקחי (שם) : רב . גדול וחשוב כמו ורבי המלך (ירמיה מ"א) : (כט) תשואות . ענין המיה ורעש כמו תשואות חן חן לה (זכריה ד') : (ל) אורו . ענין המטר וכן כל אור האמור בענין והוא מל' יורה ומלקוש (דברי' י"א) : (לא) למכביר. להרבות כמו מזער לא כביר (ישעיה ט"ז) : (לב) כפים . כך יקראו העננים לפי שבתחלה נראה ככף היד כענין שנאמר עב קטנה ככף

מצודת דוד

לפעמים יחסר נטפי מי המטר עם כי הרבה מטר היה נשפך ענגו מכל מקום בהפלו יכלה את המטר : (כח) אשר יזלו. ולפעמ בהפוך אשר יזלו שחקים מאוצר המים אשר בשמים ממעל עם הטבע לא יורה או על המטר מ"מ ירעפו מאוצרו הטוב בעבור שה אדם רב ר"ל צדיק וחסיד כדור השואל על המטר : (כט) אף א יבין . אף כאשר יבין המקום עת בוא בטבע פריסת העב מ השמים : תשואות . עת בוא המיית עליית הענן אשר הוא כסו על יושבי האדמה והוא כפל ענין במ"ש : (ל) הן פרש . ה לפעמים יגביר חסדו ויפרוש על הענן את מטרו הבא מאו הטוב ואת שרשי הים ועמקם יכסה לבל יתמלא הענן מהם כ
מאוצרו הטוב : (לא) כי בם . כי המים הבאים מאוצר השמים אשר בהם היה דן את אנשי דור המבול בהמים ההם עצמן יתן אוכל ל להרבות ועושה שני הפכים בנושא אחד פעם שלחם למחות את כל היקום ופעם יתהפכו לגשמי ברכה עוד יותר ממי המטר הבא בטב (לב) על כפים . כבר יקרה אשר יכסה המטר אשר על העבים והמה כלואים בהם ולא יריקו על הארץ ואח"ז ילוה עליה לרדת בעב

rain into His cloud. 28. That the heavens drip; yea, they drip because of a great man. 29. Or will one understand the spreaading of a cloud, the darkness of His pavilion? 30. Behold He spread His rain over it, and He covered the roots of the sea. 31. For He judges the nations therewith; He gives food to one who has many [children].

into His cloud—Heb. לְאֵדוֹ, *into His cloud.*—[*Rashi*] *Mezudath David* explains that sometimes God withholds the rain [from falling upon the earth] even though much rain was poured into His cloud. This illustrates how little we understand of His works.

28. That the heavens drip—And sometimes, conversely, the skies drip from the storehouse of rain in the heavens above, although nature does not indicate that it will rain. This is due to the prayers of a great man, i.e. a righteous or a pious man, who prays for rain.—[*Mezudath David*]

29. Or will one understand—*Or will man understand what is in the spreadings of the clouds? This is a question.*—[*Rashi*]

the darkness—Heb. תְּשֻׁאוֹת, *an expression of the thick darkness of His pavilion.*—[*Rashi*]

30. Behold He spread—*(on the cloud His rain) and covered the roots of the sea therewith.*—[*Rashi*]

31. For ... therewith—*With the clouds He judges peoples and chastises them by withholding rain, causing famine, as well as all sorts of plagues. When the generation of the Flood sinned* (Gen. 7:11), *"and the*

floodgates of the heavens were opened." As for the people of Sodom— (Deut. 29:22), *"Sulfur and salt, all the soil is burned up." As for Sisera—* (Jud. 5:20), *"From heaven they fought . . . against Sisera."—* [*Rashi*] [The reference concerning Sodom is obscure, since that verse is not referring directly to Sodom, but to Israel. Although it compares Israel to Sodom, it does not mention that the sulfur and salt fell from the heavens. *Shem Ephraim* emends: *As for the people of Sodom—* (Gen. 19:24), *"And God had caused sulfur and fire to rain upon Sodom . . . from the heavens."* So is the reading in *Yalkut Shimoni,* where this comment is quoted from *Tanchuma Buber, Beshallach* 20.]

He gives food to one who has many—*From there comes sustenance* (Ex. 16:4): *"See, I am about to have bread rain down from heaven for you." This is to be compared to a baker who is standing before the oven. If an enemy comes in, he rakes coals and casts them at him; if his friend comes in, he takes out hot bread and gives it to him.*—[*Rashi* from *Tanchuma Buber, Beshallach* 20]

to the one who has many—Heb. לְמַכְבִּיר, *to the one whose children are*

כַּפַּיִם כִּסָּה־אוֹר וַיְצַו עָלֶיהָ בְמַפְגִּיעַ:
לג יַגִּיד עָלָיו רֵעוֹ מִקְנֶה אַף עַל־עוֹלֶה:
לז א אַף־לְזֹאת יֶחֱרַד לִבִּי וְיִתַּר
מִמְּקוֹמוֹ: ב שִׁמְעוּ שָׁמוֹעַ בְּרֹגֶז קֹלוֹ
וְהֶגֶה מִפִּיו יֵצֵא: ג תַּחַת כָּל־הַשָּׁמַיִם
יִשְׁרֵהוּ וְאוֹרוֹ עַל־כַּנְפוֹת הָאָרֶץ:

ידָא מְנַע מִטְרָא וּפָקֵיד
עֲלֵוי לְמֵחַת מְטוֹל
מְצַלֵּי: לג דִּימֵי לִישָׁן
תַּלְיָתֵי בְּחַבְרֵיהּ קַנְאָתָא
וְרוּגְזָא עֲלוֹי יָסֵק: לז
ת"א יֶחֱוַון בְּאוֹרַיְתָא חַד
עִם חַבְרֵיהּ מִסְתַּנְגִּין
בְּרוּגְזָא וּמִסְתַּלְקִין לֵיהּ
לְעֵילָא: ת"א יֶחֱוַון עֲלוֹהִי
זְכוּתָא דַּחַבְרֵיהּ קַנְאָתָא
וְרוּגְזָא עֲלוֹהִי יִסְתַּלֵּק: לז
א בְּרַם לְדָא יִתְוַה לִבִּי
וְיִתָּף מִן אַתְרֵיהּ:

ת"א כַּפִּים. תְּפָנִים ל׳ (מַפְגִּיעַ) שֶׁם (תַּרְגוּם ת"י) יִשְׁרֵהוּ: (תַרְגוּם ל"ג):

עַל בְּנֵי דְּאַהֲרֹן אִתְנַבֵּי וַאֲמַר לְחוֹד לְחַד אַתְרֵיהּ: ב שִׁמְעוּ מִשְׁמַע בְּרֻגְזָא קָלֵיהּ וְהֶגֶה הֵא אֶשָּׁא מִפּוּמֵיהּ נָפַק: ג תְּחוֹת כָּל שְׁמַיָא תָּרִיצוּתֵיהּ וּנְהוֹרֵיהּ יְקוּם עַל סַיְפֵי

רש"י

כסה אור. הַמְּטַר נֶעֱצָר. וַיְצַו עָלֶיהָ: לְבָא עַל יְדֵי מַפְגִּיעַ בִּתְפִלָּה. מוֹכִיחַ שֶׁל דּוֹר וְגָדוֹל וְכֵן עַל עַל יְדֵי מַפְגִּיעַ בִּתְפִלָּה הַקָּבְּ"ה טָרַת הַדּוֹר וְגֵרָם: (לג) יַגִּיד עָלָיו רֵעוֹ. יִדְרֹש לְהֶם לִבְדּוֹק לָהֶם בְּמַעֲשֵׂיהֶם וְלָשׁוּב אֵלָיו. מִקְנֶה. וְזֶה קִנְיָן שֶׁקּוֹנִין כּוֹ הַנְּאֶמִיס: אַף עַל עוֹלֶה. נַס לְמַעְלָה לְמַעְלָה [עוֹלָה כָּךְ] כְּמוֹ יָשׁוּבוּ לֹא עָל [הוֹשֵׁעַ ז'] אוֹ הַקֵּם עַל [שְׁמוּאֵל ב' כ"ג] וְרַבּוֹתֵינוּ פֵּרְשׁוּהוּ קִנְיָן אַף וְחֵמָה עַל הַמִּנִים

אבן עזרא

הוּא הַגֶּשֶׁם שֶׁל הֶעָבִים כְּאִלּוּ פָּגְעוּ בַּשֶּׁמֶשׁ בַּעֲבוּר מְרֻלַּת הֶעָבִים: (לג) יַגִּיד. עָל הַגֶּשֶׁם: רֵעוֹ. כְּמוֹ תְּרוּעָתוֹ וְהוּא הָרַעַם כְּמוֹ וַיַּשְׁמַע יְהֹוָה אֶת הֵרַעַם וְהֵם כָּרְסוּ. אֲפִילוּ הַמִּקְנֶה וְהַבְּהֵמָה כְּמוֹ עֲלוֹת עַל יִרְגְּשׁוּ בְּעֵת שִׁקְרַב זְמַן בִּיאַת הַמְּטָר וְסִמָּנִים רַבִּים יֵשׁ לִבְנֵי אָדָם בְּבֶקֶר וְכֻלָּן מַשְׁכֵּיבְתָּם עַל יָד יָמִין וְכַאֲשֵׁר הֶחָיוּת

לז (ג) תַּחַת כָּל הַשָּׁמַיִם יִשְׁרֵהוּ וְאוֹרוֹ. הוּא הַבָּרָק

מנחת שי

לז) עָלֶיהָ בְמַפְגִּיעַ. הַבִּי"ת רָפָה כְּמ"ש כ"ף מֻקַּף עַל אֲבָנִים בְּרָגֶל: (לג) מִקְנֶה אַף עַל עוֹלֶה. פֶּרֶק קַמָּא דְּתַעֲנִית אֵם לֶחֶם אָדָם בְּחַלָּתוֹ וְטִנּוּנוֹ וּבְהֶנַּח שֶׁאֵלְוּ הָיָה דָּבוּק קָמֵן וְלֹא הָיָה נוֹ רַבָּא אָמַר ב' תַּלְמִידֵי מֵחַמִּים שֶׁיּוֹשְׁבִין בָּעִיר אַחַת וְאֵין נוֹחִין זֶה לָזֶה בַּהֲלָכָה מַחֲלִיקִין כָּאַף וּמַעֲלִין אוֹתוֹ שֶׁלֹּאמַר מִקְנֶה אַף עַל עוֹלֶה ע"כ. לִישְׁמַע אֲחֵרִים וְנוֹתֵן זֶה לָזֶה מֵי׳ מֵי׳ רַשִׁ"י וְּמוֹסִפִּין וְכָל הַסְּפָרִים אֵין סְמַדְרוּסָא כְּפָסוּק הַטַּעֲמִים שֶׁהַטַּעַם כּוֹלֵל מִקְנֶה וְכֵיס רָאוּי לִהְיוֹת בְּמַלַּת אַף. וְאֵין מַשְׁגִּיחִין עַל הֶרְגֵל וּבְיָין גַּם כֵּן בַּפָּסוּק ג' בַפָּסוּק וּמֵה שֶׁכְּתַבְתִּי בְּמַלְאָכִי סִימָן ב':

רלב"ג

(לב) כַּפִּים. עִנְיָנוֹ וּמַזֶּה הָעֵנָיִן וְשִׁכּוּתֵי כְּפַי: כִּסָּה אוֹר. הוּא הָאוֹר הַקִּיּוּמִי וּשְׁמֵשׁ סַכֶּה: בְּמַפְגִּיעַ: (לג) רֵעוֹ. הוּא הָאוֹר הַקִּיּוּמִי שֶׁהוּא מַתֻּלְבָּד בְּקָלוֹת וּבְמֵשֶׁשׁ סַכֶּה: (א) וְיִתַּר. מִקְנֶה אַף עַל עוֹלֶה. קִנְיָן אַף עַל עוֹלֶה. (לג) רֵעוֹ. הוּא הָאוֹר הַקִּיּוּמִי שֶׁמְּדַרְכּוֹ לִצְלוֹת לְמַעְלָה: (ג) יִשְׁרֵהוּ. כְּמוֹ יְשַׁרֵי וְהַטַּעַם שֶׁם מְמַעֵן הַגַּיִן. וְהַרְגָּלוֹן כּוֹ וְקוֹל וְהוּא הֵרַעַם:

מצודת ציון

אִישׁ (מַלְאָכִים אֵ' י"א). אוֹ לְפִי שֶׁהֵם כְּמוֹ כִסָּה עַל רֹאשֵׁי בְּנֵי הָאָדָם בְּמַפְגִּיעַ. עִנְיָן תְּפִלָּה וְדָלוּק כְּמוֹ יַגֵּיד בֵּהֶן עַל הָאָרֶץ (וַיִּקְרָא י"א) מַלֶּה מִן י"א). לז (א) וְיִתַּר. עִנְיַן קְפִיצָה כְּמוֹ לְנַתֵּר בָּהֶן עַל הָאָרֶץ (שְׁמוּאֵל ב' כ"ג): (ב) בְּרֹגֶז. עִנְיַן דְּבוּר כְּמוֹ וָאֵלְוּ מֵה תֶּחֱרַד כָּזוֹ וּלְשׁוֹי תֵּאתָא (שָׁם ל"ה): (ג) יִשְׁרֵהוּ. מִלְּשׁוֹן יָשָׁר וְיֹשֶׁר: כַּנְפוֹת. קָצוֹת:

מצודת דוד

תְּפִלַּת הֻלְדִּין הַשּׁוֹאֵל פָּנִים: (לג) יַגֵּיד עָלָיו רֵעוֹ. וְכַכָּה יְקָרֵב אֲשֶׁר סְרַעַם שֶׁלּוֹ יַגֵּיד עַל הַמְּטָר עֲלֵיהֶם אֲשֶׁר קָרְבוֹ לָבוֹא מִקְנֶה אֲשֶׁר קֹנֶה קִנְיָן כָּאַף אֲשֶׁר אֵלְיו כָּאֵין הַבְּעִירוֹ חֵמַת ה' מִעוֹלֶה הוּא מַמַּעַל עַל הַזֹּולֶה סְרַעַם וּמַכְלִית אוֹמֶר וְלֹא יָבוֹא הַגֶּשֶׁם וּמְכַל זֶה נִרְאֶה גֹּדֶל הַטַּעֲמַם כִּי פָסֵק כְּנֶאֱמֶים כֻּלֹּאֵים וַיֵּרְגְּזוּ מֵי' הַמְּפוֹנֵן הֵם נִרְאֶה מְאֹד קָרְבוֹ לָבוֹא וְסָתַם סְרַעַם נַעֲלֵים כְּלֹאֵין יֶחֱמָלוֹן מֵנֵי הָאָרֶץ: לז (א) לְזֹאת. אַף לְבַלּוֹת הַמָּקוֹם אֲשֶׁר יִפְעַל בְּעֵת יְלֵדַת הַמְּטָר עַס י"ד הֵם סְקָפוֹת שֶׁבַּסְּמוֹלוֹתָיו מ"מ אַף עָלָיו יֶחֱרַד לְבִי וַיִּקְסוֹן מִמְּקוֹמוֹ לִגְדוֹל הַתְּמָהוֹן: (ב) שִׁמְעוּ שָׁמוֹעַ. שְׁמוֹ מִשְׁמָע קֹילוֹ אֲשֶׁר יִרְעַם בְּרֻגֶּז וְהוּא הֵרַעַם: וְהֶגֶה. וְסָנֵה מִשְׁלוֹם אֶת הַקּוֹל בְּעֵת רַדְתּוֹ: (ג) תַּחַת כָּל הַשָּׁמַיִם יִשְׁרֵהוּ

---

denotes a pause, viz. a revi'i.—
[Rashi]

1. and spring—Heb. וְיִתַּר, *and
spring*, like (Lev. 11:21) "*to hop
(*לְנַתֵּר*) with them upon the earth.*" *And*

this means that his heart is aston-
ished.—[Rashi]

**2. Hear attentively the noise of
His voice**—*The thunders that He
thunders in the sky are like a sound*

32. Over the clouds He covers the rain, and He commands it through one who prays. 33. Their beloved one preaches to them; [this is] the acquisition, for it also ascends on high.

37.

1. From this too does my heart quake and spring from its place. 2. Hear attentively the noise of His voice and the sound that emanates from His mouth. 3. Beneath the entire heaven I have seen it, and His light is upon the ends of the earth.

---

many and numerous; to one who increases children and requires food.—[Rashi]

32. Over the clouds—Heb. כַּפַּיִם, over the clouds. Similarly (Lam. 3:41), "Let us lift our heart to the clouds (כַּפָּיִם)," based on (I Kings 18:44), "... a cloud as small as a man's palm (כְּכַף)." But our Rabbis said (Taanith 7b): Because of the sin of (the robbery of) the hands.—[Rashi] So Targum.

He covers the rain—The rain is withheld.—[Rashi from Taanith ad loc.]

and He commands it—to come through one who entreats with prayer. [The beloved one of the generation, and the great man and sage thereof will relate to Him—before the Holy One, blessed be He—the straits of the generation and their necessities].—[Rashi] [The bracketed material does not appear in the Furth edition. In Etz. Chayim ms., it appears as an alternative interpretation of the following verse, with the initial three words, יַגִּיד עָלָיו רֵעוֹ, preceding

this comment, after which the ms. continues: Or, he preaches ...]

33. Their beloved one preaches to them—He preaches to them to search their deeds for themselves and to return to Him.—[Rashi]

the acquisition—Heb. מִקְנֶה. This is the acquisition whereby the rain is acquired.—[Rashi]

it also ascends on high—Heb. עַל. It also [ascends] higher and higher [in this manner], like (Hosea 7:16), "They will return, but not to the Most High (עָל)," or (II Sam. 23:1), "raised on high (עָל)." [See Comm. Dig. to Hosea 7:16.] Our Sages, however, interpret it (Taanith 8a) as the acquisition of anger and wrath upon one who becomes haughty [after his prayers have been answered], but the vowelization, viz. that מִקְנֶה is vowelized with a "pattah" [meaning a "seggol"], does not substantiate [the theory] that it is connected to אַף, for were it connected to אַף, it would be vowelized with a "kamatz" [meaning a "tzeireh"], and it would not be punctuated by a cantillation sign that

ד אחריו ישאג קול ירעם בקול גאונו
ולא יעקבם כי ישמע קולו: ה ירעם
אל בקולו נפלאות עשה גדלות ולא
נדע: ו כי לשלג יאמר הוא ארץ וגשם
מטר וגשם מטרות עזו: ז ביד כל אדם

ארעא: ד בתרוי מכלי קל אכליותיה בקל גיותנותיה ולא יעכבנון ארום ישמע קליה: ה כד אכלי אלהא בקליה על פרישן דעתיד למעבד עבד רברבן ולא נדע: ו ארום לתלגא יימר הוי בארעא ומטרא בתר מטרא בקיטא למבשלא פרי ומטרא בתר מטרא למצמח עסבא בסתוא בעושניה: ז בידא דכל

רש״י

(במדבר כ״ד) והם אותם אורות שהברקים מאירים: (ד) אחריו. של אותו אור ישאג הרעם ומרעים בקול גאונו. והם ברקים ורעמים המביאים את המטר: ולא יעקבם. המקום: כי ישמע. לפניו קולו של מפגיע. יעקבם. יכריתם [ול׳ משנה שנינו [סוטה ט״ז] בג׳ מקומו׳ הלכה עוקבת מקרא]: (ו) כי לשלג יאמר. ע״י הקולות הללו: הוא ארץ וגשם מטר וגשם מטרות עוזו. כלו׳ מד׳ רוחות יבא: (ז) ביד כל אדם יחתום. כשאדם הוטא

ת״א לשלג. יומא נד תענית ג (חגיגה ט״ו):

מנחת שי

לז (ד) אחריו | ישאג. יש גרמיה אחר אחריו: (ו) כי לשלג | יאמר. כך הם הטעמים בספרים כ״י: הוא ארץ. ב׳ בקריא חד כתיב ה״א וחד כתיב אל״ף וסימנם הוה גביר לאחיך כתיב ה״א. הוא ארץ. כתיב אל״ף:

אבן עזרא

ואמר רב סעדיה הגאון כי על המקום ידבר. ואיננו נכון כי איננו דבק בפסוקים של מעלה ומטה. ומלת ישרהו כמו משרת ענבים וזה הלשון ידוע בדברי רבותינו ז״ל שורין. ויש אומרים שהוא מל׳ ישר והוא רחוק: (ד) ולא יעקבם. המ״ם סימן העבים. והענין לא יאחר. מן לעולם עקב: (ו) כי לשלג יאמר. להיות בארץ וכבר הזכרתי בספר מאזני הלשון כי כל דבר צריך לזמן ומקום על כן ימצאו פעמים בלשון הקדש בלא אות בי״ת כמו הנמצא בית ה׳: (ז) ביד כל אדם יחתום. יש אומרים בעד כל אדם: יחתום. שהגשם ימנעם לצאת לדעת כל איש מעשה שדהו

רלב״ג

השמים עד שישמע שם בכל המקומות אשר הענן עליהם. והמגס אמר זה לפי שהקול הוא תנועה מגעת אל חוש השמע באמצעות האויר המקבל לזאת התנועה היא. או יהיה הרצון כי ברהו ילאחהו הענן והטעם שהוא ילאחה הענן וירד ממנו המטר: ואורו על כנפות הארץ. והברק היוצא ממנו ירד למטה על כנפות הארץ וזה פלא מפני לדדים האחד שילא את מהמקום אשר היו שם המים. והשני שירד למטה והנה טבעו שיעלה למעלה: (ד) ולא יעקבם. ולא יאחרם: (ו) מטרות עוזו. מטרות עוז ותהיה הוא״ו נוספת: (ז) יחתום. יסגור ויסתום עד

מצודת ציון

(ד) גאונו. מל׳ גאוה: יעקבם. ענין סוף ואחרית כעקב הזה שהוא סוף הרגל: (ו) הוא. כמו היה ובאה הוי״ו והאל״ף במקום היו״ד והה״א: (ז) ביד. הוא כמו בתוך וכן ביד שני לנתרות (זכריה ד׳): יחתום.

מצודת דוד

גם אור ברקיו על קצות הארץ כי בעת יוצא הרעם אז יוצא הברק כאשר חקרו המבע״ם: (ד) אחריו ישאג קול. אבל שאגת הקול אשר ירעם בקול גאונו נשמע לאוזן אחר ראיית הברק עם כי גם הקול הולך בדרך ישר: ולא יעקבם. אולם לא יאחר באמת את הקולות לצאת לעקבות הברקים ואחריהם אם היה נשמע קולו מיד בלאתו ר״ל אם היה נשמע מיד אז היה נודע שאינו מתאחר לצאת לעקבות הברק אבל בעבור גסות חוש השמע ודקות חוש הראות יראה הברק טרם ישמע הרעם לזה חושב האדם אשר כן הוא סדר תולדותם אבל לא כן הוא והוא דבר נפלא ותמהון: (ה) ירעם אל. הנה האל ירעם בקולו רעמים נפלאים אשר שמענו ונדעם ומה הם עוד הגדולות אשר עושה ואנחנו לא נדעם: (ו) כי לשלג. אשר לשלג יצוה שיהיה על הארץ והנגו רואים אותו בארץ וכן יצוה על גשם מטרות עוזו ר״ל גשם החזק ושוטף וכולם נראים המה לעין כל בעת רדתם: (ז) ביד כל אדם יחתום. ועכ״ז יסתום ויחתים בתוך

‘Be upon the earth’; likewise to the shower of rain and to the showers of His mighty rain—*That is to say that it comes from the four directions.*—[*Rashi*] Initially, he speaks of the fine, light rain. Now he speaks of the heavy rain.—[*Zerachiah*] *Ramban* conjectures that גֶּשֶׁם denotes the light rain and מָטָר the heavy rain. *Targum* paraphrases: and a rain after a rain in the summer to ripen the fruit, and a rain after a rain in the winter to make the grass grow with His might.

The Talmud (*Taanith* 3b) states that one snow is the equivalent of five rains, as indicated by the repetition of the terms for rain. *Mezudath David* understands this verse as a continuation of the previous one, a delineation of the wonders of God, which are unknown to man: Elihu begins with the wonders of snow and rain, which are visible to man after they have fallen, but cannot be predicted (as will be explained in the following verse).

7. **By the hand of every man he**

4. In its wake, a voice roars; it thunders with the voice of its
pride, and He will not cut them off for his voice will be heard.
5. God thunders with His voice wondrous [thunders]; He
performs great deeds, but we do not know. 6. For He says to
the snow, 'Be upon the earth'; likewise to the shower of rain
and to the showers of His mighty rain. 7. By the hand of every
man

that emanates from His mouth.—
[*Rashi*]

**3. Beneath the entire heaven I have
seen it**—Heb. יִשְׁרֵהוּ, *I have seen it,
like* (Num. 24:17), *"I behold it
(אֲשׁוּרֶנּוּ)." They are the lights that the
lightnings illuminate.*—[*Rashi*] *Ibn
Ezra:* it soaks it. *Saadia:* He sees it,
i.e. everyone's deeds and thoughts.
Rabbi Moshe Kimchi: He sends it
forth. *Mezudath David* renders: He
sends it straight; i.e. God sends the
thunder in a straight path beneath
the entire heaven. Then He sends
His light (this is the lightning) to the
ends of the earth, for the lightning
originates at the very same moment
as the thunder.

4. In its wake—[I.e. in the wake]
*of that light, the thunder roars, and it
thunders with the voice of its pride.
Those are the lightnings and the
thunders, which bring the rain.—*
[*Rashi*]

and He will not cut them off—*I.e.
the Omnipresent* [will not cut off the
thunder and the lightning].—[*Rashi*]

for ... will be heard—*before Him
the voice of the one who prays.*—
[*Rashi*]

He will ... cut them off—Heb.
יְעַקְּבֵם, *He will cut them off, [and in
the language of the Mishnah we

learned (*Sotah* 16a): *In three
instances, the halachah supplants
(*עוֹקֶבֶת*) the text].*—[*Rashi*] *Other
commentators render: He does not
delay them. Mezudath David ex-
plains that Elihu marvels over the
sequence of thunder and lightning
Although we see lightning and then
hear thunder, they emanate simul-
taneously.

Scripture states:

In its wake a voice roars—*The
sound of the thunder is heard after
the lightning is seen although the
sound follows a straight path.*

but He does not delay them—*In
fact, God does not delay the sounds
of thunder, to emit them after the
lightning.*

if its voice were heard—*I.e. if the
sound of the thunder were heard
simultaneously with the lightning,
we would realize this. As it is, the
thunder seems to come after the
lightning, which is a marvel.*

5. God thunders with His voice—
*wondrous thunderings, which we
know and hear. What are the other
wondrous things that He performs,
which we do not know?*—[*Mezudath
David*]

6. For He says to the snow—
through these voices.—[*Rashi*]

יַחְתּוֹם לָדַעַת כָּל־אַנְשֵׁי מַעֲשֵׂהוּ׃
ח וַתָּבוֹא חַיָּה בְמוֹ־אָרֶב וּבִמְעוֹנֹתֶיהָ
תִשְׁכֹּן׃ ט מִן־הַחֶדֶר תָּבוֹא סוּפָה
וּמִמְּזָרִים קָרָה׃ י מִנִּשְׁמַת־אֵל יִתֶּן־
קָרַח וְרֹחַב מַיִם בְּמוּצָק׃ יא אַף־בְּרִי
יַטְרִיחַ עָב יָפִיץ עֲנַן אוֹרוֹ׃ יב וְהוּא

אֱנָשָׁא יִרְשׁוֹם לְמִידַע
כָּל בְּנֵי נָשָׁא עוֹבָדוֹי׃
ח וְהַוְיָא חַיְתָא בִכְמָנָא
וּבִמְדוֹרָהָא תִשְׁרֵי׃
ט מִן אִדְרוֹן עֵילָא תֵּיתֵי
זִיעָא וּמִכְּוָות מְזָרִים
קוֹרָא׃ י מִמֵּימַר אֱלָהָא
יִתְיְהֵב קַרְחָא וּפְלַטְיוּת
מַיָּא בְּאַהֲכוּתָא׃ יא בְּרַם
בִּבְרִירוּתָא מַטְרַח עֵיבָא
מְבַדֵּר עֲנַן מִטְרֵיהּ׃
יב וְהוּא תּוּסְקַפְתָּא

ת"א יחתום. הפניה יל׳ זוהר לך: מן החדר. ב"ב כה: אף ברי. (תענית ט): יפיץ. תענית ז:

רש"י

לפניו האדם עצמו חותם כתב ידו ביום מותו על עבירות שעבר הכתובות לפניו: **לדעת כל אנשי מעשהו.** להודיע על מה הוא נידון: (ח) **ותבוא חיה במו ארב.** כלומר ועוד שלוחים הרבה יש למקום ליפרע פורענותיו שילוח חיות רעות וסופה וקרה: (ט) **וממזרים.** הוגר ים ושמו מזרים: (י) **מנשמה.** מרוחו: **ורוחב מים במוצק.** בזיקה לפורעניות: (יא) **אף ברי.** שם מלאך הממונה על העננים והוא יפיץ ענן מטרו של המקום: **ענן אורו.** ענן מטרו: (יב) **והוא.** הממונה: **מסיבות מתהפך בתחבולותיו.** של מקום: **לפעלם.** של גשמים לפועל המושל

אבן עזרא

ואחרים אמרו כי המקום יחתום ביד כל אדם המעשים שיעשו והזכיר זה הענין בפסוק הזה בעבור המטר כענין אם תשמעו ונתתי מטר ארצכם. והקרוב אלי כי על הזורע ידבר כי אחרי ירידת הגשם יזרעו בני אדם והמקו׳ יחתום ביד כל אחד ואחד מה שיהיה מהזרע: (ח) **ותבוא חיה במו ארב.** בעת המטר: (ט) **מן החדר תבוא סופה.** יתכן שהוא כמו חדרי תימן מפאת דרום כאשר פירשתי: **וממזרים.** י"א שהוא פאת צפון וי"א ממזלות. ויש אומרים שהוא מן מזורה הרשת על ענין רחוק. והנכון בעיני שהם כוכבים וכמוהו התוציא מזרות בעתו: (י) **במוצק.** הוא הארץ שהיא כנקודה באמצע הגלגלים: (יא) **אף ברי.** פירושו יש פעם על כן אמר אף כשיהיה האויר ברור והמקום יטריח עב: **יפיץ.** כמו יפוצו מעינותיך ופי׳ יפיץ ענן אורו שפעם ירד הגשם והשמש נראה. ויש אומרים כי הבי"ת שבמלת ברי משרת ויפרש רי מן רויה. וזה רחוק: (יב) **והוא.** המקום יסובב מסיבות. והנכון בעיני שהוא

רלב"ג

שלא יוכל איש לצאת לחוץ מרוב המטר: (ט) מן החדר תבוא סופה. מחדר הצפון תבא הרוח וזה יהיה כאשר היה נעצר בו אד הספי לו כי יקרה לזה האד המורכב שיהיה ממנו הרוח כאשר התבאר בספר האותות: וממזרים קרה. ר"ל שבכבר יהיה קול חזק מן הרוחות המזרים ומפזרים האדים והם הרוחות הצפוניות כמו שנזכר בספר האותות. או יהיה ממזרים מענין זרם ויהיה מזרים כמו מזרם כמו הענין בתומיך גורלי שהוא כמו תומך. או יהיה מורכב מפועל הדגוש והפעיל כי כבר ימלאו רבים מורכבים משני בנינים: (י) מנשמת אל. מרוח אל: במוצק. מגזרת מצוק וזה יהיה כאשר יקפא הטל ויהיה ממנו הכפור: (יא) ברי. מענין בירור ושרשו ברה ובא במשקל

מצודת דוד

כל בני אדם מלאכיות להם קדימת ידיעה טרם בואם למען דעת כל אנשי מעשה מעשהו ר"ל בכדי להזהרו כל בעל מעשה לבלות מעשהו טרם יבוא הגשם לבל ימנעהו בבואו: (ח) **ותבוא חיה.** עם כי החיה תשיג ידיעת המטר טרם בואו ותקדים לבוא במקום אשר תשב ותאחרו לטריף טרף ותשכון במעונותיה ולא תצא אז בחוצה וקלרה א"כ הבנת האדם אף כדבר אשר תשיג החיה: (ט) **מן החדר.** יספר עוד מפלאות המקום ואמר הנה רוח סופה תבוא מן החדר אשר יכלה שם הרוח והם חדרי תימן כמ"ש עושה עש כסיל וכימה וחדרי תימן (לעיל ט׳): **וממזרים קרה.** מן המזלות תבוא הקור והיא מזל כימה: (י) **מנשמת אל.** מנשיבת רוח האל ר"ל במאמר פיו יבוא הקרח ובא רוחב המים במקום צר ודחוק עד לא יוכלו להעלות גלים כי הקרח עליהם ממעל: (יא) **אף ברי.** אף בעת יהיה האויר ברור ואין מקום לבוא המטר ע"פ הטבע עכ"ז יטריח את העב למלאותו בכובד מים רבים והוא יפזר מטרו ע"פ האדמה. ורז"ל אמרו שהמלאך הממונה על המטר שמו אף ברי: (יב) **והוא.** העב הזה הנה מסבת סבות מתהפך הנה והנה ברוב תחבולותיו

מצודת ציון

יחתום ויסגיר כמו כי חתום הוא (ישעיה כ"ט): **אנשי מעשהו.** יחסר הנסמך והראוי אנשי מעשה מעשהו. וכן הארון הברית (יהושע ג׳) ומשפטו הארון ארון הברית: (ח) **במו ארב.** במארב כמו כמו פי אתחנן (לעיל י"ט): **ובמעונותיה.** ענין מדור כמו מעון אתה היית (תהלים צ׳): (ט) **וממזרים.** מזלות וכן התוציא מזרות (לקמן ל"ח) ובא הבי"ת במקום הלמ"ד. וכן וידע אלמנותיו (יחזקאל י"ט) והוא כמו ארמנותיו ובא הלמ"ד במקום הרי"ש: **קרה.** מל׳ קור וחורף: (י) **בנשמת.** ענין נשיבת הרוח כמו מנשמת אלוה יאבדו (לעיל ד׳): **קרח.** הוא הגליד הנקפא מן הקור כמו משליך קרחו כפיתים (תהלים קמ"ז): **במוצק.** במקום צר ודחוק כמו רחב לא מוצק (לעיל ל"ו): (יא) **ברי.** מלשון ברור ונקי: **יפיץ.** יפזר כמו ואפץ אותם

there is no sign of rain, God sometimes brings it unexpectedly.

12. **And he**—*who is thus appointed.*—[*Rashi*]

he seals so that every man should know his deed. 8. The beasts go into ambush, and in their dens they dwell. 9. From the Chamber comes a tempest, and from *Mezarim* the cold. 10. From the breath of God He gives forth ice and the breadth of waters in a flood. 11. Aph Beri burdens the cloud; he scatters His rain cloud. 12. And he

seals—*When a man sins before Him, the man himself signs his signature on the day of his death to the sins that he committed, which are written before him.*]—[*Rashi*]

so that every man should know his deed—*to let him know for what he is being judged.*—[*Rashi*] *Ibn Ezra* explains: By the side of every man it seals. I.e. the rain seals a person in his house, not permitting him to go out to do the work in his field. *Mezudath David* explains that God seals the knowledge of the rain within the hand of every man, lest he learn of it in advance; thus every man knows to hasten to do his work, lest the rain prevent him from completing it.

8. **The beasts go into ambush**—*That is to say that the Omnipresent has many more agents through which to mete out His punishments: the inciting of wild beasts, the tempest, and the cold.*—[*Rashi*] Although man is unaware of impending rain, the wild beasts are not, and, in preparation, they go into ambush to prey on other animals, in order to stock up their dens for the rainy season.—[*Mezudath David*] *Ibn Ezra* explains that the wild beasts seek shelter in their dens when it rains.

9. **and from Mezarim**—*There is a*

treasury, named Mezarim.—[*Rashi*] *Ibn Ezra* conjectures that both the Chamber and Mezarim are stars. *Mezudath David* defines מְזָרִים as synonymous with מַזָּרוֹת (below 38:32), which in turn is synonymous with מַזָּלוֹת, constellations. In this case, the Pleiades are meant.

10. **From the breath of**—*By His wind.*—[*Rashi*]

and the breadth of the waters in a flood—*When they are poured out in retribution.*—[*Rashi*] *Mezudath David* explains that this is another one of God's wonders: He brings the breadth of water into a narrow place, where it cannot make waves, and thereby ice can form on its surface.

11. **Aph Beri**—*The name of the angel who is appointed over the clouds, and he scatters the Omnipresent's rain cloud.*—[*Rashi* from unknown midrashic source] He is called Aph because sometimes he makes rain fall heavily in wrath (אַף). He is called Beri because sometimes he brings rainfall to nourish the world's population (לְהַבְרוֹת).— [*Matteh Levi on Tefillath Geshem*] *Mezudath David* renders: Even when the air is clear, he burdens the cloud, filling it with water to then scatter the rain on the earth. I.e. even when

מְסִבּוֹת מִתְהַפֵּךְ בְּתַחְבּוּלֹתָו לְפָעֳלָם
כֹּל אֲשֶׁר־יְצַוֵּם עַל־פְּנֵי תֵבֵל אָרְצָה:
יג אִם־לְשֵׁבֶט אִם־לְאַרְצוֹ אִם־לְחֶסֶד
יַמְצִאֵהוּ: יד הַאֲזִינָה זֹּאת אִיּוֹב עֲמֹד
וְהִתְבּוֹנֵן נִפְלְאוֹת אֵל: טו הֲתֵדַע
בְּשׂוּם־אֱלוֹהַּ עֲלֵיהֶם וְהוֹפִיעַ אוֹר עֲנָנוֹ:

ת"א מסבות, זוהר וירא: לשבט. תעניות ה' (תענית טו): בתחבולתיו קרי ההדע

תרגום

מְהַפֵּךְ בְּחוּכְמְתֵיהּ לְאַצְלָחָא פָלְחֵי בְּאַרְעָא בְּעוּבָדֵיהוֹן וְנָחְתִין בְּכָל אֲתַר דִי פַקְדִינוּן עַל אַפֵּי אַרְעָא: ת"א וְהוּא בְּרַחֲמוֹהִי מַיָא טְמִיעֲתָא מְהַפֵּךְ בְּאַפּוּתֵקוֹהִי לְעוּבָדֵיהוֹן דִבְנֵי נָשָׁא מְגַלֵי יָתְהּ וּמְשַׁדַר יַתְהוֹן לְכָל דְפַקְדִנוּן עַל אַפֵּי תֵבֵל אַרְעָא: יג אִין מִטְרָא דְפוּרְעֲנוּתָא בְּעַמְמַיָא וּבְמַדְבְּרַיָא אִין מִטְרָא רַזְיָא לְאִילָנֵי טוּרַיָא וְגַלְמָתָא אִין מִטְרָא נִיחָא דְחִסְדָא לְחַקְלֵי דְפֵרֵי וְכַרְמֵי יְסַפְקִנֵיהּ: יד אֲצֵית דָא אִיּוֹב קוּם וְאִתְבְּיַן פְּרִישׁוּתָא דֶאֱלָהָא: טו הֲיַדַעְתָּא כַּד יְשַׁוֵי אֱלָהָא גְזֵירְתָא עֲלֵיהוֹן וְאוֹפַע עֲנָנֵיהּ מִטְרֵיהּ:

רש"י

עליהם לעשות אם טוב ואם רע מתהפך במסיבות הרבה כאותו ששנינו הרי שהיו ישראל לדיקים גמורים בר"ה ופסקו להם גשמים לסוף סרחו לפחות מהם אי אפשר שכבר נגזרה גזרה אלא הקב"ה מורידם שלא בזמנם ועל ארץ שאינה לריכה להם. ועתים לטובה כילד כו': **כל אשר יצום.** לאותן גשמים לעשות לארץ [ד"א והוא מסיבות מתהפך בתחבולותיו. מקיף עננים ורוחות סביבות ההרים שיהיו שותים מכל רוחותיהם. באגדת והיה עקב]: **(יג) אם**

הידעתא

לשבט. אם לפורעניות בני אדם מורידם בהרים וגבעות שאין מקום זריעה: **אם לארצו.** להורידם כאשר נגזר בתחילת דין לא לשבט ולא לפנים מן השורה אלא בבינונית: **אם לחסד.** שנעשו הדור עכשיו יותר לדיקים משהיו בראש השנ' ואותן גשמי' שנגזרו בבינונית מתהפך בתהבולו' מסיבותיהם לירד בחסד בזמנם ועל הארץ הלריכה להם שלא תרד הטפה מהם לאיבוד: **ימציאהו.** למטר לאחת מן המדות הללו: **(טו) בשום אלוה.** חק ברית

מנחת שי

(יב) בתחבולתו. בתחבולתיו קרי ועיין בספר הזוהר פרשת וירא

אבן עזרא

על הגלגל שמתהפך בתחבולות המקום לפעלי בני אדם: **(יג) אם לשבט.** להשחית הזרע: **אם לארצו.** או לארצו כמו אבנים גדולות וגשם זים. והנה הזכיר ג' ענינים האחד למוסר והשני לארצו בעבור לורך הארץ שסוכניה חסידים כענין לפעלם והשלישי להסדו והנה ישוב אם לשבט אם לארצו פירוש לפעלם: **(טו) התדע בשום אלוה עליהם.** כאשר שם המקום העבים על בני אדם: **והופיע.** והראה האור בתוך העננים. או תדע מפלשי עב כמו פלס מעגל

רלב"ג

מרי. והרלון בזה כי גם הברור אשר יהיה לחלקי האד עד שיתפזר ויותך קודם שיתהוה ממנו המטר: יטריח עב. רלוני שכבר ימלא עב לפעמים לא יתהוה ממנו שום דבר אבל יתפזר ויותך ולזה אמר יטריח רלוני שמליאות כמו זה העב הוא טורח ועמל אחר שלא יגיע ממנו תועלת: (טו) בשום אלוה עליהם. בגזור אלוה עליהם שיהיה ענינם בזה האופן: והופיע. והאיר והוא מקור וזה יהיה כשיתלהב

מצודת ציון

ויחזקאל ל"ו): (יב) בתחבולותיו. ענין ההתחכמות בדבר מה: תבל ארצה. מקום המיושב שבארץ נקרא תבל ור"ל במקום המיושב שבארץ. או כפל המלה במלות נרדפות כמו אדמת עפר (דניאל י"ב): (יג) לשבט. ענין עונש הפורעניות כמו בשבט עברתו (איכה ג'): ימציאהו. ענין הזמנה והושטה כמו וכאורח איש ימליאנו (לעיל ל"ד): (יד) עמוד. שתוק כמו עמדו לא ענו (לעיל ל"ב): (טו) והופיע.

מצודת דוד

לעשות פעלם המוטל עליהם כפי כל אשר ילום המקום להריק המטר ע"פ האדמה ר"ל מה שהעבים מתהפכים הנה והנה לא במקרה היא כ"א מחמת סבה ולעשות שליחותו של מקום: (יג) אם לשבט. פעם יתהפך להוריד המטר לענוש את הבריות על ידו כי כאשר יחטאו יורד הוא במקום עמק ומלולה והמטר רע להם: אם לארצו. פעם יתהפך להוריד המטר לארץ ה' ר"ל אל המקום אשר אנשיה המה לה' הנשמעים אליו אשר המטר נגזר עליהם: אם לחסד. פעם יתהפך להוריד המטר לעשות בו עוד חסד נפלא יותר ממה שנגזר והוא כאשר נגזר מתחלה מעט גשמים ולאח"ז הטיבו מעשיהם הנה יפליא חסד להורידם במקום היותר לורך ואינו מאבד טפה לרדת במקום שאין שם לורך: ימציאהו. חוזר הוא על כולן ור"ל יזמין ויושיע את המטר לאחת מאלו אם לשבט וגו': (יד) האזינה. קשוב באזניך את אמרי ושתוק ותן לבך להבין נפלאות האל ר"ל שבאו מן האל ולו יחשבו ולא אל המערכה: (טו) התדע. ר"ל איך תחשוב שהכל בא מצד המערכה הלא למדת חכמה וידעת מה מהדברים הטבעיים טרם בואם האם גם זאת תדע מתי שם אלוה המטר על הענן ומתי הופיע וגלה מטר עננו ר"ל מתי היתה יליאת

turns around in circuits by His guidance for their work; what-
ever He commands them upon the face of the habitable world,
13. Whether for the rod, whether for His land, or for kindness
that He cause it to come. 14. Hearken to this, Job; stand still
and ponder the wonders of God. 15. Do you know how God
places upon them and the rain of His cloud appears?

**turns around in circuits by His
guidance**—[I.e. by the guidance] *of
the Omnipresent.*—[*Rashi*]

for their work—*namely, of the
rains; for the work which is incum-
bent upon them to do, either good or
evil, he is turned about with many
circuits, as* [the passage] *that we
learned* (*Rosh Hashanah* 17b): *If
Israel were perfectly righteous on
Rosh Hashanah and* [much] *rain was
decreed for them, and they should
later become sinful—it would be
impossible to decrease it* [the amount
of rain] *because the decree would
already have gone forth; but the Holy
One, blessed be He, would let it come
down out of its season and upon a land
that did not require it. "And some-
times to do good"; how is this? etc.*—
[*Rashi*]

whatever He commands them—
Those rains, to do on earth. [*Another
explanation: And he turns around in
circuits with His guidance*—*He
causes the clouds and the winds to
encompass the mountains so that they
should be watered from all sides. In
the Aggadah of "Vehayah ekev"*
(*Sifre Ekev* 39).]—[*Rashi*]

13. **Whether for the rod**—*Whether
for the punishment of men, He lets

them fall on mountains and hills,
which are not places for sowing.*—
[*Rashi*]

whether for His land—*To let them
fall as originally decreed, neither for
the rod nor within the boundary of
justice* [i.e. for more benefit than
strict justice warrants], *but midway
between* [these two extremes].—
[*Rashi*]

or for kindness—*If the generation
became more righteous than they
were on Rosh Hashanah, then those
rains that were decreed to fall in a
medium manner, shall be turned
about by the guidance of their circuits
to fall, with kindness, in their season
and upon the land that requires them,
so that not a drop of them should go
to waste.*—[*Rashi*]

that He cause it to come—*The
rain, in one of these ways.*—[*Rashi*]

14. **Hearken**—With your ears,
hearken to my address, and with
your heart, ponder the wonders of
God. I.e. ponder all the wonders of
nature, which [properly] are
ascribed to God, not to the constel-
lations.—[*Mezudath David*]

15. **how God places**—*the law of
the covenant upon them, how they are
suspended by His decree.*—[*Rashi*]

טז הֲתֵדַע עַל־מִפְלְשֵׂי־עָב מִפְלְאוֹת
תְּמִים דֵּעִים׃ יז אֲשֶׁר־בְּגָדֶיךָ חַמִּים
בְּהַשְׁקִט אֶרֶץ מִדָּרוֹם׃ יח תַּרְקִיעַ עִמּוֹ
לִשְׁחָקִים חֲזָקִים כִּרְאִי מוּצָק׃
יט הוֹדִיעֵנוּ מַה־נֹּאמַר לוֹ לֹא נַעֲרֹךְ
מִפְּנֵי־חֹשֶׁךְ׃ כ הַיְסֻפַּר־לוֹ כִּי אֲדַבֵּר אִם־

ת"א בגדיך. גיטין לה: תרקיע. (ברכות ג'): היסופר. מגלה יח (ברכות יב):

טז הֲיָדַעְתָּא עַל
מְבַשְׁקְרָנֵי עֲבָא
פְּרִשְׁוָתָא דִשְׁלִים
מַנְדְעָא: יז דִי לְבוּשָׁךְ
מִשְׁחַנִין כַּד מְשַׁדִיךְ
אַרְעָא מִן דָרוֹמָא:
יח תַּרְקַע עִמֵיהּ לִשְׁחָקַיָא
תַּקִיפִין דְהֶזְוָתְהוֹן
כְּאִסְפַּקְלַרְיָא סְנִינָא:
יט אוֹדַע יָתָנָא מַה נֵימַר
לֵיהּ לָא נְסַדֵר לְמֶחֱמֵי
קֳדָם חֲשׁוֹכָא: כ אֶפְשַׁר
דִישְׁתָּעֵי לֵיהּ אֲרוּם

רש"י

(טז) מפלשי עב. גילוי עב לשון מבוי מפולש כלומר לארכן ולרחבן של עבים: ההדע. עליהם מפלאות תמים דעים: (יז) אשר בגדיך חמים. כמה בגדיך חמים בהשקיטו ארץ מרוח דרומית שאינה הורגת את העולם בקרה שרוח מזרחית מחממתה שנאמר רוח קדים חרישית [יונה ד'] שמשתקת כל הרוחות מפניה: (יח) חזקים. הרקיעים: כראי מוצק. כראי שהגשים רואות בו: [מוצק. טרישטייר"ר והוא הזק ביותר]: (יט) הודיענו מה נאמר לו. להקב"ה בריבנו עמו. לא נוכל לערוך אליו מפני חשך אשר סתרו וסביבותיו: (כ) היסופר לו כי אדבר. וכי כמדת הבריות הוא שצריך שיספרו אליו דברים היוצאים מפינו: אם אמר איש.

אבן עזרא

רגלך כאלו הם שקולים בפלס: (יז) אשר בגדיך חמים. הענין ימי הקיץ כי רובי הרוחות הם שמאליים בעבור היות השמש בפאת שמאל. ורובי המפרשים אמרו כי בהשקיט בהגיע שהוא הפך שקט ויאמרו כי כמהו ארץ יראה ושקטה. וזה רחוק להיות מלה אחת מתפרשת לפירוש והפכו ולא יהיה לה שינוי בבנין כמו שורש ושרש. ויותר נכון היה שיאמרו התוכל להתחמם אם לא היתה רוח דרומית: (יח) תרקיע עמו. בהסרון ה"א התימה והשחקים הם על העבים ונקראו כן בעבור היותם אויר דק והוא מן ושחקת ממנה הדק וכן נקראו רק ורקיע והם תחת הגלגלים. והענין האתה תעזור אותו להרקיע השחקים ולשום אותם חזקים ולהיותם כראי מולק על כן יראה האור מהם: (יט) הודיענו מה נאמר לו. מה דעת יש לנו שנאמר לו למה כן. וכן לא נוכל לערוך אליו מפני חשך כי אנחנו בחשך: (כ) היסופר לו. ענינו אין צריך שיספר לו אדם: אם אמר איש. בלבו. כי יחסר ממנו לא יועילנו ורב

מנחת שי

דף ק"ט ק"י: (טז) מפלשי עב. בשי"ן שמאלית: (יט) הודיענו מה נאמר לו. בס"א כ"י הודיעני כתיב הודיענו קרי אך מלאתי שזהו הדעת מדינחאי אבל למערבאי הודיענו כתיב וקרי ונראה שכן צ"ל בחילופים למערבאי הודיענו כגירסת כל הספרים: (כ) היספר

רלב"ג

האד הקיטירי: (טז) מפלשי עב. כמו מפרשי וכבר קדם ביאורו: (יח) כראי מולק. כמראה הנתך והוא במראה של זכוכית שהיא ספירית והנה אמר על השחקים שהם חזקים ושהם גם כן ספיריים כראי מולק: (יט) לא נערוך מפני חשך. לא נוכל לסדר דברינו ולערוך

מצודת דוד

טפת המטר מן הענן כי לא נודע מהם עד אשר נראה לעין ולא מאז. ומלת אור ענינו חוזר גם על ראשית המקרא: (טז) התדע. האם תדע מפלאות ה' התמים בדעות אשר יעשה על מפרשי העב ממעל להם וכאומר ומה הנעשה בעבים לא ידעת האם תדע מה ממעל להם: (יז) אשר. חוזר הוא על מלת התדע האמור במקרא שלפניו לומר האם תדע הסבה אשר בגדיך חמים בעת ישקיט הארץ בפאת הדרום ר"ל כשלא בא אליה ממולה רוח לפון הקרה מאד ונעשה האויר חם ויוחמו גם הבגדים הידעת למה כן הוא הלא הם דוממין ומאין בא להם התעוררות להתחמם וכאומר ואם היה הכל בא מלד המערכה היה א"כ מהאפשר לדעת הכל כאשר נדע דברים הטבעים: (יח) תרקיע. וכי פרשת עמו את השחקים החזקים כמראה הגשים הנעשה בליקה שהוא חזק יותר מאלו נעשה בהקשת הקורנס הוא שהמה חזקים בדבר הבהירות כמראה דבר המולק בעת יתיכו אותו אשר יזהיר מאד וכאומר וכי כח אל לך עד שתאמר שמערכה לפניו משפט: (יט) הודיענו. הודע לנו מה נאמר במשפט וכאומר גם אנו היינו מתוכחים עמו בעבורך אך אמור נא מה נאמר: לא נערוך. הלא לא ניכל לסדר משפט לפניו מפני חשכת הדעת אשר עמנו מול חכמת המקום: (כ) היסופר לו. ר"ל מה לנו לערוך עמו משפט

מצודת ציון

הזריח והוא מושאל על הגלות המטר והראותו: (טז) מפלשי. כמו מפרשי בחלוף הלמ"ד בריי"ש וכמו מזלות מזרות: (יח) תרקיע. ענין פרישה ושטיחה כמו לרוקע הארץ (תהלים קל"ו) ומשפטו התרקיע בה"א התימה וקלר בדבר המובן וכמוהו רבים: לשחקים. באה הלמ"ד במקום את וכן הרגו לאבנר (שמואל ב' ג'): כראי. מלשון

of our knowledge in contrast with the wisdom of the Omnipresent.—[*Mezudath David*]

20. **Need it be told to Him when I speak**—*Is He like human beings, that He must be told what we are saying?*—[*Rashi*]

16. Do you know about the revelations of the clouds, of the
wonders of Him Who is perfect in knowledge? 17. How your
garments are warm when the earth is silenced from the south
wind? 18. Did you spread out the skies with Him, which are as
strong as a molten mirror? 19. Let us know what we shall say
to Him; we cannot set up [judgment] because of darkness.
20. Need it be told to Him when I speak, or

16. **the revelations of the clouds**—Heb. מִפְלְשֵׂי, *the revelation of the clouds, an expression of an open* (מִפְלָשׁ) *alley, i.e. to the length and the width of the clouds.*—[*Rashi*] *Ibn Ezra* renders: the balancings of the clouds. A similar definition is found in *Midrash Psalms* 119:1, where the Rabbis learn from here that the might of the rains is meted out by weight. *Isaiah da Ṭrani* suggests: the spreading of the clouds. Do you know how much wisdom is involved in joining and spreading out the clouds in the sky?

Do you know—*concerning them, the wonders of Him Who is perfect in knowledge?*—[*Rashi*] [*Rashi's* two comments appear out of sequence in order to connect the end of the verse with its beginning.]

17. **How your garments are warm**—*How your garments are warm when He silences the earth from the south wind, so that it should not kill the world with cold, because the east wind warms it. As it is stated* (Jonah 4:8): *"a stilling east wind," which quiets all other winds before it.*—[*Rashi* from *Gittin* 31b: *When it blows during the hot season, it is very hot, and it neutralizes all the cold winds.* (Cf. ad loc.)]

18. **strong**—*the skies.*—[*Rashi*] [I.e. the plural adjective form modifies "skies."]

as a molten mirror—*Like a mirror into which women look.*—[*Rashi*]

[**molten**—*tristre, which is very strong.]*—[*Rashi*] [*Tristre* is an old French word, derived from an old Scandinavian word meaning trustworthy.] Did you accompany God in spreading out the skies, which are as strong as a molten mirror? The figure of the molten mirror contrasts with the one formed of beaten metal, which is not as bright or shiny as the molten mirror. In other words, do you possess godly powers, that you demand that God give you an account of His judgment?—[*Mezudath David*]

19. **Let us know what we shall say to Him**—*To the Holy One, blessed be He, when we contend with Him. We will not be able to set up a case with Him because of the darkness which conceals and surrounds Him.*—[*Rashi*] I.e. because of the darkness

אמר איש כי יבלע: כא ועתה לא־ראו
אור בהיר הוא בשחקים ורוח עברה
ותטהרם: כב מצפון זהב יאתה על־
אלוה נורא הוד: כג שדי לא־מצאנהו

ת"א לא ראו . תענית ז' זוהר נח (ברכות יג) : מלפון . ב"ב כה : שדי . ע"ג ד' (ברכות יב) :

אמלל אין ימלל בר נש ארום יקטרג : כא וכדון לא חמון מטרא בוטט הוא בשחקי ורוחא עברת ודכית יתהון : ת"א והשתא לא אסתכלו באוריתא אתעבידו שמיא בהירי מן לאחתא טלא ומטרא ורוח עברת ודכאינון : כב מצפונא דהבא ייתי קדם אלהא דחיל שבהורא : ת"א מן צפונא אסתגניא ייתי ויגהר עלמא קדם אלהא דחיל יודון עלוי עלמא : כג שדי לא אשכחונך דאנת מדבר עם עלוי עלמא בסוגי חילא ודינא וסוגי צדקתא לא יסגף : ת"א שדי לא ספקנא למשתעי סוגעי

חילא

רש"י

אומר מפיו : כי יבולע . ויגלה אליו מיד . כמו פן יבולע למלך [שמואל ב' י"ז] יגלה ורבותינו פי' היסופר כל שבחו לו. כי אדבר. כי נדבר בו ובגבורתו. אם אמר איש. לספרם כולם. כי יבלע. ממקומו: (כא) ועתה לא ראו אור. בסוף דבריו של אליהוא חזר לקנתר אותן שלשת ריעי איוב על לא מצאו מענה ואמר ועתה שלשת ריעיך אלה שהיה להם להשיבך כל דברים אלו שאמרתי לך: לא ראו אור. עשו המה כנפלים אשר לא ראו חכמה: בהיר הוא בשחקים. דומה לבהירים בהירים הנראים בשחקים להוריד גשם ורוח בא ומטהרתן ומעבירתן ואין אשר יורד כך הוא דוגמא שלהם התחילו להשיבך וסוף עמדו ולא ענו: (כב) מצפון זהב יאתה. הרי הוא כחוזר על הראשונית [ועתה לא ראו אור] ד"א מדרש הכמים כשהרקיע מלא בהורות עננים עננים להוריד גשם רוח עברה ותטהרם ואין גשם יורד זה מדרש חכמים ואינה מתיישבת על סדר המקראות: מצפון זהב יאתה. מנשב רוח צפוני' ומעביר גשם וחמה זורחת כמו המריקים מעליהם הזהב [זכריה ד']: על אלוה. מלפניו: (מצפון זהב יאתה. נגפן הזהב הטוב לאותן שיאתיו את עצמן למלות הקב"ה ומאמיני' באלוה הנורא מאד): (כג) שדי לא מצאנוהו שגיא כח. לעורר משפטיו על הבריות בגידל כחו כי אם ברחמים וכפרת הבריות שם בדבר מועט לפי היכולת קומץ מנחה

מנחת שי

לו. בספרי ספרד הה"א במארך: (כא) ותטהרם. בס"ס הה"א במארך:

אבן עזרא

האיי גאון ז"ל אמר כי יבולע על השמש: (כא) ועתה לא ראו אור. והנה אין כח בידם אפילו לראות האור כשהעבים בשחקים. ובהיר שב לשמש והוא מן בהרות עד שיבא רוח ותטהר העבים : (כב) מצפון זהב יאתה . פירוש זהב זוהר השמים הדומה לעין זהב כי מפאת צפון יחל להתזכך . ויש אומרים שפירוש זהב הרוח שהיא זכה כזהב והראשון נכון: על אלוה נורא הוד . שיראה הודו של מקום בצאת השמש וישבחוהו בני אדם וישמחו: (כג) שדי לא מצאנוהו.

רלב"ג

אותם לפני הש"י מפני החסך אשר אנחנו בו מפני הטבע החמרי וקיצורנו מהשיג פועל הש"י על השלימות: (כ) יבולע. ישחת: (כא) בהיר. זך ומבהיק: (כג) שדי לא מצאנוהו וגו'. הרצון בו שדי אשר לא מצאנוהו ולא נוכל להשיג אותו הוא שגיא כח ושגיא

מצודת ציון

ראיה ומראה: מוצק. מלשון יציקה: (כ) יבולע. ענין הסתר כמו כבלע את הקדש (במדבר ד'): (כא) בהיר. מאיר ומזהיר: (כב) מצפון. ענין טמון ונסתר ואחז בלשון מליצה נאותה על בהזהב כי משאת הלשון: זהב. ר"ל מזוקק ונקי כזהב וכן המריקים מעליהם הזהב (זכריה ד'): יאתה. יבוא כמו ואתא מרבבות קודש (דברים ל"ג): הוד. ענין כמו הדר ופאר: (כג) שגיא. גדול כמו תשגיא פעלו (לעיל ל"ו): יענה. מלשון ענויים ויסורין:

מצודת דוד

וכי מהלוקך לספר לו אשר אדבר כלא הכל ידוע לו: אם אמר. וכי אמר איש דבר אשר יסתר ממנו והוא כפל ענין במלות שונות: (כא) ועתה. בשבא להשלים דבריו אמר ועתה אומר אני דרך כלל הנה לפעמים לא ראו אנשים אור השמש והוא כאשר יכסנה הענן ועם כי בהיר הוא במקומו בשחקים ומזהיר מאד אבל כאשר עברה רוח ותטהר את השחקים מן הענן אז יראוהו והוא מקרא קצר ומובן מאליו: (כב) מצפון. ר"ל ואם השמש אשר נראה הוא לעין כל כאשר יטהר השמים נעלם הוא כאשר יכסנו הענן ואיך א"כ יוכא מתלמודי כלל דעות וחקירות מזוקקות כזהב: על אלוה וגו'. הלא נעלם היא בכל זמן ואין נדע אם כן חקר הנהגת מדותיו: נורא הוד. יראו מלהגיד הודו פן ימעטו וכענין שנאמר נורא תהלות (שמות ט"ו): (כג) שדי לא מצאנוהו. עם כי לא מלאנו את כאל שדי ר"ל עם כי לא נוכל להבין עלמותו והנהגת מדותיו מ"מ הן ידענו כי הוא שגיא כח אבל במשפט ורב לדקה ולא יענה את

awesome God.)—[*Rashi* from unknown midrashic source]

Mezudath David explains these two verses:

[21] **And now, they did not see light**—Sometimes people do not see the light of the sun; that is, when it is covered by the clouds, although it is bright in its place and shines very brightly.

but a wind comes—When a wind comes and blows the clouds away, the sun becomes visible.

[22] **From the hidden recesses, can there come gold[en ideas] about the awesome glory of God?**—If the sun,

need a man tell what is kept a secret? 21. And now, they did
not see the rain; it is [like] bright [clouds] in the skies, and a
wind came and cleared them away. 22. Gold[en splendor]
comes from the north; on God there is an awesome glory.
23. We have not found the Almighty

what is kept a secret—*so that it should be revealed to Him immediately, like* (II Sam. 17:16), *"lest the king be told secretly* (יְבֻלַּע)*,"* [lest] *it be revealed. But our Sages* (*Meg.* 18a) *explained:* **Can all His praise be told Him, that I should speak**—That we should speak of Him and His might? **Has any man said**—to tell them all, **he would surely be destroyed**—from his place.—[*Rashi*] *Ohev Mishpat* explains: I cannot set up words before Him because my words are compared to darkness, and if I speak, who will dare to tell Him? And if someone dares [attempt] to tell Him, will he be able to do so? He will be destroyed and die!

21. **And now, they did not see the rain**—*At the conclusion of his words, Elihu returns to chide Job's three companions for not finding an answer. He therefore says, "And now, these three companions of yours, who should have answered you all these things that I said to you . . .*—[*Rashi*]

did not see the rain"—*They are like stillborn babies, who did not see wisdom.*—[*Rashi*]

it is [like] bright [clouds] in the skies—*It is like many bright clouds that appear in the skies to bring down rain, but the wind comes and clears them away, makes them pass away, and no rain falls. That is their analogy; they began to answer you, but at the end, they remained silent and did not answer.*—[*Rashi*]

22. **Gold[en splendor] comes from the north**—*It is as though he is returning to his previous statements. ["And now, they did not see the rain."] Another explanation: The homily of the Sages* (*Taanith* 7b) *is that when the sky is full of spots,* [i.e. full] *of many clouds, to cause rain to fall, a wind passes and cleanses them away, and no rain falls. This is a homily of the Sages, but it does not fit the sequence of the verses.*—[*Rashi*] [*Rashi's* intention is obscure because this is exactly how he explained the verse originally. Indeed, this clause does not appear in *Etz Chayim* ms., and in *Berechiah,* there is no repetition.]

Gold comes from the north—*The north wind blows and drives away the rain. Then the sun shines, like* (Zech. 4:12), *"that empty out the gold[en oil] from themselves."*—[*Rashi*]

on God—*From before Him.*—[*Rashi*]

(**Gold comes from the north**—[*Rashi* now explains the verse to mean: Gold is hidden for those who bring.] *The good gold is hidden for those who bring themselves to the commandments of the Holy One, blessed be He, and believe in the very*

205 תרגום איוב לז

שַׂגִּיא כֹחַ וּמִשְׁפָּט וְרָב־צְדָקָה לֹא
יְעַנֶּה׃ כד לָכֵן יְרֵאוּהוּ אֲנָשִׁים לֹא יִרְאֶה

חֵילָא וְדִינָא וְסוּגְעֵי צִדְקְתָא לָא יְסַגֵּף׃
כד בְּגִין כֵּן דַחֲלוּ מִנֵּיהּ גּוּבְרַיָּא לָא יִדְחַל כָּל חַכִּימֵי לִבָּא׃ ת״א מְטוּל דִּדְחִילוּ מִנֵּיהּ גוּבְרַיָּא לָא יֶחֱמֵי מִבְּנוֹהִי הֵיךְ

ת״א יראוהו. אגת כ׳ ר״ס י״ז

רש״י

מחלית השקל תורים ובני יונה בקר וצאן ולא טרח לבקש ראם ויחמור: **ומשפט.** יסורין: **לא יענה.** הבריות יותר מדאי וכן לא יענה להצדיק יותר מדאי במה שאי אפשר כי אם איש כמתנת ידו: (כד) **לכן יראוהו אנשים.** מלהתווכח אליו: (כי) **לא יראה כל חכמי לב.** המתחכמים אליו כי אין חכמתם בעיניו כלום. ורבותינו פירשוהו על איוב שאמר לו אליהוא לפי שהיית מטיל אימה יתירה על דורך הנס לפיכך לא זכית להתקיים לך בנים חכמי לב:

מנחת שי

(כג) ורב צדקה. בקצת ספרים ורב בקמץ חטוף וטעות הוא כי לא נמנה במסורת דברי הימים ב׳ כ״ח עם הקדמונים:

אבן עזרא

נדע במעשיו שהוא שגיא כח ושגיא משפט: **ורב צדקה לא יענה.** מלבו כי אם מהסרון המקבלו כאשר הזכרתי מעט בתחלת פי׳ קהלת: (כד) **לכן יראוהו אנשים.** והוא לא יראה אפילו חכמי לב כענין הן גוים כמר מדלי ורובי המפרשים יפרשו יראה שישוב על כל הכמי לב והענין יראוהו ואם לא יראוהו:

רלב״ג

משפט ושגיא למשות רב צדקה ולא יעשה רע ויענה האנשי׳ כאמרו כי לא ענה מלבו: (כד) יראה. ישגיח או יהיה הרלון בו יכבד וישא פנים ויחניף: ביאור דברי המענה אחר אשר ענה אליהוא שלשה מענים במספר מה שהשיבו אליפז ובלדד וצופר אל איוב או כמספר המענים שאמר איוב שלא ענוהו חביריו על אחד מהם וראה שאין איוב עונה אליו הוסיף אליהוא להשיב על דברי איוב וטענותיו ואמר המתן לי מעט ואגידך האמת כי עוד לי דברים וטענות בעבור הש״י לבאר שהוא משגיח באישי האדם הדבקים בו. לשא דעי מעניים לחוקים ואתן צדק לפועלי. ואמנם אמר זה כי ההקדמות אשר יבאר מהם זה הדרוש הם רחוקות כמו שיתבאר. אמנם שדברי אינם כוזבים זה ממה שיתבאר ממה שאתה מודה בו וזה שאתה מודה בשם שהוא שלם הדיעות ר״ל שהוא יודע נימוס הנמצאות וסדורם בשלמות לפי שהוא פועל אותם ובהיות הענין כך הנה יתבאר שאין הש״י מואס האדם עד שלא יהיה משגיח בו מצד היותו מואס אותו כמו שאמרת את אנוש כי תגדלנו וכי תשית אליו לבך וזה שהש״י הוא רב הדעות והאדם הוא רב כח השכל הידיעות כי הוא כחיי על השגת זה הנימוס אשר לנמצאות ולזה הוא מבואר מזה הצד שיש לו יחס מה אל הש״י מזה הצד ובפרט כאשר ישתמש בכחו זה ויוציאהו לפעל ובהיות הענין כן אין ראוי שימאסהו הש״י ואולם היתה זאת ההקדמה רחוקה כי הידיעה תאמר בש״י ובנו בשיתוף השם ר״ל בקודם ובאיחור. ולזה הוא מבואר שהש״י לא ישתדל להחיות הרשע לא החיים הנפשיים ולא החיים הגופיים אמנם שלא יחייהו הנפשיים הוא מבואר וזה שאי אפשר שתגיע הצלחת הנפש לרשעים ולא יחייהו ג״כ החיים הגופיים כי אין בו דבר יהיה ראוי בעבורו שתהיה בו ההשגחה האלהית ויתן משפט העניים העשוקים בזה האופן כי להיות הרשעים מבולחים למקרים יתכן שיביא אידם ויגללו מהם. או יהיה הרלון בעניים לדיקים וענוים כי כמוה ימלאו רבים בספר תהלים וירלה בזה שהש״י יתן משפט הלדיקים הראוי להם בהשגיחו בהם בכל עניניהם. לא יגרע הש״י מלדיק עינו אבל ישגיח בהם ויליל מהרעות הנכונות לבא עליהם ויושיבם עם המושלים העליונים לכסא הקיום והנלחיות ר״ל שיתן להם מקום בין המלאכים ושם יתקיימו לנלח ותגבה מדרגתם מאד. ואם יקרה בטובים שיהיו אסורים בזיקים ובכבלי ברזל או יהיו נלכדים בחבלי העוני והדלות הנה הוא מהש״י להגיד להם פעלם שאינו ישר ושבכר יתגברו פשעיהם אם יחזיקו בזה הפעל ויסתבכו בו. הנה בזה האופן גלה אזנם למוסר כי בזה יוסרו מדרכם הרעה אשר החלו לדרוך בו ואמר הש״י כי מפני זה ישובון מאון. אם ישמעו אל מלות השם ויעבדו אותו יבלו ימיהם בטוב ושנותיהם בנעימים ר״ל שלא יגיעם שום רע כי להדבקם בש״י תהיה השגחתו בהם וישמרם מכל רע. ואם לא ישמעו ויחזיקו בדרכם הרע אשר החלו לדרוך בו יגיעם מהרע שיעברו בחרב בבא יום אידם וימותו בלא דעת ולא יהיה להם השארות נפשיי וזה הוא העונש האמתי להם. והרשעים אשר לא די להם שלא ישמעו לסור מדרכם הרע אבל ישימו אף לש״י ויאמרו כי באפו וכעסו הגיעם מה שהגיע להם לא מצד מעשיהם ולזה לא יזעקו ולא יתפללו אליו כי אסרם. הנה תמות בנוער נפשם וחייתם תמות בהיותם נערים ואמנם אמר זה על דרך אמרו ומקשה לבו יפול ברעה כי מי שהוא בזאת התכונה מהקשאת לבו הוא מוכן לרעות ולמקרים יותר מהאנשים המפחדים וכאילו זאת התכונה תמהר קלו. הנה הש״י יליל העני מרעות רבות בעניו אשר הביא עליו ויגל אזן הלחולים במה שיהלגם לשוב אל הש״י וירחמם. ואף היה מסית אותך בזה הרע אשר הביא עליך מלור ומנוק אל רחב שאין שום לרות תחתיה והיה מניח מה שיניח על שולחנך והיא המפה או הכלים מלאים דשן לרוב עשרך והללחתך אם היית שב אל השם ועובד אותו בכל כחך אבל אתה מלאת דין רשע הדין והמשפט שיסמכו אישי האדם ויסעדו ר״ל הדין והמשפט שבא מהש״י לאישי האדם על האופן שקדם שבו קיום העולם אתה ממלא אותו דין רשע שיחסך לש״י עול באלו הדברים וזה בתכלית הגנות ר״ל שיהיה מגיע מסכלותך עד שתשים הדין והמשפט שיסמכו אנשי העולם ויקיימו דין רשע ועול היית בזה במדרגת הרשעים שישימו אף ולא ישועו כי אסרם. כי חמת השם פן תסיתך ותלך בהכאות נפלאות עד שלא יליל מזה רב כופר ולא יהיה נערך עשרך ללוקחו כופר על המכה ההיא לא זהב ולא מאמלי כח שיש לך לא ילילך. אל תביט ותשתדל הלילה בהיות לבך פנוי על משכבך בענין הרעות הבאות לאישי האדם כמו כריתת עמים במקומם. השמר אל תפנה אל מה שיתייחס בו און לש״י כי על זה הדעת בחרת בסבת עוני דעתך וסכלותך ר״ל ששוטטת לבקש ראיות מהמוש על היות החמס נמלא ברשות אישי האדם וכאילו אמר אל תסתכל באלו הענינים שיביאוך לחשוב שהש״י עושה עול באלו הרעות הבאות לאישי האדם פן יסיתך וילכך בחמתו במכה אכזריה אשר לא יליל אותך ממנה לא הונך ולא גבורתך. איך תאמר כי באלו הרעות רוע סידור הנה הש״י ישגיב האדם בכחו להלילו מאלה הרעות הנכונות לבא עליו ומי כמוהו שיורה האדם הדרך הישרה אשר בה ינלל מאלו הרעות הנכונות לבא עליו כאשר היה האדם באופן שתוכל להגיע אליו זאת ההשגחה וכאשר לא היה זה כן הנה לא יגיע החסרון מלד הש״י אבל מלד המקבל מי הוא עליון עליו שיבחן דרכו והנהגו בפעולותיו שיוכל לומר אליו בזה הענין פעלת עולה הלא הוא על הכל והכל ברואים בכחו ולזה ראוי שנתרחק מסייחם אליו עול כי לא נוכל לבחון דרכו ולהשיג אותה עד שנוכל לשים עלמנו שופטים לשפוט שכבר פעל עולה בדבר מה כי נשגבה דעתו מאד וראוי שנייחס מה שילאה ממנו שכבר פעל עולה אל קלורנו וסכלותנו.

מצודת דוד

האדם מלבו כי מה מגמול מעשיו יעשה לו: (כד) **לכן יראוהו אנשים.** על כי כל מעשיו במשפט לכן יפחדו ממנו האנשים ולא ימרו פיו כי לא יראה כל חכמי לב ר״ל אף חכמי לב אינם חשובים לפניו ואינו רואה אותם להכיר להם פנים במשפט כמ״ש לא ניכר שוע לפני דל (לעיל ל״ד) כי אין משוא פנים לפניו. (העולה מהדברים ההמה כי יאמר שהמקום משגיח אף בפרטים ויבדיל את הרשע מן הטובה הבאה בעולם וכן יבדיל את הלדיק מן הרעה ואם לפעמים יקרה רע ללדיק בהשגחה באה לגלות אזנו למוסר כאשר יטה מעט מדרך הישר וישיב לאיוב שגם עליו באו היסורין לגלות אזנו למוסר לשוב לה׳ וינלל מדין גיהנם ויתענג בדשן נפשו כ״א היה מתמיד לשבת בשלום היה בוטח בה׳ מרוב כל וסי׳ אבוד לנלח כדור המבול אף יוכיחו על מה לא יכניע עלמו למקום הלא הכל בידו ואין דומה הוא לו ויוכיח על ההשגחה על כי הוא יולר הפין ואיך לא יכיע אף יוכיחו מנפלאות הידועים לנו ומה הם עוד הנעלמים אף ישיב לאיוב לומר הלא ידעת מה מטבעיות ומדוע לא תדע יתר הדברים אלא ע״כ הכל ממנו בהשגחה ולזה אין לדעתם ולזה אין להרהר אחר

great in power, and with judgment and much righteousness He
does not afflict. 24. Therefore, men fear Him; He does not look
upon

which is visible to everyone when
the sky is clear, is hidden when
clouds cover it, how can a person
bring forth from the inner recesses
of his heart, ideas about God, that
are refined like gold?

about the awesome glory of God—
Since God is always hidden, how
can we possibly fathom the way He
guides the world? Moreover, His
glory is so great that men fear to tell
it lest they lessen it, as in Exodus
15:11: "feared in praises," meaning
that men are afraid to recite His
praises.

23. **We have not found the
Almighty great in power**—*to arouse
His judgments upon the creatures
with the greatness of His power, but
with clemency. He makes atonements
for the creatures with small things,
according to their ability: a handful of
[fine flour from] a meal offering, a
half shekel, turtle doves and young
pigeons, cattle and flocks; and He did
not burden them to seek a wild ox or
an antelope.*—[*Rashi* from a com-
bination of various midrashic
sources. See *Midrash Iyov,* vol. 2,
Bottei Midrashoth p. 184; *Midrash
Shnei Kethuvim,* vol. 1, *Bottei
Midrashoth* p. 258; *Tanhuma Ki
Thissa* 10, *Pinchas* 14; *Pesikta
Rabbathi* ch. 16] For various views
on the identity of רְאֵם and יַחְמוּר, see
The Living Torah, Num. 23:22,
Deut. 14:4; *Nature and Man in the
Bible,* pp. 213, 262f.

and with judgment—*Sufferings.*—
[*Rashi*]

He does not afflict—*the creatures
excessively. Likewise, He does not
afflict them to* [force them into]
*becoming overly righteous to an
impossible extent, but each man
according to his ability.*—[*Rashi*]
Mezudath David explains: Although
we have not discovered God's
essence, that being beyond our
comprehension, we know that He is
great in power, with judgment and
with much charity, and He does not
afflict His creatures. *Ibn Ezra* and
Ralbag render: The Almighty—we
have not found Him, but we know
from His deeds that He is great in
power, great in judgment, and does
much charity. He does not afflict
[arbitrarily, but only when affliction
is deserved].

24. **Therefore, men fear Him**—*to
debate with Him.*—[*Rashi*]
(because) **He does not look upon
any wise of heart**—*who want to deal
wisely with Him, because their
wisdom is as nothing in His eyes. Our
Sages* (*Rosh Hashanah* 17a) *ex-
plained this as referring to Job. Elihu
says to him, "Because you would
impose excessive fear upon your
generation, you did not merit having
wise-hearted sons remain alive to
you."*—[*Rashi*] *Mezudath David* ex-
plains: Because all His deeds are
with judgment, men fear Him and
do not disobey Him for He does not

look upon any wise-hearted men; i.e even the wise-hearted are unimportant in His sight, and He does not regard them preferentially in judgment, as above (34:19): "and a prince was not recognized before a poor man." Hence, He shows no favoritism.

(In summation: Elihu asserts that God indeed guides the happenings of the world and of individuals; He bars the wicked from any good that is coming upon the world and the righteous from any evil befalling the world. If, sometimes, evil does befall the righteous, it is intended by God to open his ear to chastisement if he has turned slightly off the straight path. Elihu replies that Job too suffers so that his ear may be opened to chastisement. Thus rebuked, he will return to God and be saved from the punishment of Gehinnom, and his soul should enjoy the delights of Paradise. Were he to enjoy constant tranquility, he should eventually become fat and "kick" because of his excessive prosperity, and he would then be lost to eternity like the generation of the Flood.

He also exhorts Job to humble himself before God and reproves him for not doing so. Is not everything in God's hand? How can Job compare himself to God? Elihu brings further proof of Divine Providence: as God created the eye, how is it possible that He does not see? The wonders of nature that we see and know are also proof, and we can imagine how great the unknown wonders of nature must be. He continues to reason with Job, remarking that if he knows some of the wonders of nature, why doesn't he know all of them? Obviously, the world is guided by Divine Providence and it is impossible to know all God's secrets. If so, one may not criticize God's doings.)—[*Mezudath David*]

Tochachath Chayim divides Elihu's address into five parts, each one devoted to a different principle: 1) The absolute truth of Divine Providence. Job believes that God is perfect in knowledge, a belief expressed explicitly in Job's statement (26:5-14) that God created all intelligent creatures, both earthly and celestial. Since God created them, He must know their nature and what results from their deeds. Therefore, Elihu prefaces his address with "He Who is of perfect knowledge is with you." I.e. God, Who is perfect in His knowledge, is with you in your belief, because you have already admitted this belief.

2) Since man's intelligence emanates from God and is the basis of his resemblance to the Deity, it is proper that when man's intelligence cleaves to Him, God should guard him and preserve him, and not reject him when that cleaving is great enough to warrant protection from

ראוי שימאסהו הש"י אבל ראוי שתהיה ההשגחה נפלאה מצד התאחדות הדבקות ולפי זה ההתאחדות הוא מפני מה שהגיע לאדם מהמושכלות בפעל לא מצד הכח אשר הוא הטבעי המיניי הוא מבואר שראוי שתהיה השגחת האדם המשכיל מצד הטבע האישיי. ושכאן התבאר שאין הש"י עוזב אישי האדם על צד המיאוס והפחיתות אבל ישגיח במשכילים מהם ולפי שהרשע הוא ממה שימנע השגת המושכלות כמו שזכר איוב במה שקדם הוא מבואר שההשגחה לא תהיה ברשעים אבל היו מעדה לאלי המקרים הרעים הנכונים לבא עליהם מצד המערכת ותעדר מהם הצלחת הנפש וזהו עונש המגיע להם על רשעם בעצמות ר"ל העדר מהם הצלחה הנפש ואולם העונש

כָּל־חַכְמֵי־לֵב׃ לח א וַיַּעַן־יְהוָה אֶת־אִיּוֹב מִנהַסְּעָרָה וַיֹּאמַר׃ ב מִי זֶה מַחְשִׁיךְ עֵצָה בְמִלִּין בְּלִי־דָעַת׃ ג אֱזָר־נָא כְגֶבֶר חֲלָצֶיךָ וְאֶשְׁאָלְךָ וְהוֹדִיעֵנִי׃ ד אֵיפֹה הָיִיתָ בְּיָסְדִי־אָרֶץ הַגֵּד אִם־

מן הסערה קרי

כָּל חַכִּימֵי לִבָּא׃ א וַאֲתֵיב יְיָ יַת אִיּוֹב מִן עַלְעוֹלָא דְצַעֲרָא וַאֲמַר׃ ב מַן הוּא דֵין כְּמַחְשִׁיךְ מַלְכָּא בְּמַלַּיָּא מִדְּלֵית מַנְדְּעָא׃ ג זְרֵז כְּדוֹן הֵיךְ גַּבְרָא חַרְצָךְ וְאֶבְעֵינָךְ וּתְהוֹדְעִנַּנִי׃ ד הָאן הֲוֵיתָא בְּמִשְׁתְּתֵי אַרְעָא חַוֵּי אִין יָדַעְתָּא בְּיוּנְתָּא׃

ת"א הסערה. ב"ב טו כדה נג עקרים מ"ד פ"י כונת כל התענה : איפה. עקרים מ"ד פ"ד פ"ס :

רש"י

(מענה מן הסערה) : לח (א) מן הסערה. מנה שערות שלך ואשיבך דברים כנגדן. מן הסערה שחרפתני אשר בסערה ישופני [לעיל ט'] ממנה אשיב לך כאשר תשמע בסוף הענין מי פלג לשטף תעלה גומא לכל שער דבר אחר בסערה הכהו בסערה רפאהו. כדמפרש בספרי: (ב) מחשיך עצה. עצה חשוכה וסכלה. ד"א מי זה מחשיך עצה בלי דעת. אמר הקב"ה מי זה הוא מחשיך עצה מקלקל במלים ורוב דברים שכתבתי איש תם וישר בתחילת הספר כדי לחול שמי עליו והוא בא והחשיך וקלקל מה שיעצתי ברוב דבריו ואיוב ענהו מי זה מעלים עצה [לקמן מ"ב] אילו הייתי יודע עצתך לא הייתי מרבה בדברים והקב"ה השיבו והלא אברהם לא היה יודע ועמד בעשר. כך מצאתי: (ג) אזר

אבן עזרא

לח (א) ויען ה'. פירוש מן הסערה שרוב הנפלאות שסיפר הם בסערת השמים או שדיבר עלי בסערה : (ב) מי זה מחשיך. הענין ראית להחשיך עצתי כמו להעלים ולהסתיר ובמקום אחר מי זה מעלים : עצה

מנחת שי

לח (א) מן | הסערה. מן הסערה קרי והוא חד מן ט"ו מלין דכתיבין תיבה חדא וקריין תרתין מלין וסימן נמסר בדברי הימים א' כ"ז ואותו שבסימן מ' מנסערה כתיב מן סערה קרי בלא ה"א באמצע וכן צ"ל במסורת ויש בו דרש במדרש רות הנעלם מלמד שכפף אותו הקדוש ברוך הוא כנחש ההולך על גחון לדבר עמו ובמדרש חסירות ויתרות מן הסערה קרי מנהסערה כתיב לפי שהיה איוב מטיח דברים כלפי מעלה ואומר רבון העולמים שמא נתחלף לך בין איוב לאויב שנאמר למה פניך תסתיר ותחשבני לאויב לך ונגלה עליו הקדוש ברוך הוא שנאמר ויען ה' את איוב מנהסערה אמר לו הקדוש ברוך הוא אני מונה שערותיו של אדם ולא נתחלף לי בין נימא לנימא ונתחלף לי בין איוב לאויב ומה השיב איוב להקדוש ברוך הוא מי זה מעלים עצה בלי דעת לכן הגדתי ולא אבין נפלאות ממני ולא אדע : (ב) בלי דעת. הבי"ת בגעיא : (ג) אזר נא כגבר. פליגי עליה יש שקוראין הכ"ף רפה והיא קריאת ב"א ויש שקוראים דגש והיא קריאת ב"נ. מכלול דף ק"ז ועיין מ"ש ביחזקאל סימן י"ז : (ד) איפה. בה"א בסוף תיבה על פי המסורת. ובמדרש

רלב"ג

הטובה האחר והוא המסרה למקרים הרעים נכונים לבא עליהם הוא במקרה ושנית כאלו כוון מהש"י כדי שיגיעו בו רע מוחש לרשעים ונוסרו בהם שאר האנשים ויומלטו מרעתם ואל שני מיני הטובה אשר זכרנו רמז אליהו באמרו לא יחיה רשע ר"ל שלא ישתדל הש"י להחיותו החיים הגופיים ולא יחיינו החיים הנפשיים ויורה על זה כי כבר זכר לצדיקים שני מיני הגבול המקבילים לאלו האחד הוא השגחתו בהם אשר ימלטו בה מהמקרים הרעים הנכונים לבא עליהם והוא אמרו לא יגרע מצדיק עיניו והשני הוא הצלחת הנפש והוא אמרו ואת מלכים לכסא ויושיבם לנצח ויגבהו ובכאן התבאר איוב מציאות היושר באלו הענינים אשר היה חושב איוב שימצא החמס וראוי שלא יעלם ממנו שזאת ההשגחה והשמירה תתחלף לפי התחלף הדבר אשר בעבורו היתה ההשגחה רצוני שכאשר ידבק ויתאחד יותר בש"י היה ההשגחה בו יותר וזה מבואר בנפשו למעיין בדברינו אלה. והנה יוכיח אליהוא את איוב על אשר לא פשפש במעשיו על היסורין הבאים עליו ולא שב אל הש"י כי הוא יראה שאם היה שהיה איוב צדיק בזה האופן כבר יתכן שיביא הש"י עליו אלו היסורין על צד ההשגחה להשיבו מהמרי המועט אשר החל להחזיק בו וזה שהצדיקים כאשר החלו להסתבך במרי מה יגיע להם הש"י רעות על צד ההשגחה כמו שקדם וכאילו יגיד להם בזה המכאוב אשר הכאיב שפעלם אשר החלו להחזיק בו הרע וימנעהו ממנו וזה כי בבא הרע עליהם יפשפשו במעשיהם וישיבו אל לבם במה היתה החטאת הזאת ואם יקבלו תוכחה בזה וישובו אל הש"י יהיו מושגחים ממנו ונשמרים עד שיכלו ימיהם בטוב ושניהם בנעימים ואם לא יקבלו התוכחת ימותו בבלי דעת כי פעולות הרשע מונעות השגת המושכלות בלי ספק ובהיות הענין כן הוא מבואר שאם היה איוב שב אל הש"י היה נצול מאלו הרעות ולהיות הרעות הבאות לאיוב על זה האופן ר"ל על צד ההשגחה להוציאו מהמרי המעט אשר החל להסתבך בו היה מתרעם איוב והיה חושב היותו צדיק לפי שמה שהשיגוהו מהמרי היה מעט ובלתי מושג אליו. ואחר כן גנה אליהוא איוב על יחסו העול והרשע לה' יתברך בזה הסידור אשר סידרו מפני הרעות שימשכו ממנו ר"ל מהסידור אשר מהגרמים השמימיים לפי שבו ישלם הדין והמשפט שיתמכו העולם ויעמידוהו וזה כי בזה האופן בלבד היה אפשר שיגיע לרשעים רע מוחש על הרשע והעול שיעשוהו כי הש"י לא יעשה רע בעצמות כמו שביארנו בפתיחת זה הביאור וכאילו ישלם התיקון המדיני בזה הרע הנופל בזה העולם מן ההכרח ואולם הצדיקים אין להם לירא מאלו הרעות כאשר ישתדלו לדבקה בש"י כפי כחם ואמר אל איוב במאמר כולל שכבר היה ראוי לו להשיג פועל השם מהנפלאות אשר הושגו אנשים במעשיו ולזה היה ראוי לשפוט שזה הסידור הוא בתכלית השלימות האפשר ואם נמצא בו חסרון מה הוא לפי מחשבותינו לא לפי האמת וזה שהאדם שהוא ראשית ההוויות לא יובנו הנפלאות אשר יעשה בו הש"י כ"ש באדם שהוא סוף כל ההויות ובכלל כאשר נעיין בנבראיו ראוי לנו לשפוט שהש"י שגיא כח ומשפט ורב צדקה והרע לא יבא ממנו על הכוונה הראשונה : ביאור מלות המענה (א) ויען ה' את איוב מן הסערה ויאמר :

מצודת דוד

מעשיו כי קצרה דעת האדם להבין מעשה ה' והנהגתו : לח (א) מן הסערה. כי נגלה אליו ברוח סערה : (ב) מי זה מחשיך. מי הוא זה אשר מלאו לבו להחשיך ולסכל העצה שיעוצה ממני בדבר הנהגת העולם: במלין וגו'. אשר יאמר שהכל בא מצד המערכה ובעבור זה יגנה הנהגתו : (ג) אזר נא וגו'. הוא ענין חוזק וזריזות כי החגור במתניו הוא מזורז : ואשאלך. אני אשאלך דברים ואתה הודיעני תשובה עליהם אם לא כן הוא : (ד) איפה היית. כאומר איך ערבה לבך לגשת לחקור אחר הנהגתי

מצודת ציון

לח (ג) אזר. חגור: כגבר. ר"ל כאיש גבור: חלציך. מתניך: (ד) איפה.

(below 42:3): *"Who is this Who hides counsel?" Had I known Your counsel, I would not have spoken so much. Then the Holy One blessed be He,*

any wise of heart."

38.

1. Then the Lord answered Job from the tempest and said,
2. "Who is this who gives dark counsel, with words, without
knowledge? 3. Now gird your loins like a man, and I will ask
you and [you] tell Me. 4. Where were you when I founded the
earth? Tell if

harmful incidents; but when man does not cleave to God to that extent, he is subjected to such happenings, to purify him of his false ideas and his evil deeds. Consequently, the question of the suffering of the righteous is answered, and it is proven that God knows them and does not reject them.*

1. **from the tempest**—מִן־הַסְּעָרָה. *Count your hairs and I will give you as many answers. From the tempest with which you reproached Me* (above 9:17), *"He Who would crush me with a tempest," I will answer you, as you will hear at the end of the chapter* (verse 25), *"Who has separated a place for the hair?"—a hole for every hair. Another explanation: With a tempest He afflicted him, and with a tempest He healed him, as is explained in Sifre(?).*—[*Rashi*] [*Rashi's* second explanation appears in *Mechilta Beshallach* 5:24 and *Tanchuma Beshallach* 23, which state: But the Holy One, blessed be He, is not so, and with whatever He plagues He heals. And when He plagued Job, He plagued him only with a tempest, as it is stated (above 9:17): "He would crush me with a tempest and multiply my wounds for nought." When He healed him, He healed him only with a tempest, as it is stated: "Then the Lord answered Job from the tempest." This quotation is not found in *Sifre. Rashi's* first explanation appears to be a combination of *Midrash Haseroth Veetharoth* p. 318 and *Baba Bathra* 16a. The former midrash expounds on the peculiar spelling of מִנַהַסְּעָרָה in which the usual final "nun" is replaced by a regular "nun" in the middle of the word. Instead of reading מִן־הַסְּעָרָה, *from the tempest,* the midrash reads: מְנֵה סְעָרָה, *count the hairs.*

2. **who gives dark counsel**—*Dark and foolish counsel. Another explanation: Who is this who gives dark counsel . . . without knowledge?—Said the Holy One, blessed be He: Who is this who darkens counsel, frustrates words, i.e. with a multiplicity of words; for I wrote: "and that man was sincere and upright," at the beginning of the Book, in order that my name should rest on Him, but he came and darkened and frustrated what I counseled with his many words. Whereupon Job replies to Him*

יְדַעְתָּ בִינָה׃ ה מִי־שָׂם מְמַדֶּיהָ כִּי תֵדָע
אוֹ מִי־נָטָה עָלֶיהָ קָּו׃ ו עַל־מָה אֲדָנֶיהָ
הָטְבָּעוּ אוֹ מִי־יָרָה אֶבֶן פִּנָּתָהּ׃ ז בְּרָן
יַחַד כּוֹכְבֵי בֹקֶר וַיָּרִיעוּ כָּל־בְּנֵי אֱלֹהִים׃
ח וַיָּסֶךְ בִּדְלָתַיִם יָם בְּגִיחוֹ מֵרֶחֶם יֵצֵא׃
ט בְּשׂוּמִי עָנָן לְבֻשׁוֹ וַעֲרָפֶל חֲתֻלָּתוֹ׃

ה"א הטבעו. יותה גי עקודה בעד יג כל המענה: ברן. חולין נא זוהר ויקרא שמיני:

ה מַן שַׁוִי מִשְׁחַתְהָא אֲרוּם תִּנְדַע אוֹ מַן מְתַח עֲלַהּ מַתְקוּלְתָּא: ו עַל מָה סַמְכֵיהָא טְמִיעָן אוֹ מַן שְׁדָא אֶבֶן זָוִיתָהּ: ז בִּזְמַן דִּמְשַׁבְּחִין כַּחֲדָא כּוֹכְבֵי צְפַר וּמְיַבְּבִין כָּל כִּתֵּי מַלְאֲכַיָּא: ח וַאֲגִיף בְּדַשַּׁיָּא יַמָּא בְּמִגְחֵיהּ מִן תְּהוֹמָא דְּמִן רַחְמָא יִפּוֹק: ט כַּד שַׁוִּיתִי עֲנָנָא כְּסוּתֵיהּ וַאֲמִטְתָּא

רש"י

נא כגבר חלציך. רמז לו שיתעורר מן הליו ויסוריו: (ד) איפה. אי פה: (ה) ממדיה. מדותיה: (ו) ירה אבן פנתה. באמצע הים ומשם נשתת כל העולם איפה היית: (ז) ברן יחד. מתהלה כוכבי אור: (ח) בדלתים ים. חול גבול לו: בגיחו. בהמשכתו יוצא מן התהום כמו גוחי מבטן מוטכי: (ט) בשומי ענן. סביבות ים אוקיינוס שהוא היקף

מנחת שי

ילמדנו פרשת כי תשא אמר ר' יהושע בן לוי איפה כתיב א"ל היכן היתה איפה שלך כאדם הראשון תלוים בראשו בשערו כלואהו בעיניו באיזה אבר וכו' ואיתא נמי בשמות רבה פרשה מ' ועיין בפי' מאיר איוב לערמאה דף ע"א: (ה) נטה עליה קו. הקו"ף דגושה כמו שכתוב במכלול דף ק"ו: (ח) יס. בקמן:

אבן עזרא

במלין. שדברת בלי דעת: (ה) ממדיה. גבולותיה ור' יהודה בעל הדקדוק נ"ע פי' אותה מן מדד ויתכן שיהיה רמז למדת הגבולים: קו. הוא סבוב עגולת הארץ: (ו) אדניה. הם ההרים: אבן פנתה. היא הנקודה: (ז) ברן יחד. בעבור שיסובו סביבות נקודת הארץ וכוכבי בקר הם השבעה משרתים ויקראו כוכבי אור. ובני אלהים הם המערכות העליונות ותנועתם היא רנתם ותרועתם: (ח) ויסך. כמו הנני שך והענין סגר: בגיחו. בצאתו כמו מגיח ממקומו כאילו מרחם יצא: (ט) חתולתו. מלבוש

רלב"ג

(ה) מי שם ממדיה. מי גזר וסדר מדת הארץ שתהיה בזה האופן והנה שם ממדיה בא בשקל מלרי שאול והיסוד מדד והרצון בו מדותיה וקצות גבוליה: או מי נטה עליה קו. ר"ל לבנותה ולהדשה באופן אשר היא עליו. ואולם אמר זה כי מנהג הבונים לנטות קו על בנינם: (ו) אדניה. עמודיה: (ז) ברן יחד. מענין רננה: (ח) ויסך. סתם וסגר: בגיחו מרחם יצא. בצאתו ברחם ובהולדו: (ט) וערפל

מצודת דוד

איה היית בעת יסדתי את הארץ האם ראית לה סמוכות על מה עומדת וכאומר הלא תשכיל לדעת שתלויה במאמרי כאלו היית בעת הבריאה וראית כי כן הוא: הגד. אמור אם יש לה סמוכות ועל מה תלויה אם יש לך בינה להשכיל אמתת הדבר: (ה) מי שם. מוסב על הגד שבמקרא שלפניו לומר הגד מי שם מדות הארץ בארכה וברחבה כמו שהיא עתה: כי תדע. אם ידעת ששם מי זולתי וכאומר וכי תחשוב שנעשה ע"י מערכות השמים: או מי נטה וגו'. למדוד ארכה ורחבה ואחז במשל מדרך הבנאי והוא כפל ענין במ"ש: (ו) על מה. הגד על דבר מה נשתקעו אדני עמודי הארץ וכאומר הלא אין לה לא עמודים ולא אדנים ואין להם על מה לשקוע כי האויר מקיפם: או מי ירה. מי השליך האבן הראשון

מצודת ציון

איה פה: (ה) קו. חבל המדה: (ו) אדניה. הם הדברים אשר יעמידו עליהם העמודים כמו אדני החצר (שמות ל"ח): הטבעו. מלשון טביעה והתחיבה בעומק: ירה. השליך כמו ירה בים (שם ט"ו): פנתה. מלשון פנה וזוית: (ז) ברן. מלשון רננה: כוכבי בוקר. הוא כמו כוכבי אור כי בקר ואור אחד הוא והכוונה הוא על כוכבי לכת המאירים ביותר וכן הנלוהו כל כוכבי אור (תהלים קמ"ח): ויריעו. מלשון תרועה: בני אלהים. הם המלאכים וכן ויבאו בני האלהים (לעיל א'): (ח) ויסך. ענין מחילה וגדר כמו ויסך אלוה בעדו (לעיל ג'): בגיחו. ענין המשכה כמו כי יגיח ירדן (לקמן מ'): (ט) חתולתו. ענין כריכה ועטיפה כמו

הבונים בפנת היסוד ואחז במשל מדרך הבנאי שדרכו להתחיל בנין היסוד מן הפנה. והכוונה היא על נקודת המרכז היא אמצעית כדור הארצי אשר היא מעמדת את כל הכדור לבל יתקרב אל הפאה מן הפאות כי כל חלקי היסוד משתוקק ליסודו: (ז) ברן יחד. חוזר על איפה היית האמור בתחלת הענין לומר איפה היית בעת ירננו יחד כל כוכבי בקר הם מערכות השמים וכל בני אלהים הם המלאכים שמריעים אותם יריעו לשמי וכאומר וכי לא תשכיל לדעת זאת כאלו היית שם וראית שהמה כולם נכנעים לי ועול מוראי עליהם ומה זה תאמר מדוע משדי לא נצפנו עתים (לעיל כ"ד): (ח) ויסך. וכן מי עשה מחילה מול הים כחומה בצורה העשוי בדלתים שאין לבוא כאשר יסוגרו ועל החול אמר שהוא גבול לים לבל יעברנהו: בגיחו. בעבור כי ימשוך מימיו לצאת מן הרחם הוא עומק התהום ומתרבה בכל עת ופן ישטוף העולם ולזה מהלוכך הוא אל הגבול. ומי עשה לו הגבול הזה הלא אין כיד המערכת לשנות דבר מטבעו: (ט) בשומי.

you know understanding. 5. Who placed its measures if you know, or who extended a line over it? 6. On what were its sockets sunk, or who laid its cornerstone? 7. When the morning stars sing together, and all the angels of God shout? 8. And [who] shut up the sea with doors when it broke forth and issued out of the womb? 9. When I made the cloud its raiment and the dark cloud its wrapping?

answers him, "Neither did Abraham know; yet he passed ten" [tests]. *So I found.*—[*Rashi* from unknown midrashic source. Cf. *Pesikta Rabbathi* 48:3.]

3. **Now gird your loins like a man**—*He intimated to him that he should arouse himself from his illness and his sufferings.*—[*Rashi* from *Midrash Iyov, Midrash Psalms* 113:8]

4. **Where**—Heb. אֵי פֹּה, *where here.*— [*Rashi*]

5. **its measures**—Heb. מְמַדֶּיהָ, [like] מְדוֹתֶיהָ.—[*Rashi*] I.e. its boundaries.—[*Ibn Ezra*] Tell who placed the measures of the earth in its length and its breadth as it is today.—[*Mezudath David*]

if you know—that anyone other than I placed them. Is it possible that it was done by the constellations?—[*Mezudath David*]

6. **laid its cornerstone**—*in the middle of the sea, whence the entire world was founded. Where were you?*—[*Rashi*

7. **When . . . sing together**—*from the beginning the stars of light.*—[*Rashi*] Where were you when they all sang together to give praises to My name? Do you not understand this as though you were there and witnessed it, that all submit to Me and the yoke of My fear is upon them?—[*Mezudath David*]

8. **the sea with doors**—*The sand, which is its boundary.*—[*Rashi*]

when it broke forth—Heb. בְּגִיחוֹ, *when it broke forth from the deep, like* (Ps. 22:10), *"that You drew me* (גֹחִי) *forth from the womb," drew me forth.*—[*Rashi*]

9. **When I made the cloud**—*around the ocean, which encompasses the world, and clouds encompass it like raiment.*—[*Rashi*]

its wrapping—Heb. חֲתֻלָּתוֹ, *its wrapping, like* (Ezek. 16:4), *"nor were you swaddled* (וְהָחְתֵּל לֹא חֻתָּלְתְּ)."—[*Rashi*] Do you not understand that I do all this as though you were present when I did it?—[*Mezudath David*]

י וָאֶשְׁבֹּר עָלָיו חֻקִּי וָאָשִׂים בְּרִיחַ
וּדְלָתָיִם: יא וָאֹמַר עַד־פֹּה תָבוֹא וְלֹא
תֹסִיף וּפֹא יָשִׁית בִּגְאוֹן גַּלֶּיךָ:
יב הְמִיָּמֶיךָ צִוִּיתָ בֹּקֶר יִדַּעְתָּה שַׁחַר
מְקֹמוֹ: יג לֶאֱחֹז בְּכַנְפוֹת הָאָרֶץ וְיִנָּעֲרוּ

ת״א עד פה. (שקלים ג׳): המימיך. (ברכות יב): ידעה, אזכר שלח: לאחוז. אזכר אחרי:

לְפוּפֵיהּ: י וּפְסָקִית עֲלוֹי גְּזֵרְתִי וְשַׁוֵּיתִי פְּרִירָא הֵיךְ נַגְרִין וְדַשִּׁין: יא וַאֲמָרִית עַד כָּא תֵּיתֵי וְלָא תוֹסִיף וְכָא תְּשַׁוֵּי בְּגֵיוְתָנוּת גַּלָּלָיךְ: יב הֲמִן יוֹמָךְ פַּקֵּדְתָּא צַפַּר יַדַּעְתָּ לְקִרְצְתָּא אַתְרֵיהּ: ת״א הֲבְיוֹמֵי בְרֵאשִׁית הֲוֵיתָא וּפַקֵּדְתָּא לְמֶהֱוֵי צַפַּר יַדַּעְתָּ קְרִיץ הָאן אַתְרֵיהּ: יג לְמֵיחַד בְּגַדְפֵּי אַרְעָא וְיִטַּלְטְלוּן חַיָּבַיָּא מִנָּהּ: ת״א לְמֵיחַד בְּסִטְרָא דְאַרְעָא דְיִשְׂרָאֵל וְאִטַּלְטְלוּ דָרָא דְרַשִׁיעַיָּא מנה

א׳ במקום ה׳ ידעת השחר קרי

רש״י

חתולתו. תכריכו כמו העולם ועננים סובבים לו כלבוש והתחל לא חתלת (יחזקאל ט״ז): (י) ואשבור. עשיתי לו שברים סביב לעכבו בתוכם והם לו חוק אשר לא יעברם כמו וירדפום לפני השער עד השברים (יהושע ז׳) והם תעלות סביב לעיר: (יב) המימיך. מיום שנולדת: (יג) לאחוז בכנפות הארץ. ועוד המימיך צוית לאחוז בכנפי הארץ כאדם שאוחז בכנפי הטלית ומנערה כן אני עתיד לאחוז בכנפותיה ולנער את הרשעים וכן הוא אומר

אבן עזרא

וכמוהו והתחל לא חתלת לא הומתת כרוכה כבגד: (י) ואשבר. שברתי כמו בחקי: (יא) ופא ישית. עד פה ישית כהך: (יב) המימיך. המיום שנבראת אתה צוית להחיות בקר והודעת השחר מקומו: (יג) ותוכל לאחוז בכנפות הארץ. והנכון כי על השחר ידבר שיאחוז בכנפו׳ הארץ וימותו בכל יום הרשעים ויאבדו כענין יתמו חטאים מן הארץ אף על פי שהלדיק ימות חסד ה׳ על יראיו ולדקתו

מנחת שי

(יא) ופא ישית. ב׳ בקריא חד כתיב ה״א וחד כתיב אל״ף וסי׳ ופה אשליך לכם גורל (יהושע י״ח) כתיב ה״א ופא ישית כתיב אל״ף: (יב) המימיך. הה״א בגעיא בספרי ספרד: ידעתה שחר. השחר קרי וזו הוא אחד מן שלש תיבות דקדמיתא נסיב מן תנייתא כמ״ש בשמואל ב׳ ה׳ וטעמא דמלתא בזוהר ריש פ׳ שלח לך: (יג) ויגערו רשעים. עי״ן רשעים תלויה ואיכון ד׳ אותיות תלויות כמ״ש בשופטים י״ח ולית דכוותהון בקריא כוליה וכן כתב בעל מסורת הברית הגדול שעי״ן זו תלויה לרמוז שהרשעים הם עשירים בעולם הזה וכן אותיות דרשעים עשירים מכל מקום סופם שיסתלק העי״ן מהם ויעשו רשים ודלים

רלב״ג

חתולתו. וענין לבושו והטעם כפול והוא מענין והתחל לא חתלת: (י) ואשבור עליו חקי. ואגזור עליו גזרתי: (יא) ופה ישית בגאון גליך. ר״ל ואל זה השיעור מהגאון ישית גליך מי שהוא פועל אותם והוא הרוח כאילו אמר שלגובה הגלים שיעור יכלה אליו לפיכך לא יתוסף שיעורו ולזה לא יגבהו הגלים יותר בעת אחת מעת אחר לתוספת שיעור הים והם בעצמם ג״כ מוגבלים כשיעור עד שלא יצאו מגבולם אשר הגביל הש״י להם ובזה יהיה נשמר זה המציאות אשר בחלק הנגלה מהארץ שלא יבאו מי הים עליו. ואפשר שיהיה הרצון בזה ועל זה המקום ישית הרוח בגאון וגובה גליך ולא יעבור הגל אותו המקום אבל יפסד וישוב לקדמותו בהתנועעו אל שפת הים ובזה יהיה נשמר זה המציאות אשר בחלק הנגלה מהארץ. ואפשר שיהיה בי״ת בגאון נוספת וירצה שהרוח ישית גאון הגלים בהגיעו אותם עד מקום מוגבל לא יעברו אותו כמו שקדם: (יב) ידעת השחר מקומו. הידעת מקומו של שחר והוא המקום שזורח ממנו השמש ואולם אמר זה לפי שהשמש לא יזרח תמיד ממקום אחד אבל יתחלף מקום זריחתו דרך משל אל לד הדרומי ר״ל שיתקרב אליו תמיד מהתנועעו מראש סרטן עד ראש גדי ומראש גדי עד ראש סרטן הדבר הפוך ובזה האופן יתחדשו התקופות הארבעה ובהם תועלות נפלאה לו הנמצאות השפלות לשמור מציאותם הזמן האפשרי כמו שיתבאר בטבעיות. והנה זכר השמש מבין שאר הכוכבים להראות פעולתו יותר באלו הנמצאות אשר אצלנו: (יג) ויגערו. ויסורו ויברחו להחבא:

מצודת דוד

איפה היית בשומי ליס מלבוש מענן ותכריך מערפל ור״ל כאלו כסיתיו בענן וערפל לבל יראה ללאת מן הגבול ולחוץ וכאומר הלא תשכיל לדעת שאני העושה כל אלה כאלו היית שם: (י) ואשבר. חוק גזרתי עליו כאלו עשיתי עליו מסביב שברים וחריצים וכאלו שמתי בריח ודלתים סגורים כאשר יעשון בתקון עיר מבצר: (יא) ואומר. גזרתי עליו עד מקום החול שהוא לו לבריח ודלתים עד פה תבוא ולא תוסיף ללאת להלאה ובמקומו ישים גליו בהרמה וגאון ולא חולה לו: (יב) המימיך. האתה לוית מימיך את השמש כמבניך ילוליו להאיר הבקר טרם יגלה הוא ע״פ הארץ האם לויתיו מעולם ללכת ולבל ינוח וכאומר הלא מעולמו יתנועע בכל עת ולא ישקוט ולא ינוח ואם לא היה נכנע לי לקיים גזרתי היה א״כ ראוי לו לנוח בזמן מן הזמנים: ידעת. הידעת את השמש המביא השחר איה מקומו אשר ישכון שם וכאומר הלא אין לו מקום לנוח והוא כפל ענין במ״ש: (יג) לאחוז. הוא מקרא קלר וכאלו אמר הלא לויתי לאחוז בקלוות הארץ ולנערם ויגערו הרשעים ממנה והלדיק נשאר בה ועל המבול יאמר אשר הכל נאבדו וישאר אך נח וכי אין

מצודת ציון

והתחל לא חתלת (יחזקאל ט״ז): (י) ואשבור. מלשון שבר וחריצים: בריח. כעין מטה עשוי לסגור בו את הדלתות: (יא) עד פה. עד הנה: בגאון. מלשון גאוה כי בהרמת הגלים נראים כאלו מתגאים כי יגבהו למעלה ומשמיעים קול גדול: (יב) שחר. הוא כמו בקר: (יג) וינערו. ענין הנפילה מן הדבר אשר יגענעו בכח רב

earth be grasped, to shake the wicked out of it while the righteous remained? He refers to the Flood, when everyone [evil] was destroyed and Noah remained. Is that not the classic example of Divine Providence?—[*Mezudath David*]

10. And broke for it My prescribed limit, and placed a bar and
doors? 11. And said, 'Until here you may come but no further,
and here [your strength] shall place your waves with pride.'
12. In [all] your days, did you command the morning? Did you
tell the dawn its place? 13. To grasp the corners of the earth so
that the wicked

10. **and broke**—*I made breaks in it*
[the sea] *all around to keep it back
within them, and they are its boun-
dary, which it shall not pass, as* in
(Josh 7:5), *"and they pursued them
until the quarries* (הַשְּׁבָרִים)*," which are
the ditches around the city.*—[*Rashi*]
These breaks are the rocks and
cliffs, which form the coast, and it is
as though I made a bar and locked
doors around the sea as they do
around fortified cities.—[*Mezudath
David*] *Ralbag* renders: and I
enacted My decree over it. *Ibn Ezra*
renders: I broke its strength with My
boundary.

11. **And said**—I decreed upon the
sea that it should go only until the
place of the sand, which serves as the
bar and the doors. At that point, it
may raise its waves with pride, but
not past that point.—[*Mezudath
David*]

shall place—According to *Ibn
Ezra*, the subject is "your strength."
According to *Ralbag*, it is "the
wind" which raises the waves. The
intention is that the wind is limited;
it may raise the waves to a certain
height but no higher, regardless of
the quantity of the water. The waves
are also limited to proceeding only
until the boundary set down by
God. Thus, the section of the earth

designated to be dry land is pre-
served.

12. **In [all] your days**—*From the
day you were born.*—[*Rashi*] Did you
ever command the sun, which casts
its rays to light up the morning
before it reveals itself upon the
earth? Did you ever command the
sun to continue going and not stop?
That is to say that the sun always
moves and does not stop. If it were
not subject to God's decree, it would
rest at times.—[*Mezudath David*]

Did you tell the dawn its place?—
Did you tell the sun, which brings
the dawn, to rest in a certain place?
Of course not! As stated above, the
sun does not rest.—[*Mezudath
David*]

13. **To grasp the corners of the
earth**—*Moreover, in all your days,
did you command* [anyone] *to grasp
the corners of the earth like a man
who grasps the corners of a garment
and shakes it? So am I destined to
grasp it* [the earth] *by its corners and
shake the wicked* [out of it]. *Like-
wise, Scripture states* (Isa. 31:3):
*"and the Lord shall turn His hand,
and the helper shall stumble," like a
person who, holding something in his
hand, drops it by inclining his
hand.*—[*Rashi*] This is to say: Did I
not command that the ends of the

רְשָׁעִים מִמֶּנָּה׃ יד תִּתְהַפֵּךְ כְּחֹמֶר
חוֹתָם וְיִתְיַצְּבוּ כְּמוֹ לְבוּשׁ׃ טו וְיִמָּנַע
מֵרְשָׁעִים אוֹרָם וּזְרוֹעַ רָמָה תִּשָּׁבֵר׃
טז הֲבָאתָ עַד־נִבְכֵי־יָם וּבְחֵקֶר תְּהוֹם
הִתְהַלָּכְתָּ׃ יז הֲנִגְלוּ לְךָ שַׁעֲרֵי־מָוֶת
וְשַׁעֲרֵי צַלְמָוֶת תִּרְאֶה׃ יח הִתְבֹּנַנְתָּ
עַד־רַחֲבֵי־אָרֶץ הַגֵּד אִם־יָדַעְתָּ כֻלָּהּ׃
יט אֵי־זֶה הַדֶּרֶךְ יִשְׁכָּן־אוֹר וְחֹשֶׁךְ אֵי־

ת״א תתהפך. סנהדרין לח (כלאים לב): וימנע. חגיגה יב סנהדרין לה קג: וזרוע. סנהדרין נה עקרים מ״ד פ״ט זוהר לך: הנגלו. זוהר וילך:

תרגום

מִנַהּ: יד מִתְהַפְּכָא הֵיךְ טִינָא חוּתָמָא דִילְהוֹן וְאִתְעַתְּדוּן הֵיךְ כְּסוּ זְהִים: ת״א אִתְהַפְּכַת הֵיךְ טִינָא חוּתָמָא דִלְהוֹן וְלָא אִתְבְּרִיאוּ כְּמוֹ גוּשְׁמְהוֹן בְּלָא נִשְׁמַתְהוֹן הֵיךְ כְּסוּ סְרִיק: טו וְאִתְכְּסֵי מִן רַשִׁיעַיָא נְהוֹרְהוֹן וְאִדְרַע מְרַמְמָא תִּתְּבַר: טז אֶפְשַׁר דְעַלְתָּא עַד מְעַרְבְּלֵי סְגוּר יַמָּא וּבְפִשְׁפּוּשׁ תְּהוֹמָא הֲלַכְתָּ: יז אֶפְשַׁר דְאִתְגַּלְיָאוּ לָךְ מַעֲלָנֵי מוֹתָא וּמַעֲלָנֵי טוּלָא מוֹתָא דְגֵהִנָּם תֶּחֱמֵי:
יח אִתְבַּיַּנְתְּ עַד פִּתְיֵי אַרְעָא דְגִנְתָּא דְעֵדֶן חַיֵּי אִין יְדַעְתָּא כוּלָּא: יט אֵידֵין אוֹרְחָא יִשְׁרֵי נְהוֹרָא

ע׳ תלויה ע׳ תלויה

רש״י

וה׳ יטה ידו וכשל עוזר (ישעיה ל״א) כאדם האוחז בידו דבר ומטה ידו והוא נופל: (יד) תתהפך. בלעז״ין: כחומר חותם. מטבע צורת האדם במותן ובתחיית המתים יחיו ויעמדו בלבושיהן: (טו) וימנע. אז מרשעים אורם וזרוע רמה תשבר: (טז) נבכי ים. מסגרי ים כמו נבוכים הם בארץ (שמות י״ד): (יז) שערי מות. זה גיהנם:

מנחת שי

כי לא לעולם חוסן: (טו) וימנע מרשעים. עי״ן מרשעים תלויה ובפרק חלק מפני מה עי״ן של רשעים תלויה כיון שנעשה אדם רשע מלמטה נעשה רש מלמעלה ע״כ. דבר אחר למה עי״ן תלויה לפי שסעי״ן מאורו של אדם ודין הוא שיהא נוטל עינו של רשע שהוא מאורו כדכתיב וימנע מרשעים אורם וקרוב לזה כתב בעל מסורת

אבן עזרא

לבני בניה: (יד) תתהפך. הארץ בצורות משונות כחומר חותם: ויתיצבו. בני אדם כמו לבוש עליה וכל יום תחליפם. ובסוף ימנע מרשעים אורם: (טז) נבכי. כמו גלי ים שירוצו וכמוהו מבכי נהרות חבש: (יח) עד רחבי

רלב״ג

(יד) תתהפך כחומר חותם. ר״ל כמו החומר והטיט אשר יעשה בו החותם אשר יכלו שהוא מוכן בקלות לקבל החותם ההוא כן תתהפך פעולת השמש להמשך ממנו פעולות מתחלפות מצד חלוף מלכו: (טז) נבכי ים. מעמקי ים: (יח) רחבי ארץ. הנה רחב הארץ הוא מרחקה מחקו השוה והוא המקום אשר יהיו בו הלילה והיום שוים לעולם ולזה יהיו לארץ שני רחבים האחד מחקו השוה עד תכלית הצפון והשני מחקו השוה עד תכלית הדרום:

מצודת ציון

כמו גם חצני נערתי (נחמיה ה׳): (יד) חותם. צורה כמו חותם תכנית (יחזקאל כ״ח): (טו) רמה. גבוהה ונשאה: (טז) נבכי. עומק הים כמו מבכי נהרות (לעיל כ״ח): (יז) שערי מות ושערי צלמות. על הקבר יאמר וכפל הדבר במלות שונות: (יט) אי זה.

מצודת דוד

ההשגחה היא זו: (יד) תתהפך. ומכל אלה תדע גם כי תתהפך חותם צורת האדם בעת מותו להיות כחומר וכטיט חולות עכ״ז יעמדו בתחיה ויהיו כבראשונה וכמו המלבוש אשר יקופל וחוזר ונפשט והרי הוא כבראשונה. ובא להשיב על אמריו שכפר בתחיית המתים בחשבו שהכל בא מצד המערכה ולפי הטבע ותחייה המתים הוא נמנע אל הטבע ולזה אמר לו המקום אם תמנה את שאני משגיח טוב אין להפליא על תה״מ: (טו) וימנע. ואז גם כי תהיה הצלחה אל הצדיקים לא יוכלו לו הרשעים כי מהם ימנע אור הצלחתם ואז תשבר זרוע הרמה של בעלי הזרוע וכאלו ישיב בזה על תלונתו בעבור הגמול והעונש לומר אז יקבל כ״א כמפעלו: (טז) הבאת. כאומר איך מלאך לבך להרהר אחרי וכי הרבה חכמה מלאת האם השכלת עד נבכי הים לדעת מה בו וכי התהלכת בעיונך מחקירות התהום: (יז) הנגלו. האם נגלו לך שערי מות עד שתשפוט שלא יחיו המתים כמ״ש כלה ענן וילך כן יורד שאול לא יעלה (לעיל ז׳): ושערי וגו׳. כפל הדבר במ״ש: (יח) התבוננת. וכי תבין הדברים הנעשים עד סוף רוחב הארץ ואם תאמר ידעת הכל הגד אם ידעת וכאומר הלא לא ידעת מה הנעשה בארץ ואיך תחקור לדעת הנהגתי: (יט) אי זה. חזר על מלת התבוננת האמור במקרא שלפניו ולומר האם תבין אנה זה הדרך אל מקום אשר ישכון שם

shall be shaken from it? 14. The seal changes like clay and they
shall stand like a garment. 15. And their light shall be withheld
from the wicked, and the high arm shall be broken. 16. Have
you come until the locks of the sea, and have you walked in the
searching out of the deep? 17. Have the gates of death been
revealed to you, and do you see the gates of the shadow of
death? 18. Do you understand [everything] until the breadths
of the earth? Tell if you know it all. 19. Which is the way to [the
place] where the light dwells, and as for darkness—where

14. **changes**—*in formation.*—
[*Rashi*] *Berechiah,* probably quoting
Rashi, reads: by Your command.
The seal . . . like clay—*The cast of
man's countenance* [changes] *when he
dies, to live again at the resurrection
of the dead, and they will stand up in
their garments.*—[*Rashi*] From all
these examples you should know
that, although the cast of a man's
form changes in death to become
like the clay and mire of the streets,
he will rise up when the dead are
resurrected and will be as he was
originally; like a garment that was
folded and can be unfolded as it was
originally. If, as Job believed, every-
thing is controlled by the constella-
tions and by nature, then there can
be no resurrection, because that is
contrary to nature. To this, God
declares that since He Himself con-
trols the world, Job should not be
astonished at the prospect of resur-
rection.—[*Mezudath David*]
15. **And . . . shall be withheld**—
*then from the wicked their light, and
the high arm shall be broken.*—
[*Rashi*] At that time, the righteous

will prosper—they will not fall prey
to the wicked, upon whom the light
of prosperity will not shine—and
then, the high hand of violent men
will be broken. This is a reply to
Job's question about reward and
punishment: The wicked will receive
their punishment in the Hereafter.
—[*Mezudath David*]
16. **the locks of the sea**—Heb. נִבְכֵי,
like (Ex. 14:3), *"They are trapped*
(נְבֻכִים) *in the land."*—[*Rashi*] The
depths of the sea.—[*Mezudath Zion*]
17. **the gates of death**—*This is
Gehinnom.*—[*Rashi*]
18. **Do you understand**—all that
has been done until the breadth of
the earth? If you know it, tell Me. If
you do not know that, how can you
fathom My behavior?—[*Mezudath
David*] The breadths of the earth
denote the distance from the
Equator to the poles.—[*Ralbag*] *Ibn
Ezra:* Do you know how wide the
earth is?
19. **Which is the way**—I.e. do you
understand which is the way etc.?—
[*Mezudath David*]

נְהוֹרָא וַחֲשׁוֹכָא הֵידֵין אַתְרֵיהּ׃ כ אֲרוּם תְּדַבְּרִנֵּיהּ לִתְחוּמֵיהּ וַאֲרוּם תִּתְבְּיַן שְׁבִילֵי בֵיתֵיהּ׃ כא הֲיָדַעְתָּא אֲרוּם בְּכֵן תִּתְיְלִיד וּמִנְיַן יוֹמָךְ סַגִּיעִין׃ כב אֶפְשַׁר דְּעַלְתָּא לְקוּרְטוֹרֵי תַלְגֵי וְאַפּוֹתִיקֵי דְבַרְדָא תֶּחֱמֵי׃ כג דִּי גְנַזֵית תַּלְגָא לְעִדָּן עַקְתָּא בְגֵהִנָּם וּבַרְדָא לְיוֹם קְרָבָא דְפַרְעֹה וְאַגְחוּתָא דְמִצְרָאֵי׃ כד הֵידֵין אוֹרְחָא יִתְפְּלֵיג נְהוֹרָא יְבַדֵּר רוּחַ קִדּוּמָא עַל אַרְעָא׃ כה מַן טַיֵּף לְשִׁטְפָּא קוּבְהָא וְאִסְרָטָא לַעֲנָנֵי קָלַיָּא׃ ת״א מַן טָאַף לְשִׁטְפָא דִתְהוֹמָא חֲרִיצֵי מַיָּא וְקָצְתְהוֹן דְּלָא לְעֵילָא

זֶה מְקֹמוֹ׃ כ כִּי תִקָּחֶנּוּ אֶל־גְּבוּלוֹ וְכִי
תָבִין נְתִיבוֹת בֵּיתוֹ׃ כא יָדַעְתָּ כִּי־אָז
תִּוָּלֵד וּמִסְפַּר יָמֶיךָ רַבִּים׃ כב הֲבָאתָ
אֶל־אֹצְרוֹת שָׁלֶג וְאוֹצְרוֹת בָּרָד
תִּרְאֶה׃ כג אֲשֶׁר־חָשַׂכְתִּי לְעֶת־צָר לְיוֹם
קְרָב וּמִלְחָמָה׃ כד אֵי־זֶה הַדֶּרֶךְ יֵחָלֶק
אוֹר יָפֵץ קָדִים עֲלֵי־אָרֶץ׃ כה מִי־פִלַּג

רש״י

(כא) ידעת. כל זאת: כי אז תולד. כשבראתי: (כג) אשר חשכתי. המנעתי: לעת צר. להמשת מלכים בגבעון: ליום קרב. מלחמת גוג ומגוג: (כד) יחלק אור. תימור של חמה מפליע לכאן ולכאן כקרני איל: קדים. שמש המזרח: (כה) מי פלג לשטף תעלה. בערביא קורין לשערה שיעפא כל שיער ושיער

אבן עזרא

ארץ. היא הארץ הגדולה המיושבת. והנכון כי יאמר התדע כמה רחבי ארץ: (כ) כי תקחנו. להוליכו אל גבולו על האור ידבר: (כא) ידעת. אז. קודם שתולד כמה מספר ימי חייך: (כג) ליום קרב. כמו השליך אבנים גדולות וברד שהיה במצרים. והגאון רב סעדיה פירש אי זה הדרך ישכן אור על מקום שיש בארץ שהוא אור כלו חוץ מיום אחד. והפך הדבר ומקום שיהיה שם האור חצי שנה. אף על פי שדבריו נכונים אינם מענין הפסוקים. וכן פי׳ אי זה הדרך יחלק אור י״א שזה האור הוא גשם: (כד) קדים.

מנחת שי

הברית הגדול דעי״ן זו תלויה לרמוז שה׳ שימא עיניהם של רשעים בל יראו ויהנו מזיו האור שברא ביום ראשון וגנוז לצדיקים: (יט) אי זה מקמו. במקצת ספרים מדוייקים חסר וא״ו אחר הקו״ף ומסורת

רלב״ג

(כג) חשכתי לעת צר. מנעתי אותם לי והצרתי אותם להשתמש בהם בעת צר ר״ל להגיע הרע לראוי לו: (כד) איזה דרך יחלק אור. הרצון בו אי זה דרך יחלק השמש עד שילך פעם בתנועתו היומית בדרך אחד וביום אחר בדרך אחר ויפזר מקום זריחתו עלי ארץ כמו שהתבאר למי שעיין מעט בחכמת התכונה והפשר שיהיה הרצון באור האד הקיטורי אשר יתהוו ממנו הלהבות בקלות ויהיה קדים רוח קדים והוא יותר נכון כי לפי הביאור הראשון יהיה בכאן כפל דברים לפי שכבר זכר זה הענין בעינו כמו שאמר איוב המימיך צוית בקר וגו׳: (כה) מי פלג

מצודת דוד

האור ואנה זה מקום החשך: (כ) כי תקחנו. אשר תוכל לקחת את האור להביאו אל גבול החשך להאיר שם: נתיבות ביתו. של החשך להביא שם את האור וסוא מדרך הפלגה ומליצה לומר מה תדע עד שמגיע לכך להרהר אחרי: (כא) ידעת. הידעת טרם שנולדת אשר תולד אז בזמן שנולדת ועתה הידעת אם רבים מספר ימיך: (כב) הבאת. וכי באת בעיוניך אל אוצרות שלג וכי תראה בשכלך אוצרות ברד לדעת ממה המה: (כג) אשר חשכתי. אשר מנעתי מלרדת במצרים כמ״ש ויחדלו וגו׳ לא נתך ארצה (שמות ט׳) ונשארו תלוים באויר להיות מוכנים לעת צר להצר להמשת מלכי האמורי כמ״ש וה׳ השליך עליהם אבנים גדולות מן השמים (יהושע י׳) וליום קרב ומלחמה של גוג כמ״ש ונשפטתי וגו׳ ואבני אלגביש וגו׳ (יחזקאל ל״ח) כן דרז״ל: (כד) אי זה. ר״ל הידעת אנה זה הדרך אשר יחלק אור השמש לרדת בעולם בדרך מעוקם שלא יתיך בחומו את הברד הסוא ואנה זה הדרך אשר יפזר עצמו על הארץ רוח הקדים העזה שברוחות ולא יפיל את הברד לארץ ונשאר תלוי ועומד וכאומר ואם אין לך חלק בבינה איך תשכיל הנהגתי: (כה) מי פלג.

מצודת ציון

אנא זה: (כג) קרב. גם הוא ענין מלחמה כמו המלמד ידי לקרב (תהלים קמ״ד): (כד) יפץ. יפזר כמו ויפץ העם (שמות ה׳): (כה) פלג. ענין חלוקה כמו נפלגה הארץ (בראשית י׳): לשטף.

the head I have given תְּעָלָה, *a separate hole from which to draw sap. If two would draw from the same hole, a person's eyesight would fail. These have not been changed by Me, how then should I change* אִיּוֹב, *Job, for* אוֹיֵב, *enemy? And this is the meaning of* מִן־הַסְּעָרָה, *from the hair. Another explanation:* לַשֶּׁטֶף, *a streaming raindrop. I separated for each drop a hole in the clouds, for if they were to come down* [together] *from one hole, they*

is its place? 20. That you should take it to its border and that you should understand the paths of its house? 21. You knew—for then you were born, and the number of your days would be many. 22. Have you come to the treasures of snow, and did you see the treasures of hail? 23. That I saved for a time of trouble, for a day of battle and war? 24. Which way is the light parted, [which way] does the eastern one spread it over the earth? 25. Who has separated

20. **That you should take it**—That you should be able to take the light to the border of the darkness, to illuminate it.—[*Mezudath David*]

21. **You knew**—*all this.*—[*Rashi*]

for then you were born—*when I created* (them).—[*Rashi, Berechiah*] *Ibn Ezra* explains: Did you know then, before you were born, how many would be the number of your days? *Mezudath David* explains: Did you know then that you would be born when you were born, and do you know now how many days you will live?

22. **Have you come**—in your speculation to the treasures of snow, and do you see in your mind the treasures of hail, to comprehend their essence?—[*Mezudath David*]

23. **That I saved**—*I withheld.*—[*Rashi*] *Berechiah* reads: I hid.

for a time of trouble—*For the five kings in Gibeon.*—[*Rashi*] This refers to the hailstones which fell in Egypt upon Pharoah and his people. When the plague ended, these hailstones were left suspended in the air until Joshua's time, when they fell upon the five kings of the Amorites, who attacked the Israelites and their

allies the Gibeonites. This is intimated by (Ex. 9:33), "and the thunderclaps and the hail ceased, neither did rain reach the earth"; (Josh. 10:11), " . . . that the Lord cast down great stones . . . There were more who died with the hailstones, etc."—[*Mezudath David from Berachoth 54b*]

for a day of battle—*The war of Gog and Magog.*—[*Rashi*]

Ezekiel (38:22) states in the name of God: "I will punish him with pestilence . . . hailstones etc." The term used is אֶלְגָּבִישׁ, which the Rabbis (ad loc.) interpret as עַל-גָּב אִישׁ, *over a man,* meaning that these hailstones stopped over Moses and fell around Joshua. The remaining hail shall fall upon the armies of Gog and Magog.—[*Mezudath David*]

24. **is the light parted**—*The irradiation of the sun, which diverges this way and that way like the horns of a hind.*—[*Rashi*]

the eastern one—*The sun of the east.*—[*Rashi*]

25. **Who has separated a place for the hair**—Heb. לְשֶׁטֶף. In Arabia, a hair is called שִׁיטָפָא. *To every hair on*

לַשֶּׁטֶף תְּעָלָה וְדֶרֶךְ לַחֲזִיז קֹלוֹת:
כו לְהַמְטִיר עַל־אֶרֶץ לֹא־אִישׁ מִדְבָּר
לֹא־אָדָם בּוֹ: כז לְהַשְׂבִּיעַ שֹׁאָה וּמְשֹׁאָה
וּלְהַצְמִיחַ מֹצָא דֶשֶׁא: כח הֲיֵשׁ לַמָּטָר
אָב אוֹ מִי־הוֹלִיד אֶגְלֵי־טָל: כט מִבֶּטֶן מִי
יָצָא הַקָּרַח וּכְפֹר שָׁמַיִם מִי יְלָדוֹ:
ל כָּאֶבֶן מַיִם יִתְחַבָּאוּ וּפְנֵי תְהוֹם
יתלכדו

ת"א לשטף. ב"ב טז: להמטיר. ר"ה ח: למטר. עקרים מ"ד פ"ח: מבטן. זוהר יתרו:

תרגום

ואורחא לעננני דמחתין מתמן מיא בקליא: ת"א מן עבד שטפא למרזיבא דמיא ולעילא ארחא דעננני דמחת מטרא בקלין: כו לאחתא מטרא על ארעא דלית בה גבר מדברא דלא בר נש ביה: כז למסבע רגושא ואתרגושתא ולמרביא מפקנות דתאה: כח האית למטרא אבא או מן אוליד רסיסי טלא: כט מכריסא דמן נפק קרחא וגלידא דשמיא מן יליד יתיה: ל היך אבנא מוי קרישין ומטמרין

רש"י

שבראש פלגתי לו תעלה גומא ליגק ממנה שאילו שנים יונקות מגומא אחת מחשיכות מאור עיניו של אדם והם לא נתחלפו לי בין איוב לאויב נתחלף לי וזה מן הסערה. ד"א לשטף טיפת גשם שוטף פילגתי לכל טיפה גומא בעבים שאילו יורדות מגומא א' מטשטשות את הארץ, ונעשית טיט: ודרך לחזיז קולות. מי פלג כל קול וקול יש לו שביל ואם שנים הולכים בשביל אחד אין הבריות סובלות את הקול: (כז) שואה. ארץ שהיא חשיכה ברעב: (כח) אגלי טל. גלי טל והאל"ף יתירה כמו ואחותי באזניכם (לעיל י"ג) אל"ף יתירה בראש התיבה להיותו שם דבר וכן אבחת חרב (יחזקאל כ"א) כמו ניבוח חרב לצעקת חרב. ל"א אגלי כמו אגני טל כמין אגנות פלגים שהטל נתון בהם למ"ד מתחלף בנו"ן וכן בספר עזרא נשכה כמו לשכה (נחמיה י"ג): (כט) וכפור. (גרים"א): (ל) כאבן מים יתחבאו. ע"י

מנחת שי

דרים עזרא אזלא כוותייהו: (כז) שאה ומשאה. ברוב ספרים מדוייקים שתי המלות חסרים וא"ו אחר שי"ן ובקצת מהם שתיהם מלא:

אבן עזרא

רוח קדים: (כה) לשטף תעלה. כאילו תעלה יש לשטף וענין פלג מן פלג אלהים מלא מים: לחזיז קולות. אומץ וחיזוק כמו ה' עושה חזיזים קולות תקיפים: (כח) אגלי טל. יש אומרים הוא המטר הדק בלא חבר ויתכן היות האל"ף נוסף: (ל) כאבן. יתחבאו המים עד שיתקשו כאבן והענין שלא יראו שהם מים: ופני תהום יתלכדו.

רלב"ג

לשטף תעלה וגו'. מי חלק לשטף המים מקום שיפול בו וקרא למקום ההוא תעלה והיא חפירה. והרצון מי סידר המטר הזה באופן שימטיר בזה המקום ולא במקום אחר עד שישלימו בזה האופן הצמחים בהמטירו פעם במקום אחד ופעם במקום אחר וזה שאם היה המטר כולו במקום אחד תמיד לא ישלם צמח לא במקום ההוא מצד היובש ולא בזולתו מצד רבוי הלחות וזה מבואר בנפשו ומי שם חק ומנהג לברק ולרעמים ויהיה אומרו לחזיז קולות כאילו אמר לחזיז וקולות. או ירצה בזה מי שם דרך לחזיז אשר יתהוו ממנו הרעמים שירד נמטה לארץ הפך תנועתו הטבעית: (כז) שואה ומשואה. מדבר ומקומות חריבים: (כח) אגלי טל. טיפי הטל: (ל) יתחבאו. ירצה שהם יקפאו ויסתם ענין המימיות אשר

מצודת ציון

מרוצת המים כמו ורוחו כנחל שוטף (ישעיה ל'): תעלה. חפירה כמו ויעש תעלה (מלכים א' י"ח): לחזיז. כן יקרא הענן כמו ה' עושה חזיזים (זכרי' י'): קולות. כמו וקולות: (כז) שואה ומשואה. חשך ושממה וכן אמש שואה ומשואה (לעיל ל'): (כח) אגלי. ענין מעין וכמו גלות מים (יהושע ט"ו) והאל"ף נוספת כמו האל"ף מן ואחותי באזניכם (לעיל י"ג): (כט) הקרח. הוא הגליד שע"פ המים הנקפה מן הקור וכן כעין הקרח הנורא (יחזקאל א'): וכפור. הוא הנופל בימי הקור בעת השחר וכן כפור כאפר יפזר (תהלים קמ"ז): (ל) יתחבאו. מלשון מחבואה ומסתור:

מצודת דוד

מי חלק חפירה לשטף המים להמשך בה אל המקום מן המקומות אשר אליו ללכת ומי פלג דרך לענן וקולות הרעם אל המקום אשר ילך: (כו) להמטיר. להוריד המטר על ארץ נגובה ויבשה עד לא ישב בה איש ועל מקום מדבר שממה שאין שם אדם לגודל היובש והוא כפל ענין במ"ש: (כז) להשביע שואה. להשביע עם המטר את ארץ חשך ושממה ולהצמיח בה הוצאת הדשא: (כח) היש. האם יש למטר אב ומי ילד מעייני הטל אשר ילוהו לרדת ארצה: (כט) מבטן מי וגו'. אשר ילונו להגליד: מי ילדו. אשר ילונו לרדת ארצה: (ל) כאבן. ע"י הקרח יתחבאו המים ואינם נראים

held together by the ice and it does not go outside or raise waves as it formerly did. Who performs all these feats? Is it not I, the Lord? Why then did you not fear to criticize Me?— [*Mezudath David*]

a place for the hair and a way for the cloud of the thunderclaps? 26. To rain on the earth where no man is; a desert in which there is no man. 27. To sate darkness and desolation and to cause a source of grass to sprout. 28. Has the rain a father, or who begot the waves of dew? 29. From whose womb did the ice emerge, and the frost of the heaven—who bore it? 30. Like a stone, the water hides, and the face of the deep

would soften the earth and turn it into a mire.—[*Rashi* from *Tanchuma, Tazriah* 7 and *Baba Bathra* 16a]

and a way for the cloud of the thunderclaps—*who separated? Every thunderclap has its own path, and if two of them would go along one path, the creatures would not be able to bear the sound.*—[*Rashi* from *Baba Bathra* ad loc.]

26. **To rain**—on an arid place which is completely uninhabited because of its aridity.—[*Mezudath David*] This is sometimes done as a punishment for the people, who did not merit to benefit from the rain decreed for them on Rosh Hashanah.—[*Malbim*] *Rabbenu Meyuchos* explains that as God goes to such lengths to cause rain even in uninhabited arid lands, surely in inhabited lands He will cause rain.

27. **To sate**—Sometimes the rain is intended to benefit people, to sate arid and desolate lands.—[*Malbim*]

darkness—*A land that is dark because of hunger.*—[*Rashi*]

28. **Has the rain a father**—I.e. who commands it to fall?—[*Mezudath David*]

waves of dew—Heb. אֶגְלֵי, *waves of* גַּלֵּי *dew, and the "aleph" is superfluous, as* in (above 13:17), *"and to my speech* (וְאַחֲוָתִי) *in your ears." The "aleph" is superfluous at the beginning of the word because it is a noun, and similarly* (Ezek. 21:20), *"the scream of* (אִבְחַת) *the sword," like* נְבוּחַ *barking, the scream of the sword. Another explanation: is like* אַגְנֵי, *basins of dew. A type of basins, divisions in which the dew is deposited. The "lammed" is interchangable with a "nun," and so in the Book of Ezra* (Neh. 13:7), *chamber* (נִשְׁכָּה) *like* לִשְׁכָּה.—[*Rashi*]

Mezudath Zion derives it from גולות, *fountains. Ibn Ezra,* based on the context, defines it as fine rain. *Targum, Rebbenu Meyuchos:* drops of dew. *Isaiah da Trani:* round drops of dew, like עֶגְלֵי, derived from עָגוֹל, *round.*

29. **From whose womb**—Who commanded it to freeze?—[*Mezudath David*]

and the frost—Heb. וּכְפֹר, *glass* or *glassa in Old French.*—[*Rashi*]

30. **Like a stone . . . hides**—*because of the ice that congeals in drops upon their faces.*—[*Rashi*]

and the face of the deep is caught—*and held together by it.*—[*Rashi*] The water on the surface is

יִתְלַכָּֽדוּ׃ לא הַֽתְקַשֵּׁר מַעֲדַנּוֹת כִּימָה
אֽוֹ־מֹשְׁכוֹת כְּסִיל תְּפַתֵּֽחַ׃ לב הֲתֹצִיא
מַזָּרוֹת בְּעִתּוֹ וְעַיִשׁ עַל־בָּנֶיהָ תַנְחֵֽם׃
לג הֲיָדַעְתָּ חֻקּוֹת שָׁמָיִם אִם־תָּשִׂים
מִשְׁטָרוֹ בָאָֽרֶץ׃ לד הֲתָרִים לָעָב קוֹלֶךָ

ת"א התקשר. ברכות ס׳: ושפעת

וּמְטַמְרִין וְאַפֵּי תְהוֹמָא
מִן קוֹרָא מִתְאַחֲדִין׃
לא הֲתִקְטוֹר שֵׁירֵי
כִימְתָא או אַשְׁלֵי
דִנְגְדִין נִפְלָא תִּשְׁרֵי׃
לב הֲתַפֵּק שִׁטְרֵי מַזָּלַיָּא
בִּזְמַנֵיהּ וְנַגְתָּא עַל
אֶפְרָחָהָא תְּדַבְּרִנּוּן׃
לג הֲיָדַעְתָּא גְּזֵירָתָא
דִשְׁמַיָּא אִין תְּשַׁוֵּי שִׁטְרֵי
גְלֵיהּ בְּאַרְעָא׃ לד אֶפְשַׁר דְּתָרֵים לְעֵבָא

רש"י

הקרה במגליד טיפה בעל פניהם: ופני תהום יתלכדו. בו ויתאחזו כאחד: (לא) מעדנות כימה. קישור כימה שלא תגא כל קורותיו ויחריב את העולם בצינה: או מושכות כסיל הפתח. להוציא חמה להפיג צינתה של כימה: (לב) מזרות. כל שאר מזלות: ועיש. כוכב גדול שבכימה והרבה כוכבים קבועים בו ונטל ב' כוכבים ממנה לפתוח ארובות המבול ונכנסו במזל טלה ועתיד הקב"ה להחזירם לה. תנחומא: (לג) משטרו. שטירת המזלות הממונים להביא על הארץ קור וחום קין וחורף: (לד) התרים לעב קולך. לצוות עליו להתקשר בחשכת מים להיות שפעת מים מכסך והוא קדירת העבים כמו או חשך לא תראה (לעיל כ"ב): או שפעת מים. על

אבן עזרא

הענין כפול שאלה שהיו מימי תהום יתלכדו עד שיתקשרו. ויש אומרים כי ענינו שיתלכדו על פני תהום והוא קרוב: (לא) התקשר מעדנות כימה. כוכבים הם בפאת צפון וכסיל בפאת דרום וכימה תקשר הפירות שהם המעדנות וכסיל הפך הדבר. והענין האחר לויתה לכוכבים האלה לקשר ולפתח. והקדמונים אמרו כימה הם שבעה כוכבים קטנים והם בסוף מזל טלה והנראים הם ו'. והנכון בעיני שהוא אחד והוא כוכב גדול יקרא עין השור השמאלי וכסיל כוכב גדול הוא לב מזל עקרב כי בעלות אלה שניהם במזרח יראו המעשים הנזכרים וזה כנגד זה בבית ובמעלה ובחלק: (לב) מזרות. כוכבים הם. ויש אומרים כי הרי"ש תמורת למ"ד ויאמרו כי כמוהו וידע אלמנותיו והוא רחוק: ועיש. כבר הזכרתיו: (לג) הידעת חקות שמים. שמתי והוא שאמר המשורר חק נתן ולא יעבור: משטרו. שב אל

רלב"ג

בהם ויהיו מים בכח לא בפועל: (לא) מעדנות. שם מיני תענוגים שימלאו בשבת כימה ר"ל בהמלא השמש שם כי אז יתיר הוא הזמן באילנות ויתנו פרים והנה כימה היא צורה אחת במזל שור: ומושכות כסיל. מה שיעצרהו וימשכהו כסיל שהוא מהצורות הדרומיות ובהיות השמש במזל שהוא בו ימנעו האילנות מנתינת כחם לחזק הקור: (לב) מזרות. היא צורה אחת מהצורות הדרומיות ואחשוב שלא היתה נראית בארץ אשר היה בה איוב כי אם זמן מועט: ועיש. היא צורה מהצורות הצפוניות ואינה נסתרת כלל באקלים אשר אנחנו בו: תנחם. תנהגם: (לג) משטרו. מענין שוטר ומושל. והרצון אם תשים ממשלת השמים בארץ:

מצודת דוד

כאבן כנופל במים אשר יכוסה מעין האדם: ופני תהום. המים אשר ממעל לתהום המה נלכדים מן הקרח ולא ילאו הולך ולא ירומו גלים כמאז ובאומר וכי מי העושה את כל אלה הנה אני ה' ומה זה לא תירא מלהרהר אחרי: (לא) התקשר. האם אתה תקשור קשרי מזל כימה שלא יוציא כל כחו להחריב העולם או האם תפתח קשרי רצועות מזל כסיל להוציא חומו להפג כח מזל כימה: (לב) התוציא. האם תוציא את המזלות כ"א בעתו ולא יעבור המועד וכי אתה תנהג מזל עיש עם בניה והם קבוצת כוכבים קטנים שמו אשר לא יתפרדו זה מזה: (לג) הידעת. הלא תדע גזרות לכל השמים אשר ישפטו בארץ האם אתה תשים ממשלת כ"א בארץ מי ימשול על מה ועל מי לחרב מי לרעב מי לשלום וכדומה: (לד) התרים. האם תרים לעב קולך להוריד המטר והוא ישמע לך ויכסך השפעת

מצודת ציון

(לא) מעדנות. ענין קשורים וכן וילך אליו אגג מעדנות (שמואל א' ט"ו) ובדרז"ל היתיר לאסי מעדנים (כלים פ"כ): מושכות. אמר דרך משל מן הכלים העשוי בו רצועות וע"י משיכת הרצועות יפתחוהו ויסגרוהו: (לב) מזרות. כמו מזלות הרי"ש במקום הלמ"ד וכן וממזרים קרה (לעיל ל"ז): על בניה. עם בניה וסמוך להם וכן ויבואו האנשים על הנשים (שמות ל"ה): תנחם. תנהיגם כמו ולא נחם אלהים (שם י"ג): (לג) משטרו. מלשון שוטר והוא ענין ממשלה מה:

is caught. 31. Can you tie the chains of the Pleiades or loose the straps of Orion? 32. Can you take out the constellations each in its time, and can you console Ayish for her children? 33. Do you know the ordinances of heaven; can you place his dominion upon the earth? 34. Can you lift up your voice to the cloud,

31. **the chains of the Pleiades—** [Tie] *the chains of the Pleiades so that all its cold should not go forth and destroy the world with cold.—* [*Rashi*]

or loose the straps of Orion—*to bring out its heat, to mitigate the cold of the Pleiades.—*[*Rashi*]

32. **constellations—**מַזָּרוֹת. *All the other constellations.—*[*Rashi*] This is a byform of מַזָּלוֹת, constellations, or signs of the Zodiac.—[*Mezudath Zion*]

and . . . Ayish—*The largest star in the Pleiades, to which many stars are attached. He took two stars from it to open the windows of the Deluge, and they were placed in the constellation of Aries, and the Holy One, blessed be He, is destined to restore them to her. Tanchuma.—*[*Rashi* from unknown midrashic source] Note that this passage is not found in either extant edition of *Midrash Tanchuma*, but in *Etz Chayim* ms. we read: *and thereby, she will be consoled.* Note also that in the Lublin and Warsaw editions, the reading is: *and they were split into the constellation of Aries.* Since this does not make much sense, we followed the Furth and Vilna editions, also quoted by *Berechiah*. *Ralbag* and *Mezudoth*, following *Targum*,

render: *and can you lead Ayish with her children? Zerachiah* suggests: Perhaps he means the Great Bear. Since they are one constellation, they resemble a mother and children. According to *Ibn Ezra* the Sages identify Ayish as the seven stars at the end of Aries. He himself prefers to believe that Ayish is a large star, the left eye of Taurus, and that Kesil is the heart of Scorpio, because, when these constellations rise in the east, the aforementioned incidents [i.e. unusual weather] occur.

33. **Do you know—**the decrees of the celestial host, which judges the earth? Can you place the rule of each one on earth, who is to rule over what, who is over the sword, who over famine, who over peace, and the like?—[*Mezudath David*]

his dominion—*The dominion of the constellations appointed to bring upon the earth cold and heat, summer and winter.—*[*Rashi*]

34. **Can you lift up your voice to the cloud—***to command it to tie up with the darkness of water so that an abundance of water cover you? That is the darkening of clouds, like* (above 22:11), *"or darkness so that you do not see."—*[*Rashi*]

וְשִׁפְעַת־מַיִם תְּכַסֶּךָּ: לה הַתְשַׁלַּח
בְּרָקִים וְיֵלֵכוּ וְיֹאמְרוּ לְךָ הִנֵּנוּ: לו מִי־
שָׁת בַּטֻּחוֹת חָכְמָה אוֹ מִי־נָתַן לַשֶּׂכְוִי
בִינָה: לז מִי־יְסַפֵּר שְׁחָקִים בְּחָכְמָה
וְנִבְלֵי שָׁמַיִם מִי יַשְׁכִּיב: לח בְּצֶקֶת
עָפָר לַמּוּצָק וּרְגָבִים יְדֻבָּקוּ: לט הֲתָצוּד

קָלָךְ וְרִכְפַּת מַיָּא תַחְפְּנָךְ: לה אֶפְשַׁר דְתִשַׁדַּר בַּרְקִין וְיֵהָכוּן וְיֵימְרוּן לָךְ הָא אֲנַן: לו מַן שַׁוִּי בְּכָלְיָן חוּכְמְתָא אוֹ מַן יְהַב לְלִבָּא בִּינְתָא: ת״א לְתַרְנְגוֹל בְּרָא בִּיוּנְתָא לְמִקַלְסָא לְמָרֵיהּ: לז מַן יִמְנֵי שַׁבְעָתֵי שְׁמַיָּא בְּחוּכְמְתָא וְכִילְוַת שְׁמַיָּא מַן יַשְׁרֵי: ת״א מַן יִמְנֵי כּוֹכְבֵי שְׁמַיָּא בְּחוּכְמְתָא וַעֲנָנֵי דְמַתִילִין לְזִיקַיָּא דִשְׁמַיָּא מַן יַשְׁכִּיב: לח כַּד אִשְׁתְּאַם עַפְרָא לְשִׁתְאָסָה וּפַרְנְסוּתָא וְנַרְגְשָׁתָא אִדְבַּקוּ: לט הֲתָצוּד לְלֵיתָא מְזוֹנָא

ת״א התשלח. ב״ב כה ; בטחות. עקרים מ״א פי״ו ומ״ד פ״ו: לשכוי. ר״ה כו ברכות יג ; שחקים, (שם): בצקת. יומא נד:

רש״י

פיך יכסך מן השמים: (לה) ויאמרו לך. במקום שנשתלחו שם הננו עשינו שליחותך שאין צריכין לחזור למקומן ולהשיב שולחן דבר שהשכינה בכל מקום: (לו) בטוחות. אלו הכליות: לשכוי. זה תרנגול לשון חכמים. ויש אומרים זה הלב שהוא סוכה וצופה ומחשב את הנולדות: (לז) יספר. ידבר ויזהיר תפקידם: ונבלי. עשויין כנודות שהגשמים כנוסים בו שם. כמו נבל יין: (לח) בצקת עפר. כיוס שילקתי עפר: למוצק. ליסוד עולם במלאעיתו: ורגבים

מנחת שי

(לד) ושפעת מים. בגעיא: תכסך. הכ״ף דגושה: (לה) ויאמרו לך הננו. כתב בעל מכלל יופי ברפה הנו״ן הראשונה ודגש השניה ע״כ. והרואה יראה שלשונו מועתק מהמכלול בשער דקדוק השמות על מלת הן ואף שם כתוב ורפה הנו״ן הראשונה ויאמרו לך הננו ואין ספק שהוא שבוש נפל בספרים ול״ל ורפה הנו״ן השניה וכן הוא. בכל הספרים וגם רב פעלים כתב ובליצירי ורפיון השניה ויאמרו לך הננו: (לו) לשכוי. בס״א כ״י כתוב לשכוי השי״ן בחירק ובטעם מלרע ואין כן

אבן עזרא

השמים בעבור שיש להם ממשלה על הארץ מן שוטרים: (לד) ושפעת מים. רבים. מן שפעת גמלים: (לו) בטוחות. רובי המפרשים אמרו שהם הכליות והנכון בעיני שהם הקרב כענין הן אמת חפצת בטוחות ויורה עליו סוף הפסוק שאמר ובסתום חכמה תודיעני כי הענין כפול הוא כמנהג: לשכוי. הוא הלב כמו עברו משכיות לבב. והענין צורות חקוקו׳ כמו ואבן משכית והצורות הם המחשבות. ומביני סוד הרוח יודו כן: (לז) מי יספר. פירושו מספיר מי שם אותם כספיר כענין כראי מוצק. ויש אומרים שהוא מן ספר ואחרים אמרו מן מספר ואחרים אמרו מי יספר בחכמתו השחקים: ונבלי שמים. הם העבים בעבור שהם מלאים מים: ישכיב. כמו יוריד וכמוהו שכבת הטל: (לח) למוצק. הוא הנקודה: ורגבים ידובקו. הם בקיעות הארץ מהחום

רלב״ג

(לו) בטוחות. הוא מענין ביטה מראות עיניהם. והרצון בלבבות הטוחית והסתומות: לשכוי. הוא שם מענין ההשגחה וההשקפה תרגום וישקף ואסתכי והוא השכל ההיולאני: (לז) מי יספר. מענין מנין ומספר כמו הספר כל עצמותי: ונבלי שמים. הם הגשמים האצליים הנופלים מלמעלה למטה: (לח) בצקת עפר למוצק וגו׳. בהתקשות העפר עד היותו חזק: ורגבים. הם גושי העפר. והרצון שחלקי הארץ ידובקו עד שלא ישאר מקום פנוי ביניהם:

מצודת ציון

(לד) ושפעת. ענין רבוי כמו שפעת גמלי׳ (ישעי׳ ס׳): (לו) בטוחות. הכליות ויקראו כן על שם שהם טוחות ומכוסות בחלב והוא מלשון וטח את הבית (ויקרא י״ד): לשכוי. הלב נקרא כן לפי שהוא צופה ומבין את הנולדות ותרגומו של שדה צופים (במדבר כ״ג) הוא חקל סכותא וכן נאמר עברו משכיות לבב (תהלים ע״ג): (לז) יספר. מלשון ספיר והוא שם אבן יקר הבהיר מאד ור״ל עושה אותם בהירים כספיר: ונבלי. ונודות כמו ונבליהם ינפצו (ירמיה מ״ח) ועל העננים יאמר בלשון שאלה: (לח) בצקת. מלשון יציקה והתכה:

מצודת דוד

מי המטר: (לה) התשלח. האם תשלח ברקים אשר ילכו והם ישובו ויאמרו הננו ונעשה דבריך: (לו) מי שת. מי שם חכמה בכליות או מי נתן בינה בלב: (לז) מי יספר. מי הוא אשר יעשה את השמים בהירים כספיר טהורים מן העננים ומי הוא המשכיב ופורש מתחת לשחקים את נבלי השמים והם העננים: (לח) בצקת. מוסב על מי ישכיב האמור בסוף המקרא שלפניו לומר מי הוא המשכיב ופורש את הארץ בעת היה ניצק העפר להיות יציקה אחת והרגבים יהיו דבוקים אחת אל אחת להיות גולם אחד וכאומר הלא אני העושה את כל אלה ולא זולתי ומדוע א״כ לא תירא מלהדבר אחרי: (לט) התצוד. האם אתה הצוד ללביא טרף האם אתה תמלא לכפירים את

around it on all sides, until its length and width were filled.—[*Rashi*] Since only I can perform all these marvelous feats, how did you not fear to criticize Me?— [*Mezudath David*]

39. **Do you hunt the prey**— *Malbim* points out that Scripture delineates the individual providence on earth over all species of animals (and surely over man, the most

or will an abundance of water cover you? 35. Will you send forth lightning bolts so that they should go and say to you, 'Here we are'? 36. Who placed wisdom in the inward parts or who gave the rooster understanding? 37. Who charges the skies with wisdom, and who brings down the bottles of heaven? 38. When the dust was poured into a mass and the clods cleaved together? 39. Do you hunt

[or] will an abundance of water—*from Heaven cover you by your command?*—[*Rashi*]

35. **and say to you**—*in the place where they were sent, 'Here we are; we have performed our errand,' because they need not return to their place to reply to their Sender, for the Shechinah is everywhere.*—[*Rashi from Baba Bathra* 25a] *Rabbenu Meyuchos* explains: Can you send forth lightning bolts that will go and say to you, 'We are ready to do your bidding'?

36. **in the inward parts**—*These are the reins.*—[*Rashi*] *Rabbenu Meyuchos* adds: which are plastered to the spine. The source is *Numbers Rabbah* 10:21.

the rooster—Heb. לַשֶּׂכְוִי. *This is the rooster in the language of the Sages (Rosh Hashanah* 26a).—[*Rashi*] *Rabbenu Meyuchos* adds: because it understands the hours of the day and the night and the time of the rain and the summer etc. *And some say: This is the heart, which looks* (שׂוֹכֶה), *watches, and considers the coming events.*—[*Rashi*, also *Targum, Ibn Ezra*]

37. **charges**—Heb. יְסַפֵּר, *will speak and charge with their mission.*—

[*Rashi*] *Ibn Ezra* quotes four interpretations of this word: 1) Who makes the skies like sapphire (סַפִּיר) with his wisdom? 2) Who makes the skies like a book (סֵפֶר)? [The skies are like a record book, since they recite the glory of God (*Ohev Mishpat*).] 3) Who counts (סָפַר) the skies? [Everything in the sky is there in its exact number, for it could not exist in a different number. 4) Who will tell [direct] (סָפַר) the heavens with his wisdom? [Probably identical with *Rashi's* interpretation.]

the bottles—*Made like bottles in which the rains are collected, as* in (I Sam. 1:24), *"and an earthenware jug* (וְנֵבֶל) *of wine."*—[*Rashi*] These are the clouds, called so because they are full of water.—[*Ibn Ezra*]

who brings down—Heb. יַשְׁכִּיב, like (Exod. 16:14), "the layer of (שִׁכְבַת) dew."—[*Ibn Ezra*] *Mezudath David* explains: Who spreads the bottles of heaven, meaning the clouds, under the heavens?

38. **When the dust was poured**—*On the day that I poured the dust.*—[*Rashi*]

into a mass—*for the foundation of the world, into its midst.*—[*Rashi*]

and the clods cleaved together—

ללביא טרף וחית כפירים תמלא׃
מ כי־ישחו במעונות ישבו בסכה למו־
ארב׃ מא מי יכין לערב צידו כי־ילדו
אל־אל ישועו יתעו לבלי־אכל׃
לט א הידעת עת לדת יעלי־סלע חלל
אילות תשמר׃ ב תספר ירחים
תמלאנה וידעת עת לדתנה׃

ופרנסותא דאריותא
תספק׃ מ ארום שחין
במדורתא יתבון
במטללתא מטול
לכמנא׃ מא מן יתקן
לעורבא מזוניה ארום
בנוי לאלהא יבעון
תעון מדלית מיכלא׃
א אפשר דידעתא עדן
מילדיהון דיעלי טינ־א
כד מצטערין איילתא
תנטור׃ ב תמני ירחיא
דשלמן ותנדע עדני
ת״א הידעת. ב״ב טז יבמות ו׳׃
ירחים. (שם)׃

ילדיו קרי

רש״י

ידובקו. סביבותיו לגדיין עד כי נתמלא ארכו ורחבו׃ (מ) ישוחו. עומדים כפופים לארוב׃ למו ארב. כן דרך האורבים לשוח ולכוף עצמן כדי שלא יכירו בהם׃ (מא) יתעו לבלי אוכל. שאביהם שונאם והקב״ה מזמן להם יתושין הנבראים מאליהן ונכנסין לתוך פיהם׃

תכרענה

לט (א) יעלי סלע. (אשטנבו״ק) ושונאה את ולדה ועולה לראש סלע גבוה כשכורעת לילד כדי שיפול לארץ וימות והקב״ה מזמן לו נשר ומקבלו בכנפיו׃ חולל אילות תשמור. לשון חיל כיולדה (ירמיה ו׳) האילה רחמה צר ואין הוולד יכול לצאת ובשעת לידתה אני מזמן לה דרקון

אבן עזרא

והמטר׃ (לט) וחית כפירים תמלא. כי הוא נפשו ריקה׃ (מ) ישוחו. מן ישח כי כן מנהג הכפיר וכמוהו

מנחת שי

במאר ספרים׃ לשכוי בינה. הבי״ת רפה׃ (מא) ילדו. ילדיו קרי׃ אל אל. אין מאריך במלת אל הראשונה׃

רלב״ג

(לט) וחית כפירים תמלא. ונפש האריות תמלא נהמליא להם טרף כי נפשם ריקה בהעדר טרפם׃ (מ) ישוחו. ישפלו׃ (מא) ישועו. יצעקו׃ (א) יעלי סלע. שטיי״ן בוק בלע״ז והוא עולה בראש הסלע בשעה שכורעת לילד והש״י מזמן לה נשר שמקבל אותם הולדות בכנפיו ומליל אותם שלא יפולו כך אמרו רבותינו ז״ל והנה העניין אמת הנה פירוש הפסוק כן. ואם לא הנה יהיה הרצון בזה לפי מה שאחשוב בזה הב״ח אינו נולד כי אם בקושי גדול ולזה יהיה נולד בתכלית הסכנה לולי השגחת הש״י להמליא הולדות באופן מהחוזק שלא ימותו בעת הלידה׃ חולל אילות. הוא מענין חיל וחבלי יולדה ואמרו רבותינו ז״ל כי האילה רחמה צר ולא תלד אם לא הכישה נחש ברחמה והש״י סבב בינה אליה נחש בעת הלידה להכישה ברחמה ותלד ואם לא ימלא העניין כן יהיה הרצון בזה לפי מה שאחשוב שזה הב״ח אינו נולד כי אם בקושי גדול לזה יהיה העניין בו כמו העניין ביעלי סלע ולזאת הסבה יהיה הולד בתכלית הסכנה ועם כל זה יגלל להשגחת

מצודת דוד

נפשם ההיוני והמתאוה׃ (מ) כי ישוחו. כאומר הלא אני נותן חכמה בהמה למלוא טרף אשר יכפפו קומתם במדורם לבל ירגישו בהם החיות ויברחו ויושבים המה בסוכה לארוב על החיות לטרוף טרף׃ (מא) מי יכין. מי הוא המכין מזון לעורב זולתי כי ילדי העורב יצעקו אל ה׳ והמה תועים ואינם יודעים מה לעשות על שאין להם אוכל ואני הוא המכין להם ואמרו רז״ל על כי בני העורב המה לבנים בילדותם ואביהם רואה עצמו שחור והמה לבנים חושב בהמה בני זונים שאין אחר בא על אמם לזה ימאס בהם וממאן לזונם והמקום מזמין להם יתושים מאליהם ונכנסין לתוך פיהם למאכלם וכאומר איך אם כן תאמר שאינני משגיח בשפלים׃
לט (א) הידעת. אז״ל תיש הבר היא אכזרית על בניה ובשעה שכורעת ללדת עולה לראש הסלע כדי שיפול הולד לארץ וימות והמקום מזמין לה נשר ומקבל את הולד על כנפיו ולזה אמר לאיוב האם אתה ידעת עת לדתה להזמין לה הנשר׃ חולל אילות. אז״ל אילה זו רחמה צר ובשעה שכורעת ללדת מזמין לה המקום דרקון ומכישה ברחמה ומתרפה ויולדת בקלות ולזה אמר האם אתה תשמור העת אשר יבואו לה חיל וחבלי לידה להזמין לה הדרקון׃ (ב) תספור. וכי תספור לה ירחי לידה מתי תמלאנה וכי ידעת עת

מצודת ציון

ורגבים. הם חתיכות עפר כמו רגבי נחל (לעיל כ״א)׃ (מ) ישוחו. יכפפו קומתם כמו קודר שחותי (תהלים ל״ה)׃ במעונות. מלשון מעון ומדור׃ למו ארב. לארוב וכן למו פי (לקמן מ׳)׃ (מא) צידו. ענין מזון כמו לחם צידם (יהושע ט׳)׃
לט (א) יעלי סלע. הוא תיש הבר׃ חולל. חיל וחבלי לידה וכן וכן חלנו כמו ילדנו (ישעיה כ״ו)׃ תשמור. ענין השגחה על דבר מה שלא יעבור המועד. וכן מצמרות כהונה ולויה יקראו

2. **Do you count the months**—of their pregnancies to know when they will be filled, in order to help deliver their young?—[*Mezudath David*]

would die immediately. I know to distinguish these moments, and should the distinction between Job (איּוֹב) *and enemy* (אוֹיֵב) *escape Me?*—[*Rashi* from *Baba Bathra* 16b]

the prey for the old lion, or do you fill the appetite of the young lions? 40. When they crouch in their dens, they abide in the covert to lie in wait? 41. Who prepares for the raven his prey, when his young cry out to God, they wander for lack of food?

39.

1. Do you know the time for the mountain goats to give birth? Do you wait for the hinds to calve? 2. Do you count the months when they will be filled, and do you know the time of their birth?

esteemed of all). He begins with the providence concerning the food necessary for their subsistence, starting with the strongest and the weakest creatures. For the old lions that go out to prey on other beasts, God hunts the prey; for the young lions that wait for their food to be brought to them, God satisfies their appetite.

40. they crouch—*They stand crouching to lie in wait.*—[*Rashi*]

to lie in wait—*So is the habit of those who lie in wait, to crouch and to bend themselves so that they will not be recognized.*—[*Rashi*]

41. they wander for lack of food—*for their own fathers hate them, and the Holy One, blessed be He, prepares gnats for them, which are created from their dung, and they enter their mouths.*—[*Rashi*] Rashi's source is *Midrash Tanchuma, Ekev* 2, which states that when the ravens are hatched, they are white, and the father suspects his mate of having been unfaithful to him. Therefore he

hates his young and does not feed them. God prepares food for them by creating gnats from their dung, etc.

1. mountain goats—*Estainboc in Old French. It hates its young, and, when preparing to give birth, goes to the top of a high rock, so that its young should fall to the earth and die. But the Holy One, blessed be He, prepares an eagle for it* [the young], *which receives it on its wings.*— [*Rashi* from *Baba Bathra* 16] *Midrash Iyov* explains that the mountain goat's womb is narrow, and delivery is much more painful to it than to other animals. It hates its young for causing it this pain.

Do you wait for the hinds to calve?—Heb. חֹלֵל *an expression of* (Jer. 6:24), *"pain (חִיל) as of a woman in travail."* *The hind's womb is narrow, and the young cannot come forth; and, at the time of birth, I prepare a snake for her that bites her womb so that it opens; should it be a moment too early or too late, she*

ג תִּכְרַעְנָה יַלְדֵיהֶן תְּפַלַּחְנָה חֶבְלֵיהֶם
תְּשַׁלַּחְנָה׃ ד יַחְלְמוּ בְנֵיהֶם יִרְבּוּ בַבָּר
יָצְאוּ וְלֹא־שָׁבוּ לָמוֹ׃ ה מִי־שִׁלַּח פֶּרֶא
חָפְשִׁי וּמֹסְרוֹת עָרוֹד מִי פִתֵּחַ׃ ו אֲשֶׁר־
שַׂמְתִּי עֲרָבָה בֵיתוֹ וּמִשְׁכְּנוֹתָיו
מְלֵחָה׃ ז יִשְׂחַק לַהֲמוֹן קִרְיָה תְּשֻׁאוֹת
נֹגֵשׂ לֹא יִשְׁמָע׃ ח יְתוּר הָרִים מִרְעֵהוּ
וְאַחַר כָּל־יָרוֹק יִדְרוֹשׁ׃ ט הֲיֹאבֶה רֵּים

תרגום

מֵילְדֵיהוֹן : ג חָמְטָן
בְּנֵיהוֹן מִתְפַּלְּחָן
צַעֲרֵיהוֹן מְשַׁדְּרִין :
ד מִתְחַיְּלָן בְּנֵיהוֹן יִסְגּוּן
בְּעִבּוּרָא יִפְּקוּן וְלָא
תָיְבִין לְהוֹן : ה מַן פְּטַר
מְרוֹדָא בַּר חוֹרֵי וְשׁוֹשְׁלֵי
עֲרוֹדָא מַן שְׁרֵי : ו דִּי
שַׁוֵּיתִי מֵישְׁרָא בֵיתֵיהּ
וּמַשְׁכְּנוֹי אַרְעָא צַדְיָא :
ז יִגְחַךְ לִרְגוּשׁ קִרְיְתָא
אִתְרְגוּשְׁתָּא דְרָדֵי לָא
יִשְׁמַע : ח יְאַלֵּל טוּרַיָּא
מַרְעֵיהּ וּבָתַר כָּל יְרוֹקָא
יִבְעֵי : ט אֶפְשַׁר דְּיִצְבֵּי
רֵימָנָא לְמִפְלְחָךְ אִין
יבית

רש"י

ומכישה ברחמה ונפתח ואם מקדים ומאחר רגע מיד מתה. ובין אותם רגעים איני מחליף ובין איוב לאויב נתחלף לי: (ג) תפלחנה. מתבקע רחם שלהם ומוציא הוולדות וחבלי לידה שלהם: תשלחנה. מעליהם בלדתן לרגע שאני מזמין להם: (ד) יחלמו. יחזקו: ולא שבו למו. משירבו קצת יגדלו בבר בזרעים ובדשאים ואינם צריכים לגידול אביהם ואמם: (ה) חפשי. שאין אדם יכול לגדל פרא ללמדו עבודת בהמות: ערוד. חמור הבר: מי פתח. מוסרותיו שאין עליו עול אדם: (ח) יתור הרים מרעהו הוא עצמו תר לו מקום מרעה: (ט) רים. כמו ראם:

אבן עזרא

ידכה ישוח: לט (ג) תכרענה. ותפלחנה ילדיהן כדי שלא יזיזו ממקומם: חבליהם תשלחנה. פי' תשלחנה חבלים ומכאובות על ידיה ואחר כך יתרפאו: (ד) יחלמו בניהם. כענין ותחלימני: ירבו. יגדלו בברירות כמו ברור. וי"א שהוא תרגום חוץ: (ז) תשואות. קולות. מן שאון: (ח) ירוק. הענין אחר כל מקום ירוק:

רלב"ג

הש"י בנפלאות: (ג) תפלחנה. תשברנה ותכתתנה: חבליהם. ילדיהם: (ד) יחלמו. מענין בריאות והוא מענין ותחלימני והחייני: בבר. בחוץ: (ה) פרא. חיה הנפלאת במדבר והיא אוכלת עשב כבהמה: ערוד. חמור הבר: (ו) ערבה. מדבר: מלחה. ארץ מליחה והוא מדבר ג"כ: (ז) תשואות. ענין המיה: (ח) יתור. מן ויתורו את הארץ והוא שם בשקל יבול: (ט) רים. ראם: אבוסך. הוא אבום

מצודת ציון

כן על שם זה: (ג) תכרענה. מלשון כריעה על הברכים: תפלחנה. ענין בקיעה כמו יפלח כליותי (לעיל ט"ז) ור"ל יוציאו דרך הבקיעה. ודוגמתו מקבת בור נקרתם (ישעיה נ"א) ומשפטו יוציאם דרך נקרה: חבליהם. חבלי הלידה: (ד) יחלמו. ענין בריאות כמו בריר חלמות (לעיל ו'): בבר. ויוצא אותו החוצה (בראשית ט"ו) ת"א לברא: (ה) פרא. הוא חמור הבר: חפשי. לחירות: ומוסרות. קשרי רצועות העול כמו מוסרות ומוטות (ירמיה כ"ז): ערוד. פרא למוד מדבר (שם ב') תרגומו כערודא: (ו) ערבה מלחה. ענינם כמו מדבר וכן בארץ ערבה ושוחה (שם) וכמו ארץ מלחה (שם י"ז): (ז) תשואות. ענין המיה ורעש כמו תשואות חן (זכריה ד'): נוגש. הוא הכופה על המלאכה: (ח) יתור. ירגל כמו מתור הארץ (במדבר י"ג): (ט) היאבה. הירצה כמו לא אבה יבמי (דברים כ"ה): רים.

מצודת דוד

לידתן לעבות לה אז כדרך המילדות: (ג) תכרענה. הלא כאשר תכרענה ללדת מעצמן יצאו ילדיהן דרך בקוע פתיחת פי הרחם ושולחת מעצמה את חבליה כי ילכו להם מיד אחר הלידה מבלי צורך אל המילדת: (ד) יחלמו. והוולדות יתחזקו מעצמן ויהיו בריאים ולא נתרסקו מן הלידה והמה גדלים בחוץ לחורב ביום ולקרח בלילה והמה יוצאים מאת פני אמותם ואינם שבין להם להיות ניזונים משלהן: (ה) מי שלח וגו'. מלהביא צוארו בעול עבודה: כי פתח. לבל יהיה קשור ברצועו' העול: (ו) ערבה ביתו. להיות מדורו בערבה ומשכנו בארץ מלחה: (ז) ישחק. ילעג לקול הומיה הנשמע בעיר הואיל ואיננו בה ולא ישמע המיית נוגש הנוגשו למלאכ': (ח) יתור. ירגל הרים לו למרעה ובעצמו ידרוש ויחפש אחר כל עשב ירוק: (ט) היאבה. האם ירצה הראם לעבוד לך וכי יעמיד

7. **He mocks the tumult of the city**—because he is not there, and he does not hearken to the shouts of the driver who wishes to drive him to work.—[*Mezudath David*] *Malbim* explains that he mocks, i.e. he rejects the tumult of the city, preferring the wilderness where he will not hear the shouts of the driver.

8. **He spies out the mountains for his pasture**—*He personally spies out for himself a place of pasture.*—[*Rashi*] *Targum* and *Mezudath David* also interpret יְתוּר as a verb. *Ralbag,* though, renders: The spying of the mountains is his pasture.

9. **wild ox**—Heb. רֵים, like רְאֵם.—[*Rashi*] See Feliks, op cit. pp. 262f.

3. They kneel; they bring forth their young; they send forth their pangs. 4. Their children grow strong; they grow up on the grain; they go forth and do not return to them. 5. Who sent the wild donkey free, or who loosed the bands of the wild donkey? 6. Whose house I have made the wilderness, and whose dwellings the salt land. 7. He mocks the tumult of the city; he does not hearken to the shouts of the driver. 8. He spies out the mountains for his pasture, and he searches after every green thing. 9. Does the wild ox wish

3. **They kneel**—[After receiving the snake bite,] they require no help in their delivery. They merely kneel and bring forth their young.—[*Mezudath David*]

they bring forth—Heb. תְּפַלַּחְנָה. *Their womb splits open and gives forth the young, and their birth pangs . . .*—[*Rashi*]

they send forth—*from themselves in their birth at the moment that I prepare for them.*—[*Rashi*] *Rabbenu Meyuchos* explains that they split the sac containing the fetus, are rid of their pains, and return then to the pasture.

4. **grow strong**—Heb. יַחְלְמוּ.—[*Rashi*] The children grow strong by themselves, unharmed by their emergence from the womb.—[*Mezudath David*]

and do not return to them—*When they are a little grown, they are raised on the grain, on seeds and grasses, and they do not require the raising of their father or mother.*—[*Rashi*] *Ibn Ezra* renders יִרְבּוּ בַבָּר: they gain in strength. He quotes others who render: they grow up outside.

5. **free**—*For no man can raise a wild donkey to teach it the work of cattle.*—[*Rashi*]

the wild donkey—Heb. עָרוֹד.—[*Rashi*] From *Rashi* and *Mezudath Zion,* it appears that the two terms פֶּרֶא and עָרוֹד are synonymous for a wild donkey. *Ralbag,* however, defines פֶּרֶא as a beast found in the desert that eats grass as do cattle. He and *Ohev Mishpat* define עָרוֹד as a wild donkey. See *Nature and Man in the Bible* by Yehuda Feliks, pp.261f.

who loosed—*his bands so that the yoke of man is not upon him.*—[*Rashi*]

6. **Whose house I have made the wilderness**—Although donkeys usually prefer inhabited land, the wild donkey prefers to live in the wilderness.—[*Malbim*]

and whose dwellings—The places where he runs and cavorts, I have made the salt land.—[*Malbim*]

salt land—This too is a wilderness.—[*Ralbag*] His habitat is only in unhabitable land, and no man is able to domesticate him and raise him in civilization.—[*Ohev Mishpat*]

עָבְדֶךָ אִם־יָלִין עַל־אֲבוּסֶךָ׃ י הֲתִקְשָׁר־
רֵים בְּתֶלֶם עֲבֹתוֹ אִם־יְשַׂדֵּד עֲמָקִים
אַחֲרֶיךָ׃ יא הֲתִבְטַח־בּוֹ כִּי־רַב כֹּחוֹ
וְתַעֲזֹב אֵלָיו יְגִיעֶךָ׃ יב הֲתַאֲמִין בּוֹ כִּי־
יָשׁוּב זַרְעֶךָ וְגָרְנְךָ יֶאֱסֹף׃ יג כְּנַף־רְנָנִים

יְבִית עַל אֻרְוָתָךְ׃
י אֶפְשַׁר דְּתִקְטוֹר רֵימָנָא
בְּתַלְמָא בְּאַשְׁלֵיהּ אִין
יְשַׁדֵּד גַּלְמָתָא בַּתְרָךְ׃
יא אֶפְשַׁר דְּתִתְרְחִיץ בֵּיהּ
אֲרוּם סַגִּי חֵילֵיהּ
וְתִשְׁבּוֹק לְוָתֵיהּ לְעוּתָךְ׃
יב אֶפְשַׁר דְּתֵימִין בֵּיהּ
אֲרוּם יְתִיב זַרְעָךְ וְאִדְּרָךְ
יִכְנוֹשׁ׃ יג גַּדְפָּא

ישוב קרי

נעלסה

רש"י

עבדך. לעבדך: (י) בהלם עבותו. (או קשרת ראם בעבור תלסשל שורך). עבות. חבל שקושרין [שוורים] לתלמי המחרישה: ישדד. יתקן השדה: (יא) התבטח בו. לאסוף תבואתך בשביל שכחו רב ויכול לסבול הרבה: ותעזוב אליו יגיעך. לאסוף אל הבית: (יג) כנף רננים נעלסה. כן שם עוף גדול רננים. ובלשון משנה קרוי בר

אבן עזרא

(י) התקשר רים בתלם. כמו תלמיה רוה. והענין התקשר רים בתלם בעבות: (יא) התבטח בו. כי רב חילך בעבור רוב כחו: ותעזוב אליו יגיעך. ענינו זרע השדה שבכחו יחרוש וישדד כמעשה השור. ויש אומרים כי תעזוב תשים על גבו כענין עזוב תעזוב עמו. והוא רחוק מאד: (יב) התאמין בו כי ישוב זרעך. כי כאשר יחרוש וישדד ישוב לך הזרע: וגרנך יאסוף. בדיש: (יג) כנף רננים. שם עוף אולי נקרא כן בעבור נעם קולו: נעלסה. כמו נפרשה וכן נתעלסה באהבים והטעם האתה נתת לרננים כנף. ונתת אברה היא הכנף. וכן ישאהו על אברתו. וגם נוצה לחסידה והוא עוף יבא למועד ידוע כי כן כתוב

מנחת שי

לט (י) התקשר רים. הה"א בגעיא בספרי ספרד: רים. כתב הר"ש כי לא מצא סימנה רים הרי"ש בצירי התקשר רים במיל"ק והסימן ושכן מרים על"ל ודבר זה נפלא הוא בעינינו כי לא מצאנו הפרש ביניהם בשום ספר ואף דברי רד"ק בשרש ראם מוכיחים ששניהם בציר"י: (יא) התבטח בו. הה"א בגעיא בספרי ספרד: (יב) כי ישוב. ישיב קרי: וגרנך. הוא"ו בגעיא בספרי ספרד:

רלב"ג

שאוכלת בו הבהמה: (י) התקשר רים בתלם עבותו. הרצון בו האם בעבות תקשור רים בתלם לחרוש בתלמי השדה כמו שענין בשור ובחמור וזולתם מבעלי חיים שיחרושו בהם: ישדד. מגזרת שדה והוא החרישה כמו יפתח וישדד אדמתו: (יג) כנף רננים. שם עוף

מצודת דוד

לעמוד על אבוסך לאכול משלך: (י) התקשר. האם תקשור את הראם בכלי המחרישה בחבלים עבות הראוי לו בעבור יחרוש תלמי שדה וכי יכתת רגבי העמקים אחר אשר תזרע האדמה למען יכסה בעפר ממעל: (יא) התבטח. וכי תבטח בו על כי כחו רב ותעזוב אליו יגיעך אשר בשדה לשהוא ישמרם: (יב) התאמין. וכי תאמין בו אשר ישיב לביתך גדולי זרעך ויאסף גרנך הביתה והוא ענין מליצה לומר הלא אין להאמינו כי את הכל יאכל וכאומר מי הוא המזמין מאכלם הלא אני ואיך תאמר שאינני משגיח בשפלים: (יג) כנף רננים. הוא שם עוף ובדרז"ל נקרא טווס ונקרא רננים ע"ש שהשמח ומרנן ביופי כנפיה ואמר הנה העוף רננים השמחה בכל עת או מין בעל כנף חסידה או מין נוצה הידעת מנהגם:

מצודת ציון

כמו ראם והיא חיה גדולה: ילין. ענין התמדה כמו צדק ילין בה (ישעיה א'): אבוסך. הוא המקום שמאכילין שם את הבהמות כמו וחמור אבוס בעליו (שם): (י) בתלם עבותו. הבי"ת משמשת בשנים כאלו אמר בתלם בעבותו ותלם היא הערוגה הנעשה בחרישה כמו תלמי שדי (הושע י"ב): ישדד. ענין כתישת רגבי העפר וכן ישדד לו יעקב (שם י'): (יא) ותעזוב. ענין הנחה: יגיעך. התבואה הבאה בעמל ויגיעה: (יב) יאסוף. יכניס אל הבית: (יג) כנף. בעל כנף וכן כל עוף כנף (בראשית א') ור"ל בעל כנף ששמו רננים: נעלסה. ענין שמחה וגילה כמו נתעלסה באהבים (משלי ז'): אם. הוא כמו או וכן יאמר הסיפך או במקום אם וכמ"ש או נודע כי שור נגח הוא (שמות כ"א): אברה. ענינו כמו כנף וכן אבר כיונה

commentators take this view. See Feliks pp. 263f. and *Daath Mikra*. *Ibn Ezra* conjectures that the bird is called *renanim, singing,* because of its pleasant voice. *Mezudath David* explains that the name comes from its happiness with its beautiful plumage. *Redak* mentions both.

to serve you; will it lodge by your manger? 10. Can you tie a
wild ox to a furrow with his rope or will he harrow the valleys
after you? 11. Will you rely on him because his strength is
great, or will you leave your toil for him? 12. Will you believe
him that he will return your seed or that he will gather in your
threshing floor? 13. The wing of the *renanim*

serve you—*To serve you.*—[*Rashi*]
[The equivalent of the word "to"
does not appear in the Hebrew
infinitive.]

After delineating the habits of the
פֶּרֶא and the עָרוֹד, which are catcha-
ble, but which prefer to inhabit the
wilds and forage for their food,
Scripture proceeds to delineate the
habits of the wild ox, which is un-
tamable.—[*Malbim*]

will it lodge by your manger—Not
only does it not wish to serve you,
but the ox will not agree to stay by
your manger even if you offer it
abundant food without demanding
that it work.—[*Malbim*]

10. **to a furrow with his rope**—*(Or
did you tie a wild ox because of the
furrow of your ox?)*—[*Rashi*]

rope—Heb. עֲבֹתוֹ, *a rope with which
they tie [oxen] to the furrows of the
plow.*—[*Rashi*]

will he harrow—Heb. יְשַׂדֵּד, *prepare
the field.*—[*Rashi*] Will you tie a
wild ox to the plow to dig the fur-
rows of a field as you would a
domesticated ox or a donkey?—
[*Ralbag*] Malbim explains that the
verse speaks of smoothing out the
furrows of the field after the field
has already been plowed. Even to

perform such an easy task, the wild
ox will not submit to you.

11. **Will you rely on him**—*to
gather your grain because his
strength is great and he can bear
great burdens?*—[*Rashi*]

**or will you leave your toil for
him**—*to gather into the house?*—
[*Rashi*] I.e. the produce you toiled to
produce.—[*Mezudath David*] *Ibn
Ezra* explains: Will you leave your
work, viz. plowing and sowing,
which you usually give the oxen, to
this wild ox?

12. **Will you believe him that he
will return your seed**—He will surely
flee with your seed to the deserts.—
[*Malbim*] You surely cannot believe
him because he will devour it. Who
sustains these creatures if not I?
How then do you say that I do not
guide the earthly creatures?—
[*Mezudath David*]

13. **The wing of the *renanim*
rejoices**—*This is the name of a huge
bird, called in the language of the
Mishnah, Bar Yochni (Bechoroth
57b).*—[*Rashi*] *Mezudath David*,
after *Ohev Mishpat* and *Redak*, iden-
tifies it as the peacock. *Malbim*
quotes commentators who identify
it with the ostrich, and most modern

נֶעֱלָסָה אִם־אֶבְרָה חֲסִידָה וְנֹצָה׃ יד כִּי־
תַעֲזֹב לָאָרֶץ בֵּצֶיהָ וְעַל־עָפָר תְּחַמֵּם׃
טו וַתִּשְׁכַּח כִּי־רֶגֶל תְּזוּרֶהָ וְחַיַּת הַשָּׂדֶה
תְּדוּשֶׁהָ׃ טז הִקְשִׁיחַ בָּנֶיהָ לְּלֹא־לָהּ
לְרִיק יְגִיעָהּ בְּלִי־פָחַד׃ יז כִּי־הִשָּׁהּ אֱלוֹהַּ
חָכְמָה וְלֹא־חָלַק לָהּ בַּבִּינָה׃ יח כָּעֵת
בַּמָּרוֹם תַּמְרִיא תִּשְׂחַק לַסּוּס וּלְרֹכְבוֹ׃

התהן

ת"א נעלסה. מנחות סו בכורות נז:

תרגום

דְתַרְנְגוֹל בָּרָא דִמְשַׁבְּחָא
וּמְקַלְסָא אִין אֶבְרָא
דְחַוָרִיתָא וְנוֹצִיצִיתָא:
יד אֲרוּם תִּשְׁבּוֹק לְאַרְעָא
בֵּיעָהָא וְעַל אַרְעָא
תְּדַגֵּר: טו וְשַׁלְיָא אֲרוּם
רִגְלָא תְּבַדְרִנָּהּ וְחֵיוַת
בָּרָא תְּדוּשְׁנָּהּ:
טז שַׁחְנָא עַל בְּנַיָא דְלָא
דִילָהּ לִסְרִיקוּתָא לֵעוּתָהּ
מִדְלֵית דְלוּחָא: יז אֲרוּם
אַנְשְׁיָהּ אֱלָהָא חוּכְמְתָא
וְלָא פַלֵיג לָהּ בְּבִיוּנְתָא:
יח כְּעִדָּן בִּמְרוֹמָא טָיְסָא
מְגַחֲכָא לְסוּסָא

רש"י

יוכני: **אברה.** כל עוף קרוי אברה על שם שפורח כלומר או עוף ששמו חסידה ועוף ששמו נוצה. ראה מה מנהגה: **(יד) תעזוב לארץ ביציה.** והולכת ומתחממת למרחוק על עפר תחמם: **(טו) ותשכח כי רגל תזורה.** לבילתה. תבקענה: **(טז) הקשיח.** הקשיח בניה מלבה כאילו אינם שלה: **לריק יגיעה.** ואינה יראה שתאבדם: **(יח) בעת [אשר] במרום המריא.** כל לשון המראה כאדם שזונה לבו לצאת ממידתו ומגידולו ומארצו לשוטט לו בארצות

מנחת שי

(יג) אברה חסידה ונצה. ההה"ן רפין: (יד) ועל עפר. הוא"ו בגעיא בספרי ספרד: (טו) וחית השדה תדושה. ברוב ספרים כ"י התי"ו דגושה ועיין מה שכתבתי בפרשת ואלה אלה אתה תדבר:

אבן עזרא

בספר ישעיה: **(יד) כי העזוב לארץ ביציה.** זאת תולדתה: **תחמם.** ביציה. מגזרת חום: **(טו) הזוריה.** מגזרת ויזר: **(טז) הקשיח בניה.** והטעם תתאכזר על בניה כאילו לא היו שלה. וכמוהו תקשיח לבנו מיראתך. ואין להם שלישי במקרא: **יגיעה בלי פחד.** אין לה פחד על הבילים שהיו בניה שתזורם רגל: **(יז) כי השה.** מטעם כי נשני אלהים: **ולא.** נתן לה חלק בבינה: **(יח) תמריא.** תגבה. ואין לו חבר. ויש אומרים כי שור ומריא כמהו. וטעם

רלב"ג

או אפשר שיהיה שם העוף רננים וידבר בכנף העוף ההוא: נעלסה. שמחה ונעלסה: אברה. כנף שלה: חסידה. שם עוף: ונוצה. ר"ל נוצת העוף ההוא: (טו) תזורה. תדרכה ותרמסה והוא מגזרת ויזר את הגיזה: (טז) הקשיח בניה. הסיר מדמיונה נתינת לבה לבניה ושכחה אותם: (יז) השה. שכח אותה והעלים ממנה: (יח) תמריא. מענין הגבהה:

מצודת ציון

(תהלים כ"ה) ור"ל בעל כנף חסידה או נוצה והם שמות מיני עופות: (טו) תזורה. ענין מעוך להוציא הבלוע וכן והזורה תבקע אפעה (ישעיה נ"ט): תדושה. מלשון דישה וכתישה: (טז) הקשיח. היא מלה מורכבת מן קשה ומן שח ור"ל לומר הקשה לבה ושחה מדעתה ועם כי היא בשי"ן וכן תקשיח לבנו מיראתך (שם ס"ג): (יז) השה. השכיחה כמו אתה ישראל לא תנשני (שם מ"ד): (יח) תמריא. מלשון מרי ומרד: תשחק. תלעג:

מצודת דוד

(יד) כי תעזוב. אשר כ"א מהן עוזבת ביציה על הארץ ולא תשב עליהם לחממם כי תחמם אותם על עפר הארץ ר"ל לומר מאליהם יתחממו באבק הדרכים: (טו) ותשכח. והיא הולכת מהם ותשכח אשר רגל עובר אורח תמעך אותם וחית השדה תדוש אותם: (טז) הקשיח. תתאכזר ותקשה לבה כאלו המה אינם שלה והיא בלי פחד אם יהיה יגיעה לריק ר"ל אינה חוששת באבדן הבילים אשר ילדתן בעמל וביגיעה: (יז) כי השה. וזהו על כי השכיחה אלוה את החכמה ולא נתן לה חלק בבינה לשמור ביצתה כדרך שאר העופות: (יח) כעת. כאשר תבוא העת אשר תחפוץ לעוף בשמים הנה תמרוד בהם ותעוף לדרכה ותשחוק לסוס ולרוכבו ר"ל לומר

understanding to watch her eggs as other birds do.—[*Mezudath David*]

18. **Like the time that she goes off on high**—[*When she flies up, she scorns the horse. She is not afraid that he will tread on the eggs and crack them.] Every expression of* הַמְרָאָה *applies to a man whose heart prompts him to stray from his lifestyle, his upbringing, and his country, to roam in other countries and to try other lifestyles. Similarly* (Deut. 21:18), *"a stubborn and rebellious* (וּמֹרֶה) *son"; and in the language of the Talmud it is* אִמְרָאִי): *"Rav Zevid's daughter-in-law rebelled* (אִמְרָאִי) *and went away"* (*Kethuboth* 63b, Venice edition) (cf. *Rashi* to *Hullin* 58b, *Baba Mezia* 77a).—[*Rashi*] [The bracketed material at the beginning

rejoices, or the winged stork or the *nozah*. 14. For she leaves
her eggs on the ground, and she warms herself on the earth.
15. She forgets that a foot will crack it, and the beast of the
field will step on it. 16. She is hardened against her young ones
as though they were not hers; though her toil is in vain, she has
no fear. 17. For God caused her to forget wisdom, and He did
not give her a share of understanding. 18. Like the time that
she goes off on high; she scorns the horse and its rider.

rejoices—at all times.—[*Mezu-
dath David*] *Malbim* renders: Does
the wing of the ostrich rejoice like
the winged stork and the winged
nozah? I.e. does the ostrich rejoice
with its wings like the stork and
other high-flying birds? As the
ostrich cannot fly, it cannot com-
pare itself to these other birds.

the winged—Heb. אֶבְרָה. *Every bird
is called* אֶבְרָה *because it flies. I.e.
either the bird named "stork," or the
bird called nozah. See what her
behavior is.*—[*Rashi*]

14. **For she leaves her eggs on the
ground**—*and she goes and warms her-
self on the dust at a distance.*—
[*Rashi*] *Mezudath David* explains:
Each one of them leaves her eggs on
the ground and does not sit on them
to warm them, but she warms them
on the dust of the earth; i.e. they are
left to warm themselves on the dust
of the roads.

15. **She forgets that a foot will
crack it**—Heb. תְּזוּרֶהָ. [I.e. it will
crack] *her egg.* [תְּזוּרֶהָ *means:*] *will
crack it.*—[*Rashi*] will scatter it.—
[*Targum, Ibn Ezra*] will trample
it.—[*Ralbag*] will squeeze it out.—
[*Mezudath Zion*] will crush it.—

[*Redak*] *Malbim* explains that God
did not endow the ostrich with
motherly love for her potential
offspring. Therefore, she leaves her
eggs in the sand, not concerned that
a person might inadvertently tram-
ple the egg or an egg-eating beast
intentionally step on it to squeeze
out its contents.

16. **She is hardened**—*She deals
harshly with her young ones,* [dis-
tancing them] *from her heart as
though they were not hers.*—[*Rashi*]

her toil is in vain—*and she is not
afraid to lose them.*—[*Rashi*] I.e. she
does not care that she is losing the
eggs that she laid with sadness and
toil, thus making her toil vain.—
[*Mezudath David*] *Malbim* explains
that even after the eggs are hatched,
the ostrich does not care for her
young. The most she ever does is to
place an unfertilized egg over the
fertilized eggs that she hides in the
ground. The egg rots and becomes
wormy and with these worms she
feeds her young.

17. **For God caused her to forget
wisdom**—The reason for this neglect
is that God caused her to forget wis-
dom and did not give her a share of

יט הֲתִתֵּן לַסּוּס גְּבוּרָה הֲתַלְבִּישׁ צַוָּארוֹ
רַעְמָה: כ הֲתַרְעִישֶׁנּוּ כָּאַרְבֶּה הוֹד
נַחְרוֹ אֵימָה: כא יַחְפְּרוּ בָעֵמֶק וְיָשִׂישׂ
בְּכֹחַ יֵצֵא לִקְרַאת־נָשֶׁק: כב יִשְׂחַק
לְפַחַד וְלֹא יֵחָת וְלֹא־יָשׁוּב מִפְּנֵי־חָרֶב:
כג עָלָיו תִּרְנֶה אַשְׁפָּה לַהַב חֲנִית
וְכִידוֹן: כד בְּרַעַשׁ וְרֹגֶז יְגַמֶּא־אֶרֶץ וְלֹא

יאמין

וּלְרַכְבֵיהּ: יט הַאֶפְשַׁר
דְּתִתֵּן לְסוּסָא גְבוּרְתָא
אֶפְשַׁר דְּתַלְבִּישׁ צַוְרֵיהּ
תּוּקְפָא: כ הֲתַרְגְּשִׁנֵּיהּ
הֵיךְ גּוֹבַי שְׁבַח הוֹד
לְשַׁלְשׁוּלְתָא דִּנְחִירֵיהּ
אֵימְתָא: כא מַחְפְּרִין
בְּגִלְיָמָא וְחָדֵי בְּחֵילָא
יִפּוֹק לְקַדְמוּת קְרָבָא:
כב יָחֲדֵי לְדַלְוּחָא וְלָא
יִתְּבַר וְלָא יְתוּב מִן קֳדָם
סַיְפָא: כג עִלָּווֹי תִּשְׁרֵי
זִינָא חַרְבָּא שְׁנָנָא
מוֹרְנִיתָא וְרוּמְחָא:
כד בִּרְגִיז וְרוּגְזָא יַעְבֵּד

רש"י

ולגסות לו מדות אחרות וכן בן סורר ומורה (דברים כ"א). יכלשון גמרא אימרא. כלתיה דרב זביד אמראי ונפקא (כתובות ס"ג)(ושם איתא אימרדה ועיין ברש"י בחולין נ"ח ומליעא ע"ו ד"ה ואימרו): (יט) רעמה. לשון רעם ובעתה כמו רעמו פנים: (כ) כארבה. מדלג ומקפץ כארבה ומרעיש סביביו: נחרו. כשהוא נופה בנחיריו בקול אימה יהוא: (כא) יחפרו בעמק. כמו ויחפרו לנו את הארץ (שם א') שדרך הפרשים אורבים בעמקים ובנחלים: וישיש בכח. והסוס שמח ויוצא לקראת נשק: (כב) ולא יחת. ולא יירא: (כג) תרנה אשפה. מלאה חצים ומקשקשות זו בזו ונשמע קולם: להב חנית. כלי של ברזל (וחנית של ברזל) קרוי להב כמו ויבא גם הנצב אחר הלהב (שופטים ג'): (כד) יגמא ארץ. עושה גומות ברגליו. ע"א יגמא כמו הגמיאיני נא (בראשית כ"ד):

מנחת שי

(כ) התרעישנו. הה"א בגעיא בספרי ספרד:

אבן עזרא

מריה שמן מעולה מלשון רבנן: השחק לסוס. תעבור רוב מרילתו: (יט) רעמה. כטעם עזות מן רעמו פנים. או מגזרת רעם: (כ) התרעישנו כארבה. שתשמיע לו רעש במרוצתו כאשר ישמע לארבה: הוד נחרו. כמו נחרת סוסיו קול צהלת הסוס: (כא) יחפרו. רגליו בעמק: וישיש בכח. שיש בו: נשק. ידוע: (כב) ישחק. לדבר שיפחד אדם ממנו: ולא יחת. כמו אל תערוץ ואל תחת: ולא ישוב. אחור מפני חרב: (כג) הרנה. קול החצים היוצא מהאשפה כמו ותעבר הרנה: להב חנית וכידון. שהם מרוקים כאלו להב יוצא מהם: (כד) יגמא ארץ. יפסע ארץ וקרוב ממנו מגמת פניהם יהטעם נוכח פניהם. כל כך ישאף ללכת אל מקו' המלחמה

רלב"ג

(יט) רעמה. חוזק ועוז הקול והגבהה והצהלה היוצאת ממנו: (כ) התרעישנו כארבה. התביא לו הרעש והנענוע אשר הוא רועש כארבה: הוד נחרו אימה. עולם עיטושו היוצא מנחיריו הוא אימה לשומעיו: (כא) יחפרו בעמק. יחפרו רגליו בעמק כמנהג הסוסים: נשק. כלי מלחמה: (כג) תרנה. תזעק מגזרת ותעבור הרנה במחנה: אשפה. הוא כלי שישימו בו החצים: חנית וכידון. הם כלי זיין: (כד) ברעש ורוגז יגמא

מצודת דוד

אינם חוששת אם יעבור עליהם סוס ורוכבו וידוש אותם וכאומר ומי הוא השומר אותם הלא אני ואיך תאמר שאינני משגיח בשפלים: (יט) התתן. האם אתה נתת לסוס גבורה להיות לו אומץ הלב מכל יתר בע"ח: התלביש. האם אתה הלבשת צוארו בקול מאויים כרעם: (כ) התרעישנו. האתה תרעישו בקפילה ודלוג כארבה הזה הדולג ממקום למקום והוד קולו היוצא מנחיריו הוא קול אימה: (כא) יחפרו. ברוב מרוצתו ירגלו בו הפרשים בעמק שהוא מקום מוכן למהרב ובעבור רוב כחו ישיש כאשר יצא לקראת נשק כי יבטח בכחו לעמוד מול נשק והוא ענין מליצה: (כב) ישחק. ילעג על כל דבר שמפחידו ולא ירעד מבוס דבר ולא ישוב לאחוריו מפני אימת חרב: (כג) עליו תרנה. כאשר תרנה האשפה אשר עליו ר"ל כאשר ימהר לרוץ והחצים אשר באשפה מקשקשים ומשמיעים כמו קול רינה וכאשר ישימו עליו להב חנית ולהב כידון: (כד) ברעש. אז ברעש וברוגז עד מהרה ירוץ מרחק רב כאלו שתה ובלע את

מצודת ציון

(כ) התרעישנו. מלשון רעש: הוד. הדר ופאר: נחרו. הקול היוצא מנחיריו הם נקבי האף וכן נחרת סוסיו (ירמיה ח'): אימה. פחד: (כא) יחפרו. ירגלו ויחפשו כמו לחפור את הארץ (יהושע ב'): נשק. כלי זיין כמו בנשק יבערו (יחזקאל ל"ט): (כב) יחת. יפחד כמו אל תחת (ירמי' א'): (כג) אשפה. כן נקרא נרתק החצים כמו אשפתו כקבר פתוח (שם ה'): להב. ברזל החנית והכידון יקראו להבי יבריקו כלהב אש וכן ולהבת חניתו (שמואל א' י"ז): (כד) ורוגז. ענין הרדם

Heb. יְגַמֶּא. *He makes holes* (גומות) *with his feet. Another explanation:* יְגַמֶּא *is like* (Gen. 24:17), *"Let me please swallow* (הַגְמִיאִינִי).*"—[Rashi]*

19. Did you give the horse his strength? Did you clothe his
neck with fierceness? 20. Do you make him leap like a locust?
The glory of his snorting is terrible. 21. They spy in the valley
and rejoice with strength; he goes forth toward the arms.
22. He scorns fear and is not dismayed; neither does he retreat
because of the sword. 23. The quiver upon him rattles, the
blade of the spear and the javelin. 24. With tumult and shaking
he hollows out the ground, and he does not

of the verse appears in *Etz Chayim*
ms. and is quoted by *Berechiah*.]
Mezudath David explains: When the
time comes that she wishes to take
flight, she rebels against her young
and takes off, disregarding the horse
and its rider which may trample
them. Who watches them if not I?
How then can you say that I do not
bestow My providence upon the
lowly creatures?

19. **Did you give etc.**—Are you
the one who gave the horse the
strength to be braver than other
animals?—[*Mezudath David*]

fierceness—Heb. רַעְמָה, an ex-
pression of thunder and fright, like
(Ezek. 27:35), "Their faces are as
though thunderstruck (רָעֲמוּ)."—
[*Rashi*] This denotes the awesome
sound emitted by the horse when he
whinnies.—[*Mezudath Zion*]

20. **like a locust**—*He skips and
leaps like a locust and shakes himself
all over.*—[*Rashi*]

his snorting—*When he blows with
his nostrils, it is with an awesome
sound.*—[*Rashi*]

21. **They spy in the valley**—Heb.
יַחְפְּרוּ, like (Deut. 1:22), "*that they
may spy out (וְיַחְפְּרוּ) the land for us,*"
*for it is the habit of the horsemen to
lie in wait in the valleys and in the
ravines.*—[*Rashi*]

and rejoices with strength—*The
horse rejoices and goes forth toward
the weapons.*—[*Rashi*] He rejoices
because he is confident that his
strength will be able to withstand
the weapons of the enemy.—
[*Mezudath David*]

22. **and is not dismayed**—*He will
not be frightened.*—[*Rashi*]

23. **The quiver ... rattles**—[I.e.
the quiver that is] *full of arrows, and
they knock against each other, and
their sound is heard.*—[*Rashi*] This
may also mean the arrows that come
out of the quiver.— [*Ibn Ezra*]

the blade of the spear—*An iron
utensil (and an iron spear) is called
לַהַב, as in (Jud. 3:22), "and the haft
also went in after the blade
(הַלַּהַב)."*—[*Rashi*] *Etz Chayim* ms.
reads: *The blade of an iron spear or
sword is called* לַהַב. [The latter
appears more correct.]

24. **he hollows out the ground**—

יַאֲמִין כִּי־קוֹל שׁוֹפָר: כה בְּדֵי שֹׁפָר ׀ יֹאמַר
הֶאָח וּמֵרָחוֹק יָרִיחַ מִלְחָמָה רַעַם שָׂרִים
וּתְרוּעָה: כו הֲמִבִּינָתְךָ יַאֲבֶר־נֵץ יִפְרֹשׂ
כְּנָפָו לְתֵימָן: כז אִם־עַל־פִּיךָ יַגְבִּיהַּ נָשֶׁר
וְכִי יָרִים קִנּוֹ: כח סֶלַע יִשְׁכֹּן וְיִתְלֹנָן עַל־
שֶׁן־סֶלַע וּמְצוּדָה: כט מִשָּׁם חָפַר־אֹכֶל

ה"א המבינתך. גטין לא ב"ב כה:

כנפיו קרי

גוּמְתָא בְּאַרְעָא וְלָא יְהֵימִין אֲרוּם קָל שׁוֹפְרָא: כה בְּמִסַּת שׁוֹפְרָא יֵימַר חֶדְוָא וּמִן רָחִיק יְרִיחַ קְרָבָא אַכְלְיוּתָא דְרַבְרְבֵי וְיַבָּבָא: כו אֶפְשַׁר דְּמִבְּיוּנְתָּךְ יִתְאֲבֵר בַּר נָצָא פָּרֵישׁ גַּדְפָּא לְדָרוֹמָא: כז אִין עַל מֵימְרָךְ יִתְגְּבַהּ נִשְׁרָא וַאֲרוּם יְרוּם שַׁרְכְּפֵיהּ: כח כֵּיפָא יִשְׁרֵי וִיבִית עַל כְּרַךְ טִינָר וּמְצַדְתָּא: כט מִתַּמָּן חָפֵר מֵיכְלָא לְמַרְחִיק

רש"י

ולא יאמין. מרוב שמחה שהוא מתאוה למלחמה: כי קול שופר. של מלחמה: (כה) בדי שופר. לשון די השיב לו בהרבה שופר: יאמר האח. לשון שאומרים (העוברים) כשהן שמחים כמו שאומרים אהה מהמת לער: (כו) יאבר נץ. יגדל הנץ כנף ומלאך הוא דומה לדמות נץ ומעמיד קושי הרוח דרומית בפריסות כנפיו שלא תחריב את העולם: (כז) אם על פיך יגביה נשר. השכינה שנאמר כנשר יעיר קינו (דברים ל"ב) היה מסלק פמליא שלו שלא יזוקו לאהרן בבאו אל הקדש ביום הכפורים: (כח) סלע ישכון ויתלונן. בטוח היה אהרן במחתת הקטורת כשנתנה על אבן שתיה: (כט) משם חפר אוכל. מתפלל על צרכי כל השנה ואחר כל הכבוד הזה ראה במיתת שני אפרוחיו נדב

מנחת שי

(כו) המבינתך. הה"א בגעיא בספרי ספרד: כנפו. כנפיו קרי וכתיב כנפו ללמדך שכשפורש כנף אחד מכהה גלגל חמה כך מצאתי במדרש תהלים ויתד"ה וציין גיטין פרק כל הגט וב"ב רבה פ'

אבן עזרא

שלא יאמין כי קול השופר הוא אמת: (כה) בדי שופר. בשמעו השופר יאמר האח מרוב שמחתו כמו האח האח והיא מלה תאמר על השמחה בבוא לאדם חפצו. בדי שופר כמו בדי ריק והוא קרוב מטעם אין די בער: יריח מלחמה. כמשמעו כי כן הוא: רעם שרים. ישמע רעם שרים ותרועה מרחוק: (כו) יאבר נץ. יעופף לתימן כי יבקש מקום חם: (כז) יגביה נשר. אין עוף שיגביה יותר ממנו: (כח) סלע ישכון. כן תולדהו: (כט) חפר אוכל. יבקש כמו לחפור את כל הארץ וקרוב מגזרת חופר נומן והטעם שהוא במקום גבוה ייבקש מזונו כטעם כחופר מטמון:

רלב"ג

ארץ. ברעש ותנועה חזקה ובחמה ירוץ עד שידמה כאילו הוא מגמא את הארץ ובולעה לחוזק המרוצה: (כה) האח. מענין שמחה: (כו) יאבר. יעוף ולפי שהעופפות הוא בכף והאבר: נץ. שם עוף: (כח) ומצודה. סלע חזק וגבוה: (כט) חפר אוכל. יבקש ויחפש האוכל שיהיה נזון ממנו

מצודת ציון

מהירות התנועה: יגמא. ענין בליעה ושתיה כמו הגמיאני נא (בראשית כ"ד): (כה) בדי. בהרבה כמו כדי אש (ירמיה כ"א): האח. הוא לשון שמחה כמו האח נפשנו (תהלים ל"ה): יריח. מלשון ריח ור"ל ירגיש: רעם. כמו רעש: (כו) יאבר. מל' אברה וכנף ור"ל יעוף בכנפיו: נץ. שם עוף: (כז) קנו. מל' קן ומדור: (כח) שן סלע. כן יקרא החדוד הבולט מן הסלע כמו שן הסלע מהעבר מזה (שמואל א' י"ד) והוא מושאל משן הפה הבולט: ומצודה. מגדל גבוה כמו מצודות סלעים (ישעיה ל"ג): (כט) חפר.

מצודת דוד

הארץ והיננה כי היש קל מכר יעבור מרחק רב: ולא יאמין. ר"ל לא יחוש לקול שופר אשר יריעו במלחמה ולא יפחד ממנו: (כה) בדי שופר. ועוד אפילו יאמר האח וישמח בעת ישמע הרבה שופר: ומרחוק. ומסגולותיו אשר מרחוק יריח מלחמה רלה לומר ממרחק ירגיש קול אנשי מלחמה ורעש שרי החיל והמיית תרועה עד ידיעו אנשי הצבא מתנועות הסוס אשר החיל בא עליהם: (כו) המבינתך. וכי מבינה הבא מעמך יעוף הנץ ויפרוש כנפיו לעוף לפאת הדרום כי שם יחם לו בזמן החורף: (כז) אם על פיך. וכי ע"י מאמריך יגביה הנשר לעוף בשמים יותר משאר כל העופות וכי על ידי מאמריך ירים מדורו למעלה מן הכל: (כח) סלע ישכן. שוכן הוא על הסלע הרים ושם יתלונן לקרח בלילה ואף כי ברום הרבה הסלע הרוה לא יזיק לו: על שן. שוכן הוא על חדודי הסלע הבולט כשן אף ישכון על שן מצודה הוא הזיז היוצא ממגדל גבוה והוא כפל ענין במלות שונות: (כט) משם. ר"ל שהוא יבחר לשבת במקום גבוה כי משם יחפש למצוא אוכל כי משם למרחוק

food—*He would pray for the needs of the entire year, and after all this honor he saw the death of his two eaglets, Nadab and Abihu, who died so that My name might be sanctified through them, for My fear fell upon those that remained.*—[*Rashi*]

As was mentioned above and will be explained below, this is the midrashic explanation of the verses referring to the eagle, viz. from verse 27 to the end of the chapter. The simple meaning of the verses is as follows:

[27] **Is it by your order that the eagle flies high**—Is it by your order that the eagle flies higher than any other bird, and is it by your order

believe that it is the sound of a shofar. 25. To many shofaroth he says, 'Hurrah!' He smells battle from afar, the thunder of princes and shouting. 26. Is it because of your understanding that the hawk grows a wing, that it spreads out its wings to the south? 27. Or is it by your order that the eagle flies high, and that he lifts up his nest? 28. He dwells on the rock and lodges, on the crag of the rock and the stronghold. 29. From there he searches for food;

and he does not believe—out of the great joy that he longs for battle.—[*Rashi*]

that it is the sound of a shofar—*of battle.*—[*Rashi*] I.e. he does not pay heed to the sound of the shofar that is sounded in battle, and he does not quake because of it.—[*Mezudath David*]

25. **To many shofaroth**—Heb. בְּדֵי, *an expression of* (Lev. 25:28), *"sufficient* (דֵּי) *to get it back," to many shofaroth.*—[*Rashi*]

he says, 'Hurrah!'—*An expression that (the passersby) (the slaves—Berechiah) say when they are happy, much as they say, 'Woe!' because of pain.*—[*Rashi*] Not only is the horse not concerned when he hears the sound of the shofar, but in fact he is happy even when he hears many shofaroth.—[*Mezudath David*]

he smells battle from afar—He is able to sense the voice of the [enemy] soldiers in battle even from afar, so that the soldiers are able to detect from the horse's behavior that an army is upon them.—[*Mezudath David*]

26. **the hawk grows a wing**—Heb. יַאֲבֶר, *the hawk grows a wing. That is an angel resembling a hawk, who stays the severity of the south wind by spreading out his wings, lest it destroy the world.*—[*Rashi* from *Baba Bathra* 25a] *Ibn Ezra* and *Mezudath David* explain the verse literally as referring to the hawk's southward migration in the winter. Is it because of your understanding that the hawk flies, that it spreads its wings to the south?

27. **Or is it by your order that the eagle flies high**—[I.e.] *the Shechinah, as it is said* (Deut. 32:11): *"As an eagle first stirs up its nest." He would remove His court so that they should not injure Aaron when he entered the sanctuary on Yom Kippur.*—[*Rashi* from *Pesikta Rabbathi*, ch. 48, *Meir Ayin* ed. 47]

28. **He dwells on the rock and lodges**—*Aaron was confident when he placed the censer with the incense on the foundation stone* [in the Holy of Holies].—[*Rashi* from above source] I.e. God's glory rested in the Holy of Holies even in the Second Temple, where there was no Ark, and the High Priest would place the censer on the foundation stone.

29. **From there he searches for**

למרחוק עיניו יביטו: ל ואפרחו יעלעו־

למרחיק עינוי מסתכלן: ל ואפרוחוי גמען אדמא

ת״א ואפרוחיו. חולין כד: ואפרחיו קרי דם

רש״י

ואביהוא שמתו להתקדש שמי בהם שנפלה אימתי על השחר: (ל) יעלעו. ואינן אלא כפי מדת בלעו דם ומים ונראה כבולע הרבה כאומר על על וכן בלשון חכמים בהשקאת סוטה (סוטה כ׳). מערערין אותה ומשקין אותה על כרחה

אבן עזרא

(ל) ואפרוחיו יעלעו דם. כמו ושתו ולעו והטעם יבלעו דם איברי החללים שיביא ויהיה העי״ן הראשון כפול או יהי מגזרת עלעא בלשון רבנן והטעם ישברו ללעות החלל להוציא דם והראשון נכון בדקדוק והאחרון יעלמו שהוא מגזרת עלס וזה דבר ידוע כי הנשר יראה ממקום רחוק מאד מקום החללים וירוץ שמה:

מנחת שי

כ״ב: (ל) ואפרחו. ואפרחיו קרי: יעלעו דם. בספרי ספרד המדוייקים אין דגש בלמ״ד ודקדוק המלה בשרשים שורש לוע ובמכלול דף קמ״ז ומדקדקים אחרים במלות הזרות:

רלב״ג

מגזרת ויאפרו לנו את הארץ: (ל) יעלעו. יבלעו: חללים. הרוגים: ביאור דברי המענה ענה הש״י את איוב מן החשך והסערה ואמר. ואולם ייוחס זה המראה אל הסערה לפי שהנביאים כשתבא להם הנבואה יהיה שם ביניהם מסך מבדיל מצד החומר מלקבל בשלימות השפע האלהי ולזה תמצא בתיוחס הנבואה אל הערפל או אל החשך והסערה אשר הוא אחד הרב החשוך. מי זה אשר עלתו וטענותיו הם חשוכים ואפלים מבלי דעת אשר חשקת להתווכח עמי. ועתה אזר נא כגבר חלציך כאדם המתווכח אשאלך והודיעני שאלתי אחר שאתה שופט על מעשי ראה איך תוכל לשפוט את מעשי ואיך יודע אותם ומשיגם והוא מבואר שהשופט ראוי שתהיה אצלו ידיעת מה שהוא שופט. איפה היית שתדע אופן החכמה ביסדי ארץ הגד אם ידעת בינה מי שם מדתה בזה השיעור כי תדע אופן החכמה בזה והטעם כי בהיות מדתה בזה השיעור מן החכמה עד שאם היתה יותר גדולה או יותר קטנה היה נפסד העולם כי העולם ישמר בשווי אשר ביסודות בכמות ובאיכות כמו שהתבאר בטבעיות. או מי נטה עליה קו כדרך הבונים כאשר יתחילו לבנות והרצון בזה מאי זה דבר היתה התחלת הווייתם ואמנם אמר זה להעלם הענין בסבת הווית הארץ לפי שהוא מיוחס אל הנעדר ר״ל אל הנעדר קבול המתפעל פעל הפועל ולזה היה מה שרחק מהגרמים השמימיים ארץ וזה שלא שישלים הש״י זה המציאות באלו השתי סבות והיא הסבה המיוחסת אל הנעדר בפנים מה כמו הארץ והסבה ההפכית לה איך זה העולם מתקיים במציאות ההפכים וכאילו התבאר בזה שאפי׳ מה שמיוחס אל ההכרח והנעדר ישתמש בו הש״י לתועלת כפי מה שאפשר עד שישלים בו זה המציאות השפל. או יהיה פירושו או מי נטה עליה קו לקחת מדתה בהתהוותה כמו שיעשו הבונים ויהיה הענין כפול. על מה אדניה הטבעו או מי ירה אבן פנתה אשר היא נסמכת עליו כי בזה מהחכמה מה שלא יעלם כי היא נסמכת על מרכזה שהיא נקודה לבד וזה לא היה לנקודה ההיא מה שהיא נקודה כי הנקודות כולם מתדמות אבל היא הסבה בזה מה שהמלאתי מכוכבי אור אשר הם משבחים ומרננים לפני תמיד רוצה לומר הגלגלים אשר בהם הכוכבים כי כאשר נמלאו אלו הכוכבים מרננים ומשבחים לפני עם כל המלאכים וזה היה בעת המלאת הגרמים השמימיים אז יהיה זה הטבע לזאת הנקודה להיותה אמצע. ומי הוא אשר יסך בדלתים ים בעת התהוותו עד שיהיה שם חלק נגלה בארץ להתהוות בו אלו הנבראות אשר בארץ ולא יעבור בו הים ויכסנו שזה היה נפלא מאד ומה שאי אפשר שיתנן בו סבה טבעית כמו שביארנו בספר מלחמות ה׳. וגם אחר כן שמרתי זה המציאות בשומי הענן והערפל מכסה הים תמיד רוצה לומר שאור השמש יעלה ממנו אדים תמיד יחסרוהו עד שלא יעבור גבולו בסבת המים הבאים עליו מהנהרות כי הוא יחסר באלו האדים כשיעור מה שיתוסף בסבת הנהרות ובזה האופן גזרתי עליו חקי ואשים בריח ודלתים לפני הים שלא יעבור גבולו. ואומר עד פה תבא ולא תוסיף ובזה הגובה יגלה גאון גליך לפי שלא יתוסף גובה הים כלל בסבת מה שזכרנו. המימיך צוית בקר והודעת לשחר מקומו אשר ממנו יזרח ואולם אמר זה לפי שהשמש לא יזרח בכל יום ממקום אחד אבל יתחלף מקום זריחתו מצד תנועתו בגלגלו הנוטה הנשלמת בשנה ותתחדשנה בזה תקופות השנה אשר להם רושם חזק במציאות אלו הדברים ההוים הנפסדים ובשמירתם זמן מה כי בסבות אלו התקופות יגבר אחד מההפכים אשר עמידתנו בהם פעם אחר פעם עד שישלם בזה הסידור והיושר לאלו הנמצאות ויתחדשו בזאת הסבה מהפועל האחד פעולות רבות מתחלפות מצד התחלף יחסו אל הארץ אשר שם פעולותיו גם יתחדשו לזאת הסבה מהפועל האחד ההויה וההפסד כי קרבתו ממנו הוא סבה להוויה ומרחקו ממנו סבה להפסד וזה מקום פלא וחכמה נפלאה ולזה אמר שבכך יתחלפו מקומות הזריחה לשמש לאחוז בכנפות הארץ ר״ל שיהיה פעם בתכלית הנטיה לצפון והוא בהיותו בראש סרטן ופעם בתכלית הנטיה לדרום והוא בהיותו בראש דלי ואלו החילופים עם שיש להם מבוא גדול בהוויות ושמירת הנמצאות הנה יגיע מהם רע במקרה מצד התגברות באלו העתים ובו גם כן עם שהוא מן ההכרח תועלת להנער הרשעים מן הארץ וזה שבכך יתחדשו מזאת הנטיה פעולות מתחלפות מהכוכבים כמו החומר שיקבל החותמות והצורות בתמורה פעם אחר פעם ויעמדו כמו לבוש שילבשהו האדם פעם ויפשיטהו פעם ולא יעמוד עליו זמן ארוך ובזאת התמורה אשר לנמצאות מצד חילוף מבטי הכוכבים ממנו והילוף מבטי קצתם מקצתם ימנע מרשעים אורם והצלחתם וזרוע רמה אשר לרשעים תשבר וזה כי אם היה נולד הרשע בעת שיהיה לפי המשפט ההוא מצליח הנה יומר ענינו תמיד ויהפך מענין לענין מצד התחלף הוראת הכוכבים ומשפטיהם בו עד שישבר זרועו וכחו עד שילכה. הבאת עד נבכי ים ובחקר תהום התהלכת שתדע עמקם הנפלא ועם זה יגיעו שם פועל הגרמים השמימיים להיות ההוויות הנמצאות בו. הנגלו לך שערי מות ושערי צלמות תראה ר״ל שתדע אי זה מקום מרכז הארץ אשר הוא מות וצלמות ושאול להיותו רחוק מהתהוות שם דבר עם שהארץ היא בתכלי׳ מהנעדר עד שאין בנמצאות המוחשו׳ מה שהיא במדרגתם מהחסרון והנעדר ולזה כינו בעלי התורות הארץ כאילו היא החומר הראשון כמו שזכר הפילוסוף בשני ממה שאחר הטבע ונאמר גם כן בתורה כי עפר אתה ואל עפר תשוב האם התבוננת מנתיבות השמש שתדע מה שיקרה במקומות אשר רחבה גדול מהארץ מאד. הגד אם ידעת כל הארץ אי זה מקום מהארץ ישכון האור שם זמן ארוך והחשך אי זה מקומו בעת היותו שם האור כי נתבאר בראיית ברורות כי מס״ו מעלות וכ״ה דקים רוחב עד ל׳ מעלות ימצאו מקומות יהיה בהם יום אין בו לילה גם חדש או חדשים עד שילכה הענין בסוף אל מקום יהיה בו ששה חדשים יום וששה חדשים לילה. האם ידעת זה הענין מהשמש איך הוא כי תנהיגהו אל גבולו וכי תבין נתיבות ביתו עד שתדע מה שיתחייב מתנועותיו ממקום מקום מהארץ או ידעת זה מצד אורך ימיך שהתאמת לך זה מן החוש ואולם ספר זה עם ספורי שאר הדברי׳ הנעלמי׳ להיות זה נעלם לאיוב כי בנבואה יבואו כמו אלו הענינים לפי המקבל כאמרו באברהם וספור הכוכבים להיות זה דבר נעלם לאברהם ואם כבר ידעוהו הבאים אחריו עד שכבר מנו מספר כל הכוכבים הנראים וקראום בשמות. ויותר זה מזה שכבר יגיע לנביא דבר כוזב בעת הנבואה כמה שאין לו מצד שהוא נביא מצד הדעות אשר לו בענינים ההם כמו הענין ביחזקאל שהגיע לו בנבואה כאילו הגלגלים מחדשים קולות נפלאים בתנועתם מפני שהיה מאמין שהגלגלים יחדשו קולות בתנועותיהם כמו שזכר הרב המורה. הבאת אל אוצרות שלג שתדע מאיזה מקום ילא השלג ואיזו סבה תהווהו. האם תראה מה שילא ממנו הברד אשר חשכתי אותו להמלא לעת שארצה לעשות רע לעולם ליום קרב ומלחמה. וספר אלו השנים להיות כל אחד מהם קפיאה למים. והאחד נמצא עם הקור והאחד עם החום ואמר שהברד כבר המציא אותו ואם אינו מכוון כי אם על הכוונה השנית ומצד ההכרח שיקובל בו תועלת להמציא ההזיקים כדי שיוזקו בהם הרשעים. ספר נא אי זה הדרך יחלק האד הקיטורי אשר יהיו ממנו הלהבות עד שפעם יהיה ממנו כוכב מדלג ופעם כוכב בעל זנב וזולת זה מהמינים אשר יתחדשו מהלהבות ההוות ממנו ופעם יהיה ממנו רוח ויפוץ קדים על הארץ. או יהיה הרצון בזה אי זה הדרך יחלק האד הקיטורי האחד בעינו עד שימצא קצתו חם וקצתו קר בדרך שיתהווה ממנו

מצודת דוד

יביטו עיניו וכדרך העומד במקום גבוה: (ל) ואפרוחיו. ובעבור זה מצוי לו האוכל עד שאפרוחיו יבלעו דם ממה שיביא להם: ובאשר. ובמקום אשר ימצא בה חללים שם הוא לאכול בשר ולשתות

מצודת ציון

מרגל ומחפש: (ל) ואפרוחיו. כן יקראו העופות בקטנותם כמו אפרוחים או ביצים (דברים כ״ב): יעלעו. יבלעו כמו ושמת סכין בלועך (משלי כ״ג):

his eyes behold it afar off. 30. And his eaglets gulp down

that he builds his nest higher than any other bird?—[*Mezudath David, Ibn Ezra*] We have maintained the traditional translation of נֶשֶׁר as eagle. *Ran* to *Hullin* 61a identifies it as the bald eagle, as described in Micah 1:16. *Tosafoth* (ibid. 63a) deviate from the commonly accepted identification but do not offer an alternative. By dint of the description given in our chapter of the נֶשֶׁר as a carrion-eating bird, modern scholars identify it with the griffon vulture. See Feliks, op cit. p. 133; *The Living Torah,* by Rabbi Aryeh Kaplan, p. 316; *Daath Mikra* ad loc.

[28] **He lives on the rock and lodges**—He lives on the rock of the mountains and lodges there overnight, exposed to the cold and the frost, and although the cold winds blow on the heights, he is never injured by them.—[*Mezudath David*]

on the crag of the rock and the stronghold—Sometimes it makes its nest on the protruding crag of a lofty rock and sometimes on a projection of a tower which serves as a stronghold.—[*Mezudath David*] *Malbim* explains that the נֶשֶׁר makes its nest on a rock in a fortified place, where no one can reach it.

[29] **From there**—He chooses to nest in lofty places from which he can seek food a long way off, as it is possible for one standing at a high altitude to view the entire countryside.—[*Mezudath David*] Divine Providence endowed him with keen vision to facilitate seeking food.—[*Malbim*]

30. **gulp down**—Heb. יְעַלְעוּ. *Only according to the measure that one is able to swallow of blood or water, but it appears as if one swallows much, in imitation of the sound "al al." Similarly, in the language of the Sages, concerning the suspected adultress* [who must] *drink* [the cursing water] (*Sotah* 20a), *"they make her swallow* (מְעַרְעֲרִין) *and drink against her will."* [Here too, the sound "ar ar" is alluded to.] *Similarly* (Isa. 15:5), *"a cry of destruction they shall raise* (יְעֹעֵרוּ)," *the prophet using the onomatopoetic word in imitation of the sound produced by the throat.*—[*Rashi*]

and where there are slain, there he is—*to eat. Our Sages explain this entire passage as an allegory applying to Aaron in the Pesikta to Acharei Moth (Pesikta Rabbathi,* ch. 48, *Meir Ayin* edition, ch. 47*).*—[*Rashi*] [Obviously, the midrashic explanation of the passage should follow this introduction, instead of preceding it as in extant editions of *Rashi.* Indeed, *Berechiah* quotes *Rashi* in that order. To avoid confusion, however, we have followed the usual sequence.] *Mezudath David* explains that, because the נֶשֶׁר views the countryside for miles around, he always finds food for his young, so much that they gulp down the blood of the carcasses that he brings them.

and where—In the place where the slain are found, there he is to eat the flesh and drink the blood, because he espies everything from afar and misses nothing. Now all this is the result of Divine Providence. How

רוח הוא כי בהוויה הרוח ממנו יהיה בזה האופן בזה האופן כמו שהתבאר בספר האותות. מי חלק לשטף היורד מהגשמי' מקום מוגבל יקבלהו ר"ל שירד במקום אחד ולא ירד במקום אחר לפי הנגזר מאתו עד שימלאו בזה האופן הלמקומו ומי שם מנהג ומין לברק ולרעמים עד שילך הענין בסדור ישר ר"ל שינבאו פעם מהם והכרום ופעם יעברו ובצורי הצריחים. מי שם סידר בשטף שטף ומי שם סדר בהמדברות מלא ממנו תועלת לאמצעים ופעם ירד למקומות הנעדרים והנכרתים והלמעמון מולא דשא כדי הגמא הרע ולצמיח מה הוליד אותו והמיליאו עד שיהיה לו חן להמלא בזה כבוה בבת השלג הלק בעת שוף ונעלה שהוא דומה לבתוקמיתו היום הלחם הוא מי שם היה מולד המטר אחום כי שם מטובתו וספר כי זה מה שירה עם עמקה כדי שיהיה הקרם ופלוס השמים. לאומר שב יתחבאו ויקשמו מים כאבן עד תהום מחוזרו הקשקשים שיקשמו פני תהום יהיה הקרם ופלוס השמים.

[The remainder of this page consists of dense Rashi-script Hebrew commentary that cannot be reliably transcribed at this resolution.]

can you say that I do not guide the earthly creatures?—[*Mezudath David*] *Malbim* points out that God illustrates to Job His providence over His creatures in all aspects of their life: in supplying them with food, in their conception, their birth, their habitat, their egg-laying habits, their migratory habits, and the heights to which they fly. God surely bestows His providence upon man, the choice of the Creation, the creature crowned with the crown of intelligence and created in His image. *Rabbenu Meyuchos* suggests that the final verse of our chapter, "Where there are slain, there he is," means that he was there to slay them. [Accordingly, the נֶשֶׁר need not be a carrion-eating bird, but a predatory one; it may very likely be the bald eagle, as *Ran* stated, above.]

(In summation: God reproves Job for criticising His guidance of the world. He says to Job, "How did you dare to criticize Me? Do you understand all My works?" He proceeds to relate to him the wonders of nature, which could not possibly be the result of the influence of the constellations, but are pure products of Divine Providence. Thus there is no reason to deny the resurrection of the dead, for it is contrary to nature [and so, obviously a result of Divine Providence]. Accordingly, Job cannot complain about reward and punishment because all will receive their due in the Hereafter. God continues to relate His wonders, thereby reproving Job for his disbelief in Divine Providence. He tells him that He guides even animals and birds, and how He does so].—[*Mezudath David*]

ימלאו חללים שם הוא לקחת מגוף החללים לאכול האם הוא זה הנשר בעל שכל עד שידע שכל מה שיגביה לעוף יוכל לראות יותר הדברים הרחוקים הלא הש"י מחלון חכמתו והשגחתו בם שטבעו באופן שיערב לו האויר ההוא הגבוה וימשך לו מזה זה התועלת: והכלל העולה מהדברים הוא שהשם ית' הוכיח את איוב על מה שהיה שופט במעשיו שיש בהם חסרון וקלקול ר"ל במה שהיה מתרעם למה הניח השם ית' אישי האדם בזה הסידור אשר מהגרמים השמימיים שימשך אליו מהעול מה שימשך עד שימלא רשע וטוב לו צדיק ורע לו ואם נא היה אפשר לש"י שיסדר זה האופן יותר שלם לנוח בזה האנשים הקשי יום כי המות יותר נבחר להם ואמר אליו הש"י שאין ראוי לו לשפוט זה המשפט לפי שהוא בלתי משיג פעולות השי"ת והשופט בדבר ראוי שתהיה לו ידיעה במה שהוא שופט עליו ועוד כי מה שספר השי"ת מפעולותיו

דָם וּבַאֲשֶׁר חֲלָלִים שָׁם הוּא׃ מ א וַיַּעַן
יְהוָה אֶת־אִיּוֹב וַיֹּאמַר׃ ב הֲרֹב עִם־
שַׁדַּי יִסּוֹר מוֹכִיחַ אֱלוֹהַּ יַעֲנֶנָּה׃ ג וַיַּעַן
אִיּוֹב אֶת־יְהוָה וַיֹּאמַר׃ ד הֵן קַלֹּתִי מָה
אֲשִׁיבֶךָּ יָדִי שַׂמְתִּי לְמוֹ־פִי׃ ה אַחַת
דִּבַּרְתִּי וְלֹא אֶעֱנֶה וּשְׁתַּיִם וְלֹא אוֹסִיף׃

וּבַאֲתַר דְתַמָן קְטִילַיָא
תַּמָן הוּא׃ א וַאֲתִיב יְיָ
יַת אִיוֹב וַאֲמַר׃ ב אֶפְשַׁר
דְנָצֵי עִם שַׁדַי יִתְרְדֵי
מַכְסֵן אֱלָהָא יְתִיבְנֵיהּ׃
ג וַאֲתִיב אִיוֹב יַת יְיָ
וַאֲמַר׃ ד הָא אִזְדַלְזְלִית
מָה אֲתִיבְנָךְ אַיְדֵי שַׁוֵית
לְפוּמִי׃ ה חֲדָא זִמְנָא
מַלְלִית וְלָא אֲתִיב
וְתִנְיָנֵיתָא וְלָא אוֹסִיף׃
ואתיב

רש"י

וכן זעקת שבר יעוערו (ישעיה ט"ו) לשון קריאת גרון דומה לכך ולפי הדרך דבר הנביא: ובאשר חללים שם הוא. לאכול ורבותינו דימו כל ענין זה באהרן בפסיקתא דאחרי מות: (מענה ה') מ (ב) הרוב עם שדי יסור. העם שדי אדם ישא רב: מוכיח אלוה יעננה. הבא להתווכח יענה דבריו: (מענה איוב): (ה) אחת דברתי. כלומר מעט אמרתי ולא אוסיף עוד. ויש פותרים אחת דברתי אשר אמרתי (לעיל ט') תם ורשע הוא מכלה לא אענה עוד: ושתים. שאמרתי (לעיל י"ג) שתים אל תעש

ויען

אבן עזרא

מ (ב) הרוב עם שדי יסור. הדרך מוסר הוא שיריב אדם עם שדי: מוכיח אלוה יעננה. איוב שיוכיח השם למה לא יענה על זאת: (ג) ויען איוב: (ד) הן קלותי. מגזרת קל וקרוב מגזרת קלון והפך הדבר כבד מגזרת כבוד: למו פי. המ"ם והוי"ו נוסף במלת למו: (ה) אחת דברתי. דברה אחת דברתי וכן ועשיר יענה

רלב"ג

מפעולותיו אשר נעלמו לאיוב הוא במה שיתברר ממנו שעם השי"ת תכלית הגבורה והחכמה לעשות כל מה שאפשר מן הטבע לזה המגיעות השפל ושהוא משגיח בו כפי מה שאפשר והנה זכר גם כן השי"ת שמה שנברא שימשך ממנו רע מה יש בו תועלת להגיע עונש לרשעים וזהו אמרו ויגערו רשעים ממנה והנה זה המאמר מורה כי הצדיקים לא יגיעום אלו הרעות ולזה אמר רשעים כי הרשעים לבד הם הניזוקים בו כמו שביאר אליהוא ובזה תועלת לשאר האנשים שיקבלו מוסר וייראו מהשם ית' ותגיע להם הצלחת הנפש והנה כמו ששם הטבע בצמחים כח דוחה מה שהוא בלתי נאות לטבע' כדי שלא יוזקו בו כן שם השי"ת באופן מה כחות דוחים הרעים מכלל האדם כדי שלא יוזקו בהם האנשים וזה אמנם היה הרע הנמשך במקרה מזה הסדור הנמשך מהגרמים השמימיים אשר הוא מכוון להזיק לרשעים כמו שקדם. ויען ה' את איוב ויאמר. ובראות הש"י שלא היה איוב עונה אותו דבר אמר האם הוא לקיחת מוסר מהרע הבא לאדם שיריב המוסר בו עם הש"י ואם ראוי במי שיתווכח עם הש"י שיענהו השם על התוכחת והטענה ההיא ועם כל זה כבר עשיתי לפנים משורת הדין להשיב על דבריך או ירצה בזה ואם מי שאלוה מוכיח אותו יענה על התוכחת ההיא ויעיד דברים כנגד הש"י או ירצה שמי שיתווכח עם הש"י ראוי שיענה על תוכחתו כשידבר עמו ולזה ראוי לך להשיב על דברי או להודות בהם. ויען איוב את ה' ויאמר. הן אני נקלה מאד ביחס אליך ומה אשיבך על דבריך אלא הנה שמתי ידי למו פי הנה פעם אחת דברתי עמך ואיני עונה על דבריך ושנית אדבר ולהבא אם יש תשובה להשיב על דבריך ולא אוסיף ויהיה פירוש ושתים ושנית וכמהו ושלש עשרה שנה מרדו שהרצון בו לפי קצת המפרשים שכבר מרדו בשנה שהיתה אחר השתים עשרה שנה שעבדו את כדלעומר או יהיה הרצון בזה והוא יותר נכון הנה אני הייתי טוען שהרשע והעול נמצא בטובות והרעות המגיעות לאנשים משני צדדים הצד האחד מפני הרע שימצא מגיע לצדיקים והצד השני מפני הטוב שימצא מגיע לרשעים עד שכבר ינצלו מהרע בעת בואו לשכניהם כמו שזכר באומרו מדוע רשעים יחיו וגו' כי ליום איד יחשך רע וגו' והנה הצד האחד

מצודת דוד

דם כי למרחוק יביט ואין דבר נעלם ונכסה מעינו ולאומר הנה כל אלה בהשגחתי ואיך תשפוט שאינני משגיח בשפלים. (העולה מהמענה הזה כי יוכיחנו אלוה לומר איך ערבך לבך לגשת להרהר אחרי האם תבין כל מעשי אף יספר הנפלאות אשר לא יתכן לחשוב שבא מצד המערכה אבל בהשגחה המה ובהיות כן אין לכחש בתחה"מ עם שהוא מנגד להטבע וכלה א"כ תלונתו בדבר הגמול והעונש כי אז יקבל כ"א כמפעלו ויוסף לספר מעשיו הנוראים באומר לו ומדוע א"כ לא תירא מלהרהר אחרי וישוב לו עוד שלא בצדק שפט שאינני משגיח בשפלים כי לא כן הוא כי משגיח אני בכל דבר אף בבע"ח ויספר אופן ההשגחה בהם):
מ (א) ויען. מתחלה פסק מן מאמריו למען ישיב לו דבר מה וכאשר עמד ולא ענה השיב לו עוד: (ב) הרוב. הוא בה"א השאלה כי שאל לו האם אתה הרב עם שדי קבל מוסר מדבריו הלא המתווכח עם אלוה ראוי לו לענות תשובתו ומה זה תשתוק:
(ד) הן קלותי. הנה הכרתי בעצמי שאני קל מאד ולא למדתי חכמה לדעת שהכל בא בהשגחה ומה זה הדבר אשר אשיב לך כי אין בפי מענה ולזה שמתי ידי אל פי ולא דברתי מאומה כאשר פסקת ממאמריך: (ה) אחת. דברתי. כאומר הנה האחת אשר דברתי בראשית אמרי לקרוא תגר על אשר מסרת הכל ביד המערכה הנה דברתי אז אבל עתה לא אשיב עוד על דבריך להחזיק מאמרי כי עתה רואה אני שלא מסרת ביד המערכה אבל הכל בידך: ושתים. אבל שתי השאלות אשר שאלתי לומר אם הכל בא בהשגחה מדוע אם כן יבוא הרע על הצדיק וטוב על הרשע הנה עם כי עדיין לא אדע תשובה עליהם עכ"ז לא אוסיף עוד לשאול כי יראתי

מצודת ציון

מ (ב) הרוב. מלשון ריב: יסור. מלשון מוסר: (ד) למו פי.

of the midrashic interpretation quoted by *Rashi* and *Ohev Mishpat*.]

and two—*What I said* (above 13:20), *"Do not do two things to me," I will not add.*—[*Rashi*] *Mezudath David* explains: One question that I asked, viz. why You delivered the guidance of the world to the constellations, I will not repeat, because now I see that, in fact, You did not

blood; and where there are slain, there he is."

40.

1. Now the Lord answered Job and said, 2. "Will one who contends with the Almighty make himself master? He who argues with God, let him answer it." 3. Now Job answered the Lord and said, 4. "Behold I am of small account; what shall I answer You? I put my hand to my mouth. 5. I said one [thing] and I will not answer, and two, and I will not add.

1. **Now the Lord answered Job**— When God completed the preceding answer and Job remained silent, a still, small voice emanated from before Him—not with a tempest, as previously—so that Job not be frightened, as he had beseeched God (13:21), "and let Your fear not terrify me."—[Ramban]

2. **Will one who contends with the Almighty make himself master?**— *May a man make himself master to contend with the Almighty?*—[Rashi] [*Rashi* equates יְסוֹר with יִשְׂתָּרֵר, the "sammech" and "sin" being interchangeable. In *Berechiah's* quotation of *Rashi,* this is explicit.]

He who argues with God, let him answer it—*He who comes to argue, let him answer his words.*—[Rashi] *Ibn Ezra* renders: Is it proper for man to contend with the Almighty? He who reproves God, let him answer. I.e. why does Job not answer this question? *Mezudath David* explains that, when Job remained silent after God answered him, God asked: Did you, who contended with the Almighty, receive

chastisement from Him? He who contends with God should give his answer. Why do you remain silent? *Ramban* explains: Will the one who contends with the Almighty chastise Him? Will the one who reproves God answer on this? Since Job knows God's ways, why does he not correct Him if they are not proper and reprove Him for His answer? **(Job's Answer)**

4. **Behold I am of small account**— Behold I recognize myself as being of small account. I did not learn wisdom [enough] to realize that everything comes through Divine Providence. What can I answer You? I have nothing to say. Therefore, I put my hand to my mouth and I remain silent.—[Mezudath David]

5. **I said one [thing**—*I.e. I have spoken little and I will add no more. Others explain:* **I said one**—*What I said* (above 9:22), "[It is all one; therefore I said,] 'He destroys both the innocent and the wicked,' " I will no longer answer.—[Rashi] [I took the liberty of inserting the bracketed words because the phrase is the basis

ו וַיַּעַן־יְהֹוָה אֶת־אִיּוֹב מִנְסְעָרָה וַיֹּאמַר:
ז אֱזָר־נָא כְגֶבֶר חֲלָצֶיךָ אֶשְׁאָלְךָ
וְהוֹדִיעֵנִי: ח הַאַף תָּפֵר מִשְׁפָּטִי
תַּרְשִׁיעֵנִי לְמַעַן תִּצְדָּק: ט וְאִם־זְרוֹעַ
כָּאֵל ׀ לָךְ וּבְקוֹל כָּמֹהוּ תַרְעֵם: י עֲדֵה־
נָא גָאוֹן וָגֹבַהּ וְהוֹד וְהָדָר תִּלְבָּשׁ:
יא הָפֵץ עֶבְרוֹת אַפֶּךָ וּרְאֵה כָל־גֵּאֶה

ו וַאֲתֵיב יְיָ יַת אִיוֹב מִן עַלְעוֹלִיתָא דְצַעֲרָא וַאֲמַר: ז זְרֵז כְּדוּן הֵיךְ גַבְרָא חַרְצָךְ אֶשְׁאֲלִנָךְ וּתְהוֹדְעִנַנִי: ח הַבְרַם תְּשַׁנֵּי דִינִי תְּחַיְבִינַנִי מִן בְּגַלַל דְתִזְכֵּי: ט וְאִין אֶדְרַע הֵיךְ אֱלָהָא לָךְ וּבְקָל דִכְמָתֵיהּ תַּכְלֵי: י אִתְקֵין כְּדוּן גִוְתָנוּתָא וְגוֹבְהָא וְזִיוָא וְשִׁבְהוֹרָא תִלְבַּשׁ: יא בַּדַּר רוּגְזָתָא דְנַחִירָיךְ וַחֲמֵי כָל גֵּיוְתָן וּמַכְבְּנֵיהּ:

ת"א תפר. עקרים מ"ד פ"ז ופ"י: מן סערה קרי והשפילהו

רש"י

עמדי לא אוסיף: (מענה ה' מן הסערה): (ח) האף תפר משפטי. האף תוכיח בדבריך להפר משפטי ולהראות שהוא מעוקל: (י) עדה. לשון עדי ותכשיט:

מנחת שי

מ (ו) מנו סערה: מן סערה קרי ועיין מה שכתבתי לעיל סימן ל"ח: (ז) אזר נא כגבר. בספרי ספרד הכ"ף רפה ועיין מה שכתבתי בימזקאל סימן י"ז: (יא) עברות. בדפוס נאפולי ובדפוס קושטאנדינה עם פירוש הכהן ובדפוס ויניציאה עם פי' המאירי ואוסב משפט

אבן עזרא

עזות: (ו) מן סערה. כחבריו והטעם כי השם ענה את איוב על דבריו להוכיחו והודיעו כי איננו יודע דרכי השם שהם כלל אף כי הפרט וכאשר השלים השם להוכיחו שתק איוב ענה השם ואמר לו למה לא תענה והנה השיב מלה שאינה הגונה ואמר לא אשיב או אמר לו השם אחר שלא תודה האמת ותחשוב בלבך כי אתה חכם האלך והודיעני וזה שתקת התרצה להפר משפטי החכמה שעמתי בעולם תרשיעני למען תצדק: (ט) ואם זרוע כאל לך. כשם. ותרעם. בקול כאשר ירעם אל קול הרעם: (י) עדה נא. מגזרת הורד עדיך: (יא) עברות אפך. כי באף יראה

רלב"ג

שדברתי והוא מה שטענתי מהרע שימצא נופל לצדיקים הנני מניח ומוזב אותו ולא אענה לך דבר עליו לפי שכבר התבאר לי היתר הספק בו ממה שזכר אליהוא בביאור רחב לא יזכרו הש"י בזה המענה להיותו סומך על מה שכבר ביארו אליהוא לאיוב ואולם הטענה השנית לא סותר עדיין הספק בה בביאור לא בדברי אליהוא ולא בדברי הש"י ואיני מוסיף לטעון לך דבר זולתי הטענה ההיא והיא ההצלחה הנמצאת לרשעים זמן ארוך אשר הוא עול אם היו הטובות והרעות מגיעות לאנשים מהש"י או ליאות וקיצור אם היו נעזבים אל הסידור אשר מהגרמים השמימיים אשר סדרו בזה האופן ולא היה יכולת לסדרו באופן יותר מתוקן להגיע לאיש כמעשיו וכפרי מעלליו: ביאור מלות המענה: (ו) ויען ה' את איוב מן סערה ויאמר: (ט) תרעם. תעשה קול חוזק ומרעיש כמוהו: (י) עדה נא גאון וגובה. לבוש ואעדי גאוה כמו שאני עושה להיות הגבוה במוחלט: (יא) הפץ. פזר:

מצודת ציון

אל פי כמו למו עלתי (לעיל כ"ח): (ז) אזר. חגור: כגבר. כאיש גבור: חלציך. מתניך: (ח) תפר. מלשון הפרה ובטול: (ט) זרוע. ענין כח כי הוא נתון בזרוע: תרעם. מלשון רעם ורעש: (י) עדה. מלשון עדי וקשוט: גאון. גאוה: (יא) הפץ. פזר כמו

מצודת דוד

להרהר אחריך: (ז) אזר נא וגו'. הוא ענין זריזות כי החגור במתניו הוא מזורז: אשאלך. אני אשאלך ואתה הודיעני התשובה עליה' והשאלה היא אשר שאל ואם זרוע וגו' המשוך לויתן וגו' וכדומה ואמר שישוב לו שמודה הוא להדברים האלה: (ח) האף. חוזר להשיבו גם על זאת ואמר לו וכי גם משפטי תפר וכאומר הנה זה קשה מהראשונה כי תחשוב שמשפטי בעול על כי לא אשיב לאיש כגמולו: תרשיעני. ר"ל תרשיע משפטי בעבור כי תחשב אותך לצדיק כי על רשע וטוב לו אין מקום לתמוה כ"כ כי מי יודע מצפונו של חבירו הצדיק הוא אם רשע אבל עיקר תמיהתו היה על צדיק ורע לו ובעבור עצמו יתמה כי חשב עצמו לצדיק והיה מעונה מאד ואמר לו המקום וכי בעבור מחשבתך תרשיע משפטי: (ט) ואם זרוע. כי הנה האדם עשוי הוא בצלם אלהים וכאשר ימצא שלם בנפשו שלא יחטא עשייה מה מדרך ה' הנה כחו רב מאד וימשול בכל דבר ואף בצבא השמים וכענין שנאמר שמש בגבעון דום וגו' וידום השמש וגו' ולא היה כיום וגו' לשמוע ה' בקול איש (יהושע י') ולזה אמר לו איך תחזיק עצמך לצדיק וכי יש לך כח הזרוע כמו האל למשול בכל דבר וכי תרעם כמוהו בקול לגזור מה על צבא השמים כאשר יאות לצדיק שלם ואמתי: (י) עדה נא. כאומר נסה עתה לנהוג כדבר וקשוט עצמך בגאון ובגובה והכנס עצמך בהוד והדר לעשות מעשים נפלאים: (יא) הפץ. פזר עברות אפך וכעסך על רשעי עם לענשם ברוח שפתיך: וראה כל גאות

11. **Scatter your raging anger**—at the wicked to punish them with the breath of your lips.—[*Mezudath David*]

see any haughty man—Look at him and humble him, as befits a perfectly righteous man.—[*Mezudath David*] I.e. if you see a haughty man who oppresses his fellows, humble him physically by weakening him.—[*Malbim*]

6. Now the Lord answered Job from a tempest and said,
7. "Now gird your loins like a man; I will ask you and [you]
tell Me. 8. Will you even make void My judgment? Will you
condemn Me in order that you be justified? 9. Do you have an
arm like God, or do you thunder like Him with [your] voice?
10. Bedeck yourself now with pride and excellence, and clothe
yourself with glory and beauty. 11. Scatter your raging anger,
see any haughty man

do that. But the other two questions that I asked, viz. why the wicked prosper and why the righteous suffer, have not yet been answered. However, I will not continue to ask them because I fear to criticize You.

Malbim explains that Job had asked two questions: 1) Why do the righteous suffer? 2) Why are the wicked, who destroy civilization and hurt the people, allowed to live and prosper? Job, satisfied with the answer to the first question, requests that God answer the second question, after which he will not continue to ask.

(**God's answer from the tempest**)

6. **Now the Lord answered Job etc.**—Job agrees not to answer and grants that he knows that God is righteous; but since he did not agree that his complaint was wrong, God answered him again from a tempest, this one milder than the previous one. Hence the absence of the definite article.—[*Ramban*]

8. **Will you even make void My judgment**—*Will you even prove with your words to make My judgment*

void and to show that it is perverted?—[*Rashi*]

9. **Do you have an arm like God**—Man is created in God's image, so if he does not deviate from God's ways to any extent, he is endowed with great power; he may even rule over the heavenly host, as Joshua was able to stop the sun and the moon during the battle of Gibeon. Indeed, Scripture (Josh. 10:14) states: And there was no day like that before it or after it, that the Lord hearkened to the voice of a man. . . . Therefore, God says to Job, "How do you consider yourself righteous? Do you have power like God to rule over everything, or do you thunder your voice as He does to issue decrees upon the heavenly host, as a truly perfect righteous man can do?"—[*Mezudath David*]

10. **Bedeck yourself**—Heb. עֲדֵה, *an expression of an ornament* (עֲדִי) *and decoration.*—[*Rashi*] Try to test the matter; bedeck yourself with pride and excellence, and clothe yourself with glory and beauty to perform wondrous deeds.—[*Mezudath David*]

יב חמי כל גיותן
ותברניה ודעדק חיביא
באתרידהון: יג טמעגון
בעפרא כחדא אפיהון
כבוש בטומעא:
יד ולחוד אנא אודינך
ארום תפרוק לך ימינך:
טו הא כדון בעירא די
עבדית עמך עסבא היך
תורי ייכול: טז הא כדון
ליותן דחיליה בחרצוי
ותוקפיה בפרת
דכרסיה: יז כפף דונביה
היך כארזא ותניא

והשפילהו: יב ראה כל־גאה הכניעהו
והדך רשעים תחתם: יג טמנם בעפר
יחד פניהם חבוש בטמון: יד וגם־אני
אודך כי־תושיע לך ימינך: טו הנה־
נא בהמות אשר־עשיתי עמך חציר
כבקר יאכל: טז הנה־נא כחו במתניו
ואונו בשרירי בטנו: יז יחפץ זנבו כמו־

ת"א בשרירי. כ"ב עד:

רש"י

(יב) והדוך. ל' דכו במדוכה (במדבר י"א): (טו) בהמות. מוכן לעתיד: (טז) כחו במתניו. ביציו מעוכים ונכתתים ולא נתקו לגמרי: בשרירי. כמו שררך (ש"הש ז'): (יז) יחפוץ.

ארז

כמו יחפוז מתקשר וכן בלשון הכמים דחפיזא כי אופתא (חולין מ"ז) קשה כעץ: פחדיו. ביציו: ישורגו. גדילים כמו ישתרגו [איכה א'] או שריגי מטה בלשון משנה והוא

מנחת שי

העי"ן בפתח וכן מצאתי בס"א מדוייק כ"י וכ"כ רד"ק בסגול לב"כ ולב"א בפתח: (יג) הכם. במקצת מדוייקים חסר וא"ו ועיין מ"ש ביחזקאל סימן כ"ד: (טז) כחו במתניו. הבי"ת רפויה: (יז) פחדו.

אבן עזרא

הכעס: (יב) והדוך. אין לו חבר כמו רמוס. והטעם אם יש לך גבורה הדוקעל גאה. והזכיר מהגאים שנים האחד בהמות שהוא ביבשה והשני לויתן שהוא בים: (יג) חבוש. כמו ולא חובשו: בטמון. כמו בעפר והטעם כפול: (יד) אודך. כמו ומודה ועוזב ירוחם: (טו) בהמות. שם בהמה גדול' אין ביישוב גדולה ממנה. וטעם עמך לפי שהיתה ביבשה כי באחרי' יזכיר הלויתן שהוא בים. ויש אומרים כי טעם עמך שהבהמות נולדו ביום אחד עם אדם הראשון. וזה דרך דרש: חציר כבקר יאכל. בעבור זה אמרו המפרשים שהוא הפיל. ואיננה ראיה גמורה: חציר. עשב כמו מצמיח חציר: (טז) ואונו. כחו כמו כחי וראשית אוני: בשרירי בטנו. כמו לא כרת שרך: (יז) יחפוץ יעמיד ואין לו ריע ועמית במקרא. והמפרשים הוציאוהו מגזרת חפץ. ואין לי בו חפץ:

רלב"ג

(יב) והדוך רשעים תחתם. שבור וכתת הרשעים במקומם: (יג) חבוש בטמון. הבשם במאסר ובמחבא. או ירצה שימיתם ויקברם בעפר והוא מחבא הקבר: (טו) בהמות. הוא בעל חיים שמו כן: (טז) ואונו. וכחו: בשרירי. הוא הטבור: (יז) יחפוץ זנבו. יניע זנבו

מצודת דוד

והשפילהו. ר"ל אז עניך כי השפילהו כאשר ראוי ויאות לצדיק בלם: (יב) ראה וגו'. הוא כפל ענין במ"ש: והדוך. במאמר פיך הדוך את הרשעים במקומם: (יג) טמנם. את כולם יחד טמנם בעפר והבוש את פניהם במקום טמון ונסתר ר"ל גזור עליהם שפלות והכנעה וכתישה ותראה אם התקיים גזרתך: (יד) וגם אני אודך. כאשר תהיה במעלה הזאת אשר זכות ימינך תושיע לך להיות לך כח יהודע הזאת הנה גם אני אודך לומר עליך שלדיק גמור אתה אבל עתה הואיל ולא כן הוא מה לי במה שאתה לבדך תשבח עצמך לצדיק: (טו) הנה נא בהמות. כאומר כי אם היית צדיק גמור באמת לא היתה קלרה ידי מלשלם גמול אם אמנם עשיתי בריות נפלאות כאלה אשר אין מי יעמוד לנגדם ומי א"כ יעמוד למולי למחות בידי מלשלם גמול והנה האחת היא הבהמה אשר בראתי בשבעת ימי בראשית והנה עתה עודנו עמך ולא מת: חציר. עם כי רבים ימיו לא בא בפיו בשר טריפה מעולם כי יאכל עשב השדה כבקר: (טז) הנה נא כחו וגו'. כאומר עם כי לא למד לטרוף טרף ולא נודע אם כן כחו בפועל מכל מקום הכח שמור אצלו במתניו והוא בעל כח בעלם: ואונו וגו'. וכחו בטבור בטנו והוא כפל ענין במלות שונות: (יז) יחפץ. ימשך להניע זנבו אשר הוא כמו אילן ארז בגודל ובעובי: גידי פחדיו. גידי ביציו שמם

מצודת ציון

יפן קדים (לעיל נ"ח): עברות. מלשון עברה וזעם: (יב) הכניעהו. מלשון הכנעה: והדוך. ענין כתישה כמו תשב אנוש עד דכא (תהלים צ'): (יג) טמנם. ענין ההסתרה במקום נסתר כמו והנם טמונים בארץ (יהושע ז'): חבוש. ענין תפיסה וסגירה כמו מבכי נהרות חבש (לעיל כ"ח): (טו) נא. עתה: בהמות. כן שמו בהמות וכמ"ש בהמות בהררי אלף (תהלים נ') והוא שור הבר: (טז) ואונו. וכחו כמו מצאתי און לי (הושע י"ב): בשרירי. בטבורו כמו שררך אגן הסהר (שיר השירים ז'): (יז) יחפוץ. כמו יחפוז לד"י במקום זיי"ן כי זסשר"ץ מתחלף והוא מלשון חפזון ומהירות: פחדיו. ביציו כי מרוח אשך (ויקרא כ"ב) תרגום אונקלוס

Were you truly a perfectly righteous man, nothing would stop Me from rewarding you. Seeing that I created such wonderfully invincible creatures, who can oppose Me if I wish to reward you? One of these creatures is the *behemoth,* created during the seven days of Creation and still with you.—[*Mezudath David*]

grass—Throughout its long life, it is herbivorous.—[*Mezudath David*]

16. **his strength is in his loins**—*His testicles are crushed and hidden, and have not been completely torn off.*—[*Rashi*] [*Rashi* alludes to the Tal-

and humble him. 12. See any haughty man and subdue him,
and crush the wicked in their place. 13. Hide them in the dust
together; bind up their faces in a hidden place. 14. I too will
confess to you that your right hand will save you. 15. Behold
now the *behemoth* that I have made with you; he eats grass like
cattle. 16. Behold now his strength is in his loins and his power
is in the navel of his belly. 17. His tail hardens like

12. **See any haughty man**—I.e. one of haughty spirit, and subdue his spirit.—[*Malbim*] *Mezudath David* regards this verse as synonymous with the preceding one.

and crush—Heb. וְהֲדֹךְ, *an expression of* (Num. 11:8), *"or crushed* (דָכוּ) *it in mortars."*—[*Rashi*] With your orders, crush the wicked in their place.—[*Mezudath David*] If you have power, crush the wicked. Further on, Scripture cites two examples of proud creatures: the *behemoth* on the dry land and the *leviathan* in the sea.—[*Ibn Ezra*]

13. **Hide them**—Hide them all in the dust and bind their faces in a hidden place. I.e. decree upon them humility and submission, and see whether your decree is executed.—[*Mezudath David*] *Ralbag* explains: Imprison them. He suggests also that the verse be interpreted literally, that they be slain and buried. *Malbim* explains that, since the strength of the physically haughty people will be broken and the pride of those proud at heart will be humbled, the wicked will automatically disappear. They will become totally void as though they were hidden in the earth.

14. **I too will confess to you**—When you will be on such a level that the merit of your right hand will save you; when you will have such power in your arm, I too will admit to you that you are completely righteous. But now, agree that it is not so; what is there about you to bless and praise as a righteous man?—[*Mezudath David*]

15. **behemoth**—*Prepared for the future.*—[*Rashi,* alluding to the Rabbinical maxim in *Baba Bathra* 74b, that the *behemoth* is destined to be the fare of the righteous in the future.] Although the form of the word appears to be plural, the context indicates that *behemoth* is the name of the beast, making it a singular noun. So *Ralbag, Ibn Ezra,* and others. *Ramban* explains that this is a general term for any huge beast and that *leviathan* is a term for any huge fish. He agrees, however, that the Rabbinical tradition fits the context better than his interpretation.

with you—on dry land, as opposed to the *leviathan,* which is a sea creature. Midrashically, this is interpreted to mean that it was created on the same day as man.—[*Ibn Ezra*]

אֶרֶז גִּידֵי פַחֲדָו יְשֹׂרָגוּ: יח עֲצָמָיו אֲפִיקֵי
נְחוּשָׁה גְּרָמָיו כִּמְטִיל בַּרְזֶל: יט הוּא
רֵאשִׁית דַּרְכֵי־אֵל הָעֹשׂוֹ יַגֵּשׁ חַרְבּוֹ:
כ כִּי־בוּל הָרִים יִשְׂאוּ־לוֹ וְכָל־חַיַּת
הַשָּׂדֶה יְשַׂחֲקוּ־שָׁם: כא תַּחַת־צֶאֱלִים
יִשְׁכָּב בְּסֵתֶר קָנֶה וּבִצָּה: כב יְסֻכֻּהוּ
צֶאֱלִים צִלְלוֹ יְסֻבֻּהוּ עַרְבֵי־נָחַל:
כג הֵן יַעֲשֹׁק נָהָר וְלֹא יַחְפּוֹז יִבְטַח כִּי

פחדיו קרי עיין מ"ש

תרגום

דְפַחְדוֹי מְשַׁבְשִׁין: יח אִבְרוֹי תַּקִּיפִין הֵיךְ פְּצִידֵי נְחָשָׁא גַרְמוֹי הֵיךְ מַטְלָנָא דְפַרְזְלָא: יט הוּא שְׁרוּיָא אוֹרְחָתֵיהּ דֶאֱלָהָא דַעֲבְדֵיהּ יְקָרֵב סַיְפֵיהּ: כ אֲרוּם עֲלַל טוּרַיָא יְסוֹבְרוּן לֵיהּ וְכָל חֵיוַת בָּרָא יְגַחֲכוּן תַּמָן: כא תְּחוֹת טְלָלַיָא יִגְנֵי בְּטַמוּר קַנְיָא וְעַרְקָא: כב יְטַלְלוּנֵיהּ טְלָלַיָא גְנוּנֵיהּ יַחְזְרוּנֵיהּ עַרְבִין דִנְחַל: כג הָא יִטְלוֹם נַהֲרָא וְלָא אִתְבְּהֵל יִתְרְחֵץ אֲרוּם נְגִיד יַרְדְנָא

רש"י

לשון גדיל: (יח) אפיקי. חזק: גרמיו. עלמיו: כמטיל. כמשאוי של ברזל: (יט) ראשית דרכי אל. מבראשית נברא ראש לבהמות: העושו. הקב"ה בעלמו ישחטנו: (כ) כי בול הרים ישאו לו. ובספר תהלים כתוב בהמות בהררי אלף. אלף הרים נשאו לו יבול ובכל יום רועה את כולם · [עד כאן יסד רש"י מכאן ואילך אינו לשון רש"י]: (כא) צאלים. לל אילנות: (כב) יסוכוהו צאלים צללו. אותו לל של סתר קנה ובילה מסוכך ומסוכתך באילנות [הרבה]: (כג) הן יעשוק נהר ולא יחפוז. פרת שמימיו פרים ורבים והוא נהר גדול עושקו

מנחת שי

פחדיו קרי: ישרגו. השי"ן בחולם לא בג' נקודות כמו שנמלא בדפוס ישן: (כ) וכל חית. הוא"ו בגעיא: (כא) ובלה. הס"א רפה: (כב) ללו יסכוהו. במקלת מדוייקים מלא וא"ו אחר כי"ת: (כג) ולא יחפוז. בויקרא רבה סוף פרשה כ"ב ומדרש רבה פ' כ"א בענין

אבן עזרא

פחדיו. תרגים מרוח אשך פחדיו והם הבילים: ישורגו. ישתרגו מגזרת שריגים. ישתבכו: (יח) אפיקי. הזקים כנחושת והגלים החזקים נקראו כן: כמטיל ברזל. אין לו חבר והמ"ם בו שורש ופירושו לפי מקומו בכח: (יט) הוא ראשית דרכי אל. בבריאת החיות וכל הבהמות כי למעלה מכולם הוא: העושו. הטעם מי שעשהו יוכל להרגו: (כ) כי בול הרים. כמו יבולה והטעם שההרים ישאו לו יבול: ישחקו שם. עמו כי אינו דורס: (כא) צאלים. כמו ללים והאל"ף תחת אות הכפל כמו אשר בזאו נהרים ארצו: בסתר קנה. גובה שיש על הנהרים: ובצה. כמו בלאתיו וגבאיו מקום הטיט: (כב) יסכוהו צאלים. להיות ללו: (כג) יעשוק נהר.

רלב"ג

בחפזה ובמהירות והנה הלד"י תמורת זי"ן כי הם ממולא אחד: גידי פחדיו ישורגו. גידי ביליו ישתעפו וישתרגו: (יח) אפיקי נחושה. הם חתיכות חזקות מנחשת והוא הברזל הקשה אליי"ר בלע"ז: גרמיו כמטיל ברזל. עלמיו כחתיכת ברזל והענין כפול במלות שונות: (יט) העושו. העושה אותו: (כ) בול. כמו יבול: ישחקו שם. ר"ל שלא ייראו ממנו לפי שאינו טורף: (כא) לאלים. אילנות ונקראו לאלים להיותם בעלי לל: ובילה. טיט ורקק: (כב) יסכהו לאלים ללו. יהיו לו האילנות לסוכה ויהיה לו לל: יסבהו ערבי נחל. הקיפו אותו סביב ערבי נחל להיות לו לל: (כג) יעשוק. יגזול מימיו: ולא יחפוז. ולא יתנועע הנהר בחפזון כמו שהיה עושה בראשונה: יגיח ירדן

מצודת ציון

מרים פחדין: ישורגו. ענין סעיף וענף כמו הלדינו שריגיה (יואל א'): (יח) אפיקי. ענין חוזק כמו ומזיח אפיקים רפה (לעיל י"ב): גרמיו. עלמיו כמו תשבר גרם (משלי כ"ה): כמטיל. ענין משא כבד כמו ונטל החול (שם כ"ז): (כ) בול. כמו יבול בחסרון פ"א הפעל וכן כל תוכל (לקמן מ"ב) ומשפטו יבול. ויבול ענינו למח האדמה כמו יבול הארץ (שופטים ו'): (כא) צאלים. מלשון לל: ובצה. ענינו טיט הלא כמו היגאה גומא בלא בילה (לעיל ח'): (כב) יסוכוהו. מלשון סכך: ערבי נחל. שם אילני סרק הגדלים אלל הנחל: (כג) יעשוק. מלשון עושק וגזל: נהר. ר"ל כל נהר

מצודת דוד

עבים כאלו היו ענפי אילן: (יח) אפיקי נחושה. יש לכן חוזק הנחושת: גרמיו. עלמיו כדבר עב וכבד של ברזל וכפל ענין במלות שונות: (יט) הוא ראשית. ר"ל אותו ברא ראשון לבהמות: העושו. לרב חזקו אין מי יוכל לו רק ה' אשר עשהו הוא בעלמו יגיש אליו חרבו להכותו נפש: (כ) כי בול. כי ההרים נושאים ומלמיחי' לו יבול למאכלו ומלויה היא לו ולזה הוא רב כח כי לא יחסר לחמו ועם כל רב כחו ישחקו כל חית השדה במקומו ולא יטרוף מי מהם להחרידם משם: (כא) התחת. כאלו אמר התחת ותחסר ה"א התימה בדבר המובן וכמוהו רבים ור"ל וכי ישכב התחת לאלים הלא לרב גדלו אין לאלים בעולם לסכך עליו ובהשגחתי יתקיים מבלי לל להגן עליו בחמה מפני החמה: בסתר וגו'. ר"ל וכי ישכב בסתר קנה או בסתר גומא הגדל בבלה: (כב) יסכוהו. וכי יסכוהו לאלים אשר המה ראויים להיות ללו כפי גדלו הלא אין בעולם לל הראוי לכסותו: יסבהו. וכי יסבבו אותו ערבי נחל לעשות עליו לל מפני החמה הלא כמוסס כאין וכפל הדבר פעמים רבות במ"ש המורה על גודל המניעם: (כג) הן יעשוק. בא בדרך השאלה לומר הנה

under the shade of trees? He is too huge for any shade to shelter him. It is only through My providence that he lives unprotected by shade.—[*Mezudath David*]

22. **Do the shadows cover him as**

a cedar; the sinews of his testicles are knit together. 18. His limbs are as strong as copper, his bones as a load of iron. 19. His is the first of God's ways; [only] his Maker can draw His sword [against him]. 20. For the mountains bear food for him, and all the beasts of the field play there. 21. Does he lie under the shadows, in the covert of the reeds and the swamp? 22. Do the shadows cover him as his shadow? Do the willows of the brook surround him? 23. Behold, he plunders the river, and [he] does not harden; he trusts that

mudic narrative that God castrated the male of the species and made the female frigid lest they multiply and overrun the world. *Baba Bathra* 74b).]

in the navel—Heb.בִּשְׁרִירֵי, *like* (Song 7:3), *"Your navel* (שָׁרְרֵךְ)."—[*Rashi*] Although he never ate flesh, he is intrinsically strong.—[*Mezudath David*]

17. **hardens**—Heb.יַחְפֹּץ, *like* יַחְפּוֹז, *hardens. Similarly, in the language of the Sages*: דַּחֲפִיזָא כִּי אוּפְּתָא (*Hullin* 47b), *hard as wood.*—[*Rashi*]

his testicles—Heb.פַּחֲדָיו.—[*Rashi, Ibn Ezra, Ralbag*]

are knit together—Heb.יְשֹׂרָגוּ, *twisted cords, like* (Lam. 1:14), *"they are knit together* (יִשְׂתָּרְגוּ)," *or the webbing* (שָׂרִיגֵי) *of a bed in the language of the Mishnah,* (*Moed Katan* 1:8), *and it is an expression of twisted cords.*—[*Rashi*]

18. **strong**—Heb. אֲפִיקֵי.—[*Rashi*]

his bones—Heb. גְּרָמָיו.—[*Rashi*]

as a load—Heb.כִּמְטִיל, *as a burden of iron.*—[*Rashi*]

19. **He is the first of God's ways**—*He was created at the beginning to be the chief of all animals.*—[*Rashi*]

his Maker—*The Holy One, blessed be He, Himself will slaughter him.*—[*Rashi*]

20. **For the mountains bear food for him**—*And it is written in the Book of Psalms* (50:10): *"Behemoth upon a thousand mountains." A thousand mountains bear food for him. He feeds on all of them every day, [and they are grown again the next day.]*—[*Rashi* Pirke d'Rabbi Eliezer, ch. 11] [Note that bracketed material does not appear in standard editions of *Rashi*. It is found in *Etz Chayim* ms. and in *Berechiah's* quotations from *Rashi*.] [*Until here was authored by Rashi. From here on, it is not Rashi's language.*] [This appears in Lublin, Vilna, and Warsaw editions, but not in Furth or *Malbim* editions. According to *Etz Chayim* ms. and *Berechiah's* quotation from *Rashi, Rashi's* commentary extends until the middle of verse 25 (q.v.).]

21. **the shadows**—Heb.צֶאֱלִים, *the shades of trees.*—[*Rashi*] Can he lie

יָגִיחַ יַרְדֵּן אֶל־פִּיהוּ׃ כד בְּעֵינָיו יִקָּחֶנּוּ
בְּמוֹקְשִׁים יִנְקָב־אָף׃ כה תִּמְשֹׁךְ לִוְיָתָן
בְּחַכָּה וּבְחֶבֶל תַּשְׁקִיעַ לְשֹׁנוֹ׃
כו הֲתָשִׂים אַגְמֹן בְּאַפּוֹ וּבְחוֹחַ תִּקֹּב
לֶחֱיוֹ׃ כז הֲיַרְבֶּה אֵלֶיךָ תַּחֲנוּנִים אִם־

יַרְדְּנָא לְפוּמֵיהּ׃
כד בְּעֵינוֹי יִסְבְּגִיהּ
בְּתוּקְלָיָא יִנְקוֹב נְחִירֵיהּ׃
כה תְּנַגֵּיד לִוְיָתָן בְּחַכְּתָא
וּבְאַשְׁלָא תִּקְרַח
לִישָׁנֵיהּ׃ כו אֶפְשַׁר
דִּתְשַׁוֵּי אוּנְקְלָא
בִּנְחִירֵיהּ וּבְסִלְוָא תִּנְקוֹב
לִיסָתֵיהּ׃ כז אֶפְשַׁר
דִּיסַגֵּי לְוָתָךְ בָּעוּתִין אִין

רש"י

וגוזלו מן הבריות בשתותו: ולא יחפוז. [ולא מתקשה בטנו על שתייתו כמו יחפוז זכנו]: יבטח כי יגיח ירדן. בטוח הוא למשוך כל הירדן לפיהו אלו היה שותה שם כמו גוחי מבטן [תהלים כ"ב]: (כד) בעיניו יקחנו. המקום יקחנו בהביטו בו ונרעד מאימתו: במוקשים. כלי אומנות של ציידים שצולים בהם דגים: (כה) תמשוך לויתן וגו'. כאשר תמשכנו בחכה ותשים אגמון באפו הידבר אליך ידבר תחנונים. כלומר לא תוכל [להתקרב אליו] בכלי מצודה: תשקיע לשונו. תוריד שקיעת חבל (בלשונו) להוציאו ממקומו: (כו) אגמון. הוא כפוף. כמו כיפה ואגמון [ישעי' ט'] ועשוי של ברזל לצוד בו דגים: התשים. אם תשים אגמון באפו להוציאו מן הים: ובחוח. כלי של ציידי דגים: תקוב. כמו תנקוב: (כז) הירבה אליך התחנונים. אם ירבה לך תחנונים ויבקש על נפשו שתניחהו:

אבן עזרא

כל כך הוא גדול כאשר ישתה מי הנהר יראה שחסרו המים על כן אמר מלת יעשוק: ולא יחפוז. לא ישתה בחפזון כי לא יפחד מחיה ואדם. וכן יבטח: כי יגיח. כמו מגיח ממקומו והטעם קרוב מיליאה. וכן אתה גוחי מבטן: (כד) בעיניו יקחנו. כאילו יקח הירדן בעיניו כי יחשוב שישתהו כולו וכאילו במוקשים ינקוב אפו שיפתח נחיריו לשאוף: (כה) תמשוך לויתן. חסר ה"א התימה: בחכה. ברשת: תשקיע. קרוב מגזרת תשקע האש: (כו) אגמון. ידוע כמו גומא כמנהג ציידי הדגים: (כז) רבות.

מנחת שי

גדולת בהמות בהררי אלף אמרינן אליבא דמאן כל מה שהירדן עושה לששה חדשים ומכנים הוא עושה לגימיה אחת שנאמר הן יעשק נהר ולא יחפוז וכתב בעל מתנות כהונה י"ל דדריש וא"ו של ולא אע"ג

רלב"ג

אל פיהו. יוציא מי הירדן ויכניסם אל פיהו והוא מגזרת בגיחו מרחם: (כד) בעיניו יקחנו במוקשים ינקב אף. ידמה בעיניו שיקח כל הנהר וישתה אותו עד שישפיל אפו בשתותו ויגיע לתחתית הנהר ויגזק אפו במוקשים הנמצאים שם. או ישוב על לויתן ואמר האם יראה בעיני האדם שיוכל לקחת אותו כמו שיקח שאר הדגים וינקוב אפו במוקשים ללכדו: (כה) בחכה. היא הרשת שצדין בה הדייגים: ובחבל תשקיע לשונו. האם בחבל שתשקיע בים תוכל למשוך לויתן וללכוד אותו כשיסתבך החוט אשר בראש החבל בלשונו: (כו) אגמון. הוא החוח החד שצדין בו הדגים: תקוב. תנקוב:

מצודת דוד

אושבי כולו אל פיו כאלו עשקו: ולא יחפוז. עם כי לא ימהר לשתות בחפזון וא"כ נמשך עוד המים במשך זמן השתיה מ"מ שותה את כולו ואף הנמשך בזמן השתיה: יבטח. בוטח הוא בעצמו אשר יוכל למשוך אל פיו כל מי הירדן: (כד) בעיניו. את כל הירדן יקח אל פיו עד המעינות מקום נביעתו שהוא נובע ממערת פמיים: במוקשים. ככדי לשתות הכל ישפיל פיו עד קרקעית הירדן וינקוב אפו בהמוקשים אשר בירדן כאבנים וכדומה כי יפגע בהם באפו והוא מדרך הפלגה וגוזמא וענין מליצה: (כה) תמשך. כאלו אמר התמשוך ותחסר ה"א התימה כדבר המובן ובא עתה לספר מפלאות גבורות הלויתן ואמר לו וכי תמשוך את הלויתן מן המים בחכה כאשר ימשכו יתר הדגים: ובחבל תשקיע לשונו. הוא הכפול וכאלו אמר ותחבל תשקיע בלשונו וכן ותשם בפוך עיניה (מ"ב ט') ומשפטו ותשם פוך בעיניה ור"ל וכי תשים את החבל תוך עומק לשונו למשוך אותו אחריך: (כו) התשים. וכי תשים אגמון באפו וכי תנקוב לחיו בחוח כדרך אשר יעשו ליתר הדגים לגודם כי לרב כחו לא יועיל תחבולם אף זרוע עם גבורה: (כז) הירבה. וכי ירבה

מצודת ציון

אשר ישתה ממנו: יחפוז. מלשון הפזון ומהירות: יגיח. ענין המשכה כמו בגיחו מרחם יצא (לעיל ל"ח): (כד) בעיניו. הכי"ת תבוא במקום עד כמו בהשמים חסדך (תהלים ל"ו) ומשפטו עד השמים ועיניו הוא ענין מעין מים כמו עין המים (בראשית ט"ז): (כה) בחכה. הוא מכלי הצדים כמו משליכי ביאור חכה (ישעיה י"ט): תשקיע. ענין שימת הדבר בעומק כמו ככה תשקע בבל (ירמיה נ"א): (כו) אגמון וחוח. גם הם מכלי הצדיה. האגמון הוא

27. **Will he offer much supplication to you**—*Will he offer much supplication to you and beseech you to spare his life?*—[*Pseudo-Rashi*]

he will draw the Jordan into his mouth. 24. With His eyes He will take him; with snares He will puncture his nostrils. 25. Can you pull the *leviathan* with a harpoon, or press down his tongue with a rope? 26. Can you insert a fishhook into his nose, or pierce his jaw with a barb? 27. Will he offer much supplication to you, or

his shadow—[Does] *the shadow of the covert of the reeds and the swamp, which is entangled [or surrounded—Berechiah] and hedged around with [many] trees* [cover him?]—[*Rashi*] [Note that Lublin edition is erroneous. Instead of מסכתך, it should read מְסֻכָּךְ, *hedged around,* as stated by *Berechiah,* or as Warsaw, Vilna, and Furth editions read: מְסֻכְסָךְ, another expression meaning *entangled.*]

23. **Behold, he plunders the river, and [he] does not harden**—*The Euphrates, which is a large river whose waters increase, he oppresses and plunders from the creatures by his drinking.*—[*Rashi*]

and [he] does not harden—*[His belly does not harden from his drinking, like* (verse 17), *"His tail hardens* (יַחְפֹּץ) *."]*—[*Rashi*]

he trusts that he will draw the Jordan—*He is confident* [of his ability] *to draw the whole Jordan into his mouth were he to drink there: like* (Ps. 22:10), *"Who drew me* (גֹחִי) *from the womb."*—[*Rashi*]

24. **With His eyes He will take him**—*The Omnipresent will take him by looking at him, and he quakes from fear of Him.*—[*Rashi*]

with snares—*Fishermen's tools, with which they catch fish.*—[*Rashi*]

25. **Can you pull the leviathan etc.**—*When you pull him with a harpoon and insert a fishhook into his nose, will he offer much supplication to you? It means that you are unable to approach him with fishing implements.*—[*Rashi*] [This is *Berechiah's* final quotation from *Rashi. Etz Chayim* ms. states: Until here is my teacher's commentary (פֵּרוּשׁ רַבִּי). Probably it should read, *Rashi's* commentary (פֵּרוּשׁ רַשִׁי). From here on is the commentary of *Rabbi Jacob Nazir.*] We have translated חַכָּה as harpoon, following *Rabbenu Meyuchos. Ralbag* and *Ibn Ezra* identify it as a net.

or press down his tongue—*Let the rope down (on his tongue) to draw him out of his place.*—[*Pseudo-Rashi*]

26. **a fishhook**—Heb. הַחָשִׁים. *It is bent, like* (Isa. 9:13), *"a large arch and a small arch* (אַגְמֹן)*," and it is made of iron to catch fish with it.*—[*Pseudo-Rashi*]

Can you insert—*Will you insert a fishook into his nose to take him out of the sea?*—[*Pseudo-Rashi*]

or . . . with a barb—*A fishermen's implement.*—[*Pseudo-Rashi*]

or pierce—Heb.תִּקֹּב, *like* תְּנַקֵּב.—[*Pseudo-Rashi*]

יְדַבֵּר אֵלֶיךָ רַכּוֹת׃ כח הֲיִכְרֹת בְּרִית
עִמָּךְ תִּקָּחֶנּוּ לְעֶבֶד עוֹלָם׃ כט הַתְשַׂחֶק־
בּוֹ כַּצִּפּוֹר וְתִקְשְׁרֶנּוּ לְנַעֲרוֹתֶיךָ׃ ל יִכְרוּ
עָלָיו חַבָּרִים יֶחֱצוּהוּ בֵּין כְּנַעֲנִים׃
לא הַתְמַלֵּא בְשֻׂכּוֹת עוֹרוֹ וּבְצִלְצַל דָּגִים
רֹאשׁוֹ׃ לב שִׂים־עָלָיו כַּפֶּךָ זְכֹר מִלְחָמָה
אַל

תרגום

ימלל לותך רכיכן׃
כח אפשר דיגזור קים
עמך תזבנגיה לעבד
פלח לעלם׃ כט אפשר
דתגחך ביה היך צפרא
ותקטורגיה לטליתך׃
ל יעבדון עלוי חכימיא
שירותא יפלגוניה בין
תגריא׃ לא אפשר
דתמלא במטללתא
משכיה ובגנונא דנוניא
רישיה׃ לב שוי עלוי
אידך אדכר קרב לא

רש"י

אם ידבר. כפל מלה: רכות. דברים של תחנונים: (כח) היכרות ברית עמך. אם יכרות ברית לעבדך שתקחנו להיות לך עבד עולם: (כט) התשחק. אם תשחק ותטייל בו כאילו הוא צפור קטן. ואם תקשרנו לנוערי [ס"א לנורך] נעריך הקטנים שיטיילו בו כצפרים קטנים שנותנין לתינוקות לטייל ולפייסו: (ל) יכרו עליו חברים. אם יכרו ויהכמו עליו חברים ומכשפים לצוד אותו להוציאו מן הים ע"י מכשפות שיחלוהו ויחלקוהו בין תגרים כענין שעושים ליידי הים שצדין דגים גדולים בחכמתם ובאים התגרים וקונים מהם: יכרו. לשון כורה שוחה [ירמיה י"ח]: חברים. לשון וחובר חבר: כנענים. תגרים: (לא) התמלא. אם תמלא תאותך ותעשה סוכות מעורו: ובצלצל דגים ראשו. ואם תעשה מראשו צלצל דגים. כפל לשון: צלצל. סוכת דגים. ולסוכה העשוייה מראשו קורא אותה צלצל דגים לפי שעשויה ממנו. צלצל. [אמבורינ"ץ בלע"ז] לשון צל הוא והוא מהיבות כפולות כמו ירקרק אדמדם [ויקרא י"ד] פתלתל [דברים ל"ב] קמקע [ויקרא י"ט]: (לב) שים עליו כפיך. התגבר לערוך לפניו שתשים עליו כפיך להכותו: זכור מלחמה אל תוסף. ואל תוסיף זכור גבורתך להלחם בו במלחמה ואל [תנוה].

מנחת שי

שמלאתיו כתיב לא יחפוז בלא וא"ו וכו' ע"ש ואונס בנוסח קדמון מטוליטולא כתוב ולא בוא"ו ומזיתיו דדחיק ליה עלמא להאי וא"ו ומתחלה היה כתוב לא בוא"ו (נ"ל בלא וא"ו) וכן הוא בדפוס שונלין וגאספלי וויניליאה שנת רע"ח גם בפירש"י ורלב"ג ון' עזרא והתרגום גרסינן ולא בוא"ו וכן הביאוהו ר"ד"ק ובעל הלשון ומאיר נתיב בשרש חפז: (כט) התשחק בו. הה"א במאריך במדוייקים וכן הוא

אבן עזרא

מלות רכות: (ל) יכרו. היכרו עליו חברים מגזרת ויכרה להם כטעם סעודה. והטעם גנבים שהתחברו: כנענים. סוחרים: (לא) בשכות. כמו לשכים בעיניכם והטעם התמלא עורו בשכים עד שתקחנו: ובצלצל דגים. אין לו חבר. הטעם כדמות חוח בעצמות הדג בו יתפשו הדגים שיקוב בו הראש: (לב) שים עליו כפך. אם תוכל ואילו עשית זה לא תוסיף עוד להלחם בו כי לא תחיה. והחושב שישים עליו כף:

רלב"ג

(ל) יכרו. יסעדו מגזרת כרה גדולה: חברים. הם הסוחרים המתחברים ביחד: יחלוהו. יקחוהו: כנענים. סוחרים: (לא) התמלא. התמלא: בשכות. הוא החרב שכורתין בו עורות הדגים הגדולים: ובצלצל. הוא החרב שכורתים בו ראשי הדגים הגדולים:

מצודת ציון

ענין מחט כסוף כגומא שעל פני המים. והחוח נוקב את הלחי כחוח וקון: (ל) יכרו. ענין סעודה כמו כרה גדולה (מלכים ב' ו'): חברים. בעלי הקסמים כמו וחובר חבר (דברים י"ח): יחצוהו. ענין חלוקה כמו ותחן לארבע רוחות (דניאל י"א): כנענים. סוחרי' כמו כנעניה נכבדי ארץ (ישעיה כ"ג): (לא) התמלא. ענין התוך וכריתה כמו ימולל ויבש (תהלים ל'): בשוכות. מלשון סכין ושם סיא בשי"ן וכן ושמת שכין בלועך (משלי כ"ג): ובצלצל. הוא שם כלי מכלי הצדיה אשר בו יוצלל ויושקע ראש הדג והוא מלשון צללו כעופרת (שמות ט"ו) שר"ל נשקעו בעומק:

מצודת דוד

לך תחנונים ודברים רכים כבדי לעזבו נפשו וכאומר הלא א"א לצודו ואיך יתכן אליך לעזבו: (כח) היכרות. וכי יכרות עמך ברית שתקחנו לעבד עולם ותשלחו בכלים זה: (כט) התשחק. וכי תלעיג בו כאשר תלעיג בצפור אשר תתן לפניו גרעיני תבואה אל הפח והוא יורד בה לאכול ונלכד שם וזהו השחוק שעם הצפור אשר ירמהו לרדת אל הפח ואמר וכי גם את הלויתן תוכל לצוד בתחבולה כזאת: ותקשרנו. וכי תקשור אותו לבל יברח ותמסור אותו לנערותיך לשחק בו כאשר יעשו בצפור קטן: (ל) יכרו. וכי חוברי חבר ילודוהו בקסמים שבידם ויכרו ממנו כרה גדולה וסעודה חשובה או האם יחלוהו לחלקים בין הסוחרים אשר יקנוהו מידם: (לא) התמלא. ואף אם תלודו וכי תכרות בסכינים את עורו לספשיטו מעליו הלא עורו קשה עד מאד ואין לחתכו בסכין: ובצלצל. וכי תשקיע את ראשו בכלי העשוי לשקיע בו ראש הדג ולצודו כזה: (לב) שים עליו כפיך. בחון נא ושים עליו כפיך לאחוז

stop—*And do not stop. Remember your might to wage war against him and do not [rest].* תּוֹסַף *is derived from* יסף, *like* (Gen. 38:26), *"and he did not cease* (יָסַף) *being intimate with her"* *(regrettera in French), will regret.* [In the expression] אַל־תּוֹסַף, *the "sammech" is vowelized with a "pattah" because of the pause accent, as* in (Gen. 49:4), *"You shall not gain*

will he speak soft words to you? 28. Will he make a covenant
with you? Will you take him as a lifelong slave? 29. Will you
play with him like a bird or tie him to your maidens? 30. Will
charmers dig pits for him? Will they divide him among the
merchants? 31. Will you fulfill [your desire] to make a tent of
his skin or a shade of fishes of his head? 32. Put your hand over
him; remember the battle,

or will he speak—*This is a repetitious word.*—[*Pseudo-Rashi*]

soft words—*Words of supplication.*—[*Pseudo-Rashi*]

28. **Will he make a covenant with you**—*Will he make a covenant to serve you, that you will take him as a lifelong slave?*—[*Pseudo-Rashi*]

29. **Will you play**—*Will you play and stroll with him as though he were a small bird, and will you tie him to the necks of (other editions: for the sake of) your young lads, that they should stroll with him as with small birds that they give children to stroll and to placate him?*—[*Pseudo-Rashi*]

30. **Will charmers dig pits for him**—*Will charmers and sorcerers dig pits to hunt him? To take him out of the sea by means of sorcery [so] that they can divide him and share him among the merchants, as the sea fishermen do? That is, they catch large fish with their cunning, and the merchants come and purchase from them.*—[*Pseudo-Rashi*]

dig pits—Heb. יִכְרוּ, *an expression of* (Jer. 18:22), *digging a pit.*—[*Pseudo-Rashi*] Digging is not to be taken literally, but metaphorically; cf. (Prov. 26:27), "Whoever digs a pit shall fall therein"; as if they

sought the *leviathan* to catch and divide it among the merchants.—[*Berechiah*]

charmers—Heb.חַבָּרִים, *an expression of* (Deut. 18:11), "*a charmer* (וְחֹבֵר חָבֶר)."—[*Pseudo-Rashi*]

merchants—Heb.כְּנַעֲנִים.—[*Pseudo-Rashi, Targum, Ibn Ezra, Ralbag*]

31. **Will you fulfill**—*Will you fulfill your desire and make tents of his skin?*—[*Pseudo-Rashi*]

or a shade of fishes of his head—*Will you make from his head a shade of fish? This is a repetitious expression.*—[*Pseudo-Rashi*]

a shade—Heb.צִלְצַל, *a tent of fish. A tent made from his head is called a shade of fish because it is made from him.* צִלְצַל *is ombre in French. It is an expression of shadow, and that is one of the double words, like: green* (יְרַקְרַק), *red* (אֲדַמְדָּם) [both in Lev. 13:49], *twisted* (פְּתַלְתֹּל) [Deut. 32:5], *tattoo* (קַעֲקַע) [Lev. 19:28].—[*Pseudo-Rashi*]

32. **Put your hand over him**—*Strengthen yourself to wage battle against him, that you will put your hand over him to strike him.*—[*Pseudo-Rashi*]

remember the battle, do not

אל־תוסף: מא א הן־תחלתו נכזבה
הגם אל־מראיו יטל: ב לא־אכזר כי
יעורנו ומי הוא לפני יתיצב: ג מי
הקדימני ואשלם תחת כל־השמים
לי־הוא: ד לא־אחריש בדיו ודבר

תוסיף: א הָא אוריכותיה כְּכַדְבָא הֲבָרם לְמֶחֱמֵי יִטְלוּק: ב לָא אַכְזְרָאָה אֲרוּם יְעִירְנֵיהּ וּמַן הוּא קֳדָמוֹי יִתְעַתַּד: ג מַן אַקְדִּימַנִי בְּעוֹבָדֵי בְרֵאשִׁית וַאֲשַׁלֵּם הֲלָא כָּל תְּחוֹתֵי שְׁמַיָא דִילִי הוּא: ד לָא אֶשְׁתּוֹק כִּדְבוּגֵיהּ וּמֵימַר

רש"י ולמדנחאי כתיב יעירנו לו קרי גבורות

אל תוסף מן יסף כמו ולא יסף עוד לדעתה (ובלע"ז בקרייטר"ש) [בראשית ל"ח]. אל תוסף. סמ"ך נפתחת מפני סוף פסוק כמו אל תותר [בראשית מ"ט] ותותר [רות ב'] וכן הרבה כמוהו:

מא (א) הן תוחלתו נכזבה. הן אם תוחלתו נכזבה שלא יהא בו כח להלחם ולזוז ממקומו: הגם אל מראיו יוטל. אם גם אל מראית פניו יוטל ויושלך אדם לעמוד לפניו להסתכל בו מפני אימתו: (ב) לא אכזר כי יעורנו. אין אכזר גבור ועריץ אשר יעירנו משנתו ויעוררנו ממקומו להקימו: ומי הוא. אשר יתיצב ויעמוד לפני אשר אני עושה את כל אלה: (ג) מי הקדימני. ומי הוא אשר הקדים פני בהקבלתו לעבדני ולשמור מצותי ואשלם לו שכרו: תחת כל השמים לי הוא. כל אשר בשמים לי הוא ובידי לפרוע לו שכרו ופעולתו ומעבדו: (ד) לא אחריש בדיו. לא אחריש על בניו של צדיק שהלך לפני בתמים ולבניו ישתלמו שכר טוב אביהם וימלאו טובה בזכותו: ודבר גבורות וחין ערכו. ודבר גבורותיו אשר נתגבר לעשות הטוב והישר ותהינת סדורו של צדיק אשלם

אבן עזרא

מא (א) הן תוחלתו נכזבה. כי ממראיו לבדו יפול האדם: יוטל. מגזרת ויטילו את הכלים:
(ב) לא אכזר. אין אכזר שיתעורר עמו: (ג) מי הקדימני ואשלם. הקדימני כטעם שנים מכחישים זה את זה ואומרים אם תנצחני אתן לך כך וכך וכן הקדימני כי אני אשלם אם ינצחני כי כל שיש תחת השמים לי הוא: (ד) לא אחריש בדיו. לא אחריש לספר. בדיו

מנחת שי

לכ"א והשי"ן בפתח בכל הספרים וכן נ"ל בחילופים: (לב) אל תוסף. בפתח כמו ותאכל ותשבע ותתר רות ב' מכלול דף קכ"ו:

מא (ב) יעורנו. במ"ג נכתב בדל"ת בכתוב וזה טעות גמור אך יש מחלוקת בין הספרים. כי במקצתם יעירנו כתיב ביו"ד וקרינן יעורנו בוא"ו ובמקצת ספרים כתיב וקרי יעורנו בוא"ו ויש לקיים גירסא זו מדלא חשיב ליה בעל המסורת עם מלין דכתיבין יו"ד באמצע תיבותא וקריין וא"ו. אחר כך מצאתי שזהו מחלוקת בין מדינחאי למערבאי למדינחאי יעירנו כתיב ביו"ד ולמערבאי יעורנו בוא"ו וידוע דקים לן כמערבאי: (ד) לא אחריש. לו קרי. ויש לתמוה כי כל המפרשים פירשו לא אחריש באל"ף והמנהג ברוב לפרש כפי הקרי ולא כפי הכתיב. האמנם מצאתי במקצת ספרים מהדפוס ומכ"י שכתוב לא באל"ף ואין בהם הקרי בוא"ו אבל הם נגד המסורת יען נמנה זה עם ס"ו לא דקריין לו וסימן נמסר בפרשת שמיני וראיתי גם כן להר"ש בר צמח שבתחלה פי' לא באל"ף ואחר כך

רלב"ג

(א) אל מראיו יוטל. כשיראה האדם עניני זה הדג יוטל ויושלך לרוב הפחד: (ב) לא אכזר כי יעורנו. לא ימצא אכזר וחזק שיוכל לעורר אותו ולהניע ממקומו: (ג) ואשלם. ואשלים לעשות מה שנשאר שלא עשהו הקודם לי: (ד) בדיו. כחותיו וגבורותיו. או יהיה הרצון בזה

מצודת דוד

בו וכן ידעתי כי לא אוסיף עוד לזכור ענהלה למולו כי הם מאד ירפים למולך ותרעד ממנו והוא ענין מליצה:

מא (א) הן תחלתו. הנה תקות הנלחם עמו הכזב והשקר בו כי תקותו נאבדה: הגם. יש תמיהות שהן קיימות וכן ואם שרה הבת תשעים שנה תלד (בראשית י"ז) ור"ל הנה גם אל מראית פניו יושלך האדם מעמוד עוד כי אימתו רבה ואיך אם כן ילחם עוד עמו: (ב) לא אכזר. לא ימצא מי שיהיה אכזר על עצמו לעמוד בשרו שיעורר עמו מלחמה כי הלא יאבד עצמו לדעת: ומי הוא. ואם אין מי לעמוד למולו אם כן מי הוא אשר יתיצב לפני למחות מה בידי והוא מוזר למעלה לומר אם הייתי צדיק באמת כאשר יאמר איוב הייתי משלם לך גמול כי אין מי יפחס בידי: (ג) מי הקדימני. ר"ל אף כי אין מי אשר הקדים לעשות צדק עד לא גמלתיו הטובה כי מי עשה מזוזה לפתחו עד לא נתתי לו בית וכן הכל והואיל וכן שאין למי עלי לגמלו עוד טוב מ"מ אשלם עוד גמול בחסדי ואין מי ימחה בידי כי כל אשר תחת כל השמים שלי הוא וכולם נכנעים אלי וכאומר הנה גם לך הייתי מטיב גמול אם הייתי צדיק גמור בשלימות רב: (ד) לא אחריש. כאומר הנה במה שספרתי לך יש בהם די להשיב על מאמריך ועם כל זה לא אחשוק מלספר לך עוד ממפעלות הלויתן ממקום איבריו ומנין הגבורות אשר בו וחין ערכו מול שאר הנבראים למען תשכיל יותר מגדולת רוממותי:

מצודת ציון

מא (א) יוטל. יושלך: (ב) יעורנו. מלשון התעוררות: (ד) בדיו. אבריו וכן יאכל בדי עורו (לעיל י"ח) והוא מושאל מבדי האילן: ודבר גבורות. ענין גבורות כמו על דבר פעור וכמדבר

do not stop.

41.

1. Behold his hope is in vain; shall not one be cast down even at the sight of him? 2. There is no one so fierce that he can stir him up, and who is he who can stand before Me? 3. Who came to meet Me? I will pay [his reward]. Everything under the heavens is Mine. 4. I will not be silent concerning his sons, either for

---

superiority (תּוֹתַר)"; (Ruth 2:14), "and she left over (וַתֹּתַר)," and many like it.—[Pseudo-Rashi]

1. **Behold his hope is in vain**—Behold if his hope is in vain, for he will have no strength to wage war and to move from his place.—[Pseudo-Rashi]

shall not one be cast down even at the sight of him—If even at the sight of his face a man will be cast down from standing before him to look at him, because of the fear of him.—[Pseudo-Rashi]

2. **There is no one so fierce that he can stir him up**—There is no one so fierce, mighty, and strong who can arouse him from his sleep and stir him up from his place to raise him up.—[Pseudo-Rashi]

and who is he—who will stand up before Me, Who makes all these?—[Pseudo-Rashi]

3. **Who came to meet Me**—Who is it who came to meet Me by accepting

to worship Me and keep My commandments, and I will pay him his reward.—[Pseudo-Rashi]

Everything under the heavens is Mine—Everything that is under the heavens is Mine, and I have the power to pay him his reward, his recompense, and his remuneration.—[Pseudo-Rashi]

4. **I will not be silent concerning his sons**—I will not be silent concerning the sons of a righteous man who went before Me sincerely, and his sons will be paid the good reward of their father, and they will find good in his merit.—[Pseudo-Rashi]

either for his acts of heroism and the arrangement of his supplication—Either for his heroic deeds, that he strengthened himself to do what is good and upright, and the arrangement of the righteous man's supplication [is that] I will pay his reward also to his sons after him.—[Pseudo-Rashi]

גְּבוּרוֹת וְחִין עֶרְכּוֹ: ה מִי־גִלָּה פְּנֵי
לְבוּשׁוֹ בְּכֶפֶל רִסְנוֹ מִי יָבוֹא: ו דַּלְתֵי פָנָיו
מִי פִתֵּחַ סְבִיבוֹת שִׁנָּיו אֵימָה: ז גַּאֲוָה
אֲפִיקֵי מָגִנִּים סָגוּר חוֹתָם צָר: ח אֶחָד
בְּאֶחָד יִגַּשׁוּ וְרוּחַ לֹא־יָבוֹא בֵינֵיהֶם:
ט אִישׁ־בְּאָחִיהוּ יְדֻבָּקוּ יִתְלַכְּדוּ וְלֹא

תרגום

גְּבוּרְתָא וּבָעוּתָא
דַעֲלַוֵיהּ: ה מַן גַלֵי אַפֵּי
לְבוּשֵׁיהּ בְּכִפְלָא
דִפְרוּמְבֵּיהּ מַן יֵעוֹל:
ו דָשֵׁי אַפּוֹי מַן שְׁרֵי
חֶזְרָנוּת כַּכּוֹי אֵימְתָא:
ז גֵיוְתָנוּת פַּצִידַיָא תְּרֵיסִין
לֵיהּ אֲחִיד בְּחוֹתָם צִיָר:
ח חַד עִם חַד מְקָרְבִין
נִיבוֹי וְרוּחַ לָא יֵעוֹל
בְּמִצְעֲהוֹן: ט חַד עִם
חַבְרֵיהּ מִתְאַדְקִין
מתאחדין

רש"י

לו שכרו גם לבניו אחריו: בדיו. ענפיו והם בניו כמו (יחזקאל י"ז) ותעש בדים ותשלח פארות: (ה) מי גלה פני לבושו. חוזר על הראשונות לדבר על לויתן. מי יוכל לגלות קשקשות שהן: בכפל רסנו. בכפל שפתיו כשהן פתוחות מי הוא אשר יכנס שם. בכפל הן השפתים שהן כפולות אחת למעלה ואחת למטה שאין בריה רשאה ליכנס שם מפני אימתו: (ו) דלתי פניו. הן השפתים כשהוא סוגר פיו מי יוכל לפותחן: סביבות שיניו אימה. אשר מפני פחדו ואימתו אין בריה יכולה להתקרב לשיניו: (ז) גאוה אפיקי מגנים. גאוה גדולה יש לו בחוזק מגיניו הן קשקשים שעליו שמגינין עליו כמגן: סגור. הוא חותם שריונו שהוא צר וסגור ועלום שכל קשקשת וקשקשת דבוקה בו ואדוקה לחברתה שאין בריה יכולה להכותו בין הדבקים וזהו שנא' אחד באחד יגשו שכולן מוגשות ותכופות זו לזו: (ט) יתלכדו ולא יתפרדו. עדיין כופל לשונו שנלכדות ונאחדות כל אחת ואחת בחברתה שלא תהיינה

מנחת שי

כתב שראה בספרים המדוייקים לא כתיב באל"ף וקרי בוא"ו וע"כ פירשו גם כן בוא"ו עיין עליו. ובמדרש תנחומא הובא בילקוט אמר הקדוש ברוך הוא לו אחריש בדיו לאברהם בלבד שתקתי למה שהוא שתק לך וכו' ובבראשית רבה פרשה מ"ט לא אחריש בדיו לך אני מהרים ולבנים היולאים ממך וכו'. ולפי גירסת התנחומא יהיה פי' הכתוב בניהותא. אבל לגיר' ב"ר יהיה פי' הכתוב בתמיהה וכי לך ולבנים היולאים ממך לא אחריש כן פירשו בעל מתנות כהונה ובעל יפה תואר. ואף על פי שאיני כדאי להכניס עצמי בין ההרים הנני מוסיף בזה דברים דאי גרסינן בב"ר לו אחריש בוא"ו ניחא טפי שיהיה פי' הכתוב והמאמר בניהותא וחדא אורחא אית להו למסורת ולמדרש בב"ר ולא פליגי אהדדי: (ח) באחד יגשו. במקצת ספרים מדוייקים הגימ"ל קמוצה כמנהג בהפסק ורד"ק כתב במכלול דף כ"ג

אבן עזרא

שב אל המקדים כמו בדיך. ואם ינלחני לא אחריש לספר גבורתו: וחין ערכו. מגזרת מלא חן. וי"א בדיו שב אל לויתן מגזרת בתים לבדיב והראשון קרוב אלי: (ה) מי גלה פני לבושו. שידע מקומו כי הים הוא מלבוש לו. מי יכפול רסנו להוליאו ממקומו כאשר עושים לבהמות: (ו) דלתי פניו. פיו: (ז) אפיקי. חזקים הם שניו כמגינים וי"א על קשקשותיו: סגור חותם צר. סגורים כחותם לר שאין

רלב"ג

איבריו כי האיברים בבעלי חיים הם כמו הבדים באילן: וחין ערכו. כמו וחן ערכו והרלון בו ויופי סידורי אשר באיבריו וילירתו: (ה) רסנו. הוא הרסן שמשימין בפי הבהמה להנהיג אותה כאשר ירלו: (ז) גאוה אפיקי מגינים. המשיל הקשקשים למגינים לגדלם ואמר אפיקי להורות על חזקם והרלון באפיקי חזקים ואמר גאוה להורות על גבהם ועביים: סגור חותם לר. אמר שהקשקשים מדובקים וסגורים וחתומים

מצודת ציון

כ"ה): וחין. כמו וחן וכן היות לדוד ניר (מלכים א' י"א) והוא כמו נר: ערכו. מלשון ערך ושומא: (ה) פני לבושו. הלבוש הנראה לעין יקרא פני וכן אל מול פניו (שמות כ"ח): רסנו. הוא הדבר ההושם בפי הסוס להטותו הדרך על ידו כמו במתג ורסן (תהלים ל"ב): (ז) אפיקי. ענין חוזק כמו אפיקי נחושה (לעיל מ'): חותם. ענין סתימה כמו כי חתום הוא (ישעיה כ"ט): צר. דחוק: (ח) ורוח. כן יקרא האויר וכן שאפה רוח (ירמיה ב'): (ט) איש באחיהו. כן

מצודת דוד

(ה) מי גלה. מי יערב לבו לגשת אליו לגלות מלבושו הנראה לעין והוא לבוש הקשקשי' אשר הוא מעל לגבוש הטור: בכפל רסנו. ר"ל בשפתיו הכפולי' זה על זה מקום ישימו שם הרסן על הסוס ואמר בל' שאלה ומליצה: (ו) דלתי פניו. מי יפתח דלתי פניוהם שפתיו העשוים לסגור ולפתוח כדלתי הפתח ואמר בל' שאלה מי יפתח שפתיו לשום שם הרסן כאשר ישימו בסוס כי הלא סביבו' שניו יש אימ' ומי יקרב אליו: (ז) גאוה. ר"ל יוכל להתגאות עם חוזק המגיני' אשר עליו הם הקשקשים שהמה לו למגן: סגור. כל קשקשת סגור ודבוק בעורו סתימה דחוקה שאין לזוז ממקומו: (ח) אחד. קשקשת אחד נגש ודבוק בחבירו עד לא יבוא האויר ביניהם: (ט) איש. כ"א דבוק בחבירו והמה לכודים ונאחזים זה בזה ולא

that Scripture is referring to his teeth, which are as strong as shields. He is proud of his teeth which are like strong shields, and his mouth is closed like a narrow seal with his teeth, because . . .

his acts of heroism or the arrangement of his supplication. 5. Who exposed the face of his raiment? Who can come within his double bridle? 6. Who can open the doors of his face? Around his teeth is terror. 7. There is pride in his strong shields, closed with a narrow seal. 8. They are so close to each other that no air comes between them. 9. One adheres to the other; they stick together and cannot

his sons—Heb.בַּדָּיו, *his branches, and they are his sons, like* (Ezek. 17:6), *"and brought forth branches* (בַּדִּים) *and sent out sprigs."*—[*Pseudo-Rashi*]

5. **Who exposed the face of his raiment**—*He returns to the previous topic to speak of the leviathan: who can expose the scales, which are . . .*—[*Pseudo-Rashi*]

within his double bridle—*Into the fold of his lips, when they are open, who is it who will enter there?* [The expression] בְּכֶפֶל, *double, denotes the lips, which are double, one above and one below, into which no creature may enter because of fear of him.*—[*Pseudo-Rashi*]

Mezudath David explains that the expression of the bridle denotes the mouth into which a bridle is inserted, as with a horse. *Isaiah da Trani* explains:

Who exposed the face of his raiment—in order to wage war with him, or who can place a bridle into his mouth and fold it and put his hand into the folds of his bridle, as is done to horses?

6. **the doors of his face**—*They are the lips when he closes his mouth. Who can open them?*—[*Pseudo-Rashi*]

Around his teeth is terror—*That because of his fright and his terror, no creature can approach his teeth.*—[*Pseudo-Rashi*]

7. **There is pride in his strong shields**—*He takes great pride in the strength of his shields; they are the scales that are upon him, which protect him like a shield.*—[*Pseudo-Rashi*]

closed—*That is the seal of his coat of mail, which is narrow, closed, and strong, for each scale is attached to him and attached to the next one, so that no creature can strike him between the scales. This is what is stated: They are so close to each other, that all of them are brought together and are close to each other.*—[*Pseudo-Rashi*]

9. **they stick together and cannot be separated**—*He is still repeating his language, that they* [the scales] *are stuck together and each one is joined to the next one so that they should not separate from each other.*—[*Pseudo-Rashi* from *Hullin* 67b, so *Ralbag, Ibn Ezra,* and others] *Ibn Ezra* and *Rabbenu Meyuchos* suggest

יִתְפָּרָדוּ׃ י עֲטִישֹׁתָיו תָּהֶל אוֹר וְעֵינָיו
כְּעַפְעַפֵּי־שָׁחַר׃ יא מִפִּיו לַפִּידִים יַהֲלֹכוּ
כִּידוֹדֵי אֵשׁ יִתְמַלָּטוּ׃ יב מִנְּחִירָיו יֵצֵא
עָשָׁן כְּדוּד נָפוּחַ וְאַגְמֹן׃ יג נַפְשׁוֹ גֶּחָלִים
תְּלַהֵט וְלַהַב מִפִּיו יֵצֵא׃ יד בְּצַוָּארוֹ יָלִין
עֹז וּלְפָנָיו תָּדוּץ דְּאָבָה׃ טו מַפְּלֵי בְשָׂרוֹ

מִתְאַחֲדִין וְלָא
מִתְפָּרְדִין ׃ י זְרִירוּי
תַּגְהַר נְהוֹרָא וְעֵינוֹי
כְּתִמְרֵי קְרִצְתָּא ׃
יא מִפּוּמֵיהּ בְּעוּרַיָּא
יְהַלְכוּן גוּצִין דְנוּר
מִשְׁתֵּזְבִין׃ יב מֵאַפּוּתֵיהּ
יִפּוֹק קִטְרָא הֵיךְ דוּדָא
נְפִיחַ דְעָבֵד כֵּיפָא ׃
יג נַפְשֵׁיהּ גוּמְרִין תְּצַלְהֵב
וְשַׁלְהוֹבִיתָא מִפּוּמֵיהּ
נָפֵק ׃ יד בְּצַוְרֵיהּ יְבִית
עוּשְׁנָא וְלִקְדָמוֹי תְּדִיץ דַּאֲבוּנָא ׃ טו שַׁלְדֵי בִסְרֵיהּ מִתְאַדְקִין

ת״א כעפעפי . ג״כ ע״ד ׃

רש״י

מתפרדות זו מזו : (י) עטישותיו תהל אור . בכל עטישה
ועטישה שהוא מתעטש יהל ותזרח אור : תהל . כמו בהלו
נרו (לעיל כ״ט) : ועיניו כעפעפי שחר . עיניו זורחות
ומאירות כדמדומי חמה כמו לעת בקר שהשמש מתאדמת:
(יא) מפיו . מלהבת היוצאת ממנו : מפיו לפידים
יהלוכו . לפידים יוצאות מפיו : כידודי אש. כמו לפידים :
יתמלטו. פתרונו לפי ענינו (שויג״ט איסקמולייא בלע״ז) :
(יב) מנחיריו יצא עשן. כסיר נפוח על האש שמעלה
עשן : ואגמון. פתרונו לפי ענינו לשון כלי הרס הוא כמו
דוד נפוח כענין שנאמר (ירמיה א׳) סיר נפוח אני רואה :
(יג) נפשו גחלים תלהט . גחלים בוערות ולוהטות :
ולהב . ולהבות דולקות יוצאות מפיו : (יד) בצוארו ילין
עוז. גבורה : ולפניו תדוץ דאבה. שאין דאבון ועצבון
לפניו שאינו מתירא משום בריה . תדוץ לשון דילה ושמחה :
(טו) מפלי בשרו דבקו. נדבקות ותכופות זו בזו
שהדגים הן נעשין התיכות חתיכות בבשרו ומדובקות זו בזו

אבן עזרא

ריוח ביניהם: (י) עטישותיו . ידוע מדברי רבותינו ז״ל :
(יא) כידודי אש . אין ריע לו . כמו זיקות יתמלטו כה
וכה : (יב) כדוד . סיר וכן או בדוד : ואגמון . אגם המים
כאשר יתחמם האויר : (יג) נפשו . הרוח היוצא מאפו :
(יד) תדוץ . אין ריע לו . והטעם אין דאבה לפניו רק עוז וגאוה : (טו) מפלי בשרו . מקומות השומן שהם תלוים

מנחת שי

שסיא פתוחה וכן מלאתי בס״א כ״י שנמסר עליו לית : (י) עטישתיו .
הגעיא בעי״ן בספרי ספרד : (יא) מפיו לפידים . בכל ספרים
מדוייקי׳ מלא דמלא וכן הדין כפי המסורה שכתבתי בפירוש בסוף
פרשת יתרו : (יד) בצוארו . סבי״ת בגעיא בספרי ספרד :

רלב״ג

בבשר זה הדג קותם לו בדרך שלא יבא רוח ביניהם: (י) עטישותיו.הוא מענין עטוש . כעפעפי שחר.הוא המקום מהאופק שיזרח ממנו השמש
שהוא מאיר טרם זרוח השמש כמו שעה וחומש שעה : (יא) לפידים. לפידי אש : כידודי אש . ניצוצי אש: יתמלטו . יצאו ויולדו ממנו מגזרת
והמליטה זכר : (יב) כדוד נפוח . כסיר רותח : ואגמון . היא דוד גדולה : (יג) נפשו . נשימתו : תלהט . תבעיר ותלהב מגזרת ולהט אותם:
(יד) תדוץ. מענין שמחה : דאבה . כמו דאגה : (טו) מפלי בשרו . הם חלקי הבשר הנופלים ונפרדים קצתם מקצתם בשאר הדגים ואמר

מצודת דוד

יתפרדו וכפל הדבר פעמים ושלש לגודל הדבוק ולהפלגת המליצה :
(י) עטישתיו . ההבל היוצא ממנו בעת העטוש תזריח אור ור״ל
כ״כ גבר בו חום הטבעי כאלו היה מלא אש וכאלו יבריק ויאיר
בעת יוציא ההבל ועם כי טבע הדגים הוא קר : ועיניו . בקיעות
עיניו רחבים הם ומזהירים כבקיעת השחר : (יא) לפידים יהלוכו.
מרוב חום הטבעי יחומם הבל פיו כאלו לפידי אש הולכים מפיו
וכאלו ניצוצות נשלכים ממנו וכפל הדבר להפלגת הענין :
(יב) מנחיריו . ההבל היוצא מנחיריו הוא רב ונראה כעשן לגודל
החום ודומה הוא אל ההבל היוצא מן הדוד והאגמון כשהוא נופח
ומרתיח שמעלה אז הבל רב : (יג) נפשו . נשימתו תלהט כגחלי אש
וכאלו להב יוצא מפיו : (יד) בצוארו . עם כי הצואר הוא המקום
היותר חלש בכל בע״ח אבל בצוארו יתמיד העוז והחוזק : ולפניו .
החזה אשר היא לפני הצואר תשמח את העצבון ר״ל כ״כ היא חזקה
ומשומרת עד לא תעצב מן דבר מכאוב כי אין דבר יזיקנה : (טו) מפלי

מצודת ציון

יאמר בדברים השווים וכן מקבילות הלולאות אשה אל אחותה (שמות
כ״ו) : יתפרדו . מלשון פרוד והפרשה : (י) עטישותיו . לשון עטוש
ידוע בד׳ רבותינו ז״ל וכן אמרו המתעטש בתפלתו (ברכו׳ כ״ד): תהל.
תזריח כמו בהלו נרו (לעיל כ״ט) : כעפעפי . הוא אישון העין והושאל
לבקיעות אור השחר וכן בעפעפי שחר (לעיל ג׳) : (יא) לפידים .
הוא העץ שמדלקים בו האש ואף הוא יבער מן האש וכן כלפיד יבער
(ישעיה ס״ב) : כידודי . ענינו ניצוצות ואין לו דומה : יתמלטו .
ישלכו כמו אל מראיו יוטל : (יב) מנחיריו . הם נקבי האף כמו הוד
נחרו אימה (לעיל ל״ט) : כדוד . כקדרה כמו בסירות ובדודים (ד״ה
ב׳ ל״ה) : נפוח . מעלה רתיחה כמו סיר נפוח אני רואה (ירמי׳ א׳)
ויקרא כן כי מעלה נפוחים ואבעבועות : ואגמון . שם כלי מכלי
הבשול : (יג) נפשו . על הנשימה יאמר בדרך שאלה : גחלים .
כגחלים בחסרון כ״ף הדמיון ורבים נמצאים כן : תלהט . תבער
ותשרף כמו תלהט הרים (תהלים פ״ג) : ולהב . שלהבת : (יד) ילין .
ענין התמדה : תדוץ . תגיל ותשמח כי שישו אתה משוש (ישעיה
ס״ו) תרגומו דוצו : דאבה . עצבון כמו ודאבון נפש (דברים כ״ח) : (טו) מפלי . ענין הבקוע וההבדל ובד׳ רבותינו ז״ל אית ביה פילי

him, since he does not fear any creature. [The word] תָּדוּץ *is an expression of joy and happiness.—*[*Pseudo-Rashi*]

15. **The flakes of his flesh are joined together**—Heb. דָּבְקוּ. *They adhere to each other closely, for the fish are composed of many pieces in its flesh, and they adhere to one another. In a large fish, when it is cooked, the pieces are noticeable when they are lying one upon the*

be separated. 10. His sneezes flash forth light, and his eyes are like the rays of dawn. 11. From his mouth go firebrands; sparks of fire go forth like foam. 12. From his nostrils smoke goes forth, like a bubbling pot and an earthenware vessel. 13. His breath kindles coals, and flame goes forth from his mouth. 14. Strength lodges in his neck, and sadness rejoices before him. 15. The flakes of his flesh

they are close to each other—The upper teeth and the lower teeth, so that no air comes between them, and if air does come between them, one adheres to the other.—[*Rabbenu Meyuchos*]

10. **His sneezes flash forth light**—*With every sneeze that he sneezes, light flashes forth and shines.*—[*Pseudo-Rashi*]

and his eyes are like the rays of dawn—*His eyes shine and illuminate like the redness of the sun, like the time of morning when the sun becomes red.*—[*Pseudo-Rashi*] *Mezudath Zion* explains that עַפְעַפֵּי שָׁחַר is literally "the pupil of dawn," figurative of the rays bursting forth at dawn. *Mezudath David* explains that the *leviathan's* eyes are wide and shining like the rays of dawn. See above 13:8, Commentary Digest.

11. **From his mouth**—*From the flame that goes forth from his mouth.*—[*Pseudo-Rashi*]

From his mouth go firebrands—*Firebrands come forth from his mouth.*—[*Pseudo-Rashi*]

sparks of fire—*Like firebrands.*—[*Pseudo-Rashi*]

go forth like foam—Heb. יִתְמַלָּטוּ. *Its interpretation is according to the context, escumicer in Old French* [going forth like foam].—[*Pseudo-Rashi*] *Targum:* slip out. *Mezudath Zion:* are cast out, so *Meir Iyov.*

12. **From his nostrils smoke goes forth**—*like a bubbling pot on the fire, which raises smoke.*—[*Pseudo-Rashi*] I.e. the vapor that emerges from his nostrils is due to the great heat of his body. It is so thick and copious that it resembles smoke, and it also resembles the steam that rises from a bubbling pot.—[*Mezudath David*]

and an earthenware vessel—Heb. וְאַגְמֹן. *Its interpretation is according to its context: an expression of an earthenware vessel, like a bubbling pot; according to the matter that is stated* (Jer. 1:13): *"I see a bubbling pot."*—[*Pseudo-Rashi*] *Targum:* that forms a crest.

13. **His breath kindles coals**—*Burning and blazing coals.*—[*Pseudo-Rashi*]

and flame—*And burning flames emerge from his mouth.*—[*Pseudo-Rashi*]

14. **Strength lodges in his neck**—*Mightiness.*—[*Pseudo-Rashi*]

and sadness rejoices before him—*For there is no sadness or grief before*

דָּבְקוּ יָצוּק עָלָיו בַּל־יִמּוֹט: טז לִבּוֹ יָצוּק כְּמוֹ־אָבֶן וְיָצוּק כְּפֶלַח תַּחְתִּית: יז מִשֵּׂתוֹ יָגוּרוּ אֵלִים מִשְּׁבָרִים יִתְחַטָּאוּ: יח מַשִּׂיגֵהוּ חֶרֶב בְּלִי תָקוּם חֲנִית מַסָּע

חסר א'

יִתְיַסַּד עֲלוֹי דְּלָא תְזוּעַ: טו לִבֵּיהּ מִתְיַסַּד הֵיךְ אַבְנָא וְאַתִּיךְ הֵיךְ פִּלְחָא אַרְעִיתָא: יז מִמִּסְפְּיֵיהּ יִדְחֲלוּן תַּקִּיפַיָּא מִן תַּבְרַיָּא יְדוּן עֲלֵיהוֹן: יח יְדַבְּקִנֵּיהּ חַרְבָּא וְלָא תְקוּם סוּרְגִיתָא וְקַלְעָא

רש"י

ובדג גדול כשהוא מבושל נראות חתיכות כשהן שוכבות זו על זו וזו אצל זו. וכן הולך סדור המלה תחל' דבר בקשקשותיו של לויתן ואחר כן בחתיכות בשרו וחוזק לבו: מפלי. לשון כפלות חתיכות וי"ל כמו פלאי פלויי שבלשון גמרא (נידה כ"א) לשון ביקועי ביקועי חתיכותיו: דבקו. בי"ת קמוצה בקמץ קטן כמו ולשונם לחכם דבקה וכן הרבה באתנחתא וסוף פסוק: יצוק עליו. כל מפל ומפל יצוק זה על זה אשר לא ימוט ולא יתפרד זה מעל זה. יצוק לשון מוצק והוא לשון עשוי כמו ירוד מן ירד יצוק מן יצק ידוע מן ידע: (טז) לבו יצוק כמו אבן. לבו בקרבו חזק ומיוסד כאבן הקבועה ונתונה ביסוד הבנין בחוזק: ויצוק כפלח תחתית. כופל מלתו שמיוסד לבו וקבוע כפלח של ריחיים שנתון בתחתיתו של פלח רכב שלמעלה הוא סובב ומתגלגל וטוחן ושל מטה אינו זז ממקומו כי קבוע הוא במקומו אשר לא ימוט הוא נקרא פלח שנא' (שופטים ט') ותשלך אשה אחת פלח רכב על ראש אבימלך ואת שלמטה קרוי פלח תחתית: (יז) משאתו יגורו אילים. מפחדו מתיראים גבורים וחזקים בין דגים בין שאר בריות: משברים יתחטאו. גלי הים שקרוין משברים הן חסרין לפניו שהוא שוברתן בבריחתו כאשר הוא פורח ואף בגלי הים. יתחטאו לשון חסרון כמו (מ"א א') והייתי אני ובני שלמה חטאים: (יח) משיגהו חרב בלי תקום. גבור המשיגהו להלחם בחרב לא יתקיים חרבו. כי היא ישברנה: חנית מסע ושריה. וכן כל כלי מלחמה הללו שביד המשיג לא יתקיימו ולא יעמדו לפניו של לויתן. מסע י"ל שהוא א' מכלי מלחמה כמו חרב וחנית ושריה. ויש לומר מסע דוגמת אבן שלימה מסע וגו' (שם א' ו') וזהו פתרונו חנית מסע שהוא גדול ואינו נוח לטלטל כל כך מפני שהוא גדול וחזק מאוד כענין שנאמר בגלית הפלשתי ועץ חניתו כמנור אורגים ולהבת חניתו שש מאות וגו': ושריה. שריון

אבן עזרא

על בשרו והוא קרוב מגזרת ומפל בר נשביר: (טז) לבו יצוק. כמו ויצקת לו: כמו אבן. תקיף: כפלח תחתית. כפלח הריחיים התחתונה שהיא תקיפה: (יז) משתו. חסר אל"ף כאשר יתנשא בים ויראה יפחדו ממנו הגבורים ומהשברים שיניע בים יתחטאו הנמלאים: (יח) ואם אדם ישיגהו בחרב לא תקום עליו והטעם לא תעמוד: חנית מסע. שמנהג האדם להסיע חנית עמו כשאול: ושריה. מין ממיני הנשק. ודעת רבים כמו שריון והוא רחוק בעיני

רלב"ג

עליהם שהם דבקים בו: יצוק. מגזרת והיית מוצק וענינו חזק: (טז) כפלח תחתית. הוא האבן השפל משני אבני הריחיים. או ישים פלח תחתית החלק מהאבן שהוא אצל המרכז כי הוא ראוי שיהיה יותר חזק שבאבנים: (יז) משאתו. מרוממותו ותקפו: יגורו אילים. יפחדו חזקים: משברים יתחטאו. ממשברי לב שישיגום בסבת הפחד יתנקו דרך נקביהם לעשות לואתם ומימי רגליהם: (יח) משיגהו. שמשיג אותו: בלי תקום. בלי תעמוד ותתקיים כי לחזקו תשבר החרב כשיחשבו להכות בו: חנית מסע ושריה. הם כלי זיין ואמר

מצודת ציון

(פסחים מ"ד) והוא קרוב ללשון אשר יפלה ה' (שמות י"א) שהוא ענין הפרשה והבדלה: ימוט. מלשון נטיה: (טז) כפלח. כן יקרא אבן הרחים וכן פלח רכב (שופטים ט') כי פלח הוא ענין בקוע כמו יפלח כליותי (לעיל י"ז) ואבני הרחיים העליון והתחתון נראים כאלו נבקעו מאבן אחת: (יז) משתו. כמו משאתו באל"ף והוא מלשון נשא ורוממות: יגורו. יפחדו כמו ויגר מואב (במדבר כ"ב): אילים. חזקים כמו אל גוים (יחזקאל ל"א): משברים. כן יקראו גלי הים כמו משבריך וגליך (יונה ב') על שם שנראים כמשברים את הים ואף שהם ישברו מעצמן: יתחטאו. ענין חסרון כמו קולע באבן אל השערה ולא יחטיא (שופטים כ'): (יח) חנית מסע ושריה. הם

מצודת דוד

בשרו. חתיכות בשרו המה דבוקים זה בזה כאלו היה ניצק עליו בילקס אחת ולא ימוט זה מזה כאשר ימוטו החתיכות בשאר הדגים כי דרך בשר הדגים להיות חתיכות חתיכות זה על זה ונוח להפריד אותם זה מזה: (טז) לבו יצוק. לבו הוא בילקס אחת כמו אבן מבלי חלל לא כמו ביתר בע"ח: כפלח תחתית. היא בילקה אחת כמו אבן הרחים אשר מתחת שאין בו חלל כלל משא"כ העליון שיש בו חלל מה במקום הנקב שיורד התבואה דרך בה: (יז) משאתו. מרוממותו יפחדו אף החזקים: משברים יתחטאו. כשהוא שט בים יחסרו הגלים כי הוא מבלבל את הגלים ומקלקלם: (יח) משיגהו. הלוחמים עמו להשיגו בחרב לא תקום בידם זאת המלחמה כי לא

man, who overtakes him to wage battle with a sword—his sword will not remain, because he will break it.—[*Pseudo-Rashi*]

[neither will] a spear, a slingshot, or a coat of mail—*Likewise, none of these weapons that are in the hands of the overtaker will either remain or stand up before the leviathan. The word* מַסָּע *may be said to be one type of weapon, like the sword, spear, and coat of mail(?).* מַסָּע *may also be interpreted after the sample of* (I Kings 6:7), *"whole stones as they were transported* (מַסָּע) *etc.," and this is its interpretation: a transported spear, which is large and not so easily moved, because it is large and very*

are joined together, poured out upon it, not to move. 16. His heart is as strong as stone, and as strong as a lower millstone. 17. From his fear the mighty are frightened; the breakers fail. 18. He who overtakes him with a sword—it will not remain, [neither will] a spear, a slingshot,

other and one beside the other, and so is the sequence of the world: First he speaks of the scales of the leviathan and then of the flakes of his flesh and the strength of his heart.—[Pseudo-Rashi]

flakes—Heb. מַפְּלֵי, *an expression of folds of pieces. It is also possible to explain it as* פְּלָאֵי פְּלוּיֵי, [if it is split] *in the language of the Talmud, an expression of the splits of his flakes.* —[*Pseudo-Rashi*]

are joined together—*the "beth" is vowelized by a small "kamatz"* (tzeireh), *like* (Job 29:10), *"and their tongues stuck* (דָּבֵקָה) *to their palates," and many other cantillated by "ethnahta" or "sof pasuk."* [These are the pause accents.]—[*Pseudo-Rashi*]

poured out upon it—Heb. יָצוּק. *Every flake poured out one upon the other, so that it should not move or separate one from the other.* [The word] יָצוּק *is an expression of being poured, and it is the passive participle, like* יָרוּד, *descended, from* ירד; יָצוּק, *poured, from* יצק; יָדוּעַ, *known, from* ידע.—[*Pseudo-Rashi*] [Note that the word יָרוּד is not found in the Bible. Since ירד is an intransitive verb, it can have no passive voice.]

16. **His heart is as strong as stone**—*His heart within him is as strong and basic as a permanent stone that is placed securely in the foundation of a building.*—[*Pseudo-Rashi*]

and as strong as a lower millstone—*This clause is repetitious, meaning that his heart is as basic and permanent as the millstone that is placed under the upper millstone, for the upper millstone revolves and rotates and grinds, whereas the lower one does not move from its place because it is fastened to its place, so that it should not move. That is called* פֶּלַח [רֶכֶב], *as it is stated* (Jud. 9:53): *"And a certain woman cast an upper millstone* פֶּלַח רֶכֶב, *upon Abimelech's head. The lower one is called* פֶּלַח תַּחְתִּית, *the lower piece.*—[*Pseudo-Rashi*]

17. **From his fear the mighty are frightened**—*From his fear, the mighty and strong, both fishes and other creatures, are frightened.*—[*Pseudo-Rashi*]

the breakers fail—*The waves of the sea, which are called breakers, fail before him, because he breaks them with his swimming, as he swims and floats in the waves of the sea.* [The word] יִתְחַטָּאוּ *is an expression of a lack, like* (I Kings 1:21), *"and I and my son Solomon will be lacking* (חַטָּאִים)."—[*Pseudo-Rashi*]

18. **He who overtakes him with a sword—it will not remain**—*A mighty*

וְשִׁרְיָה: יט יַחְשֹׁב לְתֶבֶן בַּרְזֶל לְעֵץ
רִקָּבוֹן נְחוּשָׁה: כ לֹא־יַבְרִיחֶנּוּ בֶן־קָשֶׁת
לְקַשׁ נֶהְפְּכוּ־לוֹ אַבְנֵי־קָלַע: כא כְּקַשׁ
נֶחְשְׁבוּ תוֹתָח וְיִשְׂחַק לְרַעַשׁ כִּידוֹן:
כב תַּחְתָּיו חַדּוּדֵי חָרֶשׂ יִרְפַּד חָרוּץ עֲלֵי־
טִיט: כג יַרְתִּיחַ כַּסִּיר מְצוּלָה יָם יָשִׂים

ת״א חדודי. חולין סז: ירתיח. ב״ב עד:

דְּסַטְלָא אַבְנָא וְשִׁרְיָנָא:
יט יַחְשֵׁיב לְתִבְנָא פַּרְזְלָא
לְקִיסָא בּוּלְטִיתָא
כַּרְכּוּמָא: כ לָא יַעַרְקִנֵּיהּ
גִּרְרָא קַשְׁתָּא לְגִילֵי
אִתְחֲשִׁיבוּ לֵיהּ אַבְנֵי
קַלְעָא: כא הֵיךְ גִּילֵי
אִתְחֲשִׁיבוּ לֵיהּ נִרְגַּיָא
יִגְחַךְ לִרְגוּשׁ רוּמְחָא:
כב תְּחוֹתוֹי פְּרִירִין
דְּחַדְּדִין הֵיךְ חַסְפָּא
יַמִּיךְ דַּהֲבָא סְנִינָא עֲלֵוֵי
סָאן: כג כַּרְתַּח הֵיךְ דוּדָא מְצוּלְתָא יַמָּא

רש״י

(יט) **יחשוב להבן ברזל**. כלי זיין של ברזל חשובים לפניו כתבן וכלי זיין של נחושה הם לפניו כרקבית עץ: (כ) **לא יבריחנו בן קשת**. לא יברח מפני בעל קשת וחצים ואבני בלסטראות הרי הן לפניו כקש: (כא) **תותח**. הוא כלי זיין ופתרונו לפי ענייני: **וישחק לרעש כידון**. לרעש מהומת בעלי מלחמות נושאי כידון הוא משחק ומטייל שאינו מתיירא מפניהם: (כב) **תחתיו חדודי חרש**. במקום חניתו יש זהרורי שמש כי סנפירים שלו אשר תחתיו בבטנו מאירות ומזריחות כשמש: **חדודי**. כמו הרב חדה שהיא שנונה לוהה ומלובנה ועל שם כך קורא לזהרורי חדודי: **חרש**. שמש כמו האומר לחרס ולא יזרח וגו׳ (לעיל ט׳) בטרס תבא החרסה (שופטים י״ד): **ירפד חרוץ עלי טיט**. מלה כפולה ירפד חרוץ מוסב על חדודי חרס. עלי טיט מוסב על תחתיתו במקום שהיא שם על החול זה טיט ריפודו מזריח כזהב חרוץ כענין שנאמר רפידתו זהב (שיר השירים ג׳). חרוץ מין זהב כענין שנאמר מהרוץ תבואתה (משלי ג׳) טוב פריה מהרוץ ומפז (שם ה׳). ירפד ל׳ מצע למשכב כמו רפידתו זהב (ש״ה ג׳): (כג) **ירתיח כסיר מצולה**. כסיר קטן נפוח שמעלה מהרה רתיחות תכופות ורצופות כן הוא מרתיח את המצולה שהיא גדולה ועמוקה: **ים ישים כמרקחה**. כמרקחת ריקוח בשמים שהיא מעירה ומעורבת כמו כן ישים ויערב את הים כשהוא זז

אבן עזרא

והטעם כי שריון לא יעמוד ויקום עמו: (יט) **רקבון**. כמו רקב: (כ) **בן קשת**. הוא החץ: (כא) **תותח**. אין ריע לו והטעם כמו נשק: **לרעש כידון**. כי מנהג האוחז אותו להרעישנו: (כב) **חדודי חרש**. הטעם תחתיו הרשים חדים ולא ירגיש בהם: **ירפד**. יפרוש כמו רפידתו זהב והענין יליע: **חרוץ**. דבר כרות כמו אם חרוצים ימיו והטעם כפול: **עלי טיט**. שיש תחת התהום: (כג) ים

מנחת שי

(כ) נהפכו. בשו״א הה״א ודגש הפ״א. מכלול דפ״ב ושרשים: (כא) נחשבו

רלב״ג

שאם יכוהו באי זה שיהיה מהם לא יתקיים החרב ולא יזיקהו: (יט) נחושה. הוא הברזל החזק אלי״ר בלעז: (כ) בן קשת. הוא החץ: קלע. הוא כלי כמו חגורה שמשליכין בו אבנים פרונד״א בלע״ז: (כא) תותח. אמרו בו שהוא כלי בעל יתידות מחודדות שלדין בו הדגים ועל שהכלי אחד מלד אחד ורכים מלד אחר אמר נחשבו. והנכון שתותח הוא הכלי הגדול שמשליכין בו אבנים הגדולות להפיל החומות והבניינים החזקים ויהיה הענין בזה שכקש נחשבו לו אבני תותח: לרעש כידון. הוא קול תנועת הרומח כשמנענעין אותו להכות בו: (כב) חדודי חרש. סלעים חריפים דומים לחרשים חריפים ליבשם והנה ישכב עליהם ולא ירגיש בהם: ירפד. יליע וישכב עליו חרון. הוא דבר חד וכורת: (כג) מצולה. מן ירדו במצולות: כמרקחה. כסיר שיעשו בו המרקחת שהוא רותח:

מצודת דוד

ילחמוהו בחרב וכן הלוחמים בחנית או במסע או בשריה לא ילחמוהו מפחם: (יט) יחשוב. כי כלי ברזל נחשב נמולו לתבן וכלי נחושת לעץ נרקב כי לא יזיקוהו באלה: (כ) בן קשת. החץ לא יבריח אותו כי לא יפחד ממנו: נהפכו לו. למולו נחשבו אבני קלע לקש ר״ל לא יזיקו לו כמו שאין הקש מזיק כאשר יקלע אותם כל מי: (כא) תותח. אבני תותח: לרעש כידון. נשמיעת קול בעלי כידון: (כב) תחתיו חדודי חרש. סלעים הרים דומים לחרסים חדים שמה לו מתחת והוא שוכב עליהם ולא ירגיש בהם: ירפד. יליע לעצמו דבר חד מלא הרילים וישכב עליו כעל טיט והוא כפל ענין במ״ש: (כג) ירתיח. בהכהו ביולא מהבל פיו ירתיח עומק הים כסיר העומד אצל האש: כמרקחה. כמו שהרוקחים עושים המרקחות ממיני הבשמים מעורבים יחד כן יעורב כל אשר בים עם

מצודת ציון

שמות כלי זיין: (כ) בן קשת. אמר בדרך השאלה על החץ היולא מן הקשת כבן היולא מן האם: קלע. כן שם הכלי אשר יזרקו בו האבנים וכן כף הקלע (שמואל א׳ כ״ה): (כא) תותח. שם כלי מה עשוי לזרוק בו אבנים גדולות להפיל החומה: כידון. מין חנית או רומח: (כב) חדודי. מלשון חד והריף: חרש. כמו חרס בשמ״ך: ירפד. ענין הלעה למשכב כמו רפדתי ילועי (לעיל י״ז): חרוץ. מלשון חרולים והדודים כמו למורג חרון (ישעיה מ״א): עלי. כעלי ותחסר כ״ף הדמיון: (כג) כסיר. כמין קדרה כמו סיר הבשר (שמות י״ז): מצולה. עומק הים כמו ותשליכני מצולה (יונה ב׳): כמרקחה.

Heb. יִרְפַּד, *an expression of a couch for lying down, like* (Song 3:10), *"its couch of gold."*—[*Pseudo-Rashi*]

The reference to the fins appears in *Hullin* 67b, where *Rashi* quotes his mentor, who explains the verse as our commentator explains it here. However, *Rashi* himself explains that the fins cut the water like sharp potsherds and do not hinder the *leviathan's* swimming. Other commentators interpret the verse vari-

nor a coat of mail. 19. He regards iron as straw, and copper as rotten wood. 20. No arrow can put him to flight; slingstones turn into stubble for him. 21. Catapult [stones] are regarded as straw, and he plays at the noise of the harpoon. 22. Under him are rays of the sun; where he lies is gold upon the mire. 23. He makes the deep seethe like a pot; he makes the sea

strong; as the matter is stated concerning Goliath the Philistine (I Sam. 17:7), *"And the shaft of his spear was like a weaver's beam, and the spear's head was six hundred shekels, etc."—[Pseudo-Rashi]*

a coat of mail—Heb. וְשִׁרְיָה, *a coat of mail* (שִׁרְיוֹן.—[*Pseudo-Rashi*] *Targum* renders מַסָּע as a slingshot; *Ibn Ezra:* a spear that is carried. It was customary to carry a spear, as we find in the case of King Saul.

19. **He regards iron as straw**—*Iron weapons are regarded by him as straw, and copper weapons are to him as rotten wood.*—[*Pseudo-Rashi*]

20. **No arrow can put him to flight**—*He will not flee before an archer, and arrows and slingstones are to him as stubble.*—[*Pseudo-Rashi*] No arrow can put him to flight because he does not fear it, and slingstones can hurt him no more than stubble.—[*Mezudath David*]

21. **Catapult [stones]**—Heb. תוֹתָח, *a weapon, to be interpreted according to the context.*—[*Pseudo-Rashi*] *Mezudath Zion* and *Ralbag* define it as catapult stones, used to demolish walls. *Targum:* axes. *Rabbenu Meyuchos:* a javelin. *Redak:* arrows.

and he plays at the noise of the harpoon—*At the noise of the tumult of warriors who carry harpoons, he plays and strolls, for he does not fear them.*—[*Pseudo-Rashi*] *Ibn Ezra:* At the rattling of the harpoon; following *Ralbag's* explanation that hunters rattle their harpoon as they prepare to cast it.

22. **Under him are rays of the sun**—*In the place he rests, there are rays of the sun, because his fins, which are under him on his belly, illuminate and shine like the sun.*—[*Pseudo-Rashi*]

rays—Heb. חַדּוּדֵי. *Like a sharp sword, which is sharpened, bright, and whitened. Because of this, he calls rays* חַדּוּדֵי.—[*Pseudo-Rashi*]

sun—Heb.חָרֶשׂ, *the sun, like* (above 9:7), *"He who spoke to the sun* (לַחֶרֶס) *and it did not shine"*; (Jud. 14:18), *"before the sun* (הַחַרְסָה) *set."*—[*Pseudo-Rashi*]

where he lies is gold upon the mire—*This is a repeated clause. "Where he lies is gold," refers to "rays of the sun"; "upon the mire" refers to "under him," in the place where he is on the sand; this is the mire where he lies. It shines like precious gold, as the matter is stated* (Song 3:10): *"its couch of gold."* חָרוּץ *is a type of gold, as the matter is stated* (Prov. 8:19): *"My fruit is better than gold* (מֵחָרוּץ), *yea than fine gold." Where he lies—*

כמרקחה: כד אחריו יאיר נתיב יחשב
תהום לשיבה: כה אין על עפר משלו
העשו לבלי חת: כו את כל גבה
יראה הוא מלך על כל בני שחץ:

תרגום

ישוי היך מתכלא: כד בתרוי ינהר שבילא יחשוב תהומא לשיבותא: כה אין על עפרא שולטניה דעבדיה דלא יתבר: כו ית כל גובהא יחמי הוא מליך על כל בני

רש"י

ממקומו: (כד) **אחריו יאיר נתיב.** כשהוא פורח ושט בים אחריו מאיר נתיב התהום שלפי שעה שהוא פורח אין שם מים מחמת מרולת פריחתו: **יחשוב תהום לשיבה.** תהום חשוב לפניו בהלשות ותשות: **לשיבה.** לחלשות של זקנה ושיבה: (כה) **אין על עפר משלו.** מ"ם חטף קמץ ופתרונו ממשלתו שאין בריה מושלת עליו והוא שם דבר מושל ושלטון ועל כן המ"ם מנוקדת בחטף קמ"ץ: **העשו.** כמו העשוי ולא ידעתי לו ריע ופתרונו העשוי בלי פחד ומחיתה שאינו מתירא מן הבריות כמו שנאמר בסוס ישחק לפחד ולא ייחת (לעיל ל"ט): (כו) **את כל גבוה יראה.** כל הגבוהים שבעולם הוא רואה תחתיו וכן הוא מנהג העולם אשר אותו העומד למעלה רואה את התחתון יותר ממה שרואה התחתון ואין לתחתון גבורה ונצחון נגד העליון ולויתן זה רואה את כל הגבורים לומר שאין להם גבורה כנגדו: **היא מלך על כל בני שחץ.** מלה כפולה על כל בני גאוה יראה והוא מלך על כל בני שחץ בני גסות הרוח שבראתי בעולמי שאין להם כנגדו ממשלה ושררה והיאך נשאך לבך לשאת ראש לפני להתווכח נגדי כי הנני עושה

מנחת שי

תוחח. התי"ו רפה: (כו) את כל גבוה. כל את ואת דמקף. בשלש נקודותיו תקף. חוץ מהפסוקים שלשה וג' נקודות בהם חרושה. וסי' בהלותו את אדם נהרים. את גאון יעקב. כי את אשר יאהב. וכל את ואת גר שבטעמו. בשתי נקודות לשומו. חוץ מאחד באיוב מיוחד את כל גבוה ע"כ. והחפץ לדעת מוצאות של אלה הכללים ידרוש במכלול ריש שער דקדוק המלים ובמסור' סימן ג' מספר המכלים או במזמור מ"ז מספר תהלים:

אבן עזרא

ישים כמרקחה. שירתיח בחזקה: (כד) **אחריו יאיר נתיב.** יעשה נתיב בים אחריו והוא מאיר והטעם שהוא נראה: **יחשוב תהום לשיבה.** כי השיער לבן והטעם כפול: (כה) **אין על עפר משלו.** והטעם כי הנה יש לו ממשלה בים ולא ביבשה: **העשו.** גבורי עולם כמוהו בעולם שלא יחת. וי"א כי הוא חסר כי השם עשהו שלא יחת: (כו) **את כל גבוה יראה.** מרוב ארכו כאשר יגביה ראשו על המים: **בני שחץ.** מלה מפורדת והפירוש כל נולד במים:

רלב"ג

(כד) יחשוב תהום לשיבה. הנה הרואה יחשוב תהום לאיש שיבה מחוזק הלובן למיעוט המים הנשארים שם כי רדוי הגנים ישימו אותם קודרי': (כה) משלו. מענין משל ודמיון. או יהיה מענין ממשלה: העשו. אשר עשו: לבלי חת. לבלי ירא ומורא ר"ל שלא יירא משום דבר: (כו) שחץ. גובה וחוזק: ביאור דברי המענה ענה השם את איוב בנבואה כאשר ראה שהוא מחזיק עדיין בדעתו ואמר אזור נא כגבר חלציך והתבונן להשיב על דברי אשאלך הודיעני. האף תפר המשפט אשר סדרתי אותו בתכלית היושר ותרשיעני ליחס לי ליאות או עול למען תצדק ותאמר שכבר נענשת על לא חמס בכפיך. האם כח כאל לך ובקול חזק כמוהו תוכל להרעים עד שתוכל להשיג ענין כחו ותאמר שיש לו ליאות וקצור הלא הכח נאמר בשיתוף השם לבד בך ובשם ית' ולזה לא תוכל להשיג כח השם וגבורתו. אם לך כח דומה לכח הש"י לבש נאה גאון וגובה כמו הענין בשם ית' שהוא הגבוה במוחלט לפי שאין גבוה כמוהו אבל כל שאר הנמצאות שפלות ממנו וכאשר נאצל מכחו ולזה לא יהיה יחס בין כח שאר הנמצאים וכח הש"י לפי שכח הש"י הוא לו מעצמותו וכח שאר הנמצאים הוא להם מזולתם. ולבש הוד והדר שיהיה בפעולותיך תכלית היופי וההדר כמו הענין בפעולות הש"י וזה כי ליתרון כחו לא קצר מהמציא כל נמצא ביותר שלם שאפשר. הפץ עברות אפך וסור אותם בדרך שתשפיל כל גאה כמו שאני עושה. ואולם אמר זה כי לא יתכן בפועל השלם שיעשה רע ולולי זה הסידור אשר שתחייב ממנו רע מה במקרה לא היה מגיע העונש לאנשי הגאוה והרשע בעניינים הגופיים אשר בו תועלת נפלא ליסר האנשים ולהציל מרעת הרשעים ר"ל שלא יזיקום וכבר ייחס זה העונש לאנשי הרשע והגאוה לבד כי כבר התבאר במה שקדם שאין הצדיקים ניזוקים ברצית

מצודת ציון

ענין ערבוב כמו רוקח מרקחת (שמות ל'): (כד) נתיב. שביל ודרך: תהום. עומק הים: (כה) העשו. כמו העשוי ביו"ד ור"ל אשר עשו ודוגמתו הבאה ליעקב (בראשית מ"ו) ומשפטו אשר באה: חת. ענין פחד כמו ואל תחת (יהושע א'): (כו) בני שחץ. אנשי גאוה כמו לא הדריכוהו בני שחץ (לעיל כ"ח):

מצודת דוד

הרתיחה כי כן דרך הבשיל המרתיח להיות מעורב ומבולבל מחוזק הרתיחה: (כד) אחריו. כשהוא שט בים ודוחה הוא את מי הים בדרך הלוכו ואחר כי ישוט להלאה יאיר נתיבו ר"ל הנתיב שהלך בו נראה הוא פנוי ממים כי לרוב רחבו לא במהרה ישובו המים לכסות רוחב הנתיב: יחשוב תהום לשיבה. כי בדרך מהלכו נדחו המים ממקומו ומעט מן המים נשאר מתחת לו ומחשיב הוא את התהום בעיני הרואה לאיש שיבה כי המקום הסוא יסיה לבן כי כשהמים עמוקים נראה חשוך ושחור אבל כשאינם עמוקים נראה לבן אם כן במהלכו ימעיט גובה המים ומחשיב התהום בעיני הרואה לאיש שיבה במראה לבן: (כה) אין על עפר משלו. אין מי על עפר הארץ להיות נמשל ודומה לו אשר יהיה עשוי לבל יפחד ויחת משום דבר בעולם כאשר הוא לא יחת: (כו) את כל גבוה. עם שהוא במים מתחת לארץ מ"מ רואה הוא את כל הגבוה והחזק אשר על הארץ ועם כי יודע הוא מכל הבריות הנפלאות מ"מ לא יחת מהם והוא מלך וראש על כל אנשי גאוה כי הוא מתגאה על כל ולאומר הנה השמעתיך פלאי ילידי כפי וממנו תשכיל גודל רוממותי. (בעולם מהמענה היה להשיב על תלונתו מדוע מכתו אנושה והוא את הטוב עשה כי ישיב אמרים לומר הנה נצדק אמיתי יש כח הזרוע כמו לאל למשול במטה ובמעל ובחון נא אם תוכל לענוש המושאים באמרי פיך אז אודה לך גם אני שצדיק גמור אתה אבל מה בכך שאתה משבח עצמך ואם לא כן הוא כ"א היית צדיק אמיתי הנה לא קלרה ידי מלשלם גמול אף אין מי ימחה בידי. ויספר מפלאי שור הבר ומפלאי הלויתן להכיר מהם גדולת המקום שאין מי יוכל למחות בידו מלשלם גמול ועם כי אין חוב מוטל לשלם גמול כי כבר גמל הטובה טרם עשה המלוה מ"מ עוד ישלם גמול בחסדו וכ"כ היה גומל טוב לאיוב אם היה צדיק בתכלית ובשלימות רב):

like a seething mixture. 24. He makes a path shine after him; he
considers the deep to be hoary. 25. On the dust there is none
that rules over him, which is not made to be dismayed. 26. He
looks at all high things; he is king over all proud beasts."

ously: Under him are sharp pot-
sherds; he lies on sharp objects upon
the mire. He lies on sharp stones,
pointy as potsherds, but he does not
feel them; he lies on objects covered
with sharp points upon the mire,
and they cause him no discomfort.
The mire is the earth on the sea bot-
tom.—[*Ralbag, Ibn Ezra, Saadia
Gaon, Mezudath David*]

23. **He makes the deep seethe like
a pot**—*Like a small bubbling pot,
that quickly raises bubbles one after
another, so does he cause the deep,
which is large and deep, to seethe.*—
[*Pseudo-Rashi*]

**he makes the sea like a seething
mixture**—*Like a mixture of a concoc-
tion of spices, which is compounded
and mixed, so does he make and mix
the sea when he moves from his
place.*—[*Pseudo-Rashi*]

24. **He makes a path shine after
him**—*When he swims and floats in
the sea, he makes the path of the deep
shine, for at the time he swims, there
is no water because of the speed of his
swimming.*—[*Pseudo-Rashi*]

he considers the deep to be hoary
—*To him, the deep is considered to be
weak and feeble.*—[*Pseudo-Rashi*]

to be hoary—*The weakness of old
age and hoariness.*—[*Pseudo-Rashi*]
Ibn Ezra, Ralbag, and *Mezudath
David* explain that the water
becomes white when the *leviathan*

swims through it and its depth
decreases. It is compared to the
hoary head of an old man.

25. **On the dust there is none that
rules over him**—*The "mem"* [is
vowelized] *with a "hataf kamatz,"
and it means his rule, that no creature
rules over him, and it is a noun denot-
ing a ruler. Therefore, the "mem" is
vowelized with a "hataf kamatz."*—
[*Pseudo-Rashi*] *Ibn Ezra* renders:
His rule is not on the dust, meaning
that he exercises dominion only over
the sea, not over the dry land. *Ohev
Mishpat* rejects this interpretation
on the grounds that Scripture illus-
trates the power of the *leviathan*, not
his weakness. *Mezudath David* fol-
lows *Ramban, Ralbag,* and others
who derive מָשְׁלוֹ from מָשָׁל, an alle-
gory. There is no one on the dust,
i.e. on the earth, who can be com-
pared to the *leviathan. Ohev Mishpat*
quotes *Rashi* as explaining in this
manner.

which is made—Heb. הֶעָשׂוּ, *like
הֶעָשׂוּי* [the passive participle]. *How-
ever, I know of no similar case* [in
Scripture]. *It means one that was
made without fear or dismay, that is
not afraid of the creatures, as it is
stated concerning the horse* (above
39:22): "*He scorns fear and is not dis-
mayed.*"—[*Pseudo-Rashi*]

26. **He looks at all high things**—
All the high things in the world he

הם כאשר ירדפו בצדק כפי הראוי. ראה כל גאה והכניע אותו כמו שאני עושה באמצעות זה הסידור ושבר ותחת הרשעים במקומם והמיתם יחד כמו שאני עושה בקצת העתים עד שתהפך עליהם הארץ ויטמנו יחד בעפר וזה אם מצד המערכת אם מצד ההשגחה להציל הצדיקים מידם. והנה אם תוכל לעשות כמו אלו המעשים גם אני אודה לך שתוכל לעשות להציל מכל רע האנשים יראי השם ולמנוע טוב מהרשעים ושמי שלא יסדר בזה האופן המציאות תוכל אז ליחס לו עול או ליאות וקיצור להיות מתבאר אליך שהוא אפשרי מצד כחך זה אבל מה תדמה כחך לכחו שתוכל לשפוט אם היה אפשר שיהיה בכאן שלימות יותר במעשה. הנה יגיע מעולם כחי שכבר עשיתי חיה אחת במה בהמות והיא בתכלית הכח והיא אוכלת עשב כבקר. וימצא לה כח גם במקומות אשר הם הלוזים בשאר הבעלי חיים עד שבמתניו ימצא לו כח וכחו ימצא גם בטבור בטנו. יניע זנבו כחפצה והוא בתכלית הגובה והגודל כמו ארז. גידי ביציו ישורגו ויסתבכו מרב גדלם. עצמיו הם חזקים כמו התיכות נחושה. הוא מבחר דרכי אל בבריאותיו אלא לחוזק ותוקף מי שעשהו לבד יוכל לגשתו לא זולתו מרוב כחו וגבורתו. הנה ההרים יצמיחו בעבורו יבול והוא נזון ממנו בזולת עבודה אנושית וכל חית השדה ישחקו שם ולא יירחו ממנו כי אינו טורף. התחשוב שיוכל לשכב תחת האילנות ובסתר קנה ובבצה אשר הקנה גדל שם. האם יסכוהו אילנות להיות לו לצל האם יקיפוהו ערבי נחל עד שיהיה צלם מגן לו הנה. זה בלתי אפשר. כי לגדלו בשתותו בנהר יעשקהו שלא ימהר לרוץ כבראשונה לרוב חסרון מימיו יבטח כי יכנים כל הירדן אל פיהו עם גודל הנהר ההוא ידמה בעיניו שיקח כל הנהר ההוא עד שישפיל אפו לתחתית הנהר בשתותו ויגע במוקשים אשר שם והנה אמר זה על צד הפלגה וגוזמא להורות על גדלו וספר זאת הבריאה הנפלאה להורות על שלא יקצר הש"י מהגיע הטוב כפי מה שאפשר בבריאה בריאה וזה כי גם באיברים החלושים בטבע הטוב מהבעלי חיים סדרתי כח וגבורה בבעלי חיים אשר אפשר בו זה וסדרתי לו מזונו ושמירתו מהאויר המקיף ואם לא ימצא לו מגן מהאילנות לפי שכבר שמתי בו כח חזק עד שלא יתפעל מהאויר המקיף ולזה הוא מבואר שלא תהיה עלי טענה שימצא מהאצלחה לרשעים עד שישמרו מהרע בעת בואו לאחרים כמו שטען איוב באמרו כי ליום איד יחשך רע וזה כי עיקר הכוונה האלהית היא להטיב לכל נמצא כפי מה שאפשר ואם היה אפשר לו שישמור האדם מכל רע לא היה מקצר מזה והנה הרשע כשישמר מהרע הוא מצד המערכה לבד ואולם הצדיק ישמר בעצמותו וזה ההבדל בין שמירת הרשע מהרעות ובין שמירת הצדיק מהם. התוכל למשוך לויתן ברשת כמו הענין בשאר הדגים ואם בחבל אשר תשקיע בים לציד תוכל למשוך אותו בשיסתבך החוט שבראש החבל בלשונו. התוכל לשים אגמון באפו לצלכדו ותנקוב לחייו בחוח כדרך בתקנתו. הירבה אליך תחנונים להיותך מושל עליו ואם ידבר אליך רכות. היכרות ברית עמך ותקחנו לעבד עולם. התשחק בו כמו שישחק האדם עם הצפור ותקשרנו לנערותיך להשתעשע בו כמו שישתעשעו בקצת העופות. האם יסעדו יחד בעבורו השותפים ויחלקוהו בין הכנענים. התכרות עורו בחרב שכורתים הדייגים עורות הדגים ואם תכרות ראשו בחרב שכורתים ראש שאר הדגים. הנה אם תרצה לשום עליו כפיך ובצודו לא תוסיף לזכור מלחמה כי אם בלי ספק ימיתך. הן תקותו נכזבה ממי שירצה לצוד אותו כי גם אל מראה זה הדג לגדלו תגיע אליו יראה וחרדה עד שיופלך ויוטל לארץ ולא תשאר בו נשמה מרוב החרדה. לא ימצא אכזר וחזק בעולם שיוכל לעורר אותו ולהלחם בו ואם הענין כן בזאת הבריאה אשר במים שהם הבעלי חיים היותר חסרים כמו שהתבאר בספר בעלי חיים. מי הוא שיתיצב לפני ויהיה לו כח ככחי הלא זה ממה שיורה שלא קצרתי מהמציא טוב כפי מה שאפשר בנברא נברא. מי הוא שהקדימני לעשות קצת הנבראות ואשלים אני נבראות השאר עד שתוכל לומר שאע"פ שקצתם הם בתכלית מהשלימות הנה בקצתם ימצא חסרון לפי שהם משני פועלים מתחלפים הנה באמת הם כולם מפועל אחד כי תחת כל השמים לי הוא ולזה יתחייב שיהיה השלמות נמשך בכל פעולותי כמו שהוא באלו הנבראים אלא שאתה לא תשער. הנה לא אחריש מהזכיר אופן הפליאה באברי זה הבעלי חיים ותקוניו ודבר גבורותיו ויופי הסדר אשר ביצירתו. מי גלה פני לבוש זה הדג להפשיט אותו ממנו מי יבוא בכפל רסנו לפתוח פיו. מי הוא אשר יפתח דלתי פניו הלא סביבות שיניו יטילו אימה נפלאה על האדם. הנה קשקשותיו הם בתכלית העובי והחוזק כמו המגינים יסגרו אחד באחד חותם צר עד שרוח לא יבא ביניהם להתדבקם אחד באחד. מעטישותיו תבער ותדלק אש ליתרון חומו כאילו אש יצא מקרבו ועיניו הם מאירים כעפעפי שחר. מפיו יצאו לפידי אש ליתרון חומו ויתמלטו ממנו כידודי אש. הלא מנחיריו יצא עשן ליתרון הבישול הנעשה בפנימי גופו ככלי הבישול כמו שיצא עשן מדוד נפוח ואגמון נשימתו תלהיב גחלים והבעירם ויצא מפיו להב מחוזק החום. בצוארו אשר הוא חלוש בשאר הבעלי חיים לצורך הנעתם אותו שם ילין עוז וכח חזק. לפניו תתהפך דאבה לשמחה כי אין דאבה לפניו ולא ימצא דבר שיחריבהו ויצערהו. חלקי בשרו הנפרדים קצת הפרד בשאר הדגים הם חזקים ודבקים שבשרו הוא חזק עליו בדרך שלא ימוט ולא יומר מצד חלקי בשרו מקצת. לבו הוא חזק כמו אבן והוא חזק כמו האבן השפל משני אבני הריחיים שהוא היותר חזק. משאתו ורוממותו ייראו חזקים ממשברי לב שיגיעום מיראתם ממנו יתנקו דרך נקביהם כמנהג המופחדים פחד חזק כי הפחד מדלדל שיעשה מה לחולשת הכח המתחזק אז מי שישיגהו חרב להכותו בו לא תקום כי הוא יותר חזק מהחרב ולזה לא יזיקוהו לא חנית ולא מסע ולא שריה. או יהיה הרצון בזה שמי שישיגהו חרב להלחם בו לא תקום לו זה החרב להצילו ולא חנית ולא מסע ולא שריה. הנה הוא יחשוב לתבן ברזל ויחשוב נחושה לעץ רקבון מרוב תקפו וקושי הפעלותו מהחרב. לא יבריחנו חץ כי לא יוכל להזיק אותו ואבני קלע נחשבו לו כקש. אבני תותח נחשבו לו כקש וילעג לרעש הרומח כשמנענעין אותו להכותו. תחתיו סלעים חריפים וחותכים והוא ירבץ עליהם עם גודלו ולא יזיקוהו לחוזק עורו ויציע תחתיו דבר כורת חד אלא הטיט אשר הוא רך ועם כל זה לא יוזק בו ואולם אמר שהוא אלא טיט כי אילו היה אלא דבר קשה לא היה פלא אם לא יוזק בו כי הדבר ההוא הקשה ישמרהו. ירתיח כסיר מצולות הים וירתיח הים כרתוח הסיר המרקחה בהתנועע בים ישאר מקום פנוי אחריו עד שיראה תחתית הים. הנה יחשבו התהום אחר עבור לויתן בו יחשבהו לאיש שיבה מרוב הלובן בסיבת מיעוט המים הנשארים שם. אין על עפר מי שידמה לו אשר עשה אותו בבריאתו באופן שלא יחת מאום דבר יחריבהו כמו הענין בלויתן. את כל גבוה ותקיף יראה יבזה והוא מושל על כל הבריאות הגדולות אשר בים ואולם אמר זה להמצא שם בריאות נפלאות בגודל וחוזק ואפשר שיהיה הרצון בזה ואיך תאמר שאין על עפר שולטנות הש"י והשגחתו כי הוא עוזבם אל המערכת אבל הבריאות אשר עשה באופן שלא יחתו משום מקרה והם הגרמים השמימיים בהם ימשול וישגיחם וינהיגם ויראה כל גבוה מהנמצאות כמו עולם הגלגלים ועולם השכלים הנפרדים והוא מלך ומושל על כל בני הגובה לא על אלו הנבראות השפלות הלא זה שספרתי מענין אלו הנבראות יורה על השלימות באלו הפעולות ושהוא ראוי שלא ייחס לפועלם ליאות וקיצור כמו שעשית אתה: והכלל העולה מהדברים הוא שהש"י יוכיח איוב על מה שהיה מיחס מהעול לש"י באלו הטובות המגיעות לרשעים והיה מכיר המשפט והיושר ממה שיגיע מהש"י לאישי האדם מהטובות והרעות להצדיק עצמו מהרעות שהגיעוהו ר"ל שהוא היה אומר שהש"י עזב אישי האדם אל הסידור אשר מהגרמים השמימיים ויגיעו עליהם מהם רעות או טובות לפי הוראתם בעת הלידה ולא יצילם מהרע עשיית הטוב והיושר ולא ימנע מהם הטוב עשותם הרשע והעול ואמר אליו איך תוכל לדעת שיעור כחי וגבורתי עד שתייחס לי ליאות וקיצור במה שהמצאתי מאלו הענינים על מה שהם עליו האם כחך ככחי עד שתוכל לשפוט על כחי שיש בו ליאות וקיצור הלא הכח והגבורה נאמר באדם ובשם ית' בשתוף השם לבד כמו שהתבאר במה שקדם מדברינו בזה המענה ובהיות הענין כן אי אפשר שתהיה ידועה אליך גבורתי עד שתשפוט עליה שיש בה ליאות וקיצור הלא הגיע מגבורתי עד שעם היות כוונתי תמיד עשיית הטוב הנה ימשך ממה שסדרתי מזה רע מה במקרה והוא כמו מכוון ממני להגיע העונש לרשעים עד שימצא השלמות בפעולותי בכל הפנים שאפשר וזה ממה שיורה על שאין בפעולותי ליאות וקיצור כמו שאתה אומר. ועוד שכבר הגיע רע לרשעים בלתי מחוייב להם מצד המערכת להשגחתי בצדיקים כדי שלא יוזקו בהם עד שכבר אמית יחד מספר רב מהרשעים כמו שספר אליהוא ואיך תוכל לצייר כחי וגבורתי והנה תמצא מהבעלי חיים אשר עשיתי מה שהם בתכלית הכח והשגחתי בהם להמציא להם מזונם ולהמציא להם דברים שומרים אותם כפי מה שאפשר עד שקצתם לא יזיקם שום מזיק באופן מהאופנים כמו שספר מלויתן וזה ממה שיורה על יתרון כחי וגבורתי ושלא אקצר מהמציא בנמצא נמצא מה שאפשר בו מהטוב לפי הכנת החומר ולא היה אפשר באדם שימצאו בו איברים שומרים אותו מכל היזק מזיק כמו הענין בלויתן לא הייתי מקצר מזה אבל למה שהיה זה בלתי אפשר הוכנה לו שמירה מצד המערכת ולזה אם ישמר בעת מה הרשע מהרע הבא לזולתו לא תהיה מזה טענה עלי וזה שאם היה אפשר שישמרו ממנו כל האנשים לא הייתי מקצר בזה והנה שמתי כלי באנשים אשר אינם נשמרים מזה הרע מצד המערכת להצילם ממנו והוא השכל כי בו יהיו נשמרים אם ידבקו בשכל הפועל כפי מה שאפ': ויען איוב את ה' ויאמר. ענה איוב את השם ית' ואמר ידעתי עתה כי כל דבר תוכל לעשות ואין ראוי שייחס אליך ליאות וקיצור ולא יבצר ממך שום מזמה וחכמה. על מה שאמרת מי זה מעלים עצה בלי דעת הנה אמת לכן הגדתי מה שהגדתי מצד שלא הייתי מבין מעשיך כי הם היו נפלאות ממני ולא אדע ענינם על כן טעיתי במה שטעיתי מזה ועל מה שאמרת שמע נא ואנכי אדבר אשאלך והודיעני הנה מתחלה הייתי שומע ענין השגחתך בזה העולם לשמע אזן מזולת ראיה אמתית ועתה עיני ראתך ונתאמת לי במה שאין ספק בו אופן הנהגתך זה העולם ואופני

sees beneath himself, for so is the custom of the world, that whoever stands above sees the one below more than the one below sees [him]. *Also, the one below has no power or victory against the one above. Now this leviathan sees all mighty men; that is to say that they have no power against him.*—[*Pseudo-Rashi*] *Ibn Ezra* explains that because of his great length, when he raises his head above the water, he sees every high thing.

he is king over all proud beasts—*This is a repeated expression. He looks over all proud beasts and he is king over all the proud beasts, over all haughty creatures that I created in My world, who have no rule or dominion against him. Now how did you dare to lift your head before Me, since I perform all these wonders?*—[*Pseudo-Rashi*] *Mezudath David* words it differently: Although he is in the water, below the earth, he sees all the high and mighty creatures upon the earth, and, although he knows of all the wondrous creatures, he is dismayed by none, because he is king over all proud beasts and is prouder than any of them. God is saying to Job: Behold, I have shown you the wonders of My creations. From this you can deduce the extent of My greatness.

(In summation: God replies to Job's complaint that his ailment is so severe even though he does good deeds. God answers that a truly righteous man has power, like God, to rule over the heavenly beings as well as the earthly beings. "Now try, see whether you can punish the sinners with your command. If you can do so, then I too will admit that you are perfectly righteous, but your boast of righteousness means nothing if you are not truly so. However, if you are truly righteous, no one can stop Me from bestowing reward upon you."

Then God relates to him the wonders of the wild ox and the *leviathan,* from which he can recognize the greatness of the Omnipresent: that no one can stop Him from bestowing reward upon the righteous. Although He is not obligated to reward (because He has already paid it before the mitzvah was performed,) He nevertheless does so out of kindness; and so would He have done for Job had Job been perfectly righteous.)

השגחתך בו לפי מה שאפשר במציאות ונמצא על כן אמאס מה שהייתי בו מהדעת ונחמתי על מה שהתאבלתי בו עד שישבתי בתוך עפר
ואפר לדעתי כי בעלי הצער הזה עלי ובשהשתדל לדבקה בהם ית' יסור ממני הרע הזה. ואחר זה אמר הש"י לאליפז שיחלה פני איוב
שיתפלל להש"י עליו ועל רעיו כי לא דברו נכונה לש"י כמו שדבר איוב אחר שבא אל האמת והודה לדברי הש"י וזה שבדבריהם נכנס
מהמום והטעות מה שבבר התבאר עד שבבר היו טוענין טענות היה ידוע עליהם בהם כוזבות כדי שיצדיקו הש"י ואולם איוב אם
לא הגיע בתחלה אל הדעת האמתי הנה לא היה טוען רק מה שהיה צודק לפי מחשבתו והתבאר לו בבאן רוע הסידור באלו הטובות
והרעות היה מגיה שהש"י בלתי יודע אלו הדברים הפרטיים כדי שיהיה נו התגלגלות מה ובבר ביאר מאד העיון היות בלתי יודע אותה
ונזה

מב א ויען איוב את־יהוה ויאמר: ב ידעת כי־כל תוכל ולא־יבצר ממך מזמה: ג מי זה מעלים עצה בלי־דעת לכן הגדתי ולא אבין נפלאות ממני ולא אדע: ד שמע־נא ואנכי אדבר אשאלך והודיעני: ה לשמע־אזן שמעתיך ועתה עיני ראתך: ו על־כן

כורי: א ואתיב איוב ית יי ואמר: ב ידעית ארום כולא תסובר ולא יתמנע מנך מחשבתא: ג מן דין דמכסי מלכתא בלא מנדעא מטול דהיכנא חויתי ולא אתביין פרישן מני ולא אנדע: ד שמע כדון ואנא אמלל אשאלנך והודעינני: ה למשמע אודנא שמעית יתך וכדון עיני חמית יתך: ו מטול דהיכנא מאסת

ת"א כל סוכל. עקרים מ"ד פ"ו ופ"י: ידעתי קרי

רש"י

את כל הנפלאות האלה: (מענה איוב): מב (ב) ידעתי כי כל תוכל. כי הכל תוכל לעשות כאשר ישר בעיניך: ולא יבצר ממך מזמה. כופל מלתו שאין מזמה ומחשבה נבצרת ונסתרת ממך אשר כל מחשבותיך תוכל לגמור ולמלאות כי בידך כח וגבורה ובידך לעשות כל הטוב בעיניך ומקרא זה דוגמת ועתה לא יבצר מהם כל אשר יזמו לעשות (בראשית י"א): (ג) מי זה. אשר העלים וכסה עלתו ונפלאותיו של הקב"ה בבלי דעת ידעתי כי הכל בידך לעשות וע"כ הגדתי קלת מגבורותיך כאשר היו עם לבבי כאשר ידעתי: ולא אבין. אבל לא הבנתי כ"כ כאשר הודעתני כי כמה נפלאות נסתרות ונעלמות ממני אשר אינני יודע: (ה) לשמע אוזן שמעתיך. כמה וכמה פעמים שמעתי שמעך: ועתה עיני ראתך. את שכינתך: (ו) על כן. אשר זכיתי לחזות שכינתך: אמאס. מואס אני בחיי:

מנחת שי

מב (ב) ידעת. ידעתי קרי ועיין מ"ש בתהלים סוף מזמור ק"מ: (ג) בלי דעת. הבי"ת בגעיא בספרי ספרד: (ד) שמע

אבן עזרא

מב (ב) כי כל תוכל. כמו יכול תוכל וכן אם שוב תשבו בארץ הזאת. והנכון כי כל דבר תוכל ולא יבצר ממך כל מזמה. כי כל הראשון מושך עצמו ואחר עמו: (ג) ואחר שהגבורה והחכמה שלך היא מי זה שיוכל להסתיר עצתך או יהיה בלי דעת. והטעם כי בלי דעת הייתי שרציתי להסתיר עצתך בעולם: לכן הגדתי. יצא דבר מפי שלא כהוגן ונכנסתי בנפלאות ממני ולא ידעתי. והאמת שלא אוכל לדעת רק מה שתודיעני אתה. וזה טעם אשאלך: (ה) ועתה עיני ראתך. מזה הפסוק נלמד כי איוב לא נתנבא קודם זה רק שמע שהיו נביאים בעולם כאברהם ויצחק ויעקב: (ו) על

רלב"ג

ולזה הוא מבואר שאע"פ שדעת איוב היה כוזב הנה הוא היה יותר קרוב אל הדעת האמתי מדעת אליפז ובלדד וצופר כי הוא היה בנוי כל שרשים צודקים ומה שהניחו איוב הוא צודק לפי האמת בכל האנשים אשר לא הדבק בהם ההשגחה האלהית והם הרבים ולזה לא חלק עמו אליהוא כי אם באנשים אשר תדבק בהם ההשגחה כמו שביארנו ולזה אמר הש"י לאליפז שלא דברו אליו נכונה הוא ובלדד וצופר כאיוב. או ירצה באמרו כי לא דברתם אלי נכונה שלא דברתם בעבורי להיות לי התהלות מרוע הסידור הנמצא בטובות והרעות נכונה כאיוב. כי הוא אם לא היה משיג האמת בזה השלימות היה מגלל אותי מהפעול בטענה צודקת באופן מה אולם אליפז ובלדד וצופר היו מגללים הש"י מהפעול בטענות כוזבות וזה מבואר במה שזכרנו מדבריהם. וספר אחר זה שבכבר התפלל איוב לש"י בעד ריעיו ואחר זה הטיב הש"י אחרית איוב מראשיתו והוסיף ימים נתן לו ובנים ובני ובנים עד ארבעה דורות. הנה זה הוא מה שנראה לנו בביאור זה הספר ונכסת שלא חסר ממנו דבר מכונתינו הכוללת ונחשוב שלא נפל מן החלקיות ג"כ ואם היה הוא מעט ובלתי מבלבל הכונה הכוללת:

מצודת ציון

מב (ב) כל. כמו יכול והוא מלשון יכולת ונפלה ה"א הפעל וכן בול הבים (לעיל מ'): יבצר. ימנע כמו ועתה לא יבצר מהם (בראשית י"א): מזמה. מחשבה ור"ל חכמה כי החכמה היא במחשבה: (ג) נפלאות. מכוסות כמו כי יפלא ממך דבר (דברים

מצודת דוד

מב (ב) ידעתי. מאז ידעתי אשר יכול תוכל כל אשר תחפוץ ולא ימנע ממך שום מחשבת חכמה וכן אמר מאז הכם לבב ואמיץ כח (לעיל ט'): (ג) מי זה וגו'. ר"ל אולם למה שאמר במענה הראשונה מי זה מחשיך וגו' (לעיל ל"ח) כי מעלים ומחשיך הוא אחד במובנם אלא שאמז לבין כבוד כאלו אמר לו המקום מי היא זה אשר מלאו לבו לחשוב שנעלמה ממני עלה נכונה והמחשבה ההיא היא מבלי דעת כי יחשוב שמסרתי הכל ביד המערכה: לכן. ר"ל ע"ז אשיב לכן בעבור הדבר ההוא בעצמו על שהייתי בלי דעת לזה הגדתי אז הסכלות הזה ולא הייתי מבין אז מן השגחתך בנפלאה כי הדברים אשר ספרת מגודל השגחתך היו נפלאות ומכוסות ממני ולא ידעתים מאז וכאומר באמת מבלי דעת אמרתי מה שאמרתי אולם עתה אחר שספרת לי מהשגחתך אודה לך שהאמת הוא כן: (ד) שמע נא. חזר ואמר נה' שמע נא אלי ואנכי אדבר להשיב למה שאתה אמרת במענה השנייה: אשאלך והודיעני. ר"ל אשאלך מן תמהון נפלאותי והשיב אם האמת כן: (ה) לשמע אוזן. ר"ל ע"ז אשיב הנה מאז שמעתי שמעך וכאומר והן היה כדרך דבר הנשמע שאין חקוק כ"כ בלב השומע אבל עתה עיני ראתך וממך יצאו הדברים ולזה הרי הם חקוקים בלבי ומלאתי אם כן תשובה שלא מקולר יד מנעת נשלם לי גמול כ"א בעבור שעדיין לא הגעתי אל תכלית הצדק בשלימות רב ואין לי גמול מה לבקש מידך: (ו) על כן. בעבור אשר השגחה אשר השגתי כמה אשר

and now, my eye has seen You—*Your Shechinah.*—[*Pseudo-Rashi*] From this verse it appears that Job had not prophesied prior to this message from God. He had merely heard that there were prophets in the world, such as Abraham, Isaac, and Jacob.—[*Ibn Ezra*]

42.

1. Then Job answered God and said, 2. "I knew that You can do everything and no design is restrained from You. 3. Who is this who hides counsel without knowledge? Therefore, I told but I did not understand; they are hidden from me and I did not know. 4. Hearken now and I will speak; I will ask You and [You] inform me. 5. I have heard of You by the hearing of the ear, and now, my eye has seen You. 6. Therefore,

(Job's reply)

2. **I knew that You can do everything**—*That You can do anything that pleases You.*—[*Pseudo-Rashi*] I have known this since my early years.—[*Mezudath David*]

and no design is restrained from You—*He repeats his words, that no design or plan is restrained or withheld from You, that You can complete and fulfill Your plans, for strength and might are in Your hand, and You have the power to do all that pleases You. This verse is similar to* (Gen. 11:6), *"Now will nothing that they have planned to do be restrained* (יִבָּצֵר) *from them?"*—[*Pseudo-Rashi*] *Malbim* explains: I knew from the beginning of the debate that You can do everything and that all wisdom and profound thought are with You. I sincerely believed that You guide individuals with Your wisdom; that You know all their deeds, although they have free choice to do as they wish, and that Your guidance of the world does not conflict with justice, to requite everyone according to his deeds. Yet I feigned disbelief in order to learn the philo-

sophy of these matters, to understand them fully.

3. **Who is this**—*who concealed and covered the counsel and the wonders of the Holy One, blessed be He, without knowledge? I knew that everything is in Your hand to do, and so I related some of Your mighty deeds as were in my heart; as I knew* [them].—[*Pseudo-Rashi*] Job repeats God's rebuke to him in His first reply (38:2): "Who is this who gives dark counsel with words, without knowledge?" He euphemizes, substituting "hides" for "darkens." He repeats God's rebuke as meaning, "Who is it who claims that counsel is hidden from Me, and that My thought was without wisdom, because he thought that I had given the world over to the constellations?"—[*Mezudath David*]

but I did not understand—*But I did not understand so much, as You informed me, for many wonders are hidden and concealed from me, which I do not know.*—[*Pseudo-Rashi*]

5. **I have heard of You by the hearing of the ear**—*Many many times I have heard of You.*—[*Pseudo-Rashi*]

עֲתָרִי וְאִתְנַחֲמִית כִּבְנֵי
דְהָנוּן עַפְרָא וְקִטְּם:
ז וַהֲוָה בָּתַר דְמַלֵּל יְיָ יַת
פִּתְגָמַיָא הָאִלֵּין עִם אִיּוֹב
וַאֲמַר יְיָ לֶאֱלִיפַז דְמִן
תֵּימָן תְּקוֹף רוּגְזִי בָךְ
וּבִתְרֵין חַבְרָיךְ אֲרוּם לָא
מַלֵּלְתּוּן לְוָתִי כַּוַנְתָּא
כְּעַבְדִי אִיּוֹב: ח וּכְדוּן
סִיבוּ לְכוֹן שַׁבְעָא תוֹרִין
וְשַׁבְעָא דִכְרִין וְאֱזִלוּ
לְוַת עַבְדִי אִיּוֹב וְתַסְקוּן
עֲלָתָא אַמְטוּלְכוֹן וְעַבְדִי
אִיּוֹב יְצַלֵּי עֲלֵיכוֹן אֲרוּם
אֱלָהֵן אַפּוֹי אֱסַב מִן
בְּגַלַל דְלָא לְמֶעְבַּד
עִמְּכוֹן קְלָנָא אֲרוּם לָא

ת"א נכונה. ב"ב טז:

אֶמְאַס וְנִחַמְתִּי עַל־עָפָר וָאֵפֶר: ז וַיְהִי
אַחַר דִּבֶּר יְהוָה אֶת־הַדְּבָרִים הָאֵלֶּה
אֶל־אִיּוֹב וַיֹּאמֶר יְהוָה אֶל־אֱלִיפַז
הַתֵּימָנִי חָרָה אַפִּי בְךָ וּבִשְׁנֵי רֵעֶיךָ כִּי
לֹא דִבַּרְתֶּם אֵלַי נְכוֹנָה כְּעַבְדִּי אִיּוֹב:
ח וְעַתָּה קְחוּ־לָכֶם שִׁבְעָה־פָרִים
וְשִׁבְעָה אֵילִים וּלְכוּ ׀ אֶל־עַבְדִּי אִיּוֹב
וְהַעֲלִיתֶם עוֹלָה בַּעַדְכֶם וְאִיּוֹב עַבְדִּי
יִתְפַּלֵּל עֲלֵיכֶם כִּי ׀ אִם־פָּנָיו אֶשָּׂא

לבלתי פתח באתנח

רש"י

ונחמתי. והיה מתנחם: על עפר. אלו הייתי שוכן בקבר לשוב לעפר ואפר אשר לוקחתי משם: (ז) ובשני רעיך. בלדד השוחי וצופר הנעמתי: כי לא דברתם. שהרי לא דברתם אלי טענה נכונה כעבדי איוב שהרי הוא לא פשע בי כי אם על אשר אמר (לעיל ט') תם ורשע הוא מכלה וע"י השטן המקטרג את העולם שנאמר [שם] אם שוט ימית פתאום וגו' ואם הוסיף לדבר. מפני קושי יסורין אשר כבדו וחזקו עליו דיבר אבל אתם פשעתם על אשר הרשעתם אותו לומר (לע' ד') הלא יראתך כסלתך והחזקתם אותו בחזקת רשע ולבסוף הייתם מפותקים ומנוצחים לפניו והיה לכם לנחמו כאשר עשה אליהוא ולא די לאיוב בצרתו ויסוריו כי גם הוספתם על חטאתיכם פשע להקניטו: (ח) והעליתם עולה בעדכם. למען שתתרצו ותתפייסו לפני ובלבד אשר עבדי איוב יתפלל עליכם אשר אסלח לחטאתיכם ולפשעיכם לא אזכור עוד: כי אם פניו אשא. שהרי פניו אשא לקבל תפלתו (הרי אם כמו אשר מהר"ז)

אבן עזרא

כן אמאס. בכל דברי: ונחמהי על עפר ואפר. כי אנכי נבזה. כטע' ואנכי עפר ואפר: (ז) ויהי אחר. כי לא דברתם אלי נכונה. הטעם שהודה ואמר ונחמתי: (ח) כי אם פניו אשא. השם ישא פני הצדיקים בעוה"ז רק בעוה"ב אינו כן. וחליל' שיטע' השם נבלה רק בעבור שהיו חברי איוב מצדיקי השם אם השם יביא עליה' רע יאמרו תועי רוח הנה זה דבר נבלה. ודברי איוב וחברי איוב עוד אפרש וכמה טעו ואמר השם שילכו לאיוב בעבור שהרשיעוהו חנם והנה התברר כי איוב צדיק גמור

מנחת שי

נא. בגעיא: (ח) ושבעה אילים. במקצת מדוייקים מלא דמלא וכן ראוי כפי מה שנמסר לעיל סימן מ"א במקרא גדולה וגם במסרה

מצודת דוד

עיני ראתך אמאס בכל סקיריס הגופנים כי כמוסס כאין מול יקר הסשגה הסיא: ונחמתי. עתה יש לי תנחומין רב על סלעט שסייתי בו לשבת בתוך עפר ואפר כמ"ש והוא יושב בתוך האפר (לעיל ב') כי הלעט הזה היה סבב להשיג האמת: (ז) ובשני רעיך. המה בלדד וצופר: כי לא וגו'. על אשר לא דברתם בעבורי תשובה נכונה ואמתית כי אמרתם שבאו לו היסורים בעבור רוב פשעו ולא כן הוא כי לא הרבה לפשוע אולם לא הגיע עדיין לתכלית השלימות וגמול המעשה היא מצד החסד ולא ראוי הוא לקבל החסד: כעבדי איוב. כמו שאיוב לא דבר נכונה שאמר שהכל בא מפאת המערכה כן אתם לא דברתם נכונה במה שאמרתם שבא לו בעבור רוב פשעו (ועם שגם איוב לא דבר נכונה מ"מ קרא אותו עבדי ואמרו רז"ל מכאן שאין אדם נתפס על צערו כי בעבור קושי היסורין דבר מה שדבר): (ח) והעליתם עולה. לרצות אתכם אלי ואיוב יתפלל עליכם ע"ז כי אשר פניו אשא ואקבל את תפלתו לבלתי עשות עמכם עונש כעור ומגונה על אשר לא דברתם בעבורי תשובה נכונה כאשר לא דבר איוב נכונה (ועם כ"ז ישא פני איוב כמ"ש

מצודת ציון

ט"ז): (ז) אלי. בעבורי: (ח) לכם. לעצמיכם: כי אם. כי

a person is not punished for what he says when he is troubled.)—[*Mezudath David* from *Baba Bathra* 16b]

for I will favor him—Heb. כִּי אִם, *because I will favor him to accept his prayer (thus the word* אִם *is used for "that"—Rabbi Zalman Margolioth), and likewise* (Gen. 24:19), *"until* (עַד אִם) *they have finished drinking";* (Ex. 21:30), *"in which case* (אִם) *an atonement is placed on him," and many others.*—[*Pseudo-Rashi*]

I despise [my life], and I will be consoled on dust and ashes."
7. Now it came to pass after the Lord had spoken these words
to Job, that the Lord said to Eliphaz the Temanite, "My wrath
is kindled against you and your two companions because you
did not speak correctly, as did My servant Job. 8. And now,
take to yourselves seven bulls and seven rams and go to My
servant Job and offer up a burnt offering for yourselves, and
Job My servant will pray for you, for I will favor him

6. **Therefore**—*Since I merited to
see Your Shechinah.*—[*Pseudo-Rashi*]

I despise—*I despise my life.*—
[*Pseudo-Rashi*]

and I will be consoled—Heb.
וְנִחַמְתִּי.—[*Pseudo-Rashi*]

on dust and ashes—*If I were rest-
ing in the grave, to return to dust and
ashes whence I was taken.*—[*Pseudo-
Rashi*]

7. **and your two companions**—
*Bildad the Shuhite and Zophar the
Naamathite.*—[*Pseudo-Rashi*]

because you did not speak—
*Because you did not speak to Me with
a correct argument as did My servant
Job, for he did not rebel against Me
except for what he said* (above 9:22),
*"He destroys both the innocent and
the wicked," and through the Adver-
sary who denounces the world, as it is
stated* (ibid. verse 23): *"If the
scourge kills suddenly etc." And if he
continued to speak, he spoke because
of the severity of the pains that bur-
dened him and overwhelmed him; but
you rebelled by condemning him,
saying* (4:6), *"Behold, your fear was
your foolishness," and you held him*

*to be a wicked man, and at the end
when you were silenced and defeated
before him, you should have consoled
him as Elihu did. Was it not enough
for Job with his trouble and his suffer-
ings, that you added rebellion to your
sins to provoke him?*—[*Pseudo-
Rashi*] *Mezudath David* explains that
Job's companions accused him of
wickedness, but truly, he was not
wicked, although his righteousness
did not reach the top level. There-
fore, any reward he were to receive
would be purely out of God's kind-
ness.

8. **and offer up a burnt offering for
yourselves**—*So that you placate and
appease Me, provided that My ser-
vant Job pray for you that I forgive
your sins, and no longer remember
your transgressions.*—[*Pseudo-
Rashi*]

as did My servant Job—Just as
My servant Job did not speak cor-
rectly in stating that the world is
ruled by the constellations, neither
did you speak correctly by accusing
him of wickedness. (Although Job
did not speak correctly, he is none-
theless called God's servant because

לְבִלְתִּי עֲשׂוֹת עִמָּכֶם נְבָלָה כִּי לֹא
דִבַּרְתֶּם אֵלַי נְכוֹנָה כְּעַבְדִּי אִיּוֹב׃
ט וַיֵּלְכוּ אֱלִיפַז הַתֵּימָנִי וּבִלְדַּד הַשּׁוּחִי
צֹפַר הַנַּעֲמָתִי וַיַּעֲשׂוּ כַּאֲשֶׁר דִּבֶּר
אֲלֵיהֶם יְהוָה וַיִּשָּׂא יְהוָה אֶת־פְּנֵי אִיּוֹב׃
י וַיהוָה שָׁב אֶת־שְׁבִית אִיּוֹב בְּהִתְפַּלְלוֹ
בְּעַד רֵעֵהוּ וַיֹּסֶף יְהוָה אֶת־כָּל־אֲשֶׁר
לְאִיּוֹב לְמִשְׁנֶה׃ יא וַיָּבֹאוּ אֵלָיו כָּל־אֶחָיו
וְכָל־אַחְיֹתָיו וְכָל־יֹדְעָיו לְפָנִים וַיֹּאכְלוּ
עִמּוֹ לֶחֶם בְּבֵיתוֹ וַיָּנֻדוּ לוֹ וַיְנַחֲמוּ אֹתוֹ
עַל כָּל־הָרָעָה אֲשֶׁר־הֵבִיא יְהוָה עָלָיו
וַיִּתְּנוּ־לוֹ אִישׁ קְשִׂיטָה אֶחָת וְאִישׁ נֶזֶם

שבות קרי

תרגום

מַלֵּלְתּוּן לְוָתִי כְּיוֹנָא כְּעַבְדִּי אִיּוֹב׃ ט וַאֲזַלוּ אֱלִיפָז דְּמִן תֵּימָן וּבִלְדַּד דְּמִן שׁוּחַ צוֹפַר דְּמִן נַעֲמָה וַעֲבַדוּ הֵיךְ דְּמַלֵּל לְהוֹם מֵימְרָא דַּיְיָ וּנְסִיב מֵימְרָא דַּיְיָ יַת אַפֵּי אִיּוֹב׃ י וּמֵימְרָא דַּיְיָ אֲתִיב יַת גָּלְוַת אִיּוֹב בְּצַלְאוּתֵיהּ מְטוּל דְּחַבְרוֹי וְאוֹסִיף מֵימְרָא דַּיְיָ יַת כָּל דִּי לְאִיּוֹב בְּכוּפְלָא׃ יא וַאֲתוֹ לְוָתֵיהּ כָּל אַחוֹי וְכָל אַחְוָתֵיהּ וְכָל חַבִּימוֹי מִן קַדְמַת דְּנָא וַאֲכַלוּ עִמֵּיהּ לַחְמָא בְּבֵיתֵיהּ וְנִידוּ לֵיהּ וְנַחֲמוּ יָתֵיהּ עַל כָּל בִּישְׁתָא דְּאַיְתֵי יְיָ עֲלוֹי וִיהַבוּ לֵיהּ גְּבַר חוּרְפָא חֲדָא וֶאֱנָשׁ קְדָשָׁא דְּדַהֲבָא חַד׃
ומימרא

ת״א בהתפללו. ב״ק פב:

רש״י

וכן עד אם כלו לשתות (בראשית כ״ד) אם כופר יושת עליו (שמות כ״א) וכן הרבה: **כי לא.** שהרי לא: (ט) **וישא ה׳ את פני איוב.** וישא כמו נשאתי פניך גם לדבר הזה (בראשית י״ט) שקבל תפלתו והסביר לו פנים: (י) **שב את שבות איוב בהתפללו.** אין שב נופל לומר בענין זה והרי הוא כאלו כתוב והשיב את שבות איוב בהתפללו: **בעד רעהו.** בזכות שהתפלל על כל ריע וריע שלו: **למשנה.** על אחד שנים (נראה דקאי גם על מ״ש למעלה שהיה לו לומר להשיב מהר״ז) ולא דקדק המקרא במלתו: (יא) **לפנים.** כל אשר היו אוהביו ומכיריו בטרם הגיעו אליו היסורים: **וינדו לו.** לשון (קונפלייטע בלע״ז): **קשיטה.** מעה: **ואיש.** וכל אחד ואחד.

מנחת שי

גדולה ערך א׳: (ט) ובלדד השוחי צופר הנעמתי. כן הוא בספרים מוגהים: (י) את שבית איוב. שבות קרי: (יא) קשיטה אחת. דקצת ספרים כתוב אחת כולו פתח אבל בהרבה מדוייקים כ״י ודפוסים ישנים האל״ף בסגול והחי״ת קמוצה והמסורה מכרעת כמותם שנמסר ביהושע סימן ו׳ ובפרשת בשלח אחת ו׳ זקופין פתחין והובאו גם

אבן עזרא

היה: (י) **שב את שבות איוב.** שהיה נשבה ביד השטן הוציאו מרשותו: (יא) **וינודו לו.** כמו לנוד לו ולנחמו: **קשיטה.**

מצודת ציון

כאשר: נבלה. דבר כעור וגנות ועל שם זה יקרא פחות המעלה איש נבל: (י) שבות. מלשון השבה: למשנה. לכפל כמו וכסף משנה (בראשית מ״ג): (יא) לפנים. בימים הקדמוני׳ כמו וזאת לפנים בישראל (רות ד׳): קשיטה. שם מטבע מעה וכן במאה קשיטה (בראשית ל״ג): נזם. עדי האף כמו ונזמי האף (ישעיה ג׳):

מצודת דוד

למעלה כי הוא דבר מקושי היסורין ואין אדם נתפס על צערו): (ט) וישא ה׳ וגו׳. ר״ל קבל תפלתו ומחל להם העון: (י) בהתפללו בעד רעהו. בעבור כי התפלל בעד כל ריע וריע שלו לזה שב ה׳ את שבותו להיות כמאז כי המתפלל על חבירו הוא נענה תחלה: ויוסף. אז הוסיף ה׳ על כל העושר אשר לו. עד אשר הגיע אל משנה ממה שהיה לו מאז: (יא) וכל יודעיו לפנים. אוהביו ומכיריו אשר היו לו לפנים טרם בוא עליו היסורין כי בעת שהיה מיוסר הדלו ממנו אוהב וריע כמ״ש ויודעי אך זרו ממני וגו׳ (לעיל י״ט): ויאכלו. לשמוח עמו בעת שב שבותו: לחם. כל סעודה קרויה ע״ש הלחם: וינודו לו. היו מנידים עליו בראשם כדרך שמנחמין את האדם אחר שיגלה מלאתו: וינחמו אותו. בדברי תנחומין: איש. כל איש ואיש נתן לו לדורון קשיטה וגו׳ והיא ענין הלאות

gave a piece of money and some a golden nose ring, Rashi states that the word וְאִישׁ *means every one of them. —[Rabbi Zalman Margolioth])*

not to do anything unseemly to you, for you did not speak to
Me correctly, as did My servant Job." 9. Now Eliphaz the
Temanite, Bildad the Shuhite, and Zophar the Naamathite
went and did as the Lord had spoken to them, and the Lord
favored Job. 10. Now the Lord returned Job's captivity when
he prayed for his friends, and the Lord gave Job twice as much
as he had had before. 11. Now all his brothers and all his
sisters and all his previous acquaintances came to him and ate a
meal in his house, and they bemoaned him and consoled him
concerning all the evil that the Lord had brought upon him,
and they gave him, each one one piece of money and each one

for . . . not—*Because . . . not.*—
[*Pseudo-Rashi*]

9. and the Lord favored Job—
Heb. וַיִּשָּׂא, [lit. and the Lord lifted
his face] *as in* (Gen. 19:21), *"I have
favored you* (נָשָׂאתִי) *also in this
respect,"* *that He accepted his prayer
and showed him a bright face.*—
[*Pseudo-Rashi*]

**10. Now the Lord returned Job's
captivity when he prayed**—Heb. שָׁב.
[The word] שָׁב *is inappropriate in this
matter, and it is as though it were
written: "And He returned* (וְהֵשִׁיב)
Job's captivity when he prayed."—
[*Pseudo-Rashi*] [I.e. He returned
Job's possessions which had been
taken into captivity.] [The word שָׁב
is of the "kal" conjunction and is an
intransitive verb, whereas הֵשִׁיב is of
the causative "hiphil" conjugation,
making it transitive and more cor-
rect here.]

for his friend—*In the merit that he
prayed for each friend of his.*—

[*Pseudo-Rashi*] *Targum renders: for
his friends.*

twice as much—Heb. לַמִּשְׁנֶה, *for
one, two; and Scripture was not exact
in its wording.*—[*Pseudo-Rashi*]
(*This refers to the comment on the
beginning of the verse, which should
read:* וְהֵשִׁיב.—[*Rabbi Zalman Mar-
golioth*])

11. previous—*All who were his
friends and acquaintances before the
sufferings befell him.*—[*Pseudo-
Rashi*]

and they bemoaned him—*Com-
plaindre in Old French, to com-
plain.*—[*Pseudo-Rashi*]

one piece of money—Heb. קְשִׂיטָה, *a
ma'ah.*—[*Pseudo-Rashi*] [A small
coin, containing sixteen barleycorns
[a measure of length] of pure silver.]
This was given as a token of affec-
tion.—[*Mezudath David*]

and each one—*and every one of
them.*—[*Pseudo-Rashi*] (*Lest we
interpret the verse to mean that some*

זהב אחד: יב ויהוה ברך את־אחרית
איוב מראשיתו ויהי־לו ארבעה עשר
אלף צאן וששת אלפים גמלים ואלף
צמד בקר ואלף אתונות: יג ויהי־לו
שבענה בנים ושלוש בנות: יד ויקרא
שם־האחת ימימה ושם השנית
קציעה ושם השלישית קרן הפוך:
טו ולא נמצא נשים יפות כבנות איוב
בכל־הארץ ויתן להם אביהם נחלה
בתוך אחיהם: טז ויחי איוב אחרי־זאת

יב ומימרא דיי ברך ית סופא דאיוב מן קדמותיה והוו ליה ארבסר אלפין דען ושית אלפין דגמלין ואלף פדנין דתורין ואלף אתנן: יג והוו ליה ארבסר בנין ותלת בנן: יד וקרא שמה דחדא ימימא ושום תניתא קציעא ושום תליתתא קרן הפוך ימימא הוה קרי לה דהוה שופרהא כימָמא קציעה הוה קרי לה דהוה יקרא כעין קציעתא קרן הפוך הוה קרי לה דהוות סגי זיו יקר אפהא היך אזמרגדא: טו ולא אשתכח נשיא שפירתא היך בנתא דאיוב בכל ארעא ויהב להום אבוהום אחסנא במצע אחוהון: טז וחיא

ת״א ושלש בנות. בבא בתרא טז:

רש״י

(ר״ל שלא תאמר שהכונה שיש שנתנו לו קשיטה ויש שנתן לו נזם לכך כתב רש״י ואיש פירושו כל אחד ואחד מהר״ז): (יב) מראשיתו. יותר מראשית עושרו: (יג) שבענה. הם פעמים שבע שתי שביעיות כמו (ויקרא י״ב) שבועים שהם שתי שבועות: (יד) ויקרא שם האחת ימימה. על שם יופיתן נקראו שמותיהן: ימימה. לחה ומלובנה כיום: קציעה. ריחה נודף ערב ומבושם כקציעה של בושם: קרן הפוך. על שם הקרן שנותנין בו כחול ובורית שנאמר ותקרעי בפוך עיניך (ירמיה ד׳): (טו) ולא נמצא נשים יפות כבנות איוב וגו׳. ולא נמצא מעשה של נשים יפות

בתר

אבן עזרא

כבשה קטנה: (יב) ויהי לו ארבעה עשר אלף. פירוש משנה. ואין כן הבנים לפי שאינן ברשותו. נו״ן שבענה כנו״ן בשנה אפרים יקח: (יד) ימימה. מגזרת ימים תהיה גאולתו: קציעה, מגזרת מור ואהלות קציעות: קרן הפוך.

מנחת שי

במכלול דף רכ״ה ואין זה במנויים: (טז) וירא את בניו. ויראה קרי:

בפרק היה קורא אמר רבי יוחנן כי הוה מסיים רבי מאיר סיפרא דאיוב הוה אמר הכי סוף אדם למות וסוף בהמה לשחיטה והכל למיתה הן עומדין אשרי מי שגדל בתורה ועמלו בתורה ועושה נחת רוח ליוצרו גדל בשם טוב ונפטר בשם טוב מן העולם ועליו אמר שלמה בחכמתו טוב שם משמן טוב וגו׳: תם ונשלם ספר איוב. שבח לרופא לכל מכאוב:

מצודת דוד

חיבה יתירה: (יב) מראשיתו. יותר מהברכה שברכו מאז בראשית ימיו: ארבעה עשר וגו׳. כפל ממה שהיה לו מאז וכמו שנא׳ למעלה ויוסף ה׳ וגו׳ למשנה: (יג) שבענה. שני פעמים שבעה כפל ממה שהיו בראשונה: (יד) ויקרא. כאומר והבנות הנה כפלו בדבר היופי וקראו בשמות על שם יופים: ימימה. מאירה היתה כאור החמה: קציעה. ריחה היה נודף כקציעה של בושם: קרן הפוך. זוהר היה לה כאבן הפוך: (טו) ולא נמצא וגו׳. לא היה נמצא בכל הארץ נשים יפות דומות ביופי כבנות איוב: ויתן.

מצודת ציון

(יב) אחרית. סוף הימים: צמד. זוג כמו ויקח צמד בקר (שמואל א׳ י״א): (יד) ימימה. החמה תקרא יום כמ״ש לרוח היום (בראשית ג׳): קציעה. מין בושם וכן מור ואהלות קציעות (תהלים מ״ה): קרן. ענין זוהר והארה כמו קרן עור פניו (שמות ל״ד): הפוך. שם אבן יקר כמו אבני פוך ורקמה (דברי הימים א׳ כ״ט):

"*that you enlarge your eye with paint* (בַּפּוּךְ)."—[*Pseudo-Rashi*] According to the Talmud (ad loc.), it means garden saffron, the superior variety. See *Rashi,* ad loc. Thus the meaning of Keren-happuch is, the shine of saffron. Apparently she was named so because of her radiant complexion. *Targum:* because her face shone like a carbuncle, from נֹפֶךְ, one of the stones of the High Priest's breast-plate. See Exodus 28:18, *Targum Onkelos, Jonathan,* and *Yerushalmi; The Living Torah* by Aryeh Kaplan, ad loc.; *Bigdei Kehunnah* by Saul Shaffer. According to *Numbers*

one golden nose ring. 12. Now the Lord blessed Job's end
more than his beginning, and he had fourteen thousand flocks
and six thousand camels and a thousand yoke of cattle and a
thousand she-donkeys. 13. And he had fourteen sons and
three daughters. 14. And he named the first Jemimah, the
second Keziah, and the third Keren-happuch. 15. Nowhere in
the land were women as beautiful as Job's daughters to be
found, and their father gave them an inheritance among their
brothers. 16. Now Job lived thereafter

13. **fourteen**—Heb. שִׁבְעָנָה [from
שִׁבְעָה, seven]. *They were twice seven,
two sevens, like* (Lev. 12:5), *"שְׁבֻעַיִם,"
which means two weeks.*—[*Pseudo-
Rashi*] I.e. he now had twice the
number of sons that he had had
originally.—[*Mezudath David*]

Ibn Ezra renders: seven sons.
Since sons and daughters are not his
property, he was not blessed with
twice as many. *Ramban, too,* ex-
plains the word in this manner (see
p.9). He asserts that everything that
Job had lost was returned to him at
this time—and his sons and
daughters had not died. Scripture
does not relate the incidents as hav-
ing actually occurred, but that a
messenger reported them. Satan had
taken all of Job's children and
possessions and led them off to a
wilderness, to a desolate land. He
then showed messengers what he
wished them to believe. They
returned to Job and reported to him
the scene as they had witnessed it. In
reality all Job's possessions had
been held by Satan and were now
restored to him. *Ramban* bases his

theory on the fact that Scripture
does not here state that "he *begot*
seven sons and three daughters."
Also, the unusual structure of the
word שִׁבְעָנָה, instead of שִׁבְעָה, denotes
the definite article, "the seven sons,"
meaning the seven sons he had had
before his misfortune.

14. **And he named the first
Jemimah**—*They were named accord-
ing to their beauty.*—[*Pseudo-Rashi*]
Although the daughters were not
doubled in number, they doubled in
beauty and were named for it.—
[*Mezudath David*] *Ramban*, accord-
ing to his theory that they were the
same daughters mentioned at the
beginning of the narrative, explains
that they were renamed for their
newly acquired beauty.

Jemimah—*Bright and white as the
sun* (יוֹם).—[*Pseudo-Rashi* from *Baba
Bathra* 16b. See *Rashi* ad loc.]

Keziah—*She had a fragrant and
perfumed scent like the spice, cassia.*
—[*Pseudo-Rashi* from same source]

Keren-happuch—*Because of the
horn in which they put stibium and
lixivium, as it is stated* (Jer. 4:30):

מֵאָה וְאַרְבָּעִים שָׁנָה וַיַּרְא אֶת־בָּנָיו
וְאֶת־בְּנֵי בָנָיו אַרְבָּעָה דֹּרוֹת׃ יז וַיָּמָת
אִיּוֹב זָקֵן וּשְׂבַע יָמִים׃ חזק

ויראה קרי

תרגום

אִיוֹב בָּתַר דְנָא מְאָה
וְאַרְבְּעִין שְׁנִין וַחֲמָא יַת
בְּנוֹי וְיַת בְּנֵי בְנוֹי
אַרְבְּעָה דָרִין׃ יז וּמִית
אִיוֹב סִיב וּשְׂבַע יוֹמַיָא׃
חזק

סכום פסוקי איוב אלף ושבעים וסי׳ ונליתי לחם עתרת שלום. ופרקיו מ״ב וסי׳ ה׳ בם סיני בקודש. וסדריו ח׳ וסי׳ אהב ה׳ וגו׳:

רש״י

כמעשה יופי של בנות איוב ומקרא זה דוגמת ויהי אנשים אשר היו טמאים (במדבר ט׳) וכן הרבה: **ויתן להם אביהם נחלה בתוך אחיהם.** מתוך חשיבתן (סא״א) וויופיין נתן להם נחלה עם האחים: (יז) **ושבע ימים.** מן שבע יאמר שבע בדביקות:

חזק

אבן עזרא

מן ותשס בפוך: (טז) **ארבעה דורות.** בכאן טעה יצחק המהביל שאמר שכל דור חמש ושלשים שנה והנה מאדם ועד נח עשרה דורות ועוד היה הימן בימי דוד ודוד הוא עשתי עשר ליעקב אבינו והימן כפלים הימנו: (יז) **ושבע ימים.** שהיו ימיו בכבוד ובשמחה:

נשלמו פירושי מלות ספר איוב ועתה **אפרש הטעמים**:

אמר איוב ואשר יגורתי יבא לי הנה השב אליפז שלא יגור רק בעבור חטא שעשה והנה אומר כלל כאשר ראו חבירי איוב מות כל בניו פתאום וירדת אש מן השמים וביזת אויביו ושחין גופו התברר אללם כי כמכות האלה לא יעשה השם כ״א בחוטאים ובפושעים כאנשי דור המבול ע״כ אמר ונהר יוצק יסודם ואנשי סדום ויתרם אכלה אש על כן אמרו לו זכר נא מי הוא נקי אבד כן ארחו׳ כל שוכחי אל ואמר צופר ועיני רשעים תכלינה ובעבור היות בניו במשתה תמיד והיין ישחית הדעת ע״כ אמר אם בניך חטאו לו וישלחם ביד פשעם ואמרו שיעשה תשובה והשם יסלח לו ואיוב היה יודע בעלמו שהי׳ לדיק ע״כ אמר תם אני ולא אדע נפשי על לא חמס בכפי והיה לועק כי אלה המכות שהכני השם אינם על עקב עון רק חנם ע״כ אמר והרבה פלעי חנם. ענו על זה חבריו כי השם לדיק הוא בכל דרכיו לא יעשה עולה ענה איוב ואמר הנה יש בעולם לדיקים ורשעים במכאובים תם ורשע הוא מכלה ויש רשעים בנעימים וזה טעם ישליו אהלים לשדדים ענו חביריו כי סובת הרשעים איננה עומדת אם יעלה לשמים שיאו כגללו לנלח יאבד והנה ענה איוב מדוע רשעי׳ יחיו עתקו גם גברו חיל יבלו ימיהם בטוב וברגע שאול יחתו והנה הם בטובה עד יום מותם. אז לא ידע בלדד מה ישיב והנה שב לשבח השם המשל ופחד עמו אז ענה איוב מה עזרת ללא כח גם הוא שבח השם והטעם הנה אין לך תשובה כי אם לשבח השם אני יודע לשבחנו יותר. אז החריש צופר ושב איוב ויוסיף לדב׳ בעבו׳ שלא ענהו אחד מחבריו. וטעם ארץ ממנה יצא לחם ותחתיה נהפך כמו אש ואחר כן והחכמה מאין תמלא כי השם יעשה רלונו יענה רשע גם לדיק גם יש לדיקים גם רשעי׳ שיתן להם כל טוב שיתאוו והנה יעשה כן בארץ ובנחלים שאין דעת להם ולדעת זאת החכמ׳ למה זה נשגבה מדעת האדם והנה הטעם כאשר לא ידעו בני אדם מחשבות השם וגזירותיו שהם עמוקות אולי אלה הגזירות שגזר עלי הוא יודע למה גזרם ואינם בעבו׳ שחטאתי לפניו ויוסף איוב שאת משלו השני יספר שם לדקותיו ומעשיו כי חבריו אמרו לו אלמנות שלחת ריקם וזה אות כי שופט היה ע״כ אמר אב אנכי לאביוני׳ ולב אלמנ׳ ארנין וישבתו חביריו מענותו כי הוא לדיק בעיניו כי לא היה כן בעיני חבריו רק הסכימה דעתם שהיה רשע ע״כ באו אליו הגרות הקשות פתאו׳ ואליהו חרה אפו על איוב שהאריך לשונו בקולר רוחו ואמר כנגד השם דברים שלא כהוגן כמו ידעתי כי אכנך הודיעני על מה תריבני הטוב לך כי תעשוק תחשבני לאויב לך וזה טעם על לדקו נפשו מאלהי׳ ובשלשת ריעיו הרה אפו על אמרם שהשם לדיק רק איוב הוא רשע ויתכן שהיה לדיק ואין ספק שהשם לדיק וזה טעם וירשיעו את איוב. והנה סוד דברי אליהוא שאמר לאיוב וחביריו כולכם תעיתם כי חשבתם שעמדתם בסוד השם והג׳ אמר לחבירי איוב כי השם ינסה ויענה על עקב עון או להסיר עון או לקבל שכר ואמר לאיוב שהיה מתרעם על השם בעבור שלא ישיבנו כי כל דבריו לא יענה ודבר מגולה הוא במעשה רק תפש איוב ואמר שהוא רשע בדבר פיו שהרחיב על השם וכן אמר האמור למלך בליעל והטע׳ הדרך מוסר הוא שיאמר העבד למלכו בליעל או רשע או מלך לנדיבים כי למלך ישרת עלמו ואחר עמו. או טעמו אל אחד הנדיבים כמו בן אתונות והראשון נכון בעיני אף כי השם אשר לא נשא פני שרים על כן אמר אבי יבחן איוב עד נלח וארח לחברה עם פועלי עון ובאחרונה ויוסף אליהו והטעם חשוב כי הנה מפלאות הגשם לא ידע איך הם ולמה כן ומתי וכאשר נפלאו ממנו אלה הסודות כן נפלאו משפטי השם עם בני אדם כי הם עמוקות מאלה שהם בגופות נראות והטעם על איוב ידבר למה הרימות קול לאמר למה עניתני היה לך לסבול ולהחריש ולא תדבר גבוהה גבוהה וזה טעם ויען השם מן הסערה. והענין אתה שתבקש למה זה הידעת אז תולד וידעת כמה תחיה וזה האור שאתה מתענג בו התדע מקומו או תדע למה תולדות העופו׳ גם הבהמות כן וזה טעם התתן לסוס גבורה. אז החריש איוב. ענה השם שנית הרוב עם שדי יסור אז ענה איוב תשוב׳ איננה נכונה כי לא הלדיק השם רק אמר הנה אחריש ולא אדבר עוד על כן ויען השם שנית מן הסערה והזכיר בהמות שהוא שם בהמה וגבורתו שהוא ביבשה גם הזכיר גבורת לויתן והטעם כאלו אמר לאיוב איך גבהת כנגדי ע״כ הזכיר אלה הגדולים והענין הנה בבריותי ולא בנכבדים העליונים רק בחיות שהם בארץ ובמים מתחת לארץ שנים גבורים לא תוכל להם להשתעבד בהם ולא לכרות על לויתן לאכלו כן בן אדם לא יגבה לבו כנגד המלאכים ולא כנגד בני האלהים כי הם נכבדים ממנו כפלי כפלים כאשר פירשתי בפסוק הנה אנכי שולח מלאך בראיות גמורות משקול הדעת ומדברי התולדות גם דברי הנביאי׳ פה אחד כך ואשר מלאנו כתו׳ בדברי קדמונינו ז״ל גם הוא אמת כי אם לא דברו רק על המלאכי׳ הנבראי׳ לעתם לכבוד הנביאי׳ רק גובה לבו כנגד החיות והעופות כטעם מלפנו מבהמות ארץ והנה אמר השם כי הנה יש גופות בארץ עמך והם גבורים ממך לא תוכל להם ולמה גבה לבך ע״כ הודה איוב באחרונ׳ ואמ׳ ע״כ אמאס ונחמתי על עפר ואפר וזאת היא הנכונ׳ שדבר איוב באחרונ׳:

one hundred and forty years, and he saw his sons and his sons'
sons for four generations. 17. Then Job died, being old and
sated with days.

Rabbah 2:7, its hue is like that of the
heavens.

16. **Nowhere ... were women as
beautiful as Job's daughters to be
found**—Heb. וְלֹא נִמְצָא, lit. and it was
not found beautiful women. *An
instance of beautiful women like the
instance of the beauty of Job's
daughter was not found. This verse is
on the pattern of* (Num. 9:6), *"But
there was* [an incident of] *men who
were unclean."*—[*Pseudo-Rashi*] *and
many others.*

**and their father gave them an
inheritance among their brothers**—
*Because of (their esteem and) their
beauty, he gave them an inheritance
with their brothers.*—[*Pseudo-Rashi*]
(Parenthetic words do not appear in
all editions.)

16. **thereafter**—After the cessa-
tion of his suffering.—[*Mezudath
David*] This is in accordance with
Seder Olam, ch. 3, which states that
Job was afflicted at the age of

seventy and was granted twice that
amount of years after his restora-
tion. His suffering lasted one year. It
is not clear if this year is counted in
the one hundred forty years or
not.—[*Ohev Mishpat*]

and he saw etc.—With his own
eyes, he saw four generations of his
offspring, none of whom died within
his lifetime.—[*Mezudath David*]

17. **and sated with days**—Heb.
וּשְׂבַע. From וְשָׂבֵעַ he says וּשְׂבַע in the
construct state.—[*Pseudo-Rashi*]
[Cf.*Rashi* to 10:15.] He lived many
days in great prosperity until he was
sated with them; sated from their
great number and the great pros-
perity that he enjoyed during their
time.—[*Mezudath David*] Since he
died amidst great wealth and pros-
perity, seeing his children and their
offspring before him, and achieving
all his desires, he did not yearn to
live any longer, but was sated with
his days.—[*Ohev Mishpat*]

מצודת דוד

בעבור משיכותן ויופיין תן לכן אביהם ירושת נחלה בתוך אחיהם: ימים. כ"ל שתי ימים רבים ובסרבכס טובה עד שהיה שבע מסס
(מז) אחרי זאת. אחרי שכלכו ממנו יסורין: ויראה וגו'. רבס לגודל רכויים ולמרבית הטובה אשר סיה לו בהם וסוא ענין מלילס:
בעיניו ארבעה דורות מבליו ולא מת מי מהם בחייו: (יז) ושבע חסלת ספר איוב

תם ונשלם ספר איוב

APPENDIX

APPENDIX

1:1

Ibn Ezra and *Ramban* conjecture that he was descended from Esau, an Edomite, as Scripture states (Lam. 4:21): "the daughter of Edom who dwells in the land of Uz." The *Targum* to Lamentations renders: The land of Armenia. The Midrash (*Eichah Rabbah* 4:26) identifies it with Persia.

4:4

buckling knees—to fall. I.e. if anyone was perplexed in matters of Divine Providence because of personal troubles, you would pick him up from his dilemma and teach him the truth—that his troubles were not the result of the constellation under which he was born, but were punishment for his sins—and all would agree with your assertion.—[*Mezudath David*]

4:21

They die, and not with wisdom— Events resulting from their, and others', actions prompt them to cast away their wisdom. Consequently, they die without wisdom—it will be hidden from their hearts until they die. If so, where is man's perfection, that he should think himself more righteous than God?—[*Mezudath David*]

5:5

Ibn Ezra renders: and from the thorns he will take it. The harvest is of low quality; to devour it, the hungry must separate the grain from the thorns with which it is mixed. *Mezudath David* explains that they will not grab the grain with its thorns and flee like thieves, but will harvest it slowly and carefully, and no one will stop them.

6:2

Berechiah explains this verse in two ways. First he points out that Job was greatly offended by Eliphaz's statement (5:2): "For anger will kill a fool" and so, states that his anger was equal to his calamity, neither outweighing the other. You, Eliphaz (Job continues), since you do not see the scale, or the anger and calamity on it—you imagine that my anger is heavier than the sand of the seas.

His second interpretation suggests: If only it were weighed, how great my anger should be in regard to my calamity!—they would balance each other out.

7:3

According to *Alshich,* the months, which are intrinsically futile, became substantial through my fulfillment of the commandments, and therefore they became a possession. Also, I toiled at night in the service of God if any precept came my way.

241

7:4

Mezudath David explains: When I lay in bed at night, I would say, When will I rise and the evening wander off?, for perhaps my illness will become lighter during the day. When it does not lessen, I hope for each hour of the day to pass, that perhaps I will feel better during the next hour. Thus, I am sated with thoughts of the hours passing throughout the day until evening. And so on, day in and day out. Job implies that this is the custom of all those who suffer, and, since man's days are limited, they are wishing their lives away. With this, he rebuts Eliphaz's argument: If everything comes through Divine Providence, Job argues, it is a gross injustice, because death is better than a life of suffering. Hence, the wicked are better off than the righteous.

8:3

Does God pervert the judgment of the wicked, and not requite them for their sins, or does He pervert justice, not rewarding the righteous for their good deeds? How can you say that God delivered governance of the world to the constellations? That would indeed be an act of injustice. —[*Mezudath David*]

8:5

Judging from your children's fate, you may determine that, if you seek God and supplicate Him to have compassion on you and forgive your sins . . .—[*Mezudath David*]

10:10

At the beginning of my formation, You poured me like milk to purify the liquid of the seed of my father and mother, and then You caused it to congeal. This represents the beginning of the formation of the embryo.—[*Mezudath David*]

10:22

Bechayah notes that verses 9-11 appear in the past, present, and future tenses respectively. Verse 9 reads: "Remember now that You made me like clay etc." This refers to Adam, who was fashioned out of clay. Verse 10 reads: "Did You not pour me like milk etc." This refers to the formation of the embryo from the father's sperm and the mother's egg, that recurs constantly. Verse 11 reads: "You will clothe me with skin and flesh and cover me with bones and sinews." This refers to the resurrection of the dead, which will take place in the future.

12:10

and the spirit of all human flesh— The spirit of man is mentioned individually because it is superior to all the spirits of the lower kingdoms.— [*Mezudath David*] Just as the lower creatures are in God's hand and must act in accordance with the nature He instilled in them, so is the spirit of man solely in the hand of God. He has no freedom of choice to do as he desires any more than the members of the animal kingdom.—[*Malbim*]

15:28

houses—that were unfit for habitation, which were destined to become heaps of rubble.—[*Mezudath David*]

15:29

Menachem's definition, ruling power, does not seem to fit either verse.] Mezudoth defines מְנֻלָם as the completion of their punishment: It will not fall to the ground, but upon their heads.

15:30

his young branches—A flame will dry out the young branches until they become so light and feeble that they will sway when anyone blows on them with his mouth. In other words, the wicked will soon lose their prosperity.—[Mezudath David]

16:14

he runs—He quickly brings more suffering upon me like a mighty warrior who runs into the fray.—[Mezudath David]

16:17

Ramban explains that Job intends to convey that whenever he addressed himself to God, he did so with a pure heart and a clear conscience. Mezudath David explains that Job prayed with complete devotion, undisturbed by irrelevant thoughts. The Rabbis of the Midrash explain (Exod. Rabbah 22:3) that a pure prayer is the prayer of one whose hands were not sullied with theft or violence.

17:6

Berechiah explains: I am now a tabret and a harp before them, for laughter. Daath Mikra fn. 37 explains that it was customary to recite with the accompaniment of tabrets and harps, as in Psalms 49:5. Ibn Ezra quotes Rashi but follows Targum's definition, Gehinnom; as does Mezudath David: I am like Gehinnom before the people, because they see in me all types of pains and sufferings, comparable to the torments of Gehinnom.

17:10

According to Ohev Mishpat, Job exhorts his companions to repent of their thought that, were he not wicked, God would release Job from his suffering if he would repent of his sins. As long as you believe that, [Job says,] I will find no wise man among you.

17:16

(In summation: Job complains that his companions do not treat him as comforters do, and maintains that he did not sin, that God knows this to be true, and that He is a witness on his behalf. In response to Eliphaz's allegation that Job's preaching that God does not supervise the inhabitants of the world does away with the fear of God by causing the people to think that it is futile to worship Him, Job replies, On the contrary! When they see that the world is in disorder, they will not desire earthly belongings, but will place their hope in their spiritual reward in the Hereafter.)—[Mezudath David]

18:21

(In summation: Bildad replies to Job that he cannot agree with him that God does not supervise the world, despite Job's complaints and his claims that he is suffering for sins that he did not commit. He brings as proof the downfall of the wicked,

generated by their own counsel,
until they are totally forgotten. Such
catastrophes do not befall the righteous. It is therefore possible that
Job is suffering because he has
neglected to worship God as he
should have or because he has
neglected the study of wisdom,
which he could have attained
through his superior acumen.)—
[*Mezudath David*]

22:20
Mezudath David renders: Indeed,
the one who kept us in existence
[Noah] was spared [from being
destroyed with his generation], and
their survivors [of the philosophy
mentioned in verse 15] were consumed by fire. This refers to the
people of Sodom and its sister cities.
He rebukes Job for adhering to this
belief since all its adherents were
destroyed.

22:27
Mezudath David explains that it is
customary for those who petition
God to make vows on the condition
that God fulfill their request, as we
find in Genesis 28:20ff: "And Jacob
made a vow, saying: 'If God will be
with me and will keep me on this
path upon which I am going, and
will give me bread to eat and clothing to wear, and I will return in
peace to my father's house, then the
Lord shall be my God. And this
stone, which I have set up as a
memorial stone, shall be a house of
God and all that You will give me I
will tithe to You repeatedly.' " Thus,
Eliphaz says to Job that he will pay
his vows because God will grant him
his needs.

23:15
Mezudath David explains: Therefore, when I see that He does not
retract His sentence, I am startled by
Him, and when I ponder His ways, I
am frightened of Him. These two
clauses are synonymous.
Ramban continues with his commentary on the preceding verse:
Therefore—because He was so
kind to me, I am startled when He
hurts me. I ponder His great goodness, and I am frightened of Him,
lest I have committed a grave sin for
which He is punishing me.

23:17
Mezudath David explains:
**Because I was not cut off through
the darkness**—I am frightened
because I was never subjected to the
darkness of troubles; whenever
trouble came to the world, it did not
affect me, for God covered the thick
darkness from my face, and I did
not see it. I am startled now that I
am struck by troubles and misfortunes.

25:3
**and on whom does His light not
shine?**—On which of the constellations does God's light not shine to
maintain its existence? Realizing
this, they fear to disobey God lest
He remove His light from them.—
[*Mezudath David*]

25:4
Mezudath David explains: If you
reply that God should override the
ruling of the constellations in order
to give the righteous their due, I ask
you, what is man that he should be
just with God? Judging from man's

lowliness and God's exaltation, any disobedience is counted as a grave sin against Him. Where then is man's righteousness?

29:8

rose and stood—They would rise before me and remain standing. They did not have the audacity to sit in my presence.—[*Mezudath David*] Although others rise in the presence of older men, the old men would rise in my presence and not sit down until I left.—[*Malbim*]

29:25

as one consoles mourners—I was to them as a person who consoles mourners. Just as they all pay attention to the one who is consoling them to alleviate their grief, so did they attend to me to hear my words. Because of the tremendous power that I exerted upon my followers through my honesty and propriety, I thought that my prestige would never cease but that I would receive renewed honor constantly.—[*Mezudath David*]

37:24

3) If a righteous man happens to be afflicted with suffering, it may have been visited upon him to compel him to search through his deeds. If he repents immediately, he will regain Divine Providence in this world. In any case, he will not lose his soul, which is the eternal reward, or his immortality, superior to everything. This is illustrated in 36:7: "He does not withdraw His eyes from the righteous, and with kings on the throne He seats them to eternity and they are exalted."

4) Since, having created all the creatures, all the great celestial beings, God knows until infinity the order of their deeds and the change of their movements, He surely knows the movements of man—the choice of the Creation—as well as the results of all his actions. Elihu therefore mentions the movements of the spheres that guide the world, whether for the rod, for His land, or for kindness. Thereby he reconciles all Job's difficulties.

5) Concerning the tranquility of the wicked, Elihu gives a satis factory reply: God does not preserve the wicked either in this world or in the next, except for the reward they merit for some good deed that they have performed. Nevertheless, those wicked men who deserve to die young die in their youth, and those who live long are being rewarded for some good that they have done, and then are destroyed to eternity.

BIBLIOGRAPHY

BIBLIOGRAPHY

I. BACKGROUND MATERIAL

1. Bible with commentaries ("Mikraoth Gedoloth"), commonly known as "Nach Lublin," including Rashi, Ibn Ezra, Ralbag, and Minchath Shai.
2. Talmud Bavli or Babylonian Talmud. Corpus of Jewish law and ethics compiled by Ravina and Rav Ashi, 500 C.E. All Talmudic quotations, unless otherwise specified, are from the Babylonian Talmud.
3. Talmud Yerushalmi or Palestinian Talmud. Earlier and smaller compilation of Jewish law and ethics, compiled by R. Johanan, first generation *Amora* in the second century C.E.
4. Midrash Rabbah. Homiletic explanation of Pentateuch and Five Scrolls. Compiled by Rabbi Oshia Rabbah (the great), late Tannaite, or by Rabbah bar Nahmani, third generation *Amora*. Exodus Rabbah, Numbers Rabbah, and Esther Rabbah are believed to have been composed at a later date.
5. Midrash Tanhuma. A Midrash on Pentateuch, based on the teachings of R. Tanhuma bar Abba, Palestinian *Amora* of the fifth century C.E. An earlier Midrash Tanhuma was discovered by Solomon Buber. It is evident that this is the Tanhuma usually quoted by medieval scholars, e.g. Rashi, Yalkut Shimoni, and Abarbanel.
6. Pirke d'Rabbi Eliezer. Eighth century aggadic compilation, attributed to Rabbi Eliezer ben Hyrcanus, early Tannaite of the first generation after destruction of the Second Temple. Also called Baraitha d'Rabbi Eliezer, or Haggadah d'Rabbi Eliezer. Commentaries—Radal (R. David Luria) 1798–1855. Om Publishing Co., New York, 1946; Bayith Hagadol, Abraham Aaron Broda.
7. Yalkut Shimoni. Talmudic and Midrashic anthology on Bible, composed by R. Simon Ashkenazi, thirteenth century preacher of Frankfort on the Main. Earliest known edition is dated 1308, in Bodlian Library. Sources traced by Arthur B. Hyman, M.D., in "The Sources of the Yalkut Shimeoni," Mossad Harav Kook, Jerusalem, 1965.
8. Pesikta d'Rav Kahana. Homiletic dissertations of special Torah readings and haftorah. Composed by Rav Kahana, early *Amora,* at time of

compilation of Talmud Yerushalmi. Solomon Buber, latest edition Jerusalem, 5723.

9. Pesikta Rabbathi. Later compilation similar to that of Rav Kahana. Composed 4605. Warsaw, 5673, Jerusalem—Bnei Brak, 5729; Meir Ayin edition, a critical edition, by Meir Ish Shalom, Vienna 5640—Israel, no date.

10. Midrash Tehillim, Or Shoher Tov. Homiletic explanation of Book of Psalms. Authorship not definitely established. New York, 1947.

11. Mechilta. Tannaitic work on Book of Exodus. Some ascribe its authorship to Rabbi Ishmael, some to Rabbi Akiva, and others to Rav, first generation *Amora*. Printed with Malbim below text of Exodus.

12. Sifrei. Tannaitic work on Numbers and Deuteronomy. Some attribute its authorship to Rav, first generation *Amora*. Printed with Malbim below text of Numbers and Deuteronomy.

13. Seder Olam. Early Tannaitic work, recording chronolgy of entire Biblical era. Composed by Rabbi Jose son of Halafta. Jerusalem 5715.

14. Midrash Iyov. A Midrash on the Book of Job, appearing in Bottei Midrashoth, vol. 2, pp. 151–202, Wertheimer, Jerusalem, 5715.

II. MEDIEVAL COMMENTARIES AND SOURCE MATERIAL

1. Berechiah ben Natronai Krespia Hanakdan, medieval translator and fabalist, believed by some scholars to have been the author of A Commentary on the Book of Job, from a Hebrew ms. in the University Library, Cambridge, translated by S. A. Hirsch, 1905.

2. Meir Iyov, by Rabbi Meir Aramah, medieval Spanish exegete 5233. Commentary on Job, Venice, 5372. Brooklyn, 5745.

3. Rambam, Rabbenu Mosheh ben Maimon, also known as Maimonides, 1134–1204. Leading medieval authority on halachah, philosophy, and medicine. After having fled Spain, his native land, he became court physician to the sultan of Egypt. His works include a commentary on the Mishnah, Sefer Hamitzvoth (a concise presentation of the 613 commandments, of the Torah, together with comments of Ramban), Mishneh Torah or Yad Hachazakah—Rambam's "opus magnum," containing a decision on all problems of Jewish law, whether discussed in the Talmud, Midrash, or later Gaonic writings.—And a philosophic treatise, entitled, "Guide to the Perplexed." Relevant quotations appear in "Torath HaRambam, Neviim Uchtuvim," by Meir David ben Shem, Jerusalem, 1978.

4. Rabbenu Meyuchas. A Commentary on the Book of Job, published from an early ms. by Rabbi Charles B. Chavel, New York, 5730/1969.

5. Rabbi Isaiah da Trani. Commentary on Prophets and Hagiographa, vol. III, Wertheimer, Jerusalem, 5738.

6. Sforno, Rabbi Obadiah. Commentary vol. 2, on Job. Works of Rabbi Obadiah Sforno; Mosad Harav Kook, Jerusalem, 1983.

7. The Commentary of Rabbi David Kimchi, Rabbi Joseph Kimchi, Rabbi Moses Kimchi, and Rabbi Zerachiah of Barcelona on Job. Printed in *Tikvath Enosh,* Israel Schwartz, Berlin, 5628.

8. Rabbenu Bechayah ben Asher, c. 1340, Kad Hakemach on ethics, Constantinople, 1515, Lemberg, 5652/1892.

9. Ohev Mishpat, Rabbi Shimon ben Zemach Duran, noted halachist, Bible exegete, 1361–1444, Venice, reprinted in Israel 5732.

10. Ramban, R. Moshe ben Nachman, Commentary on Job; Shaar Hagemul, Rabbi Charles B. Chavel, Jerusalem 5738.

III. MODERN COMMENTARIES

1. R. Meir Leibush Malbim. Commentary on Biblical literature, which combines ancient tradition with keen insight into nuances of meanings in the Hebrew language, by a leading nineteenth century scholar. 1809–1879.

2. R. Moshe Alschich, Helkath Mehokek. Biblical exegesis by renowned scholar in Safed. Vilna, 5657, Brooklyn, no daste.

3. Mezudath David and Mezudath Zion, by Rabbi Yechiel Hillel Altschuller. Simple and concise 18th century Bible commentary.

4. Daath Mikra, contemporary scholarly and traditional commentary on Job. Mosad Harav Kook, 1981.

5. Simchah Aryeh. Commentary on Job, by nineteenth century author.

6. R. Chaim Joseph David Azulai. Author of Homath Anach and other commentaries on the Bible by a famous 18th century authority on all fields of Torah study.

7. Shem Ephraim on Tanach by the renowned authority, R. Ephraim Zalman Margolis of Brodi, emendations on Rashi text, Munkacz, 5673. Eretz Israel, 5732.

8. Gra. R. Elijah Gaon of Vilna. Commentary on Bible. Sinai Publishing, Tel Aviv, Israel, Etz Chaim Ketuvim. Jerusalem, 1974.

IV. OTHER SOURCES

1. Machbereth Menachem. Lexicon by Menachem ben Saruk, early grammarian; Spain, 920–980.

2. Teshuvoth Dunash. Dunash ben Labrat, opponent of Menachem ben Saruk, 920–980.

3. Sefer Hashorashim, Redak. Lexicon of Biblical roots. Berlin, 5607; New York, 5708.

4. Sefer Hashorashim, R. Jona ibn Ganah, earlier lexicon of Biblical roots; Berlin (5656), 1896; Jerusalem, 5726.

5. Aruch, R. Nathan of Rome. Talmudic dictionary by early medieval scholar. Died 4866.

6. Nature and Man in the Bible, Yehuda Feliks, 1981.

7. The Living Torah, Rabbi Aryeh Kaplan. Translation and footnotes on the Pentateuch, 1981.